孤独なボウリング

米国コミュニティの崩壊と再生

ロバート・D・パットナム 著
柴内康文 訳

Bowling alone:
The collapse and revival of
American community

柏書房

ルース・スワンク・パットナムに
そしてフランク・Ｌ・パットナム、
ルイス・ワーナーとゼルダ・ウォロック・ワーナーの思い出に
彼らこそまさに、長期市民世代《ロング・シビック・ジェネレーション》の典型だった

目次

第1部　序論

第2部　市民参加と社会関係資本における変化

第3部　なぜ？

第4部　それで？

第5部　何がなされるべきか？

〔凡例〕

一、原文のイタリックは、書籍、映画、テレビ番組等の題名を表す場合は『　』で表記し、邦訳題が存在する場合はそれを、ない場合は適宜訳すかカタカナで示した。

一、イタリックが見出し、あるいは引用文内や本文中長文の強調を示す場合は、原則ゴチック組みにした。

一、イタリック表記の単語・フレーズは、必要に応じて「　」で括るか訳文表現上の強調を行った。

〔米国州略号一覧〕

AK：アラスカ	MT：モンタナ
AL：アラバマ	NC：ノースカロライナ
AR：アーカンソー	ND：ノースダコタ
AZ：アリゾナ	NE：ネブラスカ
CA：カリフォルニア	NH：ニューハンプシャー
CO：コロラド	NJ：ニュージャージー
CT：コネチカット	NM：ニューメキシコ
DE：デラウェア	NV：ネバダ
FL：フロリダ	NY：ニューヨーク
GA：ジョージア	OH：オハイオ
HI：ハワイ	OK：オクラホマ
IA：アイオワ	OR：オレゴン
ID：アイダホ	PA：ペンシルバニア
IL：イリノイ	RI：ロードアイランド
IN：インディアナ	SC：サウスカロライナ
KS：カンザス	SD：サウスダコタ
KY：ケンタッキー	TN：テネシー
LA：ルイジアナ	TX：テキサス
MA：マサチューセッツ	UT：ユタ
MD：メリーランド	VA：バージニア
ME：メイン	VT：バーモント
MI：ミシガン	WA：ワシントン
MN：ミネソタ	WI：ウィスコンシン
MO：ミズーリ	WV：ウェストバージニア
MS：ミシシッピ	WY：ワイオミング

第1部

序論

第1章　米国における社会変化の考察

　ペンシルバニア州グレンバレーのブリッジクラブが、いつ、なぜ解散してしまったのか正確に語れるものはいない。一九九〇年の時点でも四〇人余のメンバーは、それまでの半世紀と変わらず定期的にブリッジに興じていたのだが。アーカンソー州リトルロックのサートマクラブを襲ったショックは、さらに悲惨なものである。一九八〇年代半ばまで、五〇人近くの人々が週例の昼食会に集まり聴覚障害者、聾唖者の支援活動について話し合ってきたのだが、一〇年後に定期的な参加者はたった七人にまで減ってしまったのである。

　バージニア州ローノークの全米有色人種地位向上協会（ＮＡＡＣＰ）支部は、一九一八年以来公民権運動での積極的な勢力であり続けていたが、一九九〇年代を通じて会員は約二五〇〇人から数百人にまで減少した。一九九八年一一月には、会長をめぐる白熱した選挙にも、投票には五七人の会員しか引き寄せられなかったのである。黒人市議のキャロル・スウェインは、「最近は、何かが飛び上がってかみつくまで、あまり気にしない人々もいます」と沈んだ顔で語る。イリノイ州バーウィンの海外戦争復員兵協会（ＶＦＷ）第二三七八支部はシカゴ郊外のブルーカラー地区にあるが、地域の退役軍人にとっては、長年続く活気のある「家の外の我が家」、また近隣の労働者階級にとっての社交クラブのようなものであり、結婚披露宴や同窓会を主催していた。しかし一九九九年までに会員数はだんだんと減少し、色褪せた煉瓦造りの支部ホールにかけられた税金を払うのに四苦八苦という様相を呈してしまった。この地区にはたくさんのベトナム復員兵や、ベトナム後の軍人が住んでいるのだが、

VFWの全国会員部長トム・キッセルは、「最近の若い連中は、入会好き《ジョイナー》というのではないな」と観察する。(1)

ダラス慈善連盟は五七年間もの間、毎週金曜日の朝にボランティアの繕い物や編み物、訪問のために集まっていた。しかし一九九九年四月三〇日、彼らのミーティングは最後を迎えたのだった。グループの平均年齢は八〇歳に上り、最後に迎えた新入会員は二年前、会長のパット・ディルベックは「まるで沈みゆく船のようです」と沈痛な声で語る。ちょうど三日後、一二〇〇マイル北東、ワシントンDCのヴァッサー大学同窓会は、五一年目の、そして最後の図書セールを中止した。計画では、一九九九年度は一〇万冊以上の書籍を売り上げて大学奨学金に充てる予定だったが、副会長のアリックス・マイヤーソンによれば、プログラムを運営するボランティアは「六〇代、七〇代、八〇代となっています。みな晩年を迎えており、交代はきかないのです」と説明する。一方で、ボストンの北、テュークスベリー記念高校（TMHS）は一九九九年秋の新年度を迎えたが、マーチングバンドのために新しく購入した四〇人分のロイヤルブルーのユニフォームは倉庫にしまわれたままであった。たった四人しか入部希望がなかったのである。二〇年前のバンドは八〇人以上を数えたが、それ以来やせ細っていったのだと、高校のバンドを指導するロジャー・ホィットルゼーは振り返る。(2) 二〇世紀最後の数十年間の間、このようなコミュニティグループや、何万もの似た組織が、アメリカ中で衰え始めたのである。

これは、単に古いメンバーが抜け落ちた、ということではなかった。――少なくとも、年をとったり、突然事故が起こるというのは、これまでもずっと起こってきたことである。しかし、コミュニティ組織が、新しいメンバーの流入によって絶え間なく再活性化するというこれまでのようなことはなかった。各組織の指導者は困惑した。地元とのつながりや、組織そのものの内に問題があるのだと多年にわたって彼らは考え、改革案の検討を数多く委託してきた。(3) この減速が不思議だったのは、誰の記憶の中でも、会員一覧も活動リストもこれまで着実に増えてきたからである。

実際一九六〇年代には、全米のコミュニティ組織は活動拡大の新たな時代の入り口にさしかかっているように思われた。世界恐慌がもたらした「干ばつ期」を除けば、勤勉な「庭師」たる市民の手入れと、経済的繁栄と教育が与えた「水」によって、その活動は年々急成長を遂げていたのである。毎年の年次報告には増加する会員数が記録されていた。教会やシナゴーグ（訳注：ユダヤ教会）には人があふれ、共に集い祈る人々の数はそれまでの数十年のうちでは、そしておそらくはアメリカ史上最も多かった。

加えて、米国人は時間を手にしたように見えた。一九五八年当時、シカゴ大学に新しく開設されたばかりの余暇研究所の支援で行われた研究は、こんな懸念を表明した。「米国社会に迫る最も危険な脅威、それは余暇の脅威である」。ソビエトが原爆を手にした時代というのに仰天する主張である。[4]『ライフ』誌は呼応するように、自由時間がもたらす新たな課題について警告した。「米国人は今や、過剰な余暇に直面する」一九六四年二月の見出しである。「課題は目前――いかに人生を気楽に過ごすか」

実際、今や人類は史上はじめて、望む世界を作り出すために必要な道具と知識を手にしている……われらの持つプロテスタンティズムの倫理にもかかわらず、多くの兆候が示しているのはこのメッセージが一定の人々に届き始めているということである。米国人は、ボウリングリーグやガーデンクラブに集うばかりではなく、地域の道路やゴミ収集の改善のための、そして公務員《パブリック・サーバント》にその名前が意味するものを行わせるための無数の近隣委員会において、その群居性衝動を満たしているのである。[5]

市民的精神にあふれた第二次大戦世代は、まさにその一人であるジョン・F・ケネディが就任演説で宣言したように、リーダーシップのたいまつを、国の最高機関のみならず、国中の都市や街でも手にかざしていた。政治学者のロバート・E・レーンは、数多くの研究をまとめて一九五九年にこう記した。「一般人口に対する政治的活動家の割合、さらに男性人口に対する男性活動家の割合でさえも、過去五〇年を通じて概ね上昇している」。一九六〇年代の終わりには社会学者ダニエル・ベルとバージニア・ヘルドは「米国ではかつてなかったほど多くの参加が見られる……そして、積極的な関心を持つものには、その個人的、また政治的関心を表明するための機会が増大している」と報告した。[6] 最も単純な政治的行為、すなわち投票でさえ、史上最も広く行われるようになった。一九二〇年、女性が投票権を獲得して以来一九六〇年までの間、大統領選挙の参加率は四年ごとに一・六

%ずつの割合で上昇していたので、ある指導的な政治学者が後に述べたところでは、単純に直線を延長すれば一九七六年の米国建国二〇〇周年には投票率は七〇%近くに達し、さらに上昇を続けると期待するのも無理がないように思われた。(7)

政府の公務を軽蔑するのはわが国の歴史に広がる病理ともいえるが、それも一九六五年には弱まりつつあるように思われた。ギャラップ調査によれば、自分の子どもが「生涯の仕事として政治に進む」のを見たいとする人々の数は、たった一〇年強の期間を通じて二倍近くになった。この尺度で測った政治への敬意は三六%にすぎないとはいえ、それまでも、そしてそれからもこれほど高くなったことはなかった。さらに目立つのは、米国人の隣人に対する信頼の上昇であった。例えば、「大半の人は信頼できる」という質問に賛成した人の割合は、第二次世界大戦中、戦後にすでに六六%の高さに達していたが、一九六四年には七七%の高みにまで上り詰めた。(8)

五〇年代と六〇年代は、とりわけ人種、性別や社会階級、性的指向によって社会の周辺部に追いやられた人々にとっては、とても「黄金時代」と呼べたものではなかった。法的には人種によって、社会的にはジェンダーによって行われていた分離は当時は規範であり、不寛容も減少しつつはあったとはいえそれでも憂慮すべきほど高かった。環境破壊は、ちょうどレイチェル・カーソンによって白日にさらされたばかりであったし、ベティ・フリーダンによる女性神話の解体もいまだなされていなかった。農村部の貧困も、全国メディアによっていまだ発見されていなかった。乳児死亡率は公衆衛生の基本指標であるが、一九六〇年において出生数一〇〇〇当たり二六――黒人乳児においては四四――であり、二〇世紀末における同じ指標より四倍近く悪いものだった。『ライフ』誌の中の米国は、白人で非同性愛者《ストレート》、キリスト教徒で、経済的にゆとりのある、そして（少なくとも、公共の場では）男性のものだった。(9) 社会改革者の仕事は手一杯だった。しかしながら、コミュニティ問題への参加、アイデンティティの共有と互酬性の感覚は近代の米国ではこれまでなかったほど高まり、自国の欠点に取り組もうとする幅広い市民の動きについて、その見通しは明るく見えていたのだった。

市民的活力がまさに萌え出でようとする兆候は、ちょうど大学進学の時期を迎えていた最初のベビーブーム世代のような若者にとっても好ましいことであった。教育水準が、市民生活への参加を最もよく説明することは数多くの研究が実証するところであり、大学は米国史上最大の拡大期のただ中にあった。教育水準は、寛容さと、社会的関与の双方の向上における鍵となると考えられていた。南部の若いアフリカ系米国人によって始められた、公民権をめぐる闘争の高まりに恥じ入らされまた刺激を受け、北部の白人中心の大学も五〇年代の沈黙から目覚め始めた。この新しい世代が一九六〇年代の公民権運動に導かれていく過程を描写する中で、社会学者のダグ・マカダムは彼らの自負心を強調している……

われわれは「意欲にあふれた《キャン・ドゥ》」人間であり、しようとしたことは何でも成し遂げてきた。大恐慌を打ち負かし、第二次大戦では形勢を逆転し、戦後にはヨーロッパを再建した……「自由の夏」（訳注：一九六四年夏に学生ボランティアを大量に動員してミシシッピを中心に行われた黒人の選挙権登録を推進する運動）は大胆な企てであったが、それはアメリカ戦後世代の特権メンバーに共有されていた、重要性と潜在能力に関する誇大なまでの感覚と首尾一貫するものであった。[10]

ベビーブームは、米国の人口構成が非常に若くなっているということを意味していたが、その一方で市民的関与は、一般に中年になるまで開花しないものである。したがって短期的には、人口分布の若さは市民社会の沸騰を実際には鎮める傾向にあった。しかしわが国の人口ピラミッドの底にあるまさにこの膨らみが、コミュニティ組織の未来を予兆していたのは、メンバー数の急増を一九八〇年代、すなわちベビーブーマーがライフサイクルの中での「加入」年代のピークにさしかかる時期に期待できたからである。その一方で、日常の議論の中での「参加民主主義」や「全ての力を人々に」といった声の高まりは、コミュニティ問題への参加のますますの拡大の前兆となっているように思われた。米国の最も鋭い評論家の一人が一九六八年にこう予言している。「参加民主主義は米国の中流、上流階級にとって長きにわたる（スローガンではなくとも）政治スタイルであった。それは、この階級に多くの人々が流入するにつれてさらに広まっていくことになるだろう」[11]。わが国の歴史において、市民生活の未来がこれ以上に明るく見えたことはなかったのである。

米国コミュニティにおける市民・社会生活に、続いて一体何が起こったのかが、本書のテーマである。近年、米国社会の特性の変化を考察する上で社会科学者が用いるようになった概念が「社会関係資本《ソーシャル・キャピタル》」である。物的資本や人的資本——個人の生産性を向上させる道具および訓練——の概念のアナロジーによれば、社会関係資本理論において中核となるアイディアは、社会的ネットワークが価値を持つ、ということにある。ネジ回し（物的資本）や大学教育（人的資本）は生産性を（個人的にも集団的にも）向上させるが、社会的接触も同じように、個人と集団の生産性に影響する。

物的資本は物理的対象を、人的資本は個人の特性を指すものだが、社会関係資本が指し示しているのは個人間のつながり、すなわち社会的ネットワーク、およびそこから生じる互酬性と信頼性の規範である。この点において、社会関係資本は「市民的美徳」と呼ばれてきたものと密接に関係している。違いは以下の点にある——市民的美徳が最も強力な力を発揮するのは、互酬的な社会関係の密なネットワークに埋め込まれているときであるという事実に、「社会関係資本」が注意を向けているということである。美徳にあふれているが、孤立した人々の作る社会は、必ずしも社会関係資本において豊かではない。

社会関係資本という用語それ自体は、二〇世紀の間、少なくとも六回は独立して発明されており、そのときごとに、われわれの生活が社会的つながりによっていかに生産的になるかに注意を向けてきた。この概念を最初に用いたとして知られているのは、象牙の塔の理論家ではなく、革新主義時代《プログレッシブ・エラ》の実践的改革者として知られる、ウエストバージニア州農村学校の指導主事であったL・J・ハニファンである。一九一六年の記述の中で、成功した学校にとってのコミュニティ関与の重要性を主張するにあたり、ハニファンは「社会関係資本」というアイディアを引き合いに出した。ハニファンにとって、社会関係資本が指し示すのは以下のようなものであった。

人々の日々の生活において最も重要な実体物とは、すなわち善意、友情、共感、そして社会単位を構成する人間間、家族間の社会的交流といったものである……個人がひとり取り残されていれば、社会的には弱く頼りないものである。……しかし彼が近隣との交流を行い、そしてその近隣が他の近隣と交流することにより、そこには社会関係資本の蓄積が生まれ、それは直ちに彼の社会的必要を満たし、またコミュニティ全体の生活条件を改善するために充分な社会的力を有するものになるだろう。コミュニティは全体として、その部分全ての協力によって恩恵を受け、また同時に個々人も、その属する組織の中に、隣人たちの援助や共感、そして友情という利益を見いだすこととなる。[12]

ハニファンの社会関係資本に対する議論は、後世の解釈における重要な要素のほとんど全てをすでに含んでいるが、この概念上の発明は他の社会批評家の注目を引くことはなく、跡形もなく消え失せてしまった。しかし海底の財宝が砂や潮の移動で再び姿を現すように、同じアイディアが一九五〇年代にはカナダの社会学者によって新興郊外地区でのクラブ所属を特徴づけるために、一九六〇年代には都市計画家ジェーン・ジェイコブズによって近代大都市の近隣関係を賞賛するために、一九七〇年代には経済学者グレン・ラウリーによる奴隷制度の社会的遺産の分析において、そして一九八〇年代にはフランスの社会理論家ピエール・ブルデューとドイツの経済学者エックハルト・シュリヒトによる、社会的ネットワークの中に組み込まれた社会的・経済的資源を強調するためにと、独立して何度も再発見されてきた。社会学者のジェームズ・S・コールマンは、この用語を一九八〇年代末に学問上の論点としてはっきりと、確定的に使用したが、そこでは（元来ハニファンがそうしたように）教育の持つ社会的文脈を強調するために用いられたのだった。[13]

この一連の独立した発明が示すように、社会関係資本には個人的側面と集合的側面、私的な顔と公的な顔がある。第一に、個人は自らの利益に資するようにつながりを形成する。仕事探しに精を出すものがよく使う戦略の一つは「コネ作り」であるが、それはほとんどの人間が、何を知っているかではなく、誰を知っているかということによって職を見つけるからである。すなわちそれは社会関係資本であって、人的資本ではない。経済社会学者のロナルド・バートは、回転式名刺入《ローロデックス》が膨らんでいる管理職ほど、昇進が速いことを見いだした。しかし社会関係資本の見返りは経済的なものにとどまらない。友人関係を研究する社会学者のクロード・S・フィッシャーはこう述べる。「社会的ネットワークは、われわれの人生のあらゆる点で重要である。仕事探しではしばしばそうであるが、援助の手や仲間、そして寄りかかって泣く肩を見つけるために重要であることはさらに多い」[14]。

もし、個人的な影響力や友情といったものが社会関係資本であるというだけのことであるならば、目端の効く、利己的な個人は適切な量の時間とエネルギーを投資し、それを獲得しようとすることが予想できよう。しかし社会関係資本は同時に「外部性」を有していてコミュニティに広く影響するので、社会的つながりのコストも利益も、つながりを生み出した人のみにその全てが帰せられるわけではない[15]。後で再び論じるが、つながりに富む個人であってもつながりに乏しい社会にいる場合は、つながりに富んだ社会にいるつながりに富む個人ほどには生産的たり得ない。そしてつながりに乏しい個人であっても、つながりに富む社会に住んでいる場合はそこからあふれ出た利益を得ることができる場合もある。近所に住む人々が互いの家から目を離さないことによって犯罪率が低まっているとすれば、自分が個人的にほとんどの時間を旅先で過ごし、通りの他の住人に会釈すらしないとしても、それでも利益を得ることになる。

社会関係資本はこのように、同時に「私財」でありまた「公共財」であり得る。社会関係資本への投資から得られる利益の幾分かは傍観者の手にわたるが、一方で、投資者に対して直接跳ね返ってくる見返りもある。例えば、ロータリーやライオンズといった奉仕クラブは、地域のエネルギーを動員して奨学金や疾病対策のための募金を募っているが、それと同時に、会員に対して親交とビジネス上のつながりを提供して個人的に報いてもいるのである。

社会的なつながりは、それが支えている行動ルールという観点からも重要である。ネットワークは（ほとんどその定義上）双方向の義務を含む——すなわち、それは単なる「接触」として興味深いのではない。コミュニティ参加のネットワークは、強固な互酬性の規範を促進する——このことを今あなたにしてあげる、それはあなた（あるいはおそらく他の誰か）がそのお返しをしてくれることを期待するから、ということである。「社会関係資本は、トム・ウルフが小説『虚栄の篝火』の中で、「恩恵銀行《フェイヴァー・バンク》」と呼んだものに似ている」と経済学者のロバート・フランクは述べている[16]。しかし、互酬性の最も簡潔な定義を与えたのは、小説家でも経済学者でもなく、ヨギ・ベラ（訳注：ニューヨーク・ヤンキース往年の名捕手）であった。――「誰かの葬式に行かないのなら、自分の葬式に誰も来てくれないだろう」。

　これらの場合のように、互酬性は「特定的」であることもある。「あなたがそれをやってくれたら、私もこれをしてあげる」のように。しかしより価値があるのは、一般的互酬性の規範である――あなたからの何か特定の見返りを期待せずに、これをしてあげる、きっと、誰か他の人が途中で私に何かしてくれると確信があるから、ということである。黄金律（訳注：「人にしてもらいたいと思うことは何でも、あなたがたも人にしなさい」、マタイによる福音書　七：一二）は、一般的互酬性の定式化の一つである。同じように示唆的なものはオレゴン州ゴールドビーチで、ボランティア消防団の毎年恒例の募金運動のPR用のTシャツに書かれるスローガンである。――「朝食会に来てくれたら、おたくの火事にも行きます」。「われわれは特定的互酬性の規範に基づいて行動する」と消防士たちは言っているように見えるが、見物人が微笑むのは、彼らが根底にある一般的互酬性の規範を理解しているからである――もしそうしなくとも、消防士たちはきっと来てくれるのだから。ブランチ・デュボア（訳注：テネシー・ウィリアムズの戯曲『欲望という名の電車』のヒロイン。その映画化（一九五一年）ではヴィヴィアン・リーが演じた）が見知らぬ人の親切に頼っていたとき、彼女もやはりまた一般的互酬性をあてにしていたのである。

　一般的互酬性によって特徴づけられた社会は、不信渦巻く社会よりも効率がよい。それは、貨幣の方が、物々交換よりも効果的であるのと同じ理由である。交換のたびごとに毎回すぐに帳尻を合わせるということをしなくてすむのなら、それだけより多くの取引をすますことができる。信頼は社会生活の潤滑油となる。人々の多様な集合の間で頻繁な相互作用が行われると、一般的互酬性の規範が形成される傾向がある。市民参加と社会関係資本は、相互義務と行為への責任を内包している。L・J・ハニファンとその後継者が認識していたように、社会的ネットワークと互酬性規範は相互利益のための協力を促進させうる。経済的、政治的取引が、社会的相互作用の密なネットワークに埋め込まれているとき、日和見や不正への誘因は減少する。詐欺の発生する可能性が極端に高いダイヤモンド取引が、緊密に結びつきあった民族的小集団《エンクレーブ》の内部に集中しているのはこの理由による。密な社会的つながりは、ゴシップその他の、評判を醸成する有益な手段を促進する。これは複雑な社会において、信頼の本質的基礎となる。

物的資本は単一の「モノ」ではなく、異なる形態を持つ物的資本は互いに交換が不可能である。卵の泡立て器と、航空母艦はどちらも国民経済計算の中に現れる物的資本であるが、泡立て器は国防には役に立たないし、空母で朝のオムレツが作れるわけでもない。同様に社会関係資本——すなわち、社会的ネットワークと、それに付随する互酬性規範——も、さまざまな形態、大きさ、そして機能を有している。親戚も社会関係資本の一形態なら、日曜学校のクラスも、通勤電車の中でポーカーをするいつもの仲間も、大学のルームメイトも、参加している市民組織も、オンラインチャットのグループも、住所録に記載された職業上の知り合いのネットワークも、みなそうである。

「社会関係資本」やその概念的な親戚の「コミュニティ」という言葉は、暖かくまた愛らしく聞こえるかもしれない。しかし、都市社会学者のザヴィア・ド・ソーザ・ブリッグスは、社会関係資本に対してくどいほど甘ったるい、「クンバヤ」的解釈をすることには適切な警告を発している。[17] ネットワークと、それに付随する互酬性規範は、ネットワークの内部にいる人々にとっては一般に有益であるが、社会関係資本の外部効果は常にプラスというわけでは全くない。例えば、ティモシー・マクヴェイが、オクラホマ・シティでアルフレッド・P・ミューラー連邦ビルを爆破することを可能にしたのも社会関係資本である。マクヴェイの友人ネットワークは、互酬性規範によって相互に結びつき、彼が一人ではなしえなかったことを可能にした。同様に、都会のギャング、「ニンビー」（訳注：発電所、刑務所などの施設を「うちの裏庭には作るな《ノット・イン・マイ・バックヤード》」）運動、そしてパワーエリートたちはしばしば社会関係資本を濫用するが、その結果達成されたものは広い視点から見れば反社会的である。事実、そのようなグループでは、コミュニティ組織のもたらす向社会的、反社会的な結果の間にある違いを曖昧なままにしておくのはレトリック上有用なものとなる。クー・クラックス・クラン（ＫＫＫ）が「道路養子運動」（訳注：市民運動や企業が道路の一部の里親となって、その名前を掲示する代わりに清掃や植栽の負担を負うシステム）を行おうとする計画にフロリダ住民が反対したとき、ＫＫＫ騎士団の大司祭であるジェフ・コールマンは抗議の中で、「われわれは、単にライオンズクラブやエルクスのようなものだ。われわれはコミュニティにとけ込みたいのである」と述べたのだった。[18]

すなわち、社会関係資本が悪意を持った、反社会的な目的にも向けられうるのは、他のあらゆる資本と同様である[19]（マクヴェイも目的を遂げるために、爆弾を積んだトラックという物的資本と、爆弾製作の知識という人的資本を利用した）。したがって、社会関係資本がもたらす正の影響——相互扶助、協力、信頼、制度の有効性——がいかに最大化され、派閥、自民族中心主義、汚職といった負の発現がいかに最小化されるかを検討することは重要である。この目標に向かって、社会関係資本のさまざまな形態を区別する研究が行われている。

その形態の中には、繰り返され、強く、何重にも撚《よ》り合わされたネットワークが含まれている——製鉄所の労働者たちが、金曜の夜に飲みに出かけ、日曜のミサでも会うように。一方で一時的な、単一のつながりによる、匿名の形態もある。スーパーのレジの列で、月に何回か見かけるうろ覚えの顔のように。社会関係資本には、PTAのように、公式に組織化され、会報が作られ、定期的に会合を持ち、定められた規約を持ち、さらに全国的に組織化されているものもあれば、その場限りのバスケットボールゲームのように、よりインフォーマルなものもある。ボランティアの救急分隊のように明確に公的な目的を持っているものもあれば、ブリッジクラブのようにメンバーの私的な楽しみのために存在するものもあり、また先述したロータリークラブのように、公的、私的な目的の両方にまたがっているものもある。

社会関係資本の形式の多様性のあらゆる次元の中で、最も重要なものはおそらく、「橋渡し型《ブリッジング》」（あるいは包含型）と、「結束型《ボンディング》」（あるいは排他型）の区別であろう。[20] 社会関係資本の形態の中には、メンバーの選択やあるいは必要性によって、内向きの指向を持ち、排他的なアイデンティティと等質な集団を強化していくものがある。結束強化型の社会関係資本の例としては、民族ごとの友愛組織や、教会を基盤にした女性読書会、洒落たカントリークラブなどがある。一方で外向きで、さまざまな社会的亀裂をまたいで人々を包含するネットワークもあり、その中には公民権運動、青年組織、世界教会主義《エキュメニカル》の宗教組織などがある。

結束型の社会関係資本は、特定の互酬性を安定させ、連帯を動かしていくのに都合がよい。例えば、少数民族集団《エンクレーブ》において見られる密なネットワークは、コミュニティの中の比較的恵まれていないメンバーにとって、決定的に重要な精神的、社会的支えとなり、また同時に地域の起業家にとっては、事業立ち上げの財源、市場、そして信頼できる労働力を供給するものとなる。

橋渡し型のネットワークは対照的に、外部資源との連繋や、情報伝播において優れている。経済社会学者のマーク・グラノベッターが指摘したのは、職探しの場面――あるいは政治的な同盟関係――において、「弱い」つながりが、自分と遠く離れており、自分と異なるサークルの中で動く知り合いを結び付けることによって、「強い」つながりによって結び付く、社会学的な居場所《ニッチ》が自分のそれとよく似た親類や親密な友人よりも実際には有価値となるということであった。ザヴィア・ド・ソーザ・ブリッグスの表現によれば、結束型社会関係資本は、「なんとかやり過ごす《ゲッティング・バイ》」のに適し、橋渡し型社会関係資本は、「積極的に前へと進む《ゲッティング・アヘッド》」のに重要である。[21]

加えて、橋渡し型の社会関係資本は、より広いアイデンティティや、互酬性を生み出すことができ、結束型社会関係資本によって強化される自己が、より狭い方向に向かうのとは対照的である。一八二九年、マサチューセッツ州ニューベッドフォードの活気あふれる捕鯨港における地域の公会堂の設立にあたって、トーマス・グリーンは鋭い洞察を雄弁に表現した。

> われらは社会のあらゆる領域、地位、階級からここに集った……それは、順番に教え、また教えられるためである。この目的を遂げるために、われらは互いに混じり合いながら、さらに深く知り合わねばならない。無知や、部分的にしか知らないことが過去にもたらしてきたような偏見の多くを取り除くべきである……われらは党派や宗派に分かれているが、時にはその中で、あまりにも数多くの点において兄弟とは認めていないようなものも愛さなければならぬということを学ぶ。われらは、（この会堂から）家庭や囲炉裏端へと、互いに対する思いやりの気持ちをより強くして帰ることができよう。なぜならわれらは互いをよりよく知ることができたのであるから。[22]

結束型社会関係資本が、社会学的な強力接着剤なら、橋渡し型社会関係資本は社会学的な潤滑剤《WD-40》である。結束型社会関係資本が、内集団への強い忠誠心を作り出すことによって同時に外集団への敵意をも生み出す可能性があるのは、ニューベッドフォードのトーマス・グリーンとその周囲の人間がよく知っていたとおりであり、そしてその理由によって、この形態の社会関係資本においては、負の外部効果が起こりやすいことが予測できるだろう。それでも、多くの状況下においては、橋渡し型と結束型の両方の社会関係資本が、強力な正の社会的効果を持ちうるのである。

多くの集団は、何らかの社会的次元で結束し、そして同時に他と橋渡しを行っている。例えば黒人教会《ブラック・チャーチ》には、同じ人種と宗教の人々が、階級の区分線を越えて集まっている。コロンブス騎士会は、異なる人種コミュニティの間の裂け目を橋渡しするために設立されたが、一方で宗教、性別の線に沿って結束したのである。オンラインチャットは、地理、性別、年齢、そして宗教を超えて人々を橋渡しするが、その一方で教育水準とイデオロギーという関連からは非常に等質なものとなるだろう。すなわち、結束と橋渡しは、それにより「どちらか一方」に社会的ネットワークがきれいに分けられるといったカテゴリーではなく、社会関係資本のさまざまな形態を比較するときに使える、「よりその傾向が大きい、小さい」という次元のことと言える。

時間の経過と共に、これらのさまざまな形態の社会関係資本がどう変化発達していくかを区別して測定できる指標があれば明らかに有益である。しかし地球温暖化の研究者と同様、われわれも見つかる限りの不完全な証拠を使って作業を行わなければならず、単にその不足を嘆くだけというわけにはいかない。米国の社会的ネットワークに関する網羅的な記録は――時間の中の一点に限ってさえも――存在しない。「橋渡し性」と「結束性」をきれいに区別しているような、信頼でき、包括的で、全国レベルの社会関係資本の指標を見つけることはこれまでできなかった。したがって本書の中で最近の社会的傾向を実証的に説明するときは、筆者が望むほどにはこの区別は明確にはならないだろう。しかし、この概念的区別を先に進むにあたって頭に意識し続け、橋渡し型と結束型の社会関係資本は交換可能なものではない、ということを認識する必要がある。

「社会関係資本」は、見方によっては、米国の知的サークルにおける非常に古くからの論争に名付けられた単なる新しい言葉にすぎない。コミュニティが、個人主義を相手に優越を競って絶え間なく戦い続けてきたことは、わが国の政治上の聖人列伝に記されているとおりである。硬直化したコミュニティの束縛的結束からの解放は、われらの文化において繰り返し讃えられるテーマであり、一七世紀における宗教的因襲から脱出したピルグリムたちの物語や、一九世紀の個人主義賛歌、すなわちエマーソン(『自己への信頼』)、ソロー(『市民的不服従』)、ホイットマン(『自身の歌』)らの詩歌、二〇世紀ではシャーウッド・アンダーソンの『ワインズバーグ・オハイオ』の中での、大勢順応主義に対するごく普通の市民の闘争への讃辞から、最近ではクリント・イーストウッドの映画にまで至っている。米国共同体主義者《コミュニタリアン》の守護聖人たるアレクシス・ド・トクヴィルでさえも、独特な言い方での個人主義の民主主義的な主張をしたことで知られている。「それは穏やかで考え抜かれた感情であり、一人一人の市民を、群衆をなす仲間から切り離し、家族や友人の輪の中へと引き下がらせる。自らの好みによって形成されたこの小さな社会の中で、彼は自ら進んで、大きな社会が自らを動かしていくのに委ねるのである」[23]。

わが国の伝説譚は、英雄《ヒーロー》が個人として果たした役割を強調することが多く、集団的な努力の重要性を軽視しがちである。例えば、歴史家デヴィッド・ハケット・フィッシャーの米国革命前夜をめぐる説得力ある説明では、ポール・リヴィア(訳注:米国独立戦争時の愛国者。夜を徹して馬を飛ばし、英軍の侵攻をレキシントン住民に知らせたことで知られる)の馬駆けの警報も、ミドルセックスの街の市民参加のネットワークがあって初めて成功したのだ、ということを思い起こさせる。よく組織された地域民兵のない町は、その住民がいかに愛国的であろうと、レキシントン・コンコードの戦いに加わることはできなかった[24]。それにもかかわらず、無骨な個人主義神話の方が、米国人の心性には強く琴線に触れ続けているのである。

「コミュニティ」の強化・衰退をめぐる論争は、少なくとも二世紀の長きにわたる風土病と化している。「衰退主義者の話法」——衰退と没落の物語を指すポストモダニスト用語——には学術界に長く続く系譜がある。われわれは絶え間なく、安っぽい現在を過ぎ去りし栄光の日々と比べる誘惑に駆られるようである。どうやら、この懐古趣味への傾倒は人間社会に共通するものらしい。社会学者のバリー・ウェルマンは述べる。

人類が洞窟より飛び出してこの方、社会変化がコミュニティに与える衝撃に懸念を表するのは批評家たちの常である……〔過去〕二世紀の間、先導的社会評論家の多くは、産業革命に伴う大規模な社会変化が、コミュニティの構造と作用に与える恐れのあるさまざまな影響を提唱して引きも切らなかった。……大規模変化の結果をめぐるこのアンビバレンスは、二〇世紀にも継続した。さまざまなものが、実際に崩壊してしまったのかどうかと分析者たちはずっと問い続けている。(25)

二〇世紀の終焉にあたり、市民的な不調感が米国人一般に共有されていた。経済の見通しはまず満足のいくものであり、それは空前の期間にわたる拡大の結果として特に驚くべきものではなかった。しかしながら、道徳的に、また文化的に正しい道を進んでいるのかについて、人々は同様の確信があったわけではなかった。ベビーブーマーを対象にした一九八七年の調査によれば、自分たちの親の世代の方が、より「意識の高い市民であり、コミュニティにおいて他者を助けることに関わっていた」と考えるものが五三％を占めており、自らの世代の方がより優れているとしたものは二一％にすぎなかった。優に七七％の者が「コミュニティ活動への関与が減った」ことにより国が悪くなっていると答えたのである。一九九二年には、米国労働人口の四分の三が、「コミュニティの崩壊」と「利己主義」がアメリカの抱える「深刻な」あるいは「極めて深刻な」問題であると回答している。一九九六年には「平均的米国人の正直さと誠実さ」が向上しているとした者は米国人全体の八％にすぎず、一方でますます信頼できなくなっていると考えた者は五〇％に上った。過去一〇年を通じて、人々の市民性が失われつつあると回答した者は、市民性は向上していると答えたものと比べて、八〇％対一二％と大きく上回った。一九九九年の複数の調査では、アメリカの市民生活はこの数年弱体化しており、子ども時代の頃の方が社会的・倫理的価値意識が高く、そして社会の焦点が、コミュニティから個人へとますます移動していると答えたものが全体の三分の二に上った。八〇％以上の人が、個人に負担がかかってもコミュニティをもっと重視すべきだと回答している。(26) コミュニティの結束が弱まりつつあることに対する人々の不安は、見当違いであったり誇張されているかもしれないが、それでも、われらが同胞たる市民の意見にはしかるべき敬意を払い、この問題をより綿密に探求すべきだろう。

米国におけるコミュニティの結束が、過去の歴史を通じて一貫して低下してきた、あるいはこの一〇〇年間にわたってはそうであった、というのは、筆者の見方とは全く異なっている。それとは逆に、米国史を注意深く検討すると、それは市民参加の上昇下降の繰り返しであって単なる一方的低下ではなく、言い換えれば崩壊と再生の歴史であることがわかる。本書の冒頭にすでにヒントを与えていたように、米国におけるコミュニティの結束は次第に強まっていたのであって弱まっていたのではなかったことを、今生きている人々は憶えているし、そしてまた本書の最終部で示すように、この数十年の低下を逆転させるための力はわれわれの内に存在するのである。

しかしながら、筆者の議論は、少なくとも見た目には衰退主義者の流儀に沿うものであるので、昔はよかった、という単純なノスタルジーを避けることは重要なこととなる。本書のテーマは薄っぺらな自己欺瞞に陥りやすいというまさにその理由により、ここで用いられる手法には透明性が必要である。二一世紀に突入した時点でのコミュニティ内での生活は、一九五〇年代の米国コミュニティのそれと本当にそれほど異なっているのだろうか。ノスタルジーを押さえつけるのに有効な方法の一つは、実際に測り数えてみることである。クラブの会合に集まる数は、本当に昨日より今日の方が減ってしまったのだろうか、それともただそう見えるだけなのだろうか。われわれは、両親の世代と比べて隣人のことを本当に知らないのか、あるいは隣近所とバーベキューをした子ども時代の記憶が、光り輝くすてきな思い出として胸の内を占めているということなのだろうか。友人とポーカーゲームに興じるのは本当に希になったのか、それとも人々が単にポーカーから卒業してしまっただけなのか。リーグボウリングは過去のものになったかもしれない。でもソフトボールやサッカーは？　見知らぬ人は、本当に信頼できなくなったのか。ベビーブーマーやX世代は、本当にコミュニティ生活に参加しなくなったのか。結局のところ、「沈黙している」と以前に軽蔑されていたのは先行する世代である。おそらく、現在の若い世代は、上の世代に比べて参加が減っているというのではなく、むしろ新しい方法で参加するようになったのではないか。続く章では、これらの問いに対して、手に入る限りの良質の証拠を用いて探求する。

変化する社会的風土についての研究が抱える困難さは、地球温暖化に取り組む気象学者が直面する困難にいくつかの点でなぞらえることができる――すなわち、過去からどのようなデータが得られればいいのかわかっているが、時間の流れをさかのぼって、それを得るために必要な研究を計画することはもはや不可能だということである。したがってこの社会が、われわれの親の世代の社会とどのような点で似ておりまた似ていないのかを探るには、見つけることのできるあらゆる証拠から、不完全な推論をするしかない。

地球規模の気候変化を測定しようとする古気象学の研究者にとって最も強力な手法は、さまざまなソースから証拠をとり、三角測量のようなやり方をとることである。南極の氷の中の花粉量、南西域での年輪の幅、そして英国海軍の気温記録、これらが同じ方向性を示していれば、地球温暖化が起こっているという推論は強くなる。証拠を紡ぐ紐に、撚《よ》り糸が一本しかないときよりも。まさに同じ理由で、慎重なジャーナリストは「複数ソース」ルールに従う。つまり最低二つの独立した情報源によって確認されなければ決して何も発表しないということである。

この本においても、私は同じ原則に従う。本書における主要な一般化は、ほぼ全てが、複数の独立した証拠に依拠しており、信頼できる情報源から異なった結果が見つかった場合は、その不一致についても触れている。私には立証すべき事件《ケース》があるが、法廷において働く者が全てそうであるように、私もプロとしての義務に従い、見つけた全ての証拠を、それが有罪を示唆しようが無罪を示唆しようが明らかにする。大量の冗長な証拠によって本文を細切れにすることを避けるため、複数の研究による確証のためのデータは注に置くようにした。であるから、懐疑的な「証拠を見せろ」という読者は、ぜひ本文のみでなく、これらの注釈を当たってほしい(27)。

米国人の社会生活の連続性と変化を巡って、可能な限りの幅広い証拠を筆者はこれまで探索してきた。私の確認した変化が、自分が信じているように広く深いものであるなら、それは多くの異なる場所で立ち現れているはずであり、そのために私は幅広い網をかけた。もちろん、社会変化は、気候変化と似て、一様ではあり得ない。人は単一の次元にのみ生きるわけではない。全てが、同じ方向、速度で変化していると考えるべきではないが、一方でこれらの例外こそが、何が起こっているのかについての重要な手がかりを含んでいるかもしれない。

米国社会は、その大陸同様に巨大で多様であり、われわれの市民参加もこれまでさまざまな大きさと形式を有してきた。われわれのうちには、今でも近隣と共同で畑仕事を行うものもあれば、一方で教室をインターネットにつなごうとしているたくさんの人々もいる。議会を運営する人間もいれば、自助グループに参加している人間もいる。地域の弁護士会《バー・アソシエーション》に集まるものもあれば、近所のバーに集うものもいる。毎日ミサに出席するものもあれば、年に一度のクリスマスカードを送るのをなんとか忘れないようにと一生懸命の人間もいる。社会関係資本の形態――友人、隣人や見知らぬ人とのつながり方――はさまざまである。

よって、社会関係資本と市民参加の時間的変化の検討は、この複雑な社会のさまざまな領域に広範にまたがることになる。続く章を始めるにあたってまず、最も公共的な領域である、政治と公的な事柄における人々の参加を描きだす。続いて、われわれのコミュニティにおける諸制度――クラブやコミュニティ組織、宗教団体、労働組合や専門職組織などの労働関連組織――を検討する。その次に、ほとんど無限の多様性を持っている、人々を相互に結びつけるインフォーマルなつながり――トランプのクラブやボウリングリーグ、バーの飲み友達や野球、ピクニックやパーティといったものを探る。続いて、アメリカにおける信頼と愛他主義――慈善運動、ボランティア活動、誠実さ、互酬性を検討する。最後に、つながりの減少に対する明らかな反証事例として、小集団、社会運動、そしてインターネットの三つに目を向ける。

それぞれの領域の中では、本流や逆流、また小さな渦などに遭遇することになるが、一方で二〇世紀の米国社会を流れる、どの領域にも共通する強力な潮流を見いだすことになるだろう。中心テーマはシンプルである――二〇世紀が始まり前半の三分の二が過ぎるまでは力強い潮流が流れており、米国人のコミュニティ生活への参加はかつてないほど深まっていた。しかし、二〇～三〇年前――静かに、前触れもなく――潮流は逆転し、われわれは非常に危うい離岸流にさらされることとなった。何の前触れもなく、この世紀後半の三分の一を通じて、人々は互いから、また自身のコミュニティから引き離されてしまったのである。

これらの潮流が米国社会のあらゆる側面に与えている衝撃、その原因とそれがもたらすもの、流れを逆転させるためにわれわれのできること、これが本書の残りのテーマである。第3部においては、過重労働から郊外へのスプロール現象、福祉国家から女性革命、人種差別からテレビ、移動の拡大から離婚の増加といった、広範にわたる可能な説明要因について探る。これらの要因の中には、社会関係資本の衰退に対して何の実質的な役割も果たしていないことが明らかとなったものもあるが、われわれの直面する問題に対する、三つから四つの決定的要因を同定することができるだろう。

第3部は「なぜ？」を問うものだが、第4部は「それで？」を問うている。社会関係資本は、人々の生活の多くの側面に対して、強い、そしてはっきりと測定可能な影響力を及ぼすことが明らかとなる。危機に瀕しているのは、コミュニティの内にある単に温かで、抱きしめたくなるような感情やときめきではないのである。学校や近隣関係が、コミュニティの結束が弱まっている状況ではうまく機能しないこと、そして経済、民主主義、さらには健康や幸福までもが、社会関係資本の十分な蓄積に依存していることを、確たる証拠によって示す。

最後に、第5部においては、必要とはいえ見通しの暗い現状の診断から、より楽観的に、治療法を探る取り組みに視点を転じる。一世紀前、米国人が直面していた社会的・政治的問題は、現在われわれの取り組まなければならない課題と非常に類似していることが明らかとなる。先祖がどのように反応したのかということから、学ぶことは多い。それはとりわけ、われわれを取り巻く市民的衰退は覆しうるのだ、ということである。本書はこの現代病に対する単純な治療法を提供するものではない。最終部の目的は、二一世紀において米国の市民参加と社会的つながりをいかにして取り戻すか、という全国的な議論と実験の時代を誘発する（そして望むらくはそれに貢献する）ことである。

一九九七年一〇月二九日以前、ジョン・ランバートとアンディ・ボシュマは、ミシガン州イプシランティのイプシ・アーバー・ボウリングレーンのローカルリーグを通じての知り合いにすぎなかった。当時ランバートはミシガン大学付属病院を退職した六四歳、それまで三年間腎臓移植待機リストに掲載されており、一方のボシュマは三三歳の会計士であったが、たまたまランバートの状態を知り、自分でも予期しなかったことだが、自分の腎臓の片方の提供を申し出たのだった。

「アンディは私の中に、ほかの人は見ない何かを見たんだ」とランバートは語る。「病院にいたとき、アンディが私にこう言った。『ジョン、私はあなたのことが本当に好きだし、あなたを尊敬している。もう一度、ということになったってためらうことはないよ』と。思わずこみ上げてきてしまってね」。ボシュマは当時を振り返る。「私は、〔ランバートと〕確かに絆を感じていた。前は彼のことを気にかけていたけれど、今では彼と根の部分でつながっているように感じる」。この感動的なストーリーはそれ自体が雄弁なものであるが、『アナーバー・ニュース』での報道につけられた写真は、彼らが職業や世代において異なっているのみならず、ボシュマが白人でランバートがアフリカ系米国人であることも明らかにしている。彼らが共にボウリングをしていたということが、違いを生み出したのだ。(28) このような小さい部分においても――そしてもっと大きな部分においても――われわれ米国人は、互いを再び結び付け合わなければならない。本書のシンプルな主張はこの点にある。

第2部

市民参加と社会関係資本における変化

第2章　政治参加

米国人の政治、政府への関与は過去三〇年を通じて大きく変容してきた。これは、コミュニティとのつながり方の唯一の変化であるというわけではないし、さらには最も劇的で明確な変化の例ということでもない。しかしながら、最も広く論じられているものであるから、最初の取りかかりとしては適当であろう。

投票という唯一の例外を除けば、米国人の政治参加率は他の民主主義国と比較すると良好なものである。意見を表明し、権利を行使するための多様な手段がそこには存在する――地方自治・国政の公職者との接触、政党や政治団体での活動、隣人との政治的議論、公的集会への出席、選挙運動への参加、キャンペーンバッジの着用、請願署名、ラジオのトーク番組での発言、その他数多くの方法である。全ての人々がこれらのこと全てを行っているわけではないが、それでも他の先進民主主義国の多くの市民と比較すると、こういった参加に対して積極的である。いつも選挙の年になると、他の大半の民主主義国に比べて、投票に行く有権者が少ないということを思い知らされる――われらが投票率は、スイスを辛うじて破り最下位を免れているが、しかし残りの二二の先進民主主義国家の全てを下回っている。(1) それでも、米国人は確かに投票ブースの外では政治的に積極的である。しかしここでの関心は、「われわれは他国と比べてどうか」ではなく、「自分自身の過去と比べてどうか」である。その問いへの答えの方は、あまり芳しいものとはならない。

民主的市民権の行使として最も代表的なものから始めよう――それは投票である。一九六〇年、米国有権者の六二・八%が、ジョン・F・ケネディとリチャード・M・ニクソンのどちらを選ぶか、という投票に参加した。一九九六年には数十年の低下を経て、ビル・クリントンとボブ・ドール、そしてロス・ペローの中からの選択を行った有権者は四八・九%となった。これは二〇世紀でほぼ最低の投票率である。大統領選挙への参加は、過去三六年間を通じて、四分の一ほど下落した。中間選挙、地方選挙の投票率もだいたい同程度の低下を示している。[2]

いくつかの理由によって、この広く報じられた事実は、米国人の選挙参加関与の真の低下を控え目に表現してしまっている。二〇世紀の大半において、米国人の選挙ブースへのアクセスの障害となってきたものに、煩瑣な選挙登録制度がある。他の民主主義国と比較したときの低投票率に対するお決まりの説明では、この登録というハードルをまさしく指摘する。しかし過去四〇年を通じて、国内での選挙登録の必要条件は著しく緩和された。「モーターヴォーター」制度（訳注：運転免許の申請・更新時に選挙登録を同時に行う制度）が全国的に導入され、各州が新たな投票者を積み上げるためにと合計で一億ドルを支出したのは、このような一連の流れの中で最も目立つ例であるにすぎない。[3]投票への障害として最も指摘されるものが十分に低まったという事実にもかかわらず、投票率は低下している。低くなったハードルと向かい合ってさえ、飛び越えようとする米国人はさらに減少しているのである。

第二の留保はさらに重要なものである。米国史の長期にわたり、南部の人々、とりわけ黒人は公民権を奪われてきた。現在の投票率が過去のそれとどのように比較しうるかについての正確な見取り図を提供しているのが図1であり、米国共和制史のほぼ全体を通じての、南部・非南部諸州の大統領選投票数の変化を示している。

一九世紀末から二〇世紀の中盤まで、南部各州の事実上全てのアフリカ系米国人（と白人貧困層の一部）の投票を妨げていたのは、選挙税、読解テスト、不正行為、そして暴力であった。この一八九〇年代の黒人分離法《ジム・クロー》による南部黒人の公民権からの排斥は、南部の投票数を大幅に削減させ、全国平均を続く七〇年間人為的に押し下げることとなった。投票率の標準的指標の大半では、これら何百万もの排斥者をその他の無投票者とひとまとめにしてしまうため、これらの指標は二〇世紀の三分の二までの期間の、自由に投票に行くことのできた米国人の中での実効的な投票率を過小表現することとなる。[4]

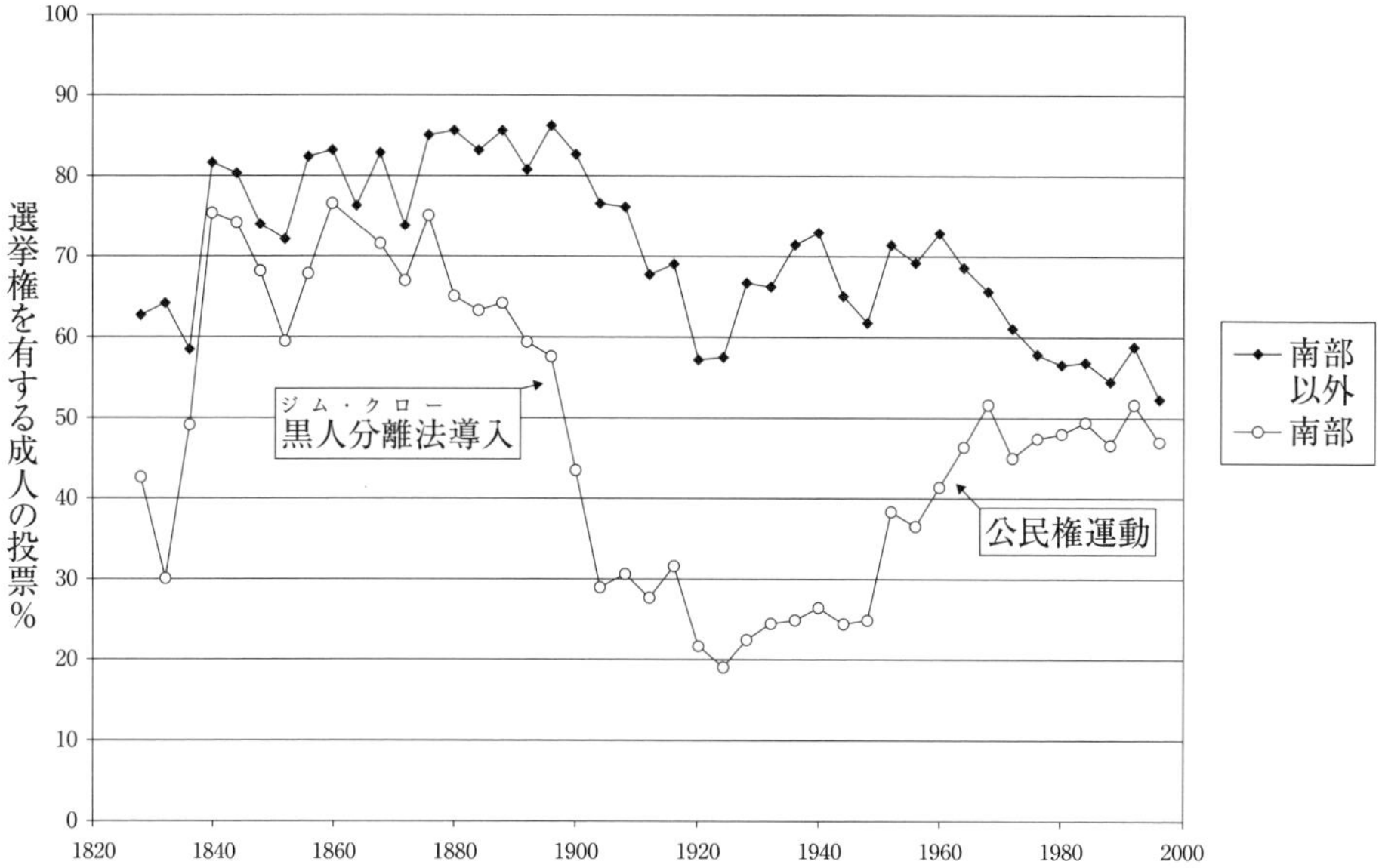

図1　大統領選挙投票の傾向(1828-1996)、地域別

一九六〇年代の公民権運動と一九六五年に成立した投票権法により、新たに参政権を与えられた南部諸州の数百万の男女が、二〇世紀で初めて投票権を行使することができるようになった。この新規投票者の流入が、残りの米国有権者の間における投票率の低下を部分的に覆い隠した。[5] 結果として、米国国政選挙の投票数は南部黒人を有権者に含めたことによって面目を保ち、ずっと選挙権を持っていたその他の人々が、実際にはますますそれを行使しなくなっているという事実を曖昧にしてしまったのである。

南部の外に出ると、一九六〇年以来の投票参加の下落は今や米国史上最長の低下となっており、一九九六年と一九九八年の選挙における投票は、ほぼ二世紀にわたる全ての大統領選挙、中間選挙の中で最低となってしまった。[6] 南部の中でさえも、一九九六年の投票率は（一八九六年から一九六四年までの強制排斥期間を除いて）一六四年間の間でほぼ最低の水準であった。要するに、約二世紀の間で、この数年ほど米国市民が自由意思で棄権したことはなかったのである。

これらの不投票者は誰で、そしてなぜ行動を起こさないのだろうか。これまで数多くの解釈が提示されてきた――政府への不信感の増大、政党動員の減少、社会的結束の摩耗、政党離れ、その他といったものである。しかし、個人レベルの投票の上昇下降に隠された、投票の長期的低下のほぼ全ては、ニューディールから第二次大戦期に成人を迎えた有権者が、その後に続く世代によって段階的に置き換わっていったことにその原因がある。

　世代変化はわれわれのストーリーにおける重要なテーマとなるので、ここで一度立ち止まって社会変化と世代変化がどのような相互関係にあるかについて考察する。ラップミュージックの流行から新聞の衰退に至るまで、あらゆる社会変化は常に、二つの全く異なるプロセスの組み合わせによって作り出されている。一つは、多くの人々が、自分の趣味や習慣を一つの方向に同時に変化させるというものである。この種の社会変化は素早く起こるし、また素早く逆転する。米国人の相当数が、老いも若きも、スポーツ汎用車《SUV》に夢中になれば、一九九〇年代にそうなったように自動車市場は素早く変化し、また別の方向にも同様に素早く変化することだろう。社会学者はこの種の変化を「イントラコホート」と呼ぶことがあるが、それは変化が各年齢コホートそれぞれの内部に見いだしうるからである。

　第二の社会変化はよりゆっくりとした、かすかなものであるが、逆転もより難しい。異なる世代が異なる趣味や習慣を持てば、生と死の社会生理により、個人が何の変化をせずとも結局は社会が変化する。過去数十年を通じて起こった性的道徳における変化の多くは、この類いのものである。自らの道徳観を変化させた成人は相対的に少なかったし、そうした者もほとんどはより保守的に変化した。しかし全体としては、例えば婚前交渉に対する米国人の態度はこの数十年で根本的にリベラル化したが、それは厳格な信念を持った世代が、より緩んだ規範を持つ続く世代によって次第に置き換わっていったからである。社会学者はこの種の変化を「インターコホート」と呼ぶが、それは変化が、異なる年齢グループの間でしか認められないからである。まさに世代変化のリズムがゆっくりとしているという理由により、それはほとんど動かしがたいものになりやすい[7]。

　ほとんどの社会変化は、個人過程と世代過程の両方を含んでいる。電話やインターネットといった新技術の利用は、この種の混合の例といえる。新たな技術革新《イノベーション》が登場したとき、新しい電話や新しいブラウザを試してみるという人は多い。変化を起こすのは個人なので、利用の初期増大の原因のうち、世代変化に帰することのできる部分はほぼない。変化はしかし、若い世代の方がより容易であるから、成長の直接の勢いは、古い世代に染みついた習慣によって削がれることとなる。現在中年以上の米国人の多くは、親の世代が長距離電話をかけるのに、長距離料金が低下した後でも躊躇していた様子を覚えているだろう。段階を追って、世代差がこの社会変化の主要な特徴となる。過去数十年を通じて、私信を書くという習慣が廃れてしまったのは、個人がその習慣を変化させたということではなく、遠くの友人や親類に手紙を書いてやりとりする習慣を持っていた世代が、受話器を取り上げることに慣れた若い世代に入れ替わってしまった、ということにほとんど全ての原因がある。(8)

イントラコホートとインターコホートの変化を区別することは、米国の投票率に過去三〇年に起こったことを理解するにあたって決定的に重要である。投票行動の全体としての低下は、個人の変化に帰することはほとんど不可能であり、その全ては事実上世代的なものである。その人生を通じて、また人生においていかなる場所を占めまた政治関心のレベルがいかなるものであったとしても、ベビーブーム世代とその子どもは、その両親や祖父母と比べて投票に行かない傾向があった。ベビーブーム世代とその子どもが全国の有権者に占める割合が増加するにつれて、投票率の平均は、厳然と下降していったのである。(9)

市民参加におけるこの世代格差は、これから見ていくとおり、今日の米国コミュニティにおいて共通のものである。このことは、投票の低下の持続が不可避であり、それを反転させようとするあらゆる試み（モーターヴォーター登録制度など）をものともしないこと、そしてこの傾向が全面的に広がっており、大統領選のみならず、州や地方選挙、さらには公債発行の住民投票においても影響を与えている、ということを説明する理由の一つである。個々の候補者や争点の浮沈がいかなるものであろうと、ともかくも投票を引き出そうとするキャンペーンの試みは、もっと低い基準から始めなければならない。というのも、鎌を持った死神《グリム・リーパー》が、米国有権者の中でも最も政治参加する世代を一年ごとに刈り取っていってしまうからである。

投票行動は、政治的活動の中でも最も一般的な形態であり、それは平等という、最も本質的な民主主義原則を体現するものである。棄権は政治的コミュニティからの離脱である。さらに、採掘坑で危険を知らせるカナリアのように、投票行動は、広範な社会変化を示す有用な代替指標となる。人口統計学的に対応をとった非投票者との比較では、投票者は政治関心が高く、慈善寄付を行い、ボランティアをし、陪審を務め、地域の教育委員会の会合に出席し、デモに参加し、地域の問題について仲間の市民たちと協力する傾向が強い。投票がコミュニティ参加の原因となっているのか、それともその逆であるのかを判断するのは難しいこともあるが、最近の知見によれば、投票行動それ自体が、ボランティアや、その他よき市民としての行動形態を促進することが示されている。よって、投票率が二五%、あるいはそれ以上低下しているというのは米国民主主義において、決して小さな問題ではない[10]。

他方、投票行動が必ずしも政治参加における典型的な形態ではないという重要な側面もいくつかある。米国政治における参加形態の網羅的な評価に基づいて、政治学者のシドニー・ヴァーバ、ケイ・シュロズマンとヘンリー・ブレイディが出した結論は「市民参加を、投票を通じてのみ理解しようとするのは、不完全であり誤りを導きかねない……投票以外のさまざまな政治的行為に参加しているものと比較すると、投票者が回答する満足感の組み合わせも、また関心を持つ争点の束も異なっているのである……投票は、それ自体独自のものである」というものであった。投票参加の低下は、コミュニティ生活からの離脱の広がりをめぐる、最も目につきやすい徴候というのにすぎない[11]。発熱と似て、棄権はその症状それ自体としてよりも、政治という身体の中の根深い疾患のサインとして重要なのである。米国人が無断離脱しているのは、単に投票ブースから、というだけのことではない。

政治的知識や、公的な事柄への関心は、より積極的な関与形態のための重大な前提条件である。ゲームのルールもプレイヤーも知らず、その結果に関心もないのなら、プレイする気も起こらないだろう。望みがあるのは、世紀末の米国人を全体として見ると、例えばどちらの政党が下院における与党であり、自分の選挙区の上院議員が誰であるかといったことについては、半世紀前の祖父母と同じくらい知っているということである。もっとも、われわれは祖父母の世代に比べてずっと教育水準が高く、そして市民的知識は公教育によって増大するがゆえに、それに対応する形で知識が向上していないのは驚くべきことではある。今日の平均的な大学卒業生は一九四〇年代の平均的高校卒業生に比べると、公的な事柄の知識がわずかに多いにすぎない[12]。

一九七四年から一九九八年までのおおよそ一ヶ月おきに、ローパー調査は米国人に対して「今日の世界の最新の出来事や、起こりつつあることに対して、非常に関心を持っていますか。ある程度、それともあまり関心を持っていないでしょうか？」という質問をしてきた。最新の出来事に対する関心は、何がニュースとなっているかに連れて上下する傾向があるので、公的な事柄に対するこのような注意の変化グラフは、不安定な地震計が描いた鋸歯のような形に見える。しかしこの小刻みな揺れ動きに隠れている、現在起こっている出来事への人々の関心は、四半世紀を通しておおよそ二〇％の退潮傾向にある。同様に、長期間にわたる別の年次調査シリーズによれば、政治関心は一九七五年と一九九九年の間で五分の一もの落ち込みを示している[13]。スキャンダルと戦争は今でも関心を引きつけるが、一般的に言うと、四半世紀前に比べると公的な事柄をフォローしている米国人は今日少なくなっている。

さらに心配なのは政治的知識、関心における世代差である。これとも関係している投票数の低下と似て、政治や最新の出来事への関心のゆっくりとした低下は、公的な事柄に相対的に関心を持っていた古い世代が、関心の低い若い世代によって置き換わっていることに原因がある。もちろん、老若双方共に公的な事柄への好奇心は日々のニュース見出しに反応して変動しているが、関心の基準レベルが次第に低下してるのは、ニュース・政治中毒《ジャンキー》であった古い世代が次第に舞台から姿を消しているからである。この低下が全国的なものであるというよりもむしろ世代特定的であるという事実は、公的な事柄が単純に退屈なものとなっているのだという見方に対する、客観的な意味での反論となっている。

ポスト・ベビーブーム世代——およそ一九六四年以降に出生し、一九八〇—九〇年代に成人を迎えた男女——は、情報源の急増にもかかわらず、公的な事柄に関する知識が相当程度少ない。一九八〇年代から一九九〇年代の国政選挙の最中でさえも、これらの若者は年長の者と比べると、例えば下院の与党を答えられるものが三分の一も少なかった[14]。

今日見られる政治的知識の世代格差は、若者が年長者に比べて知識が少ないという普遍的な傾向の反映であるというよりも、むしろ最近になって進んできたものである。一九四〇年代に行われた最初期の世論調査から、一九七〇年代中盤に行われたものまでの結果では、若い世代の人々も、その年長者に比べたとき少なくとも同程度には知識を有していた。しかしこのようなことはもはや成り立たない。このニュース・情報ギャップは、政治の分野において見られるのみならず、航空機事故、テロ事件、経済ニュースといったところにまで及んでいるが、一九七〇年代にベビーブーム世代によって広がり始め、X世代の出現と共に大きく拡大した。三五歳以下の新聞購読率は、一九六五年時点での三分の二から、一九九〇年には三分の一にまで低下し、同時にその世代のテレビニュース視聴率も五二%から四一%にまで低下した。今日の三〇代以下は、現時点でのその年長者、あるいは二〇～三〇年前の同じ年であった者と比べると、ニュースに関心を払わず、現在の出来事の知識も少ない[15]。

＊

このように、米国における投票は四分の一程度、そして公事への関心は五分の一程度、過去二〇～三〇年を通じて低下した。最も、政治関心に関する指標の全てが低下したわけではない。今日の米国人の国政選挙キャンペーンに対する関心は、三～四〇年前のそれと変わりがないように見える。一九九〇年代の国政選挙において「政治について話をした」り、どう投票するかについて誰かの説得を試みた、と答える人の数は、一九五〇年代や一九六〇年代にそうしていた数と変わらなかったが、この表面的な安定性は、拡大しつつある世代格差を覆い隠している。今日の高年齢世代は、四〇年前の同じ世代よりも選挙キャンペーンへの関心がわずかに高く、今日の若年層は一九五〇、一九六〇年代の若者よりも関心が低い[16]。市民参加におけるこの世代格差は、もしそれが続けば、政治参加を将来さらに低下させることになる。

投票および政治に関心を持つことは、比較的労力の少ない参加形態である。実際のところ、厳密に言えばこれらは社会関係資本の形態では全くない。なぜなら、完全に一人《アローン》で行うことが可能だからである。すでに見たように、これらの指標は政治観客の列の中でいくらかの薄さを見せている。特に、若い世代が座っているスタジアムの端のあたりでは。しかしほとんどのファンはまだ座席に座っており、スタープレイヤーの振る舞いを見守りそのおどけたしぐさにおしゃべりを続けているのである。では、政党のためにボランティアで働き、ビラを貼り、キャンペーン集会に参加し、といった草の根の闘士についてはどうだろう。政党参加の傾向に関するデータはどうなっているだろうか。

この収支のプラス面について見ると、政党組織そのものは国、地方レベルの双方で依然と変わらず強い、と主張することもできよう。過去三〇~四〇年を通じて、これらの組織は拡大し、資金を増し、そしてよりプロ化した。一九五〇年代末から一九七〇年代末に至る大統領選挙キャンペーンを通じて、二大政党のどちらか、あるいは両方からの接触を受けたと回答する有権者はますます増加していった。一九八〇年から一九九二年の落ち込みの後に、この政党の活力に関する指標は一九九六年にはほぼ史上最高まで上り詰めたが、それはＧＯＴＶ「投票動員《ゲット・アウト・ザ・ヴォート》」活動が花開いた結果であった。[17]

政党財政もまた、一九七〇年代と一九八〇年代に急騰した。例えば一九七六年から一九八六年の間に、民主党の収入はインフレ率の二倍以上伸び、一方の共和党はインフレ率の四倍以上伸びた。資金の増加は、スタッフの増加、調査の増加、広告の増加、新候補の募集とその訓練の向上、そして政党活動の拡大を意味する。政党的なものであれ非政党的なものであれ、常勤スタッフを持つ政治組織の数はこの二〇年の間に爆発的に増加した。一九八〇年以来ほとんど選挙の年ごとに、この組織拡大の基準値は新記録を打ち立て、またその成長のペースも明らかに加速する傾向にあった。この政治「産業」の成長図が示している高騰ぶりは、シリコンバレーのものと見まごうばかりである。米国の政治ビジネスがこれ以上に繁栄していたことはなかったか、あるいは少なくともそう見えた。[18]

しかし政治市場の「消費者」から見れば、この活気あふれる繁栄の構図は奇妙きてれつなパロディにしか思われない。政党支持——自分のチームに対する有権者のコミットメント感覚——は、一九六〇年頃の七五%以上から、一九九〇年代末には六五%以下まで落ち込んだ。一九八〇年代には部分的な回復を見せたが、世紀末においては政党への「ブランド・ロイヤリティ」は一九五〇年代から一九六〇年代初頭のレベルのはるか下に落ち込ん

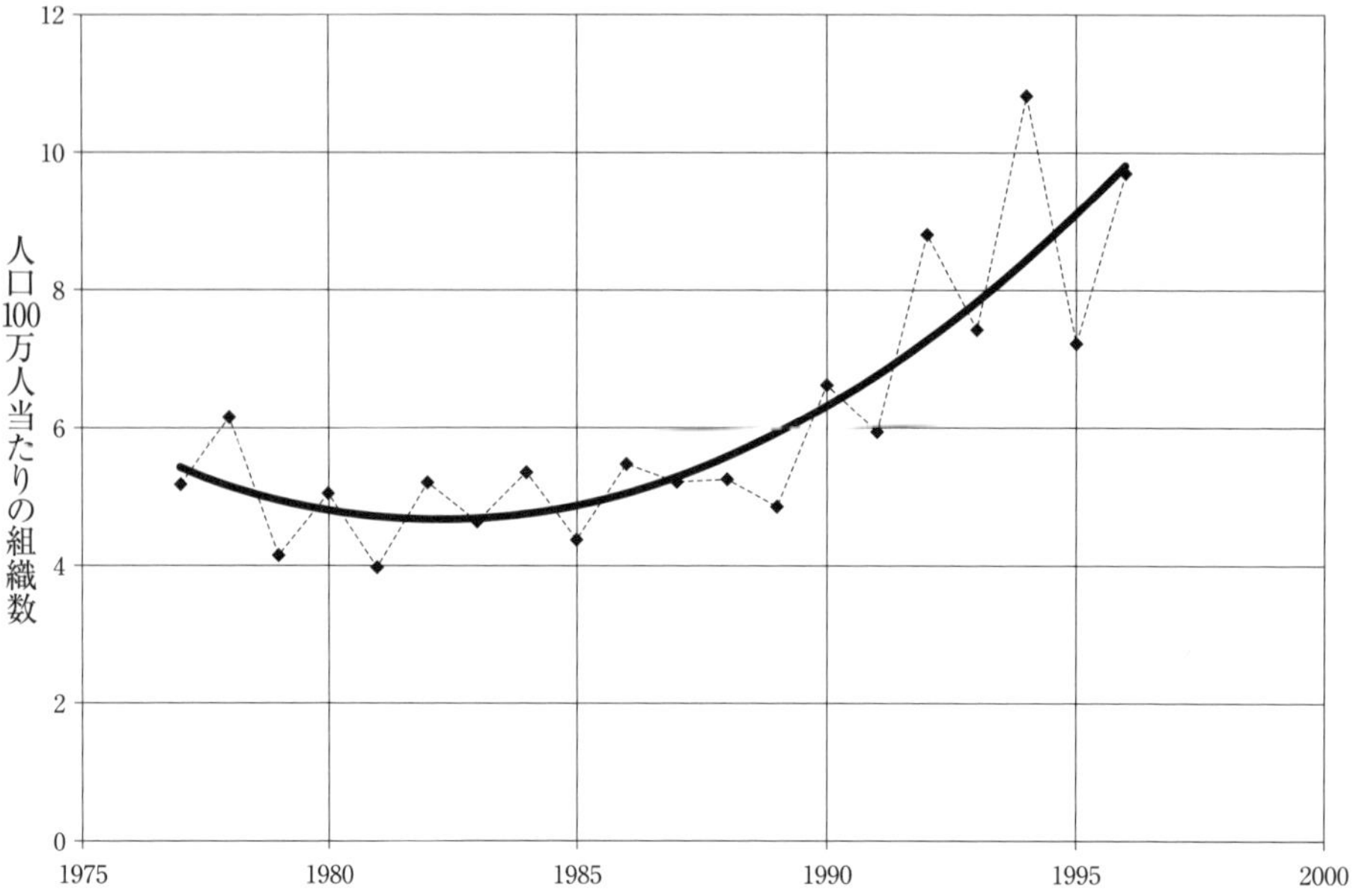

図2　常勤有給スタッフを有する政治組織、1977-1996

だままである。加えて、この形での政治参加は、最近のコホートになるほど有意に低く、すなわち年齢が高くより党派的な投票者が、年若い無党派層によって置き換わりながら有権者集団を離れており、政党への愛着心は全体として低下を続けていく可能性がある。[19] ここでも再び死神が黙々と務めを果たし、政治的関与を低下させているのである。

草の根レベルでキャンペーン集会に出席したり、政党のためにボランティアで働くといったことは、過去三〇年を通じて政党支持以上にその頻度が低下している。一九五〇年代から一九六〇年代にかけ、多くの米国人が選挙キャンペーンの期間中政党のために働き、戸別訪問のドアベルを鳴らしたり封筒詰めなどを行っていた。しかし、一九六八年以来、その種の政治参加は突如下り坂となり、一九九六年の大統領選挙時には史上最低となった。政治集会や選挙集会への出席も、同様の軌跡を描いている――一九五〇年代から一九六〇年代に向けて上昇し、一九七〇年代に不安定となり、一九八〇年代以降はおおむね低下を示している[20]（図3にこれらの傾向を示した）。すなわち政党そのも

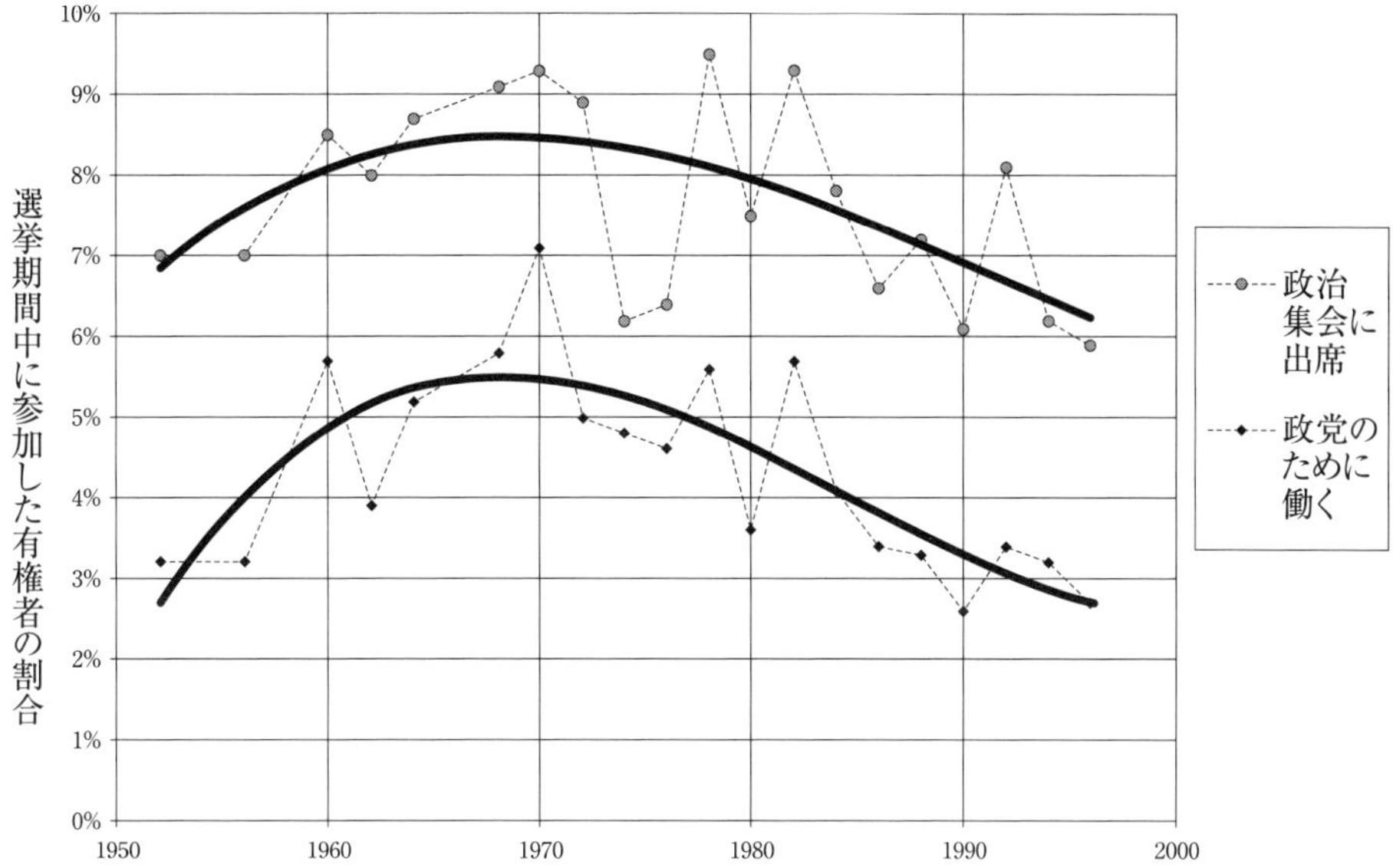

図3　選挙活動への市民参加、1952-1996

のについては、これまでないほど収支は向上しプロの職員も増加したが、政党的政治活動に参加する人々はますます少なくなっていったのである。

いかにしてこの相矛盾する構図は両立できるだろう――政党の側から見た組織的繁栄と、投票者の側から見た組織的衰退を？　このパラドックスへの手がかりの一つとなるのは、最近の選挙において政党から働きかけを受けたという有権者の数と、その選挙期間中に政党のために働いたという有権者の数の間の比である。二〇世紀最後の三〇年間においては、接触を受けた有権者の増加と、政党のために働いたものの減少が加速的に進行していった傾向が見て取れる。一九九六年には、この比率は一九六八年のそれの二・五倍の大きさを示していた。[21]

一見したところでは、この活況を示す産業の「生産性」向上を歓迎することもできるかもしれない。各「労働者」それぞれは、ますます多くの「接触」を生み出しているように見える。現実にはしかし、この傾向は米国政治のプロフェッショナル化と商業化の証拠でしかない。有権者の回答したこの「接触」は実際には、近所に住んでいる政党運動員が訪ねてきたものである可能性はますます減り、コールセンターからの匿名の電話である可能性がますます高まっている。政党活動が、支持者たちを中心としたボランティアの協力を巻き込んでいくことは減っており、手の込んだ（そして高価な）効果的なマスマーケティング技法の利用が増加しているのである。この傾向は、ダイレクトメール、資金調達、そして政党組織に対する経済的支援チャンネルとして形成された政治活動委員会（ＰＡＣ）の爆発的成長と連動している。政党活動への市民の関与が半分以下に落ち込んだこの同時期に、大統領候補指名と選挙キャンペーンへの支出は、一九六四年の三五〇〇万ドルから、一九九六年の七億ドル以上へと爆発しており、これは物価上昇を考慮に入れても五倍近い上昇である。政治産業に関する結論は以下にまとめうる。すなわち財政資本――マスマーケティングの手段――が政治上の通貨として、社会関係資本――すなわち草の根の市民ネットワーク――を着実に置き換えていった。[22]

よく考えてみると、政党組織の活力増加と有権者参加の減少の間にある対照は、完全に理解可能である。政治からその「消費者」が背を向けるようになったがために、政党は懸命に大金を投じて、投票や労働力、寄付を激しく競うようになり、そしてそのために（有料の）組織構造が必要となった。組織としての政党と、政府内の政党は強力になったが、公衆と政党とのつながりは弱まっている。[23] 政党を産業と捉えるのなら、この新たな「労働節約型効率性」を歓迎できるかもしれないが、政治を民主主義的討議と捉えるのならば、人々を締め出すことはその実践において完全にポイントを外すことになる。

政治への参加は、金が時間に取って代わると共に、ますます小切手帳に基づくものになっている。政治クラブへの参加が一九六七年から一九八七年の間に半減した同時期に、政治キャンペーンを財政的に支援した人々の割合は倍近くに増加した。「全国化とプロフェッショナル化は市民活動家の役割を、小切手や投書の書き手として再定義していった」と、政治学者のヴァーバと共同研究者は結論づける。「過去数十年間の参加の軌跡に関してどのような謎があるにせよ、一九七〇年代から一九八〇年代末の期間を通じて政治への献金額は、明白な増加を示している」。[24] 今日でも、政治のスタジアムに集うファンの数はほとんど変わらないのだが、彼らが見ているのはアマチュアの試合ではなく、セミプロの試合ですらない。見慣れてしまった最高のプロゲームにその価値があろうとなかろうと、入場料がどんどん高額になっていくというのはまた別の問題である。

ここまで政党支持と選挙活動という、重要ではあるが限定的な観点から政治参加について検討してきた。しかし大半の国民にとっては、国政選挙というものはその時間と関心の中のほんの一部分にすぎない。国政選挙という文脈を離れたときの政治参加の傾向は、特に地方レベルではどうなっているだろうか。ごく最近まで、米国人がコミュニティの問題にどの程度関与しているかの長期傾向に関する系統的な証拠は欠落していた。しかし、比類ないほどの深さで調査したアーカイブが最近見いだされ、広範な市民活動を詳細にわたって追跡することが可能となった。

一九七三年から一九九四年のほぼ毎月、請願への署名、公的集会に参加、政党活動に参加、選挙に立候補、といった一ダースの市民活動のシンプルなチェックリストを、ローパー調査が数千の米国人に対して提示した[25]。「これらの中で、昨年行うことになったものが、一つでもあるでしょうか」と調査員は尋ねた。いくつかの活動は比較的ありふれたものである。この二〇年を通じどの年でも、おおよそ三人に一人は請願に署名し、またおおよそ六人に一人は町や学校問題についての公的集会に出席していた。他方、チェックリストの項目の中には、非常に希なものもある。例えば、過去一二ヶ月の間に公職に立候補したことのある米国人は一〇〇人に一人もいない。全体で四〇万以上のこれらの面接記録は例外的に豊富な原資料を提供しており、過去二〇年以上を通じた米国人の詳細な市民統計を構成している。

市民的、政治的参加パターンの変化は、この期間を通じてどのように起こったのだろうか。その回答はシンプルである——ローパー調査の測定によれば、ほぼ全ての形態のコミュニティ関与は、最もありふれた陳情署名から最も希な議員立候補に至るまで大きく低下した。人々は市民ゲームの全ての側面について、二〇年前よりもプレイしなくなっているのである。

まず第一に、党派心とキャンペーン活動の傾向についての新たな証拠について検討する（図4にこれらの傾向を示した[26]）。数字を丸めると、一九九〇年代の米国人は一九七〇年代と比べ、政党のために働いたり、政治集会やスピーチへ出席することがほぼ半減した。ほんの二〇年前には、選挙キャンペーンは数百万の米国人にとって、

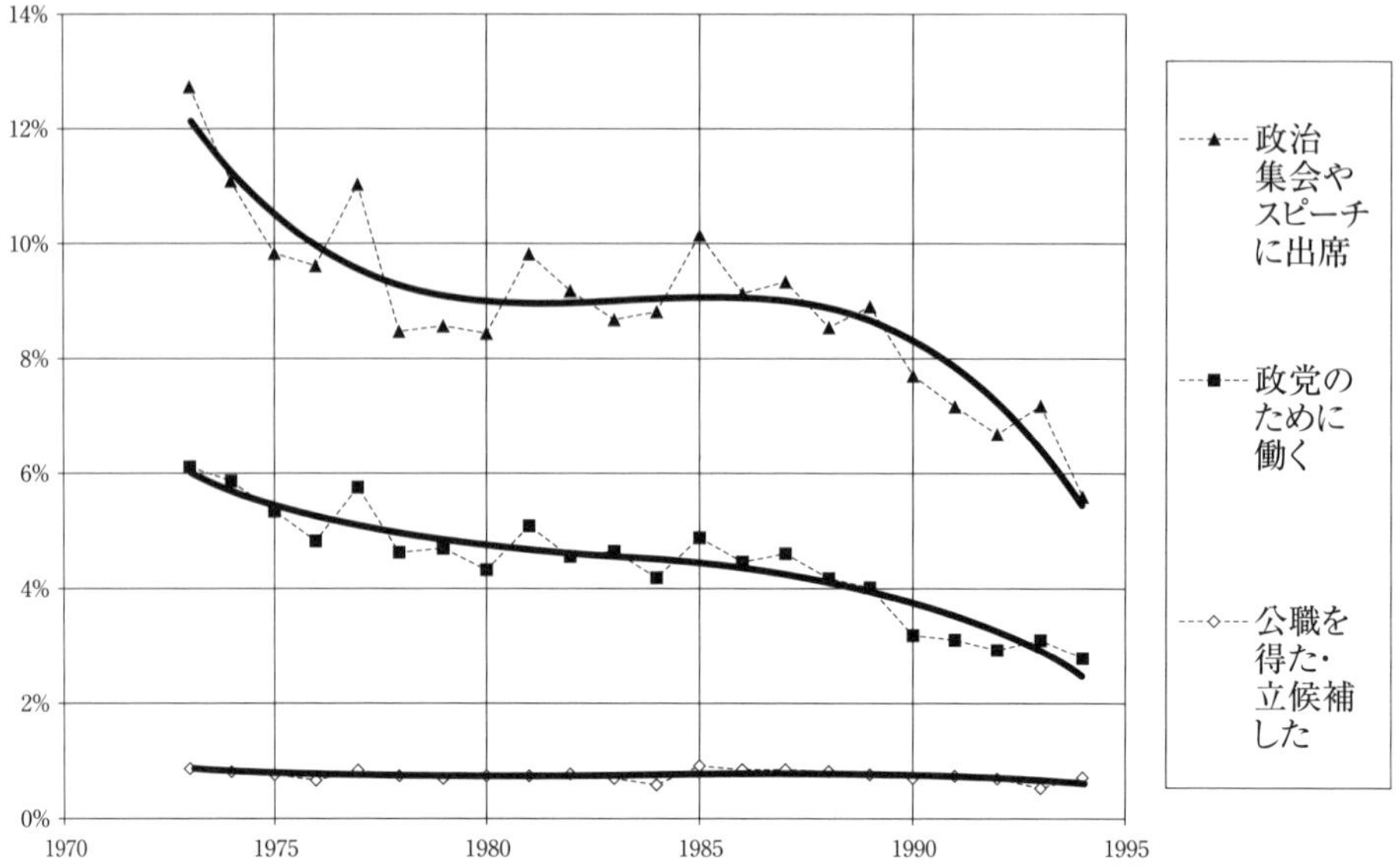

図4　市民参加の傾向その1：政党活動

全国的議論に積極的に参加するための機会となっていた。キャンペーン活動は行うものなのであって、単に見届けるものではなかったのである。今日、国民の大半にとっては、選挙キャンペーンとは身の回りで起こった何か、日常生活の中のバックグラウンドノイズの中でもいらだたせるものの一つ、テレビスクリーン上を流れるイメージにすぎない。特に際だつのは、これらのキャンペーン活動からの脱落率（約五〇％）は、投票ブースからの脱落率（二五％）よりもずっと大きいということである。

この新しい証拠は、政治的関与においてずっと負荷の高い項目も含んでいる——それは実際に公職に立候補したりその職に就いたというものである。このような形で政治に関与した人は非常に少ないので、このような強度の高い参加形態すらも衰退したのだということを見いだすには、ローパー・アーカイブが提供するような社会的顕微鏡を用いなければならない。毎年、米国の統治体のあらゆるレベル——教育委員会から町議会に至るまで——において公職を求める人間の数は、過去二〇年にわたり約一五％縮小した[27]。この低下の結果として、国民は毎年二五万人以上の候補をその選択肢から失っている。こうい

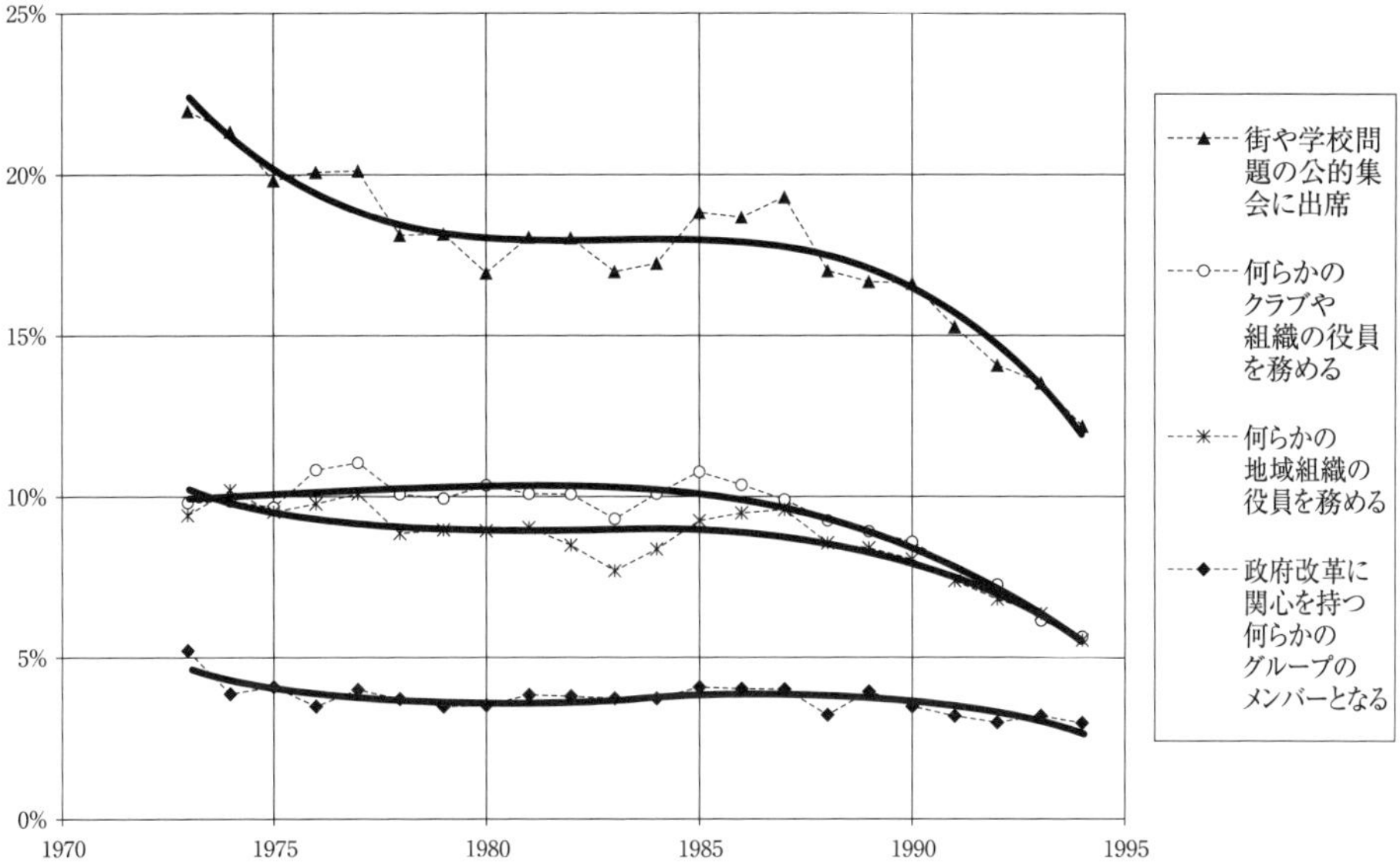

図5　市民参加の傾向その2：コミュニティ参加

った潜在的な草の根リーダーの喪失に、全体としていくらのツケを払うことになるのか——その人の才能や創造性という点のみならず、現職に対する競争的プレッシャーという観点からも——知ることはできないが、しかし失われたものが何もないと信じることも難しい。

米国人が近年では政党政治から離れてしまったというのがおそらくは驚くべきニュースではないのは、ロス・ペローが反政党のバンドワゴンに乗って全国的に人目を引いた一九九二年のずっと前から、反政党的気運は知識人の間でもごく平凡な決まり文句になってしまっていたからである。しかし、活動の中でも共同参加の形態をとる、地域の集会への出席、地域組織で働く、あるいは「政府改革」活動に参加するといったものはどうだろうか。ここでの新たな証拠も驚かされる結果となっており、コミュニティ生活に対するこれらの日常的な関与形態も、政党参加、選挙参加と同じくらいの急速さで衰えていってしまっている（関連する証拠を図5にまとめた）。そのパターンは、キャンペーン参加のそれと大まかな類似を見せている——一九七〇年代の終わりに急落し、一九八〇年代初期にはいったん落ち着くが、一九八〇年代の末から一九九〇年代に入って再び、急激化した低下を見せている。

一九七三年から一九九四年の間、街や学校問題についての公的集会に前年少なくとも一回は出席した者すら、四〇%の減少を示した。同じ二〇年の間に、地域のクラブや組織——どんな地域クラブや組織でもよい——の役員や委員を務めたという者も、同じように四〇%縮小した。その二〇年に、「政府改革に関心を持つ何らかのグループ」のメンバーの数も、三分の一減少した。[28]

誰か他人が遠くでしている戦争から無味乾燥に伝えられる戦場の犠牲者に似て、こういった飾り気のない数字が、それが表す米国のコミュニティ生活における大殺戮を伝えることはほとんど期待できない。丸めて示せば、一%の低下ごとに、毎年コミュニティ生活の何らかの側面から二〇〇万人の参加が減っていることになる。したがって数字の示すところは、一九七〇年代中盤に米国人がコミュニティ問題に関わっていたときの水準を維持できていた場合と比べると、地域問題についての公的集会から一六〇〇万人の出席者が減り、八〇〇万人の役員が減り、八〇〇万人の地域組織リーダーが減り、政府改革のためにと組織された男女が三〇〇万人減少したのである。

もう一つ念頭に置くべきなのは、これらの調査は対象者に、いかなる地域組織についても述べてほしいと依頼したということである。すなわち、それらの組織は、「昔風《オールド・ファッションド》」の園芸クラブや、奇妙な帽子をかぶるシュライン会の支部《ロッジ》だけではなく、新参の流行もの、すなわち環境活動委員会や中絶反対運動の地区支部を含んでいる。また対象者は、昨年度に街や学校問題についてのどんな公的集会にでも出席したか否かを尋ねられた。これも、企画委員会のだらだらとした会合だけでなく、高校でのコンドーム配布に対する怒りに満ちた抗議や、歩道脇でのリサイクルに関する討論を含んでいる。草の根民主主義を構成する日常の討議への参加が、年々ますます減っているのである。結果として、米国の市民的インフラの三分の一以上が、一九七〇年代中盤から一九九〇年代中盤の間にあっさりと蒸発してしまった。

最後に、ローパー調査はさまざまな形態の公的表明の傾向に対しても光を当てている。すなわち、請願署名、

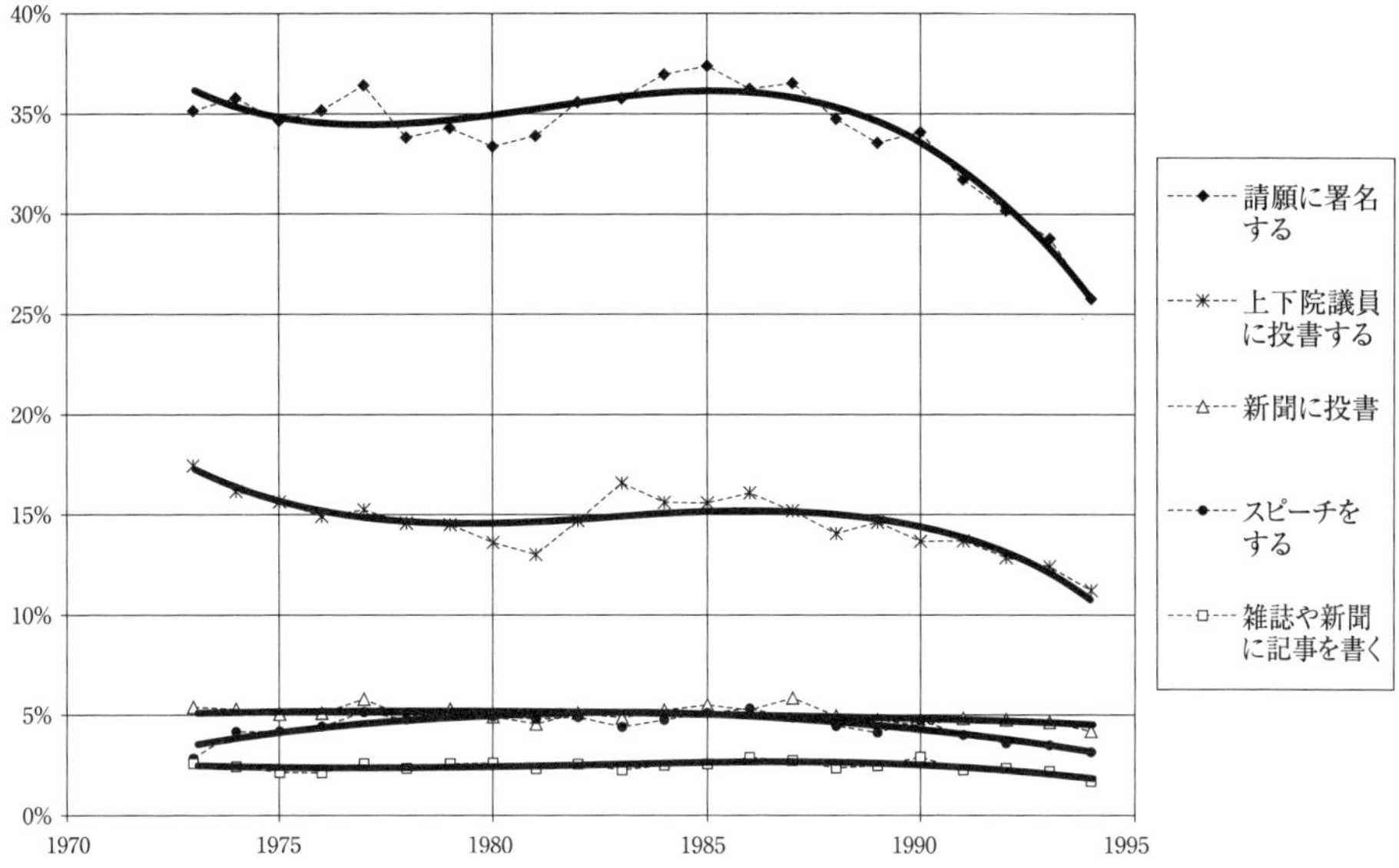

図6　市民参加の傾向その3：公的表明

議会への投書、記事を書いたり編集部に投書をしたりする、スピーチを行う、といったものである。ここでも再び、それぞれの参加タイプはこの二〇年でより希なものとなっている（詳細は図6を参照）。この傾向が請願署名で最も顕著であるのは、ローパー調査の中で測定されている、唯一最も普及した政治参加形態だからであるが、議会に投書をする、というケースでも低下ははっきりとしている。しかしどちらのケースでも、グラフは基本的に期間の前半ではフラットなのだが、その後半になると着実な低下が見られる。前年にスピーチをしたり、新聞や雑誌に投書したり記事を書いた、という人の割合はずっと小さいので明確な傾向を見つけるのはこの倍率では難しいが、それでも全般的な傾向はやはり下降方向である[29]。

　ローパー・アーカイブでなぞった米国人の政治参加の変化は、関与の形態全てにわたって同じではない。例えば公的集会や政治集会への出席のような場合には、二〇年間にわたって多少なりとも一貫した低下傾向を示しているが、他の、請願署名のような場合には、低下は期間後半に集中している。公職への立候補や新聞雑誌への記事執筆のように、低下が

表1　政治、コミュニティ参加の傾向

	1973-74年から1993-94年の相対変化
クラブや組織の役員を務める	−42%
政党のために働く	−42%
地域組織の委員を務める	−39%
町や学校の事柄についての集会に出席する	−35%
政治集会やスピーチに出席する	−34%
これらの12の活動のうち少なくとも1つを行う	−25%
スピーチをする	−24%
下院・上院議員に投書をする	−23%
請願に署名する	−22%
何らかの「政府改革」運動のメンバーになる	−19%
公職を得るか、立候補する	−16%
新聞に投書をする	−14%
雑誌や新聞に記事を書く	−10%

出典：ローパー社会・政治傾向調査、1973-1994

非常に小さいものもある。しかしレパートリー全体にわたって、低下は一九八五年以降で加速しているようである。一二のそれぞれの活動を平均すると、一九七三―七四年から一九八三―八四年の間の低下は一〇％だが、一方で一九八三―八四年と一九九三―九四年の間は二四％となっている。

これらの市民的活動のどれ一つにも全く関わっていない米国公衆の割合は、この二〇年で三分の一近く増加した。一九七三年には、大半の人がこれらの市民的関与形態の少なくとも一つには一年のうちに関わっていた。**一九九四年には大半はどれにも参加していない。**二〇年前の比率が維持されていると仮定した場合、一九九〇年代中盤にはコミュニティ問題へ関与した成人は三二〇〇万人減少したということになるのである。

このコミュニティ生活の喪失が持つ意味を考える際の手がかりを得るのには、一二の活動を低下の順番にしたがって並べるとよい（表1を参照）。際だっているのは、最も顕著な衰退を示している参加形態が、コミュニティレベルにおける組織活動であるということである。表の上半分の関与形態を表現している動詞は、他者との協力活動に関わっている。すなわち「務める」「働く」「出席する」である。こういった活動は、コミュニティ内の他者も同時に活動的でなければなし得ない。反対に、低下が最も緩慢な（表の下半分の）活動は、ほとんどが、個人でなし得る活動である。確かに、これら活動のほとんどは、このセクションに最も現れる動詞が「書く」であるように、ペンやキーボードしか必要とはしない。

言い換えると、活動が他者の行為に依存しているほど低下が激しくなるということである。[30] 街の人全てが市民的脱落者であっても、それでも議員に手紙を書いたり、自身で議員に立候補することはできる。しかし、自分が委員会の唯一のメンバーだとしたら、それは「委員会」ではないし、債券発行問題への会合に他の誰も集まらなければ、自分が顔を出したとしてもそれは「会合」ではない。それがわかっているから、自分も行くのをやめるということになるのも当然だろう。すなわち、このような協調問題やただ乗り《フリー・ライディング》問題に対して最も脆弱な市民的関与形態――市民が共に集うような活動であり、そして社会関係資本を最も体現しているのが明らかな活動――こそが、最も急速に衰退していったのである。[31]

政治的に重大な帰結の一つは、委員を務めるというような「協同」的な形をとる行動が、手紙を書くといった「表現」的な形の行動よりも急速に低下したということである。協同には（少なくとも）二人が必要だが、自分自身を表現するのには一人しか必要ではない。協同作業の形をとる政治的関与は、広範な公的利害に関わっているが、一方で表現的形態の方はより個人主義的であり、より狭く定義された利害に対応している。いかなる政治的システムも、不満を表明しようとする力と、格差を解決しようとする力の釣り合いを取らなければならない。

米国コミュニティにおける市民参加についてのこの二〇年間の変化パターンは、不満の表出と、そのような不満を表明する連合を集めようとすることの間で社会全体が取っているバランスを変化させてきた。この意味において、この変化の分離パターン――自己表現に比しての、協力の急速な衰退――は、単一問題を大声でがなり立てるようなやり方と現代の政治的対話における礼節の低下を促進させた可能性は考えられる。[32]

参加のこのような低下は、ハイパー・アクティビストから、市民的怠け者に至る連続体《スペクトラム》の全体にわたって現れている。ここに挙げた一ダースの市民参加形態のうち、一つにも関わっていないものの割合は、この期間を通じて三分の一以上増加した（一九七三年の四六％から一九九四年の六四％）一方で、異なる三つ以上の活動に参加している市民的アクティビストの層は半数近く減少した（二〇％から一一％）。さらに、この傾向は人口のあらゆる区分で、また国の全ての地域で一貫して現れている――男／女、黒人／白人、中心都市／郊外／農村部、北東部／南部／中西部／西部、上層階級／下層階級、その他といった具合である。

低下量の絶対値という点からは、教育水準の高い人々で最大の低下が見られる。大学卒では、公的集会への出席は三四％から一八％へと約半減している。その一方、教育水準の低いものはもともと参加が少ないので、相対的にはその参加率はさらに激しい打撃を受けている。高校で教育を終えたものでは、公的集会への参加は二〇％から八％に、小学校教育しか受けていないものでは七％から三％まで低下した。過去数十年、米国人のコミュニティ参加は、あらゆる階層において深刻な悪化が認められるのである。

政治参加の傾向から読み取ったことについてまとめてみよう。収支のプラス面においては、今日の米国人は公民科のテストという点で、その両親や祖父母と同程度の成績を残している。もっともそのことで自画自賛を抑えるべきなのは、そのときよりも平均して四年長く公教育を受けているからではあるが[33]。さらに選挙時においては政治について語ったりキャンペーンへの関心を表明するという点で当時より劣ってはいない。その一方で一九六〇年代の中盤以降、証拠の重さが示すところでは、米国人はその教育レベルの急速な上昇にもかかわらず、公職への立候補や、議会や地域新聞に投書することによって自身の考えを公に発言することが一〇～一五％、政治や公的問題への関心が一五～二〇％、投票がおおよそ二五％、公的集会への出席が、政党的なものも党派色のないものでも約三五％、そして政党政治や、あらゆる種類の政治的、市民的組織への参加が約四〇％低下した。一言でいうならわれわれは、公的問題について適度に知識を持った観衆ではあり続けているのだが、実際にゲームに参加するものは大きく減ってしまったのである。

このこと全ては、人々の政治的疎外感の上昇と、あらゆる種類の政治的活動への信頼の低下の自然な結果として説明できるのだろうか。おそらくこれまで見てきた傾向は、米国人がこれまでになく政治から「スイッチを切り」「チャンネルを変え」ているという事実を単純に反映している。確かにあらゆる種類の政治的不幸は過去三〇年の間に雨後の筍のように立ち現れてきた。人々は一九六〇年代中盤においては、政治組織制度の善意とその応答性については大きな信頼を置いていた。「自分のような人間が政府に言うべきことはない」とか、「私のような人間が考えていることに政治家は気を配らない」といった感覚に賛同するものは四人に一人にすぎなかった。対して「首都ワシントンの政府が、いつも、ないしほとんどのときには正しいことをしていると信じる」ことができると答えたものは四人に三人に上っていた。自分自身を騙していたのかどうかはともかく、一九六〇年代の人々は政治的効力感を感じていた。

そのような見方は今日では古臭いかナイーブに見える。そのような考えへの賛否の比率はあらゆるケースにおいて基本的に反転した。一九九〇年代では、米国人のおおよそ四人に三人は、政府がほとんどの場合には正しいことを行うとは信じていない。一つの比較がこの変質をよく捉えている——一九六六年四月、ベトナム戦争が激化しクリーブランド、シカゴ、アトランタの人種暴動が起こっていた頃、「国を動かしている人々は、あなた自身に何が起きているかを全く気にかけてはいない」という考えに対して六六％の人々は反対した。一九九七年一二月、二世代以上にわたる平和と繁栄の最長期間のただ中で、五七％の人々が同じ考えを支持したのである[34]。今日のシニカルな見方が、六〇年代初期の底抜けに楽天的《ポリアンナ》な見方よりも的確であろうとなかろうと、それは政治的関与を動機付け、また支えるのに必要な政治的信頼を蝕んでいる。

したがって、現代政治の機能不全的醜悪さと、巨大で抵抗し難い集合プロジェクトの欠如によりおそらく、人々はエネルギーを伝統的な政治から、フォーマル性の低い、自発的で、効果的なチャンネルへと振り向けてきた。公的問題からの撤退に関するこのストーリーがそのように単純明快なものであるかは、次に社会的・市民的関与の傾向について目を転じたときに判明するところに依っている。

第3章　市民参加

米国人は全ての年代で、生活の中の至る場所で、そしてどんな傾向を持っていても、ずっと組織を形成し続けている。それは、全ての者が参加している商工業組織に限らず、その他無数の種類がある——宗教的、道徳的、真面目な、あるいはどうでもよい類いのもの、非常に幅広いものもあれば、非常に狭いものもあり、巨大なものもあれば、非常に小さいものもある……私の見たところでは、米国では知的、道徳的組織が最も注目を集めているようである。[1]

これはアレクシス・ド・トクヴィルからの引用である。この洞察力あふれるフランス人は一九世紀に米国を訪問したが、この文章がしばしば社会科学者に引用されるのは、わが国の重要で、また永続的な事実を捉えているからである。今日も、一七〇年前と同様に、他のほとんどの国の市民よりもずっと、米国人は自発的結社《ボランタリー・アソシエーション》に参加する傾向が高い——入会好き《ジョイナー》としてわれわれよりも上位にあるのは、北部ヨーロッパのいくつかの小国のみである。[2]

米国人の組織発明の才には限界がない。『世界年鑑《ワールド・アルマナック》』に掲載された、アーロン・バー協会（訳注：米国の政治家、大統領選でジェファーソンと争いその副大統領となる。アレクサンダー・ハミルトンとの決闘や、のちの反逆共謀で知られる）から在米シオン団に至る、一定の全国レベルの知名度がある二三八〇のグループのリストを行きつ戻りつすれば、偉大なる羚羊連合団、エルビス・プレスリー熱愛ファンクラブ、ポーランド軍退役軍人在米会、南部アパラチア・ダルシマー協会（訳注：民族弦楽器）、全米犯罪者・警察史協会といった、魅力的な組織の数々が見つかる。これらのグループの中には、いわば自費出版社から出す出版物のような組織もあるかもしれないが、過去数十年にわたる米国コミュニティの調査は、草の根レベルにおける印象的なほどの組織的活力を明らかにしている。今日多くの米国人は、ＰＴＡのような教育・学校支援組織、レクリエーショングループ、労働組合や専門職組織のような労働関連組織、（教会に加えての）宗教グループ、青年団体、奉仕・友愛クラブ、近隣、住民組織、その他の慈善組織に積極的に参加している。一般的に言えば、この一連の組織加入が、少なくとも一九五〇年代から米国人を特徴づけていた。(3)

フォーマルな組織の公式参加数は、社会関係資本の一断面にすぎないが、それでもコミュニティ関与の便利なバロメータと通常は考えられている。コミュニティの中の組織生活への参加について、組織記録と社会調査から、何を学ぶことができるだろう。大まかに言うと、米国の自発的結社は三つのカテゴリーに区分することができる――コミュニティ基盤のもの、教会基盤のもの、そして労働基盤のものである。その中で最もさまざまなものからなる、コミュニティを基盤とした社会的、市民的、および余暇の組織から始めよう。それは、ブネイ・ブリス（訳注：ユダヤ人文化教育促進協会）から、ＰＴＡに至るまでの全てである。

記録の示すところでは、自発的結社の純粋な数は、この三〇年に印象的なほどの増加を示している。『非営利団体名鑑』に掲載された全国規模の非営利組織の数は、一九六八年から一九九七年の間に一万二九九から二万二九〇一へと倍増以上となった。この期間の人口増加を考慮に入れても、人口一人当たりの全国組織数は、過去三〇年の間に三分の二近く増加した（図７を参照）。いささか性急に思えるが、この事実に興奮して、米国政治・社会における「参加革命」であると述べる論者もいる。米国人の組織生活の急速な成長という印象は、一九六〇年代以降首都ワシントンに現れた利益団体の爆発に関する最近の無数の研究によって強化――と同時に修正――された。これらの研究が明らかにしたのは、これまでないほどの集団が、これまでないほど多くの市民のカテゴリーのために発言を行っている（もしくは発言させるよう求めている）ということである。(4)

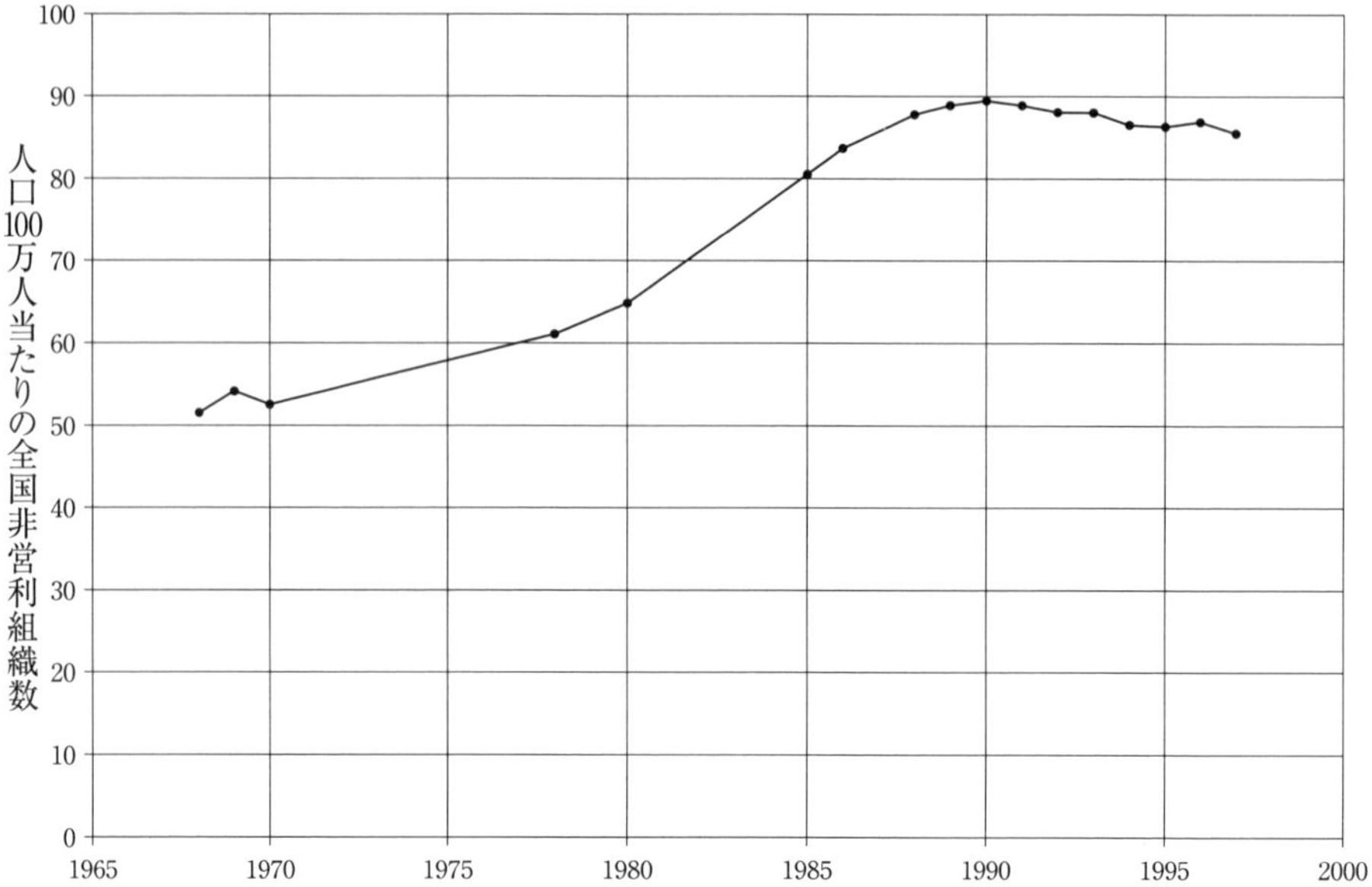

図7　全国非営利組織の成長、1968-1997

事実を言えば、図7にその急増が示された数万の非営利組織のうち、実際に大規模の会員数を持っているものは比較的少数である。「動物栄養学研究会議」「統一交通事故統計全国会議」「全米スラグ協会」といった多くの組織は、全く個人会員を有していない。米国の組織について詳細な研究を行っているデヴィッド・ホートン・スミスは、一九八八年版の『非営利団体名鑑』の中で、個人会員を実際に有する組織はかろうじて半数にすぎないことを見いだした。一九八八年版名鑑掲載の全国組織の会員数の中央値はたった一〇〇〇であった。一九六二年版の『非営利団体名鑑』による比較調査では中央値は約一万人であった。[5] すなわちこの四半世紀の間に、自発的結社の数はおおよそ三倍となったが、平均会員数の方はおおよそ一〇分の一となっているように見える——グループは多くなったが、そのほとんどはずっと小さくなってしまった。一九六〇年代から一九九〇年代の間の組織的爆発は、レターヘッドの増大を示すのであり、草の根参加のブームではないのである。

同時に明らかとなるのは、全国本部の地理的な集中の増大である。地方支部や実質的な草の根活動を有する会員組織が本部を置く場所は、例えばテキサス州アービング（ボーイスカウト）、コネチカット州ニューヘイブン（コロンブス騎士会）、インディアナ州インディアナポリス（米国在郷軍人会とキワニス）、アラバマ州バーミングハム（シヴィタン）、オクラホマ州タルサ（青年商工会議所）、イリノイ州オークブルック（ライオンズクラブ）、ミズーリ州セントルイス（オプティミスト）、メリーランド州ボルティモア（ＮＡＡＣＰ）、ミズーリ州カンザスシティ（海外戦争復員兵協会、キャンプファイアボーイズ・ガールズ）、ジョージア州アトランタ（ボーイズ・ガールズクラブ）、さらにはニューヨーク市（ハダーサ、アルコール中毒者更生会）といったところである。これら由緒ある組織は、その会員の集中に近いところに本部を置いている。

しかし、全国最大の組織であり、最も急速に発展しているものの一つである米国退職者協会（ＡＡＲＰ）の本部は、（その構成員が集中している）フロリダやカリフォルニアやアリゾナにではなく、ワシントンの六番街Ｅ通り、国会議事堂から徒歩数分のところにある。同様に、全国組織シーンに登場した最も目立つ新顔は、ワシントンの一四番街Ｋ通りの交差点から一〇ブロックの範囲内に本部を構えている——児童擁護基金、コモン・コーズ、全米女性機構、全米野生生物連盟、グリーンピース、地球の友、全米ゲイ・レズビアンタスクフォース、歴史保存ナショナルトラスト、ウィルダネス・ソサエティ、全米中絶反対《ライト・トゥ・ライフ》委員会、人口増加停止運動といった組織である。この「新結社主義《ニュー・アソシエーショニズム》」は、ワシントン温室の中へのほぼ完全な帰化植物である。[6] 増殖中の新組織は、プロのスタッフを有する主張団体《アドボカシー》であり、会員中心の、地域に基盤を持つ組織ではない。[7] これら新たな組織が焦点を置いているのは、国政の議論の中で政治的見解を表明することであり、草の根レベルで個人会員の間に定期的なつながりを提供することではない。

これらの新しいグループも、普通の市民の経済的支援に依存していることが多く、彼らのために誠実に発言しているかもしれないが、教会の会衆や読書グループ、友愛組織と同じ意味において、実際に市民会員によって構成されているわけではない。社会関係資本を生み出すフォーマルな組織に特有の特徴の一つは、会員が相互に会うことのできる地方支部を含んでいるかどうかである。一九七〇年代初頭の八三の公益組織（農業ビジネス説明責任プロジェクトから人口増加停止運動まで、また米国自由人権協会やコモン・コーズ（訳注：両者ともリベラル系）から、リバティ・ロビーや米国青年自由連合（訳注：両者とも保守系）にまでに及ぶような、全国レベルの組織の事実上全てを含む）のうち、三分の二には地方支部が全く存在せず、一二％には全国で二五、すなわち平均して二州に一つ以下の支部しかなかった。全国で一〇〇以上の地方支部を持つ組織は八三の中で九つしかなかった。[8] 比較のために言うと、典型的な「オールド・ファッションド」の支部基盤の市民組織としては、ロータリークラブの地域支部は七〇〇〇を数えている。言い方を変えれば、ロータリーのみで、八三の公益組織を全て合わせたものの倍近い支部を有しているのである。

全国二〇五の「市民グループ」に関する一九八五年に行われた別の調査でも、個人会員が所属し会費を納入するような支部を持つものは三分の一以下であったことが確かめられている。さらに、最近になって設立された市民グループであるほど、支部に基盤をおくことが少ないので、一九六五年以降に設立された全市民グループのうち、個人会員の属する支部を持つものは四分の一の割合でしかない。[9] これらは郵送名簿組織であって、会員の意味とはそもそもが、目標を支持するための全国事務所に対して資金を寄付することなのである。新たなグループにおける会員とは、ペンを走らせることを意味するのであって、会合を起こすことにはない。

これら新たな巨大会員組織は、明らかに政治的重要性を増している。おそらく最も劇的な例は米国退職者協会（AARP）であり、それは一九六〇年には正式会員数四〇万だったものが、一九九〇年代中盤には三三〇〇万人となったのだった。しかし、AARPの優良会員であるためには、年に数秒の時間さえあればよい――小切手のサインにかかる時間である。AARPは政治的に重要であるが、メンバーに求める労力はほとんどなく、その社会関係資本への寄与もほとんどない。地域支部に参加するAARP会員は一〇％以下であり、AARPスタッフによれば、会員成長の極大期にあっても、組織の草の根活動は瀕死の状態にあった。このような組織は、旧式の対面型組織よりもむしろ通販会社の方と多くの点を共有している。これらの新たな組織の中には、実際に営利事業にそのルーツを持つものもある。例えばAARPは、もともと通販の保険会社として創立されたのだった。[10] 同様に、米国自動車協会は会員組織の形態を取っているが、本質的には営利組織であって、代金と引き替えにサービスを提供しているのである。

そのような組織の全国役員はワシントンで最も恐れられるロビイストに属しているが、その大きな理由は彼らの持つ巨大な郵送名簿にある。皮肉なことだが、政府や集団に対する市民的関与が縮小したのと同時に、政府への集団的関与が爆発したのである。確かに、政治的代表性は自発的結社にとって新たな役割というわけではない。米国史における自発的結社の中での最も活発な例の中に、一九世紀初頭の奴隷制廃止と禁酒運動がある。現代の国政における最良の（同時にいくつかの最悪の）ものの多くは、一四番街とK通りの周辺に位置するこれらの主張組織の中に具体化しているのである。

しかしながら社会的なつながりという観点からは、この新たな組織は古典的な「二次集団《セカンダリー・アソシエーション》」とは大きく異なっており、新たな名称――おそらくは「三次集団」――を付ける必要がある。[11] その会員の大多数にとって、唯一の会員活動とは会費の小切手を切ることか、時折ニュースレターに目を通すことである。[12] そのような組織の何らかの会合に出席する者はほとんどいない――多くは全く出席しない――し、ほとんどの会員は他の会員と意識して出会うこともありそうもない。全米野生生物連盟や全米ライフル協会の任意の二会員の間の絆は、ガーデニングクラブや祈禱会の二会員の間の絆のようなものではなく、むしろ東西海岸に分かれた二人のヤンキースファン（や、おそらくは熱心なL・L・ビーンのカタログ利用者）の間の絆に近い――すなわち、同じ利益関心の幾分かを共有しているが、互いの存在には気づかないのである。その紐帯は共通の象徴、リーダー、おそらくは共有された理想とつながってはいるが、互いを結びつけてはいない。

したがってワシントンに基盤を置く組織の活気は、それがどれほど大きく、拡大中で強力であったとしても、米国コミュニティにおける社会的つながりと市民参加の生命力の基準としては信頼が置けない。いくつかの例証によってそれは明確となろう。

『非営利団体名鑑』によれば、独立した退役軍人組織の数は一九八〇年から一九九七年の間に三倍近くとなった。これは、組織数という点から測る限りは、この期間内に最も組織的成長の活発であった領域の一つである。実際にはしかし、同期間の全国調査を注意深く見ると、米国男女に占める退役軍人組織の所属率は約一〇％低下している。この落ち込みは全く驚くべきものではなく、それはこの一八年間の間に存命中の退役軍人の数が九％減少したからである。退役軍人のための発言を求める組織の爆発的成長が、退役軍人の関与低下と同時に起こっている。同様に、『非営利団体名鑑』に掲載された労働組合の数は一九八〇年から一九九七年の間に四％増加したが、労働組合に所属する被雇用者の割合は三五％以上落ち込んだ。[13] 組織数の増加は、会員数の増加を意味していない。

環境組織は、この数十年、組織業界の中の成長株であった。最も活動的ないくつかの組織の拡大を追跡すると、急成長の期間が何度か記録できたが、おそらくそれは環境問題への草の根参加における大きな変化を反映したものだろう。さらに探索すると、メールオーダー「会員」は、市民参加の指標としては貧弱なものであるということが判明した。例えば、環境防衛基金（ＥＤＦ）の会員は、一九八八年の一〇万人から、一九九五年の三〇万人へと三倍となった。ＥＤＦの職員はしかし、この驚くべき拡大の原因を「マーケティング活動の向上」に帰していて、それには「事後期待」（寄付金の受付後にギフトを送付する）から、「事前期待」（非会員に無料のギフトを贈呈し、その後に寄付を募る）への切り替えが含まれる。グリーンピースは米国最大の環境組織となり、一九九〇年のピーク時には全米の環境グループ全会員の三分の一以上を占めていたが、それは極端なまでに積極的なダイレクトメール事業を通じてのものだった。その時点でグリーンピースのリーダーらは、大量のジャンクメールを環境グループが印刷しているという実態を懸念して、一時的にダイレクトメールによる勧誘を縮小した。そのほぼ直後に会員数は激減を始め、一九九八年までにグリーンピースの会員数は八五％落ち込んだのだった。[14]

全国規模の自発的結社数の傾向は、社会関係資本の傾向を示す信頼のできる基準ではなく、それはとりわけ、会員が実際に参加する地方支部構造に欠けた組織に当てはまる。では、コミュニティに基盤を持つ活動に対して、会員を直接に関わらせているような組織からは、どのような証拠を拾い集めることができるだろう。そのような組織の二〇世紀を通じた会員数は、多くの他の市民組織と非常に似通ったパターンを示すことが明らかとなる。図8にまとめられたこのパターンは、ブネイ・ブリスやコロンブス騎士会から、エルクスクラブやＰＴＡにまで

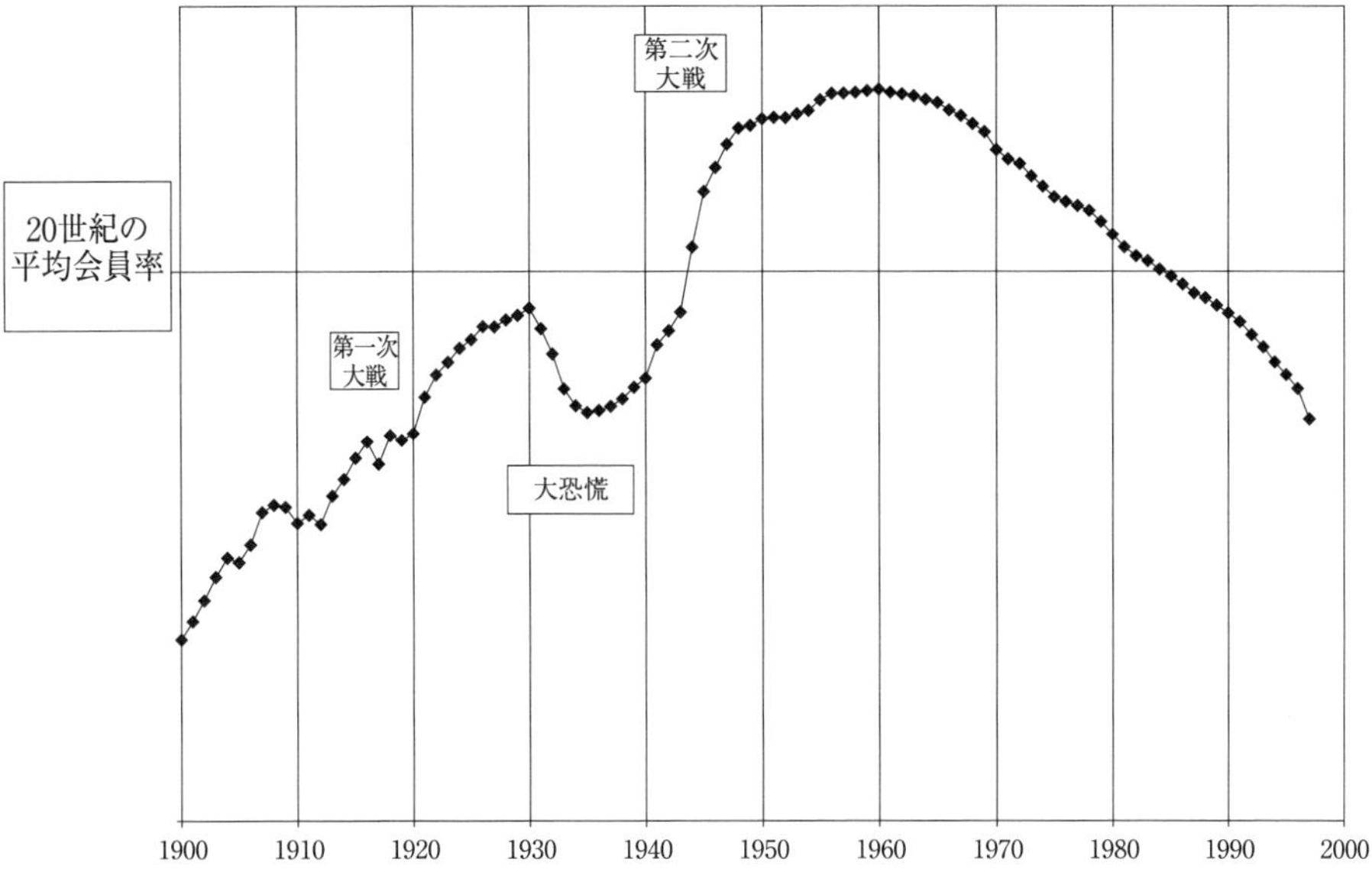

図8　全国規模の支部基盤組織32の平均会員率、1900-1997

及ぶ、全体で三二の多様な全国規模で、支部基盤を持つ組織の二〇世紀における会員率の変化を表したものである。[15] それぞれの会員は、その母体となる人口に対する割合として測定しており、4－Hクラブ会員は農村青年人口の割合として、ハダーサの会員は全ユダヤ女性の割合として、といった具合である、枠で囲ったものは、二〇世紀米国コミュニティにおける組織生活にとって重大であった何度かの出来事である。

二〇世紀の大半の期間、このような支部に基盤を持つ組織に参加する米国人の数は増加していった。[16] もちろん全米人口も増加していたが、ここでの分析では、母体となる人口数に対するパーセンテージとして会員率を考えることによってそのようなインフレ要因を排除している。したがって、この図の中で長く上昇するカーブが現しているのは、女性クラブに所属する女性の増加、グレーンジに属するようになった農村部住民の増加、スカウトに属するようになった若者の増加、ハダーサやブネイ・ブリスに属するようになったユダヤ人の増加、そして奉仕クラブに所属するようになった男性の増加である。この着実な成長における重要な要因の一つはおそらく、教育水準の持続的な向上であるが、全体として見たとき、会員数の増加はそれを凌駕している。こうして数十年が過ぎ、米国はますますトクヴィルの描写したものに当てはまるようになったように思われた。

一九三〇年代の市民的関与の、全体として上昇するこの線の中にある鋭い低下は、大恐慌が米国コミュニティに与えた衝撃的な影響の証拠である。このサンプルの中にあるほぼ全ての成人組織の会員記録には、この期間に受けた傷痕が刻まれている。この影響が、沸騰的成長の中での単なる小休止であった場合もあるが、その他の場合には逆境は並はずれたものであった。例えば、女性投票者連盟の会員数は一九三〇年と一九三五年の間に半減し、エルクスやムース、コロンブス騎士会も同様であった。歴史上のこの期間は、急激な経済的逼迫が市民参加に与える影響を指し示しているが、このトピックについては第11章で再び取り扱う。

しかし、これら損失のほとんどは一九四〇年代初頭には取り戻された。第二次大戦が愛国心と集合的団結の巨大なほとばしりを引き起こしたのである。戦争の終わる頃には、これらのエネルギーはコミュニティ生活へと向け直された。一九四五年以降の二〇年間は、史上最もコミュニティ関与の活発な期間の一つであった。潜在的会員に対する比率である、この三二の組織の「マーケットシェア」は急騰した。人口成長のせいにより、この増加はさらに劇的なものとなった。この市民的爆発の幅は、リスト上のほぼ全ての組織に広がっており、グレーンジやエルクスのような古めかしいもの（一九六〇年代で創立から約一世紀）から、ライオンズのような新しい奉仕クラブや女性投票者連盟（一九六〇年代で約四〇年）にまで至っていた。

しかし一九五〇年代の終わりには、絶対的な会員数はまだしばらく上昇を続けたとはいえ、このコミュニティ関与の爆発も徐々に収まり始めた。一九六〇年代の終わりから一九七〇年代の初めには、会員増加は人口増加にずっと後れをとり始めた。当初は、クラブの事務局も会員数の新記録を毎年単調に発表することに長きにわたって慣れてしまっていたので、自らの組織が人口増加のペースに追いつけなくなっていることを意識できなかった。しかし衰退が深刻となるにつれ、会員の絶対数が横ばいに、そして落ち込み始めたのだった。世紀の終わりには、これらの組織の会員率の巨大な戦後ブームは消滅した。(17)

これらの組織全てを平均すると、会員率の水平化が始まったのは一九五七年で、一九六〇年の初頭にはピークとなり、一九六九年までには持続的な低下が始まった。平均では、一九四〇—四五年からピーク時の間で会員率は倍増以上となり、ピーク時と一九九七年の間に、半減をやや下回った。このような平均値が隠してしまう、各組織の経験した重要な違いはいくつかある。例えば、大恐慌の影響は組織間で異なり、メーソンやハダーサでは大幅な低下を示したが、４-Ｈやボーイスカウト、ガールスカウトといった青年組織は、大人には影響した経済的困難を免れていたようである。戦後ブームはほぼ全てのケースで見られたが、グレーンジや女性クラブ総連合にとっての好機は一九五〇年代中盤には終わってしまった一方で、その他のロータリーやオプティミストのような組織は一九八〇年代まで高水準の安定期を保った。ＮＡＡＣＰの会員は第二次大戦期に急激な上昇をし、一九五〇年代の初頭には急落したが、一九六〇年代の初頭に再び最高水準を回復し、一九七〇年代以降再び停滞と急落を迎えている。こういった組織ごとの特性が思い起こさせるのは、それぞれの会員数の減少の背後に、リーダーシップの成功と失敗、組織のねばり強さや戦略上の失策、社会生活や政治の移り変わりといった多数の個別の物語があるということである。

　有益な実例の一つが、「父母と教師の会」（ＰＴＡ）のものである。二〇世紀の中盤には、ＰＴＡは最も広まっているコミュニティ組織であった。一九六〇年代初頭の組織参加に関するある草の根調査によれば、非宗教的組織の中でＰＴＡが最も多くの会員を集めていることが見いだされている。ネブラスカ州民成人の六人に一人以上が、地域のＰＴＡの会員であると報告している。[18] ＰＴＡ会員の絶対数がベビーブーム期に比較的高かったというのは、もちろん、全く驚くことではない——親が多ければ、ＰＴＡ会員も多くなる。しかしもっと驚くべきことは、ＰＴＡに参加した親の、全国レベルでのパーセンテージは一九四五年から一九六〇年の間に倍増以上となり、一九一〇年の創立以来、目眩《めまい》のするようなほぼ絶え間のない成長を続けていたということである。平均すると、一九六〇年までの四半世紀間、子どもを持つ米国家庭の一・六％——四〇万家族以上——が毎年新たにＰＴＡ会員に加わった。年々、ますます多くの親がこの方向から子どもの教育に関わっていったのである。

　六〇年間の組織成長の逆転は——図９にグラフとして表されているが——、一九六〇年に突然衝撃的にやってきた。引き続いて起こった低下が二〇年後に最終的に水平となったとき、ＰＴＡの会員数は一九四三年のレベルにまで戻り、戦後の獲得分がすっかり消えてしまった。一九八〇年代の短いリバウンドも、一九九〇年代末には全て消え去った。平均すると、一九六〇年以降の四半世紀には毎年、子どものいる全家庭の一・二％――一年当たり二五万家族以上――がＰＴＡから脱落した。ＰＴＡに関する最近の優れた研究はこう結論づける。

会員数は一八歳以下の子を持つ家族一〇〇のうち五〇近くであった一九六〇年代初頭の高みから、一九八〇年代初頭には二〇家族にまで下落している。一九八〇年代と一九九〇年代初頭には若干の参加のリバウンドがあったが、この組織が一九五〇年代終盤から一九六〇年代初頭に得ていた会員数の高まりを再び取り戻すことはなかった。［最近、組織は新たな低下を経験している。］一九九〇年から一九九七年の間に、ＰＴＡは五〇万の会員を失ったのだが、そのときに一八歳以下の子どもを持つ家庭の数は二〇〇万以上、そして公立学校への入学は五〇〇万増加していたのである。[19]

ＰＴＡの爆発的成長は、組織のサクセスストーリーとして米国史上最も印象的なものの一つであり、二〇世紀初頭から六〇年間の中で止まることのないほとんど指数関数的な成長が中断したのは、大恐慌の間のほんのわずかな間と第二次大戦中の一年間だけであった。この成功――最終的に米国の家庭のほぼ半分までの会員への取り込み――は疑いなく、この形態のつながりが、子どもの教育に何らかの形で関わりたいという何百万の親にアピールしたという事実に負っている。われわれの生きるこのシニカルな時代では、クッキーやサイダー、世間話といったものをあざけるのは容易だが、ＰＴＡに加わるということは、実践的で、子どもに焦点の当たったコミュニティ生活への参加に関わっていくことの先駆けとなっていたのである。

しかし、世紀後半の三分の一におけるＰＴＡの崩壊も、前半の成長に劣らずセンセーショナルなものである。この劇的な展開はどのように説明可能だろうか？　ＰＴＡの組織率の低下の中には、見かけの錯覚によって説明できる部分もある。地域学校の奉仕組織（その全てが全国ＰＴＡに加盟しているわけではない）への親の関与は、ＰＴＡに加盟している組織の会員数ほど急速に低下したわけではない。まず一九七〇年代の間に、学校政策や、

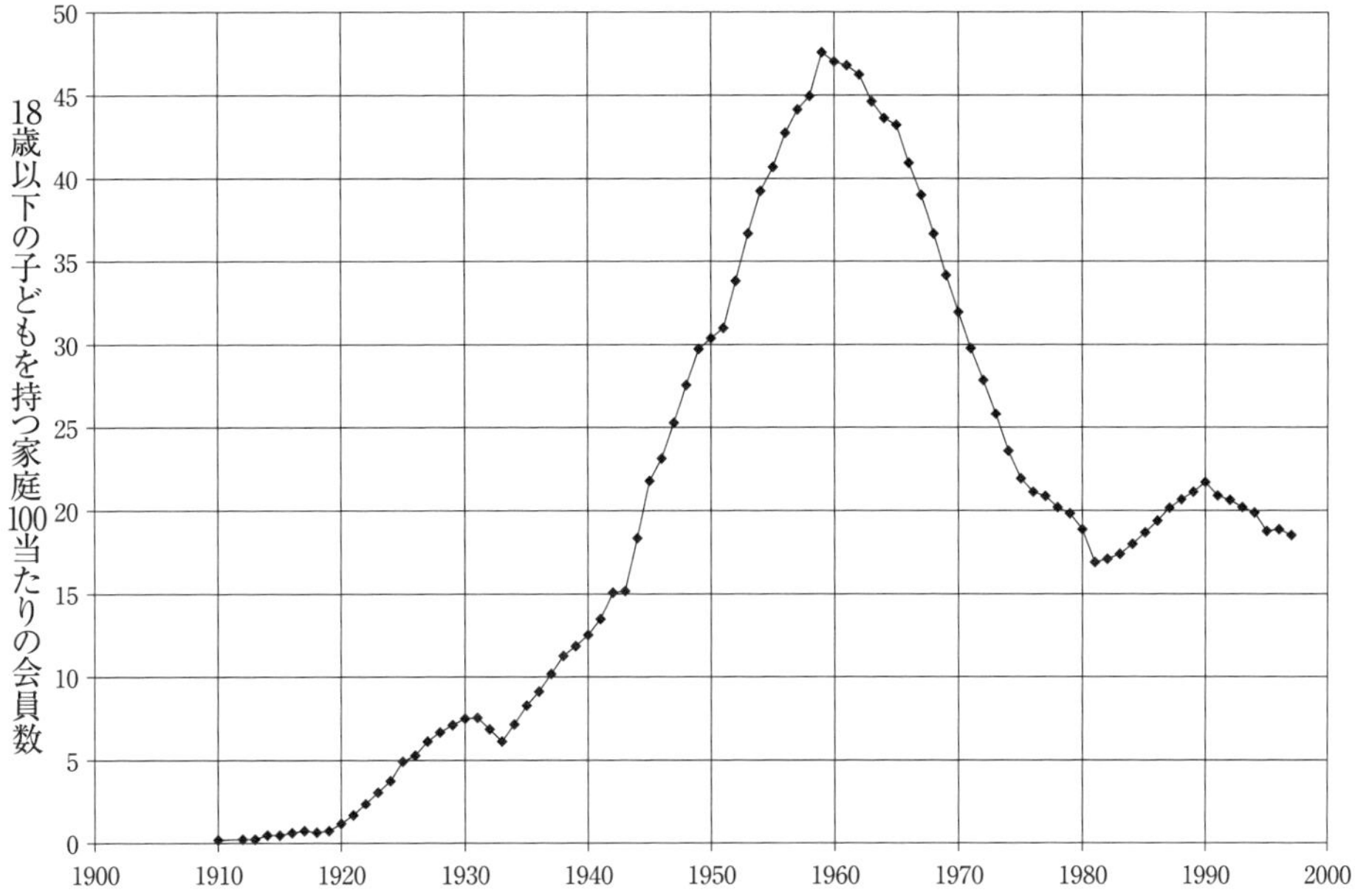

図9　PTAの盛衰、1910-1997

全国会費についての意見の相違により、地域の父母と教師の組織の中には全国ＰＴＡから脱退し、競合する別の組織に参加したり完全に独立組織となるものがあった。結果として、消えた地区ＰＴＡの多くは地区ＰＴＯ（全国ＰＴＡに加盟していない、父母と教師の組織《ペアレント・ティーチャー・オーガニゼーション》）として再登場した。もっともこれらの独立した地域組織自体も、多くはその後衰退していったのであるが。さらに、一九六〇年代の教育の人種分離廃止（訳注：人種差別解消のために意図的に取られた、強制バス通学などの政策）をめぐる激烈な戦いが、南部諸州における全国ＰＴＡからの大規模な脱退を引き起こした。純粋な組織的損失もあったが、この展開は南部の親が地域学校における組織的生活から撤退したということを示しているとは言えない。それでも、これら全ての固有の得失を計算に入れた後にも、あらゆる種類の父母と教師の組織への参加は、一九六〇年以降の数十年に著しく低下に瀕したことは十分に明らかである。[20] 多くの米国人が今日では子どもの教育への関わりを減らしているということを認識するのに、一九五〇年代のＰＴＡ会合をロマンティックに描く必要はない。

綿密な探偵仕事によって、それぞれの組織の会員数の急落の背後にある興味深くまたそれぞれに異なるストーリーが等しく明らかになることは疑いがないが、これらの非常に多様な組織に共通する特徴――一九六〇年代までの急速な成長と突然の中断、続く急速な低下――は、米国コミュニティへの市民的関与の変化をめぐる、証拠のモザイクの中の重要なピースである。それぞれの組織の興亡の詳細を探索した後でさえも、このような組織のそれぞれ――互いにその構成員、年齢、リーダーシップは大きく異なっている――が、二〇世紀の最終四半世紀に、ほぼ同時に荒波に突入した、という注目すべき事実はそのまま残る。

しかしながら、二つの重要な点において、個々の組織の会員数は自発的結社への関与傾向に関する不明確なガイドとなっている。まず特定のグループの人気は、コミュニティ参加の一般的レベルとは極めて独立して盛衰する。組織の種類について、可能な限り広い網をかけて史的分析を行っても、新たな、ダイナミックな組織が探査から逃れてしまうことは十分にあり得る。そうであるならば、ここまで追ってきた低下という構図は、「旧式の」組織にしか適用されず、コミュニティに基礎を置く組織全てが対象ということにはならないかもしれない。社会学者のトム・スミスは論じる。「究極的には、もしグループ加入が全体として増加［もしくは減少］しているかどうかを知りたいのなら、グループ加入全体について研究する必要がある」[21]。

第二に、公式な「会員証を持つ」会員は、コミュニティ活動への実際の関与を正確に反映していないかもしれない。半ダースものコミュニティグループに「所属している」人も、実際にはどれ一つとして活動していないかもしれない。社会関係資本と市民参加という観点から真に重要なのは、たんなる名義上の会員ではなく、活動的で、関わっていく会員である。この二つの問題を取り扱うため、公式な組織記録から社会調査に目を転じる必要がある。そこではあらゆる種類の組織加入が含まれており、公式加入と実際の関与を区別することが可能となる。

一九五〇年代初頭から一九七〇年代初頭に行われた全国調査のレビューのいくつかでは、あらゆる種類の組織会員が安定的、持続的に成長しているという証拠を見いだしているが、研究者の中には、調査質問文のワーディングの変化にこの結論の弱点があるという疑問を呈する者もいる。[22] すなわち、われわれが社会に対して使う低速度撮影カメラレンズのピントのわずかなズレが、連続イメージを相当程度ぼやけさせてしまい、一九五〇年代と一九六〇年代を通じた傾向について確信が持てないということである。しかし、一九五七年にミシガン大学の研究者チームが国立精神衛生研究所（ＮＩＭＨ）の委託で慎重な全国調査を実施し、そして一九七六年には以前の研究者の一人が率いたグループが一九五七年の調査を追試し、多大な注意を払ってこれらの調査が可能な限り同一となるようにした。[23] 調査の第一波は、組織記録が示している市民参加の戦後ピークのおよそ一〇年前に実施され、第二波はそのピークのおよそ一〇年後に実施された。

多くの点でミシガン大‐ＮＩＭＨ研究は、この激動の二〇年間を通じての、米国人の人生経験における相当の安定性を見いだした。しかし、その中心知見の一つは、「米国成人の、社会構造内での統合の減少」であった。[24] 二〇年の間に、友人や親戚とのインフォーマルな社交は一〇％程度低下し、組織加入は一六％、教会出席（もう少し後でより直接的に論じるトピックである）は二〇％低下した。さらに詳細を検討すると、これらの調査が有意な低下を見いだしたのは以下のものであった。労働組合、教会グループ、友愛・退役軍人組織、ＰＴＡのような市民グループ、青年グループ、慈善団体、そして残余の「その他」カテゴリーである。[25] したがって、入手可能な最良の調査データは組織記録の結果と一貫しており、米国人の自発的結社への加入は一九五〇年代中盤から一九七〇年代中盤にかけて一定の低下を見せていた。

一九七〇年代中盤以降は、調査データは著しく豊かになり、この四半世紀間の傾向における判断はより充実し、また確信の持てるものとなる。三大調査アーカイブが関連する情報を含んでいる。一般社会調査（ＧＳＳ）、ローパー社会・政治傾向アーカイブ、ＤＤＢニーダム・ライフスタイルアーカイブである。[26]

グループ加入は一般に、最終四半世紀にどのように変化しただろうか。多岐にわたるグループへの米国人のフォーマルな加入の傾向については、ＧＳＳが最も包括的な指標を提供している。それに対する短い回答は、少なくとも教育水準の上昇を無視する限り、フォーマルな加入率は大きく変化していないというものである。最低一つの組織に正式に加入していると答えた人々の割合は少々低下したが、傾向自体はその後固定化しており、一九七〇年代中盤に七五%をわずかに割り込んだところから、一九九〇年代初頭に七〇%をわずかに割り込んだ程度である。[27] 教会関連グループ、労働組合、友愛組織、退役軍人会の加入は低下したが、この低下も専門職、民族、奉仕、趣味、スポーツ、学校友愛会、その他のグループの増加によってほとんど相殺されている。もっとも唯一の実質的な増加は専門職組織の領域にあるが、後で見るように、成長は専門職自体の職業人口の増加にかろうじてペースを合わせているだけである。この期間の教育水準の上昇を考慮に入れれば——伝統的に人々を市民生活に動員してきたスキルと関心を、非常に多くの米国人が今日では有するようになったという仮定を置けば——、全体の低下はより際だったものである。例えば大学卒業者の間では、組織加入はおおよそ三〇%低下したが、高校中退者の間でも低下はほぼ同じであった。それでも、フォーマルな組織加入の低下全体は、たかだか小幅なものにとどまっている。

このあいまいな結論はしかし、単に会員証を持っているような加入でなく、より活発な参加形態を検討したときには劇的に変化することとなる。組織の役員や委員会のメンバーを務めるということは、米国の組織における活発なメンバーの間では非常にありふれたことである。一九八七年には、組織加入者の六一%がどこかの時点で委員を務めており、四六%が役員を務めていた。[28] 自己定義による「活発な」メンバー——成人人口のおおよそ半分——の間では、どこかの時点で委員を務めていたものが七三%、役員が五八%であり、一度も役員も委員も務めたことのないものは二一%にすぎなかった。すなわち、ほとんどの自発的結社の活発なメンバーの圧倒的大多数は、組織の中で遅かれ早かれ何らかのリーダーシップを取るようになだめすかされていたのである。

このような条件を満たしている米国人の数は、過去数十年の間にどう変化しただろうか。一九七三年と一九九四年の間に、あらゆる地域組織——「旧式の」友愛組織から、新世代のエンカウンターグループまで——で何らかのリーダーシップの役割をした男女の数は、五〇%以上減少した[29](図10にこの証拠を、地域の役員か委員メンバーとして活動的に組織生活に関与している人々の割合の変化という形で示した)。この失望的な傾向は、一九八五年以降加速を始める——一九八五年から一九九四年の一〇年足らずの間に、わが国のコミュニティ組織への積極的な関与は四五%落ち込んだ。この指標によれば少なくとも、米国の市民的インフラストラクチャーはたっ

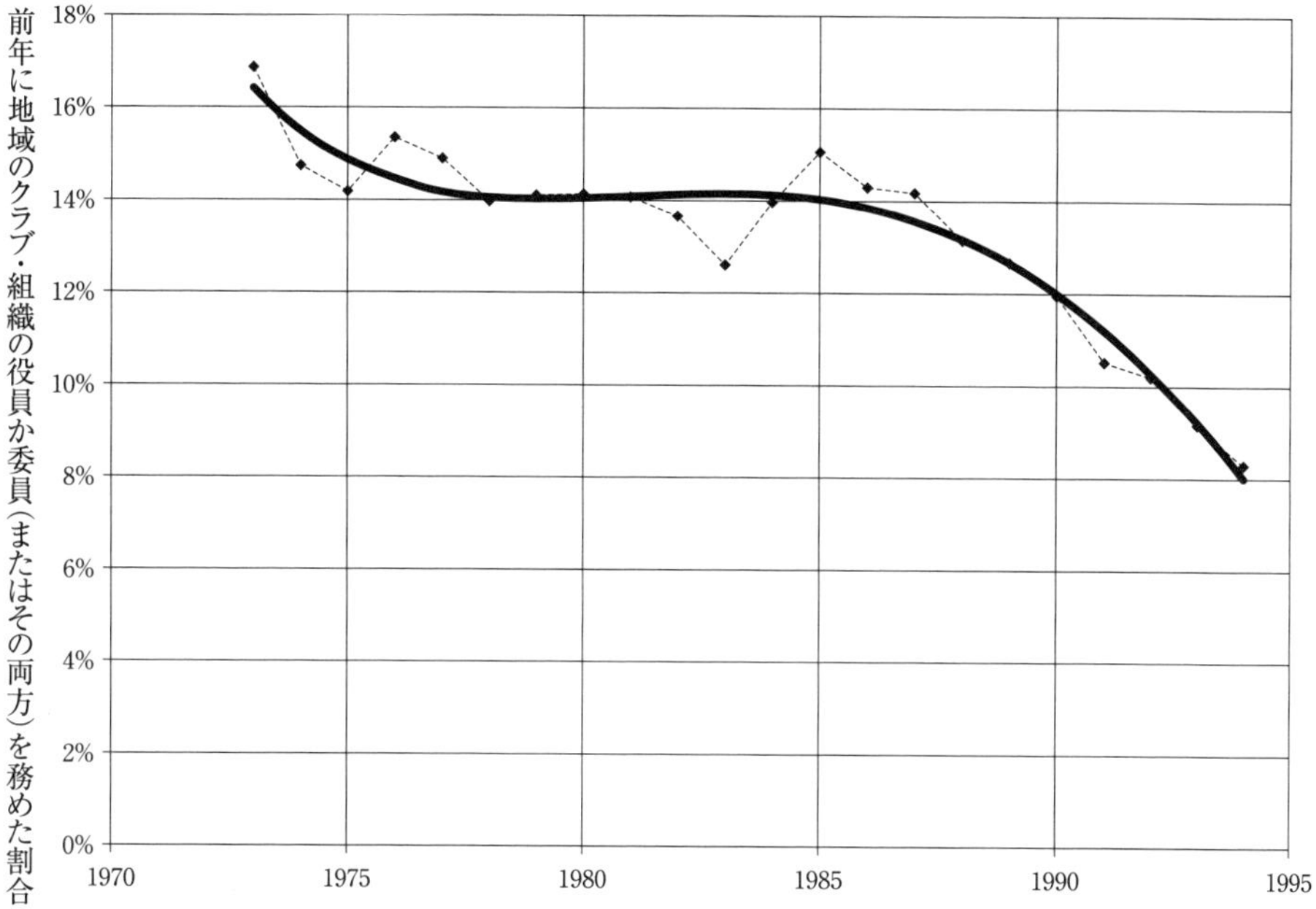

図10　積極的な組織関与、1973-1994

た一〇年の間にその半数近くが跡形もなく消失したのである。

人生の八〇%は、ウディ・アレンが以前皮肉ったように、[30]単なる顔見せである。同じことは市民参加にも言えようし、その「顔見せ」はコミュニティにおける組織生活の傾向を評価する上で有益な基準を提供する。一九七五年から一九九九年まで毎年の二五回の調査において、DDBニーダム・ライフスタイル調査は八万七〇〇〇人以上の人々に、「昨年何回クラブの会合に出席しましたか」と尋ねた。図11に、この形の市民参加が、二〇世紀の最終四半世紀にやせ衰えた様子を示している。一九七五―七六年に、米国の男女は一年当たり平均して一二回のクラブ会合に出席していた――事実上月に一度である。[31]一九九九年までにこの数字は優に五八%縮小し、一年当たり五回となった。一九七五―七六年には全米国人の六四%が依然として、前年に少なくとも一度はクラブ会合に出席していた。一九九九年までに、この数字は三八%まで低下した。すなわち、一九七〇年代中盤に、全米国人の三分の二近くはクラブ会合に出席していた

図11　クラブ会合出席の縮小、1975-1999

が、一九九〇年代の終盤には、全米国人の三分の二近くが全くそうしなくなったのである。他の諸国と比較すると、わが国はいまだに「入会好き《ジョイナー》」の国のように見受けられるが、自らの遠からざる過去と比較すると、そうではない――少なくとも、「入会」が名義上の所属以上のものを意味する限りにおいては。

このように、二つの異なる調査アーカイブが、あらゆる種類の地域クラブや組織への積極的参加が、二〇世紀最後の数十年に半分以上落ち込んだことを示唆している。この推定と非常に一貫している想像もつかないような種類の証拠がある。一九六五年から一九九五年の間の一〇年ごとに、米国人の全国サンプルが「時間日記《タイムダイアリー》」を埋めるように求められた。これは、ランダムに選ばれた「日記日」に、分単位でしていたことを全て記録するものである。この日記を集めると、平均的米国人の時間の使い方が、一九六五年から一九九五年の間の三〇年間にどのように徐々に変化していったかを再構成することができる。[32]

全般的に言えば、時間日記プロジェクトの代表者であるジョン・ロビンソンが示したように、人々の時間割り当てはこの期間を通じて劇的な変化をしてはいない――例えば過去数十年、睡眠時間は平均してちょうど八時間である――が、重要な例外もいくつかある。テレビ視聴時間は過去より長くなる一方で、家事や育児に使われる時間は減少した。組織活動に費やされる時間の断片は、任意の日においては常に比較的適度なものであったが、それは熱心な読書グループや奉仕クラブであっても通常は週に一度か月に一度の会合であり、一日一度ということはないからである。しかし、日記が明確に示しているのは、コミュニティ組織に捧げられる時間はこの期間着実に減少したということである。[33]

月当たりの時間で測定したとき、組織生活（後に検討する宗教グループを別とする）への平均的米国人の投資は一九六五年の月当たり三・七時間から、一九七五年の二・九時間へ、一九八五年と一九九五年の二・三時間へと減少した。一九六五年の平均的な一日では、七％の米国人がコミュニティ組織のために何らかの時間を費やしていた。一九九五年までにその数字は米国人全体の三％にまで低下した。これらの数字が示唆するのは、一九六〇年代には米国人の半数近くがクラブや地域組織において一週間に何らかの時間を費やしていたが、一九九〇年代にはその割合が四分の一以下になったということである。[34] 時間日記データをさらに分析すると、この低下のほぼ全てが、世代交代にその原因を帰することができることが示される――どの世代を取り上げてもその成員は、以前と同じ長さの時間を組織活動に費やしているが、次の世代になると費やす時間が減少するのである。

この期間に教育水準が急速に上昇したことを考慮すれば、組織関与（リーダーシップをとる、会合出席、活動時間その他）におけるこれら全ての落ち込みは、さらに劇的なものとなる。急増した大卒者の間では、一年当たりのクラブ会合の平均回数は五五％低下した（一年当たり一三回から六回）一方で、高卒者の間では、年当たりの会合出席回数の低下は六〇％（年に一〇回から四回）であり、減少しつつある高校未卒者の間では、年当たりの会合出席回数低下は七三％（年九回から二回）であった。

絶対的な点からは、組織活動やクラブ会合出席の低下は全ての教育、社会レベルにおいておおよそ平行である。しかし、教育水準の低い者はコミュニティ組織への関与が最初から低かったので、相対的な低下はこの階層の下部において最も大きい。類似のパターンは時間日記データにも現れている――教育階層の全てのレベルにおいて低下が起こっているが、この場合には教育水準の高い者でわずかに大きい。言い換えると、コミュニティ関与の低下の総体は、コミュニティの問題への参加を伝統的に促進してきたスキルや社会的資源をますます多くの米国人が持つようになったことによってマスクされてきた。

コミュニティ生活においては、株式市場と同様に、過去の業績は将来の業績を保証しないので、将来数十年にわたる傾向が、過去数十年のそれの鏡写しになるであろうと想定することは危険である。それでも、図11に示された下降傾向はこの四半世紀以上ほぼ中断することなく続いており、この低下率が持続するとするならば、クラブは米国から二〇年以内に絶滅することとなる。そのような地域組織は過去数百年間、米国のコミュニティ生活の特徴であり続けたことを考えれば、それが絶滅危惧種リストの上位に顔を出しているというのは驚くべきことである。

ここで報告された組織不振は、全く異なる四系統の証拠によって示された——サンプリング技法も異なり、調査機関も異なり、質問文も異なっている——が、どれもが多数の独立した調査の、何万もの面接を基礎としており、全体であらゆる種類の組織的関与をカバーしている。地域組織への積極的な関与が、二〇世紀の過去数十年の間に半減以上を示しているという点に、これらによる推定が非常に近接して収束しているということは、南西部樹木の年輪と、北極の氷核、そして英国海軍の記録が全て一致して地球温暖化への同程度の変化率を検証したのと同程度の明確さ、説得力を持つものである。

米国人が組織的関与に割り当てている優先順位についての、もう一つの「ハード」な指標は、余暇支出のうち会費の占める割合であり、これは商務省が過去七〇年間にわたって追跡している。一九二九年には、余暇消費支出一ドル当たり六セントが、クラブや友愛会費のためのものであった。一九五〇年代のテレビの登場（と、テレビ受信機売り上げの全国拡大）と共に、この数字は四セントに下落したが、五〇年代の終わりには五セントにまで戻ったのは、われわれの証拠にも繰り返し現れていた一九五〇—六〇年代の市民ブームに対応している。しかし、世紀後半の三〇年間に、この数字は三セントにまで低下し、米国人が組織へのコミットメントに置く相対的な優先順位は、戦後ピークであった一九五八年から一九九七年までに四〇%下落したのであった。(35)

要約しよう——組織記録が示唆するのは、二〇世紀の前半三分の二は、あらゆる市民組織に対する米国人の関与は、大恐慌という例外を除けば着実な上昇をしていた。後半三分の一では対照的に、郵送名簿上の会員のみが拡大を続け、会員が実際に相まみえることの決してない、完全に新種の「三次」集団が創造されたのである。同時に、対面型の組織に対する積極的な参加が凋落したことが、組織記録、調査報告、時間日記、消費支出のいずれを検討しても示された。確かに、個別の例外——支配的な風と潮流に逆らって帆を張ることに成功している特定の組織——を見いだすことはできたが、全体的な構図は、コミュニティ組織の会員の減少、である。二〇世紀後半三分の二の間に、組織全般の正式会員数はおおよそ一〇〜二〇％ほどじりじりと低下していった。さらに、クラブやその他自発的結社への積極的な関与は驚異的な割合で衰退し、たかだか数十年ほどの間にほとんどの指標が半減以下となったのだった。

多くの米国人が、自分はさまざまな組織の「メンバー」であると自称し続けているが、しかしほとんどの者はコミュニティ組織にもはや多くの時間を割かなくなっている——委員会の仕事をしなくなり、役員を務めるのを止め、会合へ出席しなくなっているのである。しかも、教育水準の急速な向上により、以前は市民参加を促していたスキル、資源、関心がかつてなかったほど多く与えられているにもかかわらず、である。すなわち、米国人は、単に政治的生活のみからでなく、組織生活全般から、大挙してドロップアウトしつつあるのである。

しかし、米国人のフォーマルな社会組織関与について確実な結論に到達する前に、宗教と労働の領域における変化を検討する必要がある。宗教は今日でも以前と変わらず、米国の市民社会における極度に重要なセクターであり、労働も多くの米国人の生活においてこれまでないほど重要な場所を占めるようになってきているので、これら二つの領域の傾向は、社会関係資本の集合的蓄積にとって重要な影響を持っているであろう。

第4章　宗教参加

教会その他の宗教組織は、米国市民社会において独特の重要性を有している。米国は、現代世界の中でも最も宗教に熱心な国家の一つである。「アイルランドやポーランドといったいくつかの農業国」を例外とすれば、「合衆国はキリスト教国の中で、最も神を信じ宗教を崇める、原理主義的で宗教的伝統国家であり」、同時にまた「最も宗教的に肥沃な土壌を持つ国」として「他のどの社会よりも多くの新しい宗教がこれまで産まれてきた」とある研究者は述べている。[1]

米国内の教会は、何世紀にもわたって、圧倒的に堅固な社会制度であった。トクヴィル自身、米国人の信仰の深さについて詳細にコメントしている。宗教史学者のフィリップ・ハモンドは、「建国以来、教会やシナゴーグに所属する米国人の割合はずっと増加し、それは一九五〇年代を通じて持続した」と観察する。[2] 初期入植者は非常に宗教的な人々であったとわれわれは考えがちであるが、米国の宗教信奉史に関するある系統的な研究は、フォーマルな宗教信仰率は、一七七六年の一七%から一九八〇年の六二%まで着実に増加していると推定している。[3] E・ブルックス・ホリフィールドなどの研究者は、教会「所属」の意味が時間と共に厳密ではなくなってきたと論じ、「一七世紀から二〇世紀を通じ、礼拝への参加はおそらく比較的一定のままで推移している。過去三〇〇年の大半では、人口の三五〜四〇%がおそらく、ある程度定期的に礼拝に参加してきたと考えられる」と結論づけた。[4] いずれにせよ、この弾力性の理由の一つは、米国における宗教が（他の大半の先進西欧諸国とは異なり）

多元的で絶え間なく変化しており、硬直化しやすい単一の国家宗教というよりも、復興と覚醒の万華鏡的な連続の中で表れてきたということである。[5]

人々が共に祈る信仰のコミュニティは、米国の社会関係資本の蓄積において、唯一最大の重要性を持つ。「教会は人なり」と述べたのは、ボストンのドーチェスターテンプル・バプテスト教会の活動派牧師クレイグ・マクマレン師である。「それは建物ではない。それは制度でもない。それは人間とその隣人との間の関係である」[6]。大まかな目安としては、証拠の示すところでは、米国内の組織所属の半数近くが教会関連であり、個人的な慈善活動全体の半数が宗教的性格を持ち、全ボランティアの半数は宗教的文脈の中で行われている。したがって、今日われわれが宗教にいかに関わっているかは、米国の社会関係資本にとって大きな意味を持つ。

宗教諸制度は、しきたりどおりの礼拝を超えて、広範な社会的活動を直接に支援している。ニューヨーク市のリバーサイド教会は主流派のプロテスタント教会であるが、そのカレンダーの一九九〇年一〇月一四日の欄の会合には、社会奉仕トレーニング、エイズ啓蒙セミナー、エコロジー・タスクフォース、中国系クリスチャン会、麻薬中毒者更正会、リバーサイド実業・専門職婦人クラブ、湾岸危機勉強会、アルコール依存家庭のアダルト・チルドレン、成人・ティーン武術クラスが記載されていた。カリフォルニア州ガーデングローブの福音主義教会であるクリスタル大聖堂の一九九一年一月のある週のカレンダーには、商業界における女性、中毒行動克服、キャリア形成ワークショップ、女性のためのストレッチ・ウォークタイム、ガン克服者、ポジティブなクリスチャン独身者、賭博常習者更正会、「愛しすぎる女たち」（訳注：ロビン・ノーウッドによる愛への依存を論じた著書の題名より）、過食症更正会、そして（中学生のための）フライデーナイトライブといった会合が記載されていた。ガーデングローブ・クリスタル大聖堂の複合施設にはレストランやプール、ウェイトトレーニング、サウナ、スチー

＊単純化のために、ここでは教会《チャーチ》という用語を、宗派を問わずあらゆる宗教機関を指すために用い、その中にはモスクや寺院《テンプル》、シナゴーグを含める。

ムバスを備えたファミリーライフセンターもある。新しい巨大教会《メガチャーチ》の少なくとも一つにおいては、その社会活動は魅力度向上のためのクラスやファッションモデル、ケーキデコレーションのクラス、七階建てのレクリエーションセンター内のボウリング場にまで拡大している。[7]

教会は市民的スキル、市民的規範、コミュニティの利益、市民的動員のための重要な孵化器《インキュベーター》を提供している。宗教的に積極的な男女はそこでスピーチや会合運営、不一致の処理、そして管理責任の負い方を学ぶ。そこで友人となった人々によって、他の形態のコミュニティ活動へと誘《いざな》われる。これらの理由により、教会出席者は世俗的組織にも関与し、投票その他の政治活動に参加し、また深いインフォーマルな社会的つながりを持ちやすい傾向が大きい。[8]

定期的礼拝者、および宗教が自分にとって非常に重要であると答える者は、そうでない人々よりも友人訪問、家での歓待、クラブ会合への出席が多く、またスポーツグループ、専門職、学術団体、学校奉仕グループ、青年グループ、奉仕クラブ、趣味、園芸クラブ、文学、芸術、討論、学習グループ、学校の社交クラブ、農業経営組織、政治クラブ、民族グループ、その他のグループへの所属が多い。[9] ある調査において二二種類の自発的結社が、趣味のグループから専門職組織、退役軍人会、自助グループからスポーツクラブ、奉仕クラブに至るまで検討されたが、宗教グループへの加入が、投票、陪審員、コミュニティ事業、隣人との会話、慈善への寄付といった、他の市民的関与と最も密接に関連していた。[10]

ほとんどの市民参加に対して強く関連しているものとして、信仰心は教育に匹敵するものとなっている。[11] もっとも、宗教的に積極的な人々は、単に多くの人々を知っているだけのようにも見える。対象者に一日の間に実際に会って話をした人の数を数え上げさせた興味深い調査があるが、礼拝出席が、一日に会う人々の数を最も良く予測する変数であった。[12] 定期的な教会出席者の回答によれば、一日の間に話す人の数が四〇%多い。これらの研究で、教会出席それ自体が社会的つながりを「生み出している」という結論を示すことはできない——おそらく、両者を結ぶ因果の矢は双方向である——が、宗教的な人々が類い希なる積極的な社会関係資本家《ソーシャル・キャピタリスト》であることは明らかである。

宗教関与は、ボランティア活動と慈善活動に対する、特に強力な予測変数である。教会所属者の七五〜八〇％が寄付を行うが、非所属者は五五〜六〇％であり、教会所属者の五〇〜六〇％がボランティアを行うのに対し、非所属者では三〇〜三五％にすぎない。もちろんこれは、教会自体が寄付金やボランティアを必要とすることを行っているからということもあるが、しかし篤信者は同時に、自身の信徒団体を超えた活動に時間と金銭をより多く寄付している。宗教的理由による寄付を除外しても、宗教組織への積極的関与が、慈善活動とボランティア双方の最大の説明変数の一つである。[13]

部分的には、宗教と愛他主義との間にあるつながりは、宗教的価値の力を体現するものである。宗教に詳しい研究者のケネス・ウォルドの議論では、「宗教的理想は、潜在的に献身や動機付けの強力な源泉である」ので、「人間は、神聖な力によって突き動かされていると信じたときには、巨大な犠牲を払うこととなる」。[14] しかし、宗教的コミュニティの内にある社会的つながりは、ボランティアと慈善行動を説明する場合、宗教的信念それ自体と少なくとも同程度には重要である。[15] 単なる信仰心だけでなく、つながりの程度が、教会に通う人々の善行の原因となっているのである。繰り返すが、この根拠によって、教会出席それ自体が寛大さを生み出すということに対しての全ての疑念が晴らされるわけではない。しかし宗教的関与は確かに、われらが兄弟姉妹の必要に対して向けられる注意と関連している。

教会は以前から、社会奉仕の重要な制度的供給源であり続けている。米国の宗教コミュニティは社会奉仕に一年当たりおよそ一五〇〜二〇〇億ドルを支出している。全国レベルでは一九九八年に、全会衆の六〇％近くが(大規模会衆についてはさらに高率で) 社会奉仕、コミュニティ開発、近隣組織プロジェクトに寄与していたと報告している。会衆は、全教会出席者が支援している貧困者食料プログラムのうち三三％、ハビタット・フォー・ヒューマニティのような住宅計画のうち一八％を占めている。聖地保護協会(パートナーズ・フォー・セイクリッド・プレイス)によれば、歴史の古い都市会衆の圧倒的多数(九三％)が、食料配布や自助グループ、レクリエーションプログラムのようなコミュニティ奉仕を行っており、一方このような計画の受益者の八〇％は会衆のメンバーではなかった。黒人教会は、ボストンのテンポイント連合のような、インナーシティコミュニティ再建への近年の努力において特に傑出した役割を果たしている。米国で最も成功した草の根コミュニティ組織化のモデルであると考えられている「工業地域財団」は、制度的に地域の教区と会衆に根ざしている[16]。教会は米国史を通じ、広範囲の強力な社会運動に対して組織的、思想的基盤を提供しており、それは一九世紀の奴隷廃止、禁酒運動から、二〇世紀の公民権運動や中絶反対運動に及んでいる。一九五〇年代、一九六〇年代の公民権運動に関する代表的研究者の一人によれば、

黒人教会は、近代公民権運動の制度的中心として機能した……教会は運動に対し、組織化された大衆基盤を提供した――それは白人の大きな社会から経済的に自立しており、人々と資源を管理運営する技術に長けた牧師のリーダーシップ、抗議活動に資金を与える組織的財政基盤、そして庶民が戦術戦略を計画し、闘争に集団的に関わっていくための集会所である[17]。

信仰を基盤とした組織は、特にアフリカ系米国人コミュニティにおいては、社会関係資本と市民参加の中心となっている。教会は米国黒人社会における最古の、そして最も弾力的な社会制度であるが、特にその理由は、それが歴史的に抑圧されてきた人々にとって唯一黒人のコントロールする制度であったということにある。アフリカ系米国人は全ての社会階層において、他のものよりも信仰心が篤い。黒人の宗教的伝統には、宗教とコミュニティの問題を結びつけることを勧め、市民的行動主義に活力を与えるという特徴がある。公民権闘争の期間中もその後も、黒人における教会参加は市民参加と強く関連していたが[18]、その理由には、黒人が市民的スキルを実践する唯一の場を教会が提供していたということもある。宗教学者のC・エリック・リンカーンは述べる。

その純粋な宗教的機能を超え、その機能と同じくらい重要なものとして、公会堂、音楽学校、討論会、社会福祉センター、政治アカデミー、金融機関として黒人教会の果たした歴史的役割は、米国黒人社会にとってその文化の母体、自由の勝利者、文明の証しであったし、現在でもそうあり続けている[19]。

このように、宗教参加は市民参加の重要な次元となっている。したがって、市民参加の傾向は、宗教参加の変化パターンと密接に結びついている。

個人的な信仰という尺度で測った場合、米国人の宗教へのコミットメントは過去半世紀にわたって、一定の安定性を保っている――それは、米国人の生活に関して論評されることのある脱宗教化から予想されるよりもはるかにそうである。ほぼ全ての米国人が神を信じていると述べ、また四人に三人は魂の不滅を信じている。これらの信仰が過去半世紀にわたり変動したという証拠は存在しない。ギャラップ調査やその他の調査機関はこの数十年繰り返し、「(自分の) 生活における宗教の重要性」の程度を尋ねているが、その回答が示唆するのは、この測度での宗教性はごくわずかな低下しか示していないということである。[20] しかし、米国宗教史の指導的研究者の一人によれば、「宗教的衝動が個人の心や精神の内にとどまっているものである限り、長期的な公共的意味はほとんどなくなってしまうだろう」と観察する。[21] データが、単なる宗教的信念についてではなく、宗教制度への参加について語るところは何だろうか。

宗教行動の変化傾向については、専門家の間で長年熱い議論が闘わされてきた。世俗化についての古典的社会学理論――社会が近代化するに伴い、世俗化が進行する――は、西欧が経験したことにはよく当てはまるが、それがこの国の現実に当てはまるかについては一九五〇〜六〇年代においてすら数多くの疑念が提示されていた。近年、学術専門家によって米国における宗教の持続的活力が「再発見」され、世紀末に至り、米国の指導的な宗教社会学者は、「研究者は世俗化に関する議論に別れを告げた。彼らは教会の長所を語ることに突き動かされている」と論じた。[22] 宗教の運命をめぐるこの疑似宗教闘争があるので、過去半世紀を通じた宗教制度に対する参加傾向に関する相矛盾する証拠を注意深くウェイトづけすることが重要となる。

「世俗化」論争におけるどちらの側も、教会所属は一九五〇年代を通じて常に高かったということについては合意しており、また両者とも株式ブローカーであれば小幅な「市場調整」(すなわち、宗教信仰が低下したこと)

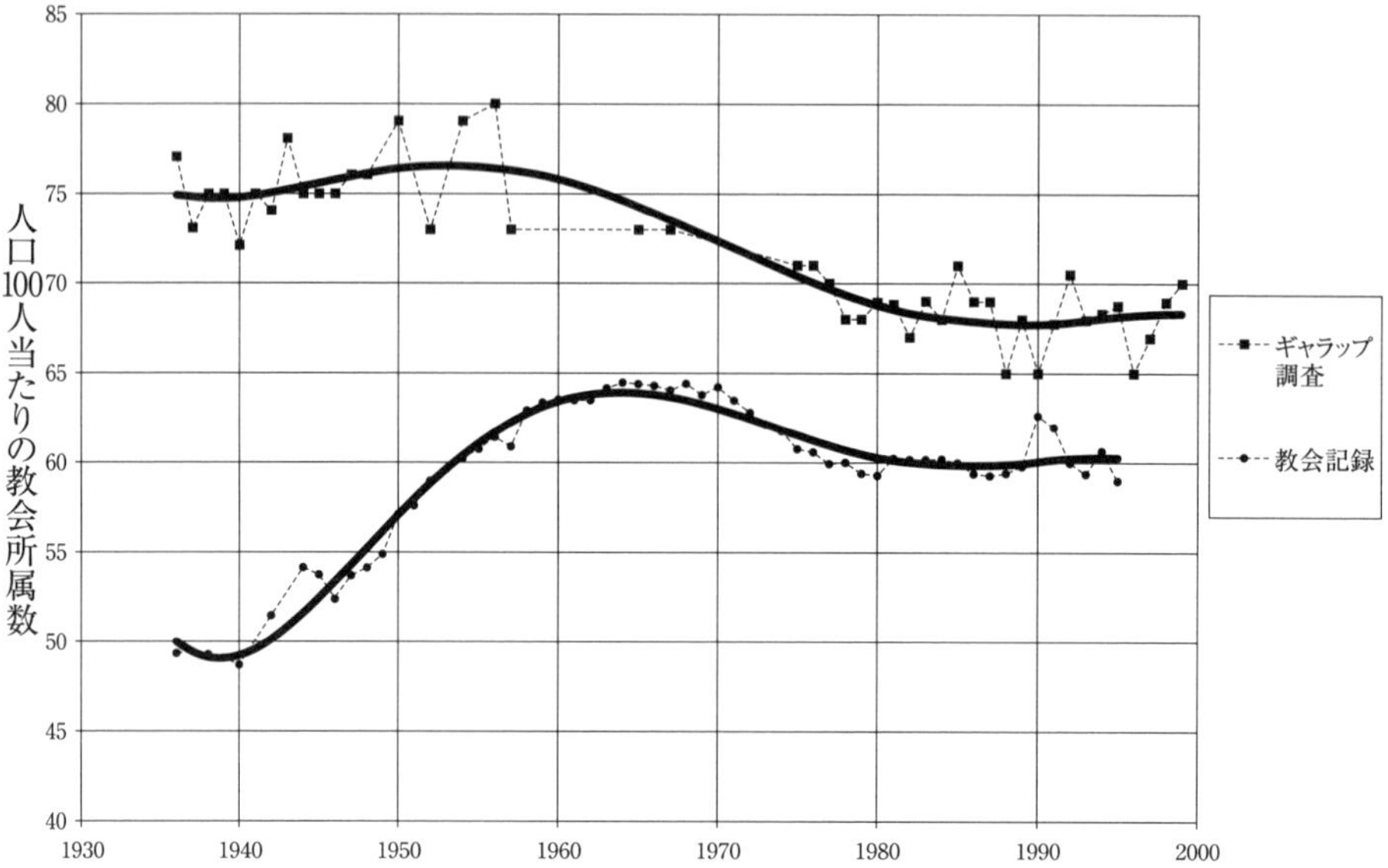

図12　教会所属数、1936-1999：教会記録および調査データ

と名付けることが一九六〇年代から一九七〇年代初頭にかけて起こったことを認識している。対して最終四半世紀における傾向についてはより論争度合いが深いが、それは入手可能な根拠の信頼性が明確でないことも理由である。宗派の信徒数に議論の余地があるのは、信徒の定義の厳密さが宗派ごとにまちまちであること、信徒数は不定期にしか更新されないこと、自己報告はインフレしやすいこと、そして全ての教会が正確に記録をしている、あるいは報告しているわけではないことによる。世論調査データによって回避できる欠点もいくつかあるが、一般に教会記録よりも信徒数は高めに出ることが多く、おそらくそれは信仰心を失ったものの多くが、依然として長老派、ユダヤ教徒、カトリックと自分を位置づけていることによるだろう[23]。

しかしこれらの曖昧さにもかかわらず、図12の示すとおり調査データも各宗派報告もほぼ一貫して、教会所属数が一九三〇年代から一九六〇年まで上昇し、水平期を迎えた後に長い、ゆっくりとした低下が一〇%程度、一九六〇年代から一九九〇年代の期間に起こったことを示している。自身を「無宗教である」と位置づける米国人の割合は、一九六七年の

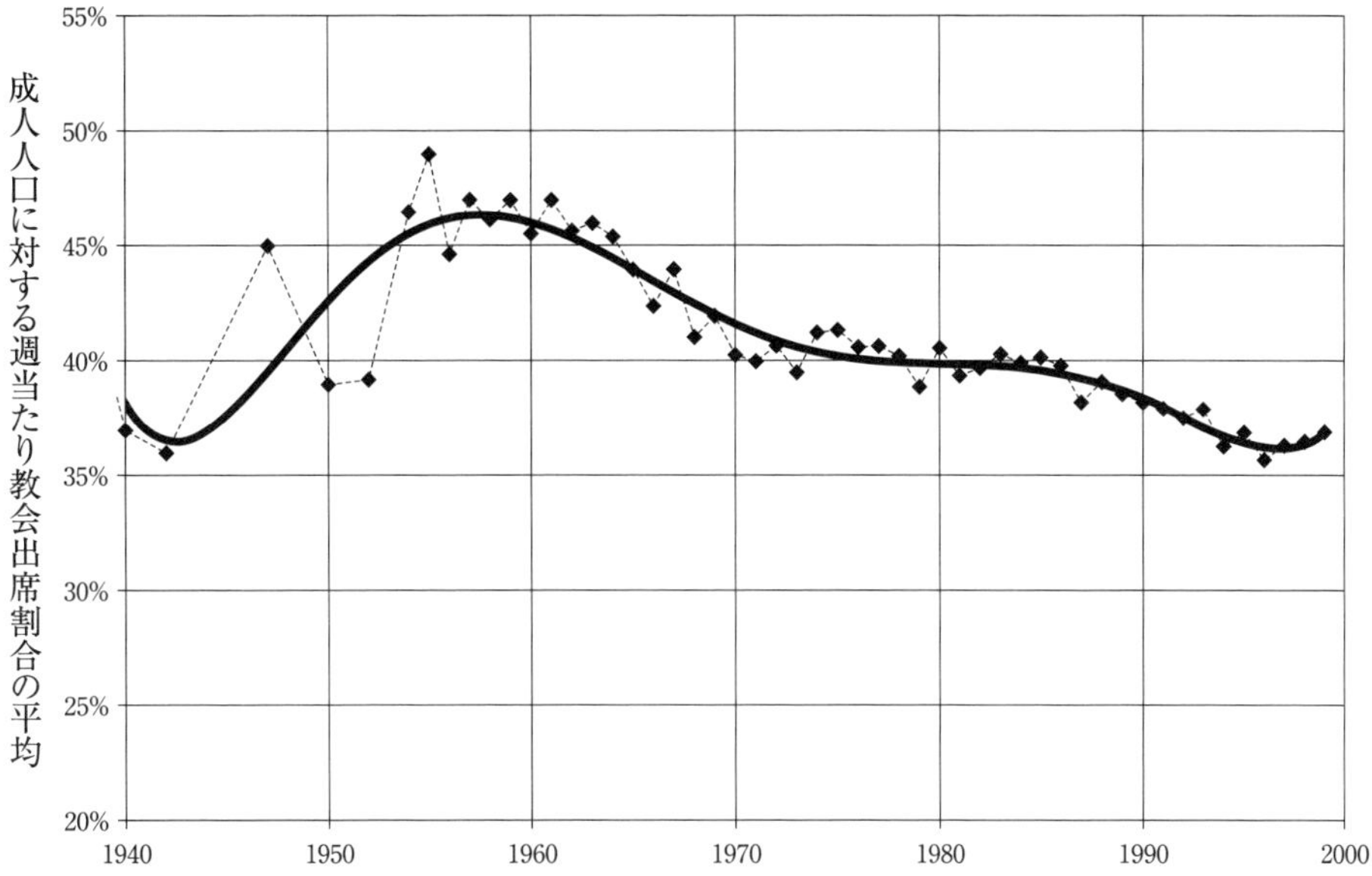

図13　教会出席の傾向、1940-1999

二%から一九九〇年代の一一%へと、一貫してまた急激に増加した。[24]

しかし世俗組織の場合と同様に、宗教参加の傾向について検討するためには、フォーマルな所属から参加の実態へと進む必要がある。独立した五つの調査アーカイブが、この半世紀のほとんどをカバーしているが、五〇年間のどの週をとっても、米国人のほぼ四〇~四五%が宗教礼拝に出席したと主張しているという点でほぼ一致している。[25] 最初期の調査では、一九五〇年代から一九六〇年代にかけて教会出席率は一五~二〇%の急激な増加と、一九七〇年代初頭に同程度の低下を示している。[26] 五つのアーカイブは、一九七五年以降の傾向についてはわずかに乖離した推定を生じているが、最も妥当な要約は、出席は――控えめだが明確に――おおよそ一〇~一二%程度過去四半世紀に低下したというものである。[27] この落ち込みは、期間の後半――すなわち、一九八〇年代中盤から一九九〇年代中盤にかけて――に顕著になっているように見える。

これらの傾向をある程度長期間の視点で見るために、五つのアーカイブの二〇世紀後半を通じたデータを統合して図13に示した。[28] これらの調査による示唆は、教会出席が第二次世界大戦後の数十年間に急激に増加し、続いて一九五〇年代終盤から一九九〇年代終盤にかけて約三分の一ほど低下したこと、低下全体の半分以上が一九六〇年代に起こっていたことでまとまっている。

近年、懐疑的な社会学者が、米国人が実際に、調査が示すように宗教に忠実なのかということに疑問を提起し始めた。調査回答と、信徒席における教区民数の実測値を注意深く比較すると、前週に実際に礼拝に参加したかどうかについて人々の多くが「記憶違い」をしていることが示唆される。この教会出席の過大報告は、最大で五〇%まで及ぶと推定される。[29] 研究者の中には、過大報告率が今日では一世代前よりも増加していると信じる者もいるが、もしそうであるなら、調査データは実際の教会出席の低下を過小に推定していることになる。すなわち組織的礼拝への参加は、おそらく二五年前よりも低下しており、そして四〇年前よりは確実に低下しているということである。

礼拝を超えた教会での社会生活――日曜学校、聖書勉強会、「教会の会合」その他――への米国人の関与も、少なくとも信徒数や礼拝出席と同じ速さで低下しているように見える。一九五〇年代には、米国人の約四人に一人が、教会所属自体とは別にそのような教会関連グループに所属していると答えている。これと比較可能な研究では、一九八〇年代末から一九九〇年代までに、その数字が約八人に一人にまで半減したことが判明した。[30] ミシガン大学－ＮＩＭＨ（国立精神衛生研究所）による慎重に統制された、一九五七年―七六年の間の個人行動変化に関する研究の知見では、教会関連グループへの所属が五〇%減少したことが見いだされた。一般社会調査（ＧＳＳ）の報告では、一九七四年から一九九六年の間に、教会関連グループへの所属が少なくとも二〇%低下している。[31] 宗教組織における社会生活に対しての米国人の関与は、フォーマルな礼拝とは別に低下しており、その程度はおそらく一九六〇年代からは三分の一、一九五〇年代からは半分以上であると思われる。

これらの結果は、一九六五年、一九七五年、一九八五年、そして一九九五年に米国人サンプルによって記入された時間日記のデータによっても完全に確認される。一九九五年において米国人が宗教（礼拝と、宗教に関連した社会活動の両方）に費やした時間の平均は、一九六五年時点に比べて三分の二であり、一九六五年の週当たり一時間三七分から、一九九五年の一時間七分へと一貫して低下している。[32] これは、説教が短くなったということではない。そもそも、宗教に何らかの時間を費やす者の割合が、半分近く減少しているのである。まとめると、過去三〇～四〇年の間に、教会に所属していると答える米国人は一〇%近く減少し、宗教活動への実際の出席、関与はおおよそ二五～五〇%低下した。戦後の宗教参加ブームの事実上全て、おそらくはそれ以上が消滅した。宗教参加に関するこの広範な歴史的パターン――世紀前半の三分の一から一九六〇年代までの上昇と、その後の一九六〇年代から一九九〇年代までの下降――は、これまで記述してきた、世俗のコミュニティ基盤組織や、政治参加とまさに同じものである。

さらに、これら三種類のいずれにおいても、より労力を要する関与形態――例えば、フォーマルな所属に比較したときの、実際の出席――はより大きな低下を示している。結果として、米国市民生活の伝統的組織は、宗教、世俗の双方で「空洞化」してしまった。外部から見たときには、制度という殿堂は全く無傷に見える――宗教家の数は変わらず、信徒数の減少はわずかで、と言った具合に。しかし近づいて調べてみると、人々の市民的インフラストラクチャーを支える梁《はり》が朽ち果てていることは明らかに思われる。

宗教参加の低下は、政治、コミュニティ関与における多くの変化と同様に、主として世代差に帰することができる。[33] 米国人のどのコホートも、長年にわたって宗教的信奉を減少させてはいないように見えるが、しかし世代が新しくなると、その親世代よりも信奉度は下がる。緩慢な、しかし容赦のない世代交代によって、宗教活動の徐々にではあるが必然的な全国的な関与低下が引き起こされてきた。

宗教行動の変化傾向についての評価が論争的になるのが避けがたいのは、多くの人が議論のどちらかの側に対して強力な私的利害を持っているからであるが、ここにある特別な複雑さの一つが、宗教性に関する確立した「ライフサイクル」パターンである。[34] 一般的に言うと、結婚と子どもが教会活動への関与増大を促進する。加えて、中高年は（おそらく、自らの寿命を意識するので）若者よりも宗教に引きつけられる。意味のある長期変化を検出するためには、同じ年代の人々の、異なる時代における宗教参加率を比較する必要がある。もし現在の若者が以前の同じ年代の者よりも信奉度が低かった場合、この若者が年を取るにつれて宗教関与を次第に深めていったとしても、上の世代のペースに追いつくことはできず、社会における宗教関与の全体レベルが時間と共に低下していくのはほぼ確実であろう。一九七〇年代と一九九〇年代の間に、六〇代未満の人々の教会出席はおおよそ一〇~二〇%下落し、その一方で六〇代以上の人々の教会出席はわずかに上昇した。[35] 人口の中で最年長の世代——一九三〇年代以前の生まれ——で宗教関与がやや増加しても、その子や孫の関与低下を相殺するのには十分でない。

このパターンは、ベビーブーマーの宗教習慣に対して特に当てはまる。彼らが二〇代であったとき（一九六〇年代および一九七〇年代）、ブーマーはその上の世代が二〇代であったときよりも宗教制度に対して不満を抱いていた。ブーマーが結婚し、子を持ち、身を落ち着けるようになると、その親世代と同様に組織的な宗教活動により関与するようになったが、ブーマーの始めたこの教会へのライフサイクル移動は、宗教関与の出発点がずっと低いものであり、ギャップを埋めることはなかった。彼らが四〇~五〇代を迎えた現在でさえ、（予想どおり）以前よりも宗教的になったとはいえ、ブーマーは一世代前の中年層と比べて宗教関与が低いままである。社会学者のウェイド・クラーク・ルーフの推定では、ブーマー全体の三分の二が宗教的伝統からドロップアウトしたが、戻ってきたものは半分以下であった。[36] したがってブーマーよりも宗教的な親世代が舞台から去れば、宗教関与の平均レベルは低下し続けることとなる。

ウェイド・クラーク・ルーフとウィリアム・マッキニーは、米国人の宗教行動の現在をこうまとめる。

若く、教育水準の高い、ミドルクラスの若年層が……一九六〇年代末から一九七〇年代に教会から離脱した……その中には新宗教運動に参加したり、各種のスピリチュアル・セラピーや修行を通じて個人的な悟りを追い求めた者もいたが、ほとんどは組織的な宗教から単に「ドロップアウト」しただけであった……［その結果生じたのは］信仰コミュニティとの強力な支援的つながりという恩恵を受けることのない、非常に個人化された宗教心理への傾倒である。ポスト一九六〇年代のこの方向性への大きな原動力となったのは、個人的な充足感、そして理想的な自己を求めようとする勢いが増大したことにある……顕示的な個人主義というこの風潮の中で、宗教は「私事化《プライヴァタイズド》」するか、より個人的領域につなぎとめられたものとなった。[37]

私事化した信仰は、道徳的に引きつけるものがあり、また精神的な充足感が高いかもしれないが、それが内包する社会関係資本は少なくなる。会衆から会衆へと頻繁に「サーフィン」する人が増加すれば、彼らは依然として「宗教的」であっても、具体的な信者のコミュニティとの関わりは少なくなる。過去数十年間に、超越瞑想から統一教会に至るさまざまなカルトグループが人目を引くようになったが、詳細な研究が示すところでは、これらの運動が米国において持続的な会員を数千人以上集めたことはなく、これは二億人の成人人口から見ればごくわずかなものでしかない。[38] 宗教的な傾向を持ち続けている人にとっても、「私事化宗教には共同体的サポートがほとんどなく、一般に制度的な宗教形態から独立している。それは信者に意味や、個人的な方向性を提供するかもしれないが、共有された信仰ではないので、強い集団関与をもたらすということはない……「信者」ではおそらくあっても、「所属者」ではないのである」。[39]

私事化宗教が、道徳的にあるいは神学的に取るに足らないものであるとか、歴史ある伝統的宗教がそもそも優れているのだ、ということがここでの議論ではない。むしろ、宗教所属の自己決定の自由市場化を擁護するスティーブン・ウォーナーの主張では「宗教を切り替える人間は敬虔な人間であることを示す多くの証拠がある」。[40] しかし大方の推測では「切り替えゲームにおける「勝者」は、世俗支持層の増大である」。[41]

フィリップ・ハモンドによるノース・カロライナ、マサチューセッツ、オハイオ、カリフォルニアで行われた教会出席者の調査報告によれば、「一九六〇年代と一九七〇年代の社会変革は、「教会の持つ集合的、個人的役割の」間のバランス移動を加速させたが、それはわれわれが「個人的自律性」と呼ぶ急上昇した現象によって引き起こされた。個人的自律性はしたがって、教区関与の低下を導いただけではない……それは同時に、その関与の意味づけそのものの変容をもたらしたのである」。教区における生活に積極的に関与することは、その人間が、それを超えた広い社会的文脈とつながっている程度に強く依存している――教区や近所、職場に友人がいること、緊密な対人的ネットワークの一部となっているということである。続く二つの章で見るように、宗教に基礎を置く社会関与を支えているこれらの梁《はり》自体が、この数十年間で弱体化している。その結果、多くのブーマーにとって、私事化した宗教は、自律した道徳判断の価値ある表出であり、組織的宗教は、その親世代と比べたときに、生活の中での中心性を失っている。[42]

＊

いわゆるX世代の宗教的方向付けが強く示唆するのは、宗教関与の長期低落傾向はまだその歩みを進めていないということである。三〇年以上にわたって、全米の大学新入生は高校最終学年時に関する標準調査票に記入してきた――成績、関心のある職業、人生の目標、社会活動といったものである。一九六八年に大学に入学したブーマーがこの調査票に記入したとき、宗教礼拝に出たことが「一度もない」と答えた者は九％であった。一九九〇年代末にブーマーの子どもが同じ質問に回答したとき、組織宗教に対する完全な不参加を示す同じ指標は一八％へと倍加した。同様に、大学新入生で宗教信仰について「なし」とはっきり答えた者の割合は、一九六六年の七％から一九九七年の一四％へと倍加した。別の正確な年次調査によれば、教会礼拝に毎週出席する高校生の割合は、一九七〇年代末の四〇％から一九九〇年代初頭の三二％に低下した。[43]

ここまで米国における宗教参加の過去三〇年間の傾向を集計レベルでまとめてきたが、少なくとも重要な二点において過度の単純化が存在する。第一に、ここまで記述してきた傾向について、米国社会内の全ての人間が同じように影響されてきたわけではない。米国内のあるグループが、信仰を基盤としたコミュニティへの活動的な関与から離脱傾向にある一方で、別のグループはこれまでと全く同じように関与を行っている。組織宗教と完全につながりをなくした人々の割合が増加する一方で、熱心に関わる人の割合も比較的安定している。言い換えるなら、宗教からのドロップアウトは、宗教への関与がほどほどで、慣習化している人々を犠牲にして登場してきたのである。その結果として、この国はこれまでになく明確に二つのグループに分割されつつある――献身的な信奉者と、全く教会に無縁な者である[44]（ここにある種の平行性を政治分野の傾向との間に見る者もいるだろう――真の信仰者と、ドロップアウト者が増加し、中程度の者の減少）。これは、近年多く議論される「文化戦争」

の下に存在する社会学的基底である。この二極化は誇張されすぎてはならないが、同時に地域的次元もここには存在しており、宗教参加低下は北部（特に北西部）で最も著しく、南部のバイブルベルト地帯では限定的であるということを示す証拠がある。(45)

第二に、変化のペースと方向は宗派によって明確に異なっている。プロテスタントとユダヤ系会衆は、所属信徒数という点では市場シェアを失い、一方でカトリックやその他の宗教は拡大した。第二次世界大戦後、全米人口に占めるプロテスタントの割合は、一〇年ごとにおよそ三～四％減少し、総計では約四分の一の低下を示し、一方でユダヤ教徒の割合は一〇年ごとに〇・五％、全体ではおおよそ半減となった。対照的に、カトリックの人口シェアは一〇年ごとに一～一・五パーセント上昇、全体ではおおよそ三分の一増加し、また「無宗教」も一〇年ごとに約二％上昇、ほぼ四倍となった。全米人口のうちプロテスタントであると答える者の割合は、二〇世紀後半三分の一の期間に一二～一五％低下した（五分の一近くとなった）が、おそらくこれは米国史上最も急激な低下である。(46)

各指標の成長率の違いには、カトリックについてはラテンアメリカから、その他の宗教についてはアジアからの移民による影響もある。例えばある推定では現在、ヒスパニック系が米国カトリックの四分の一を占めている。彼らの関与が意味するのは、移民を広い米国社会へとつなぐ重要な役割をカトリック教会が再び果たしているということであり、その意味でカトリック教会は社会関係資本形成に貢献し続けているのであるが、この新流入が、米国生まれの人間が教会への関与を減らしている度合いを一部覆い隠すこととなっている。

この変動は、広義のプロテスタント派に属するグループでさらに顕著である。過去四〇年以上、主流の教派（メソジスト、長老派、聖公会、ルーテル派、会衆派、米国バプテストその他）は多くの「市場シェア」を失った。一方で、福音《エヴァンジェリカル》派と根本主義派《ファンダメンタリスト》（南部バプテスト、ペンテコステ派、ホーリネス教会派、アッセンブリーズ・オブ・ゴッド教団、チャーチ・オブ・ゴッド・キリスト教会やエホバの証人、モルモン教および独立会衆派）は成長を続けたが、しかし以前よりも遅いペースの時もあり、今では何とか全国の人口成長率に匹敵する程度である。主流のプロテスタント派は今なお宗教界における主要部分であるが、これらの信徒は減少しつつあり、高齢化し、宗教的活動への関与を低下させている。福音派教会に所属する教会メンバーの割合は上昇しており、その増加はおそらく一九六〇年以降の二五年間で三分の一程度であるが、しかしプロテスタント全体にとっては、福音派の増加は主流派の減少を相殺するのに十分ではない。結局のところ、増加が起こったのは宗教的スペクトルの両端、最も伝統的《オーソドックス》なものと最も現世的なものであり、一方で中央部が崩壊したのである。(47)

教会出席という指標が語るストーリーはいささか異なっている。自身をカトリック信者とする者の人数は増加する一方で、伝統的に高いカトリックの信奉度をミサへの出席を用いて測定した場合、それは着実に低下している。減少中のプロテスタント信者においては、週ごとの出席率は十分に持ちこたえているが、その理由はプロテスタント宗派の中でも、より福音主義的な会衆への移動が起こっているせいもあるだろう。しかし自身をプロテスタントであるとする者の人数が今では減少しているため、プロテスタントの礼拝に定期的に出席する者の割合は、この三〇～四〇年間を通じ大きく減少している。すなわち、カトリック信者の多くがますます名のみの教会メンバーになっている一方で、完全に自分の宗教から離れてしまうプロテスタントとユダヤ教徒の数は多く、また着実に増加している。(48)

宗教関与におけるこれらの低下は、黒人においても、少なくとも白人と同程度に現れている。黒人の方が白人よりも宗教的な信奉度が高くあり続けているにもかかわらずである。一九七〇年代中盤から一九九〇年代中盤にかけての教会出席の低下の大きさは白人と黒人の間で変わらず、教会所属の減少は黒人の方がわずかに大きい。また白人同様に黒人においても、主流のプロテスタント教派が相対的に減少し、福音派信徒が急増している。(49)

福音宗教の活性化は、二〇世紀後半の米国宗教生活におけるおそらく最も着目すべき特徴である。しかし教会史家のロジャー・フィンケとロドニー・スタークの議論によれば、この発展は米国宗教史でありがちなドラマの再演にすぎない。つまり、厳格でセクト的な、「世俗的」でない反乱宗教運動が、より世俗的、体制側の宗派に襲いかかるというものである。メソジスト派が聖公会に対して一九世紀中頃にこれを行い、今度はメソジストに対して福音主義派が行ったのである。

見方によれば、この発展は宗教に再び活気を与え、活発な社会関係資本をこの新たな福音派教会に創出するものである。福音主義信徒が過去数十年に、精力的な宗教コミュニティ造りを成し遂げたことは、宗派を超えて宗教指導者に賞賛されている。米国史における社会関係資本形成に関する重要なエピソードの大半は、宗教上の再生に根ざしていることが多く、まさにそのような転換点にわれわれはいるのかもしれない。[50]

しかし、ウェイド・クラーク・ルーフの見立てでは、「保守的な宗教エネルギーは、宗教的伝統の内に信仰を回復し、主流文化の内部に宗教的、ライフスタイル的境界線を再確認することに向けられる……拡大中の教会とシナゴーグは通常その性質から排他的であり、社会的、宗教的境界線を引くことに力を持っている」。[51] 歴史的に、主流派プロテスタント教会の人々は、広範な市民的コミュニティに対し、不釣り合いなほどの大きな割合のリーダーシップを供給してきたが、福音主義、カトリック教会の双方はむしろ、教会を中心とした活動に重きを置いてきた。米国の通史を検討し、国内でも宗教に対し最も鋭敏でかつ共感的な論者のロバート・ウスノウは、「主流派教会は二〇世紀前半、進歩的な社会改善運動に参加していた一方で、福音派教会は個人的な信心により焦点を置いていた」と結論する。[52]

個人レベルでも会衆レベルでも、福音主義信徒は自身の宗教的コミュニティ内部の活動により関与し、外部の広範なコミュニティにはあまり関与しない傾向がある。[53] 福音主義信徒は主流派プロテスタントよりも定期的に教会に出席し、慈善的な寛大さが大きく（家族収入に占める寄付割合の平均は二・八％対一・六％）、定期的に日曜学校や聖書勉強会に通い、同一会衆内での親密な友人が多い。ジョージ・マーズデンによれば、「根本主義教会が提供するのは、対応する中道‐リベラルなプロテスタント教会に比べ、ずっと強力なコミュニティである。……（それらは）米国内の非民族的コミュニティの中では、最も凝集性が高いものの一つである」。[54]

しかし、福音主義信徒の社会関係資本は幅広いコミュニティよりも家庭において投資されている。福音主義信徒においては、教会出席はコミュニティ組織への所属と相関していない。福音主義信徒が人間関係を広げていないという一般化には、例外も存在する。例えばチャールズ・コルソンの「プリズン・フェローシップ牧師団」は、教派や人種の境界を超え全国六〇〇の刑務所において収監者のコミュニティ所属回復に尽力し、広く賞賛されている。しかし福音主義信徒によるボランティアの大半は、日曜学校で教える、聖歌隊で歌う、礼拝で案内係を務めるなど、会衆の宗教生活を支援するもので、他の宗派のメンバーによるボランティアのように、幅広いコミュニティへと広がるものではない[55]。

今日の主流派プロテスタントとカトリックは、幅広いコミュニティにおけるボランティアや奉仕により関与するようになっている。主流派プロテスタントと、カトリックの一部においては、教会出席は宗教的ボランティアとの関連は弱く、世俗的なボランティアとの関係がより強まっている。これらの宗派では、教会出席は世俗的グループへの所属や、さらにはそこでのリーダーシップと相関している。福音主義と主流派会衆のどちらでも、宗教に深く関わる者は、管理運営やスピーチといった移転可能な市民的スキルを身につけるが、主流派プロテスタントの方がそれらを広いコミュニティへと移転させやすい。ロバート・ウスノウは結論づける、「主流派プロテスタント教会は広いコミュニティにおける市民参加を促進するが、福音派教会は明らかにそうではない」[56]。

同様の対照は、会衆レベルにおいても見られる。自らを保守的会衆であるとするものは、リベラル、あるいは中道の会衆と比べて際だつ例外としての中絶反対運動《ライト・トゥ・ライフ》を除き、広範囲《アウトリーチ》の社会的奉仕や事業を提供することが少ない（福音主義クリスチャンの政治参加については、第9章で詳細に検討する）。公民権運動期に、黒人の市民参加は主流派の黒人教会への関与と正に相関していたが、黒人の根本主義派への関与とは負に関連していたこととこれは類似している。したがって、福音主義キリスト教が上昇し、主流派キリスト教が下降しているという事実が意味するのは、宗教が現在では市民参加と、「橋渡し型」の社会関係資本の基盤としてはその効力が薄れているということである。ウスノウは問題の核心を次のように捉える。

宗教はその信徒に対して礼拝することや、家族と過ごすこと、宗教的伝統に埋め込まれた道徳的教訓を学ばせることを促進し、結果として市民社会に対して有益な効果を持ちうる。しかし宗教がその役割しか果たさないのであれば、社会に対する影響は減じられたものとなるだろう。自発的結社についてトクヴィルが興味を持ったのは……人々の大きな集合の間のつながりを生み出し、コミュニティと地域を橋渡しし、異なった人種的背景や職業の人々をまとめ上げるその力であった[57]。

この市民的役割を、いくつかの例外を除いて、福音宗教は現代の米国において果たすにはまだ至っていない。

＊

ここで、米国の社会関係資本台帳の中の宗教の項目について見てきたところをまとめよう。第一に、今日における宗教は、これまで伝統的にそうであったように、米国におけるコミュニティ生活とその健全性における中心の源泉であった。信仰を基盤とした組織は、直接には成員への社会的サポートとコミュニティへの社会的サービスを提供することによって、間接には市民的スキルを育み、道徳的価値を繰り返し説き、愛他主義を奨励し、教会に集う人々の市民社会への動員を促進することによって、市民生活に奉仕している。

第二に、二〇世紀を通じた宗教参加の広範な変動は、世俗的な市民生活の傾向と鏡写しになっている――すなわち世紀前半の六〇年間、とりわけ第二次大戦後の二〇年間に花開き、そして過去三〇～四〇年間に衰退していった。世俗生活と同様に、強い形態の関与の方が近年の減少が大きい。労力を要する宗派の方がむしろ魅力的であると捉える少数派も中にはいるのであるが。加えて、政治や社会全般と同様に、この参加低下は世代的遷移と関係しているように見える。若い世代（ここではブーマーを含む）の大半は、その前の世代が同じ年代であったときよりも、宗教的、世俗的社会活動への関与を減らしている。

最後に、この時期を通じた米国人の宗教生活は、動的で労力を要する宗派が、より世俗的な形態に取って代わろうと押し寄せるという歴史的にはよくあるドラマの再現でもある。しかし少なくともこれまでのところ、新たな宗派によるコミュニティ構築の努力の方向は外向きというよりもむしろ内向きであって、米国内の社会関係資本蓄積に対する健全な影響を起こし得たものを限定的にしてしまっている。すなわち、二一世紀の幕開けにあたり、米国人は三〇～四〇年前と比べて教会に行かなくなり、また通う教会もそれから広がるコミュニティへの関わりを減らしつつある。宗教生活におけるこの傾向は、世俗的コミュニティにおける社会的つながりに見られる不吉な減少を、埋め合わせしているというよりむしろ強化してしまっている。

第5章　職場でのつながり

労働関連の組織は、慣習的に、二つの異なるレンズを通して見られてきた。経済学的には、労働組合と専門職団体は独占カルテルの一形態、いわば現代版のギルドであり、特定の産業や職業に従事する労働者が連携して競争を抑制し収入を増加させる手段として批判されることがある。社会学的にはしかし、これらの組織は社会的連帯の重要な場、相互扶助と専門技術共有のメカニズムである。基本的にはもちろん、これらの二つのイメージは相互に強化しあうものである。なぜなら、連帯は経済的協力のための決定的な前提条件であるから。教職員組合や弁護士会の与える経済的影響を嘆く者であっても、それが現している社会関係資本を認めることはできるだろう。

労働関連組織は、労働組合でも、ビジネス・専門職組織でも伝統的に、米国における市民的つながりの最も普及した形態の一つであった。われわれの社会関係資本目録の中でも、これは最も重要な項目である。図14には、二〇世紀を通じた米国内の労働組合組織率の傾向をまとめている。この歴史的な変化の図式は、米国労働史と密接につながっており、その中には例えば二度の大戦とニューディールが団体交渉に及ぼしたプラスの影響がある。[1]しかし、大まかなパターンは、これまで触れてきたコミュニティ基盤の、あるいは宗教的な各組織のそれを思い起こさせるものである。すなわち世紀前半の三分の一における適度な成長、大恐慌から第二次世界大戦期の急成長、一九五〇年代から一九六〇年代にかけての高い安定期、そして世紀後半三分の一における急激で、持続的な

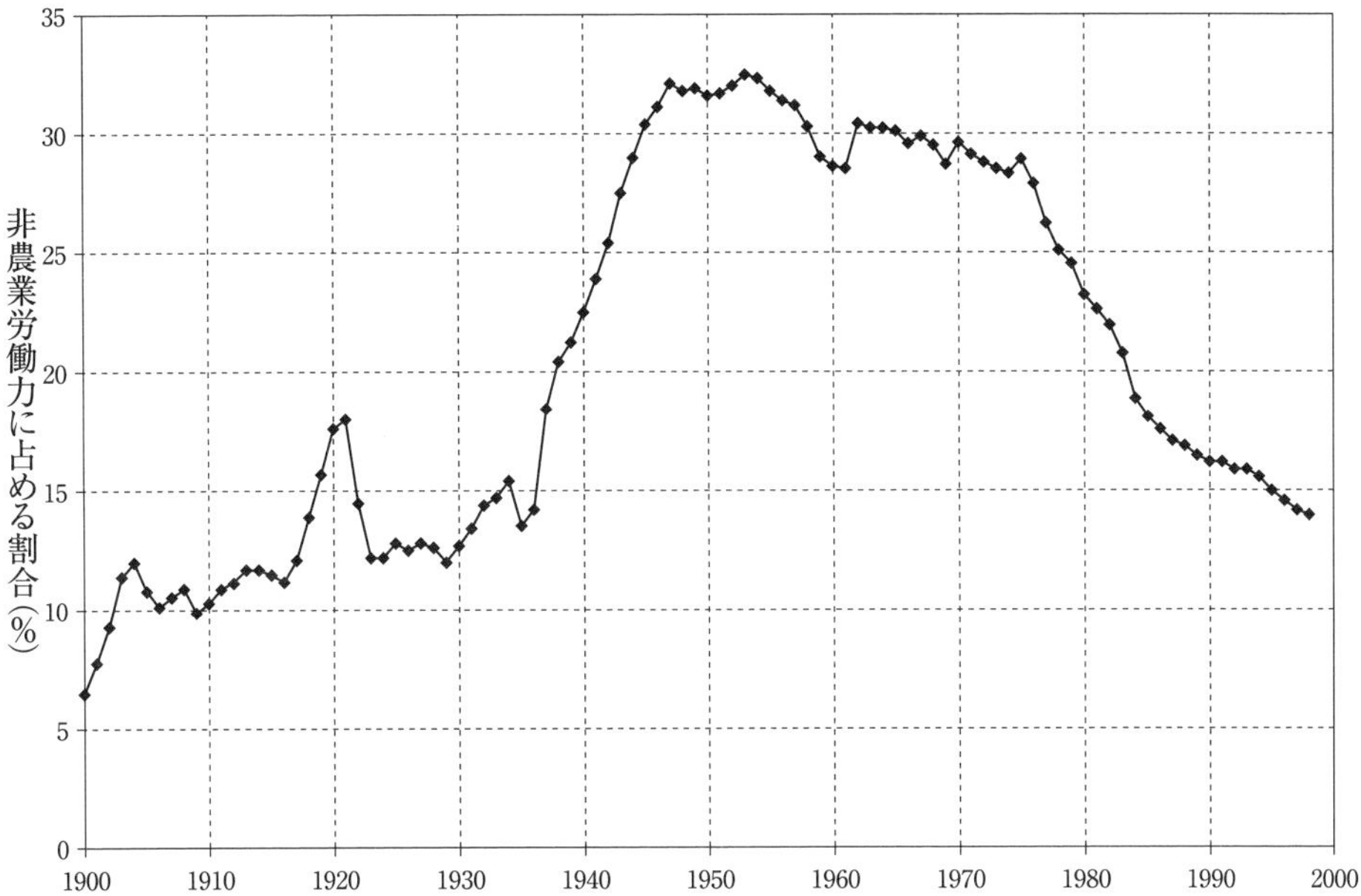

図14　米国における労働組合所属、1900-1998

低下である。

長年にわたり、労働組合は米国の勤労男性（そしてそれより少ないが、勤労女性）の間で最も普及している所属組織であり、この数十年においても、一定の割合でそれは真実であり続けている。[2] しかし、労働組合の所属率は四〇年以上にわたって低下し続けており、最も急激な低下は一九七五年以降に起こっている。労働組合所属がピークを迎えた一九五〇年代中盤以降、米国労働人口における組合組織率は三二・五％から一四・一％へと急落した。今日までに、ニューディールによる労働組合所属の爆発的成長分の事実上全てが消滅した。加えて、労働組合に対する関与形態も弱体化している。労働組合は今では社会運動ではなく、専業の交渉エージエントとして見られることがほとんどである。組合も、その他の自発的結社と同様に、少数独裁、アパシー、腐敗にしばしば悩まされてきたが、歴史的には社会関係資本——すなわち、互酬性のネットワークを創出し、またそれに依拠してきた。しかし、二〇世紀の終わりには米国労働者の社会生活にとって一時は中心要素であったものは、ほぼ消滅した。組合ホールにおける連帯は、今や年寄りのほとんど色あせた思い出である。

しかし、この組織率の低下は、米国の脱工業化経済の構造変化の自然な反映として単純に片づけられないのではないだろうか。多くの人が考える団体交渉は、「主として男性、ブルーカラーの、製造業界における生産労働者――五〇年代の組合の砦――に適したもので、女性、ホワイトカラー、サービス産業における知識労働者――脱工業化経済における新しい労働力の前線とはほとんど関係がない」(3)。製造業の凋落、北東部の「煙突」諸州から反組合の南西部サンベルトへの商業、職場移動、教育水準の上昇、そしてパートタイム雇用――経済学者が「構造変化」と呼ぶこういった要因全ては、避けがたい労働組合所属低下を説明する上でもっともらしく思える。

実際にはしかし、工業からサービス経済への経済変化は厳密には、このストーリーの四分の一を説明するにすぎず、これらの構造変化全てでも、労働組合所属低下全体を説明できる割合はかろうじて半分程度である(4)。言い換えれば、個別の職種、産業の内部においても労働力に対する組合組織率は過去四〇年間に急激に低下している。一九五三年から一九九七年の間に、組合組織率の低下は製造業では六二%、鉱業では七九%、建設業で七八%、運輸業で六〇%、そしてサービス業で四〇%である。この引き潮に対して一時的にでも抵抗している唯一の領域は公務員であり、ケネディ政権下における行政部門での団体交渉を基礎とする法改正の結果として一九六二年から一九七九年の一〇年と半ばの期間で急激に増加した。しかしこの二〇年にわたって、公共セクターにおいてさえも組合所属は停滞している。労働組合の凋落は、ブルーカラーがホワイトカラーへと漂白された結果が主要因ではないのである(5)。

労働経済学者は組合組織化の低下を解釈するさまざまな説明を提供してきた――レーガン政権下で一九八二年の航空管制官ストライキに際して導入された反ストライキ政策のような公共政策上の逆風の変化、使用者側の抵抗の苛烈さ、組合側の戦略の弱体化などである。これらの解釈それぞれには一定の真実があるが、数多くの論争にもかかわらず、専門家の間でも各種要因の相対的なウェイトについてコンセンサスはいまだ存在せず、またこもそれを整理する場ではない。しかし、ある包括的な研究の下した興味深い結論は「一九七七年から一九九一年の間の組織率低下のほぼ全ては、組合代表制における需要低下によって引き起こされたように思われる」(6)――

組合員が減少したのは、組合に加わりたいという労働者が減少したからということである。

この「需要」低下は、「フェザーベッディング」（訳注：労働組合による水増し雇用要求や生産制限行為）や腐敗といった、組合の不適切な影響力に対する人々の嫌悪感を反映しているのだろうか。かつては、この説明ももっともらしいものであったかもしれないが、労組の権力に対する人々の憤りはこの二〇年以上の間に着実に低下しており、にもかかわらず組合員の減少は続いている。人々の憤りは組合の力に対して引き起こされたものであるかもしれないが、組合衰退が続くことの原因ではない。おそらく、組合加入の問題は、「組合」という概念に対する疑念であるというよりも、むしろ「加入」という概念に対する疑念である。労働経済学者のピーター・ペスティロは二〇年前に先見的に論じた。「若い労働者は第一に自分自身のことを考える。現在我々が経験しているのは個人主義というカルトであり、労働組合は連帯の快適さを説くことに失敗している」[7]。

＊

専門職組織に関する最近の歴史は、一見したところ全く異なっているように見える。専門職組織やその他の経済組織（労働組合を除く）に加入する米国人の割合は、過去四〇年にわたって倍増した。一九五〇年代から一九六〇年代には、大半の調査結果の知見ではこれらの組織の所属率は八〜一〇％といったところだが、一九八〇年代と一九九〇年代には、ほぼ全ての調査がこの割合を一六〜二〇％としている[8]。人口全体に対する専門職・学術団体の加入率は一九七四年の一三％から一九九四年の一八％まで上昇したが、これは二〇年足らずの間に五〇％近い増加である[9]。

専門職組織の急速な成長というこの印象は、大規模な専門職全国組織の会員名簿によって裏付けられる。米国医師会の全会員数は一九四五年の一二万六〇四二人から一九六五年の二〇万一九五五人へと上昇し、一九九五年には二九万六六三七人を記録した。米国建築家協会はそれよりも小規模だが、その成長は同様に印象的なものであり、一九五〇年の八五〇〇人から一九七〇年には二万三三〇〇人、そして一九九七年には四万七二七一人となった。米国機械学会の会員は一九四五年の一万九六八八人から一九六八年の五万三八一〇人へと三倍近く増加し、その後続く三〇年間に再び倍増し一九九七年には一〇万七三八三人となった。電気電子学会の同様の伸びは、一九六三年の一一万一六一〇人から一九九七年の二四万二八〇〇人であった。米国法律家協会（ＡＢＡ）の成長はさらに驚くべきものであり、全会員数は一九四五年の三万四一三四人から一九六五年の一一万八九一六人へと四倍化、その後さらに一九九一年の三五万七九三三人へと三倍化した。ほとんどの大規模専門職組織で同様のことが起こっている。ここでついに、二〇世紀末に米国のトクヴィル的エネルギーが、止まることなく湧き上がっている様子を見いだしたように見える。

この結論に到達する前に、いつもどおり、関係する支持基盤の規模の変化を考慮しなければならない。この期間、専門職に就いた人々の数も莫大な増加を示しているからである。ここでの目的によりふさわしい問いは、「ＡＢＡの規模はどれくらいか」ではなく、「米国の弁護士数と比べたときにＡＢＡの規模はどれくらいか」である。そしてまさに、各専門職に就く人々の中での専門職組織加入率の変化は、驚くほどよく似た経過をたどっていることが判明する。

世紀前半のおおよそ三分の二の間、各専門職組織に所属する医師、弁護士、建築家、会計士、歯科医師の割合は急速に、また着実に増加しており、大恐慌期の例外があるのもいつもどおりである（図15に二〇世紀における八大専門職組織の平均市場シェアを示した）[10]。一般的にはこの増加は一〇倍近くであり、世紀初頭の約五〜一〇％から、一九六〇年代の五〇〜九〇％となっている。注目すべきは、ほぼどのケースにおいても同様に、一九四〇年代から一九六〇年代の間に、コミュニティに基礎を置く、あるいは宗教的な組織についてすでに見てきたような会員成長における戦後の加速が同様に見いだせることである。概観すれば、専門職組織の会員率は一九四五年から一九六五年の間にほぼ倍増しているが、これは前述したコミュニティ組織の場合とちょうど同じ成長率である。

その後、戦後の加入ブームは突如減速、停止し、ほぼ全てのケースで逆転した。最初にピークを迎え低下を開始したのは米国医師会（ＡＭＡ）で一九五九年のことであり、米国歯科医師会と米国建築家協会（両者とも一九七〇年）、米国法律家協会（ＡＢＡ）の一九七七年、そして米国公認会計士会の一九九三年へと続いた。看護師

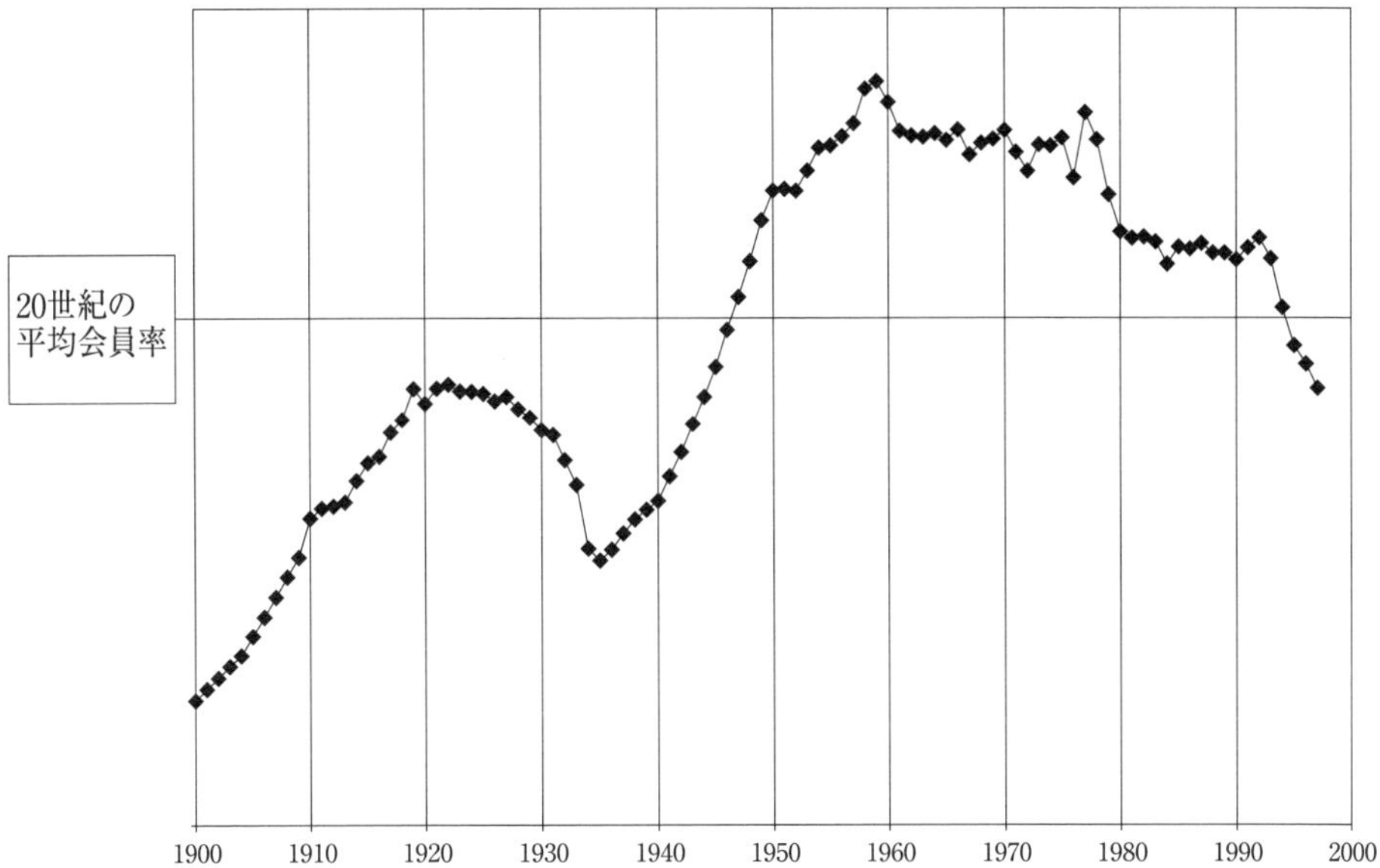

図15　8つの専門職全国組織の平均会員率、1900-1997

登録数が一九七七年の一〇〇万人から一九九八年の二〇〇万人へと倍増した一方で、米国看護師協会（ANA）の会員数は一九万人から一七万五〇〇〇人へと減少しており、ANAの「市場シェア」は一九七七年の全看護師の一八％から一九九八年の九％へとちょうど半減したのである。米国機械学会（ASME）の場合では、戦後ブームは基本的に一九五〇年代に終わり、ASMEの市場シェアは大恐慌前のピークを取り戻すことはなかった。電気電子学会（IEEE）は、二組織の合併によって一九六三年に設立され、両組織ともそれに遡る二〇年間急速に成長していたが、市場シェアにおけるおなじみの低下は、まさにIEEEの誕生と共に始まってしまった。

一九七〇年以降の会員率の下降は、当初は専門職従事者の全国規模が急速に増加したことによってマスクされていた。捕獲率が低下していても、漁獲高は相変わらずよかったのである。例えば、米国建築家協会の会員は一九七〇年から一九九七年の間に倍増以上となったが、建築家の中での会員の割合は同じ期間に四一％から二八％へと低下した。IEEEの会員数も、電子産業の急成長を背景として一九六三年から一九九七年にかけて倍増以上となったが、にもかかわらずその「市場シェア」は五一%から三七%へと下落した[11]。

次第に各組織のスタッフ、首脳部は会員率の低下に気づき始め、そしてついにはどのケースでも、各専門職は拡大を続けているにもかかわらず、相対的低下が絶対的低下へと変化してしまった。キワニスや女性投票者連盟、PTAの首脳部が一九六〇年代から一九七〇年代にいかにして会員数の減退を反転させるかに頭を悩ませたのと同様に、AMA、ANA、ABAその他の首脳部もその停滞を何が引き起こしているのかの議論をまさに始めている[12]。

どのケースでも、だいたい似たようなリストの容疑者が尋問された――高額な会費、古びたプログラム、地域的なあるいはより専門化された競合組織である。共通する論点の一つは、各専門職が拡大し複雑化した結果、会員がその関心と、職業上のアイデンティティを、例えば、医学から周産期麻酔学へとか、法律全般からニューヨーク市における知的財産権司法制度へと移動したという可能性である。この解釈を完全に排除することはできないが、われわれの行った初期的な調査にはこれと一貫していないものがある。例えば、米国外科学会や、米国麻酔学会のような専門集団であっても、この数十年会員率の停滞、中には低下さえ経験しているからである[13]。

したがって、米国人のうち専門職組織に所属する者の絶対数は過去三〇年間を通じて大幅に増加している――そしてその意味においてこの領域は、これまで見てきた会員数減少の一般的パターンにおける唯一の例外である――が、一方でこの例外も法則を証明するものであり、明らかに成長しているこの領域においてさえも、世紀の三分の二における社交性の成長と、突然の停滞、そして最終の三分の一世紀における低下という同じパターンを見ることができる（今日の労働組合や専門職組織への所属が、以前のような地域支部における会員の積極性を示すものになっているのかという、おなじみの問題についてはここでは取り上げない）。

このように、被雇用者のフォーマルな組織という形での社会関係資本は、これまでの章で触れてきた政治的、市民的、宗教的組織活動の低下を埋め合わせるほどの増加を果たしていない。しかしおそらく、微妙な変化が仕居基盤と職場基盤のネットワークの間で起こっており、それは地域コミュニティから職業コミュニティへの移行である。現在では、一世代前に比べて多くの人々が家の外で働いているので、おそらく友人や、市民的議論、そしてコミュニティにおける絆の多くを、人々は家の前庭から給水器の周りへと単純に移している。[14]

社会学者のアラン・ウルフが、国内のミドルクラスの郊外居住者数百人に一九九五―九六年にかけてインタビューしたとき、このテーゼを表明する多くの人に出会うこととなった。ジョージア州カッブ郡のジェレミー・トゥールは、「最近では、人々の社会的つながりの九割は職場でのものですよ」と見積もった。オクラホマ州サンドスプリングスのダイアナ・ハミルトンは「人々の暮らしは仕事を中心に回っています。友達は職場で作るし、コミュニティへの奉仕も仕事を通じて行っています」と回想していた。そしてマサチューセッツ州ブルックラインのエリザベス・タイラーは「仕事のコミュニティに所属しているとすごく思います……それは職場のコミュニティだし、ひいては会社の、そして業界のです」と付け加えた。[15]

ある意味、そのような傾向は驚くべきものでないかもしれない。産業革命それ自体は、働く場と居住する場を分離する過程を開始したし、ますます多くの時間が、家から遠く離れた工場や職場で費やされるようになった。二〇世紀末、米国の労働人口は過去最高となった――一九五〇年には五九%であったものが、一九九七年には六七%となった。[16] 専門職従事者もブルーカラー労働者も同様に、長時間を共に過ごし、昼食や夕食を共にし、一緒に旅行し、早く来て遅く帰るようになった。さらに、離婚が頻繁となり、(結婚する場合も)晩婚化が進み、空前の数が一人暮らしをするようになった。それで職場は、多くの孤独な魂にとっての寄る辺となったのである。配偶者や子どもと暮らす少数派の米国人にとってさえも、社会学者のアーリー・ラッセル・ホックシールドによれば、職場がますます結婚、子ども、家事からの避難所《サンクチュアリ》となっている。[17]「「仕事」に長時間を費やす人々が増えると」、ある思慮深い観察者が仮説化するには、「仕事は次第に一次元的な活動ではなくなっていき、プライベート(家族的)と、パブリック(社会的、政治的)両方の関心事や諸活動という性質を帯びるようになる」[18]。

単に労働の量だけでなく、その性格に変化が起こっていることは、人々の社会的相互作用の多くの割合を説明することができるかもしれない。孤独な耕作の後では、農民は教会の会合やグレーンジ結社の集まりを歓迎するかもしれないが、今日われわれの多くは巨大で複雑な組織の中で働いており、晩にさらに別の会合に出席するなど思いもよらないことである。さらに、一九八〇年代、一九九〇年代には、「総合的品質管理」、「品質管理サークル」、「チーム構築」が、マネジメント業界で大流行した。『職場における意味を探る』『どんな場所にもコミュニティを』『天職としてのビジネス』といった題名の書籍は、企業役員に「社内にコミュニティとしての感覚と、人間としての尊厳重視を確立すること」を求めた。[19] 多くの企業がそのような考えを実践に移した。例えば一九九二年に行われたある調査の知見では、事業所の五五％がチームを持ち（中核労働者の大半に対して持つものは四一％）、また四一％が「品質管理サークル」を有している。オフィスデザインを専門とする建築家は、従業員の「つながっている」感覚を高めるような職場配置を行い始めており、「社交場」「会話ピット」あるいは従業員がやってきて手を温めることができる「キャンプファイア」というような連想的なラベルを持った空間を作り出している。社会学者のホックシールドはこのような「新しいマネジメント技術が企業内に広まっており、職場をより歓迎すべき、パーソナルな社会空間へと変容することを助けている」と結論する。[20]

近代的な職場はこのように日常の協働的な接触を促進するようになっており、これは、社会関係資本創出にとって理想的な条件であると考える人もいるかもしれない。多くの人々は仕事において、価値ある友情を築き、同僚の中でコミュニティ感覚を抱き、職務において相互扶助と互酬性の規範を享受する。一九九〇年代に家族・労働研究所が行ったいくつかの調査結果によれば、「毎日一緒に働く人たちと共にいるのを楽しみにしている」「共に働く人々のグループの一部であると心から感じる」といった項目に被雇用者の一〇人に九人が賛成していた。友情とサポートネットワークに関するいくつかの研究の知見では、労働者の半数が、職場において少なくとも一つのパーソナルなつながりを有していた。一九九七年に行われたある調査では対象者に、一日に行われた会話の回数を数え上げさせたが、ちょうど半数以上は職場において行われていた。実際に働いている成人に限定した場合、この割合は三分の二以上に跳ね上がった。[21] 明らかに、多くの人が緊密な個人的つながりを職場において有しているのである。広い社会的視点から見れば、職場を基盤としたつながりの持つ追加的な利点は、他の社会状況と比べて、職場が人種的、さらには政治的にもずっと多様であるということである。[22]

現代米国の社会関係資本という観点からは、コピー機に並ぶ行列が家の垣根を置き換えたのである、という結論を下す前に、検討しなければならない要因が三つ存在する。第一に、職場における社交が、どれほどありふれたものになったとしても、過去数十年の間に実際にそれが増加したかについての根拠を筆者は見いだせなかった。実際、本書において調査した社会、コミュニティ上のつながりに関するあらゆる領域の中で、職場を基盤としたつながりについての系統的で長期にわたる証拠は、最も見いだすのが難しいものであった。今日、われわれの多くは職場に友人を持つが、親の世代のときよりも職場の友人が増えているのかどうかは明確ではない（この節で後に議論する間接的な証拠には、実際には逆方向の傾向が示唆されているものもある）[23]。

第二に、職場における社会的なつながりは、単に「中身が半分入ったグラス」ではなく、むしろ「半分空になったグラス」と表現されるものであるかもしれない。パーソナルネットワークに関する研究はほとんどが、友人のうち同僚が占める割合は一〇%にも満たないことを見いだしている。職場のつながりはくだけた、また楽しいものである傾向があるが、しかし親密で、深い支えとはあまりならない。非常に綿密な研究において、対象者に親密な友人を並べることを求めた結果では、リスト中に一人でも同僚を挙げたフルタイム労働者は半数に満たなかった。平均すると、同僚よりも隣人の方がリストに登場することが多かった。「重要なこと」を議論する相手を挙げてもらった場合、その中に一人でも同僚を挙げるフルタイム労働者も半数に満たなかった。すなわち、家の外で働くほとんどの人々が知人を職場の同僚の中に持っているが、親密な個人的つながりが職場の中にあるという人はあくまで少数派である。米国人にとって最も重要なパーソナルネットワークは、主として職場を中心に位置づけられてはいない[24]。

第三に、この一〇~二〇年の間に米国の職場環境で起こった重要な変化が、そこでの社会的絆に大きなダメージを与えている。米国の労働環境を律していた暗黙の雇用契約のあり方が、一九八〇年代から一九九〇年代を通じて、ダウンサイジング化、「適正規模化《ライト・サイジング》」「リエンジニアリング」やその経済的リストラクチャリングのせいで変化した。一九八〇年代、レイオフや雇用の不安定性が、主に景気循環の結果として増大したが、一九九〇年代には景気が順調であったにもかかわらずリストラクチャリングが通常の経営ツールとなった。実際、好況の一九九三―九四年においてすら、全企業の半数近くで従業員のレイオフが行われた。これは非常に大きな削減で、平均すると各企業の労働力の一〇%に当たる。古い雇用契約は、文書化されていなかった――そしてその必要もなかった――が、それは労使関係における中心の組織原理であり、全ての者に了解されていた。第二次大戦の退役軍人がＩＢＭに入社するとき、妻とよく相談するように指示されていたが、それは「いったん入社したら、一生の間企業ファミリーのメンバーになる」からであった[25]。

半世紀後、世界市場における競争が激化、情報技術が発展し、短期的な経済的リターンへの関心が増大し、それらと新しいマネジメント技術が合体することにより、ほぼ全ての仕事で「不確実性」が増大した。おそらく最もよく語られる統計はこれだろう。一九八〇年代に最も急速に成長した産業の一つが「再雇用斡旋」業であったということである。この業界の収益は、一九八〇年の三五〇〇万ドルから、一九八九年には三億五〇〇〇万ドルへと拡大した。経営学者のピーター・キャペリは、雇用慣行、特にホワイトカラー層における変化に関する一〇年間の研究をまとめ、「確実な、終身雇用で予測可能な昇進と安定した賃金をもたらす古い雇用システムは死に絶えた」とした[26]。

これらの変化がもたらしたことの一つは被雇用者の不安増大であるが、そこには失ったもの同様に勝ち得たものもある。会社からの独立性の向上、階層のフラット化、家族主義的干渉の低下、年功や忠誠よりも、功績や創造性に対する報酬の増加といったことは、多くの会社やその従業員にとってよいことであった。企業内での勤労意欲や従業員のコミットメントがひどくダメージを受けたとしても、そしてそうなるのが典型ではあるのだが、しかし、企業の生産性が向上したことは多くの研究が見いだしていることではある。ここでの目的は、こういった変化の経済的帰結ではなく、それが職場の信頼や社会的つながりに与えたインパクトを評価することである[27]。そしてこの点に関しては、バランスシートは負の結果を示している。

リストラクチャリングを進める企業――最終的に成功を収めたところもあれば、そうでないものもある――のホワイトカラー労働者数百人のインタビューの結果から、チャールズ・ヘクシャーが見いだしたのは、社会契約の変化に対して最もよくある反応は「頭を下に向けて」、自分自身の仕事だけに狭く焦点を絞ろうとすることであった。自分の職が救われた労働者も、いわゆる「生き残りの罪悪感」をしばしば経験した。新しいシステムの下で個人に与えられた独立と大きな機会を享受した被雇用者もいるが、成功した会社にいても中間管理職の大半は、ある人間の表明した以下の見方に同意した。「ここでは誰もが孤独です。非常にストレスを感じます」。別の者はこう述べた。「再編は、どのレベルにおいても人々の間の関係のネットワークを破壊した」。仲間うちの関係は、より距離が広がった。「互いを向き合うのではなく、ほとんどの人が遠く離れればなれになってしまった。孤立化し、また一人でいることを好むようになった」。(28)

雇用契約の変化が職場の社会関係資本に対して及ぼす影響に加えて、この変化はより広いコミュニティへの関与にとってもよいものではない。ピーター・キャペリは指摘する。

現代米国社会の多くは、予測可能な昇進と順調な賃金の伸びに特徴づけられた、安定した雇用関係の上に築かれてきた。住宅所有や子どもの大学教育のような長期の個人投資、コミュニティの絆とそれがもたらす安定性、職場外における生活の質といったものは全て、仕事のリスクと不安定性が減少されることによって拡大してきた。(29)

これら全てが、仕事上の新たな取り決め《ニューディール》によって、浸食されつつある。

職場は、ボランティアをリクルートする重要な場であり続けており、圧倒的多数（九二％）の企業管理職は、その被雇用者がコミュニティ奉仕に参加するようになることを奨励すると述べている。その一方で、ボランティアに関する最も総合的な全国調査によれば、職場で誰かからリクルートされたという割合は、一九九一年の一五％から一九九〇年の一二％に落ち込んだ。(30) 企業と、職場を基盤としたボランティアのリクルーターのどちらも善意を持っていることは疑いないが、しかしこれまでのところ少なくとも、ボランティア活動のリクルートネットワークとしての職場の重要性は、教会やその他の市民組織にずっと及ばない。職場を基盤としたボランティアを増やそうとする最近の取り組みが、社会全体におけるボランティアのレベルにどのような目に見える影響を与えるのかについては、第7章で明らかとなるだろう。

米国内の全ての被雇用者が、暗黙の雇用契約におけるこれらの変化の影響を受けたわけではない。ブルーカラー労働者は長きにわたって、最近中間管理職を襲った仕事の不安定性に直面してきた。にもかかわらず、過去三〇年以上、全ての教育水準において国内労働力は雇用安定性が低下している。長期間にわたって同じ職、さらには同じ企業で働き続ける人間はますます少なくなっている。実際、雇用の不安定性はブルーカラー労働者の方が依然として高いのだが、不安定性の増大はホワイトカラー労働者の方がずっと速い。この層は労働力の中で比率が増加しており、また伝統的に市民生活における貢献度合いが非常に大きかったのである。この「職のかくはん」へと向かう傾向は、以前は安定した職に就いていることが多かった男性に集中しているが、一方で女性の勤続年数がずっと短い状態が続いているのは、労働市場への出入りがより激しいからである。さらに、経済学者が「勤続の見返り」（すなわち、年功により賃金、給料が多くなること）と呼ぶものは小さくなっており、収入を決定するのは最近何を成し遂げたかになり、どれぐらいその仕事に就いているかではますますなくなっている。業績を基とした報酬、業績を基とした職の保証の結果として、潜在的にではあっても、同僚間の競争の度合いが激化している。[31] 生計のためにチームメイトと油断なく競争しているときには、チームワークは友好的な感覚を止めるだろう。

加えて、パートタイム雇用、臨時職員、請負業者《インディペンデント・コントラクター》（コンサルタント）、臨時《オンコール》労働者（例えば代用教員）といった、「臨時」「非正規」職が、米国の労働人口の中で驚くほど大きな割合となり、またそれは増大している。近年の研究によれば、国内労働者の五〇%近くが広義のこのカテゴリーに入り、その中の半数はパートタイマーで、その他四分の一は請負業者であった。臨時、パートタイム職の双方とも増加しているように見える。多くの労働者、例えばソフトウェアプログラマーや経営コンサルタント、あるいは仕事と家庭の義務を両立させようとしている親は、自己選択によりこのような非正規職に就き、自身も個人的、経済的にも報われていると考えている。しかしステイタスの高いコンサルタントを別とすれば、非正規職に就く人々は、正規、フルタイムの、臨時でない雇用を望むと述べることがほとんどである。[32]

われわれの目的にとって重要なのは、職場におけるこれら全ての構造変化――勤続期間の短縮、パートタイム、臨時職、さらには独立コンサルタント業の増加――が、職場を基盤とした社会的つながりを阻害しているということである。請負業者の四分の三は、決まった同僚を持っていない。パートタイム労働者の職場における友人数は、フルタイム労働者の三分の二にすぎない。たとえ転職が自発的なものであったとしても、職場における友情は仕事の不安定性にともない低下する。社会関係資本への投資が成功するには、時間と労力の集中が必要なので、こういったパターンは全く驚くにはあたらない。渡り鳥は、自分でそれを選んだにせよ必要に迫られたのにせよ、普通は巣作りをしない。意味するところは明確である――国内労働者の三分の一は持続的な社会的つながりを阻むような職に就いており、そしてその割合は上昇しつつある。[33]

すなわち、現代米国の職業生活の特徴のなかには、労働時間の増加、チームワークの重視など、職場におけるインフォーマルな社会関係資本を促進するように見えるものがある一方で、ダウンサイジング、個々の企業に対するつながりの摩耗、臨時職の増加は、それと逆の方向を示している。もう一つ潜在的に重要な要因の影響――オフィス技術の変化、特に電子メール――は、この段階で系統的に評価することは難しい。コンピュータ・コミュニケーションが社会関係資本に及ぼす一般的な影響は、第9章で議論する。

前述したように、給水器の周りでの市民的事柄に関する議論の頻度や、同僚の間との緊密な友情の範囲についての長期傾向に関する確実な証拠は、明らかに存在しない。しかし、間接的な弱い証拠は、仕事への満足度についての調査を通じて得ることができる。多くの研究が示すのは、同僚との間の社会的つながりが、仕事への満足度の強力な予測変数であるということであり、中には、最も影響力のある説明変数であるとするものもある。職場に友人のいる人は、職場における満足度が高いのである。[34] 職場における社会関係資本がこの数十年で上昇しているのであれば、少なくとも経済的、職業的安定感の悪化を統制すれば、仕事における暖かな感情がおそらく上昇しているはずである。

一九五五年と、再び一九九〇年代に、ギャラップ調査が国内の就労者にこう尋ねた「仕事にいる時間と、仕事をしていない時間と、どちらが楽しいですか」。一九五五年には、労働者の四四％が仕事をしている時間と答えていたが、一九九九年にはそう答える者は三分の一（一六％）にすぎなかった。ローパー調査によれば、仕事に「完全に満足している」と答えた米国人の割合は一九七〇年代中盤の四六％から、一九九二年の三六％へと低下した。この不満のうちいくらかは、職の安定性と、個人的な経済状況によるものであるが、経済的安心感を統制した上でも、一般社会調査（ＧＳＳ）によれば一九七二年から一九九八年の期間に、職への満足度において一定の長期的低下（全体でおおよそ一〇％）があることが明らかとなった。最近の調査では、被雇用者の四人に一人が慢性的に職への怒りを持っていることが示されており、また、職場における不作法と攻撃的行動が増加していると信じる研究者も多い[35]。全ての調査データが同じ方向を示しているわけではないが、証拠のバランスが指し示すところでは、物質的な不安とは完全に独立して、米国の労働者は一世代前よりも職場において満足度が増しているということはなく、おそらくはむしろ不満が増大している。この証拠は、職場が米国人の社会的連帯や、コミュニティ感覚における新たな中心となっているという仮説と合致するものではない。

ここでの判断は慎重にしなければならない。本書で議論される他の社交性の領域の大半と異なり、この領域においてはいずれにせよ決定的な証拠が欠けている。第5部で明らかになるように、筆者自身の立場は、現代米国における市民参加の低下という問題に対するいかなる解決策も、職業生活とコミュニティ生活及び社会生活とのよりよい統合が含まれるべきであるというものである。それでもしかし、職場が米国コミュニティにとっての新たな公共の広場となっているということには懐疑的な注をつけざるを得ない。最後に、「仕事」は社会的ではなく、第一に物質的な目的を果たすために時間と労力を費やすことを必要としている。仕事を基盤としたネットワークは道具的な目的で使われることが多く、したがってコミュニティ、社会的目的という価値をいくぶんか切り捨てている。アラン・ウルフは述べる、

われわれは手に入れ、また使うという高度に世俗的な活動を促進するために関係を形成するので、仕事上で築かれる友情やつながりは、一般に道具的性格を強く持つと見なされている。つまり人を使い、また使われ、取引の増加を要請し、出世をし、より多くの製品を売り、人気を証明するため……もしそうであるのなら、近隣

との市民的つながりの減少が、仕事上の新たなつながりによって埋め合わされたとしても、後者の道具的性質は、前者の喪失に対する適切な代替物とはなりえないということになる。[36]

さらに、仕事をしているとき、その時間は雇用者のものであり、自分自身のものではない。給料は仕事に支払われるのであって社会関係資本構築のために支払われているのではなく、雇用者が二つの間に線を引こうとすることには法的な権利がある。裁判所の判例では、雇用者に対して、職場におけるコミュニケーションを監視し、コントロールする幅広い裁量を認めており、また電子コミュニケーションを傍受することの容易さに助けられて、その監視は実際に急速に増加している。民間雇用者は、政治的な立場や活動と同様に、何を発言したかによっても従業員を解雇する場合がある。一九九九年の米国経営管理学会の調査によれば、従業員のボイスメール、電子メール、電話を記録し、コンピュータのファイルを閲覧し、労働者を録画する雇用者は三分の二に上り、そのような監視はますます広まりつつある。言論の自由とプライバシーの権利は、公共の議論と私的な連帯にとって必須のものであるが、控えめに言っても、それは職場において保証されていない。給水器が、垣根や街の広場と等価なものとなるためには、立法と個人的な実践の双方で本質的な改革が必要となるだろう。[37]

今日、われわれのほとんどは雇われの身であり、ほとんどの時間を、他人とともに働いている。そのような本質的な意味で、職場は自ずから他者との関係を形成する場となる。しかし、証拠のバランスは、米国の社会関係資本は消滅したわけではなく、単に職場に移動しただけだという希望的仮説に反するものであった。二一世紀の幕開けにあたり、米国人はその親世代に比べて、同僚と共にフォーマルな組織に加入することが減ったことが実証された。職場における社交を促進する可能性のある新たな力も、市民生活と、個人的な健康にとって重要な、持続的、柔軟で幅広い社会的なつながりの形成を阻害しようとする同様に新たな力によって相殺されている。加えて、米国人の三人に一人を占める未就労の人間にとっては、職場のつながりは存在しない。職場は、疲弊しつつある市民社会にとっての救いではないのである。

第6章　インフォーマルな社会的つながり

ここまで、米国人とコミュニティとのつながりのフォーマルな部分について、政党、市民組織、教会、労働組合等を通じて検討を行ってきた。しかしながら、これよりずっと頻繁なのは、人々の取り結ぶインフォーマルなつながり、すなわち仕事のあとに連れ立って飲みに行ったり、夕食時に馴染みとコーヒーを飲む、火曜の晩ごとのポーカー、隣近所とのうわさ話、家に友人を招いてテレビを見る、暑い夏の夕方にバーベキューを共にする、書店の読書グループに集う、あるいは同じルートで毎日出会うジョギング仲間に単にうなずくといったことである。クッキーの空き瓶に一セントコインを入れていくがごとく、これらの出会いのそれぞれが、社会関係資本への小さな投資となっている。*

イディッシュ語ではフォーマルな組織に多くの時間を費やす男女は、しばしばマッハー（macher、大立者・中心人物）と呼ばれる——すなわち、コミュニティにおいて何かを起こす人ということである。対照的に、インフォーマルな会話や親交に多くの時間を使うものはシュムーザー（schmoozer、おしゃべり・口達者）と呼ばれる。この区別は、米国人の社会生活における重要なリアリティを反映している。[1] マッハーは現在の出来事を追い、教会やクラブの会合に行き、ボランティアを行い、慈善寄付をし、コミュニティ事業のために働き、献血をし、新聞を読み、スピーチを行い、政治に関心を持ち、頻繁に地域集会に出席する。統計学的に言えば、これらの活動のどれか一つでも行うことは、他の活動を行う確率を大きく上昇させる。コミュニティ事業に従事するものは教会に通っている可能性が高く、新聞読者はボランティアであり、クラブに集うものは政治に関心を持ち、献血者は集会に出席する可能性が高い。マッハーは、コミュニティにおける万能のよき市民である。

シュムーザーは活動的な社会生活を送っているが、マッハーとは対照的に、その関与はそれほど組織立ったり目的を持ってはおらず、より自然発生的でまたフレキシブルである。彼らはディナーパーティをし、友人と出かけ、トランプで遊び、しばしばバーやナイトスポットに行き、バーベキューをし、親戚を訪ね、季節のあいさつ状を送る。ここでも、何か一つを行うことは、他のことを行うことと有意に関連している。これら全てにあるのは、アレクサンダー・ポープのぴったりの表現を使えば、「魂の交歓」である。

この二種類の社会的関与には、一定の重なり合いがある――メジャーリーグ級のマッハーは、世界レベルのシュムーザーであり、逆もまたしかりである。社会状況の中には、フォーマルとインフォーマルの間のグレーの領域に落ちるものもある――ブリッジクラブやシュライン会の集まりはその例である。しかしながら、実証的観点からは、この二つの現象は大きく区別される――多くの人は片方の領域で積極的であり、もう片方はそうではない。そしてまた、多くの人はどちらも行っていない。つまりコミュニティの事柄に関与してもいなければ、友人や知り合いと長く時間を共にするということもないのである。

マッハーとシュムーザー――社会的つながりにおける、フォーマルとインフォーマル――の間の区別は、社会

＊実験社会心理学者が明らかにした驚くべき知見によれば、最もささいな社会的相互作用であっても、互酬性に対し強力な影響を持ちうる。サクラの「よそ者」が、見知らぬ被験者に廊下で簡単に話しかけただけで、そのサクラが明らかな発作を起こしているのを「偶然耳に入れた」ときには、全く事前の接触がなかったときと比べて助けに入るのが素速くなる。Bibb Latane and John M. Darley, ***The Unresponsive Bystander: Why Doesn't He Help?*** (Englewood Cliffs, N. J.: Prentice-Hall, 1970) の一〇七―一〇九ページを参照のこと（訳注：邦訳は、竹村研一・杉崎和子訳『冷淡な傍観者』（新装版）一九九七年、ブレーン出版、邦訳該当ページは一六三―一六六ページ）。

的地位、ライフサイクル、そしてコミュニティへの愛着における差を反映している。[2] マッハーは教育水準が高くまた高収入であることが多く、その一方でインフォーマルな社会的関与は、社会階層のあらゆるレベルにおいて見られるものである。フォーマルなコミュニティ関与は、人生の最初の段階では比較的控えめであり、中年期の終わりにピークを迎え、リタイアと共に低下していく、インフォーマルな社会的関与は、ライフサイクルを通じてこれとは反対の道をたどり、若年成人でピークとなり、家庭上またコミュニティ上の責任が押してくると共に長期にわたって低下し、退職や死別でまた上昇していく。独身者はシュムージングに多くの時間とエネルギーを費やす。男性にとっても女性にとっても、結婚は家庭の中や、フォーマルなコミュニティ組織において費やす時間を増加させ、友人と過ごす時間を減少させる。子どもを持つことは、さらにインフォーマルな社会的つながりをカットするが、一方でフォーマルなコミュニティ関与を増すことになる。マッハーは住居を所有し長期居住者である比率が高く、シュムーザーは借家住まいでひっぱんに引っ越しをすることが多い。「家を持ち落ち着く」ということが意味するのは、とりわけ、インフォーマルなつながりをフォーマルなそれと交換し、友人と出歩くこととコミュニティ上の事柄に参加することの間にあるバランスをシフトさせることなのである。

歴史的には、マッハーは（宗教的生活に深く関わっているものを除いて）男性に偏っている傾向があったが、女性の有給労働力への参入は、ジェンダーではなく雇用こそが、フォーマルなコミュニティ関与における主たる鍵であるということを示した。インフォーマルな社会的つながりは、就労・婚姻状態にかかわらず女性の方がずっと頻度が多い。結婚していようが独身であろうが、働いていようがそうでなかろうが、女性の方が男性に比べて家族や友人へかける長距離電話が一〇～二〇％多く、三倍近くのあいさつ状や贈り物を贈り、私信を二～四倍多く書いている。女性の方が友人を訪ねるのに多くの時間を使うが、フルタイム労働がこの性差をぼやけさせており、両性共に友人との時間を削られている。友人や親戚とのつきあいを維持することは、女性の仕事であると社会的に定義され続けている。* 青年期においても（そして米国に限ったことではなく）女性の方が他人のことに対する心配や責任を表現することが多い――例えば、それはボランティアの頻度が多いなどの形で現れている。米国においては一九九〇年代、少年も少女もほぼ同程度にコンピュータを利用していたが、少年の方はゲームをすることが多く、一方で少女の方は電子メールでの利用が多かったのだった。「社会的接触の機会がより少ないことを考えれば、女性は男性よりもずっと社会的な達人であり親密さが強く、それは心理的性質、社会構造、幼少時の経験、文化規範といったあらゆる理由においてそうである」というのが社会学者クロード・S・フィッシャーの結論である。要約すれば、女性の方が男性よりも熱心な社会関係資本家だということである。[3]

マッハーもシュムーザーも、社会の至る所で見つけられる。ビジネスマンはパームスプリングスのカントリークラブでシュムーズするし、生活保護を受ける若い母親は、アパラチアのコミュニティ基盤の組織ではマッハーである。アメリカで最もトランプに興じているのは、グレートプレインズの労働者階級の主婦である。[4] 思想家が声高に「市民参加」や「民主的討議」と言うとき、われわれはコミュニティ組織や公の仕事こそが、社会的関与の最高の形態であると考えがちだが、しかし日々の暮らしの中では、友情や、その他インフォーマルな形の社交が、重要な社会的サポートを提供しているのである。確かに、インフォーマルなつながりは概して、クラブや政治的集団、労働組織や教会への参加が作り出しうるような市民的スキルを築き上げることはないが、しかしインフォーマルなつながりは、社会的ネットワークを維持する上で非常に重要である。よって、米国の社会関係資本の項目リストの中で、シュムージングの傾向に特別の注意を払う必要がある。

友人や知り合いを訪問することは、長きにわたり米国における最も重要な社会的慣習であった。一九世紀初頭のニューイングランドは、歴史家のカレン・V・ハンセンの指摘によれば、「非常に社会的な時代」であった。

＊結婚は、女性の間ではあいさつ状を送る頻度を増加させるのだが、一方で男性がそうする頻度を、妻が働いているかどうかにかかわらず半減させてしまう。この社会学的「発見」は、大半のカップルにとって目新しいことでは全くないだろう。

訪問の種類はさまざまで、純粋な社交から、地域のための共同作業にまでわたっていた。それらはアフタヌーンティーや、日曜のインフォーマルな訪問があり、メイプルシュガー作りやサイダー・テイスティングに出席したり、長期の滞在、お産の手伝い、病気の家族の見舞い、キルト作りへの参加、家屋や納屋の棟上げといった機会である。訪問の長さは、単純な立ち寄り《ストップオーバー》あるいは「コール」から、午後のゆっくりとした訪問、そして一月ほどの滞在にわたっていた。訪問者が一晩泊まることもしばしばだった。旅行の困難さ——とりわけ冬の、徒歩、馬、駅馬車、荷馬車、汽車といった手段による——は、訪問の障害とはなったが、それも隣人や親類と付き合うということに非常に高い価値を置く人々を押しとどめることはなかった。まさに訪問を通じて、彼らのコミュニティは作り出されていったのである。(5)

このようなインフォーマルな社会的つながりの、いわば灌木のような密生も、匿名の都市社会に植え替えられれば生き残ることはなく、そこでは都市化によって友人関係も親類の広がりも滅びゆく運命であろうと考える初期の社会学者もいた。しかし、最も人口の密集している都市環境においてすら、社会的なクモの糸が住民同士を結びつけるということが着実に再生したのは、経験の示すところである。(6) 社会的つながりの密度は都市においては低い——隣人のうちで顔見知りの割合は、平均的なロサンゼルス住民の方がセントラルバリーの農村住民よりも少ないし、ロスっ子の友人は遠くに離れていがちである——が、二〇世紀の都市化が友情にとって致命的なものとなったわけではない。都市環境は単一の、緊密に統合されたコミュニティではなく、ゆるやかに結びつき合ったコミュニティのモザイクを維持している。社会的流動性、離婚、小家族化は血縁の相対的重要性を減少させ、特にそれは教育水準の高いものに当てはまるが、それに伴い近代的大都市においては友情が重要性を獲得したと言えよう。(7)『アイ・ラブ・ルーシー』や『オール・イン・ザ・ファミリー』から『となりのサインフェルド』『チアーズ』『フレンズ』といったポピュラー文化の一節《パッセージ》は、インフォーマルな社会的つながりを賛美している。

ニューイングランドにいた祖先と同様、米国人は訪問に多くの時間を使っている。一九八〇年代から一九九〇年代の間に五回にわたって、ローパー調査では「先週に、映画、友人訪問、スポーツイベント、夕食その他とい

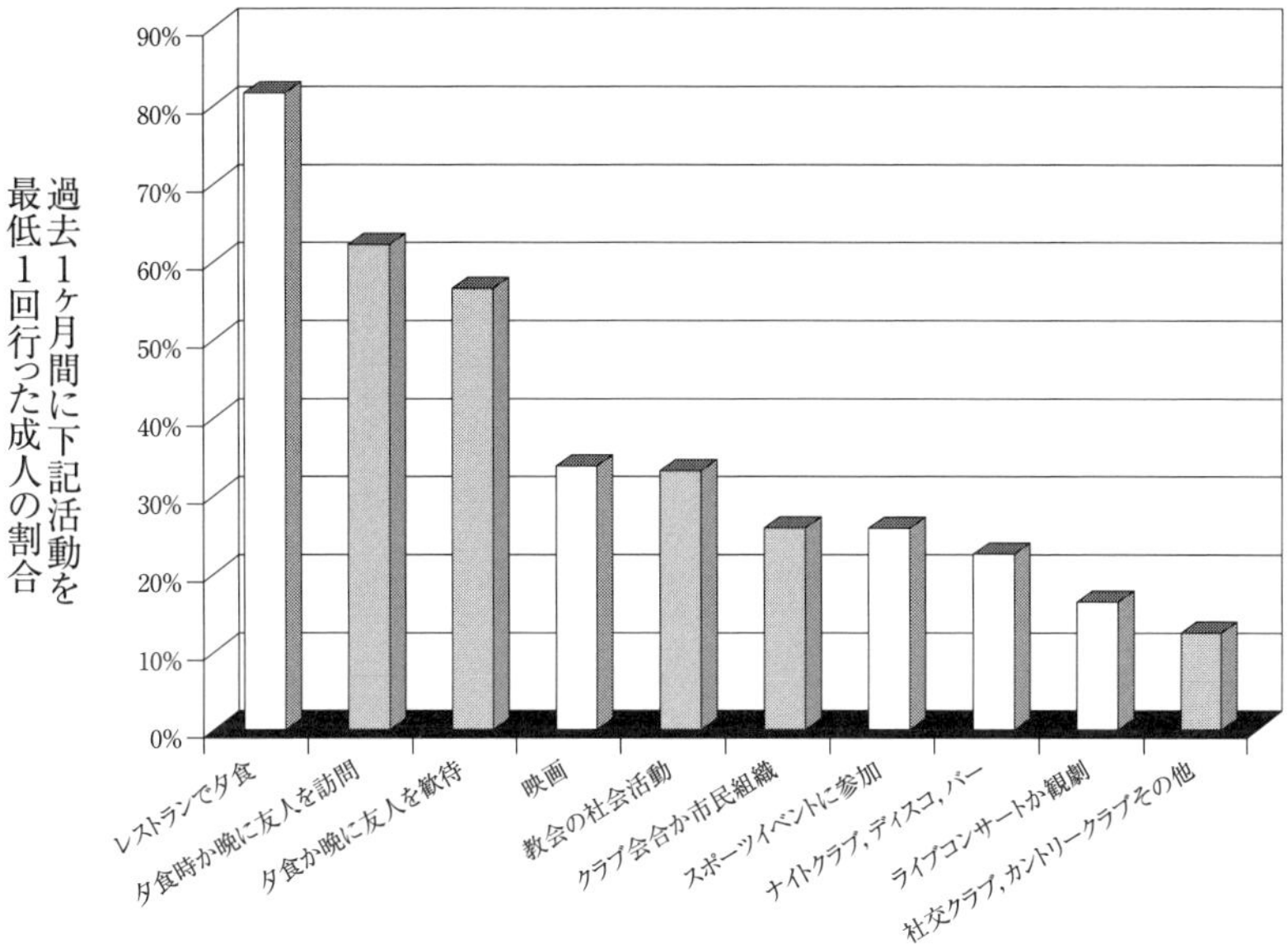

図16　米国成人の社会・余暇活動(1986-1990)

った娯楽のための外出を何回しましたか」と尋ねた。三分の二の人が先週には少なくとも一度外出したと答え、そのうちの優に半数は、夕食や訪問、トランプといったことのために友人宅を訪ねていた。その他の夜間外出の行先の中では、演劇やライブコンサートが四%、スポーツイベントが一一%、バーやディスコ等の娯楽が一七%、映画が一八%、レストランでの夕食が半数をわずかに超えていた。[8] 全米中の大都市から小村落で、友人と家で晩を過ごすことは、劇場や野球に行くことより五倍から一〇倍も多く行われているのである。

一九八六年から一九九〇年までのいくつかの調査によれば、現代の米国ではマッハーよりもシュムーザーが台頭していることが示されている[9](図16にこれらの結果をまとめ、ここで最も関係する社会的活動を強調して示した)。前月に最低一つのクラブ会合や市民組織に参加したという人は、四分の一を若干上回り、また同時期に教会の社会活動に参加したという人は三分の一を若干上回ったが、そのような公共心あふれるイベントとしては、まずまずの結果と言え

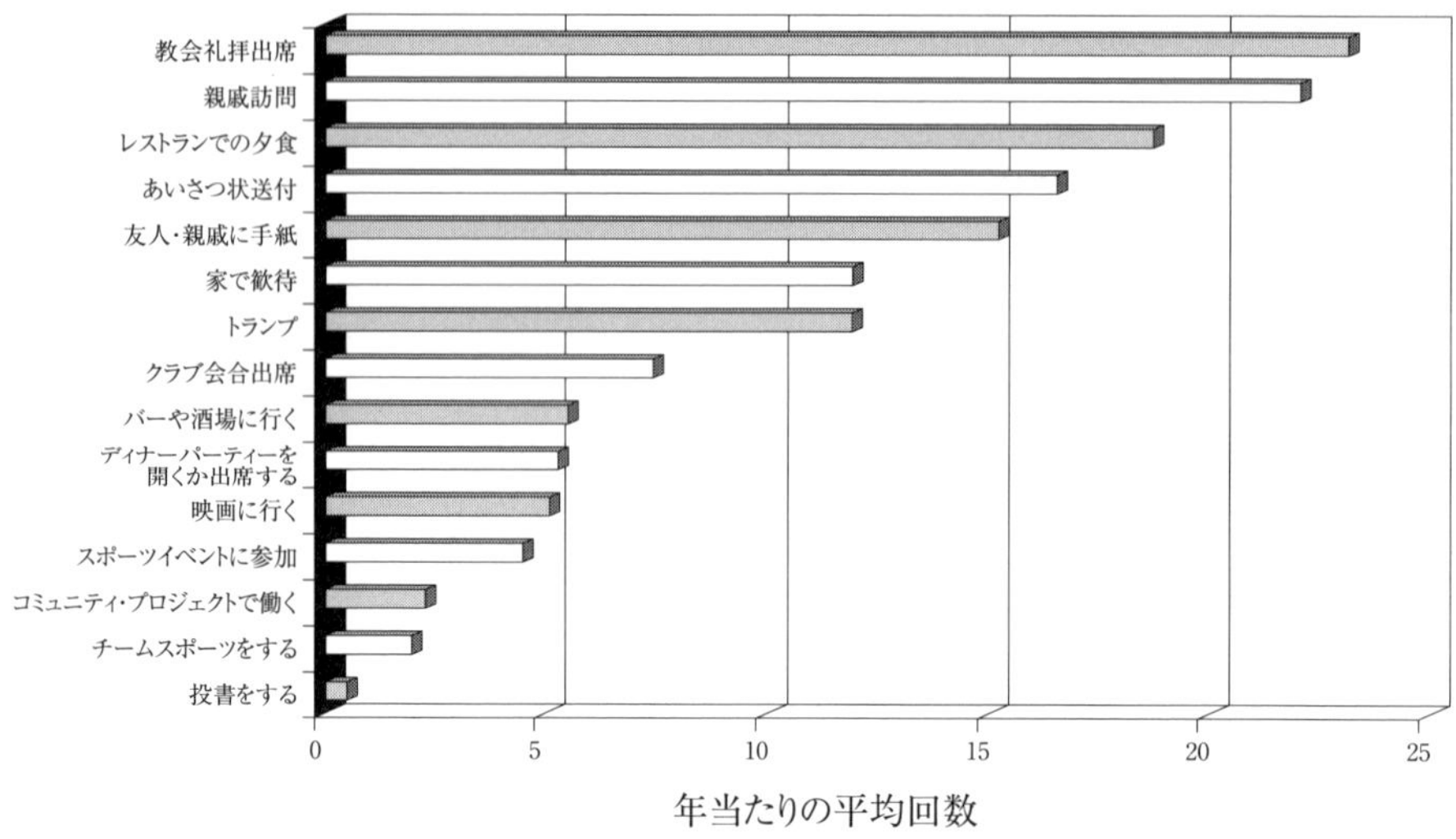

図17　フォーマル、インフォーマルな社会活動の頻度、1975-1998

る。同じ月に、米国人全体の半数以上が晩に友人を家に迎え、三分の二近くが晩に友人宅を訪問した。[10] いずれにせよ、米国人全体の四分の三が、一月に最低一回は家で友人と共に集っており、月当たりのそのような夜会《ソワレ》の全国平均回数は三回であった。同様に、一九六五年から一九九五年の間に収集された時間日記データによれば、平均的米国人は組織活動（宗教を除く）におおよそ週当たり半時間を費やしているが、友人の訪問には週当たり三時間以上となっていた。[11]

さらに広い社会的つながりの集計リスト（図17にまとめた）の中で比較すると、二〇世紀の最終四半期において、教会出席と親戚訪問はほぼ隔週で行われていたことが示されている。外で夕食、誰かにあいさつ状を送る、友人や親類に手紙を書くのは三週に一回程度、トランプは月に一回で、家での歓待も同程度、クラブの会合への出席は隔月でバーで飲むのもほぼ同じくらい、ディナーパーティを開いたり出席することや映画を見に行くこと、スポーツイベントへの参加はだいたい二〜三ヶ月ごと、何かのコミュニティ事業で働いたりチームスポーツをするのは年に約二回、そして投書は隔年で行われていた。[12]

この数十年の平均的米国人は、市民的にも社会的にも決して孤立してはいないが、他者との関わりは友人（あるいはシュムーザー）としての方が、市民（あるいはマッハー）としてよりも多いように見える。友人と集うのは組織だった会合への出席より二倍も多いし、バーに出かけるのはコミュニティ事業で働くのより三倍も、そして投書を送るのよりもあいさつ状を送る方が三五倍も多い。

当然のことだが「平均的」な者などはいない。絶えず社交的で、視界に入ったどんなグループにも参加するような者もいれば、もっと人から離れている者もいる。ほぼ全ての人が、特定の種類の活動の「専門家」である。両親に毎週手紙を送る者もいれば、映画マニアもおり、市民的精神あふれる会合にたくさん参加する者もいる。専門化の極端な例を挙げれば、月に最低一回の投書を行っている人間は成人人口の三〇〇分の一だが、この微少な集団が国内の全編集部への全投書の約二〇％を説明する。[13] しかしながら、友人や隣人とのアットホームなつながりは際だって広がっている。例えば、ハリウッドが誇大なまでの誘惑をしているにもかかわらず、映画に行くよりもトランプをする方が二倍も多い。[14] 要約すれば、米国人は互いを結びつけ合っているというのは良い知らせである。

悪い方の知らせはというと、そのような行いは毎年ますます減少しているということである。最終四半世紀を通じた変化についての驚くべく証拠について検討する。一九七〇年代の中盤から末期にかけ、DDBニーダム・ライフスタイルアーカイブによれば、家での友人の歓待は平均で年に一四〜一五回であった。一九九〇年代の末には、この数字は年当たり八回まで落ち込み、たった二〇年間に四五％の低下を示した。ローパー社会・政治傾向アーカイブによる全く独立した一連の調査結果によっても、友人に会うための外出と、自分の家に彼らを招くことの双方が一九七〇年代中盤から一九九〇年代中盤にかけて低下したことを確認できる（詳細は図18を参照）。さらに第三のアーカイブ（ヤンケロビッチ・パートナーズのもの）は平均的米国人の、新しい友人を作ろうとする姿勢が一九八五―八六年から一九九八―九九年の間に三分の二近く低下したことを報告している。[15] 友人訪問は今や社会関係資本・絶滅危惧リストの掲載対象である。過去四半世紀に見られたこの急激で着実な低下が同じペースでさらに四半世紀続くならば、何世紀もの歴史のある家庭での友人歓待という習慣が、一世代もたたずに米国人の生活から完全に消え失せることとなる。もちろん、そのような結果を予測するのが無茶なことであるのは、

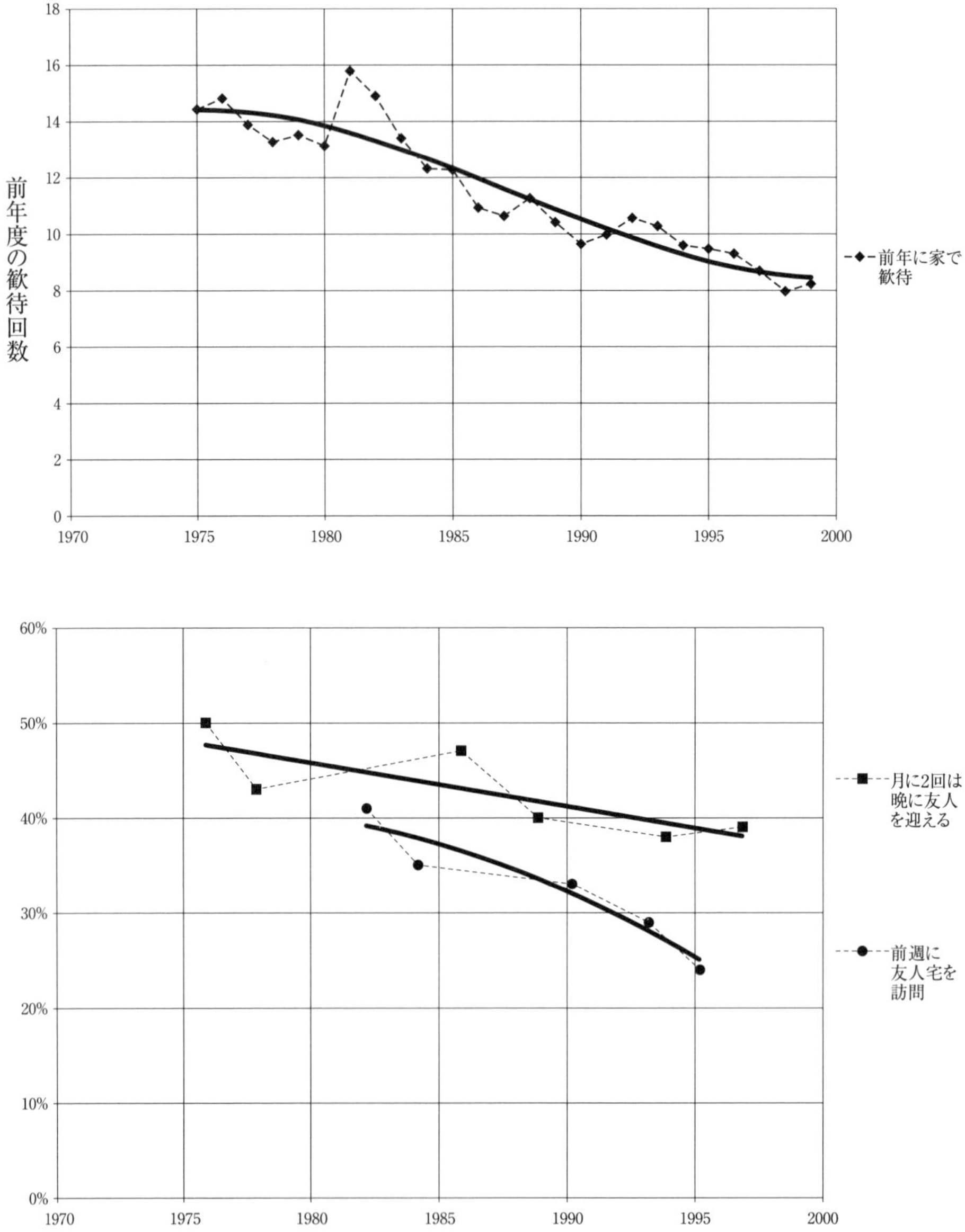

図18　社交的訪問の減少、1975-1999

今後二五年間の間に生活の中で多くのことが変化するのは確実であるからだが、過去二五年間にわたる社交訪問の低下ペースは全く異常なものであった。

共働き家族ではスケジュール調整がかち合うことを思い出して、相互の家庭訪問やディナーパーティが減少しているのは単なる錯覚だと考えるものもいるかもしれない。おそらく友人と外食をする人々が増えていて、それゆえに食事を共にしながら会う場所がダイニングルームからレストランに移動しているのだが、以前と同様の社会関係資本への投資は引き続き行われているのであろう、と。しかし実際には、多くの人の感じる印象とは反対に、外食（一人でも他人とでも）は過去数十年を通じてほとんど増加していないのである。[16] さらに、友人と外出するか共に家で過ごすかという選択に迫られたとき、米国人は二対一以上の割合で家で過ごすことを好むと回答し、そのような家で過ごすという比率は上昇しており決して下降していない。[17] このように、友人をもてなすという習慣は単に戸外に移動したというのではなく、すっかり消え去りつつあるように見える。ピクニックのようなインフォーマルな外出も、やはり絶滅への途上にあるように思われる。一人当たりのピクニック回数は一九七五年から一九九九年の間に六〇%近く減少した。[18] 米国人が友人とパンを分け合って過ごす時間は、二〇〜三〇年前と比べてずっと少なくなってしまった。

さらに驚くべきことに、これと同様の傾向が家庭に近いところでも観察されている。図19が示すのは、過去二〇年間に観察された、家族のつながりにおける伝統的に重要な形態の一つ——夕食——における劇的な変化である。既婚者のうち、「いつも家族全員で夕食を食べる」と「強く」答える者の割合はこの二〇年で約五〇%から三四%まで三分の一低下した。[19] それと反対に、「いつも家族全員で夕食を食べる」という事柄に当てはまらないと答える、言い換えればそれが日常の慣わしでは全くないという者は、同期間に半数の上昇を（一六%から二七%へと）示した。日常食事を共にするという家族と、日常的に別々に食事を取るという家族の比率は、一九七七—七八年の三対一以上から、一九九八—九九年にはその半分へと落ち込んだ。さらにこれらのデータ同様に衝撃的なのは、これらが米国の食事習慣の真の変化を過小に評価しているということで、その理由はこれらが既婚カップルの行動のみについてしか言及しておらず、一人で住んでいる（ゆえに、おそらく一人で食べている）成人

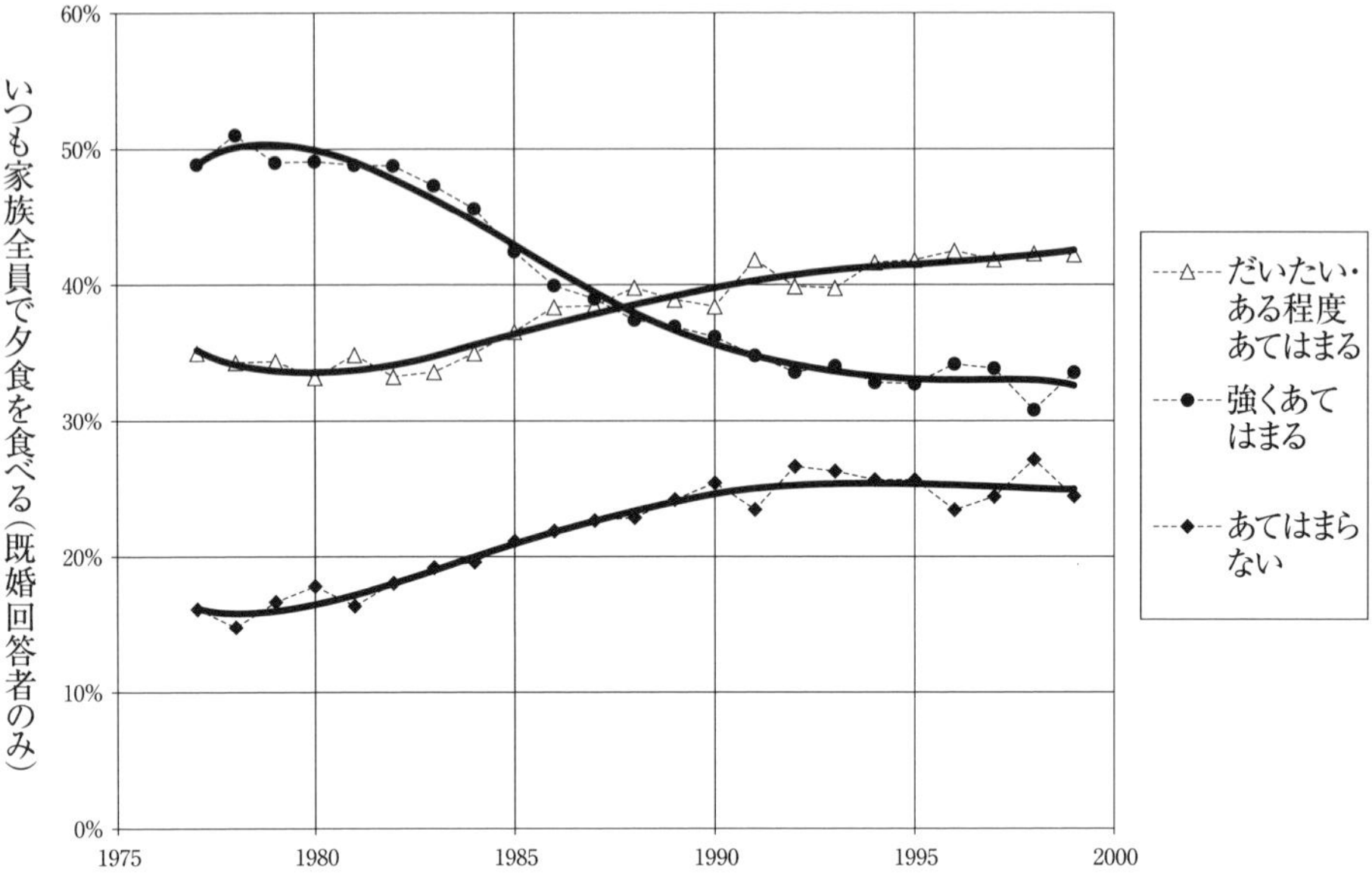

図19　家族での夕食の頻度低下、1977-1999

の割合はこの期間にほぼ倍となったからである。[20] 夕食は、非常に長きにわたってほぼ全ての社会で共同的経験であったので、わが国の一世代の間にそれが目に見えて消え去っていったという事実は、いかに急速にわれわれの社会的つながりが変化しつつあるかということの注目すべき証拠といえる。

食事時以外にも、家族の連帯のほぼ全ての形態が二〇世紀の最終四半期にはより希なものとなった。一九七六年と一九九七年の間に、八歳～一七歳の子どものいる家族を対象としたローパー調査によれば、休暇を共に過ごすのが五三％から三八％へ、一緒にテレビを見るのが五四％から四一％へ、一緒に宗教礼拝に出席した者が三八％から三一％へ、そして一緒に「単に座って話をした」者は五三％から四三％へと低下した。こういった数字を、急速に家族の絆が弱まっている証拠であると読まないことの方が難しい。[21]

テレビの『チアーズ』のような、「誰もがあなたの名前を知っている」ような近所のバーに、現実生活の中で相当する場でのシュムージングはどうだろうか。それもやはり、過去のものになりつつある。一九七〇年代中盤から一九九〇年代末にかけて行わ

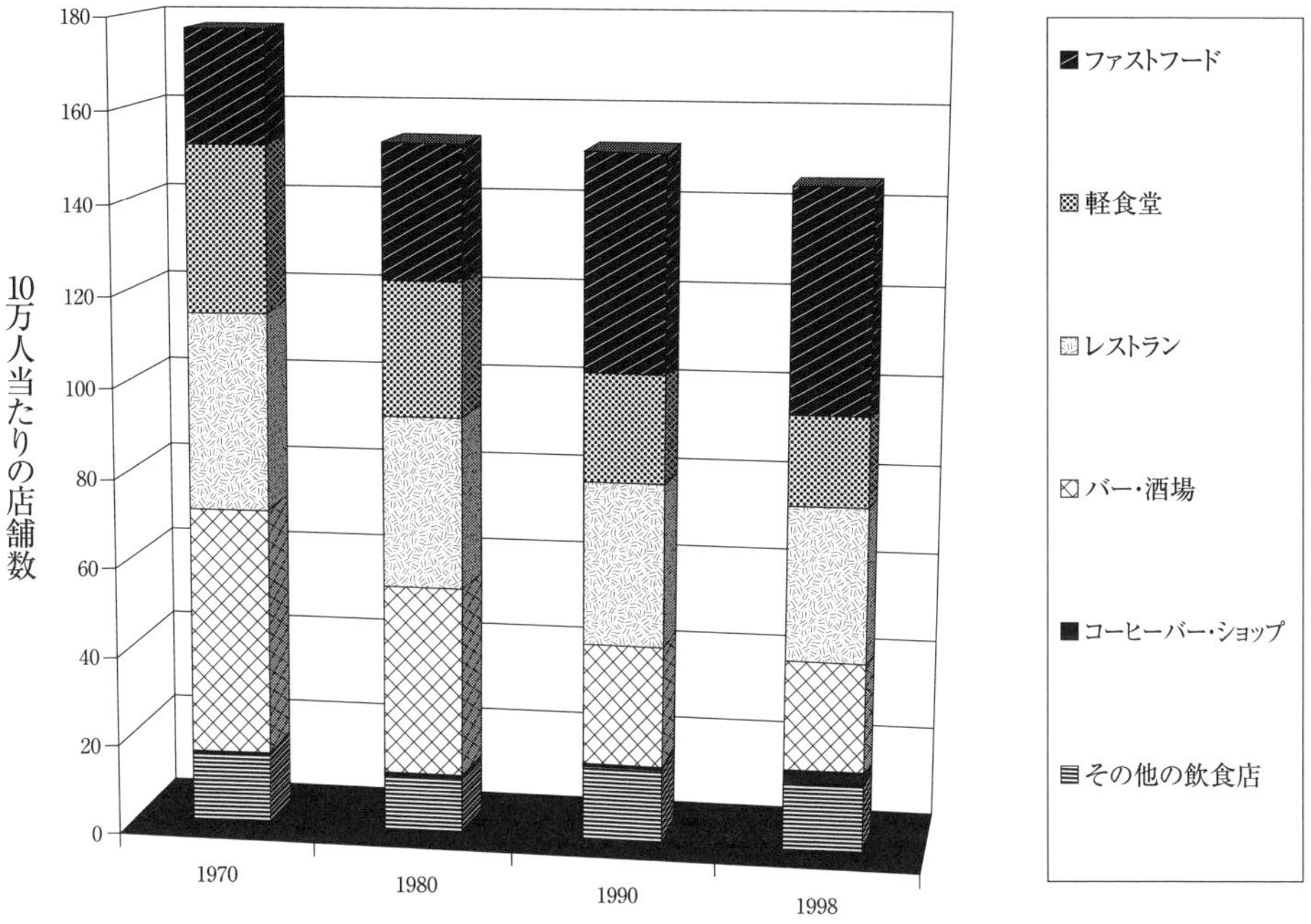

図20　バー、レストラン、軽食堂はファストフードに取って代わられる、1970-1998

れた三つの独立した調査は以下の結論を実証した。それによると米国人が、既婚未婚を問わず、バーやナイトクラブ、ディスコ、酒場等に行く頻度は過去一〇年〜二〇年の間に約四〇〜五〇%低下した。[22] 独りで住んでいようといなかろうと、米国人は晩を家で過ごすようになり、『チアーズ』は過去の遺物となったのである。

よいシュムージングには、よい食べ物と飲み物が付き物であるのが常であるから、過去四半世紀の米国におけるさまざまな飲食施設数の変化は、驚くべきであると共に示唆に富んでいる（図20を参照）。一九七〇年から一九九八年の間に、フルサービスを供するレストランの人口一〇万人当たりの数は四分の一減少し、バーと軽食堂《ランチョネット》の数は半減した。それに対してファストフード店、近代社会の「人間版燃料補給所」の人口当たりの数は倍増した。会話の機会という観点からは、従来型の食事場所の衰退は、新流行のコーヒーバーの急増によって、ミネアポリスのカプチーノバーが近所の議論グループを主催しているように、ある程度は埋め合わせられてはいる。しかし図20の示すように、そのような成長を計算に入れても、飲食施設の全体としての低下は相当の大きさに上る。[23]

近所のバーやカフェの「常連」とは違い、マクドナルドの行列にいらいらと並ぶ人々は、あなたのことを知ることもなければ、知らないことを気にかけることもほとんどない。[24] これら冷たい数字が確証しているのは、社会評論家のレイ・オールデンバーグが「素晴らしく素敵な場所《グレイト・グッド・プレイス》」と呼んだ、一日中過ごすことのできるたまり場がだんだんと消滅しているということである。[25] 結果として、米国人はしばし座って語り合うことよりも、さっと腹に詰め込み走り出す方をますます選び取っているのである。

余暇時間の利用についての、おそらく最も意味深い傾向性は、カードゲームの命運に現れている。一九四〇年に米国二四都市の住民を対象にした調査によれば、トランプは全米で人気の社会的余暇であった。調査結果によると、トランプカードは家庭の八七％にまで普及しており、対して例えばラジオ（八三％）や電話（三六％）を上回っていた。平均すると、二〇世紀の前半を通じ、トランプ一セットは毎年一四歳以上の米国人の二人に一人の割合で販売されていた。[26] 目立っているのはトランプ売り上げの傾向が、先に示したフォーマルな市民的関与の傾向——世紀の前半三〇年に着実に成長し、大恐慌期に落ち込み、第二次大戦後に爆発的に増加——をほぼ正確に追っているということである（図21を参照）。

ポーカーとジンラミーも人気を博していたが、最大のブームを巻き起こしたのはブリッジであり、この四人ゲームは一九五〇年代までには人気の頂点に立った。最も控えめな推定によれば、一九五八年までに米国人の三五〇〇万人——全成人の三分の一近く——がブリッジプレイヤーであった。何百万の人々が、男女を問わず、定例のカードクラブに参加していた——実際のところ、社会的関与に関する最初期の科学的調査の一つは、一九六一年の段階で（ネブラスカにおいて、少なくとも）成人の五人に一人近くが定例の四人組のメンバーであったことを見いだしている。一九六〇年代と一九七〇年代の学生寮や学生会館では、何十万もの大学生が果てしなく続くかに見えるブリッジゲームに何百万の夜を費やしたのだった。ブリッジやその他カードゲームの主たる魅力はそれが高度に社会的な娯楽であるというところにある。「混合ダブルス」クラブは、当時のジェンダー化されてい

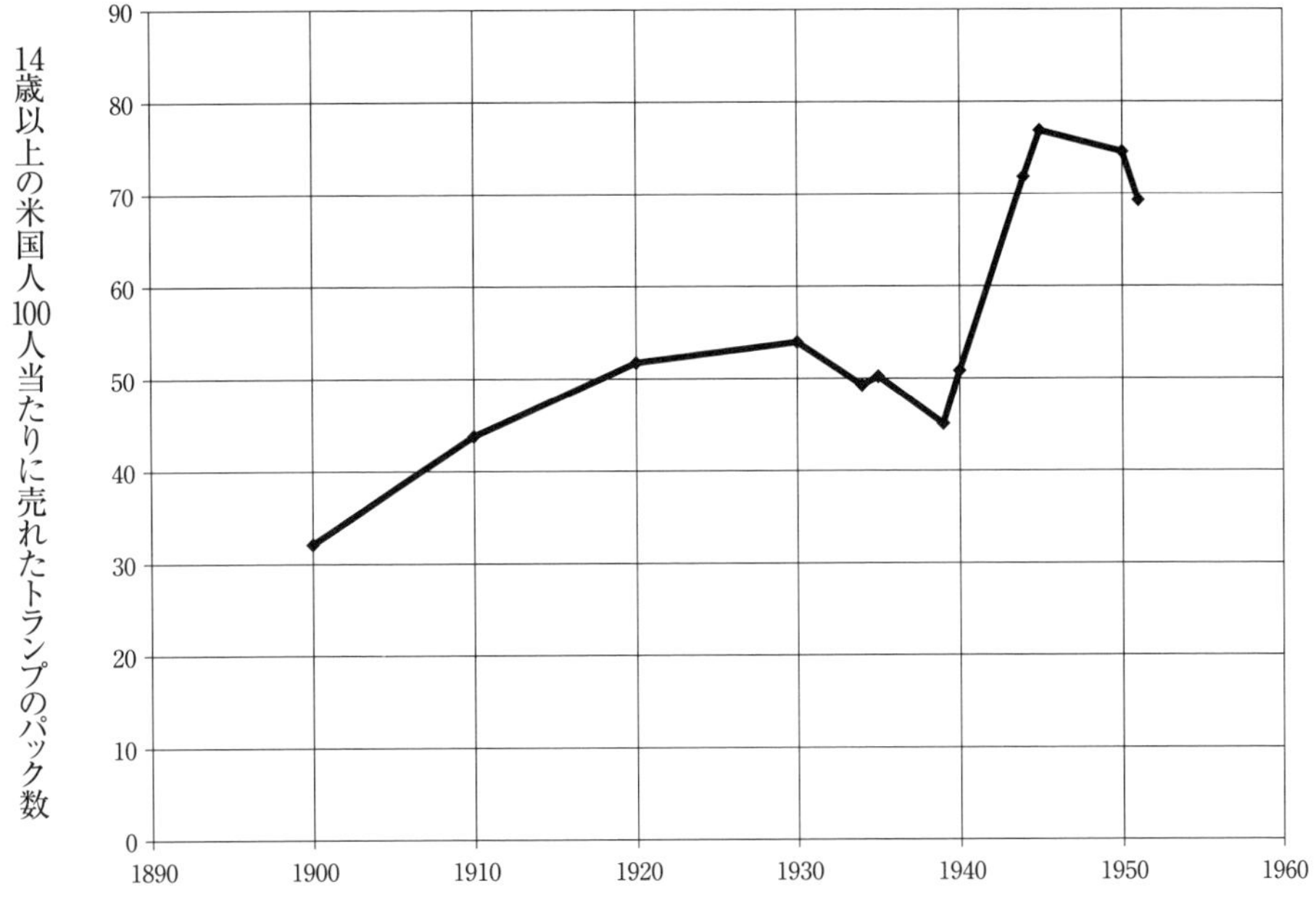

図21　米国でのカードゲームの勃興、1900-1951

た世界においては、男女がインフォーマルに集うことのできる最も重要な場所であった。ルールがゲーム自体以外のトピックに関する会話を促進させたが、それはプレイの状態に関する「テーブルトーク」は一般に良しとされなかったからである。「真剣な」ブリッジプレイヤーは沈黙のうちにプレイしたが、ほとんどのプレイヤーにとっては、週や月ごとの晩のブリッジは友人や隣人との価値あるシュムーズの機会を提供しており、そのほとんどは個人的なことであったが、たまにはより広い関心を引く問題についての会話もなされ、その中には政治的なものもあった。[27]

つい一九七〇年代中盤に至るまで、成人の四〇％近くが最低月一回トランプをし、この月ごとのカードプレイヤーと映画鑑賞者の比率は四対一であった。しかし一九八一年から一九九九年の間に成人のトランプ平均回数は年に一六回から八回にまで落ち込んだ。一九九九年の段階でもまだトランプの方が映画より四対三の割合で人気があるが、その差は急速に縮まっている。年ごとの着実な低下率が同じように変わらず続けば、二〇年以内にトランプは完全に消え失せるであろう。社会的風習として六世紀以上の歴史があり、たかだか数十年前にブームがあったのにもかかわらず、劇的な突然さをもってその終焉が近づいている。[28] 米国の成人は現在でも年当たり五億回のトランプゲームを行っているが、この数字は毎年二五〇〇万回ずつ低下している。[29] もし控えめにコミュニティの問題はカードゲーム一〇回当たりで一回しか会話に上らないと仮定しても、コミュニティの事柄についての毎年の「ミクロな議論」が、二〇年前と比べて五〇〇〇万回も減少していることをこのトランプの衰退は含意している。

実際のところトランプは（一人遊び《ソリティア》中毒の者を除いて）必然的に社会的活動であるので、その消滅は終焉に向かっての速さを加速させていくことになるだろう。社会的な輪の中の誰もがトランプをしないのならば、わざわざゲームの仕方を学ぶ理由は何もない。絶滅の危機に瀕する種の個体数がしばしば内部崩壊していくのと全く同じ理由で、トランプも直線の延長が示すところよりも速く消え去っていくかもしれないように思われる。カードプレイヤーの数は、持続可能なレベルの下に急速に落ち込みつつある。一九九九年には米国コントラクトブリッジ連盟会員の平均年齢は六四歳で着実に上昇しており、これは衰退が事実上世代的なものであるということの確実な兆候である。トランプの衰退はベビーブーマーとその子どもに集中している。あらゆるカードゲームの割合の増加はリタイア後のコミュニティで起こっており、これは危機に瀕する種がしばしば最後の抵抗を行う、孤立した生態学的ニッチの社会学的相当物である。[30] 一九九〇年代の大学生にとって「ブリッジ」は、その親が「ホイスト」に抱くのと同じ古めかしい響きがあった。

カードゲームの代替物はもちろんのこと、コンピュータゲームやビデオゲームからカジノギャンブルに至るあらゆる形で立ち現れてきた。カード同様、こういった娯楽は偶然の醍醐味を与えてくれる。しかしカード遊びとは異なり、これらの後継者はその単独性によって区別される。筆者がインターネット上のブリッジゲームをざっと観察したところでは、電子上のプレイヤーはゲームそれ自体に焦点を当てており、伝統的なカードゲームとは異なり社会的な雑談はほとんど行われていないようであった。マイクロソフト・ソリティアの熱狂者がグループでプレイすることなどほとんどないし、各地に点在する最新のメガカジノを訪れる人々は、片腕の追いはぎ《スロットマシン》の前

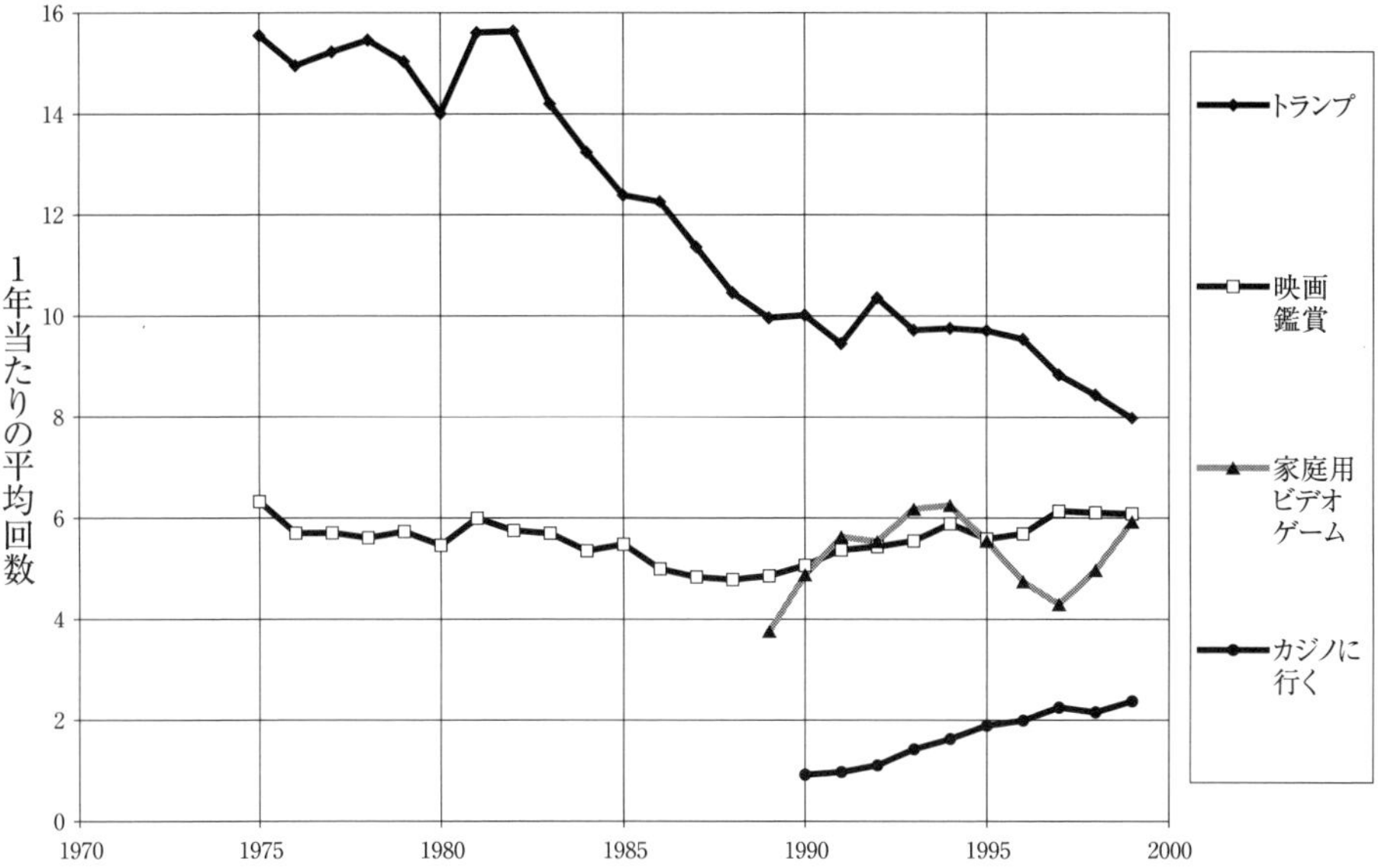

図22　トランプその他の余暇活動、1975-1999

に黙々とかがみ込む莫大な数の孤独な「プレイヤー」に寒々とした思いを抱いている（図22に過去四半世紀のトランプ、カジノ、ビデオゲーム、映画鑑賞について変化傾向の実例をまとめた）。ブリッジ、ポーカー、ジンラミー、カナスタは、同様に「シュムーズ可能な」何か他の余暇活動によって置き換えられてはいないのである。(31)

もう一つ、社会的つながりのさりげない指標として、あいさつ状を送る習慣というものがある。あいさつ状送付は、過去一〇〜二〇年の間に既婚者、独身者の間で約一五〜二〇%低下した（この下降傾向はインターネットと電子メールの出現に少なくとも一〇年は先行しているので、単に、あいさつ状がリアルからバーチャルへと移行したという以上のものを表している）。人は加齢と共にあいさつ状をより送るようになり、それは特に一人暮らしの場合当てはまるが、それゆえに高齢化の進むアメリカではカードの売り上げが上昇してきた。しかし、米国人のどの年代をとっても、一世代前と比べるとあいさつ状を送る数が今日では減っているのである。(32)ここでもまた、現代アメリカにおける社会慣習の変容に横たわる世代差の証拠を見ることができる。

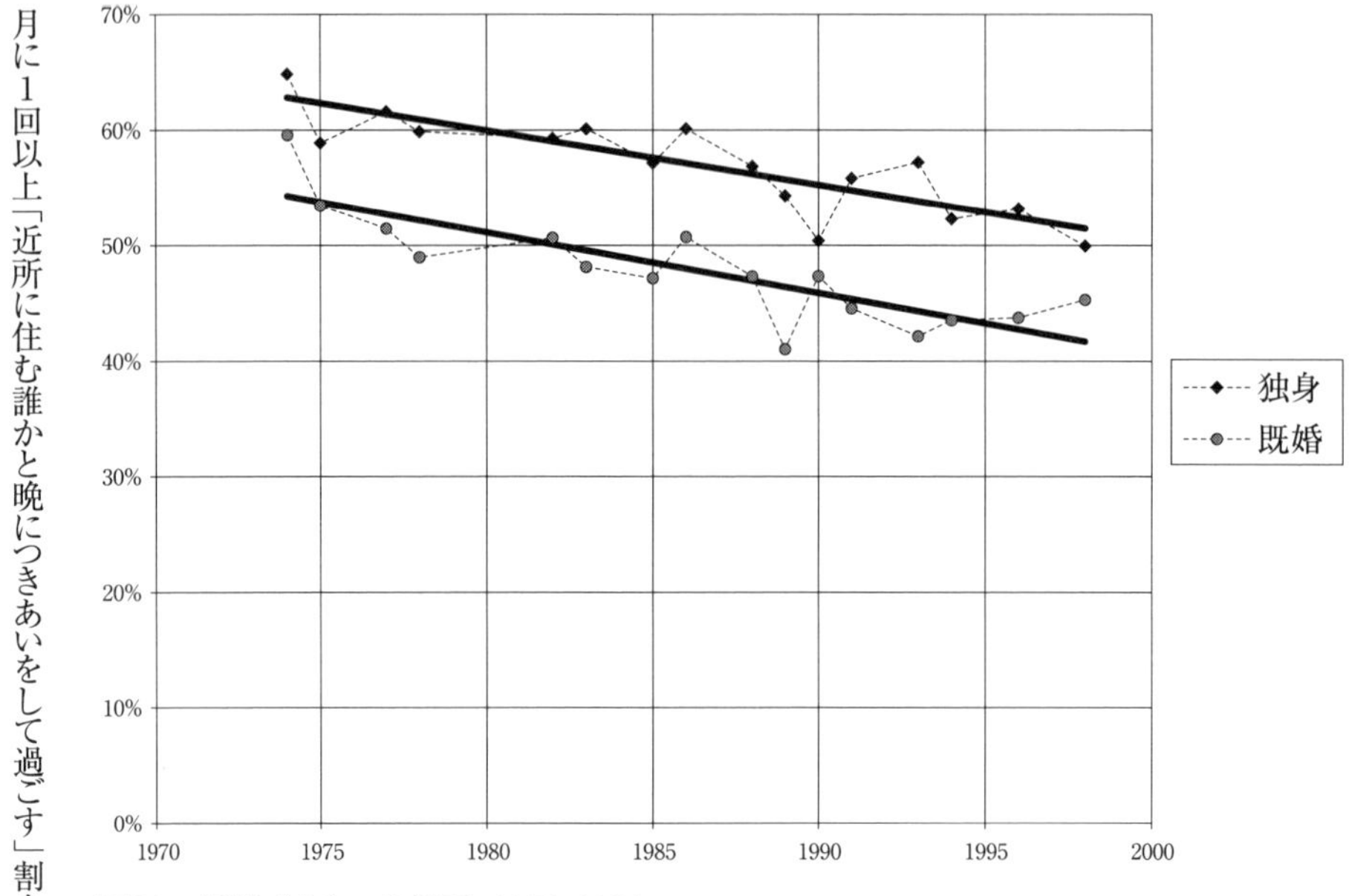

図23　近所づきあいの低下、1974-1998

友人についてはこれくらいにするとして、隣人についてはどうだろうか。一般社会調査によると、一九七四年と一九九八年の間に、人々が「近所に住む誰かと晩につきあいをして過ごす」頻度は既婚者の間では年に三〇回から二〇回、独身者では年に五〇回から三五回へと三分の一下落した(33)（図23を参照）。各所に現れた証拠ではさらに、この低下が実際には二〇年前から始まっていたことが示唆されており、一九五〇年代中盤における近所づきあいと比べると、一九九〇年代の近所とのつながりの強さはおそらく半分以下になっていたということになる(34)。平均的米国人は現在でも数週間に一度は隣人と社交をしているが、友人関係と同様に、これらのつながりは、一世代前よりも測定可能なほど弱まっているのである。

近年では「近隣組織」への注目が集まるようになり、こういったものは何年か前と比べて現在ではますます広まっていると見る者もいる。最近のある調査によれば、成人の八人に一人が近隣、コミュニティ、住宅所有者組織、あるいは街区《ブロック》クラブに参加している(35)。しかし、類似の組織は何十年か前にもやはり盛んであったのである。雑誌『ライフ』が、一九六〇年代の米国人を賞賛して「無数の近隣委員会でその集団化衝動を満たそうとしている」と書いていたのを思い出してほしい。都市社会学者のバーレット・A・リーと共同研究者は指摘する。

> 社会科学において近隣組織の研究が近年急増していることは、そのような集団が都市の情景における新参者であることを含意している。しかしながら、そのような誤解に導く印象を正すには、ほんのわずか掘り下げてみるだけで足りる。……近隣組織は前世紀の終わり近くに初めて登場し、大恐慌の前にはほとんどの大都市に現れていたのだった。

東はボストンから西はシアトルに至る近隣生活の長期研究によれば、二〇世紀末の近隣関係は政治的目的により時折動員されることはあるが、近隣レベルでの組織だった社会生活——ストリート・カーニバル、アマチュア劇、ピクニック、持ち寄り《ポトラック》パーティ、ダンス等——は、二〇世紀前半の方が、衰退期よりもっとずっと活発だった。[36]

「住民見回り《ネイバフッド・ウォッチ》」グループは過去二〇年を通じて広まってきており、犯罪減少に直接的影響を持っていることが多い。全米一二都市を対象とした一九九八年の司法省調査によれば、全住民の一一%が以前に、犯罪から自衛するための住民見回りの集会に出席したことがあった（前年度では六%）が、対して家に武器を持つ者は一四%、番犬を飼う者は一五%、追加の錠前を取り付けている者は四一%であった。[37] すなわち、犯罪防衛のためには社会関係資本よりも銃や犬、錠前の方により投資が行われているのである。おそらく一つにはこの理由により、住民見回りプログラムは幅広い近隣組織に根ざしたものでなければほぼ常に、最初の爆発的な熱意が過ぎると衰えていってしまう。[38] 犯罪監視《クライム・ウォッチ》グループは広まってきたかもしれないが、それが提供しているのは、消え去った伝統的近隣関係の中の社会関係資本の脆い代替物にすぎない——それは社会学的人工芝のようなものであり、本物が育たない場所にしか適していないのである。

フォーマルな社会的関与でもそうであったように、ここまで現れてきたシュムージングへの投資の衰えは、過

図24　時間日記研究で測定されたインフォーマルな社交、1965-1995

去三〇年の米国人の生活時間調査によっても全面的に確証されている。「日記日」に何らかのインフォーマルな社交（友人訪問、パーティ出席、バーへ出かける、インフォーマルな会話等が含まれる）で費やした時間が記録されている者の割合は一九六五年の六五％から一九九五年の三九％へと確実に低下した。これらの活動に使われた一日当たりの平均時間は一九六五年の八〇〜八五分から、一九九五年には五七分となった（図24を参照）。三〇年前と比べ、世紀の終わりにはインフォーマルな社交に三分の二の時間しか費やされていないのである。[39]

人々の時間配分の仕方が大きく変化していること——自分自身や直接周りにいる家族へと向かい、それより広いコミュニティからは離れていること——は、一九九二年から一九九九年の期間にNPDグループによって実施された、二万四〇〇〇の時間日記研究によって検証されている。[40]一九九〇年代を通じて、米国人は平均で子どもやペットの世話の時間が一五％増加し（おそらく、「ベビー反応」——近年、ベビーブーム世代の子どもが急増したことによる）、身繕い、娯楽、睡眠、運動、交通の時間が約五〜七％増加した。対照的に、最大の変化の中には礼拝と友人訪問に費やす時間が含まれており、どちらも二〇％以上低下したことをこのデータは示している。

インフォーマルな社会的つながりの密度は、前にも触れたとおり、社会的カテゴリーの違いによっていくぶん異なっている——男性よりも女性において高く、若者やリタイア後では中年期よりも高いといった具合である。これらのカテゴリーによってシュムージングのレベルは異なってはいるが、しかしシュムージングの傾向（すなわち、下向きの）は、全ての社会区分において非常に類似している——男女を問わず、あらゆる年代、あらゆる社会階層において、国の全ての地域で、大都市でも郊外でも小都市でも、既婚未婚の双方でも下落している[41]。米国社会の全ての部分においてインフォーマルな社会的つながりの程度が低下しているのである。

フォーマルなコミュニティ関与に対する最大の予測要因——教育——が、過去二〇年間に急激に拡大したこと、それにもかかわらずフォーマルなコミュニティ関与が急激に落ち込んだというパラドックスについては先に述べた。予想されることは、この教育水準上昇という後押しがなければ、フォーマルな関与はさらに急速に落ち込んでいたかもしれない。インフォーマルな社会的関与の場合においても、類似のパラドックスを見ることができる。シュムージングは単身で子どものいない人々の間で高く、またその単身で子どものいない人々の数は過去二〇年間を通じて大きく増大した[42]。他の全てを等しくすれば、この傾向はインフォーマルな社交の増加を導くはずであったが、見いだされたものはそれと全く反対であった。従来型の家族生活は少なくなると共に、『チアーズ』や『フレンズ』の現実生活上の相当物が、市民組織やディナーパーティに取って代わると期待されたかもしれないが、実際には、後者の低下が、埋め合わせとなる前者の増加なしに起こったことを目の当たりにしたのだった。これが意味しているのは他の何かが、現代米国におけるシュムージングの割合を強力に押し下げているに違いないということである。

このように、われわれは現在、以前と比べて友人や隣人と過ごす時間を大きく減らしている。その代わりに、社会関係資本にとって意味を持つ他の何をしているのだろうか。ありふれた余暇活動の一つにスポーツ参加がある。運動中の米国人から、社会関係資本の傾向について何を読み取ることができるだろう? おそらくは、社会的遭遇の現場がカードテーブルや近所のバーから、ソフトボール場やエクササイズのクラスへと移行したのだろうか?

いくつかの証拠の示すところでは、スポーツクラブの普及は過去二〇年間にわずかだが拡大している。一般社会調査によれば、そのようなクラブの会員は一九七四―七五年の一九%から一九九三―九四年には二一%に成長した。その一方で多くの研究の知見では、いささか驚くことに、ほとんどのスポーツの参加率は実際には近年低下している。[43]人口も増加しているので、参加者の総数も増加しているというケースもあるが、人口比率においては、以下に挙げるスポーツの全てで、過去一〇～二〇年の間に参加は一〇～二〇%低下している。それはソフトボール、テニス(や、卓球などその他のラケット使用ゲーム)、バレーボール、フットボール、自転車、スキー(ダウンヒル、クロスカントリー、そして水上)、狩猟、釣り、キャンプ、カヌー、ジョギング、水泳である。例えば、全米スポーツ用品協会、運動具製造業組合、DDBニーダム・ライフスタイル調査、国立健康統計センターの長期調査は、全てが一致して全国レベルのソフトボール参加が一九八〇年代中盤から、一九九〇年代末にかけて約三分の一下落したことを示している。[44]

人気を博すようになった新しいスポーツもいくつかある――インラインスケートやスノーボードは、若く活発な人の間で、フィットネス・ウォーキングやジムは健康に気を遣う人の間で、ゴルフは高齢者の間で。しかし、これら新しいスポーツのほとんどは、多くの伝統的な運動と比べたときは「社会的」ではない。実際、過去一〇年間のスポーツ関連の購買において最も劇的な増加をしたものには、トレッドミルやワークアウト用具のような「屋内」活動が含まれていた。[45]さらに、ウォーキングを除き、衰退中の伝統的スポーツと同じくらいの人数を引きつけたものはない。チームスポーツの中では、サッカーとバスケットボールは増加しているが、その他全てのメジャーなチームスポーツ――ソフトボール、野球、バレーボール、フットボール――における同時期の低下を埋め合わせるには足りない。全体で見ると、スポーツ参加はこの一〇年前後を通じ、若干ではあるが、明白に低下しており、この低下は特にチーム・グループスポーツに影響を与えている。[46]

スポーツ参加におけるこの低下は、全米人口の高齢化によるものではない。それとは反対に、低下は若者の間で最も激しく、一方でスポーツ熱は上の世代では次第に広まっている。二〇代の間では、エクササイズクラスへの平均参加回数は一九八〇年代半ばの年当たり八回から一九九八年の三回へと半減以上となったが、同期間に六〇代以上の人の間では二回から四回へと倍増したのである。水泳とヘルスクラブへの参加も、若者での低下と高齢者での一定もしくは上昇という、同様の世代乖離を示している。生理的な理由から、スポーツ参加は（エクササイズ・ウォーキングを除き）年齢と共に低下するが、そのライフサイクルのパターンの上に、以前記した政治、社会参加形態と同じ世代プロフィールが重なっている（ベビーブーム世代とX世代で低下し、その両親祖父母で増加している）。実際には、この双子の傾向——高齢世代のレクリエーション活動が伸び、若者世代で低下している——が、一九六〇年代初頭から進行し始めたということを信じる理由が存在する。[47]

われわれの主たる関心ではないが、ほとんどの青少年スポーツにおける参加率は、過去数十年の間停滞、あるいは低下しているように見える。[48]驚くことに、一九八〇年代の青少年サッカーにおける指数関数的増加のあとは、そのようなはやりのスポーツの参加さえも一九九〇年代には減速した。[49]同時に、その他のほとんどのメジャースポーツは近年、青年の参加の大幅な低下に直面している。この一般的な構図に対する重要な例外の一つは、女子の、学校を基盤とした組織スポーツの成長であり、これは「第九編《タイトル》教育修正条項《IX》」が、連邦の助成する体育プログラムにおける女性の機会均等を求めていることがその理由の一つである。しかし、この大きな主導でさえも、米国青年におけるフォーマル、インフォーマルなスポーツ参加に見られる全般的な低下を埋め合わせるには至っていない。[50]「ベビー反応」により多くの青年スポーツにおける参加者の絶対数は増加したが、われわれのストーリーに関係しているところで言えば、参加の割合は低下しているのである。

フィットネスは、一九九〇年代には一九七〇年代よりもずっと話題となるようになり、またヘルスクラブは大流行である。[51]この傾向は他の形の社会的つながりの落ち込みを埋め合わせるものとなっているだろうか。実証的な証拠の示すところは否定的である。第一に、全てのフィットネス活動は（ウォーキングは別として）全体として、トランプやディナーパーティといったより平凡な活動と比べて広まりにずっと欠ける。例を挙げれば、一九

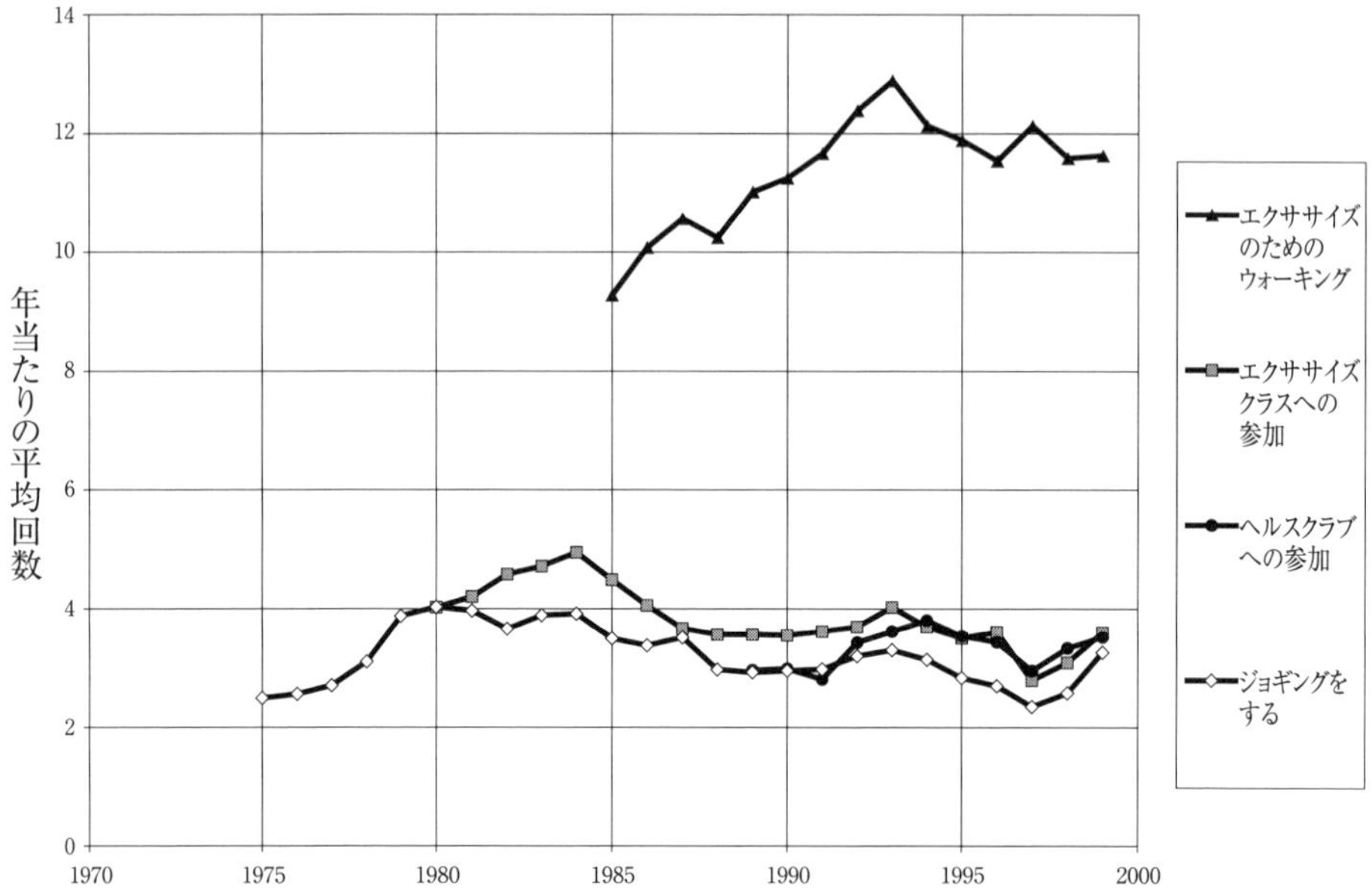

図25　フィットネスの（ウォーキングを除く）停滞

九〇年代のトランプの衰退とヘルスクラブのブームにおいてすら、定期的にヘルスクラブに通う者よりも、定期的にトランプをしている者の方が三倍も多かった。独身者、二〇代で大学卒の者のみにおいてはトランプよりもヘルスクラブの方が広まっていたが、マスメディアから推測するものとは異なるかもしれないが、この人口統計学的カテゴリーに落ちる者は米国人のうち一五人に一人にすぎないのである。もしヘルスクラブがシュムージングのための限りない機会を（ワークアウト中に沈黙して単にモニターを見つめ続けるのではなく）提供していたのだとしても、ヘルスクラブの成長は、よりトレンディさに欠けるインフォーマルなつながり形態の崩壊によって、縮められてしまっている。

第二に、一九八〇年代と一九九〇年代には平均的米国人のジョギング、エクササイズやエアロビクスクラスへの参加、ヘルスクラブ利用回数の正味の増加はなかった。ヘルスクラブの増加は、ジョギングとエクササイズクラスの減少で相殺されてしまっている（図25を参照）。ファッショナブルさには欠ける活動である「運動のために一マイル以上のウォーキング」はその他の種類の運動を合わせたものよりも広まっており、実際、エクササイズ・ウォーキングは過去一〇年間に三分の一ほど増加している。しかし、ウォーキングの（そしてまたゴルフの）人気の高まりは完全に高齢者の間のフィットネスブームによるものであり、そこはまさに、つながりの全国的低下に最も抵抗している集団なのである。ここまで検討した体育活動における傾向――全国的な低下、特に若者層での急速な低下と、高齢市民における低下の最小さ（あるいは無さ）――は、目に見える形では過去数十年にわたって米国に蔓延する「肥満病」として対になって現れている――これも全国的に増加し、若者層で特に急速に増加し、高齢者の間での伸びが最小である。フィットネスは、米国社会において見られる他の社会関係資本の衰退が埋め合わされている領域ではない。[52]

メジャースポーツの中でほぼ唯一、ボウリングのみが近年でも何とか持ちこたえてきている。[53] ボウリングは米国で最も人気のある競技スポーツである。ボウラーの人数は、ジョガー、ゴルファー、ソフトボールプレイヤーに対し二対一以上、サッカープレイヤー（子どもを含む）には三対一以上、テニスプレイヤーやスキーヤーには四対一以上で上回っている。[54] ボウリングの「レトロ」なイメージにもかかわらず、一九九六年には二〇代でボウリングに行ったものはインラインスケートよりも四〇％多かった。最近では、ハイテクを組み合わせたいわゆる「コズミック・ボウリング」や「ロックン・ボウル」の人気も若者の間で増加している。さらに、その他全てのメジャースポーツ参加は、若者もしくはアッパーミドル階層、あるいは両者を兼ねた層への集中度が高い。ヘルスクラブやサイクリング、ジョギング、エクササイズ、水泳、テニス、ゴルフ、ソフトボール、その他のあらゆるメジャースポーツとは異なり、ボウリングはアメリカの中心にしっかりと根付いている――男女、既婚独身、労働者とミドルクラス、若者、年寄りの双方に広まっている。[55]

人口増加を背景に、ボウリングをする米国人はこれまでないほど増えているが、リーグボウリングは過去一〇～一五年間に急激に落ち込んだ。一九八〇年から一九九三年の間に、米国内のボウラーの総数は一〇％増加したが、一方でリーグボウリングは四〇％減少した。[56] 図26は米国におけるリーグボウリングの長期傾向を示しているが、その全体傾向はすでに検討した他の形態の社会関係資本で見られた傾向と正確に対応している――世紀の初

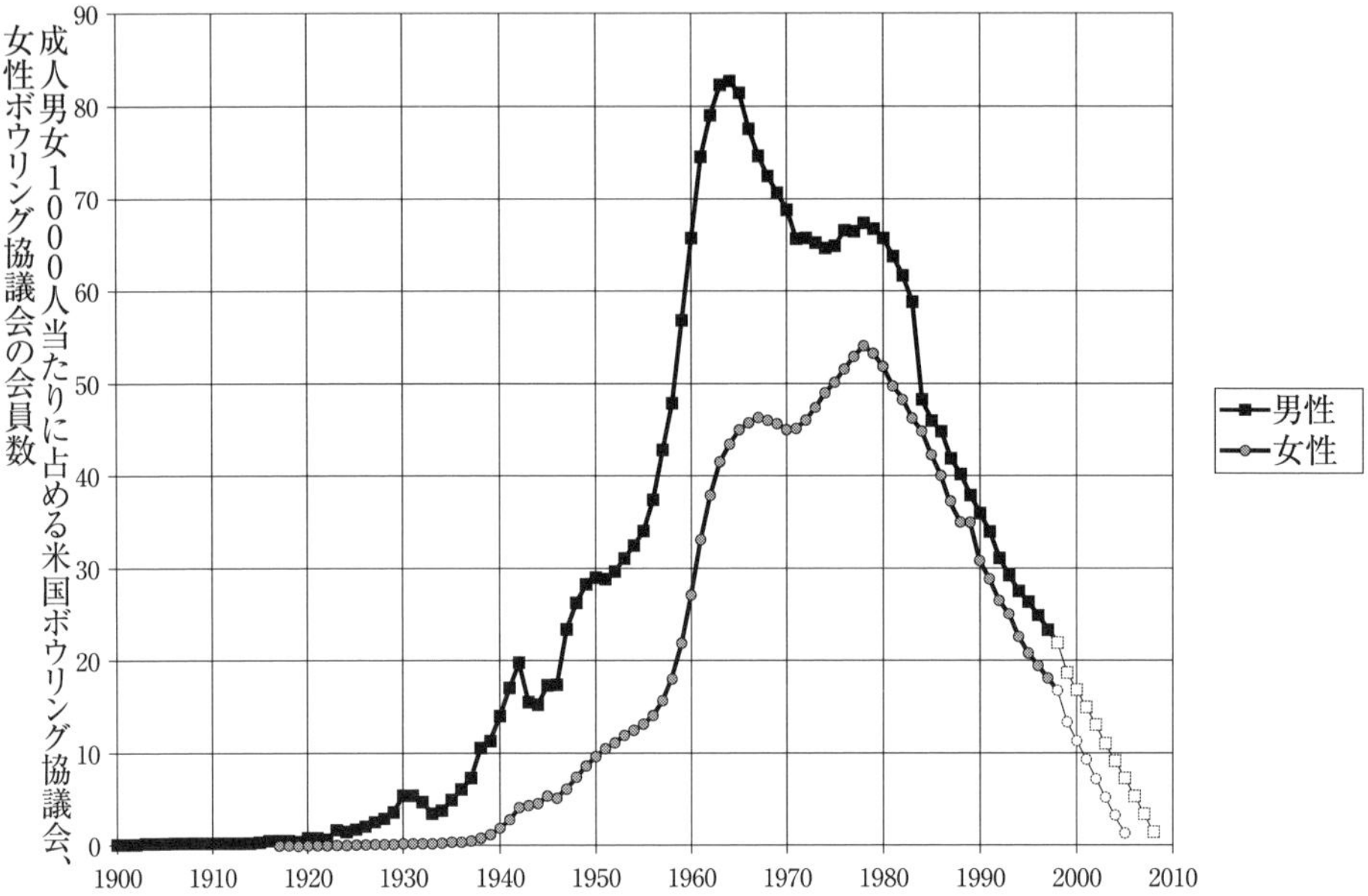

図26　リーグボウリングの台頭と凋落

頭から着実に成長し（大恐慌と第二次大戦を除き）、一九四五年から一九六五年の間に爆発的成長を遂げ、一九七〇年代の終わりまでは停滞し、その後、世紀の終わりの二〇年間に急落を見せている。一九六〇年代中盤のピーク時には、全米男性の八％、女性の五％近くがボウリングチームのメンバーだった。しかし、図26からの予測が示すとおり、リーグボウリングの着実な凋落がこの一五年のペースで続いたならば、それは新世紀最初の一〇年のうちに完全に消滅することになろう。

　ボウリングが、全く取るに足らないような例であると考えられないためにここで記しておくと、全米ボウリング協議会によれば米国人の九一〇〇万人が一九九六年中のどこかの時点でボウリングをしていたが、**これは一九九八年の連邦議会選挙の投票者より二五％以上も多かった**。[57] 一九八〇年代のリーグボウリング凋落の後ですら、すでに見たようにその数字は急落したとはいえ、米国成人の二〜三％は定期的にリーグでボウリングをしていた。リーグボウリングの衰退はレーン経営者の生活を脅かしているが、全米最大のボウリングレーンチェーンのオーナーによれば、リーグボウラーはソロのボウラーと比べて三倍のビールとピザを消費しており、そしてボウリングから得る金はビールとピザの中にこそあり、ボールやシューズの中にはないからというのがその理由である。しかしより広い社会的重要性は、ソロボウラーが見失った、ビールとピザ越しの社会的相互作用と、時折の市民的会話の内にこそ存在する。ほとんどの米国人の目にとって、ボウリングが投票を打ち負かしていようとそうでなかろうと、消滅しつつある社会関係資本のもう一つの形をボウリングチームは現している。

厳密に言えば、非リーグボウリングを「孤独なボウリング《ボウリング・アローン》」と表現するのは、表現上の誇張としてしか許されない。近所のボウリングレーンを注意深く観察すれば誰でも、インフォーマルなグループがソロのボウラーに数の上で勝っていることは確かめられる。そのようなインフォーマルなグループが、これまでシュムージングと呼んできたものを示している限りにおいては、近年ボウリングへの参加が多少なりとも安定しているという事実は確かに、一般的にインフォーマルなつながりが減少しているということに対する例外であることを示している。しかし他方で、幅広い知り合いの集まりの中へ定期的に参加することを必要とするリーグボウリングは、その時々において行われるゲームとは比べられない、持続的な社会関係資本の一形態を確かに代表しているのである。

人々がスポーツをするのに時間を使わなくなっている一方で、スポーツを見るのには、ほんの数十年前よりもずっと多くの時間と金が使われている。スポーツ観戦は急速な伸びを示しており、そのことによってプロ選手の年俸の急速な上昇も説明できる。観戦の成長は、一部にはテレビ視聴習慣の反映であるが、実際の観客数も反映している。人口成長を調整すると、メジャーなスポーツイベントの観客は一九六〇年代以降倍増した。(58) それぞれのスポーツの年ごとの盛衰は、そのシーズンの盛り上がりや労使関係の浮沈でさまざまだが、過去四〇年を通じ、ほぼ全てのメジャースポーツ——プロ野球、バスケットボール、フットボール、ホッケー、ストックカーレース、そして大学フットボール・バスケットボール——の人口当たり観客動員数は伸びを示してきた。図27にこの傾向がまとめられている——受け身の観客に限られているとはいえ、最終的に傾向線は上昇している。

このスポーツ観戦の増加は、社会関係資本という視点からは全くの損失であるというわけではない。(59) 金曜の晩に高校フットボールの試合の階段席に友人と座ることは、ポーカーテーブルの向かいに座るのと同じくらいコミ

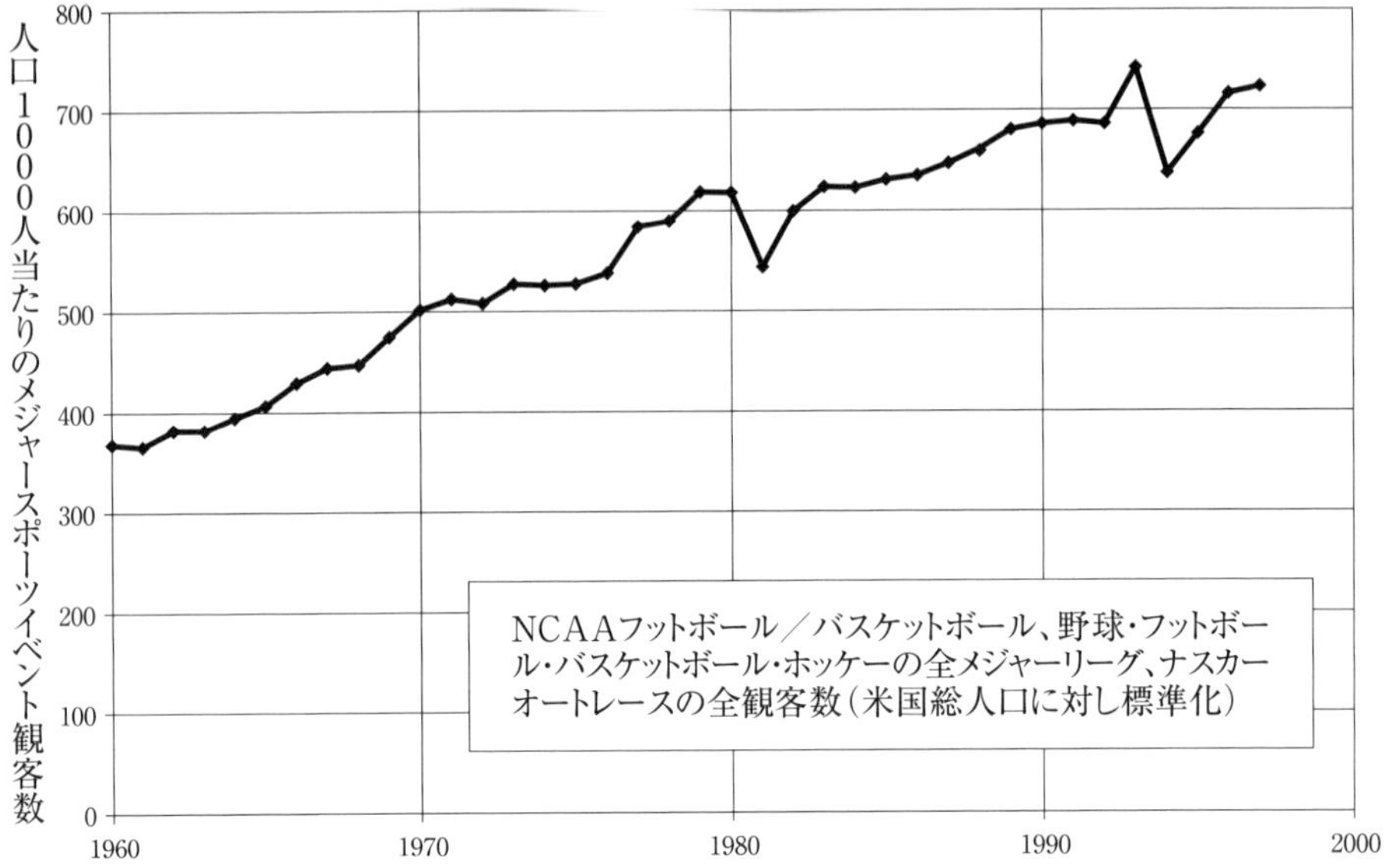

図27　観戦スポーツの成長、1960-1997

ュニティ上は生産的であるかもしれない。さらに、少なくとも勝利チームのファンにとっては、同じ情熱を分かち合って熱狂したという感覚は、ある種のコミュニティ感覚を生み出しうる。長きにわたって勝利を待ち望んでいるレッドソックスのファンが知っているように、逆境の共有ですらもコミュニティを作り出しうる。その一方で、以前政治の領域で見た積極的参加と消極的観戦の間のバランス変化が、スポーツという領域自体においても同じく観察されるということは印象的である。フットボールでは、政治同様、チームプレイを見ることは、チームでプレイすることと同じことではないのである。

これと同じ現象——見ることが増え、することが減る——は米国人の生活のその他の領域でも現れている。ポピュラー文化と高級文化の双方で、一般に観客の伸びは人口の伸びと対応しているかそれを超えている。調査によれば、一人当たりの美術館、ポップ／ロックコンサート、映画の回数は安定しているかさらなる増加を示している。一九八六年から一九九八年の間に、教会出席は一〇％下落したが、一方で美術館へ行くことは一〇％増加した。家での歓待は四分の一減少した一方、映画に行くことは四分の一増加した。クラブ会合への出席は三分の一減少したが、ポップ／ロックコンサートへ行くことは三分の一増加したのである。[60]

他方、「する」文化（それを単純に消費することに対して）が低下しつつあることは、多くの指標に示されている。タウンバンドやジャズのジャムセッションに参加する、あるいは単にピアノの周りに集まるというのは、過去にはコミュニティ関与、社会的関与の典型例であった。過去四半世紀に毎年実施された調査によれば、楽器演奏の平均回数は、一九七六年の年六回近くから、一九九九年のわずかに年三回にまで減少した。何らかの楽器を演奏するという人のパーセンテージはこの期間に実に三分の一（三〇％から二〇％へと）下落し、音楽レッスンへの参加は若い世代で落ち込んでいる。[61] 全米音楽商業組合の委託で実施された調査によれば、世帯の中で一人でも楽器を演奏する者のいる割合でさえ、一九七八年の五一％から一九九七年の三八％へと着実な下落を見せている。[62] 音楽鑑賞という趣味を失ってしまったわけでないのは、スポーツ観戦と同様に確かであるが、合奏を楽しむ人々はますます少なくなっているのである。

アリストテレスが、人間はその本性において政治的な動物であると看破したとき、彼がシュムージングのことを考えていなかったのはほぼ確かだろう。しかし、知見の示すところでは、大半の米国人は周囲の人間と、数え切れないほどのインフォーマルな仕方でつながっている。人間の本性はそうであるのだから、われわれは世捨て人にはなれそうにもない。一方でやはり知見によれば、広範な活動に対して、過去数十年の間を通じて友人や近所の人々との定期的な接触が目立って減少していることが観察されている。食事時の会話は減少し、互いの行き来も少なくなり、くだけた社会的相互作用を促進していた余暇活動への参加をしなくなり、「見る」時間（確かに時には他人と一緒にということもありはするが）の増大の一方で、「する」時間は減少した。隣人のことはよくわからなくなり、昔の友人と会う機会も減った。単に「善行のための」市民活動に関わらなくなったのではなく、インフォーマルなつながりすらも行われなくなったのである。社会共通の課題へ協力し、また傍らの人への配慮を見せるといった人々の持つ傾向性に対し、この社会的交流からの静かなる撤退が影響するのか否かは、続く第7、8章の中で検討する問題である。

第7章　愛他主義、ボランティア、慈善活動

　愛他主義、ボランティア、慈善活動――他者を助けようとする対応態勢《レディネス》――は、考え方によっては社会関係資本の中心指標である。しかし社会哲学者のジョン・デューイは、「共にすること」（doing with）と「ためにすること」（doing for）の区別を正しく強調した。この区別の重要性が際立つのは、ロード・アイランド州プロヴィデンスにおける緊密なユダヤ人地域に起った最近の事情である。(1)

　プリム祭を祝うために、この地域のユダヤ人は宗教的ミツバー（戒律）に従って、昔から互いに訪問し合い、果物とペストリーの贈り物（ミシュローク・マーノート）を贈っていた。しかし最近では、この慣習は忙しさや家族の休暇その他によって邪魔されるようになった。今ではプリム祭が近づくと、住人は近所から印刷された手紙を受け取るようになった。それにはこのように書かれている。

　プリムの頃はニューヨークに滞在します。今年はミシュローク・マーノートのミツバーを果たすことができません。今年はミシュローク・マーノートを我が家のドアの外にどうか置かれないでください。リスや犬、猫やウサギが食べてしまうかもしれませんから。ミシュローク・マーノートの代わりとして、あなたのお名前でユダヤ神学校に寄付をさせていただきました。

この慈善の趣旨は称賛に値するものである。しかし伝統的な訪問は、同時にコミュニティ内の絆を強化するものである。封筒に入った小切手は、どれほど気前のよいものであっても、同じ効果は持ち得ない。社会関係資本が指し示すのは、社会的なつながりのネットワークであり、すなわち「共にする」ことである。他者の「ために」善行を行うことは、どれほど感心なことであっても、社会関係資本の定義の一部ではない。

しかし実証的観点からは、社会的ネットワークは善行に人々をリクルートするチャンネルを提供し、また社会的ネットワークは、他者の幸福への配慮を促す互酬性の規範を促進するものである。したがって、すぐ後に詳細を検討するが、ボランティアと慈善活動、さらには自然に現れた「手助け」さえも、市民参加によって強力に予測される。実際に現代の米国においては、フォーマル、インフォーマルな社会的ネットワークに加入している者ほど、社会的に孤立している者に比べ時間と金銭を良い目的に使う傾向がある。この理由により、愛他主義（と、次章で議論する誠実性）は、社会関係資本に関する重要な診断上の兆候となっている。したがって、社会関係資本の傾向を評価するときには、ボランティア、慈善活動、そして愛他主義の傾向に関する評価を必ず含む必要がある。

他者を助けるために時間と金銭を施すのは、米国社会において長きにわたる卓越した伝統である。慈善活動もボランティアも、他の国の市民と比べたとき米国ではおおよそ二倍の広がりを見せている[2]。わが国の歴史の当初数世紀においては、ボランティアや慈善活動の社会的文脈は、第一に宗教的なものであった。他者への思いやりは、われらが信仰における中心の教義である。一九世紀の終わりにかけて、愛他主義の理由付けとして新たなテーマが顕著なものとなった――不幸なものを助けるのは、市民的義務の一部であるというものである。南北戦争後の急成長期に登場した新たな大富豪の一人アンドリュー・カーネギーは、一八八九年のエッセイ『富の福音』の中でこう宣言した。富は神聖な預かりものであり、その所有者はコミュニティの幸福のためにそれを取り扱わなければならない、と[3]。

二〇世紀を通じ、ボランティアと慈善活動はより組織化、プロ化されていった。近代的慈善活動は世紀の変わり目と共に登場したが、それは単に産業革命によって生み出された富が蓄積されていったということだけではなく、普通の米国人が経済的寄付をしやすくする新たな技術の発明も伴っていた――「共同募金《コミュニティ・チェスト》」（「ユナイテッドウェイ」の前身）、コミュニティ基金や、寄付金集めやボランティア管理のプロ化の進行である。共同募金の数は全米で一九二〇年の三九から、一九五〇年には一三一八まで爆発し、人口の五七％をカバーするようになった。(4) 教会は単独で最重要のボランティア、慈善活動の中心であり続けていたが、組織化された愛他主義のための新制度である、財団、組合、その他あらゆる種類のコミュニティ組織と連合していった。

　成長と近年の衰退をこれまでの章で記録してきた、数多くの市民組織――スカウト、赤十字、「奉仕クラブ」（ロータリー、キワニス、ライオンズ）、ＰＴＡその他は、ボランティア力を動員するのに積極的であった。二〇世紀を通じ、集団的愛他主義のための新組織が、新たな欲求と理想主義の復興に対応する形で出現し続けた――一九三〇年代の小児麻痺救済募金《マーチ・オブ・ダイムス》、一九五〇年代の「ワールド・ビジョン」、一九七〇年代の「ハビタット・フォー・ヒューマニティ」、一九九〇年代の「ティーチ・フォー・アメリカ」といった具合である。一九八九年から一九九四年の間に、米国内の公共慈善事業は人口の六倍近い速さで成長し、一九九六年には米国内合計で六五万四一八六の慈善事業（教会はカウントに入れない）が届出されていた。(5)

　米国人は、寛大な国民である。人々のうち半数近くが、何らかの種類のボランティア仕事に関わっていると述べており、それは教会や病院のような組織的状況のボランティアと、近所の植物の世話をするといったインフォーマルな援助行動の両方を含んでいる。広く引用される推定によれば、一九九五年に九三〇〇万人の人々が二〇〇億時間のボランティアを行っていた。さらに、善行のために目覚ましいほど大量の金銭が寄付されている。一九九七年に国内の個人、企業、基金によって慈善事業に寄付された額は一四三五億ドルに上り、そのうち個人による寄付が四分の三以上（一〇九〇億ドル）を占めている。一九九二年に、米国では一五〇万ガロンの献血が行われたが、献血者の圧倒的多数がその動機として挙げたのは単に「他人を助けたかったから」であった。一九八九年において、寄付を行った米国人の割合は七四％（宗教、政治組織への寄付を除く）、ボランティアは三五％、献血を行った者は二三％であった。トクヴィルの一世紀半前の観察に恥じない生き方をわれわれはしているように見える。

米国人は、生活におけるほとんど全ての行為を、正しく理解された自己利益の原則から説明することを好む。彼らが大いなる喜びとするのは、いかにして啓蒙的な自己愛が、他者を助け、国のために自らの時間と富を惜しみなく差し出すことに絶え間なく導いていくのかを示すことである。(6)

毎日のプレッシャーの只中で、時間を捧げることと金銭を捧げることは、寛大さを示すための二者択一の方法であるとしばしば見られている。一方が欠けていれば、他方を差し出すことができるのである。しかし一般的に言えば、ボランティアと慈善活動は補完物であって、代替物ではない。両方をたくさん出す者もあれば、どちらも全く出さない者もいる。一九九五年において、ボランティア従事者が収入から慈善事業に寄付した額は、非ボランティアの二〜三倍に上っていた。反対から言うと、全寄付者の六三%は同時にボランティアもしており、一方で非寄付者のその割合は一七%にすぎなかった。ボランティア活動は慈善活動に対する最も強力な予測変数であり、そのまた逆も真である。類似しているが、積極的な献血者は、非献血者と比べてボランティアに時間を費やし、また慈善に寄付する傾向が高い。愛他的行動は同時に行われることが多いのである。(7)

労力と資産に関し、最も寛大な者は誰になるだろうか?(8) 当然のことであるが、裕福で、教育水準が高い者——人的、財政的資源を多く有する者——は、ボランティアをし、寄付をし、献血をすることが多い。特に、ほとんど全ての形態の愛他的行動に対して、教育水準は最も強力な予測変数の一つであり、そのことは他の考え得る予測変数を統制しても成り立っている。例えば大卒者は、高卒以下の者と比べて倍の割合で過去一年間にボランティア（七一%対三六%）、献血（一三〜一八%対六〜一〇%）を行っていた。他方で、物質的資源は愛他主義に対する最重要の説明変数ではなかった。実際のところ、貧しい者は相対的に教会関与に積極的であるので、豊かな者と比べて収入からの寄付割合が劣っていないのである。(9)

コミュニティの規模は違いを生む——フォーマルなボランティア、コミュニティ事業のために働くこと、インフォーマルな援助行動（見知らぬ人の助けに駆け寄るなど）、慈善寄付、そしておそらく献血は、全て大都市よりも小都市の方でより広まっている。[10] 年齢も違いをもたらしている——ボランティアと献血は、一般に逆U字型のライフサイクルパターンに従い、三〇代の終わりから四〇代の始めにかけてピークを迎える。ボランティア活動はとりわけ、学齢期の子を持つ親の間でよく行われており、青少年活動は、宗教に次ぐ第二位のボランティア活動の焦点となっている。他方で慈善活動は典型的に年齢と共に加速するが、これは可処分所得が増大するからである。[11] 就労はボランティア活動の可能性を増大させており、おそらくこれは労働者が多様な社会的ネットワークに接触することになるからであるが、しかしボランティアにとっては仕事に費やす時間とボランティアに費やす時間の間にトレードオフの関係が存在するので、ボランティア活動はパートタイム労働者の間で最も割合が高い。[12]

しかし、裕福さ、教育、コミュニティ規模、年齢、家族状況そして就労よりも重要な、時間、金銭の寄付に対するはるかに一貫した予測変数は、コミュニティ生活への関与である。社会的な世捨て人は、多額の寄付者や積極的なボランティアになることはほとんどないが、シュムーザーとマッハーは一般に両者となっている。

一九九六年に、世俗的組織のメンバーの七三%と、宗教的集団のメンバーの五五%がボランティアを行ったと答えており、対してその他の米国人のそれは一九%にすぎなかった。[13] 図28が示すように、教会とクラブの双方に定期的に出席する者は、ボランティアを年平均で一七回行っており、教会にもクラブにも関わっていない者のボランティア年一・七回に比べて一〇倍の頻度となっていた。世俗的関与の方が宗教的関与よりも強い影響を与えていたようであり、「純粋な」教会出席者のボランティアが年平均五回であるのに比べて、「純粋な」クラブ出席者のそれは年平均一二回であった。さらに、世俗的組織への関与はコミュニティ事業への参加と密接に関連していたが、宗教組織への関与はそうではなかった。[14] 宗教組織に積極的な人々は教会での案内や、寝たきりの教区民の訪問のボランティアを行っており、一方で世俗的組織に積極的な人々は地域の運動場の清掃に従事する割合が最も高かった。

シュムージングもまたボランティアと密接に関係していた。[15] 例えば、図29が示すように、友人を家でもてなす

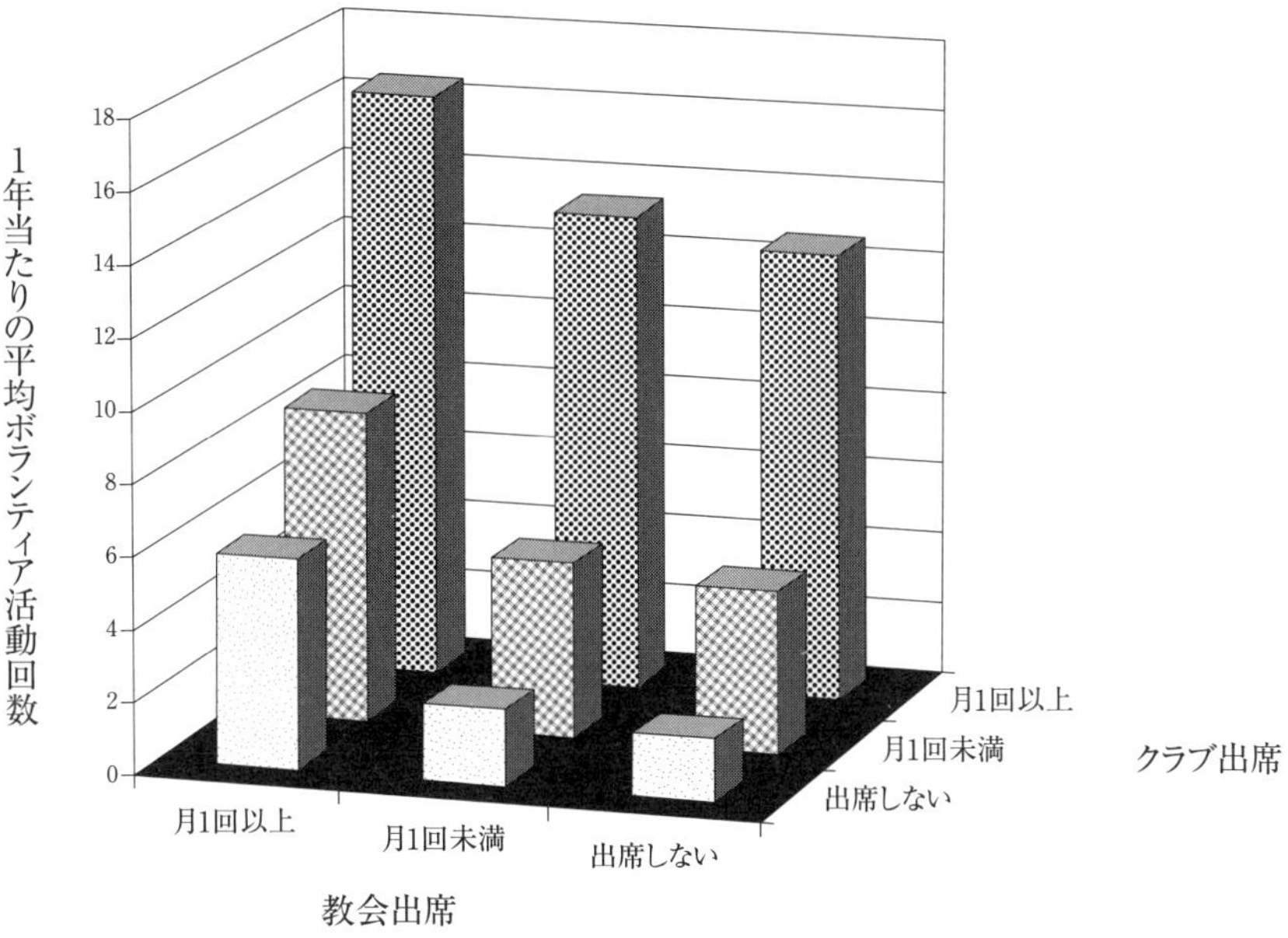

図28　クラブ出席、教会出席によって促進されるボランティア活動

者は、コミュニティ事業で働いたり、その他のボランティアを行うことがずっと多かった。さらに、コミュニティや社会的ネットワークに積極的に関わっている者は単に一時的にボランティアをするのではなく、何年にもわたってボランティアを続ける傾向があり、一方で社会的に孤立した者は、純粋にその場限りのボランティアに関わる傾向があった。[16]

慈善活動もまた、組織関与と密接に関連している。一九九六年において、世俗的組織メンバーの八七%と宗教組織のメンバーの七六%が何らかのチャリティ寄付を行っていたが、非メンバーでは三七%にすぎなかった。宗教組織のメンバーは平均で世帯年収の一・九%（八〇二ドル）、世俗的組織のメンバーはさらに多く二・三%（一一六七ドル）を寄付していたが、対して非所属の人については〇・四%（一三九ドル）であった。[17]大まかには、**「加入者」は「非加入者」と比べて時間的、金銭的な寛大さが一〇倍近い。**社会関係資本は、慈善活動に対する説明力が財政的資本よりも強いのである。

あらゆる種類の愛他主義は、社会的、コミュ

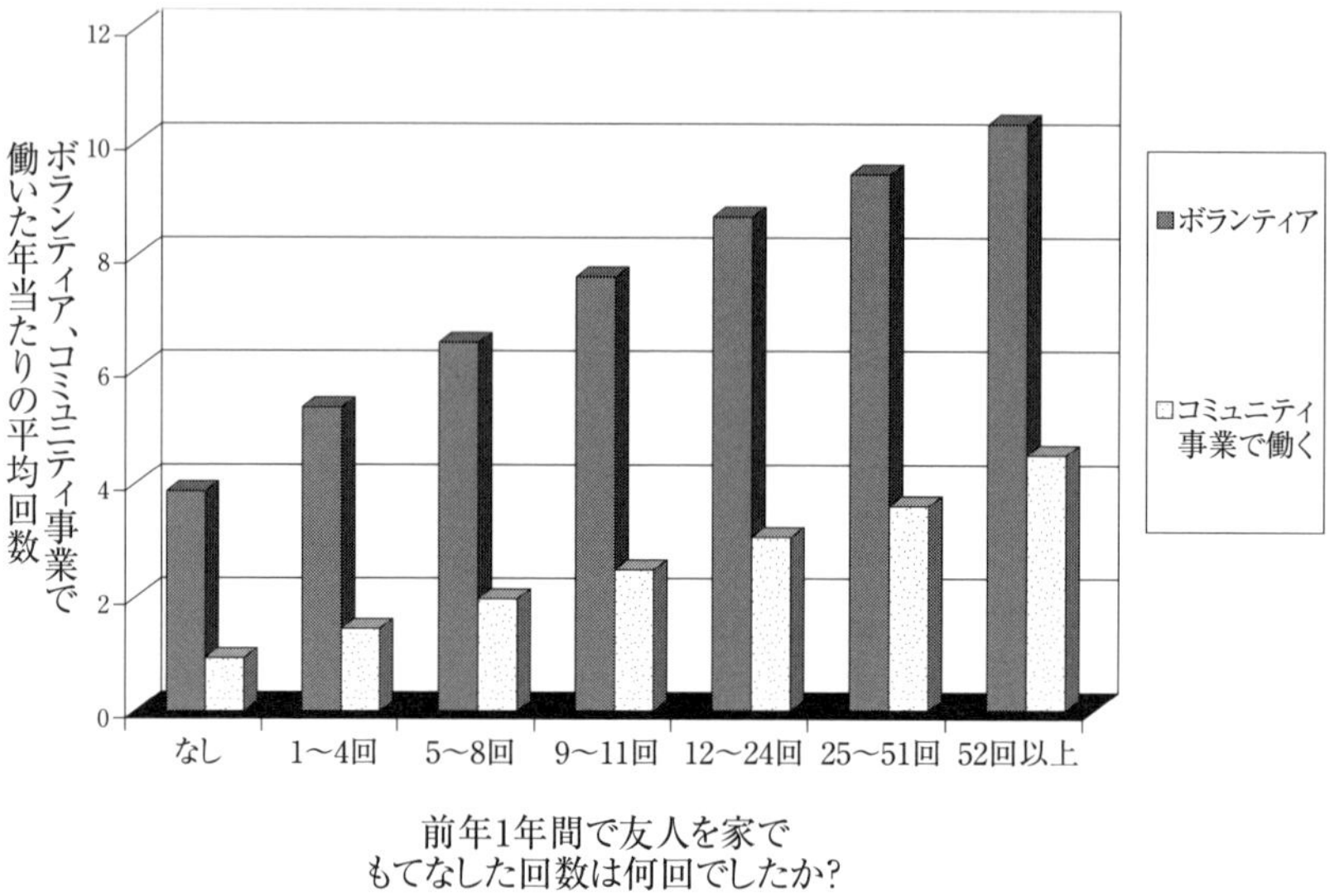

図29　シュムージングと慈善行為

ニティ的関与により促進される。例えば、教会出席とクラブ出席は、年齢、教育、性別その他といった背景要因を統制しても、献血行動に対する最も影響のある説明変数の一つである（図30を参照）。コミュニティの事柄に積極的な人々は、出不精な人と比べて献血の割合が二倍多い。自然災害の直後に精神的な支えになるとか、近所の家を見回るといったインフォーマルな援助行動すらも、その人の友人や知り合いのネットワークの規模と強く相関している(18)。私が時間、金銭、血液、あるいは小さな親切を差し出すかどうか予測するには、何はさておき私のコミュニティにおける積極さと、家族や友人、近所とのつながりの強さを知る必要があるのである。

社会的つながりが施しを促進する理由は数多くある。「加入者」は寛大な心を元から持っているのかもしれないが、ボランティア活動や慈善活動の予測変数としては、社会的ネットワークへの関与の方が、愛他的態度それ自体よりも強力である(19)。基金募集者やボランティア主催者がよく知っているとおり、単純に協力を頼まれることが、ボランティア活動や慈善活動への強力な刺激となるのである。ボランティアにどうしてそれぞれの活動に関わることになったのかを尋ねたとき、

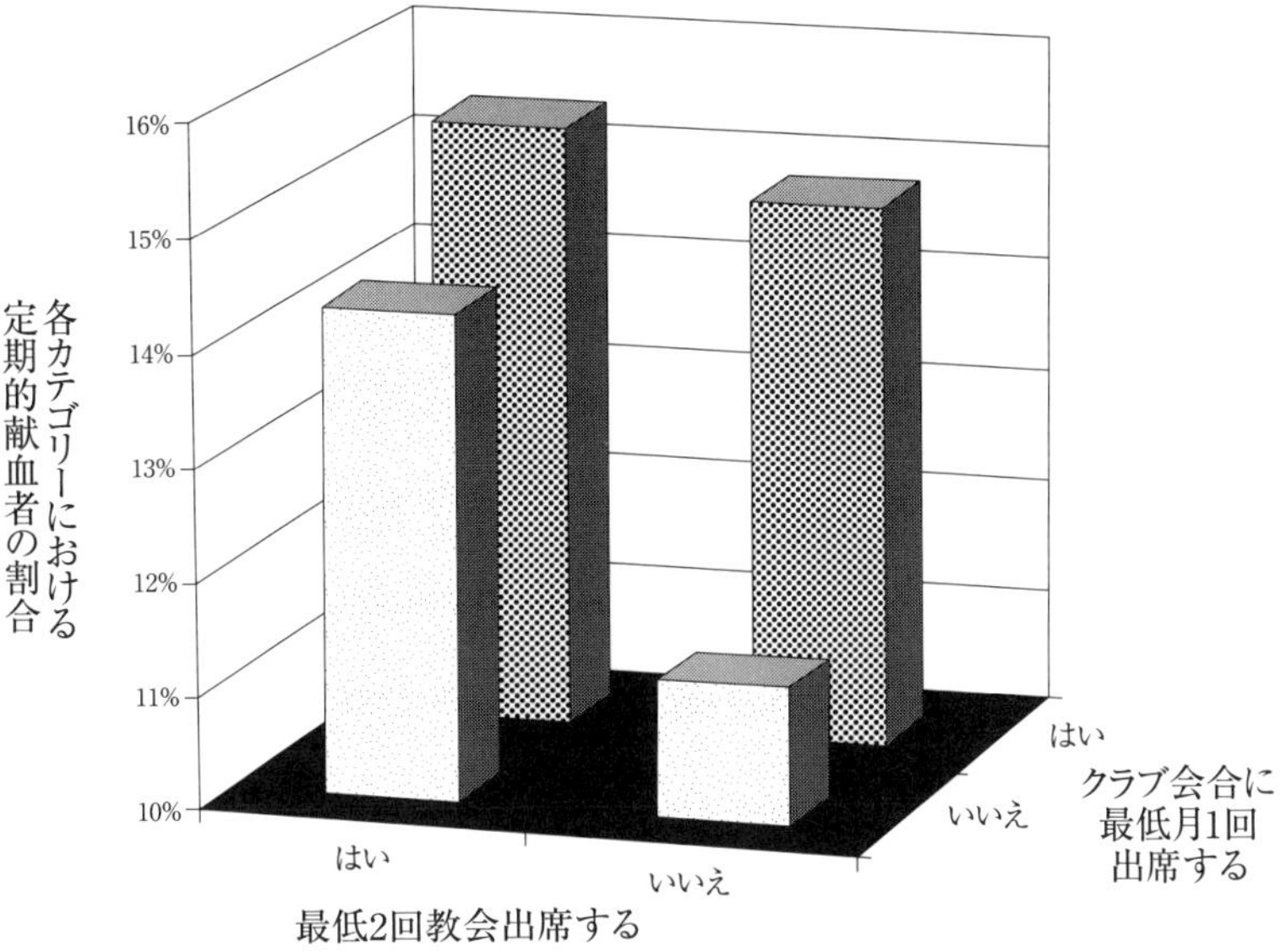

図30　クラブ出席、教会出席によって促進される献血

最もよくある答えは「誰かに頼まれたから」である。反対に、献血に協力する可能性のある者にどうしてこれまで献血をしてこなかったのか尋ねたときに、最もよくある反応は「誰も頼んでこなかったから」である[20]。

「寄付金集め」とは典型的に「友人集め」を意味している。よってフォーマル、インフォーマル双方の社会的、地域的ネットワークに関わっているほど、依頼される可能性が高い。そして、もし勧誘者が友人ネットワークの一部であれば、同意する可能性はさらに高くなる。コミュニティ組織は時間と資金を必要としており、メンバーが次々に協力を求めるのは、その組織のためだけではなく、他の組織のためのこともある。ＰＴＡに参加していたのなら、寄付金集めのピクニックでのボランティアを頼まれる可能性は非常に高く、そこで出会った誰かが、がん協会の募金ウォーク《ウォーカソン》に協力してほしいと誘ってくることは十分にある。ひとたび要注意リストに載ったならば、ずっとそこに留まり続けることになるであろう。

ボランティア活動は、フォーマル、インフォーマル双方の状況においてさらなるボランティア活動を促進する。[21] 組織関与は市民的スキルと、生涯続く愛他主義傾向を教え込んでいるように見える。というのも、成人ボランティアと寄付者は、青年期の市民的関与に特徴があるからである。青年会活動や青年ボランティアに関わっていた者は、青年期にそういう関与を持たなかった者と比べ、慈善寄付を行うことが一・五倍、ボランティアを行うことが二倍多い。最後に、慎重な研究によれば（他の社会的、パーソナリティ特性を一定としたとき）、援助を受けた者は自身もまた他者を助ける傾向があることが示されている。すなわち親切という単純な行為は、波及効果を持つのである。まとめると寄付、ボランティア活動、そして参加は相互に強化し合い、習慣形成をする――それはトクヴィルの言に従えば、「心の習慣」である。

この背景に対して、寄付とボランティア活動をめぐる過去数十年の傾向はどのようなものになっているだろうか。まず慈善活動から始めよう。国内のチャリティ事業は、価値ある目的のために寄せられまた使われた金額の新記録達成を毎年誇ってきた。記録の記すところでは、経常ドルによる寄付金総額は順調な伸びを示してきた。ドルをインフレと人口増加によって調整したときも、この傾向は全般的に上向きであって、景気後退年の周辺で一時的な落ち込みが見られるのみである。米国人の寛大さに対する熱狂的なチアリーダーの一人によれば、一人当たりの慈善寄付を一九九三年の恒常ドルで計算すると、一九六〇年（二八〇ドル）から一九九五年（五二二ドル）の間にほぼ倍増している。[22]

もっとも恒常ドルにおいてすら、慈善寄付の成長が全く驚くにあたらないのは、人々の収入も同様に上昇しており、それに沿うように、ほとんど全ての支出も上昇しているからである。例えば、一人当たりの実寄付金額が倍増したこの同年間（一九六〇―九五）において、花、種子、鉢植えへの実支出はほぼ三倍に、娯楽物やサービス全体への一人当たり実支出合計――黄水仙《ダフォディル》からディズニーランド、そして玩具からテレビ修理に至る――は四倍近くなった。[23] 慈善的寛大さを測定するためには、単にどれぐらいの額を分け与えているのかではなく、収入に対する寄付額がどのくらいかを知る必要がある。収入が四倍となっているときに教会での毎週の喜捨額が四分の一しか増えていなければ、ケチになったのであって寛大になったのではないと、思慮深い人の大半は言うだ

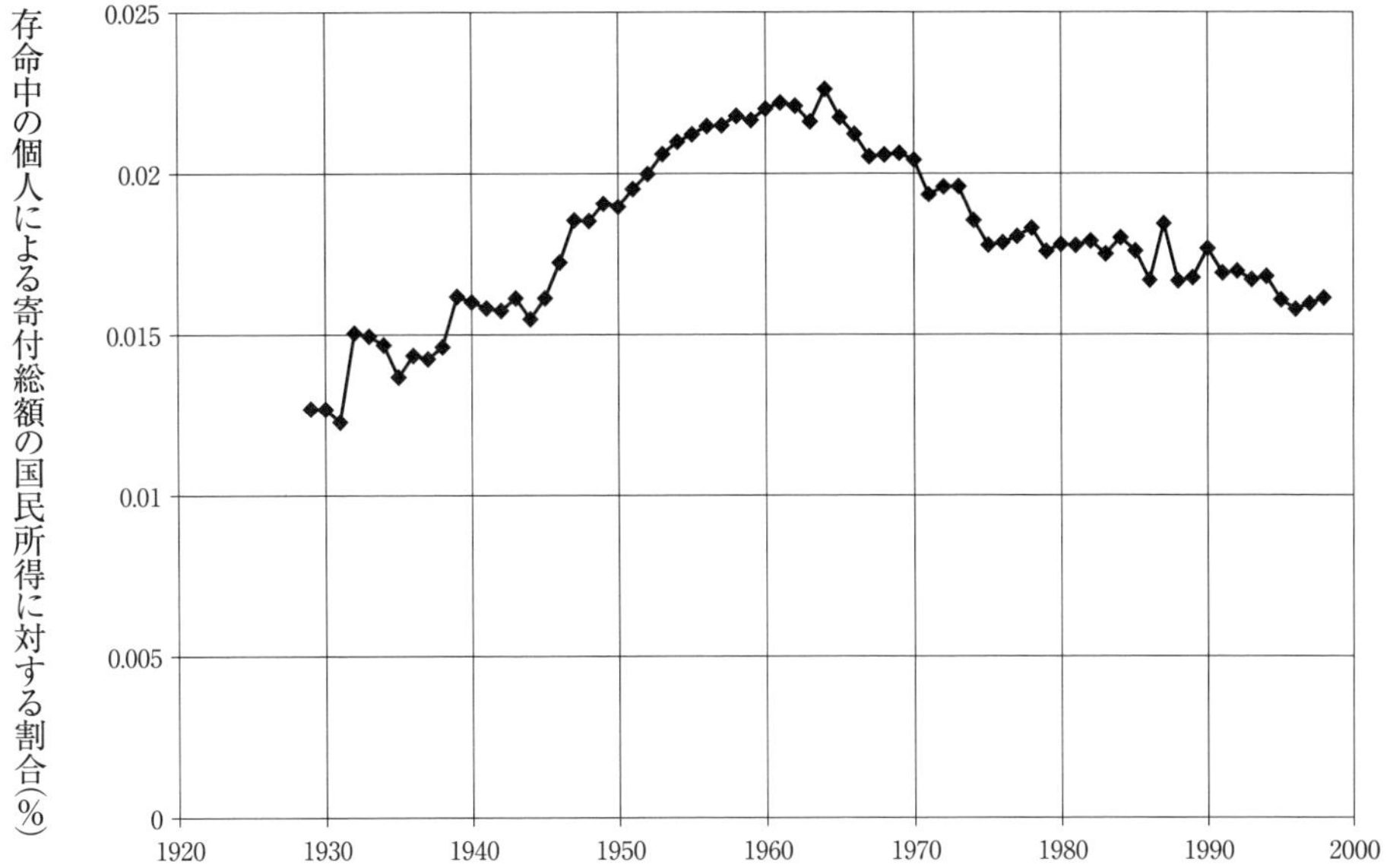

図31　慈善活動の寛大性の盛衰、1929-1998

ろう。要は「十分の一税」とは、相対的な数字についてであって、絶対値についてではないのである。[24]

資源への比で見たときの国内の慈善活動の傾向は萎みつつあり、一九九〇年代の米国人の収入に対する寄付の割合は、一九四〇年代以来どの時期よりも小さなものとなっていた。個人的慈善活動の長期傾向は、米国の市民的関与の他側面における展開を思い起こさせるものとなっているのは、図31が明らかにするとおりである。[25]二〇世紀の前半は、全国的に寛大さの増大した時代であった。収入の割合で見たとき、個人的な慈善は一九二九年から一九六〇年までの三〇年間で倍近くとなった。大恐慌と第二次大戦に関係する短い断絶の後には、収入に対する寄付割合は戦後急速また着実に上昇し、一九四四年と一九六〇年の間に五〇%近い増加を示した（これは急速な経済成長期であったため、実値での伸びはさらに急激である）。しかし一九六一年以降、収入に対する寄付割合は四〇年近くにわたって一貫して減少し、戦後の獲得分を完全に消し去ってしまった。存命中の個人による寄付総額を国民所得の割合として見ると、一九六四年の二・二六%から一九九八年の一・六一%に低下したが、これは相対的には二九%

の減少である。一九六〇年に、われわれは娯楽に二ドル使うごとに一ドルを寄付していた。一九九七年には、娯楽二ドルに対して、寄付額は〇・五ドル以下となったのである。

慈善活動と、以前の章で検討してきた米国のコミュニティ関与と社会的つながりにおけるほぼ同時進行の上昇・下降傾向との間に見られる時間的・方向的相似性は、不気味そのものである。それと対照的に、慈善活動における長期的な浮沈は、経済上の浮沈とは全くと言っていいほど関係していない。大恐慌の直撃を受け、米国人一人当たりの収入は一九二九年から一九三九年の間に三%減少したが、一方で収入に対する慈善寄付の割合は二五%以上増加した。続く二〇年間に、一人当たりの実収入は七四%の急増を見せたが、収入に対する個人寄付の割合は、大恐慌期と全く同じ長期ペースで上昇を続けた。良い時期も悪い時期も、米国人は着実により寛大になっていったのである。それとは逆に、一九六〇年以降、人々の寛大さは一貫して縮小していった。六〇年代と八〇年代の好況期にもかかわらず、七〇年代と九〇年代初頭の不況期と同様にこの動かしがたい後退は続き、それが一時的に中断したのは八〇年代半ばの連邦税法改正成立に反応した短い期間のみであった。すなわち、過去七〇年間の米国人の寛大さの盛衰は、われらの社会関係資本蓄積の増減と密接に連動しており、財政的資本の蓄積の増減とは全く関係していないのである。

米国における慈善活動の勢いが一九六〇年以降沈滞していることは全面的な広がりを見せており、さまざまな援助コミュニティ、また被援助者に影響を与えている。大きく見ると、米国における全慈善寄付の半分は実際には宗教的なものであり、主な宗派に対する寄付の傾向を別々に、世俗的コミュニティ活動に対する寄付の傾向と共に検討することにより、さらなる知見(と、全体的な構図の確認)が得られるだろう。図32にまとめたのは、主要なプロテスタント教派、カトリック派、および米国で最大規模のコミュニティを基盤とした募金活動であり、世俗的寄付に対するよい代理変数となっている「ユナイテッドウェイ」に対する寄付の長期傾向に関するデータである。[26] 世紀前半における寄付の周期性はこれら制度ごとによって非常に異なっているが、寄付における戦後ブームと同様に、一九六〇年後の寛大さ急減のタイミング、平均に対する大きさは明確である。

一九六〇年から一九七二年にかけての急速な低下後、プロテスタント信徒一人当たりの寄付額は一九七〇年代

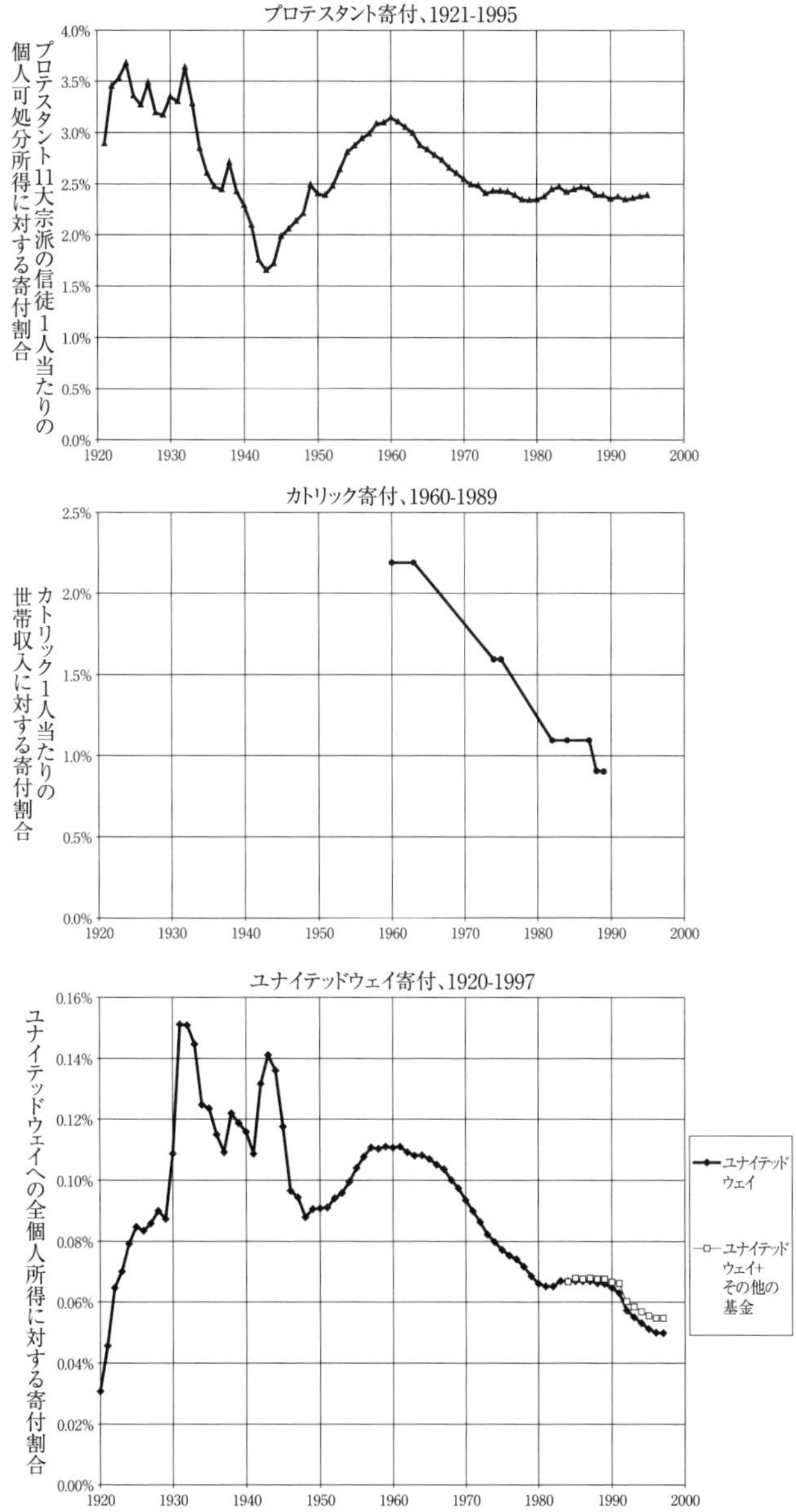

図32　プロテスタント、カトリック、ユナイテッドウェイの寄付傾向、1920年代〜1990年代

初頭以降停滞している。しかし一方で、以前触れたように、プロテスタント各宗派の信徒数もこの期間一貫して減少を続けており、したがって国民所得に対する割合としてのプロテスタントの寄付額は低下している。その意味で、図32はプロテスタントの慈善活動の減少を控えめに表現していると言える。すなわち、近年そういう者が増加しているように、プロテスタント信者が自分の教会から完全に離れてしまったとしても、その離反の経済的影響は図32に反映されていないのである。

ジョン・ロンスヴァルとシルビア・ロンスヴァルは、米国の教会財政に関して最先端の研究者の二人だが、プロテスタントの寄付の低下は、特定の教義スペクトラムに限定されないことを指摘している。福音主義派が教会に対して行う寄付の収入に対する割合は大きいが、一人当たりの寄付は、主流派プロテスタントの数字よりも急速に減少している。[27] さらに興味深いのは、主流派、福音主義プロテスタントの双方で、「博愛」（すなわち、外向きの慈善）への寄付（一九六八年以降三八％減少）の方が、「会衆財政」に対する寄付（一九六八年以降一二％減少）よりも急低下しているということである。[28] すなわち、減少するパイの分け前のますます多くが内向きの教会運営に使われており、世間への施し分はますます減っているのである。

カトリックの財政について入手可能な詳細は少ないが、調査の示唆するところではカトリック信者の収入に対する宗教的寄付割合はプロテスタントのそれよりも劇的な減少を見せており、一九六〇—六三年と一九八八—八九年の間で五九％の低下となっている。[29] 最後に、国民所得に対する割合で見たとき、全国のコミュニティに展開する数千のユナイテッドウェイ組織に対する寄付は今や一九六〇年のレベルの半分以下であり、実際には世紀始まって以来の水準にまで落ち込んでいる（図32によればまた、一九八〇年代と一九九〇年代に立ち現れた非営利運動グループによる「代替キャンペーン」が長期的低下に対してほとんど影響を与えていないことが示されている）。

寛大さの低下を示すこの一連の証拠は、慈善活動に関する二大長期調査のローパー、ヤンケロビッチ調査に対して米国の全階層の人々がどのように回答したかによってさらに強化される。一九八〇年代の前半までは、大恐慌以来の最悪の景気後退の中においても、図33が示すとおり米国成人の半数近くが前月にチャリティに寄付をし

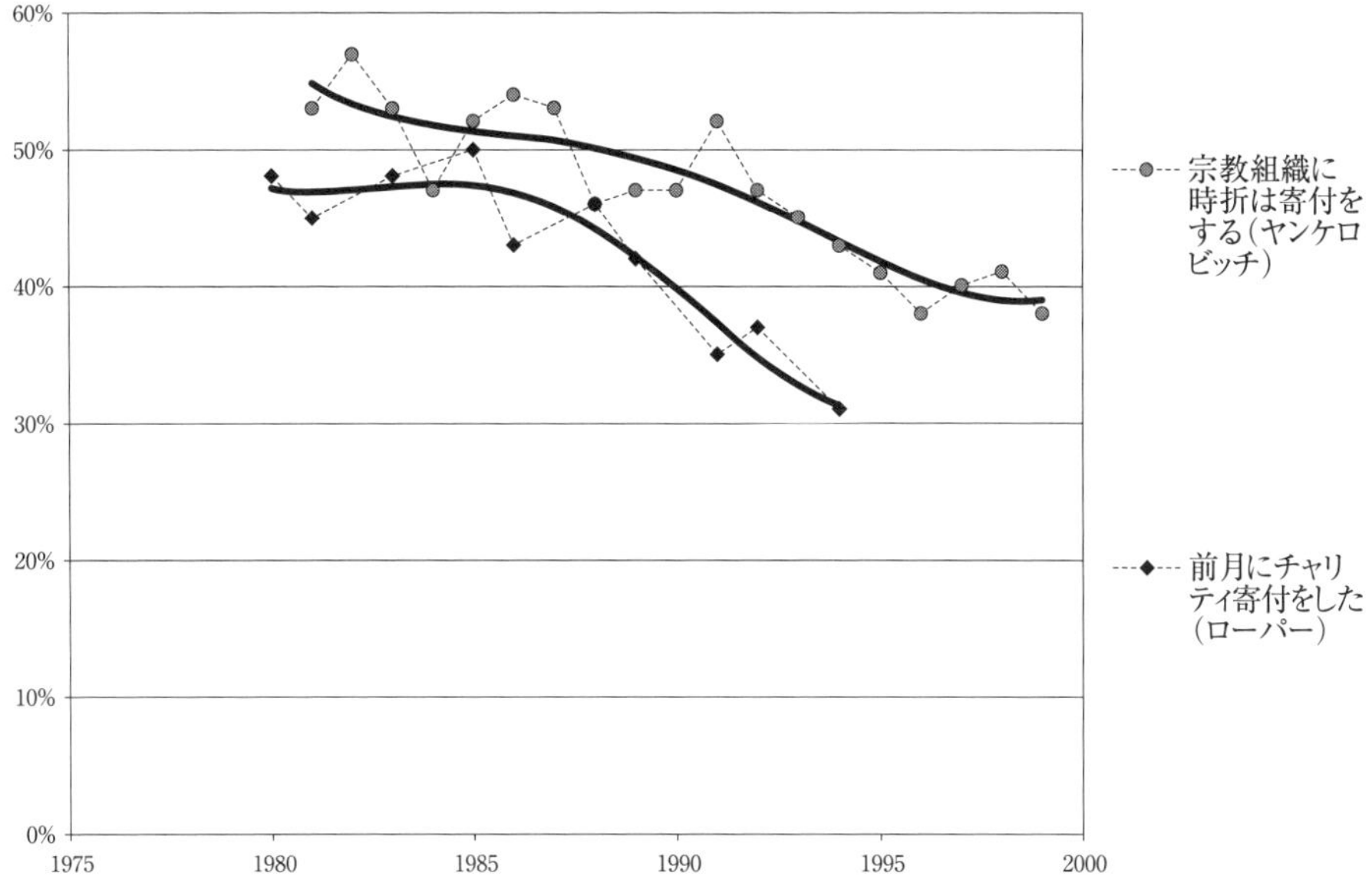

図33　1980年代と1990年代の自己回答による慈善寄付の低下

たと回答し、また半数以上は少なくとも「時折は」宗教組織に寄付をしていると述べていた。しかし、これらの寛大さの自己報告指標の双方とも、続く二〇年間一貫して低下した。繁栄期の一九九〇年代中盤までには、前月に何らかの慈善寄付を行ったとするものは三人に一人にすぎず、時々の宗教的寄付を行っているとするものは五人中三人を割り込んだ[30]。すなわち、寄付者自身が調査に回答した結果は、各受け入れ組織からの報告と一致している。二〇世紀最後の数十年は、経済的繁栄にもかかわらず、平均的米国人の寛大さは沈滞していったのである。

　コミュニティ組織への支援にとって、この低下は実質的に大きな意味を持っている。世紀末の段階で、もしわれらの親世代が一九六〇年代に寄付していたのと同じだけ収入に対する割合を寄付していたのなら、ユナイテッドウェイ運動は篤志のために一年当たり四〇億ドル近く多い額を、国内の宗教会衆も一年当たりさらに二〇〇億ドル以上の額を得ていたこととなり、慈善寄付の全国合計は、およそ五〇〇億ドルも跳ね上がることとなっていた[31]。人々の実収入は親世代の二倍以上となっているので、絶対額では彼ら以上の寄付をしていることにはなる。相対的観点からはしかし、他者に対する支出は、自身に対する支出から大きく後れをとってしまっているのである。

これら寛大さの低下のそれぞれに対して、個別の説明が提供されてきた。プロテスタントにおける寄付の低下は、特に会衆派指導者における「受託責任の精神《スチュワードシップ》」の不適切な強調と結びつけられてきた[32]。カトリックによる寄付の低下は教会の教義、特に避妊や男性支配に帰属されてきた[33]。ユナイテッドウェイに対する寄付の低下は、一九九二年のセックス／横領スキャンダル、また「代替の」キャンペーン急増との競争にその原因が求められてきた。しかし、米国内における一九六〇年以降の寄付の低下の範囲と同時性を考えれば、各受け入れ組織の個別の問題点よりも、むしろ何らかの広範な社会変化による解釈の方がより説得力がある。大義のための寛大さが大きくまた増加していた時期が過ぎ、この四〇年間に米国人はますます出し惜しみになっていったが、それはまさしくコミュニティにおける社会生活への参加を減らしていった時期と符合している。

過去数十年間におけるボランティア活動の傾向は、同期間において米国社会関係資本のほとんどの次元が一律に低下しているという特徴と比べると、より複雑で、またある点では興味深いものである。この時期、人々がコミュニティ事業で働くことがだんだんと少なくなっていったが、これはここまでで見てきたコミュニティ関与の減少傾向と対応している。一九七五―七六年には米国成人の五人に二人以上が前年に何らかのコミュニティ事業で働いたと答えていたが、一九九八―九九年までにその数字は三人に一人よりも少なくなった（図34は、そのような事業の一年当たりの平均回数が四〇％以上低下したことを示している）。

それと対照的に、全く同じ人々が、同じ時期にボランティア活動を一貫して増加させていったと回答している。「ボランティア活動」回答の頻度が「コミュニティ事業のために働く」ことの二～三倍多いことは、ほとんどの人が自身のボランティア活動を、コミュニティ奉仕ではなくむしろ個人的なものであると考えていることを示唆している。ボランティア活動とコミュニティ事業が逆方向に移動していることが意味するのは、一対一のボランティア活動がますます広まっているということだろう。一九七〇年代には、平均的米国人のボランティア回数は

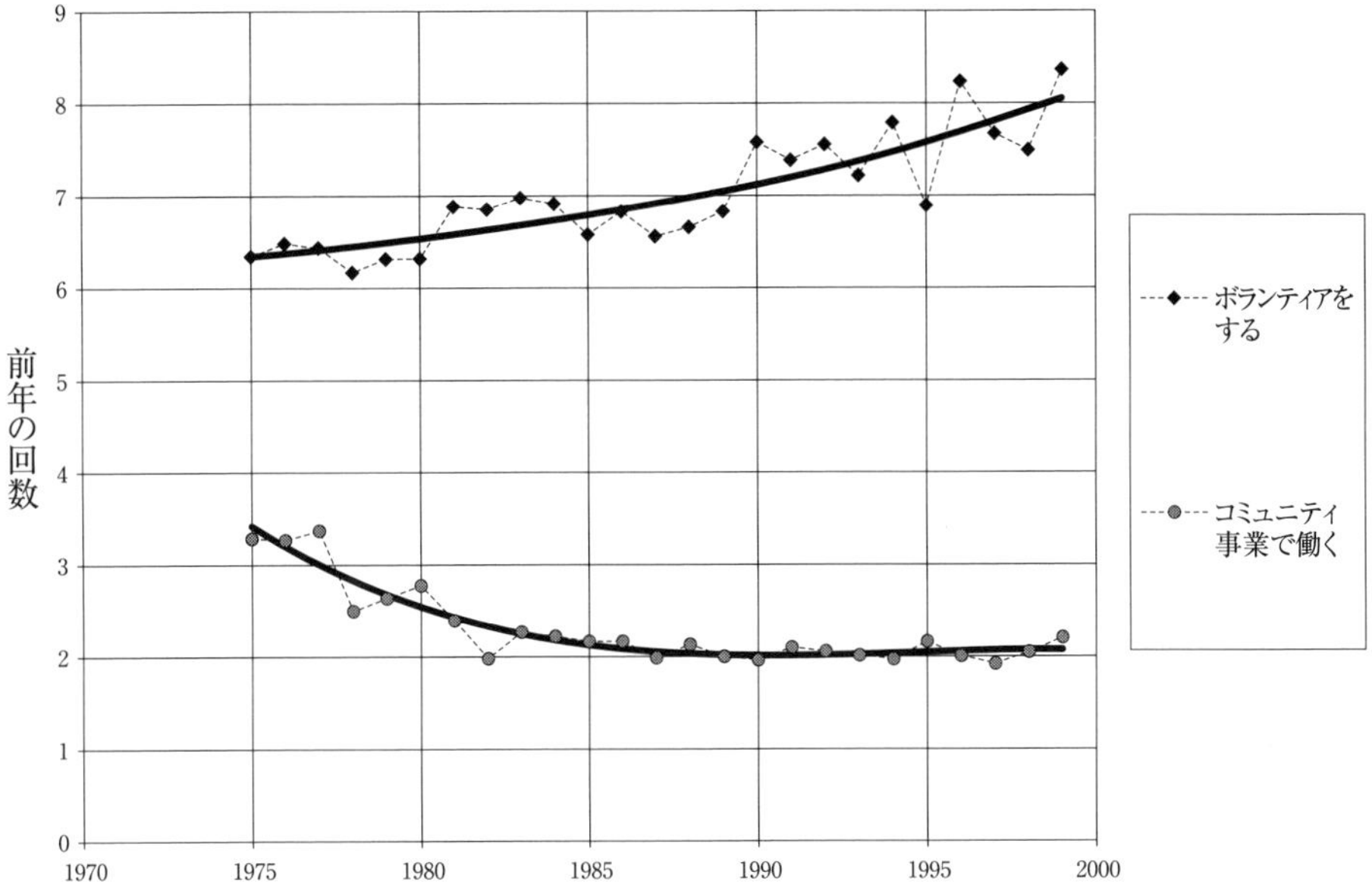

図34　ボランティアの増加とコミュニティ事業の減少、1975-1999

年に六回をわずかに超えた程度であったが、一九九〇年代までに年当たり八回近くにまで上昇した(図34参照)。この結果は、ギャラップ調査において「貧困者、患者、老年者などを助ける何らかの慈善、社会奉仕運動に関わっている」と答える者の割合が一九七七年の二六%から、一九九一年の四六%に一貫して上昇していったこととほぼ対応している(34)。

教会やクラブへの関与が減少しているというこれまで見てきた結果と合わせると、このボランティア活動の成長は解釈上の謎を提起する。今日でも、二〇年前と同様に、ボランティアの圧倒的大多数は宗教やその他の市民組織における地域ネットワークを通じて採用されている。こういった採用プールは、ボランティア活動が増加していったまさに同じ時期に急速に縮小してしまった。ボランティア採用の主要チャンネルが干上がりつつあるときに、いかにしてボランティア精神は拡大が可能となったのだろう。

教会やクラブの積極参加者のプール縮小に直面し、ボランティア採用者はその努力を残留する積極参加者に傾けることとするか、あるいは通常の組織ネットワークの外部へと踏み出すことができただろう。大部分においては、データの示すところでは、彼らは後者を採った。教会とクラブに定期的に参加するという、減少中の人々の間でのボランティア率は一九七五年から一九九九年の間に半数以上の伸びを示したが、教会にもクラブにも全く出席したことがないという、現在増加中の人々のボランティア参加率はその期間に三倍以上となった[35]。教会・クラブ参加者は今でも定期ボランティアの大半を供給しているが、二〇年前と比べると、ボランティア活動のルートとしての、組織の持つ独占性は薄れている。楽天的に考えれば、ボランティア精神が伝統的なコミュニティ組織の境界線を越えて広がり始めたということができよう。それに対して、より楽天的でない解釈を付け加えるなら、単一的なつながりから生じる責任感に依存していて、密に織り込まれた組織的関与から来る強化のない現在のボランティア精神へのコミットメントは、より脆弱で、散発的なものになっているだろう[36]。

市民参加低下の潮流に大胆に逆らって帆を張る、これらの新たなボランティアはいったい誰なのだろう。実は、これはおなじみの集団である。というのも、増加分のほとんど全部が、六〇代以上の人々に集中しているからである。高齢者のボランティアは、この四半世紀にほぼ倍増した（年当たり平均六回から、平均一二回へ）。同時期、二〇代の増加はそれほど大きなものではなく（年当たり約三・五回から約四・五回へ）、残りの人々（三〇歳から五九歳）に至っては減少すらしているのである。図35には、過去四半世紀のボランティア活動の全体傾向を、各年齢区分ごとに並べて表示した[37]。実際には、このグラフは加齢自体による効果を全て一定に保ち、一九九八年にある年齢であった人のボランティアの頻度と、一九七五年に同じ年齢であった人のボランティアの頻度を比較している。したがって、例えば一九九八年に二〇代前半であった人は、一九七五年にその年齢であった人に比べてボランティアをする頻度が三九％多い。同様に、一九九八年に七五歳以上の人は、一九七五年にその年齢であった人よりも一四〇％多くボランティアを行っている。反対に、一九九八年に三〇代前半の人は、一九七五年にその年であった人のボランティア頻度と比べて二九％少なくなっているのである。

この期間に、年齢で区切ったそれぞれの窓を通過していった米国人の世代はそれぞれ異なっているので、世代ごとの傾向を同定することが可能である。二〇世紀前半の三分の一に生まれた者と（程度はおよばないが）その

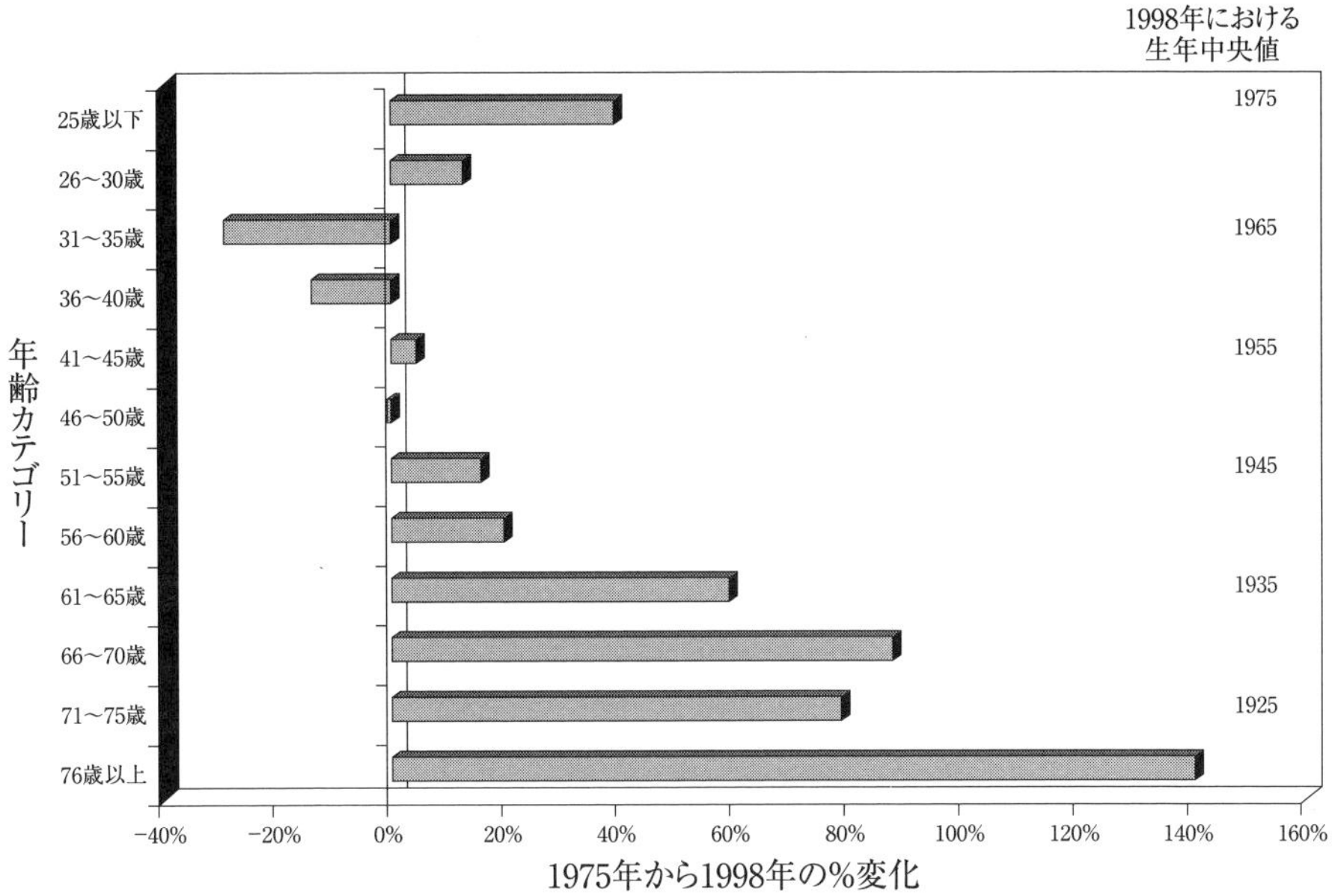

図35　年齢カテゴリーごとのボランティア傾向、1975-1998

孫にあたるいわゆるミレニアム世代は一九九八年の時点で、一九七〇年代における同年齢の者よりも高いボランティア傾向を示しているが、後期ベビーブーマー（一九九〇年代に三〇代から四〇代であった者）は、一九七五年時点での同年齢の者と比べて実際にはボランティア傾向が劣っている。

以前に触れたように、コミュニティ事業への参加は（ボランティア活動全般と異なり）最終四半世紀を通じて低下した。その低下の根底にある世代パターンは、ボランティア活動における変化の根底にあるパターンと正確に対応している。図36が示すように、コミュニティ事業への参加は全ての年齢カテゴリーにおいて低下しているが、その低下は三〇代の者で特に劇的であり、六五歳以上の人々で最も限定的である。言い換えると、コミュニティ事業への参加は、四半世紀前と比べると今日では少なくなっているが、「長期市民世代」のメンバーはそのようなプロジェクトに対する貢献が突出して多く、一方でブーマーは、四半世紀前の同年代の者と比べて顔出しがずっと少なくなっているのである。

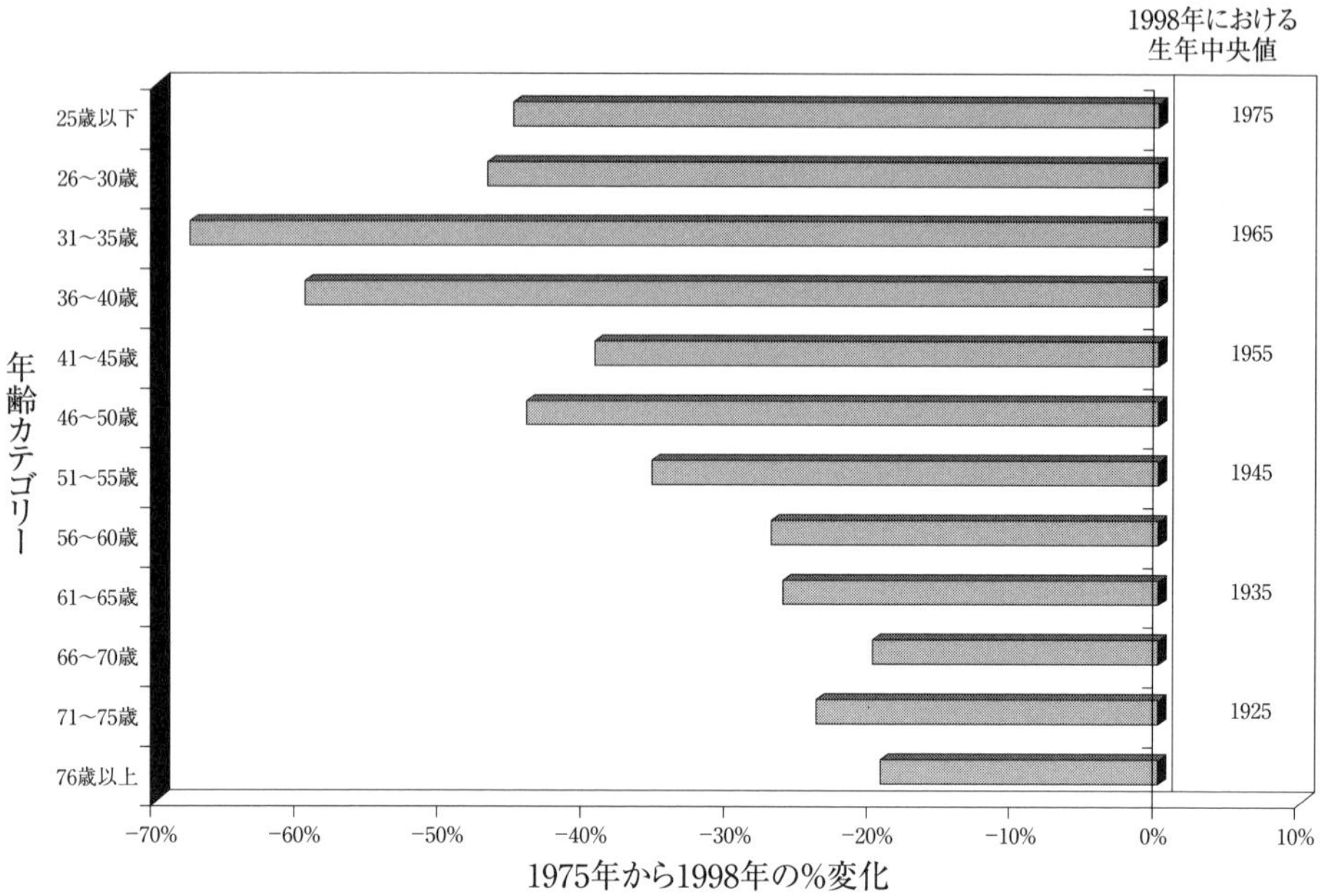

図36　年齢カテゴリーごとのコミュニティ事業参加傾向、1975-1998

伝統的に、退職は市民活動からの撤退を意味しており、歴史的にはボランティア活動は五〇代以降低下するものであったのだが、現在の高齢者世代はその因襲的な知見を逆にしてしまっている。彼らはこの数十年のボランティアブームの主たる原因となっており、またコミュニティ事業参加の低下に対して最も断固たる抵抗を示している。

その一方で、ボランティアの中でも肉体的な負担の多い形のものは最近になって苦境を迎えているが、おそらくそれは年配ボランティアのブームに頼ることでは、若いボランティアの減少の衝撃を和らげることができなかったからであろう。例えば、全米人口の四〇%以上は全部、あるいはほとんどがボランティアの消防団によって守られているにもかかわらず、職業消防士に対するボランティアの全国比率は、一九八三年から一九九七年の間に四分の一低下した。上の世代を置き換える若いボランティアの参加登録が減り、コミュニティがプロの雇用を強いられたからである。同様に、成人一〇〇〇人当たりの全国献血数は、一九八七年の八〇単位から一九九七年の六二単位へと一貫して低下した。献血によるエイズ感染の不安が一九八〇年代における献血の大きな阻害要因となっていたが、この期間を通じてそれも確実に低下したにもかかわらずである。献血減少の原因の一つには若年世代が、高齢化しつつある「長期市民世代」と交代することに失敗しているからであるように思われる。[38] 要約すると、高齢市民によって可能なボランティア、例えば若者の相談に乗るなどは増加している。若い組織を必要とするボランティア、消防や献血などが、減少しているのである。

なぜ六〇歳以上の人のボランティアが、一九七〇年代に比べて一九九〇年代には増加したのだろうか？　いくつかの要因が関係しているが、傾向を全て説明し尽くすようなものはなさそうである。[39] 時間日記研究の示すところでは過去二〇〜三〇年の間に、六〇歳以上の人々の自由時間が大きく増大——一九七五年と一九九五年の間でおおよそ週当たり一〇時間増——しているが、その理由の一つは（自発的、あるいは非自発的な）早期退職によるものである。[40] 高齢者の健康と懐具合は過去数十年に顕著に改善され、以前の世代よりも退職後の生活をより長く、積極的に送ることが可能になっている。加えて、本書の中心テーマの一つは、一九一〇年から一九四〇年の間に生まれた人々が「長期市民世代」を構成していること、すなわち、この男女のコホートが、世代の流れの中で先行したあるいは後続するものと比べたときに、人生の中で市民的問題により深く関わってきた——より投票し、より参加し、より信頼し、といった具合に——ということである。世紀の終わりにあたって、その世代が六〇代以上のコホートの事実上全てを構成することとなった。その過去と違わず、退職後においてすら、彼らは例外的なまでによき市民であり続けている。

要するに、過去数十年のボランティア活動の増加は、市民参加低下に対して最も抵抗的な一つの世代に集中していた。教会とクラブの衰退化に直面する中でのボランティア精神の成長は、元来から市民的責任感を持っており、余暇と活力の拡大を得た世代にその大半を帰することができる。一九五〇年から一九六五年の間に生まれたブーマーの肥大コホートにおいては、それとは対照的にボランティア精神は衰えつつあり、とりわけコミュニティ事業の部分でそうなっている。その意味で、近年のボランティア活動の成長は確かに本物であるが、社会関係資本の広範囲な世代的低下に対する例外では全くない。世紀末においてわれわれが享受しているのはボランティア精神の春ではなく、晩秋の小春日和《インディアン・サマー》である。

さらに、個人による他者の援助とは別の、コミュニティ事業を含むボランティアの種類については、実際には減少していた。第2章（表1）において、投書をするといった個人的市民行為は、公的集会に出席するとか地域組織のために働くといった集合的市民行為と比べて減少のスピードが遅いことを見てきた。同じように、ここで発見したように、自閉症児に対する朗読といった、善行の中でも個人的行為は、市民的関与の全国的低下に対して抵抗を示しているのに対し、近所の公園の改修といった集合的労力を要するコミュニティ事業はそうはならなかった。

ボランティア活動の増加は、他の市民参加形態の低下に対する自然の釣り合いバランスであると解釈されることがある。言うところによれば、政府に幻滅して、若い世代が腕まくりして自ら働きだしたということである。新たなボランティア活動の様相は、このような楽天的な主張に対して真っ向から対立する。まず、ボランティア活動の増加は、高齢化しつつある市民的なブーマーの親世代に集中しており、一方で市民的なドロップアウトは、ブーマーに高い比率を示している。

第二に、ボランティア活動はよき市民的・政治的関与の兆候の一部であって、それを代替するものではない。ボランティアは非ボランティアに比べて政治に対する関心が高く、また政治的指導者に対する否定的度合いが低い。ボランティア活動は政治に対する正の関わりの現れであって、政治拒否の現れではないのである。これはヤングアダルトにもその他の世代にも当てはまり、また世紀の変わり目においても、二五年前と同様当てはまっている。反対に、政治に否定的な者は、若い世代であっても、否定的でない者に比べてボランティアをする傾向が低い。政治的疎外感は二〇世紀の後半数十年間に上昇し、ボランティア活動も同様に上昇したが、ボランティアは疎外感の上昇にもかかわらず上昇したのであって、疎外感を理由に上昇したのではない(41)。

このデータは同時に、ボランティア精神の将来に対する安易な甘い見通しをくじくものである。というのも近年見られる成長は、今後一〇～二〇年後には舞台から去る運命の世代に依存しているからである。もちろん、ブーマーが定年世代に入る二〇一〇年以降、ボランティア参加のレベルが増加するという可能性もある。確かに、自身のリタイア前のレベルと比べた場合は、おそらくそうなるであろう。しかし、その上の世代と比較した場合は、おそらくそうはならない。これまでのところ、ブーマーのコホートは親世代、さらにある程度は子ども世代に対してすら市民参加の度合いが低いため、過去二〇年間に上昇したボランティア精神のうねりが、今後二〇年間も続くと考えるのは危険である。

ミレニアム世代から、新たなボランティア精神が湧き上がってくる、ということを期待することもできよう——実際、筆者自身もそう期待している。広範な証拠（図35、36にまとめたものと、第14章にまとめたものを含む）が示すのは、一九九〇年代の若き米国人は、その直前の世代とは比べものにならないほどボランティア精神への コミットメントを示しているということである。この展開は、これまで見つけた中でも最も期待できる兆候であり、もしこの青年期のボランティア精神が成人後も続き、個人的な介助奉仕から、社会的・政治的問題への広範な参加へと拡大を始めたならば、米国は市民性再興の新たな時代の局面に立っているということになるかもしれない。しかし、市民的精神にあふれた祖父母世代に差し迫る喪失と、親世代の長期にわたる市民意識の欠落を埋め合わせようとしたら、ミレニアム世代は手一杯ということになってしまうであろう。

第8章

互酬性、誠実性、信頼

あなたの穀物は本日刈り入れ時である。私のものは明日になるだろう。お互いにとって有益なのは、今日は私があなたと共に働き、そして明日はあなたが私を助けることである。私はあなたに親切心を持たず、あなたが私にそれをわずかにも持たないのも知っている。したがって、あなたのために骨折るようなことを私はしない。もし見返りを期待して、自分自身のためにあなたと共に働いたとしても、私は裏切られ、あなたの恩返しをあてにしたことが無駄となるであろうことを知っている。ゆえに私は、あなたを一人で働くままとする。あなたも私を同じく扱う。季節はめぐる。そして、われわれ双方とも、相互の信頼と安心の欠如のゆえに自らの収穫を失うのである。

デヴィッド・ヒューム(1)

社会関係資本の試金石は、一般的互酬性の原則である――直接何かがすぐ返ってくることは期待しないし、あるいはあなたが誰であるかすら知らなくとも、いずれはあなたか誰か他の人がお返しをしてくれることを信じて、今これをあなたのためにしてあげる、というものである。哲学者のマイケル・テイラーは指摘する。

互酬性のシステム内における個々の行為は、短期的愛他主義と、長期的自己利益と呼びうるものの組み合わせによって通常特徴づけられる。あなたが将来助けてくれるであろうという（無駄に終わるかもしれない、不確かな、計算外の）期待によって、私は今まさにあなたを助ける。互酬性は、それぞれは短期的愛他主義（愛他主義者のコストによって相手を利する）的であるが、合わさると一般に全ての参加者が恩恵を受けることになる行為の連続によって構成されている。(2)

一般的互酬性の規範は文明生活において非常に基本的なものであるので、よく知られた倫理基準は何であれ、黄金律に相当するものを含んでいる。逆に言えば、この原則の皮肉な曲解――「自分がやられる前に、他者をやってしまえ」は、自己利益的な「自分中心時代」の縮図となっている。アレクシス・ド・トクヴィルが一九世紀初頭に米国を訪れたとき、人々が互いにつけ込もうとする誘惑に耐え、その代わりに隣人の面倒を見ている様に衝撃を受けた。しかしトクヴィルが指摘したように、米国民主主義が機能していたのは米国人が何らかの、あり得ないほど理想主義的な無私無欲の原則に従っていたからではなく、むしろわれわれが「正しく理解された自己利益」を追求していたからである。(3)

一般的互酬性の原則に従うコミュニティ成員――隣の庭に吹き飛ぶ前に落ち葉を掃き集め、見知らぬ人にパーキングメーターの小銭を貸し、週の残業代で皆におごってやり、友人の家に目を配り、日曜学校に持って行く軽食の当番をし、下の階のヤク中の子どもの面倒を見る――は、ヒュームの農夫が労働を分かち合えば双方が利益を得られたであろうこととまさに同じように、自分の自己利益を満足させていると考えている。

隣人の庭掃きのように、好意の見返りが直接的でそのまま計算できるものもあるが、遺棄された子どもの面倒を人々が見るようなコミュニティに住むことが持つ利益のように、見返りが長期的で確定的でないものもある。この方向の極においては、一般的互酬性は愛他主義と区別することが難しくなり、自己利益と考えることが困難になる。それにもかかわらず、これはトクヴィルが深い洞察で、「正しく理解された自己利益」という言葉で意味したものなのである。

もしわれわれがそれぞれ、ガードを少しでも緩めることができたなら、経済学者の呼ぶ「取引コスト」――

商売上の取引のコストと同様の、日々の生活の所作におけるコスト——が削減される。信頼し合うコミュニティにおいては、他の条件を等しくした場合に、無視できない経済的利点があるということを経済学者が近年見いだしたが、その理由がこれであることは疑いない。[4] 日常の「取引コスト」による、ほとんど目に見えないほどの背景ストレス——店員が正しい釣りを返してきたかといった心配から、車のドアをちゃんとロックしたか二度確かめるといったことまで——は、信頼のあるコミュニティにおいては平均余命が長くなるということを公衆衛生学者が見いだした理由を説明する助けとなるだろう。[5] 一般的互酬性に依る社会は、疑り深い社会よりも効率が良いということの理由は、物々交換よりも貨幣の方が効率がよいという理由と全く同じである。誠実性と信頼は、社会生活において避けがたい摩擦に対する潤滑油となるのである。

「正直は最善の策」とは、感傷的な決まり文句というよりもむしろ賢明な格言であるが、それも他者が同じ原則に従うときのみである。社会的信頼が価値あるコミュニティ資産となるのは、それが保証されたとき——そしてそのときのみ——である。われわれが互いに対して正直であったときの方が、（裏切りを恐れて）協力を断ったときよりも、あなたと私の双方が利益を得ることになる。しかし、不誠実が続く中で誠実であろうとすると、聖人君子を探すもののみが利益を得てしまう。**一般的互酬性はコミュニティの資産であるが、一般的な騙されやすさはそうではない。**[6] 単なる信頼ではなく、信頼性が、鍵となる要因である。[7]

誤ちを避けられない人間の社会において、他者の誠実性について、どのような種類の保証を持ちうるだろうか。法制度は、法廷と法執行を備えることによって、強力な回答の一つとなる。しかし、それぞれの芝を掃くべきかとか、日曜の軽食準備当番を割り当てるべきかといった、単純極まる合意を形成し守ることにまで法律上の助言と警察の存在を必要とするとしたら、跳ね上がる取引コストによって相互の利益協力が強く阻まれることになるのは確実だろう。信頼（とマフィア）に関する研究者のディエゴ・ガンベッタが指摘するように、「力の使用に重度に依存する社会は、信頼がその他の手段によって維持されているところと比べて、効率性が低く、高コストで、不愉快であることが多い」。[8]

別の解決策は、社会科学が近年認識してきたように、われわれの日々の取引が埋め込まれている、社会的な織ワークにより支えられる。一般的互酬性という効果的な規範は、社会的交換の密なネットワークにより支えられる。協力者と将来なるかもしれない二者が、緊密なコミュニティのメンバーであったならば、将来出会う――あるいは人伝てに互いの噂を聞く可能性は高いだろう。したがって、彼らが有している評判は、瞬間的な裏切りから得られる利益以上に価値あることがほとんど確実であるということになる。その意味で、誠実性は密な社会的ネットワークにより促進される。

個人的な経験に基づく誠実性と、一般的なコミュニティ規範に基づく誠実性との間――角の店のマックスを、長年知っているからという理由で信頼することと、先週コーヒーショップで初めて会釈した誰かを信頼することの間――には、重要な違いがある。強力、頻繁で、広範なネットワークの中の個人的関係に埋め込まれた信頼は、「厚い信頼」と呼ばれることがある。[10] 他方で、コーヒーショップでの新しい知り合いのような「一般的な他者」に対する薄い信頼もまた、共有された社会的ネットワークと互酬性への期待を背景として暗黙のうちに存在している。[11] 薄い信頼の方が厚い信頼よりも有益であることすらあるが、それは個人的に知っている人々の名簿を超えて、信頼の半径を拡大してくれるからである。[12] しかし、コミュニティの社会的織物が擦り切れてくると、評判を伝え、また維持するというその有効性が減少していき、誠実性、一般的互酬性、そして薄い信頼という規範を補強していた力が弱体化していく。

ここで「薄い信頼」と名付けたものを指して、政治学者のウェンディ・ラーンとジョン・トランスは「社会的、あるいは一般的な信頼は、ほとんどの人々に対して――直接の経験からのその人を知らないという場合にさえも――「疑わしきの利益」を与える「暫定判断」と見ることができる」と論じている。[13] この意味での社会的信頼は、市民参加と社会関係資本のさまざまな形態と強く関連している。他の要因を同じにすると、仲間の市民を信頼する人々はボランティアの頻度が多く、チャリティに対する寄付が多く、政治、コミュニティ組織に多く参加し、陪審に躊躇なく参加し、献血の頻度が多く、納税の義務を完全に果たし、少数派の視点により寛容であり、その他の市民的美徳を数多く示している。さらに、コミュニティ生活において積極的な人々は、（プライベートにおいてさえも）税金、保険金請求、銀行ローン申請や就職願書における不正を大目に見ることが少ない。反対に、実験心理学者の知見では、他者が正直であると信じる人ほど、自身が嘘をついたり、ごまかしたり、盗むようなことが少なく、他者の権利に敬意を払う傾向が高いことが示されている。その意味で、誠実性、市民参加、そして社会的信頼は、相互に強化しあっている[14]。

まとめると、他者を信頼する人々はオールラウンドな良き市民であり、コミュニティ生活により参加している者はより信頼し、また信頼に値する人間である。逆から言うと、市民参加の少ない者は自分が悪党に取り囲まれていると感じ、自身が誠実でなければならないことへの圧力をあまり感じない。市民的関与、互酬性、誠実性、そして社会的信頼の間の因果の方向は、ごちゃ混ぜのスパゲッティのように絡み合っている[15]。慎重な研究、さらには実験研究によってのみしかこれらを区別、整理して結論を出すことは不可能であろう。しかし、当面の目的のために、これらが一貫した兆候を形成していると認識する必要がある。

これら全ての理由によって、米国の社会関係資本における過去数十年の傾向の重要な診断検査となるのは、互酬性と社会的信頼――親しく知っている人々の中での単なる厚い信頼ではなく、匿名の他者に対する薄い信頼――がいかに展開してきたかということである。本章における中心の問題は、ここまで見いだしてきた社会関係資本と市民参加における傾向が、米国の誠実性と社会的信頼における傾向に対してどのように反映しているだろうか？　ということである。

ここでの主題は社会的信頼であって、政府やその他の社会制度に対する信頼ではない。他者を信頼することは、制度や政治的権威を信頼することとは論理的に大きく異なっている。隣人を信頼する一方で市役所に不信を抱くことも、その逆も容易である。実証的には社会的、政治的信頼は相関しているかもしれないし、そうでないかもしれないが、両者は区別されなければならない。政府に対する信頼は、社会的信頼の原因、あるいは結果であるかもしれないが、社会的信頼として同一のものではない[16]。

幸いなことに、調査機関が米国人に対して、社会的信頼と誠実性に関する標準項目を何十年にもわたって尋ね続けてきた。一方で不幸なことに、その反応は減じようのない曖昧な要素を含んでしまっている。最も一般的な調査質問を例にとろう――「一般的に言って、大半の人は信頼できると思いますか、それとも、人付き合いでは注意するに越したことはないと思いますか」。この質問は、一般的な他者が信頼に値するかについての感覚――薄い信頼[17]――に触れていることは明らかだが、しかし、その反応の意味することはある点で曖昧なままである。もし、「大半の人は信頼できる」と現在答える調査回答者が少なくなったとした場合、そのことが意味するのは以下の三つのどれかになるだろう。(1)回答者は、最近では誠実性が希になってきていると正確に回答している。(2)他者の行動は実際は変わっていないのだが、われわれがより被害妄想的になっている。(3)われわれの倫理的要求も、他人の行動も現実には変わっていないのだが、おそらくは扇情的なメディア報道のせいで、人々の裏切りに関する多くの情報を手にするようになっている。

ここで何が起こっているのかを整理することは、幼稚園に行っている自分の子どもが、友達がずるをしたと文句を言っているとき以上に難しい。しかし、社会的信頼がどのように社会的に分布しているかの構図を考えると、誠実性と信頼に関する調査回答は明らかに、回答者の社会経験を正確に説明したものであるとして解釈すべきであろう。事実上全ての社会において、「持たざる者」は「持てる者」よりも信頼する程度が低い。おそらくそれは、持てる者が他者から、誠実さと敬意を持って扱われているからだろう[18]。米国においては、黒人は白人よりも社会的信頼を表明する程度が低いが、経済的に苦しむ者は経済的に余裕のある者に対して、大都市の人間は小都市の居住者に比べて、犯罪被害にあった者や離婚者は、そういう経験のなかった者に比べてまた同様である[19]。それぞれのケースで見られるこれらのパターンは、不信の心理傾向がそれぞれ異なっているというよりも、むしろ実際の経験を反映していると仮定する方が妥当である。それらの人々が調査員に、大半の人は信頼できないと答えるとき、彼らは幻覚状態にあるのではなく、単に自分の経験を語っているにすぎないのである。

例として、都市規模を取り上げよう。以前の章で論じたとおり、愛他主義の事実上全形態――ボランティア活動、コミュニティ事業、慈善活動、見知らぬ人に道を教える、被災者の援助その他――は明らかに小都市において、より一般的である。あらゆる種類の犯罪率は、都市部において二〜三倍高い（当然のことながら、犯罪や暴力の被害者は――どこに居住していようと――社会的信頼の低下を表明するが、それは他者の信頼性についての見方が変わったという、完全に理解可能な結果である)。小都市の店員は、都会のものと比べて払いすぎたときに返してくれる可能性が高い。小都市の人々は、都会の住人よりも「間違い電話」をかけた人を助けやすい。税金、就職願書、保険金請求、銀行ローン申込書における不正は、都市においては小都市より三倍も見逃されやすい。小都市の車業者は、大都市の販売業者よりも不必要な修理をすることがずっと少ない[20]。

すなわち、一般的な他者に対する不信が大都市の住民によって表明されることが幾分か多いことは、都市居住に伴う何か独特の被害妄想なのではなく、その実際の経験と、その環境における社会規範についての現実的な説明なのである。確かに、都市においてインフォーマルな社会的コントロールが弱まることは、住む場所としての自由度も高めている――「都市の空気は自由にする」と中世のことわざに言うとおりである。薄い信頼の弱体化は、その自由に対する正当な対価かもしれない[21]。それでも、都会人が社会的不信を主張するときは、彼らは正確に自分の社会環境における何かを報告している。

確かに、社会的不信は純粋に客観的なものではない。それはまたある程度は、個人的シニシズム、被害妄想、さらには自分自身の不誠実な傾向の投影ですらあるかもしれない[22]。自分自身を信頼できないと感じているものは、他者を信頼することが少ない[23]。事実、社会的信頼はたやすく悪循環(あるいは善循環)を作り出し、他者の信頼性についての自分の期待が自身の信頼性に影響し、今度は他者の行動に影響するといった具合である。しかしここでは、「大半の人は正直である」と回答するものと、「注意するに越したことはない」と述べたもののどちらも、本心から自分自身の経験をまとめたものであるという単純な仮定から始めよう。もちろん、互酬性や一般的信頼のような基本的な考え方は、人生初期における個人的な経験や社会慣習によって特に影響されると仮定することも、また十分に理由がある。それを「形成」期と呼ぶ理由である。

今日では米国人の大半が、両親の時代よりも信頼できない社会に住んでいると信じている[24]。一九五二年においては、図37が示すように、社会が過去と比べたときに道徳的に上向きなのかという点について米国人の考えは半々に分かれていた。一九九八年にはしかし、シニシズム増加の四〇年近くが経過し、三対一の割合で社会が以前よりも正直で道徳的ではなくなっていると信じられるようになった。しかしおそらくは、これはノスタルジー

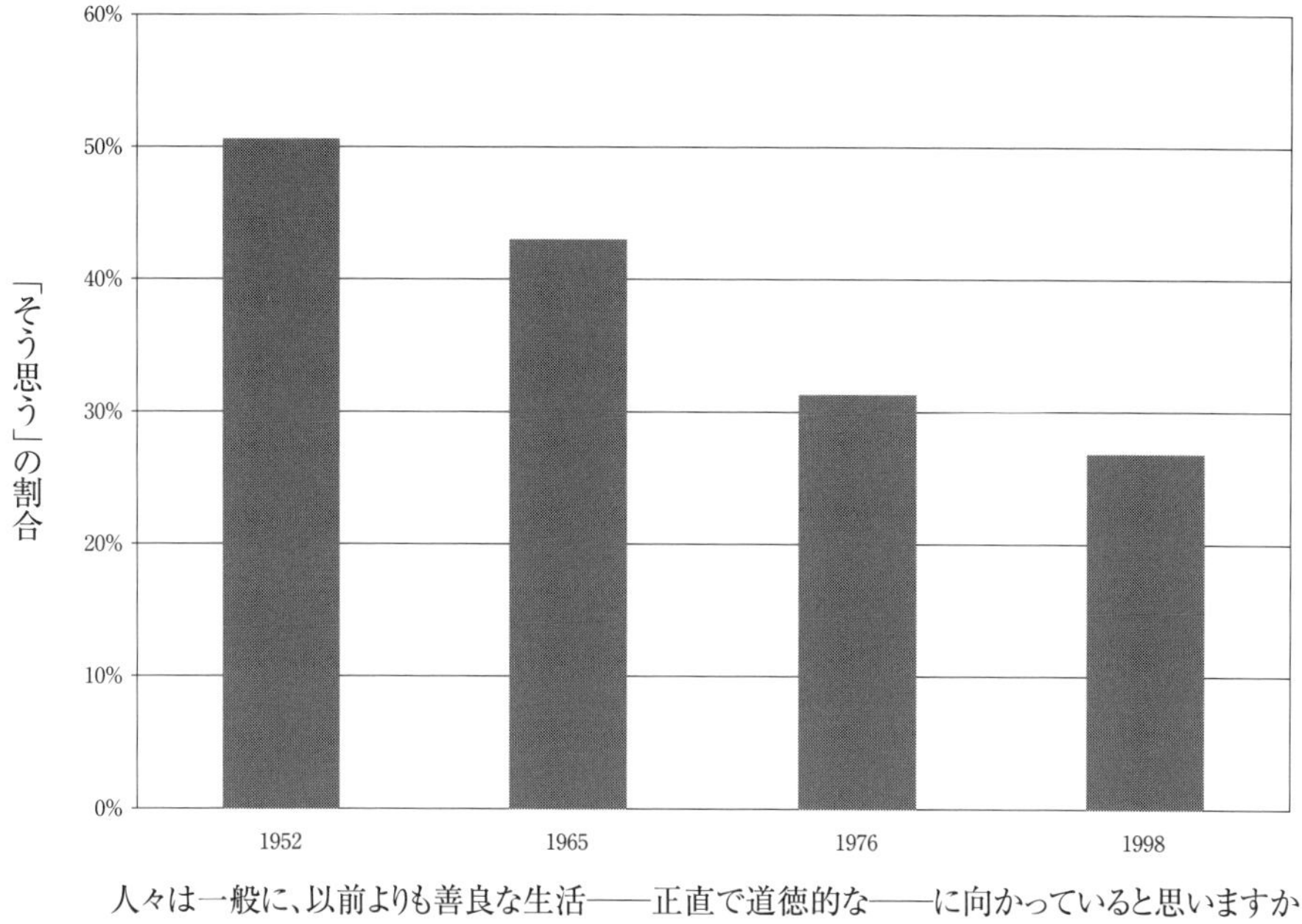

図37　誠実性、道徳性の認識の低下、1952-1998

が流行していることを示すのみである。

調査アーカイブによって、そのような「黄金の輝き」を少なくともある程度ふるいにかけて除くことが可能となる。現在の人々の見方と、以前の世代がこう感じていたかもしれないと想像したものとではなく、その世代が同一の質問に対して実際にどう答えていたかと比較することによってである。最良の証拠が示しているのは、社会的信頼が一九四〇年代中盤から一九六〇年代中盤にかけて上昇し、他の多くの社会関係資本指標と同様に一九六四年にピークを迎えたということである。一九六〇年代に中年を迎えた米国人は、自分が成長してきたときよりも信頼あふれる社会におそらく暮らしていた[25]。

しかし一九六〇年代中盤にこの有益な傾向は逆転し、社会的信頼の長期低下が始まった[26]（図38を参照）。「大半の人は信頼できる」と断言するものは年々少なくなっている。「人付き合いにおいては注意するに越したことはない」と用心する人は年々増加している。一般的互酬性と誠実性が重要な社会の潤滑油で

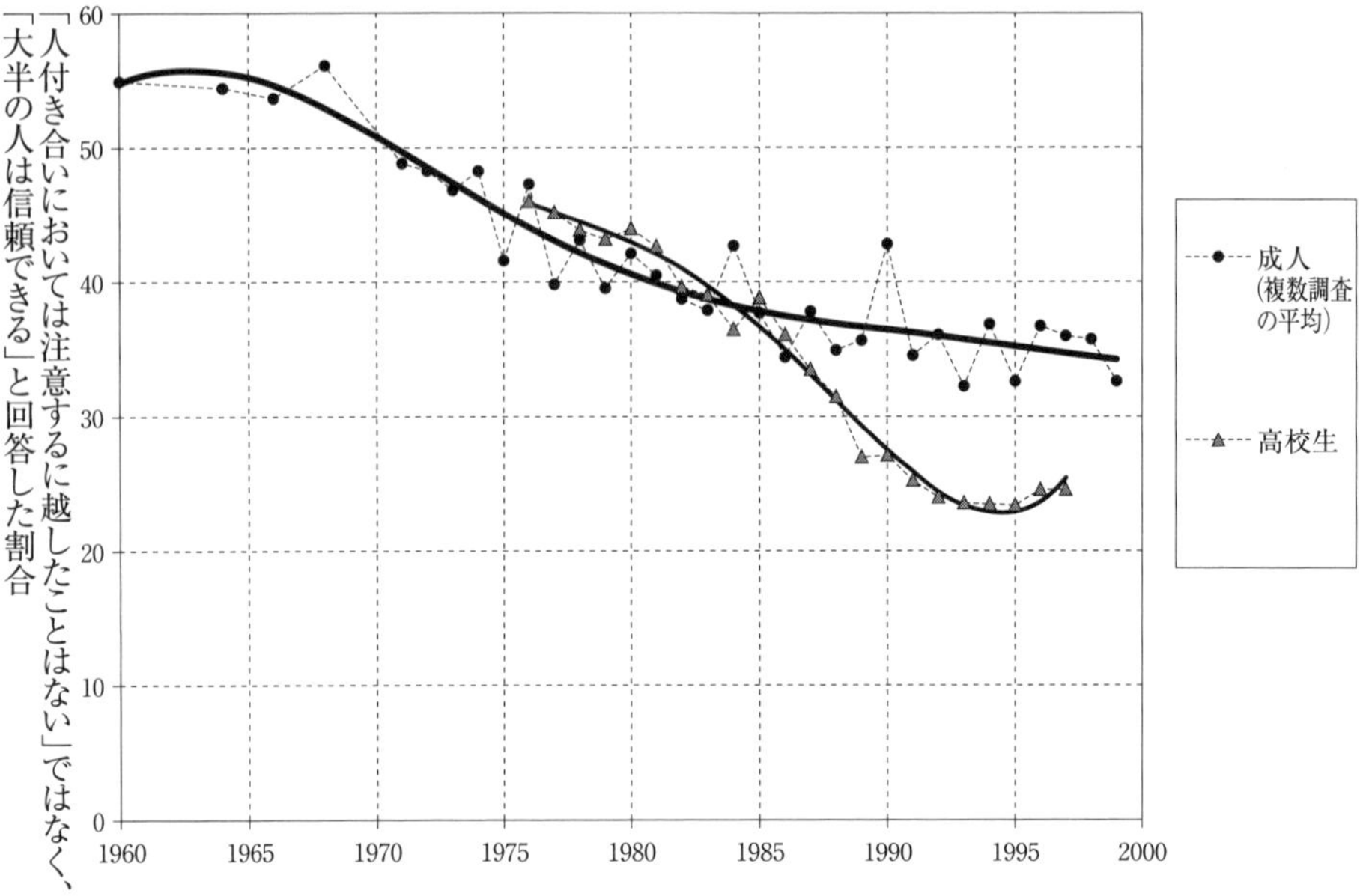

図38　信頼縮小の40年：成人とティーンエイジャー、1960-1999

あるのなら、現代の米国人は一世代前の両親や祖父母と比べて、日常生活における摩擦をより経験するようになってきている。図38が明らかにするように社会的信頼におけるこの低下は若い者の方が、残りの者と比べて著しく、特に一九八五年以降にそうなっている。(27)

一九六〇年代以降の社会的信頼低下の、全てではないにせよ大半は、世代的遷移に帰属しうる。(28)さらに、この世代低下はこの一〇～二〇年間に加速する傾向にある。一九七〇年代には、世紀前半の三分の一に生まれた米国人の八〇％が「大半の人は正直である」と答えており、一九九〇年代末に至ってもそのような楽天的な見方を、ほとんど減らすことのないまま維持している（図39を参照）。しかし彼らの人口に占める割合は、一九七五年の二人中一人近くから、一九九八年にはかろうじて八人中一人にまで落ち込んだ。一方で、一九七〇年代において、一九三〇年から一九四五年の間に生まれた人々のおおよそ七五％が本質的に他者の誠実さを信じていたが、彼らの見方もその後の年間にほとんど変化しなかった。ベビーブーマー（一九四六～一九六〇年生まれ）のおおよそ

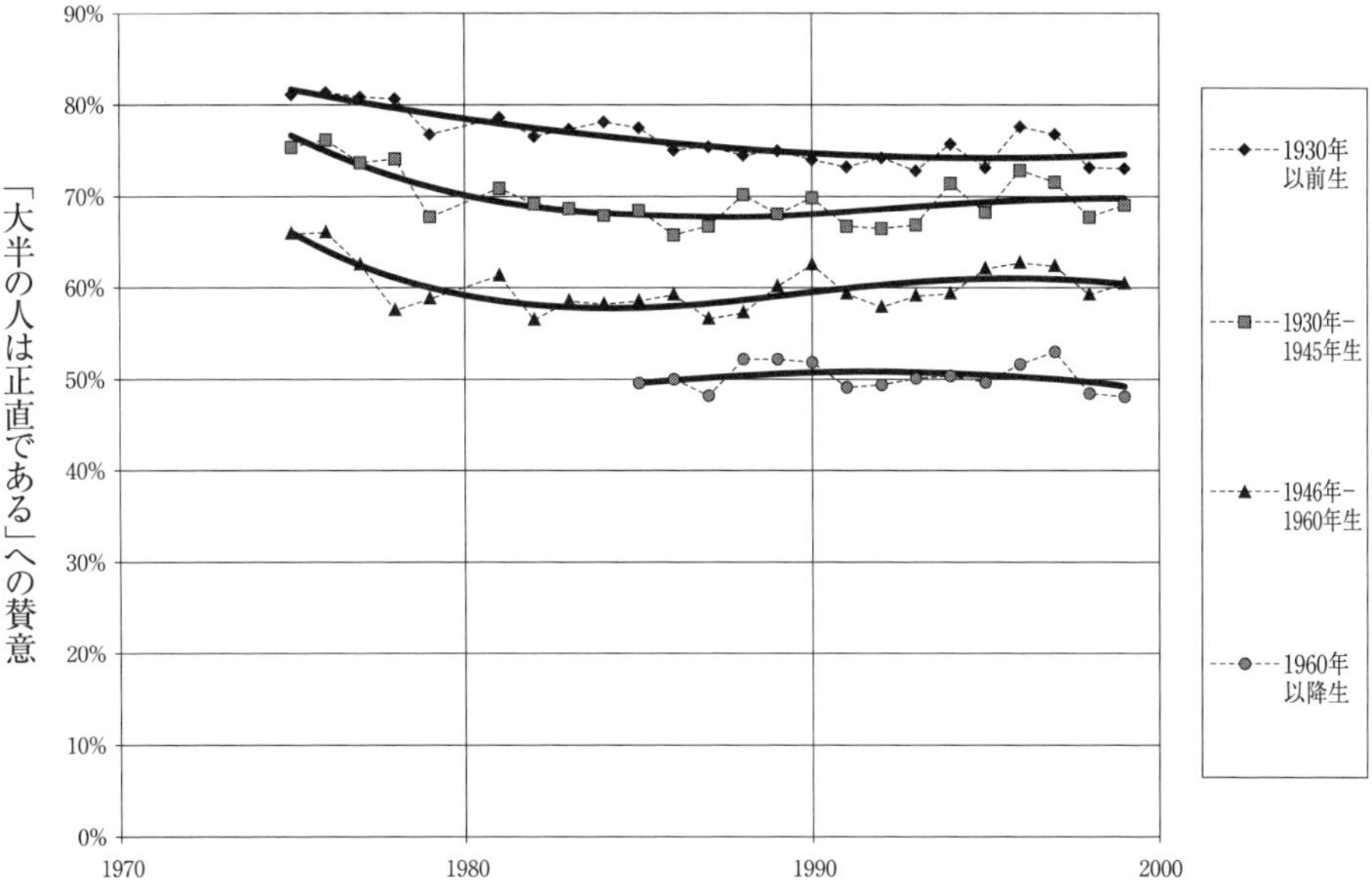

図39　世代的遷移が社会的信頼低下の大半を説明する

六〇%が一九七〇年代において「大半の人は正直である」に賛成しており、その見方も一九九〇年代末まで変化がなかった。最後に、世代階層の最下部にいる一九六〇年以降に生まれた米国人は、一九七〇年代には青年期を脱していなかったが、そのコホートが一九八〇年中盤から成人に達して以降、そのおおよそ半数が「大半の人は正直である」ことを否定した。一九九九年までに、この疑い深い若い世代がすでに成人人口の三分の一近くを構成するようになった。

ポストブーマーの様相を詳細に検討しても、世代低下の加速という構図が強化されるだけである。一九九八—九九年までに、一九七〇年代以降に生まれた回答者——この継続調査が開始されたときには五歳未満だった者——は全人口の一〇%を占めるまでに急増したが、「大半の人は正直である」に賛成したのは四〇%にすぎなかった。すなわち世紀末に際し、信頼指数が八〇%近い世代が、信頼指数が半分しかない世代によって急速に置き換えられていったのである。必然的な結果として、**個別のコホートは以前と信頼感が変化していないにもかかわらず、社会的信頼は一貫して低下して**

いった。

社会的信頼の表明は、第一に個人的経験の、特に初期の印象によって重みづけられたものの反映であるという解釈上の仮定に立てば、若者の間での社会的不信は、その性格上の欠陥としてではなく、むしろ近年の社会習慣を映し出した鏡像として考えられるべきである。若者たちは結局のところ、経験上ほとんどの人は実際信頼に値しないと語っている。おそらくは、厚い信頼――個人的友人に対する信任――は以前と変わらず強いということは、X世代の中にもそう信じている者のいるとおりである。しかし、薄い信頼――コーヒーショップで会釈する知り合いとの希薄な絆であり、われわれの巨大で複雑な社会に不可欠の緩和剤――は、ますます希になってきている。

一般的信頼と互酬性の低下の証拠は、一九六〇年代以降倍増以上となった、世論調査の拒否率自体にも現れている。協力率は一九四〇年代から一九六〇年代にかけて――他の社会的信頼と社会関係資本の指標が増加中であった時期と同じであるのはおそらく偶然ではない――わずかに上昇していたかもしれないが、回答率は一九七〇年代までには確実に低下を始めた。最近行われた、調査回答率に関する最も網羅的な研究はこの傾向を確認した上で、さらに社会的な断絶がその理由の一部となっているであろうことを付け加えた[29]。興味深いことに、近年の拒否増加は、対面と電話インタビューで広がっているが、郵送調査についてはそうではない。このパターンが示唆するのは、これらの拒否は回答をするのが単に面倒だということ以上に、匿名の訪問者と個人的に接触することへの漠然とした脅威にその原因があるかもしれないということである。

過去二〇年の間に電話番号の不掲載比率が三分の二増加したこと、また一九八〇年代末から一九九〇年代末にかけて電話の着信判別が三倍以上に増加したことも、不安によって説明できるだろう。面白いことだが、着信判別利用の最も強い予測変数は裕福さや、また都市化ですらなく、年齢である。四五歳以下の人は、（すでに見たように）より信頼し、市民的傾向の高い六五歳以上の人と比べて着信判別が二倍多い[30]。技術発展がこれらの変化を可能としたと皮相的に反応する人もいるかもしれないが、こういった技術自体、市場の需要に対する反応であることも確かである。

互酬性（とその近い親戚である、礼儀正しさ）の低下に関する兆候は他にも統計的に描き出すことができる。郵送の国勢調査用紙の自発的返送は、一九六〇年から一九九〇年の間に四分の一以上低下した。一九九〇年に最も返送率の低かったものは若年者、アフリカ系米国人、そしてコミュニティ組織から切り離された者で、これらはまさに社会的信頼が最も低い集団である。興味深いのは、政治的疎外感自体は実質的に何の役割も果たしていないらしいことである。[31]すなわち、仲間の市民《フェロー・シチズン》を信頼しているが、政府は信頼していない人は国勢調査への協力を続けているが、政府を信頼しているのに、「一般的な他者」を信頼していない人はそうではないのである。他者が公正に振る舞い、自分の持ち分を果たしていると思えれば、自分もそうする。そうでなければ、そうしない。そしてこの「しない」という答えを出す米国人の数がますます多くなっている。

もし、「一般的他者」に対する公正な振る舞いが最近では少なくなっているのならば、それは見知らぬ人との相互作用の中にも現れているはずである。運転は、互酬性の変化パターンを描く上で、匿名の公的接触として重要な領域の一つである。米国自動車協会交通安全基金によって行われた研究によれば、「暴力的、攻撃的な運転」は一九九〇年から一九九六年の間に五〇％以上増加した。道路交通安全管理局長の推測では、「路上での激怒《ロード・レイジ》」（今や名前を得るまで一般化した）は一年当たり死者二万八〇〇〇人の要因となっている。無制限高速道路《オープン・ハイウェイ》でのスピード超過は米国人の大多数に長年許容されてきたが、都市内でのスピード超過に対する許容も一九九〇年代を通じて急増している。一九五三年に、米国人の二五％がジョージ・ギャラップ（調査）に時速八五マイル（一三六キロ）以上で走行していると答えていたが、対して一九九一年の同様のギャラップ調査では四九％となった。法律をおおっぴらに破ることができると考えている者は、米国人でも年齢の高い者にはずっと少ない。一九九一年のギャラップ調査では三〇歳以下のドライバーの五四％が、速度制限から時速一〇マイル超過運転しても捕まらないと考えていたが、五〇歳以上のドライバーではその割合は二八％にすぎなかった。一九九七年に、五年前と比べて他の人々はずっと攻撃的な運転をするようになったと考える者は、路上での礼儀が改善されたと答える者を大きく上回って、七四％対四％であった。[32]すなわち、最近他のドライバーの礼儀正しさが下がったとわれわれ全てが考えており、そして「われわれ」を集め合わせたものが、その彼らなのである。

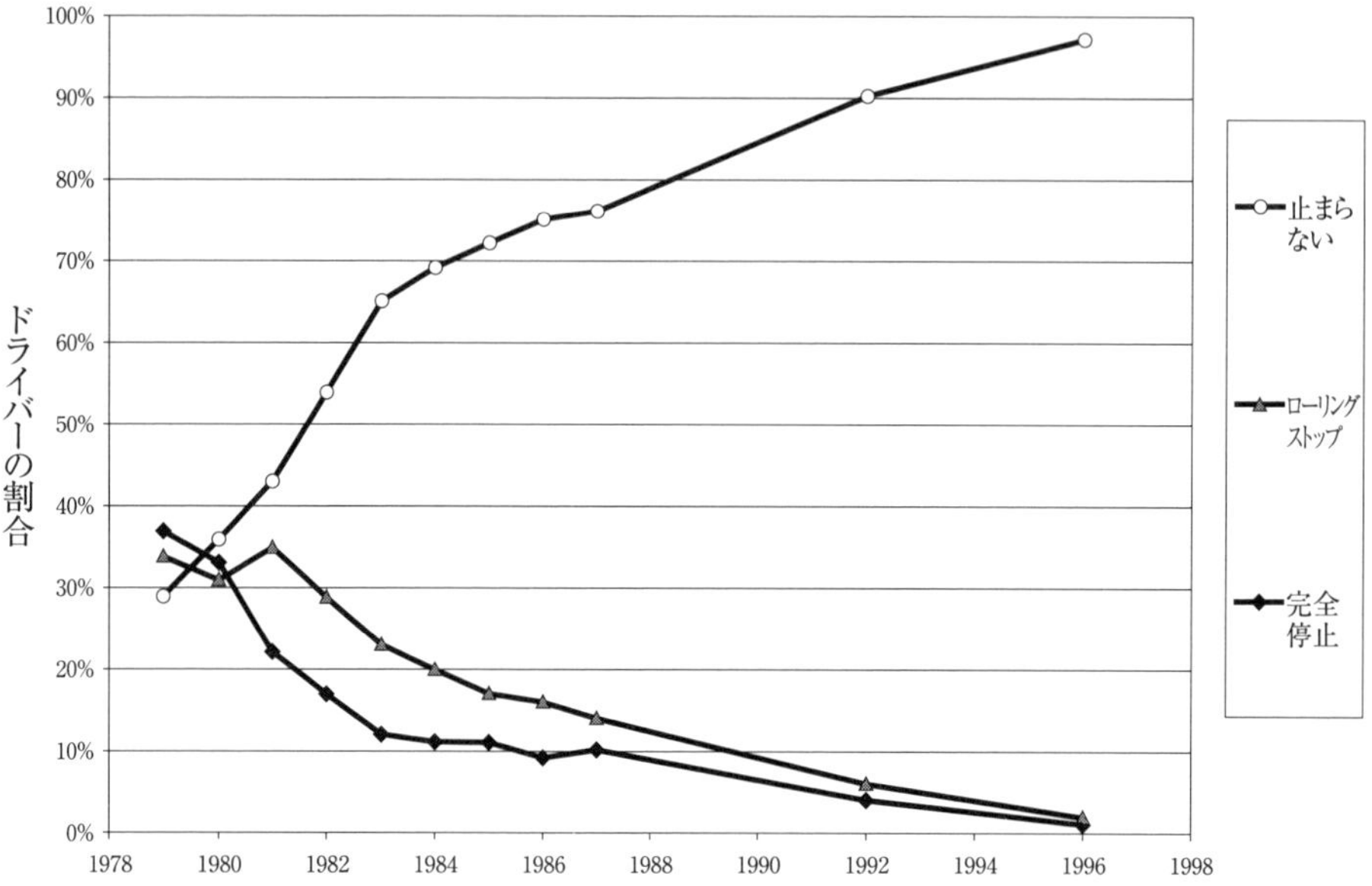

図40　一時停止標識の遵守変化

高速道路における礼儀の低下を確認するような滑稽な結果が、ニューヨーク郊外の複数の交差点の停止標識におけるドライバーの行動に関する長期研究から得られており、その結果を図40にまとめた。一九七九年には、全運転者の三七％が完全停止をしており、三四％がローリングストップ、二九％は全く止まっていなかった。一九九六年には、そのまさに同じ交差点において九七％が全く止まっていなかった。[33] 薄い信頼と互酬性の低下を示す別の自動車指標——ヒッチハイキングの事実上の消滅——は、統計的な変化の記録は残っていないようだが、それは一九四〇年代と一九五〇年代を暮らした運転者にとっては紛れもないことである。

確かに、こういった指標のそれぞれに対して、個別のもっともらしい説明を見つけることもできるだろう——電話勧誘の増加、怒れる運転者に対するメディアの取り上げの増加、保険料率の上昇、ガソリンの値下げと車の増加、ニューヨーク郊外の住民構成の変化その他である。しかし全体として見たとき、これらの傾向が示唆するのは、調査記録に表れている薄い信頼の否定しがたい低下が、見知らぬ人と向かい合ったときの人々の実際の行動に影響を与えて

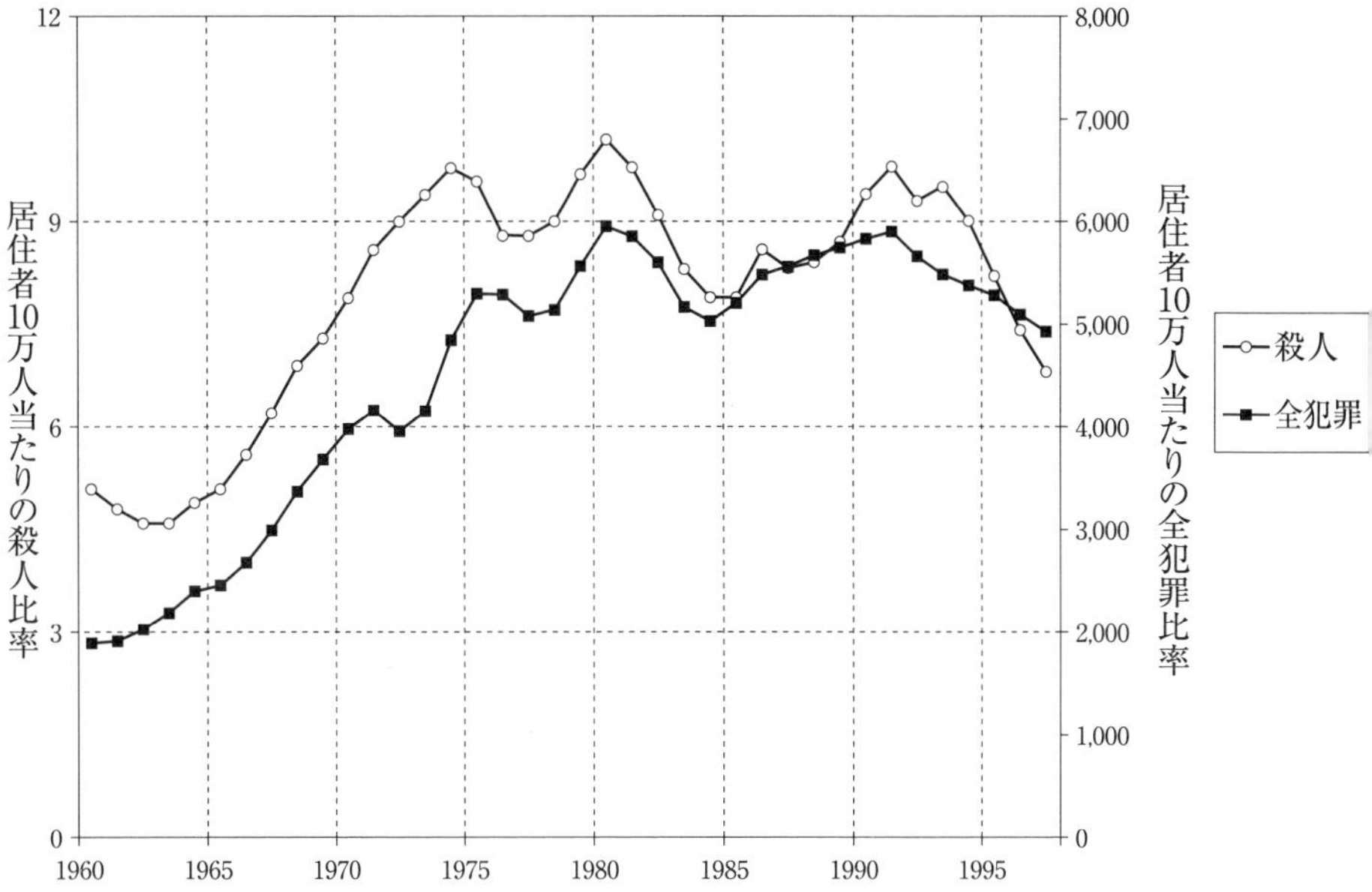

図41　米国犯罪率、1960-1997

いるということである。

誠実性と信頼性に関する潜在的な指標の一つとなるのは犯罪率である。図41が示すように、米国の犯罪率は一九六〇年代中盤から急速に上昇しており、それはちょうど他の社会関係資本、信頼感、信頼性の指標が低下を始めた時期であった。[34] 犯罪自体が、社会的コントロールの弱体化というこの症候群の症状の一つとなっている部分があるのかもしれない。しかしその一方で、犯罪率は全国人口の若年化、違法ドラッグ使用（特にクラックコカイン）の拡散、常習犯の収監率といったものを含むその他の要因に対して敏感に反応する。[35] 一九六〇年以降の犯罪の増加の少なからぬ部分が、全国的に誠実性が一般に低下したことに起因しうると考えることはもっともらしくない。その反対に、一九九〇年代を通じての歓迎すべき犯罪の減少が、遵法性における全国的な潮流変化の前兆であるとして歓迎することも時期尚早である。

前に触れたとおり、一般的互酬性と社会的に埋め込まれた誠実性に対して、その代わりとなる選択肢の一つは法による支配——公式な契約、法廷、

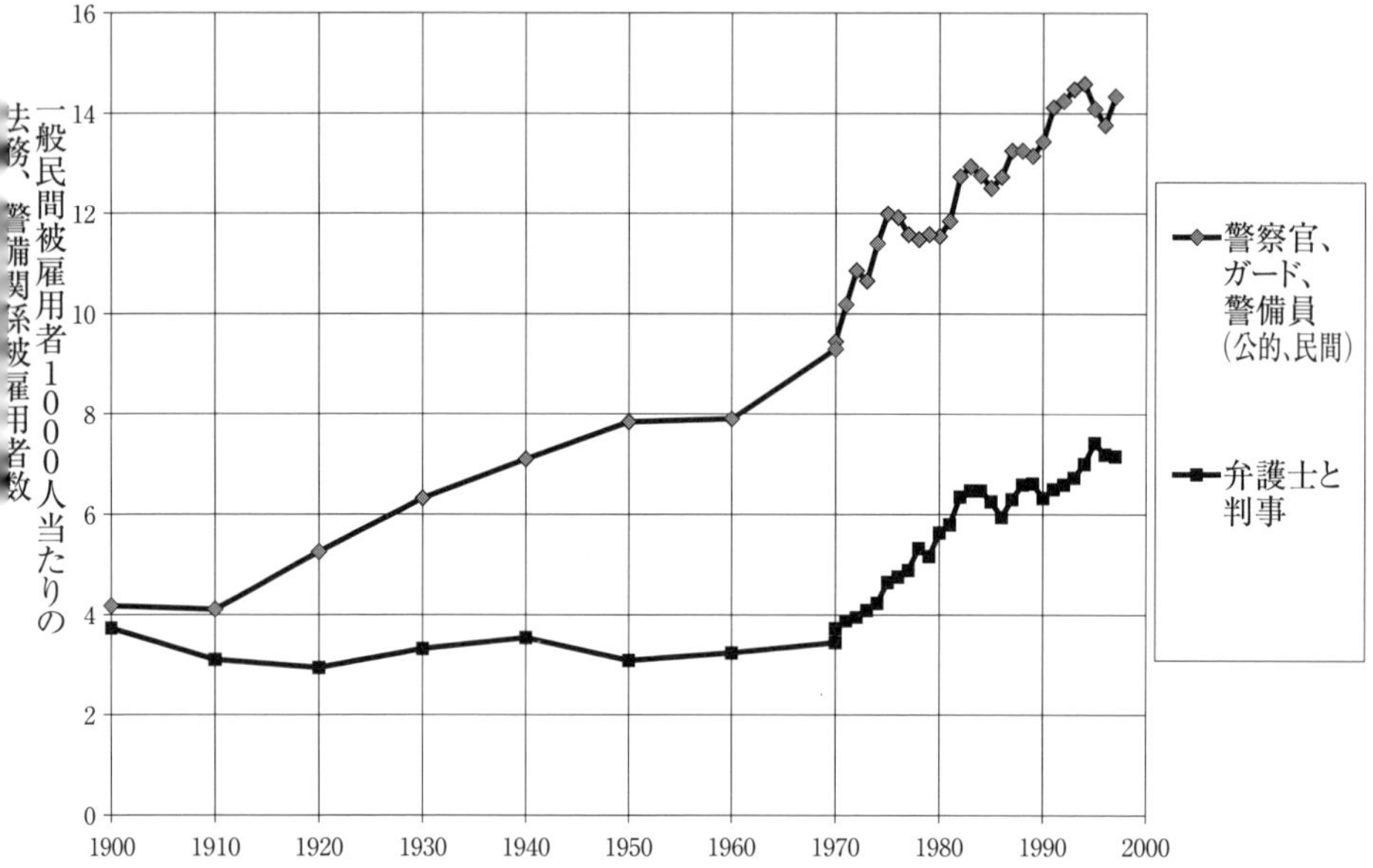

図42　警備、法務における雇用の1970年以降の急増

訴訟、判決、国家による執行――である。したがって、もし薄い信頼という潤滑油が米国社会から蒸発しつつあるのなら、協力の基盤として法への依存が増すことが期待できよう。もし握手によってはもはや拘束も保証も得られないのなら、公証契約、供託そして召喚状がほぼ同等に機能することになるだろう。この仮説を検討する一つの方向は、法制度に対する投資が全国的にどう変化しているのかを検討することである。[36]

二〇世紀は、米国にとっては、工業化と都市化の、そして政府と商業の巨大化の世紀であった。膨張する都市の放縦さ、訴訟好きの近代商業、福祉国家官僚の詭弁的主張といったよく語られる恐怖を前提とすれば、米国経済における法的な「取引コスト」の割合は、世紀全体を通じて一貫して増加していったに違いないと推量する人もいるかもしれない。実際にはしかし、図42で一目瞭然のように、米国の全労働力に対する割合としてみた場合、警備員、警察官、そして弁護士の雇用は二〇世紀の大半を通じてその成長は比較的少ないのである。

驚くことに、米国における人口一人当たりの弁護士数は、一九〇〇年よりも一九七〇年の方が少なかった。[37] 世界大戦が二度、一九二〇年代と一九五〇年代の異常な好景気、大恐慌が一度、ニューディールが一度、田舎国家（人口二五〇〇人以下の村落に居住する住民が六〇％）から大都市国家（人口の半数近くが、一桁違う大きさの都市に居住している）への変貌、ガス灯、馬車、そしてよろず屋から、ＧＥ（ゼネラルエレクトリック）、ＧＭ（ゼネラルモーターズ）、そしてＫマートへの経済変化――これら経済的、社会的、文化的革命のどれ一つとして、米国経済における法実務の割合を微塵も上げなかった。しかし一九七〇年以降、人口に占める弁護士の割合が突然爆発、続く四半世紀に倍増以上となり、全国の「取引コスト」会計欄が膨れあがったのである。

一九七〇年後の、保安サービスに対する雇用の加速化はそれほど目立っていたわけではなかった。しかし、一九八〇年代を通じて保安に対する公的、私的支出のＧＮＰに占める割合は急上昇した――これも「取引コスト」突出の一つである。人口と経済成長を所与のものとして一九七〇年段階から予測できる数値に対してすら、一九九五年までに警官と警備員の数は四〇％、弁護士と判事の数は一五〇％多くなっている。

さらに、この法律専門職の巨大な拡大は、あらゆる専門職の成長の単なる一部ではない。一九七〇年後の爆発を、他のどの主だった専門職分野も経験していないのである。一九七〇年以降、法律専門職は、専門職全体と比べて三倍のスピードで成長した。[38] 二〇世紀の最初の七〇年間、法律職、医療職はほぼ横並べで成長してきたが、一九七〇年以降法律職は、医療職の二倍の速度で成長した。一九七〇年において、国内の弁護士の数は医師の数に比べて三％少なかったが、一九九五年には医師よりも弁護士の方が三四％多くなった。二〇世紀の最初の七〇年間、技術者に対する弁護士の比率は一貫して低下していたが、それは経済がより「技術集約的」になっていったからであった。一九七〇年までに、米国には弁護士一人に対して四・五人の技術者がいた。しかしその時点で、この世紀の傾向は完全に逆転した。一九九五年までには、ハイテク経済が数多く語られていたにもかかわらず、弁護士一人に対して技術者の数は二・一人となったのである。[39]

社会的コントロールと紛争解決における公式のメカニズムに対して、社会によるこのような投資が爆発的に増加したことへの説明は完全に明確なものではない。供給サイドでは、ベトナム戦争徴兵猶予者の要求、ドラマ

『L.A.ロー　七人の弁護士』の輝き、そしてアファーマティブ・アクション政策の必須化がロースクール入学者の拡大に役割を果たしたと言われることがある。より難解な問いは、なぜそれほど多くの若い男女がロースクールに入学することを決めたのかではなく、争乱の七〇年間を通じて一定の（そしてずっと低い）法的助言の供給で満足してきた後に、なぜわれわれは法的実務への投資を倍加させたのかということである。

需要側では、一九七〇年以降の犯罪率の上昇は、保安要員の増加に対する説明の明らかに重要な部分である。一方で、刑事法は法曹界における大きな成長領域ではないので、犯罪それ自体は弁護士需要倍増に果たした役割はほとんどない。単に豊かさと、社会経済的複雑さの増大が弁護士業務の成長を説明すると論じるものもあるが、一九七〇年以前にはどうして何らの影響もなかったのかを説明するのは難しい(40)。政府規制の増加も説明の一部となろうが、ニューディールの協調組合主義《コーポラティズム》と福祉国家の誕生が、一九三〇年代と一九四〇年代に類似の影響を与えていないこともはっきりとしている。一九七〇年代の離婚急増もストーリーの一部であり、その増加それ自体は、米国社会関係資本の変化と密接に関係している。「訴訟爆発」とよく言われているが、慎重な研究はこれまでのところ、法廷の訴訟事件表が今日では全般にすし詰めになっているという見方に対して一定の疑問を呈している(41)。

実際には、法律業務の需要サイドの最大の増加は「予防法務」と穏やかな用語のつけられているものにあるように思われる。米国社会と経済全体にわたって、一九七〇年頃から、インフォーマルな了解はもはや適切、または慎重なものであるとは見なされなくなった。その変化の唐突さとタイミングは、気味の悪いほど、これまで検討してきた他の社会関係資本指標の傾向と類似しているように見える。配偶者、隣人、ビジネスパートナーやパートナー予備軍、牧師と教区民、提供者と受取人――われわれ全てが突然に、「書面にすること」を要求し始めた。法律学教授のマーク・ギャランターは、弁護士の役割拡大をこうまとめる。

> 身体を通じた供給路の減少を補う人工ホルモンの補給のように、弁護士も互酬性、道徳義務、仲間意識の供給不足を強制的に補うことを狙っている……弁護士は「人工信頼」を提供しようとしているのである。弁護士は

非人格的な「クール」な信頼の生産、供給者であるので、その低コストのライバルの衰退の恩恵を受ける。[42]

皮肉なことに、弁護士同士の間での信頼すらも、社会関係資本の低下によって損なわれてきたように見える。法律学教授のR・J・ギルソンとロバート・ムヌーキンは、社会的ネットワークの安定性が低下し、弁護士間での一度きりの遭遇の数が増加した結果、弁護士が自身の誠実性に対する評判を案ずることが少なくなり、またそれを知っているがゆえに、互いを信頼することも協力することも少なくなったと報告している。[43]

ほとんどわずかであるが、書面にすることに対する支出額は、紛争に先手を打ちまた処理していくために弁護士に支出する額と同様、一九七〇年以降一貫して拡大している。見方によってはこの成長は、われわれの社会的編物が擦り切れつつあることを示す最も明らかな指標の一つであるかもしれない。良かれ悪しかれ、公式な制度、とりわけ法に対する依存——それも強いられた依存——がますます増加しているが、それで達成しているものは、これまでは一般的互酬性によって強化されたインフォーマルなネットワーク——すなわち、社会関係資本——を通じて達成されていたものだったのである。

第9章

潮流への抵抗？——小集団、社会運動、インターネット

この四半世紀を通じて、米国内の全ての組織がメンバーを失ったわけではなく、またあらゆる人間関係が衰退していったわけでもない。本章では社会関係資本のどのような総合収支においても計算せざるを得ない三つの重要な逆転傾向について検討する。規模、プライバシー、そしてフォーマル性のスペクトラムの一方の端には、極めて多くのエンカウンターグループ、読書グループ、サポートグループ、自助《セルフ・ヘルプ》グループその他の、数百万の米国人の情緒的、社会的生活の重要な繋留点となったものがある。そのスペクトラムの反対側には、数多くの一連の社会運動があり、それら二〇世紀の後半三分の一で国土を覆い尽くしたものは黒人の公民権運動に始まって、続いて起こった学生運動、平和運動、女性運動、ゲイ・レズビアン運動、中絶権・中絶反対運動、宗教保守主義運動、環境運動、動物保護運動その他無数のものがある。最後に、本書の筋立てに対し、近年のテレコミュニケーションの爆発的成長、特にインターネット（あるいは、その筋の間で好んで使われる言葉では「コンピュータを媒介《メディエイテッド》したコミュニケーション」、もしくはＣＭＣ）はどのような影響を与えるだろうか。新たな「バーチャル・コミュニティ」は、父母世代が住んでいた旧式の物理的コミュニティを単純に置き換えることができるのだろうか。要するに、小集団、社会運動、そしてテレコミュニケーションは、社会的つながりや市民参加が低下しているというわれわれの見立てを、どの程度緩和させるであろう。

小集団運動についての第一線の研究者である社会学者のロバート・ウスノウの報告では、全米国人の優に四〇

%が、「定期的に会合を持ち、参加者へのサポートやケアを提供している小集団に現在関わっている」と答えている。こういったグループのおよそ半数は日曜学校のクラスや祈禱会、聖書勉強会その他の教会関連のグループであり、この類いの低下については第4章で論じた。一方で、ウスノウの面接した人々全体の五%近くが、アルコール中毒者更正会や知的障害者協会の地区支部といった自助グループに定期的に参加していると述べ、またその同数近くが読書討論グループや趣味のクラブに属していると答えていた。ウスノウの根拠は一時点でのスナップショットを示しているにすぎないが、彼はこの小集団運動を、米国社会における「静かなる革命」であり、それがコミュニティをより流動的な形で再定義し、社会的断絶に対する解毒剤となると雄弁に描いている。このようなグループのメンバーの五人に二人近くが誰かが病気のときには他のメンバーが助けていたと答え、五人に三人はグループが外部の人にまで援助の手を伸ばしていると述べ、そして五人中四人はグループが「自分が孤独ではないと感じ」させていたという項目に賛成した。(1) このような小集団は、確かに社会関係資本の重要な蓄積に相当する。先立つ章で、現代米国における宗教的な社会的つながりの強さと限界について考察した。では非宗教的なサポートグループ、討論グループについてはどうだろうか。

読書サークルは、ミドルクラスの米国人の生活における重要な特徴として一九世紀後半に、教育の拡大と余暇時間の増大と共に出現した。当時も現在同様、読書グループは主に女性を引きつけていた。南北戦争後の数十年間は、参加者は知的な「自己修養」派の人に集中していたが、同時にグループは自己表現や深い友情、そして後の世代であれば「自己発見」とでも呼ぶものを促進していた。その焦点は、次第に文学的追求からコミュニティへの奉仕や市民的改善運動を含むものへと拡大し、社会、政治改革運動の高まりの一部となった。世紀の変わる頃、ある女性が新たな代表に選ばれて自分のグループにこう声高に主張した。「皆さんに重要なニュースが一つあります。ダンテは死にました。彼はもう数世紀も前から死んでおり、もはや彼の『地獄篇』の研究は取りやめ、私たち自身に注意を向ける時期だと思うのです」。別の人間が応えた。「望むのはダンテよりも行動《ドゥーイング》、ブラウニング（訳注：一九世紀の英国の詩人）よりも成ること《ビーイング》だ……文学上の力作にはもう十分長く浸りきった」。当時そのようなグループから、婦人参政権運動や、その他、革新主義時代《プログレッシブ・エラ》の市民精神あふれる数多くの先駆が生まれ出た

のである。(2)

インフォーマルな文学グループは、極端なまでに息が長い。例えば、アーカンソー州フェイエットヴィルにある、三五人からなる自ら再生を続けるとあるグループは、一九二六年以来月に二回の会合を行ってきた。(3) 強くパーソナルで、知的で、時には政治的でさえある絆が、こういった活発な討論から形成される。定期的な参加者は広範なコミュニティ問題にも深く関わるようになり、ダンテから行動《ドゥーイング》に移行していくのである。(4) すなわち、単独の知的活動（読書）を社会的、さらには市民的なものへと変化させることによって、討論グループはシュムーザーとマッハーの双方にとり、肥沃な温床を提供している。

多くの評者が、米国が現在、前世紀末のような読書グループの新たなブームのただ中にあると信じており、またいくつかの草の根組織がそれを実現すべく奮闘している。(5) 残念なことに、このような希望的観測を支持する証拠を見いだすことは難しいことが判明している。数字には不確かなところがあるが、文学、芸術、そして討議グループに関わる米国人の数は、一九六〇年代や一九七〇年代と、一九九〇年代終盤では変わっていないことが明らかとなっている。そもそも、そのようなグループへの参加は独身女性と大学卒の間で最も多く、またこれらのカテゴリーに含まれる米国人の割合は三〇〜四〇年前と比べて増加しているので、こういったグループの人気が以前よりも花開いているわけではない、ということはいささか驚くべきことである。大卒の独身女性で文学、芸術、学習、討議グループに属している者の割合は、一九七四年の三人中一人から、一九九四年の四人中一人にまで実際には低下した。この形態の小集団についての判断は混交したものにならざるを得ない。そういったグループは確かに市民参加と社会関係資本に貢献するのだが、過去数十年の市民的衰退を埋め合わせるほど量的に成長しているという根拠はほとんどない。(6)

対照的に、自助、サポートグループへの参加は疑いなく近年拡大している。これらの組織で最も広まっているものは、アルコール中毒者更正会《アルコホリックス・アノニマス》（一九三五年創立）や、賭博常習者更正会《ギャンブラーズ・アノニマス》、共依存更正会《コディペンデンス・アノニマス》といった他の中毒向けに増殖した一三〇以上の類似全国組織のような、いわゆる「一二段階」回復グループである。アルコール中毒者更正会（ＡＡ）は全米におよそ一〇〇万人の会員がいると公称しており、アルコール中毒者の家族や友人のための更正会の関連団体は、さらに四〇万の会員を数えている。[7] さらに関係するものとして、筋ジストロフィー、エイズや片親といった特定の疾病や諸問題の被害者のための数多くのサポートグループがある。最後に、ジェニー・クレイグ、ウェイト・ウォッチャーズ（訳注：両者とも企業体の減量プログラム）やいくつかのセラピーグループのような営利組織の自助グループがある。これらのグループ全ての確定的な数は入手困難だが、最近の全国調査の一つによれば、全成人の二％が何らかのサポート、自助グループで現在活動していること、また別の広範な調査によれば、生涯を通じた利用率は約三％であることが見いだされた[8]（いくつかの観点から記しておく価値があるのは、自助グループの全参加者は新人も古株も併せると、過去二〇年間のリーグボウリングからの脱落者を二対一で上回っており、その他のより「市民的」な参加形態に対しては言うまでもないということである）。

自助グループは間違いなく、参加者にとって計り知れない価値を持つ情緒的サポートと対人的な絆を提供している。「小集団運動はこのように、現代生活の構成において、重要な要素を付け加えている。それはフォーマルな組織の原理を拡張し、ごく最近まで大部分が自然発生的で組織立っていなかった、対人生活の領域の中まで広げてきた」とウスノウは断言する。[9] このような素人のサポートグループと専門家の療法の優劣に関する論争を今なお行っている医療従事者もいるが、実践上はこの二つのアプローチは収斂しつつある。カリフォルニア州の自助グループに関する包括的な研究によれば、六〇％以上がプロの指導者を持っており、自助とグループ療法の区分線は曖昧になりつつある。サポートグループ――とりわけ、その提供する対人的な絆――が、多くの参加者に測定可能なほどの健康上、精神上の利益をもたらしているということを示す研究の数は増加しつつある。[10]

ある面では、サポートグループは、われわれの断片化した社会の中で弱体化している親密なつながりの代替となり、より伝統的な社会的ネットワークから切り離された人々の助けとなっている。例えば、そのようなグループへの参加率は、既婚者よりも離婚・独身者の間で二～四倍高い。自助グループに対する好意的な概観の中で、アルフレッド・H・カッツとユージン・I・ベンダーは読者にこのような認識を求める。「身体障害者、貧困者、元精神病患者や搾取、社会的非難の対象者となるということは、社会が、好ましからざる「逸脱者」に対して押しつけるアイデンティティである。……われわれの見るところでは自助グループという媒体により、これらの見捨てられた人々が新たなアイデンティティを求めまた成長して自身と社会を再定義すること、新たな準拠集団へのアイデンティティを通じて孤独感を克服すること、そして時には、彼らが重要だと考える社会的目的や社会的変化に向かって働くことが可能となるのである」[11]。

これらの集団の成長は、以前無視されていた諸問題への社会関係資本の適用による救済を表している。ゲイのサポートグループ、知的障害者協会、肥満者のサポートグループは、従来は共同の場の議論から切り離されていたものを取り扱っている。ＡＡがアルコール中毒を、社会的、精神的な治療の必要な問題であると捉え直させたように、これら新たなサポートグループは、個人的な問題と考えられていたものを、公共の領域へと持ち込んだ。したがって、サポートグループは、社会関係資本へのアクセスの欠けてしまいがちな多くの人々のための必要に応える重要な役割を果たしているのである。

時には、このようなグループが、さらに広範な市民的目標を追求するようにもなることがある。飲酒運転防止母の会や知的障害者協会は、米国社会のこの領域から発現した、幅広い公共目的と活動を例証している[12]。他方で、自助、サポートグループは一般に、伝統的な市民組織と同じ役割を果たしているわけではない。米国人の所属する二二種類の集団の中で唯一、自助グループへの加入は他の集団参加と完全に無関係である。自助グループは、投票、ボランティア、寄付、コミュニティ問題について働くこと、さらには近所との会話のような日常のコミュニティ関与との関連が非常に低く、それは宗教、青年、近隣、学校奉仕、学校、友愛、奉仕組織といった、伝統的な市民組織とも同様である[13]。ロバート・ウスノウは以下のように強調する。

（これらの小集団が）作り出すコミュニティは、人々が過去に暮らしていたコミュニティとは大きく異なっている。これらのコミュニティは流動性が高く、また個人の精神状態に対する関心が高い……彼らの作り出すコミュニティが壊れやすいということはほとんどない。人々は、自分が気にかけられていると感じている。また互いに助け合う。そして自身の深い悩みを分かち合う。……しかし別の意味では、小集団はその信奉者が望むような効果的なコミュニティを育ててはいかないかもしれない。他者の目の前で、自分自身に焦点を合わせる機会を単に提供しているだけの小集団もある。メンバーを共に束ねている社会的契約は、非常に弱い義務しか求めていない。時間があるときには来ること、各人の意見を尊重する、決して批判をしない、不満があったら静かに立ち去る……（こういった小集団が）実際に、生涯を通じたコミットメントを必要とするような家族や近所、広範なコミュニティへの愛着の代用となるということは想像はできるが、実際には、そうなってはいない。[14]

小集団から公共生活へのつながりが時に不明確で検出困難であったとしたら、それと比較したとき社会運動の方のつながりは、あまねく存在するものである。あらゆる社会運動は歴史的ルーツがあり、またほぼあらゆる時代の転換点には、社会変化を目指す草の根運動が認められる。六〇年代は疑いなく、草の根の社会変化という視点からは二〇世紀中最も重大な期間であった。黒人公民権運動の成功に始まって、人的動員の波から波がうねり盛り上がっていった――一九六四年バークレーでの自由言論運動から一九六八年にシカゴ続いてワシントンＤＣ、一九七〇年代にその他数百の街や都市で起こったベトナム反戦運動、一九六九年の同性愛者の権利のためのストーンウォール・イン暴動、一九七〇年のアースデイにおける環境保護のための大規模デモ、一九七〇年代に全国の会議室や寝室を席巻した女性解放をめぐる苦悩に満ちた論争から、一九八〇年代の中絶に反対する大規模で広範なデモへと広がった。[15]

一九六〇年代の社会的な積極行動主義は、参加しやすい、合法的な市民参加のレパートリーを大幅に拡大した。アラバマ州で黒人がバス乗車に対して起こしたボイコット（訳注：一九五五年、黒人女性ローザ・パークスが受けたバス乗車中の差別をきっかけに広がった、バスボイコット運動。キング牧師らが指導し、バス人種差別違憲の連邦最高裁判決を勝ち取った）は、カリフォルニアの農場労働者がブドウに、ミシガン州では中絶支持者が宅配ピザに、伝統的な家族価値観の支持者がフロリダのアミューズメントパークに、それぞれ適用してきた。多くの地域コミュニティで当局と対立してきた抗議デモも今ではお決まりの仕事となってしまい、今や警察とデモ側が共同の振付役となっている。米国社会の各部分において、左派右派のどちらの側でも、これまで静止状態であるか音もなく抑圧されてきた者たちが突然力を持ち、公共生活に投げ込まれたと感じたのであった。世紀の終わりにあたり、これらの社会運動が米国コミュニティや市民大半の生活に与えた影響をどう語っても誇張となることはほぼあり得ない。われわれの最もプライベートな時間にも、最も公的な時間においてと同様に、その行動や価値観にはこれらの運動の付けた刻印が刻まれている。(16)

社会運動と社会関係資本は非常に密接に結びついているので、どちらがニワトリでどちらが卵になるのか判断するのは難しいことがある。社会的ネットワークは、運動を組織するものにとって最中心となる資源である。読書グループは、婦人参政権運動の源となった。スリーマイル島原発事故後に起こったペンシルバニア住民の草の根抗議活動への参加を説明するのは、友人のネットワークであって環境保護上の共感ではなかった。公民権運動の絶頂期の「自由の夏」に誰が参加したかを説明するのは、理想や自己利害以上に、社会的な絆である。地域の教会での接触が、キリスト教徒連合《クリスチャン・コアリッション》（訳注：保守系キリスト教団体）の基盤にある連帯を説明する。(17)社会関係資本が、社会運動にとって必須のものであるというまさにその理由により、その衰退は将来の見通しを暗く覆い隠してしまう。

一方で社会運動は同時に、新たなアイデンティティをもたらし社会的ネットワークを拡張することによって、社会関係資本を創出する。(18)既存の対人的つながりが、「自由の夏」に参加するためにボランティアをミシシッピに向かわせただけではなく、その激動の夏が炉の熱となり、終生のアイデンティティと連帯が鋳造されたのである。「ミシシッピで彼らは、生き方やコミュニティのビジョンに触れ、それはボランティアの大半に強くアピールした」と、ボランティアの群像を描いたダグ・マカダムは述べる。そして彼らはそのビジョンを、学生運動、平和運動、女性運動、環境運動、その他多くに持ち込んだのだった。さらに、「ボランティアがミシシッピを後にしたとき、直接行動主義《アクティビズム》の方向性を有するようになっただけではなく、互いの結びつきを生かしたよりよい構造的地位を身につけ、そのような傾向に基づき行動した」。社会学者のケネス・アンドルーズが示したところによれば、一九六〇年代初期ミシシッピの公民権運動によって生成されたコミュニティの基礎構造は、地域のアフリカ系米国人の政治的勢力に対し、引き続く数十年にわたり影響を与えた。(19)

サンフランシスコでパレードするゲイ、首都の中央公園《モール》で共に祈る福音派信徒、あるいは古くはフリントでストをした自動車工であろうと、集団抗議運動はそれ自体が、持続的な連帯の絆を形成する。皮肉なことに、皆で歌うときに人気の、今では日常化した歌は、激動の社会運動にその起源を持つものが多い。「おお、スザンナ」「リパブリック賛歌」「勝利をわれらに」「風に吹かれて」といったものである。集団抗議は共有されたアイデンティティを、その参加者には確実に、そして時にはその後継者の中に強化し、「参加文化に個人を繋留する」[20]。すなわち、草の根の関与を持つ社会運動は、社会関係資本を内包しまた生み出すのである。

　全国レベルの「社会運動組織」――グリーンピースから、モラル・マジョリティまで――が同じようにうまくやっているのかどうかは別の問題である。社会学者のマーギット・マイヤーのような、六〇年代に成熟していった運動に共感的な評者でさえも、その運動の組織的名残は、しばしば首都ワシントンに基盤を持つ、常勤でプロのスタッフの運営する組織であって、「社会起業家《ソーシャル・アントレプレナー》」が裕福で良心のある後援者を啓蒙し、マスメディアを操作して世論に影響を与え、エリートの反応と政策変化を引き起こそうとしていると観察している[21]。事実、社会学者のジョン・マッカーシーは、プロの社会運動組織が「社会的インフラの欠落」への反応としてまさに立ち現れてきたと論じる。すなわち「社会変化を支持し、あるいは反対する感情が広範に広がっても、対応できるインフラの欠如が、その感情が動きとなるのを阻んできた」ということである[22]。

　マッカーシーの指摘では、中絶賛成も反対の立場もどちらも世論調査では相当数の支持を集めているが、この二つの運動は構造的には非常に異なっている。中絶反対運動は、教会を基盤としたの数千の草の根組織に基づいていて、既存の社会的ネットワークを基礎として支持者を直接行動に効率的に動員することが可能である。一例を挙げれば、一九九三年の全米中絶反対委員会は、一五〇〇万人の会員と七〇〇〇の地区支部があると主張している。対照的に、中絶賛成運動は（特に、女性解放のために組織化された草の根運動の一九八〇年代の衰退と共に）既存の社会的基礎構造を欠いており、それゆえにダイレクトメールや電話マーケティング、メディアキャンペーンのような技法を用いた、全国レベルの主張《アドボカシー》組織に強度に依存している[23]。例えば全米中絶・生殖権運動連盟の会員数は一九八九年の一三万二〇〇〇人から一九九六年の五〇万人へ三倍以上となったが、二年のうちに会員は一九万人にまで落ち込んだ。小切手に署名する以上のことをしていたものは三〜五％にすぎなかったと幹部は推測している。(24) メンバーのそのような揮発性は、入会がパーソナルネットワークではなくシンボリックな所属に基盤を持つことの象徴である。社会学者デブラ・ミンコフは、「対面での相互作用を築くための機会または資源が欠けている状況下において、そのようなシンボリックな加入は、孤立した個人をつなぐことができる唯一の動員構造となっているように思われる」と正確に観察した。(25) しかし、シンボリックなつながりを、パーソナルなものと混同してはならない。

これらのアプローチ——政治コンサルタントは「地上戦」戦略と「空中戦」戦略とラベル付けすることがある——のどちらかが、政治的に、あるいは道徳的に優越しているわけではない。むしろ、それは資源の性質の違いに応じて適用される。中絶反対派の地上戦は（以前に公民権運動の地上戦のように）既存の互酬性の社会的ネットワークが密な「社会関係資本に富んでいる」環境に用いられるが、中絶賛成派の空中戦は「社会関係資本に乏しい」環境で用いられる。後者のケースでは、「空中戦」技術を駆使するよく発達した全国社会運動組織の存在は、草の根参加の存在ではなく、むしろその欠如の兆候である。

一九六〇年代（そして一九七〇年代初頭）が並はずれて社会的、政治的動員の時期であったということに異論は存在しない。この時期の歴史的意義とは何だったのだろうか。そして何がその結果として続いたのだろうか。この時代の運動は、市民的関与の上昇の長い波の頂上を飾るもの——これまでの章で追ってきたいつもの曲線の湧き上がりとまさに同じもの——を表しているのだろうか？　そして後に後退したこの抗議のサイクルは、プロ化され官僚化した利益団体を残しただけで、今でも社会運動の幟を掲げていても展開しているのは軽装の防衛空軍であって、変革のための密集歩兵軍団ではないのだろうか。深化した市民性の誇るべき時代の遺物は、今やキャンピングカーのバンパーステッカー——「神《ジーザス》のために同性愛のクジラを核攻撃せよ」（訳注：各種運動のスローガンをごちゃ混ぜにしたパロディ）に残るものが全てなのだろうか。それとも、六〇年代は持続的で、より進んだ市民参加のレパートリーを生み出し、その遺産として数多くの新たな形態のつながり、「運動社会」を残し、そこでは「エリートに挑む」行動が絶え間なく、慣習的なものとなり、さまざまな多くの目標の主張者によって日常的に展開されるようになったのだろうか。[26]すなわち、一九六〇年代は新しい時代の誕生であったのか、それとも単にそのクライマックスだったのだろうか。

この問題は、厳密に答えるのが驚くほど難しい。この二〇年間の最良の学術研究のほとんどは六〇年代の子どもたちによって生み出されてきたためにだろうか、その多くは参加拡大の新たな時代が一九六八年に夜明けを迎えたことを当然のことと考えている。もちろん、特定の運動を取り上げたケーススタディには、揺り戻しや弱体化、後退やさらには静止を描いているものもある。例えば、組織化された草の根活動としては、公民権運動は一九七〇年までには後退、女性運動は一九八二年の平等権憲法修正条項の不成立と共に衰退を始めたことにほとんどの社会史学者は合意している。[27]対照的に環境運動に関する研究は、何百万もの人々を市民活動に駆り立てているその持続的な力を喧伝しているものが大半である。

二〇世紀最後の四〇年間の米国環境運動の発展は、一九六〇年代の社会運動の運命に対する教訓的な洞察を与えてくれる。シエラクラブや全米オーデュボン協会（ＮＡＳ）といった重要な自然保護組織の多くは二〇世紀の変わり目に創立されたのだが、環境保護主義の近代は一九六〇年代に始まり、全国で二〇〇〇万もの参加者を集めたと報じられた一九七〇年のアースデイがそれに花を添えた。続いてのワシントンにおける環境保護主義の受容と、エネルギー危機の到来とともに、この運動の会員数成長自体は一九七〇年代を通じて衰えを見せたが、レーガン政権下で引き起こされた環境保護増進に対する脅威の下で、一九八〇年代を通じて運動は盛り返しを見せた。ある推定によれば、一九九〇年には環境保護運動は全国で一万以上の組織を数えた。[28]

この四〇年間を経て、図43に示すように全国環境組織の会員数は爆発した。[29]主要組織の会員数は一九六〇年の一二万五〇〇〇人から一九七〇年の一〇〇万人に上昇し、一九八〇年には二〇〇万人に倍増、そこから一九九〇年には六五〇〇万人へと三倍以上となった。一九九〇年代には成長は大きく鈍化したが、それでも量的観点からは、例えば一九三〇年代から一九六〇年代にかけてのＰＴＡと匹敵するほどの特筆すべき組織上の成功例であり続けた。この目覚ましいブームは、熱狂的な観察者をして「参加環境保護主義」と呼ばしめさせた。

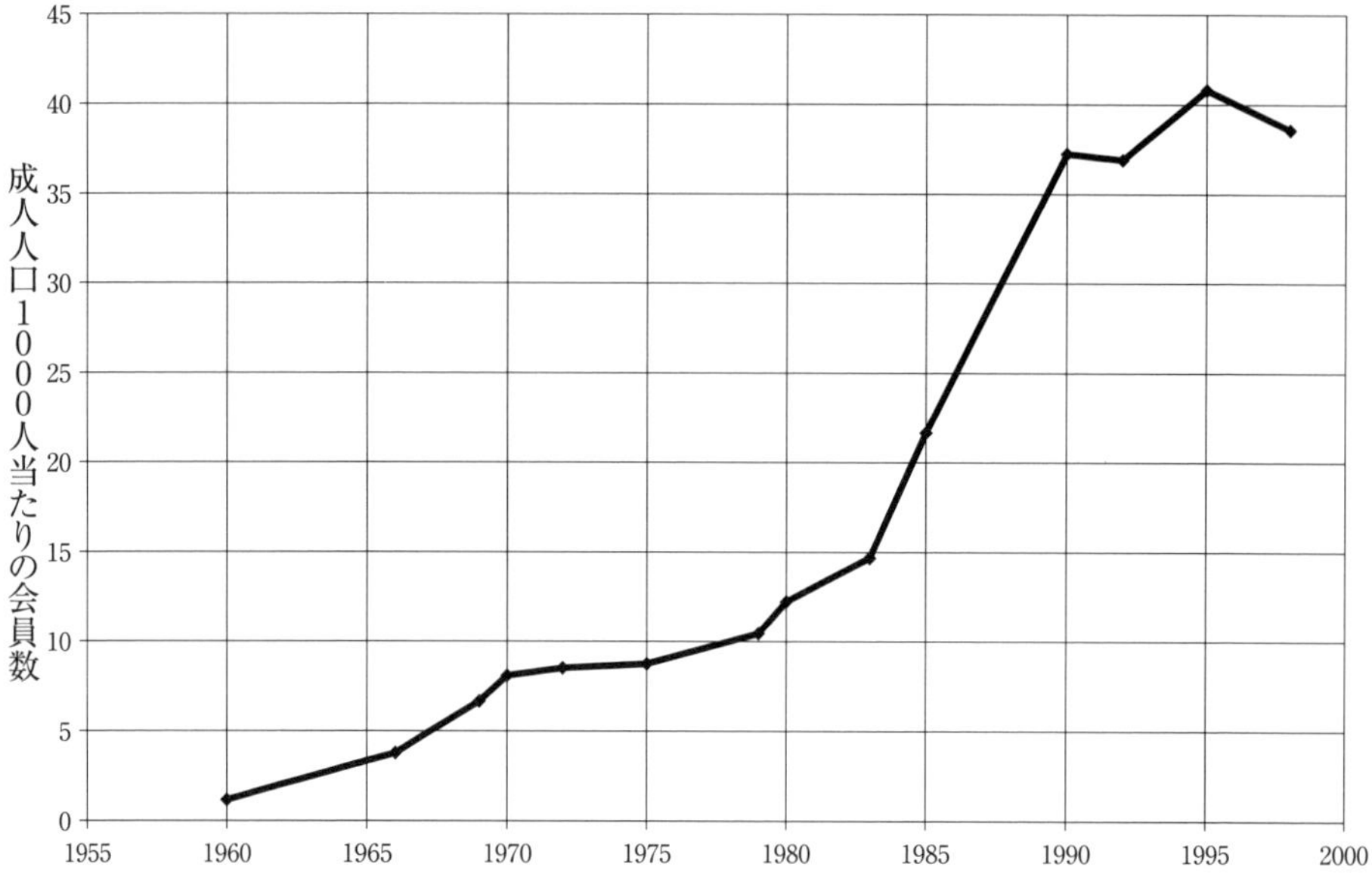

図43　全国環境運動組織の爆発的成長、1960-1998

この発展をグリーンピースを例にとり短くまとめる。一九七二年に創立されたこの組織の会員は、一九八五年の八〇万人から一九九〇年の二三五万人へと五年足らずの間に三倍となり、一〇年前に衰退してしまったライバル組織たちを遠く追い越して、米国で圧倒的に最大の環境保護組織となり、その規模は二位の競争相手である全米野生生物連盟の倍以上であった。環境保護組織のこの驚異的な成長は、他の多くの市民組織が衰退し、女性運動までもが弱体化したまさにその時期に生じたのである。一見したところ図43が示しているのは、過去数十年間に市民参加が全般的に低下しているのではなく、入会が「昔風の」ものから「現代的な」ものへ、ロータリークラブや女性投票者連盟から、グリーンピースやシエラクラブへと単に方向転換しているということであるように見える。

不幸なことに、概してこの沸き上がらんばかりの成長は、以前に名付けた「三次」集団——すなわち「会員」が意味するのは、本質的には寄付集めのための、言葉上の敬称手段であるような組織——の郵送リストを膨れさせただけであった。グリーンピース（や、イデオロギー的スペクトルのそこかしこに位置するその同類）への加入は、何百万もの学生、アフリカ系米国人、ゲイやレズビアン、平和活動家や中絶反対派をデモ行進や集会、座り込みといった一九六〇年代、一九七〇年代の社会運動に動員したような、対人的連帯や強い市民的コミットメントを表すものではない。図43の傾向を説明する決定的な変革《イノベーション》は、市民意識の深化ではなく、ダイレクトメールである。

一九六五年に、全米オーデュボン協会は入会勧誘の手紙を一〇〇万通郵送したが、これは五万人に満たない会員数の組織としては異例なほどの数字であった。六年間のうちに郵送料は倍増したが、それはオーデュボン本部が一九七一年に二〇〇万通の送付をしたからだった。その時点までに、年二五％に近いダイレクトメール成長増加の刺激により、オーデュボンの会員数は二〇万人に膨れあがった。このテクニックは環境保護組織の周囲に広まり、一九九〇年においてグリーンピースの年間郵送数は四八〇〇万通に及んだ。[30]

国内の主要環境保護グループの事実上全てが（「カリスマ」動物に捧げられたたくさんの小組織、例えばクーガー基金、「マナティーを救え」、「エリマキライチョウよ永遠に」、といったものと同様に）、動員と会員保持のツールとしてのダイレクトメール漬けになっている。[31] 実際、アイザック・ウォールトン連盟（訳注：イギリスの随筆家、伝記作家。主著に釣りをテーマにしながら自然を描写した『釣魚大全』）のような、断固としてダイレクトメールを拒否する数少ない環境全国組織は、この三〇年間に全く成長を経験していない。例えば、一九六〇年にアイザック・ウォールトン連盟には五万一〇〇〇人の会員があり、対してシエラクラブのそれは一万五〇〇〇人であった。一九九〇年には、ダイレクトメール成長ホルモンの三〇年が過ぎ、シエラクラブの会員数は五六万人に上ったが、対してアイザック・ウォールトン連盟のそれは五万人であったのである。[32]

ダイレクトメールの果たす効果はいくつかある。環境運動の資金調達に関する主導的な学術専門家であるクリストファー・ボッソは言う。「ダイレクトメールは、人々に問題とグループの双方について教育する上で、実入りのよい、比較的低コストの手段であった。それは個人参加のコストを、単に小切手に記入するだけにまで低めた」。組織にとってこのテクニックが「低コスト」であるかどうかは、われわれが勘定をいかにするかに依存している。これらの組織は募金活動と、それに関連する広告に予算の二〇～三〇％を割り当てるのが一般的である。[33]

同様に一般的なのは、応答率が一～三％であることで、これは郵送リストがいかに巧みに選ばれたかに依存している。「前渡し」あるいは「後渡し」の謝品をつけることによって、応答率は倍になる。ひとたび申し込みをすれば、新たな「会員」は忠実な組織的ペンフレンドを持つことになる。というのも平均的な環境組織は、「会員」に対して年に九回の募金要請を行うからである（公平を期すと、非営利組織から要請してくるダイレクトメール九通のうち八通は、開かれることなくゴミ箱に捨てられる）[34]。一年後のドロップアウト率は一般に三〇％だが、（一九八〇年代のコモン・コーズのように）ドロップアウトが五〇％を超えることもある[35]。その一方で、一年たってもとどまる会員は、よりあてにできる収入源である。環境保護運動の戦略《ストラテジスト》スタッフは言う。「会員を一人入れるのにはどれくらいのコストがかかるかよくわかっています。入会させるために資金を失っていることはわかっていますが、これは投資プログラムなのです」。

会員（実際には、「ドナー」「サポーター」がもっと正確な用語であろう）のリクルートは、厳密な科学となっている。「毎年入会させなければならない人が新たに何人いるかはわかっています」と、ある会員部長は説明する。「ダイレクトメール経由の割合は非常に大きいです。大量の郵送を削減するための手段はさまざまに検討していますが、現在のところこれが新入会員を得る最も効率的な方法です」。別の者が付け加える。「一定の損耗数があり……一定の成長率が必要で、応答率に基づくと、会員数と成長率維持のためにその数を郵送する必要があるのです」。三番目の人間は、警戒心のない率直さでこう書き送ってきた。「現在会員数は減少していませんが、ドナー一人当たりにかかるコストの許容範囲の中で新会員を入会させることはますます難しくなっています。新たなニッチ市場を見つけたものが勝者となるでしょう!!!」[36]

「会員」をリクルートするこのプロセスから予想できるように、組織的コミットメントは低い。対面の社会的ネットワークからリクルートされた会員（友人や親戚から会員資格《ギフト・メンバーシップ》を贈られた者を含む）と比較して、ダイレクトメールによる新入会員はドロップアウトしやすく、参加する活動が少なく、グループに対して感じる愛着が少ない。ダイレクトメール会員はまた、社会的ネットワークを通じた会員と比べて、より極端で不寛容な政治観を持っている[37]。したがって、一九八五年から一九九〇年の間に二三五万人へと会員数を三倍としたグリーンピースが、続く八年間で八五％の会員を失ったこともおそらくそれほど驚くにはあたらないだろう。
それと対照すると、終戦後に記録的会員数を達成し、図8にその苦闘をまとめたような「昔風の」支部基盤組織の中で、戦後ピークから世紀末までの三〇〜四〇年間の間に会員数を八五％も失ったものはない。[38] 古い組織と新しい組織のタイプの違いを理解すれば、その理由は明確でまた重要でもある。ムースクラブやハダーサの会員が組織に参加したのは、単に象徴的なつながりによるのではなくて、現実の人々との実際のつながり――すなわち、社会関係資本によるのである。米国在郷軍人会の地域支部の会員がそこにつなぎ止められているのは、愛国心や、退役軍人行政への財源増加を求めるロビー活動を願っているのが中心なのではなく、そこにいる連中との間の長きにわたる個人的つながりによっている。新しい組織におけるこの張力の強さはずっと弱い。クリストファー・ボッソが結論するように、メールオーダー組織のサポーターは、目標に対する「会員」であるというよりもむしろ「消費者」である。「グリーンピース会員数の一九九〇年代の急低下は、今日の売れ筋は明日は倉庫行き、という市場格言の反映であるかもしれない」。[39]
三次集団の加入者の大半は、自分を「会員」であるとすら考えていない。環境防衛基金「会員」の半数以上が、「自分を会員であるとは全く考えていない、送金した金はただの寄付である」と述べている。五大環境組織の「会員」に対する別の調査によれば、入会歴は平均して三年に満たず、半数以上が同種の組織に四つ以上入会し、自らを「活動中」とした者は八％にすぎず、これら全てが、純然たる「小切手入会」であることを一致して示している[40]（さまざまな組織間での入会の重複が目立つ理由は、もちろんダイレクトメール勧誘のせいであり、これらのグループが同じ郵送リストを使って掘り起こしをしているからである）。彼らは、環境保護主義という大義名分にとっての価値あるサポーターでありまた本物の支持者であるが、しかし自身はその大義に対して積極的ではない。[41] 彼らは自分自身を、一九六〇年にグリーンズボロの軽食カウンターに座り込んだ若きアフリカ系米国人（訳注：公民権運動のさなか、ノースカロライナ州グリーンズボロの白人専用の食堂カウンターに黒人大学生四人がコーヒーを注文して座り込んだ事件）のような運動の歩兵であるとは、いかなる意味でも考えていないし、われわれもそう考えるべきではない。

メールオーダー会員の間でコミットメントが最小となるのは、環境組織に独特のことでは全くない。例えば、コモン・コーズの会員のうちで、機会があればグループにおいてもっと積極的に活動したいと答えた者は五人中一人にすぎなかった。全米ライフル協会（NRA）の会員は一九七七年から一九九六年の間に——銃規制賛成の全国的傾向にもかかわらず（あるいはそのせいで）——三倍となったが、NRA会員の年次更新率はわずか二五%である。[42] 全米中絶権獲得運動連盟（NARAL）の「会員」で、自分を会員であると述べる者は半数にすぎない。NARAL会員の四分の三は、友人のうち何人が会員であるかわからず、三分の二は友人に入会するよう働きかけたことが全くない。これらの調査を行った社会学者のジョン・マッカーシーの結論では、この結果は「（NARAL会員は）組織の会員であることについて、友人と語ることがないことを強く示唆している」。[43] 確かに、自身がファンであり、プレイヤーではないと考えているとしたら、なぜそうする必要があるだろうか？

グリーンピースのような組織のメンバーは、「代理の」政治参加に関わっているとされることがある。[44] 実際には、リーダーも会員もそのグループを、参加民主主義の乗り物であるとは見ていない。地球の友《フレンズ・オブ・ジ・アース》やアムネスティ・インターナショナルの会員のうち、「政治的に積極的であるから」が加入の重要な理由であるとした者は五人のうち一人にすぎなかった。[45] 三次集団に詳しい二人の研究者は論じる。

メールオーダーのグループによって可能となる政治参加の形は、安価《チープ》な参加とラベル付けできる。比較的裕福な潜在的メンバーが真剣に考えたときの最低のコスト以下で、「本物の」参加のコスト（時間と金銭）をかけることなしに望みの政治的主張が可能となる……参加の性質がこのように偶発的なものであるということの方が、参加後の幻滅よりも、グループ間移動をよく説明する要因である。[46]

六〇年代における初期の観察者ですらも、これらの運動がどれほど真に参加的であるかについて疑問を投げかけていた。社会学者のジョン・マッカーシーとマイヤー・ザルドは一九七〇年代初期の古典的な分析の中で、「社会運動のメンバー基盤がこれまで歴史的に果たしていた機能を次第に肩代わりしていったのは、有給の組織職員、「社会不満の官僚化」、マスプロモーション・キャンペーン、職歴の特徴が社会運動参加であるようなフルタイムの被雇用者、慈善基金、そして政府自体であった」ことを強調している。一九九〇年代には、「フランネルのシャツを着た、ヒッピー的な反体制主義《フラワー・パワー》の時代は事実上消滅した。今日では……公益組織が雇っているのは経済学者、アイビー・リーグ出身の弁護士、経営コンサルタント、ダイレクトメールの専門家、そして広報責任者である」と政治学者ロナルド・シェイコが報告している。(47)

批評家の中には、この新たな三次集団を、少数支配で応答性が低く、政治的な裏切りあるいは「身売り」の産物であると批判している者もいる。これは筆者の見方ではない。反対に、政治学者のクリストファー・ボッソが説明するように「主要な環境グループは、成長しプロ化するか死に絶えるかを各組織に強いる政治的文脈の中で、成熟した組織に期待される役割を実際に演じている」。(48)会費をめぐる競争は、三次集団をその構成員に対して敏感なものとしており、支援を勝ち取ることができなかったものは死ぬしかない。さらに、伝統的市民組織は、少数支配という重大な特徴を有してきた。ロベルト・ミヘルスの有名な「寡頭制の鉄則」は結局、積極的な草の根会員を持つ組織を記述する言葉として生み出されたのだった。(49)私の主張は、ダイレクトメール組織が倫理的に悪であるとか、政治的に有効でないというものではない。代わりに政治的に行動してくれる他者を雇う方が、技術的に有効だということもあるだろう。しかしそのような組織は、会員間のつながりや、市民的なギブアンドテイクに対する直接参加をもたらすことはなく、「参加民主主義」を代表していないことは確かである。代理による市民性とは、矛盾した表現である。

図43において会員数の大幅な拡大を示した、十数の主要環境組織の中で、何らかの地域支部を有しているのは二、三しかない。ある組織の会員担当理事は、会員活動について尋ねたときにうんざりしてこう答えた。「会員の意味とは単に、過去二年間の間に最低一回、何らかの送金があった者というものです」。州・地域組織のフォーマルな構造が存在するものでも、それは衰退している。シエラクラブ自身の行った一九八九年の会員調査が見いだしたのは、平均的米国人に比べて会員がずっと政治的に積極的であるものの、シエラクラブの会合に一度でも参加したことがある者は一三%にすぎないということであった。全米オーデュボン協会は全国に数百の支部が

あると公称するが、例えばテキサスにいる二万八〇〇〇人の会員の中で、活動中なのは三～四％にすぎないとこの組織の州役員は推定している。すなわち、最も堅固な地域組織構造が現存している環境組織において活動中のテキサス州民は、一万五〇〇〇人中で一人に満たない。対比すると、「昔風の」ロータリークラブの昼食会に集まるテキサス州民は、毎週その二〇倍に上る。[50]

環境運動の詳細な観察者は、「一九七〇年以降の環境保護運動における根本的な変化は、草の根組織の数と重要性が急激に増大したことにある」と主張する。[51] 少なくとも表面上は、環境保護運動に対する公的支持は強大に思えるが、二〇世紀の終末にあたりそれは顕著なほど弱まった。一九九〇年のギャラップ調査では、米国人の四分の三が自身を「環境保護主義者」であると考えていると回答していたが、この数字は一九九〇年代を通じて急激に、また一貫して低下し、一〇年間の終わりには自称環境保護主義者の数は三分の一減少し五〇％となった。[52] 人々の六〇％以上がリサイクルのための特別な努力をしばしば行っていると述べており、過去五年間に環境組織に対して寄付を行った者は半数、環境問題についての請願に署名した者は三〇％、環境保護組織の会員である者は一〇％、そして環境問題の抗議やデモに参加した者は三％となっている。[53]

しかし、これらの推定が誇張されたものであるかもしれないと信じる理由がいくつかある。毒性廃棄物や国土保全のような問題に関する地域グループは近年ますます増加しているように思われるが、草の根の環境保護運動が全般的に成長しているということについての確実な証拠を見いだすことはできなかった。州、地域レベルの自然保護・環境組織の傾向、および環境保護主義に関する系統的な証拠について唯一見いだせたのは、実際には過去数十年におけるその低下を示唆するものだった。例えば、ヤンケロビッチ・パートナーズの行った年次調査によれば、米国人のうち「われわれの環境と天然資源を保護するために自分自身で行えることに関心がある」と答えた者の割合は一九八一年の五〇％から一九九〇～九二年の五五％まで不規則に増加したが、その後一九九九年の四〇％にまで一貫して低下した。二〇年近くの期間の中で、このバロメーター上の最低の記録である。[54] 草の根の環境保護主義の成長という主張に対する最も穏当な評決は、「証拠不十分」である。

「進歩的な」社会運動に対する草の根関与についての証拠が弱いものであったとしても、それと対比したときの、宗教保守派の間に見られる草の根の活動性に関する証拠はずっと強力なものである。一九五〇年代と一九六〇年代においてマッカーシズム、ジョン・バーチ協会、白人市民協議会、ウォレスの大統領選挙キャンペーンは、大衆を基盤とした保守、反共、人種分離運動を代表するものであるが、しかしこれらのグループがそれぞれ動員したのはせいぜいが数十万の参加者と、ずっと少ない活動家であった。一九七〇年代には根本主義《ファンダメンタリズム》の波に乗って、キリスト教右派が政治勢力として登場したが、ジェリー・ファルウェルが率いたモラル・マジョリティのような中央集権的な全国的ダイレクトメール運動は組織的には少なかった。しかし、一九八〇年代になると真の意味で草の根の保守的福音主義組織の形成がいくつか見られ、暴力的な中絶反対運動であるオペレーション・レスキューから、主流派寄りではパット・ロバートソンとラルフ・リードの率いたキリスト教徒連合《クリスチャン・コアリッション》、表面的には政治に関心のないプロミス・キーパーズまでその幅は広がっている。キリスト教徒連合とプロミス・キーパーズはそれぞれ数百万の積極的な参加者がいると主張しており、その桁は二〇世紀における、大衆を基盤としたあらゆる保守運動よりも大きい。どれも一〇年以内に創立された、これら特定の組織の運命は定かではない。しかしこれら（あるいは他の小さな、左右両派の宗教的基盤を持つ組織）が意味することはずっと重要である――非常に動機付けの強い、市民活動家による実質的な組織の登場である。(55)

　第二次世界大戦後の米国における宗教ブームの中で、プロテスタント福音主義の重心は、農村部、社会的な周辺部における根本主義《ファンダメンタリズム》から、ミドルクラスの郊外コミュニティへと次第に移動してきた。米国福音主義協議会（主流派のキリスト教会全国協議会の、福音主義における相当団体）に加盟する宗派の所属者は、一九四〇年代から一九七〇年代にかけて三倍以上となっており、また以前に見たように、福音主義教会はその後に起こった宗教信奉の低下で受けた衝撃が少なかった。(56)さらに重要なことに、根本主義が持っていた政治的関与に対する伝統的な嫌悪感は次第に逆転していった。

　一九七四年以前には、社会学者のロバート・ウスノウが指摘していたように、大半の研究の知見では、福音主義の信徒は他の人々と比べて政治参加の傾向が低かった――投票、政治的グループへの参加、公職者に対する投書、政治に対する宗教的関与に賛成することが少なかった。一九七四年以降はそれと対照的に、他の人々と比べて政治的関与が強いことを見いだした研究が大半である。[57] この歴史的変化は、部分的には政治参加に慣れている社会階層へと福音主義が拡大していったことによるものだが、同時に福音主義自体が市民参加に対してより好意的になっていったということもある。公共生活に対する福音主義の関与についての最新の研究の著者であるクリスチャン・スミスは「キリスト教の流派のうち、米国社会に影響を与えるための努力を実際に行っているものはどれだろうか。最も言行が一致しているのは福音主義者である」と見ている。[58]

米国政治の社会的基盤におけるこの重要な変化は、社会関係資本、市民参加、そして社会運動がいかにして互いを養い合っているかをうまく例証している。福音主義者の政治的動員は新たな争点（中絶、性道徳、「家族の価値」）、新たな技術（現代的な政治組織化のためのテレビその他の道具）、新世代の政治的担い手の影響を表しているという部分もある。他方で、環境保護主義者のような新たに動員されたグループとは異なり、福音主義コミュニティにおいては、政治化のための強固で持続的な組織的基盤がすでに存在していた。新しい福音的行動主義に関する詳細な観察者たちがすでに述べてきたように、「宗教的な人々は地域教会の網の目、宗教的な情報チャンネル、宗教的組織のネットワークに絡めとられており、それが動員を容易に可能としている」。[59] したがってこの社会運動は、米国社会の少なくとも一部分において、社会関係資本の蓄積を引き出しまた補充しているのである。

いくつかの点において、福音主義の活動家は国内のその他の活動家――より高齢で、教育水準が高く、裕福である――と非常によく似ているが、しかし生活における宗教の重要性が並はずれて大きい。宗教的活動家のある全国サンプルによれば、教会出席頻度が週一回を超えるの者が六〇〜七〇％であるが、比較対象の他の米国人ではそれは五％に満たない。そして、この展開に根本主義の祖先は仰天し恐らく衝撃を受けただろうが、彼らは平均的米国人と比較して、事実上全ての市民的、政治的行動形態において三〜五倍の積極性を見せている。[60]

一九九六年の選挙において、教会で友人と選挙について議論したり、宗教的な利益団体の接触を受けたという福音主義派信徒は、他の米国人と比べて二倍以上多かった。実際のところ、選挙キャンペーンに関して政党や候補者よりも、宗教団体から受けた接触の方がずっと多かったのである。この接触を予測する最も重要な変数は人

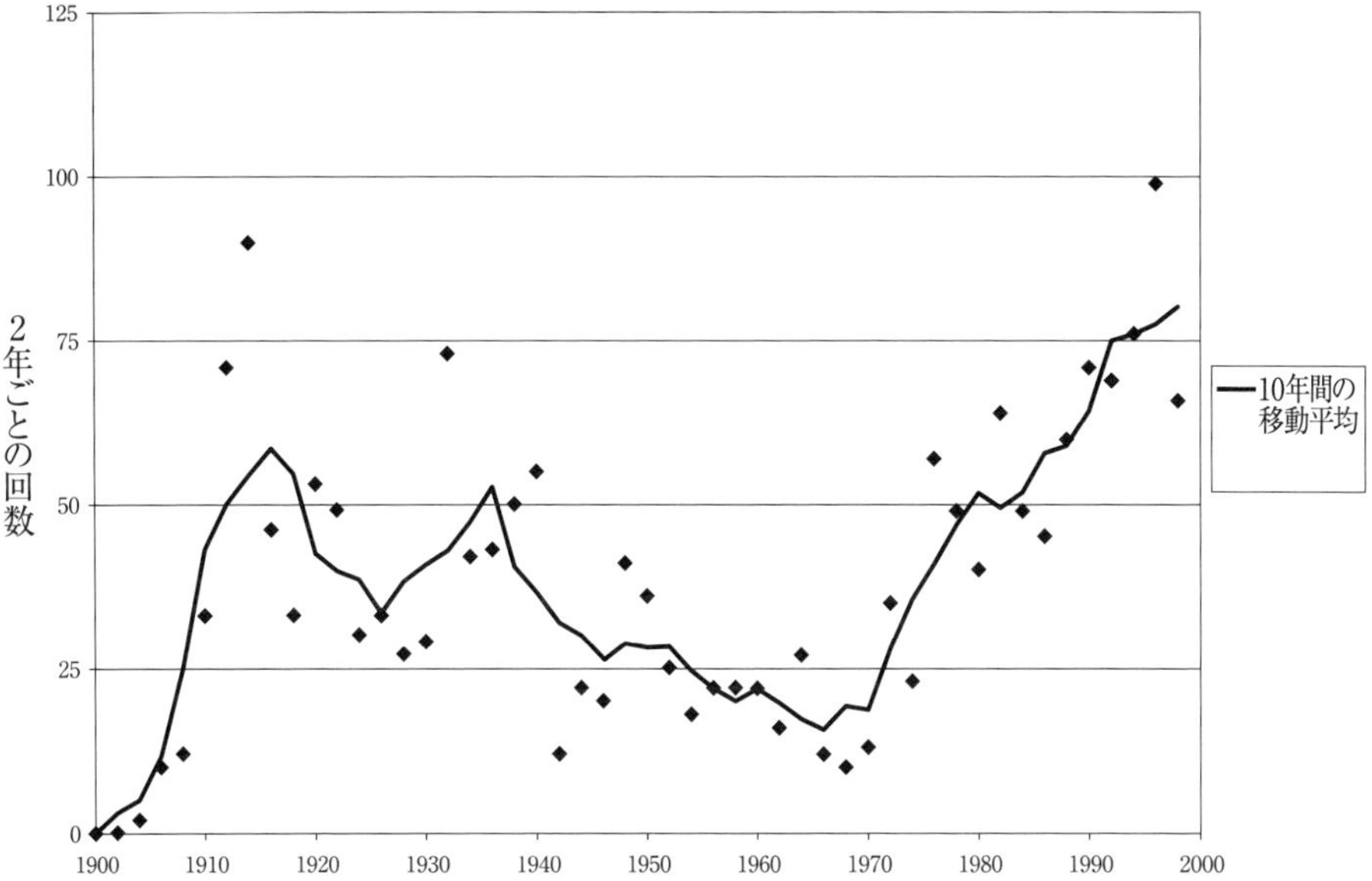

図44　米国で全州投票にかけられた住民発案、1900-1998

口統計学的なものでも宗派的なものでもなく、単純に宗教的コミュニティに対する社会参加であった。そしてこれらの宗教的接触——特に、教会における友人との政治的会話——は、誰が、そして誰に投票するかに対して明らかな影響を与えていたのである。教会コミュニティへの関与と政治的動員の間にある関連は、強力で直接的なものである。[61] 宗教保守派は過去四半世紀の中で最大の、最も良く組織された草の根の社会運動を作り出している。それはすなわち、六〇年代のイデオロギー的後継者ではなく福音主義キリスト教徒の中にこそ、先行各章で記述してきた市民参加の退潮傾向に対抗する湧き上がりの、最も強力な証拠が見いだせるということである。

一九六〇年代の社会運動によって持ち込まれた「エリートに挑む」参加様式が、政治的スペクトラム全体にわたって現在では慣習的なものになったという広範な仮説についてはどうであろう。ある指標によればその仮説は支持されているように見える。一九八〇年代と一九九〇年代に、住民発案《イニシアチブ》や住民投票《レファレンダム》が政治においてますます大きな役割を果たすようになったからである。実際、図44が示すように、二〇世紀において全州投票にかけられた住民発案の回数は、これまで探索してきた他の市民参加傾向に対し、ほぼ反転の鏡像になっている――世紀最初の一〇年から一九六〇年代末期まで低下し（例外は大恐慌期における上昇である）その後、世紀最後の三分の一において急上昇した[62]。ある政治的レトリックによれば、住民投票請求に見られるこの上昇は「全ての権力を人々に《オール・パワー・トゥ・ザ・ピープル》」の制度化された形態である[63]。

しかしその人民主義的な出自とは反し、これらの仕組みを市民参加拡大の信頼できる兆候であると捉えることはできない。第一に、全国の住民投票請求の半数以上が五つの州――カリフォルニア、オレゴン、ノースダコタ、コロラド、アリゾナ――で行われ、さらに最近の増加の多くがカリフォルニアのみに帰するものであるので、住民投票があらゆる場所において市民的関与の良い指標になっているわけでは必ずしもない[64]。第二に、市民活動家は海岸管理や任期制限のような問題を投票に付することもあるが、大半の研究者が同意しているのは、

過去二〇年間、成功した運動の事実上全ては、少なくとも大部分を請願配布業者に依存してきた。「キャンペーン財政に関するカリフォルニア委員会による」ある調査の結論は、「おおよそ一〇〇万ドルを費やすことのできる個人、企業、あるいは組織であれば、現在どのような問題でも投票にかけることができる……したがって、住民発案が全州投票にかけられる資格を有することになったというのは、もはや一般市民の関心の反映というより、むしろ寄付金集め能力のテストでしかない」というものであった[65]。

住民投票を目指してこのように署名を競うことも、普通の市民の間での政治的議論の拡大を誘発する可能性があると考える者もいるかもしれないが、研究によれば署名者の大半は何に署名しているのかを読んでいないことが示されている。キャンペーン期間中も、ダイレクトメールや、ラジオ・テレビでの発言を切り貼りした《サウンド・バイト》広告のような、その大半があてにならないようなものが、草の根活動よりずっと重要である。したがって、運動への支出額が結果を予測する強力な変数であることも、また住民投票の争点について「投票者の知識が非常に低いレベルである」ことが調査で示されることも全く驚くにはあたらない[66]。マサチューセッツ、ミシガン、オレゴンとカ

リフォルニアで一九七六—八二年に行われた住民投票請求に関する詳細な調査に基づいて、政治学者のベティ・ズィスクの下した結論は「住民発案・住民投票キャンペーンは、立法府に対する集団でのロビー活動を置き換えるというものからほど遠い、改革者が非難するような集団的活動のまさに代替チャンネルを提供しているように見える……直接参加の機会が、膨大な投票者を直接駆り立ててきたようには思われない」というものだった。(67) すなわち、住民投票請求が増加しているということは、市民参加よりもむしろ財政豊かな利益団体の力をうまく測っているのである。

ワシントンにおけるデモやその他の人々の抗議活動は、一九六〇年代末以降いくぶんか大きく、また頻繁になったが、そこではメディアに通じた抗議活動の組織者が、全国的なテレビ報道を勝ちとるための手段を洗練させていった。(68) 一九六〇年代の偉大なる公民権運動やベトナム反戦行進では、国中のコミュニティにおける持続的な行動主義がそれに先行しまたそれが後に続いた一方で、一九九〇年代の「ワシントン行進」は何らの持続的な、コミュニティ基盤の活動の保証を与えることはなかった。例えば、一九九七年一〇月四日に首都ワシントンの中央公園《モール》に男性五〇万人を集めた「身を張って防ごう《スタンド・イン・ザ・ギャップ》」集会は、米国史上最大の宗教集会であると言われているが、それを後援して六ヶ月もたたないうちにプロミス・キーパーズは事実上崩壊し、そのスタッフ全員を解雇したのだった。(69)

入手可能な調査データが示しているのは、過去四半世紀を通じて全国レベルでのデモ、抗議活動の割合がわずかながら増加しているということである。ローパー社会・政治傾向調査アーカイブによれば、抗議の行進や座り込みに参加したことがあると答える成人の割合は、一九七八年の七%から一九九四年の一〇%まで増加している。一九七〇年代、一九八〇年代、一九九〇年代に行われた他の調査もまた、デモや抗議活動への参加をおおよそ成人一〇人～一五人に一人と推定していて、その推定値は年と共にわずかに上昇する傾向にあった。中絶問題は単独で、そのような活動のおおよそ三分の一を占めていた。一方で、抗議活動を行ったことがあるという人々の割合が上昇していることは、一九六〇年代以前の世代の非抗議者が、年齢階層の最上部を離れつつあることによって説明できるのであり、底部において抗議者が追加されていることによるのではない。図45が示すように、現在

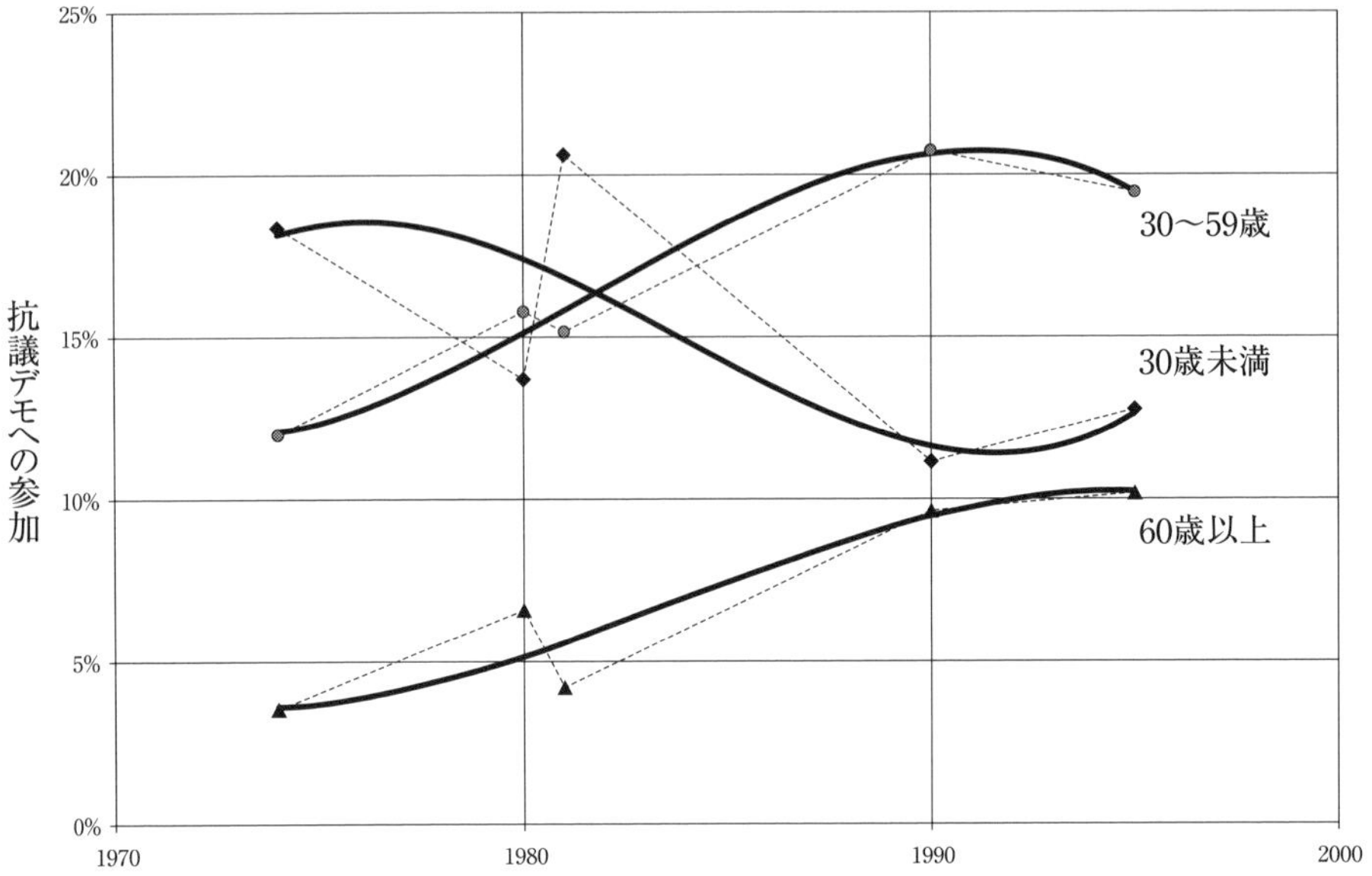

図45　抗議デモ活動の高齢化

二〇代の者は一九六〇年代、七〇年代にその年齢だった者と比べると抗議活動が少ないが、一九六〇年代世代自体の加齢により、中年や高齢者の間での抗議活動は拡大している。抗議行進に参加する者は、過去数十年の間に着実に、また急速に高齢化しているのである。[70]

抗議やデモが、従来的な政治活動に対する代替物ではなく補完物であるということは、抗議者がより普通の方法でも並はずれて政治的に積極的であるという意味でもはっきりとしている。デモや市民的不服従のような形での参加は、一九六〇年代と比べると今やありふれたものでなくなってしまったが、非参加者によって、合法的なものであるとずっと考えられるようになった。今日では三〇～四〇年前とは異なり、「運動型の」政治活動は政治的スペクトラム全体にわたって「標準的な処理手続き」として認められてしまっている。その一方で、実際の関与は人口の中でも小さく、また高齢化している部分に限られてしまっている。さらに第2章で触れたように、請願署名や地域の公的集会への参加はこの一〇～二〇年を通じて落ち込んできている。「運動社会」仮説を提案したデヴィッド・メイヤーとシドニー・タロウは、「二〇年前と比べると、議論の豊かな形態であると市民も認め、また実際に行っているものの量はずっと限られてきてしまっているように見える」と最終的に認めている。[71]

草の根的な抗議の低下は、強調されすぎるべきではない。一九九〇年代には、地域やキャンパスでの活動が着実に低下してしまったと同時に、ゲイ・レズビアン活動家や中絶反対派による活動が多く見られた。草の根の社会的抗議は今日、一九六〇年代や一九七〇年代のときと同じくらいありふれたものになっているだろう、そのような抗議に対する寛容性も明らかに向上している。しかし、草の根の社会運動に対する実際の参加が、伝統的な社会的、政治的参加形態における大幅な低下を埋め合わせるほどにこの数十年で成長したという証拠は存在しないことがわかっている。

テレコミュニケーションは、本書で想定した社会的つながりの増加に向けての逆転傾向の第三のものを構成しており、あらゆる点において最も重要なものである。周囲にありふれている電話が、最も示唆に富む例を提供している。二〇世紀を通じ、電話は指数関数的に増加してきた。図46の上部が示すように米国家庭への電話の普及は、よく見慣れた軌跡を描いている——世紀前半の三分の二での着実な上昇と、その例外としての大恐慌期の反転である。一九四五年から一九九八年の間に、一人当たりの市内通話回数は、年当たり三〇四回から二〇二三回に上昇し、同時に年間の一人当たり長距離通話も一三回から三五三回へと爆発した。この成長の大部分はビジネス、商用のコミュニケーションによるものだが、純粋な社会的通話もまた増加している。一九八二年には米国成人の半数近くが、友人や親戚とほぼ毎日（市内、長距離）電話で会話していた。遠くの友人や親戚との間のつながりは、最終四半世紀を通じて書き言葉から話し言葉へと変容しており、図46の下部が示すようにその傾向は一九八四年の長距離電話業界の規制緩和以後に加速し、その後一九九〇年代には明らかに水平化している。技術革新の急速なペース——とりわけ一九九〇年代の携帯電話の普及——が、電話をほぼ遍在的《ユビキタス》なものにし続けている。一九九八年のピューリサーチセンターの報告では、成人全体の三分の二が、前日に「単に話をする」ために友人や親戚に電話をしていた。[72]

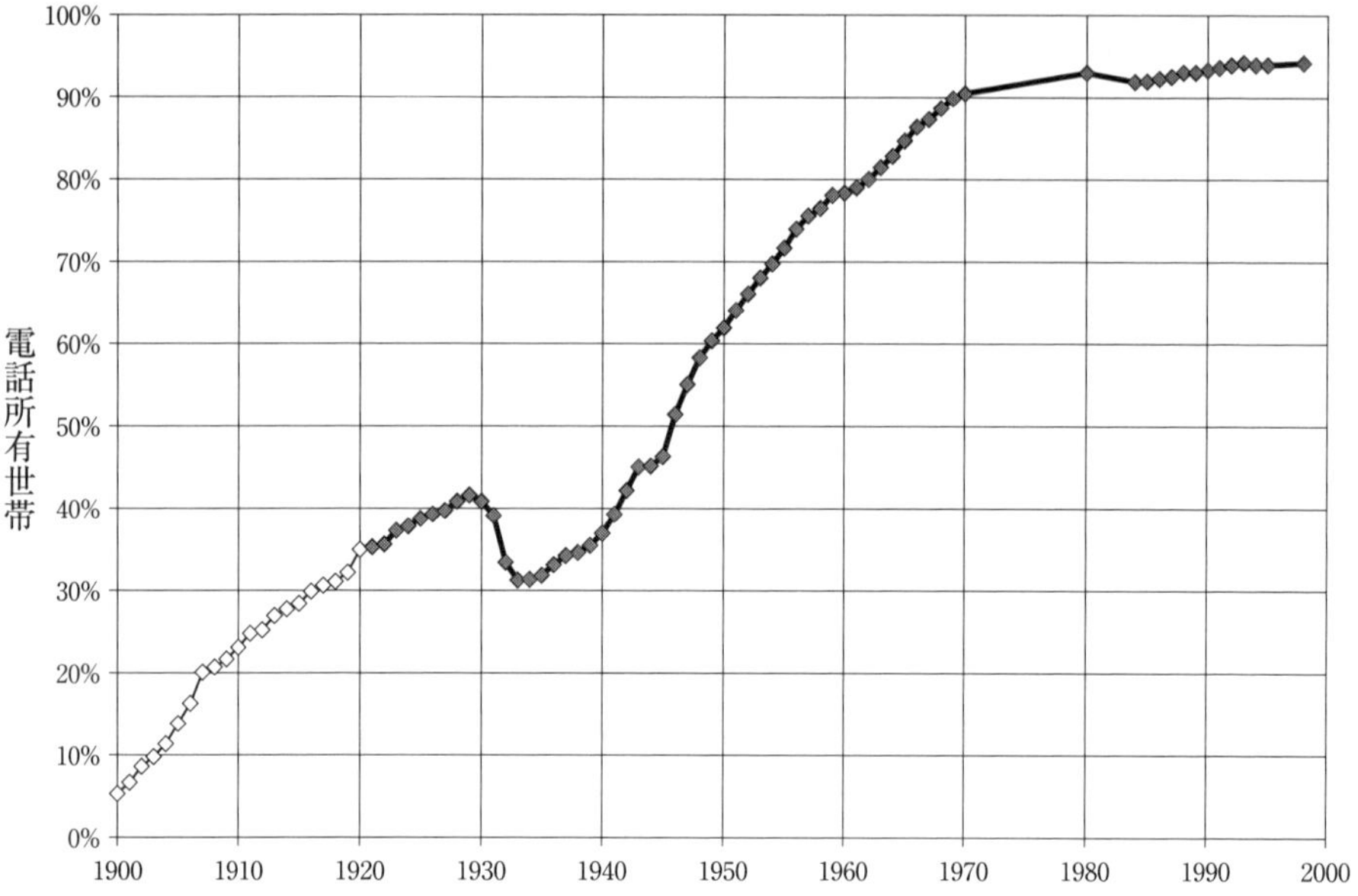

図46a　米国世帯に浸透した電話

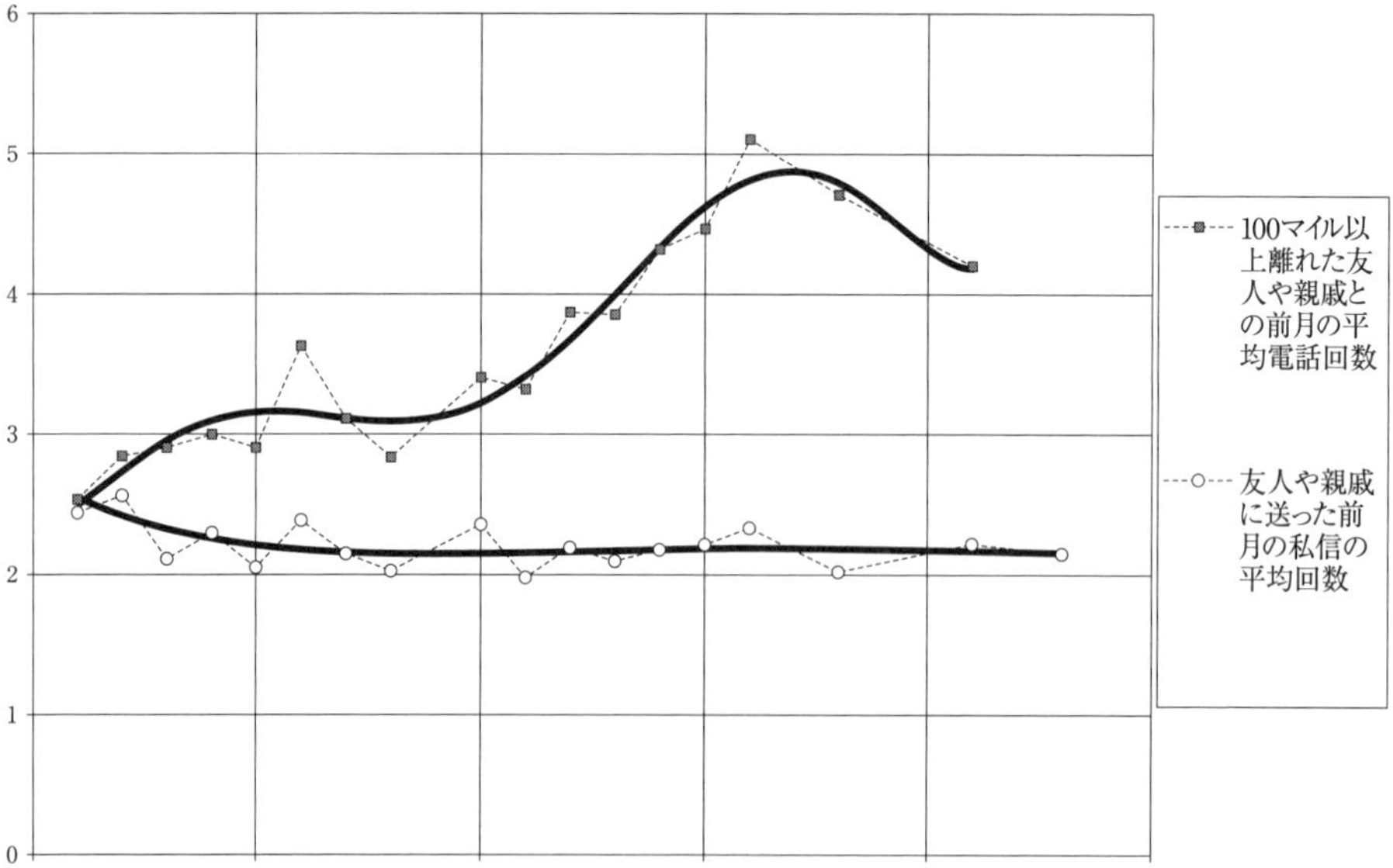

図46b　長距離個人通話と手紙における傾向

一八七六年の発明以来半世紀近くの間、電話の社会的意味はアナリスト、さらには電話会社自体にすらもひどく誤って判断されていた。社会的関係に対するインターネットの影響を予想する人間にとっても、電話の社会的重要性について貧弱な予測が仰天するほど次々と現れたことは、深い戒めの話となっている。アレクサンダー・グラハム・ベルはもともと、電話は放送的機能を果たすものと考えていたが、それは後にラジオ――栓から流れる音楽《ミュージック・オン・タップ》――の分野となった。二〇世紀に入ってもしばらくは、電話会社の重役はその主たる顧客はビジネスマンであると確信していたのだが、そのビジネスマンは実際には電話による「付き合い」には消極的であった。電話に関する社会学的研究の第一人者クロード・フィッシャーは「人々が実際に電話を使う仕方と、業界の人間がそれがどう使われている、あるいは使われるべきであると想像しているものとの間には、一世代以上にわたって不一致が存在した」とまとめている。(73)

後知恵で考えるという有利な点があっても、電話の社会関係に対する影響を評価するのは驚くほど難しい。この領域のパイオニアであるイシエル・デ・ソラ・プールはこのように観察する。

> どこを見ても、全く正反対の影響が電話にはあるように思われる。それは医者の往診を減らしたのだが、患者が自分から行くのではなく医者を呼びつけることを可能にすることにより、往診は増えるだろうと当初医者は信じていたのだった……それは中央権力の分散化を可能とするが、現場が中央によって絶え間なく監視されるということもまた可能となる……どのような仮説から始めても、逆の傾向も同様に出現するのである。(74)

社会的にいえば、電話には与える部分と奪う部分の双方がある。一九七五年にマンハッタンのロウワー・イーストサイドで、電話交換施設の火災により電話サービスの三週間にもわたる予期せぬ中断が起こったとき、サービス中断の起こった人々の三分の二が、電話なしでは孤立した気分になると答えていたが、三分の一の人々は、他者をこれまでより頻繁に訪問するようになったと答えていた。すなわち電話が、孤独感と対面社交の双方を減少させているように見えるのである。(75)

多くの論者が理論化したのは、電話が「心理的な近隣関係」を促進すること、すなわち人々の親密な社会的ネットワークを、物理的空間の限界から解放するということである。早くも一八九一年には、ある電話関係者はこの技術が「近接性を伴わない近所関係の新時代」をもたらすであろうと示唆している。しかし実際には、電話の社会的インパクトに関する最初の包括的研究（一九三三年）が見いだしたのは、（マスメディアとは異なり）点から点を結ぶこのメディアは、遠くとのつながりよりもむしろ既存のローカルなつながりを強化するということであった。一九七〇年代中盤における電話会社の記録によれば、家庭から発信された全通話の四〇〜五〇％が半径二マイル（訳注：約三・二キロ）内、七〇％が半径五マイル（訳注：約八キロ）内で行われていたという結果であったと言われている。住宅での全通話のおおよそ二〇％が一つの番号に対するものであり、おおよそ半数はたった五番号のうちの一つに対してなされたものであった。これらのデータをまとめてマーティン・マイヤーは、「人々は自分の住む近所の範囲内で、電話の大半をかけている」と結論している。マイヤーの報告では、電話を最も多く使う世帯の種類は、ティーンエイジャーのいる、同じ都市部の中で最近新しい地域に越した家庭である――すなわち、空間によって切り離されてしまった人間関係を維持するために使われていた。「電話で新しい友人に出会うことはない」[76]のである。

したがって、いくらか逆説的であるが、電話は既存の対人ネットワークを強化する影響を持っているようであり、それを変容させたり置換したりするようではない。図46上部の、二〇世紀前半の三分の二の電話の普及についてのグラフを、これまで示した同期間のコミュニティ参加に関するグラフのどれとでも比較してみれば、結論は明確である。少なくともこの期間、テレコミュニケーションと従来型の社会的なつながりは補完物であって、代替物ではなかった。同様に、クロード・フィッシャーの行った電話の社会的インパクトに関する歴史的分析の結論では、電話がパーソナル・コミュニケーションの可能性を広く拡張したにもかかわらず、それは「米国人の生活様式を根底から変えてしまうことはなかった。むしろ、米国人はその特徴的な生活様式を精力的に追求するためにそれを利用していた」。

電話の採用はおそらく友人や親類との個人的な会話を、これまで習慣的に行われていたよりも頻繁にさせた。同時に訪問の回数をいくぶん削減させることになったかもしれないが。全体で見たとき、通話はおそらく以前よりも社会的会話とその相手を増やすことにつながった……おそらくこれらの通話は遠くの訪問や、家族のメンバーとのおしゃべりを置き換えるものになったか、あるいは単純に、一人で過ごしていたであろう時間を取り上げることになった。

電話は他の傾向について、さらに関係があるように思われる。それは、私事化《プライヴァティズム》の増大である……広い、公的なコミュニティに対置された、私的社会に対する参加とその重視である……電話が、特に新しい組織的コミットメントに対して人々が関わることを可能にしたということについての証拠はほとんどない……家庭の電話がその加入者に対して可能としたのは、週に一度の長い会話の代わりに、親類や友人とおそらくは週に数回の短かなおしゃべりを通じてより頻繁な接触を維持させることである。電話による通話が、新たな社会的接触を切り開いたという兆候はほとんどない[77]。

すなわち、電話が旧友とのシュムージングを促進させたことは疑いなく、そしてその意味で、それは第6章で描いた人々の断絶のいくらかを埋め合わせてきた。その一方でそれは新たな友情を生み出すこともなく、マッハーに特有の活動を本質的に変化させたわけでもなかった。歴史学者のダニエル・ブーアスティンが、電話が米国の社会関係資本に及ぼした驚くほど平凡なインパクトをまとめている。曰く、「電話は単に便利なものにすぎず、人々が以前から行っていたことを、より気軽に、労力が少なく行えるようにしただけだった[78]」。

二一世紀の幕開けにあたって、インターネットへのアクセス拡大の時代から数年しか経過していないが、それでもこの新しいコミュニケーション技術の持つ意味が、米国社会に対して電話が及ぼした影響を矮小なものとしてしまうであろうと考えることを避けるのは難しい。この新技術の普及スピードは歴史上、ほぼ全ての消費者向け技術よりもはるかに急激なものである——そのライバルはテレビしかない。市場浸透度一%から七五%までに電話が要した時間は七〇年近かった。インターネットアクセスについては、それに相当する期間は七年少々ということになるだろう。ある調査機関の報告では、一九九九年春の時点で成人人口の三分の一近く（六四〇〇万人）がインターネットを使ったことがあると答えており、ほんの六ヶ月前から一〇〇〇万人以上の増加を示したのである。[79]

ほぼ全ての消費者向け新技術と同様、これも若い世代の間で急速に、また幅広く人気を博している。一九九九年に行われた研究では、若い人々は年長のコホートと比べると全般に政治的情報を探そうとする傾向がずっと低いが、インターネットをそのアクセス手段として好んで使う傾向はずっと高い。一方でそれとほぼ同時期に、米国退職者協会のウェブサイトが伝えるところではすでに毎月五〇万人の訪問者を集めていた。[80] この新メディアは、まるで催眠術のように、あらゆる世代の人々を引きつけている。

インターネットの船出から数年以内で、あらゆる伝統的な形態の社会的つながりや市民参加のまね物をオンライン上で見つけることができた。ウェブ上のバーチャル葬儀に会葬者は参列できた。雑誌『今日の葬儀サービス』の記者はAP通信に対して、オンライン葬儀は「それを無機的なものにしているけれど、しかし忘れ去られているよりはずっと良い」と答えている。バーチャルな結婚の誓いも登場した。アメリカ・オンラインは一九九七年六月にこれまで最大のサイバー結婚式を開いたが、そこでは何千のカップルが同時に式を挙げ、一方では見物人がバーチャル信徒席からその様子を「見たり」「はやしたり」したのだった。ヤフーにはバーチャルに祈ることのできる場所が総計で五〇〇以上ある。その一つのヤーレ・ヴィヤーヴォは正統派ユダヤ教のサイトだが、そこでは電子メールによるお祈りを、嘆きの壁に挟み込むためにエルサレムまで転送してくれる。復活祭《イースター》礼拝や過越祭のセデル（訳注：ユダヤ教の祭）、悲嘆《グリーフ》カウンセリングやガンのサポートグループ、ボランティア活動、サイバー恋愛、そして何十万ものチャットグループ、投票、ロビー活動、さらにエイズ行動協議会の「ワシントンバーチャル行進」では、二万三〇〇〇人の「ポスターを手にした行進者」が登録している——これらの、またそれ以上のバーチャルな社会関係資本をサイバースペース内に見いだすことができる。[81]

中心問題の一つはもちろん、「バーチャルな社会関係資本」とはそれ自体矛盾した表現ではないかということである。容易な答えは存在しない。電話の持つ社会的意味に関しての、初期の、非常に欠点の多かった推論が警告しているのは、インターネットに関しての同様な初期の推論も、同じように欠陥を持つ可能性があるということである。社会関係資本とインターネット技術との間の関係について、確信を持って述べられることは非常に少ない。しかし、以下のことだけは自明の理である。すなわちインターネットの爆発的普及のタイミングが意味するのは、それをこれまでの章で描いてきた社会的つながりの崩壊と因果的に結びつけることは可能ではないということである。投票、寄付、信頼、会合、訪問その他といったものの低下は全て、ビル・ゲイツがまだ小学校にいた頃に始まっている。一九九六年にインターネットが米国成人の一〇%にまで広まった時点で、社会的つながりや市民参加における全国的低下は少なくとも四半世紀は続いていた。インターネットの持つ将来的な意味が何であれ、二〇世紀の後半数十年間の社交が、物理的空間からサイバースペースへ単に置き換えられていったわけではない。インターネットはわれわれの市民的問題に対する解決策の一部になるかもしれないし、あるいはそれを悪化させることになるかもしれないが、サイバー革命が原因とはなっていない。

インターネット技術の初期利用者が、その他の者と比べて市民参加が劣っていない（すぐれてもいない）ことも判明している。一九九九年に三つの独立した調査（筆者のものも含む）が、インターネット利用者の高い教育水準を統制すれば、非利用者との間で市民参加に関して区別がつかないということを確認している。[82] その一方で、よく派手な話題となるこの手の結果に、ネットの影響について実証するところがほとんどないのは、関係する方向にネット利用者が自己選択している可能性があるからである。インターネット利用と市民参加との間にいかなる相関もないということは、インターネットが引きこもりのオタク《ナード》を魅了して彼らを活発にさせていることを意味するかもしれないし、またネットが市民的に精力的な人々を偏って引きつける一方、同時に沈静化させていることを意味するのかもしれない。ともかく、インターネットの長期的な社会的影響を実証的に評価するのは早計にすぎる。よって、ここではコンピュータ・コミュニケーションが米国の市民生活にとって持つ潜在的な利点、欠点について考察していく。そこでは、終末的な「暗い見通し」の予言者も、ユートピア的な「すばらしい新たなバーチャル・コミュニティ」といった擁護者もどちらもおそらく的確ではないということを前もって認識する必要がある。「バーチャル」コミュニティは、「リアル」なものとはどのように異なる可能性があるのだろうか。

「コミュニティ」と、「コミュニオン」、そして「コミュニケーション」は、その語源と同じように密接に関連している。コミュニケーションは、社会的、感情的つながりの基本的な先行条件である。テレコミュニケーション全般、とりわけインターネットは、われわれがコミュニケートする能力を大きく拡張した。したがってその全体での影響は、コミュニティを、おそらく劇的なまでに拡張するものになろうと考えることには、十分な理由があるように思われる。社会関係資本はネットワークに関するものであり、そしてインター「ネット」とは究極にはネットワークのネットワークである。社会学者バリー・ウェルマンのようなコンピュータ・コミュニケーション研究者の主張では、距離と時間の壁を取り除くことによって、「コンピュータが支える社会的ネットワークは、情報と社会的サポートを提供する強い、中間の、また弱いつながりを維持しており、それは特定の、あるいは広範な基礎を持つ関係性の両方にまたがるものである……コンピュータ・コミュニケーションは、人々が局所的、個人的なコミュニティの中心で、つながりの集合を急速かつ頻繁に切り替えながら振る舞う仕方を加速化させている」(83)。

電話が切り開く展望を夢見た一九世紀の未来信者によく似て、「バーチャル・コミュニティ」の熱狂者は、コンピュータ・ネットワークをある種のユートピア的コミュニタリアニズムの基盤であると考えている。コンピュータ・コミュニケーションに関する初期の予言者であったスター・ロクサーヌ・ヒルツとマレー・テュロフは、「似たような関心を共有する同僚や友人、そして「見知らぬ者」との間で、情報と社会情緒的コミュニケーションを大量に交換することを通じて、われわれはネットワーク国家《ネットワーク・ネーション》となるだろう……「地球村《グローバル・ビレッジ》」となるだろう」と予想した。インターネットの理論家マイケル・ストレンジラブはこう記す。

インターネットは技術を指しているのでも、情報を指しているのでもなく、それが指しているのはコミュニケーション——互いに語り合う人々、電子メールを交換する人々——である……インターネットとは、完全に双方向で、検閲のないマスコミュニケーションに対する集団的《マス》な参加である。コミュニケーションとは、あらゆるコミュニティが立ち、成長し、繁茂するために依って立つ基礎、基盤、根付く土壌であり、根である。イン

ターネットは、不断のコミュニケーターによるコミュニティである。(84)

「電《エレクトロニック》子フロンティアへの入植者」と自ら形容するハワード・ラインゴールドはこう語る。「コンピュータのスクリーンを通してしかアクセスできないコミュニティという考え方は、最初は冷たいものに聞こえたのだが、電子メールやコンピュータ会議に対し、人々が情熱的に感じることができるということがすぐにわかった。自分もその一員となった。コンピュータを通じて知り合った人々のことをいつも気にかけている」。電子フロンティア財団の共同創立者ジョン・ペリー・バーロウは、有史以来、コンピュータ・コミュニケーションの出現に比類できるものは見いだせないとしてこう言っている。「われわれは、火の獲得以来最大の、世界を変容させるような技術的事件の只中にいる」(85)。

インターネットは、物理的に離れた人々の間における強力な情報伝達ツールである。ここでの難問は、そういった情報の流れそれ自体が、社会関係資本と、正真正銘のコミュニティを育みうるのか、ということである。情報は、もちろん重要なものであるが、ゼロックス社の高名なパロアルト研究センターのジョン・シーリー・ブラウンとポール・ドゥグッドが強調するように、情報が意味を持つためには、社会的文脈を必要とする。彼らによれば「情報に強く焦点を当て、情報にさえ気をつけておけば残りの全てもうまくいくと暗黙のうちに仮定しているのであれば、それは結局のところは、社会的、道徳的側面を無視していることになる」。最もうまくいった場合で、コンピュータ・コミュニケーションは広範で効率的なネットワークを可能とし、社会的世界に対するつながりを強化し、われわれの「知的資本」を増加させてくれるというところだろう。なぜなら情報が、事実上コストなしで共有可能になるからである。パズルの異なるピースを持つ人々の共同作業は、より容易《たやす》くなるだろう。コンピュータ・コミュニケーションは大規模で、密で、しかし既存の組織的、物理的境界をまたがるような流動的なグループを支援することができる。それなしでは周辺的であるような参加者の関与を増加させることは、電子的コミュニケーションに関してある企業で行われた実験に参加した、最近の退職者の例でも見られている。(86)

コンピュータ・コミュニケーションに基づく社会的ネットワークは、共有された空間ではなく、共有された興味関心によって構成される。世紀の終わりにあたり、広範な、機能的に細分化されたネットワークが数千も立ち現れており、ＢＭＷ愛好者、バードウォッチャー、白人至上主義者といった全く異なる領域で、似た考えを持つ人々をつないでいる。電話の影響についての初期の推測を正確に（しかしおそらく無意識に）繰り返す形でＭＩＴのコンピュータ科学者のマイケル・Ｌ・ダートウゾスは、空間の共有よりもむしろ趣味の共有に基づく無数の「バーチャルな近隣関係」について思索している。[87] 確かに、サイバースペースは何千もの趣味やその他同じ関心を持つグループをホストしており、もしそのようなグループへの参加が広がりまた持続するようになれば、おそらく今回は予測が正しいということになるかもしれない。

バーチャル・コミュニティはまた、われわれが住む現実のコミュニティよりも平等主義的になる可能性がある。少なくとも今のところ、コンピュータ・コミュニケーションは議論のパートナーに関わる情報を劇的に切り詰めている。テキストベースのコミュニケーションにおける不可視性が、対面相手に対する事前の偏見を形成することを妨げているとラインゴールドは論じている。雑誌『ニューヨーカー』の有名なマンガで、ネット探索中の犬が述べているように、「インターネットでは誰も相手が犬だなんてわからない」のである（訳注 http://www.unc.edu/depts/jomc/academics/dri/idog.html で再録されたものを見ることができる）。したがってサイバーアクセスが拡大すると仮定すれば、「バーチャル・コミュニティ」は人種、性別、年齢のような肉体的要因については異質になっていく可能性があるが、後で見るように関心や価値観という点においては等質化が進行するかもしれない。[88]

匿名性と社会的手がかりの欠如は、社会的統制《コントロール》を抑制する――結局、それがわれわれが秘密投票を行う理由である。したがって、サイバースペースはある点ではより民主的であるように見える（皮肉なことだが、コンピュータ・コミュニケーションの利点は、少なくとも現在の技術では、それが対面コミュニケーションと比べると伝達する情報が「少ない」ということによるものである）。オンライン上の議論が、対面会合と比べてより率直で、平等主義的な傾向があるということを研究が示してきた。このようにコンピュータ・コミュニケーションは階層《ヒエラルキー》の平面化をもたらすかもしれない。職場ネットワークにおいては、コンピュータ・コミュニケーションが階層的でなく、参加が多く、公平で、地位の差によるバイアスが少ないことが実験で示されている。例えば女性

は、サイバースペース上の議論においては発言が中断されることが少ない。(89)

サイバースペースでは民主主義が増大するという主張の中には、慎重な研究よりもむしろ希望や誇大宣伝に基づくものもある。インターネットの政治文化は、少なくともその初期段階においては厳格なリバタリアン的なものであり、またいくつかの点ではサイバースペースが現しているのは、ホッブス的な自然状態であり、ロック的なものではない。インターネット上のコミュニティに関する思慮深い論者のピーター・コロックとマーク・スミスは、「広く信じられまた期待されているのは、オンラインでコミュニケーションと相互作用が容易になったことにより、民主的制度が繁栄し、新たで活発な公的議論の領域が到来するということである。しかし今のところ、大半のオンライングループは（運営者がいない場合《アンモデレーテッド》）アナーキーか、あるいは（運営者がいる場合《モデレーテッド》）独裁体制となっている」と論じる。(90)

インターネットが可能とする高速で低コスト、広範囲の動員は政治的オーガナイザーにとっての利点になりうる。特に考えの似た市民が広範に分散しているようなグループにとっての取引コストが減少するからである。例えば、一九九七年にノーベル賞を受賞した国際地雷禁止キャンペーンは、もともとジョディ・ウィリアムズがバーモント農村部の自分の家から、インターネットを通じて組織したものだった。早くも一九九五年には、「二万七〇〇〇人がネット上のニュースグループ alt.politics.homosexuality を定期的に購読しており、一日当たりの平均メッセージ数は七五に上る。その名前が示すとおり alt.politics.homosexuality は、政治とホモセクシュアリティに関する議論や情報伝達のためのフォーラムである」とマーク・ボンチェクが報告している。ボンチェクが見いだしたのは、このフォーラムへの投稿の中にこれらの問題についての、ホモセクシュアリティに対する共感と敵意の双方にわたる驚くほど幅広い立場が存在することだった。(91)

一方で、コンピュータ・コミュニケーションが意見表明のための閾値を引き下げた結果、トークラジオのように、それは熟慮ではなくただの騒ぎ立てをもたらすことになるかもしれない。例えば、一九九九年四月に『マザー・ジョーンズ』誌の裏表紙に登場した以下の広告について考えてみよう。

気になっているのなら
何かができる……簡単に！
www.ifnotnow.com
フルタイムの市民活動家になろう……
……一週間に五分間で！
いくつもの最高の社会提言《アドボカシー》グループが
情報を提供しています
緊急連絡《アラート》を読む、投書を送る、反応を得る
結果を見届ける——全てボタンのクリック一つです。
関わり続けるためには必要なのはここ一ヶ所だけ。
私たちの願いは、あなたの行動を容易にすること！
声を届けよう！
www.ifnotnow.com
今こそ無料トライアルにサインアップ！

一般的に言えば、市民的表明に対するこの近道は、第2章と表1で示したような現代の市民参加低下の顕著な特徴である、話すことと聞くことの間に見られる不均衡を単に強調することとなるだろう。「president@whitehouse.gov にメッセージを送る能力は……実際に手に入るよりもずっと大きなアクセス、参加、社会的近接性の幻想を与えることができる」とジョン・シーリー・ブラウンとポール・ドゥグッドは指摘する。[92] 何百万もの人間が、自分のものの見方をマウスのクリックで表現できるようになったが、それに耳を傾けている人は誰かいるのだろうか？

それにもかかわらず、コンピュータ・コミュニケーションが市民参加と社会的つながりに対して有する潜在的な利益は印象的である。インターネットは、何百万もの同胞市民、とりわけ関心は共有しているが、空間と時間は共有していない人々との間とつながるための、低コストでありまた多くの点で平等主義的な手段を提供している。実際には、社会的紐帯を時間の制約から解放したこと——専門家の用語では「非同期的コミュニケーション」によって——の方が、空間の解放よりも重要なインターネットの影響となるだろう。

その一方でこの見通しに対抗して、コンピュータ・コミュニケーションが新たなより良いコミュニティを生み出すという希望が直面する四つの深刻な問題を考察せねばならない。これらを、複雑さの増加する順で論じる。

「デジタル・デバイド」とは、サイバースペースへのアクセスの社会的不平等性を指す言葉である。インターネット初期においては確かに、ヘビーユーザーは若く、教育水準が高く、収入の多い白人男性が大部分を占めていた。国勢調査局による一九九七年の悉皆調査は、米国社会の中で最もネット接続の少ないグループは農村部の貧困者、農村部やインナーシティの人種的マイノリティ、そして若年の、女性が世帯主の家庭であることを見いだした。さらに、教育、収入、人種そして家族構造におけるこれらのギャップが拡大を続けており、縮小しているのではないという結果が現れた。メディア専門家のピッパ・ノリスの知見では、米国、ヨーロッパの双方において、インターネットがこれまで不活発だったグループを動員しているのではなく（部分的例外が若者に見られる）、むしろ政治参加における既存の偏りを強化していた。社会学者のマニュエル・カステルは強く主張する。

コンピュータ・コミュニケーションへのアクセスが文化的に、教育的に、経済的に限定的なものであり、また今後長期にわたってそうであれば、コンピュータ・コミュニケーションによる最も重要な文化的インパクトは、もしかすると文化的に支配的な社会的ネットワークの強化ということになるだろう。[93]

エリートの社会的ネットワークに対しての、持たざる者のアクセスが減っていくという、橋渡し型社会関係資本の先細りをもたらすこの一種のサイバー・アパルトヘイトの光景は非常に恐ろしいものである。しかしまさにその理由によって、それは取り組まれなければならない鍵となる問題として広く認識されている。現在の政治的方向から考えれば、この問題は扱いやすいものである。インターネットが二一世紀の公共事業の一つであると見なされれば、安価で助成支援によるアクセス（ハードウェアとユーザー・フレンドリーなソフトウェアの両方を含む）が図書館、コミュニティセンター、コインランドリー、さらには個人住宅において与えられることになるだろう。二〇世紀に低コストの電話サービスの助成が行われたごとくにである。インターネットがコミュニティのつながりに対して持つ第一の課題は深刻なものであるが、克服できないものではない。

第二の問題は、技術的な解決がより難しいものである。コンピュータ・コミュニケーションは対面コミュニケーションと比べると、伝わる非言語的な情報がずっと少ない。MITのダートウゾスが正しい問いを発している。曰く「将来の情報インフラストラクチャーを通じて、人間関係のどんな性質が十分に伝わり、またどれが伝わらなくなるであろうか？」[94]。

人間は互いの非言語的メッセージ、とりわけ感情、協力、信頼性といったものを感じ取る驚くほどの能力を持っている（虚偽の非言語的サインを見抜く能力が、長い人間の進化の過程の中で生存のための重大な有利性を与えていたという可能性があるだろう）。心理学者のアルバート・メラビアンは『非言語コミュニケーション』の中で、「感情の領域」においては人々の「表情、声色、姿勢、動作、身振り」は決定的に重要であると記している。言葉が、「それを含むメッセージと矛盾したときには、相手はこちらが語ったことを信じない――彼らはほぼ全面的に、こちらが何をしたかを信頼する」[95]。

コンピュータ・コミュニケーションは、現在および当面の未来においても、最もありふれた対面的接触の中でさえ発生しているような大量の非言語的コミュニケーションを隠してしまう（:)のような、電子メールの中の顔文字《エモティコン》はこの事実を暗黙に認めているものだが、これは現実の表情表現の中にある情報のほんの微かな痕跡を与えているのにすぎない）。視線、身振り（意図的なものと、意図しないものの両方）、うなずき、わずかな眉のしかめ、ボディランゲージ、座席取り、さらにはミリ秒単位で現れたためらい――対面的接触においては意識することなく通常処理されている、この大量の情報のいずれも、テキスト中には捕らえることができないのである。

さらに、組織理論研究者のニティン・ノーリアとロバート・G・エクルズは、対面接触においては、コンピュータ・コミュニケーションでは不可能な深さとスピードのフィードバックが提供されると指摘する。

電子的に媒介されたメッセージ交換と比較すると、対面的相互作用の構造は、中断、修復、フィードバック、そして学習に関して優れた機能を提供している。相互作用の大部分が交互の順番で起こるものと比べた場合、対面の相互作用では二者がメッセージを同時に送り、伝達することが可能となっている。対面的相互作用における中断、フィードバック、そして修復のサイクルは非常に素早く、ほとんど瞬間的なものである。［社会学者のアーヴィング・］ゴフマンによれば「話者は、自分のメッセージに他者がどのように反応しているか、それが完了する前であっても理解し、その途中で異なる反応を引き出すためにそれを変化させることができる」。相互作用が集団状況で行われているとき、相互作用者が対面の場合に同時に実行可能な「会話」の数を、他のメディアで再現することはさらに難しくなる。

コンピュータ・コミュニケーションにおける社会的手がかりの貧困さは、対人的な協力と信頼を抑制するが、それは特に相互作用が匿名で、広い社会的文脈の中に織り込まれていないときにあてはまる。対面とコンピュータによるコミュニケーションを比較した実験では、コミュニケーションのメディアが豊か《リッチ》になるほど、接触が社交的、パーソナルで、信頼深く、フレンドリーになることが確認されている。(96)

コンピュータ・コミュニケーションは確かに、対面コミュニケーションと比べるとより平等主義的、率直で、課題志向的《タスク・オリエンテッド》である。コンピュータ上のグループへの参加者は、広範な解決策を見いだすことが多い。しかし、社会的手がかりと社会的コミュニケーションの不足によって、コンピュータ上のグループでは合意を達成することが難しく、互いに連帯感を感じることが少ない。彼らは「脱個人化」の感覚を抱くようになり、グループの達成への満足感が低下する。コンピュータ上のグループは、共有する問題の知的理解に到達することは速い――おそらく社会的コミュニケーションにおける「余分」なものに気を散らされにくいからである。しかし、その理解を実現するために必要な信頼と互酬性を生み出すことはずっと苦手である。

ごまかしや裏切りが、コンピュータ・コミュニケーションではより多く見られるが、それは不正な表出や誤解が容易になるからである。コンピュータ状況での参加者は、社会的な細やかさによって抑制を受けることが少なくなり、極端な言葉遣いや非難に容易に訴えやすくなる。これは「フレーミング」とネット利用者の間でよく呼ばれており、コミュニケーションのイメージを、火炎放射器を持った取っ組み合いのようなものにしてしまっている。コンピュータ・コミュニケーションは情報の共有、意見の収集、解決策の議論にはよいが、サイバースペースにおいて信頼と善意を構築することは難しい。ジョン・シーリー・ブラウンとポール・ドゥグッドは「ネットを通じた相互作用は、経済的なものであれ社会的なものであれ、今後はデジタル暗号化のような比較的安価な改善によってではなく、そのような相互作用を取り巻く、技術的なものと並んで社会的なインフラストラクチャーとして安全になっていくべきだろう」と指摘する。(97)

これらの理由により、コンピュータ・コミュニケーションには頻繁な対面での接触が本来必要であるとノーリアとエクルズは示唆している、「広く、深く、しっかりした社会的下部基盤が存在すれば、電子メディアを利用する者も、他者が何を伝えようとしているのか真に理解することができるだろう」。バージニア州ブラックスバーグの電子コミュニティ・ネットワークでの経験からは、「電子コミュニティを物理的コミュニティの上部に直接かぶせれば、礼儀正しく振る舞うべく、非常に強力な社会的圧力が生み出されることになる。ネット上で誰かを怒鳴りつけたりフレーミングを仕掛けようとしても、彼らと雑貨屋でばったり会ったり、実は隣人であったりということになる」ことが示唆されている。(98) 言い換えると社会関係資本は、効果的なコンピュータ・コミュニケーションにとっての前提条件なのであって、それがもたらす結果ではないということかもしれない。

これらの問題全ては、明確な、実用的な問題を扱う場合はそれほど深刻な問題とはならないが、不確実性や曖昧さのある状況では重大なものとなる。もしコンピュータ・コミュニケーションが、継続中の対面関係の中に組み込まれているのならば、複雑さはずっと少なくなる。配偶者とのレストランでの待ち合わせを調整するのは、コンピュータ・コミュニケーションを通じて簡単に対処することができるだろうが、新たな隣人と、そのうるさいパーティについて口論するときはそうはいかないだろう。インターネット上の新しい友達との典型的な相互作用では、メディア自体の社会的手がかりの欠如を克服するために必須と思われる社会への埋め込みがまさに欠如している。対面ネットワークは密で境界が存在するが、コンピュータ・コミュニケーションのネットワークは疎で境界が存在しない傾向がある。バーチャル世界の匿名性と流動性は、「出入り自由」の「立ち寄り」的な関係を促進する。まさにこの偶発性が、コンピュータ・コミュニケーションの魅力であるというサイバースペースの住人もいるが、しかしそれは社会関係資本の創造を阻むものである。参入と退去があまりに容易だと、コミットメント、誠実性そして互酬性は発達しない。[99]

映像や音声でコンピュータ・コミュニケーションを拡張することが、これらの困難をいずれは減少させるかもしれないが、それがまもなく起こるという可能性は低い。低画質の動画でも必要な「バンド幅」の要件（コミュニケーション容量）は非常に大きいので、それが普及し、安価に入手可能となるには少なくとも一〇年以上はかかるだろう。さらに、コンピュータ・コミュニケーションのネガティブな影響――脱個人化、心理的距離、社会的手がかりの弱さなど――は高画質の動画によっても、減少はしても消え去ることはないことが、いくつかの実験的証拠により示されている。[100] 技術的変化のペースと幅は、コンピュータ・コミュニケーションが社会的交換に与える影響について予想することを難しくするが、サイバースペースにコミュニティを構築する上でのこの第二の障害は、デジタル・デバイドよりもさらに険しく見える。

第三の障害は、「サイバーバルカン化」という刺激的なラベルで呼ぶことができる。[101] インターネットは、関心を正確に共有する人々にコミュニケーションを制限することができる――単にＢＭＷ所有者というのではなく、ＢＭＷ２００２の所有者、あるいはさらに、ＢＭＷ２００２ターボの１９７３年式の所有者のみを、どこに住んでいるかや他にどんな関心を持っているかとは関係なく、といった具合である。この強力な専門化は、このメディアの大きな魅力の一つであるが、同時に橋渡し型社会関係資本にとっては敏感な脅威の一つでもある。ＢＭＷのチャットグループでサンダーバードについてコメントすることは、「トピック外れ」としてフレーミングを受ける危険を冒すことになる。比較として、ボウリングチームや日曜学校の参加者が、前振りとしてのありふれた会話をトピック外れとして閉め出すことのバカバカしさを想像するとよい。

現実世界の相互作用は、人々にしばしば多様性に向き合うことを強いるが、一方でバーチャル世界は、人口統計学的な意味ではなく、関心やものの見方という点でより等質になる傾向がある。場所を基盤としたコミュニティは、関心を基盤としたコミュニティに取って代わられていくかもしれない。コミュニケーション専門家のスティーブン・ドヘニー-ファリーナは、サイバーコミュニティの将来について、思慮深くまた好意的な評者であるが、このように観察する。

物理的コミュニティにおいては、自分とさまざまな点で異なっている人々と暮らすことを強いられる。しかしバーチャル・コミュニティはユートピア的集合体――関心、教育水準、趣味、信念、そしてスキルごとのコミュニティを構築する機会を提供する。サイバースペースにおいては不安定な地形を脱して世界を再構成することができるのである。[102]

サイバースペースにおける相互作用は、単一のつながりであることが典型的に多い。一九世紀米国史に関する私の電子グループのメンバーが私につながっているのは、そのトピックにおいてのみであり、近所の隣人とは違って、スーパーマーケットや教会、球場でも会うということはない。もちろん、インターネット・コミュニティがどのように発展していくかについて確実なことはわからないが、もしバーチャル・コミュニティが現実世界のコミュニティよりも単一のつながりであることが多いということになれば、おそらくそれはサイバー上のバルカン的小国分裂化を促進することとなるだろう。

地域的な異質性は、空間を超えて合体したコミュニティとして、集中的なバーチャル等質性に取って代わられるかもしれない。インターネット技術は、赤外線天文学者、ワイン通、スタートレック《トレッキー》ファン、白人至上主義者に対して、そのサークルを考えの似た仲間たちに狭めることを可能とし、またそれを促進する。「無関係な」メッセージの選別を自動化するような「フィルタリング」技術が問題を悪化させる。コミュニケーションの増加が趣味や関心を狭めると同時に、思いがけない偶然の関係ができる可能性が減っていく——知識や関心の量が増える一方で、その対象はますます減っていくのである。この傾向は、狭い意味での生産性を向上させるかもしれないが、一方で社会的凝集性を低下させる。

一方で、われわれが現在住む現実世界の異質性をロマン化すべきではない。「類は友を呼ぶ」というのは、コミュニティの等質化傾向がインターネットにはるかに先行するということを思い起こさせることわざである。サイバースペースにおけるさらに狭く集中したコミュニティの可能性が現実のものとなるかどうかは、生活の中の「バーチャル」な側面が、人々の基本的価値観や社会的リアリティに合致するかどうかに多くがかかっている。さらにコンピュータ科学者のポール・レズニックが、今後進化していくのは全てを包括する「サイバーコミュニティ」でも、水も漏らさぬ「サイバーゲットー」のどちらでもなく、部分的にメンバーが重なり合う多重の「サイバークラブ」におそらくなるであろうと指摘している。このような世界では、別個のグループを橋渡しする弱い紐帯が、織り合わされたコミュニティのコミュニティを生み出すことになるだろう。[103]

最後の潜在的障害は、推論的なものであるがさらに不吉なものである。それはインターネットは実際問題として、素敵な電話になるのだろうか、それとも素敵なテレビになるのだろうかということである。言い換えれば、インターネットは主として能動的な、社会的コミュニケーション手段になるのだろうか。それとも受動的な、プライベートな娯楽手段になるのだろうか。コンピュータ・コミュニケーションは、対面的なつながりを「締め出して」しまうのだろうか。特にこの領域は、結果を知るにはまだ早すぎる。まだかなり予備的な証拠が示しているのは幸いなことに、インターネットの利用時間はブラウン管の前で過ごす時間を置き換えているということである。一九九九年に行われた調査の一つでは、インターネット利用者のうち四二％が結果としてテレビを見なくなったと答えており、それに対して雑誌を読まなくなったと答えた者は一九％、新聞を読まなくなったというものは一六％にすぎなかった。その一方で、初期の実験研究の知見では、インターネットの過度な利用が社会的孤立やさらには抑うつを引き起こしているというものもある。[104] このような兆しが散らばる中での、最終的な警告は以下である――インターネットの発展を現在支配している商業的な動機付けは、コミュニティ参加よりもむしろ、個人的な娯楽や商取引を強調する方向に向いているように思われる。もしコミュニティ・フレンドリーな技術がさらに開発されるためには、その動機付けは市場の外側からやってくる必要があるだろう。

楽観的、悲観的な双方のシナリオを検討してきたが、テレコミュニケーションが社会的つながりや市民参加に与えると考えられる影響について、どのような結論が出せるだろうか。電話の歴史が思い起こさせるのは、ユートピア主義も嘆き節も、どちらも見当違いとなる可能性が高いということである。さらに、コンピュータ・コミュニケーション対、対面的な相互作用という問題が眼前に存在すると仮定することには、根本的な誤りがある。電話の歴史とインターネット利用に関する初期知見の双方が強く示唆するのは、コンピュータ・コミュニケーションは、対面コミュニティの代替物となるのではなく、補完物となるだろうということである。

とりわけ、電話の利用と著しく類似することとして、社会学者バリー・ウェルマンと共同研究者が、学術研究者によるコンピュータ・コミュニケーションの利用に関する注意深い研究によって見いだしたことがある。インターネットは研究者が遠く離れた絆を維持するのに役立っているが、それでも物理的近接性の持つ意味は重要である。互いによく会ったり、近くで働いている研究者の方が、相互にやりとりする電子メールも多い。インターネット上の頻繁な接触は、対面での頻繁な接触を補完するものであって、それに取って代わるものではない。[105]

この知見は、コンピュータ・コミュニケーションの熱狂的擁護者であるＭＩＴの研究者ダートウゾスによる、詳細な情報に基づく予測と完全に一貫している。曰く「あまり重要でないビジネス上の関係やその場限りの社会関係は、純粋にバーチャルな基盤の上に打ち立てられまた維持されるようになるものもあるだろうが、重要な専門的、社会的接触を固め強化するには、物理的近接性が必要になるだろう」。「コーネル大のコンピュータ科学教授ダン・ハッテンロッカーは、デジタル技術はすでに形成されたコミュニティを維持するのに長けていると主張する。それは、コミュニティを作り出すのは得意ではないのである」。[106] しかし、コンピュータ・コミュニケーションの主たる影響が、対面関係を置き換えるよりもむしろ強化することにあるのなら、ネット自体で社会関係資本の衰退を逆転させることは起こりそうにない。

最後に、インターネットの未来が何かの心ない「技術的要請」によって決定されると仮定することはできない。最も重要な問題は、インターネットが人々に対して何を行うかではなく、人々がインターネットを使って何をするか、である。いかにすれば、コンピュータ・コミュニケーションの持つ巨大な可能性を用いて、社会関係資本への投資をより生産的なものにできるだろうか。この有望な技術を用いて、コミュニティの絆を太くすることはどうしたら可能になるだろうか。社会的存在感、社会的フィードバック、社会的手がかりを増加するための技術開発はどのようなものになるだろうか。何か遠い世界の「バーチャル・コミュニティ」に幻惑されるのではなく、擦り切れ始めた現実のコミュニティという織物を強化するために、有望なこの高速で安価なコミュニケーションをどう利用できるだろうか。すなわち、いかにしたらインターネットを、解決策の一部となし得るであろうか？世紀の変わり目において、コンピュータ・コミュニケーションの領域における最も刺激的な研究のいくつかは、こういった問題にまさしく目を向けている。本書の最終章において、これらの見通しのいくつかに言及することになるだろう。今のところの結論としては、インターネットが、伝統的な形態の社会関係資本における低下を自動的に補うということはないが、その十分な可能性はある、というものである。確かに、現代の市民的ジレンマが、コンピュータ・コミュニケーションなしに解決されると想像することは難しい。

小集団、社会運動、テレコミュニケーションに関する証拠は、先行章における証拠と比べて曖昧さが大きい。全体を考慮したとき、市民参加の低下傾向に対抗する明らかな例外となっているのは、(1)第7章で論じた青年ボランティアの増大、(2)テレコミュニケーション、特にインターネットの成長、(3)福音主義保守派の草の根活動の活発な成長、そして(4)自助サポートグループの増加である。これらの多様な逆流は、社会が同時進行で複合的に発展していくということを想起させる貴重な存在である。筆者が並べてきた全般に憂うつなストーリーに対するこういった例外は、市民性再興に向けた元気あふれる可能性に注意を向けてくれるものである。しかしそれでも、米国人の大半が二〇～三〇年前と比べてコミュニティとのつながりを多くの点で失っているということよりも、これらの発展の影響が大きいということにはならない。改善のための方法の可能性を探る前に、引き潮の起源を理解する必要がある。二〇世紀の前半三分の二の特徴であった、市民精神あふれる傾向が、この数十年で逆転した理由を説明できるものは何だろうか。本書の次の部で、この難題に目を向ける。

第3部

なぜ？

第10章　序論

二〇世紀後半の三分の一を通じてアメリカでは、社会的なつながりと、市民参加に対して重要な問題が発生した。その理由を探る前に、これまで見てきたことをまとめてみよう。

この世紀の前半三分の二の間までは、人々はそのコミュニティでの社会的／政治的生活において、ずっと積極的な役割を担っていた。教会や集会所で、ボウリング場やクラブの部屋の中で、そして委員会のテーブルやトランプのテーブル、そしてディナーのテーブルを囲みながら。年を追うごとに、慈善活動に気前よく寄付する額も増え、コミュニティ事業には積極的に参加するようになり、(信頼できる証拠を発見できる限りにおいては)他人に対して、ずっと信頼できるように振る舞っていた。不可解にも、そしてほぼ同時多発的に、こういったこと全てを、以前より行わなくなり始めたのだった。

現在でも米国においては、他の多くの諸国よりも市民的参加の度合いが高いが、しかし自身の過去と比較すると、相互のつながりが失われてしまっているのである。人々は今でも、公共の風景を、関心を持ちながら、また批判的に眺めてはいる。ゲームに後ろから口出しはするが、しかし自分ではプレイしようとしないのである。団体の公式な所属の肩書きは何とか取り繕うが、しかし実際に参加することはほとんどない。自らの要求を表現するための新しい方法を発明したが、それを必要とする人は少ない。集団での議論や判断には、投票所のブースであれ集会所であれ集合することはめっきり減り、集まったときには、友人も近所の人もほとんど来ていないことに失望する羽目になる。金も、（年配の市民という重要な例外を除けば）時間も出し惜しみするようになり、また見知らぬ人に対して「疑わしいときは、その人に恩恵を」与えるということをしなくなった。彼らは、もちろん、施した恩恵を返してくるのだが。

全ての社会的ネットワークが衰退していったわけではない。薄く、単一のつながりの、たまたま流れ着いたような相互作用が、密で、何重にも撚《よ》り合わされた、活発に活動しているものを次第に置き換えつつある。社会的つながりのますます多くが、その場一度限りの、特定の目的を持った、そして自己中心的なものになっている。社会学者のモリス・ジャノウィッツが数十年前に予見したように、まるで有限会社ならぬ「有限責任コミュニティ」を、あるいは社会学者のクロード・フィッシャー、ロバート・ジャクソンと共同研究者らの使ったまだ救いのある表現によれば、「パーソナル・コミュニティ」を発達させてきたのである。(1) 地域支部や長い歴史、多重の目的、そして多様な構成員を持つ大きなグループに取って変わっているのは、蒸気のようにはかない単一目的の組織であり、「われわれの生活の流動性を反映するために、つながるのも、また同様につながりを壊すのも容易となっている」小さなグループである。(2) 近隣の人々との、気の合う人もそうでない人も同様に顔を突き合わせた関係を過去にもたらしていた草の根グループは、目まぐるしく立ち現れた、専任スタッフの率いる利益団体が、われわれ自身のうちのほんの狭い部分を代表するようになった陰に隠れてしまっている。地域型の社会関係資本は、機能型のものによって補完されつつある。われわれは、自らのコミュニティをこれまで構成していた、これら互酬性のネットワークから抜け出しつつあるのである。

最も不思議なのは、以前悲観論者たちが自ら確認したと考えたコミュニティの凋落とは異なり、この社会関係資本の衰退は、ピルグリムたちが最初に上陸したときに始まったのではないということである。それどころか記憶をたどる限りは、潮流が力強く流れていた方向は全く逆で、社会的、政治的参加はますます積極的に、寛容と信頼は惜しみなく、そしてつながりはますます増加していたのである。この二〇～三〇年に起こった潮流の逆転がいかに詳細に測定されていようと、その唐突さ、徹底さ、そして思いがけなさは、実に興味深い謎を作り出している。一九六〇年代と一九七〇年代に始まり、一九八〇年代と一九九〇年代に加速化した、米国のコミュニティという織物の解きほぐしは、いったいなぜ起こったのだろう。その編み直しについて考える前に、まずはこの謎に目を向ける必要がある。

筆者が正しいとすればこの謎解きは、米国民主主義の未来にとって一定の重要性を有している。これは、他殺体があり、犯行現場には手がかりが散らばっており、容疑のかかるものは多数に上るという古典的な難事件である。しかし、全てのよくできた探偵小説がそうであるように、いかにもあやしい悪人には完全なアリバイがあり、重要な手がかりは、幕の上がるずっと以前に起こった不吉な前兆を匂わせている。さらに、アガサ・クリスティの『オリエント急行殺人事件』のように、この犯罪には複数の実行犯がおり、首謀者と共犯者を分ける必要がある。では、始めるにあたって、この謎が完全に解けているわけではないということをはっきりとさせるために、手がかりの分類を共に行っていこう。

連続犯罪を解決しようとする（あるいは、同じことだが、伝染病の流行を理解しようとする）ときには、捜査員は犠牲者の共通する特徴に目を向けるのが常である。全てが金髪女性か、シーフード好きか、左利きかといった具合に。同様に社会科学者も、社会参加の減少のような傾向に直面したときには、その影響が集中しているところに目を向ける。参加の急落が都市郊外に集中していれば、それは一つの説明を示唆することになるだろうし、もし（例えば）働く女性で最も低下しているのなら、他の解釈の方がもっともらしいということになるだろう。私も、そのような幅広い戦略に従い、市民参加の低下が、時空を超えて、どのような社会的特性と相関しているのか探すことにする。しかしまず始めに、この戦略の二つの弱点を認識しておかなくてはならない。

第一に、社会変化によって引き起こされた影響は、最初の接触地点からしばしば広がってしまうということがある。例えば、女性が有給労働力に移動したためにディナーパーティが衰退した――そして、その見方を支持するいくらかの証拠は見つかるのだが――として、そのような展開は、家の外で働く女性の間のみならず、招待を一手に引き受けるのに疲れた家庭の主婦の間でもディナーパーティを開かれにくくするかもしれない。この事例では、労働とディナーパーティの間には、（仮説に従えば）前者が後者を突き崩していったのだとしても、個人間ではゆるやかな相関しかない可能性がある。通勤時間の長さ、あるいはテレビが友愛組織の衰退の引き金を引いたのだとしても、その影響は通勤をしない者や、テレビを見ない者にも結局は観察されるかもしれない。なぜなら、その組織の下り坂がいったん始まれば、参加可能な人間すら行かなくなる可能性があるからである。これまでの章で、このような「相乗的」効果の証拠を見てきた。例えば、(公共の集まりといった)「集合的」活動の方が、(編集部に投書するといった)「個人的」活動よりも急速に低下していた。われわれの捜査戦略にとっては不幸なことだが、(最初の保菌者を超えて広まってしまう伝染病のような)この相乗効果は、明確な判断を阻むものである。(3)

第二に、いつもの容疑者《ユージュアル・サスペクツ》のふるい分け作業において、初期候補リストの中に突出して目立つものはない。市民参加の低下は、平等に降りかかった災厄のように見える。クラブの集まり、友人の訪問、委員会への奉仕、教会出席、慈善的寛容さ、トランプゲーム、そして投票参加に見られる急激かつ確実な減少は、過去数十年の間、米国社会の事実上全ての領域に対し、ほぼ同程度の割合で直撃した。この低下傾向は、女性の間でも男性の間でも、東西両海岸地域においても中央部地域においても、借家人でも自家所有者でも、黒人スラム街でも郊外の白人地域でも、裕福な者においても貧困にあえぐ者においても、独身者でも既婚カップルにおいても、非熟練労働者の間でも小規模業者でもトップ経営者においても、民主党、共和党そして無党派層の間でも、子どものいる親でもいないものでも、フルタイム労働者でも主婦の間でも等しく見られる。(4)

もちろん実際には、市民参加の「レベル」はこれらのカテゴリーごとに異なっている。これまで見てきたとおりであるが、女性においてはインフォーマルな社交が多く、裕福なものは市民的関与が高く、アフリカ系米国人の間では社会的信頼が低く、無党派層で投票率が低く、愛他主義が小都市で高く、子を持つ親は教会に行くことが多い。しかし、市民参加の「変化傾向」の方は似通っている。例えば、一九七四年と一九九四年の間で平均すると、過去一年間に地域の問題に関する公的集会に参加したと答えた白人は一八%で、対する黒人は一三%にすぎないが、人種それぞれで見たときの参加率はその二〇年の間に半減している。一九九九年において、地域政治への参加の割合はバーモント郊外の方が、ボストン市街よりも高かったが、そのバーモント郊外における一九九九年の地域政治参加は、一九五九年と比較したときには少なかった。まとめると、市民参加の「変化」という点では、この反市民的伝染病の人口分布地図上に、容易に識別可能な「多発地帯」を見つけて、その起源を探るための容易な手がかりとすることはできないのである。

調査を始めるのにふさわしく思われる場所は、例えば、教育であるかもしれない。教育水準は、投票参加から組織加入、地域の委員会の役員を務めたり、ディナーパーティを主催し、献血をすることに至るまでの、社会参加のさまざまな形に対する最も重要な予測変数の一つであり、多くの場合、実際には最も重要な変数そのものである。確かに、インフォーマルな社会的つながり、友人を訪ねたり家族で食事をしたりといったシュムージング的なものや、教会出席に対して教育水準の影響はほとんどないが、しかしそれは教会関係グループへの参加とは正の相関を持つのである。一方で教育水準は、公共の、フォーマルな組織活動への参加に対してはとりわけ強力な予測変数である。教育年数が四年分増加する（すなわち、大学に行く）と、政治への関心が三〇%、クラブ参加が四〇%、そしてボランティア活動が四五%増加するようになる。大卒者は、地域組織の役員や委員として務め、公共の集会に参加し、議会に投書し、政治集会に参加する可能性が、そうでないものと比べて二倍以上となる。この基本的なパターンは、男性女性の双方に、また全ての人種、世代に対して同じように成り立つ。教育水準は、要するに、市民参加に対する極めて強力な予測変数なのである。(5)

教育水準が、社会的なつながりに対してこのように甚大な影響力を持つのはなぜだろうか？(6) 教育は、社会階級や経済的優位といった、さまざまな特権の代理変数となっている側面があるが、しかし収入、社会的地位、そして教育が、さまざまな形態の市民参加を予測するための変数として同時に用いられても、教育水準は第一の影響因として突出する。学歴は、並はずれた向上心やエネルギー、あるいは何か他の、市民参加を促す先天的な特性の指標となっていることは想定しうる。さらには、学歴のある人々がコミュニティに参加していくことが多いのは、少なくとも部分的には、家庭や学校によって与えられたスキルや資源、傾向性のおかげである。とにもかくにも、個人、国や地域、そして（二〇世紀の前半三分の二を通じては）時間を超えて、学歴が高いことは参加が多いことを意味している。

今日の米国人が、両親や祖父母と比較して学歴が高いことは広く知られているが、この変化が、どれほどの規模、また速度で成人人口の学歴分布を変容させたかが正しく評価されることは少ない。一九六〇年に至るまで、高校を卒業した米国人は四一％にすぎなかったが、一九九八年には八二％となった。一九六〇年には、米国人の八％しか大卒でなかったが、一九九八年には二四％となった。一九七二年から一九九八年の間に、一二年以下の教育年数しか受けていない成人の割合は半減し、四〇％から一八％へと低下した。その一方で一二年以上の者は倍近くとなり、二八％から五〇％へと上昇した。二〇世紀の幕開けの頃に教育を受けた世代（そのほとんどは、高校を卒業していない）は舞台から去り、ベビーブーム世代とそれに続く世代（そのほとんどが大学に進学した）と入れ替わったのである。[7]

このように、教育は市民参加を激しく押し上げ、そして教育水準は大幅に向上した。不幸にも、これら二つの明白な事実は、われわれの抱え込んでいる謎を拡大させただけである。どう考えても、教育水準の向上は市民参加を増加させなければならなかったはずだ。ここに至り、この最初の強制捜査は謎を深めてしまった。市民参加と社会関係資本の落ち込みの背後にある諸力がどのようなものであろうと、これらの力は米国社会のあらゆるレベルに影響を与えてきた。大学教育を享受したもののうち一二人に一人、高校すら出られなかった八人に一人の割合で、さらにその間のあらゆる層の間で、社会関係資本は蝕まれてきた。世紀の後半三分の一の期間に起こったこの謎めいた参加低下は、社会のあらゆる階層を苛んできたのである。

たくさんの解答が、この難題に対して提案されてきた。

・過度の多忙さと時間のプレッシャー
・経済的苦境期
・有給労働力への女性の流入と、共働き世帯のストレス
・居住移動性
・郊外居住化とスプロール現象

・テレビ、電子革命とその他の技術的変化
・米国経済の構造と規模の変化、例えばチェーンストア、分店、サービス業の台頭、あるいはグローバリゼーション
・結婚と家族の絆の崩壊
・福祉国家の成長
・公民権革命
・六〇年代（そのほとんどが実際には七〇年代に起こったのだが）、すなわち
・ベトナム戦争、ウォーターゲート事件や政官界への幻滅
・権威に対する文化的反抗（性、ドラッグ、その他）

尊敬すべきミステリー作家のほとんどは、その手になる探偵がたとえどんなに精力的であっても、この多くの、いかにもあやしい容疑者らを数え上げることには躊躇するだろう。自分も、これらの理論全てを――どのような明確な形でさえ――提起する立場にはないが、まずはリストにふるいをかけるところから始めなければならない。（市民参加の減少のような）単一の大きな結果が、（共働き世帯の増加、物質主義やテレビといった）単一の大きな原因によって生じたと考えたい誘惑は非常に強いのだが、しかしそれはたいていの場合誤っている。ここで検討しているような、混乱に満ちた社会的傾向はおそらく多重の原因を有しているので、そのような要因間の相対的な重要性を評価することがここでの課題となる。

この謎に、部分的であれ答えようとする解答は、いくつかのテストをパスしなければならない。

・**提起された説明要因は、社会関係資本及び市民参加と相関しているか？**
もしそうでないなら、その要因を候補の中に並べる理由を見つけるのも難しくなる。例えば、問題となっている期間中、多くの女性が有給労働力の中に参入してきたが、働く女性が、コミュニティ生活の参加について主婦

と変わりがないということになれば、コミュニティ組織の下降の原因を、共働き世帯の増加に帰属することは困難になるだろう(8)。

・相関は擬似的でないか？

もし、子どものいる夫婦が、いないものよりも参加が多いのならば、それは重要な手がかりであるかもしれない。例えばしかし、子どもの有無と市民参加の間の相関が、年齢が両方に与える影響によって完全に見かけ上もたらされているということになれば、出生率の低下を容疑者リストから外さなければならないことになるだろう。

・提起された説明要因は、関連する方向に変化しているか？

例えば、頻繁に転居する人々は、コミュニティへの根付きが浅くなりがちであると仮定しよう。これは、われわれのミステリーに対する謎解きの重要な部分でありえるが、それは、居住移動性そのものが、この期間中上昇しているときのみである（このハードルをクリアすることに失敗したことが、教育に対するあらゆる告発を棄却させたのである）。

・提起された説明要因は、市民参加の減少の原因ではなく、結果となっている可能性はないか？

例えば、新聞購読が市民参加と密接に関係しているということが、さまざまな人々、また時間にわたって見られたとしても、新聞発行部数の減少が、参加低下の（原因でなく）結果である可能性を考慮する必要がある。

これらの判断基準に対して、続く五つの章を通じて、社会関係資本の創造と破壊に対する潜在的影響の可能性を評価していく。

第11章 時間と金銭面のプレッシャー

コミュニティ問題からのドロップアウト傾向の背後にいる、最も明らかな容疑者は、多忙さの拡大であろう。これは、社会参加低下についての、万人受けする説明である。「時間がなくて」というのは、不参加のときに米国人が最もよく使う言い訳である。「忙しすぎる」というのも、ボランティアをしない理由として圧倒的によく使われるものだろう。確かに一世代前と比べて、米国人はより忙しいと感じるようにはなっている。「いつも急かされていると感じている」と答える者の割合は、一九六〇年代半ばから、一九九〇年代半ばにかけて半数以上増加した。一九八〇年代から一九九〇年代を通じ、「一日中とても忙しく働いている」、そしてしばしば「夜中まで仕事をしている」と回答するものが増加している。最も急かされていると感じているグループは、フルタイムの労働者（特に、高等教育を受けているもの）で女性、年齢は二五歳から四四歳で、小さな子どもを持ち、特に片親となっているものである。[1] これらのパターンは全く驚くものではないが、しかしこれらのグループこそが、歴史的には、これまでコミュニティ生活においてとりわけ積極的であったのである。おそらく問題の元凶は、単純に過重労働であろう。

これに関連している、市民参加低下の潜在的原因は、一部で広がる経済的プレッシャー、雇用の不安定化、実質賃金の低下であり、とりわけ所得分布の下位三分の二において見られるそれである。一九七〇年代半ばから一九九〇年代半ばに至るまでの米国の景気は、いわば不安の増大であった。よって、おそらく時間面と金銭面におけるプレッシャーが一体となって（調査員に回答しているように）市民参加低下の主要な原因となっているのだろう。しかしながら、有罪（または無罪）を宣告するのに十分な証拠――友人や隣人、地域のことのための時間が少なくなったのは単純に、経済的に何とかやっていくために懸命に走り回っているからである――を固めるのは、予想以上に難しいということがわかる。関係する証拠の流れは一筋縄ではないので、読者にはこの解釈についての最終的な判断を、本章の最後まで保留してほしい。

まず米国人が、市民性ブームが頂点にあった一九六〇年代の父母の世代よりも勤勉に働いているのかどうかという点を全体としてみると、ことは全く単純ではない。経済学者のエレン・マクグラタンとリチャード・ロジャーソンの報告によると、全体としてみたとき、「米国における一人当たりの市場労働時間は、第二次大戦以降ほぼ一定」であり、（すでに見たように）この期間は市民参加がはじめて膨張し、そしてしぼんでいった半世紀そのものである。[2] この集合レベルでの安定性の下には、有給労働の分布における重要な移動、すなわち男性から女性へと、高年者から若年者へのそれがあった。男性は全体として、一九五〇年代よりも一九九〇年代の方が有給労働時間が減少している。とりわけ五五歳以上の男性は現在余暇時間がずっと長いが、これは主に早期退職によるものであって、その中には非自発的なものもある。明らかに女性は三〇年前よりも家庭外で働く時間が長いが、この成長については後に詳細を論じる。労働人口中の男女が、一世代前よりも労働時間が長いかどうかについては経済学者の間で論争となっているが、おそらく妥当なのはそれほど大きな変化はなかったというところであろう。時間日記研究は非労働時間の負担が減少していることを示しており、そこには家事と（子どもが少なくなっていることから）保育が含まれている。実際、ジョン・ロビンソンとジェフリー・ゴドビーの報告では、一九六五年から一九九五年の間に平均的米国人では自由時間が週当たり六・二時間――女性では四・五時間、男性では七・九時間――増加しており、これは家事時間の減少と早期退職が主たる原因である。[3]

米国人の余暇時間は数十年前に比べて長くなっているというロビンソン－ゴドビーの主張は、他の観察者によって反論されているが、余暇時間が短くなっているという証拠がないのは確かである。ハリス調査の知見では、「リラックスしたり、テレビを見る、スポーツや趣味に参加する、水泳やスキーに行く、映画や劇場、コンサートその他の娯楽鑑賞をする、友人と会うといったことに使える」と答えた時間の中央値は週当たり一九〜二〇時間で、過去四半世紀を通じ磐石の安定を示している（時間日記研究では自由時間が実際には二倍近くなっていることが示されている）。データはある程度矛盾しているが、**過去三〇年間には、市民参加の低下を説明するような自由時間の減少は一般に見られない**と結論づけることは妥当であると思われる。[4] それどころか、この期間に余暇時間が全体として大きく増加したと考えることもできる。しかし、この容疑者を釈放する前に、自由時間の増減がどのように分布しているのかを具体的に同定する必要がある。

第一に、この新しい「自由時間」は、市民参加への転換が容易な形では立ち現れていない。それは急かされたスケジュールのただ中での細切れの時間であったり、あるいは早期退職を余儀なくされた高齢者に対しての大きな、非自発的な塊であったりする。第二に、労働時間における論争のどの立場でも同意していることだが、教育水準の低い者が自由時間を得る一方で、大卒者の方はその大半がそれを失っている。高校中退者に対する大卒者の週当たり労働時間の差は、一九六九年の六時間から一九九八年の一三時間まで延びている。「労働者階級」の労働時間は減り、「有閑階級」の閑も減っているとロビンソンとゴドビーは記している。第三に、共働き家庭が一般化し、以前よりも労働に費やす時間が増加している。夫婦の労働時間は、一九六九年と比べて一九九八年には週当たり平均一四時間長い。言い換えると、以前から、コミュニティのインフラに不均衡なほどの割合を提供してきたエネルギーの担い手である社会の特定層——教育水準の高い、ミドルクラスの親たち——にとって、時間の制約は現実のものである。おそらく現在目のあたりにしているのは自由時間の、それをコミュニティ参加に費やしてきた人々（大半は若く、教育水準の高い女性）から、それを個人的に消費する傾向の強い人（大半は年長の、教育水準の低い男性）への再分配なのであろう。[5]

最後に、われわれ全てがコミュニティ活動に使うための十分な自由時間を手にしたとしても、私の自由時間があなたのそれと同じ時間であるとは限らないため、スケジュールの調整の厄介さは増している。この解釈は、集合的形態の市民参加が、個人的形態のものよりも急速に低下しているという以前触れた事実と整合的である。[6]

しかしながら、市民参加低下に関する「骨折り疲れ」理論と全く一貫しない追加的な証拠の流れが二つある。

第一に、時間の切迫がきついことは、市民生活への関与の弱体化とは関係しておらず、それは教育水準や収入のレベルが同じ人々の間でも成り立っている。実際には正反対である。つまり被雇用者の方が、有給労働力から外れる人よりも市民的にも社会的にも積極性が高く、労働者の間では、労働時間が長くなることと多くの場合関係しているのは市民参加の増大であって、減少ではない。時間のプレッシャーが最もきついと回答する者は、コミュニティ事業への参加、教会やクラブの会合への出席、政治への関心、友人訪問に時間を使うこと、家で歓待をすることなどの可能性が大きくなるのであって、小さくはならないのである。[7] 標準的な経済学理論に反して、有給労働時間の長い者の方が実際にはボランティアをする傾向が高く、職を二つ持っている者の方が一つだけの者と比べてボランティアをする可能性が大きいということを見いだした研究がある。参加の決定要因を網羅的に研究したシドニー・ヴァーバと共同研究者によれば、自由時間の量は、その人が積極的な市民的活動を行うようになるか否かに対してほとんど、あるいは全く影響を与えていない結果となっていた。[8] 忙しく、急かされた人がそうでない人と比べて減少する唯一の社会的活動は、家族と夕食を共にすることである。

市民活動と労働時間の間に見られる正の相関はもちろん、長時間労働が市民的関与増大の原因となっているということを意味していない。何かを成し遂げるためには、それを忙しい人にやらせるのがよいというのは人々全てが知っているところである。急かされている人がいる理由の一つは、まさに市民参加をしているということによる。忙しさが増せば(例えば、より長く働くなど)、コミュニティ生活への関与も増大するということを示している事実はないが、それはどこかの時点で二四時間の制約が縛りとなるからであろう。他方、証拠の示すところでは、重労働が市民参加を抑制するということはない。時間日記研究によれば、仕事に時間をより使う人ほど、時間に追われているという感じを抱いており、こういった急かされている人々は食事、睡眠、読書、趣味、あるいはただ何もしないといった時間が少ないことが当然のように示されている。他の人々に比べたとき、こういった人々はテレビを見る時間も少ない——おおよそ三〇%少ない。しかし、組織活動に使う時間は少なくなっていない。[9] すなわち、常に走っているような人々は赤十字を前にしてドラマ『ER』のこと、友人の前でドラマ『フレンズ』のことは忘れているのである。忙しくしている人々は、ある一つの活動——テレビ視聴——を忘れがちであるが、(13章で見るように) これこそコミュニティ関与にとって最も致命的なものである。

現代生活の慌ただしさが市民的関与の低下の大部分を説明するということに対する疑念の理由の第二は、市民性は全く急かされていないと感じる者においても、最も急かされていると感じる者と全く同様に急低下しているということにある。市民的、社会的関与低下は、フルタイムの労働者でも、パートタイム労働者でも、有給労働力から外れる人々においても完璧な鏡像のように現れている。「たくさんの空き時間がある」と答えた米国人口三分の一の人々の間でも、過去二〇年間に教会出席は一五〜二〇%、クラブ出席は三〇%、友人の歓待は三五%急落している。[10] もし人々がコミュニティ生活からドロップアウトしているのだとしても、長時間で忙しいスケジュールは唯一の理由とはなり得ない。これらは、とりわけ従来不釣合いなほどの割合で組織的な重荷を背負わされきた人々にとっては影響要因となりうるかもしれないが、唯一の原因となることは決してない。

もし時間的なプレッシャーが探し求める主犯でないとしたら、経済的なプレッシャーについてはどうだろうか？　重要な手がかりのいくつかがこの方向を指し示している。第一に、経済的不安は二〇世紀の最終四半世紀を通じて明らかに上昇していた。一九七〇年代初期、ベトナム戦争と二度の地球規模のオイルショックが引き金を引いたインフレが、一九五〇年代、一九六〇年代の活気に満ちた経済的繁栄に幕を下ろすこととなった。聖書風に言えば、肥え満ち足りた時代の後に、痩せ衰えた時代が続いたのである。一九七〇年代と一九八〇年代を通じ、経済的不安はあらゆる階層の人々で増大し、一九九〇年代の経済回復もこの二〇年間が残した不安の蔓延を消すことはなかった。一九七五年初頭、四〇年間で最も深刻な景気後退の底において、「家の世帯収入は、家族の重要な希望をほぼ全て満たすのに十分である」と答える者はまだ人々の七四%に及んでいたが、一九九九年には、成長が八年間絶え間なく続いていたにもかかわらず、全く同じこの経済的満足度のバロメーターは六一%にまで落ち込んだのである。[11] 一九九〇年代の好景気のただ中で、米国人は三〇年前と比べて経済的に不安を感じまた臆病となっていたのだが、おそらくそれは人々の物質的な願望もその間拡大していったからであろう。[12]

金銭上の心配や経済的困難が、フォーマル、インフォーマル双方の社会的関与に対して大きな抑制的影響を与えることもまた正しい。第3章で見たように、大恐慌のみが唯一、二〇世紀前半三分の二の期間の市民参加と社会的つながりの上げ潮を中断させる引き金となった。失業はその犠牲者を急進的にするという期待に反して、社会心理学者の知見では職を失うと社会的にも政治的にも受け身的で、引きこもりがちになる。[13] 経済環境が苦しくなれば、関心が自分の、また家族の生存へと狭まるのである。収入が少なく、金銭的に困っていると感じている者は、豊かな者と比べてあらゆる形態の社会的、コミュニティ生活への参加が少ない。例えば、収入と教育水準が同一レベルの者で比較したときすら、金銭的な悩みの強い人口上位三分の一の者は、下位三分の一の者よりもクラブ会合の出席が三分の二にすぎなくなってしまう。[14]

金銭的不安は単に映画に行く回数の減少だけでなく——これはおそらく、財布が薄くなったことによる自然な結果である——、友人と過ごす時間、トランプ遊び、家での歓待、教会出席、ボランティア、政治関心の減少とも関連している。金銭的コストがほとんどかからないか、全くかからない社会活動ですらも金銭的困窮によって抑制される。実は、金銭的不安と正に相関している唯一の余暇活動はテレビ視聴である。さらに、金銭的な不安、収入と教育水準を同時に投入して、さまざまな形態の市民参加や社会的つながりを予測してみたとき、収入だけが有意とはならなかった。すなわち低収入そのものではなく、それが生み出す金銭的な心配が、社会参加を阻害するのである。裕福な者であっても、金銭的な脆弱感があると、コミュニティ関与が弱まってしまう。

この罪状明細書《ビル・オブ・パティキュラーズ》は強力である。[15] 経済的不況期は収入を低下させ、負債レベルを上昇させ、職を不安定な（そしておそらくきつい）ものにしてしまう。ストレスが増大し、市民参加は低下する。この事件は捜査も不要の単純明快なものに見える。しかし、弁護側には強力な反証がいくつかある。第一に、各種形態の市民参加の低下は、一九七〇年代の経済問題の発生以前から始まっており、この低下は一九八〇年代中盤から一九九〇年代終わりまでの好況期にも衰えることなく続いた。経済は上昇下降、上昇下降と繰り返したが、社会関係資本は下降しただけなのである。

第二に参加やつながりの低下は、米国人口分布における裕福層においても、低所得、中程度所得者と同じように大きく、過去二〇年間、経済的苦境の矢面で耐えてきた層に不参加が集中しているという徴候はほとんどない。

例えば、金銭的不安に最も悩まされていない人口三分の一の間で、クラブ会合出席は年一三回から年六回に落ち込んだが、最も金銭的困難を抱えている者の間での低下は年九回から年四回であった。自分の家族が「近所の大半より余分に消費している」に「確かにそう思う」と答えた米国人一八人中一人の最も裕福な者ですらも、家庭で人をもてなす回数が一九七五年の一年当たり一七回から一九九九年の年一〇回に、年当たりクラブ出席回数が一三回から五回に減少しているのである。[16] 経済的に恵まれていることは、持続的な市民参加を保証してはいない。

　社会関係資本の変化傾向について論じる者には、過去二〇年間の低下は人口の中でもより「周縁」部分に属する者に集中しているとする者がいる。[17] 対照的に、不参加は無許可離隊《AWOL》の、自己中心的なアッパーミドルクラスのエリートが伝統的な市民的責任を放棄したことにあると批判する者もいる。[18] 証拠のバランスからは、筆者の意見では、このどちらの見方に対しても否定的である。というのも市民参加低下のどの指標によっても、また社会経済的地位のどの指標によっても、この傾向は全てのレベルで非常に類似しているというのが事実の中心であるからである。顕微鏡で見れば、経済的に困難な者の方でドロップアウトはわずかに多いが、その差は微妙でありまた一貫したものではない。[19] 余裕のある者が苦労している者よりもドロップアウトが速いのではないのは確かだが、どちらかがそのスピードが遅いということもないのである。

　実質所得と経済的満足度の両方を一定に保ったとき（現実上の社会よりも、統計上の世界においてたやすく行えるトリックである）、市民参加と社会的つながりの低下を弱める要因はほとんどない。拡大する経済的不安は、教会出席、クラブ所属、家庭での歓待等の低下のせいぜい五〜一〇％しか説明しない。[20] 客観的、主観的な経済的満足のどちらも、市民参加低下というウィルスに対する予防接種とはならなかった。時間と金銭面のプレッシャーは、われわれのミステリーにおける助演俳優であるが、どちらも先頭切って演じているというわけではないようである。

　女性が家庭から有給労働力へと移動したことは、過去半世紀における重大な社会変化である。家庭の外で働く女性の割合は、一九五〇年代の三人に一人未満から、一九九〇年代の二人へと倍増した。平均では、女性は一九六〇年代に比べて一九九〇年代では有給労働時間が一日当たりおおよそ一時間長くなっており、一日には二四時間しかないことから、何かがその犠牲にならざるを得ない。全てでないにせよ、この労働時間の追加分は家事と保育の時間の切りつめによってまかなわれているが、この切りつめはコミュニティ関与にも影響を与えているというのはもっともらしく思われる。[21] われわれの母親の大半は主婦であり、彼女らの大半は、社会関係資本形成に対して多大な投資を行っていた──専門用語風に言っているが、これが指しているのは教会の夕食会、PTAの会合、近所の茶話会、友人や親戚の訪問といった、数え切れないほどの無報酬の仕事のことである。しかし、フェミニスト革命が歓迎されまたその到来が遅きに失したとはいえ、それが社会的つながりに対して何の影響も与えることがなかったと信じることは難しい。最近の世代における社会関係資本の低下の、主たる原因はこれなのだろうか?

家庭外での職を得ることは、コミュニティ関与に対して二つの正反対の影響を持つ──それは新しいつながりを作り、また関与していく機会を増加させるが、その一方で同時にこういった機会の探求を可能とする時間を減少させる。

一般的に言えば、労働力の中で活動中の者の方が、コミュニティ生活における関与が大きい。主婦の役割はしばしば社会的に孤立している。主婦が所属している集団は、就労女性のそれと種類が異なっている（例えば、PTAが多く、専門職組織は少ない）が、全体としてみると就労女性の方が自発的結社への所属がわずかに多い。二〇世紀の始め頃には、男性の方が市民的、専門職組織への参加が多く、公的生活においてより積極的な役割を果たしていたが、女性が有給労働力に移動してきたことによりこの性差は失われていった。[22]

この「公的関与」ギャップは過去数十年の間に縮小していったが、それは政党のために働いたり地域組織のリーダーを務めるといった活動が、職業関連の影響圏の中に最近参入した女性よりも、男性の間で急速に衰えていったからである。公職に立候補する男性の数が一九七四年から一九九四年の間に四分の一減る一方で、女性候補者の数はこの期間確実に増大しており、少なくとも地域レベルでは、ジェンダーギャップを急速に縮小させている。[23] 同様に、弁護士会の会員数は弁護士数の成長に後れをとっているものの、女性弁護士の増加は弁護士会の中での女性の積極性が相対的に増大していることを意味している。この意味で、女性が職業上の平等に向け動いていることは、その市民的関与を増大させる傾向にある。

特定の、拡大中のカテゴリー――シングルマザー――においては、家庭外での労働が、クラブ加入から政治関心に至るあらゆる形態の市民参加に対して正の影響を持っているという強い証拠がある。[24] 面倒を見なければならない子どもと、助けとなる配偶者の欠如により、こういった女性はしばしば職場におけるつながりを除いて社会的に孤立している。すなわち家庭外での労働は、より広範な一連の社会、コミュニティネットワークとの接触を意味するのである。この要因が優勢である限りにおいて、女性が有給労働力に移動したことが社会関係資本と市民参加の全国的低下に寄与していないことは確実であり、実際はその低下を弱めたかもしれない。

他方で、女性は伝統的に男性よりも社会的なつながりに対して多くの時間を投資してきた。男性はより多くの組織に参加しているが、女性はそれに対してより多くの時間を費やしているのである。女性はまた、インフォーマルな会話やその他の形態のシュムージングに多くの時間を費やしており、宗教的活動への参加も多い。[25] 女性の伝統的な社会関係資本投資は非常に時間集中的であるというまさにその理由で、その投資程度は有給労働力への移動によって低下している。

年齢、教育水準、経済的安心感、婚姻状態、子どもの有無の等しい二人の女性を比較したとき、フルタイム雇用は家庭での歓待を約一〇%、クラブ、教会出席をおおよそ一五%、友人のインフォーマルな訪問を二五%、ボランティア活動を五〇%以上減少させている。さらに、フルタイムで働く女性の夫は、その妻と同様に、教会出席やボランティア、家庭での歓待が少ない。その反対に、他の条件を同じにした場合、フルタイムで働く女性(とその夫)はビデオ、映画、テレビ、ショッピングといった個人的な気晴し――すなわち、「ぼうっとすること《ソーニング・アウト》」――に費やす時間が長い。カップルの双方がストレスの高い仕事に一日中従事している場合、余暇活動として熱狂的な市民参加ではなく気晴しが好まれるのはもっともである。こういった類いの証拠によれば、女性の有給労働力への移動が、コミュニティ関与の全国的低下に対する重要な貢献要因となったとすることは妥当に思われる。[26]

要約すれば、家庭外での労働、特にフルタイム労働は市民参加という観点からは、機会の増加と、時間の減少をもたらす諸刃の剣である。こういった相反する流れのせいもあり、詳細な証拠の中には、女性解放が市民的危機をもたらしたという理論と両立しないものもある。例えば、一九六五年から一九八五年にかけての時間日記データは、近年見られる組織活動の低下が女性に集中している一方で、勤労女性が組織活動に費やす時間が長くなっているのに、働いていない女性の費やす時間は減少していることを示している。さらに時間日記データは、一九六五年以降のシュムージングの低下はやはり働いていない女性に集中していたことを示唆している。PTA会員とクラブ出席における低下は、「伝統的なママ」、すなわち、子どものいる既婚女性で家におり、有給雇用にないもので実際には最大であった[27]。これらの数字が示唆するのは、フルタイムで働く女性の方が、そうでない女性よりもこの落ち込みに対して抵抗力がありそうだということである。

これらのパターンは、少なくとも部分的には、見た目の錯覚であるかもしれない。というのも、労働力への参入を選択した女性は、家にとどまることを選択した女性と比べて多くの点で異なっていることは疑いないからである。働く女性の間で増大し、主婦の間で減少するコミュニティ関与の形態があるのはおそらく、以前の時代に最もコミュニティに関わっていたような女性が労働力に数多く参入するようになっており、そのことによって主婦であり続けた者の間での市民参加の平均レベル低下と、職場にいる女性の平均レベル上昇が同時に起こったのだろう。女性を無作為に仕事か家庭に割り付けるような、全国規模の巨大な統制実験を行っているわけではないので、自己選択と因果をめぐる問題は解決が難しい。

雇用が女性の市民的、社会的生活に対して持っている意味をさらに探求するには、女性の職業生活における以下の二次元を同時に検討しなければならない。

一　家庭外で労働に費やされる時間の量

二　家庭外での雇用に対する選択性

DDBニーダム・ライフスタイル調査データは、これらの二次元を同時に測定することを可能としている。第

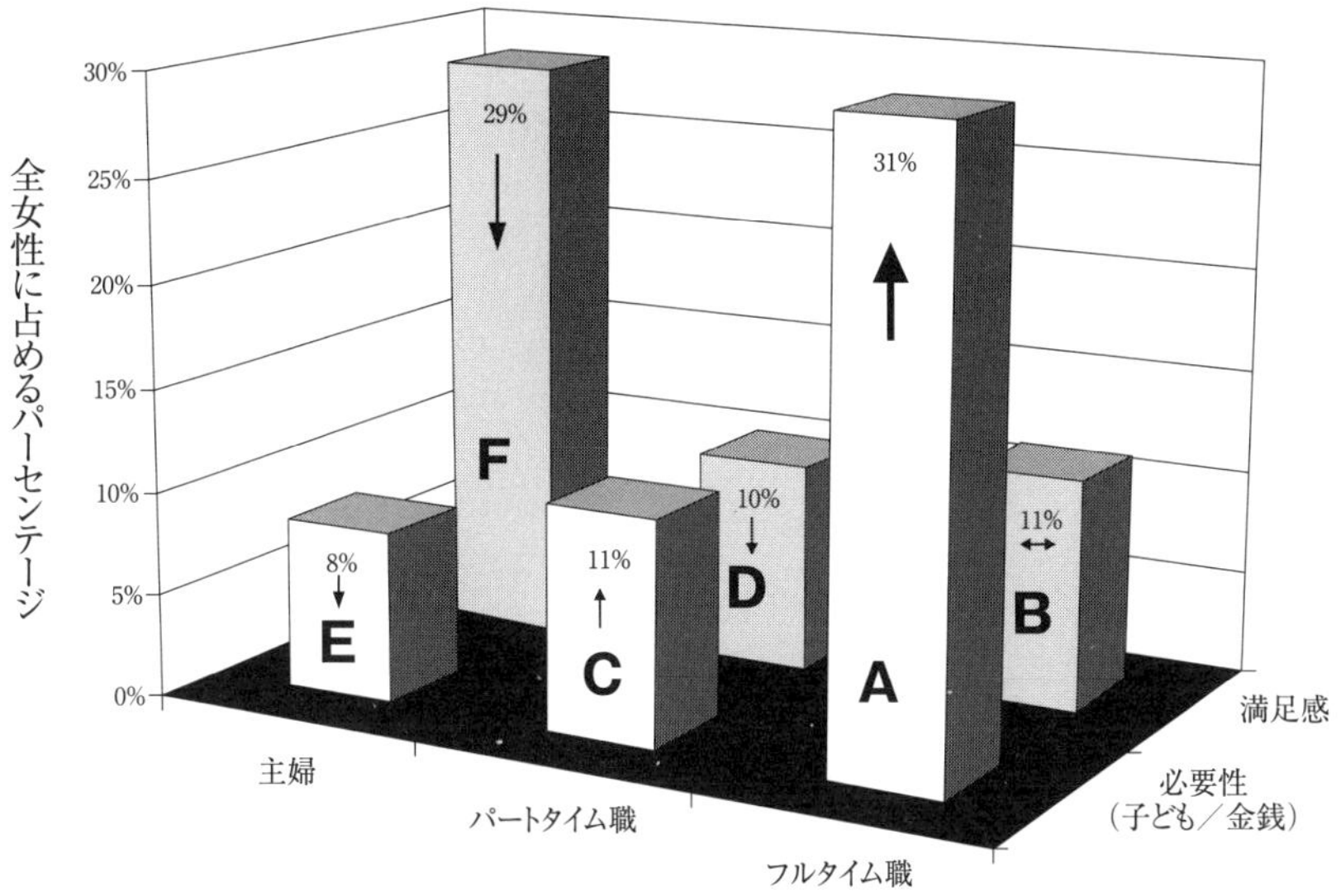

図47　選択と必要性による米国女性労働の分類、1978-1999

一に調査対象となった女性は全員、フルタイム労働者、パートタイム労働者、あるいは専業主婦であるのかを質問されている。フルタイム、もしくはパートで働いているものはさらに、働いている理由が主として個人的な満足感のためなのか、それとも経済的必要のためなのかを尋ねられた。専業主婦は、家にいる理由が主に個人的満足感のためか、それとも主に子どもの世話のためかを問われた。もちろん、現実世界においてはこのような意思決定はこれら全て、さらにその他の動機の混合によってなされていることは疑いない。[28] それでも、この標準質問は自ら望んで働いている（あるいは働いていない）女性と、必要があって働いている（あるいは働いていない）者を、大ざっぱではあるがまず最初の分割として区別している。

図47が示すのは、これらの二次元によって区分された女性の分布である。柱Aは、経済的必要性からフルタイムで働く女性を表している。過去二〇年において、平均して全女性の三一％を構成している。しかし、この平均がいくぶん誤解を招きやすいのは、その値が一九七八年の二一％から一九九九年の三六％へと倍増近くに伸びているということがある。柱の矢印がこの傾向を示している。柱Bは、個人的な満足のためにフル

図48　必要性による女性の労働増加、1978-1999

タイムで働く女性を示している。これは全女性の一一%を構成しており、この数字は二〇年間で大きく変化してはいない。言い換えるとフルタイムで働く女性の中では、主として経済的必要性からそうしていると答えたものの割合は三分の二から四分の三へと上昇した（図48にこの傾向をまとめた）。少なくともこれらの調査では、**過去二〇年間における米国女性のフルタイム雇用増加の事実上全てが、自己実現ではなく経済的プレッシャーに起因している**。[29]

柱Cが示しているのは家庭外でパートタイムで働く女性のうちその理由が主として経済的理由によるもので、柱Dが示すのはパートタイムの理由が主として個人的満足によるものである。二つのグループのどちらも全女性の一〇〜一一%を占めており、個人的満足と比べて経済的理由が重要性を増しているというゆるやかな時間的傾向がある。柱Eは家庭にいる母親のうち主たる理由が子育てであると答えたものである。この二〇年でそれは全女性の八%を占めているが、その値は一九七八年の一一%から一九九九年の七%へと低下した。最後に柱Fは、個人的な満足を理由として家庭外では働かない女性を示している。過去二〇年に、このカテゴリーは一九七八年の全女性の三七％から一九九九年の二三％へと低下した。当然のことではあるが、柱EとFの中の比率では、ライフサイクル上の段階が大きく異なっている。家庭の母親（柱E）は全国平均より一〇歳若い。対照的に、個人的な満足による専業主婦のカテゴリー（柱F）はリタイア後の女性を数多く含んでおり、このカテゴリーは全国平均より一〇歳年長である。

女性の行動に対する労働の影響の研究における難題の一つは以下のものである。もし勤労女性が、専業主婦と比較して何らかの点で異なっていた場合、その差は労働の結果を反映しているのか、それとも自己選択の反映なのだろうか。例えば、もし勤労女性が専業主婦と比べて教会出席が少なかったとしたら、それは時間のプレッシャーや競合する義務のせいなのか、それとも信心深い女性が家庭外で働くことが少ないからなのだろうか。ここで、図47における自ら望んで働いている（あるいは働いていない）女性（柱F、D、そしてB）と、そうしなければならないから働いている者（柱E、CそしてA）の区別が、分析のための有益な手がかりを提供してくれる。

柱Aと柱Bを比較するということは、フルタイムで働く女性全体の中で、必要に迫られている者（柱A）と、選択による者（柱B）を比べるということになる。すなわち、労働環境は似ているが、志向性の異なる者を比べている。同様に、柱Aと柱Fを比べるなら、家庭外で働きたくないとはっきりしている者のうち、必要に迫られて働いている者（柱A）と満足して家に留まり続けている者（柱F）を比較している。すなわち、志向性は似ているのだが、労働環境の異なっている者を比べているのである。確かに、シンプルな図表一枚に収まりきるほど、人生は単純なものではない。大半の女性は（大半の男性と同様）仕事と家庭に関してさまざまに混じり合った、非常に複雑な感覚を抱いており、「個人的満足」と「必要性」の区別は、根底にある動機を捉えるには不完全にすぎる。図47で提供したものは、女性が現実の社会で下さねばならないこみ入った選択（その中には、完全な意味での「選択」では実際にはないものもある）の包括的な説明ではない。しかしこれは、女性の労働が市民参加に対して持つ意味をここで検討するにあたり有益な枠組みを提供する。

まず、労働とクラブ参加の関係を検討しよう。フルタイムで働く女性は、その他の女性と比べてクラブ会合への出席が少ない。図49が表しているのは、クラブ出席が女性の雇用の性質とその動機の双方によっていかに異な

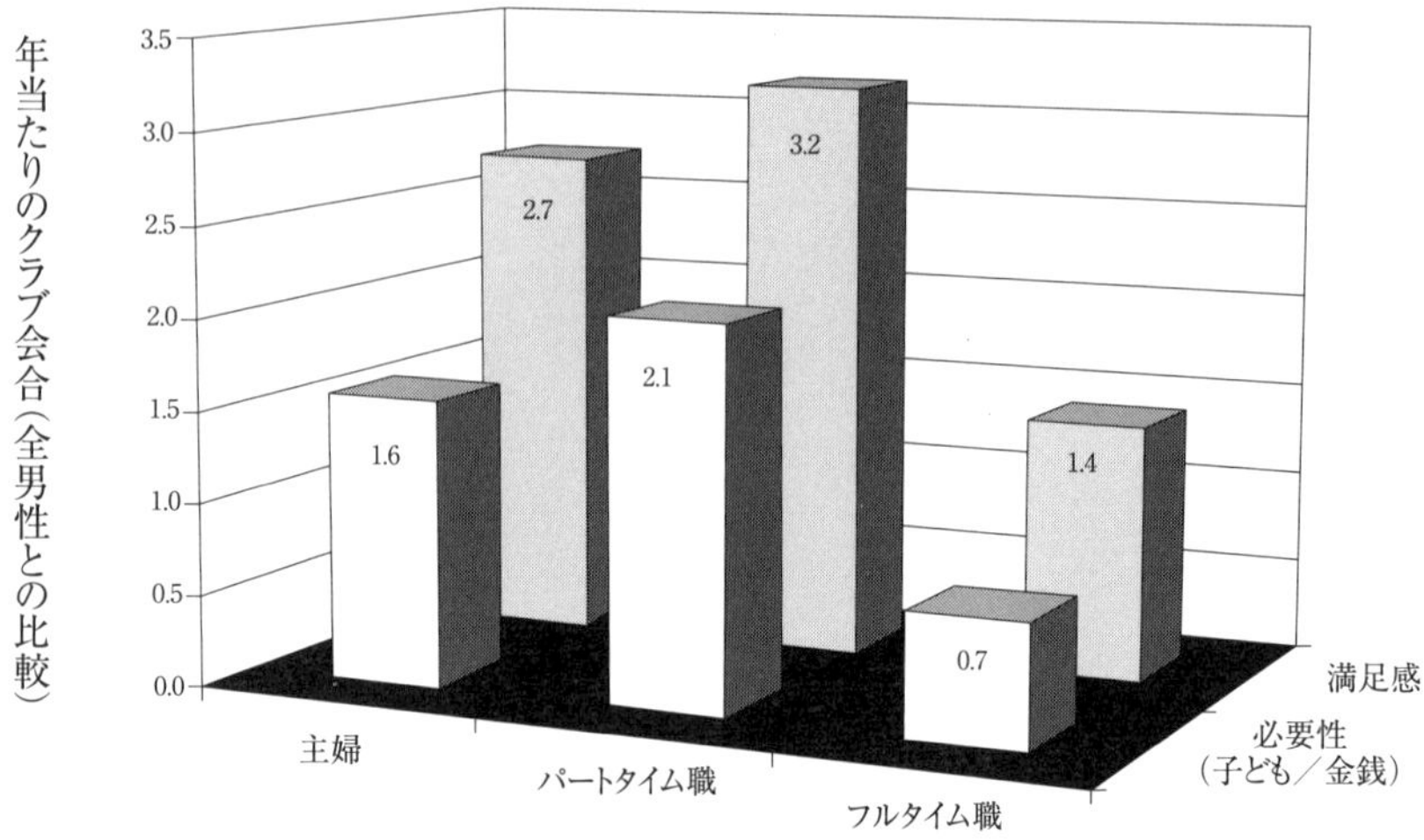

図49　フルタイム労働はコミュニティ関与を減少させる

っているかの詳細である。それぞれのカテゴリーにおいて、柱の高さはクラブ会合への出席に関する女性の相対的頻度である（何らかの比較基準が必要であるため、ここでは裁量でそれぞれのカテゴリーを、男性全体のクラブ出席の平均頻度と比較し、それが図49の底面となっている。意識を労働の影響自体に集中するため、統計分析においては教育水準、出生年、調査年、婚姻状態、子どもの有無、経済的不安、そしてコミュニティへの定着度を一定に保った）。[30] したがって、経済的必要からフルタイムで働く女性は、典型的な男性よりもクラブの会合に平均で一年当たり〇・七回多く出席している。自らの選択で専業主婦である女性（図49の後列左奥）は対照的に、平均的男性よりも一年当たり二・七回多くクラブ会合に出席しており、その対である、必要からフルタイムで働く者よりも年当たりの会合が二回多い（すでに教育水準と経済的不安を統制済みであるので、この差が二集団の間にある社会階層の相違の単純な反映ではないことには確信が持てる）。

図49から引き出せる重要な結論がいくつかある。第一に全ての柱が、平均男性の関与レベルを示す比較基準（グラフの底面）より上方に上がっている。フルタイムやパートタイムで働く、あるいは家庭外で全く働いておらずとも、また選択もしくは必要性にかかわらず、女性の方が平均的男性に比べて、組織生活に対してより多くの時間を投資している。

第二にフルタイム労働がクラブ出席を大きく抑制するのは、その労働が選択、もしくは必要性によることを問わない（グラフ上では、このことは二本の右手の柱で急激な落ち込みが見られることに現れている）。さらに、就労状態が個人的選択によって決定されている女性（フルタイムで家庭、フルタイムで職場、あるいはその二種の組み合わせを問わず）は同様の状況に必要から置かれている女性と比べて組織生活への関与が高い（グラフ上では後列の柱の方が高いことに表れている）。関与が最も少ないのは、フルタイムで働いているが、それはそうしたいからではなく、そうせねばならないからという女性たちである。必要からフルタイムで働く女性――最も急速に成長し、現在最大の女性グループ――は、最も急激な市民的不利益を被っている。ますます多くの女性が――必要に迫られて、選び取ったわけではなく――社会的なつながりの最も抑制されたカテゴリーに属している。最後に、図49が同様に示しているのは、最大の関与が見られるのはパートタイム労働者、特に必要からではなく選択によって働いている者たちであるということである。これらの女性は家族とコミュニティ、そして自分に対する義務の衝突のバランスの中で奮闘しており、そしてそうするための調整の余地を一定量持っていると考えられる。少なくとも市民参加という観点からは、パートタイム労働は「中庸の道」であるように思われる。[31]

クラブ出席に関するこれらの基本的知見は、その他の様式のコミュニティ関与に対してもフォーマル、インフォーマルの双方で適用でき、その中には教会出席、家での歓待、友人訪問、ボランティア活動が含まれる。他の条件を等しくすると、フルタイムで働く女性はその他の女性と比べて教会出席が年当たり四回、家での歓待が年に一～二回、友人を訪問するのに費やす時間が三分の一、ボランティア活動が年当たり四回少ない。[32] フルタイム労働がコミュニティ関与を減少させることが、その女性の働く理由が選択による場合でも必要による場合でも見られるということは、この相関が主として自己選択のもたらした結果ではないということを示唆している。実際、図48によれば、二〇世紀の最後の二〇年間における女性雇用の増加のほぼ全ては必要性によっており選択の結果ではないので、この期間自己選択は、せいぜいがマイナーな役割しか果たしていない。

選択によって働く女性は、クラブ、教会、友人、家庭での歓待、ボランティア活動への関わりが、必要に迫られて働く女性よりも高い。この事実は、図49の右手にある前後の柱の差によって表されているが、市民関与と労働との間にある相関関係の根底にある自己選択の程度についての大まかな指標となっている。この証拠が示唆するのは、社会的に積極的な女性は、市民精神で劣る姉妹よりも労働人口に参入することを選択する傾向が幾分高いが、労働そのものの効果と比べると、自己選択の効果は中程度であるということである。

フルタイムで働かねばならない女性は、クラブ生活への関与が最も少ないのと同様に、友人を訪問したり、家で歓待する、ボランティア活動をするといったことが最も少ない。パートタイムで働く女性、特に選択によってそうしている者は、フルタイム労働者や専業主婦よりもボランティア活動が多く、歓待も多く、友人訪問も多い。[33] わずかな例外もあるが、全てのカテゴリーの女性が、こういったコミュニティ活動の形態全てに対し男性よりも関与している。

まとめると、フルタイム労働は女性の社会参加を、フォーマル、インフォーマルの双方で抑制している。[34] しかし、女性が選択して働いている度合いもまた、コミュニティ参加と密接に関係していた。事実、コミュニティ関与が最大であったのは、自ら選んでパートタイムで働く女性の間であることが見いだされている（女性の置かれた環境に関するその他の特性、教育水準、婚姻状態、子どもの有無、経済状態といったものは一定に保っているので、パートタイム労働の市民的優位性は、単にパートタイムを選択することのできる女性の種類によるものではないことに注意）。この明確な事実が示唆するのは、**米国のコミュニティ参加を増加させる実践的な方法の一つは、女性が（そして男性も）望んだときにはパートタイムで働くことを容易にするということ**であろう。[35]

女性の労働と市民参加に関する結論に対しては、重要な但し書きをいくつか加える必要がある。

第一に、誤解を避けるために、勤労女性が市民参加の低下に対して「責任がある」という見方を筆者は明確に否定しておく。フルタイム雇用が、その他の活動に割ける時間を減少させることは明らかである。米国の現世代にとっての母親は、一般に有給労働力に属してはいなかったが、社会において生産的な活動に数多く従事していた。その娘たちが背負うようになった家庭外での労働の割合が増加したとき、息子たちの方が社会、コミュニティ上の責任をより多く負うようになるということも期待し得たかもしれないが、（証拠が示すように）そうはならなかった。職業上の平等に向けての女性の運動は、クリエイティブなエネルギーを解放し、個々人の自律性を増加させたことで、米国社会にとっては全体としてプラスとなってきた。しかし、コストと利益に関する広範な社会的台帳には、女性の新たな役割という単なる利益だけではなく、集団的に捨て去ってしまった、社会活動、コミュニティ活動というコストも含まなければならない。

第二に、フルタイム雇用が、組織関与のあらゆる形態を抑制するというわけではない。以前に触れたように、市民活動の中でもより公的なものに対する女性の参加は、フルタイム雇用によって促進される。同じことは多くの専門職、奉仕組織へのフォーマルな加入についても当てはまる。[36]言い換えると、一定の度合いで、女性の働く場が家の外の、公共領域へと移動すると共に、そのコミュニティ関与の焦点も移動したのである。働く女性にとっては、コミュニティ生活への関与の機会が増加することが、時間の減少よりずっと大きな意味を持っている者もおり、そういう女性は社会に広がるコミュニティへの不参加という流れに逆らって泳いできたのである。

第三に、最も大事なことであるが、女性が有給労働力に移動したことも、以前論じた経済的困難の増大のどちらも、この二〇年間の米国の市民参加の基礎低下に対する主原因にはなりえない。実際のところは、現在入手可能な証拠によれば、低下全体に対する両要因による寄与は、一〇分の一に満たないというのが筆者の推定である。[37]すなわち、**二〇世紀の最終四半世紀における共働き家族の出現が、社会関係資本と市民参加の衰退に対して果たした役割は、目に見えるものではあっても非常に控えめなものであった。**

こういった説明が限定的な可能性しか持っていないということを見るための一つの方法は、それによって影響されることが最も少ない二つの社会的カテゴリー——すなわち未婚男性と、フルタイム労働をしていない既婚女性で経済的に裕福な者——に焦点を当てることである。独身男性と裕福な主婦は、米国人口の中でほんの小さな割合しか構成していないが、その証言がこの事件《ケース》にとって重要なのは、この章で検討してきた市民参加低下に向けての諸力、とりわけ女性の職場への移動から、相対的に守られてきたからである。

社会参加の水準は、裕福な主婦ではその他の女性よりも高い——友人訪問や家での歓待、クラブ会合への出席といったものにより多くの時間を費やしている。したがって、「裕福な主婦」からその他の社会的カテゴリーへの女性の長期的移動は、市民参加を抑制する傾向があった。しかし家での歓待、クラブ出席、コミュニティ事業、友人訪問その他の低下は、共働き家族の増加や、それとほぼ同時期の経済的困難さの増大による影響を最も受けていなかったこれらの女性においても、その他の女性と事実上変わらないのである。そして実際には、公的集会や政党の仕事、地域におけるリーダー、その他の種類の関与からの脱落率は、裕福な主婦の間でも、その他の人々とほとんど同じくらいの大きさであった。同様に、クラブ会合、友人訪問、コミュニティ事業で働くこと、地域のリーダーを務めること、請願への署名といったものの低下は、独身男性において、その他の米国人と少なくとも同程度に大きい。このことはいずれも、過去数十年の市民参加の全国低下は、主として女性が有給労働力に移動したことに帰属しうるという仮説と一貫しないものである。[38]

要約しよう。手に入った証拠の示すところでは、忙しさ、経済的困難さ、そして共働き家族に伴うプレッシャーは、社会的つながりの低下の説明要因としてはそれほど大きいわけではない。これらのプレッシャーは、過去にコミュニティ関与の責任を過大に負わされていた人々（特に高学歴の女性）をターゲットとしており、その意味でこの展開には、それらの人々自体を超えて広がる相乗効果がある。教育を受けた、活動的な女性で市民活動を組織したり、ディナーパーティを計画したりといったことに使える十分な時間を持つ人が少なくなるに連れて、残りの人々も、次第に参加が減少していったのである。同時にまた証拠が示していたのは、時間のプレッシャーも経済的困難さも、女性の有給労働力への移動も、過去二〇年間の市民参加低下の主要因ではないということだった。[39]無罪を証明する中心事実は、市民参加も社会的つながりも、女性男性、就労の有無、既婚未婚、経済的なストレスを感じている、あるいは裕福であるとを問わずに、ほぼ等しく消滅しているということである。

第12章　移動性とスプロール

他の大半の国の市民と比較すると、米国人はずっと遊牧民的《ノマディック》な存在であった。一年間に転居するのは五人に一人の割合で、いざ引っ越しをすれば、荷物をまとめてまた移動するのである。五人に二人以上の割合で、今後五年以内に転居すると考えている。[1]結果として、他の人々に比べて、米国人は素早いキャンプ設営に慣れており、友人作りを得意としている。開拓者や移民者の昔からこの方、移動して新しいコミュニティ組織に飛び込んでいくすべを学んできたのである。

しかしながら、植物と同様に人間にとっても、頻繁な植え替えは根をダメにしてしまう。移動する人々にとって、新たな根を張るのには時間がかかる。結果、居住の安定性は、市民参加と強く関連している。どのようなコミュニティにおいても新参者は、投票に行くことが少なく、友人や近所のサポートネットワークを持ちにくく、市民組織への参加も少ない。五年以内の転居を考えているものは、住み続けようとしているものと比べたときに、教会やクラブ会合への出席、ボランティア、コミュニティ事業での仕事が二〇～二五％少ない。持ち家のあるものは、借家に暮らすものと比べて、他の社会的、経済的環境を統制した後にも、地域への根ざしが強い。自家所有者では今後五年以内の転居予定は四人に一人にすぎないが、対する借家人は三分の二に上る。根ざし度合いの強さによって、自家所有者は借家人と比べて、コミュニティの問題への関与度が相当に大きいのである。[2]

頻繁に転居する者のコミュニティへのつながりが弱いように、転居率の高いコミュニティは統合度合いが低い。

流動的なコミュニティは、安定的なコミュニティと比べて住民に対して友好的でないように見える。高流動コミュニティにおいては犯罪率は高く、学校のパフォーマンスは低い。そのようなコミュニティでは、長期居住者さえもが近隣とのつながりが少ない。(3) したがって移動性は、市民参加およびコミュニティを基盤とした社会関係資本を蝕んでしまう。

そうすると、移動性の上昇がわれわれの難事件の中心犯なのだろうか。答えは明確にノーである。居住移動性は、市民参加の衰退のあらゆる責任に対して完全に潔白である。というのも、移動性は過去五〇年間に全く増大していないからである。実際、国勢調査記録によれば、長距離、近距離移転の双方とも過去五〇年間にわずかながら減少している。

一九五〇年代においては一年間に米国人の二〇%が住居を変え、七%は別の郡《カウンティ》もしくは州に移動していた。一九九〇年代にはそれぞれが一六%と六%であった。米国人は今日ではどちらかといえば、一世代前と比べてわずかながらより定住傾向にある。一九六八年に（市民参加がピークに近かった頃）平均的な米国成人は同じ場所に二二年間居住していた。それから三〇年たったがその数字は基本的に変わっていない。住居の移動性に関する歴史的データは不完全であるが、居住移動性が世紀末を迎えた現在ほど低かった時期は史上一度もなかったと思われる。持ち家比率も過去数十年上昇し、一九九九年には史上最高の六七%となった。人々が将来五年以内に転居をする見通しについても、少なくとも過去四半世紀にわたって安定している。(4) 時間と金銭のプレッシャーに関する評決が微妙なものとならざるを得なくとも、移動性に関する評決に疑う余地はない——この理論は単純に誤っている。

しかし、転居それ自体は社会関係資本を蝕んでいなくとも、社会的つながりがより悪化した場所に転居するようになったのだろうか。現在でも昔と同じく、つながりはコミュニティの種類によって異なっている。他の人々と比べたとき、国内で最大の大都市地区（中心都市とその郊外の両方）の住民の回答ではグループ所属が一〇〜一五%、クラブ会合の出席は一〇〜一五%、教会出席の頻度は一〇〜二〇%少なく、地域組織の役員や委員を務めたり、地域問題に関する公的集会に出席することが三〇〜四〇%少ない（図50、51にこれらの違いを示した）。

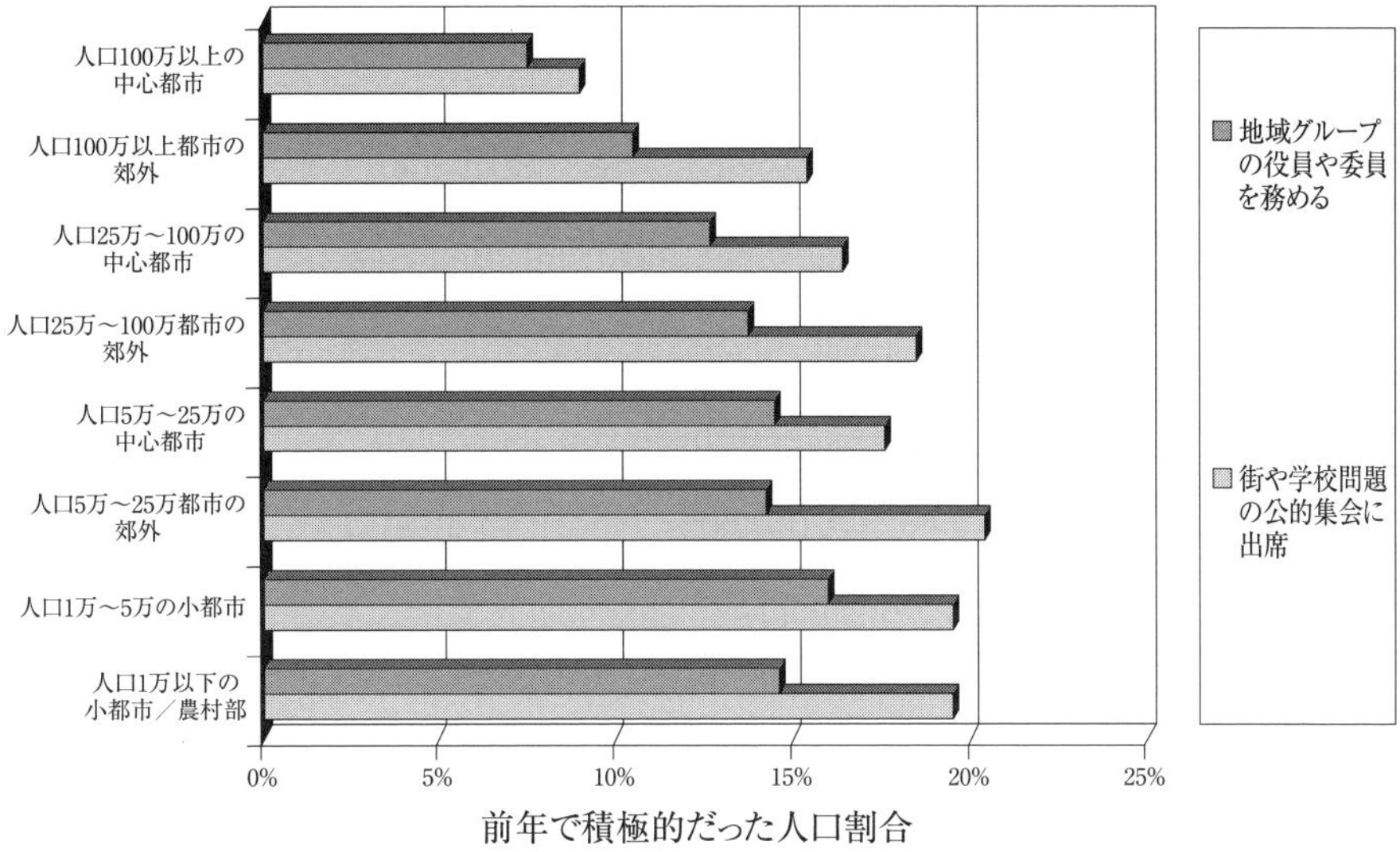

図50　大都市部でのコミュニティ関与低下

第7章で触れたように、小都市や農村地域の住民の方が他の米国人と比べるとより愛他的で、正直で、信頼する傾向にある。それどころか郊外地区においても小さい方が、社会関係資本的観点からは望ましいのである。[5]コミュニティの問題に関わることがより魅力的に――あるいは不参加がつまらなく――なるのは、毎日の生活の規模が小さく、親密なときである。

このパターンは、あるいは擬似的なものだろうか。最大規模の大都市地区に集まる人々のタイプには、市民参加に背を向ける何らかの傾向があるのだろうか。この可能性を排除するためにデータを再検討し、広範な個人特性――年齢、性別、教育、人種、婚姻状態、就労状態、子どもの有無、経済状況、持ち家の有無、国内の地域――を同時に一定に保った。これら全てについて同一の二人を比較したときに、大都市部の住人は中心都市、郊外居住のいずれであっても、公的集会への出席、コミュニティ組織における積極性、教会出席、請願署名、ボランティア、クラブ会合出席、コミュニティ事業で働くこと、そして友人訪問すらも少なかった。[6]大都市の人間の参加が少ない理由は、その住んでいる場所によるのであって、住んでいる人間によるのではない。

同様に、小さな街がもともと社交的な人々を魅了して

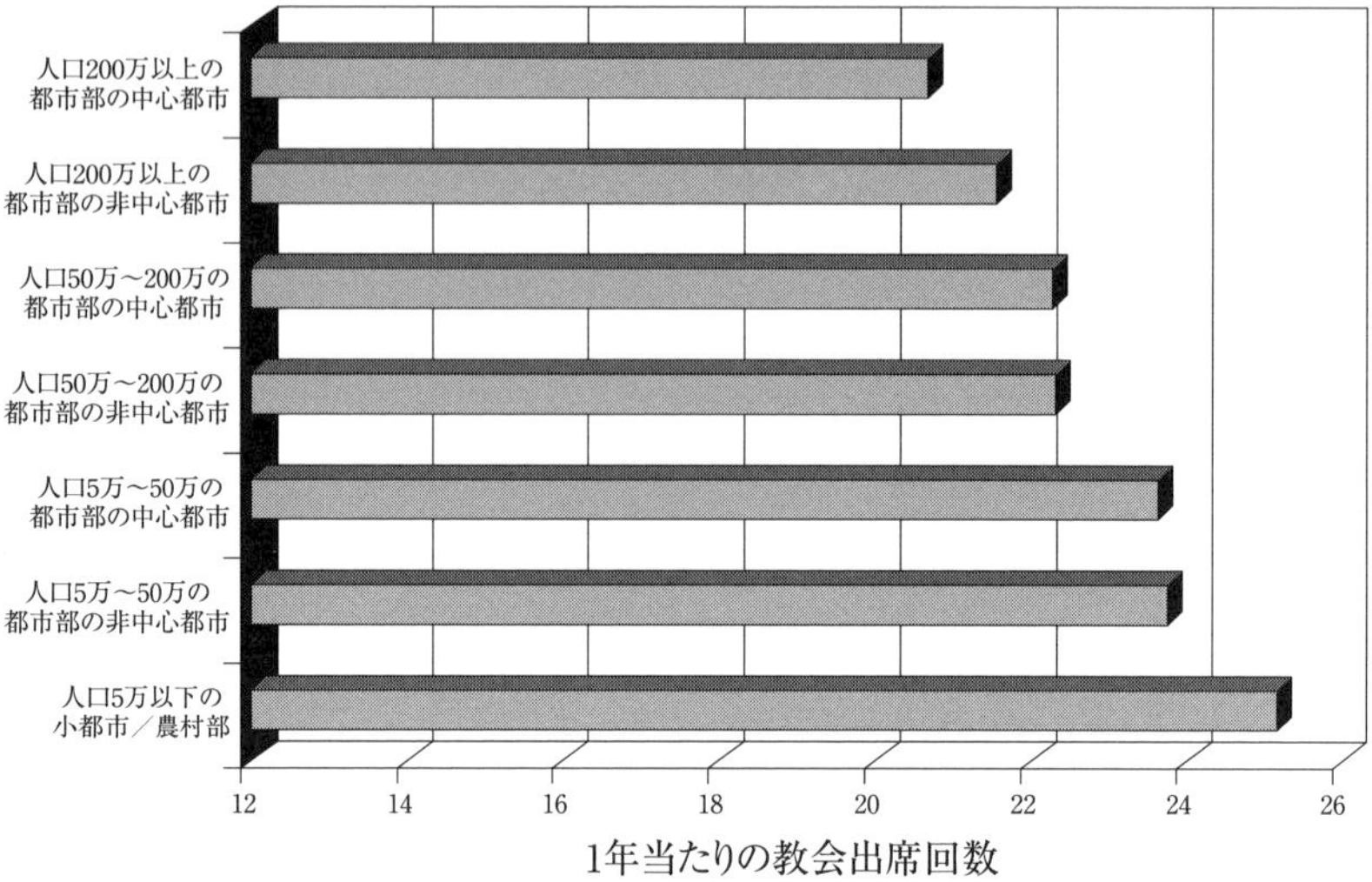

図51　大都市部の教会出席低下

いるという可能性を割り引くこともできる。現在の居住地域を一定に保つと、市民参加は、大都市、郊外、小都市のいずれに住むことを好むかということと関係していなかった。自分の望む規模の場所に住む人が大半であるが、もし希望と現実が乖離しているとき、市民参加を決定しているのは現実の方であって希望の方ではないのである。(7)大都市密集地区に住むことは、市民参加と社会関係資本を一定の度合いで弱体化させる。

そのような環境下に居住する米国人がますます増加している。図52には、二〇世紀後半に人々が住んでいた場所の変遷を、三つの大きなカテゴリーに区分してまとめた。(1)国勢調査局の定義した大都市密集地区の外部に住んでいる者――すなわち、小都市と農村部――は一九五〇年の全人口の四四％から、一九九六年の二〇％に低下した。(2)大都市圏の中心都市に住む者はわずかに落ち込み、一九五〇年の三三％から一九九六年の三一％となった。(3)大都市部であるが、中心都市の外――すなわち、郊外――に居住する者は、一九五〇年の二三％から一九九六年の四九％へと倍増した。一九五〇年代には、大都市圏に居住する者は半数にすぎなかったのだが、一九九〇年代にはほぼ五人に四人がそうなったのである。この時代を通じて、市民参加に対してより適していないことが判明した場所へと人々は移動

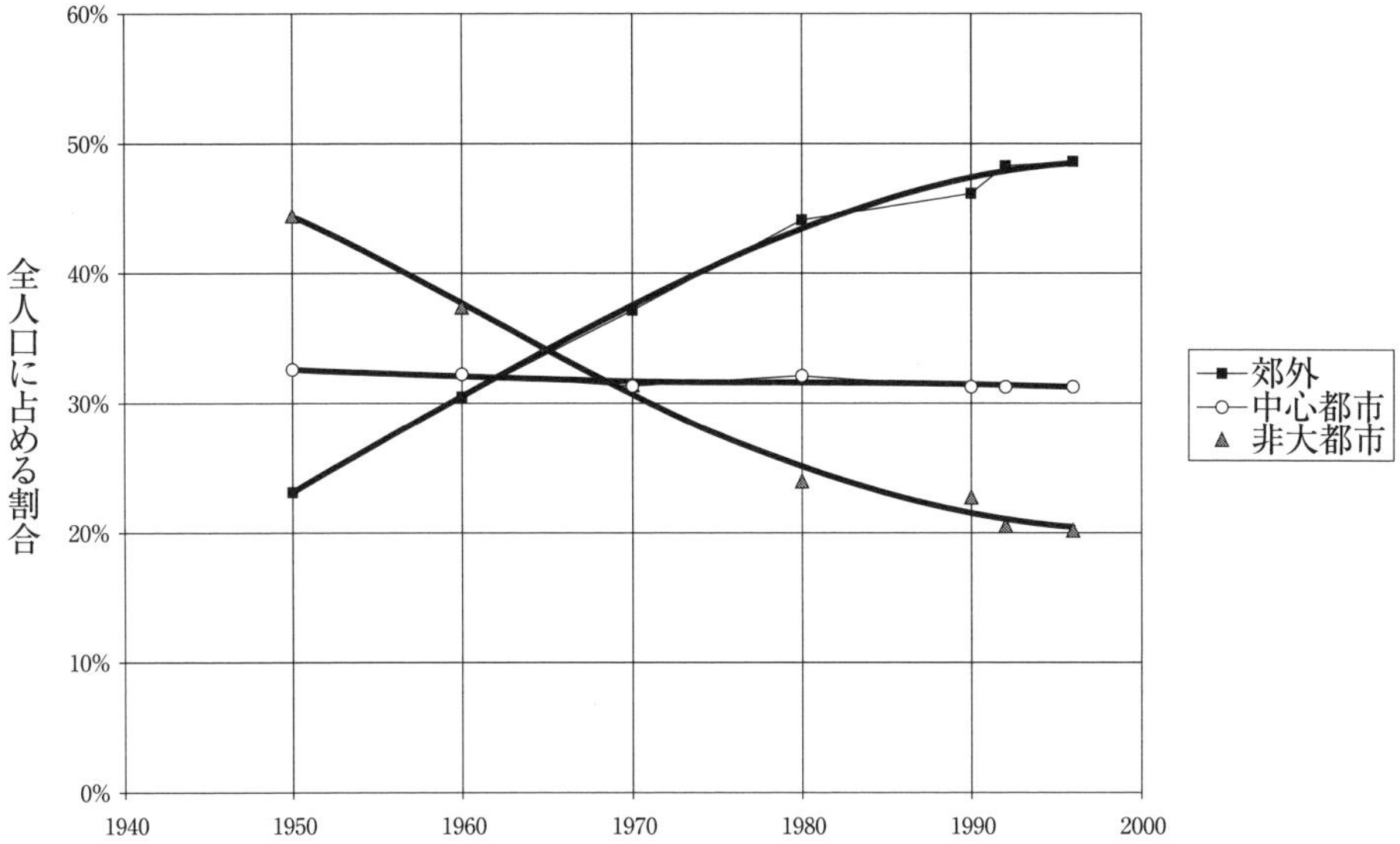

図52　米国の郊外化、1950-1996

していった。さらに、入手できた最良の研究の知見では、一九九〇年代に郊外化の勢いが衰えたという根拠はなかった。[8] したがって、二〇世紀後半の三分の一で社会的つながりが減少していったことは、米国内小都市の持続的没落に起因する可能性がある。

田舎から都会への人々の移動は一世紀以上続いているが、その間ずっと、社会の運命に対する反都会の預言者たちの嘆き節が聞こえていた。「[ニューヨークは] 壮麗な砂漠だ——ドームや尖塔付きの孤独、そこでは新参者が、一〇〇万の集団の只中で孤立する」と、マーク・トウェインは一八六七年に記した。「人はいつも同じ果てしない街路を延々と歩き、騒がしい無数の人々を押し分けて進むが、親しい顔を見ることはなく、初めて見た顔を再び見ることもない……当然の結果として……ニューヨーカーは、自分のプライベートと身の回りの囲いの外側では誰に対しても何に対しても静かな無関心となる」。数年後、社会思想家のヘンリー・ジョージは米国の都市化に対する攻撃をゴッサム《ニューヨーク》を超えて広げた。「不潔さと惨めさ、悪徳と犯罪がそこから湧き上がってくる。村が都市へと成長するにつれ、それはいたる場所で増えていく[9]」。

しかし、少なくとも近年に至るまで、都市化は市民関与に対して有害な影響を持っていなかったと思われる。実際、二〇世紀の前半三分の二にわたって、人々は大都市に多数流入していったが、その時期に市民参加は高くまた上昇していたのだった。さらに、市民参加の全形態における近年の低下は、どこであっても——大小の都会、郊外、小都市、田舎——ほとんど変わらない[10]。米国においては、最小の集落から高級住宅街まで、この伝染病の免疫があるところはない。したがって単なる都市化以上に、多くのことが関係しているのに違いない。

不参加が関係しているのはもしかすると都市化ではなく、実は郊外化なのだろうか。郊外は一九世紀中盤以降の人々の暮らしの特徴であったが、それは交通革命によって大きく促進された。最初は路面電車、続いて自動車が、何百万もの人々が都市周辺の緑豊かな場所に住みながら、都市の経済的、商業的、文化的利点を享受することを可能にした。第二次大戦後、自動車所有の拡大と政府助成による道路、住宅建設ブームが結合して郊外への移動が加速化した。以前の傾向と種類は変わっていないが、その程度が変わったのである。

郊外化が意味したのは、職場と住居の分離拡大、そして人種と階級による分離拡大であった。そのような分離は米国都市では新しいものでは決してなかったが、戦後の時期には、それはますます新たな性格を持つようになった。伝統的な米国の都市では、隣近所は等質になりがちであったが、自治体全体は異質的であって、パッチワークのキルトパターンのように、ウクライナ人街区の隣はアイルランド人地区、ユダヤ人街の次には黒人街、召使いが住むのは仕えている上流階級の家の近くといった具合が多かった。郊外化した自治体においては、人種的、階級的観点での等質性が増大している。

当初、戦後の郊外化の波は市民参加に対してフロンティア的な熱意を生み出していた。郊外開発業者が後押ししていた信念は、前向きのコミュニタリアン的なものであった。都市計画専門家のウィリアム・ホワイトが『組織のなかの人間』において詳しく研究したシカゴ郊外のパーク・フォレストにつけられた広告である。

パーク・フォレストの一員に!

この街に来た瞬間にわかります、
歓迎されていること
大きなグループの一部になること
親しみある小都市に住めること
孤独な大都市ではなく
あなたを求める友人ができる——
そんな人々と共にいる喜び。
来てください。パーク・フォレストのこころを探しに。[11]

これは単なる誇大広告でなかった。その理由をホワイトは、パーク・フォレストが「参加の温床であった。六六の成人組織があり、人口の回転で新たなメンバーが尽きることはなく、パーク・フォレストの消化した人口一〇〇〇人当たりの市民的エネルギーは、全国のどのコミュニティよりもおそらく大きいものであった」と報告している。数年後、社会学者のハーバート・ガンスは実際にニュージャージー州レヴィットタウンに移り住みその社会生活を研究したが、レヴィットタウン住民が「過度なまでの入会好き《ジョイナー》」であったと報告している。一九六〇年代の研究から浮かび上がってくる郊外生活のイメージは、著しいほど積極的に近隣活動に関与するというものであった。[12] 米国人は、小都市生活の市民的美徳を再発見しているように思われた。

しかし郊外化が進むと、その郊外自体が社会学的なモザイクに断片化していった——集合的に異質であるが、個別には等質的であり、人種、階級、教育、ライフステージその他によって分離された精密に区別可能な「ライフスタイル小群落《エンクレーブ》」へと人々は脱出していったのだった。いわゆる白人の郊外脱出《ホワイト・フライト》は、大都市の分化へと向かったこの動きの中で最も目立っていたものにすぎない。世紀の終わりには、ある郊外は上位中流《アッパーミドル》階級のものだが、その他の多くは中流、下層中流、さらには労働者階級のものとなった。白人のための郊外があり、黒人、ヒスパニック、アジア人のものがあった。子どもに焦点の置かれた場所があれば、気ままな独身者や、子どもが巣立ったり、退職した裕福な者で占められているところもあった。郊外の多くはテーマパークに似てくるようになり、そこでは建築が統一され、コーディネートされた施設やブティックが備わっていた。一九八〇年代には「共有権益《コモン・インタレスト》開発」と「ゲート付き《ゲーテッド》コミュニティ」が増加を始めた。そこでは住宅所有者組合とガードマンで警備された目に見える物理的な壁によって、それぞれのコミュニティを近隣から区別する不可視の社会学的な壁を補っている。一九八三年では、カリフォルニア州オレンジ郡での開発計画の一五%がゲート付きコミュニティであり、五年のうちにその割合は倍増した[13]。

これらの新たな郊外小群落における圧倒的な等質性が、たとえ「結束的」なものに限定されて「橋渡し的」でなかったとしても、ある種の社会的つながりを促進すると期待する向きもあるかもしれない。一九九〇年代の郊外開発業者も、一九五〇年代の先行者と同様、コミュニティを売り続けている。「あなたが生まれ育った通りを覚えていますか？」とは、あるインターネット上の広告である。「隣同士が知り合いの場所。そんなところにもう一度住みましょう――ホイートランド・グリーンフィールドへ。グリーンフィールドは、素敵な暮らしを願う家族のための、伝統的なふるさとです[14]」。

しかし、実際には逆の方向を示す根拠が大半である。演説する政治家や、クッキー売りのガールスカウトが排他的なコミュニティから閉め出されているだけではなく、そこの裕福な住民自身においても、市民参加や人付き合いが境界線の内側ですら驚くほど少ないことが明らかとなっている。国内郊外地区におけるコミュニティ関与についての綿密な調査で、政治学者のエリック・オリバーが見いだしたのはコミュニティの社会的等質性が増加すると、政治的関与のレベルが低下するということだった。「政治的関心の等質なコミュニティを創り上げることによって郊外化は地域の紛争を減少させたが、それこそが一般市民を公共領域に関わらせまた引き出すものであったのである[15]」。

民族誌学者のM・P・バウムガートナーがニュージャージーの郊外コミュニティに住んでいたとき、彼女が見いだしたのは一九五〇年代の古き郊外に起因する強迫的な連帯感よりも、細分化した孤立、自主規制、そして「道徳的最小主義《ミニマリズム》」の文化だった。郊外の特徴というのは小さな街のつながりを求めるのではなく、内側に閉じこもり、近所に何も求めず、お返しも何も期待しないというものだった。「郊外とは、最新型の私事化《プライバタイゼーション》であり、その致死的な完成形ですらある」と、都市建築家のアンドレス・デュアニーとエリザベス・プラターーザイバークは論じる。「そして、それは伝統的な市民生活の終焉をもたらす」と[16]。

六〇年以上前、都市学者のルイス・マンフォードは「郊外居住とは、プライベートな生活を送ろうとする集合的な努力である」と看破した。しかし今や、郊外生活の私事化は形式的で非人格的なものとなっている。ゲート付きコミュニティは本質的に内向的なものであり、他方で伝統的な都市住民は、本質的に外向的である。ゲート付きコミュニティに詳しい研究者のロバート・ラングとカレン・ダニエルセンは報告する。「過去には、郊外住民は隣人を優しくつついて、ちゃんと振る舞うように促したものだった——例えば、芝が少し伸びすぎているといったときに。今では、自治会から代表がやってきて芝の長さを正確に測り、規則違反の芝生を有料で刈ってくれるだろう。全ての過程が、過去にはインフォーマルであった社会的交換を形式化したものである」[17]。

米国郊外に関する卓越した歴史学者であるケネス・T・ジャクソンは結論づける。

> 米国のドライブイン文化の大きな犠牲とは「コミュニティ感覚の弱体化」であり、これはほとんどの大都市圏に広まっている。私が指しているのは、社会生活が次第に「私事化」している傾向、そしておのおのの家庭が近所を、そして郊外住民全般がインナーシティの住民を気遣い、また義理があるという感覚が減少しているということである……しかし真の変化は、われわれの生活が今では家の中に中心を持ち、近隣やコミュニティの上にではなくなっているということにある。自動車使用の増加と共に、歩道や前庭の生活は大部分が消え去り、都市生活の主たる特徴であった社交も消滅してしまった……暑い午後に、郊外の通りほど人気のなく寂しい場所はない[18]。

戦後初期においては、典型的大都市圏の広域構造は単一中心的であり続けていた——人々は郊外に住んでいるが、中心市街地へと働きに、また買い物に向かっていたのである。しかし次第に、仕事も商店もまた郊外へと移動していき、ショッピングモール、企業本社、オフィスパークや工業団地の集塊化を生み出した――都市学者のジョエル・ガローはこれを「外縁都市《エッジ・シティ》」と呼んでいる。古くからある、放射状に構造化された北東部の郊外地区は、サンベルト地帯に不規則に広がった、多極中心的な巨大都市圏《メガロポリス》に取って代わられた。二一世紀の幕開けにおいて、ある郊外から別の郊外へと通勤する人々はますます多くなった。そして買い物をさらに第三の郊外にあるメガモールで行う人もますます増加している。分離型の区画方針は、住宅街における地域店舗やレストランのような人の集まる場所を排除させ、同時に連邦税政策もショッピングセンターブームを促進させた。

大通りに面した、顔見知りの食料品店や安物雑貨店《ファイブ・アンド・ダイム》よりも、巨大で、非人格的なモールで今日の郊外住民は買い物をする。モールは米国における最も特徴的な現代的公共空間であるが、それは主たる、プライベートな目的――すなわち、消費者に購買させることのために慎重にデザインされている。いくつかの開発業者の狙いとは裏腹に、モール文化は孤立を乗り越えさせ他者と結びつけることではなく、プライベートに店から店へとサーフィンすることを目的としており、そこに他者はいても、その仲間と共に、というものではない。郊外のショッピング体験は、共通の社会的ネットワークに埋め込まれた人々とのやりとりを含んでいない。実際に、中心都市、もしくは他の一カ所において長い時間を過ごす人の数はますます減っている。あるカリフォルニア人曰く、「住んでいるのはガーデングローブ、アーバインで働いて、サンタアナで買い物をし、歯医者はアナハイム、夫はロング・ビーチで働いていて、私は以前、フラートンの婦人投票者連盟で会長をしていました」。毎日家から仕事、そして買い物して家へと移動するわれわれの暮らしは、巨大な郊外三角形を描くようになっているのである。(19)

自動車と郊外との間にある共生関係を、どのように語っても誇張しすぎとはならない。一九六九年には一世帯当たり車一台の社会であったものが、一九九五年までには、この期間平均世帯規模が縮小したにもかかわらず二台近い社会へと移行した。一九七三年から一九九六年の間に、二台目の車を「必要」であって「ぜいたく」ではないとする人の割合は、二〇%から三七%へと倍近くなった。一九九〇年までに、国内には運転者数以上の自動車が存在した。この変化の多くはごく最近に起こっている。一戸建て住宅で二台以上の駐車スペースのあるものの割合は、たかだが一九八五年まで五五％にすぎなかったが、一九九八年にこの自動車支配指標は七九％となりさらに上昇を続けている。[20]

過去三〇年の郊外化は自動車に対する経済的支出を増加させただけではなく、時間的支出も増加させている。一九六九年から一九九五年の間に、政府の自動車利用統計によれば、通勤時の平均乗車時間は二六％、一方で購買時の乗車時間は二九％増加した。この四半世紀の間に、世帯当たりの通勤乗車回数は二四％増加、購買時乗車回数はほぼ倍近くなり、その他の個人および家族の用事での乗車回数は倍以上となった。またそれらの乗車はますます一人きりで行われるようになった。平均乗車人数は一九七七年の一・九人から一九九五年の一・六人へと低下した。仕事の行き帰りの乗車については、平均乗車人数は一・三人から一・一五人となった（乗車人数が一・〇を下回ることはあり得ないので、これらの数字が示しているのは、全乗車においては三分の一、通勤においては五〇％の乗車人数減少が起こったということである）。

生活の空間的組み立ての変化による必然的な結果の一つは、私的三角形の頂点間を毎日金属製の箱の中で孤独に過ごす時間が一定の長さで増加したということである。運輸省個人交通調査によれば、米国成人が車内で過ごす時間は一日当たり平均七二分である。これは、時間日記調査によれば、調理や食事に使う時間よりも長く、平均的な親が子どもと過ごす時間の二倍以上である。国内の全乗車の八六％は自家用車で行われ、全乗車の三分の二は一人きりで行われており、この割合は一貫して増加している。

通勤は、個人的乗車に占める割合の四分の一をわずかに超えるにすぎないが、勤労者の生活の構造から見れば、それは一日のうちで、唯一最も重要な乗車である（自宅で勤務する人の数は増加しているが、その割合はわずかなものにすぎず、週一日でも自宅で勤務する者が労働力に占める割合は一九九七年において四％に満たない）。少なくとも、自宅労働者と従来型労働者の運転の量は変わらず、モールへの運転増加が職場への運転の減少を埋め合わせている。過去二〇～三〇年間に、大半の米国人の通勤において一人での運転が圧倒的に主要なモードとなっていった。私有車で通勤する者の割合は、一九六〇年の六一％から一九九五年の九一％に上昇し、一方でその他の通勤形態——公共交通、徒歩その他——は減少していた。大量交通機関が全国の大都市圏の大半で果たす役割は小さく、また縮小中である。一九九五年に全通勤のうち大量交通機関によるものの割合は三・五％であった。交替相乗り《カープール》もまた二〇年以上着実に減少した。通勤者のうち交替相乗りをしているものの割合は、一九七〇年代中盤以来半減し、二〇〇〇年までには七～八％にすぎなくなることが予想される。まとめ――一九九〇年代の終わりまでに、米国人全体の八〇～九〇％が一人で職場まで運転しており、その割合は一九八〇年の六四％から増加した。

人々はまた、より遠くへと通勤するようになっている。一九六〇年から一九九〇年までに、市境を超えて通勤する者の数は三倍以上になった。一九八三年から一九九五年の間に、平均通勤距離はマイルで三七％増加した。皮肉なことに、通勤時間の方は一四％しか伸びていないが、これは平均通勤速度も、全ての交通手段を合わせて考えたとき四分の一近く増加しているからである。少なくともここ最近では、移動速度増加に寄与した要因は三つある――カープールや大量交通機関から単独乗車の自動車への移行による、社会的に不効率ではあるが個々の労働者にとっての高速移動、郊外から郊外への通勤増加、そして労働時間の裁量増大である。他方で、交通渋滞は至る所で悪化している。ロサンゼルスからコーパスクリスティ、クリーブランドからプロヴィデンスまでの郊外六八地区対象の研究では、運転者一人当たり年間渋滞関連遅延時間は、一九八二年の一六時間から一九九七年の四五時間まで着実に上昇した。[21]

すなわち、人々は一人きりの車内でますます多くの時間を過ごすようになっているのである。そして一般に、多くの者がこれを静かな息抜きの時間であると考えており、特にこの運転ブームのさなかに成人となった者にはその傾向が高い。一九九七年のある調査によれば、全運転者の四五％――中でも一八歳から二四歳まででは六一％、対して五五歳以上の者では三六％にすぎない――が、「運転は、ものを考えたり孤独を楽しむ時間だ」に賛成している。[22]

車と通勤はしかし、コミュニティ生活にとって悪影響があることが明白である。概算では、**通勤時間が一日当たり一〇分増加するごとに、コミュニティ問題への関与が一〇％失われる**――公的集会への出席の減少、務める委員の減少、請願署名の減少、教会礼拝出席の減少、ボランティア活動の減少その他――ことをデータが示している。実際には、通勤時間が市民関与に対して与える影響は教育水準ほどの強さはないが、それでもその他の人口統計学的要因の大半よりも重要である。そして時間日記調査も同様に、通勤時間がインフォーマルな社交に対して強い負の影響を持つことを示唆している。[23]

際だつのは、コミュニティ住民の通勤時間の増大が、市民的関与の平均レベルを非通勤者の間ですら引き下げることである。実際に、過大通勤コミュニティにつきまとうこの「市民的ペナルティ」は退職住民やその他労働力外の者においてもフルタイム労働者とほぼ同じくらい大きく、週末の教会出席に対しても世俗組織への関与と同じくらい大きい。すなわち、これは古典的な「相乗効果」であると考えられ、個人的行為の帰結がその問題の個人を超えて広がっているということである。経済学者の言葉を使えば、通勤は負の外部性を持つということになる。

そうでなければ不可解なこの事実は、単に車に乗っている時間ではなく、家庭と職場の空間的分断もまたコミュニティにとって悪影響を持っている、ということへの重要な手がかりとなっている。例えば、マサチューセッツ州レキシントンは、過去五〇年間にミドルセックスの田舎町から、ＭＩＴ、ハーバード、その他一二八号線のハイテク郊外へのベッドタウン郊外へと変容した。そこは今でも住むのに快適な場所であるが、大半の住民が街で働いていたときと比べると、市民的な自給自足度は低下している。今では大半の住民が毎日通勤をしており、多くの市民組織は苦境に落ち込んでいるが、そのことは現在なお街で働く住民にも影響を与えている。さらに、職場基盤のつながりが、地域基盤のつながりに対してそれを強化するのではなく、競い合うものとなっている。同僚が大都市圏の全体から通勤してくるとき、晩を近所の人と過ごすのか、それとも同僚と過ごすのかを決めなくてはならない（あるいは、通勤に急かされるのに疲れて、家で一人で過ごすことに決める可能性もある）。すなわちスプロールは、通勤者と在宅者の双方にとって集合的に有害である。

もちろん、郊外、自動車、またそれに伴うスプロールに有益な点がないわけではない。米国人が郊外に移住し運転時間を延ばすことを選択したのは、おそらく空間的ゆとり、大きな住宅、物価や住宅費の安さ――そしておそらくは階級と人種による分離――が、コミュニティという観点から支払うことになる集合的ツケに見合うということになったからであろう。一方で、DDBニーダム・ライフスタイル調査データの居住地域選好が示しているのは、二〇世紀の最終四半世紀――急速な郊外化が進んだ時期――に郊外居住の魅力が、中心都市や小都市居住と比べて次第に低下していったということである。[24] しかし個人的な好みはともあれ、大都市圏のスプロールが過去三〇〜四〇年間の市民参加低下に対する重要な影響源となっていることには、少なくとも以下の三つの明確な理由がある。

第一に、スプロールには時間がかかるということがある。車中で孤独に過ごす時間が長いということは、友人や近所づきあい、会合、コミュニティ事業その他の時間が短くなるということを意味する。これはスプロールと不参加の間の最も明白なリンクではあるが、おそらく最も重要なものというわけではない。

第二に、スプロールは社会的分離の拡大と関係しており、社会的等質性が市民的関与の誘因を減少させ、階級と人種の境界を乗り越える社会的ネットワーク形成の機会を減少させる。スプロールはとりわけ橋渡し型社会関係資本に対して有害である。

第三に、最も微妙であるがおそらく最も強力な要因として、スプロールがコミュニティの「境界性」を破壊するということがある。通勤時間が表しているのは主として、職場と家庭と商店の間の間隔増大である。三〇年以上昔、(今思い返してみると)市民参加が活気に満ちていたとき、政治学者のシドニー・ヴァーバとノーマン・ナイが示したのは、「はっきりと定義され境界の定められた」コミュニティの住民は、地域の問題への関与が高い傾向があるということだった。それどころか、ヴァーバとナイは通勤自体が、参加に対して強力な負の影響を与えることを見いだしている。まるで予知するかのように彼らは記している。「参加を促進していると見られるコミュニティ――小さく、比較的独立したコミュニティ――はますます希になってきている」。[25] 三〇年後、日常生活におけるこの物理的分裂は、コミュニティ関与に対して目に見えるほどの低下をもたらしているのである。

大都市圏の住民は、コミュニティ関与の大半の指標において、およそ二〇%ほどの「スプロールによる市民的ペナルティ」を受けている。過去三〇年を通じて、このペナルティを受ける人の数はますます増加している。図52に示した全米人口の郊外化とあいまった、スプロールに関連する直接の市民的ペナルティが説明する部分は、本書の第2部で概観した参加低下全体の一〇分の一に満たない[26]。これは、時間と金銭面でのプレッシャーと同様に、全国的な市民参加低下の説明に寄与する。しかし低下のうちわずかな割合しか説明できないのは、市民参加低下はスプロールの影響をいまだ受けない小都市や農村部でもやはりしっかりと観察されるからである。容疑者の一斉検挙はまだ終わっていない。

第13章 テクノロジーとマスメディア

今日存在する歴史書よりも幅広い視点から二〇世紀の歴史を著述することになれば、テクノロジーがコミュニケーションと余暇に与えたインパクトがその中心テーマとなるのはほぼ確実だろう。この世紀の初頭、コミュニケーションと娯楽の両産業は、小さな出版所と音楽ホールの外には事実上存在しなかった。最初の四半世紀も、「マスメディア」という言葉が発明される前に過ぎ去っていった。しかし世紀の終わりにはそれと対照的に、巨大な電気通信と娯楽産業の融合が新しい経済時代のまさに礎となったのだった。

世紀にわたるこの変容がもたらした影響の中で、ここで問題となるのは二つである。まず第一に挙げられるのは、ニュースと娯楽はますます個人化されていったということである。自分の嗜好や時間帯を無理矢理他人と調整させて、マイナーな文化や、難解な情報を楽しむ必要はもはやない。一九〇〇年には、音楽愛好家は他人の楽譜を手に座り、決められた時間に決められたプログラムを聴かなければならなかったし、もし大半の米国人のように小さな街に住んでいたのなら、その音楽というのは地域の熱心なアマチュアによって奏でられたものであった可能性が高い。* 二〇〇〇年の現在、私はハイ-ファイのCDウォークマンを手にしており、どこに住んでいようがまさに聴きたいものを聴きたいとき、聴きたい場所で楽しむことができる。一九七五年の末、米国においては全国的に、選べるテレビ番組は一握りほどだった。たった四半世紀ののち、ケーブルテレビ、衛星放送、ビデオ、そしてインターネットと、個人の選択の幅は爆発的に増大した。

表2　消費財（抜粋）の普及ペース

新発明技術	世帯普及開始（1%）	米国世帯75%普及までの年数
電話	1890	67
自動車	1908	52
掃除機	1913	48
エアコン	1952	～48
冷蔵庫	1925	23
ラジオ	1923	14
ビデオ	1980	12
テレビ	1948	7

第二に、電子技術はこの、オーダーメイドで専用に誂えたような娯楽を、プライベートに、さらには完全に一人で消費することを可能にしたということが挙げられる。二〇世紀中盤の終わりまで、低コストの娯楽とは第一に公共の場で得られるものであり、それは野球場やダンスホール、映画館、そして遊園地といった場所であったが、一方で一九三〇年代まではラジオが急速に重要な代替物となり、米国の娯楽を変容させた一連の電子的発明の先駆けとなったのだった。二〇世紀の後半においては、テレビとその派生物が、余暇を家庭内の私的領域へと移動させた。詩人のT・S・エリオットは、テレビ時代の初期を観察しこう述べている。「この娯楽メディアは、何百万もの人々が同じジョークに同時に耳を傾けながら、一方で孤独なままでいることを可能にしている」(1)。効果音用に録音された笑い声の登場は、二つの事実を反映している。それは仲間の存在が陽気さを増幅させるという普遍の事実と、その仲間の存在を、いまや電子的にシミュレートできるという新たな事実である。世紀を通じ加速度を増加させながら、ニュースと娯楽の電子的な伝達が、アメリカ人の生活のほとんど全ての側面を変化させていった。

この変革ペースは、近代的テクノロジーの標準と比べてもまさに驚くべきものであった。表2に、一連の現代的道具が、二〇世紀を通じて米国世帯に普及していったスピードを示す(2)。電子的娯楽の提供物、すなわちラジオ、ビデオ、

＊本書を執筆中のニューハンプシャーにおいて、事実上全ての小都市はその頃、タウンバンドを支援していた。現在ではそのようなことはほとんどない。

そしてとりわけテレビは、米国社会のあらゆる階層の家庭に、その他の、今ではほぼどこにでもあるような道具の五〜一〇倍の速さで広まった。これらの技術革新は、自動車以上に日々の過ごし方を変化させた。本章では米国の社会関係資本の衰退において、これらがいかなる意味を持つのかについて調べていく。

現代メディアは、情報と娯楽の双方を提供しているが――もっとも実際にはその境界線はますますあいまいになっている――市民参加という観点からは、この二つをある程度切り離して扱うことが重要である。

マスコミュニケーションと娯楽の最初の手段はもちろん電子的なものではなく、印刷された文章であり、何よりも新聞であった。アレクシス・ド・トクヴィルは明確に、市民参加におけるマスコミュニケーションの重要性を見通していた。

人々が互いに堅く、しっかりとした絆によってもはや結びついていないのならば、多数の人々の協力を得るためには、助けを求めたい人一人一人に対して、自らの行動を自発的に他の全ての人のものと結びつけることこそが、自分の利益にもなるのだということを説得して回ること以外には不可能である。そのようなことは、新聞の助けなしにはいつでも、容易《たやす》くはなしえない。新聞だけが、同じ考えを同時に、多数の読者の前に示すことができるのである。……したがって、あらゆる民主的組織は、新聞なしで存続することはできない。(3)

それから二世紀近く経過したが、現在も新聞購読は、市民参加の重要な指標である。平均的米国人と比べたとき、新聞購読者は年齢、教育水準が高く、また自らのコミュニティにより深く根ざしている。しかし、年齢、教育、そしてその根付きを一定に保ってもニュースを「読む」人は、単にニュースを「見る」人と比較して、世界により深く関わり、またその知識も多い。定期的な新聞購読者は、人口統計学的に同一の非購読者と比べたとき、所属する組織数が多く、クラブや市民組織により積極的に参加し、地域の会合に多く出席し、定期的に投票に行き、ボランティアやコミュニティ事業での仕事が多く、さらには友人の訪問も多く隣人をより信頼している。(4) 新聞購読者は、マッハーでありまたシュムーザーなのである。

統制された実験なしでは、何が何をもたらしたのかについて確信は持ちえない。メディアに関する事実上全ての非実験研究では「選択効果」（ある特性を持った人間が、特定のメディアを求める）と「メディア効果」（そのメディアに接触することにより、その特性が強くなる）を区別することが非常に難しい。この分析上の問題については、本章を通じて繰り返し取り扱うことになるだろう。ともかくも、新聞購読とよき市民たることが連動していることについては、証拠が明確に示しているところである。

したがって新聞購読が、その他ほとんどの社会関係資本と市民参加の指標と時を同じくしてこの数十年急低下していることに、ほとんど驚きはないだろう。一九四八年、平均的な米国成人が約九年の公式教育を受けていた頃、一日の新聞流通量は世帯当たり一・三紙であった。すなわち半世紀前、平均的な米国家庭は、一日当たり一紙以上の新聞を読んでいたのである。五〇年後、教育年数は五〇％の伸びを示したが、一方で新聞購読は五七％低下した。新聞購読は、教育と高い相関を示しているという事実にもかかわらずである。[5]

新聞購読は成人期の初期に確立し、長く続く習慣となる。若いときに読み始めれば、一般にそれは継続する。過去半世紀にわたる新聞発行部数の急激な低下は、個人レベルでの購読減少に端を発しているわけではない。全ての低下傾向は、ここまでおなじみの世代的遷移のパターンによって説明できる。図53が示しているように、二〇世紀の前半三分の一の期間に生まれた米国人の四人に三人は、世紀の終わりに至っても、この世代が何十年も前からそうしてきたように日刊新聞を読み続けている。しかし、その子どものベビーブーム世代においてこの伝統を続けているのは半数に満たないし、孫のX世代に至っては、四人に一人まで減少する。出生年のより新しいコホートが、長じても新聞を読むようになる兆しを見せないので、発行部数は読者世代が、非読者世代によって置き換わっていくと共に低下を続けている。[6] この落ち込みを逆転させるのが容易ではないのは、足下の地盤が年々沈下していってしまっているからである。

この傾向の解釈は単純だと考えるものもいるかもしれない。すなわちテレビの影響である。今日のわれわれはニュースを見るのであって、読むのではない。さりながら事実はずっと入り組んだものである。米国人は、単にそのニュース消費を印刷ページから輝くスクリーンへと移したわけではない。それどころか、テレビでニュース

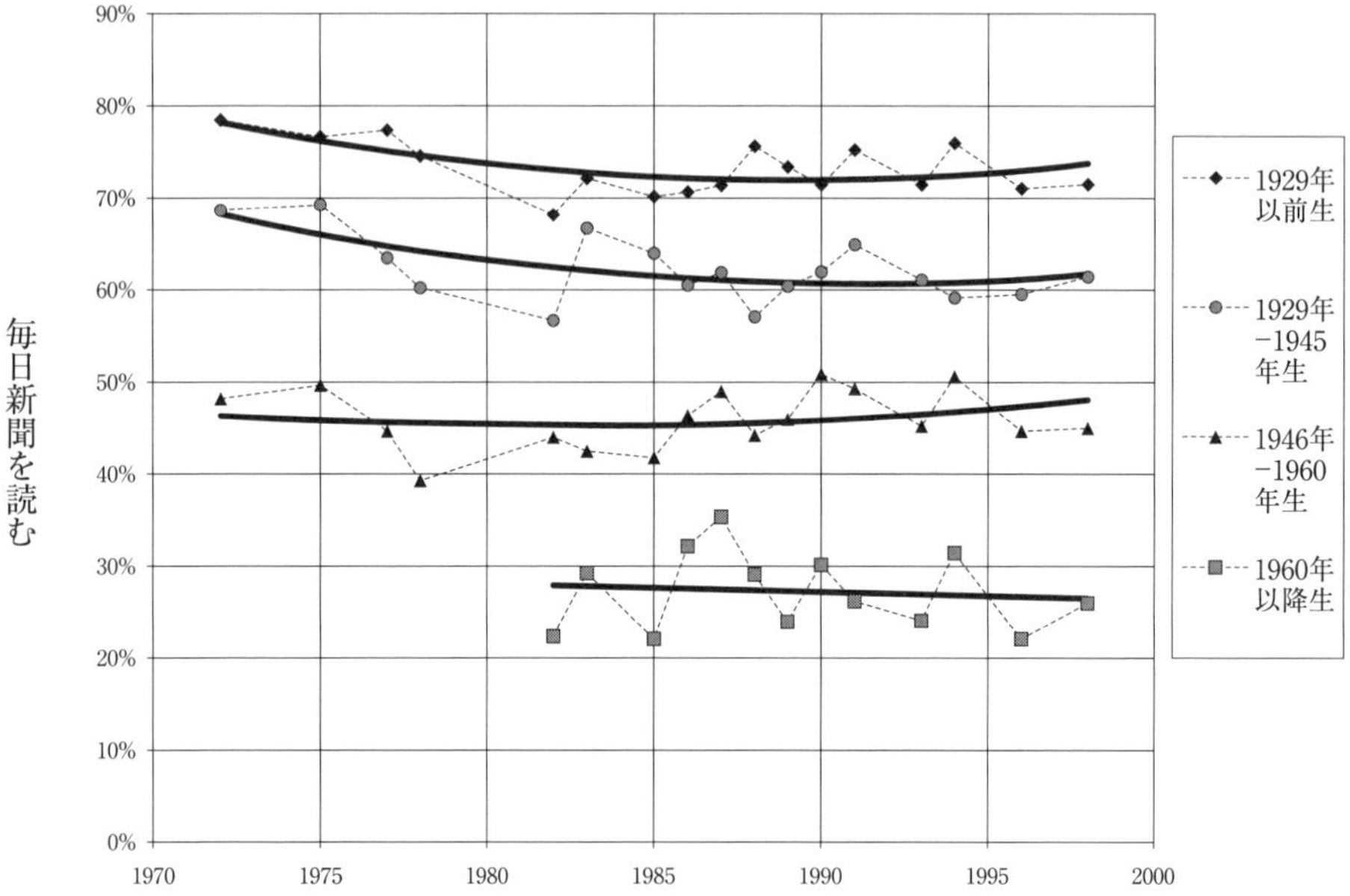

図53　世代的遷移が新聞の終焉を説明する

を見る人間は、そうでないものよりも新聞をより「多く」読んでいるのであって、「少なく」ではないのである。[7] 経済学の用語を使えば、テレビニュースと日刊新聞は補完物であって、代替物ではない。すなわち、ニュース好き《ニュースハウンド》もいれば、そうでないものもいる、ということになる。

世代的に低下しているのは、単なる新聞購読ではなくて、実際にはニュースへの関心そのものである。図54が示すように、「ニュース（国際、国内、スポーツその他）を毎日見ずにいられない」かどうかを尋ねると、その回答は生まれた時代に影響を受けていることがわかる。一九三〇年以前に生まれた人間の三分の二は、多少はあるが安定的に、「強くそう思う」「そう思う」と回答している。その子や孫（一九六〇年以降生まれ）世代の間では、ニュース関心は祖父母の半分にまで低下する。さらに図54は、若い世代がゆくゆくは両親・祖父母のレベルにまでニュース関心が増大するというライフサイクル成長に全く根拠がないことも示している。

ニュース視聴もニュース購読も、どちらも同一現象の構成要素であるから、テレビニュース視聴

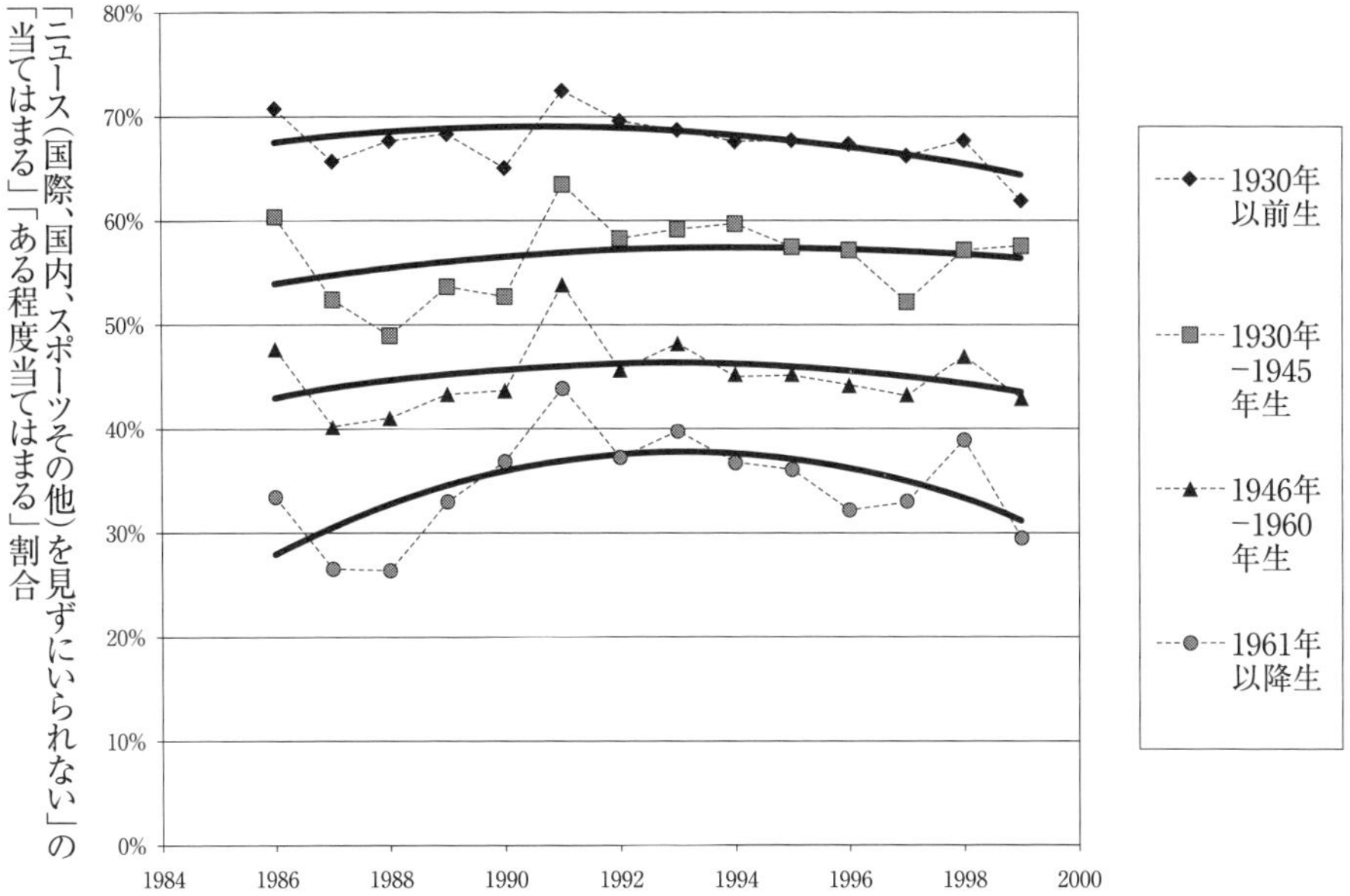

図54　「ニュース好き」は消えゆく種族

が市民的関与と正に関係していることは驚くにあたらない。もっぱらテレビニュースに依存する者は、新聞に依存する者と比べて市民的行動が少なくなるが、それでもニュース視聴者は、平均的米国人と比べてより市民的である。ネットワークニュースの定期的視聴者は（ナショナル・パブリック・ラジオ聴取者や、さらにローカルテレビニュースの視聴者と同様に）、そうでない者と比較したときに（年齢、教育水準、性別、収入その他について対応を取った後にも）地域コミュニティ事業に時間を使い、クラブ会合に参加し、政治についてより関心を持っている。テレビニュースをチェックしている米国人は（そうでないものと比較して）、新聞読者ほど際だって市民的というわけではないが、それでも公的な事柄についての知識が多く、投票に定期的に行き、コミュニティの問題についても一般的に積極的である(8)。

残念なことに、ニュースの購読同様ニュースの視聴も低下傾向にあることは、図54から予想できるだろう。近年のネットワークニュースの視聴者の減少は、新聞流通量の低下よりもずっと速い。例えば、夜のネットワークニュースの定期的視聴者は、一九九三年には成人の六〇％を占めていたが、一九九八年には三八％まで急落した。加えて、新聞流通と同様に、テレビニュース視聴の低下は、世代間の差によって引き起こされている。ネットワークニュースの視聴者が急速に高齢化しているのは、健康補助食品の広告がブロコウやジェニングス、ラザーといったキャスターの番組を提供していることからも簡単に推測がつくだろう。ＮＢＣニュースの一九九七年の調査によれば、プライムタイム番組の視聴者全ての平均年齢は四二歳であったが、夜のニュース番組視聴者の平均は五七歳だった。さらに今日のニュース視聴者は、瞬間で移動する態勢を整えている。――米国人の半数は、ニュースを見るときにはリモコンを手にしていると回答しているのである。[9]

インターネット上のニュースや、全日ニュースのケーブルチャンネルの勃興に希望を見いだすものもいるかもしれない。このような新しいニュースチャンネルが持つ長期的な効果を予測するのはまだあまりにも早い。とは言うものの、上がってくる結果は期待の持てるものではない。まず、テレビニュース好きが新聞読者に極めて偏っていたのと同様、インターネットやケーブルニュースチャンネルでニュースを追うものもやはりニュース消費においては「ゼネラリスト」である。例えばＣＮＮの視聴者は、そうでないものよりも夜のネットワークニュースを二倍多く見ている。インターネットニュースの熱狂的ファンですら、「インターネットの出現は、他の伝統的ニュースソースの補完を意味しており、その代替ではない」と認めている。実際、インターネット利用は一九九〇年代の後半から拡大を始めたものの、公共の事柄を追うためのその利用というのは、相対的に重要なものとはならなかった。[10]まとめると、新しいメディアは、着実に縮小中の伝統的ニュース視聴者を引き寄せているのであって、それを拡大させているわけではない。

さらに、ニュースについて新聞、ラジオ、テレビを利用している者とは異なり、ニュースを第一にネットに頼ろうとするような、テクノロジーに長けたごく少数の米国人は実際には、隣人の市民と比べてより市民的関与が低い。[11]もちろん、このことはネットが社会的な解体を招くということを証明しているわけではない。このようなインターネットニュースの「初期採用者」たちが、最初から社会的に引きこもっていただけかもしれない。それでも、インターネットとケーブルニュースの向かう先が、ネットワーク放送と、印刷ニュースの受け手の縮小による市民的喪失の穴埋めをしているのではないように思われる。

しかしながら、電子メディアにおける時間、エネルギーそして創造性の大半は、ニュースではなく娯楽に費やされている。ニュースを視聴することは市民的健全性を害するものではなかったが、テレビの娯楽はどうであろう。ここで、米国人にテレビが与えた影響に関する最も基本的な事実から始めなければならない。二〇世紀において、人々の余暇にこれほどまでに速く、また深く影響したものは他にない。

一九五〇年において、テレビ受信機を所有していた米国世帯はわずかに一〇%にすぎなかったが、一九五九年にはそれは九〇%に至った。おそらくこれは技術革新の普及としては最速の記録であろう(インターネットアクセスの普及はテレビの出した記録に匹敵するだろうが、おそらく超えることはないと思われる)。この稲妻の反響は、何十年も衰えることはなかった。世帯当たりの視聴時間は、一九六〇年代には一七~二〇%増加し、加えて一九七〇年代には七~八%、さらに一九八〇年代初期から一九九〇年代の終わりに至るまでにも七~八%の伸びを見せた(この着実な伸びの計量として、図55のニールセンによる世帯視聴時間測定を参照のこと)。初期にはテレビ視聴は、人口分布の中では教育水準の低い領域に集中していたが、一九七〇年代を通じて教育水準の高い領域での視聴時間が上向きに収斂し始めた。テレビ視聴は年齢と共に増加し、とりわけ退職時にそうなるが、テレビの登場以降の各世代は、そのライフサイクル上の出発点がより高い位置で始まっている。このような世代差も一因となって、「流れているものは何でも」見る——すなわち、特に見たい番組がなくともテレビをつけているという国内成人の割合は一九七九年の二九%から一九八〇年代末の四三%まで急増した。一九九五年までに、テレビ所有世帯当たりの視聴は一九五〇年代から五〇%多くなった。[12]

大半の研究による推定では、平均的米国人は一日当たり約四時間の視聴をしているが、これは世界のあらゆる地域の中で最高に近い視聴度合いである。生活時間研究者のジョン・ロビンソンとジェフリー・ゴドビーは、より保守的な手法である時間日記を用いて人々がどのように時間を使っているかの検討を行い、一日当たり三時間近くという推定値を提示したが、その一方で一九九五年時点での平均的米国人の自由時間の四〇%近くを第一の

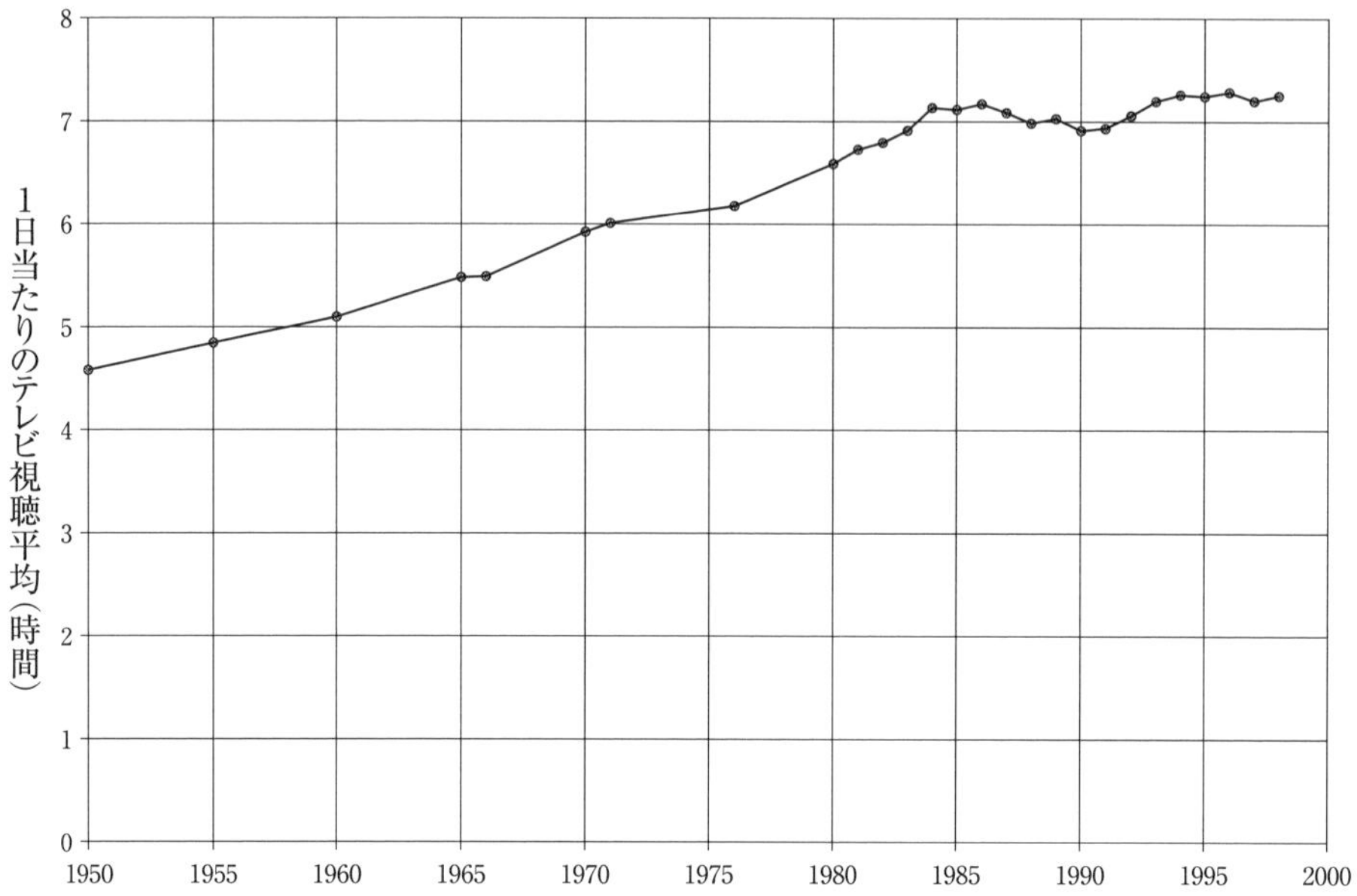

図55　テレビ視聴拡大の半世紀、1950-1998

活動として吸収していると結論づけた。これは、一九六五年から約三分の一の増加である。一九六五年と一九九五年の間で、週当たり平均六時間の余暇時間が増えたが、この追加六時間のほとんど全てはテレビ視聴に費やされている。ロビンソンとゴドビーの結論は、「テレビは余暇時間の中の巨大な存在《八〇〇ポンドゴリラ》である」というものである。[13]

加えて、複数のテレビを持つ世帯も増加している。一九九〇年代末には、全米世帯の四分の三には複数のテレビがあり、ますますプライベートな視聴を可能にしている。自分の部屋にテレビがある小学六年生の割合は、一九七〇年の六%から、一九九九年の七七%まで増加した(八歳〜一八歳の子どもの三人に二人は、家での食事中はいつもテレビがついていると答えている)。同時に、一九八〇年代を通じて、ビデオカセットプレイヤーとビデオゲームの米国世帯への急速な普及は、さらなる「スクリーン時間」形態をもたらすこととなった。ついには、一九九〇年代を通じてパーソナルコンピュータと、インターネットへのアクセスが、米国家庭に持ち込まれる情報と娯楽の種類を劇的に拡大することになった(これらの傾向の

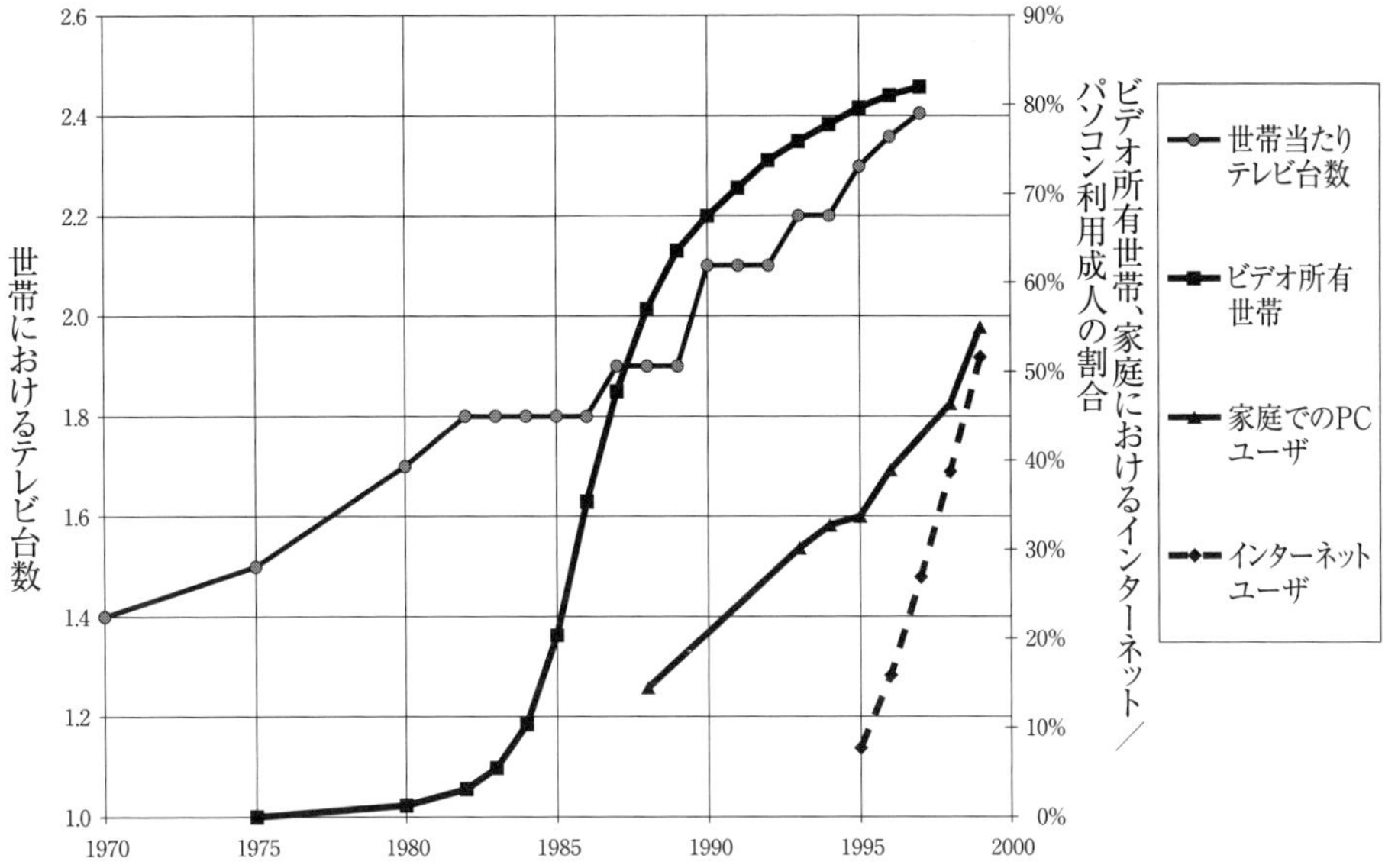

図56　米国家庭におけるスクリーンの急増、1970-1999

一部を図56に示した(14)。

テレビ革命のもたらした最も重要な結果を一つ挙げれば、それが人々を家庭へと導いたことである。早くも一九八二年において、スクリップス・ハワード財団の調査報告によれば、人気の余暇活動一〇のうち八は家庭内におけるものであった。DDBニーダム・ライフスタイル調査を一九七五年から一九九九年まで追跡すると、社会、コミュニティ関与のグラフが全て低下している中で、一本の線だけが突き出ている――「家で静かな晩を過ごす」ことを好む米国人の数が、順調に伸びていたのである。そのように答えた者が、テレビ上の娯楽に強く依存していたことは驚くにはあたらない(15)。この新しいメディアに夢中となった初期の人々は、テレビは「電子的暖炉」であり、家族の一体感をもたらしてくれると熱く語っていたものだった。しかし、この半世紀の経験は警戒的なものである。

社会批評家のジェームズ・ハワード・クンストラーの論争は的を外していない。

米国の住宅は、三世代にわたってテレビ中心となってきた。それは家族生活の焦点であり、家での暮らしはそれに対応して内向きとなり、その四方の壁の外で起こっていることからは離れてしまった（テレビのある部屋は、建築業界用語で「ファミリー・ルーム」と呼ばれている。建築家の友人が私に説明してくれた。「みんな、家族で一緒にしていることは、テレビを見ることなんだって認めたくないんだよ」）。同時に、テレビは、家族を外の世界へとつなぐ主回線となっている。家の物理的な覆いそのものは、もはやいかなる積極的な意味でも、人々の暮らしを外界と取り結ぶことはない。外部世界は、テレビというフィルターを通して抽象化されたものとなっている。それは、天候が、エアコンというフィルターを通じて抽象化されている如くである。[16]

時間日記によれば、夫婦が会話して過ごす、三〜四倍の時間を一緒にテレビを見て過ごしていることが示されており、またそれは家庭外でのコミュニティ活動に費やす時間の六〜七倍に上っている。さらに、世帯内のテレビ数が増加すると、一緒にテレビを見ることすら希になっていくのである。ますますテレビ視聴は、完全に一人で行われるものになっている。ある研究の示すところでは、少なくとも米国人の半数は通常テレビを一人で見ているが、テレビ視聴のうち三分の一が一人で行われているという別の研究もある。八〜一八歳の子どもの間では、数字はさらに驚くべきものとなる。テレビ視聴の五％にしか親は同伴せず、また三分の一以上は完全に一人で行われているのである。[17]

テレビ視聴は生活の中で、ますます習慣的なものとなり、意識的なものではなくなっている。一九七九年〜一九九三年まで三回にわたり、ローパー調査が米国人に対してこれを明らかにするためのペア質問を示した。

テレビをつけるときは、いつもまずスイッチを入れてから何か見るものを探しますか？　それとも、何か見たい番組があることがわかっているときのみにスイッチを入れるでしょうか？

テレビをつけておくのを好み、実際には見ていないときにもバックグラウンドに流すのを好む人もいます。あなたは、テレビを見ていないときにもそれをつけておくことが多いですか（それとも見るかあるいは消す、という方でしょうか）？

選択的視聴者（すなわち、特定の番組を見るためにのみテレビをつけ、見ていないときにはスイッチを切る者）は、習慣的視聴者（何をやっていようとテレビをつけ、それをバックグラウンドに流しておく者）に比べ、教育水準やその他の人口統計学的要因を統制しても、コミュニティ生活への関与が有意に多かった。例えば選択的視聴者は、人口統計学的に対応するそうでない人と比べたとき、草の根組織への参加が二三％多く、また公的な集会への参加が三三％多かった。習慣的視聴は、市民参加に対して特に有害である。実際、市民的参加低下に対する習慣的試聴の影響は、テレビを見る時間が単純に増加するのと同程度の強さを持つ。[18]

図57が示すように、年々ますます、人々は何を見たいのかも知らないままにブラウン管をつけ、もはや何も見ていないのにもかかわらずバックグラウンドにつけっぱなしにしておくようになっている。一九七〇年代の終わりまで、選択的視聴者は習慣的視聴者に対し三対二以上の割合を占めていたが、一九九〇年代の中盤までにその比率は逆転した。一九六二年はテレビがほぼどこにでもあるようになって数年といったところだったが、当時の映画『影なき狙撃者』の主演者がこんなことを言っていた。「世界には二種類の人間がいる。部屋に入るなりテレビをつける人間と、部屋に入ってきてテレビを切る人間だ[19]」。四〇年が過ぎ、前者はますます増え、後者は希になってきたのである。

遍在するテレビに対しての習慣化は、特に若い世代に広まっている（この議論において、「若い」とは世紀が変わるときに四〇代になっていた人間も含んでいることに注意してほしい）。若い世代の中の教育水準の高い者でさえ、以前の世代の教育水準の低い者と比べたとき選択的視聴者の割合はずっと少ない。一九三三年以前に生まれた米国人（テレビと共に成長した人間はいない）の中で、四三％が一九九三年の時点で選択的視聴者であり、一九六三年以降に生まれた（全員がテレビと共に育った）人々の二三％に対し約二倍の割合であった。テレビ時代に成長した者は上の世代に比べて、テレビを、当然のようにそこにいる仲間と考える傾向がずっと強い。テレビ視聴が幼少期にたやすく習慣化するとすれば、このことこそまさに予測すべきことであった。まとめると、総

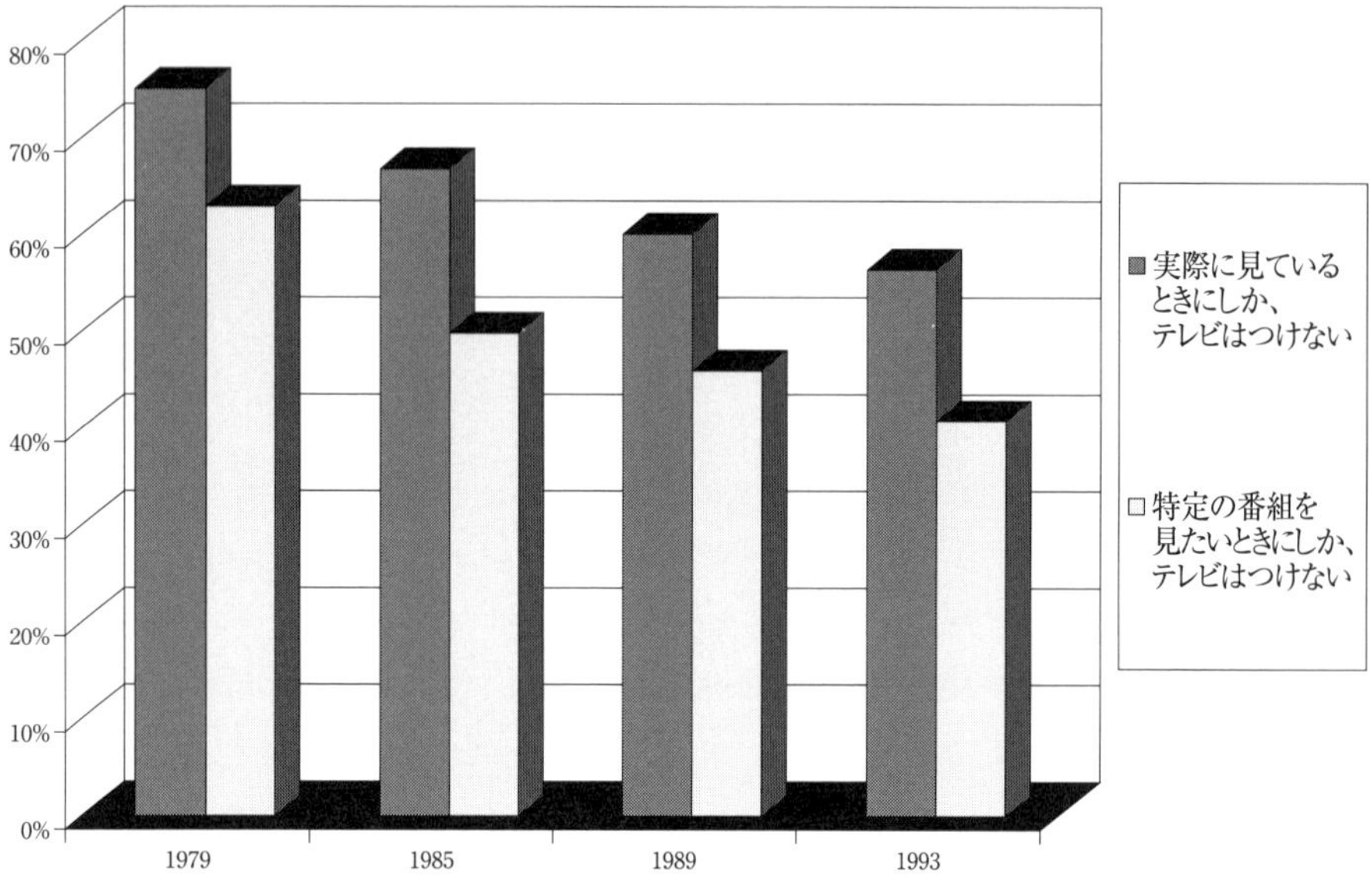

図57　テレビ視聴の習慣化と選択的視聴の減少

テレビ視聴時間が世代間で同じであっても（しばしば同じなのだが）、世代によってテレビの使い方は異なるということである。習慣的テレビ視聴傾向は世代的遷移の影響を反映しやすいので、この傾向性がすぐにでも反転するという可能性は低い。[20]

習慣的視聴が、テレビ視聴スタイルにおける唯一の世代差ではない。もう一つ挙げられるのは、チャンネル・サーフィンである。図58は一九九六年のヤンケロビッチ・モニター調査から作成したものだが、テレビを実際に見ているときも、若い世代は（ベビーブーム世代を含み、上の世代と比較すると）、番組から番組へと乗り換え、言わば「食い散らかし」または「マルチタスク」する割合が多く、一つの語りを単純に追いかけてはいないことを示している。一九五〇年代のティーンエイジャーと比べると、一九九〇年代の若者の友人関係は少なく、弱く、流動化していることを示した研究者もいる。[21] 直感を支持する系統的な証拠を発見していないが、筆者はこのチャンネル・サーフィンと社会的サーフィンの間の関連は比喩以上のものであろうと考えている。

生活におけるテレビの遍在性は、一日の時間のさまざまな断面のどこでテレビを見ているか、という

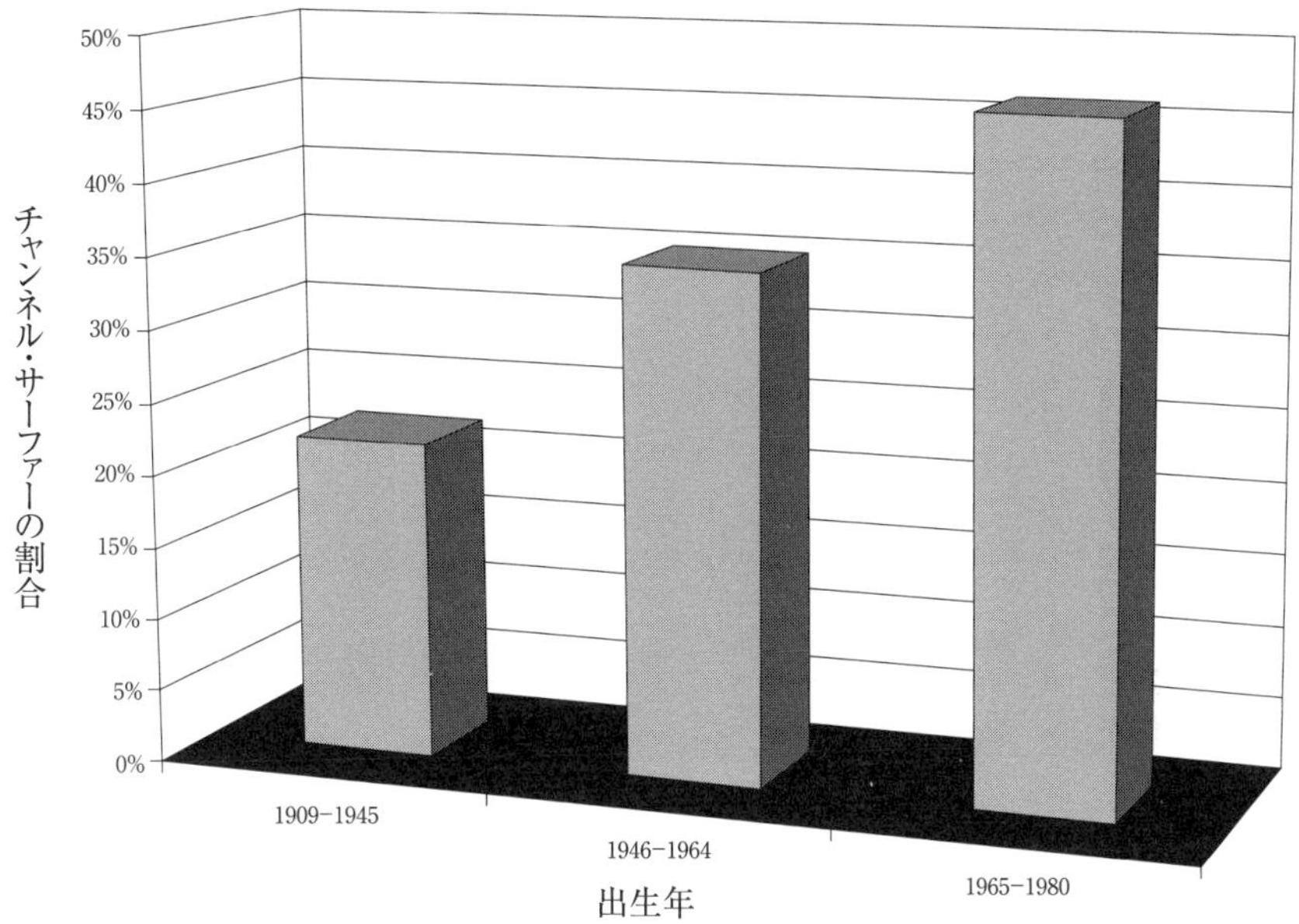

図58　若い世代における「チャンネル・サーフィン」の普及

回答の割合を検討することではっきりと示すことができる。一九九三〜一九九八年のＤＤＢニーダム・ライフスタイル調査では対象者に、回答前日、朝の起床時から夜の就寝時までの一〇時点においてテレビを見ていたかどうかを尋ねている。それぞれの時点でテレビを見ていたと答えた場合は、それが主に情報のためか、主に娯楽のためか、あるいは「単にバックグラウンドとしてか」を尋ねた。図59に全国平均を示す。

一日のどの時点においても、少なくとも成人の四分の一は何らかのテレビ視聴を行っていたと答えている。労働時間後にこの割合は半分以上に上がり、八六％の高さにまで至る時間帯は、「プライムタイム」という適切な命名がなされている。[22] 多くの家ではテレビは単にバックグラウンドとしてつけられているだけで、視覚的ＢＧＭ《ミューザック》のようなものだが、図59によれば、そのような偶発利用で説明できるテレビ視聴回答の割合は比較的小さい。これらの平均は就労者も非就労者も含んでいるので、平日中の就労者による数字がもっと小さくなるのは明らかだろう。米国人の約半数は、結婚未婚、子どもの有無にかかわらず、夕食時にテレビ

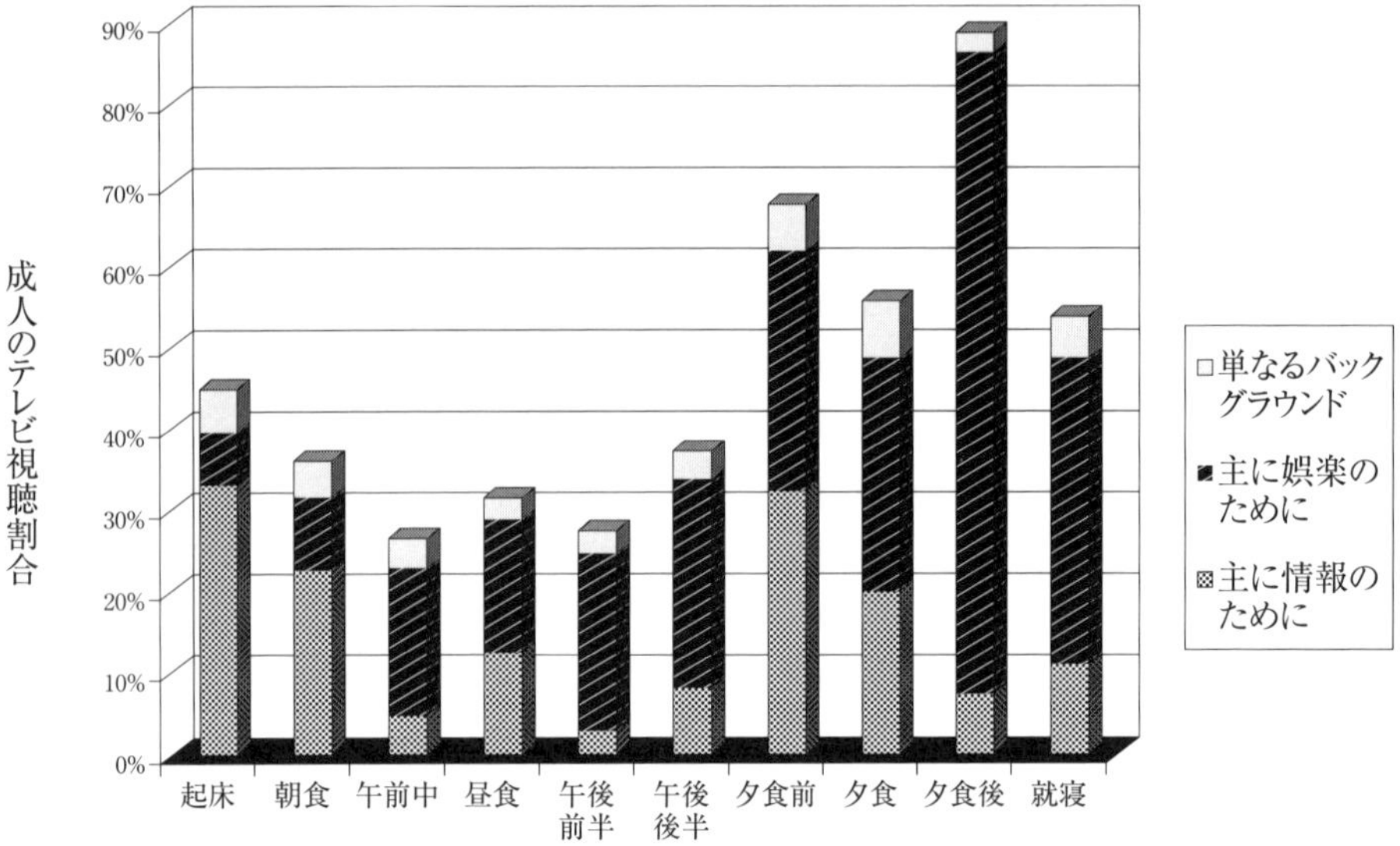

図59　全日、毎日テレビ漬けの米国

を見ていると答えており、朝、昼食時も三分の一近くを占めている。[23] 二〇世紀の終わりまでに、米国人の生活においてテレビは普遍的存在となったのである。

米国人の生活におけるテレビ視聴の独占状況を別の視点から見るのに、晩を過ごすための他の手段と比較することもできる。図60によると、八一%がほとんどの晩をテレビを見て過ごすと答えているのに対し、家族と会話すると答えたものは五六%にすぎず、夜食に三六%、家事が二七%、犬の散歩が七%と続く。夜にテレビを見ることは、現代のアメリカン・ライフにおける普遍的行動の一つとなったのである。[24]

昼夜の過ごし方におけるこの巨大な変化は、まさに、世代的な市民参加低下の年月を通じて起こっている。テレビ視聴と市民参加はどのように関係しているのだろう。相関的視点からの答えは単純である。――テレビ視聴の増加は、事実上あらゆる形態の市民参加、社会的関与の低下を意味する。テレビ視聴は同時に、市民的関与を抑制する他の要因、すなわち貧困、加齢、低教育水準その他とも相関している。したがってテレビと社会参加の間に固有に存在する関係を分離するには、このような他の要因を、統計学的に言えば、一定

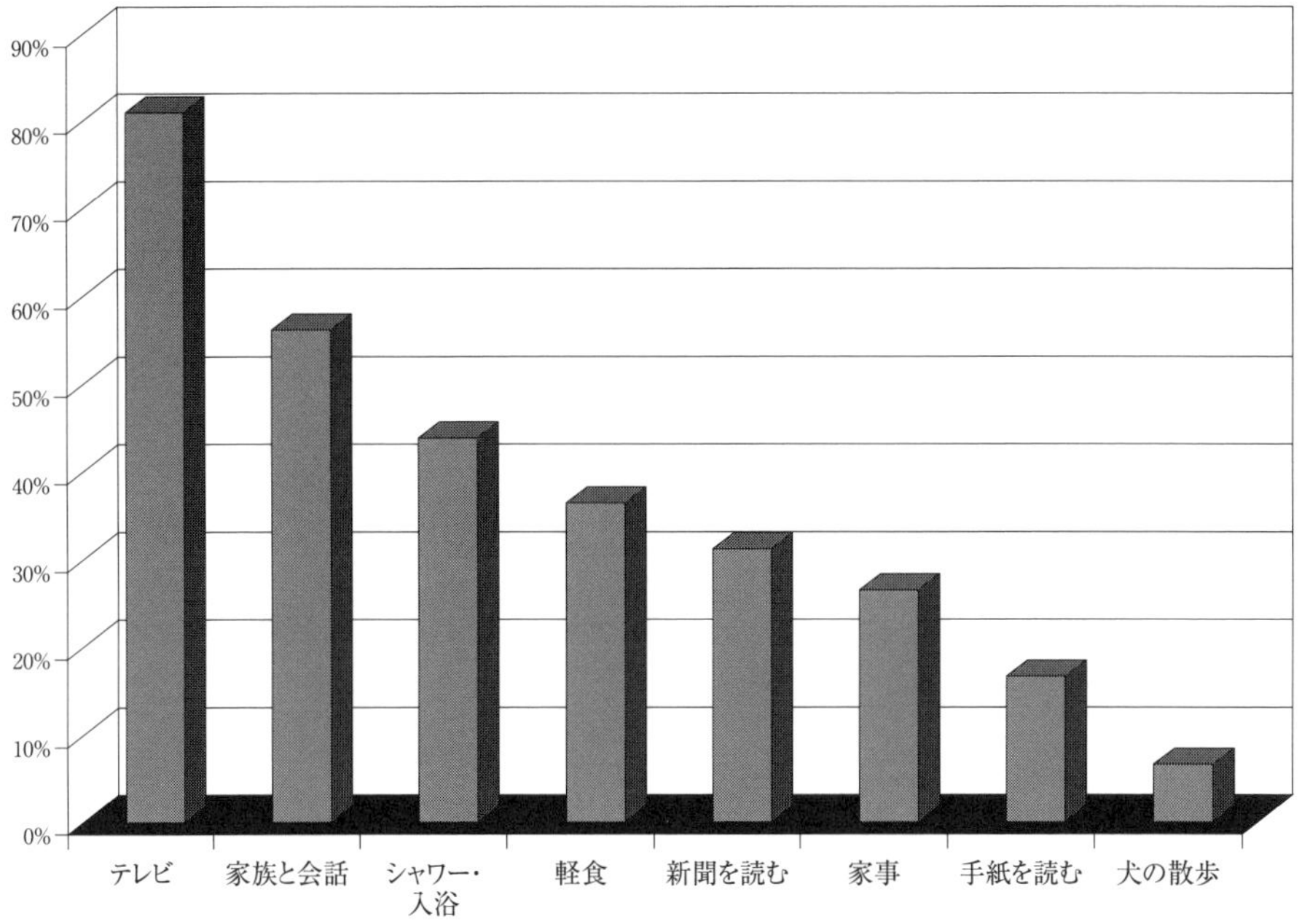

図60　晩に米国人がすることは、何よりもテレビ視聴

に保つ必要がある。他要因を一定とした分析が示すのは、一日当たりのテレビ視聴時間が一時間増加すると、公的集会への参加、地域委員会のメンバーになる、議会に投書するといったほとんどの市民的積極行動が約一〇%低下する。[25]

一九六五年から一九九五年までで、ブラウン管の前で過ごす時間が一時間増加したという時間日記の推定が正しいとすれば、この要因のみで、この期間内での市民参加の低下全体の四分の一が説明できるという計算になる。[26]しかしここで、この推定に対して二つの条件をつけなくてはならない。その一つは上方への、もう一つは下方へのバイアスをもたらす可能性がある。まず、テレビ視聴が市民参加低下に影響するという方向に因果の矢が向かっており、その逆ではないという証拠を提示していない。一方で、テレビが市民参加に与える影響の推定において、その視聴時間の長さという点のみを想定しており、視聴の性質や、視聴者、また

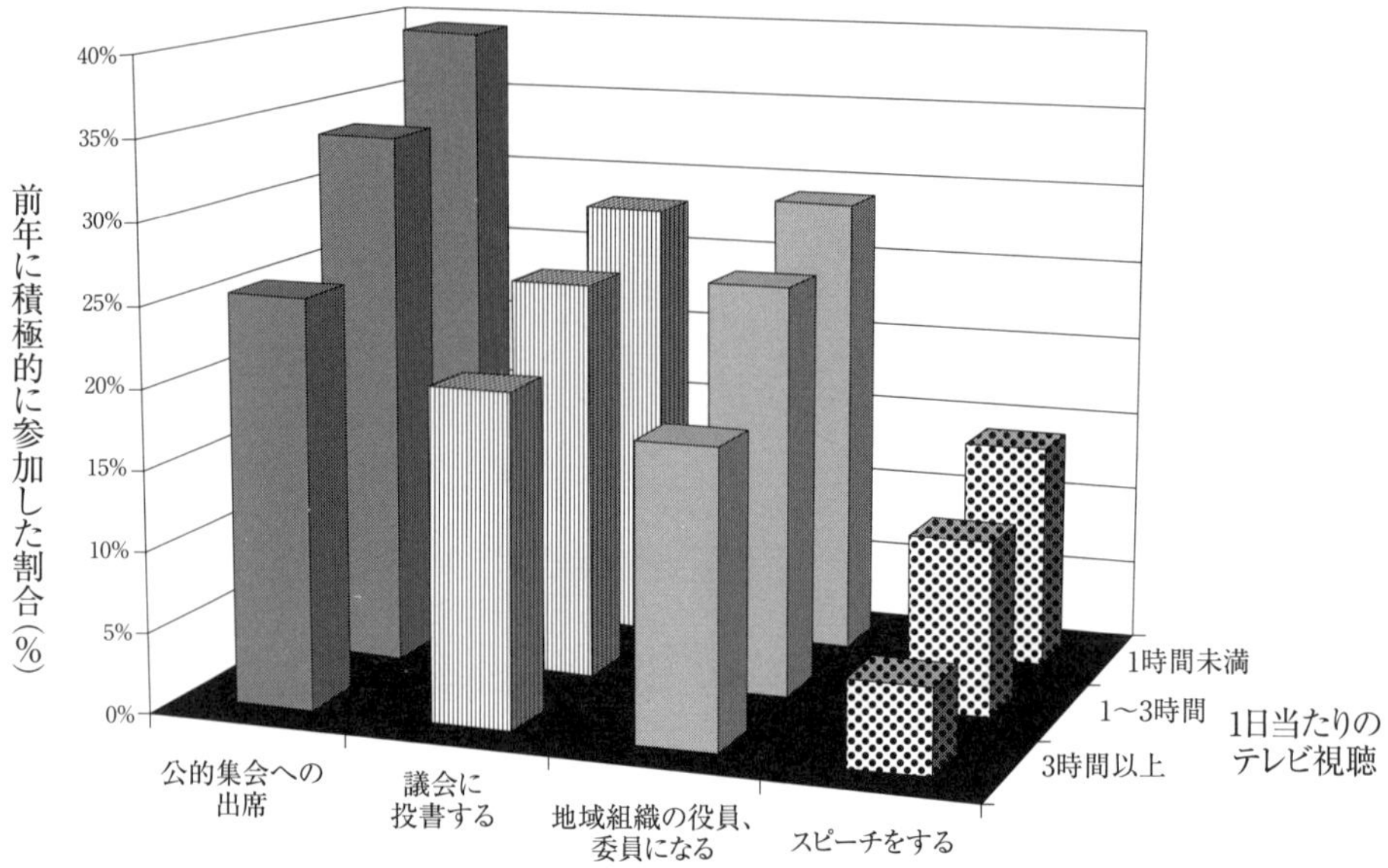

図61　テレビ視聴時間の増加と市民参加の減少（大卒・就労年齢の成人）

視聴番組そのものの持つ影響を考慮していない。

これらの重要な細部に目を向ける前に、図61でテレビ視聴と市民参加低下の関連性に関わる証拠の一つを示しておく。ライフサイクルと教育の影響を排除するため、ここでは就労年齢、大卒の米国人に注意の範囲を限定する（ここで示されたパターンは、引退者や教育水準の低いものといった、テレビ依存が強い人口セグメントにおいてより顕著である）。この集団において、テレビ視聴時間が一日当たり一時間未満のものは、三時間以上のものよりも市民的積極性が一・五倍ほど強い。例えば軽度視聴者の中で、昨年一年間に街や学校に関する何らかの公的集会に参加したものが三九％であるのに対し、人口統計学的に対応する重度視聴者では二五％にすぎなかった。軽度視聴者は前年に二八％が議会に投書したが、重度視聴者は二一％であった。軽度視聴者の二九％は何らかの地域組織で指導的役割を果たしたが、重度視聴者の中では対照的に一八％のみであった。軽度視聴者は、同じくらい教育水準の高い重度視聴者よりも、前年にスピーチをした割合が三倍も異なっていた（一四％対五％）。

重度視聴者と軽度視聴者の間にあるこれらの差の深刻さは、ここで選ばれた教育水準の高い、就労年齢の米国人においてさえも、重度視聴者は軽度視聴者に対して二対一近くの数で圧倒しているという事実によって増幅される。テレビ視聴に強くコミットすること――われわれの多くはそうするようになってきたのだが――は、コミュニティ生活に強くコミットすることと両立しないのである。

第2章において、集会への出席、委員会活動に従事、政党のために働くといった、集合的形態の参加の方が、議会に投書したり請願に署名するといった個人的形態の参加よりもずっと速く過去数十年にわたって下落していったということについて触れた。どちらの参加形態も政治的な影響を持ちうるが、社会的なつながりを維持し再強化するのに役立つのは前者のみである。テレビは、個人的にも集団的にも市民参加に対して悪影響を持つことがわかっているが、共同で行う活動に対してとりわけ有害である。テレビ視聴が長くなると（例によって人口統計学的要因を統制しても）個人的活動、例えば手紙を書くといったことが約一〇～一五％削減されるが、同量のテレビ視聴は、公的集会への出席や地域組織での指導的役割を果たすといった集合的活動を、四〇％近くも減少させてしまう。すなわち、テレビが余暇時間を私事化したように、それは市民的活動も私事化させてしまい、個人的政治活動を低下させた以上に他者との相互作用を衰退させたのである。[27]

すでに見たように、情報のためにテレビを見るようなニュース好きは、その他多くの米国人よりも市民的精神にあふれている。しかし人々のほとんどはテレビを娯楽のために見るのであって、ニュースのためではない。主として情報のためにテレビを見ると答える者は七％にすぎず、他方で主として娯楽のためと答える者は四一％に上る（残りの者は情報と娯楽両方のためと答える。情報と娯楽の分離不能なつながり「インフォテイメント」は、テレビを、書籍やラジオといった他のメディアと分ける注目すべき特徴である）。[28] これまでに見たように、ニュースや公共問題についての番組は、市民参加に対して、なにがしかの正の影響を有しているように考えられる。それでは、テレビの娯楽番組についてはどうだろうか。

テレビ上の娯楽が社会参加に対して与える影響を検討するには、米国人の半数を占めている「テレビは、自分の主要な娯楽である」と回答したものに焦点を当てることが方法の一つであろう。このような人々は当然のことだが、他の人々よりもテレビ視聴時間が長く、「自分はいわゆるカウチポテト族である」と自ら認める割合が非常に多い。[29] 市民参加という視点からは、テレビ上の娯楽に強く依存するこれらの人々は、残りの半数の米国人とは大きく異なっていることがわかる。

社会参加を予測する他の要因（教育水準、世代、性別、地域、居住都市規模、労働負担、結婚、子ども、収入、経済的不安、宗教、人種、地理的移動性、通勤時間、持ち家の有無、その他）と組み合わせて検討すると、テレビ娯楽への依存は、市民参加低下を予測する単なる有意な予測変数ということにとどまらない。それは、これまで筆者が見つけた中で**唯一最も一貫**した予測変数である。

テレビを「主要な娯楽」であると答えたものは、ボランティアやコミュニティ事業への参加割合が低く、ディナーパーティやクラブ会合への出席が少なく、友人をあまり訪ねず、家で歓待をすることも少なく、ピクニックに行かず、政治にあまり興味を持たず、献血する割合も少なく、定期的な友人への手紙をあまり書かず、長距離電話も少なく、季節のあいさつ状や電子メールもあまり送らず、運転中に腹を立てることが多いと答えており、ここで比較対象となった集団とは、テレビが主要な娯楽ではないと答えたこと以外に人口統計学的な違いは存在しない。テレビ依存は、単にコミュニティ生活への関与が低くなるということに関連しているだけではなく、筆記、口頭、電子的というあらゆる形態の社会的コミュニケーションの低下と関係している。このシンプルな質問項目が、最も社会的に孤立した人々と、コミュニティへの関与の最も深い人を区別している様子を図62〜66が表している。その他どの要因――教育水準の低さ、フルタイムの就労、都市の集塊化による長時間通勤、貧困や経済的困窮――であっても、テレビ娯楽依存が示すほど広範には、市民参加低下と社会的断絶とは関係していない。[30]

平均すると、「テレビが主要な娯楽である」という項目に強く反対するもの――ここではテレビ最小主義者《ミニマリスト》と呼ぼう――は、年に九回のボランティアを行う。対照的に、テレビ最大主義者《マキシマリスト》――「テレビが第一の娯楽である」に強く賛成するもの――は、年当たり四回しかボランティアをしない。テレビ最小主義者は友人や親戚に年平均で一八通の手紙を書くが、最大主義者は一二通のみである。テレビ最小主義者が、一年に九回のクラブ会合に出席するのに比べ、最大主義者は五回しか出席しない。テレビ最小主義者は平均して年二七回教会に出席する

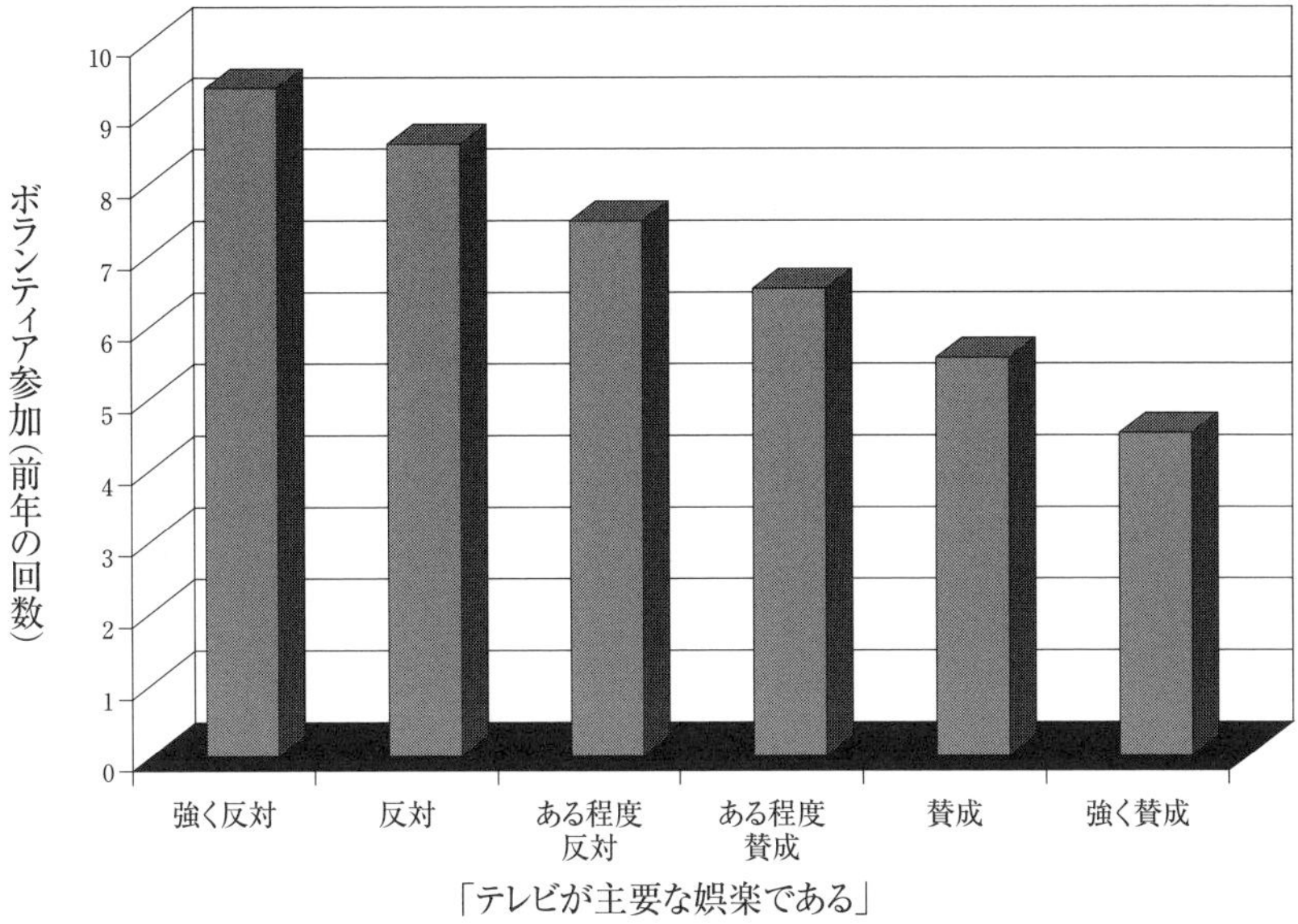

図62　テレビ視聴とボランティアは両立しない

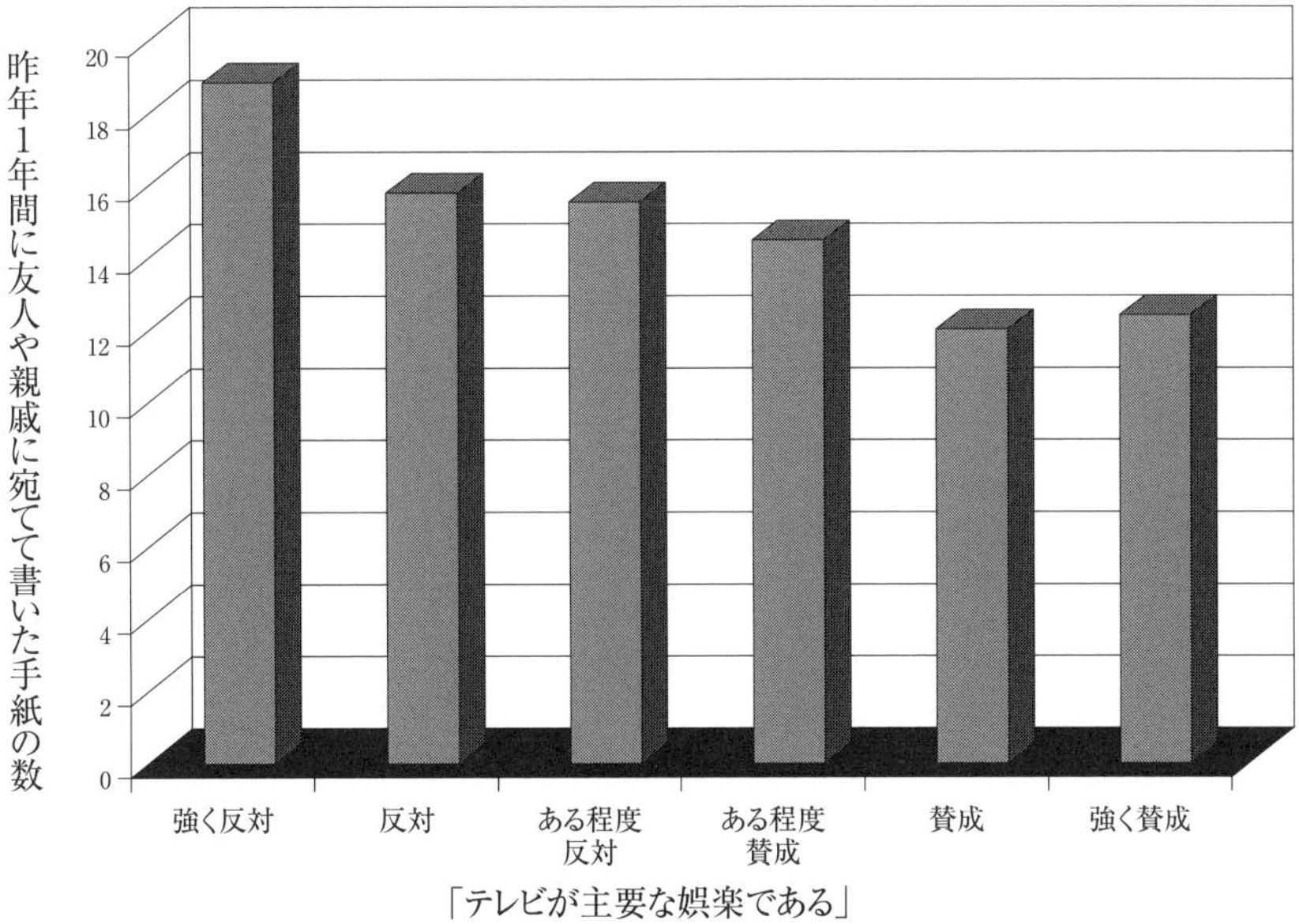

図63　テレビ視聴者は人付き合いが少ない

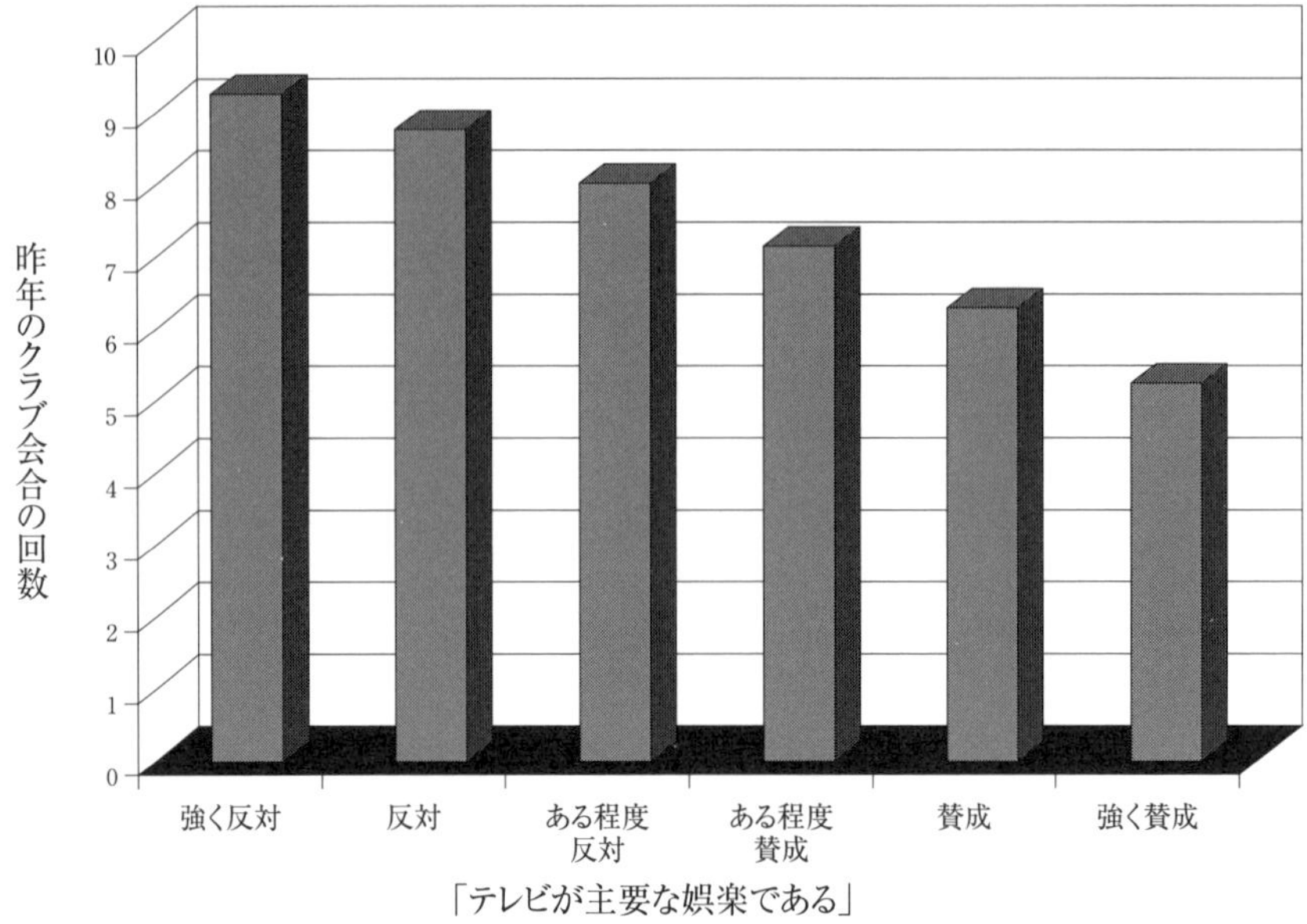

図64　テレビ視聴とクラブ会合出席は両立しない

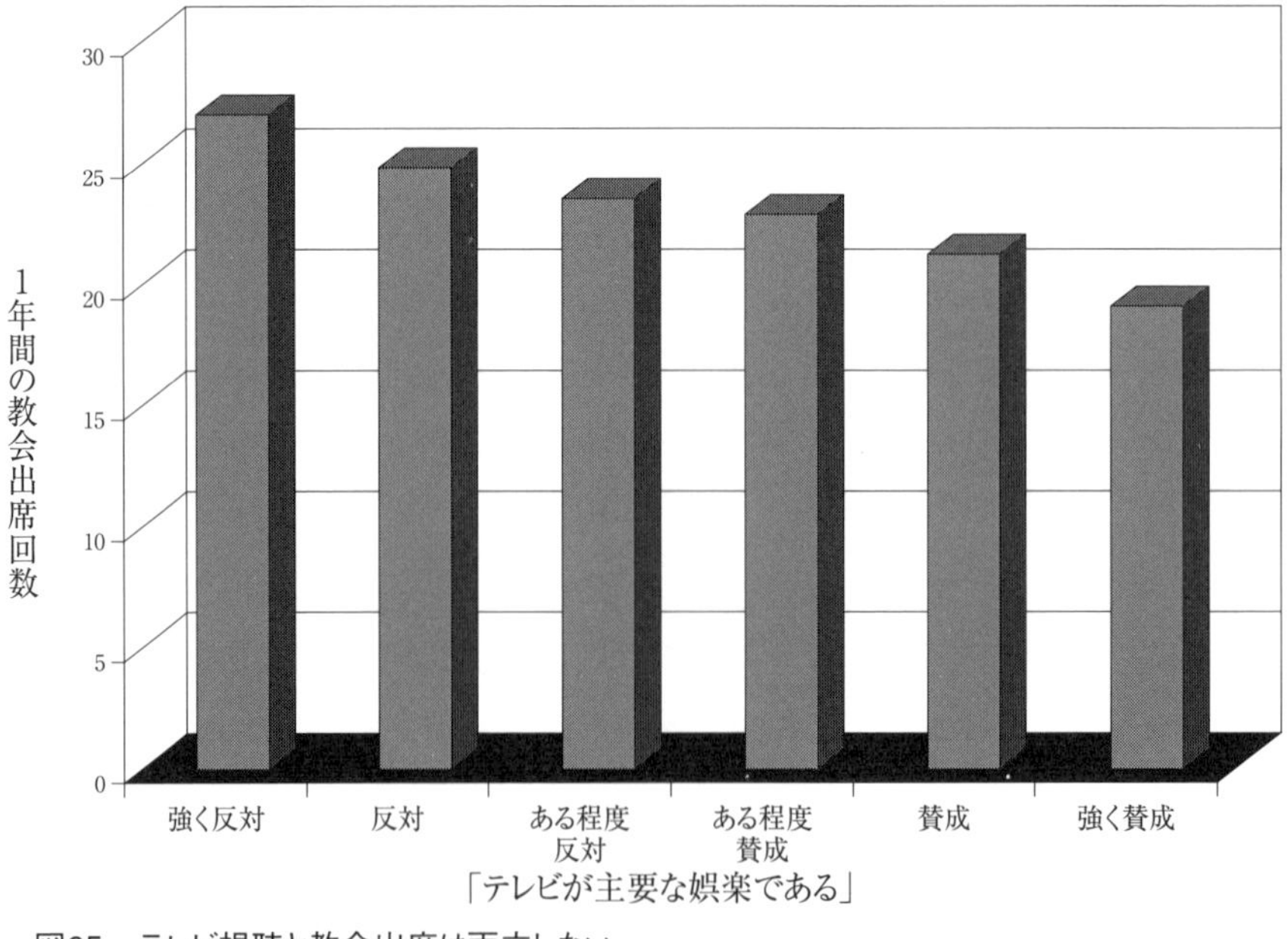

図65　テレビ視聴と教会出席は両立しない

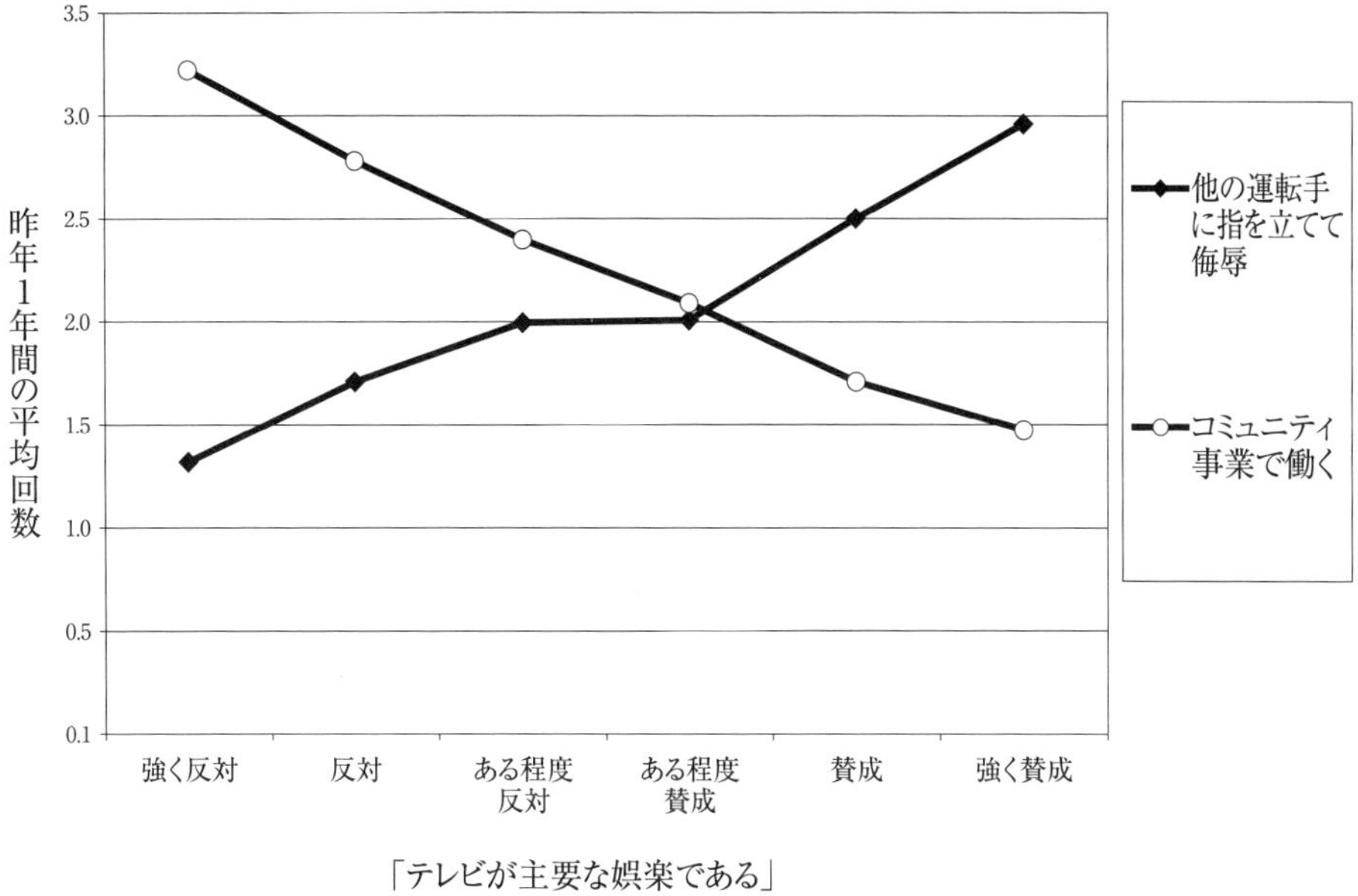

図66　テレビ視聴と礼節は両立しない

が、テレビ最大主義者は一九回である。それどころか、テレビ娯楽への依存度は教会出席を説明する強い負の変数であり、その効果は宗教心を統制しても現れる。同程度に宗教的であれば、テレビが主要な娯楽と答える者の方が、教会に行く頻度がはっきりと少なくなる。[31]

この二つの集団の市民性の違いがはっきりと結晶化しているのが図66である。テレビ最小主義者の回答では、年間三以上のコミュニティ事業に参加し、運転中に他の運転手を指を突き立てて威嚇するようなことはその半分以下である。一方で最大主義者の間では、市民性の比率は全く逆のものとなる——粗暴なジェスチャーをする回数は、コミュニティ事業の二倍である。マッハーやシュムーザー、そして非常に市民的である者は、テレビ最小主義者という、米国内の少数派から不均衡なほど輩出されているのである。

テレビ依存に抵抗する種族の住んでいる隙間《ニッチ》を見つけることもできるのだが、そこでも参加低下のオーラの跡を見つけ出すことができる。高い教育を受けた、経済的に余裕のある女性で、北東部に住む三〇代～四〇代はじめの者を例として取り上げよう。彼女らは国内において、テレビ上の娯楽に対して否定的な回答をする可能性が最も高い人口統計学集団である。この選抜集団においてさえ、四人に一人以上の割合で、テレビが主要な余暇活動であると告白している。果たして、「テレビ・フリー」の姉妹と比較したとき、この「テレビ漬け」の者たちはボランティアが六二%少なく、クラブ会合への参加は三七%、教会礼拝へは二七%、ディナーパーティは二一%、家での歓待は二〇%少なく、一方で生活への不満を答えるものは二四%増加する。(32)

テレビ視聴と社会参加の間にあるこの負の相関は、時間日記や、他の多くの国の調査研究においても見いだすことができる。わが国においても外国においても、テレビの重度視聴者は(他の人口統計学的要因を統制しても)ボランティア組織への参加率と、他人への信頼度が有意に低い。テレビ所有と利用が人口全体に急速に広まるに連れ、国内外双方において、それは親戚や友人、隣人とのつきあいの減少と結びつけられた。テレビ視聴時間が増加することは、単に家で過ごす時間ではなく、屋内で過ごす時間の増加を意味し、犠牲になっていたのは庭や街路における、そして人の家を訪問する時間であった。(33)

テレビが社会関係資本に与えた衝撃の極めて正確なまとめは、ペンシルベニア州南東部の、伝統的で緊密なアーミッシュ・コミュニティのメンバーが、訪れた民族誌学者《エスノグラファー》に語った内容に現れている。そこでアーミッシュは、技術的な発明のどれを受け入れ、何を遠ざけるかをいかに見分けるのかについて尋ねられた。

変化がよい兆しをもたらすのか、それとも悪いことになるのか、ほとんど常に見分けることができます。ある種のものを、私たちは決して望みません。テレビや、ラジオのようなものです。それらは、訪問する習慣を破壊します。人に会うよりも、テレビやラジオと共に家にとどまることになるでしょう。人を訪ねることは、人々の親密さのために重要です。隣人を訪ねず、またその生活に何が起こっているのか知らずして、どうして彼らを気にかけることができるでしょうか。(34)

ここまで、テレビ視聴とりわけテレビ娯楽への依存が、市民参加低下と密接に関連していることを見てきた。

しかし相関があるからといって、因果関係が示されたわけではない。考えられる別解釈は以下となる。もともと社会的に孤立した人々は、緩慢な、最小限の抵抗として、テレビに引きつけられるようになる。実験的な証拠——無作為に選択された被験者を、長期間にわたってテレビに接触させる（あるいは接触させない）——なしでは、テレビ自体が、参加低下の「原因」となっていることに確信を持ちえない（テレビが持っていると推定される効果は、おそらく何年にもわたって累積されるものなので、大学の実験室で数分視聴させても、ここで論じているような深い効果を再現することはできないだろう）。

この重要点における真に決定的な証拠は手元にはないし、また人間を被験者とした実験の倫理的制約から、すぐにでも手に入るということも期待できない（この手の実験に対しての声高な抗議が、テレビに強制的に接触させられる被験者のためにやって来るのか、それともそれは見ないよう強制される被験者のためなのか、判断が難しいところだが）。一方で、いくつかの証拠は、このケースが有罪であることをもっともらしくしている。第一に、市民参加の低下の蔓延は、テレビが広く普及して一〇年そこそこで始まった。加えて、詳細は14章で検討するが、どのコホート集団においても、青年期のテレビへの接触が多いほど、現時点での不参加度が増大する。若い世代は、人生を通じてテレビに接触してきており、利用形態がより習慣的であること、そして習慣的利用が市民的関与度の低さと結びついていることについてはすでに見てきた。

因果の方向に関するはっきりとした直接的証拠は、コミュニティにおいてテレビが導入される直前と直後に実施された興味深い研究群から得られる。こういった研究の中で最も注目すべきは、一九七〇年代に北部カナダの、三つの孤立した地域コミュニティにおいて行われたものである。[35] 電波受信環境の貧弱さという理由のみによって、ある町（研究者によって、「ノーテル」町という匿名で呼ばれた）の住民は、研究開始時点においてテレビ無しで暮らしていた。ノーテル住民に対して、カナダ放送協会（CBC）のチャンネル一つが導入されるという「実験処理」が施され、その影響が観察された。ノーテルでの人々の生活は、別の二つの地域コミュニティ、ユニテルとマルチテルのそれと比較された。他の点ではノーテルと非常によく似ていたのだが、ユニテルにおけるテレビ受信は、二年間の研究期間中にCBCのみから、CBCに加えて三つの米国系商業ネットワークというものへ移行した。マルチテルは、地理的に多少離れていたが、関連するあらゆる点において他の二つの町と似ていた。マルチテル町の住民は、研究期間全体にわたって、4チャンネル全てを受信することができた。

カナダの研究者タニス・マクベス・ウィリアムズとその共同研究者は、この三組の町が真の実験を構成する理由を説明している。

一九七三年においてもテレビ受信ができないというアナクロ性を除けば、（ノーテル町は）典型的な町である。道路によってアクセス可能であり、二系統の平日バス運行があり、人種構成も特に際だっているわけではない。この町はたまたま谷間に位置していて、この地域をカバーする送信所が、その住民のほとんどに対しテレビ受信を提供できていなかっただけである。[36]

同時に重要な事実として、この研究がビデオデッキと衛星放送アンテナの普及前に行われた、ということがある。言い換えれば、将来にわたり、先進工業国においてこのような「テレビ・フリー」なコミュニティの例が新たに現れるようなことは決してないであろう。研究の結果は、ノーテルへのテレビ導入が、住民のコミュニティ活動の衰退をもたらしたということを明確に示している。研究者の簡潔なまとめによれば、

ノーテルにテレビが来る前、時系列観察サンプルの住民は、ユニテルやマルチテルの住民（両者の差はない）に比べて数多くのクラブやその他の会合に参加していた。テレビ導入以後、ノーテルにおいては有意な低下が見られたが、ユニテルとマルチテルにおいて変化は見られなかった。[37]

この研究グループは、テレビの影響が、コミュニティ活動に対する周辺的な参加者に限られているのか、それとも積極的なリーダーたちにも見られるのかについて検討した。その結論によれば、

テレビは明らかに、コミュニティ活動への参加に対し周辺的に関与していた者のみならず、活動において中心的であった者にも影響している。住民がコミュニティの活動により中心的に関与するのは、テレビが存在する場合よりもそれが欠如しているときである。(38)

この研究は、テレビがコミュニティへの関与低下と単に随伴しているというのではなく、実際にはその原因となっている、ということを強く示唆している。テレビ登場の主たる影響は、あらゆる世代の人々にわたる、社会的、余暇的、コミュニティ的活動への参加の低下にあった。テレビは余暇時間を私事化するのである。

決定力には欠けるが比較可能な研究が、イギリス、南アフリカ、スコットランド、オーストラリア、米国でのテレビ導入について行われている。(39)子どもの社会化に対するテレビの影響は、三〇年以上にわたる熱い議論の対象である。時には矛盾する混乱気味の結果から、最も適切な結論を引き出せば、テレビの重度視聴はおそらく攻撃性（実際の暴力でないとしても）を増大させ、学業成績を低下させ、「心理社会的機能不全」と統計的に関係しているということになるだろう。この効果のどの程度が自己選択に基づくもので、因果関係がどの程度かは、依然として論争中ではあるのだが。若者の重度テレビ視聴は、学業成績の低下や後年での低所得と共に、市民的無知、シニシズム、後年の政治参加の減少と関連している。テレビが米国人の社会生活に及ぼす影響に関する、学際的研究の網羅的レビューにおいて、ジョージ・コムストックとヘジュン・ペクの下した結論は、テレビ導入が、家庭外での社会的活動への参加度を低下させるというものだった、これらの研究知見の中に、テレビ視聴が市民参加の低下をもたらすという主張に対し完全に疑い得ないほどの支持を与えているものはないが、しかし統合的に検討すれば、実証的証拠は確かにその方向を指し示している。(40)

テレビが市民参加を減少させるとしたら、それはどのようになされるのだろう？　広くいえば、三つの可能性が考えられる。

・テレビが限られた時間を競い争う

・テレビには、社会参加を抑制する心理的影響がある
・特定のテレビ番組内容が、市民的動機付けを弱める

これらの仮説それぞれについて証拠を検討していこう。

人間には二四時間しか与えられていないが、それでもほとんどの形態の社会参加とメディア参加は正に相関している。クラッシック音楽を多く聴く人は、そうでない人よりも、シカゴ・カブスのゲームに行く可能性が高い傾向があり、低いわけではない。家の周りの日曜大工をよくする者は、そうでないものよりもバレーボールをしたり人前でスピーチをする機会が多い。人口統計学的に対応を取った集団の中でさえ、映画によく行く者は、やはり、クラブの会合やディナーパーティ、教会礼拝、公的集会に数多く参加し、献血の頻度が多く、友人を頻繁に訪ねている。三〇年以上前に、社会心理学者のロルフ・メイヤーソーンは、この余暇活動に見られるパターンについて触れ、「多ければ、より多く」とシンプルに命名している。[41]

テレビは、メイヤーソーンも観察したように、この一般化に対する主要な例外となっている——これは、他の余暇活動を阻害する唯一の余暇活動であるらしい。テレビ視聴は、屋外でなされるほとんど全ての社会的活動、とりわけ社会的な集まりやインフォーマルな会話の犠牲によってなされている。テレビ視聴の増加に伴う主だった犠牲は、時間日記によれば、宗教参加、社会的訪問、ショッピング、パーティ、スポーツ、そして組織参加である。重度テレビ視聴と正の関係性を持っているのは、睡眠、休息、食事、家事、ラジオ聴取、趣味といった活動のみである。テレビ視聴者は家につなぎ止められた状態になっており、そのことを自分自身認識している。例えば、重度視聴者は一般に「自分は家好きである」と回答するが、軽度視聴者はそうではない。政治学者のジョン・ブレームとウェンディ・ラーンの知見では、テレビ視聴は市民参加に対して非常に強い影響力を持ち、テレビを一日当たり一時間見ないことは、五～六年の教育効果に相当する市民的ビタミン剤となる。また、テレビの持つこの置き換え効果は、組織の会合のようなフォーマルな活動よりも、友人と出かけるといった不定形の活動の方により強い影響を与えると信じるに足る知見もある。[42] テレビにより時間を取られると、社会生活のための時

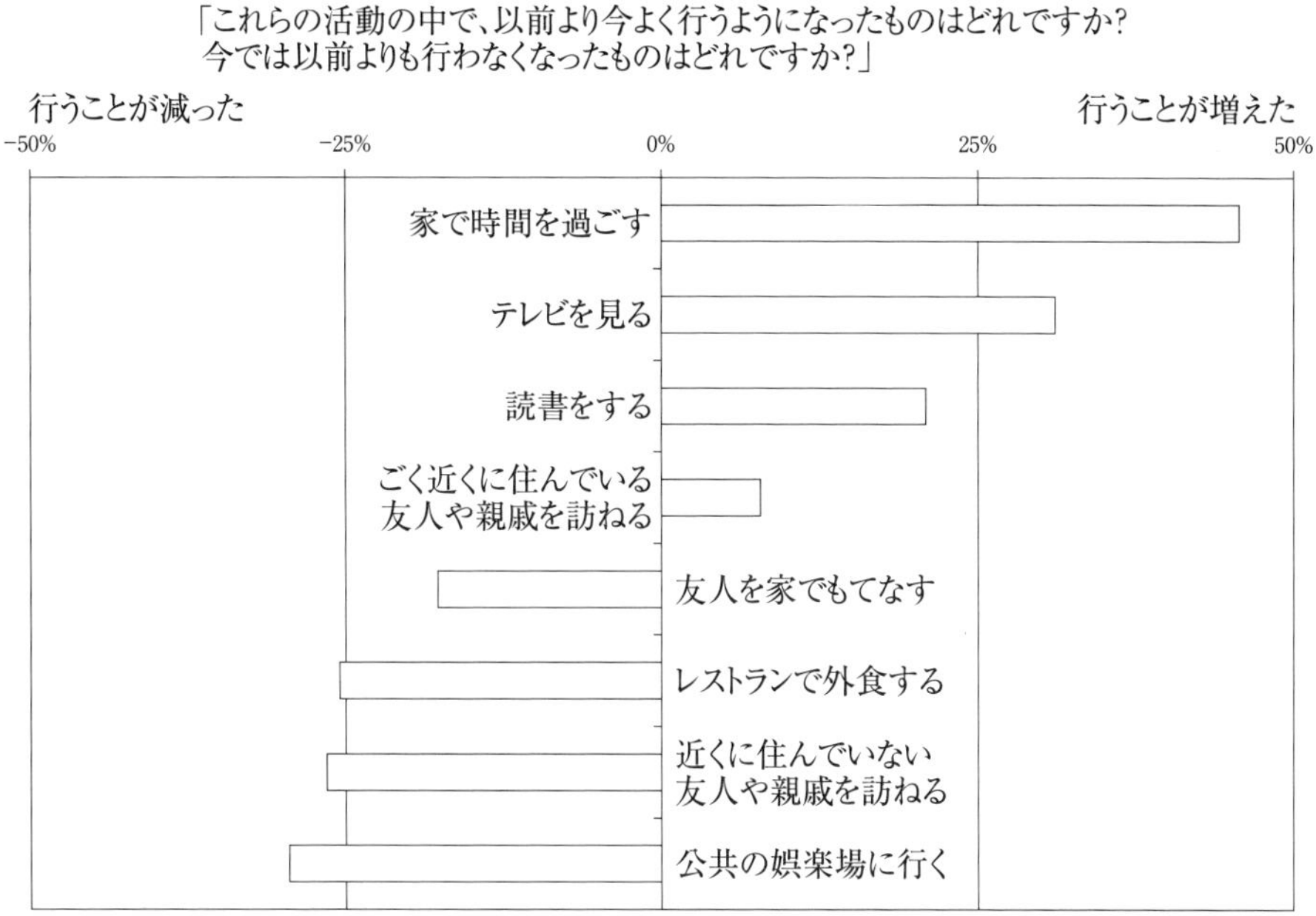

図67　米国人の繭ごもり化開始は1970年代

間が減少するのである。

一九七〇年代、すなわち（すでに見たように）市民的不参加がちょうどますます強まってきた期間に数回にわたり、ローパー調査は米国人に、時間やエネルギーの配分が近年どのように変化してきたかを尋ねた。大きな知見は二つである。まず、図67が示すように、人々は家の外での社交から、自宅で行う活動（とりわけテレビを見ること）に大きく転換した。例えば、四七％の人が以前よりよくテレビを見るようになったと答えている一方で、以前より減少したとするものは一六％にとどまり、三一％の純増となる。それとは逆に、「ごく近く」に住んでいない友人や親戚の訪問が前より増えたとするものは一一％にすぎず、この種の社交が減少したとする三八％と合わせると、二七％の純減である。ほぼ例外なく、自宅外での活動は勢いを失い、一方で自宅での活動（とりわけテレビ視聴）が増加していたのである。[43]

第二に、以前よりテレビ視聴時間が長くなったと答える者は、公的会合への参加、地域組織での奉仕、請願署名その他の活動が、テレビを見る時間が減ったとする人口統計学的な対応サンプルよりも有意に少なかった。対照的に、少数派ではあるが以前よりも友人と過ごす時間が増えたと答えたものは、人口統計学的な点において等しい集団と比較すると、より市民生活に参加していた。[44] テレビ視聴の増加と市民参加の減少の間にあるつながりは、非常に明確なものである。

テレビが時間を奪うのなら、それは同様に無気力や受け身性を助長する可能性がある。時間研究者のロバート・クービーとミハリー・チクセントミハイは、巧妙な方法を使って人々の時間利用とその精神的健康への影響について研究した。[45] 彼らは被験者に、一週間のあいだ一日中ずっとポケットベルを身につけてもらい、それがランダムに鳴り出したとき何をしていて、どう感じていたか書き出してもらうように依頼した。クービーとチクセントミハイの知見では、テレビ視聴は弛緩的な、集中力の低い活動であった。視聴後は受け身的で、鋭敏さが低下しているように感じられていた。長時間視聴の晩には、人々はその他の労力の少ない、場合によっては無精な活動を行いやすく、一方で短時間視聴の晩には、同じ人がスポーツやクラブの会合といった自宅外での活動により時間を使っていた。長時間視聴は、何もしない暇な時間の長さ、孤独感、情緒的問題と関連していた。テレビは明らかに、不幸であると感じている人々を引きつけており、特に他に何もすることがないときにそうであった。テレビそれ自体は、おそらくこのようなネガティブな感情の主要因ではないが、それを助けるものにもならないだろう――一時的な逃避という機能を除いては。クービーとチクセントミハイは自らの知見をこうまとめる。

重度視聴者はテレビと共に過ごす時間が長いが、それがあまり見返りをもたらさないということも知っている……決まったすることもない、孤独な時間の暗い気分がテレビに走らせるが、……重度視聴と、最近のテレビに多く見られるスピーディなモンタージュは、同じように一杯の光と音で埋まっているわけではない日々の時間に対しての、重度視聴者の不寛容性を強化している可能性がある……重度視聴は、それ自体で悪循環に陥っているように思われる。テレビや、その他似たような娯楽に見られる系統だった刺激に依存するようになると、余暇時間を外的な助けなしには埋められなくなってしまう視聴者もいる。[46]

テレビ視聴に伴うこれらの随伴物は、多くの文化に共通して見られるとクービーとチクセントミハイは報告している。イギリスの社会心理学者マイケル・アーガイルは、テレビが引き起こす心理的状態を表現すれば、「リラックスした、うとうとした、受動的な」ものであるとした。イギリスの研究者スー・ボウデンとアヴナー・オファーは報告する。

テレビは、退屈をしのぐ手段として最も安価で労力が少ない。テレビについての研究によれば、家庭内の活動の中で、テレビは最低限のレベルの集中力、注意、努力、そしてスキルしか必要としない。……視聴中の活性化率は非常に低く、視聴経験は緊張の弛緩的解放状態である。子どものテレビ視聴中は代謝率の急落が見られ、それは体重の増加に寄与することとなる。[47]

クービーとチクセントミハイが結論づけたように、テレビは確かに習慣形成的であり、おだやかな中毒状態と言えるかもしれない。テレビをあきらめさせようという実験的研究において、一般に視聴者は引き替えとして多額の見返りを求めた。一貫して、テレビを見ることは他の余暇活動と比べて、仕事さえよりも満足度が低いと回答しているにもかかわらずである。一九七七年に『デトロイト・フリー・プレス』紙は、五〇〇ドルの見返りに対して一ヶ月間テレビを見ないということに進んで参加するものを、一二〇家族中五つしか見つけることができなかった。伝えるところでは、テレビをやめた人々は退屈、不安、苛立ち、そして抑うつを経験している。ある女性はこう述べた。「ひどいものでした。何もすることがなくて――主人と私は話をしたんです」[48]。

ボウデンとオファーの結論では、他の中毒と同様に、

視聴者は習慣化、脱感作、飽和感を起こす傾向がある……一九八九年に報告された研究の述べるところでは、

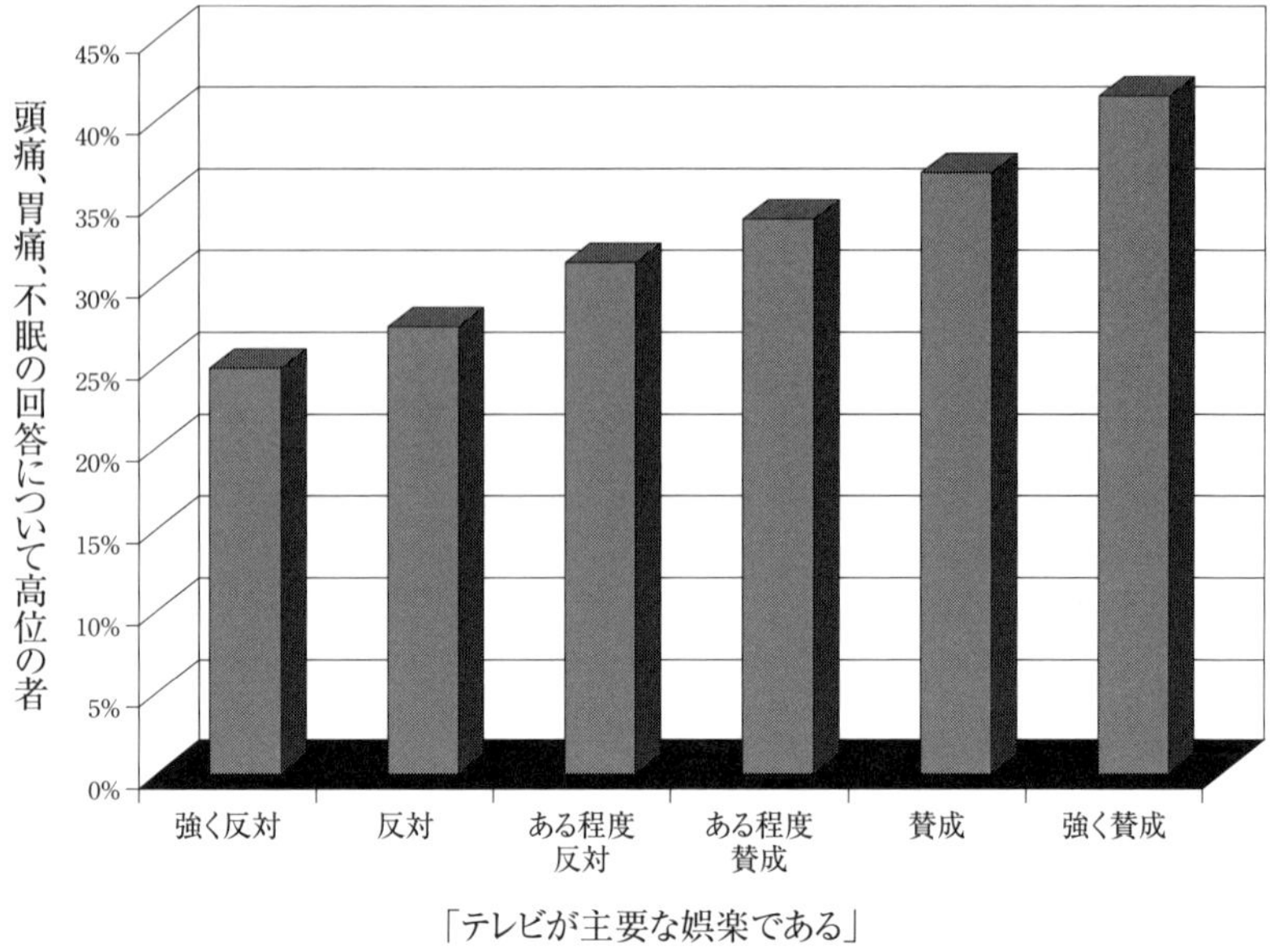

図68　テレビ視聴者は気分がすぐれない

「テレビ業界のほとんど誰もが、視聴者の注意スパンがだんだん短くなっており、人々をつかむにはテレビ編集においてテンポを速め、さらなる刺激的な映像素材を提示しなければならないと固く信じている」。……消費者が新たな刺激形態に慣れていくにつれ、投与量を増していかなければならないのである。[49]

市民参加と社会関係資本というわれわれの中心的関心に直接関係しているわけではないが、娯楽についてのテレビ依存の自己報告は、驚くほど幅広い身体的、精神的な不健康と相関している。DDBニーダム・ライフスタイル調査にはたまたま、頭痛、胃痛や不眠の自己報告が含められている(この調査はもともと、とりわけ医薬品業界のマーケティング担当者のために計画されたものであるので、これらの項目が含められたことは不思議なことではない)。これらの三項目の回答を統合して、「不調感」の単一指標をここでは作成した――この測定指標で高得点の者は、しばしば頭痛、胃痛、不眠に苦しんでいることになる。図68は、この不快感がテレビ化された娯楽への依存と密接

に関連していることを示している。(50)

いつもと同様、この意外なほど強い相関が、疑似的なものである可能性についてチェックした――体調や、経済状態の貧しいものは、頭痛を経験しやすく、同時にテレビをよく見ているのかもしれない。しかし、不調の予測変数となりえる何十もの変数（身体的健康度の自己報告、経済的不安、運動頻度、喫煙の有無、宗教信仰、さまざまな形態の社会的つながり、そして全ての標準的な人口統計学的特性）のうち、身体的健康、経済的不安感、低教育水準（社会階級の代理変数）、そしてテレビ依存がその他全ての変数よりはるかに強いトップ4であった。身体的健康度が不調感の最大の予測変数であることは不思議ではないが、他の三変数はほぼ同程度の予測力を有していた。言い換えれば、テレビ依存は、経済的不安や階級的収奪と同じくらいの健康状態に対して有害なのである。実験研究を行わなければ、因果の矢がどの方向を指しているのか証明することはできないが、頭痛持ちの人が、テレビに慰めを見いだす傾向が強いという理由は明確ではない（後の章で、世代差がこれを引き起こしている可能性もあるという証拠について触れる）。しかしながら、どれが何を引き起こしていようと、二〇世紀末において、米国人の半数以上がテレビが主要な娯楽であるとしていることの痛ましさは変わらない。

他の中毒や強迫的観念にとらわれた行動と同様に、テレビも驚くほど満足感の得にくい経験であるようだ。時間日記や「ポケベル」研究によれば、平均的な視聴者にとって、テレビは家事や料理と同程度の楽しみであり、他の余暇活動や、さらには労働よりも下に位置するものとなっている。(51) 生活におけるテレビの独占は、その圧倒的楽しさではなく、最低限の労力で済むことの反映である。時間研究者のジョン・ロビンソンとジェフリー・ゴドビーは結論づける。

テレビの魅力の多くは、それがどこにでもあって《ユビキタス》、労力を必要としないところから来ている。……活動としては、テレビは事前の計画も、コストもほとんど必要とせず、肉体的努力も要らず、ショックや驚きもほとんどなく、自宅の中で快適に行えるものである。(52)

テレビ視聴が、社会的つながりとこれほどまでに負のつながりを有するもう一つの理由は、他者との疑似的な人間関係を提供するからかもしれない。テレビのパーソナリティと面と向かって会ったことのある人なら誰でも、この人物を前から知っている、という強い感情を体験しているだろう。朝番組のキャスターの毎日のあいさつや、好きな役者の出てくる毎週のドラマは、それらの人々をよく知り、気にかけ、その生活に関わっており――また、彼らもそのような気持ちを持っていることは疑いないということを請け合ってくれる（あるいは無意識のうちにわれわれはそう感じている）。

コミュニケーション理論研究者のジョシュア・メイロウィッツは、電子メディアが、社会的つながりを物理的接触から切り離すことを可能にした、と述べている。「電子メディアが作り出す社会的なつながりや連帯は、具体的な場所においてナマの相互作用を通じて形成されるものに匹敵する。実際の接触は、確かにより「特別な」ものであり、強くて深い関係を提供するが、しかしその相対的な数は減少している」。政治的コミュニケーションの専門家のロデリック・ハートの議論では、メディアとしてのテレビは、誤った仲間意識を作り出し、人々に親密さ、知識深さ、賢さ、忙しさ、重要さなどを感じさせる。結果として起こるのは「リモートコントロール政治」であり、そこで視聴者は、実際に参加する努力なしに、コミュニティに参加している感じを得ることができる[53]。まるでジャンクフードのように、テレビ、特に娯楽テレビは、本物の栄養を与えずに渇望をいやしてしまうのである。

想像可能なあらゆる社会的、個人的問題に気づかせることによって同時にテレビは、われわれがそれについて何もしようとしないという傾向を助長している。「全ての他者の問題が、切迫度の点でほぼ等しく見えれば」とメイロウィッツは論じて、「「一番目」たる自分自身のことに目が向く人が多くなるのは驚くべきことではない」。同様の趣旨で、政治学者のシャント・アイエンガーは実験によって、貧困のような問題についてのテレビ報道が広まることによって、視聴者はそのような問題の原因を、社会的欠陥よりもむしろ個人に帰属するようになり、それを解決するための自分自身の責任を転嫁するようになることを示した。政治学者のアラン・マクブライドは、ほとんどの人気テレビ番組についての注意深い内容分析を行い、「テレビ番組は、集団への愛着や社会的／政治的コミットメントを弱めるような生き方を表現するキャラクターやストーリーを集中的に流すことによって、社会的・政治的資本を衰退させている」とした。テレビは、世界の出来事について、無邪気なまでに直接的で個人的なものの見方を、娯楽的価値によって支配された環境下で提供する。テレビは、諸問題よりもパーソナリティに、そして場所の共同体よりも関心の共同体に高い地位を与える。まとめると、テレビ視聴が市民参加低下と非常に強く関連しているのは、メディアそのものの持つ心理的インパクトによる。[54]

＊　＊　＊

おそらく、メッセージそのものも、言い換えれば特定の番組内容も、やはりテレビの持つ明確な反市民的効果の原因である。DDBニーダム・ライフスタイル調査がこの可能性の検討を可能にしているのは、社会的つながりと市民的関与の質問に加えて、この調査がどのような特定の番組を、回答者が「それが本当に好きだから見ている」のかの情報を聞き出しているからである。このような証拠によって因果関係を示すのは不可能だが、どの番組が最も市民的な、あるいは市民的でない視聴者を魅了し、あるいはそれを作り出しているのかについての粗削りのランキングを構成することが可能である。

向市民的な階層のトップには(例により、年齢や社会階層といった標準的な人口統計学的特性を統制すると)、ニュース番組や教育テレビが位置する。一九九〇年代の末期において、ネットワークニュースや公共広報、『ニュースアワー』その他のPBS番組の視聴者は、そうでない者と比べて一般にコミュニティ生活への参加が多かったが、その理由の一部は、こういった視聴者が他のテレビ番組を避ける傾向にあったからである。尺度のもう一方の端に落ちるのは、アクションドラマ(少し前だと、『爆発!デューク』や『マイアミ・バイス』)、ソープオペラ(『ダラス』や『メルローズ・プレイス』)、いわゆるリアリティテレビ(『アメリカズ・モスト・ウォンテッド』(訳注：公開捜査番組)や『カレント・アフェアー』(訳注：時事やゴシップ関係のニュースマガジン番組)である。[55]

番組の種類の違いが、市民参加に与えるインパクトを(ブラウン管の前で過ごしていた時間の単なる量によるものと区別して)測定する方法の一つは、ニュース番組と昼間の番組の接触量が及ぼす影響の違いを、教育、収

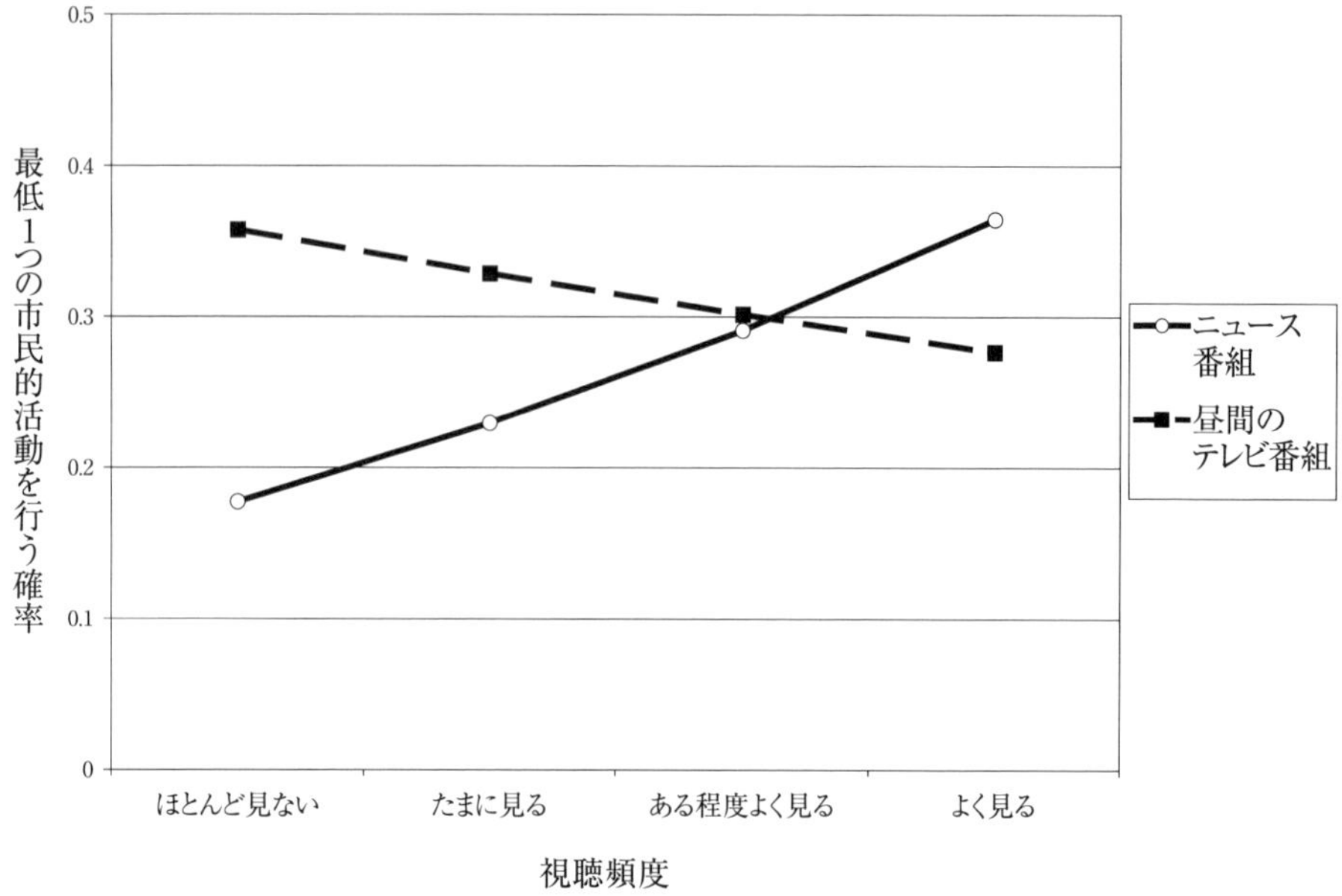

図69　テレビ番組の種類と市民参加（テレビ視聴時間を統制）

入、性別、年齢、人種、就労および婚姻状況等だけでなく、テレビを見て過ごした時間の総量も統制しながら比較することである。図69の示すように、ニュースを見て過ごす時間が長くなると、コミュニティにおいて活発になり、ソープオペラやゲームショー、トーク番組を見て過ごす時間が増加すると、コミュニティでの活動が低下する。[56] 言いかえると、たとえテレビ視聴時間が同じであっても、何を見ているかがコミュニティ生活においてどの程度積極的かということと密接に相関しているのである。

『ニュースアワー』の視聴者と、『ジェリー・スプリンガー・ショー』（訳注：視聴者参加型の過激な暴露ショー番組）の視聴者をはっきりと区別することは、テレビの全てが反社会的というわけではない、という事実を強調するものである。実験研究においては、向社会的番組が、愛他主義の促進といった向社会的な影響を持ちうることが示されている。[57] 加えて、テレビ（特に公共問題についての番組がそうであるが、それには限られない）が、共通体験を国全体に伝えることによって幅広いコミュニティ感覚を強化することもあり、例としてはケネディ暗殺、チャレンジャー号爆発、オクラホマシティ爆破事件が挙げられよう。これらは、テレビが人々の家庭に、同一の痛ましいイメージを伝えたことによってはじめて、共有された国家的体験となったのである。テレビは、市民的にうまく機能したときには、社会的差異を橋渡しし、連帯を育成し、必須の市民的情報をやりとりするために集う場所、強力な力となりうる。

この共有体験のリストの中にはしかし、ダイアナ妃やJFKジュニアの死去、O・J・シンプソン裁判といったものを追加せねばならない。これら全てにおいては、市民的啓蒙よりもはるかに多くのメロドラマが流されたのである。これらのような共通体験によって作り出される一体感が、心理学的に抗いがたいものであることは、ほとんど全ての人が証言できるところである。しかし、それらは行為を導くという観点からは、社会学的に抗いがたいというものでは一般にない。一つひとつのエピソードは心を捕らえるものだが、人間の行動や関係形成のあり方に持続的な変化をもたらすものはほとんどない。児童心理学者は、社会性発達のごく初期の段階を「平行遊び」と呼ぶ——子ども二人が砂場の中で、それぞれが玩具で遊んでいるが、互いの相互作用がない状態である。健全な発達においては、平行遊びから成長して脱することとなる。しかし、テレビの中の公開見世物は、成長段階を引き止めてしまい、同一の外部刺激に対する平行注意の先に進ませることはほとんどないのである。

テレビはいわば「野生の状態」では、実証的に市民参加低下と関連している番組によって大半が代表されている。市民的孤立化と最も密接に関係しているこのような種類の番組が、テレビ番組の巨大な割合を占めており、また増加中である。「ターゲット・マーケティング」と五〇〇チャンネルのケーブルテレビの出現は、社会的、経済的、個人的関心に沿った形での視聴者の断片化が進行することを予告している。[58] ニールセン・メディアリサーチによれば、平均的世帯で受信されているチャンネル数は、一九八五年の一九から、一九九七年の四九に急増し、増加を続けている。テレビの持つ、単一の国家的「井戸端」文化を作り出す能力が縮小しているのは、共通の番組を見る人間がますます少なくなっているからである。一九五〇年代初期には、トップ番組（『アイ・ラブ・ルーシー』）にチャンネルを合わせて見ているものは米国人の三分の二に上った。一九七〇年代の初期には、トップ番組（『オール・イン・ザ・ファミリー』）に引きつけられていたのは全国の視聴者の約半数となり、一九九〇年代中期に『ＥＲ』や『となりのサインフェルド』の視聴率は辛うじて三分の一となっていた。[59] 市場細分化へと向かうこの傾向は、選択肢を提供し、おそらくそれによって消費者満足度を増加させることができるだろうが、しかし同時に、人々を互いにつなぐという、過去にはテレビが誇った役割を切り捨てることとなる。

その他想定できるテレビの影響として（番組だけでなく、それに付随する広告もだが）、物質主義的価値観の奨励がある。例えば、メディア研究者のジョージ・ガーブナーとその共同研究者によれば、重度視聴者の成人は「高収入を得るチャンスがある高い地位の仕事を望む傾向があるが、同時にその仕事が比較的容易で、長期休暇や他のことをする時間があることも望む」。次章で詳しく見るように、大学新入生の間の物質主義的傾向は、テレビ接触が最大化した時代を通じて著しく増加し、また在学中テレビを多く見たものは、それほど、あるいは全くテレビを見なかった同級生と比べてさらに物質主義的になっている。[60]

まとめると、電子的なコミュニケーションと娯楽は二〇世紀における最も強力な社会的流行の一つであった。この革命が人々の精神を明るくし、また知性を啓蒙したという重要な点もあるが、しかしそれは同時に余暇活動を私的で受動的なものへと変容させた。時間と金銭の多くが、集団的に消費されるものよりむしろ、個人的に消費されるモノやサービスに費やされた。米国人の娯楽時間は――戦略的なマーケティング担当者がそうするように――、ますます「目玉」という点で測定可能となった。見るもの（特に電子スクリーン）がより多くの時間を占めるようになり、すること（特に他の人々と）はますます少なくなっていったからである。視覚的娯楽の重視は、この数十年に育ってきた世代の間ではとりわけ多く見られるようである。[61] テレビ、ビデオ、そしてサイバースペースをコンピュータのウィンドウ越しに見ることは一層広まっている。共同での活動はますます希になっている。

これらの傾向の典型例は、最もありえなさそうだが、コネチカット州ニューロンドンのホリデーボウリングレーンで見つけることができる。それぞれのレーンの頭上には巨大なテレビスクリーンが据え付けられており、その晩のテレビ番組を映し出しているのである。リーグプレイで満杯の夜でさえも、チームメンバーはその日にあった公私の出来事について生き生きと語るようなことはもはやない。その代わりに、自分の投げる番が来るまで、黙ってスクリーンを見つめているときですら、一人《アローン》きりで見ているのである。

これらの新技術が米国人の世界観に与えた影響は、若い世代に最もはっきりと現れている。社会批評家のスヴェン・バーカーツは、テレビの登場が合図となった歴史的断裂を強調する。

> そこからあとは全てが変わってしまったという出っ張り、閾《いき》、点のようなものが存在する。正確ではないのだが、一九五〇年代のどこかに線を引いてみたい。それはテレビが米国人の生活の編目の中に入り込んできたときであり、平列した現実感という考え方に次第に慣れていった時期である。一つにはわれわれの生きている現実があり、他方には、自分の世界から入っていきたいときはいつでも足を踏み入れることのできる現実がある。一九五〇年代の半ば以降に生まれた者は、この新たなものの担い手である。すでに消滅しつつある、農村／街／都会といった社会組織の理解から、われわれを外に押し出していく力を彼らは作り上げている。変化の勢いは、これらの言葉が示しているものをすでに無意味なものに変えてしまった。(62)

二〇世紀の終わりの人々は、ますます多くのテレビを、より習慣的に、より広範に、そしてますます一人で、そして特に市民参加低下と関連している番組（ニュースと区別された、娯楽）を多く見るようになった。この傾向の出発点は、社会的なつながりの減少と全く同時であり、そしてまたこの傾向は、（次章で詳細に見るように）市民参加低下の目立つ若い世代で最もはっきりと現れている。さらに、テレビ娯楽への依存を最もはっきりと示す米国人こそがまさに、市民的、社会的生活から脱落した、すなわち友人と過ごす時間が短く、コミュニティ組織への関与が少なく、公事への参加の少ないものであった。

ここに挙げた証拠は強力で詳細なものではあるが、無作為配置の実験により得られているわけではないので、テレビやその他の電子的な娯楽がもたらす因果的影響について結論が下せるわけではない。これらの新しい娯楽の利用者は、確かに孤立し、受け身的で、コミュニティから切り離されてはいるが、だからといって、テレビがなくなれば社交的になるのかというと、それは定かではない。しかし最低限でも、テレビやその他の電子的な親類は、われわれの解明している市民的ミステリーにおける自発的な共犯者であり、さらにどちらかといえば、首謀者の側であろう。

第14章　世代から世代へ

市民参加低下の犯人を探ろうとしてきたここまでの取り組みは、実り多かったとはいえ決定的なものでもなかった。テレビ、スプロール、時間と金銭面でのプレッシャーは、それぞれこの問題に対して数字に表れるほどの貢献をしている。しかし、そういったプレッシャーから最も遮断されている、数少ない、そして減少中の少数派の人々——裕福な、稼ぎ手が一人の夫婦で、巨大都市圏の外の地域に住み、ほとんどテレビを見ない——ですらも、この二〇年間にコミュニティや社会生活から着実に身を引いているのである。外見上は一九五〇年代プレザントヴィルの四角い「街区《スクウェア》」で快適に暮らしていても、一九九〇年代には一九七〇年代と比べて人々がクラブ会合へ足を運ぶのは半分となり、コミュニティ生活に全く参加していないものは五倍となった。ヴァーモント田園地帯にある、小さな、市民精神あふれる集落ですらも、タウン・ミーティングへの出席は一九七〇年代初頭と一九九〇年代末の間に半分近くに落ち込んだ。(1) すでに記したように米国社会のどの街角にも、この反市民的伝染病に対して免疫を有しているようなところは事実上存在しなかった。男性にも女性にも、中心都市、郊外、小都市にも、裕福な者、貧しい者、中流にも、黒人、白人、その他の民族にも、働く者にもそうでない者にも、既婚者にも気ままな独身者にも、北部、南部、両沿岸、そして中央部にも、それは襲いかかった。

この一様性に対する明確な例外の一つが年齢である。年齢は、ほぼ全ての形態の市民参加に対して教育に次ぐ予測要因であり、また市民参加の傾向は、全ての年齢カテゴリーにわたって一様ではない。中年、高年層は、若者と比べてより多くの組織に、より積極的に参加しており、教会出席も多く、定期的に投票し、ニュースを読みまた見る頻度が高く、付き合い嫌いが少なくてより博愛的であり、政治への関心が高く、コミュニティ事業で多く働き、ボランティア活動も多い[2]。

年齢に関する何かが、われわれの難問の鍵であることは明らかである。しかし、この手がかりが本質的に曖昧であるのは、それが全く異なった二つの解釈のどちらか一方を強めるかもしれないからである。年齢の異なった人が違う振る舞いをするのは、共通のライフサイクルの中で、その瞬間にはそれぞれ違う時点にいるからだろうか。それとも、ずっと持続的に異なる世代に属するからだろうか。年齢は非常に価値ある手がかりであるが、指紋やDNAのようにはほとんど絶対確実というわけでもないので、この証拠は慎重に探る必要がある。

二〇世紀末において、六〇～七〇代の米国男性は二〇～三〇代の孫よりも視力がずっと悪く、また高齢者はその孫と比べて兵役に従事したこともずっと多かった。しかし、これらの年齢に関係したパターンの起源は非常に異なっている。視力に対する影響は、完全にライフサイクルに起因する。年をとれば、どんな人間の視力も悪化する。その一方で、軍務の比率が違うのは世代差に起因する。一九二〇年代に生まれた男性の八〇%近くは兵役に従事していたが、対して一九六〇年代生まれの男性では一〇%程であった。この差は、それぞれのグループが一八歳に到達したときの世界情勢の違いに完全によるものである。視力はライフサイクルの反映であるが、兵役は世代の反映である。孫が祖父の年齢に達したとき、その視力は同様に弱まるだろうが、祖父の軍隊経験も共有するようになることは決してないだろう。

時間の一時点からの証拠では、ライフサイクルと世代の効果を区別することはできないが、特定のコホートを長期間追跡すれば、この二つを区別するのは容易にできる。そしてこの二つの効果は、劇的なほど異なる社会的帰結を生む。ライフサイクル効果が意味するのは個人が変化しても、社会全体はそうではないということである。世代効果が意味するのは、個人が変わらないときさえも、社会が変わるということである。二一世紀当初の数十年間で国内の平均視力が悪化すると信じる理由はほとんどないが、退役軍人がますます少なくなることはほぼ確実である。

したがって、市民参加に遍在している年齢関連の差異が真に世代的なものであって、それゆえに社会変化を生んでいるということの真偽を語る前に、これらの差が通常のライフサイクルに帰属しうるかどうかを決定する必要がある。数十年にわたって比較可能な証拠により、それぞれのコホートの中で、人々がさまざまなライフステージを移っていくのを追跡することができる。後から続くコホートが、加齢と共に同じ上昇下降を全般として再び繰り返せば、観察しているのはライフサイクルパターンであると合理的に確信できる。もしそうでないのなら、年齢に関わる差異がもともと世代的なものであった可能性が高くなる。(3)

社会行動についてのライフサイクルパターンは、以下の三要因の一つによって引き起こされるのが典型である——家族上の必要性（すなわち、結婚と子育て）、エネルギーの弱体化（青年期から高齢となるにかけて低下する）、そしてキャリア形態（すなわち、労働力への参入と離脱）である。ライフサイクルの段階によって、ピークを迎える市民的関与の形態は異なる。スポーツクラブは青年期のエネルギーを惹きつける。友人との時間は二〇代の初期にピークを迎え、結婚と子育てと共に低下し、六〇代にはいるとリタイアや死別によってリバウンドする。ＰＴＡ会合やピクニック、運動行事といった子ども関連の活動は子育て全盛期（二〇代と三〇代）に結びついている。市民組織や専門職組織への加入は、四〇代と五〇代の男女で頂点に達する。献血は三〇代でピークに上り、五〇代を過ぎると急速に低下するが、献金の方は人生の後半で上昇する。教会への関与は二〇代の間に（結婚や子どもの出現と共に）急上昇し、安定し、そして高齢となるとまた徐々に上昇へと戻る。ボランティア活動は以前は三〇代に単独のピークがあり、それはＰＴＡの手作りバザーやリトルリーグのコーチなどの反映であったが、最近数十年は（第7章で見たように）第二の、リタイア後のボランティア活動の急増が現れている。市民参加全般は図70に示したようなパターンを描くのが典型的であり、成人初期で上昇し中年期での安定を迎え、その後は次第に低下する。このカーブ状のパターンが、生涯の参加の自然な弧を表している。(4)

ライフイベントについてのこの通常のサイクルが、市民参加に関する年齢関係の格差を完全に説明するのなら、米国の高齢者は中年の人々よりもずっと市民的な関与が低いはずである。一九五〇年代と一九六〇年代の古典的

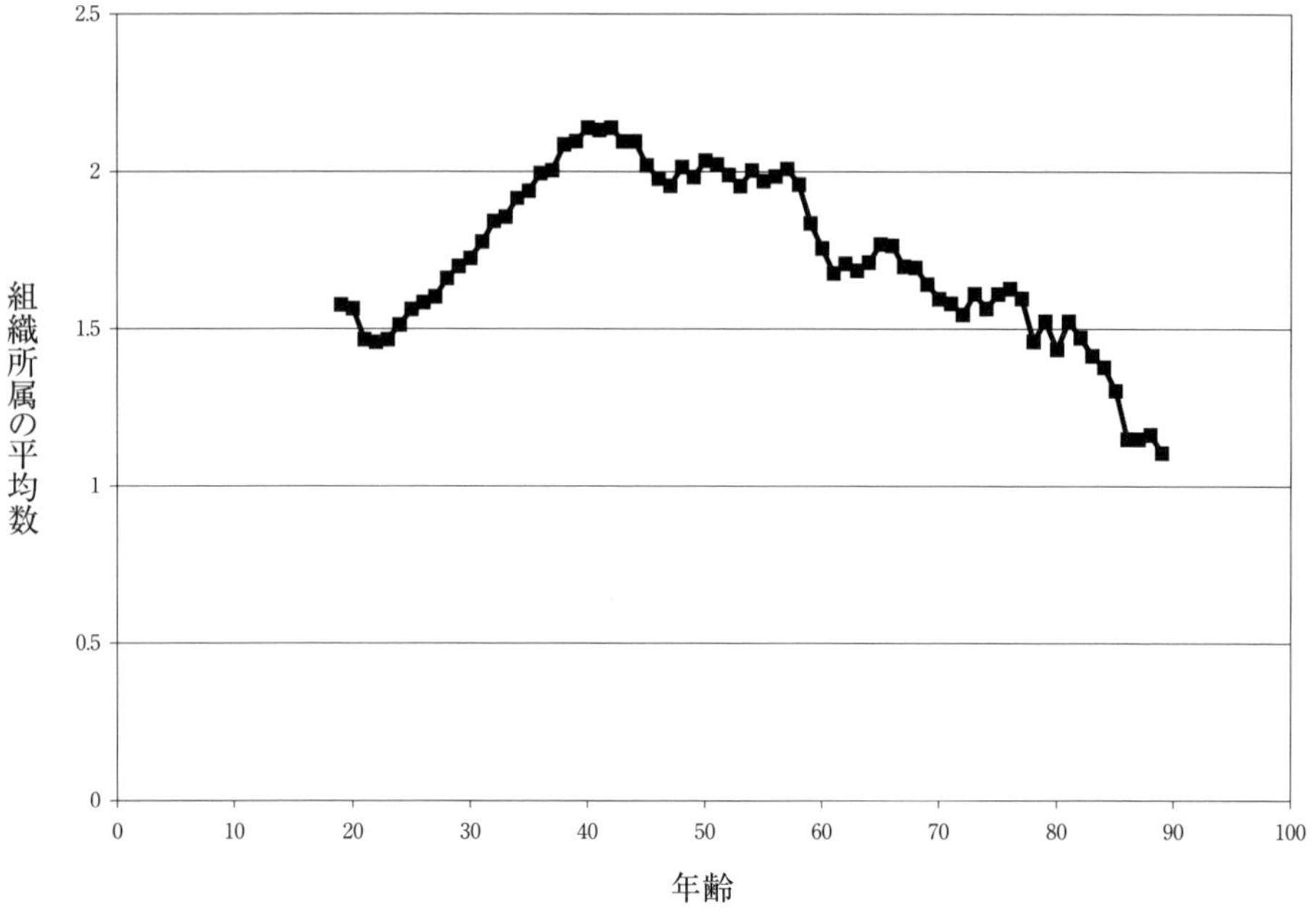

図70　組織所属の年齢に伴う増減

な社会学研究の知見はまさにそれであった。しかし一九九〇年代には予想に反し、中年の男女が年長の人々よりも参加がずっと多くはならなかったのである。

加えて、ベビーブーマーが通常の市民的ライフサイクルを通過したとき、大蛇《パイソン》に飲みこまれた豚が、次第に腹を下がっていくように、米国は市民的関与の増加という波を経験するはずであった。コミュニティ関与増加という通常のライフサイクルをブーマーが登っていくからである。PTA会員数のブームは教会信徒数の急増と共に一九七〇年代と一九八〇年代に、豊かな市民的関与が一九九〇年代に観察されるに違いなかった（同じ論理で、二〇一〇年代にブーマーがリタイアを開始する頃に、ボランティア活動や慈善活動のブームが起こることも期待できよう）。しかしこれまでのところ、こういった市民参加の波は何も実現しなかった——本書を通じて見てきたところは、その正反対である。ブーマーとその後に続く人々は、それまでの世代がたどったのと同じ市民的上昇路を歩まなかった。この市民的な「吠えなかった犬」（訳注：

シャーロックホームズシリーズの『白銀号事件』における推理に由来する「起こらなかったこと」という手がかり）は過去数十年の米国における市民性低下に対しての重要な手がかりである。ライフサイクルにより期待された上昇が、世代による予期せぬ下降によって圧倒されてしまったに違いないからである。政治関心と参加、教会出席、コミュニティ事業、慈善寄付、組織関与――すでに見てきたように、これら全ての形態の市民的関与や他にも多くが低下したが、その主な理由は、それだけのみではないとしても、高度に市民的な世代が、他のそれよりずっと劣る者によって容赦なく置き換えられてしまったということにある。[5]

ライフサイクル上に定置された目印を通過していくときの各世代の市民参加を検討することによって、この事実をより明確に見ることが可能となる。表3が表すのは、二〇世紀の最終四半世紀の、異なる四つの年齢グループの変化パターンである。[6] この表は数字で詰まっているけれども、しっかりと熟読する価値がある。米国内に過去四半世紀に起こった社会変化の顕著な構図が描かれているからである。この表は、ライフサイクル上の差を一定に保っており、世代差に焦点が当たるようになっている。例えば、表中の第一行は一九七〇年代初期における、異なる四つの年齢区分ごとの新聞購読の度合いを示している。その時期、新聞を毎日読むヤングアダルトの割合は半数をわずかに割り込んでいたが（四九％）、対して他の三つの各年齢グループではおおよそ四分の三であった。例えば、六〇歳を超える人々においては、新聞購読者は七六％であった。第二行が示すのは同様の年齢グループの、一九九〇年代中盤における新聞購読レベルである。時期が現在に近づくと、ヤングアダルトの購読は二一％に低下する。これは二〇年前のヤングアダルトの数字の半分以下であり、相対的には五七％の低下である。反対側の年齢区分でも、新聞購読はわずかに低下していたが、それはわずかに一〇％にすぎなかった。表の第三行によれば、新聞購読の低下率は年長のコホートよりも若いコホートにおいてずっと急激である。一九九〇年代に六〇歳を超えていた人々（すなわち、一九三〇年代以前に生まれた人）は、一九七〇年代にその年齢であった人々と比べて新聞を読む割合がほぼ同じである。すなわち、米国における一九七〇年代から一九九〇年代にかけての新聞購読の低下は、若い世代に非常に集中している――コホートが若いほど、過去二〇年間の低下もより急激である。

ここで表を下に向かって精査していけば、これと同じパターンがほぼ全ての市民参加形態に対して当てはまることが見て取れる。全てのケースにおいて、参加の低下は若いコホートの方に集中しており、第二次世界大戦以前に生まれ育った男女において最小である。六〇代以上の人では、新聞購読、請願署名、新聞や議会への投書についてては、一九九〇年代においても一九七〇年代とほぼ変わらないが、最年少のカテゴリーではこれらの活動はおおよそ半減している。最高齢のコホートでは、教会への出席は一九七三—七四年と一九九七—九八年の間で基本的に変化していないが、三〇歳未満の人々では三分の一近く落ち込んだ。労働組合所属や政党のために働くといった、全ての年齢グループが参加の減少を示しているようなケースでさえも、低下の割合は若いコホートの間で非常に大きい。表中最後の三行が示すように、ローパー社会・政治傾向調査によって測定した一二の市民活動の最低一つの参加は、六〇歳以上では一一%、四五歳〜五九歳の間では二二%、三〇歳〜四四歳では三二%、そして三〇歳未満では四四%の低下を示している。一九七〇年代の行を横に見ると、見慣れたライフサイクル上のカーブを見ることができ、最高齢のコホートは、それより若いコホートと比べて参加が少ない。しかし一九九〇年代になると、ライフサイクルのカーブはずっと平坦なものとなり、若いコホートは年長のものと比べて、参加が今やわずかに多いだけである。コホートがより新しくなると、コミュニティ生活への関与低下もより深刻になる。これは、過去数十年の米国内における市民参加の全般的な低下が、世代的差異に根ざしていたことを示す強力な手がかりである。[7]

世代差について問うべき鍵となる質問は、人々の現在の年齢ではなく、若者であったのはいつかである。[8] 図71はこの問題に対して、さまざまな種類の市民参加を、回答者の出生年ごとに示したものである。[9] 結果として図71には人々を出生年によって左から右へと並べてあり、二〇世紀の前半三分の一に生まれたものに始まって、後半三分の一に生まれたその孫世代へ向かって続いている。連続する出生年コホートそれぞれに対して、社会関係資本と市民参加に関する一連の質問を提示した。前回の大統領選挙で投票しましたか？　新聞をどのくらいの頻度で読みますか？　何らかの、またどのような自発的結社に所属していますか？　どのくらいの頻度で教会に出席しますか？　昨年クラブの会合に何回出席しましたか？　政治に関心がありますか？　昨年、何らかのコミュニ

表3　あらゆる形態の市民参加低下が、より若いコホートに集中している

		年齢区分			
		18-29	**30-44**	**45-59**	**60+**
新聞を毎日読む	1972-75	49%	72%	78%	76%
	1996-98	21%	34%	53%	69%
	相対変化	**−57%**	**−52%**	**−31%**	**−10%**
教会に毎週行く	1973-74	36%	43%	47%	48%
	1997-98	25%	32%	37%	47%
	相対変化	**−30%**	**−25%**	**−22%**	**−3%**
請願署名	1973-74	42%	42%	34%	22%
	1993-94	23%	30%	31%	22%
	相対変化	**−46%**	**−27%**	**−8%**	**0%**
労働組合所属	1973-74	15%	18%	19%	10%
	1993-94	5%	10%	13%	6%
	相対変化	**−64%**	**−41%**	**−32%**	**−42%**
公的集会に出席	1973-74	19%	34%	23%	10%
	1993-94	8%	17%	15%	8%
	相対変化	**−57%**	**−50%**	**−34%**	**−21%**
議員に投書	1973-74	13%	19%	19%	14%
	1993-94	7%	12%	14%	12%
	相対変化	**−47%**	**−34%**	**−27%**	**−15%**
地区組織の役員や委員	1973-74	13%	21%	17%	10%
	1993-94	6%	10%	10%	8%
	相対変化	**−53%**	**−53%**	**−41%**	**−24%**
新聞に投書	1973-74	6%	6%	5%	4%
	1993-94	3%	5%	5%	4%
	相対変化	**−49%**	**−18%**	**−9%**	**−4%**
政党のために働く	1973-74	5%	7%	7%	5%
	1993-94	2%	3%	4%	3%
	相対変化	**−64%**	**−59%**	**−49%**	**−36%**
公職に立候補するか務める	1973-74	0.6%	1.5%	0.9%	0.6%
	1993-94	0.3%	0.8%	0.8%	0.5%
	相対変化	**−43%**	**−49%**	**−8%**	**−22%**
市民生活の12形態のどれかに関わる*	1973-74	56%	61%	54%	37%
	1993-94	31%	42%	42%	33%
	相対変化	**−44%**	**−31%**	**−22%**	**−11%**

*議会に投書、新聞に投書、雑誌の記事執筆、スピーチをする、選挙集会に出席、公的集会に出席、政党のために働く、地区組織の役員、もしくは委員を務める、請願署名、公職に立候補、政府改善組織に所属

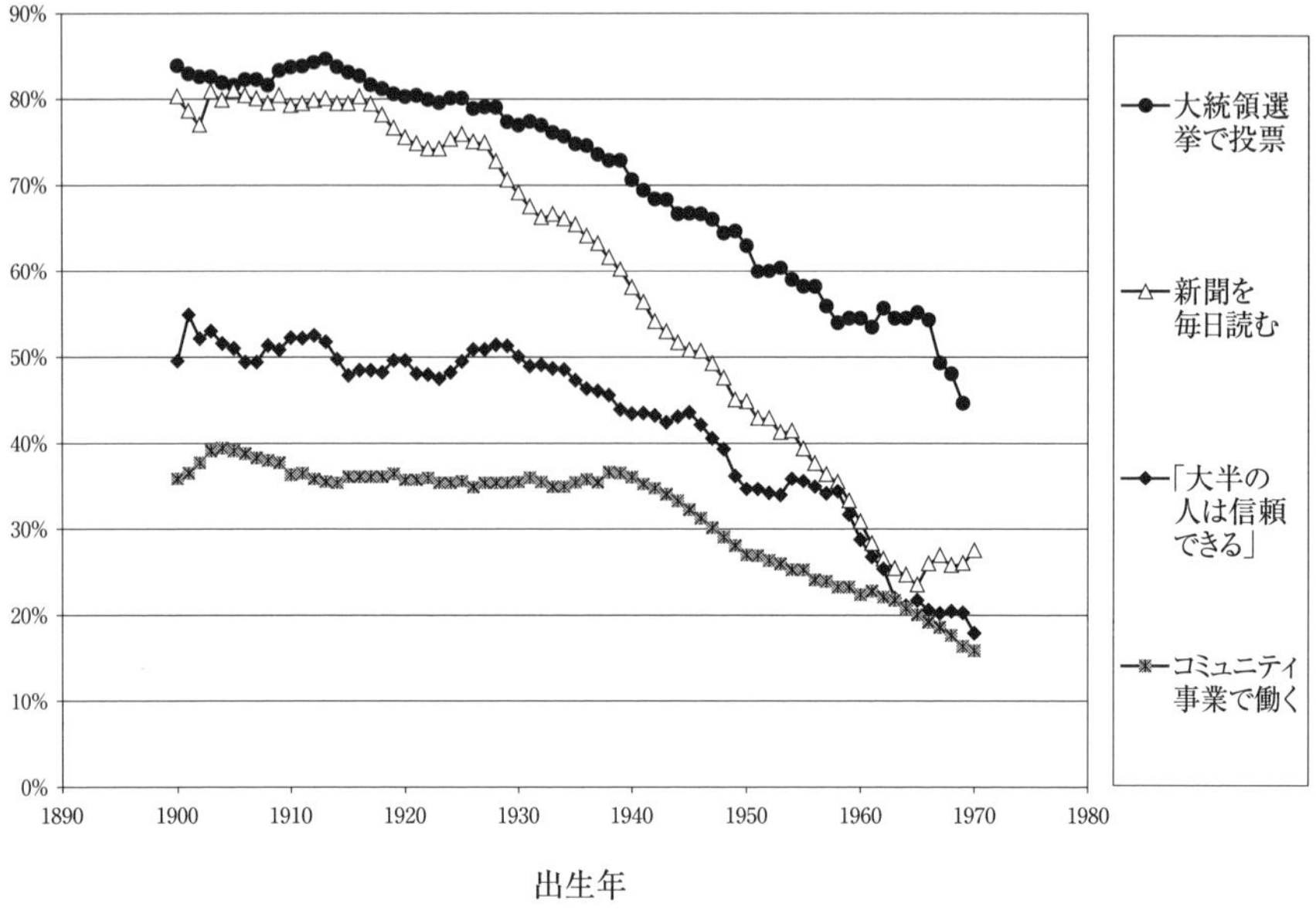

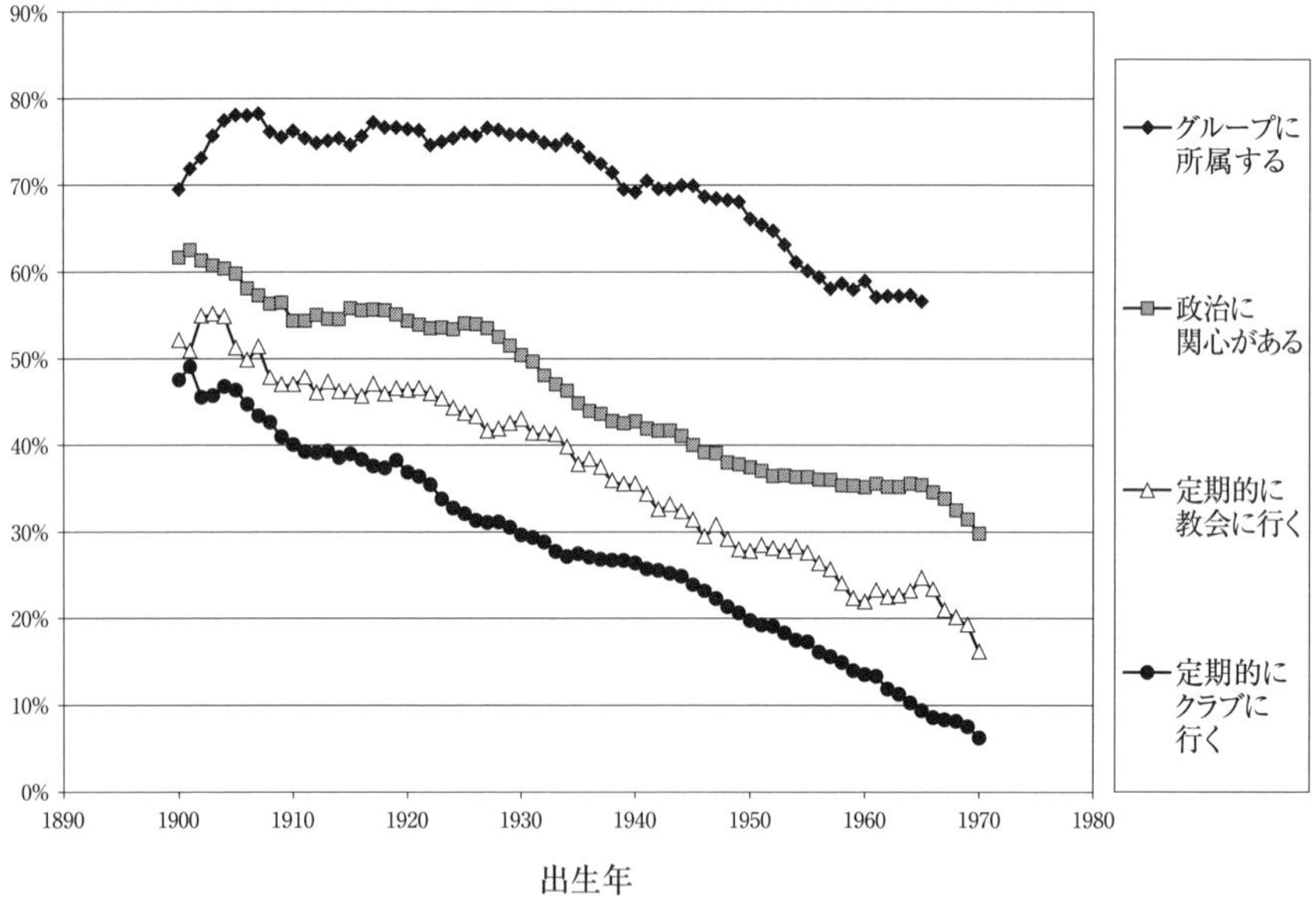

図71　市民参加の世代傾向（教育を一定となるように統制）

ティ事業のために働きましたか？　大半の人は信頼できると思いますか、それとも注意するに越したことはないと思いますか？

この線を最高齢の世代からより若い世代へ――前世紀の変わり目に生まれたものから、「狂騒の二〇年代」に生まれたものへ――と見ていくと、まずわかるのは市民参加と社会関係資本のレベルが高く比較的安定しているということである。しかし、その後いささか唐突に、一九三〇年代あたりに生まれた男女を始点として、コミュニティ関与減少の兆候に突き当たる。これらのプレ・ブーマーは、絶対的な意味ではある程度市民的であるが、その兄姉よりは多少劣っている。線をブーマーへ、そしてX世代へとたどっていくと、参加、信頼、投票、新聞購読、教会出席、ボランティア活動、政治関心において見られるこの下降傾向はほぼ中断することなく四〇年近くにわたって続いている（教会やクラブへの出席率は全てのコホートにわたって低下しており、一九三〇年代において明確な切れ目を示しているわけではない）。要約すると図71は、一九五〇年代以降に成年に達した各世代が、その直前の世代よりもコミュニティの事柄への参加を減らしていることを示している。

どの基準によっても、これらの世代間格差は非常に大きい。教育水準の格差を統制すると、一九二〇年代に生まれた世代の成員は、一九六〇年代後期に生まれた孫世代と比べて所属している市民組織の数が二倍近い（一人当たりおおよそ一・九組織、対して一人当たりおおよそ一・一組織）。この祖父母は、孫に比べて他人を倍以上信頼している（五〇％対二〇％）。最新のコホートと比べて投票率が倍近い（八〇〜八五％対四五〜五〇％）。祖父母の政治への関心は二倍近く（五五％対三〇〜三五％）、倍近くが定期的に教会に通っている（四五％対二五〜二〇％）。コミュニティ事業で働くことが二倍近い（前年に行ったものが三五％に対して、若い世代においては一五〜二〇％）。この祖父母世代は最後の熱狂的なニュース好きである。新聞を毎日読む者が、最も若いコホートと比べて三倍近く多く（七五％対二五％）、テレビニュース視聴者でも最大割合を占めている。[10]そして、確立したライフサイクルパターンから考えると、最年少の世代がいずれ祖父母の市民参加レベルに匹敵するところまで到達すると期待できる理由はほとんどない。

この鍵から読み解くと図71が描いているのは、おおよそ一九一〇年から一九四〇年までに生まれた長期市民世代という広範な集団が、それより若い者よりもコミュニティ上の事柄に深く関わり、また人々を信頼している様子である。[11] この市民的世代の核となっているのは一九二五―三〇年生まれのコホートであり、大恐慌期に小学生で、第二次世界大戦を高校で（もしくは戦場で）過ごし、初めての投票が一九四八年か一九五二年、一九五〇年代に所帯を構え、初めてテレビを見たのが二〇代の後半というものである。全国調査が開始されて以後、このコホートは例外的なまでに市民的であった。投票が多く、参加が多く、読む量が多く、多く信頼し、与えるものも多かった。

さらに、この世代はその子や孫と比べて受けている公教育が大幅に少ないという事実にもかかわらず、優れて市民的な役割を果たしてきた。一九〇〇年から一九四〇年までに生まれた米国人で高校以上に進んだものは四分の一にすぎないが、対してその時期以後に生まれた米国人では半数以上である。公教育に関する限り、長期市民世代の成員は「自力でなした《セルフ・メイド》」市民である。卓越した社会学者であるチャールズ・ティリィ（一九二八年生まれ）が自らの世代のために述べている。「われわれは甘ちゃん《サッカー》から一番遠い人間だ」[12]。

これらのパターンがほのめかしているのは、第二次世界大戦後に成長するということは、その分水嶺以前に成長することと極めて異なる経験であったということである。それはまるで、戦後世代は反市民的なX線のようなものにでも曝されてしまって、コミュニティとのつながりが少なくなるように永続的に変えられ、またその傾向が増しているかのようである。その力がどのようなものであったとしても、それ――一九七〇年代から一九八〇年代の間に起こったこと全て以上のもの――が、われわれのミステリーの核に横たわっている、市民参加低下の大半を説明する。しかし、その不可思議なX線の影響が白日のものとなるまでに、なぜそれほど長い時間がかかったのだろう。市民参加低下の根が一九四〇年代と一九五〇年代に遡れるのであれば、その影響はなぜ国中至る所のPTAの会合やメーソンのロッジ、赤十字や弁護士会、投票所や教会の信徒席、ボウリングレーンで一九六〇、一九七〇、一九八〇年代になるまで人目につかなかったのだろう。

参加低下の世代的影響の可視化が数十年遅れたのには、重要な要因が二つある。第一に戦後の大学入学ブームが時宜を得たカンフル剤となって、そうでなければ起こりえた政治的、社会的関与の大規模低下の機先を制したということがある。[13] さらに重要なことは、世代的成長の効果がその始まりから数十年遅れることの理由として、特定の世代が成人人口の中で数字の上で支配的となるまでにはそれだけ長い時間がかかるということがある。長期市民世代（一九一〇年から一九四〇年の間に出生）は一九六〇年まで頂点に達することはなかったが、その時点ではジョン・ケネディとリチャード・ニクソンのどちらかを選択することになった者の三分の二を占めたのだった。第2部で検討した社会関係資本の多くの指標が、長期市民世代が日中の正午に位置する部分でピークを迎えたことは偶然ではない。

一九六〇年代の中盤を過ぎて初めて、多数の「ポスト市民的」世代が成人を迎え、年長のコホートの市民参加を薄め、そして取って代わることとなった。ビル・クリントンが大統領に選出された一九九二年には、長期市民世代が有権者に占める割合は一九六〇年と比較してちょうど半分となった。反対に、二〇世紀の最終四半世紀の間に、ブーマーおよびX世代（すなわち、一九四五年以降に生まれた米国人）は成人の四人に一人から四人に三人へと三倍増となった。この世代的な算数が（連続する世代間の市民的な差異と相まって）、過去数十年の市民参加の崩壊をめぐる唯一最大の説明要因である。

まとめると、社会関係資本の全国的悪化が見られたこの時期は、例外的なほど市民的な世代の数字的優越が、「ポスト市民的」コホートの支配に取って代わられたまさにその時期にあたるということである。長期市民世代は、過去に例を見ないほどの平均余命を享受しており、この数十年の米国社会関係資本に対してその占める割合以上に貢献することを可能としているが、今や舞台から去りつつある。その世代の中で最年少の成員ですらも、世紀末にはリタイアを迎えてしまった。このように世代分析からは、市民参加の全国的低下が今後もおそらく続くであろうという結論を導くことがほぼ避けがたい。

四半世紀以上前、参加低下の最初の兆候が米国政治において現れ始めた頃、政治学者のイシエル・デ・ソラ・プールは、問題の中心となるのは――その時点では判断するには早すぎると、彼は正しく記しているが――この展開が表しているのは天気の一時的な変化なのか、それとも持続的な気候の変化であるのかという点になろうと論じた。[14] 今や明らかになったのは、彼が気候変動の初期的兆候を突き止めたということである。さらに、オゾン層の減少が科学的に証明されるためには、その原因となったフロンガスの拡散から長年かかったのと同じように、米国の社会関係資本の衰退が目に見えるものとなるためには、根底にある過程が開始してから数十年が必要だった。黄昏に飛び立つミネルヴァのふくろうのように、この長期市民世代が、米国コミュニティにとってどれほど大事であったかは、その成員がリタイアを開始したまさにそのときに初めて認識されるようになったのである。そして、その離脱の影響を逆転させることは、冷めてしまった桶いっぱいの風呂の水を熱くするのと同じくらい難しいものとなろう。なぜならば、平均温度を上げるためには、大量の熱湯を注がなければならないであろうから。今後数年のうちに、市民参加が上向きの増加を経験しないならば、二一世紀の米国人は、二〇世紀末よりもさらに参加も、投票も、分け与えることも少ないということになるだろう。

重要な帰結の一つは米国市民社会の高齢化である。高齢の者の方が、ほぼ常に若い者よりも一定の度合いでこれまでも投票が多かったが、投票参加におけるこの世代間格差は、一九六〇年代から一九九〇年代にかけて大幅に拡大した。そもそも、わが国の市民生活はこの四〇年近く高齢化し続けており、高齢者が最近では長期にわたって健康を保つようになったこともその理由の一部だが、主たる理由は若年の、また中年のグループが、数十年前に同じ年齢であった者と比較してドロップアウトする（もしくは、先頭を切って参加しない）ようになったということである。一九七〇年代の初頭、六〇歳以上の人々は地域組織の役員や委員を一二％、地域ボランティア全体の二〇％、クラブ会合出席の二四％を占めていた。一九九〇年代中盤には、これらの数字はそれぞれ二〇％、三五％、三八％に上昇した。この二〇年間に成人人口に占める高齢者の割合がほとんど変化していないにもかかわらず、コミュニティ生活におけるその貢献はほぼ倍増である。[15]

このように市民生活の中で高齢世代が過剰な割合を占めていることは、それぞれのコホートにおいて、どのように時間を使うかの自由選択の反映である。実際のところ、高齢の世代は市民的責務をその割り当て以上に支えている。それと同時に、論争となっている争点においてその声は、その積極行動主義によって増幅されている。年長の世代の利害が、若い人々のものと異なっていたとき——例えば、学校支援のための地方税について——、年長世代の考えが、数十年前よりも大きなウェイトを持っていると推定することは合理的である。一九七〇年代の半ば、四五歳以上の人々は街や学校の問題に関する地域集会参加者の三分の一を占めており、また全投書に占める割合も同じであったが、二〇年後に公的集会と投書欄におけるそのシェアは二分の一にまで上昇した[16]。年少のグループにおける公民権の自己剝奪を懸念する際において、この古き市民世代が著しく利己的であると仮定する必要はない——おそらくはその反対が真であろう。

われわれの市民的道徳劇において、この長期市民世代が第一に注目すべき役者であるならば、第二は一九四六年から一九六四年の間に生まれたベビーブーム世代である。新世紀の幕開けにあたり、この巨大なコホートの最年長のメンバーは五〇代半ば、最年少のものは三〇代半ばとなった。ブーマーは成人人口の三分の一以上を構成しており、過去二〇年間も、そして今後二〇年近くもそうあり続けることになろう。彼らは米国史の中でも最も教育水準の高い世代である。ブーマーは青年期に空前の豊かさとコミュニティの活気を経験したが、成人期には、その親世代の大恐慌期には及ばぬとはいえ不況期を耐えることとなった[17]。

ブーマーは、その人生を通じてテレビに接触している最初の世代であり、何を見ようとしているのかも知らずにテレビをつけ、また見ていないときにもつけたままにしておくことが、年長のものと比べてずっと多い。政治学者のポール・ライトは報告する。

平均的なベビーブーマーが一六歳に到達した時点で、彼/彼女はテレビを一万二〇〇〇〜一万五〇〇〇時間見ていたが、これは一日二四時間の一五〜二〇ヶ月連続に相当する……ベビーブーム世代の友人、両親との接触をテレビが減らしたこと、そしてこの世代が、現実世界との最初の接触をこのメディアを通じて行ったことはほとんど疑いえない[18]。

政治的には、この世代にはぬぐい去ることのできない六〇年代のしるしが刻まれている——公民権運動（大半がまだ小学校にいるときに起こった）、ケネディとキングの暗殺、ベトナムのトラウマ、そしてウォーターゲートである。制度に不信を抱き、政治から疎外され、（六〇年代、七〇年代のキャンパスでの自分の振る舞いにもかかわらず）市民生活への参加が明確に少ないことはおそらく無理からぬことで――彼らは確実にそう考えている――、それは自分自身の子どもよりも少なく、その子どもたちの方には（第7章で、そして本章の後半で再び見るように）ボランティア活動の小ブームを起こし始めている者もいるのである。その著しい教育水準にもかかわらず、ブーマーはその親が同じ年であったときよりも政治に関する知識が少ない。一九六〇年代世代の政治的伝記を記したマイケル・デリ・カルピニはこう述べる。「彼らは政治的関心が低く、何か決まった形で政治に関わるということも少なく、政治的意見を表明することが少なく、政治に関連した正確な知識を持つことも少ない」[19]。彼らは投票が少なく、キャンペーン運動も少なく、政治集会への出席が少なく、寄付が少なく、他の世代と比べて一般的に市民的義務を避ける傾向がある[20]。デリ・カルピニは結論づける。

代替可能《オルタナティブ》な政治の展開よりも、むしろ本流の政治の拒否ということが、六〇年代世代を、先行するコホートから最も明確に区別するものである……すなわち、それより前の世代と比較すると、自分もその一部である政治システムにとって中心的な規範や制度を拒絶する世代である。この世代の最大の特徴をなしているのは、それが何を好むかとか、なしているかではなくて、何を好まないかとか、何をしないか、ということである[21]。

しかし、政治はブーマーが参加しなくなったコミュニティ生活の唯一の側面ではない。ブーマーは結婚が遅く、離婚が速い。婚姻も子育ても選択となり、義務ではなくなった。ブーマーの九六%は宗教的伝統の中で成長したが、五八%はその伝統を捨て去り、棄教者のうちで戻ってきたものは三分の一にすぎなかった。職業生活においては官僚主義の中で苦痛を感じ、個別の企業に対する忠誠が少なく、自律性へのこだわりが強い。自らの生まれた戦後社会の均一性――両親が揃った子ども二人の家族、クロームメッキの車とプレハブ住宅、すし詰めの教室とそして『アイ・ラブ・ルーシー』――のまさにそのせいでおそらく、彼らは個人主義と、多様性に対する寛容に強調を置き、そして伝統的な社会的役割を拒否するようになった。ブーマーが通っていた混雑した学校の代償の一つは、社会的学習の機会が減少したことである。なぜなら、課外活動への参加は大規模校においては相当程度減少することが研究で示されているからである。その大きなコホートに固有の競争的なプレッシャーのせいもあり、期待の縮小と経済的フラストレーションを耐え忍ばなければならなかった。[22]

人生を通じて、彼らはリバタリアン的な態度を年長者に比べて表明し、一方で権威、宗教や愛国心への敬意を表すことが少なかった。一九六七年と一九七三年の高校卒業クラスを比較すると、高校においても後期ブーマーは信頼する程度が低く、参加が少なく、権威に対してシニカルで、自己中心的な度合いが高く、物質主義的であることが、初期のブーマーとの比較においてすらはっきりとしている。ブーマーは全体として個人主義的傾向が強く、チームでいるよりも自分自身でいることに安らぎを覚え、規則よりも価値を受け入れる傾向がある。彼らは、薬物使用に対する道徳性が、例えば親と比べたときに低く、薬物問題の責任を個人よりも社会に負わせる傾向があり、職場における薬物検査を受け入れる傾向が低い。名誉のために言えば、ブーマーは初めから非常に寛容な世代であった――人種、性的、政治的マイノリティに対して偏見が少なく、自身の道徳を他者に押しつける傾向が低い。[23] 政治観におけるこの敬愛すべき断面については、第22章においてその詳細を検討しよう。

どの点においても、この寛容、シニカルで肩の力を抜いた《レイド・バック》ブーマーには長所があるとも言えようが、症候群として見たときこの態度には高い社会的コストが存在した。調査アナリストのチェリル・ラッセルは鋭くも、ブーマーを特徴づけて「フリー・エージェント」であるとした。[24] ここまでの章で概観してきた、社会関係資本と市民参加に関するデータによれば、このフリー・エージェント制が米国コミュニティの活力を削いでいる――ボランティア活動の低下、慈善の低下、信頼の低下、コミュニティ生活の責任分担の低下――ことが明らかである。

ブーマー以降の世代に命名することは、論争をさらに大きくすることになる。その成員に対しこちらが意図しない非礼となる危険は多少あるが、ここでは一九六五年から一九八〇年の間に生まれたものを「X世代」と呼ぶ慣習に従おう。X世代は年長の世代（とりわけブーマー）からしばしば、現代米国社会の抱える問題――特に物質主義と個人主義の強調――の責めを負わされるが、ここまでに私が提示してきたデータからは、この告発が見当違いであることは明らかである。米国の社会関係資本の衰退はX世代の生まれる以前から始まっており、これらの悪化傾向に対してX世代に責任を負わせるのは合理的でない。言うなれば、X世代は多くの側面で、第二次世界大戦直後に始まった世代的流れの連続性を反映しているのである。

詳細に検討すると、表3からは市民参加のほぼあらゆる形態――労働組合所属から教会出席、請願署名から公的集会出席まで――が、一九九〇年代に二〇代を迎えていた若い人々――すなわちX世代の間で引き続き急落していったことがわかる。多くの点において、この世代はブーマーに見られた個人主義的諸傾向を加速させた。X世代は第二代目のフリー・エージェント世代であった。X世代の持つ政治観は極端に私的で、また個人主義的である。彼らが成年となったのは、私財や個人的な才能が、共有された公的関心事よりも賛美されるという時代であった。一度は参加したことのあるブーマーとは異なり、X世代は政治とのつながりを持ったことが全くなく、それゆえに個人的なものや私的なものを、公的あるいは集団的なものよりも強調する。さらに、彼らは視覚志《ビジュアル》向で、絶え間ないサーファー、マルチタスク人間であり、双方向メディアのスペシャリストである。個人的、また全国的な観点の双方において、この世代の特徴を形作っているのは不確実性（特にこれは低成長で、インフレ傾向の一九七〇年代と一九八〇年代による）、不安定性（この世代は離婚爆発期の子どもである）、そして集合的なサクセス・ストーリーの欠如であった。勝利のD－デイ《ノルマンディー上陸》やヒトラーに対する大勝利も、活気あふれるワシントンの解放行進や人種差別と戦争に対する大勝利も、「偉大なる集合的イベント」が実際のところほとんど何もなかったのである。このコホートが非常に内向きに焦点を当てているのは無理からぬことであった。

X世代の者は、先行する者が同じ年齢であったときと比べると物質主義的であるが、おそらくは中年を迎えたブーマーほどには物質主義的ではない。過去三〇年間における米国成年の価値観の変化に関する有益な観察手段の一つは、大学新入生を対象としたＵＣＬＡの年次調査である（図72で鍵となる傾向を概観できる）。一九六〇年代の末期から一九七〇年代初期、ブーマーが大学に入学した頃には、四五～五〇％の者が政治の流れについて行くことや環境の浄化支援を非常に重要な個人的目標であると位置づけており、対して「経済的に豊かになること」をそのように高く位置づけていた者はおおよそ四〇％であった。一九九八年には、最後のX世代が大学に入学したが、三〇年間の物質主義の拡大が政治や環境問題の位置づけをそれぞれ二六％と一九％にまで低下させ、

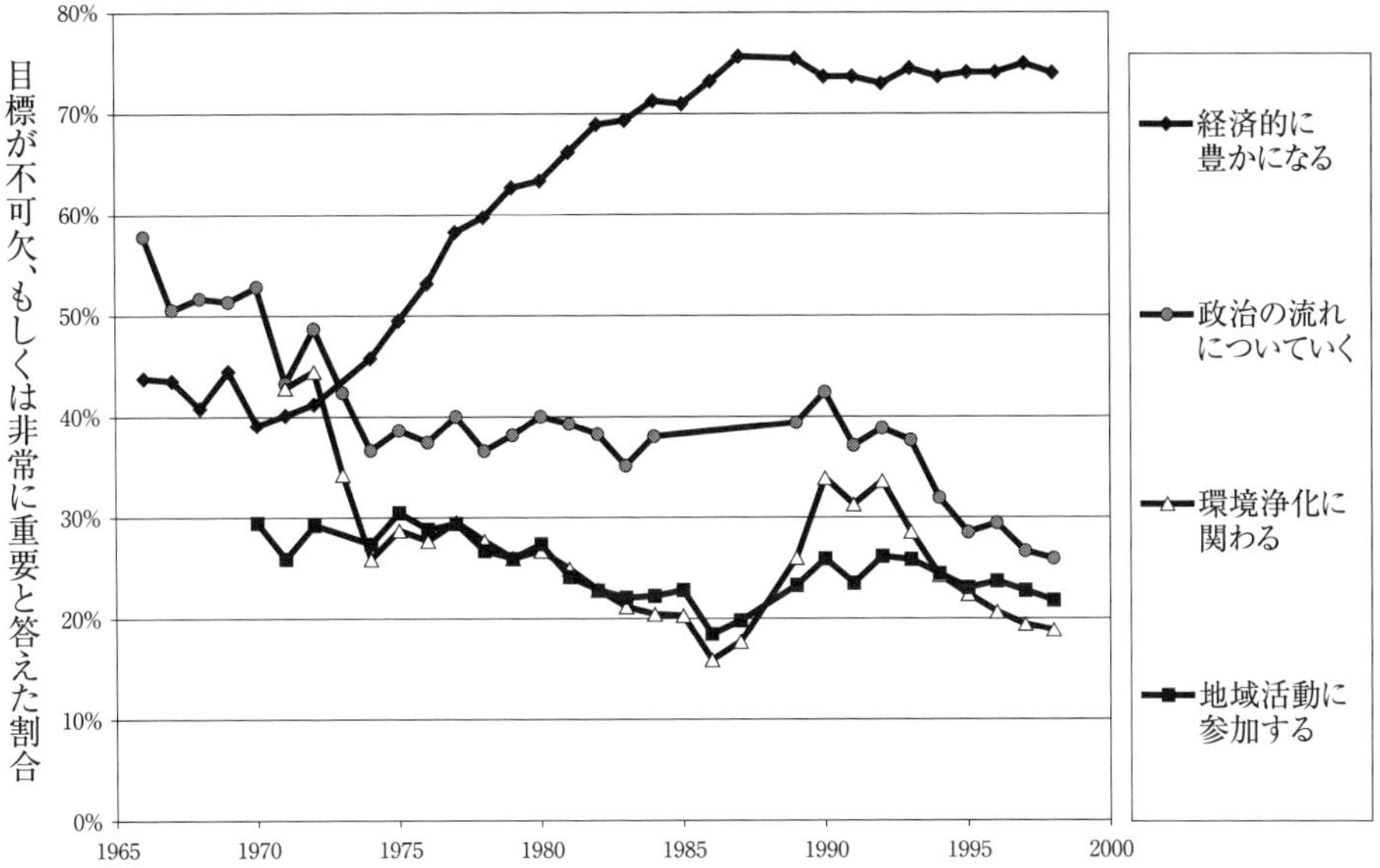

図72　大学新入生における、貪欲さのコミュニティに対する勝利、1966-1998

その一方で経済的豊かさについては七五%にまで急増した。独立して行われている、ミシガン大学による高校上級生を対象とした年次全国調査も物質主義の増大というこの傾向を確認しており、「お金持ちになること」を非常に重要であるとした生徒の割合が一九七六年の四六%から一九九〇年の七〇%へと急増しており、その後一九九〇年代中盤に六〇～六五%へと揺り戻しが見られていた。[25]

これらの価値観はX世代の行動の自己報告とも一貫しており、UCLAの調査によれば高校生の間での政治的会話は、一九六〇年代末期と比べると一九九〇年代末期には半分しか行われていなかった。学生選挙への参加は、その両親の国政選挙参加よりも急速に低下し、一九六〇年代末の約七五%から一九九〇年代末には二〇%となった。高校上級生がユナイテッドウェイや市民団体、がん協会からどのような人が慈善寄付金を受け取ることになるのかについての長大なリストを見せられたとき、少なくとも一つのそのような組織に対して寄付を「必ず」すると答えた（あるいはすでにした）者の割合は、一九七〇年代中盤から一九九〇年代中盤にかけて四分の一程度落ち込んだ。[26] 中でも最も驚くべきは、X世代は二〇年前にその年齢だった者と比べて他人を信頼する傾向がずっと低いことである。「大半の人は信頼できる」と答えた高校上級生の割合は、一九七六年の後期ブーマー（四六％が信頼している）と一九九五年の後期X世代（二三％しか信頼しない）の間で正確に半減した。[27]

これらの特徴は、X世代が成年へと移行しても持続した。X世代の成人の中で、投票に行かないことに罪悪感を感じる者は五四％にすぎないが、対してそれより上の世代では七〇％以上となっている。そしてX世代は実際に投票をしない傾向が強く、特に地方選挙においてそうである。上の世代と比べたとき――上の世代が、現在のX世代の年齢であったときとでさえも――、彼らは政治への関心が低く、（スキャンダルや有名人、スポーツに関してを除いて）現在の出来事の知識が少なく、公的集会への出席が少なく、公職者との接触が少なく、教会への出席が少なく、何らかのコミュニティ事業で他者と働くことが少なく、教会や慈善に対する、また政治を目的としての寄付が少ない。X世代が特に政治に対してシニカルであったり政治的リーダーに対して批判的であるわけではない――それらは年長者とも共有する特性である――が、しかしX世代は自ら関わろうとする傾向は確かに低い。[28] こういった変化の「落ち度」を問われるべきが学生自身なのか、それともその親や教師、そして広く社会なのかは全く別の問題である――私は前者ではなく、後者を責める傾向がある――が、しかし事実は明確である。集合行為――そしてとりわけ政治――は、ブーマーよりもはるかにX世代にとって無縁なものなのである。

最近のコホートが直面している特徴的な問題に関しての証拠は、全く予想外のソースからもたらされる。公衆衛生疫学の研究者は多様な手法を用いて、うつ病と自殺の長期的増加傾向が世代的基盤を持っているということを確認してきた。一九四〇年以降に生まれたコホートをはじめとして、うつ病は連続するそれぞれの世代内で早期から、ずっと広範に広まるようになってきた。例えば、ある研究の報告では「一九五五年以前に生まれた米国人では、七五歳までに大うつ病に悩むものは一％にすぎなかった。一九五五年以降に生まれたものでは、二四歳までに六％がうつ病になる」。[29] 心理学者のマーティン・セリグマンは結論づける。「過去二世代を通じて、うつ病率はおおよそ一〇倍増加した」。[30]

不幸なことであるが同様の世代傾向は、二〇世紀後半に米国青年の自殺が紛れもなく流行していることにも現

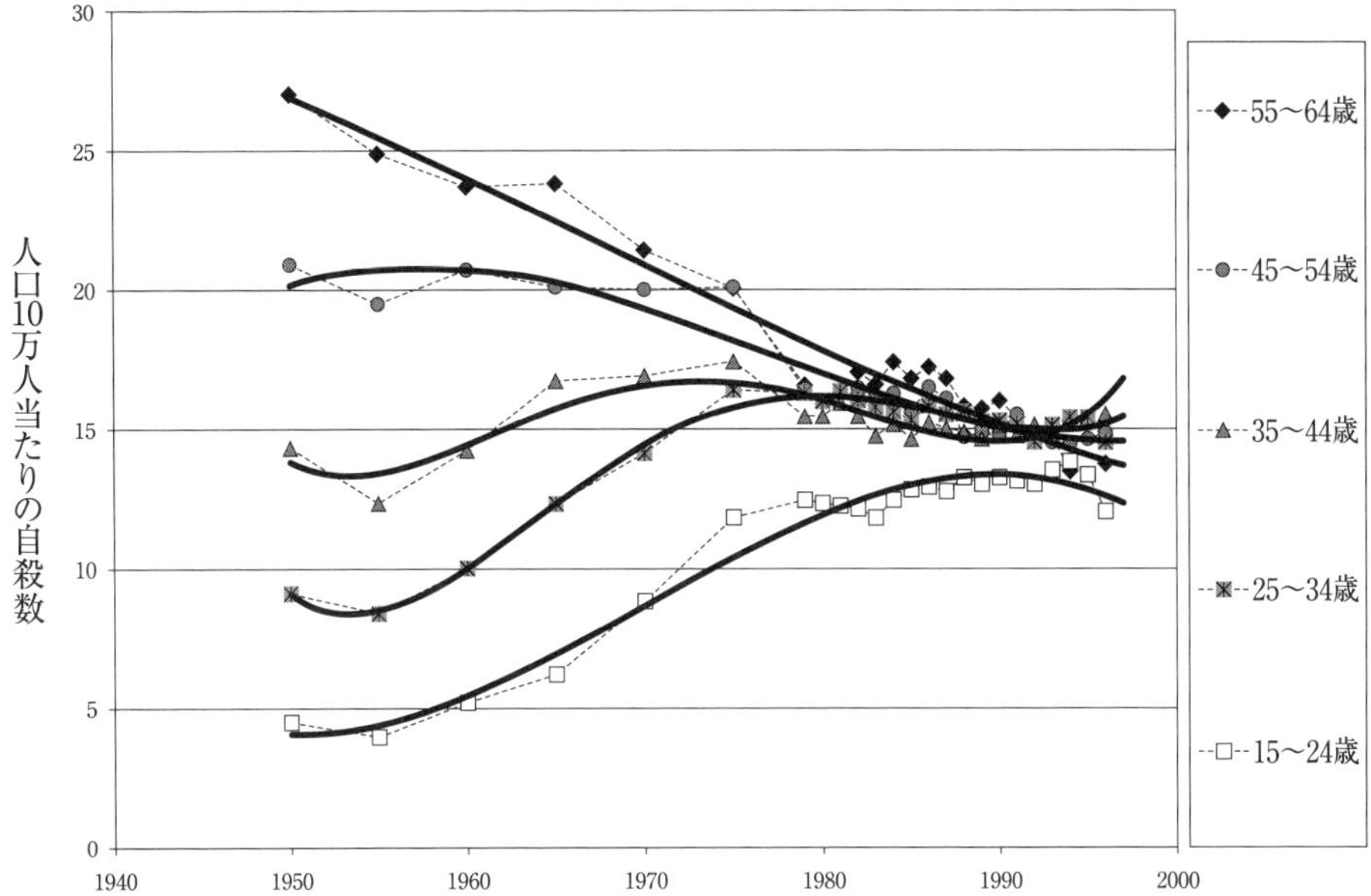

図73　自殺率の年齢差、1950-1995

れている。一九五〇年から一九九五年の間に、一五歳〜一九歳の青年における自殺率は四倍以上となり、また二〇歳〜二四歳のヤングアダルトの自殺率はそれより高水準で始まるが、それも三倍近くなった。この増加の全てではないが、大半は若い男性に集中していた一方で、若い女性の方では自殺未遂の頻度が多かった。若年層におけるこの自殺の増加は、悩み多き時代における米国人の自殺の一般的上昇の、単純な一部分にすぎないのだろうか。それとは正反対に、図73が示すように、若年層における自殺の爆発的増加は、年長のグループにおける自殺が、同じように目立って減少していることと同時に起こっている。[31]

　二〇世紀の前半、自殺をする年長者は若者と比べてずっと多かったが、おそらくこの理由はライフサイクルの進行の中で、フラストレーションや身体的弱化が蓄積していくことによるのだろう。しかし二〇世紀の後半では、年長者の間での自殺は次第に少なくなっていき、若者の間で次第に増加していった。実際のところ、これは統合度の高い長期市民世代が高齢化し（年長者で伝統的に高い確率を引き下げ）、同時に統合度の低いブーマーやX世代が人口に流入し（若年層で伝統的に低い確率が上昇し）たことにより予測できるまさにそのパターンである。二〇世紀の終わりの段階で、一九二〇年代と一九三〇年代に生まれ育った米国人は、世紀半ばにその年齢であった者と比べて自殺する可能性が半分近くなったが、一九七〇年代、一九八〇年代に生まれ育った者は、世紀半ばにその年齢であった者よりも自殺する可能性が三倍ないし四倍となった。社会関係資本における世代差が図73を全体として説明するのかどうかはともかく、一九五〇年以降に成人を迎えた人々の人生経験が、一九五〇年以前に成人を迎えた人のそれと極めて異なっているということをこの図が示しているのは確かである。

実は、他の年代の人々の自殺率低下時における若年層の自殺増加というよく似た傾向は、西側諸国の多くで見られている。うつ病は自殺の主要リスク要因であるので、若者における自殺率上昇という観察結果は、悲しいことだがうつ病の上昇に世代的基盤があることと一貫している。この領域における代表的研究者が、数十の先進諸国における何百の研究を要約している。

特筆すべきは、精神―社会的疾患の過去五〇年間の増加が、青年やヤングアダルトに当てはまり、年長者には当てはまらない現象だということである。したがってその原因の解釈は、若い年代グループを襲った社会的、心理的もしくは生物学的変化に潜んでいるはずである。(32)

自殺は、精神的苦痛としては重大ではあるが（幸いなことに）希な徴候である。悲惨さは少ないけれども、より広まっている徴候がDDBニーダム・ライフスタイル調査で毎年計られている。この頭痛、胃痛、不眠という指標を、ここでは「不調感」と呼ぶ。図74が示すように、一九七〇年代中盤においては、これらの徴候の頻度は年齢によって大きく異なることはなかった。平均すると六〇代や七〇代の人々は、胃のむかつきや偏頭痛、眠れぬ夜に苦しめられることがその子や孫と比べて多いわけでも少ないわけでもなかった。しかし引き続く二〇年間を通じて、短期的変動を除けば年長者におけるこれらの不調感の徴候は減少傾向にあった一方で、中年と（とりわけ）若い人々の苦痛はますます増大していった。一九七五―七六年と一九九八―九九年の間に、三〇歳以下の

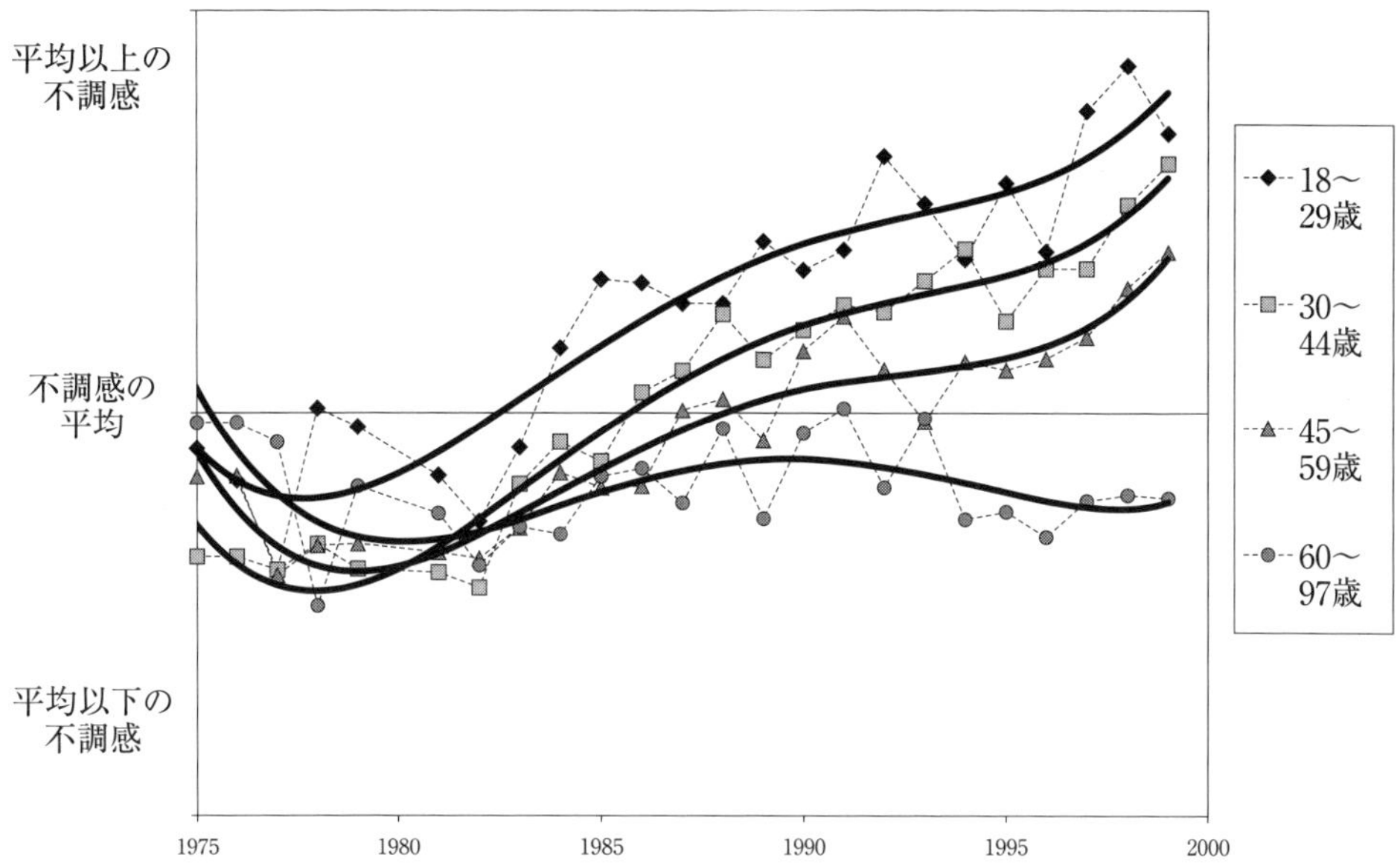

図74　不調感（頭痛、不眠、胃痛）の世代間ギャップの拡大

成人の中で不調感の徴候を強く訴える者の割合は三一％から四五％へと上昇し、六〇歳以上の成人による同様の苦痛の指標は三三％から三〇％へと低下した。このギャップ拡大の中で、若者が過去四半世紀に直面した経済的不安にその原因を帰することのできる割合は半分をわずかに超える程度であるが、若年の不調感増大のまだ相当量が説明されずに残っている。経済的に余裕のある者の間でも、不調感のこの世代間ギャップは着実に拡大していたからである[33]。

これと同じ期間に（ライフサイクル効果全体として）生活に対する一般的な満足度は五五歳以下の人々の間で低下し、一方でその年齢以上の人々の間ではやや増加していた。一九四〇年代、一九五〇年代の調査によれば、若い人の方が年長の者よりも幸福度が高いことが見いだされている。一九七五年には、年齢と幸福度は基本的に相関していなかった。しかし一九九九年には、若い人の方が年長者よりも不幸になったのである[34]。結論は、不調感や不幸感の世代間ギャップの拡大である。図73と図74に示された傾向は、痛ましいことだが、完全に一貫している。若ければ若いほどに、頭痛、胃痛、不眠、さらには生活の一般的満足や、自身の命を奪うということに関してすらも、過去数十年事態は悪化していった。

世紀半ば、若い米国人（長期市民世代とラベル付けされることになる者）は、その他の人よりも幸福であり、またうまく適応していた——例えば、自分の命を奪う可能性も少なかった。世紀の終わりに、全く同じ世代（今ではリタイアしている）は、心理的にも身体的にも、際だってよい適応状態を保っている。その一方で、長期市民世代の子や孫（ブーマーやX世代とラベル付けした者）ははるかにずっと苦しんでおり、祖父母が同じ年であったときと比べて自らの命を奪う可能性が高い。

若い世代の自殺、うつ病、そして不調感というこの目立つ、安定的で、気がかりな傾向に対して広く受け入れられた解釈は今に至るまでない。しかし、もっともらしい説明の一つは社会的孤立である。教育社会学者のバーバラ・シュナイダーとデヴィッド・スティーブンソンによる最近の報告では、「米国の平均的ティーンエイジャーは、毎日おおよそ三時間半を一人で過ごすのが典型的である……青年は、家族や友人といる以上の時間を一人で過ごしている」。一九五〇年代のティーンエイジャー研究と比較すると、一九九〇年代の若者の回答では友人関係が少なく、弱く、流動的であることが示されている。同様に、マーティン・セリグマンの指摘では、緊密に結びついている古い秩序のアーミッシュ・コミュニティはうつ病の流行を免れたが、注意深い研究の示すところではその他の精神疾患の発生率は、そのコミュニティと広く米国社会全体で違いはなかったのである。彼は若者の間のうつ病の増加の原因をたどり、「過激な個人主義」が「社会におけるより大きな、伝統的制度へのコミットメントを弱体化させた出来事」と相まったものであるという。

個人主義は、人々が大きな制度、すなわち宗教、国、家族といったものに頼ることができる限りにおいては、うつ病を導くとは限らない。何か個人的な目標を達成することができない、というのはわれわれ全てに必ず起こることであるが、そういうときにこのような大きな制度に振り向いて救いを求めることができる。しかし、この大いなる信条という緩衝《バッファー》なしで孤独に独り立ちしているとき、無力感と失敗は、また容易に失意と絶望へと変わりうる。[35]

証拠の示すところでは、この傾向には自殺という究極のトラウマのみならず、それよりは緩やかな苦痛の慢性的な兆候も含まれている。

社会的孤立が、深刻なうつ病のリスク要因となっていることは確立した知見である。うつ病が孤立を招くという部分もある（うつの人々が孤立を選んでいるからということもあれば、うつの人々が周りにいるのは愉快なことではないからという面もある）。しかし、孤立がうつを引き起こすということを信じるに足る理由もある。[36] あらゆる証拠の全てが支持的というわけではないが、社会的つながりの世代的低下と、同時に起こった自殺、うつ病、不調感の世代的増加が無関係であると信じることは難しい。

最近の世代に見られる社会的孤立と市民参加の低下という厳然たる構図に対して、それと対抗する重要な事実が一つ提示されなくてはならない。過去一〇年間に、若者の間でボランティア活動とコミュニティ奉仕の増加が見られるということに疑いの余地がないということである。一九九八年の大学新入生に対する年次調査によれば、前年に高校でボランティア活動を行っていた学生の割合が七四％という記録的な高さであったことが報告されており、対して一九八九年のそれは六二％であった。日常に基礎を置くボランティア活動もまた増加しており、週当たり少なくとも一時間の時間を割く新入生は四二％で、これは一九八七年には二七％であった。一九九〇年代の高校生によるこのボランティア活動の増加は、ミシガン大学の「モニタリング・ザ・フューチャー」年次調査や、ＤＤＢニーダム・ライフスタイル調査によっても確認されている。

ボランティア活動においてこのように歓迎すべき、また勇気づけられるような増加が生じているのはなぜなのかはまだ明らかではない。部分的には、単にコミュニティ奉仕に対して公的な奨励が強化されている（場合によっては、卒業要件に入っていることも含まれる）ことの反映であるかもしれない。青年ボランティア活動が、公的なプレッシャーによって駆り立てられているだけであり、それを下支えする宗教的、世俗的双方のコミュニティ組織という広範な市民的インフラストラクチャーがないのならば、この増加が持続的であるということに楽観的になることはできない。他方で、より楽観的な解釈では、世代的な参加低下という四〇年間の傾向がついに底打ちしたというものになるだろう。

まとめると、世代的遷移はわれわれのストーリーにおける重大な要素となっている。しかし、それが市民的、社会的参加の全ての形態に対して等しく強力に寄与しているわけではない。教会出席、投票、政治関心、キャンペーン活動、組織所属、そして社会的信頼の低下は、ほぼ完全に世代的遷移に帰することができる。これらのケースでは、社会変化の多くは世代ごとに見られる違いによって引き起こされており、個人の習慣の変化によって引き起こされているわけではない。それとは対照的にトランプ遊び、家での歓待といった、さまざまな形態の「シュムージング」の低下は、その大半が社会全体に広がる変化に起因しており、あらゆる年代、世代の人々がこういった活動から遠ざかる傾向にある。クラブ会合、家族や友人との食事、近所づきあい、ボウリング、ピクニック、友人訪問、季節のあいさつ状の減少は、社会全体の変化と、世代交代双方の複雑な組み合わせにその原因がある。

言い換えると、この数十年間あらゆる年代の米国人に影響を与えた、第一の力の集合体がある。これらの「社会全体」への影響力は、とりわけ私的な社交、すなわちトランプや家での歓待にとって有害だった。ほぼ全ての世代に属する個人の行動が影響を受けているので、結果として起こった低下は比較的強く、短期的に目に見えるものであった。電子的な娯楽の魅力は、こういった傾向を説明する可能性がある。それが人々全ての時間の使い方を変革したからである。

影響力の第二の集合体は、世代ごとに大きな違いを生み出し、個人を変化させたわけではなかった。これら「世代的」影響力は、宗教信奉、信頼、投票、ニュースへの関心、ボランティア活動といった公的参加に特に影響した。これらの力は世代的遷移を通じて作用したので、その影響はより漸進的なもので、直接目に見える程度は低かった。それでも、二〇世紀前半に生まれた米国人は、後半に生まれたものと比べると投票、教会出席、ボランティア、公事への関心、そして他者を信頼する程度が持続的に高くあり続けている。

私的な社交に対しての社会全体に広がる影響力と、公的規範に対しての世代的影響力の双方にさらされているような活動もある。クラブ会合、家族での食事、地域組織でのリーダーシップは、このような類いの変化の好例である。そのような活動は短期的変化と長期的変化の両方に影響を受けているので、あらゆる中で最も劇的な変化を示していることがある。クラブ会合は六〇％の低下、地域グループの役員や委員を務めることは五三％の低下、習慣的に離ればなれで食事をしている家族は六〇％の増加といった具合である。

世代的変化と、市民参加の低下との間の関連は領域ごとにさまざまであるので、本書の第2部で検討してきた低下の説明要因として、世代的変化の役割を一つにまとめようとすることはいささか誤解を招きやすい。それでも大まかなまとめとして、社会関係資本と市民参加の低下全体のおおよそ半分は、世代的変化に求めることができる、ということを述べても正当であろう。[37] しかし、現代米国における市民参加の低下は大部分が世代的なものであると主張することは、単にわれわれの中心的問題を再定式化したことにすぎない。われらが孤独なボウリングのルーツは、おそらくは一九六〇年代、一九七〇年代そして一九八〇年代というよりもむしろ一九四〇年代と一九五〇年代までさかのぼるのであるが、第二次世界大戦後に成人した者には、その親、さらには兄姉とも異なる一体どのような力が働いたのだろうか。

＊　＊　＊

表面的にはもっともらしい容疑者候補の多くは、われらのミステリーに求められるタイミングに符合することができていない。例えば家族の不安定性は、ここで示してきた決定的時期《クリティカル・ピリオド》に対して鉄壁のアリバイを持っている。市民参加における世代的低下は、婚姻関係の安定していた一九四〇年代、一九五〇年代の子どもから始まるからである。実際には、国内の離婚率は一九四五年以降は低下しており、離婚率の最も急激な上昇は一九七〇年代になるまで発生していない。それは、市民参加と社会的信頼において最も急激な低下を示したコホートが家から出たずっと後のことである。同様に、働く母親《ワーキング・マザー》も、問題のこの再明確化から無罪放免となる。一九四〇年代、一九五〇年代、一九六〇年代の子どもによる市民性の急落は、母親がまだ家庭にいたときに起こっているからである。

経済的逆境も、豊かさも、政府の政策も市民参加の世代的低下と容易に結びつけることはできない。穏やかな五〇年代、好況の六〇年代、破綻の七〇年代、そして急成長の八〇年代に成人した人々に、等しくこの落ち込みが影響してように見えるからである。

証拠にうまく当てはまる他の要因もいくつかある。第一に、われわれの抱える中心的問題を世代的観点から再定式化したことによって浮上した可能性に、国家的統合と愛国心という、一九四五年に最高潮に達した戦時の時代精神が市民的傾向性を強化したというものがある。外的な衝突が内的な凝集性を増加させるというのは、社会学ではありふれた物言いである。社会学の先駆者であるウィリアム・グラハム・サムナーは一九〇六年にこう記した。

自分たち自身、「われわれ集団」もしくは内集団と、その他の全ての人々、あるいは他者集団ないし外集団との間の分化が発生している。われわれ集団における親交と平和との関係、および他者集団に対する敵意と戦争との関係、その二つの関係性は互いに相関している。外部者との間の戦争が迫ることは、内なる平和を作り出すものとなる。集団への忠誠、それへの犠牲、外部者への憎悪と軽蔑、内向きの友愛と、外向きの好戦性——これら全ては同時に成長する、同一の状況からの共通の生産物なのである。

市民組織への所属が二〇世紀の二つの大戦双方の後に急増したことは第3章で触れたが、政治学者のシーダ・スコッチポルはこの議論を米国史全体に拡張している。第5章では労働組合所属が歴史的には大戦争の間および直後に急成長していることを見た。歴史学者のスーザン・エリスとキャサリン・ノイズは米国のボランティア活動の起源を理解するには、米国人の戦争への関与の歴史を検討する必要があると強調している。「ボランティアがしばしば活動的になるのは、戦争に向かおうとする運動、戦争に勝利するための努力の支援、戦争に対する抗議、そして戦後の社会再建の中である」(38)。

南北戦争において、北部の女性は婦人支援会を組織して兵士のために包帯、衣服、テントを作っていたが、ついには婦人支援会の集合が一つに団結して、米国衛生委員会を創設、これは戦中および戦後に、最大の慈善援助組織となったのだった。衛生委員会の従軍看護婦としての経験をきっかけとして、クララ・バートンは一八八一年に米国赤十字を組織した。戦時における逆境の共有で喚起された仲間意識と相互犠牲の精神を訴える友愛組織の強力な後押しにも、この戦争はなっていた。一九世紀末から二〇世紀初頭にかけて、最大の組織となることになる五団体——ピシアス騎士団、グレーンジ、エルクス慈善保護会、統一職人古代結社、北軍陸海軍人会は、一八六四年から一八六八年の間に創設された。それほど目立たないにせよ、市民社会の自発的な活動における同様の急騰は第一次大戦においても起こっている。[39]

しかし、ここで最も関係しているのは、市民活動の尋常ならざる爆発的拡大が（第2部で繰り返し見たように）第二次世界大戦中、戦後に起こったことである。会員数の変遷について調査対象となった大規模団体——PTAや女性有権者同盟、米国機械学会からライオンズクラブ、米国歯科医師会、ボーイスカウトに至るまで——の全てが事実上、その「市場シェア」を一九四〇年代中盤から一九六〇年代中盤にかけて急激に拡大させている。すでに見たように、似たような戦後の急成長はリーグボウリングやトランプ、教会出席からユナイテッドウェイへの寄付に至るその他のコミュニティ活動にも存在する。

第二次世界大戦は、それ以前の米国史における大戦争のように、逆境の共有と、共通の敵をもたらした。[40] 戦争は、全国的には強烈な愛国主義、そして地域的には市民的積極行動主義の時代の先導者となった。それは直接に、国中ほぼ全ての人に影響した。一六〇〇万人の男女が軍務に従事し、そのうち志願者が六〇〇万人を占めていた。彼らとその直接の家族は、最低でも人口の四分の一を占めていた。一九二〇年代に生まれた男性（「長期市民世代」の核を構成しているコホート）のうち、八〇％近くが従軍していた。[41] 何百万もの家の窓には青色の星が掛けられていて、それは息子や夫が軍隊にいることを示していたが、さらに絶望的な数の金色の星は、愛する者が亡くなったことを表していた。そして、いったいどの若者を戦地に送るかを決めるという苦悩に満ちた職務は、はるか遠い連邦政府の役人ではなく、国中に置かれた数千の、素人の徴兵委員の手に委ねられていた。

民間防衛、配給、くず鉄の供出集め、戦時債券販売といった市民奉仕を含む愛国的なテーマが、ラジオショーや新聞の漫画欄、ハリウッドからブロードウェイ、ポピュラー音楽業界《ティン・パン・アリー》に至る大衆文化に広く行き渡っていた。「星条旗は至る所にかかっていた——家屋の前、公共の建物、友愛組織の会館、エルクスやライオンズ、キワニス、ロータリーさらにはトレイラー・キャンプからガソリンスタンド、モーテルすらにもそれはあった」と歴史学者のリチャード・リンジマンは記している。戦争は、見ず知らずの者の間にすらにも連帯感を強めた。いわく、「レストランかどこかで隣に座る見知らぬ人が、基本的な問題について自分と同じように感じているという感覚があった」[42]。

政府は可能なときはいつでも、自発的な協力を利用することを画策し、ごくわずかな統制にも頼っており、それは少なからぬ慎重な政治的計算によるものであった。民主党のある工作担当が、一九四二年の議会選挙前のガソリン配給化に反対してこう書き記している。「大統領が自発的協力を訴えかけることは、愛国的支持を集めるだろう……そしてそれは政治的に安全でもある」[43]。

財務長官のヘンリー・モーゲンソーは戦時債券販売のための大量広告キャンペーンを推し進めたが、それは債券キャンペーンが「国を戦時精神にする」ことを期待してだった。バットマンはそのコミックの表紙で戦時債券を売り込んでいたし、ベティ・グレーブル（訳注：米国で先駆けとなったピンナップ女優）はそのストッキングを四万ドルでオークションにかけ、マレーネ・ディートリッヒはジープでオハイオ州の一六の町をツアーして回った。そしてそれはうまくいった。給与天引き購入の契約をした労働者は二五〇〇万人におよび、一九四四年に戦時債券《イー・ボンド》の売り上げは、税引き後個人所得の七・一％を吸収した[44]。甘い声で人気を博したスーパースター歌手のビング・クロスビーは、供出くず鉄回収《スクラップ・ドライブ》支援集会に志願した。

がらくたも、もうがらくたじゃない。
あなたにとってのがらくたには、なすべきことがある。がらくたはもうがらくたでないのだから。
釜や鍋、古いごみ缶、使えないヤカン。
アメリカのために集めよう。がらくたで戦争に勝てるのだから[45]。

ずっとひねくれてしまったこの時代からは信じがたいことだが、このようなアピールは的を射ていた。ゴムの深刻な不足に直面して、一九四二年六月に大統領は人々に対して、「古いタイヤ、古いゴム引きのレインコート、庭用のホース、ゴム靴、水泳帽、手袋——ゴムでできているお持ちのものなら何でも」提供するよう呼びかけた。ボーイスカウトはガソリンスタンドに立ち、ドライバーに車のフロアマットを寄付するようにと訴えた。大統領の呼びかけに、文字通り何百万もの米国人が反応し、四週間もたたないうちに四〇万トンものくずゴム——国内（もしくは前線）の全ての男性、女性、子ども一人当たり六ポンド（訳注：約二・七キロ）——が回収された。(46)

ボランティアも、とりわけ戦争初期に大挙して押し寄せた。一九四二年の前半六ヶ月で、民間防衛団は一二〇万人から七〇〇万人へと拡大し、一九四三年中盤には一二〇〇万人の米国人が登録した。腕章と警笛、懐中電灯を身につけて、これらボランティアは停電時の指揮やガス汚染除去の計画、救命訓練に取り組んだ。シカゴでは一九四二年四月、競技場での盛大なセレモニーにおいて一万六〇〇〇人の地区隊長が忠誠の誓いをした。地域コミュニティでは「社交クラブ」を通じて対空監視の見張り所を建設するための寄付集めが行われた。「ミズーリ州ハンニバルでの募集集会は、タウンミーティングに引き続いてパレードという構成だったが、訓練場の中に四〇〇〇人が詰め込まれ、さらに入りきらなかった一万五〇〇〇人が外にいるという有様だった」とリンジマンは振り返る。一方で、赤十字ボランティアは全国で一九四〇年の一一〇万人から一九四五年には七五〇万人へと急増し、包帯の準備や献血希望者を献血場まで運んだり、救急救命の訓練を行っていた。(47)

若者も無数の方法で戦争協力行動に志願した——少年奉仕団《ジュニア・サービス・コープ》、高校戦争勝利団《ハイスクール・ビクトリー・コープ》、スカウト、少年赤十字、わけても、戦時家庭菜園計画を先導した4－Hクラブがあった。ピーク時には、この最も流行した戦時協力は裏庭や空き地に二〇〇〇万近くの菜園を生み出し、全国で栽培される全野菜の四〇%を生み出した。戦時協力への若者の参加の広がりを示すものとして、リンジマンはインディアナ州ゲーリーでの中学二年生が二年間に行った活動を列挙した。

少女に育児の仕方を教える、蓄音機のレコードを集める、「軍役従事者が就寝中」の標識を配布する、捕獲された日本軍潜水艦展示で戦争切手を販売する、夜間外出禁止令について市議会で議論する、闇市反対の誓約カードを配布する、消防・警察補助員訓練コースに参加する、古紙五〇万ポンドを回収する、月当たり平均で四万ドル相当の戦争切手を売り上げる、地域共同募金の道具一式を街中の全家庭に届ける、「お皿をきれいに」キャンペーン［食料の浪費の防止目的］の後援、戦時債券・空き缶集め運動に参加、軍人のための図書収集[48]

戦時の市民ボランティア活動は、戦前の組織ネットワークに依っていると同時に、戦後の市民的熱狂に対し貢献した。社会史学者のジュリー・シーベルが、思いがけなく示唆的な例を論じている。[49] 戦前の米国では、女子青年連盟《ジュニア・リーグ》が全国のコミュニティで裕福な若い女性を集め、社交や地域の「慈善」のボランティアを行っていた。早くも一九二九年に、女子青年連盟は地域のボランティア活動の情報センターとしての「ボランティア局」というコンセプトを導入した。すでに真珠湾攻撃前に、米国女子青年連盟協会（ＡＪＬＡ）はエレノア・ルーズベルト（彼女自身以前に女子青年連盟会員であった）（訳注：フランクリン・ルーズベルト大統領夫人、社会運動家）と協働して既存のボランティア局を、公式の民間防衛ボランティア事務局（ＣＤＶＯ）に改組したのだった。開戦と共に、ＡＪＬＡは事実上政府の民間戦争奉仕事務局となった。一九四三年末までに全国で四三〇〇のＣＤＶＯが創設され、そのボランティアは学校給食を提供、託児所間の調整、くず鉄回収運動を行い、社会福祉活動を組織した。戦後、これらのボランティア局の多くは平時サービスへの転換に成功した。一九四七年になっても三九〇のこういった事務局が運営されており、それは戦前存在していた数の五倍以上であった。この例を何倍にもすれば、第2部で繰り返し見てきた戦後の巨大な市民的ルネサンスを下支えしていた組織的メカニズムについて理解することができるだろう。

筆者の論点は、そのような努力の遍在性や有効性、あるいはさらにその生み出した団結心をロマン化して描くことにはない。戦争が進むにしたがって、（特に成人ボランティアの）エネルギーを戦時協力以外のどこかに費やした方がいいということが次第に明らかとなり、こういった計画の多くが一九四四年までに徐々に終了していった。しかし同時に、それらは逆境が共有されることによる動員力を証明してもいる。社会学者ロイド・ウォーナーはとある町における戦争のインパクトを研究しているが、そこで見いだされた「無意識の幸福」感は、「私心からではなく、協調心を持って共同の事業に必死で何らかの協力を誰もが行った」からであると報告している。歴史学者のリチャード・ポレンバーグは「共通の目的に参加することは、仲間意識と幸福感を強める傾向が大きい」と付け加えている。(50) ここでのわれわれの関心にとってより重要なのは、先ほどのインディアナの中学二年生は(その兄姉と共に)後年、長期市民世代の信頼できるメンバーとなったことが偶然ではないのがほぼ確実であるということである。

戦争は社会的連帯を、さらに別の仕方で促進した――市民的、経済的平等性の強調によってである。象徴的に重要であったのは、ジョー・ディマジオ、クラーク・ゲーブル、ウィリアム・マクチェスニー・マーティン(ニューヨーク証券取引所会長)、そしてルーズベルト(FDR)の四人の息子全てといった有名人が軍隊に入隊したことだった。もちろん、戦闘任務を経験した有名人は比較的少なかったが、それでも示唆的なのはベトナム戦争時との比較で、そこでは軍務に関して悪名高い社会的不平等があったことが、シニシズムの拡大に直接貢献していたのである。物質的には、軍需産業における豊富な働き口、労働組合化、高税率、配給、そしておそらくその他の要因の複合によって、第二次世界大戦は(先行する大恐慌ともある程度は相まって)おそらく米国経済史上最も平均化を進行させた出来事となった。成人人口の上位一%によって所有される全私有財産の割合は一九三九年の三一%から一九四五年の二三%にまで低下し、上位五%が受けた所得の割合は二八%から一九%まで低下した。(51)

戦争は社会変化をもたらす強大な力であり、第二次世界大戦によって促進された社会変化の全てが米国の社会関係資本にとってよいものであったのではないのも確実である。真珠湾攻撃が引き金となった、連帯と自己犠牲の強力な爆発は、戦争全体を通じて持続はしなかった。例えば、物資不足と配給は、買いだめやヤミ市商人の活動をもたらした。ポレンバーグは「戦争が続けば続くほど、公共、集団的なものから私的、個人的な関心へとバランスがシフトした……ヤミ市で不足したものを買うことは時には正当化されると回答した者は五人に一人に上った」と記す。[52]さらに、大量の人々が崩壊した家庭やコミュニティを離れ、地域、人種、階級間の緊張が激化した。大量の新たな戦時移住者がイプシランティ（ミシガン州）、パスカグーラ（ミシシッピ州）、セネカ（イリノイ州）に移ったとき、古くからの住民と新住民との間で衝突が巻き起こった。「家の中に住んでいる人々は、トレイラーの人間を社会のゴミだと考えている」というのは典型的な心情だった。[53]人種間の緊張が戦争によって高まった例もある――最も明らかなのは強制収容された日系米国人のケースであるが、反ユダヤ主義の増加や、一九四三年にデトロイトで起こった人種暴動で二五人の黒人と九人の白人が殺されたというような暴力的エピソードにおいても見いだせる。その一方で、歴史的観点からは戦争によって引き起こされた社会変化は一九五〇年代、一九六〇年代に前進した黒人公民権に直接貢献していた。

二〇世紀の終わりにあたり、ヒーローの話が全てではないということを人々は知った（さらには、ヒーローなど現実には存在しなかったのだと感じることすらある）。しかし、一九四五年においては、この戦争は正当なもので、その甚大な集合的犠牲――家に帰ってこられなかった全ての息子や娘――は、勝利によっていくらかは報われたのだと大半の人が感じていた。この感覚は、一九五〇年代の朝鮮戦争や一九六〇年代のベトナム戦争では繰り返されることはなかった。これらの戦争からの帰還者を対象とした長期研究が示唆するのは、ベトナム戦争の帰還者は相対的に社会的孤立を示している一方で、第二次世界大戦の帰還者はより社会的に統合されているということである。[54]

二九歳のジョン・F・ケネディは一九四六年に連邦議会に立候補してこう語った。「戦争において示された勇気はそのほとんどが、人々は互いに頼りあっているという理解に基づいていた。危険を冒して他者の命を救う単純な理由は、きっと明日、今度は自分が救われることになるということがわかっているからであった。……われわれは共に働かねばならない……戦争中に抱いていたものと同じ連帯感を持たなければならない」。聴衆のほとんどはうなずいていたに違いない。[55]彼、そして彼らは、このときすでに長期市民世代を構成していた。一五年後、彼が就任演説で「国が何をしてくれるかではなく、国のために自分が何ができるかを問おう」と、今や三〇代に入り家庭を持っているかつてのゲーリーの中学二年生に説いたとき、それはまさに真実の言葉と響いたに違いないが、今ではもはや大半の米国人にとってそうではなくなってしまった。

このように、われわれの証拠に幅広く見られる、市民参加に対する強力な世代効果に対して妥当と思われる説明の一つは、市民的義務感の高まった時代に価値観と市民的習慣が形成された男女のコホートが、形成期間がそれと異なる者によって置き換わっていったということである。さらに補足的な説明として、本章で概観してきた世代的パターンは、これまでの章における筆者の議論を強化するものにもなっている。長期市民世代は、米国人の中でテレビなしに成長してきた最後のコホートである。どの世代でもその成長期にテレビに接触していればいるほど、成年期における市民参加が低下する。第13章で見たように、一九六〇年代、一九七〇年代、一九八〇年代に生まれた男女は、一九三〇年代、一九四〇年代、一九五〇年代に生まれたものと比べたときにテレビを長く見ているのにとどまらない。彼らはテレビの見方も異なっており——より習慣的で、意識すらしていない——、テレビの使われ方の違いが、市民参加の度合いの差異とつながっている。妥当な疑問点全てを乗り越えてこの論点を進めていくためにはさらなる研究が必要であるが、第13章で論じたテレビの影響と、本章で論じた世代の影響はある点では、同じコインの両面であると考えることができるように思われる。

政治学者のウェンディ・ラーンが示したように、これらの世代差は半世紀以上経過した後にも、それぞれのコホートが表明した価値観の中に現れ続けている(56)（図75を参照）。この変化はおそらく個人的、物質的価値に向かい、共同的価値から遠ざかるという大きな社会的シフトの一部であろう。図72で見たのは、大学新入生によって表明された価値観が長期間にわたって変容してきたことの見紛うことなき証拠であるが、米国社会全体にわたる似たようなシフトについての比較可能な証拠が存在する。ローパー調査が一九七五年に「よい暮らし」の要素を示すように尋ねた際、全成人の三八％が「十分な金銭」を選び、ちょうど同じ三八％が「社会の繁栄に貢献する仕事」であると述べた。同じ質問が二年おきに行われ、一九九六年には社会への貢献を望む者は三二％まで落ち込む一方、多額の金銭を望む者は六三％まで跳ね上がった。その他で増加したよい暮らしの重要な要素としては、水別荘（一九七五年の一九％から一九九六年の四三％まで上昇）、二台目のカラーテレビ（一〇％から三四％）、水泳プール（一四％から三六％）、二台目の車（三〇％から四五％）、海外旅行（三〇％から四四％）、平均より給

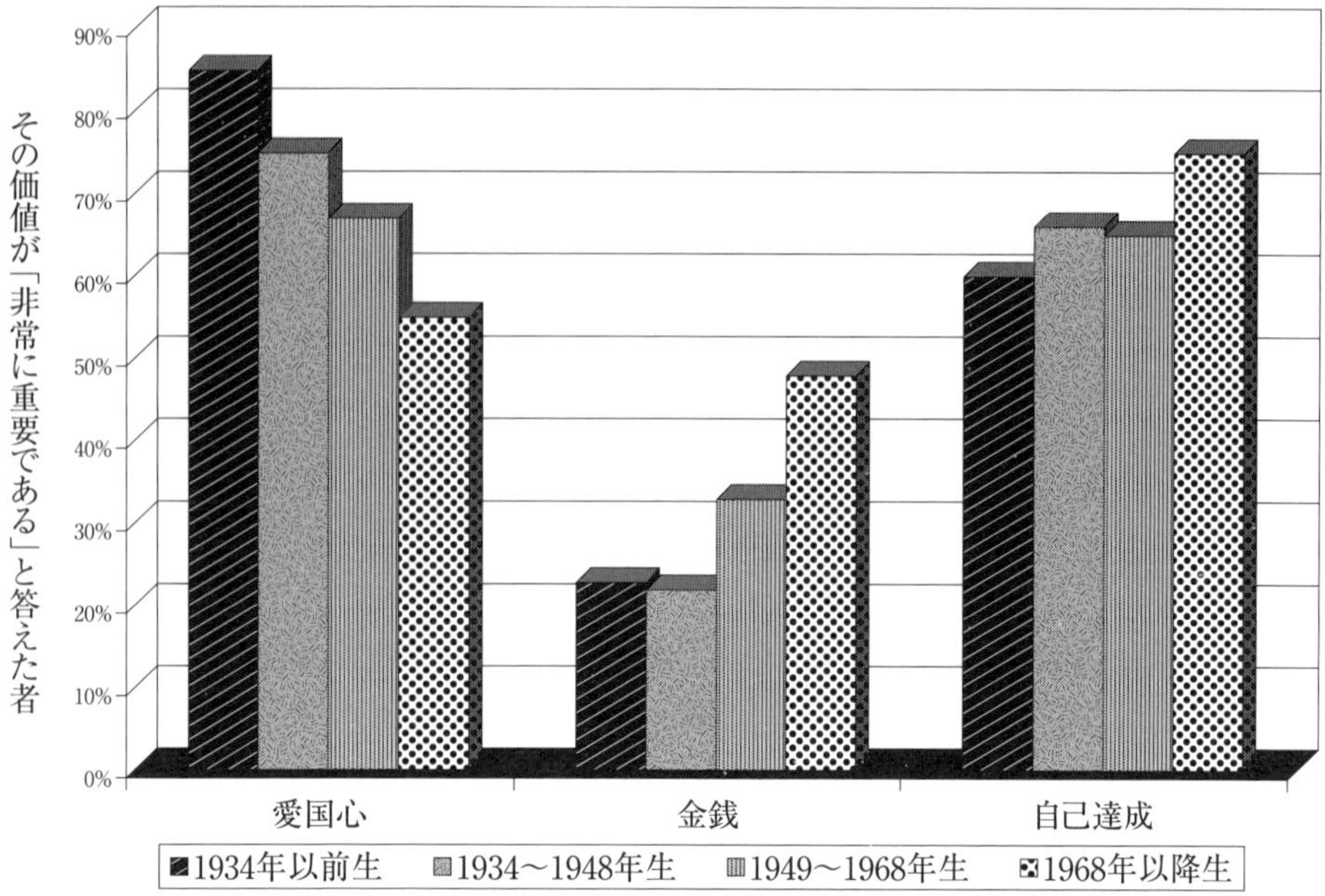

図75　世代から世代へと、愛国心は衰え、物質主義は勢いづく

料のよい仕事（四五％から六三％）、「本当によい」衣服（三六％から四八％）が含まれていた。対照的に、幸せな結婚（八四％から八〇％）、子ども（七四％から七二％）、そして「面白い仕事」（六九％から六一％）は全て低下していた。図76に米国人の定義する「よい暮らし」が二〇世紀の最終四半世紀にどう変化したかをまとめた。物質主義におけるこのような増大の多くは、詳細な分析が示すところでは世代交代に起因しており、物質的なものへの関心が少ないコホートが退場し、二台目のカラーテレビやすてきな衣服に優先順位を置くコホートによって取って代わったということである。[57]

「コミュニティ」も、人が違えば異なる意味を持つ。国のコミュニティ、ジャマイカプレーン（訳注：ボストン郊外）のコミュニティ、ゲイ・コミュニティ、IBMコミュニティ、カトリック・コミュニティ、イェール大学コミュニティ、アフリカ系米国人のコミュニティ、サイバースペース上の「バーチャル」コミュニティ、その他といったものについてわれわれはよく語る。われわれ一人一人は、普通は所属している

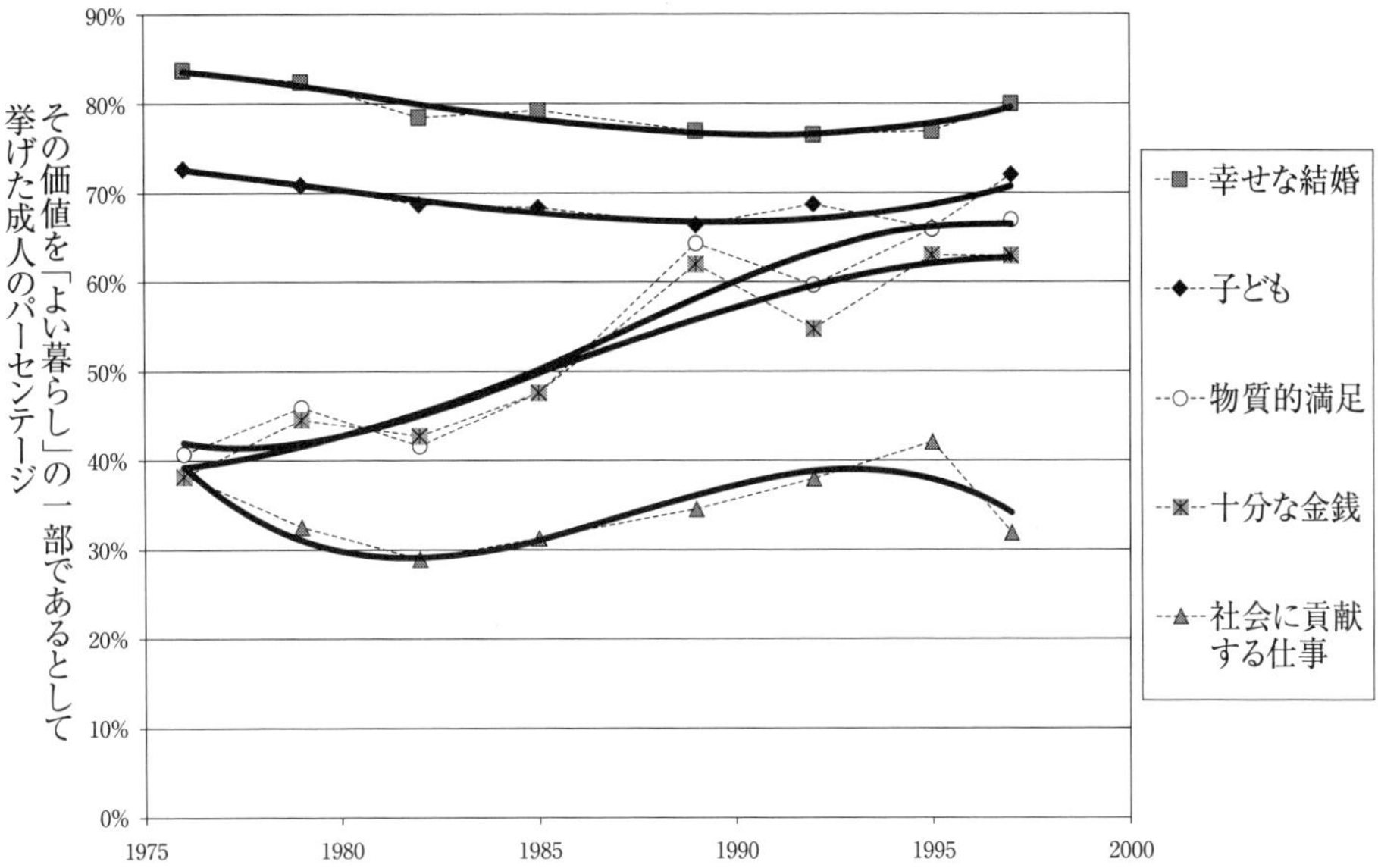

図76　20世紀最後の数十年間における物質主義の増大

であろうさまざまなコミュニティから、何らかの所属感覚を得ている。ほとんどの人にとって、最も深い所属感は、最も親密な社会的ネットワークに対するもので、それはとりわけ家族や友人に対するものである。その周辺に広がっているのは職場、教会、近所、市民生活、そしてその他「弱い紐帯」の一揃いがあって、人々の社会関係資本の個人的蓄積を構成している（「弱い紐帯」は親密さは低いが、集合としては非常に重要となりうるということを念頭に置くこと）。では、もし差があるとしたらだが、このコミュニティ感覚は世代ごとにどのように異なっているだろうか。

二〇世紀末に、ヤンケロビッチ・パートナーズが多数の米国人を対象に、自分にとって「コミュニティ」が何を意味するかについて調査を行った。「所属しているという感覚や、コミュニティ感を真に感じるのは何を通じてでしょうか」[58]。図77が示すように、全ての世代において家族と友人が最もよく言及され、（家の外で働く人々にとっては）同僚がそれに続いた（第5章での議論に照らすと、若い世代にとっての同僚の重要性が年長の者と比べて変わらないことは興味深い）。この範囲では、所属感覚は世

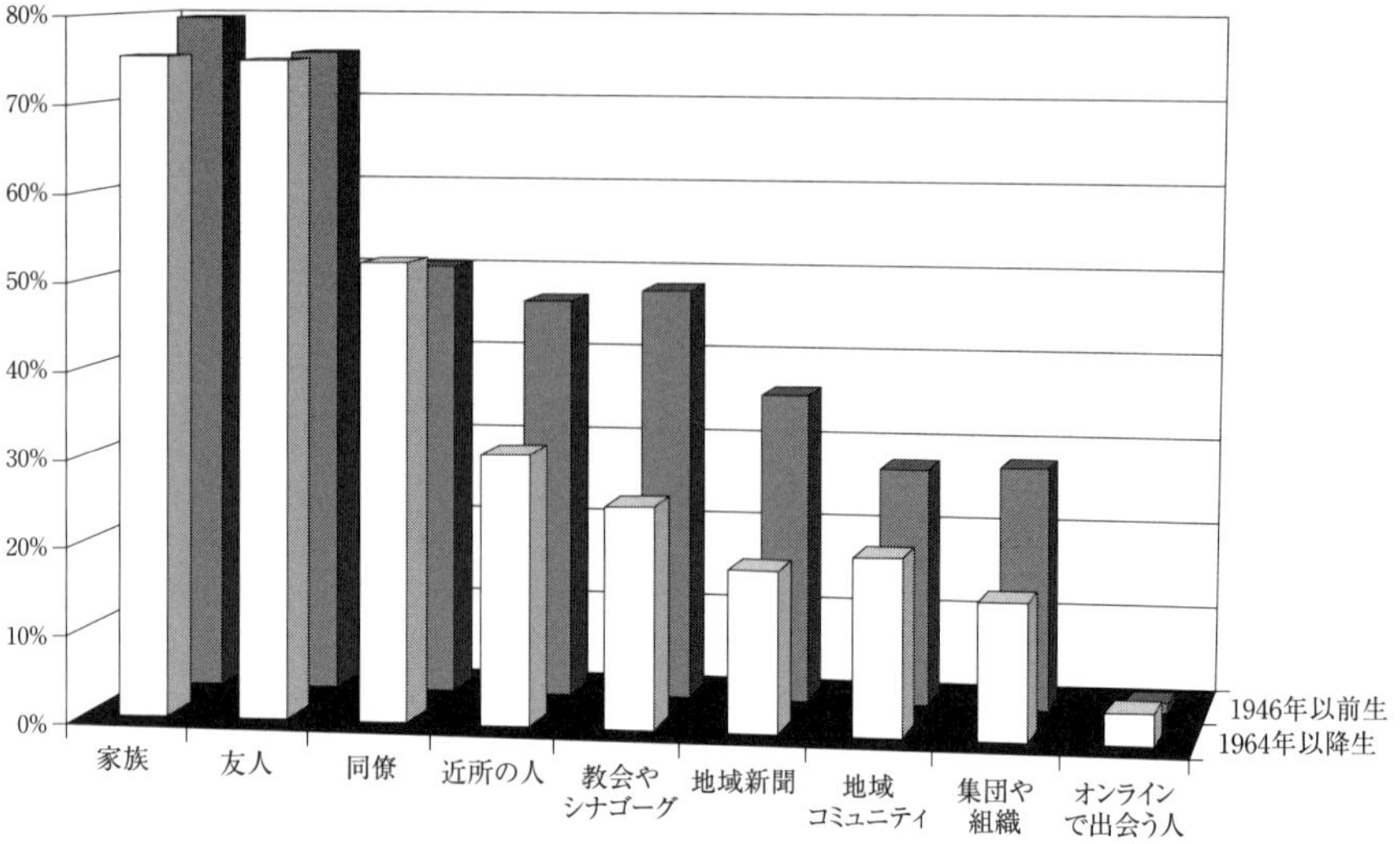

「所属しているという感覚を真に感じるのは何を通じてでしょうか?」

図77　連続する世代間におけるコミュニティの意味

代間で大きな違いはない。

しかし、わずかに外に出ると、コミュニティへの埋め込まれ方は各世代で大きく異なっている。X世代と比較すると、一九四六年以前生まれの男女は近所、教会、地域コミュニティやその他属するさまざまな集団や組織に対して所属しているという感覚を感じることが二倍近い（ベビーブーマーはどのケースでも両者の中間に落ちる）。若い世代では、これら居住、宗教、組織上のつながりがすり減っている。電子的なつながりが年長の世代よりもX世代にとって重要であるのは驚くべきことではないが、若いコホートにおいてすらも、コミュニティの源としては、**親類友人の方がサイバーフレンドより二〇倍も重要である。**新世紀の幕開けにおいて、若い世代は市民的コミュニティ——居住的、宗教的、組織的な——とのつながりを感じることが少なくなり、年長の世代とも共有している家族や友人、同僚とのつながりを超えるような、減少を補う所属感の焦点が存在していない。若いコホートにとって、強い紐帯は今でも価値あるものであるが、広範なコミュニティへのつながりによってそれが補完されたり強化されてはもはやいないのである。

まとめよう。二〇世紀後半の三分の一を通じた米国における市民参加の低下はその多くが、著しく市民的な世代が、コミュニティ生活への組み込まれ方の少ない数世代（その子や孫）によって置き換わったことに起因する。この急激な世代的不連続性の説明を探る中で、過去数十年間の市民参加のダイナミックスは、世紀半ばの世界的激変が影響した社会慣習と価値観によって部分的には形成されたという結論に筆者は至った。しかし、市民参加の再興という目標に向かって、世界戦争が必要で賞賛に値する手段であるというのが筆者の主張なのではない。われわれが「戦争」と呼んでいるものの持続的帰結——その中には、すでに論じたように強力にプラスのものもある——を、同時に勇ましい価値や、人命の犠牲を賛美することなしに認識する必要がある（これはまさに、スティーブン・スピルバーグ監督が『プライベート・ライアン』の中で効果的に扱ったジレンマである）。二〇世紀初頭の米国人の世代は、戦争の恐怖とそれの教える市民的美徳の双方を熟考して、自らの課題は「戦争の倫理的等価物」を探ることであるとした。[59] 本章のストーリーに、市民性再興のための実践的意味が何か含まれているとしたら、それはこのことである。

第15章　市民参加を殺したものは何か？　その総括

ここまでで、過去数十年にわたった、社会的つながりとコミュニティへの関与の衰退の背景にある要因の複雑性についての結論をまとめる段階まできた。まずしかし、追加分のいくらかの容疑者について、有利、不利な証拠をまとめておこう。

第一に、米国人の家族構造が、過去数十年の間に、重要で、場合によれば関連する方向にいくつか変化した。市民参加の低下は、伝統的な家族単位――すなわちママ・パパ・子ども――の崩壊と時を同じくしている。家族それ自体が、いくつかの点において社会関係資本の重要な形態であるから、おそらくその凋落は、より広いコミュニティへの参加、またそれへの信頼が低下していることの一部を説明するだろう。証拠が示しているものは何だろうか。

家族の絆が緩みつつあることには明確な根拠がある。世紀にわたる離婚率の上昇（一九六〇年代半ばから一九七〇年代半ばにかけて加速し、その後水平状態に移行）や、より最近の母子家庭の増加に加え、単身世帯の割合は一九五〇年から二倍以上となったが、その理由の一部は、独居する寡婦の数が急増したことにある。一般社会調査によれば、米国成人の中で現在婚姻中の割合は一九七四年の七四％から一九九八年には五六％にまで低下し、他方で子を持つ成人は五五％から三八％まで低下した。国勢調査局の報告によれば、結婚し同時に家に子どものいる、典型的な「オジーとハリエット」（訳注：米国ホームコメディの夫婦名、米国中流家庭の代名詞）一家の割合は、一九七〇年の四〇％から一九九七年の二六％まで削り取られてしまった。[1]

配偶者や子どもを通じて人と出会うというのは、よくある話である。過去三〇年にわたる米国人の家族構造と家庭生活の変容（結婚の減少、離婚の増加、少子化、単身居住者の増加）が、市民参加の低下に与えた影響はどの程度だろう。ここでの驚くべき答えは、「おそらくそれほど大きくない」である。

結婚と子どもは、所属する社会的ネットワークの種類を確かに変化させる。結婚も子どもを持つことの双方ともコミュニティ組織や家庭で費やす時間を増加させ、友人とのインフォーマルな社交を減少させる。しかし、実際には組織参加のうち二形態しか、婚姻状態と子どもの有無とに十分強く関係して集計レベルで真の差を生み出しているものはない。それは教会関連と、青少年関連の活動である。

結婚し、子どもを持つ米国人は、教会所属や教会出席、教会関連の社会活動といった宗教的活動に関与する割合が非常に高い。すぐあとに説明するように、どちらが原因でどちらが結果なのかは明らかではないが、いずれにせよ関係は強い。これも驚くことではないが、親になると、学校・青少年グループ（ＰＴＡ、スカウト、その他）により多く関与するようになり、また「街や学校の問題についての公的集会への参加」（強調筆者）が多くなる。最後に、教会・青少年関連活動は国内のボランティアの場として最も広まっているものであるから、子を持つ親は、同世代で社会的地位も同じだが、独身で子どもを持たない者と比べてボランティアをする可能性が高い。

一方でしかし、婚姻状態も子の有無のどちらも、その他の形態の集団への所属を増加させない。他の人口統計学的特徴を一定に保つと結婚も子どもも、スポーツ、政治、文化関係のグループへの参加と負の関係を持ち、またビジネス・専門職組織、奉仕クラブ、民族組織、近隣組織、趣味のグループへの参加とは単純に何の関係もない。既婚の人々は、人口統計学的に対応をとった未婚の人々と比較したとき、クラブ会合への出席が少ないのである。

既婚者は、少し（しかしほんの少しだけだが）ディナーパーティを開いたり参加すること、家での歓待や、また地域組織で積極的な役割を果たすことが多い。他方で、既婚者は友人や隣人と、インフォーマルに時間を過ごすことが少ない。既婚者は家にこもりがちなのである。したがって結婚率の低下によって、社会生活に対する主たる影響は、社会活動を家庭からより公的な場所へと移動させることとなるはずであったが、しかし市民参加に対するそのような一般的な影響は存在しなかった。他の条件を同一にすると、政治への関心は、独身で子どもを持たない大人においてわずかに高く、結婚している者や子どもを持つ親において低い。子どもを持つことは、地域的関与（リーダーシップ、会合、ボランティア）を誘発するという点でより重要であるのはこれまで見たとおりである。親であることが結婚よりも重要であるのは、コミュニティ生活への参加のきっかけとなるということ自体にあるが、その効果は学校・青少年関連の活動を超えて続くようには見えない。

離婚それ自体は、宗教組織への関与と負に関係しているが、しかしその他の形態の市民参加とはフォーマルなものともインフォーマルなものとも、（正にも負にも）関係していないようである。人口統計学的に対応をとった、一度も結婚したことのない人々と比較すると、離婚者は友人をもてなすことが少ないということはなく（ディナーパーティを開くことは若干少ないが）、ボランティアも少なくはなく、クラブ会合への参加回数が少ないこともなく、コミュニティ事業への参加数も変わらず、一方で陳情署名や、公的な集会への参加、議会へ投書するといった行為はわずかに多くさえある。離婚それ自体は市民参加低下への一般的傾向と深くは関わっていないように思われる。

伝統的な家族単位は（非常に）低下し、宗教参加も（やや）低下し、そしてこの二つの間には何らかの関連がおそらく存在する。しかし、その関連の性質は全くもって不明確である。伝統的な家族の解体が宗教的関与の低下を導いたのかもしれないが、宗教的関与の低下こそが、離婚や他の非伝統的家族形態の受容を導いたのかもしれない。言い換えると、伝統的家族の衰退が伝統的宗教の没落に寄与したのかもしれないが、その逆も同様にありえるのである。いずれにせよ市民参加と社会的つながりの低下全体が、伝統的家族の衰退に帰することができるという命題に対して、証拠は一貫してはいない。それどころか一定の割合で、家庭上の負担が低下したことが社会的、コミュニティ的関与のために使える時間を解放してきたはずである。

過去三〇～四〇年を、伝統的家族構造を一定に保ったままやり直すことができれば――調査データの中における、既婚者と子を持つ親に対して、統計的にウェイトをかけてやれば実際に可能である――、宗教参加が増加するかもしれないし、学校や青年グループへの関与増加を作り出せることは確かだろう。これら二つの理由により、このちょっとした仮説的社会工学はボランティア活動の平均レベルをある程度向上させることになるだろう（皮肉にもボランティアは、説明すべき低下の見られない数少ない市民参加形態の一つである）。しかし、家族構造をこのようにいじり回したところで、非宗教組織（キワニスから全米有色人種地位向上協会そして米国医師会）への所属や活動に対してはほとんど何の効果もないし、投票行動や政党活動といった政治行為の低下を食い止めることもないであろう。それは、友人や近所と過ごす時間を、実際の観察以上に減少させさえする。すなわち青年・教会関連の参加を別として、説明すべき主要な社会関係資本と市民参加の低下のうち、伝統的家族構造の衰退によって説明できるものはないのである。[2] 筆者の意見では、伝統的家族の価値観の衰退を懸念すべき重要な理由はあるが、その中に市民参加低下が含まれるという根拠は見当たらない。

人種は、米国社会史において非常に根本的な特性であるので、われわれの社会のその他の特性のほとんどは、それと何らかのつながりを持っている。よって、前世代にわたる社会関係資本の衰退に人種が何らかの役割を果たしているというのは、直感的にはもっともらしく思える。実際、社会的つながりや社会的信頼の低下は、大成功をおさめた一九六〇年代の公民権革命の直後に始まった。この同時性はある種、市民活動版の「白人の郊外脱出《ホワイト・フライト》」の可能性を示唆する。すなわち、市民生活における法的な差別廃止が、白人をコミュニティ組織から離脱させたというものである。社会関係資本の破壊におけるこの人種的解釈には賛否両論が強く、このような簡単な論評の範囲内では終止符を打ち得ない。しかしながら基本的な事実は以下のところである。

まず、組織所属における人種差は大きなものではない。少なくとも一九八〇年代まで、教育水準と収入の格差を統制したとき、黒人は平均して白人よりも多くの組織に参加していたが、基本的にそれは、比較可能な同様の状況にある白人と比べたときに、宗教的、民族的組織の双方に参加している可能性が高く、その他の種類の集団においては差がなかったからである。[3] 他方では第8章で見たとおり、社会的信頼における人種差は、教育や収入その他の差を考慮に入れても非常に大きかった。社会的信頼において見られるこれらの人種差は明らかに、集合的パラノイアなどではなく幾たびもの世代を通じて実際に経験されてきたことの反映である。

第二に、社会関係資本の衰退は全ての人種に影響している。この事実は、「白人の郊外脱出」が市民参加低下の重要な原因であるという命題と一貫しない。なぜならアフリカ系米国人も、宗教的、市民的組織やその他の形態の社会的連帯から、少なくとも白人と同じくらいのスピードでドロップアウトしていったからである。実際、一九七〇年代から一九九〇年代の間において市民的活動の最も急激な低下を示したのは大学教育を受けたアフリカ系米国人であった。さらに重要なことだが、白人の間の市民参加低下のペースと、人種的不寛容さや人種分離への支持は相関してこなかった。公然たる人種差別主義者や分離支持者が、より寛容度の高い白人と比較したときに、この期間を通じてコミュニティ組織から急速にドロップアウトしたわけでは全くない。グループ所属の低下は、分離を支持する白人、反対する白人、そして黒人の間で基本的に同一であった。(4)

第三に、市民参加低下が、統合されたコミュニティ生活からの、公民権革命後の白人郊外脱出を示しているなら、それを第14章に描いた世代差と両立させることは難しい。なぜ参加低下は二〇世紀前半に成人した人々には全く見いだし得ないのだろうか。米国社会はこの時期、一九六〇年代や一九七〇年代と比べてはるかに、客観的には人種分離され主観的には差別的であったのである。人種的偏見が市民参加低下の原因であるのなら、参加低下は最も頑迷な個人、世代の間でとりわけ見いだされるはずである。しかし実際はそうではない。

この証拠は決定的なものではないが、それでも人種差別こそが過去四半世紀の市民参加低下の第一の原因であると信じるものに対しその立証責任を担わせるものである。もちろん過酷な人種差別は米国社会に引き続いて存在するものではあるが。同じく重要なことは、この証拠が同時に示しているのが、過去三〇年間の公民権獲得を反転させても、社会関係資本喪失の反転に寄与するものは何もないだろうということである。

＊　＊　＊

状況証拠、とりわけ社会的つながりの下降のタイミングによって、市民参加低下の重要な原因——おそらくはまさに原因そのもの——は大きな政府と社会保障制度の成長にあると考える者もいる。[5] 民間の主導権を「締め出す」ことによって、国家の介入が市民社会を滅亡させてしまったのだ、とそこでは主張されている。ここで詳細を検討するのは大きすぎるトピックであり、一言二言簡単に論じるのが適当だろう。

まず、政府の政策の中には、社会関係資本を破壊する効果をほぼ確実に持っていたものがある。例えば、一九五〇年代から一九六〇年代のいわゆるスラム街撤去政策は、物的資本を交換する一方で、既存のコミュニティの紐帯を崩壊させて社会関係資本を破壊した。ある種の社会的支出と租税政策も、市民精神に基づく慈善事業の阻害要因になったであろうことは想像に難くない。他方で、ボウリングリーグや家族での夕食、読書サークルの衰退に責任のある政策がどれに当たるのか見当を付けるのはずっと難しい。

この問題に対する実証的アプローチの一つは、市民参加と公共政策の違いを、異なる政治区域の間で比較して、政府の膨張が社会関係資本の縮小を招いているのかどうか検討することである。しかしながら米国各州においては、社会関係資本の差は、福祉支出や政府規模に関する各種指標と全く相関が見られない。[6] 気前のよい州に住む市民と、倹約州の市民との間で、参加に違いは見られない。国際比較もこの問題に対するヒントになろう。先進西欧民主主義国において社会的信頼とグループ所属は、政府規模とむしろ正に相関している。社会関係資本は、巨大な福祉支出国家であるスカンジナビア諸国で最大を示す。[7] この単純な分析ではもちろんのこと、社会的なつながりが福祉支出を促すのか、それとも社会保障制度が市民参加を促進するのか、あるいはその両者が何か他の測定していない要因の結果となっているのかは判然としない。根底にある因果的つながりを整理するためにはより綿密な分析が必要である。しかし、この単純な知見でさえも、大きな政府が社会関係資本を衰退させるという考えと両立させるのは容易ではない。

過去半世紀の米国政府の規模の変化を検討すると、社会保障制度に社会関係資本衰退の責任があるという命題に対する懐疑はさらに強化される。図78によると、過去半世紀の間、米国経済規模に対する政府規模という点からは、変化したものは二つにすぎないことがわかる。(1)一九五一年から一九九八年にかけて、一般に防衛支出は多少はあれ着実に減少したことと、(2)州および地方支出が一九四七年から一九七五年にかけて着実に増加したこ

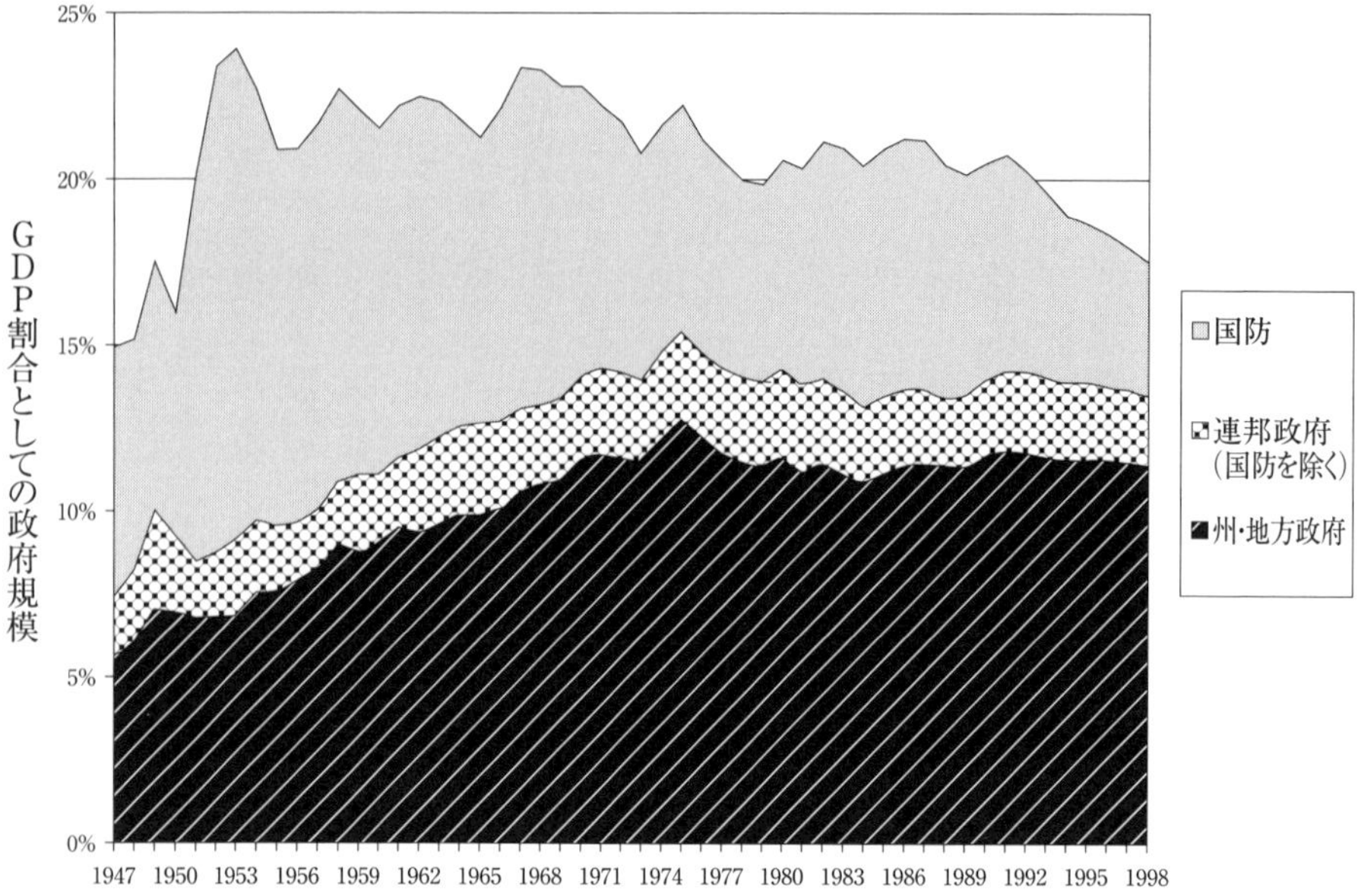

図78　政府支出、1947-1998：州・地方政府の増加と国防の減少

とである。他方で、二つは全く変化しなかった。⑴連邦の国内支出規模（一九四〇年代末と一九九〇年代末のGNP平均二・二%と、一九六〇年代半ばピーク時の二・七%）。⑵過去二五年間の、連邦政府対州・地方政府の支出の相対規模である。

その間、ほぼ全ての形態の社会関係資本は、一九四七年から一九六五年にかけ大きく増加し、一九六五年から一九九八年にかけて大きく減少した。よって図78は、大きな政府や、州・地方政府に対する連邦政府の相対規模に対して、社会関係資本や市民参加低下の責任を帰するいかなる理論とも矛盾していると私には思われる。

大きな政府が、現代アメリカにおける市民参加の低下の主要因でないとしたら、巨大ビジネス、資本主義、市場といったものはどうだろう。思慮深い社会批評家たちは、資本主義が自身の成功の前提条件を、対人関係や社会的信頼を衰退させることによって蝕んでいくのではないかと長い間恐れてきた。[8] 一九世紀の社会理論の大御所の多く、ゲオルグ・ジンメルからカール・マルクスに至るまでが、市場資本主義は「冷たい社会」を作り出してきており、そこでは友情に必須の対人的な暖かさが失われ、人間関係が単なる商品の地位に貶められると論じた。社会的つながりの減少に関するこの一般理論の問題点は、それが説明をしすぎることである。米国には数世紀にわたって典型的な市場資本主義があるが、その間に社会関係資本の蓄積と市民参加は大きな振幅を示した。定数は変数を説明し得ないのである。

　しかし、経済的決定論のとあるバージョンについては、より妥当性があるかもしれない——それはわが国の経済構造で徐々に、しかし加速しつつある全国化とグローバリゼーションである。地域の銀行、商店、その他の地域に根ざした企業が、巨大な多国籍企業帝国によって置き換えられることは、ビジネスリーダー側における市民的コミットメントの低下をしばしば意味する。ウォルマートが街角の金物屋を置き換え、バンク・オブ・アメリカがファースト・ナショナル・バンクを買収し、地域のオーナーは非人間的な市場によって受け継がれ、ビジネスエリートがコミュニティ生活に貢献するインセンティブは衰退した。例えば、都市計画専門家のチャールズ・ヘイングは、二〇世紀後半の三分の一の「企業の非ローカル化」がいかにアトランタの市民的リーダーシップを剝ぎ取っていったかを示した。アトランタのエリートの社会的凝集性と市民的コミットメントは、一九三〇年代から一九六〇年代のピークに向かって上昇し、その後一九九〇年代に向かって低下しており、われわれが検討したその他の社会関係資本の指標と全く同じ軌跡を描いている。ヘイングは似たような傾向が、シカゴ、フィラデルフィア、デイトン、シュリーブポートといった広範な地域で見られるという示唆的な知見を提供した。ボストンのトップ開発業者の一人が、地域ビジネスリーダーの著名な結社であった「地下金庫《ザ・ヴォールト》」の消滅について個人的に不平を漏らしたことがある。「もし君がパワー・エリートを必要としたら彼らはどこにいる？」彼は言った。「どこか他所の州の、本社の中に遠く離れてしまってる」(9)。

　グローバルな経済変化が、米国中のコミュニティ生活に対して重要な影響を与えつつあるということは疑いない。しかし、その関係は広範な慈善、市民活動に対して最も直接的である。企業の非ローカル化がなぜ、例えば教会での会合出席や、友人とのポーカー、さらには大統領選で投票をする傾向に影響を与えるのか、ということについてはより明確ではない。それでも、市民参加の低下と企業の地方撤退との間のつながりについては探求する価値がある。[10]

第2部において検討してきた、市民参加と社会関係資本の衰退に貢献してきた要因から判明したことについてまとめておこう。

まず、時間と金銭面でのプレッシャーがあり、その中には共稼ぎ家族にのしかかる特別なプレッシャーを含むが、これが社会及びコミュニティへの関与減少に目に見える寄与をしている。筆者の推定では、これらの要因による低下は全体の一〇%にすぎない。

第二に、郊外化、通勤とスプロール現象も、補助的役割を担っている。これらの要因全てによる影響も、問題全体のさらに一〇%を説明する程度だろう。

第三に、電子的娯楽——とりわけ、テレビ——が余暇時間を私事化したという影響は重要である。この要因は、おそらく低下全体の二五%程度を説明するというのがおおよその推定である。

第四の、最も重要な要因は世代的変化であり、長期市民世代が、関与の少ない子や孫によって取って代わられるという、ゆっくりとではあるが着実で不可避の置き換えは、非常に強い要因であった。この世代的遷移は、市民参加の指標によってその影響が大きく異なっており、より公的な形態では大きく、私的なシュムージングにおいては小さい。しかしながら、第14章においておおよその計算をした結論では、この要因は低下全体の半分を説明すると考えられる。

変化に対する説明が少々込み入っているのは、世代変化とテレビの長期的効果が重なりあっている部分である。テレビの影響全てが世代的なものではない——古くからの市民的世代のメンバーであっても、テレビを長時間見ているものはその市民的関与を減らしている——し、世代的遷移の影響全てをテレビにまで遡ることもできない（第二次世界大戦による減衰効果もまた非常に重要と考えられるし、その他の要因も「世代効果」の背後に隠れ潜んでいる可能性もある）。しかしながら、全体の変化の一〇～一五%は、おそらく世代とテレビのジョイント効果に帰属することができる——このことを短く「テレビ世代」と呼ぼう。[11]

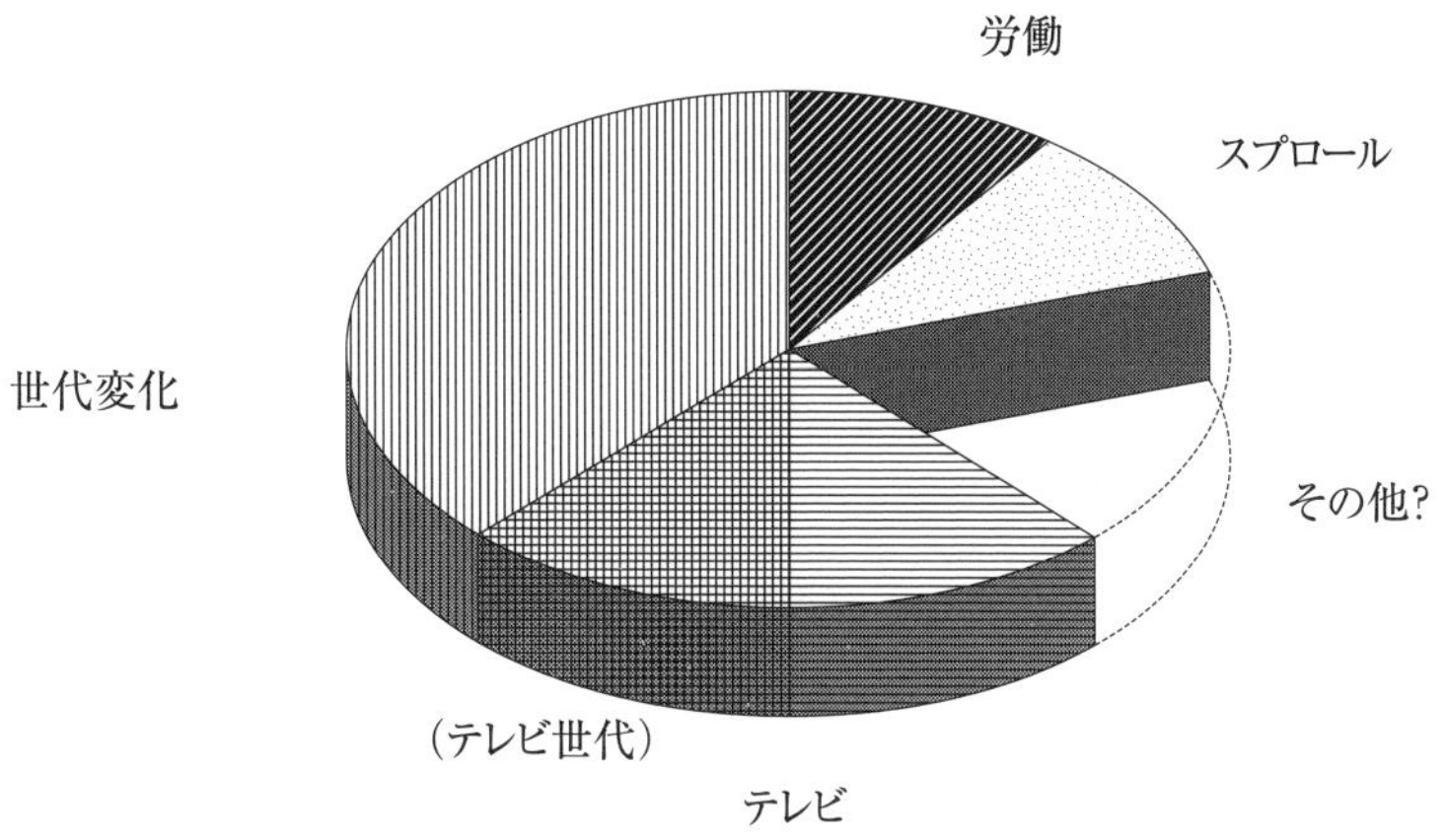

図79　市民参加低下の説明における予測推定、1965-2000

これらの推定全てについて、幾分か話を割り引いて取らなければならないのは、コミュニティ関与の形態の違いによって特定の影響の、大きさが異なるという理由による部分があるという点である。例えば世代差は、教会出席の低下を説明するのにはより重要であるが、友人訪問の減少を説明するときにはあまり重要ではない。そうではあるものの、図79に、これまで探求してきた要因の相対的重要性に関する大まかなイメージを示した。円グラフで欠けている部分は、現在の理解における限界を正しく反映している。労働、スプロール、テレビ、そして世代的変化は全てこのストーリーにおける重要な部分であるが、ミステリー中の重要な要素は解明されぬまま残されている。

第4部

それで？

クリスティン・A・ゴスの協力を得た

第16章　序論

考え得る限りの指標において、社会関係資本は過去二世代にわたり着実に、時には劇的に衰退していった。量的証拠の示すものは圧倒的であるが、ほとんどの米国人は、表やグラフを見なくとも、自らのコミュニティや自国に何かよくないことが起こりつつあると感じていたであろう。人々は、社会的な絆が崩壊しつつあるという、いわば本能的なレベルの感覚を強めてきた。ミレニアムの終焉にあたり、優良株の市場以上に市民的ノスタルジーの市場が加熱していたことは、おそらく偶然の巡り合わせではないのだろう。例えば、ニュースキャスターのトム・ブロコウの手による、英雄的な第二次大戦世代の人々を描いた著作は、批評家からは賛否両論の評価を受けたが、それでも決定的なベストセラーとなった。ロサンゼルスでは、国際空港に俳優のジミー・スチュワートの名前を付けようという、幾度も立ち現れては消える運動があった。彼は現実生活では英雄的軍人であり、またジェファーソン・スミスやジョージ・ベイリー（訳注：それぞれ映画『スミス都へ行く』（一九三九）、『素晴らしき哉、人生』（一九四六）の主人公）といった市民的英雄を銀幕では演じていたのである。二〇世紀終わりに現れたこのノスタルジーは、過ぎ去ったものに対するありふれた、バラ色のまなざしの追想ではない。それは、公共心が高い価値を持ち、コミュニティが確かに「機能」していた時を取り戻そうとする試みなのである。書籍を買い求め空港を改名することによってわれわれは、市民的美徳と社会関係資本こそが奥深いレベルにおいて重要な意味を持つのだ、ということを主張しているようにも見える。

われわれは正しいのだろうか？　社会関係資本は、個人、コミュニティ、さらには国全体に対してさえも、有益な影響を持つのだろうか？　しかり。目覚ましい、ますます増加中の研究が示すところでは、市民的つながりが人々を健康に、豊かに、そして賢くすることを助けている。社会関係資本なしに生きることは、南イタリアの村人であろうが、米国のインナーシティで貧しく暮らしていようが、あるいはハイテク産業地区の裕福な起業家であろうが容易《たやす》いことではない。

社会関係資本が個人とコミュニティに恩恵をもたらすことを信じたいのであれば、まずは社会関係資本のマジックがどのように機能するのかを理解しなければならない。信頼と市民参加のレベルが高いことは、さまざまなメカニズムを通じて社会的に望ましい結果を作り出すよう作用する。作動するこのメカニズム（群）は明らかに、当該の環境および結果によりさまざまに異なっているはずである。しかし一般的には、社会関係資本は、人々の願望を現実へ変換するのを助ける数多くの特性を持つ。

第一に、社会関係資本は、市民が集合的問題解決をより容易にすることを可能とする。社会科学者は長い間、集合行為の「ジレンマ」について関心を寄せてきた。そのようなジレンマは遍在的であり、またそのダイナミックスは単純なものである。もし協力が達成され、各人が自分の務めを果たしたならば全員が幸福になるということはしばしばあるだろう。しかし、他者が自分のために務めを果たしてくれることを期待して、自分が責任を回避すれば、個人はより恩恵を被ることとなる。さらに、予想と異なりほかの人間も責任回避をしたとしても、それでも自分一人だけがお人好しであったときよりはまだ状態がよいのである。他者がやってくれるだろうと全ての人間が考えて、誰も分担をしないということになってしまえば、皆で協力した状態よりも全員が悪くなることは明らかである。

租税制度によって政府を維持することは、集合行為のジレンマの一つである。異常乾燥の夏期に、芝生のスプリンクラー散水や長時間のシャワーを制限するのもそうである。これらの、またその他の連携の困難さは、さまざまな名前で呼ばれている――いくつか例を挙げると「集合行為問題」「囚人のジレンマ」「フリーライダー問題」「共有地《コモンズ》の悲劇」などである。しかしそれらが共有している特徴が一つある。集合的に望ましい行動の遵守を確保するための権力を持った制度的メカニズムによって、最良の解決が得られるということである。これを発動させる社会規範やネットワークは、そのようなメカニズムとなる。

第二に社会関係資本は、コミュニティがスムーズに進むための潤滑油となる。人々が信頼しまた信頼できるところでは、そして周囲の市民と相互作用を繰り返しているところでは、日々のビジネスや社会的取引のコストは少なくなる。相手が取り決めをちゃんと全うすることを確認し、さもなければペナルティを課すために、時間と金を使う必要がないからである。オリバー・ウィリアムソンのような経済学者や、エリノア・オストロムのような政治学者は、社会関係資本がいかにしてビジネスや自治単位にとって財政的資本や豊かなリソースに転換されるかを実証してきた。さらには、ノーベル賞経済学者のケネス・アローはこう結論づける「事実上全ての商取引は、その内に信頼の要素を含む。一定期間にわたってなされる取引は確実にそうである。世界中に見られる経済の後進性の多くが、相互信頼の欠如によって説明できることは説得力をもって主張できる」[1]。

社会関係資本が人々の取り分を増やす第三の仕方は、自らの運命がたくさんのつながりを持っている、ということへの気づきを広げることによる。積極的で信頼深いつながり――それが家族や友人、ボウリング仲間であれ――を持つ人々は、周りの社会にとってよい性格特性を形成し、また維持している。いろいろな団体に加入する人は、より寛容で、シニカルでなく、そして他者の不幸に対してより共感的である。人とのつながりに欠けている場合は、対等のインフォーマルな会話の中や、よりフォーマルな討議の場で、自分の見方の正確さを確かめることができない。そのような機会がなければ、最悪の衝動に駆られて心が左右されやすくなってしまう。一九九九年に多発した校内発砲のような無差別暴力が、事件後に判明したように「一匹狼」によって犯されたことは偶然の一致ではない。

社会関係資本を構成するネットワークは、目標達成を促進するのに役立つ情報の流れるパイプとしても働く。例えば、第19章で見るように、多くの米国人――おそらくはほとんど全て――は、個人的なつながりを通じてその職を手に入れている。社会関係資本が欠けていれば、経済社会学者が示してきたように、たとえ才能に恵まれ非常に訓練を積んでいる(「人的資本」)としても、経済的な見通しは著しく損なわれることとなる。同様に、市民的な互いのつながりに欠けているコミュニティにおいては情報の共有が難しく、脅威に抵抗するための機会を生かすべく動員することも難しい。

社会関係資本は、心理学的、生物学的プロセスを通じて、個人の生活を改善する。山のような証拠が示唆するところでは、社会関係資本に富んだ生活を送っている者は、トラウマにうまく立ち向かい、より効果的に病と闘っていることがわかる。社会関係資本は、プロザック、睡眠薬、制酸剤、ビタミンCや、その他街角の薬局で買い求める薬の、代替物でないとしても、補完物であることが判明している。「朝に私（でもとにかく誰でも）に電話して」というのは、われわれを苦しめているものへの治療として、「アスピリンを二錠飲みなさい」というものより実際に有効な医学的アドバイスであるかもしれない。

これらのメカニズムが現実場面ではどのように機能しているのかを解明するために、下記の様式化した例について考えよう。これは架空の話ではあるが、多くの親にとってのリアリティを描写している。ボブとローズマリー・スミス夫妻は、六歳になるジョナサンの親であり、愉しみもトラブルのどちらも一杯の都市コミュニティに居住している。ボブとローズマリーは基本的に公教育を支持しており、小学一年になる自分の息子に、公立学校ならではの多様なバックグラウンドを持った子どもたちと接してほしいと思っていた。しかし、スミス一家の地区の小学校は大混乱であった。教員はやる気がなく、ペンキは壁から剝がれ落ちており、課外活動やコンピュータ設備のための予算もなかった。ボブとローズマリーには選択肢があった。公立学校をやめて、大金をはたいて私立に通わせるか、しっかりと腰を据えて、公立学校の改善に取り組むか。どうしたらよいだろうか？

スミス家はとどまって、ジョナサンの学校でＰＴＡを立ち上げることを望んだとしよう。彼らがそうできるかどうかは、二つのことにかかっている。参加してくれそうな、問題を感じているほかの親の存在と、そのような組織が、学校の状態を改善するのに効果的な可能性である。ここで、社会関係資本が登場する。スミス一家が近所をよく知り信頼するほど、新たなＰＴＡに頼れるメンバーを勧誘し、維持することができる。凝集的な近隣関係は重複したつながりで満たされており、誰が当てにできるのか知り、また良心に訴えかけて眼前の問題に注意を向け続けさせることがより容易になる。

スミス一家はPTAを立ち上げることに成功し、数ヶ月後には積極的な一七人の親の参加をみた。この新しい組織は、社会関係資本の蓄積を増やしたことに加えて、参加している個々人と広くコミュニティに対して何ができるだろうか？　一例としては、PTAに所属することによって、親たちは市民的スキルを繰り返し教えられることはほとんど確実である。プロジェクトの立案やプレゼンテーション、役人に対する陳情や会合での発言など全くしたことのなかった人たちが、そうすることを余儀なくされる。さらに、学校職員や教員、生徒児童の側のコミットメントと成果の規範を作り出し、強化することにPTAは寄与する。また、家庭と教育者の間の対人的結束と、「われわれ意識」を深めることを可能とする。より個人的な側面においては、PTAの会合は親たちの間に、互酬性と相互に気遣うという規範を確立しあるいは強化することとなろう。こういったつながりは、将来にわたって、無数の予期せぬ仕方で利益をもたらすこととなるのはほとんど確実である。ボブが失業しても、そこには今では一五人の成人がいて、職の手がかりや、純粋な精神的支えを求めることができる。ローズマリーが、市に対して児童健康施設の改善を求める運動を起こす決心をすれば、その運動を支援してくれる一五人の活動家候補がいるのである。最低限でも、ボブとローズマリーには、金曜の晩に映画を見に行こうとつかまえることができるカップルがいるだろう。こういった利得全て——市民的スキル、社会的サポート、専門家とのつながり、ボランティアの労働力、映画を見に行くパートナー——は、スミス一家が子どもの学校にコンピュータを置こうと望んだことから生まれてきたのである。

コミュニティのつながりは、市民性の勝利についての、心温まる単なるお話というわけではない。測定可能で十分な証拠のある仕方で、社会関係資本はわれわれの人生に巨大な違いを生み出すのである。第4部では五つの具体的な領域を取り上げる。児童福祉と教育、健全で生産的な近隣地域、経済的繁栄、健康と幸福感、民主的市民性と政府のパフォーマンスである。ここでは、社会関係資本が人々を賢く、健康で、安全、豊かにし、そして公正で安定した民主主義を可能とするという証拠を示す。

提示する証拠のほとんどは、多くの領域の研究者の成果から引用されたものである。さらに加えて、全米五〇州の社会関係資本と市民参加の違いを比較するための手段を模索した。これらの比較はいくつかに異なった装いでこれから登場することとなるので、現代の米国における社会関係資本の地理的パターンを描写することは有益となるだろう。

各州の平均社会関係資本を評定するため、表4にまとめている、数多くの独立した指標群を組み合わせた。多様なソースから、前年を通じた一連の市民的・政治的活動への参加に関する州レベルの指標を収集したが、その中に含まれるのはグループ所属、街や学校に関する公的集会への出席、何らかの地域組織の役員や委員としての奉仕、クラブ会合への出席、ボランティア労働とコミュニティ事業[2]、友人との家での歓待と社交[3]、社会的信頼[4]、投票参加[5]、そして非営利組織や市民組織の発生率[6]である。

これらフォーマル、インフォーマルなコミュニティネットワークと社会的信頼に関する一四の指標は十分に内部相関が高く、単一次元を構成していることが判明した。言い換えると、この一四の指標は、コミュニティを基盤とした社会関係資本の、互いに関係してはいるが区別できる側面を測っており、それらを使って単一の「社会関係資本指数」を合成した[7]。表4にはこれら一四の指標と、その要約指数との相関係数を示してある。

基礎となっている各指標における各州ごとの差は非常に大きく、高ランクと低ランクの州の間の比はおおよそ三対一になる。例えば社会的信頼は、ミシシッピ州の一七%からノースダコタ州の六七%にわたっている。一人当たりの組織所属数の平均は、ルイジアナ州の一・三からノースカロライナ州の三・三まで異なる。最近の大統領選挙での投票率は、サウスカロライナ州の四二%からミネソタ州の六九%まで分布し、住人一〇〇〇人当たりの非営利組織数は、ミシシッピ州の一・二からバーモント州の三・六の幅となっている。一年当たりに出席したクラブ会合の平均回数は、ネバダ、ミシシッピ、ルイジアナ州は四回であるが、ユタ州はその二倍である。地域や学校に関する公的集会に参加したと回答したものの割合は、ジョージア、ニューヨーク州の一〇%から、ニューハンプシャー州三二%、ユタ州二九%、ウィスコンシン州二六%まで分布する。

表4の相関が示しているのは、これらの州間差は連動しているということである。密な組織ネットワークを持つところでは、地域問題についての公的集会が頻繁に開かれやすいし、投票参加の高い地域においては、社会的

表4　米国各州における社会関係資本の測定

総合社会関係資本指数の項目	指数との相関
コミュニティ組織生活の指標	
前年に地域組織の委員を務める（%）	0.88
前年に何らかのクラブや組織の役員を務める（%）	0.83
人口1000人当たりの市民・社会組織	0.78
前年のクラブ会合出席の平均回数	0.78
グループ所属の平均数	0.74
公的問題への参加の指標	
大統領選挙での投票率（1988年および1992年）	0.84
前年に地域や学校に関する公的会合に出席（%）	0.77
コミュニティボランティア活動の指標	
人口1000人当たりの非営利（501条〔C〕3項）組織数	0.82
前年のコミュニティ事業への平均参加回数	0.65
前年のボランティアへの平均参加回数	0.66
インフォーマルな社交性の指標	
「友人を訪ねるのに多くの時間を使う」賛意	0.73
前年の家庭における歓待の平均回数	0.67
社会的信頼の指標	
「大半の人は信頼できる」への賛意	0.92
「大半の人は正直である」への賛意	0.84

信頼も高い傾向があり、地域のクラブの多いところでは、数多くの非営利組織が支援されており、といった具合である。図80は、全米各州の社会関係資本と市民参加の差を、天気図のような形で地図化したものである。

地理的に言うと、全国の社会関係資本「気圧図」は、相当に明快である。主たる「高気圧」ゾーンはミシシッピ、ミズーリ川の上流を中心として、東西にカナダ国境に沿って広がっている。一方主たる「低気圧」エリアは、ミシシッピデルタを中心とし、かつての南部連合を貫いて同心円状に広がっている。[8] カリフォルニア州と中部大西洋湾岸諸州は、全国平均の近くに位置している。[9] 最低でも予備的な方法として、社会関係資本のレベルの違いがもたらす影響を、これらの諸州の生活の質《クオリティ・オブ・ライフ》を比較することで検討することが可能で

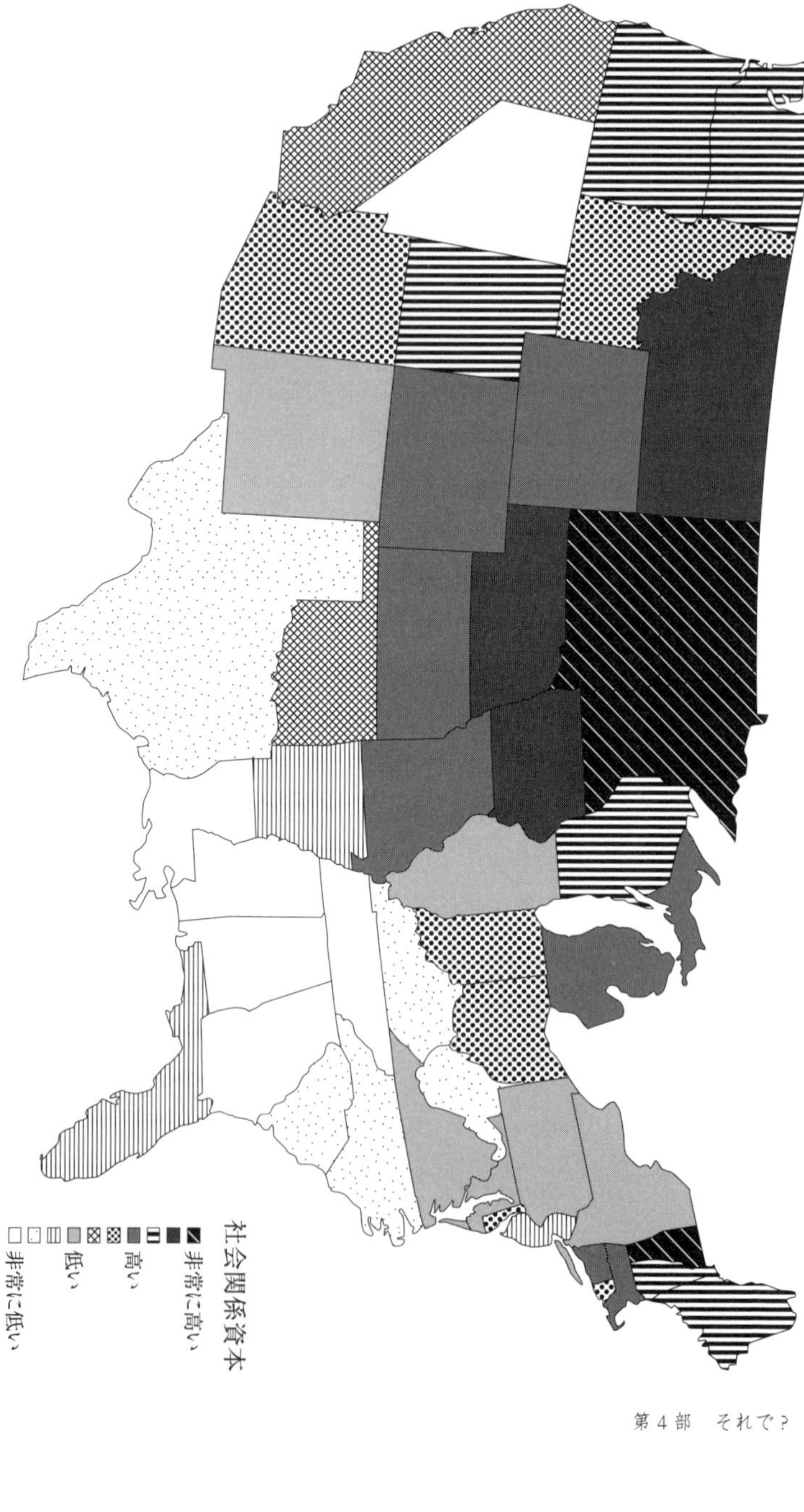

図80　米国各州における社会関係資本

ある。ミネソタ州とミシッピ州は、単に社会関係資本のレベル以外にも、数多くの側面で異なっているため、単なる相関から因果関係を推論するときには慎重になる必要があるが、図80にまとめられた対比は、社会関係資本がいかなる違いを生み出しうるのかを検討するための最初の叩き台として有益なものである。

この米国社会関係資本のリソース図を大まかに眺めただけでも、疑問が浮かび上がってくる。「いったいこのような違いはどこから来たのだろうか?」。この問いに詳細に答えることは日を改めての課題であるが、このパターンは深い歴史的ルーツを有している。現代の社会関係資本主義者にとっての守護聖人たるアレクシス・ド・トクヴィルは、一八三〇年代の米国旅行の中で、全く同じパターンを正確に観察し、その理由を、少なくとも部分的には、入植のパターンにあるとした。

［ニューイングランドから］南に進むと、自治があまり活発でないことがわかる。群区《タウンシップ》には公職者も、権利も義務も少ない。人々は、諸問題に直接的な影響を行使してはいない。タウンミーティングは希で、取り扱う事柄も少ない。この理由から、選ばれた公職者の権力は比較的強く、有権者のそれは弱くなっている。自治の精神はあまり目覚めておらず、また強くはない……北西諸州の入植者の大半はニューイングランドから移住し、昔のふるさとにあった行政上の慣習を新たな場所へと持ち込んだ。[10]

移住者が踏みしめた道が、現代の米国における社会関係資本の地区、地域パターンの確立に寄与したのだった。これら州間に見られる差は、政治史学者のダニエル・エレザーが、一九世紀の移民流入パターンまで追跡して一九五〇年代に示した「州政治文化」に見られる違いと驚くほどの類似性を示している。例えば、一九九〇年代の社会関係資本の程度に対する驚くほど強い予測変数の一つは、人口に占めるスカンジナビア系の割合なのである。[11]

さらに目立つのは、二〇世紀末における社会関係資本の低さと、一九世紀前半における奴隷制との間の空間的相関である。当時の奴隷制度が過酷なものであるほど、州における今日の市民性が低いのである。奴隷制度は実際問題として、奴隷同士の間の、そして奴隷と自由人との間の社会関係資本を破壊するべく設計された社会システムである。被抑圧者間でのよく発達した互酬性のネットワークは、反逆のリスクを上昇させるし、奴隷と自由人の間の平等主義的な同情の絆は、システムの正当性を蝕んだであろう。解放後も南部の支配的階級は、水平的な社会的ネットワークを抑制することに強い利害を持ち続けた。一世紀にわたる農園奴隷に、さらに一世紀の黒人差別政策が続いたような地域で、コミュニティを基盤とした社会関係資本が最低レベルを示しているのは、偶然の出来事ではない。不平等と社会的連帯は、根本的に両立不可能である。

入植と奴隷制のパターンが、社会関係資本のレベルに見られる現代の差に対しての唯一の説明となるかどうかは、ここで検討を行った以上の、さらなる関心が集められるに値するテーマである。しかし、この明らかな歴史的連続性が、われわれの探求に関係している側面の一つがある——社会関係資本は、現代の社会環境の原因であるのか、それとも単なる結果なのだろうか。市民参加と社会的つながりの地区、地域的パターンが、消滅しやすくまた変化しやすいものであるなら、社会関係資本とその他の社会事象（教育達成、公衆衛生や犯罪といったもの）の間の相関は、これらの要因が社会関係資本に対して与える影響を反映していることになろう。一方で、社会関係資本の地区、地域プロフィールが長く続く伝統であったならば、社会関係資本は現代の社会状況に対する原因となっており、単なる結果というわけではないという方がより妥当である。

第4部で提示する証拠は、社会関係資本がもたらす個人、集合レベルの広範な利益にわたっているが、その範囲は非常に印象的とはいえ、網羅的でも完全なものでもない。医学、犯罪学、経済学、都市社会学、国家政治といった広範な領域の研究者が、社会関係資本の関連要因と帰結について積極的な研究を行っている。社会関係資本の持つ力を証明し、とりわけいかに、またどのようなときにその影響が明確に、最も有益となるかの詳細を示すためには、さらなる研究が必要である。第4部において、締めくくりの言葉として総括を提示することはしない。しかし、概観した証拠の示すところは、はっきりと測定可能なほどに、過去数十年の米国における社会関係資本と市民参加の低下は確かに問題となっているということであり、また同時に強く示唆されるのは、今日の米国人にとって重要な、数多くのさまざまな領域において、社会関係資本と市民参加の増大が事態を好転させるということである。

第17章　教育と児童福祉

子どもの発達は、社会関係資本によって強力に形作られる。少なくとも五〇年にわたる膨大な研究の示すところによれば、児童の家庭内、学校内、友人集団内、そしてより大きなコミュニティ内における信頼、ネットワーク、互酬性規範は、広範な影響を児童の機会と選択に、そして行動と発達に与えている。[1] 社会関係資本の存在は、とりわけ教育の分野においては、幅広くプラスの結果と結びついているのであるが、研究の大半は、むしろ社会関係資本の欠けた地域に住み学ぶ子どもに生じる悪いことの方に焦点を当てている。意味するところは明解である。社会関係資本は、よい子に悪いことが起こるのを防いでいるのである。

社会関係資本と児童の発達の間にある強力な関係を示している一つの例が、われわれの構成した各州の社会関係資本指数と、よく知られた児童福祉の指標（この「キッズカウント指数」はアニー・E・キャシー財団より毎年公表されている）との間にある明確な一致である[2]（表5にキッズカウント指数を構成する指標をまとめた）。

社会関係資本指数において高得点を取っている州――すなわち、住民が他の人々を信頼し、組織に参加し、ボランティア、投票を行い、友人と社交しているような州――は、また子どもたちも元気な州である。そこでは赤ん坊は健康に生まれ、ティーンエイジャーが親になったり、学校を中退したり、凶悪な犯罪を犯したり、自殺や他殺で若くしての死を迎えたりはしにくい（図81を参照）。統計学上、社会関係資本と子どもの発達との間に見

表5　児童福祉に関するキッズカウント指数

- 未熟児出生率
- 乳児死亡率（出生1000当たりの死亡数）
- 小児死亡率（1〜14歳の小児10万人当たりの死亡数）
- 15〜19歳のティーン10万人当たりの事故・殺人・自殺による死亡率数
- 10代出産率（15〜17歳女子1000人当たりの出産数）
- 高校中退率（16〜19歳）
- 少年粗暴犯逮捕率（10〜17歳 10万人当たりの逮捕数）
- 10代未通学・未労働率（16〜19歳）
- 小児貧困率
- 片親養育児のいる家庭の割合

られる正の相関は、社会科学者が行うこの種のデータ分析の中では完璧に近い。[3] ノースダコタ、バーモント、ミネソタ、ネブラスカ、アイオワのような州は、健全な成人市民と健全に社会適応した子どもに恵まれている。その他の州、特に南部においては、成人と若年層の双方が大きな危機に直面している。

もちろん、社会関係資本が子どもたちの良好な結果と相関しているという単なる事実だけでは、社会関係資本がそのような結果の原因となっているということ、あるいは反対から言えば、社会関係資本の欠如が、子どもたちが間違った方向に進ませることは意味しない。社会関係資本に加え、子どもの健全性に影響する可能性のあるさまざまな点において各州は異なっている。親の教育水準、貧困率、家族構造、人種構成、その他である。ややこしいことに、社会関係資本自体がこれらの要因と関連している。したがって教育水準の低い大人や低収入の片親の数が偏って多いような州は、活動参加に十分な経済的繁栄と実践的スキルを持つ住人がいるような州と比べて、活発な市民的コミュニティが少ない傾向にある。子どもの側の結果、社会関係資本、そして人口統計学的特性の間の関係性がこのように込み入っているため、データから疑似的な結論を引き出さないように警戒しなければならない。本当に知りたいことは、子どもの幸福において観察される州間差が、直接に社会関係資本と関係しているのか、それとも子どもの幸福と社会関係資本の双方に影響する何か他の要因（群）に関係しているのか、ということである。

幸いなことに、最近の統計的技術の発達により、この混乱の中に分け入って、他の要因を一定に保ちながら社会関係資本と児童福祉との間の固有のつ

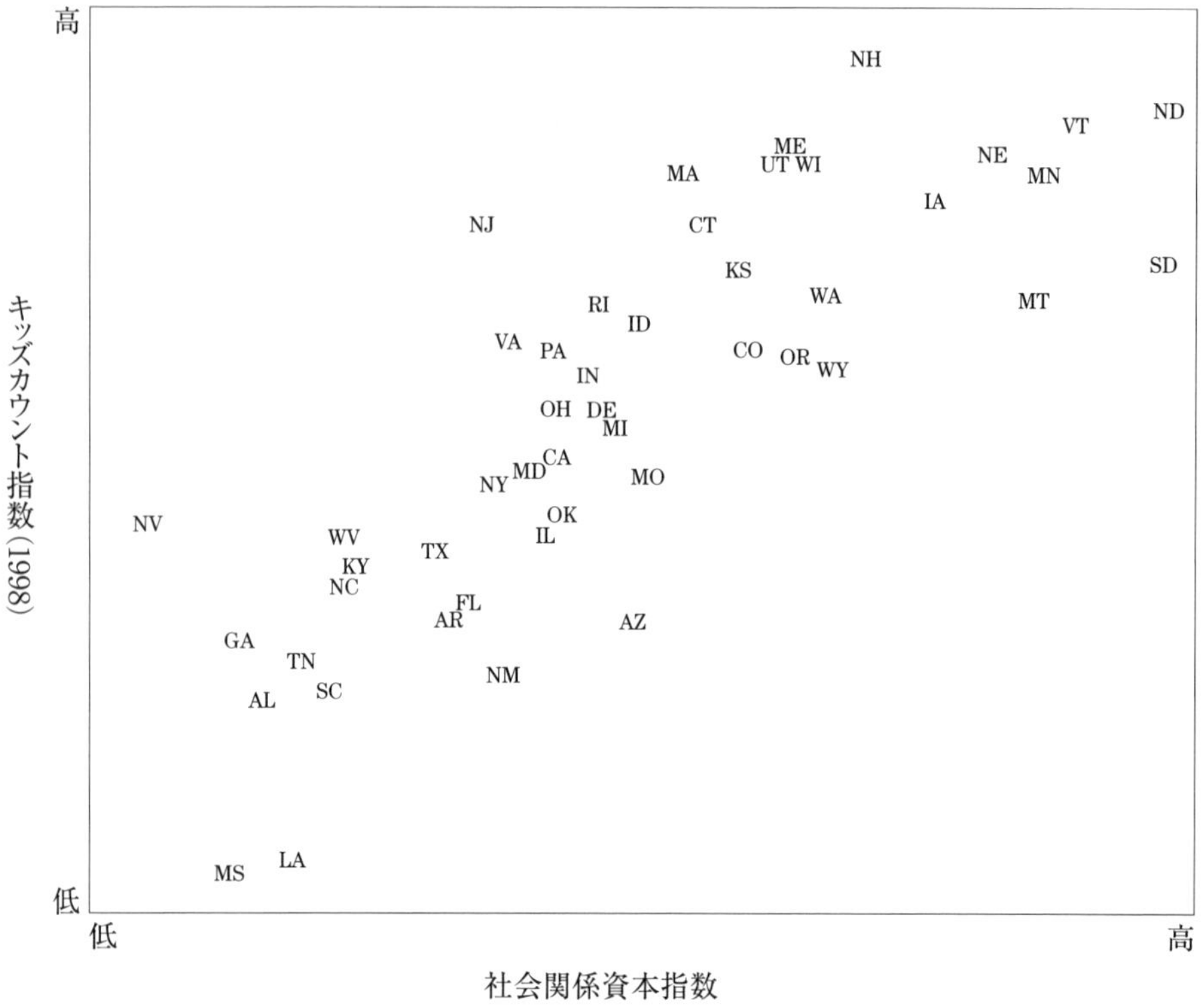

図81　高社会関係資本州では子どもたちも恵まれている

ながりだけを検討することが可能になっている。要点を述べると、われわれの分析によって、社会経済的、人口統計学的特性も確かに影響していることが判明したが、一方で社会関係資本も同様に影響していた[4]。実際、キッズカウントの各種指標に対して社会関係資本は、子どもの生活に対する影響の幅と深さという点で、貧困に次ぐ第二位の要因であった。貧困は若年での出産率、死亡率、そして失業率を押し上げるとりわけ強い力であり、一方でコミュニティ参加はちょうど正反対の影響を持っていた。社会関係資本は、子どもが不健康なほど未熟に生まれること、ティーンエイジャーの退学や通りでたむろすること、そして婚外子を持つことを防ぐのに特に重要である。州の人種構成と片親家庭率も子どもの幸福に対して影響しているが、それは貧困や社会関係資本の低さほどには一貫せずまた強力でもなかった。また全体として見ると、成人人口の教育水準は、貧困と社会関係資本、人口統計学的特性を考慮に入れたあとでは、子どもの将来に有意で独立した影響を与えていなかった。州の持つ社会的基盤は、誰もが予想してこなかったほどに、青少年の健全な発達の確保において重要である。

類似の結論は、地域や個別の家族レベルにおける家庭生活の研究者によっても得られている。コミュニティ心理学者は、地域の凝集性の低いところで児童虐待率が高いことに言及してきた。[5] 例えば、二カ所の住宅地域を扱ったよく引用される研究によれば、一方は児童虐待率が高くもう一方は低かったが、この二つのコミュニティを分ける主たる要因は社会関係資本であることが判明した。この二カ所は、所得水準や女性の労働率、片親世帯率という点では類似していた。しかし、高リスク地域では、住人は近所の人々に助けを求めるようなことをずっとしない。高虐待地区の親はまた、近所と子守りをし合う、近所で他の子どもと遊ぶのを許すなどと回答する割合がずっと低い。低リスク地域の子どもは、放課後帰宅したときに親がいる割合が、高リスク地域の子どもの三倍多い。この研究者たちは、高虐待率の地域においては「家族自体が抱える問題が、地域の文脈の中で、改善ではなくむしろ悪化しているようである」と結論した。そのような環境下では強力なサポートシステムが最も必要なのであるが、実際にはそれが最も機能していない。[6] インフォーマルな社会的ネットワークは、親の方の最悪の状態に対し、子どもを守る盾となって役立つ。

危険にさらされている個々の子どもは、社会関係資本の欠如に対してとりわけ脆弱なことが証明されてきた。もうすこし前向きに言えば、そういう子どもはまさに、社会的つながりがもたらすポジティブな恩恵に対して、それが与えられれば最も敏感である。例えば、小児科医のデズモント・K・ランヤンとその共同研究者は、虐待と遺棄の危険性が高いと判断された学齢前児童の大規模な追跡を行った。数年後、これらの危険にさらされている子どもの優に八七%が、行動、情緒上の問題を抱えていた。このような危険をうまく避けられた子どもを最もよく予測した変数は、本人とその母親が支援的な社会的ネットワークにしっかりと絡め取られており、社会的に支援的な近隣地域の中に暮らし、定期的に教会に通っているかどうかの程度であった。この筆者らの結論では、このように学齢期前であっても、「親の社会関係資本は……その子どもに恩恵を提供することとなるが、それは子どもが親の持つ財政的、人的資本から利益を受けるのと同様である。社会関係資本は、財政的、教育的資源が少ない家庭にとって最も重要なものになりうる」。別の研究によれば、米国のインナーシティ居住のアフリカ系青少年で、社会関係資本のレベルが相対的に高い地域に住む者は、緊密さに欠ける地域に住む者よりもうつ病になりにくい。この近隣によるサポートのプラスの効果は、家族の強いつながりが欠けている子どもに特に強く表れる。似たような結果は、都市においても地方においても得られている。[7]

社会関係資本は、子どもの成長がうまくいくかどうかにとって非常に重要である。全く同じ結論を、社会関係資本と学業成績との間の関係について引き出すことができる。米国において教育の質はここ数十年ますます多くの関心を引いてきた。実際、多くの有識者が公立学校教育が危機的状況にあると信じている。[8]

しかし全ての州がひどいというわけではない。子どもの健全性に関する結果と鏡写しになっているように、社会関係資本の高い州は、市民性の低い州と比べて教育成果が数字にあらわれるほどよい。社会関係資本指数は、小学校、中学校、高等学校における生徒の標準テストの成績と、生徒の在学継続率と並んで強い相関を持っている[9](図82を参照)。社会関係資本が持つこの有益な効果は、人種構成比、豊かさ、経済的不平等、成人の教育水準、貧困率、教育支出、教員の給与、クラス規模、家族構造、宗教所属、また私立学校の規模(公立学校から優秀な生徒を「すくい取っていく」可能性がある)といった、州レベルの教育成果に影響する可能性がある多くの他要因を考慮に入れても持続する。これらの要因のいくつかが、州ごとのテスト成績や退学率に対して独立した影響を有しているのは不思議なことではないが、驚くべきことは、社会関係資本が単独で最も重要な説明要因であったことである。事実、われわれの分析によれば、いくつかの結果――特に大学進学適性試験(SAT)スコア――に対しては、人種や貧困、成人教育水準は、間接的な影響力しか有しないことが示唆されている。これらの要因は州における社会関係資本の水準に影響を与えており、そして、社会関係資本こそが――貧困や人口統計学的特性ではなく――テスト成績を左右しているようである。[10]

意外なことだが、州におけるインフォーマルな社会関係資本の水準の方が、フォーマルで制度化された社会関

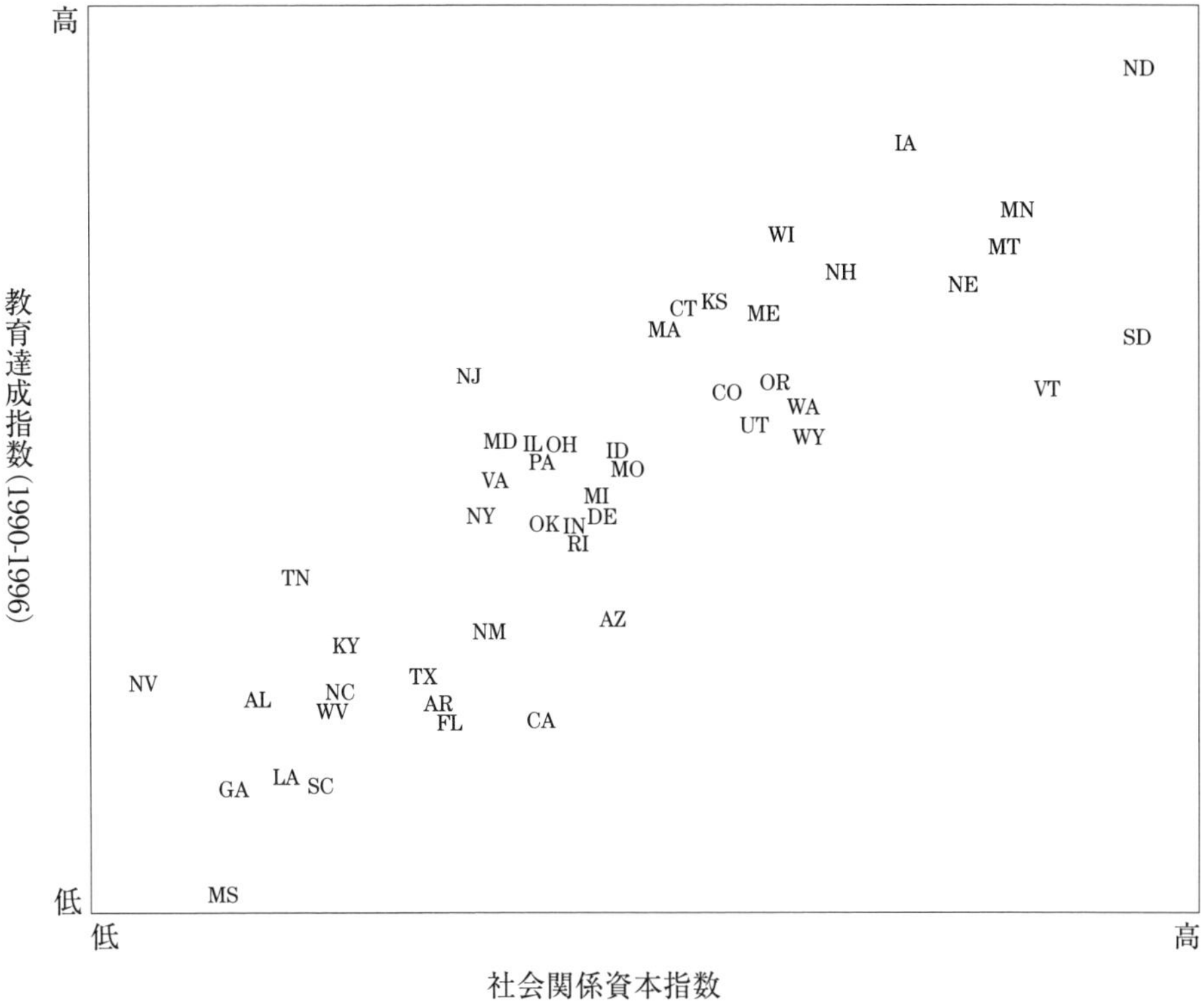

図82　高社会関係資本州では学校もよく機能する

係資本の水準よりも、生徒の達成度を強く予測している。言い換えると、州における社会的信頼のレベルや、人々がインフォーマルに周囲とつながる頻度（カードゲームや、友人訪問その他）の方が教育成績に対して、州民がクラブ会合や教会出席、コミュニティ事業に費やした時間の長さよりも、ずっと強く相関していたのである。これは、フォーマルな活動が重要でないということではない。むしろ、この確かに荒削りな証拠の主張するところは、人々が互いをつなぎ合う場所であるコミュニティには、物質的な貧富の差、教育水準の程度、人種や宗教といったものを超えて、子どもの教育に正の影響を与える何かがある、ということである。逆に言えば、物質的、文化的に有利な立場にあるコミュニティであっても、その中の大人が互いに結びつき合っていなければ、子どもの教育においてはよい結果を示せない。悲しいことだが、第2部に示した証拠は、米国のコミュニティがますますそのような方向に進んでいることを示している。

特定の例を比較することで、社会関係資本の重要性を見ることができる。東海岸の中規模の二州を取り上げよう。ノースカロライナ州（SATスコア、アチーブメントテスト、中退率で全国四一位）とコネチカット州（全国九位）である。二州のその他の違い（富と貧困、人種、成人教育水準、都市化その他）を全て統制した上で、ノースカロライナ州がコネチカット州に似た教育成果を実現するためには、タールヒール州（訳注：タールが産出したことや、南北戦争時の粘り強さからきた、「踵にタールのついている」というノースカロライナ州の別称）の住民は以下のうちのどれかを行うことができる。すなわち、大統領選の投票率を五〇％まで上げる、クラブ会合の出席頻度を倍にする、住民一〇〇〇人当たりの非営利組織数を三倍にする、月当たりさらに二回教会に出席する。これは、やる気がくじけるほどの難題で、多大なるコミュニティの組織化を必要とするように思われるし、またどの事柄についても、例えば成人のクラブ出席と学校の達成度の間の関連が単純、直接で機械的であると私が考えているわけでは全くない。一方で、ノースカロライナがコネチカットのパフォーマンスに追いつくためには、単なる伝統的な教育改革――例えばクラス規模の縮小といった――ではいかに難しいか、ということもデータは示唆している。クラス規模が州レベルの教育成果に与える影響は、社会関係資本に比べると中程度なものであるので、単なるクラス規模の縮小によって同じような改善を図るのは事実上不可能であろう。[11] 実際には、もちろん、特効薬などないので、教育改善のためには多面的なアプローチが必要である。主張の要点は単に、社会関係資本によってもたらされる強力なてこ入れが、より伝統的なアプローチと比べて驚くほど大きいということにある。[12]

州における社会的つながりの密度が、生徒の学業達成にどうしてこれほど目立つほどの影響を持っているのだろうか。率直に言って、まだ完全な確信は得られていないが、それでも重要な手がかりがいくつかある。まず、コミュニティの問題についての市民参加が一般に高いところでは、親のサポート水準が高く、一方で校内への武器持ち込み、暴行、万引きや教育についての全般的な無関心さといった子どもの非行度が低いと教員が報告している。一方ではコミュニティの基盤、他方では生徒と親の学校への参加との間の相関は、他の経済的、社会的、教育的要因、すなわち貧困、人種構成、家族構造、教育支出、クラス規模などを考慮に入れた後にも非常に大きい。一九九九年における校内暴力殺人の多発という観点から見ると、これらの要因の中で各州の生徒の暴力に対する最大の予測変数が両親の揃った家庭とコミュニティをベースとした社会関係資本であり、それは貧困や都市化、親の教育水準といった社会的条件の重要性を押しのけて強いということは記す価値のあることである。要約すると、社会関係資本が高レベルの州に住む親は、子どもの教育に関わる傾向が強く、また同様の州に住む生徒は、市民性の低い州の生徒と比べたときに、お互いに当たるよりも本に当たる傾向が強いのである。(13)

社会関係資本の高い州での生徒のパフォーマンスがよい第二の理由には、テレビを見て過ごす時間が少ないという可能性がある。図83が示すように、子どもがテレビを見て過ごす平均時間と、成人の市民参加および社会的つながりの平均レベルとの間の負の相関は極めて強い（いつもと同様、この関係が何かほかの要因、すなわち貧困や人種等による単なる疑似的な反映ではないことは確認済みである）。社会的関与というコミュニティの伝統がその高さを維持しているところでは、成人の間での社会的つながりと市民参加が限られているところよりも、子どもたちは余暇時間を生産的に過ごすよう自然と引き込まれていくようである。

この州単位の分析は、コミュニティへの関与が学校の成功において重要な意味を持つ、ということを示す何十もの研究を再確認する結果となっている。これらの研究は、生徒の学習は学校の中や家庭において起こっていることにとってのみ影響を受けるのではなく、学校やより広いコミュニティにおける社会的ネットワーク、規範や信頼によっても影響されるのだということを発見してきた。(14)実際ＰＴＡというものは、親の間、そして親と教師の間の社会関係資本を制度化し、それによって学校がその教育目標をよりよく達成できるようにと作られたのだった。

過去数十年を通じたＰＴＡ所属の減少は、多くの親が子どもの学校教育に参加しなくなっているということを反映している。この低下が非常に困った問題であるのは、親とそれを取り巻くコミュニティが学校と共に動けば、生徒は具体的で目に見える恩恵を受けるというのが研究の示唆するところであるからである。社会関係資本と教育を結びつけた、最も早期の、かつ影響力を持った研究の一つはシカゴ大学の社会学者で、社会関係資本とその

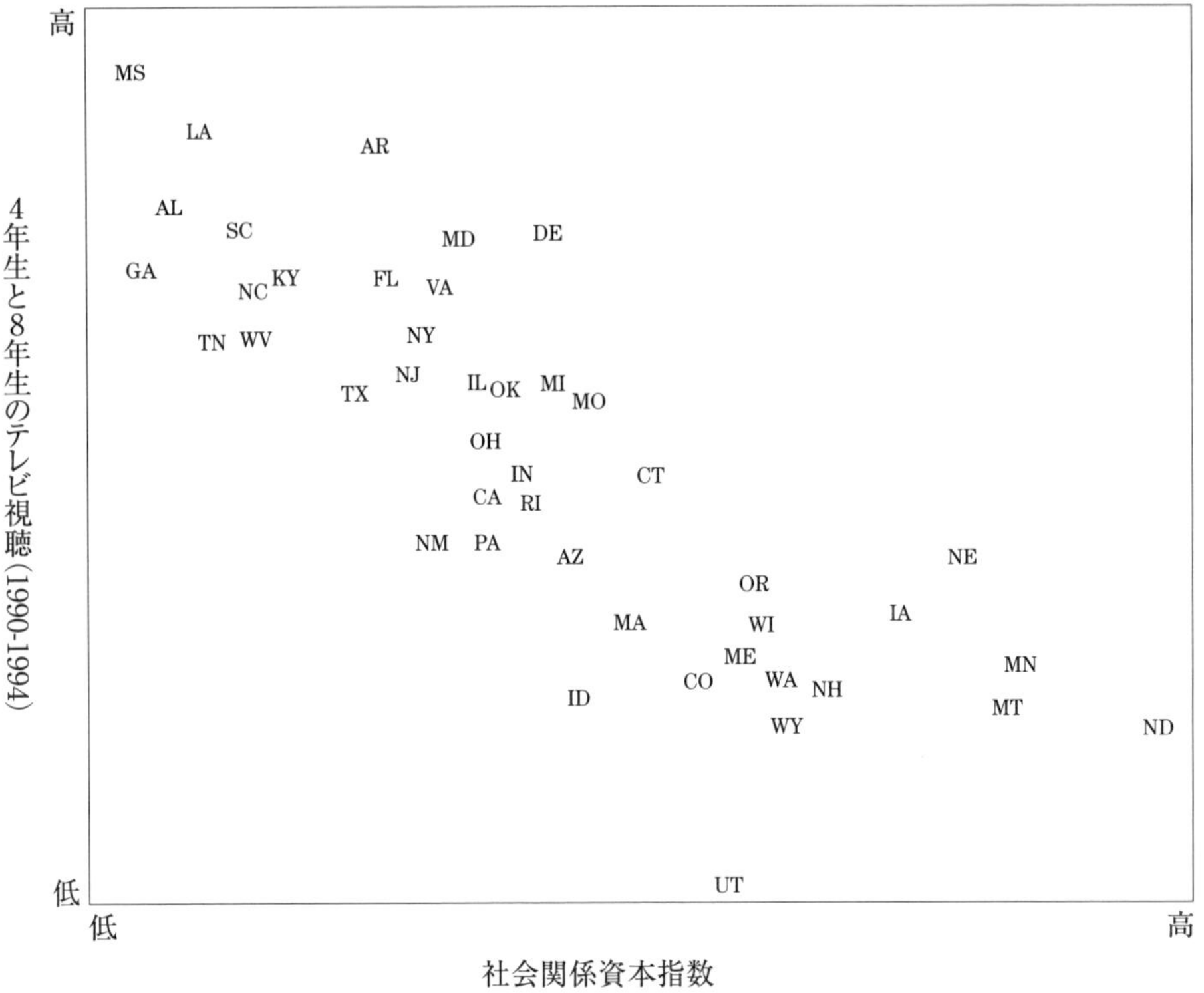

図83　高社会関係資本州では子どものテレビ視聴が短い

影響に関する研究の知的な基礎付けを行った故ジェームズ・コールマンによってなされたものであった。コールマンは、カトリックやその他の宗教系高校における中退率の低さに頭を悩ませていた。例えば、公立高校の生徒はカトリック系高校の生徒よりも、三倍も中退する確率が高かった。非カトリックの私立学校の中退率も二倍以上であった。加えて、カトリック系の高校においては、生徒に対する数学や言語能力の教育効果が高いことが示されていた。コールマンはカトリック系学校の成功は、個々の生徒の特徴によるのではなく、学校を取り巻く社会構造によるものである、という仮説を立てた。すなわち、生徒の親は互いに、地域の教会のメンバーとしてまた学校仲間の親として、多重な関係を築いていた。そしてこのような親のコミュニティが、非行の恐れのある生徒に社会的資源を提供し、コアカリキュラムを平易化しようとする圧力から学校を守るのである。すなわち、コールマンが警告したのは「若者が、第一には家族、第二には周囲の成人コミュニティという、彼らにとって最も近くにある成人の群落《エンクレーブ》に埋めこまれていることの重要性（宗教コミュニティによるこれらの結果全てによってそれは実証されている）」を過小評価してはならないということであった。(15) 不幸にも、カトリック系学校が恩恵を被っていたような「機能的コミュニティ」は衰退しつつある。教会と家庭の双方が、その力と凝集性を失ってしまったからである。この傾向は、あらゆる社会経済的グループ、中でもとりわけ不利な立場の子どもたちに悪影響を及ぼすことが予想できる。

教育学者のアン・ヘンダーソンとナンシー・バーラは数多くの研究をまとめ、親が子どもの教育に関与している場合、学校での子どもはよりよく振る舞い、また登校している学校もよくなる傾向があることを示した。結論によれば、「根拠にはもはや疑いの余地がない。学校と家庭が、学習支援のために協働すれば、子どもは在学中だけでなく、人生を通じて成功を示す傾向がある……もし親が子どもの家庭教育に関与すれば、子どもは学校でよりうまくいくが、もし親が学校に関与すれば、子どもは学校でさらに先を行き、また通っている学校の方もよくなるのである」(16)

コミュニティから学校レベルに視点を移すと、学校内部の社会関係資本が、生徒と教師、そして管理者側に多くの恩恵をもたらすことを見いだした研究もある。過去三〇年近くにもわたる研究によって、小規模校が多くの領域で大規模校をしのぐ成果を上げていることが示されてきたが、それは小規模校の方が、課外活動で顔を合わせて仲間と付き合ったり、学校のクラブで責任を果たしたりといったことをするように、生徒に機会を与えまた励ます余裕があるからである。(17)

シカゴの学校と、全国のカトリック系学校に関する大規模な多年度研究を行ったアンソニー・B・ブリックと共同研究者の結論では、「共同体的」社会関係資本と「関係的信頼」が、教師のバックグラウンドや生徒の人口統計学的特性を考慮に入れても、特定の学校に巨大な優位性を与えている。学びのコミュニティとして、カトリック系学校は公立高校と多くの点で異なっている。カトリック系学校は規模が小さく、多様な環境下において、生徒と教師の間に質の高い関係をもたらしており、相互作用的な課外活動の幅も広く、学校の目的と価値についての了解のレベルが高いという特徴がある。ブリックらによれば、平均的公立学校が、統計的属性の類似したカトリック系学校にあるような「共同体組織」を取り入れた場合、教師と職員の士気、そして生徒の学業への関心が有意に向上することになる。また同時に、授業欠席や学級崩壊が有意に減少することになるだろう。[18] コールマンと同様にブリックらの結論では、カトリック系学校が公立学校よりうまくやっているのは、教師または生徒の質が高いからではなく、「カトリック系学校は社会関係のネットワークから恩恵を受けており、信頼に特徴づけられており、それが、「社会関係資本」の一形態を構成している」からである。[19]

このような洞察をふまえて、公立学校の中に社会関係資本と市民参加を築こうとしている都市もある。最初期の、最も成功しまた最も長く続いている学校改革構想の一つにおいて、イェール大学の小児精神科医ジェームズ・カマーは、学校、親、コミュニティの効果的連携のためのモデルを開発した。カマー式学校の二大指針は、「子どもの教育的利益に関心を持つ全ての大人の間での協調および協力」と「それに向けてのあらゆる段階における親の積極的関与」である。[20] カマーらが見いだしたのは、親の参加が学校のパフォーマンスと、子どもの達成への家庭支援を向上させうるが、それは親が意思決定上の真の責任を与えられ、またその知識とスキルに適した地位につけられているときのみである、ということだった。[21] この要素が満たされていない場合は、親は幻滅しまた苦しみやすくなり、公立学校にとって不可欠な、コミュニティを基盤とした社会関係資本を衰えさせてしまう。

一九八〇年代末に、シカゴ市は、意思決定における親の参加を基盤とした、先駆的な教育改革構想を立ち上げた。改革プランそれ自体は期待したほどには機能しなかったが、それでも学校内における社会関係資本が差を生み出すのだ、ということがその評価において見いだされた。教師と親、校長の間の信頼レベルが高ければ、これらのキー・プレイヤーは学校改善という中心の信条にさらに深くコミットすることとなるのである。高信頼状況におかれた教師は愛校心を感じ、学習において新たなアプローチ法を探り、親に接触し、生徒の発達に対して深い責任感を覚えるようになる。改革成功の確率に影響するその他の要因全てを計算に入れても、信頼は鍵となる要因であり続ける。[22]

これらの研究が示唆するとおり、学校教育の改善に関する現在の取り組みにおいては、親とコミュニティの参加がその中心となっている。さらに言えば、二つの論争中の改革アプローチ——チャーター・スクール（訳注：税金からの補助を受けるが、公的教育規制を受けない学校）の設立と、私立学校に通う子どもに対する公的助成による授業料支払いバウチャー配布——は、生徒の優れた行動、業績を生み出す「共同体指向性」を、子どもに与えようとする親たちの試みであると見ることが可能かもしれない。この「選択」プログラムに対する批判者は、これが既存の教育的不平等を悪化させるにすぎないと懸念する。支持者の側は、学校教育を自由市場の見えざる手にゆだねることにより、学校が結果を競うように強制されて万人にとっての質を向上させることになると主張する。どちらが正しいのかを述べるのはまだ時期尚早だが、「選択」プログラムが機能したとしたら、それは市場の魔法よりも、むしろ社会関係資本の魔法に依っていたかもしれないということを示す根拠をわれわれは手にしている。子どもを小規模の、より共同体的な学校に通わせることを推進する学校改革構想は、クラブやクラス活動、運営組織、教育上のロビー運動集団へ生徒と親の双方が関わるようになるという意図せざる結果を持つかもしれない。[23]この方向が進めば、そのような教育改革は市民的再関与化のエンジンとなりうるが、しかし最も参加する親のみがその子どもを新しい学校へと移し去ってしまえば、その参加が他の子どもたちに対して生み出す「正の外部性」をも取り去ることになり、影響全体としては不平等が強化される、ということにもなりえるだろう。

近隣、コミュニティレベルの社会関係資本は子どもの学びに明らかな影響を与える。しかし、家族内の社会関係資本もまた若年期の発達に強く影響する。[24]緊密な社会的つながりを持つ家族と、互酬性の価値を子どもに植え付けている親は、「その価値観に対する高い遵守と堅持を得る」可能性が高い。[25]教育達成に影響する多くの要因、すなわち親の教育水準、収入、人種、家族規模、宗教、ジェンダー、といったものを一定に保った後にも、子どもと、およびその通う学校に強く関わるような親を持った者は、そのような形態の社会関係資本に欠ける子どもと比べて高校中退率がはるかに低い。学校のプログラムに参加し、宿題を手伝い、学校の外での振る舞いに目を配るような親の下の子どもは、成績平均点が高く、教室で積極的で、ドラッグや非行活動から遠ざかりやすい。[26]ボルティモアで低収入の未成年の母親を長期間追跡した研究によれば、母子間に強い情緒的サポートが存在し、また母親が強力なサポートネットワークを持っているような家族では、子どもが高校を卒業し、大学に進学し、安定的な職に就く可能性が劇的に高まる。言い換えれば、「危機に瀕した」子どもも、母親が十分な社会関係資本を持っていれば成功しうるのである。[27]

社会関係資本の有益な効果は、恵まれないコミュニティや初等・中等教育に限定されるわけではない。事実、高い達成度を示している郊外学区の多くで豊かなものは社会関係資本であり、それは教育的には、財政的資本よりもずっと重要なものである。逆に、社会的つながりが欠如しているところでは、どれほどコミュニティが裕福であっても学校はうまくいかない。さらに、社会関係資本は大学生期における教育にも強い力を発揮する。課外活動と仲間との社会ネットワークへの関与は、向上心のような大学入学前の要因を一定に統制しても、大学中退率や大学での達成の強力な予測変数となっている。[28] 別の言い方をすれば、ハーバードにおいてもハーレムにおいても、社会的つながりが教育上の達成を押し上げている。米国における社会関係資本のストックが消滅したことが、最もダメージを与えてしまう領域の一つは、われわれの子弟が（学校の内外で）受ける教育の質である。

第18章　安全で生産的な近隣地域

前章で見たとおり、子どもの健全な発達は、その成長がなされる社会的文脈に多くを依存している。近隣の社会関係資本のレベルが高ければ、そこは子どもを育てるのによい場所であることが多い。高社会関係資本地域は清潔で、人々は友好的、そして街路はより安全である。信頼、社会的ネットワーク、そして市民参加はいかにして、魅力的で、安全な近隣地域へと変換されるのだろう?

研究者、とりわけ犯罪学者は長年にわたってこれらの問題に頭を悩ませてきた。初期の研究の多くは、なぜ特定の地域で、公共物の破壊、落書き、路上犯罪、ギャングの抗争が多いように見えるのか、ということに関心を寄せていた。住人が入れ替わっても、これらの地域特性は持続していた。一九二〇年代に端を発し、わが国の指導的犯罪学者たちは、犯罪と少年非行にかんする「生態学的」理論を発展させた。これらの理論は細部ではさまざまだが、悪しき行動のエンジンとしての「社会的無秩序」に一般に焦点を当てていた。そのような無秩序は多くの都市コミュニティの特徴であり、そこでは人口の回転率が高く、近隣関係は匿名的で、民族集団は落ち着きなく混合しており、地域組織は希で、恵まれない若者は大人の世界から切り離された「サブカルチャー」に絡め取られていた。

著名な犯罪学者であるロバート・J・サンプソンが数多くの実証研究をまとめたところによれば、貧困など、犯罪行動を促進する可能性がある要因を統制した上でもなお、「(a)匿名性が高く、住民同士での顔見知りのネットワークが希薄で、(b)ティーンエイジャーの仲間グループに目が行き届かず、公共空間のコントロールが弱体化しており、(c)組織的基盤が弱く、地域活動への社会参加が低い、といった特徴のあるコミュニティは、犯罪と暴力のリスク増加に直面する。例えば、社会的、経済的要因について対応をとった地域を比較すると、移動性の高い地域に住むことは、近隣がより安定的な地域と比べて犯罪被害にあう確率を倍にすることが全国調査によって示されている。しかしサンプソンは、そのような近隣住民特性がなぜ犯罪レベルを増加させているように見えるのかについて、「社会的無秩序」論者は適切な説明をしてこなかった、と付け加えている。[1]

都市生活研究の第一人者であるジェーン・ジェイコブズは、今や古典となった一九六一年の著書『アメリカ大都市の死と生』の中で、その答えを提供している。ジェイコブズは、「社会関係資本」――彼女もその用語の発明者の一人である――が、安全で秩序だった都市と、危険で無秩序な都市を分ける最大のものであると言及している。二〇世紀の都市計画・再開発への取り組みを冷徹に批判する中で、近隣とのインフォーマルな接触を最大化するように設計された都市では、街路は安全で、子どもは手をかけられ、人々も環境に満足していると主張した。ジェイコブズにとって、近所の食品雑貨店での日々のやりとり、軒先の家族、教区の区画を歩く牧師といったものは、街頭市《いち》や適切に街を仕切る公園の存在と同様に、地域住民の内に、持続性と責任の感覚を育てるものであった。「地域レベルにおける、そのようなありふれた、目に見える接触――ほとんどのそれは偶然の、何かの用のついでのもので、その全ては気遣う人によって満たされ、だれからも強制されることはない――の総計が、人々の公的アイデンティティの感覚、公的な敬意と信頼の網の目、そして個人的、また近隣で困っているときの資源となる」。[2]

これらの有力な研究からこれまで何十年間の間、多様な領域の多くの研究者が、この基本的洞察を精緻化してきた。この取り組みの結論は単純明快なものであり、ジェイコブズや初期の犯罪学者がまさに予想したであろうことである。それは他の条件が同じならば、社会関係資本のレベルの高さが、犯罪レベルの低さに変換される、ということである。

殺人統計についての州レベルの分析は明快な実例である（殺人率は最も信頼できる犯罪発生の指標と一般に受

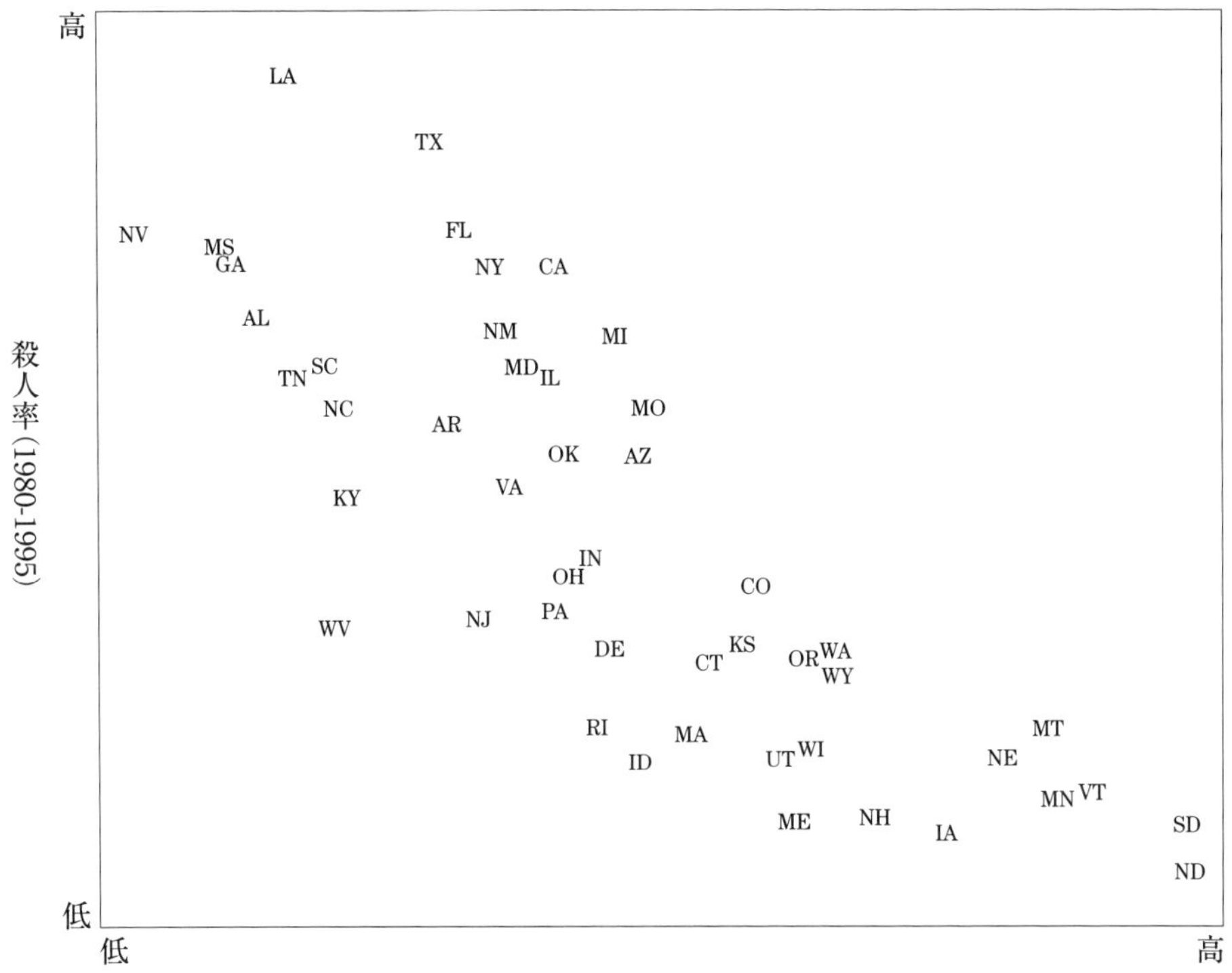

図84　高社会関係資本州では暴力犯罪が少ない

け入れられており、司法管轄権ごとの歪みに最も影響されにくい)。社会関係資本の多い州は、それに比例して殺人件数が少なくなる(図84を参照)。この逆転関係は驚くほど強いもので、二つの社会現象の間に見いだしうるものとしてはほとんど完璧に近い[3]。もちろん、社会関係資本の高い州がなぜ殺人率が低いということになるのか、ということには多くの理由がある。例えば社会関係資本に富む州は、より裕福で、教育水準が高く、都市化程度が低く、所得分布が平等的である傾向がある。しかし、これらまたその他の要因を考慮に入れた詳細な分析を行うと、社会関係資本と街路の安全性の間の関係は本物であることがわかる。事実、殺人発生率の決定要因として、社会関係資本は貧困、都市化、人種構成と同程度の重要性を示している。驚くことに、一九八〇—九五年の期間における人口一人当たりの殺人件数の予測において、社会関係資本は州の教育レベル、片親世帯率、所得不平等性を超える重要性を示している。興味深いのは、この相関は、州全体レベルでの犯罪に対する恐怖感を統制してもその強さを保ち続ける。この予期せぬ事実が含意しているのは、因果の矢が、少なくとも部分的には、社会関係資本から犯罪の方向へ向かっているということである。[4]

われわれのストーリーは、古くからある歴史上の謎とここで交差する——なぜ南部は異なっているのだろうか？　歴史学者は一世紀以上前から、過去の南部連合国を構成した諸州では、国内の他地域よりも殺人的暴力がずっとよく起こるということに気づいていた。実際、殺人率は南北戦争のずっと前から南部で高く、この差は多かれ少なかれ、二〇世紀の間そのまま持続してきた。例えば、一九八〇年代から一九九〇年代の間において、南部の殺人率は北部のおおよそ二倍である。さらに、同様の地域的差異は、白人の間でも黒人の間においても見いだされる。心理学的、文化的、社会的、経済的、そして人種的なものまで、無数の解釈がこれまで提案されてきた。しかし人種、年齢、経済的不平等、都市化程度、教育、貧困度、その他殺人率に対する確立された予測変数を一定に統制しても、この地域差は残存してしまう。何らかの「南部性」が、殺人的暴力の高危険性と関連していると思われる。

「社会的、政治的、物理的環境を敵対的に捉える南部的な世界観……見知らぬものに対する惜しみない歓迎と、激しい敵意の共生」にその責めを負わせる評者もいる。また、この謎に対する鍵は、一九世紀の決闘の伝統に現れている、おそらくは一八世紀の移民パターンにまで遡ることができる南部特有の「名誉を重んじる文化」であると提案するものもいる。[5]図84はそれに対し、社会関係資本（あるいはむしろ、その欠如）がミッシングリンクである可能性を示唆している。社会関係資本における差を一旦計算に入れれば、この古めかしい地域差は消失する。確立してしまった社会関係資本の欠損を考慮すれば、南部は想像以上に暴力的、ということにはならない。この解釈は、北部・南部間の差を説明するだけでなく、北部・南部内の差をも説明する。[6]すなわち、殺人的暴力は、社会関係資本の欠けた場所ならどこであっても巣くう病理なのである。

社会関係資本と暴力の間の関連をさらに検討するために、過去数十年にわたってＤＤＢニーダム・ライフスタ

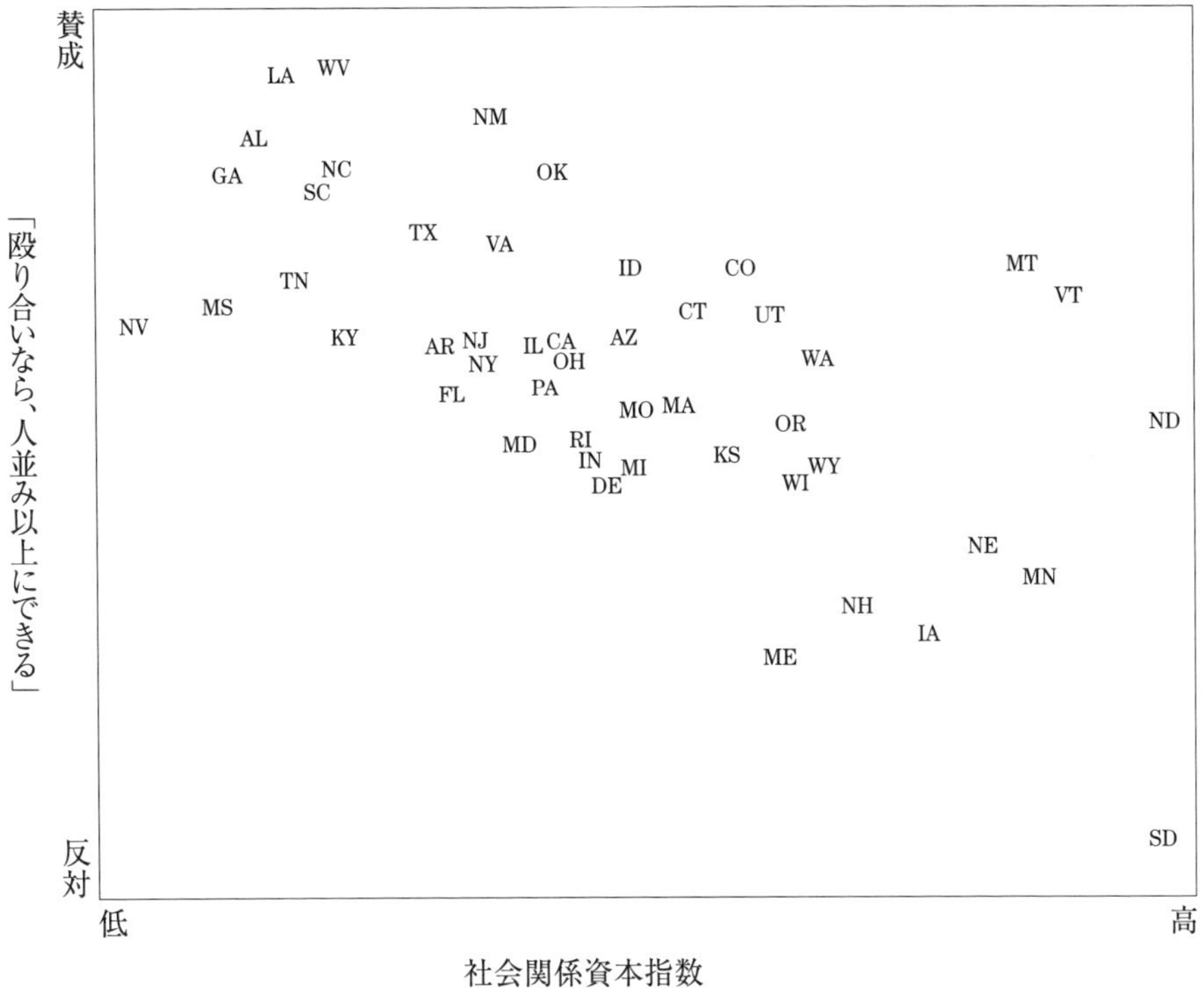

図85　高社会関係資本州は好戦的でない

イル調査の中で使われてきた面白い質問項目を活用することができる。「以下のことがらについて、あなたは賛成、もしくは反対しますか」と、回答者は尋ねられる――「殴り合いなら、人並み以上にできる」。平均すると、米国人の三八%は好戦的な項目の方を選ぶ（男性は女性の二倍賛成する傾向があり、二六%に対して五三%がそう答えるが、しかし女性も徐々にこの好戦性の差を詰めつつあり、一九七〇年代末の二〇～二五%から、一九九〇年代末の三〇%まで着実に上昇している）。ここで問題となるのは、州間に見られる大きな差である。尺度の上位の方では、ルイジアナ、ウェストバージニア、ニューメキシコの住民の半数近くがこの項目に賛成と答えており、対してサウスダコタ、メイン、アイオワ、ミネソタ、ニューハンプシャーの住民では三分の一以下である。図85の示すとおり、好戦性は社会関係資本の低さと強く相関しており、おそらくはコミュニティのつながりによる緩和効果の欠如によって、社会秩序の強制のための自助システムが発生したのであろう。ともかくも、社会関係資本のレベルが低い特徴を持つ州の市民は喧嘩っ早く（おそらくはそうある必要があるからだが）、暴力的な先有傾向を持っている。(7)

この州間差は、犯罪・非行率を地域レベル、さらには国勢調査単位で検討してきた一連の研究とぴたりとうまく接合する。犯罪行為に目を向けるのに加えて、これらの研究は洗練された統計テクニックを用いて、米国の諸都市を悩ませるその他の問題——幼児虐待から、中退率、ティーンの妊娠、ドラッグ使用に至る全て——に対する「近隣効果」を検討してきた。(8)これらの研究における統一的な前提は、人間の行動を決めているのはそれ自身の特徴のみならず、その人間を取り巻く特徴、すなわち近隣住民、学校の友人その他にもよる、というものである。

これらの研究は激しい論争の中心となってきたが、最大の論点は、似た性格の人間が同じ場所に集まるという傾向以上の何かが確実に示されたのか、ということであった。この批判をまとめると以下になる。確かに、ティーンエイジャーの中退は、同じ地域に認められる傾向があるが、これは子どもたちが互いに影響を与えあって学校をやめたからではない。むしろ、このような固まりが現れるのは、似たような価値観を持ったり、子育てをしている家族が、互いに近くに住むことでより気分よくいられるからである、と。最も洗練された統計分析であっても、「類は友を呼ぶ」現象を引き起こしうる不可視の力を同定するのは困難である、という点をこの批判者らは正しく指摘している。さらに、もし近隣効果が存在しても、親による子育てや指導のような「家族効果」に比べればささいなものであるかもしれない。(9)

このような批判を筆者は真剣に受け止める。それでも、犯罪に対する近隣効果を見いだした多くの広範にわたる研究は、これらの効果が真実のものであると筆者に確信させた。近隣の影響力の大きさはさまざまであるが、しかし、リスキーな行動に踏み込ませるその個人的先有傾向に加えて、リスクを冒す者たちのただ中に住む子どもは悪しきパターンに落ち込んでいく可能性が高いということを証明することに研究者たちは成功してきた。例えばボストンにおいて、近所の仲間がドラッグを使ったり犯罪を犯していたり、ギャングメンバーと友人であるような子どもは、もともとの性向に関係なく自分自身もそのようなことをする可能性が非常に高い。シカゴでは、近所にホワイトカラーの専門職が多く住んでいる地域の黒人青年は、教育水準の低い住民の中に住んでいる比較対象者に比べ、高校卒業率が三倍以上も高い。[10] これらの、さらに加えて何十もの研究が、人間が単に自分自身の選択や環境によってだけでなく、その周囲の人間の選択や環境によっても強く動機づけられているということを示している。自分の運命は、自分自身が学び、ドラッグを遠ざけ、教会に通ったかどうかだけではなく、近所の者がこれらを行ったかどうかによっても決まっているのである。

　この研究手法は、いかにして近隣効果が力を発揮するのかということについて正確に示すことを常に可能にしてきたわけではないが、近年の取り組みによって、これらのプロセスへの理解がさらに進んでいる。[11] 研究者らは、社会関係資本――あるいはその欠如――が、パズルの中の大きなピースになっていると考えるようになった。まず、社会関係資本の存在――一人一人が信頼のネットワークと共有された価値によって結びついていること――は、若者やその他の人間に対して、ポジティブな規範の強化を可能とし、彼らに指導者へのアクセスや役割モデル、教育上のスポンサー、近隣以外の仕事との接触を提供する。[12] 社会的ネットワークは同時に個人に対し精神的、経済的サポートを提供し、コミュニティ組織に対して政治的影響力やボランティアを供給する。[13] ポジティブな規範、コミュニティ組織や成人のインフォーマルな友情や親族のネットワークの欠如は対照的に、子どもを自分自身の才覚だけで置き去りにしてしまう。まさにそのような環境下で、若者は近視眼的か、あるいは自己破壊的な衝動のおもむくままに最も振る舞いやすくなるのである。

　またそのような環境下で、若者は自分自身の社会関係資本を、ギャングや近所の組《クルー》として最も形成しやすくなる。「社会関係資本の不足は、社会的に無秩序なコミュニティの第一の特徴である」と社会学者のロバート・サンプソンは主張する。[14] 近隣とのつながりのレベルの変化に関する最良のデータによれば、大半の米国人の近隣関係の中への埋め込みは、一世代前と比べて低下していることが示されている。[15] これは、部分的には、女性――長らく、熱烈な近隣関係の構築家であった――が、日中仕事で外出することが、その母親のときよりもずっと多くなったことによる。そして、専門職の男性も、以前は近隣組織に自分の能力を貸し出していたのだが、その父親のときよりも自分の仕事に長時間を費やすようになった。第2部で述べたように、人々は今日、近隣との社交や、コミュニティ事業のために労力を割くことをあまりしなくなった。

実際、近隣の社会関係資本――地域の目、社会化、アドバイス、集団形成――の衰退は、純粋な経済的要因と共にインナーシティの危機における重要な特徴の一つである。多くの都市生活研究者が、米国諸都市から働き口と中流家庭が流出していることを指摘してきた。この流出は、人的、財政的資本の双方の枯渇を、そしてさらに付け加えるなら、社会関係資本の枯渇を表している。わが国の代表的都市社会学者であるウィリアム・ジュリアス・ウィルソンはこの下向きのスパイラルを、一九八七年の名著『本当に不利な立場に置かれた人々』で描写した。「ここでの基本的な主張は、インナーシティから高所得家族が除かれたことによってゲットー文化の抑えが効かなくなった、ということではない。そのような家族がいなくなったことが、長引く雇用難を前にしてインナーシティの基本制度（教会、商店、学校、レクリエーション施設などを含む）の維持を一層難しくした、ということである。そして基本制度が衰退すれば、インナーシティの近隣の社会組織（ここでの定義では、コミュニティ感覚、地域へのポジティブな帰属意識、逸脱行動に対する明示的な規範と制裁を含む）も同様に衰退する」[16]。

フィラデルフィアのインナーシティについての長年にわたる調査に基づき、都市民族誌学者のイライジャ・アンダーソンもやはり、低所得地域における「道義上の結束」が確実に衰退していることを書き記した。彼もまた、社会関係資本の低下と財政的、人的資本の移動を結びつけている。ミドルクラスの黒人の流出が「黒人コミュニティ内部の道徳的、社会的リーダーシップの非常に重要な源泉を減少させた」と彼は結論づける。一方で、地域の古参の政治家たち――アンダーソンが呼ぶところの「古いかしら《オールド・ヘッド》」――はそこを離れなかったが、その数は次第に減少し、またその道徳的権威が失われていった。男性の「古いかしら」は「安定した資産を持ち、家庭生活や教会に深く関わっており、最も重要なこととしては、仕事から得た経験によって培われた自身の哲学を、それに値すると考えた若者に受け渡していた」。正当な仕事が減少し、不法な経済活動がずっと儲かるということが明らかになるにつれて、彼は「役割モデルとしての威信と信頼性を失っていった」。同時にコミュニティの「母親」が以前は玄関口のポーチにいて、近隣の目や耳として働いていたのだが、「ほぼ完全に親の監督下になく、自らのしたいように放たれている子どもである「ストリートキッズ」のまさに急増に圧倒される」ようになった。近所のために仲裁に入るという、こういった女性に以前はインフォーマルに認められていたことをもはや行使できなくなったのである。「家庭の保護者や役割モデルが消滅したり影響を失っていき、失業や貧困がさらに続くようになると」、アンダーソンの結論では「コミュニティ、とりわけそこの子どもは犯罪、ドラッグ、家族崩壊、道徳低下の蔓延、失業といった広範な社会病に対して脆弱になっていく」[17]。

インナーシティに住み働く人々は、アンダーソンの描写した人々やプロセスを認識している。さらに、社会関係資本の欠落が犯罪やその他の社会病理を招くのは、マイノリティの、貧しい地域に限定されるわけではない。社会関係資本がいかにして健全な地域を支えているかに関してのアンダーソンによる基礎的な洞察は、地域、個人データによる多数の洗練された分析で計量化されてきた。

中でも最良のものはロバート・J・サンプソン、スティーブン・ローデンブッシュとフェルトン・アールズによるシカゴの近隣地域についてのよく知られた研究である。大規模調査と犯罪データに基づいたこの研究で見いだされたのは、二つの特性——近隣の間での相互信頼と愛他主義、そして子どもの非行を目にしたときに介入しようとする意向——が、一部の地域がほかと比べて犯罪傾向が低い理由をよく説明するということだった。実際、近隣地域の「集合的効力性」はそこの貧困度や居住の不安定性よりも、その住民が犠牲者になるかどうかをよりよく予測する変数であった。このシカゴ研究においては地域組織への個人参加、近隣地域を基盤とした事業数、近隣地域内の親類や友人とのつながりの程度といった、他の指標による社会関係資本は大きな差を生み出しているようではなかった。むしろ、筆者らの結論では「暴力の減少は、住民の間でのインフォーマルな社会的コントロールと凝集性に直接起因する部分が大きいように思われる」[18]。

これに先行するサンプソンとW・バイロン・グローブスによる研究の知見では、組織参加と社会的つながりが犯罪レベルの低下をもたらしていた。彼らは英国の犯罪データを分析し、人々が緊密な友人の絆と、それよりは緩やかだが多様性の高い知り合い関係によってつながっており、また人々が地域の委員会やクラブに積極的であるような地域では、強盗、暴行、窃盗、自動車盗難、といったことが少ないことを見いだした。[19] この研究で最も興味深いのは、近隣地域における伝統的な「リスクファクター」――貧困度の高さや住民の流動性――は、多くの人が考えるようには犯罪問題の大きな要因におそらくなっていないという知見である。サンプソンとグローブスの分析が示すのは、貧しい、安定性の低い地域では確かに街路強盗の割合が高いが、これは単純に貧困と不安定性自体によるものではないということである。むしろこれらの地域で犯罪率が高いのは、成人がコミュニティ組織に参加しておらず、ティーンエイジャーを指導せず、友人のネットワークによってつながっていないことにその大部分の原因がある。同様に、ニューヨークの一〇地域を対象にした研究が明らかにしたのは、コミュニティ組織への参加が、青少年非行に対して社会経済的な不利点が与える影響を減少させるということだった。[20] 言い換えれば、若者が奪い盗むのは彼らが貧しいからというだけではなくて、成人のネットワークや組織が解体されてしまったからでもある。

近隣が家族に対して影響を与えうるように、家族も近隣に対して影響しうる。経済学者の言葉を使えば、家族の社会関係資本は「正の外部性」を持ち、家庭から街路へとあふれ出す。カリフォルニア北部で研究者が見いだしたのは、安定した家族が地域に多数存在することが青少年犯罪のレベルの低さと関連しているのは、大人が役割モデルや指導者として機能しているからではなく、適応力の高い、行いの正しい子どもを育てているからであるということだった。したがって、「よき家族」は、ほかの家族の子どもが友人となれるような「よき仲間」を増加させることによって波及効果をもたらしている。[21] もし、若者の諸問題を伝染性の病理――高校や友人集団を通じて拡散する行動上の水疱瘡のようなもの――と考えるならば、他者への感染力を持つ伝染性の子ども数を減少させるワクチンを、安定した家族が提供していることとなる。

しかし、家族が地域に統合されていることは、必ずしも常に有益であるとは言えない。もし地域の規範やネットワークが、民族誌学者のアンダーソンが「適切な《ディセント》」価値観と呼んだもの[22]と一致していなければ、コミュニティの網に絡め取られた家族は、元来のよい性質と衝突することになるだろう。北部カリフォルニアの高校生を対象とした調査によれば、親が子どもの友達、そしてその友達の親を知っている程度が、子どものクラス参加とアルコール、たばこ拒否を説明する強力な指標となっていた。しかしこのような「親が親を知っている」プラスの効果も、学校への参加と薬物乱用が問題になっていない地域でしか見いだされなかった。生徒の問題が深刻な地域では、うまく適応できない仲間がいるようなコミュニティに住むことの持つ問題を、親の社会的統合がむしろ悪化させていた。[23] 言い換えると、困り者のいるコミュニティに社会的に統合されることは、よい結果を生み出さない可能性がある。

インナーシティのギャングもまた、建設的な制度が悲惨なほど欠如している場所において、地域基盤の社会関係資本を築こうとする誤った試みをしていると考えられる。ギャングを同定したり、さらには数えることの難しさについては専門家の一致するところだが、ほとんどの証拠が示唆しているのはその数が拡大中だということである。[24] これらのギャングには、垂直的な組織体を持ちその唯一の活動《ビジネス》が「ビジネス」、特にドラッグ、銃器取引であるようなものもあるが、他のギャングはずっと相互扶助組織に近く、終生守られるべき相互信頼、互酬性と友情という水平的絆を基盤としている。[25] 多くの場合、ギャングのメンバーは主流のコミュニティに許容され、またその中によく統合されている。[26]

シカゴのラテン系ギャングについての優れた研究の中で、ルース・ホロウィッツは彼らの内部に存在する広範な社会関係資本について記述している。

「ライオンズ」はグループを形成して以来一〇年近くであり、その間個人的、集合的に行われ続けてきた交換は、物やサービス、個人的情報についてのものだった。小さな交換は絶え間なく行われてきたが、果たさなければならない大きな義務が何年にも及ぶこともたびたびだった。日常的な金の貸し借りや一回りビールをおごることは、日常の連続的な社会関係と、交換の流れを提供していた。誰がビールの金を払ったか、質問が上がることもなく、収支の記録がとられることもなかった。同じことは小さな借金や食事についても言えた。ずっと続く抗争で助けられたとか、共犯の名前を明かさずに刑務所に行ってもらうとかして誰かに借りを作るなどのより重大な相互義務は、しばしば長期間にわたって続いた。[27]

ロサンゼルスの元ギャングメンバー、サニカ・シャクールはそのような長期間の義務をストリートの言葉で説明する。「お前がこの「シマ《フッド》」の人間で、外に出ていく……そしてうまいこと成功したとき、義務を背負うことになる。そこには二重の義務がある。民族的な義務があり……シマの義務がある……まずは民族的義務だ。戻ってきて貢献をしないならば、通行証《ギルドパス》が取り消される。そして、シマ関係の責任があって、戻ってこなければそれで殺されることになる」[28]。

ギャング生活を描く中で示された相互義務が、社会関係資本の形を示しているということは強調せねばならない。多くの点においてこれらのネットワークと互酬性の規範がメンバーの利益に奉仕するのは、ボウリングチームに体現された社会関係資本がメンバーを助けるのと全く同じである。しかし、ギャングの連帯が指向している目的は、一般的に傍観者にとっては害悪がより大きい。この例は、社会関係資本の外部効果の全てが有益というわけではないということを想起させる。

ギャング活動に関する他の研究者の示唆では、ギャングが重要な社会的制度の代わりとなっているのは、より広い社会に対するつながりを若者が得る可能性がほとんどなく[29]、自治会や共済組合といった他の「主流の」制度が衰退したり欠如している地域である[30]。ギャングのメンバーは、区の政治家によって政治的組織化の兵隊として[31]、組織犯罪シンジケートによって非合法企業の下っ端の雇われとして[32]、コミュニティグループによってボランティア労働力、資金、そして保護のソースとして利用されてきた[33]。最後のポイントはとりわけ多くを物語っている。ワシントンDCの、公営住宅開発における女性活動家の研究が見いだしたのは、ドラッグ・ギャングが重要な後援者であり、女性たちが組織した子どもの放課後プログラムに不可欠な資金提供をしたということだった。ある活動家は設立間もない子どもセンターの見学会にドラッグ・ディーラーたちを招待し、彼らもそのお返しとして、この女性の組織運営は、街の不良によっていかなる妨害もされることはないと宣言したのだった[34]。すなわち、ストリートでドラッグを売ったり激しい抗争をしていさえしても、ギャングは彼ら流の、しばしば破壊的なやり方でとはいえ、ある種の社会関係資本を代表している。建設的な社会関係資本と制度が衰退している場所で、ギャングはその空白を埋めるべく立ち現れている。

これらは、米国のインナーシティが建設的な形の社会関係資本を欠いているということを意味しない。米国のゲットーは、通常考えられているよりずっと多様である。住民の大半は仕事をしており、ほとんどの家庭は福祉に頼っておらず、大半のティーンエイジャーは通学している。[35] マイノリティのコミュニティ、特に米国都市のそれを研究する民族誌学者は豊かな宗教的、精神的なネットワークが、経済的混乱と「主流の」白人制度の無関心さに苦しめられる人々の支えとなっていることを見いだしてきた。二〇年以上前、キャロル・スタックの古典的研究である『皆われらが親族』が米国白人社会に紹介したのは、中西部のインナーシティ地域における「フラット」の黒人家族が発達させている、精緻で育成的なサポートネットワークであった。スタックが出会い、三年間その中で暮らした人々のほとんどは北部出身の第二世代であった。大半は子育てをする独身女性で、ほとんどが公的扶助に頼っていた。スタックはそこで、無数の「連携が人々の間に存在し、物や資源、子どもの世話についての取引、交換をしている」ことを発見した。彼女が印象を受けたのは「人々の家庭的な協力行為の強さであり、そこで交わされる物やサービスの交換が、親族、非親族の双方で行われていること」であった。[36]

都市生活の研究者は、都会の貧困者の間で高水準の不信感が存在することにしばしば言及するが、スタックはそれに反論し、フラットの住民においては贈与が直ちに返報されることがほとんどないため、その交換ネットワークを維持するためにも信頼感が高水準になるはずとした。そしてインナーシティは無秩序であるどころか、しばしば目に見えることのない愛他主義と義務のネットワークによってよく秩序立っているという特徴が（少なくとも当時は）あると彼女は主張した。[37] これらのネットワークは拡大型の、社会的に構築され、はっきりと認識された「親族集団《キン・グループ》」という形態をとっており、それは親類、恋人とその家族、友人と、友人の家族およびその友人によって構成されている。都市貧困者は自身で自立していくことができないと理解しており、そのネットワークをいかに拡大させ続けていこうとしているかをスタックは記している。ネットワークのメンバーは子どもの世話や、金銭の援助、一時的な避難所、その他の形態の援助を提供することができる。その一方でネットワークのメンバーは、ずるがないか互いに目を光らせており、与えたものより多くを得た人間に対して強力な制裁を科す。

すなわちフラットは、苦闘する貧困者の間の社会関係資本という財が、豊かに織り込まれた像を示しているのである。[38]

残念なことに、インナーシティの社会的ネットワークは一九六〇年代末にスタックが見いだしたほどには密でも効果的でもないということを最近の研究は示しているが[39]、それはスプロール化した郊外地域やハートランドの小村落のように、インナーシティも今日では社会関係資本が以前より減少しているからである。しかしこれらの互酬システムが残っている場所では、それは貧困者にとっての重要な資産であり続けており、それは都市の下層階級についてのありがちな説明の中では非常にしばしば見過ごされているものである。

まとめると、不利な立場にある地域において、社会関係資本は非常にしばしば有益なものとなっている。社会関係資本に欠けた地域では、貧困、成人の失業や家庭の崩壊のもたらす影響が拡大し、子どもにも成人にとっても同様にその暮らしは困難なものとなる。すでに見たように、予備的なものであるが興味深い知見として社会的信頼と組織参加、そして地域の凝集性が、経済的不利とティーンエイジャーの問題行動との間のつながりを断ち切ることを助ける可能性がある。もちろん問題は、社会関係資本は不利な地域でしばしば欠けており、築くことが難しいということである。「地域犯罪見回り《ネイバフッド・クライム・ウォッチ》」計画についての調査によれば、それが最も成功するのはそれが最も必要ない地域――ミドルクラスの、社会的信頼と組織ネットワークによる利益をすでに受けている安定した地域――であることが見いだされている。[40] 既存の社会関係資本がさらなる社会関係資本の産出を促進するという「好循環」の代わりに、インナーシティにおいては悪循環の方があまりに多いという特徴があり、信頼と凝集性のレベルの低さが犯罪レベルを高め、それがさらに信頼と凝集性の低下を導いている。社会関係資本強化の戦略は負のスパイラルを「解き放つ」ことを助けるであろうが、それは達成の困難な戦略である。

一九八〇年代を通じ「コミュニティ警備《ポリシング》」という名称の下で、全国の警察署がある種の「応用社会関係資本主義」の実践として、警察官とコミュニティ住民の間のパートナーシップの構築により犯罪に対抗することを模索し始めた。コミュニティ警備が確かに社会不安と犯罪を、少なくとも部分的には地域の社会関係資本を生み出し活性化することを通じて減らしているという証拠も存在する。シカゴにおけるコミュニティ警備の実験、いわゆるシカゴ代替警備戦略《オルタナティブ・ポリシング・ストラテジー》（ＣＡＰＳ）を評価して、ウェズリー・スコーガンとスーザン・ハーネットは「参加のための比較的一律な機会を作り出すことによって、ＣＡＰＳはコミュニティのあらゆる層にわたって幅広い参加を促すための第一歩を踏み出した」と報告している。同様にジェニー・ベリエンとクリストファー・ウィンシップの報告では、有望な結果がボストンのテンポイント連合という、地域の牧師が仲立ちした警察と民衆の間での協力関係に見られている。彼らの主張では、こういった地域の牧師のみが、このような戦略を実現するのに必要なコミュニティ内でのつながりと信頼——社会関係資本——を持っている。一九九〇年代に米国の大都市で犯罪が減少した理由の一つは、それが減少中か否かはともかくも、地域における社会関係資本の蓄積を効率的に利用することをその住民や指導者が身につけたからであるかもしれない(41)。

本章では、社会関係資本が安全で生産的な近隣地域に寄与し、その欠如が改善への努力を妨げることについて、最も目立つ証拠のいくつかを検討してきた（もちろん、社会関係資本は犯罪率に影響する唯一の要因ではないので、社会関係資本の低下が犯罪増加をもたらすのは、関連する他の要因が変化しなかった場合のみである）。証拠の多くは、インナーシティとその住民に関する研究から引き出されたものだが、それは一世代以上の期間にわたって、そのような状況下で発生する問題についての研究に学術的な労力が費やされてきたからであった。社会におけるつながりがコミュニティ福祉に与える影響についての証拠を探る過程で、この一連の先行研究の中には豊富な実証的証拠と、重大な意味が存在することが判明した。しかし強調する価値があるのは、もし「郊外居住者の文化」とミドルクラスの白人コミュニティにおける社会病理が同様の関心を引いたならば、社会関係資本の欠落が、デトロイトの中心都市と同様にグロスポイント（訳注：デトロイト郊外の都市）に対してもどれほど影響するのかを、よりバランスよく評価することが可能となっただろうということである。近隣生活に対する社会関係資本の（良くも悪くも）影響が、貧しいあるいはマイノリティのコミュニティに限定されると仮定することには理由がない。

貧しいコミュニティにおける社会関係資本の役割を強調する第二の理由は以下となる。まさに貧しい人々は（定義的に）経済的資本がほとんどなく、人的資本（すなわち、教育）の獲得においても圧倒的な障害に直面しているので、社会関係資本はその福祉に対して、不均衡なほどに重要であるからである。第2部、第3部に示した証拠からは、社会関係資本とコミュニティ参加の衰退が、デトロイトのインナーシティと基本的に同程度にグロスポイントにも影響したことが明らかとなっているが、したがって、それが発達することの与えるインパクトは他の形の資本による保護を欠いたインナーシティにおいてずっと大きなものとなる。二〇世紀の終わりにおいて、郊外や農村コミュニティの学校で大騒動が噴出しているが、これが思い起こさせるのは恵まれた状況においてもコミュニティの崩壊が続いていること、そして裕福さも教育も、集合的悲劇を防ぐのに十分でないということである。

第19章　経済的繁栄

社会関係資本の高い地域においてよい居住空間が維持されているように、そこは経済的に成功しやすい地域でもある。信頼と社会的ネットワークが栄えている場所においては、個人、企業、近隣地域、そして国家さえも繁栄する、ということを示す研究はますます増加しつつある。[1] さらには前章で見たとおり、社会関係資本は、潜在する社会経済的な不利を緩和させる力を持っている。

個人レベルにおいて、社会的つながりはその人間の人生上の機会に影響する。経済的な価値のある社会的つながりを持つ裕福な家庭の中で育った人々は経済市場において成功する可能性が高いが、それは単に裕福で教育水準がよくなりがちだからというだけでなく、そのつながりが利用可能で、また実際に活用するからである。逆に、社会的に孤立した、農村あるいはインナーシティ地域で育った人々は取り残されてしまいがちだが、それも単に経済的、また教育的に恵まれていないというだけでなく、「手をさしのべて」くれる社会的つながりについて相対的に恵まれていないからでもある。[2]

経済学者の推し進めるおびただしい数の研究が示すところでは、社会的関係は就職、ボーナス、昇進、その他雇用上の利益に影響を与えている。[3] 社会的ネットワークが人々に供給するものにはアドバイスや仕事上の手がかり、戦略的情報、そして推薦状がある。マーク・グラノベッターは求職者に関する一九七〇年代のその先駆的研究において、職探しをしている人間にとっては、ちょっとした知り合いの方が、親友や家族よりもずっと重要な資産となりうるという、直感に反する事実を提示した[4]。私の最も親密な友人や親類――私の「強い紐帯」――は、私自身の知っている人々と同じ人を知り、また私自身が聞いた機会と全く同じものを聞いている可能性が高い。もっと離れた知り合い――私の「弱い紐帯」――は、私を予期せぬ機会とつなげる可能性があり、それゆえにこのような弱いつながりは私にとってずっと価値あるものとなるのである。

グラノベッターの「弱い紐帯の強さ」という知見は、社会移動に関心を持つその他の研究者によって追試され、また拡張されてきた。最近の研究によれば、そのような「弱い紐帯」がとりわけ強い効果を発揮するのは、主流の経済・社会的組織の周辺に属する人々に対してである[5]。いつものことではあるが、職のネットワーク――あるいはそれからの隔離――が、インナーシティ住民の雇用見通しに実際どの程度の影響を与えるのかについては活発な論争がある。懐疑論者の主張では、雇用者の人種差別[6]、都会での新しい仕事に求められる教育条件[7]、郊外の成長中心地に対する都市居住者のアクセス欠如[8]が、同程度に、あるいはそれ以上に深刻な障害となっている。しかし積み上げられた証拠の示すところは、社会関係資本は確かに重要であり、その存在が雇用上の障壁を乗り越える助けになりうるということである[9]。

例えば、社会的ネットワークや社会制度が存在する場合、失業中の者はよい結果に向けてそれを利用することを研究が示している。このようなことはほとんどの移民コミュニティにおいて見られ、そこでは雇用者が、新しい労働者の補充と訓練を被雇用者に依存している様子が見て取れる。このような社会関係資本的アプローチは、訓練のスピードを上げ、被雇用者のモラルを向上させ、会社への忠誠心を伸ばすと言われている。民族的ネットワークを雇用ネットワークとして利用しているということは、特定の民族集団が特定のサービス、産業を持続的に独占しているのはなぜか、ということを説明するのに役立つ。例えばニューヨークにおける中国系「衣料業《ラグ・トレード》」はよい例であろう。ニッチ経済に関するある研究の知見によると、ほとんどの民族集団において、そのような連帯的雇用を実践することは、移民の賃金を同程度の技能を持つ白人の賃金にまで実際に高めている。移民ネットワークはまた、起業家に対する資金の提供も行い、それは家族メンバーからの贈与という形や、回転信用組合からの融資といった形態を取る[10]（回転信用組合は、しばしば民族的な基盤を持つ集団であって、参加者は定期的に共有基金に寄付をし、その全体あるいは一部が、それぞれの寄付者に対し順番に利用可能になるというものである。このような自助式の小口融資《マイクロレンディング》協定は世界中に広がっており、少額の借手に対して公式の信用機関が融資を望まなかったり、また行えなかったりするところで利用されている）。韓国系実業家の調査によれば、事業を始めるにあたり七〇％が資金借り入れを行っていたが、そのうち四一％は家族から、二四％は友人からの借り入れを（金融機関からの三七％と比較して）行っていた。

　社会的つながりの持つ経済的優位性は、民族居住地《エンクレーブ》を超えて広がっている。例えば失業者を対象にした調査によれば、求人先の手がかりとしてまず友人と親類に目が向けられる。ある調査では実に八五％の若年男性が職探しにおいて個人的なネットワークを利用していたが、対して職業安定所や新聞を利用したと答えた者は五四〜五八％であった。ロサンゼルスにおいては、過去五年以内に職を探していた白人・黒人女性の三分の二は、直近の、または現在の地位に就くにあたってその会社内の知人の助けを借りていた。興味深いことに、このような女性の大半にとって、最も直接の助けになったのは自身の近隣の外部に住む人であった。[11] 広範な調査データを全体として見ると、おおよそ半数の人々が友人や親類を通じて職を得ている。[12] 他方、職業獲得における制度化された社会関係資本ネットワークを検討する研究もある。例えば、教会に通う頻度は、インナーシティに住む若年黒人が有給職に就くかどうかに対する最も強力な予測変数であった。若者の宗教的信念は雇用に対してほとんど何も影響を与えていないことから、これら若者の経済的成功の背景にあるのは、教会出席の社会ネットワーク的側面であり、宗教的側面ではないことが示唆される。[13]

　社会的ネットワークの経済的価値は、持たざるもののために限られているわけではない。社会学者のロナルド・S・バートは、ビジネス・エグゼクティブの回転式名刺入《ローロデックス》に納められた社会的、組織的つながりが、職業上の成功度合いの決定要因として、その教育水準や経験に劣らぬほど重要であることを証明した。オルバニーからシンガポール、ドレスデンからデトロイトに至るまでで行われた多数の研究が、社会階層のあらゆるレベル、経済のあらゆる部分において、社会関係資本が職業上の昇進、社会的地位、経済的見返りを達成するための強力な資源となっており、おそらく人的資本（教育と経験）よりはるかに重要であることを見いだしてきた。シカゴの銀行業の研究において、ブライアン・ウッジは「貸手との商取引が、社会的愛着《アタッチメント》に埋め込まれているような会社の方が、融資において利率が低い」ことを見いだしている。売り買いにおいてさえも、とりわけ大口の場合やリスキーな取引においては、知っている人間とやりとりをすることをわれわれは好む。社会学者のポール・ディマジオとヒュー・ローチは、「友人や親類と取引をした人間の方が、見知らぬ人間と取引をした人間よりも結果に満足していると答える」ことを見いだした。[14]

社会関係資本が重要な意味を持つ理由は、人々のネットワークが十分に大きい場合に、潜在的な経済的パートナーを結びつけ、質の高い情報を提供し、また身元保証をしてくれるからであるということについての、確たる証拠にこれらの研究はなっている。[15] さらに言うなら、多くのホワイトカラー職については、人々の持つつながり——他の人々や組織へのアクセス——こそが、その人を雇用する理由となっているのである。すなわち、社会的ネットワークは疑いなく金銭的価値を持っている。

問題は、都市生活の先端の研究者も指摘していることだが、このような社会的ネットワークはまさにそれを最も必要としている場所で欠如しているということである。例えばシカゴでは、極端に貧困にあえぐ黒人——ウィルソンの言う「本当に不利な立場に置かれた人々」——は、貧困度の低い地域の黒人に比べると、パートナーや親友が明らかに少ない傾向がある。極端に貧しい住人にパートナーや親友がもしいたとしても、そのパートナー／親友が高校を卒業しているか、あるいは定職に就いている可能性は、それより貧困度の低い地区の黒人住民のパートナーや親友と比べるとずっと下回る。このデータが示唆するのは、「最貧地区の住民は、単に社会的つながりが少ないというだけではなく、例えばそのパートナー、親兄弟、親友の社会的地位という点で測定した場合に、社会的価値のより低いつながりを持ちやすい。すなわち、彼らの持つ社会関係資本の総量が少ない」ということである。[16] 他の地域についての研究者も類似の結論に達している。一例を挙げれば、貧困と社会的孤立下にあるブルックリンのレッドフック地区に関する研究は、自治会組織と教会活動の衰退を記録している。そういった活動の低下は、社会的ネットワークの成長を阻害するが、雇用者側はそういったネットワークの「口コミ」で採用の大半を行っているのである。[17] また、ロサンゼルス郡で行われた研究によると、地域の貧困度は労働者の賃金を低くとどめるが、それは払いのいい仕事への交通手段に欠けているからではなく、第一の理由はそのような労働者が、恵まれた職への機会を教えてくれるような人々とのネットワークへのアクセスに欠けているということであった(18)。社会的接触は理論上、著しく実入りのよいものになりうる——アトランタの研究によれば、社会的ネットワークの中に就労者が一人増えるごとに、その人の年収は一四〇〇ドル増加するという知見が得られた(19)。しかしその実入りも、マイノリティ集団のメンバーよりも白人にとってより大きい傾向がある。就職情報を近隣の人間から得る黒人は、近隣外の接触を通じて職を得る黒人よりも収入が低い傾向がある(20)。このことが示唆するのは、不利な立場のものにとって、「橋渡し型」の社会関係資本が最も有益な形態である可能性があるということである。総合すれば、経済的に不利な地域の住民は、二重に苦しんでいるように見える。彼らは、成功するために必要な物質的資源にも欠けていれば、物質的資源の蓄積を可能にするような社会的資源にも欠けているのである。

社会関係資本が、経済的に非生産的な結果をもたらす可能性もある。民族的な「ニッチ」経済——一つの移民集団によって独占されているような小売、生産やサービス領域——の研究者の中には、そのような集団の持つ信頼と団結の堅い結束が、成長と流動性を制約する可能性について問題を提起してきた者がいる。民族的エンクレーブは、スタートアップのための資本と顧客をその起業家のために提供するが、団結の圧力は「あまりにも」成功している、あるいは民族に直結したマーケットを超えた拡大を試みる人間やビジネスの足を引っ張ることも可能とする(21)。コミュニティ内で成功していないメンバーの側が、成功した者が感じる義務と責任の絆を活用することもある、という指摘をしている社会学者もいる。このように、新興起業家は働き口や資金、その他の面倒見を求める、死にものぐるいの家族や近隣の者からの過大な要求に直面することがしばしばある。自分の可能性を完全に花開かせたければ、起業家は自分の民族集団や地域を超えて手を伸ばし、より広い世界——顧客、金融機関、市民組織——とのつながりを築かなければならないこともあるだろう(22)。社会関係資本が生産的でないところでは、それは別の場所に求められる必要があるのである。

緊密なネットワークはまた、安直な利益を求める営利事業によって搾取されることもありうる。例えばアムウェイやその他のビジネスは、見かけ上独立したエージェントに依存して、人々を商品売買にリクルートしている。こういったケースではエージェントは友人や隣人に商品を買いまた売るように依頼するが、このような状況を、良好な社会関係を支配している互酬性や愛他主義といった暗黙の規範に対する挑戦であると忌み嫌うものもいる。しかし、このような例外は別とすれば、社会関係資本が、人々の繁栄を支える、ということに大半の研究者が同意している。残された唯一の真の論争は、人的、財政的資本と比較して、社会関係資本の果たしている役割の大きさはどれほどか、ということをめぐっている。

社会関係資本が個人を利するとするならば、それが周りの人々や、さらには国家全体さえもが富を創り出すのに対しても貢献するということにおそらく驚きはないだろう。このことは、さまざまな仕方で起こりうる。近隣レベルでは、社会関係資本は住宅所有者によって、市場価値のある資産となっている。ピッツバーグでのある研究によれば、他の要因を等しくした場合、社会関係資本の高い住宅地は、低社会関係資本地域と比べて、価値の下落する確率がずっと低い[23]。住民が投票し、活発な近隣組織を維持し、地域に愛着を感じ、住むのに良い場所だと考えているような地域は、他の人々も越してきたいと考え、それゆえに住宅価格も比較的高値を維持する。社会参加がもたらすこの正の影響は、住宅価格に影響を与える可能性のあるダウンタウンへの距離、人種構成、住民の社会経済的地位といった他の要因を考慮に入れても保たれる。教訓は明快である。すなわち良い隣人ともなっている住宅所有者は、社会関係資本を銀行に持ち込んでいるようなものだということである。

地域、地方レベルにおいては、経済的アクター間の社会関係資本が全体的な経済成長を産み出しうるという実証的知見が集積されつつある。これは、ボウリングリーグやPTAを数多く持つことが街の経済発展を必然的に生み出すということを述べているのではない。しかし、ある種の条件の下で、経済的アクター間の協力が、自由市場における競争よりも、成長のためのより良いエンジンになりうるということは言える。二つの意味深い実例を検討しよう。

一九四〇年において、ミシシッピ州トゥーペロは国内最貧州における最貧郡の一つであった[24]。特筆すべき天然資源もなく、発展の鍵になるような主要大学や産業もなく、主要高速道や人口集中地が近くにあるわけでもなかった。さらに悪いことに、一九三六年には米国史上四番目に甚大な被害をもたらしたトルネードに襲われ、翌年には唯一の主要工場が根深い分裂をもたらしたストライキの結果閉鎖した。大学で訓練を受けた社会学者で地元出身のジョージ・マクリーンが、故郷に戻り地方新聞を始めたのはちょうどその頃だった。彼は卓越したリーダーシップにより、この街とそれを取り囲むリー郡の経済的発展は、コミュニティとしての発展なしにはあり得ないという考えの下にトゥーペロのビジネス・市民リーダーを結集させた。郡の綿産業の抱える薄暗い見通しを懸念して、マクリーンは手始めに地域のビジネスリーダーと農家を説得して、種牛を購入するための資金を集めさせた。この動きは実入りのよい酪農産業の始まりとなり、地域の収支を改善させて結果としてさまざまなビジネスの繁栄をもたらした。階層度の低い社会秩序を創り出すために、街のエリートである商工会議所は解散させられ、万人に開放された「コミュニティ開発財団」が出発した。財団は地域の学校の改善やコミュニティ組織の創始、医療センターの設置、職業教育センターの創立の業務に着手した。一方で、全ての従業員に高給を支給し、またそれを目標として共有するような産業のみが街に参入することを歓迎された。郊外地区には農村開発協議会が設置され、技術訓練から地域浄化キャンペーンに至る自助的な集団行動が奨励された――共有の目標に向かっての集合行為は、これまで反体制的だとされてきた環境の中においてである。

その後五〇年が経過し、マクリーンと彼の後継者のリーダーシップの下で、トゥーペロはコミュニティ、経済発展の全国的モデルとなり、数多くの賞を受けまたこの街の成功を自分のコミュニティへとコピーしようと熱望する訪問者の列を惹きつけることとなった。一九八三年以来、リー郡は一年当たり一〇〇〇の職を増加させ、何億ドルもの新規投資を集め、間違いなくミシシッピ州で最良の学校システムを生み出し、国際的レベルの病院を建設し、失業、貧困率は州（時には全国）平均を大きく下回るレベルを保っている。このコミュニティ成功の基礎にあるのは、市民の個人的利益は、皆が目標を集団的に追求しなければ達成し得ないという認識への、揺らぐことのないコミットメントである。今日において、トゥーペロで社会的名声を享受するには、コミュニティにおけるリーダーシップに同時に深く関与することなしには考えることができない。トゥーペロの住民は社会関係資本――協力と相互信頼のネットワーク――に投資しており、具体的な経済的利益を上げているのである。

もう一つ、少々異なった「社会関係資本アプローチ」は、カリフォルニアのシリコンバレーの経済的奇跡の根本にある。コンピュータ起業家の小集団に率いられ、またリソースの豊かな大学コミュニティに支援され、シリコンバレーはハイテク開発と製造の国際的中心として浮上した。この成功は、この地区の創業間もない企業の間で発達した、インフォーマルな、そしてフォーマルな協力の水平的ネットワークにその多くを負っている。表面的には競争相手ではあるのだが、これらの企業のリーダーたちは、情報や問題解決のためのテクニック、そして、おそらく同じくらい重要な、仕事の後のビールを共にしていた。彼らは業界団体や業界会議、さらには「自家製《ホームブリュー》コンピュータクラブ」といった、二〇以上のコンピュータ会社のリーダーが集まった同好会組織を発展させていた。人材移動の激しい産業においては、キープレイヤーはさまざまな状況下でつき合いを繰り返す。「同僚が顧客や競争相手になるかもしれず、今日の上司は明日の部下かもしれない」のである。不安と不信を生み出すというよりも、この「連続的な組み替え、再組み替えは、パーソナルな関係性とネットワークの強化をもたらす傾向があった」[25]。このようなインフォーマルなネットワークは拡大して、ハイテク連携の周縁部にいる人々を包含するようになった。すなわち知的財産権や企業合併を専門とする弁護士、ベンチャー投資家、納入業者、その他の人々である。一九九〇年代の初頭、シリコンバレーの経済状態が悪化し始めたとき、サンノゼ商工会議所の下にあった地域ビジネスは、既存の社会関係資本の蓄積の上に取引を行い、「ジョイントベンチャー・シリコンバレー」を設立した。この非営利のネットワーク組織は、行政—民間協力の促進を支援し、それは税制から建築許可、読み書き教育に至るあらゆる側面に及んだ[26]。

シリコンバレーに対する米国内の強力な競争相手は、ボストン郊外のルート128地区であるが、ここではそのような企業間社会関係資本は育たなかった。むしろ、そこでは企業ヒエラルキー、秘密主義、自給自足、縄張り意識といった伝統的規範が維持され、社員が勤務後に連れ立って、あるいは他の会社の人間と出かけるようなことはほとんどなかった。ルート128の「自身の力で成功する」哲学が、シリコンバレーと比較したときの業績の貧弱さの大きな原因であるということを、この二つのハイテクセンターの比較研究が示している。「シリコンバレーとルート128の対照的な経験が示唆しているのは、地域的ネットワークの上に築かれた産業システムは、実験や学習が個別の企業内に限られているシステムと比べたときによりフレキシブルで、技術的にダイナミックであるということである」[27]。偉大なる英国の経済学者アルフレッド・マーシャルははるか過去に、情報流通や相互学習、そして規模の経済が可能となるそのような「産業地域」の優位性を認識していた[28]。シリコンバレー以前においても、このモデルは北部イタリア（工芸と消費財）、ミシガン州西部（家具）、ニューヨーク州ロチェスター（光学技術）で成功していたのである。

これらは、競争の激化する世界経済にとっての協力モデルである。社会評論家のフランシス・フクヤマは市民の社会的信頼レベルの高い――高社会関係資本の――経済が、二一世紀を支配することになるであろうと主張している。自分の従業員や他の市場プレイヤーを信頼できなければ、最後には自らの富を、監視装置や規則遵守を保証する制度、保険、法的サービス、政府規制の施行といったことに浪費することになる[29]。それとは逆に、ウォルター・パウエルやジェーン・ファウンテンのような組織理論研究者によるバイオ産業の研究によれば、互酬性の規範を具体化する社会的ネットワーク――すなわち社会関係資本――は、物的、人的資本と同様、とりわけ発展著しい領域においては技術革新や相互学習、成長的発展を「実現する鍵となるもの《キー・イネーブラー》」であることが示されている[30]。

社会関係資本と経済的パフォーマンスの間の関連性の詳細について理解することは、まさに現在、積極的な探求の行われている領域であり、それゆえに社会関係資本の効力について強すぎる主張を行ったり、あるいは、いつ、いかにして社会内のつながり度合が、経済の全体的な生産性を上昇させるのかを正確に描写しようとするにはまだ時期尚早であると思われる。かつて「第三世界」と呼ばれていた場所における、社会関係資本と経済発展に関する研究は、南アフリカ、インドネシア、ロシア、インド、ブルキナファソといった広範囲にわたる成果を基礎として急速なスピードで現れつつある。同様に米国においても、最貧のコミュニティの窮状を、社会関係資本に投資させ、またすでに持っている社会的資産を資本化できるように力を与えることでいかに改善するかについて、豊かな成果が生み出されつつある[31]。現在においては、社会的ネットワークと経済的成功の間の関連について、個人レベルにおいては理解が進んでいる。もし、豊かな社会的ネットワークを獲得できれば、そこから利益を得ることができるということについては、十分な確信を持つことができるが、それが、単に定まった大きさのパイから大きな分け前をつかむことができる能力の反映なのか、それとも、皆全てが豊かな社会的ネットワークを有していれば、全てのものが富むことになるのかについては、いまだに定かではない。しかし初期の知見によれば、適切な種類の社会関係資本は、経済効率を高めるという見方に希望を与えている。ゆえに互酬性のネットワークが深化すれば、皆全てが利益を得るということになるであろうし、それが衰退すれば、皆が多大なつけを払うということになるであろう。

第20章　健康と幸福感

社会関係資本のもたらす帰結について、これまで検討してきた全ての領域の中で、社会的なつながりの重要性が最も実証されてきたのは、健康と幸福に関する事例である。社会的凝集性が身体的、精神的健康に与える影響についての科学的研究は、一九世紀の社会学者エミール・デュルケームの『自殺論』にまで遡ることができる。自己破壊は、単なる個人的な悲劇ではないことを彼は見いだした。それは、人間が社会の中に統合されている程度によって社会学的に予測の可能な帰結であり、既婚者の間や、緊密に結びついた宗教コミュニティの中、国の統合程度の高い時代では少なく、変化が速く、社会構造が崩れている時期に多い。社会的なつながりは人間の生活に、最も根深い仕方で影響している。

最近数十年の間に、公衆衛生学の研究者たちはこの初期の洞察を拡張して、身体的また精神的健康のほとんど全ての側面にまで押し広げた。西はアラミダ（カリフォルニア）から東はテカムセ（ミシガン）にわたって行われた綿密で大量の研究により、社会的なつながりは、われわれの健康の最大の決定要因の一つであることは合理的に疑いえないところまで確証された。コミュニティにより統合されるほど、風邪や心臓発作、脳卒中、ガン、うつ病にかかりにくく、また早死にをしにくいのである。このような保護効果は、緊密な家族の絆、友人のネットワーク、社会的なイベントへの参加、そして宗教その他の市民組織への単なる加入に対してすら確認されている。言いかえると、マッハーもシュムーザーもこのような著しい健康上の見返りを享受するのである。

数多くの科学的研究を検討して、社会学者のジェームズ・ハウスとその共同研究者が下した結論は、社会的統合と、社会的サポートが健康に与えるプラスの寄与は、喫煙や肥満、高血圧や運動不足といったよく知られている生物医学的なリスク要因の与える有害な影響と拮抗しているということであった。統計学的にいえば、社会的つながりがもたらす健康上の効果の根拠は今日では、公衆衛生局長官による、喫煙に関する最初の報告書の時点での、喫煙が健康にもたらす影響についての証拠と同程度に強力である。社会的なつながりの減少傾向が、第2部で論じたように悪化しているのならば、「孤独なボウリング《ボウリング・アローン》」は、わが国の抱える最も深刻な公衆衛生上の課題を示しているということになる。(1)

なぜ社会的凝集性が健康に関係しているのかについて、研究者たちは完全に確信があるわけではないが、妥当性があると思われる理論は数多く手にしている。第一に、社会的ネットワークは、金銭、病後の介護、移動といった実体的《タンジブル》なサポートを供給する。それらは精神的、身体的ストレスを低減し、セーフティネットの役割を果たす。もし、教会に定期的に通っているのなら、浴槽の中で滑って日曜日に姿が見えなければ誰かが気づいてくれる可能性が高いだろう。社会的ネットワークはまた、健康上の規範を強化する。社会的に孤立した人々は、喫煙や飲酒、過食やその他の健康を損なう行動を行いやすい。そして、社会的に凝集性の高いコミュニティは政治的に結束し、第一級の医療サービスを確保しやすいのである。(2)

最後に、そして最も興味深いことだが、社会関係資本は実際に生理学的トリガー機構として働き、人間の免疫システムを刺激して病気に抵抗し、またストレスを緩衝している可能性がある。現在進行中の研究が示唆するところによれば、社会的孤立は、身体に測定可能なほどの生化学的な影響を与えている。隔離した動物は、そうでないものよりもアテローム性動脈硬化症が広範に広がり、また動物でも人間でも、孤独が免疫反応を低下させ血圧を上昇させることが判明している。この研究領域の第一人者であるリサ・バークマンは、孤独は「慢性的なストレス状態であり、生体組織は老化を速める反応を引き起こす」と推測する。(3)

つながりの程度と、コミュニティレベルでの健康度の間の強度の相関を示している研究がある一方、自然状況と実験状況の両方を用いて個人に焦点を当てている研究もある。これらの研究はそのほとんどが、他の生理的、経済的、組織的、行動的、そして人口統計学的影響力といった、人間の健康に同様に影響を与える交絡要因を注意深く取り扱っている。多くの場合これらは縦断的研究であり、人々を長年にわたって観察し続け、どのようなライフスタイル上の変化が人々の健康を向上させ、もしくは低下させるのかの理解を深めようとしている。このようにして研究者たちは、社会的孤立が病気に先行していることを示し、病気によって孤立が生じている可能性を排除するのに成功してきた。過去二〇年以上にわたって、アメリカ、スカンジナビア、そして日本で多数行われたこの種の大規模な研究が示しているのは、**社会的なつながりのない人々は、それに対応させた人々で家族、友人、そしてコミュニティと密接なつながりのある者と比べたときに、あらゆる原因について二～五倍の確率で死亡しやすい**ということである[4]。

ハーバード大学公衆衛生学部の研究者らによって行われた最近の研究は、社会関係資本と身体的健康の間の関連性を全米にわたって研究した概観として卓越している[5]。五〇州全てにわたる一七万人近くの調査データを用いて、これらの研究者らは予想どおり、アフリカ系米国人、健康保険未加入者、肥満、喫煙、低収入の者、非大卒者の罹病リスクは、より社会経済的に有利なものと比較して非常に大きいことを見いだした。しかし一方で彼らは、健康状態の不良さと社会関係資本の低さの間に見られる驚くほど強い関係も発見したのである。健康状態を中程度、もしくは悪いと最も住民が回答した諸州は、同時に他人を信頼できないと住民が最も回答した州であった[6]。社会関係資本の豊かな州から、乏しい（信頼が低く、自発的集団所属が少ない）州へ移動すると、健康状態が不良～中程度になる確率が、おおよそ四〇～七〇％増加する。住民の個人的なリスク要因を考慮に入れても、社会関係資本と個人的健康の関係は依然として残った。健康状態を向上させたければ、社会関係資本の豊かな州に転居することは、禁煙するのと同程度の効果があるとすらこの研究者らは結論づけた。この結論は、われわれ自身の分析によっても補完される。公衆衛生の包括的な指数と社会関係資本指数の間の強い正の関係が、社会関係資本指数と全死因死亡率との間の強い負の関係と共に見いだされたのである[7]（公衆衛生と医療の指標については表6を、公衆衛生や死亡率と社会関係資本の相関については図86を参照）。

表6　最も健康で、医療が充実しているのはどの州か？

モーガン・キトノ 健康州ランキング（1993-1998）

1. 全出生数に占める未熟児の割合（－）
2. 生児出生に対する未成年母の割合（－）
3. 妊婦管理が遅れたか、全く受けなかった母親の割合（－）
4. 死亡率（－）
5. 乳児死亡率（－）
6. 年齢を調整した推定ガン死亡率（－）
7. 自殺率（－）
8. 健康保険未加入率（－）
9. 無保険人口の変化率（－）
10. 州民総生産に占める医療費支出割合（－）
11. 1人当たりの個人的医療費支出（－）
12. 推定新規ガン患者率（－）
13. エイズ罹患率（－）
14. 性行為感染症率（－）
15. プライマリーケアが利用できない人口割合（－）
16. 成人の過度飲酒者率（－）
17. 成人喫煙率（－）
18. 成人肥満率（－）
19. 前月に身体的健康が「不良」であった日数（－）
20. 1000平方マイルごと地域病院数（＋）
21. 人口10万人当たりの地域病院ベッド数（＋）
22. 19－35ヶ月の幼児で完全に予防接種を受けた割合（＋）
23. シートベルト着用率（＋）

州レベルの知見も示唆的ではあるが、コミュニティ凝集性の恩恵に関するより明確な証拠は個人的健康度を、個人的な社会関係資本資源の関数として評価した多くの研究によって提供される。このつながりを例証するのに、ペンシルベニア州ロセットほどよい場所はないだろう。[8] この小さなイタリア系米国人コミュニティは四〇年近くもの間詳細な研究の対象となってきたが、それは一九五〇年代に医学研究者たちが、素晴らしくも不可思議な現象に気づいたことに端を発する。周辺の街の住民に比べてロセット住民は心臓発作で死ぬことが少なかったのである。その（年齢を調整した）心臓発作発症率は、周辺に比べ半分以下であった。七年間の期間にわたり、四七歳以下のロセット住民で心臓発作で亡くなったものは皆無だった。研究者らは、お決まりの解釈を探し求めた。食習慣、運動、体重、喫煙、遺伝的先有傾向その他といったものである。しかし、これらの説明のどれも答えとはならなかった。実際のところ、ロセット住民は周辺の住民よりも、これらのリスク要因のいくつかが高くさえあったのである。そこで研究者らはロセットの社会的ダイナミックスの探求を始めた。この街は一九世紀に、イタリア南部の同じ村からの人々によって起こされた。地域のリーダーシップを通じて、これらの入植者は相互扶助組織や教会、スポーツクラブ、労働組合、新聞、スカウト隊、公園や運動場を作り上げた。住民たちは同時に、富を誇示することを軽蔑し、家族の価値と善良な行動が強化されるような緊密な

高社会関係資本州は公衆衛生状態がよい

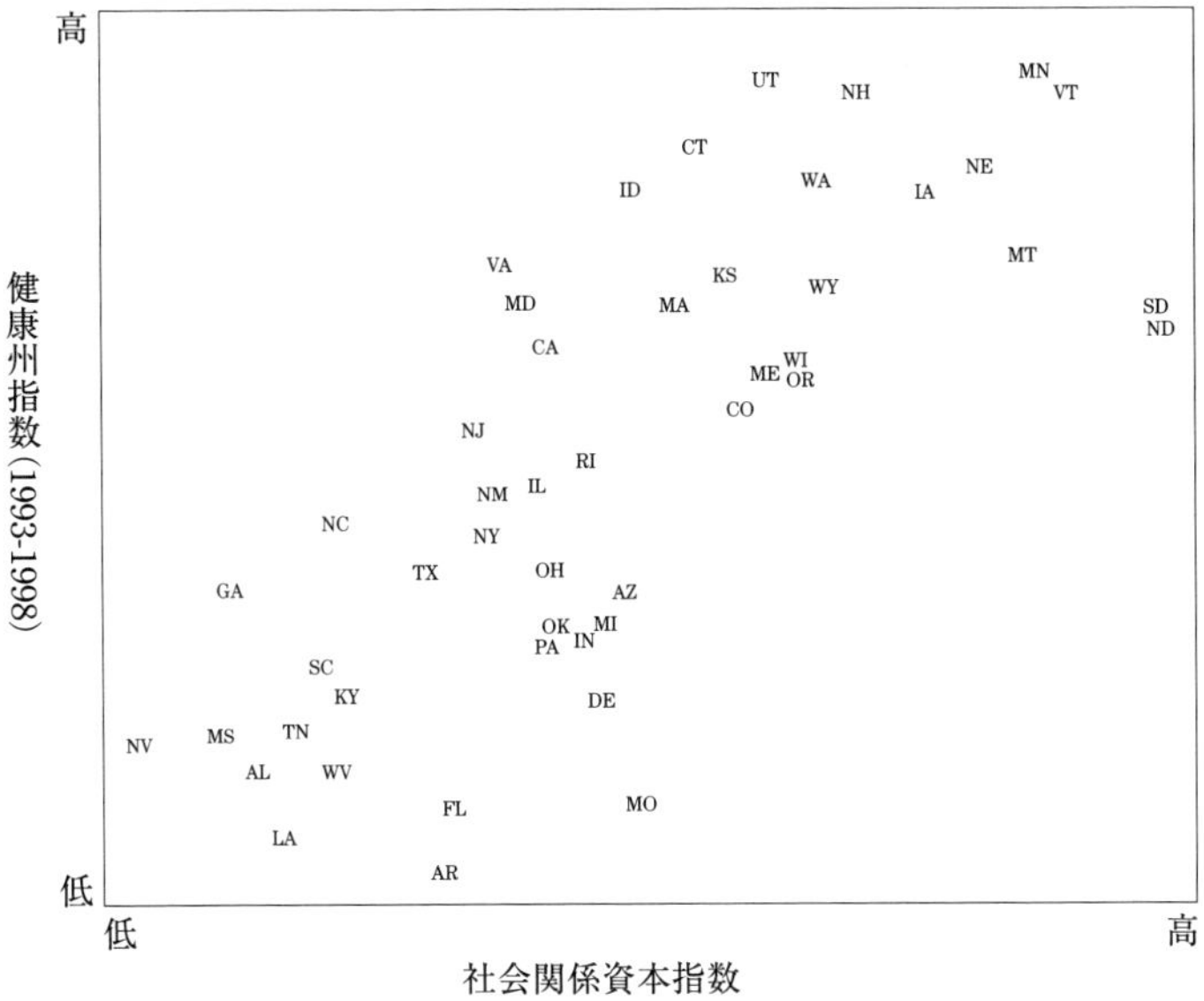

高社会関係資本州は死亡率が低い

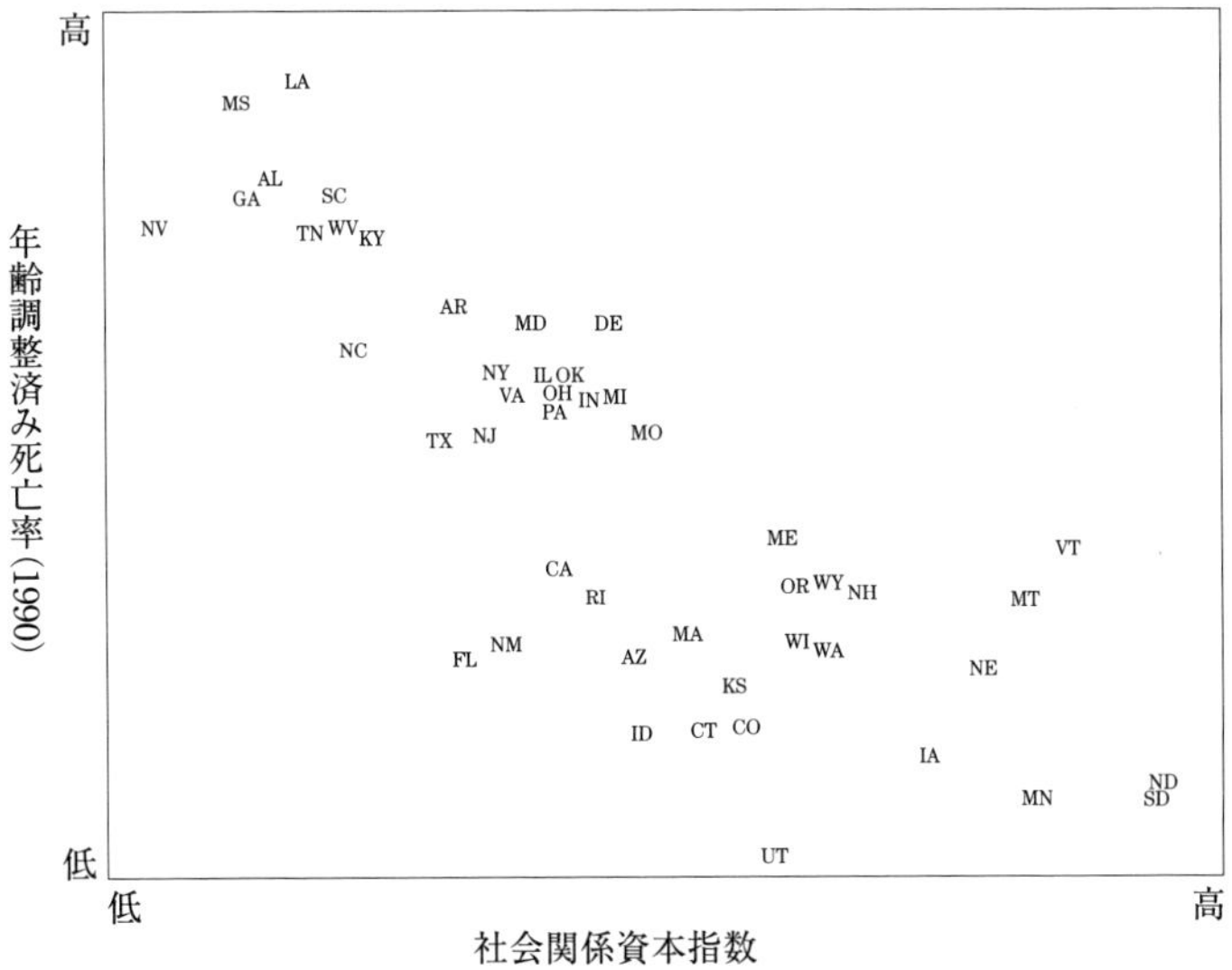

図86　高社会関係資本州はより健康である

コミュニティを発展させた。ロセット住民は経済的、情緒的その他のサポートを互いにあてにすることを学んだ。日中は玄関ポーチに出て行き交う人々を眺め、夜には社交クラブに引き寄せられた。一九六〇年代には、研究者たちは（その言葉は用いていなかったが）社会関係資本がロセット住民の健康な心臓の鍵なのではないかと考えるようになった。そして、社会的に流動的な若年層が結びつきの強いイタリア的習俗を受け付けないようになり、心臓発作の発生率が上昇を始めることを案じた。果たして一九八〇年代までには、ロセット住民成人の新しい世代の心臓発作発生率は、周辺、また人口統計学的に類似した街の住民のそれ以上になってしまったのである。

このロセットの顚末は非常に生々しく、また説得力のある話だが、その他数多くの研究は、社会的凝集性が重要な意味を持つというこの医学研究者の直感を、早死を防ぐという点だけでなく、病気を予防し回復を速めるという点においても支持している。例えば、カリフォルニアでの長期間にわたるある研究は、社会的紐帯の最も少ない人々の間では、心臓病、循環器上の問題そして（女性において）ガンでの死亡リスクが、個人的な健康状態、社会経済的要因、そして予防的医療の利用を計算に入れた上ですら最も高いことを見いだした。[9] 死亡率の低さと、自発的集団に加入したり文化的活動へ関わっていること、[10] 教会出席、[11] 友人や親戚との電話や雑談、[12] そして家でパーティを開く、労組の会合に出席する、友人訪問、集団スポーツに参加する、凝集性の高い軍事部隊への所属[13] といった一般的な社交性を結びつけた研究もある。社会階級、人種、性別、喫煙と飲酒、肥満、運動不足、そして健康上の問題といった、死亡率に影響を与える可能性がある他の要因をこれらの研究が計算に入れても、社会関係資本との関係は、なお依然として残り続けていた。それは言い換えると、健康でありまた健康に注意している、恵まれた人々（社会的な参加がより多い可能性もある）が長生きしやすいという単純な話ではないということである。社会的サポートによる効果が、幅広い疾患に対して見られること、またこの関連が病気よりもさらに死亡可能性の方に密接に結びついているという事実が示しているのは、全般的な身体上の抵抗力の、非常に基礎的なレベルにおいてこの効果が作用することを示唆している。これらの研究が語るところは、社会参加が確かに、どれくらい長生きするかに対して独立した影響を与えているということである。

社会的ネットワークは健康を維持するのを助ける。カーネギーメロン大学の研究チームの知見によると、多様な社会的つながりをより持つ人ほど風邪を引きにくいが、これはそれに限定的な話では全くない。[14] 例えば、脳卒中患者の中で強いサポートネットワークを持つものほど、社会的ネットワークの薄い患者に比べて卒中後も機能が良好で、また身体的能力の回復程度が高かった。[15] クラブやボランティア、地域政治に参加する高齢者の方が、参加の少ないものに比べて自らの健康状態が全体的に良好であると考えていたが、これは社会経済的地位、人口統計学的変数、医療利用レベル、リタイア後年数を計算に入れても成り立っていた。[16]

　この膨大な研究群の総まとめとして粗い概算をすると、何の集団にも属していないものが、一つ加入することで、翌年の死亡率が半分になる。もし喫煙していてかつ集団所属がないのならば、タバコをやめるべきか集団に加入すべきかは、統計学的にはコイン投げで決めても同じである。これらの知見は、ある意味では励ましとなるものである。つまり集団に参加する方が、減量したり、定期的に運動したり、禁煙するよりは容易であるからである。

　しかしこれらの知見は、目を覚まされるものでもある。第2部で見たように、過去二五年間を通じて、社会参加の全般的な減少が起こった。図87は、医学診断と治療の驚異的な向上にもかかわらず、この同期間に観察された健康の自己報告度の深刻な低下を示している。もちろん、平均余命をはじめとした多くの客観的指標によると米国人はこれまでにないほど健康であるが、これらの自己報告は、人々の実感が悪化していることを示している。[17] 次に、自己報告指標は社会的なつながり程度と密接に関係していて、つながりの少ない米国人が、まさに悪化を感じている張本人であった。これらの事実はそれだけでは、つながりの欠如のますますの拡大が身体を蝕んでいることを証明はしないが、社会関係資本の健康への影響に関するより系統的な証拠と組み合わせて考えると、この証拠も社会関係資本の衰退が測定可能なほどの悪影響を持っているという主張につながっていくものとなる。

　第14章においてすでに、社会的つながりの低下していった期間に、時を同じくしてうつ病や自殺すらも増加していったことを見てきた。また、この同時進行は世代的な深い根を持っていること、すなわち社会的に最もつながりの切れている世代が同時に、公衆衛生の専門家の一部が「枯葉剤《エージェント・ブルー》」と呼んでいるものに最も苦しんでいることにも触れてきた。どの年でも、今や米国人の一〇％が大うつ病に苦しんでおり、うつ病は米国人全体の抱え

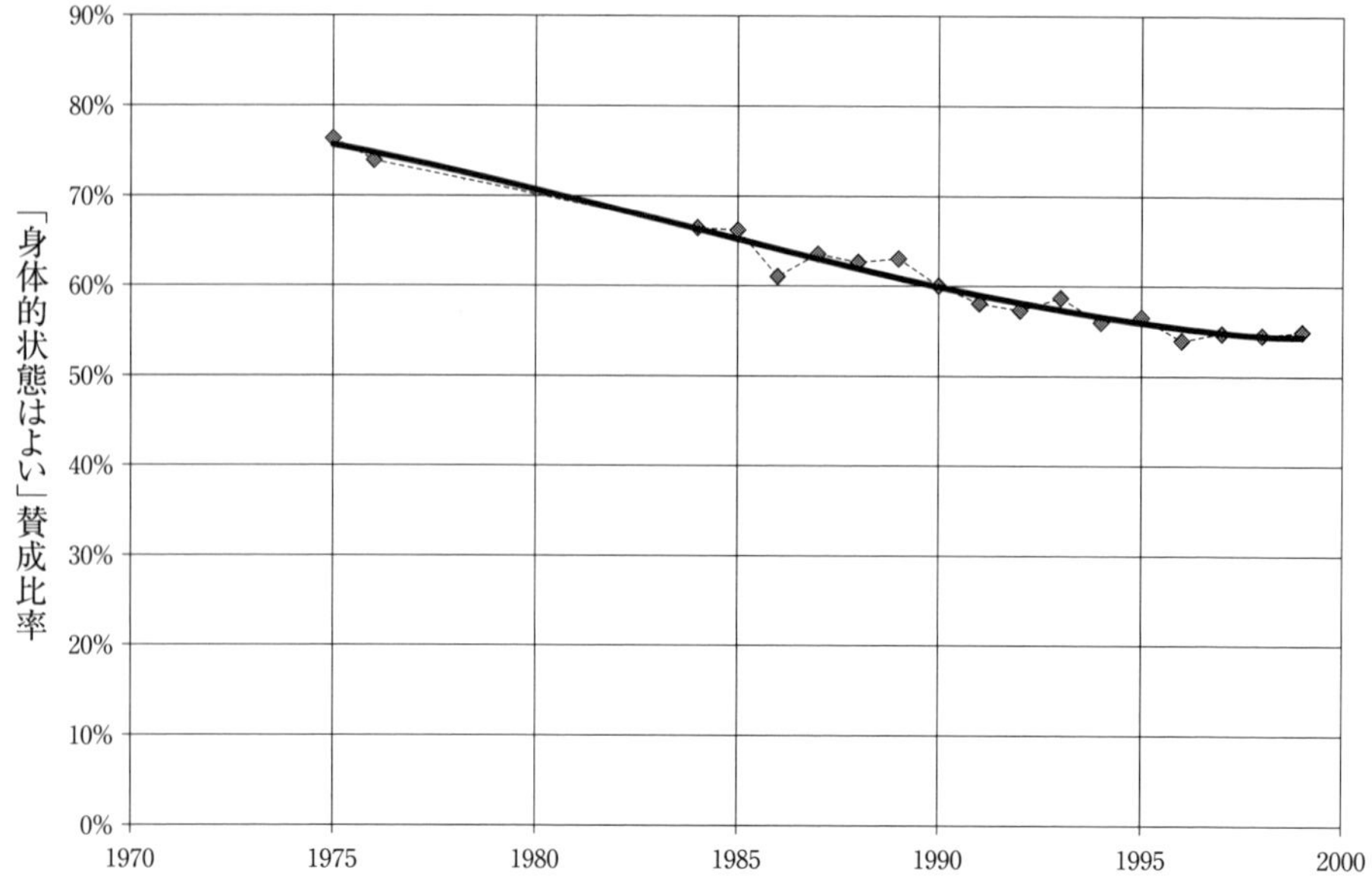

図87　米国人は、以前ほど健康だと感じていない

る疾患の中で、四番目に大きな重しとなってのしかかっている。多くの研究が、社会的つながりがうつ病を抑制することを示してきた。社会的サポートのレベルの低さは、その他のリスク要因を統制してもうつ病を直接予測し、社会的サポートレベルが高いことは、症状の重さを和らげ回復速度を速める。社会的サポートは、日常生活のストレスの緩衝となる。顔を突き合わせた対面上のつながりは、地理的に離れたつながりよりも健康によいと思われる。短くいうと、うつ病という単一の領域においてすら、社会的つながりの弱体化に対してあまりにも高いツケをわれわれは払っているのである。[18]

数え切れないほどの研究が、社会と精神の間の関連について詳細を記してきた。近しい友人や秘密を打ち明けられる親友、友好的な隣人、協力的な同僚のいる人は、悲しみや孤独、自尊心の低下、摂食・睡眠障害を経験しにくい。既婚者は未婚者よりも、その他のあらゆる違いを等しくしても幸福度が一貫して高い。これらの知見は、ほとんどの米国人にとって驚くにはあたらないだろう。なぜなら調査に次ぐ調査の中で、人々自身が実際に、家族や友人、恋愛パートナーとの良好な関係が――金銭や名声といったものよりもずっと――自分の幸福の前提条件であると回答しているからである。[19] 生活満足度との相関要因に関する、半世紀に及ぶ研究から等しく導き出される最も共通した知見は、米国だけではなく、その他世界中の国においても、幸福感はその人の社会的なつながりの広さと深さによって最もよく予測されるということである。[20]
社会関係資本がどのように心地よく暖かな感情を生み出す点で位置づけられるかについて、ＤＤＢニーダム・ライフスタイル調査アーカイブの中の多くの質問文を検討することによって見ることができる。

「今の生活を捨て去って、全く違う何かができたらと思う」
「近頃の生活の中での物ごとの進み方に非常に満足している」
「もし人生をやり直せたら、きっと違うことをする」
「これまでより、現在がずっと幸福だ」

これらの項目に対する反応は強く内部相関しているので、合成して生活満足度の単一指標を作成した。この観点からの幸福感は、物質的満足と相関している。全般的にいうと、所得階層が上昇すると、生活への満足度も増加する。したがって金銭によって幸せが結局は買えるということになる。しかし、それも結婚がもたらすものほどではない。教育、年齢、性別、婚姻状態、収入、市民参加を統計的に統制すると、生活への満足に対して結婚のもたらす限界効果は、所得階層におけるおよそ七〇パーセンタイル程度――いわば一五パーセンタイルから八五パーセンタイルへの上昇移動に相当する。[21] 数字を丸めると、結婚は年収を四倍にするのと「幸福相等」である。[22]

教育と満足度についてはどうだろうか。教育は、収益能力の増加を経由して、幸福感への間接的関連要因として重要だが、収入（や年齢、性別その他）を統制したとき、生活への満足度との教育の限界相関はどの程度だろう？　数字を丸めるとその答えは、四年間の教育年数追加――例えば、大学進学――は年収をおおよそ倍にすることと「幸福相等」となる。

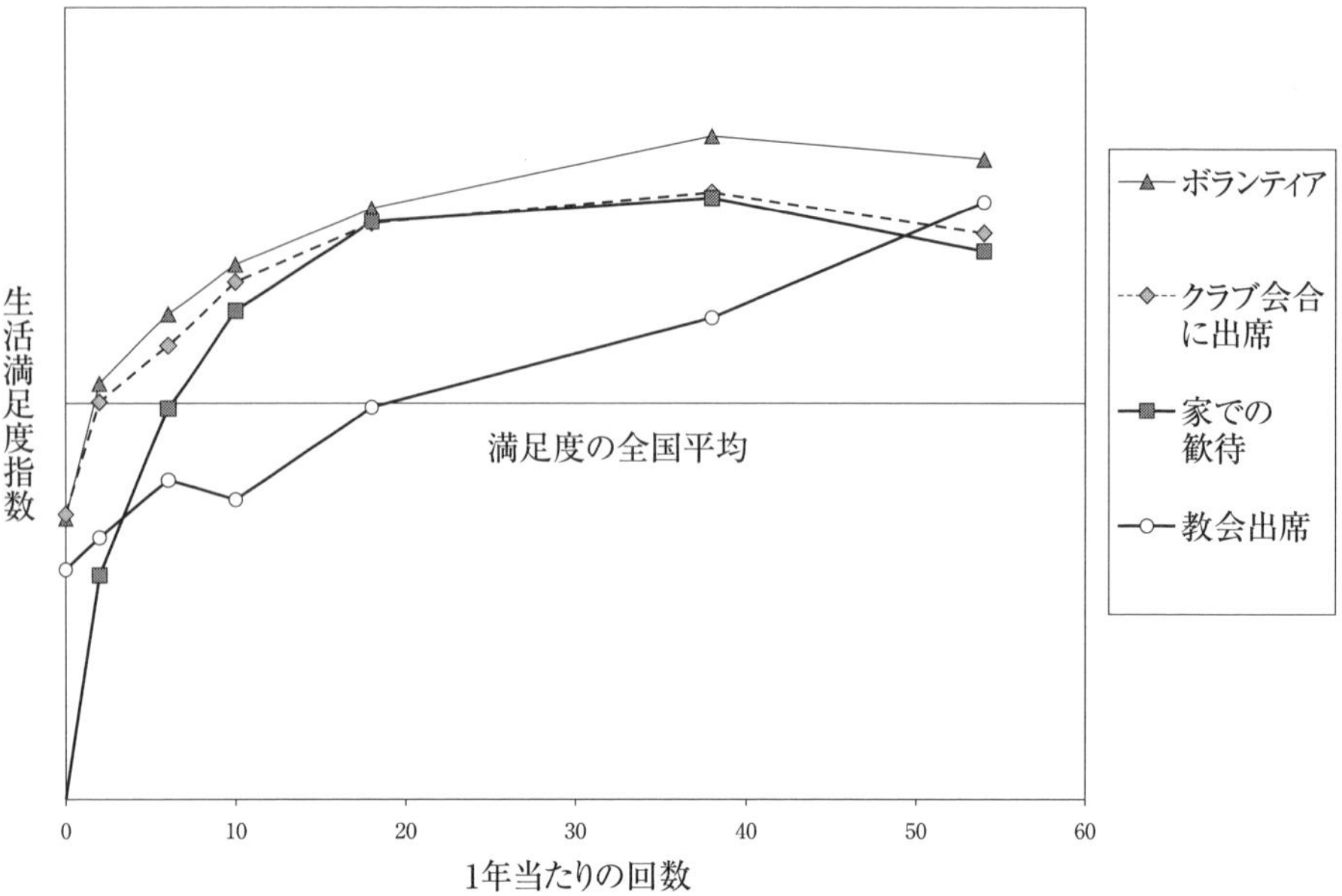

図88　社会的つながりは（少なくとも適度なものは）幸福感を増進する

荒削りの表現で、財政的資本（収入）と人的資本（教育）、そして社会関係資本の一形態（結婚）と生活への満足との相関を評価してきたが、ここで幸福感と、さまざまな形態の社会的相互作用との間の相関について、同様の問いを発することができる。定期的なクラブ参加（毎月出席する）、定期的ボランティア（毎月行う）、家庭での定期的に歓待（おおよそ毎月）、定期的な教会出席（おおよそ隔週）について検討してみよう。そのもたらす違いは、驚くほど大きい。定期的な教会出席、ボランティア、歓待、あるいは教会出席は、大学卒業もしくは収入を二倍以上にすることと幸福相等である。市民的つながりは、生活への満足の予測変数としては結婚や裕福さに匹敵する。[23]

もし月一度のクラブ会合がよいのなら、毎日クラブ会合があればその三〇倍よいのだろうか。答えは否である。図88が示しているのは、社会的相互作用の、幸福感に対する「限界生産性の逓減」とでも経済学者であれば呼ぶものである。ボランティア、クラブ出席、家での歓待への見返りとして幸福感が最も高くなるのは、「全くしない」から「月に一度」の間である。三週ごとに一度以上クラブの会合（や、パーティ、ボランティア参加）をしても、増大するものはほとんどない。隔週以上の出会いとなると、社会的相互作用の増加と幸福感との間の限界相関はマイナスにすらなる――これもまた、日常の経験と一貫している知見である！　一方で教会出席についてはいくぶんか異なっており、それは少なくとも毎週参加に至るまで、多くなればなるほどより幸福感につながっている。

この分析はもちろん、意図的に数字を丸めて語っているが、それは背景にある計算が荒削りなものであるからである。さらに、因果関係の方向性は曖昧なままである。おそらく、幸福な人はそうでない人に比べて結婚も昇給もしやすいし学校をやめることもなく、教会に行き、クラブに参加しパーティを主催することなどが多いだろう。ここでの目的は単に、社会的なつながりが、心理学的な幸福感と深い関連があることを明らかにすることにある。ビートルズは正しかった。われわれはみな、「友だちの助けも借りながら、何とかやって」いるのである（訳注：ビートルズのアルバム『サージャント・ペパーズ・ロンリー・ハーツ・クラブ・バンド』（一九六七）所収のタイトルおよび歌詞より）。

かの最高の四人組《ファブ・フォー》がチャートのトップにいた時代から、米国成人の間では生活への満足度が確実に低下していった。概算では満足度低下の半分は経済的な不安と関連しているが、もう半分と関係しているのは、社会関係資本の低下、つまり結婚率の低下と、友人やコミュニティとのつながりの減少である。人口のあらゆる部分が等しく暗く沈んでいるわけではない。調査データによると、落ち込みは青年から中年層（二〇歳〜五五歳）で最も激しい。五五歳以上の人々――われわれのおなじみの友人である、長期市民世代に属する人々――は、一世代前にその年齢だった人々よりも幸福なのである。[24]

世代間での相違の原因の一部は、金銭面での不安にある。好景気にもかかわらず、青年・中年層は経済的な不安をより感じている。しかしこの格差をもたらしているものには、やはり社会的なつながりもある。今日の青年・中年層はそれを遡る世代よりも、友人が少なく、教会に出席せず、クラブの会合に行かない。心理学者のマーティン・セリグマンの主張によれば、落ち込みを感じる人々が多いのは、近代社会が個人的コントロールや自律といった信念を、義務へのコミットメントや共同事業といったものよりも奨励しているからであるという。このような変容は、選択と勇気を通じて達成可能なものへの期待を高め、人生において避けがたい失敗への備えをとれないままにする。過去には、倒れ込んでいくことのできた社会関係資本――家族、教会、友人たち――これらはもはや、墜落時のクッションとしての強度が十分でなくなってしまった。[25] 個人的な生活においても集合的生活と同様に、本章の証拠が示唆するところによれば、この四半世紀の他者からの離脱に対して、われわれは莫大なツケを払わされているということになる。

第21章　民主主義

劇作家のオスカー・ワイルドが語ったと伝えられる言葉に、「社会主義で面倒なのは、夜会があまりにも多いことだ」というものがある。[1] それはいいとして、では自由民主主義の方にはどれほどの夜会があるのだろうか。民主主義的な自治には、一般市民の積極的な参加が必要だということは、世紀にもわたって自明のことであった（よき市民性に必要なのは、単に投票箱において競い合う政治家チームを、いわば歯磨き粉の競合ブランドのごとく選択することであると主張し始めるような政治理論家は二〇世紀の中盤までにはいなかった）。[2] 本章において検討するのは、米国民主主義の健全性には市民が公的な義務を果たすことが必要であるという伝統的な主張と、公的制度の健全性は、少なくとも部分的には、私的な自発的集団――社会関係資本を体現する市民参加のネットワーク――への広範な参加に依存しているという、ますます広がりまた論争の的となっている主張の双方である。

参加民主主義という理想は、米国の政治哲学に深いルーツを持っている。われらの民主主義の実験がまだその初期であった頃、トーマス・ジェファーソンは草の根民主主義を促進するための憲法改正を提案した。一八一六年の手紙の中で彼は、「郡《カウンティ》を適切な規模の区《ワード》に分割し、市民が誰でも求めに応じて参加し、また自身で行動できるようにする」ことを提案している。区の政府は学校の運営、貧困者の保護、警察や軍の管理から公道の維持に至るあらゆる事項を担当することになったであろう。ジェファーソンの信念は「全ての市民を政府の活動メンバーとし、近所の、自身が最も関心を持つ事務所に置くことが、自国の独立と、その共和政体に対する強烈な感情を植え付ける」ということであった[3]。

その一〇年後、米国に上陸したアレクシス・ド・トクヴィルもよく似た手記を残し、そこではジェファーソンの区政府がなくとも、米国人の地域での市民活動がその全国的な民主主義的コミュニティに対する召使いとして仕えているとしている。「人間を、その周囲から引き離して国家の運命に対して関心を持たせることが難しいのは」、トクヴィルの議論では「国家の運命が、自身に対してどれほど多くの影響を及ぼすのか明確に理解することができないからである。しかし、自身の土地の端を横切る道路を建設することが提案されれば、小さな公共問題と、自身最大の私的問題の間に関係があるということが一目でわかるだろう。そして、はっきりと示されなくとも、私益と一般の利益を統合する緊密なつながりを見いだすことになるだろう」[4]。

英国の政治哲学者であるジョン・スチュワート・ミルは、参加民主主義が国民性に与える影響を賞賛している。公共生活における参加が分かち合われることがなければ、市民は「いかなる集団的利益、他者と共に追求すべき目標を顧みることもなく、他者との競争、場合によってはその他者の犠牲によるものにしか目がいかなくなる……隣人が味方でも仲間でもないのは、共同の利益を目指す共通事業に関わったことが全くないからであり、すなわち隣人はただのライバルにすぎないのである」とミルは記している。対照的に、参加する市民は「自分自身のものではない利益を評価するために……呼び集められる。主張が衝突している場合には、個人的なひいきとは違うルールによって……判断を行う……自らを公共社会の一部とし、全体の利益になることは全て自身の利益であると感じるようになっている」[5]。

進歩主義の高名な思想家であるジョン・デューイは、今日なお当てはまる難題に取り組んだ――現代の、大規模な、高度技術社会を、民主主義の危機といかにして調停させるべきだろうか。「共同生活から孤立した友愛、自由、平等など、見通しのない抽象概念にすぎない……民主主義は家庭から始まらねばならず、その家庭とは近隣のコミュニティである」「地域の、顔をつき合わせた組織においてのみ」とデューイの伝記者ロバート・ウェストブルックは付け加える。「公共社会のメンバーは同胞との対話に参加することが可能であり、そしてそのような対話こそが、公共社会の形成と組織化において決定的に重要なものである」[6]。

しかし、建国の父たちの多くは自発的結社のことをあまり重視していなかった。彼らが政党や地域の政治委員会、またその他の組織を、人々を結びつけて政治的安定性を脅《おびや》かしうるものとして反対していたことはよく知られている。ジェームズ・マディソンは特定の利益や感情により組織された集団を「徒党を組んだ厄介者」と呼び、その存在こそ自由の名の下に許容されなければならないが、しかしその影響は統制されなければならないとした。[7] 今日のワシントンのロビイストや利益圧力団体に対する批判でも繰り返されているものであるが、マディソンの感じた恐れとは選挙で選ばれた代表がこのような「徒党」に揺さぶられて、少数の持論のために全体の利益を損なうというものである。マイケル・シャドソンは米国の市民生活について記したその包括的な歴史の中で、建国者は「多元的視点を共有することからはほど遠かったが、しかし合意や所有、道徳、敬意といった、彼らの性に合う観念には未練を持っていた」と結論づけた。[8] すぐ後に見るように、建国者が「徒党を組んだ厄介者」に対して抱いた懸念は、社会関係資本と民主主義についての現代の論争において再登場する。

トクヴィルの観察を繰り返す形で、民主主義について現在考察する者の多くが、「媒介的」あるいは「中間的」結社のことを、自覚的にそうであるかあるいは直接は政治的でなくとも、活発な民主主義を維持するための基礎であるとして喧伝してきた。[9] これまで「社会関係資本」と呼んできた、市民社会における自発的結社と社会的ネットワークは、二通りの仕方で民主主義に貢献する。そこには広く政治に対する「外部」効果と、参加者自身に対する「内部」効果がある。

外部的には、教会や専門職組織、エルクスクラブから読書グループに至る自発的結社は、政府に対する自分の利害や要求を表明し、また政治的指導者による権力の濫用から自らを守ることを可能とする。政治的情報は社会的ネットワークを通じて流れ、そしてそのようなネットワークにおいて公共生活についての議論が行われる。いつものように、トクヴィルがこの点を明確に観察している。「何らかの意見が組織によって表明されるとき、それははっきりと、より正確な形を取る必要がある。その意見は支持者を持ち、またその目的に巻き込んでいくこととなる。これらの支持者は互いを知るようになり多くの者が熱意を増していく。組織は、互いに異なる精神のエネルギーを統合し、それらを明確に示された目標へと精力的に導いていく」。[10]

人々が近隣グループ、PTA、政党、さらには全国的な主張団体へと結集するとき、個人の、さもなくば静かな声は増大し拡大されることとなる。「われわれのものの見方や価値観のために、進んで声を上げてくれる、またそれが可能である組織へのアクセスがなければ」と政治哲学者のエイミー・ガットマンは記す。「たまたま金持ちになるか有名にでもなるかしなければ、多くの人に声を聞かせ、また政治過程に影響を与える能力は著しく限られてしまうこととなる」[11]。市民のつながりが効果を持つためには、フォーマルな制度を必要とするわけではない。例えば、ベルリンの壁崩壊以前における東ドイツの民主化運動の研究によれば、勧誘は友人ネットワークを通じて行われ、誰がこの運動に参加したのかを判別する上で、これらのインフォーマルな絆の方が、イデオロギー的傾向性や弾圧への恐怖、フォーマルな組織化活動よりもずっと重要であった[12]。

内部的には、市民参加についての組織や、それよりフォーマル性の低いネットワークは、そのメンバーに対して、公共生活に参加するのに必要な実践的スキルと共に、協力習慣や公的精神を染み込ませていく。トクヴィルの観察では「意見やアイディアの一新、精神の拡大、そして理解の成長は、人々の互いに対する相互的行為によってのみ引き起こされる」[13]。予防的な観点からは、孤立し解き放たれた人々をターゲットとした過激派グループの餌食に陥ることをコミュニティの絆が防いでいる。過去四〇年間の政治心理学の研究が示唆してきたのは、「コミュニティ、職業、組織から離脱した人々が、極端主義の第一の支持者になっている」ということである[14]。

より肯定的には、自発的結社は社会的、市民的スキルが学ばれる場所――「民主主義の学校」――となっている。メンバーは会合を開き、公に語り、手紙を書き、プロジェクトを組織し、公的問題について礼儀正しく論争するための術を身につける[15]。アフリカ系米国人の市民的スキルに対して、プリンス・ホール・メーソンリー（訳注：プリンス・ホールらが、米国においてフリーメーソン初の黒人ロッジ（支部）を創設した）が与えた影響に関するウィリアム・ムラスキンの記述は、より広範に適用することができる。

組織としてのメーソンリーは、その会員にリーダーシップの役割を吹き込みまた訓練することに関わってきた。この友愛組織を通じて、会員はこれまで限られた経験か、あるいは全く経験のなかった中産階級《ブルジョア》的な社会的役割を多く身につけるようになった。こういった役割を教えること、そして彼らを実践の領域に進めることによって、メーソンリーはそのメンバーの内にある潜在的なリーダーシップを、実践的に結実させるように機能してきたのである。(16)

現代米国の市民的スキルに関する最も系統的な研究によれば、労働者階級の米国人にとっては自発的結社と教会が市民的スキル構築のための最良の機会を提供しており、専門職の者にとってもそれらのグループは市民的学習の場として職場に次ぐ二番目のものであったことが示唆されている。宗教、文学、青年、友愛／奉仕組織のメンバーの三分の二以上が、プレゼンテーションをしたり会合を運営するといった市民的スキルを実践している。(17) とりわけ教会は、低収入やマイノリティ、またあらゆる人種の恵まれない市民が政治に関連したスキルを身につけ、また政治活動へと勧誘されうる数少ない活動的な組織の一つである。(18) その持つ意味は、平等的民主主義に高い価値を置く者にとっては決定的に重要である。すなわち組織なしには、米国政治における階級バイアスがずっと大きくなってしまったであろうから。(19)

組織が民主主義的習慣を教え込むように、それはまた重要な公的問題に対して熟慮に基づく討議を行うためのフォーラムとしても機能する。政治理論家は近年、「討議的民主主義《デリバラティブ・デモクラシー》」の有望性と陥穽に関する注目を新たにしてきた。(20) 自発的結社が討議的民主主義を最も高めるのは、それが経済的、人種的また宗教的に国家の小宇宙的縮図《ミクロコスモス》となっているときであると論じる者がいる。(21) 他方では、等質な組織であってもそこには公的な相互作用がより多く含まれることにはなるため、討議的民主主義が拡大されうると主張する者もいる。例えば、マイノリティグループが学校教育カリキュラムや政府委員会における反差別的な規制や、人種的権益の強制的導入を主張しているとき、それは結果として参加者の輪を広げていることになるのである。(22)

自発的結社は討議のためのフォーラムとしてだけではなく、公的生活への積極的参加といった市民的美徳を学ぶための機会としても機能する。(23) 高校上級生の追跡調査によれば、生徒の社会階層、学業上のバックグラウンド、自尊心にかかわらず、学校において自発的結社に参加していた者は、そうでないものと比べたときに卒業から二年後において投票、政治キャンペーンへの参加、政治的議論がずっと多かった。[24] もう一つの市民的美徳は信頼性である。相互作用の反復が多い場合、責任回避やごまかしをすることがずっと少なくなることを多くの研究が示している。[25] 社会的つながりを通じて得られる第三の市民的美徳は互酬性である。第7章で繰り返し見たとおり、(クラブ会合から教会のピクニック、友人との集まりに至る) 市民参加のネットワークに関わる人が増えるほど、ボランティア、献血、チャリティへの寄付といった、一般的な他者への関心を示すことが多くなる。政治理論家にとっては、互酬性にはもう一つの意味がある――すなわち、民主的討論において対立する双方の側が、実現しようとしていることについて同意ができないときにさえも（またはとりわけそのときには）、十分な議論の後には相互の和解を模索するという基本原則においては合意しようとする意欲のことである。[26] 同胞たる市民と常に接触があるということは、自分が彼らの身になって考えることができることを保証はしないが、社会的孤立は事実上、自分がそうはしないことを保証してしまう。

他方で、多数の良識ある批評家が、自発的結社が必ずしも民主主義にとって良いものかどうかについての疑念を提示してきた。[27] 公然として反民主主義的であるグループが存在することは明らかである――ＫＫＫ団は誰もがよく使う例である。良識ある理論家の中で、どのようなグループも民主主義的価値を促進すると主張した者はこれまでいない。しかし、民主主義的規範の内に振る舞うグループに関心を限定した場合でさえも、共有されている懸念の一つは組織――あるいは利益団体――が政府の意思決定を歪めるというものである。一九六〇年代のセオドア・ローウィによる『自由主義の終焉』から一九九〇年代のジョナサン・ラウチの『民主硬化症《デモスクレローシス》』まで、米国多元主義の批判者は、ますます専門化したロビイストによる絶え間のないまた相矛盾した請願が、善意の公職者すら麻痺させ、非効率な政府プログラムを削減したり改善しようとする試みを抑えつけてきたと主張してきた。[28] この非難は、悪意の「徒党」が公共の福祉を犠牲にして利益を得るというマディソンの懸念を思い起こさせる。多元主義者の理想に反して、多様なグループ間での交渉が最大多数の最大幸福をもたらすところでは、最終的にはその代わりに、最大限組織化された少数にとっての最大幸福ということになる。

第二の懸念は、組織の絆が利するのは、生来あるいは環境によって組織作りや自らの声を届ける能力が最も備わった者になってしまうということである。教育水準、財産、地位、またその利害コミュニティの仲間との密接なつながりを持つ人々は、教育水準の低い、貧しい、つながりの乏しい人よりも、多元主義の下ではずっと政治的な利益を得る可能性が高い[29]。われわれの言葉では、社会関係資本は自己強化的であり、取引に使える蓄積をすでに持っている者を最も利する。組織性が階級的バイアスを持っている限り、そして事実上あらゆる研究がそのバイアスを示唆しているが[30]、それでは多元的民主主義は平等主義以下のものになってしまう。政治学者のE・E・シャットシュナイダーの有名な言葉では「多元主義的な天国の欠点は、そこでの天上のコーラスが上流階級の強いアクセントで歌われるということである[31]」。

最後に、多元主義の批判者は、それが政治的極化やシニシズムの引き金になりうると示唆してきた。政治的組織化の勢力としての巨大政党の衰退を懸念する政治学者は、市民グループ政治がほとんど元来的に極端政治であると主張する。すなわち、強い主張を持った人がリーダーや活動家になる傾向があるからである。ローパー社会・政治傾向アーカイブのデータではイデオロギー的な極端さと市民参加が相関していることが実際に示されているが、すぐ後で見るように、この事実はここで抱えた難題に対して、予期せぬ意味を持っているということがわかる。

もし参加と極端主義が関連しているのであれば、数多くの重要な余波が存在することになる。第一に、イデオロギー的に等質な自発的組織が、そのメンバーの意見を強化して、啓発的な可能性がある他の選択肢から人々を引き離すことになる可能性がある[32]。場合によってはそのような偏狭意識《パロキアリズム》が、偏執や閉塞を育ててしまうかもしれない。極化した自発的集団の宇宙の中では、相互に受容可能な妥協に向けての理性的な議論や取引はほとんど不可能である。どちらの側も屈することを「主義として」拒むからである。さらに政治的極化は、問題解決における政府の能力に対するシニシズムを増加させ、市民参加が何かをもたらすということについての確信を失わせるかもしれない[33]。

どれもが深刻な懸念である。自発的結社はどこでも、いつでもよいわけではない。それは反自由主義的傾向を強化しうる。そしてそれは反民主主義的勢力によって濫用されうる。さらに、参加する人間の誰もが良き人間として歩んでいるわけではない。例えば、自助グループに参加して思いやりや協力を学ぶ者もいるだろうが、さらに自己中心的になる者もいるだろう。政治理論家のナンシー・ローゼンブラムの言葉では「組織生活がメンバーによって倫理的に使われるかどうかは不確定である」[34]。

自発的集団は、われわれの民主主義を悩ますもの全てに対する万能薬ではない。そして社会関係資本――規範、信頼、関係のネットワーク――の欠如が、政治を消し去ることもない。しかし社会関係資本なしには、ある種の政治がもたらされる可能性が高まることになる。社会関係資本が非常に豊かな環境の中で米国民主主義は歴史的に発展してきており、その制度や実践の多く――他の先進工業国と比べて、政治過程の地方分権化の度合いが非常に高いことなど――は、そのような状況に対する適応を代表している。気候変化にさらされた植物のように、もし社会関係資本が永続的に減少してしまったのであれば、われわれの政治実践も変化しなければならないだろう。社会関係資本と市民参加がずっと低下してしまった状況下において、米国の政治組織はどのように機能することになるだろうか。

対面での社会化、組織化に欠けた政治は、ペロー流の電子的タウンホールの形態、ある種の国民投票《プレビシット》的民主主義となるかもしれない。多くの意見が聞こえてきても、それは具体性のない声の混合物であり、互いにかみ合ったり、意思決定者に対する方向性を示すことのないものである。テレビベースの政治が政治的行為であるというのは、『ER』を見ることが困っていることを助けることであるというのと同義である。リモコンで心拍を再開させられないように、直接の、対面での参加なしで共和的市民権をジャンプスタートさせることはできない。市民権とは観戦スポーツではない。

社会関係資本なしの政治は、遠くの距離からの政治である。ダラスやニューヨークのスタジオに電話をかけた者同士の会話は、責任あるものにはならない。なぜならこれらの「参加者」は対立する意見に対して何らかの意味をもって関わったり、そのような関わりから学ぶ必要が全くないからである。リアルな会話――クラック密売所や学校の予算をめぐってコミュニティ会合で行われるようなもの――は、民主主義的な問題解決という観点からはずっと「リアリスティック」である。対面でのこのような相互作用、直接的なフィードバック、他の市民の監視という光の下で自らの意見が評価を強いられること、そういったことがなければ、その場しのぎの解決策を触れ回り、反対する者をみな悪者扱いすることが容易になる。匿名性は、討議において根本的に忌み嫌われるものである。

政治的討議への参加が減っている——民主的討論において発せられる声がますます少なくなる——としたら、われわれの政治はますます感情むき出しで、バランスの欠けたものになるだろう。大半の人が会合をさぼるようなとき、残された者はさらに極端になりやすい。そのような人間が結果を最も気にしているからである。例えば、政治学者のモリス・フィオリーナは、自分の住んでいたマサチューセッツ州コンコードにおいて自然保護区を拡大しようとする広く支持されていた計画が、保護主義者の小さなグループであるいわば「本当の信者《トゥルー・ビリーバーズ》」たちによっていかにして絶え間のない、コストのかかる論争の泥沼へと引きずり込まれていったかを記している。(35)

ローパー社会・政治傾向調査は、フィオリーナの経験が典型的であることを示している。すなわち政治的な極にいる米国人は市民生活への関わりが深く、一方で穏健派はドロップアウトしやすいということである。収入、教育、都市規模、宗教、年齢、性別、人種、職業、婚姻状態、子どもの有無といった標準的な人口統計学的特性全てを統制すると、自身を「非常に」リベラルもしくは「非常に」保守的であるとする米国人は、穏健な意見を持つ他の市民と比べたときに公的集会への出席、議会への投書、地域の市民組織への積極参加、教会出席までもが多い傾向がある。さらには、イデオロギー的「極端性」と参加との間に見られるこの相関は二〇世紀の最終四半世紀を通じて強まっており、同時に自身をイデオロギー的に「中道」であるとする者が公的集会、地域組織、政党、選挙運動その他から、不均衡なほど消滅をしていってしまったのである。(36)

一九九〇年代においては、自らを中道とする者は一九七〇年代中盤と比べたときに公的集会、地域の市民組織、政党へ参加する割合が半分となった。自身を「穏健な」リベラルもしくは保守とする者の参加は三分の一減少した。自らを「非常に」リベラルもしくは「非常に」保守とする者の間での低下が最小で、平均すると五分の一未満だった。新聞への投書、議会への投書、さらにはスピーチをすることの低下も、自分を「非常に」リベラルもしくは「非常に」保守とする者の間ではわずか二％で、自分を「穏健な」リベラルや保守とする者では一五％、自分を「中道派」であるとする者では三〇%となっていた。[37]

皮肉なことに、自分の政治的立場を中道や穏健派とする米国人がますます多くなっているのに、イデオロギー的スペクトル上の両端の極端派が、会合に出席し、投書をし、委員を務めるといった者に占める割合をますます増やしているのである。米国の草の根市民生活において、極端な立場が次第に支配的になる一方で、穏健な声が沈黙に落ち込みつつある。この意味において、市民参加の低下は、建国者たちの案じた「徒党」という古典的問題を悪化させるものである。

実際の参加と同じくらい重要なのは、精神的な参加である。社会関係資本がここでも鍵となる。われわれの政治的議論の大半が、ディナーテーブルや職場の冷水器の周りでインフォーマルに行われていることを調査が示している。われわれはカジュアルな会話を通じて政治について学ぶ。聞いたことと か考えていること、あるいは友人が聞いたこととか彼らが考えていることを話してもらうことによって、こちらはその新しい情報を自分の頭のデータベースへと受け入れ、何らかの問題についての自分の立場について熟慮し再検討するのである。市民的ネットワークの世界では、それがフォーマルなものであれインフォーマルなものであれ、自分の意見は友人や近所とのやりとりを通じて形成される。社会関係資本は、政治的情報が拡散していくことを可能とする。[38]

しかし、政治学者のキャシー・J・コーエンとマイケル・C・ドーソンが指摘するように、このようなインフォーマルなネットワークは万人に与えられているわけではない。米国のインナーシティにおいて貧困のうちに寄り集まるアフリカ系米国人は、経済的窮乏だけではなく、政治的な情報と機会の欠如にも苦しめられている。貧困者の集中するデトロイトの住宅地区における研究では、自身は貧窮していない住民ですらも、より有利な地域に住む同様の人と比べると教会出席、自発的結社への所属、公的集会への出席、そして政治についての会話がずっと少なかった。[39] 貧困度の高い地域の人々は、自分の地区選出の議員から切り離されていると感じ、政治、コミュニティ参加を無駄なものであると考えていた。部分的には、これは真に恵まれない人々に対してわが国が長期にわたって関心を持ってこなかったことの現実的な評価であるが、この疎外されたアパシーはまた同時に、インナーシティ地域には市民を政治的行為へと動員する制度がしばしば欠けているという事実の反映でもある。すなわち、人々が参加しないのは動員されないからであり、動員されなければ、参加の果実を味わうことも決してできないということである。

しかし、対面での動員は効果的な民主主義にとっておそらく必須のものではないかもしれない。すなわち、米国退職者協会（AARP）、オーデュボン協会、全米有色人種地位向上協会（NAACP）のような大規模な全国会員組織が、分散するその会員の利益を代表すれば十分であるという主張である。われわれが車を修理するのに整備士を、財産管理に資産運用者を雇うように、AARPを雇って将来退職したときの利益を守ったり、オーデュボン協会には自分の環境保護の意見を、NAACPには人種問題に対する自らの共感をまかせるといった具合にするのは、われわれにとって単なる賢い分業にすぎないという議論もできるだろう。「これはトクヴィル流の民主主義ではないが」とマイケル・シャドソンは認めてこう続ける。「しかしこれらの組織は、市民的エネルギーの非常に効率的な利用かもしれない。これらに入会する市民は、個人的な面倒を少なくして、同じ市民的利益を上げることができる。これは、政治を公共政策の集合であると考えると特にあてはまる。市民は、シエラクラブや全米ライフル協会へ年会費を払うことによって、地域のクラブ昼食会に出席するよりも満足のいく影響を政府に与えることができる可能性がある」[40]。このような委任型の市民権に、ある種の魅力を感じる識者もいる[41]。

しかし政治と民主主義について、単に狭い利益を主張することよりも幅広い概念を持つのであれば、スタッフの運営する、プロ化した、ワシントンに基盤を置く主張団体は満足のいくものにはならないだろう。このような地域の昼食会においてこそ、市民的スキルが磨かれ、真実の討議のやりとりが行われるからである。シーダ・スコッチポルはこう論じる。

伝統的な米国市民社会においては、何百万の普通の男女が互いにやりとりをし合い、特権的立場の人々とも並んでグループに参加し、コミュニティの、そして全国的な問題の双方で影響力を行使していた……近年では古き米国市民社会は、その名前に値する会員が参加していることは希な、プロの支配する主張団体や非営利組織の騒がしい群れによって迂回されまた脇に追いやられている。共有された市民性という理想や、民主的影響力といった可能性は、その過程の中で危うくなっていった。[42]

ピーター・スケリーは、大規模な全国会員組織が会員からのインプット――結局のところ、それは通常は会費のために送られてくる単なる小切手――ではなく、本部スタッフによって支配される傾向があると論じている。これらの人々は必然的に、重要なパトロンの意向に沿って引きずられる。それは個人の富裕者、基金、さらにはその多くに間接的に助成している政府機関である。自発的結社のメンバーは地理的に分散しているので、これらの組織はまた、その課題を推進するためにメディア戦略に頼る。さらなる寄付を生み出そうとするメディア戦略はしばしば組織の「敵」の脅威を強調し、その過程においては理性的な討論よりも、対決姿勢的な政治的緊張を伝えることとなる。[43]

大規模な「三次」集団が、より個人的な形態による政治参加の代わりにはならないという理由はほかにもある。政治的意思決定の大半はワシントンで行われているわけではない。したがって、政治活動が効果的であるためには、ベルトウェイ《ワシントン》内部の利益団体に対して会費を送ることに限定するわけにはいかない。例えば、経済学者のジェームズ・T・ハミルトンは、住民に自家所有が多く、また投票に行くような住宅地域は、（他の多くの要因を一定に保つと）借家が多く投票の少ない地域よりも有害廃棄物処理工場が建てられることが少ないことを見いだした。どこに建設するかを決定するにあたり、有害廃棄物処理会社は地域の組織的反対が最も少ないことが期待できる場所に目を向けるのだと彼は結論づけた。[44]このように、市民参加の低下は地域レベルで住民のエンパワーメントを掘り崩すものである。もちろん、逆もまた真である。参加低下とエンパワーメント低下は、同じコインの両面だからである。

社会関係資本は、何が政治の中に入っていくかだけではなく、何がそこから出てくるかにもまた影響する。政府のパフォーマンスに対する市民参加の強力な影響の最もよい実例は、米国のものではなく、共同研究者たちと筆者が行ったイタリアの地方政府についてという一見不可解なテーマに関する調査から得られる。[45]

一九七〇年以来、イタリアは潜在的に強力な地方政府を全国的に成立させた。これら二〇の新制度は形態的には全く同一であったが、それらが設置された社会的、経済的、政治的、文化的文脈は劇的に異なっており、前工業化から脱工業化、信仰心篤いカトリックから熱烈な共産主義、動きの鈍い封建的なところから熱狂的なまでに現代的なところまで幅広かった。植物学者が、遺伝的に同一な種子を異なる区画に蒔いて植物の成長を測定検討するように、われわれもこれらの新制度が多様な状況下においてどのように発展するのかを調査することにより、政府のパフォーマンスの理解を探求した。期待どおり、新政府のいくつかは、非効率、不活発、汚職といった惨めな失敗に終わった。しかし、他のものは著しい成功を収め、革新的なデイケアプログラムや職業訓練センターを生み出し、投資と経済発展が進み、環境保護基準や家族クリニックの先駆となった――公的業務を効率的に運営し、その構成員の満足度を高めたのである。

　政府の質に現れたこのような明確な差異はどのように説明できるだろう。一見明らかに思える回答のいくつかは、無関係であることが判明した。それぞれの地域の政府組織は非常に似通っており、それでパフォーマンスの差異を説明するのは難しい。政党政治やイデオロギーもほとんど差を生じさせなかった。富裕さ、繁栄度合いも直接的な効果を持たなかった。社会的安定性、政治的調和、人口移動は鍵ではなかった。これらの要因はどれも、良い政府との間に期待された相関を持っていなかった。その代わりに最も良かった説明変数はアレクシス・ド・トクヴィルであれば予想したかもしれないものであった。市民参加の強固な伝統――投票、新聞購読者、合唱団や文学サークル、ライオンズクラブやサッカークラブへの加入――が、成功した地域の顕著な特徴《ホールマーク》であったのである。

　エミリア－ロマーニャやトスカーナのようなイタリアの諸地域は、数多くの活動的なコミュニティ組織を有している。これらの地域の市民は公的な問題に積極的に関与しているのであって、それは何かの配分にあずかろうとしているわけではない。人々は互いを信頼して公正に振る舞い、法を遵守している。これらのコミュニティのリーダーは相対的に正直で、平等性を心がけている。社会的、政治的ネットワークは水平的に組織されており、垂直的にではない。これらの「市民コミュニティ」は連帯、市民参加そして誠実さに価値を置く。そしてこのようなところで民主主義が機能しているのである。
その対極に「非市民的」地域としては、カラブリアやシシリーのような場所があり、フランス語の「インサヴィズム」（公徳心の欠如）という言葉がその特徴を適切に表している。そこでは市民性という概念そのものの発達が妨げられている。社会的、文化的組織への参加は乏しい。住民の視点から見ると、公的な事柄をすべきなのはどこかの他人——「イ・ノタービリ」すなわち「ボス」「政治家」——であって、彼らではない。法は、ほぼ万人が同意するところでは破るために作られるものだが、しかし他人の無法を恐れるあまり、誰もが厳しい規制を要求している。このような悪循環の連鎖に絡め取られて、ほぼ全ての人間が無力感や搾取感、そして不幸に感じている。より市民的なコミュニティと比べて、ここでの代表政府が効果的でないことは全く驚くにあたらない。

市民的コミュニティの歴史的ルーツは、驚くほど深いものである。市民的関与と社会的連帯の持続的伝統は、千年近く、一一世紀にまで遡ることができる。その頃フィレンツェ、ボローニャ、ジェノヴァのような場所でコムーネ共和制が成立したが、そのコミュニティはまさに今日、市民参加と成功した政府を謳歌している場所である。この市民的遺産の中核には、組織化された互酬性と市民的連帯の豊かなネットワークがある——中世コムーネにおける、ギルド、宗教的友愛組織、自衛のための塔結社《タワー・ソサエティ》、二〇世紀における協同組合、相互扶助組織、町内会、合唱隊である。

市民参加は、政府の需要側《ディマンドサイド》と供給側《サプライサイド》の双方で重要な意味を持つ。需要側では、市民的コミュニティにおける市民は良き政府を望み、（部分的には自身の努力もあって）それを得ることになる。前に有害廃棄物の研究で見たように、市民が政治的説明責任を求めていると政策決定者が予期している場合は、彼らは公的抗議に直面するよりも、むしろその最悪の衝撃を和らげようという傾向をより示すだろう。供給側においては、代表政府のパフォーマンスは市民的コミュニティのインフラストラクチャーと、公職者、市民双方の持つ民主主義的価値によって促進される。経済学の言葉を使えば、社会関係資本は取引コストを下げ、集合的行為のジレンマを緩和する。人々が互いに知り合い、合唱隊の練習やスポーツ試合で毎週やりとりをしており、互いに信頼し正直に振る舞っているとき、彼らはさらなる協力事業を打ち立てる基礎となるモデルと、道徳的基盤を有していることになる。

社会関係資本が存在するとき、軽量型の政府の効率は向上する。市民が近隣の出入りに目を光らせていれば、警察が捜査を打ち切ることのできる事件を増やせる。問題のある親に対して近隣や親戚が社会的サポートを提供すれば、児童福祉局は「家族保護」においてより良い仕事ができる。親が教室でボランティアをし、子どもが宿題をしてくることを保証すれば、公立学校の教育は改善される。コミュニティ関与が欠如していれば、公務員——官僚、ソーシャルワーカー、教師など——の負担はさらに重くなり、成功はさらに遠ざかっていくことになる。

　市民的伝統は、米国においてもまた重要な意味を持っているように思われる。第16章で簡潔に説明したように、一九五〇年代に政治学者のダニエル・エレザーが米国の「政治文化」に関する先駆的な研究を行った[46]。彼の結論では、そこには三つの文化が存在する。すなわち南部の「伝統主義的」文化、中部大西洋岸、西部諸州の「個人主義的」文化、そして北東部、中西部上部、太平洋側北西部に集中する「道徳主義的」文化である。際だっているのは、エレザーの政治文化地図が、図80で描いた社会関係資本の分布に極めて類似していることである。伝統主義的諸州では、改革に抵抗するエリートによって政治が支配される傾向があるが、そこは社会関係資本が最も少ない州でもある。個人主義的諸州では政治は強力な政党と職業政治家によって運営され、経済成長に焦点が置かれているが、そこの社会関係資本は中程度のレベルである傾向がある。道徳主義的諸州——「良い政府」、争点を基礎としたキャンペーン、そして社会改革が賞賛される[47]——は、社会関係資本のレベルが比較的高い傾向がある。エレザーの研究から導かれた政治文化指数と、われわれの社会関係資本指数の間の相関は極めて大きい[48]。

　市民的伝統はまた、米国における政府の性質を予測するであろうか。示唆的な研究の知見では、社会関係資本が豊かな「道徳主義的」諸州は公共政策において著しく革新的であり、政府公務員の雇用にあたって能力主義《メリット》システムを採用する傾向がある。これらの州における政治は問題志向的で、社会・教育サービスに焦点を置いており、明らかに汚職が少ない。予備的研究の示すところでは、社会関係資本の高い州は効率的で改革的な政府を維持している[49]。

　地方自治レベルにおいても、草の根的関与のレベルの高さは、情実的政治《パトロネージ》を鈍化させ[50]、連邦政府の地域開発資金援助のより公正な分配を確保している傾向がある[51]。そして、ポートランド（オレゴン州）やセントポール

（ミネソタ州）のように制度化された住民組織を持つ都市は、地域の人々が望む提案の通過をうまく実現している。これらの都市はまた、地方自治体に対する高いレベルの支援と信頼を享受している。[52]

社会関係資本の高さと、効率的な政府パフォーマンスの間に見られるこの相関は、明白な疑問を問うてくることになる。社会関係資本の減少と政府への信頼の低下との間には、類似のつながりが見られるのだろうかということである。社会関係資本の減少と市民参加の低下との間には関係があるのだろうか。政府に対するシニシズムが政治からの離脱を引き起こすということは一般に想定されているが、しかしその逆も同じように起こりうる。自分や周囲の人間がドロップアウトしたら、政府の実際のパフォーマンスが悪化したので、不満を抱くようになったということである。ポゴ（訳注：一九四九—七五年のウォルト・ケリー作の新聞連載漫画のタイトルであり、その主人公のフクロネズミの名前）が、「敵に出会ってみたら、それは自分たちだった」と言ったように。

社会関係資本は政府に対してさまざまな仕方で影響する。全員が納めるべき税を支払えば、国は楽になるということには誰もが同意する。脱税者を支援することを望む者はいない。租税システムの正当性は、われわれ皆が自分の負担分を支払うという信念に部分的には依存していることになる。しかし、内国歳入庁が全員を検査することは不可能であるということをわれわれは知っているので、合理的な市民は、もし自分の分担分を支払えば、それほど道徳的義務感を感じていないものを確実に援助しているということを信じるあらゆる理由があることになる。これが、内国歳入庁と租税システム全般に対する幻滅の製法となっている。

しかし、全ての人間が等しく幻滅しているわけではない。市民が他の人々を基本的に正直であると見ている州においては、社会関係資本の低い州よりも納税義務遵守が高い（図89を参照）。社会関係資本、一人当たりの所得、所得格差、人種構成、都市化、教育水準の各州ごとの差異を検討した場合、**社会関係資本が納税遵守を予測することに成功した唯一の要因であった。**[53] 同様に個人レベルでは、他者が正直でないと信じていたり、政府に不信を感じる納税者ほど自身も不正を行う傾向があった。[54] 自分の負担分を支払おうとする意向は、他者も同じようにしているという知覚に決定的に依存している。結果として、社会関係資本に富むコミュニティにおいては、政府は「われわれ」であって「彼ら」ではない。このように、社会関係資本は政府の正当性を強化する——私が税

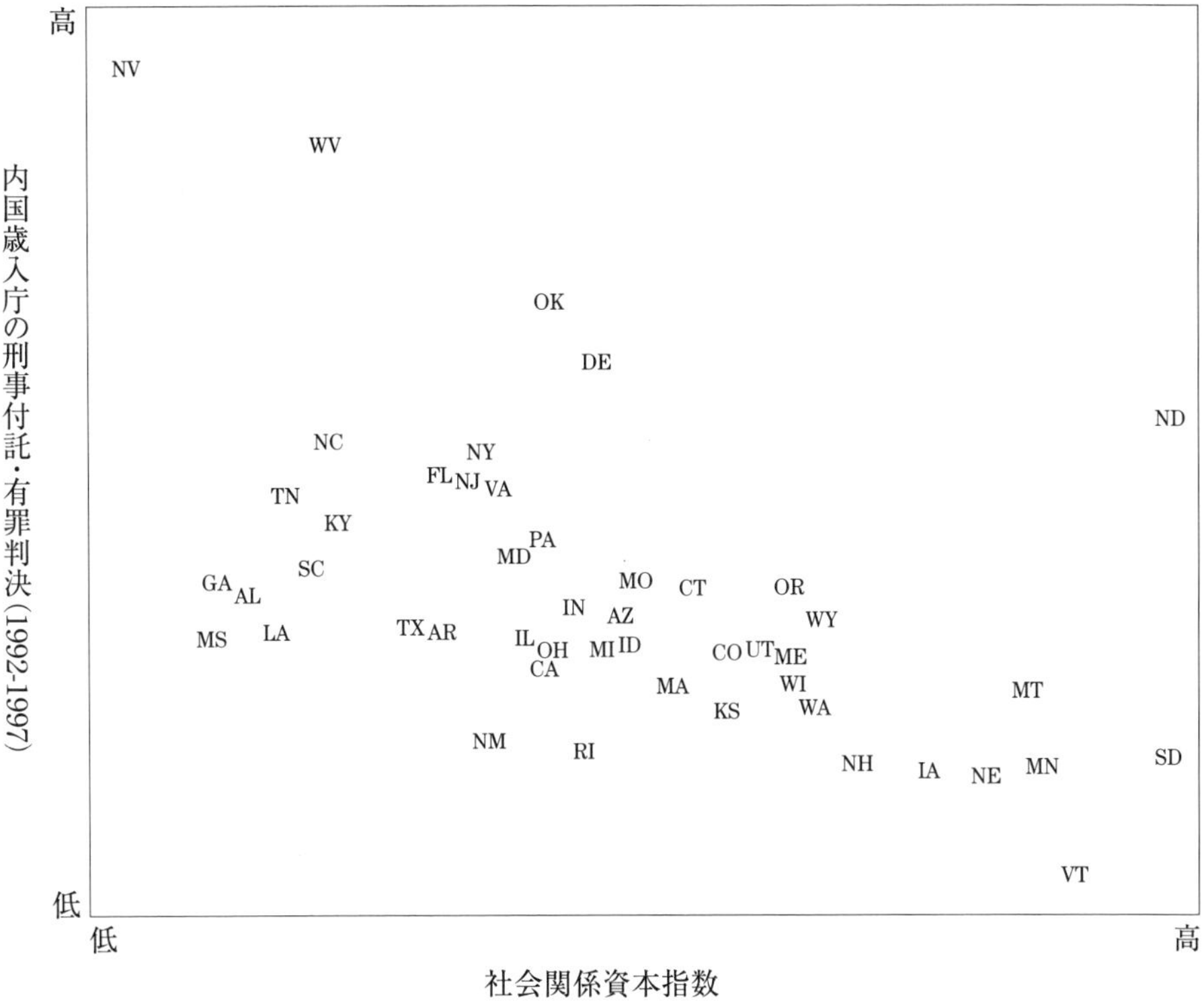

図89　高社会関係資本地域では脱税が少ない

を払うのは、他の大半の人々もそうしていると信じているからで、租税システムは基本的に、そうあるべき形で機能していると私は考える。それとは逆に、住民の間での互酬性の絆が欠けているようなコミュニティでは、人々は自発的に税を払わなければならないという義務を感じない。なぜならほとんどの人が不正をしていると自分は信じており、租税システムは、「われわれ」ではなく「彼ら」によって制度化された、もう一つの壊れた政府プログラムであると自分は思うからである。

この文脈においては、一〇年ごとの国勢調査に対する協力を予測する最良の変数が、その人の市民参加のレベルであるということも驚くべきことではない。さらに際だっているのは、投票や社会的信頼といった、社会関係資本の測定でランクの高いコミュニティで、公共放送に対する寄付が有意に多いということで、これは視聴者の選好や支出に影響を与えているといわれている他の全ての要因――教育、富裕さ、人種、税控除制度、公的支出――を統制しても成り立っている[55]。公共放送は、公共財の典型的な例である――自分が支払うかどうかにかかわらずその恩恵を得ることができ、自分の寄付自体がオンエアを続けさせているのかどうかはよくわからない。合理的で、自己利害に基づく聴取者であれば、たとえジム・レーラー（訳注：米国公共放送ＰＢＳ「ニュースアワー」の司会者）の大ファンであったとしても、どうして地域の放送局に小切手を送るようなことをするだろうか。それに対する答えは、少なくとも社会関係資本の豊かな州においては、「自己利害」の拡大された感覚と、互酬性に対する確固たる確信を市民的規範が支えているから、ということになる。したがって社会関係資本の蓄積が減少すれば、人々の多くは「ただ乗り《フリー・ライド》」する誘惑に駆られるようになる。それは「あなたのような視聴者」に対する呼びかけを単に無視することによってだけではなく、民主主義を機能させている無数の市民的義務を顧みないことによってなされているのである。

同様に、軍事部隊では、連帯の絆と信頼感の高い場合にその能力が高くなること、強い社会的ネットワークと草の根組織を有するコミュニティでは、そのような市民的資源に欠けたコミュニティよりも予期せぬ危機に直面したときにうまく対処できることを研究が見いだしている[56]。これらの例全てにおいて集合的利益の実現に必要なのは、直接的な自己利害を打ち破り、また隣人も同様に集合的に振る舞うと想定する行為である。現代社会は、ただ乗りとご都合主義の機会に満ちあふれている。民主主義は、市民が無私の聖人であることを必要とはしないが、適度な仕方で、大半の人々が多くの瞬間において不正の誘惑に抵抗することを仮定している。ますます増加する証拠が示唆しているのは、社会関係資本が、われわれのより良い、拡張的な自己を強化するということである。民主的制度のパフォーマンスは、測定可能な形で、社会関係資本に依存している。

第22章　社会関係資本の暗黒面《ダーク・サイド》

間抜けで、了見が狭く、物質主義的で俗物的、やたらとこびへつらい、偏狭で、ミドルクラスの「入会好き《ジョイナー》」というのは、アメリカ文学の中のお決まりの人物像である。一九九八年の映画『カラー・オブ・ハート』は一九五〇年代を風刺して、田舎臭く、女嫌いで、人種差別的、ファシスト的、そして（中でも最悪なのが）退屈であるように描き、開明的、開放的で鮮やか《テクニカラー》な一九九〇年代と対比させた。このような風刺テーマはオリジナルなものでは全くない。早くも一八六五年には、ヘンリー・デヴィッド・ソローが『アトランティック・マンスリー』誌で、「米国人はオッドフェロー（訳注：一八世紀に英国で、フリーメーソンにならって創立された秘密共済組合）になるところまで落ちぶれている。すなわち、その群れなす器官ばかり発達させ、知性の方は明らかに欠如していることによって知られているだろう人間である」と軽蔑的に記している。[1]

米国初のノーベル文学賞受賞者シンクレア・ルイスは、一九二二年の小説によって「バビットリー（低俗な実業家かたぎ）」という言葉を英語に付け加えることになった。その主人公のジョージ・F・バビットは不動産業者で、オハイオ州ジーニス（訳注：ルイスの創作した架空の町）の共和党の熱狂的な支援者で、その時計のチェーンには、

大きな、黄ばんだエルク鹿の歯がぶら下がっており、自分がエルクス慈善保護会の会員であることを宣言して

いた。その仕立てのよい上質の、見た目には普通のグレースーツの折り返しにはブースター・クラブの徽章がつけられていた。偉大なる業の持つ簡潔さによって、その徽章に記されていた二語は「ブースターズ――がんばろう《ペップ》！」であった。それはバビットに、自分の忠誠と重要性を感じさせるものだった。それは彼をすてきな仲間に、ビジネスサークルでの上品で、人間的で重要な人々へと結びつけるものだった。それは彼にとってのヴィクトリア十字勲章、レジオン・ドヌール勲章のリボンであり、ファイ・ベータ・カッパの鍵（訳注：全米の優等学生友愛会、会員は鍵を模した徽章を持つ）であった。

彼のクラブと組織は、彼の精神にとって糧となる快適さを与えてくれた。ジーニスの地位ある人間として、無数の「支部《ロッジ》」や成功を後押しする昼食会の中の一つ、望むらくは二、三に所属することが求められていた。ロータリー、キワニス、ブースター、オッドフェロー、ムース、メーソン、赤人結社《レッドマン》、ウッドマン、オウル、イーグルス、マカベア会、ピシアス騎士会、コロンブス騎士会、そして高い親切心、健全な道徳、そして憲章に対する崇敬といった特徴を持つその他の秘密結社にである。これらの結社に所属する理由は四つあった。まず、そうしなければならなかったということ。それがビジネスにとってよかったということ。ロッジの兄弟《ブラザー》はしばしば顧客となったからである。そして枢密顧問官やコメンダトーレ（訳注：イタリアの爵位）にはなれない米国人に対して、大佐や判事、教授といった平凡な階級に加え、誉むべき記録書記《ハイ・ウォーシー・レコーディング・スクライブ》や偉大なるフーグー《グランド・フーグー》といったようないかにも気取った敬称を与えるものだったということ。そして最後に、束縛厳しい米国の夫に、毎週一晩の外出を可能にするものであったこと。ロッジとは彼の広場《ピアッツァ》であり、オープンカフェであった。そこでは玉突きをし、男の会話をし、下品に、また勇ましくなることができた。バビットが「入会好き《ジョイナー》」である理由は、これら全てであった。(2)

ジョージ・バビットのような人物は、社会関係資本の名を汚すものである。そういった人々は、市民的美徳の裏側《ダーク・サイド》にどのような問題点が隠されているのか、注意深く検討することをわれわれに強いてくる。

フランス革命の旗には、三つの理想が込められていた——自由、平等そして友愛である。フランスの民主主義者が目指していたこの友愛は、筆者が「社会関係資本」と名付けたものの別名である。この旗でも、そして引き続く思想的論争においても解決されなかった問題は、果たしてこの三つの理想が両立するのだろうか、というものである。二〇〇年間に及ぶ西洋の政治的論争の多くは、自由と平等の間に存在するトレードオフをめぐって展開されてきた。自由が、あるいは少なくともある種の自由が行きすぎると、平等が蝕まれてゆく。平等が、あるいは少なくともある種の平等が行きすぎると、自由が蝕まれる。ここであまり見慣れないが、不吉さでは劣らないのは第三の理想をめぐるトレードオフである。過剰な友愛は、自由や平等にとってよくないものなのだろうか。よいもの全てが両立するわけでは必ずしもないので、社会関係資本のみをただひたすら追求することは、自由と正義への許容しがたい侵害をもたらすことになるかもしれない。本章では、これらの困難な規範的問題をいくつか取り扱う。

社会関係資本は、自由や寛容さと相容れないのだろうか？　これはコミュニティのつながりに対する自由主義観点からの古典的反論であったし、現在でもそうあり続けている。すなわち、コミュニティは自由を制約し、不寛容性を促進するのではないか。見識深かった一九世紀イギリスのウォルター・バジョットは、コミュニティというソフトな足枷がいかに圧制的たり得るかについて記している。

ネロやティベリウスの暴虐さについて語ることがあるだろう。しかし真の暴虐さとは、隣家の人間の暴虐さである。隣人の為すところを為せ、という法ほどに残酷な法があるだろうか。隣人のようにしている必要があるということほどに苛立たしい軛《くびき》があるだろうか。自分の家のドアのところに暮らす人間の目ほどに、どれほど手際のよい圧政のスパイが家のドアにやってくるだろうか。世論は浸透的な力を持っており、それに従うことを強制してくる。それは他者の考えるように考え、他者の言葉を語り、他者の習慣に従うように求めてくる。(3)

一九五〇年代の小都市風の米国においては、人々はコミュニティ生活に深く関わっていたが、社会関係資本におけるこのような過剰は、多くの人に対して服従と社会的分断を押しつけているように思われた。その後六〇年代に寛容さと多様性が開花したが、それはほとんど正確に社会関係資本の低下と符合していた。[4] マイケル・シャドソンとアラン・ウルフのような思慮深い評者は、続く時期を通じて米国人は他者とのつながりを減らしていく一方で寛容さを増してきたと考えた。[5]「自由の獲得は、コミュニティの犠牲に値するものでなかっただろうか」と彼らは問う。

一九九〇年代の米国が、一九五〇年代、さらには一九七〇年代の米国と比べてもずっと寛容な場所であることは疑いない。表7は一般社会調査アーカイブによる人種統合、男女平等および市民的自由、すなわち問題の多い意見を支持する言論や出版の自由、の三つの支持をめぐる幅広い指標をまとめたものである。図90が示すのはこれら三領域における米国人の意見が二〇世紀の最終四半世紀にどのように変化したかの概観である。確かに、表7にまとめた二一項目に対する態度は全て、二〇世紀の最終四半世紀により寛容的な方向に変化していた。つまり異人種間の結婚への寛容性が増加し、働く女性への寛容性が増加し、ホモセクシュアルへの寛容性が増加し、といった具合である。

この数十年における寛容性の増加は明確かつ広範なものであった。一九五六年には、米国白人の五〇%が白人と黒人は別の学校に通うべきであると答えていた。一九九五年にはそのように答えたものは四%しかいなかった。一九六三年には、米国白人の四五%が隣家に黒人が越してきたら他所に転居すると答えていた。一九九七年には同じように答えたものは一%になっていた。一九七三年、他の人種の誰かが自分の家に夕食に最近来たことがあると答えたものは米国人のうち二〇%にすぎなかったが、一九九六年にはそれは二倍以上の四二%になった。一九八七年に至るまで、米国人全体の四六%が異人種間でのデートに反対していたが、一九九九年にはその数字は半減の二三%になった。一九六三年には米国人の六一%が異人種間の結婚を禁止する法律を支持していたが、一九九八年に支持していたものは一一%にすぎなかった。社会関係資本のほとんどの形態が弱体化していたにもかかわらず――あるいは、おそらくはそれが故に――人種間の社会的橋渡しは強化されていったのである。

一九七三年には、全米国人の半数近く（四五%）が地域の公共図書館からホモセクシュアリティを主張する書

表7　人種統合、男女平等、市民的自由に対する寛容度指標

A.　人種統合に対する寛容度（白人のみ）

1. 白人は、望むならば［ニグロ・黒人・アフリカ系米国人］を自分の近所から遠ざける権利を持っており、［ニグロ・黒人・アフリカ系米国人］はその権利を尊重しなければならない。（賛成／反対）
2. ［ニグロ・黒人・アフリカ系米国人］と白人の間の結婚を禁止する法律があるべきと思いますか。（はい／いいえ）
3. 過去数年の間に、家族の誰かが家の夕食に［ニグロ・黒人・アフリカ系米国人］の友人を招いたことがありますか。（はい／いいえ）
4. 全般的な住宅問題に関するコミュニティ規模の住民投票があったとします。採決対象の法案は2つあります。1つは住宅所有者がそれを売却するときには、［ニグロ・黒人・アフリカ系米国人］に売ることを望まないときでさえも、その相手を自分で決められるというものです。2つめは住宅所有者は、人種や肌の色を理由としてそれを売却することを拒否できないというものです。どちらの法案に賛成しますか。
5. あなたの支持政党が［ニグロ・黒人・アフリカ系米国人］を大統領候補に指名したとき、もし本人が職務に適任であれば投票しますか。（はい／いいえ）
6. あなたと友人が［ニグロ・黒人・アフリカ系米国人］の参加を認めない社交クラブに参加しているとしたら、［ニグロ・黒人・アフリカ系米国人］も参加できるように規則を改正するよう努めますか。（はい／いいえ）

B.　フェミニズムに対する寛容度

1. 女性は家庭を運営していくことの面倒を見て、国を運営していくことは男性に任せるべきだ。（賛成／反対）
2. 扶養能力のある夫がいた場合に、既婚女性が実業、産業界で収入を得ることを認めますか、それとも認めませんか。（認める／認めない）
3. あなたの支持政党が女性を大統領候補に指名したとき、もし本人が職務に適任であれば投票しますか。（はい／いいえ）
4. 大半の男性は、大半の女性よりも感情面で政治にむいている。（賛成／反対）
5. 男性が家の外で働き、女性が家庭と家族の面倒を見れば、関係するもの全員にとってずっとよい。（賛成／反対）

C.　市民的自由に対する寛容度

1. その考えが良くないとか、危険であると他者に思われている人間はいつもいます。例えば、あらゆる教会や宗教に反対している人間です。そのような人間があなたのコミュニティで、教会や宗教に反対する演説をすることを望んだとき、そのような演説は許されるべきであると思いますか、許されるべきでないと思いますか。
2. その人間が教会や宗教に反対して執筆した書籍は公共図書館から取り除かなければならないと、あなたのコミュニティの誰かが提案したとき、あなたはこの書籍を取り除くことに賛成しますか、そうはしませんか。

以下の事柄についても、これと同じ対の質問が示された。

・黒人は遺伝的に劣っていると信じる人間
・自分が共産主義者であると認めている人間
・選挙制度を廃止して、軍政が敷かれるべきであると主張する人間
・自分がホモセクシュアルであると認める人間

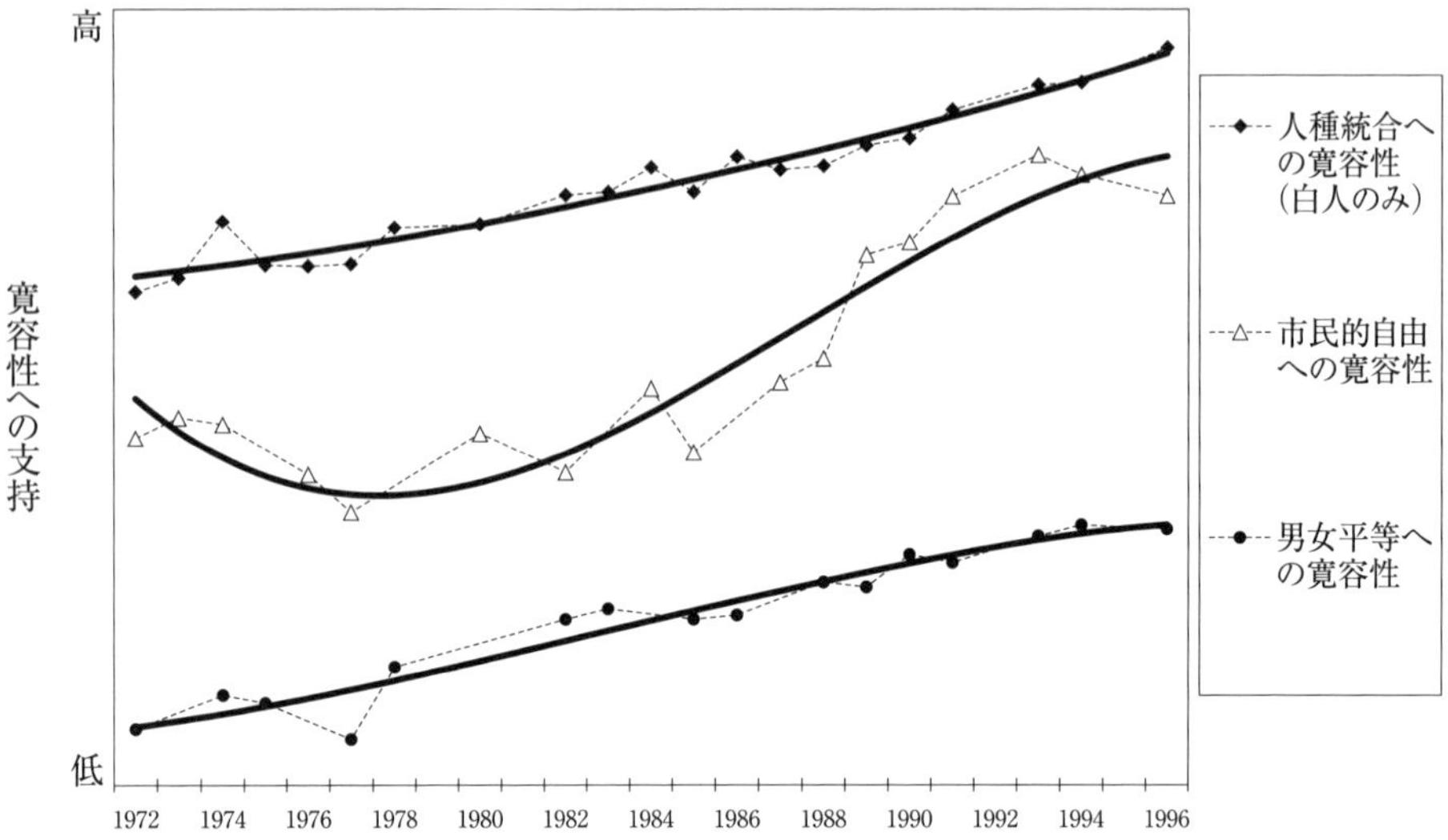

図90　人種統合、市民的自由、男女平等への寛容性の成長

籍を排除することを支持していたが、二五年後その数字は二六％にまで減少した。一九八七年と一九九九年の間に、ホモセクシュアルの教員を解雇することを支持する人々の割合は半数以上から、三分の一以下へと低下した。一九七五年に至っても、米国人の半数は「大半の男性は、大半の女性よりも感情面で政治にむいている」や「女性の場所は家庭の中にある」ということに賛成していた。一九九九年にはそのような立場を支持するものは四分の一以下となった。これらの統計的傾向それぞれの背後には、烙印や圧政から解放された米国人の一群が増加したということがある[6]。

　このように一九六〇年代中盤から一九九〇年代末の間に米国人は非常に寛容的になったが、それが起こったのは（第2部で見てきたように）市民生活や、互いの間からの切り離しが始まっていたちょうど同じ時期であった。社会関係資本が崩れていくにつれて寛容性が増加したことは、偶然の一致なのだろうか。昔風のクラブの衰退は、自分が女性や黒人その他に対して親よりも寛容になったにもかかわらず、クラブがそうではなかったという理由で人々が脱落した（もしくは決して参加しなかった）ことの単純な反映ではないのだろうか。われわれが寛容になったのは、閉鎖的な社会的区分という息の詰まりそうな、偏狭な影響から自由になったからというまさにその理由ではないのだろうか。いわば社会関係資本と不寛容をつなぐ鉄則のようなものがあり、社会関係資本の低下は単純に、寛容な個人主義の高揚に伴う不可避の随伴物ではないのだろうか。結局のところ、われわれはコミュニティか個人主義の両方ではなく、どちらか一方という苦痛に満ちた、さらには根拠もないような選択に直面していないだろうか。自由か友愛のどちらか、しかし両方ではないというような。もしセイラムのような緊密なコミュニティを望むならば、アーサー・ミラーが一九五三年の『るつぼ』で論じたように、「魔女」——そこに適合しない者全て——を遠ざけることはその契約の一部にすぎないということにならないだろうか。「魔女」なしには、セイラムもないというように。[7]

この概念の枠組みが正確ならば、自由とコミュニティの双方を重要と考えるものは苦痛に満ちたトレードオフに直面するが、しかしどんな悪いことにもよい面はある。マイケル・シャドソンは「組織的連帯の低下は確かに損失《ロス》であるが、しか**しそれはまた個人的自由の上昇の裏面であって**、それはまさしく利得《ゲイン》である」と論じる。[8] われわれはもはやつながっていないが、少なくとも私はあなたを困らせないし、あなたも私も困らせないのである。

しかし、連帯の達成には、自由というコストが不可避なのだろうか。頭を得るためには尾を必ずあきらめなければならないというように。参加の低下は本当に解放の「裏面」なのだろうか。惑わせるようなこの解釈を受け入れる前に、表8を検討しよう。概念的には少なくとも、寛容と社会関係資本は、極端な個人主義から極端な派閥主義という単一の連続体の反対側にあるわけではない。実際には、社会について四つの論理的に可能なタイプが存在する。単純な「自由かコミュニティか」という解釈が強調しているのは(1)と(4)のセル——自由が多いがコミュニティの少ない個人主義的社会と、コミュニティは多いが自由の少ない派閥的社会、である。しかし残りの二タイプを急いで捨て去るべきではない。とりわけ、(3)の社会関係資本と寛容さを結合している魅力的なセルを。コミュニティと自由は、少なくとも何らかの環境下で、両立可能なのだろうか。

より希望の持てるこの解釈に対して支持的な証拠の一つめは、コミュニティに対する関わりの多い人は、家の中にこもる住民と比べて寛容度が高いのが一般的で、低くはないということである。多くの研究の知見では、社会参加と寛容性の間の相関は、存在するとすれば正であって負ではなく、教育水準を統制してもそれは成り立っ

表8　社会関係資本と寛容性：社会の4タイプ

	低社会関係資本	高社会関係資本
高寛容	(1)個人主義的： あなたはあなた、私は私	(3)市民的コミュニティ (「魔女」のいないセイラム)
低寛容	(2)アナーキー的： 万人の万人に対する闘争	(4)派閥的コミュニティ (内集団対外集団―「魔女」のいるセイラム)

ている。つながりと寛容性の間にある正の関連は、特に男女問題と人種問題において強い。コミュニティ組織への関与が強まるほど、男女平等や人種統合に対してよりオープンになる傾向がある。

社会的参加者や市民的活動家は社会的孤立者と比べて、立場を異にする、慣例に従わない行動に対して一般的に寛容であるというパターンは、一九五〇年代の抑圧的なマッカーシー時代に社会科学者によって最初に発見され、その後繰り返し確認されてきた。米国五都市での市民参加による住民発案《イニシアチブ》に関する包括的調査によれば、社会経済的地位とかかわりなく、これらの住民発案に対して積極的であった人々は非参加者と比べて、人気のない、議論の的となるような発言者の権利に対して非常に寛容度が高いことが見いだされた。宗教的関与、特に福音派教会に対する関与が不寛容さと関連しているというよく見られる例外を除けば、コミュニティ関与と不寛容性の間に想定されたような関連があることを見いだした実証研究はただの一つも発見できなかった。[9] ジョージ・バビットは尊大で独善的であったかもしれないが、彼がジーニスのコミュニティ生活の活気に触れていなかったとしたら、その偏狭さもさらにひどいことになっていたであろう。

社会関係資本と市民的寛容性の関連は、コミュニティレベルではさらに正の度合いが強まる。図91が示しているのは、高社会関係資本州の市民は、低社会関係資本州の市民よりもずっと市民的自由に対して寛容であり、人種、男女平等の意識がずっと強いということである。自由と友愛は並び立たないどころか相互に高めあっており、このことは教育、収入、都市化といった他の要因を統制しても成り立っている。米国で最も寛容なコミュニティは、まさに最も市民的関与の高い場所である。逆に言うと、住民が孤独にボウリングをするようなコミュニティは、米国で最も寛容性の低い場所である。[10]

さらに詳細に検討すると、過去三〇年間の寛容性の増大と市民参加の低下という傾向は、

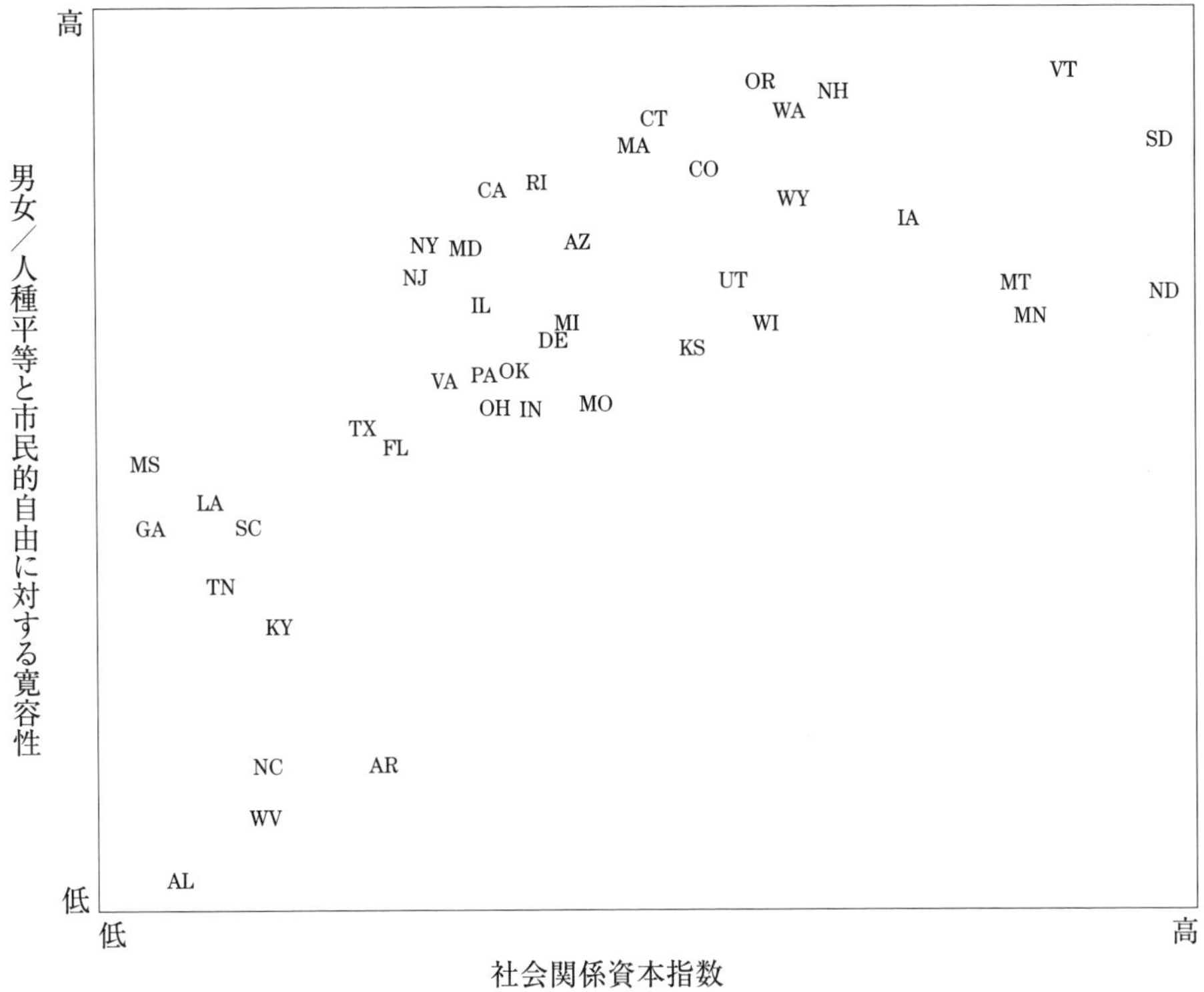

図91　社会関係資本と寛容性は両立する

単純に同じコインの表裏というわけではない。寛容性と市民参加双方の変化の大半は、世代的遷移に起因している。すなわち人々の参加が減り寛容さが増した主たる理由は、新しい、寛容性の高い、参加の少ない世代が、古い、寛容性の低い、参加の多いコホートを次第に置き換えていったということである。しかし、米国人の寛容、不寛容を世代的に分ける線は、参加と不参加を世代的に分ける線と同じではない。

過去数十年の寛容性の増加はほぼ完全に、二〇世紀前半に生まれた寛容度の低い人々が、寛容度の高いブーマーとX世代によって置き換わったことによるものである。一九四五年以降に生まれた者は現在もこれまでもずっと、それ以前に生まれた者と比べて寛容度が高かった。しかし、高い寛容度を生み出していたこの世代的エンジンは、ブーマーの出現と共に停止してしまったように見える。社会学者のジェームズ・C・デーヴィスが数年前に記したところでは、一九七〇年代や一九八〇年代に生まれた者は、一九四〇年代や一九五〇年代に生まれたその親と比べて寛容度が変わっていない。社会関係資本に関する世代的転換点がそれと全く異なっているのは、第14章で触れたとおりである。一九二〇年代に生まれた人と一九四〇年代に生まれた人では市民的習慣における差はほとんどないが、一九四〇年代生まれやさらには一九五〇年代に生まれた人でさえも、一九七〇年代や一九八〇年代生まれの人より市民的なのである。[11]

二〇世紀の前半に起こった何かが、米国人のコホートを次々と寛容にしていったが、その世代的エンジンは世紀後半に生まれた者の寛容性をさらに増大させることはできなかった。初期ブーマーは、後期X世代よりも寛容度が高くないのである。したがって寛容度における最大の世代的増大はすでにもう過ぎ去ってしまった。対照的に、二〇世紀の後半において米国に起こったことの何かが人々の市民参加を減少させている。後期X世代は、初期ブーマーよりも参加がずっと少ない。結果として、参加における最大の世代的損失はいまだにこの先に待ちかまえているということになる。

一九四〇—四五年周辺に生まれた者よりも参加が多い、あるいは寛容度の高いコホートは事実上存在しない。彼らは抜きん出てリベラルなコミュニタリアンである。その両親は同じくらい参加していたが、寛容性が低かった。子どもの方は同じくらい寛容であったが、参加度が低かった。何らかの理由によって、このコホートはその両親のコミュニティ意識の大半は受け継いだが、その不寛容さは捨て去った。大部分において、その寛容性を子どもに受け継ぐのには成功したが、自身が受け継いだコミュニタリアン的習慣を伝えることはできなかった。このリベラル・コミュニタリアン的な文化基盤が、公民権運動を引き起こしたのである。しかしその文化基盤はすでに衰え始めてしまい、新世紀に入る頃にはこの国を参加減少の進む、しかし寛容性はもはや増大しない状態にしてしまった。詳細に検討すると、過去数十年間における寛容性の成長と、市民参加の停滞に関する世代的起源ははっきりと区別できる。コミュニティ参加が、非自由主義的な帰結を必然的にもたらすと考える根拠は存在しない。実際にはこの多様な国土の中のさまざまな州、コミュニティを見渡してみると、全く正反対のことが正しいように思われる。社会関係資本と寛容性は共生関係にあるのである。ヘンリー・デヴィッド・ソローとシンクレア・ルイス、そしてウォルター・バジョットは完全に間違っていたわけではない。コミュニティのつながりが圧迫的なこともあることは疑いない。米国内のクラブや教会は、近隣地域や学校よりもずっと人種的に分離されている。[12] 結束型社会関係資本は特に（橋渡し型社会関係資本と区別すると）、非自由主義的影響を持つ可能性がある。政治哲学者のエイミー・ガットマンは論じる。

米国内の組織活動の多くは明らかに、また直接的に自由民主主義に対して支持的であるが、残りはその支持性がそれほど明確であったり直接的ではなく、さらには自由民主主義に対してはっきりと敵対的であったり、潜在的に破壊的であったりするものも存在する……他の条件を同じにすれば、組織のメンバーが経済的、人種的、また宗教的に多様であるほど、人々の対話と議論が育くまれやすく、それが民主的市民性を導くこととなる。[13]

コミュニティ屋《モンガー》は、過去には不寛容性を促進していたが、その二一世紀の後継者はより困難な基準を持たなければならなくなっている。すなわち、米国の自由主義に対する最大の脅威は最も参加しない者がもたらすのであって、最も参加する者からではない。市民参加の低下が偏狭さに対抗する有益な道具になっている、さらには寛容性は不参加から来る都合のよい副作用であるといったことを示す証拠はない。

社会関係資本は、平等性と相容れないのだろうか？ 熟考する急進派は長らくそう恐れてきた。社会関係資本、とりわけ自分と似た人間を結びつける社会関係資本は、しばしば社会的階層化を強化する。一九五〇年代に豊かであった社会関係資本はしばしば、人種、性別、階級の区分線に沿う排他的なものであった。一般的に言って、持てる者は持たざる者よりもずっと多くの市民活動に参加してきた。したがって、自発的結社の持つ社会的、政治的権力を強めることが、階級差を拡大させるということは十分にありうる。

自由主義者や平等主義者は、（中世のギルドから学区の公立学校に至るまでの）ある種の社会関係資本を、個人的機会の名の下にしばしば攻撃してきた。われわれはここまで、われわれの政策の持つ間接的な社会的コストについて常に考えてきたわけではないが、プライベートな組織の持つ権力について懸念するべきであったかもしれない。社会的不平等は、社会関係資本の中に埋め込まれている可能性がある。あるグループのための規範とネットワークが他を妨害する、特にその規範が差別的であったり、ネットワークが社会的な分離をもたらすものであった場合にそうなることは十分考えられる。持続的なコミュニティ生活における社会関係資本の重要性を認識したからといって、いかにその「コミュニティ」が定義されるか──誰がその内側にいて社会関係資本の恩恵を受け、誰が外側にいて恩恵を受けないのか──について懸念する必要性が免除されるわけではない。

この論理が意味しているのは、何らかの本質的な点で、コミュニティと平等性のどちらかをわれわれが選択しなければならないということだろうか。最近の傾向に基づく実証的な証拠はあいまいなものではない。ノーである。**コミュニティと平等性は相互に強化しあうものであり、互いに並び立たないものではない。**社会関係資本と経済的平等性は、二〇世紀の大半を通じ連なって変化してきた。富と所得の分配という点では、一九五〇年代、一九六〇年代の米国はそれ以前の一世紀以上の中で最も平等主義的であった。第2部で見たように、これと同じ期間にはまた、社会的つながりと市民参加が高い位置にあった。記録的な高さの平等性と社会関係資本が時を同じくしたのである。どちらのケースでも状況証拠が示すのは、第二次世界大戦がカギとなる転機であったということである。[14]

それと反対に二〇世紀後半の三分の一は、不平等性が進行し、社会関係資本が衰退した時期であった。二〇世紀の終わりには、国内の富裕者と貧困者の格差は三〇年近くにわたり増大を続けており、少なくとも一世紀の中で最も不平等性の増大が持続した時期となった。それは、やはり同じ期間の中で初めての、持続的な社会関係資本の低下を伴っていたのである。[15] この二傾向のタイミングは非常に印象的である。一九六五―七〇年のどこかで米国は方向を逆転し、経済的な平等性と社会的、政治的なつながりの双方の減少を開始した。対になったこの傾向は友愛と平等性が相補的な価値であって、相容れないものではないことを表している。

同じ結論は、米国諸州の平等性と社会関係資本を比較することによっても強められる。図92と図93が示すのは、

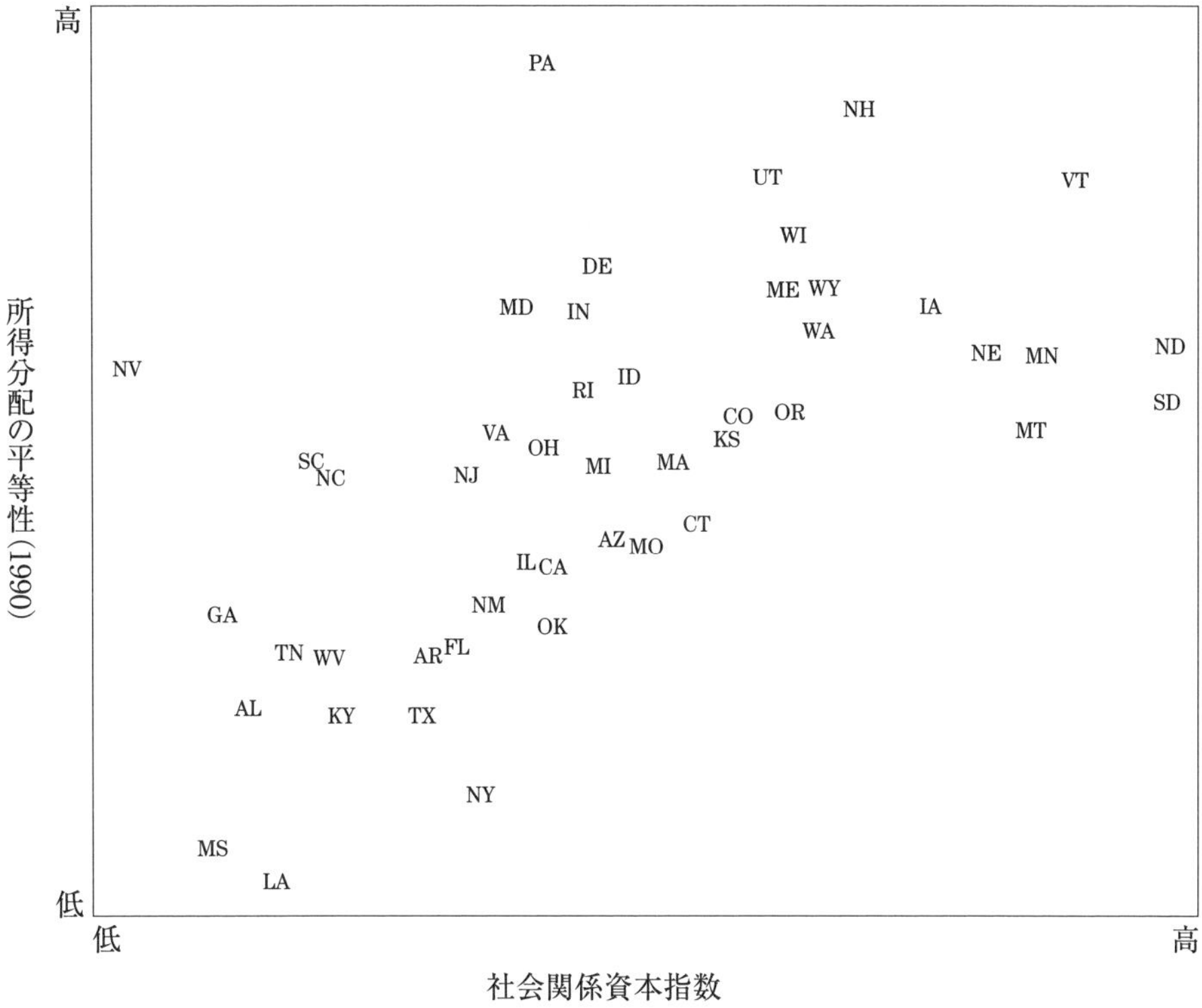

図92　社会関係資本と経済的平等性は両立する

社会関係資本のレベルの最も高い州が、まさに経済的にも、市民的にも平等な特徴を最も持つ州であるということである。[16] 図92が示しているのは高社会関係資本州において所得の分配が最も平等であり、富裕者と貧困者の格差が、低社会関係資本州でとりわけ大きいということである。図93が示すのは、高社会関係資本州においては異なる社会階級の人々が平等に公的集会に出席し、地域組織を主導するといった可能性が高いということであり、その一方で低社会関係資本州では市民生活は持てる者に独占され、持たざる者は排除されてしまっているということである。すなわち、時間、空間の双方を超えて、平等性と友愛は強く正に相関している。

　この単純な分析では、ここで何が何を引き起こしているのか見い

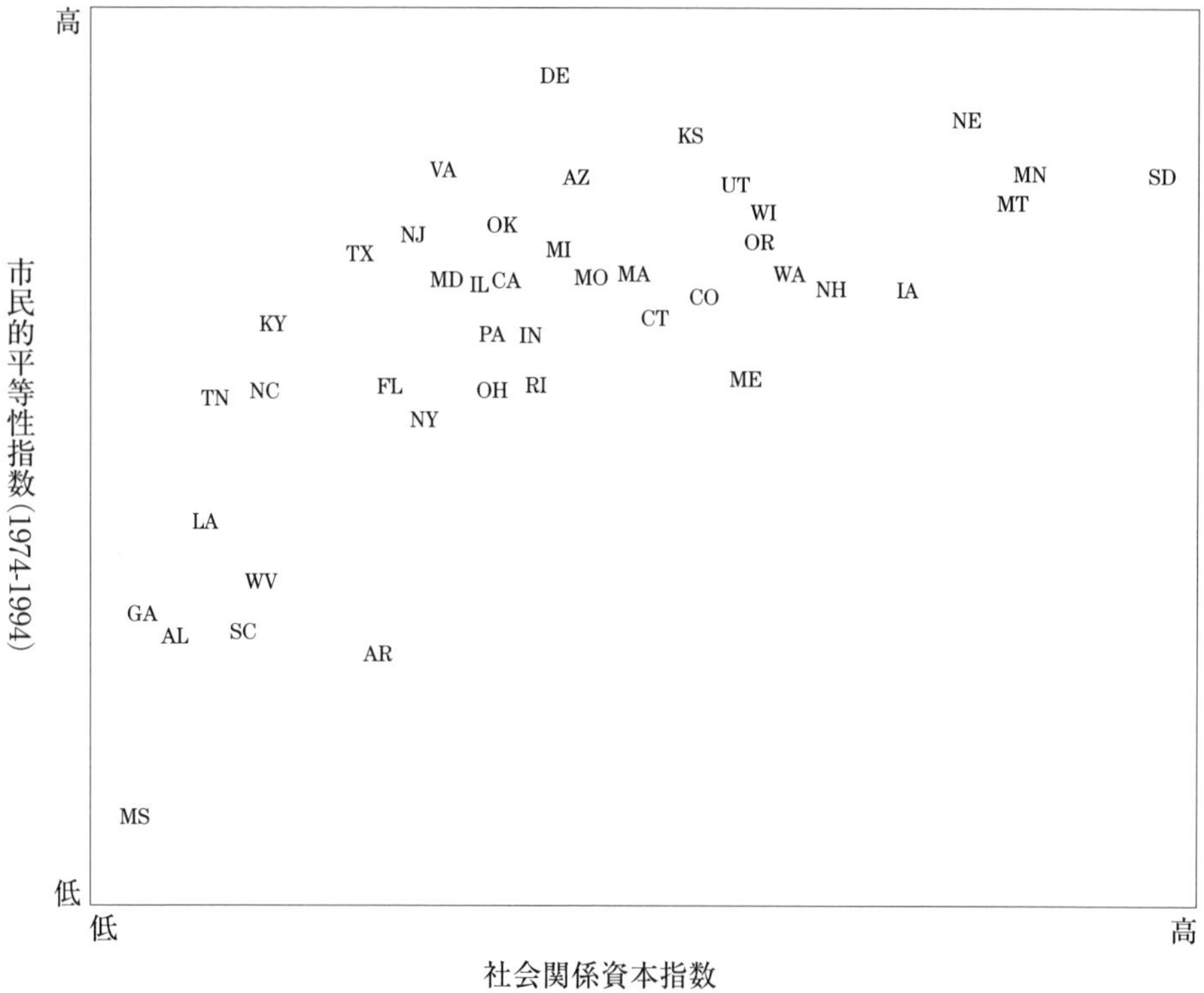

図93　社会関係資本と市民的平等性は両立する

だすことはできない。ありそうな可能性はいくつか存在する。まず、社会関係資本が平等性を産み出す助けになっているのかもしれない。歴史的に見ると、社会関係資本は持たざる者、すなわち他の形態の資本を持たない者にとっての主要な武器であった。「連帯よ永遠に！」は、少数民族や労働者階級のように、伝統的な政治的勢力へのアクセスの欠けた人々にとっての、誇り高い、戦略的な理にかなったスローガンである。したがって、密なコミュニティがより平等主義的な社会的、政治的制度を維持しやすいということはもっともらしく思える。それと反対に、富と権力の大きな格差は、参加の拡大とコミュニティ統合の広範な共有に対して有害であるので、因果の方向が平等性から市民参加と社会関係資本に向いているというのもやはりまたもっともらしい。第三の視点は、社会的つながりと平等性が、どちらも同じ外部の力、例えば巨大な（そして勝利した）戦争がもたらす平均化、均質化する効果によって促進されているというものである。

この複雑な歴史的問題に対してここで裁決を下すことはできないが、コミュニティ参加によって不平等性が必然的に拡大するという見方に対しては、証拠は強力にそれを否定している。それと反対に、この時代の二大傾向——平等性の低下と、参加の低下——が互いを強化していると考えることには正当な理由がある。よって社会関係資本を強化しようとする努力は、平等性を高めようとする努力と協調するものでなければならない。

実践上は多くの対立が、一方では友愛、他方では自由と平等との間に引き起こされる可能性があるのは、これらの価値のどれかを促進するために、他の何かを犠牲にしようとする動きからも容易に理解できるだろう。しかし実証的な証拠は、友愛を増す唯一の方法は自由と平等を犠牲にすることであるという単純な見方を明確に否定している。米国のコミュニティの崩壊は、少なくとも自由主義的で、平等な国をもたらしたのだと自らを慰めることは、誤った楽観主義である。そして、不寛容と不公正をもたらす避けがたい恐れがあるという理由でコミュニティを再建しようとする努力を抑えようとすることは、誤った悲観主義である。

しかし、友愛の擁護者に対してなされるかもしれない、ある点では最も深く逆説的な告発にわれわれはまだ直面していない——それは、友愛がある意味でそれ自体と対立するという視点である。社会関係資本はしばしば、他の何かもしくは誰かへの対抗の中で容易に生み出される。友愛は、社会的に等質なグループの中で最も自然に存在する。伝統的な南部白人のアイデンティティは、人種統合への抵抗の中でその一部が形成された。ユダヤ人は反ユダヤ主義によって統一されている。そして、アフリカ系米国人の中には統合によって人種による連帯が蝕まれることを恐れる者もいる。社会的対立は、コミュニタリアニズムによって提起される中心の規範的問題である。社会関係資本とコミュニティの連帯を称揚することは、ボスニアやコソボのような血なまぐさい憎悪を必然的に招くのだろうか。

このジレンマの鮮明な実例を見いだすために大西洋を渡る必要はない。これは、グンナー・ミュルダールがわが国の歴史における人種についての古典的分析に対し「アメリカのジレンマ」と名付けたものに典型的に現れている。人種は、現代の米国において社会関係資本の岩礁の周りを渦巻く、倫理的な逆流の最も重要な具体化となっている。これらの問題にここで簡潔な解釈を与えるのは恐らく無謀にすぎるだろうが、しかしそれを回避するのも無責任なことであろう。

奴隷制とその結果の人種分離《ジム・クロー》にはその結果として、両人種双方にいる疎外された者の間に結ばれたかもしれないつながりを阻むという効果があった。第16章で見たように、今日の米国で社会的信頼と、他の形の社会関係資本が最低である地域は、奴隷制と人種差別政策が歴史的に最も定着していた場所である。公民権運動は部分的には、排他的で、非橋渡し的な形態の社会関係資本――人種的に等質な学校、近隣地域といったもの――を破壊することを目的としていた。より深い問題とは、その後何が続くべきであったかというものであり、ある意味でこの問題は、二〇世紀の始まったときにもそうであったように、二一世紀の始まりにおいても重要な全国的な課題であり続けている。わかりやすい答えは「もっと橋渡し型の社会関係資本を」というもの、すなわち人種の境界線を超えたつながりという絆を増すことである。職場での統合は、その困難さはあれども、このアプローチで非常に大きな成功を生んできたことは、第5章で触れたとおりである。

他方で、学校統合は橋渡し型と、結束型の社会関係資本の間のトレードオフをずっと鋭い形で提起してきた。強制バス通学《バシング》をめぐる論争は、このジレンマを非常に明確な形で表している。論争のどちらの側も、本質的に社会関係資本について懸念をしていたからである（もちろん、誰もその言葉を使ってはいなかったが）。強制バス通学の擁護者は、人種的に統合された学校を通じてのみ、米国に十分な社会関係資本――親密さ、寛容性、連帯、信頼、協力の習慣と相互に対する敬意――を、分断された人種を超えて生み出しうると信じていた。強制バス通学の反対者はそれに返答して、米国の大半の地域では、地域の公立学校が社会関係資本――友情、協力の習慣、連帯――を構築するための唯一の場を提供しているとした。強制バス通学論争の最大の悲劇は、どちらの側もおそらくは正しかったということである。

民族的にこれまでにないほど多様になりつつある米国が直面している中心課題を構成する方法が一つここにある。橋渡し型の社会関係資本を奇跡的に生み出すことができる黄金の魔法の杖がもしあったならば、われわれは確実にそれを使うことを願ったであろう。しかし、社会関係資本を生み出すのだが、それは結束型のもののみである、というアルミの魔法の杖しか手にしていなかったと仮定しよう。この二番手の魔法の杖は、黒人も白人も教会へと向かわせることができるのだがそれは同じ教会へではないし、ヒスパニックも白人もサッカー場へと向かわせることはできるが、しかしそれは同じサッカー場ではない。それを使うべきだろうか。政治学者のアイリーン・マクドナーは、この点を明確に指摘した。「人種を基盤として合法的に地域を制限しているが、皆が誰でも夕食に招くようなところがよいか、それとも人種を基とした制限はないが、近所で行き来が非常に少ないようなところがよいか、どちらだろうか」[17]。それこそが、強制バス通学が体現しているジレンマである。それを無視するのであれば、米国のコミュニティを再び活気づけようとする努力は、さらに分割された社会を単にもたらすことになるだろう。

これまで示してきた多くの証拠が示唆するのは、さまざまなレベルで社会関係資本は相互に強化し合う――友人や家族へと手を伸ばしている者は、コミュニティを超えた広がりの中でもまた、しばしば最も積極的であるということである。しかし、これも常に当てはまるわけではない。友愛対友愛のジレンマは、この問題の一面を強調している。ある種の結束型社会関係資本は、橋渡し型社会関係資本の形成を阻む可能性があり、またその逆も成り立つ。これが、強制バス通学のケースで起こっていることである。

ここまでの本書の中で、橋渡し型と結束型の社会関係資本は、それぞれ別のことに対して役立つと論じた。親密な友人との強い紐帯は、病気のときのチキンスープを保証してくれるだろうが、遠くの知り合いとの弱い紐帯の方は、新しい仕事の手がかりを作り出してくれる。集合的視点からは、われわれが必要とする社会関係資本の範囲は、直面している問題の規模に依存している。ここで描写した「アルミの杖」のジレンマをどうするかについては、この格率が方向性を決める上での助けとなろう。少量の橋渡し型社会関係資本を作り出す政策と、大量の結束型社会関係資本を作り出す政策のどちらかを選ばなければならないとしたらどうだろうか。小さい子どもが必要としている刺激と秩序を確保するという目的であれば、結束型の社会関係資本が最適だろう。ここでは市民的には「非道徳的」であるかもしれなくとも、少々の「家族主義」が長期的にはうまくいく。公立学校を改善するという目的であればコミュニティレベルでの社会関係資本が必要であり、それは（地区学校モデルのような）居住コミュニティであっても、（チャーター・スクールモデルのような）似た考えを持つ家族のコミュニティであってもそうである。その他の問題——例えば、何らかのセーフティネットによって福祉システムを置き換える場合どれにすべきかを決定するなど——に対しては、最も広範で、橋渡し的な種類の社会関係資本が、公共の議論の質を最大限高めることになるのは確実である。すなわち、われわれの抱える最大の集合的問題に対しては、まさに橋渡し型の社会関係資本が必要とされるが、それは作り出すのが最も難しいものなのである。[18] この難題が中心となってくるのは、続く第5部で、本書の最重要問題へと目を向けたときである——それで、いま何をしたらよいのだろうか？

第5部

何がなされるべきか?

第23章　歴史からの教訓――金《ギルデッド・エイジ》ぴか時代と革新主義時代《プログレッシブ・エラ》

過去三〇年を通じてさまざまな社会的、経済的、技術的変化が、米国の社会関係資本の大量の蓄積を剝ぎ取りすり減らしていった。テレビ、共稼ぎ家族、郊外スプロール現象、価値観の世代変化――米国社会におけるこれらの、またその他の変化がもたらしたのは、女性投票者連盟、あるいはユナイテッドウェイ、あるいはシュライン会、月例のブリッジクラブ、さらには友人との日曜のピクニックといったものに対しても、それらが自分の最近の生き方にうまくあっているという人間がますます少なくなっていったということであった。社会関係資本の不足が拡大していることは、教育達成、地域の安全、公正な税徴収、民主主義的な応答性、日常の誠実さ、さらにはわれわれの健康や幸福も脅《おびや》かしている。

社会関係資本の衰退は、現代のもたらす避けがたい帰結なのだろうか、それともそれに対して何かができるのだろうか。時にこのような本質的な問題を前にしたとき、歴史が教えるところがある。この場合、思いがけなく関連した――そして多くの場合楽観的な――教訓を、われわれのものと不思議なほどよく似た時代に見つけることができる――その時代とは、一九世紀の終わりと二〇世紀の始まりにおける数十年間であり、米国史学者が金ぴか時代、革新主義時代と名付けているものである。* 数多くの深い点で、一九世紀の終わりに米国社会が直面していた課題は、今日われわれが直面しているものの前兆となっていた。

ほぼちょうど一世紀前、米国はやはり劇的な技術的、経済的、そして社会的変化の時期を経験しており、それが社会関係資本の蓄積の相当量をすり減らしてしまっていた。南北戦争以後三〇～四〇年の間に、産業革命、都市化、そして移民の巨大な波が米国コミュニティを変容させた。何百万もの米国人が農村に家族や友人を残してシカゴやミルウォーキー、ピッツバーグに移住し、さらに何百万がポーランドのユダヤ人村やイタリアの村落のコミュニティ制度を後にして、ロウワーイーストサイド（訳注：ニューヨーク・マンハッタン南東部、東欧からのユダヤ人移民街があった）やノースエンド（訳注：ボストン北部、リトルイタリーがある）へと移住してきた。一九世紀最終四半世紀の米国は、社会関係資本欠落の典型的症状を呈していた——犯罪の急増、都市の退廃、不十分な教育、貧富の差の拡大、そしてある同時代人が政治腐敗の「したい放題」と呼ぶありさまであった。

しかしこれらの問題の噴出に対して、米国人はそれの改善に乗り出した。世紀の変わり目周辺の数十年の中で、急速に高まった危機感が、草の根、また全国的リーダーシップの立ち上がりと相まって、社会的創意と政治改革の強烈な爆発を生み出した。実際、米国社会の主要なコミュニティ制度の大半は、米国史において市民的革新が最も豊かであったこの時期に生み出されるかあるいは一新されたのである。革新主義時代は米国史の中における、実践的な市民的熱意の唯一の例ではなく、また欠陥がないわけでも全くなかったが、しかし（部分的にはその理由で）われわれ自身の時代への、数多くの示唆に富む対比がそこには含まれている。本章ではこの例外的な時代を物語ることにより、われわれ自身の時代を照らすであろうインスピレーションや啓発、そして警告的な話をいくつか提供する。(1)

一九世紀後半の三分の一の期間を通じ、技術的、経済的、社会的変化が米国人の生活を変化させた。おおよそ一八七〇年から一九〇〇年の間に、米国は農村的、地方的な伝統社会から、近代的、工業的な都市国家へと急速に変化した。南北戦争の終息時点の米国は、一八三〇年代にトクヴィルが訪れた時期のように、小農園、小都市、そして小ビジネスの土地のままであった。世紀の変わる頃には米国は、ヨーロッパや国内の農村に生まれたにもかかわらず、今では巨大産業連合の運営する工場で苦労する移住者に満ちあふれた都市の国家と急速に変わっていった。

技術的変化は、この変容における鍵の一つであった。一八七〇年までの八〇年間で、米国特許庁の認可した発明は一一万八〇〇〇件であった。続く四〇年間の間に、特許はこの二〇倍近い速度で生み出されていった。新たな発明のいくつかは（刈り取り機のように）農業生産に革命を起こした。またいくつかは（ミシンや缶詰食品のように）家庭を変化させた。しかし全ての中で最も重要であったのは、米国の産業、運輸、都市革命の基礎となったもの、すなわち蒸気ボイラー、鉄鋼、電気、電信・電話、エレベーター、エアブレーキ、その他多数のものだった。例えば鉄鋼生産は、一八七〇年の七万七〇〇〇トンから一九九〇年の一一二〇万トンへと急成長した。国内の工場数は一八六五年の一四万から一九〇〇年の五一万二〇〇〇へと四倍近くなり、その規模もさらに急速に拡大した。一八六五年に、典型的なニューイングランドの工場は二〇〇〜三〇〇人を雇用していた。一九一五年に、フォードモーターの最初の工場が雇用した人数は一万五〇〇〇人を下らなかった。[2]国家の筋肉がいまや鉄鋼でできていたように、電気もその神経結合《シナプス》を変化させつつあった。世紀の変わり目において、ジャーナリストのマーク・サリバンはこう記している。

電気は国中を縦横に駆け回っていて、文字通り稲妻のようである——それに道筋をつけて運んでいく電線がどこにでも広がっていくさまは、まるで新しく成長した長い神経のようであり、中央の発電所から、都市から郊外へと、ますます長くなる送電能力は、それを遠くの村へ、村から農場へと運んでいく——スイッチとつながる場所ではどこでもそれを入れれば、物理的な力の、事実上無限の蓄えを利用することができる。[3]

---

*どちらの用語も厳密な正確さで用いているのではないが、大まかに言って、「金ぴか時代」は一八七〇〜一九〇〇年、革新主義時代は一九〇〇〜一九一五年の期間を指している。あらゆる歴史区分と同様に、この分割も厳密なものではない。革新主義時代に結びつけられる発展は、その前の時期にその明らかな前身があり、金ぴか時代に結びつけられる発展も、その後の時代に続いたからである。

鉄道と電信は、米国を三〇〇万平方マイルに散らばる小規模の孤立した「島嶼的コミュニティ」から、統合化された全国的経済単位へと変化させた。一八七〇年から一九〇〇年の間に、全国の鉄道網は五万三〇〇〇マイルから一九万三〇〇〇マイルへと成長した。「大陸横断の鉄道網は農村と工場、田舎と都市の距離を狭めた」と歴史学者のジョーン・デニス・キャッシュマンは結論する。「電信と電話、電気と新聞は人々の知識、ビジネスの効率、そして政治的討論を増加させた」のだった。[4]

これらの技術革命と共に、事業規模における革命も起こった。この時期はまた、現代につながる企業の種蒔き時であったのである。企業組織は小売商や独立職人のような多くの職業を破壊する一方で、企業管理職や非熟練産業労働者のような新しい職業を生み出した。一八九七年から一九〇四年の間に、米国史における最初の巨大合併の波がウォール街を席巻し、巨大な新企業を残して去っていった——スタンダード・オイル、ゼネラル・エレクトリック、デュポン、USスチール、アメリカン・タバコ、ナビスコその他多くである。事実、経済全体の規模との関係で見ると、一九世紀末の合併の波は、一九九〇年代に起こった巨大合併まで匹敵するものが存在しなかった。[5]

経済史学者のグレン・ポーターは米国経済の構造と規模における劇的な変化をこうまとめている。

史上初めて、産業全体を、それを支配する強力な個人の名前を冠して区別することとなった——鉄道業のコーネリアス・ヴァンダービルト、E・H・ハリマンとジェームズ・J・ヒル、刈り取り機のサイラス・マコーミック、石油業のジョン・D・ロックフェラー、金融業のJ・P・モルガン、タバコのジェームズ・B・デューク、精肉業のガスタヴス・スウィフトとフィリップ・アーマー、鉄鋼業のアンドリュー・カーネギー……同様に、輸送とコミュニケーションの進歩と都市の成長は、デパート、通販会社、チェーンストアのような新しい分野での大規模販売の機会を切り開いた。モンゴメリー・ウォードとシアーズ、ローバック社は通販会社をリードし、一方でA&P社やウールワースのような流通業者は、チェーンストアによる小売業で新しいパターンを確立した。[6]

数字の上からも著しく、合衆国内の生活水準は南北戦争の終結からの半世紀で大きく改善された。一人当たり資産は六〇%近く増加し、一人当たりの実質国民総生産は一三%上昇した。貧しい移民の流入によって人口が膨らんでいたにもかかわらずである。一八七一年から一九一三年までの米国経済の拡大は、平均して年当たり四・三%であった。[7]

これらの増大は、社会階級間でも、また時間的にも均等に広がっていたわけではなかった。富裕者と貧困者の格差、さらには熟練労働者と非熟練労働者の格差も拡大し、歴史学者のマーク・ウォルグレン・サマーズの言葉では「仕事経験、米国社会への満足度、賃金水準や自身の人生のコントロールにおいても」そうであった。一八九六年にはチャールズ・B・スパーの推定では、人口の一%が全国資産の半分以上を所有しており、下位四四%の家族の所有は一・二%にすぎなかった。現代経済史学者のジェフリー・ウィリアムソンとピーター・リンダートの報告では、経済的不平等は南北戦争に先立つ工業化初期の年間に急速に拡大し、不規則に非常に高いレベルへと上昇を続け、おそらく第一次世界大戦の寸前に頂点となった。二〇世紀最後の数十年間まで、一九世紀を通じて起こったような経済的不平等の拡大はなかった。しかし資産の不均衡配分の拡大にもかかわらず、米国労働者の実質所得と生活水準は、一九世紀末から二〇世紀初頭において確かに大きく上昇したのである。[8]

深刻な経済後退（あるいは呼ばれていた言葉では「パニック」）が何度か経済発展を中断させたことがあった。失業率は、一八七三―七七年と一八九三―九七年の不況期には一六%を超えている。米国史において一八九三年から一八九七年の間ほど、深刻で衝撃の大きい経済不況期はなかった。一方で、その不況の後は二〇年間近くに及ぶ、ほぼ絶え間のない成長が続いた。[9] この二〇年間の繁栄は、その時点の問題――犯罪、暴力、疫病、都会の不潔さ、政治腐敗、さらには富と権力における不平等の拡大――に取り組むための大規模な改革を目論むのに十分な、自信に満ち効率のよい社会を生み出すことになった。それはまた、社会は意識的な改革を通じて向上させることができるという楽天的仮定によって結びついた、広範な、内部的には多様な革新主義連合を誕生させた。

南北戦争と第一次世界大戦の間の期間は同時に、急速な人口増加と都市化の時代でもあった。一八七〇年と一九〇〇年の間に、全国の人口は四〇〇〇万から七六〇〇万へとほぼ倍増し、一方で都市人口は一〇〇〇万人から三〇〇〇万人へと三倍となった。大都市の成長はさらに早く、毎年新たに一つがその地位に加わるほどだった。五万人以上の人口を持つ都市は、この期間に二五から七八へと三倍となった。一八七〇年から一八九〇年までの二〇年間だけで、ボストンの人口は七九％増加して四五万人近くに、サンフランシスコは倍増して三〇万人近くに、ミルウォーキーは三倍の二〇万人以上に、そしてデンバーの増加は二〇倍の一〇万七〇〇〇人となった。シカゴは一八六〇年にはかろうじて村でしかなかったのだが、一九一〇年には二二〇万人の人口を有するようになった。毎年、国内の農場やヨーロッパの村落から希望に満ちた移民の絶え間ない流れが、匿名性に満ちた、アパートや摩天楼の都会へと注がれていった。[10] これらの移民が住み始めたのは、単なる新しいコミュニティといったものではなく、馴染みのないばらばらに解体された環境であって、多くの者がそれはコミュニティという言葉に全く値しないと考えていた。

新しく都市居住者となった者の大半はまた、新たな国に住み始めた者でもあった。一八七〇年から一九〇〇年までの三〇年間に、合衆国には一二〇〇万人近くが移住してきたが、それ以前の二世紀半の間に上陸した人間よりもそれは多かった。続く一四年間に、さらに一三〇〇万人近くが到着した。一八七〇年には、国内の全産業労働者の三分の一は外国生まれだった。一九〇〇年にそれは半数以上となっていた。一八九〇年には、人口一〇万人以上の二〇都市中一八で、移民成人が国内生まれの成人の数を上回っていた。[11]

移民はカナダや東アジアと同時に、広範なヨーロッパ諸国からやってきた。ドイツ人、アイルランド人、フランス系カナダ人、イギリス人、そしてスカンジナビア人が、一八九〇年までは最も多かったが、しかし続く二〇年の間には、歴史学者のスティーブン・ダイナーの指摘では、

拡大中の工業経済に職を得ようと米国に流入した、南部、東部ヨーロッパのなじみの少ない国出身のカトリックやユダヤ人が大半を占める移民は、記録的な人数となった。外国語が優勢となっているような、密集した都

会の居住地域にしばしば住む彼らは、自身の教会、シナゴーグ、そしてコミュニティ制度を作り出した。[12]

一八九〇年には、新参者の聞き慣れぬ言葉と奇妙な習慣が、「米国化」と民族的アイデンティティについての全国的論争の引き金を引いたが、それは多くの点で今日の「多文化主義」と「英語限定」に関する論争に類似している。例えば、歴史学者のショーン・デニス・キャッシュマンが「一八八九年と一八九〇年に、イリノイ州とウィスコンシン州が学校での指導手段を英語とすると決定したとき、ドイツ人とスカンジナビア人から猛烈な抗議があった」ことを指摘している。[13]

その旅がアイオワの田舎か、あるいはスロバキアで始まっていたとしても、新シカゴ市民が送っていた生活、そして直面したリスクは、自分が育ってきた中で思い描いていたものとは全く異なるものであった。人々は経済的な機会を求めてやって来ており、またしばしばそれは見いだせたのではあるが、同時に深刻な不安定さに直面することになった。都市の労働者は頻繁に失業した。古くからの「施設外扶助」――地域的、一時的な公的扶助計画――は、新たなシステムである「施設内扶助」――救貧院――という新たな需要によって圧倒された。伝統的なセーフティネットである家族、友人、コミュニティ組織は、新たな都市労働者の始めた生き方にはもはや適合しなくなった。[14]

一方で、増加の一途の移民の波は、払いのよい仕事という現実的な見通しの前にじっと沈黙していた。どれほど不公平に分配されていようと、新たなる豊かさは次第に新たな発明と結びついて、余暇と物質主義という新しい文化が生み出された。一八九六年から一九〇二年の間の、蓄音機と映画の発明は、新世紀における大衆娯楽の性質の劇的な変容の前兆となった。早くも一九〇八年にはニューヨーク市だけで、通りに面した入場料五セントの映画館、またの名を「白銅貨劇場《ニッケルオデオン》」は六〇〇以上を数えた。一九一四年には年間に五〇〇万枚のレコードが生産され、一九二一年までにこの数字は一〇〇万枚以上へと膨れあがった。[15]一八九七年にはドゥーリ氏（フィンリー・ピーター・ダンの創作したアイルランド系米国人のバーテン）が、最近物的消費を重視するようになったことをこう嘲っている。

アメリカが大西洋から太平洋まで、どの村にもスタンダード・オイルの支社を作りながら広がっていくのを見たさ。奴隷から手枷が外れるのも見たが、それで奴らはオハイオでもリンチされるようになったしな……あとは発明ってやつだ……綿繰り機《コットン・ジン》やらジン・サワーやら、自転車に空飛ぶ機械《フライング・マシーン》に、白銅貨を飲み込むスロット・マシーンに、クローカーのマシーンに、ソーダ・ファウンテンに——そしてわれらが文明の最高傑作といえば、何てったって、キャッシュ・レジスターだあね[16]（訳注：クローカーとは、後述のタマニー派のボスであった政治家リチャード・クローカーをおそらく指す。すなわちマシーンは政治マシーンである。なお原文はきついアイルランド訛りで書かれている）。

一〇年後に、ハーバードの哲学者ウィリアム・ジェームズが同じ軽蔑を表現するのに、北部の改革者の高尚な言葉でこう嘆いている。「道徳の弛みは、世俗的、物質的な成功への全面的な崇拝に起因している。これ——「成功」という言葉に、惨めなほど金銭という意味合いをのせている——は、全国的に広がる病理である」[17]。

他方で、金ぴか時代におけるその他の文化的変化はより進歩的なものであった。産業革命が進むにつれ、ミドルクラスの男性、女性の領分の範囲は、厳格に定められたものではなくなっていった。女性は新たな公的役割を引き受けるようになり、投票権を要求し、教育水準が向上し、男性と肩を並べて働きまた遊ぶことが増えてきた。おそらく、この変化において決定的に重要な要素は、女性の教育水準の向上と、（ミドルクラスの女性にとっては、時間の節約につながる新たな家事道具の賜物としての）新しい余暇であろう。金ぴか時代を通じて、女性はその伝統的な「固有の領域」から抜け出し、その多くが「街の家事」という旗頭の下に地域改革運動に加わり、また少数は法律や医学を含む専門職へと参入した。このように革新主義時代の「新しい女性」の基礎が作られていったのである[18]。

この時代を生きた人々にとって最も印象的であったのは、圧倒的なほどの加速を続ける変化のペースそのものであった。われわれはよく、自分自身の時代の変化の急速なペースについて何気なく語る。しかし、二〇世紀末における平均的米国人の経験などには、この世紀の初めにポーランドの、一六世紀からほとんど何も変化のなかった村で農民として育った移民が、数年のうちにミシガン湖沿いの「広い肩を持つもの《ビッグ・ショルダーズ》」の街（訳注：「労働者の街」シカゴを指す。カール・サンドバーグ（一八七八―一九六七）の詩集 Chicago Poems（一九一六）に由来する）でルイス・サリバン（訳注：米国の建築家、一八五六―一九二四）の設計したアヴァンギャルドな摩天楼の建設に従事することになったという経験と比べられるものなどない。生まれながらの米国人にとってさえも、一九世紀最後の一〇年間の変化のペースは異常なものであった。ボストン市民のヘンリー・アダムズは後に自身の少年時代をこう記していた。「一八五四年の米国少年は、西暦一九〇〇年よりもむしろ西暦一年に近いところに立っていた」[19]。

変化の多くはよい方向へのものであったが、そうでないものも多かった。リンカーン・ステフェンズやジェイコブ・リースのようなマックレーカー（訳注：二〇世紀初頭に社会不正の暴露を行ったジャーナリストの総称）たちがしたように、都市の退廃から始めよう。金ぴか時代に爆発した都市は、産業上の荒廃地であった。悪徳、貧困、病気のはびこる中心だった。そこはじめじめとした、すし詰めのスラムであふれていた。その行政は腐敗していた。乳児死亡率は一八一〇年から一八七〇年までの間に三分の二増加した。一八六〇年にはすでに、ニューヨークの改革運動家チャールズ・ローリング・ブレースの警告では、彼が「浮浪児《ストリート・アラブス》」と名付けた子どもたちがギャングを形成し「危険な階級」を作り出していた。児童就労も急成長した。「一九〇〇年には一五歳以下の子どもの五分の一近くが非農業労働で賃金を稼ぎ、その他無数の者が農場で働いていた」。犯罪は世紀の変わり目の米国諸都市に押し寄せた。工業化、都市化の過程にある他の西欧諸国において見られたのと同様である。「シカゴの場所によっては、東京やカルカッタにおいて最も密集している地域の三倍もの人がいた」と歴史学者のキャッシュマンは記している。「地域全体が混み、不潔で、汚れていた。がらくたや生ゴミと共に、臓物や堆肥が通りに散乱していた。大都市においては結核や肺炎、気管支炎、下痢が流行していたのは全く驚くことではなかった……［例えば］ピッツバーグではチフスによる死亡率が世界で最も高く、一〇〇〇人中一・三人に及んだ」[20]。

一九世紀末の米国諸都市の最も生々しい描写は、デンマーク生まれのジャーナリスト、ジェイコブ・リースの一八九〇年の著作『残りの半分の人々の暮らし』に残されている。

安アパート《テネメント》では、あらゆる影響が悪い方へと進む。それは富める者にも貧しい者にも等しく死を運ぶ疫病の温床であるから。牢獄と警察裁判所を満たす、貧困と犯罪の苗床であるから。四万もの落ちぶれた人間の最下層を毎年、離島の救護院や感化院へと送り込むところだから。過去八年で、丸々五〇万もの人間が慈善を食い物にする物乞いへとなったから。まさにその意味どおりの、浮浪者一万人の常備軍を維持しているから。そしてなにより、それは家庭生活に、ひどい道徳的悪影響をもたらすから。[21]

ハルハウスの創設者ジェーン・アダムズは、公的事業の欠如をこう非難している。

大通りは言い表せないほど汚れており、学校の多くは不十分で、衛生上の立法施策は施行できず、電灯の整備は悪く、舗装状態は貧弱で、路地や小さな街路には全てが欠如していて、立ち並ぶ小屋の不潔さは筆舌に尽くしがたい。何百もの家が、通りの下水につながれないままである。[22]

これよりも思いやりの少ない観察者は、伝道者ジョサイア・ストロングの反都市的な攻撃演説に喝采した。「最初の都市は、最初の殺人者によって築かれ、それ以来ずっと犯罪と悪徳、そして不幸に苦しんでいるのだ」[23]（訳注：創世記四章において、アダムとイブの子カインが弟アベルを殺し、放浪の後に自らの息子の名前にちなむ町エノクを作ったことに基づく）

あふれんばかりの大都市の発達は、新しいミドルクラスの専門職業人にはとりわけ落ち着かないものだった。「彼らの目では」と歴史学者のドン・キルシュナーは記す。「都市は見た目によそよそしく、商売上は過剰反応で、文化的には細分化され、道徳的には堕落し、医療的には致命的、社会的には圧迫的で、政治的には一触即発であった」。もっとも、最近の歴史学者によれば、革新主義時代の批評家は金ぴか時代の都市の堕落を誇張していたことが示唆されている。例えばジョン・ティーフォードの主張では、一九世紀の市政府の専門家はその名誉とすべき数多くの実践的業績を成し遂げている――清潔な水道、効率的な交通機関、豊富な図書館などである。マシーン政治（訳注：選挙での効率的な当選を得るための地方政党組織。ボスの「機械」として働き、特に大都市で移民に恩恵を与え見返りの集票を行った）ですらも、特に都市移民に対して政治的アクセスを提供したという点においては有益な影響を持っていたが、都市歴史学者のロバート・バローズは「慈善活動が時には副産物となったという事実も、一九世紀末の政治につきまとう贈収賄、汚職や一般的な不正行為の理由とはならない」と記している。最も名声ある市民批評家であるリンカーン・ステフェンズの指摘では、究極の責任は政治家にあるのではなく、投票者自身にある。「米国人民の失政とは、米国人民による失政である」(24)

市のマシーンは都市の移民貧困者に、請負契約や許認可事業の免許、非認可事業からの保護を提供した。その一方で、リベートや腐敗が蔓延していた――例えば、ボス・トウィード（訳注：米国の政治家（民主党）ウィリアム・トウィード（一八二三―七八）を指す。慈善共済組合タマニー協会に起源を持つ派閥組織タマニー派の指導者として、ニューヨーク市政を牛耳った）の下で、ニューヨーク市は一七万九七二九ドル六〇セントという当時において莫大な額を、テーブル三台と椅子四〇脚に対して支出した。歴史学者のスティーブン・ダイナーは、この政治的影響は明らかに、一世紀後のミドルクラスの米国人が感じていた政治的疎外感とは全く異なるものであるとしている。

> ミドルクラスの米国人は……トラストが国会議員を操作し、裁判所や連邦権力を用いて農民や労働者からの異議を抑圧していると見ていた。政府は、米国の理想によれば人々の意志を代表するべきものであったが、特殊な利害に囚われているように見えた。(25)

上目遣いの妬ましい視線で、平均的な米国人はロックフェラー、モルガン、カーネギーその他の類いの「泥棒貴族《悪徳資本家》」たちの想像を絶する新たな富を眺めていた。農民たち――二〇世紀に入っても、米国人の大半は依然として農業で生計を立てていた――は、鉄道開発、高金利、物価下落に対する保護をほとんど受けていなかった。新たな産業トラストは競争を抑え、経済的な力を政治的力へと変容させた。労働者は組織化されず、大企業が設定する賃金に依存していた。彼らは繰り返し起こる組合結成の動きに反応していたが、世紀の転換期までそのような動きは暴力によって阻止され、また労働者たちの市場力を崩してしまう、再発する不況によって押しつぶされていった。それでも、ストライキの波は彼らの不満足を証明するものであった[26]。

恐れを含んだ視線で見下しながら、白人で米国生まれの者の多くが、移民とアフリカ系米国人に対して深く懸念をしていた。現代の米国でそうであるように、民族的分裂は階級の境界線を強化する傾向があった。歴史学者のネル・アーヴィン・ペインターが論じるように、「中流、上流階級は主としてプロテスタントの、国内生まれ、英国出自である一方で、労働者階級、特に産業労働者階級は、外国人、カトリック、あるいは南部においては黒人であった」。一九世紀終盤の時期に目についたのは、過剰防衛的な排外主義の台頭であり、種類を異にするもの同士の便宜的連合が労働組合間で（移民による低賃金競争の懸念による）、プロテスタント保守派間で（南部、東部ヨーロッパからの、ユダヤ人と「教皇派」の流入増大に対する敵対心による）、さらには社会改革者間で（審査なしの移民による都市問題の悪化を懸念して）観察された。一八八七年にアイオワ州クリントンで設立された排外主義的な「米国保護連盟」は、その後急速に減少したとはいえ一八九四年には驚異的な二五〇〇万人の会員数（あるいは、米国成人のおおよそ七％）と公称した。外国人の「堕落」に対する嘆きが「とにかくダメ《ジャスト・セイ・ノー》」という禁酒運動に油を注ぐこととなり、国内生まれのプロテスタントに対して、移民の文化的伝統であると最も明確に感じられた「悪徳」に対して戦うようにとそれは訴えたのである[27]。

わが国の歴史の常であるように、最も悪意に満ちた自民族中心主義は、人種に対して残されていた。南北戦争後の南部分離諸州の「再編入《リコンストラクション》」の一八七七年の終了と共に、地域の白人による解放黒人に対する支配はより暴力的なものになった。歴史学者のリチャード・マコーミックの報告では、南部の黒人にとって「一九〇〇年代初頭にもたらされたのは政治からのほぼ完全な排除、事実上全ての公的、私的便宜における法的差別、人種暴動とリンチの不愉快なほどの爆発であった」。一八九六年五月一八日には悪名高いプレッシー対ファーガソン事件において、連邦最高裁は「分離すれども平等」として黒人分離法《ジム・クロー》を支持した。この分離というシミは世紀が変わると、鉄道車両から路面電車へ、フェリーボートから鎖で並べてつないだ囚人へ、動物園から劇場へ、病院から監獄へと着実に拡大を見せた。白人の差別主義者による自警活動は南部から中西部へ、そして西部へと広がった。一八八〇年代にはリンチはありふれたものとなり、一八八九年と一八九八年の間にピークを見せた。その一〇年間のどの年をとっても、米国内のどこかで一日おきに平均して一件のリンチが起こった。その一方で、一八九〇年から一九〇八年の間に実質的に全ての南部諸州で、アフリカ系米国人からの公民権の剥奪が行われたが、そこでは人種を基盤とする新たな投票制限が用いられた——人頭税、読解テスト、祖父条項（訳注：一八六七年以前に選挙権を有していた父または祖父の子孫以外の黒人には選挙権を認めない条項）などといったものである。南部全体にわたって、アフリカ系米国人の投票参加は平均して六二％低下した——その数字はノースカロライナでは一〇〇％、ルイジアナでは九九％、アラバマでは九八％、フロリダでは八三％であった。[28]

より悪意に満ちた形態の分離は南部に集中していたが、北部においても多くの市民組織が明示的に、アフリカ系米国人、ユダヤ人、カトリックと並んで労働者階級の人々を会員から除外していた。南部の革新主義者は黒人を政治から排除することに集中していたが、西部のそれはアジア人に対して敵意を向けていた。同時に国全体で、人種差別的原則が知的な信頼性を獲得するに至った。ハーバード大学のナサニエル・シャラー教授は、解放された黒人が、以前そうであったような野蛮人に逆戻りしてしまうと主張した。「T・R［テディ・ルーズベルト］とウッドロウ・ウィルソンの統治はそれまでのものと同じだった。すなわち奴隷制廃止とは、米国人種関係のどん底期だったからである」と政治史学者のウィルソン・ケアリー・マクウィリアムズは論じる（訳注：ルーズベルトは共和党の二六代大統領（一九〇一—一九〇九）、ウィルソンは民主党の二八代大統領（一九一三—一九二一）であり、互いに大統領選で争うなど激しい対立で知られる。「米国人種関係のどん底期」とは一九世紀末から二〇世紀初頭にかけて人種差別の最も激しかった時代を指し、歴史学者レイフォード・ローガンの著作の題名から来ている）。すなわち、革新主義時代は排除と密接に結びついているのである。[29]

一九世紀の終わりにおいて、米国人は階級、民族、人種によって分割されていた。それは今日においても同じであるけれども、現在の分割線は詳細に見ると一世紀前のそれとは異なっている（例えば、差別の対象としてのユダヤ系とイタリア系は、アジア系とヒスパニックに置き換わった）。われわれの社会的ジレンマについてこれと同程度に喚起的なものは、交通・コミュニケーション革命が、伝統的なコミュニティの絆に与えた影響に関する論争である。鉄道と地方無料郵便配達《ルーラル・フリー・デリバリー》、通信販売会社、（やや後の）チェーンストア、そして自動車が地域商業を混乱させ、場所を基礎とした社会的つながりを脅かした。シアーズ、ローバック、モンゴメリー・ウォード、A&P社、ウールワースは、今日のウォルマートやAmazon.comに対応している。革新主義時代におけるカンザスの影響力あるジャーナリストであったウィリアム・アレン・ホワイトは、以下のように弾劾した。

通信販売店に制約が加えられなければ、われわれの小さな街は抹殺され、巨大な都市が作られる……このような都市では、見知らぬ人間が、富めるも貧しきも隣り合って住み、避けがたい階級意識がもたらされることになる。友情、隣人関係、友愛、あるいは人間が他者をよく知るときに生じる仲間意識の精神とも呼びうるもの、これら全ては、各州の連合をしっかりと結合させるセメントなのである。(30)

隣接するアイオワのある新聞では、「あなたの愛する者が葬られるときに、同情の涙を流し慰めの言葉をかけてくれるのはマーシャル・フィールド社だろうか、それとも地元の商店主だろうか」と社説にした。(31)新たなコミュニケーション技術は、世紀の変わり目において社会思想家たちの間で活発な論争の引き金となったが、それはまるで現代の米国におけるインターネットの影響に関する、驚くほどよく似た、また盛んな論争の前兆のようであった。一方では楽観論者が、コミュニケーション上の新技術が人間の共感がさらに拡大するのを可能とすると熱狂していた。鉄道、電線、そして電信によって新たに一体化した社会の中で、愛他主義は拡大していくであろう、(32)と。ウィリアム・アレン・ホワイトのユートピア的想像では、コミュニケーションの領域における新技術の発展によって、実現の可能性が抱かれるのは、

国家を近隣関係へと変えることである……電線、鉄管、路面電車、日刊新聞、電話……これらはわれわれを一体化させる……そこには部外者などいない。全ての人間が互いを理解することが可能となる……まさにそれは、

精神的な覚醒の夜明けである。[33]

思想家のハーバート・クローリーは、新たなコミュニケーションメディアが、活動的な市民が距離と関係なく「出会う」ことを可能とし、それによって代議制の必要を減らすか無くすことになるのではないかと主張した。これらの議論における電気と電話という言葉をインターネットに置き換えれば、その論旨は二一世紀の始まりにおいて特別なまでに時宜を得ているように聞こえてくる。

他方で、ジョン・デューイやメアリー・パーカー・フォレットのような慎重な社会観察者は、新たな技術を対面のつながりといかにして結びつけるかについて関心を持っていた。彼らは新たに登場した大きな社会を認めた尊重していたが、より小さくて古くからの、近隣の社会的ネットワークもまた大切に考えていた。

蒸気と電気によって作られた偉大な社会は、社会であるかもしれないが「とデューイは記す」、それはコミュニティではない。新しい、相対的に非人格的で機械的な様式による人間行動の結合がコミュニティに侵入してきたということは、現代生活における顕著な事実である……偉大な社会を発展させた機械時代は、過去の時代の小さなコミュニティを侵略し部分的には崩壊させたが、偉大なるコミュニティを作り出すことはなかった。[34]

真の連帯は「とフォレットが付け加える」、他の誰かのいる集団の一つにどこかで参加することから始めることなしに達成されることはあり得ない……想像に訴えるのではなく、実際に団結することによってのみ、多様な近隣集団は、健全で正常で非党派的な都市生活を構成することが可能になる。したがって、近隣集団の一員になるということは、同時に国家の一員、そして責任ある一員になるということを意味するのである。[35]

当時、路面電車によってボストンの新たな郊外地区となったロックスベリーで働いていたフォレットは、「コミュニティの絆がもたらす持続的で滋養あふれる力の内に息づいていた、自由で、完全なコミュニティ生活は、今やほとんど珍しいものとなっている」と論じた。歴史学者のジーン・クァントの報告では、対面による近隣の

絆を再生するためにフォレットは、

［コミュニティ］センターをして、市民的アパシーを乗り越えさせ、集団間の相互理解を促進し、教会、同業組合、組織支部、青年グループの統合のための地域的枠組みを作り出すための組織とすることを模索していた……コミュニティセンターのレベルにおいて始まる対面でのコミュニケーションは、連帯を生み出すための最も確実な手段であり続けるであろう。[36]

革新主義者はまた、プロ化に対して、また見物やレジャーのために一般の男女が自らの参加をやめてしまうことに対しても懸念を持っていた。社会学者のロバート・パークはこう記している。「政治、宗教、芸術、スポーツにおいて、以前はわれわれが個人的に参加していた場所が、今では代理者によって代表されるようになっている。われわれが以前は共有していた……共同的、文化的活動は、今では専門のプロによって引き継がれ、多くの人々はもはや参加者《アクター》ではなくなり、ただの観客となった」。数年後、革新主義派知識人の若き一員であったジョン・デューイは、安価な娯楽が市民的関与の低下をもたらしていると非難した。「多数の、多様で、安価な娯楽が増加していることは、政治的関心から注意がはなはだしく逸れつつあることを示している。未成熟の公衆メンバーには、労働と並んであまりにも多くの種類の享楽が与えられていて、組織について多くを考え効力ある公衆になることは難しい……深刻なのは、娯楽の手段に対するアクセスが、これまで知られていたあらゆるものよりも容易で安価へと変化したということである」[37]。

革新主義時代の社会改革者は（われわれ自身の時代と同様に）板挟みのジレンマに捕らえられていた。社会奉仕、公衆衛生、都市設計、教育、近隣組織、文化的慈善活動、さらにはロビー活動においても、専門のプロスタッフは、当面の課題となっている仕事を「善意の」ボランティアよりもずっと効果的、効率的に行うことができる。しかし、自発的結社における普通のメンバーの無力化は、草の根の市民参加の縮小と、寡頭制の促進を容易にもたらしてしまう。改革主義者自体が、プロ化と草の根民主主義との間の選択で苦心していたが、最終的にはプロ化が勝利を収めることとなった[38]。

テクノロジーとプロ化をめぐる、現在を予兆するようなこれらの論争の向こうで、一九世紀の末における多くの米国人は道徳の衰退とコミュニティの破断を実感していた。金ぴか時代における支配的な公的イデオロギーは社会的ダーウィニズムであった。その主張者は、社会の発展には適者の生存が必要であると主張した――「市場の自然法則」に対して政府の干渉はほとんど、もしくは全く必要ないというものである。社会がそのように構成されていれば、最も能力のあるものが成功し、無力なものは失敗するので、このような排除のプロセスに妨害がなければ社会の発展が確保されることになるだろう。この思想は重要な点において、現代の米国において再び人気を持つようになったリバタリアンによる制約なき市場への信奉の予兆となっていた。しかし、一九世紀の終わりには、社会的ダーウィニズムに対する批判者が次第に知識人内でも、また（ますます）政治的にも優位な立場を得るようになっていった。「世紀の変わる頃には」と歴史学者のペインターは報告して、「米国人は次第に、社会の民主化によって、生活、自由、そして幸福の追求において万人に一定の可能性が確保されなければならないと感じるようになった[39]」。

この思想的なUターンは、マックレーカー・ジャーナリストによる暴露がきっかけになったという部分もある――『残りの半分の人々の暮らし』（一八九〇）でスラムアパートの悲惨な状態を描いたジェイコブ・リース、都会の不潔さと政治腐敗を批判した『都市の恥辱』（一九〇四）のリンカーン・ステフェンズ、『マクルーア』誌（一九〇四）の掲載記事で、スタンダード・オイル・トラストの略奪行為を攻撃したアイダ・ターベル、『ジャングル』（一九〇五）で移民労働者の酷使を非難したアプトン・シンクレア、その他の人々である[40]。しかし、このようなそれぞれ固有の非難は別として革新主義的な知識人は、小都市の生活の持つコミュニティ価値に対する憧憬や、新しい米国における物質主義、個人主義、そして「大きさ」が引き起こしたノスタルジアをはっきりと表明していた。

ちょうど一世紀前に米国人が経験した社会変化のペースと程度は、人々を非常に混乱させるものだった。その社会の変容は、事実上全ての人々に影響し、伝統的な人間関係をばらばらに引き裂いた。自らの生活の中での社会的分裂についての感覚を表現するのに彼らが用いた言葉は、非常に現代的なものだった。「自らの存在のまさに根元が不安定なものになっている」とウォルター・リップマンは一九一四年に記した。

親子であれ夫婦であれ労使であれ人間関係の中で、奇妙な状況へと動かなかったものはなかった。われわれは複雑な文明には慣れておらず、個人的な接触や不変の権威が消え去ってしまったときにどう振る舞ったらよいのか知るものはなかった。導きとなるような先例もなく、単純ならざる時代のために作られた知恵もなかった。**われわれは、自分自身をどう変化させたらよいかを知るよりもずっと速く、自分の置かれた環境を変化させてしまった。**[41]

ピューリッツァー賞受賞のインディアナ州《フージャー》出身の小説家であるブース・ターキントンはこの一年後に、出身地のインディアナポリスにおける一九世紀末の都市化に伴う社会変化について考察している。

一世代前というほどではない遠くない過去において、ここには荒い息の巨人、膨れあがる汚らしい都市は存在しなかった。そこにあったのは互いをよく知る友好的な、おおかたは同じタイプの人間が住んでいる陽気で大きな街であった。それはゆっくりとした、思いやりのある場所だった――「わが家のような」と呼べるような……善良な市民が、日曜日には家族で二座席軽馬車《フェートン》や、四輪軽馬車《サリー》に乗ってゆっくり快適にドライブすることができた。非常に富める者はいなかった。非常に貧しいという者も希であった。その空気は澄んでおり、人生を楽しむ時間があった。[42]

都市歴史学者のロバート・バローズは、これらの文章に見られるノスタルジック調の過度な単純化について触れつつも、「ターキントンによる単純な時代に対する哀悼はまた、彼の時代の読者もそれをためらうことなく受け入れたであろうという現実の反映でもある」と付け加えている。社会学者のチャールズ・ホートン・クーリーは、この変化を直接目撃した者の一人だが、「広範な接触のもたらす複雑な網の目が、同じ家に住む人々を見知らぬ人間へとしてしまったことにより、われわれ自身の生活の中の近隣関係の親密さは解体され……近隣との経済的、精神的コミュニティは縮小してしまった」と一九一二年に論じている。[43] 都市化、工業化、そして移民が、近隣関係を蝕んでいったのである。

革新主義的な思想家は、その大半が小さな街の出身であり、小都市生活の圧迫的な側面について認識していた――ある者はそれに対して「小都市の家畜の群れ」と名付けている。しかし、彼らはまた対人的つながりに根ざすコミュニティの長所についても想起していた。「結婚式や、子どもの誕生に際しての朗読で」とウィリアム・アレン・ホワイトは記す。「われわれは隣人との友好的感覚を持ち、それが真の民主主義を育てることとなる」。そのような近隣関係は相互扶助のインフォーマルなネットワーク、特に純粋な形での社会関係資本を構成する。歴史学者のクァントの観察では、小都市においては、

誰もが他の全員のなすことを気にかけており、病気や悩みは素早く知られ、対する素早い反応を呼び起こすことになる。ジェーン・アダムズは村のゴシップを活用することを念頭に置いていた。それは、誰が助けを必要としているかを人々に伝え、「すぐ傍らにある善意」を実行することを可能とする……親密感や無階級性という意識と相まって、これらの知識人の価値観を形作った小都市の気風とは、コミュニティの公的問題に対する幅広い参加を強調するものだった。その結果出てきたのは、コミュニティの家父長的感覚というよりも、むしろ平等主義的感覚に基づく政治的民主主義である。[44]

コミュニタリアンの革新主義者は、都市化し工業化する米国においてそのような緊密なつながりが衰退していることを非難していた。市場における非個人的で細いつながりが、家族や友情、そして小都市の連帯といった頑健な絆を置き換えていった。彼らの理論は、ヨーロッパにおける同時代の社会理論家によって明確化された区別と呼応するものであった――すなわち、サー・ヘンリー・メインの身分対契約、フェルディナンド・テンニエス

のゲマインシャフト対ゲゼルシャフト、エミール・デュルケームの機械的対有機的連帯、そしてゲオルグ・ジンメルの街と大都会の比較、これらは全て一八六〇年から一九〇二年の間に説かれたものだった。イギリスは、最初の工業化国家として、利己主義と連帯の現代的衝突に初めて遭遇した。一八四五年には後にヴィクトリア時代の改革者となったベンジャミン・ディズレーリがこう記している。

大都市においては、人々は利益獲得の欲望によって集められる。財産を作るという点で、彼らは協力状態にあるのではなく、孤立状態にある。その他といえば、彼らは周囲の人間に注意を払わない。キリスト教はわれわれに、自分の如く隣人を愛することを教えているが、現代社会は隣人を認めない。

彼の米国における後継者もそれに同意して、新たな社会秩序においては「関係は皮相的なものとなりやすく、世論が課してくる抑制は弱まり、隣人との共通の目標は欠如する」と述べている。[45]

しかしこれらの思想家も、周囲で立ち上がりつつあるのが見える、互いに距離を置いた社会でも、異なった形態ではあるが類似した社会的絆が再建可能であるという希望を持ち続けていた。社会変化についての彼らの診断は、処方箋へと通じていたのであり、それは絶望へではなかったのである。歴史学者のクァントはこれらの改革者の楽天的な見通しを、「ゆったりとした所属感、経験の類似性、そして参加という倫理は、他のどこよりも小さな地域性の中で容易に維持されるかもしれないが、しかし異なる土壌の中でそれが育つ可能性が排除されるわけではない」と描写している。[46] したがって、工業化社会という異質の土壌の中でコミュニティを育てるための新たな道具を見いだす、もしくは作り出すことが革新主義者にとっての中心課題となった。

革新主義時代の社会改革者は、社会の病理、貧困その他といったものを個人の道徳的欠点ではなく、社会的、経済的要因の反映であると考えるようになった。新たな、複雑で、相互依存的な環境の中では粗野な個人主義はますます現実的でないように思われ、それは社会に対するより有機的な見方によって次第に取って代わられていった。革新主義者は、自己利益の重要性を否定しなかったが、付け加えて男女は同時に非物質的価値――愛情、名声、さらには愛他主義にさえによっても動くのである、とした。

金ぴか時代を通じ、富裕な中流階級の者にとっては「慈善」と「米国化」こそが社会病理に対する適切な反応であるように思われていた。「これらの時期には」と社会史学者のポール・ボイヤーは記す。「中流階級は実際には移民の都市とその抱える問題を見捨てていた――郊外に逃れ、近隣関係の緊密な群落に引きこもり、あざけりと共に自治政治を捨て去り、産業資本主義が都市を形作っていくのを、チェックも統制もしないままに許していた」。歴史学者のジェフリー・A・チャールズの補足ではしかし「世紀の変わる頃には、中流階級を捕らえていた危機感に対して、社交的であることだけでは適切な反応ではないと考えられていった……社会を救うには、新たな形の協同的行動主義、コミュニティへの奉仕が求められていた」[47]。

一九一二年の大統領選の運動において、ウッドロウ・ウィルソンは過去四〇年間において米国に襲いかかった変容を、有権者の理解できる言葉で語った。

> われわれは、これまでのものとは、全く異なる時代を迎えた……以前は、そして歴史の始まってこの方、人間は個人として他者と関係していた……われらが連邦の至る所で人々は、自分自身の問題に対する統制が利かなくなっていると次第に感じるようになっている。今日、人の持つ日常的関係はその多くが非人間的関心に基づいていたり、組織的なものへとなっていて、周りにいる個人としての人間との間の関係ではなくなっている。これはまさに新しい社会時代、人間関係の新時代、人生のドラマに対する新たな舞台設定に他ならない[48]。

それはすなわち、われわれのものと非常に似た時代、すなわち技術発展の見通しと比類なき繁栄にあふれてはいるものの、より統合された、つながっているという感覚に対するノスタルジーを抱いている時代であった。当時も現在と同様に、新たな様式のコミュニケーションが新たな形態のコミュニティへの期待を持たせていたが、思慮深い男女はこういった新たな様式は、「黄金色に見える銅《見せかけだけのもの》」にすぎないのではないかと疑っていた。また現在と同様に、当時起こった経済的発展により育まれた楽観主義と、見るからに手に負えない社会病理という厳然たる現実に根ざす悲観主義とが戦いを繰り広げていた。

当時は、現在と同様に、富と企業権力の新たな集中により、民主主義の真の意味についての疑問が提起されていた。また現在と同様に、富裕な中流階級は、脱出という魅力的な誘惑と、社会的連帯を取り戻すという深刻な必要性との間で引き裂かれていた。

当時は、現在と同様に、新しい形態の商業、再構築された職場、居住形態の新たな空間的構成が、古い形の連帯を脅かしていた。現在と同様に、移民の波が米国の様相を変化させ、われわれの「多数《プルリブス》」の内の「統一《ウヌム》」を脅かしているように思われた（訳注：米国の標語である“E Pluribus Unum”（ラテン語：多数から一つへ）を背景に置いた表現）。また現在と同様に、物質主義、政治的シニシズム、活動よりも見物という傾向が、理想主義的な改革運動の行く手を阻んでいるようであった。

中でもとりわけ、当時は現在と同様に、技術的、経済的、社会的変化によって、古くからの社会的つながりの撚《よ》り合わせがすり減り、さらには破壊されつつあった。真剣な観察者は、過去からたどってきた道は引き返せないことを理解していたが、よりよい未来につながる道をはっきりと見据えている者はほとんどいなかった。

世紀が変わると、誇らしげな技術力によって育まれた自己満足は、不平、市民的な創意発明、そして組織化された改革への努力へと引き継がれていったが、それに勢いを与えたのは、不満と希望の混合物であった。続く一〇年間を通じて、この開花した多面的な運動——それは金ぴか時代に蒔かれた種子から芽生え、新たに巻き付き始めた蔓のような社会的つながりに頼っていたもの——が、米国史における最も強力な改革時代を生み出させることになった。

反動的なロマン主義者が、小さく単純で、牧歌的な時代への回帰に思いを馳せていた一方で、革新主義者はそのような訴えかけに惹きつけられるには実践的にすぎていた。彼らは過去の美点を賞賛はしたが、そこに戻ることがかなわないことも理解していた。工業化時代は欠点もあったが、市民的発展の基本的前提条件たる物質的繁栄を可能としていた。問題は「現代性《モダニティ》、イエスかノーか？」ではなく、むしろこの新しい世界においていかに組織を変革し習慣を適応させて、われらの伝統の持続的価値を確保するかということにあった。

その態度は行動主義的、楽観主義的なもので、運命論的で意気消沈したようなものではなかった。革新主義者の顕著な特徴は、社会的悪は自ら改善されるようなことはなく、時間がそれを直すのを受け身で待つことほど無謀なことはないという確信だった。ハーバート・クローリーが述べたように、彼らは未来が自らの片を付けるようになるとは信じていなかった[49]。そして、われわれもまたそう信じるべきではない。

歴史学者のリチャード・マコーミックは、一九世紀の最後の年間について書き記しているが、それはまるで二一世紀に突入する米国人のための進路を海図に記したかのようである。

困難な時代のただ中で、多くの米国人が自らの組織制度の妥当性に疑問を持ち、民主主義と経済的平等性が産業社会において可能であるのかについて懸念を抱くようになった。これらの問いに希望と勤勉さで答えるために、周囲の身近な問題の解決に向けて新たな方法を試し始める男女が現れた。何百人もの人がセツルメントハウスにエネルギーを注ぎ、そこで都市貧困者に混じって暮らし働いた。説教壇からは新世代の聖職者が、キリスト教を来世のみならず現世とも関わり合うものとすることを模索して、教会が積極的に恵まれないものの側へと並び立つようにした。国全体で、自治改革運動が新たな段階に突入し、実業家や専門職従事者が自らの身分を超えて、都市改善のためのさまざまな計画に対する広範な支持へと加わるようになった。女性クラブはその関心を、文芸上の議論から社会問題への取り組みへとますます向けるようになった。こういった中流・上流階級の努力は、続く一〇年間はその勢いがピークに達することはなかったが、革新主義の種子は一八九〇年代の不況期に確かに蒔かれたのである[50]。

一九世紀最後の数十年における、米国市民生活の再興についての顕著な特徴の一つは、組織構築において確かな「ブーム」が存在したことである。米国人のクラブ趣味は、合衆国の最初期にまでさかのぼることができる[51]。革新主義時代の組織の中には（オッドフェローズ独立共済会のように）一九世紀前半三分の一に遡るものもあるが、その多くは南北戦争とその直後の時期にその起源を持つ。第14章で触れたように、ピシアス騎士団、グレーンジ、エルクス慈善保護会、統一職人古代結社、北軍陸海軍人会（GAR）が創立されたのは、全て一八六四年から一八六八年の間である。米国在郷軍人会の一九世紀における相当物であるGARは、一八八五年には優に三〇万人の会員を数えていた[52]。

しかし、これらの初期的な土台の上に、一九世紀末から二〇世紀初頭にかけて、市民組織の巨大な新しい構造が構築されたという点で歴史学者は一致している[53]。社交クラブは米国生活にとって目新しいものではなかったが、この時期にそれが急増したことはコミュニティ史が常々記すところである。いわゆるクラブ運動は一九世紀末には全国的に拡大し、そこでは自助とアマチュアリズムが強調されていた。一八七六年にはヘンリー・マーティン・ロバートが『ロバート議事規則《ルールス・オブ・オーダー》』を刊行したが、これは雨後の筍のようなクラブ、委員会会合の混乱に秩序をもたらすこととなった（訳注：軍人であったヘンリー・ロバートが作成した会議規則。各種民間団体で幅広く採用されており、現在も改訂されながら版を重ねている）。少年クラブや女性クラブの設立の仕方についてのハンドブックも現れた。大学の男子学生クラブ《フラタニティ》、女子学生クラブ《ソロリティ》も一八八〇年代、一八九〇年代に急激に拡大した。

一九世紀最後の数十年間で、空前の数の自発的結社が米国人によって作られ、参加されていった。新しい種類の結社が増加し、既存の結社の支部が急増し、結社の連合が進んで州、全国組織へとなっていく流れは一八七〇年代に始まり一九一〇年代に入って拡大した。ピオリアでもセントルイスでも、ボストンでもボイシ、バースやボウリンググリーンでも、米国人はクラブや教会、支部ロッジや退役軍人会を組織していった。中継拠点の大都会から、ハートランドの小都市に至るあらゆる場所で自発的結社の数は、急速に成長する人口よりも速く増加していった。したがって、人口当たりの結社密度――友愛、宗教、民族、労働、専門職、市民系その他――は、一九世紀後半を通じて急激に上昇した。その後、世紀が変わるとすぐに、結社密度は停滞を始めるようになる（図94に人口当たりの地域組織数の成長を、全国二六の多様なコミュニティを標本にとって示した[54]）。

次世紀の境界線に立つわれわれは、二〇世紀市民社会の礎石が一八七〇―一九〇〇年の世代によって据えられたのを見ることができる。この組織的発酵の期間は二〇世紀初頭には終わってしまったが、そのときから（本書で以前見てきたように）長期間にわたる充填期が続く、すなわち金ぴか時代と革新主義時代に創立された各組

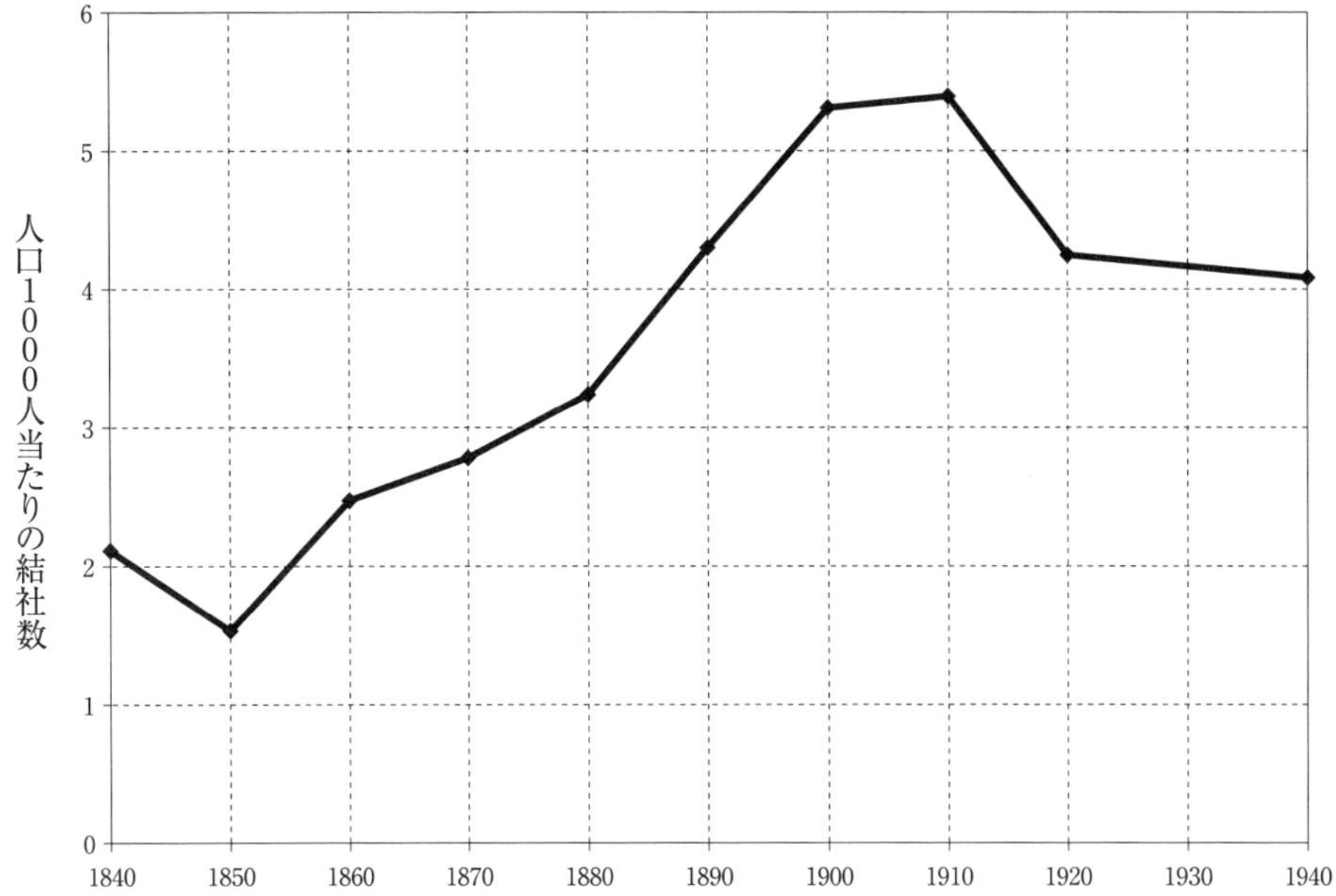

図94　26カ所の米国コミュニティにおける結社密度、1840-1940

織が、その会員数を増加していったのである。図94が単に結社構築の弧ではなく、市民的創造性と起業精神の弧を描いているのだということは、それが一八八〇年から一九一〇年までの国内の地域新聞の爆発的成長と、その後一九二〇年から一九四〇年までの一定の停滞期の完全な鏡写しになっているという事実によっても示されている。[55]

一八七〇年から一九二〇年の間、市民的な発明性は単にクラブの数というだけでなく、新たに創立された組織の幅と耐久性という点でも史上例を見ないクライマックスに達した。政治学者のシーダ・スコッチポルとその共同研究者は、米国史の二世紀間における巨大会員組織――これまで、成人男女の人口の最低一%の会員数を有したことのある組織――の全体の半数が、一八七〇年〜一九二〇年の期間に創立されたということを明らかにした。[56]図95が示すように、そのような巨大会員組織の数は一九世紀末に劇的に増加し、一九二〇年代に安定期に達しそれから二〇世紀の残りの期間はほとんど動くことがなかった。

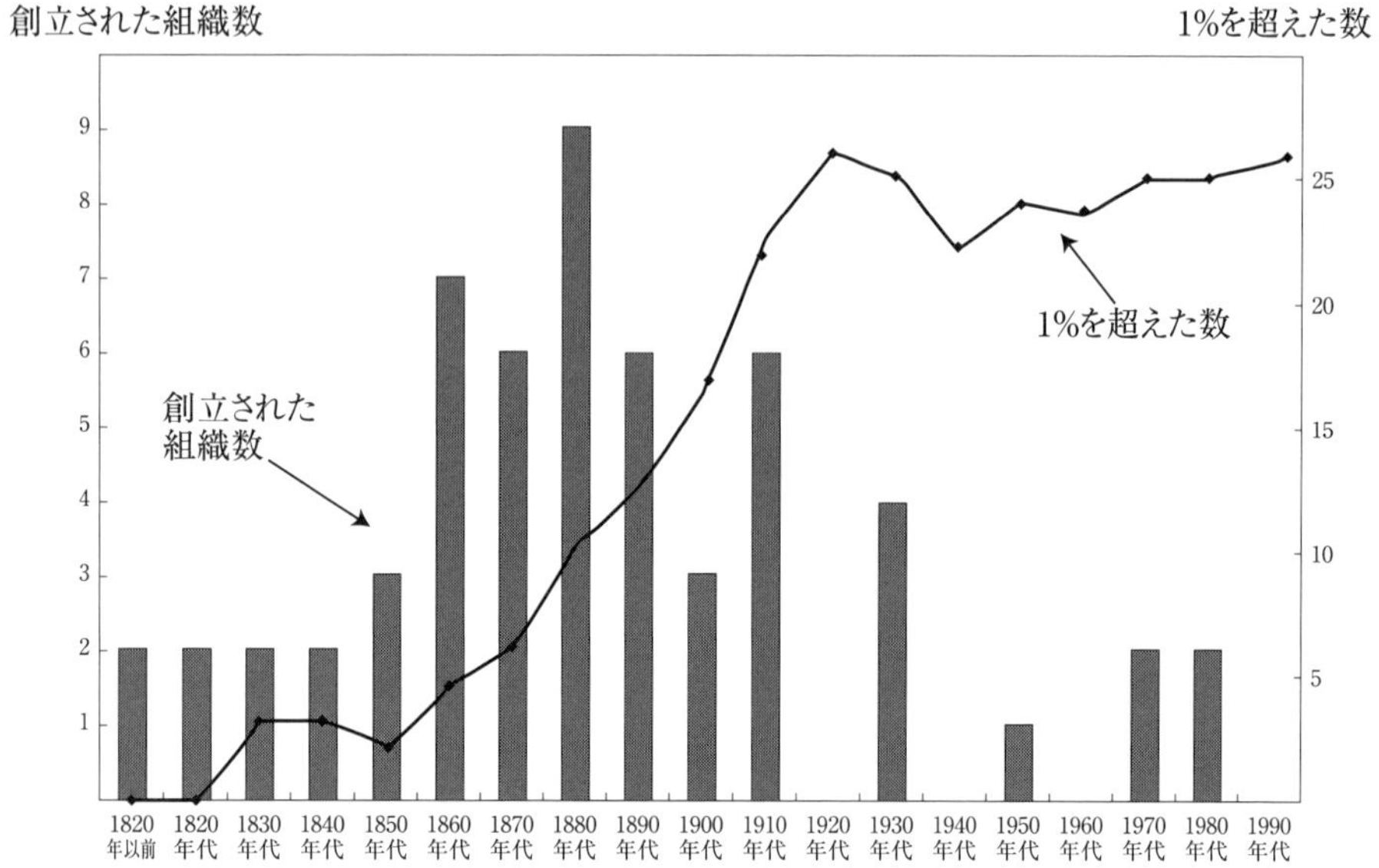

出典：市民参加プロジェクト、ハーバード大学；1999年6月現在のデータ

図95　巨大会員組織の創立と累積発生率

実際に、今日の米国生活における主要、大規模な市民組織の大半が、二〇世紀への転換期周辺の異例なほど社会的創造性の高い時期に創立されたということは全く誇張ではない。表9にこの一般化に対する証拠を示す。赤十字からNAACP、コロンブス騎士会からハダーサ、ボーイスカウトからロータリークラブ、PTAからシエラクラブ、ギデオン協会からオーデュボン協会、米国法律家協会から農事改善同盟、ビッグブラザーズから女性投票者連盟、トラック運転手組合からキャンプファイア・ガールズに至るまで、今日の米国生活における主要な市民組織の中で、この数十年間に設立されなかったものの名前を挙げることの方が難しい。

さらに、二〇世紀への転換期というこの多産期に創立された組織は、著しいほど息が長い。例えば、『エンカルタ 2000 ワールド・アルマナック』の中に掲載された「団体・協会」全体五〇六のうち——その大小や支部の有無、宗教的、専門職、社会、政治的その他にかかわらず——一八九〇年から一九二〇年の間の三〇年間に創立されたものは、一九六〇年から一九九〇年の間の三〇年間に

表9　社会関係資本のイノベーション、1870-1920

組織名	創立年	組織名	創立年
全米ライフル協会	1871	全国農民組合	1902
シュライン会	1872	ビッグブラザーズ	1903
ショートカ協会	1874	全米トラック運転手組合	1903
米国法律家協会	1878	ポーランド出身者協会	1903
救世軍（米国）	1880	（サンズ・オブ・ポーランド）	
米国赤十字	1881	全米オーデュボン協会	1905
米国大学婦人協会	1881	ロータリー	1905
コロンブス騎士会	1882	イタリア出身者協会	1905
米国労働総同盟	1886	（サンズ・オブ・イタリー）	
国際機械技術者協会	1888	全米ボーイズクラブ	1906
（後の国際機械工・航空機工連合）		YWCA	1906
ムース友愛組合	1888	ビッグシスターズ	1908
女性宣教連合（南部バプテスト）	1888	NAACP	1909
ハルハウス（その他のセツルメント	1889	米国キャンピング協会	1910
ハウスも数年以内に創立された）		ボーイスカウト	1910
女性クラブ総連合	1890	キャンプファイア・ガールズ	1910
全米炭坑労組	1890	都市同盟	1910
国際電気工組合	1891	ガールスカウト	1912
国際港湾労働者組合	1892	ハダーサ	1912
シエラクラブ	1892	コミュニティ・チェスト	1913
全国ユダヤ女性評議会	1893	（後のユナイテッド・ウェイ）	
全米市民連盟	1894	コミュニティ基金	1914-15
米国ボウリング協議会	1895	（クリーブランド、ボストン、	
ノルウェイ出身者協会	1895	ロサンゼルスその他）	
（サンズ・オブ・ノルウェイ）		米国大学教授協会	1915
米国看護師協会	1896	青年商工会議所（ジェイシーズ）	1915
ボランティアズ・オブ・アメリカ	1896	キワニス	1915
アイルランド系米国人歴史協会	1897	クー・クラックス・クラン（第2次）	1915
PTA（当初は全国母親協議会）	1897	女性国際ボウリング協議会	1916
イーグル友愛会	1898	シヴィタン	1917
ギデオン協会	1899	ライオンズクラブ	1917
海外戦争復員兵協会	1899	米国在郷軍人会	1919
全米消費者連盟	1899	オプティミスト	1919
国際婦人服労働組合	1900	ビジネス・専門職婦人会（BPW）	1919
4-H	1901	米国自由人権協会	1920
ルーテル派扶助組合	1902	米国農事改善同盟	1920
グッドウィル・インダストリーズ	1902	女性投票者連盟	1920

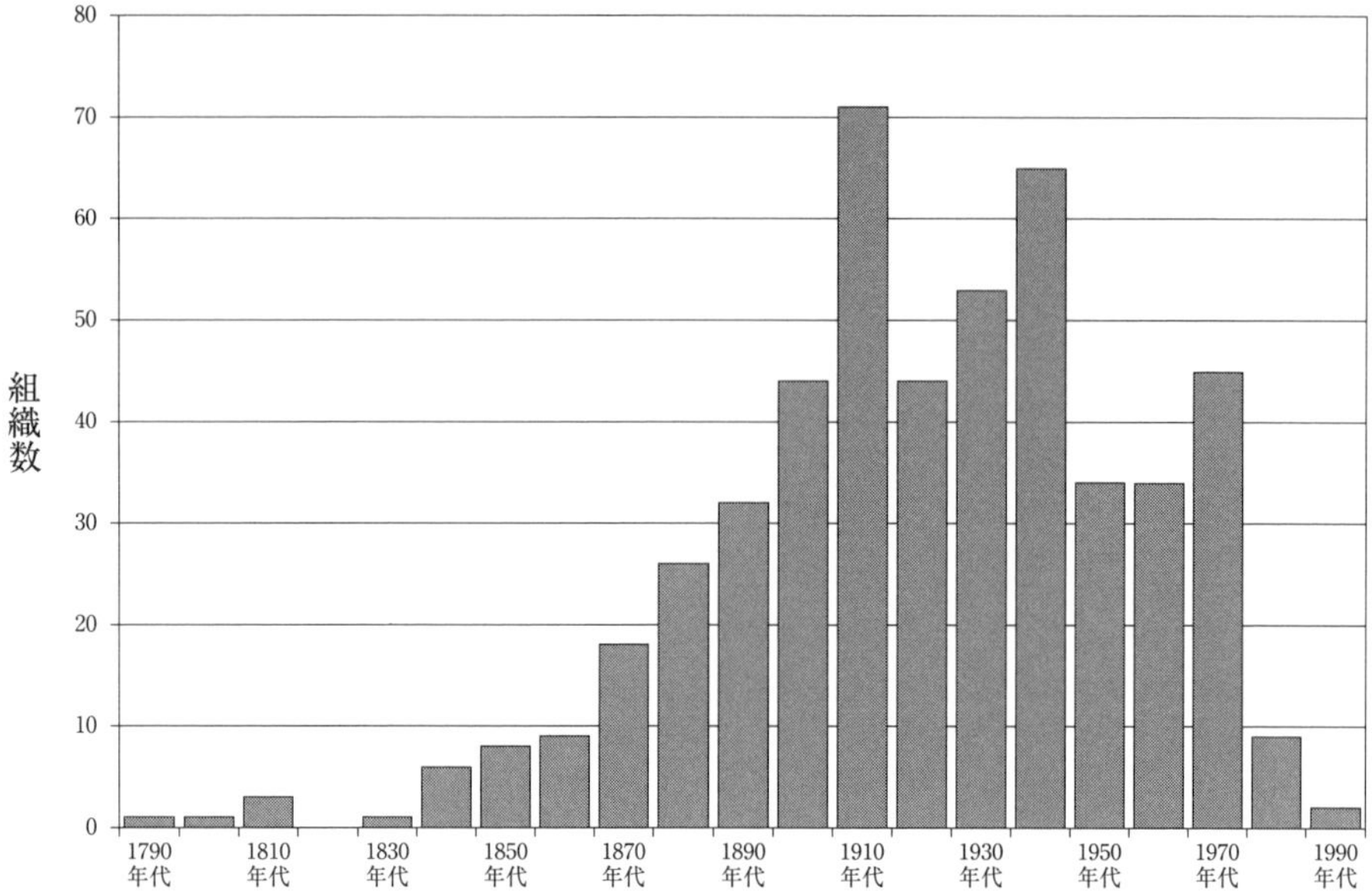

図96　現代米国の結社の創立年

創立されたものの二倍近かった。図96には全五〇六組織の創立年の分布を示したが、二〇世紀の終わりにあたっての米国市民社会は相当程度、その世紀の初めに起こった組織の設立に依然として依存していることが明らかにされている。[57] この種の年齢分布――年配者が若年者の数を凌駕している――は、出生率の低下か、乳児死亡率の増加か、あるいはその双方を意味している。言い換えると、われわれの時代の組織起業家に比較すると、世紀の転換期における組織建造者はより多産であるか、またより成功を収めたか、あるいはその両方であった。

　加えて、最近の年鑑に掲載されるようになった新たなグループは、どれほど価値あるものであっても、「ピープル・フォー・ジ・アメリカン・ウェイ」のような郵送リスト組織か、「投資管理調査協会」や、「国際砂の城建築協会」、「ニューエイジ・ウォーカーズ」、「喫煙者汚染反対グループ」（ＧＡＳＰ）のような領域の狭い一過的なもののどちらかである。一八九〇年から一九二〇年の間に創立されたグループ――最終的に、現在まで一世紀近く持ちこたえた――は、ボーイスカウトや全米食料雑貨商協会、赤十字、ライオンズクラブのように広範な基盤を持つ専門職、市民、奉仕組織であることが多い（ニューエイジ・ウォーカーズやさらにはＧＡＳＰが、二〇九九年付近まで存在していると考えることは果たして妥当だろうか？）

二〇世紀への転換期での社会関係資本投資の急増から得られる教訓にスポットライトを当てるにおいては、それが多岐にわたる様相をまとって立ち現れてきたということにまず注意する必要がある。一世紀前の米国は、われわれの時代よりもずっとジェンダー的区別のはっきりした場所であり、この時期に創立された組織の大半は、性別によって分離されていた。したがって、この時期の組織急増の最も顕著な例が友愛グループであるということは驚くべきことではない。フリーメーソンリーにはずっと以前からの起源があるが、友愛グループの大規模な拡大期を金ぴか時代はもたらすこととなった。「出会う男の五人に一人、あるいは八人に一人は何かの友愛組織に属している」とＷ・Ｓ・ハーウッドは一八九七年に記している。歴史学者のデヴィッド・バイトの計算では、一九一〇年には「保守的に見積もっても一九歳以上の全成人男性の三分の一がメンバーであっただろう」。

部分的には、友愛組織主義というのはこの急激な社会変化の時代における個人主義とアノミーに対抗する反応を表しており、無秩序で不確実な世界からの避難所であった。友愛グループは物質的利益（例えば、生命・健康保険）と社会的連帯及び儀式の双方を提供していた。相互扶助は互酬性の原則――今日の受け手が、明日の提供者となる――によっているが、それはこのグループの核となる特徴である。歴史学者のバイトの観察では、「彼らは貧困者の間をつなぐ、巨大な社会的、相互的扶助のネットワークを作ることに成功した」。この国の最大の友愛組織――メーソン、オッドフェローズ、ピシアス騎士団、統一職人古代結社、モダン・ウッドマン・オブ・アメリカ――は、それぞれ全国の地方支部に数十万の会員がいると報告していた。バイトはこの「地理的に拡大された構造が……自然災害や伝染病のような地域的危機を緩和するためのある種の共同保険を促進することとなった」と述べている。最後にバイトはこう付け加える。

支部《ロッジ》に加わることにより新規参入者は、少なくとも暗黙のうちに、価値観の束を受け入れることになる。これらの団体がこだわっていたのは相互扶助、自恃、実業訓練、節約、リーダーとしての能力、自治、克己、そして善良な道徳的性格を促進することであった。一見したところいかんともしがたい人種、性別、収入による区分を超えるような友愛的調和を、これらの価値観は反映していた。

あらゆる社会階級に属する男性がこのような団体に加入していた。友愛組織は中流階級と労働者階級双方の会員を含んでいた。一般的にそれらは人種と性別によって分離されていた。その一方で、バイトが示したように、相互扶助と道徳的向上という同じ機能を果たしていた、アフリカ系米国人や女性のための対比可能な組織が数多く存在した。このような分離はわれわれの価値観からは不愉快なものであろうが、社会関係資本を上昇させる形態としては、友愛組織が中流の白人男性に限られたものでなかったことは確かである。コロンブス騎士会、ブネイ・ブリス、プリンス・ホール・フリーメーソンリー（黒人メーソンのための組織）に表されているように、さまざまな民族集団が独自の友愛組織を生み出す傾向があった。二〇世紀初頭には友愛組織は新たな奉仕クラブ（ロータリー、キワニス、ライオンズ、青年商業会議所《ジェイシーズ》など）や専門職組織と競うこととなった。これらの新たなグループはビジネス上の接触や、より近代的な外見、より外向きの市民的熱意を提供したが、しかしそれは友愛組織主義に存在した「兄弟意識《ブラザーフッド》」を犠牲にしたものであった。[58]

女性の間では中西部で起こった一八七三―七四年の自然発生的な草の根の信仰復興運動が、禁酒運動を新たに活気づけることとなり、結果として婦人キリスト教禁酒同盟（ＷＣＴＵ）の成立をもたらしたが、それは急速に拡大して幅広い道徳、社会改革の手段となっていった。その実践的指導者であったフランシス・ウィラードは全国方針として「全てをなせ《ドゥ・エブリシング》」を採用し、そしてＷＣＴＵの女性は実際にそうした――刑務所改革を主張し、青年グループを組織し、幼稚園を設立し、さらには労働改革を支持した。一八九〇年代にはＷＣＴＵの衰退が始まり、一八九八年のウィラードの死去とともにその焦点を禁酒、および禁酒法に狭めた。しかしその一方で、新たな女性グループが登場し始めた。その一部は第9章で描いた数多くの独立した読書、学習グループから立ち現れたものだった。一八九〇年にはこの女性組織の地域をまたがるネットワークが互いに結びついて女性クラブ総連合が形成された。この時期を通じ、女性組織は公的問題に対する明示的な関与に方向を向けるようになり、児童就労、女性雇用、幼稚園といった問題や、女性参政権を含むその他無数の社会改革についての運動を行っていった。[59]

移民、民族組織は、前世紀末における社会関係資本構築の別の側面を表している。一般的に言うと、移住はその人間の社会関係資本を切り下げることとなる。その社会的つながりの大半が後に残されなければならないからである。したがって移民は社会関係資本の維持に励むというのが合理的である。いわゆる連鎖移住とは、「祖国」の特定の場所からの移民が新たな母国においても互いに近くに定住することで、それは過去も現在も、よくある対処方略の一つである。加えて、相互扶助のための共済会が多くの移民コミュニティの基盤となり、経済的保証や仲間意識、さらには政治的代表すらも提供した。ある中国系の結社のメンバーが二〇世紀初頭に、移民にとっての社会関係資本の本質的価値を短くこう表現している。「われわれは見知らぬ国の異邦人である。われわれは組織（トン）を持ち、国の仲間を統制し友情を育てなければならない」[60]

歴史学者のローランド・バーソフによれば、「ほぼ全ての米国人の記憶の中にあるものよりも、ずっと緊密に結びついたコミュニティ生活にこれまで慣れ親しんできた移民は、米国の自発的結社における友愛組織的な形式を素早く受け入れ、米国内での予期せぬ生活の緩みに対して、地域の民族コミュニティを相互に結びつけた」。ドイツ人は、この時代を通じて最大の民族マイノリティを構成していたが、とりわけ連合的であった。イタリア人、ユダヤ人、ポーランド人やその他南部・東部ヨーロッパの人間が世紀の変わり目にやって来たときにも、相互扶助組織、無償融資組合、葬儀保険組合、社交、スポーツ、レクリエーションクラブ、外字新聞、教会やシナゴーグが素早く組織された。一九一〇年には米国内のポーランド系移民の三分の二が、おおよそ七〇〇〇のポーランド系結社のうち少なくとも一つに所属していると言われており、ユダヤ系、スロバキア系、クロアチア系その他にも似たような数字がある。さらに、ブネイ・ブリスやハダーサ、コロンブス騎士会のような全国的友愛組織は、世紀が変わった後にも多数の人々を惹きつけていた。[61]

解放後の黒人の間での結社創設も、非常によく似たパターンを追うことになり、その中には相互扶助、葬儀、社会的結社や黒人系友愛、女性グループが含まれている。束縛から解放され、新たに獲得した市民的自由を行使する一方、根深い社会的混乱に直面していた黒人は、一八七〇年から一九〇〇年の間に南部、北部双方で多数の結社を創設し、また参加していった。世紀転換期にその古典的研究『フィラデルフィアの黒人』の中で、W・E・B・デュボイスはオッドフェローズやフリーメーソンのような黒人系秘密結社の重要性を強調し、それが「仕事の単調さからの気晴らし、野望や陰謀のための場、示威の機会、そして災難に対する保険を供給していた」としているが、これは、この時期にそのような組織に対して何百万の白人が引き付けられた恩恵まさにそのものである。以前の章で議論したように、アフリカ系米国人コミュニティの中の社会関係資本形成において教会は独自の重要な役割を果たしていた。それと同時に、社会改革の支援のために黒人と白人を共に結びつける組織も立ち上がった――中でも特筆すべきはNAACPと都市同盟である。(62)

工業化した米国の文化は、ある点においてはより世俗的なものになっていたが、宗教は地域の教区や会衆の信仰活動とは別に、この時期の市民性再興において重要な役割を果たした。救世軍は教会に属していない都会の貧困者を対象とした福音主義的プロテスタント運動であり、伝道的熱意と非正統的なマスマーケティング――行進、ブラスバンド、そして「ハレルヤ娘《ラジーズ》」――を有していたが、一八八〇年に英国から米国へと拡大した。これは「社会的福音」と「筋肉的キリスト教」の新時代を開く出来事だった。社会的福音運動は、リベラルなプロテスタント神学者と聖職者による、都市貧困のような差し迫った社会問題に対して中流階級教区民の関心を集めようという世紀転換期の試みの具現化であった。社会的福音は個人主義や自由放任主義《レッセフェール》、不平等に対抗する反応、そして宗教を新たな社会的、知的環境に関係させていこうという試みを表していた。

教会史学者のE・ブルックス・ホリフィールドが「社会的会衆」と呼んだ性格を多くの教会が帯びるようになったのはこの時期だった。

一九世紀末には数千もの会衆が、単に礼拝のために開かれているだけでなく、日曜学校、コンサート、教会での会合、女性の会合、青年グループ、少女団体、少年隊、裁縫会、慈善会、平日学校、禁酒会、運動クラブ、スカウト隊、その他無名の活動のためにも利用できるセンターへと自らを変容させていった……ヘンリー・ウォード・ビーチャーはイェールの神学生に対して、教区での「ピクニックを増やす」ように助言し、さまざまな会衆の多くはピクニックのさらに先の体育館、教区会館、キャンプ、野球チーム、軍事教練グループへと進んでいった……彼らが自身の維持以外の目的で寄付する金額も増加していった。都市と田舎の教会の双方で、プロテスタント会衆は一九二三年にはその献金額の二五〜三五％を伝道と慈善目的に寄付していたが、それは世紀転換時から一四〜一八％の増加であった。[63]

宗教的霊感、自己修養、そして市民参加はこの時期密接に絡み合ったものだった。ショートカ運動は、一八七四年にニューヨーク州北部地方でメソジスト派日曜学校の教師のための夏期研修として創立されたものだが、全国規模の公開講座、勉強会、テント巡回講演を生み出して、ユージン・デブスからウォレン・ハーディング（訳注：前者は米国の労働運動指導者で、社会党大統領候補。後者は第二九代大統領（共和党））までの幅広い講演者が定期的に回っていた。一九一九年にはある批評家の推定では「国の一一人のうち一人は、男女子どもを問わず、毎年講演会かショートカのプログラムに参加していた」。ラジオ（後にテレビ）はそれよりも魅力的な娯楽を提供したであろうが、それは草の根の、階級を超えた市民的討議の機会を提供することは少ないであろう。

カトリックはプロテスタントよりも、貧困者の苦境に対してさらに共感的な傾向があったが、それは特に、カトリックの方が労働者階級に属していることがより多かったからである。いつものことだが、教会は黒人コミュニティに対して特別の役割を果たしていた。黒人教会に関する指導的歴史学者であるエヴェリン・ヒギンボサムは「それは学校、巡回図書館、コンサート、レストラン、保険会社、職業訓練、運動クラブを含む多様なプログラムの場所を提供し、それら全ては、個別の教会のメンバーを超えた幅広い人々の欲求を満たしていた……教会は政治集会、女性クラブの会議、学校の卒業式などを開いていた」と論じている。すなわち社会的改革主義のキリスト教は、この時期の社会的行動主義の多くにとって中心的なインスピレーションとなっていたのである。セオドア・ルーズベルトが一九一二年に、響き渡るような改革派の大統領候補者として指名を受ける直前に、革新党大会の代議員たちは自然発生的に「進め、キリストの兵士よ！」という感情的な大合唱を始めたのだった。[64]

この時期はまた、組織化された労働運動が米国生活における重大な勢力となった時期でもあった。労働騎士団は、あらゆる種類の労働者が「一つの大組合」に参加すべきであるという前提に基づくものだったが、一八八〇年の会員数二万八一〇〇人から六年後の七二万九〇〇〇人へと急発展し、しかしその後一八九〇年には一〇万人へと後戻りして一八九四年には黒人白人間共に熟練、非熟練間の内部紛争に直面して崩壊してしまった。その主導的役割はすぐ後に米国労働総同盟へと引き継がれ、それと共に職能、産業の線に沿った一連の組合が組織された——鉱山労働者（一八九〇年創立）、電気工（一八九一年）、港湾労働者（一八九二年）、衣料労働者（一九〇〇年）、御者（一九〇三年）などである。わずか七年（一八九七—一九〇四年）の間に、全国の労働組合員数は非農業労働力の三・五％から一二・三％へと四倍増となった。今回は組合活動は以前よりも耐久力を示し、残りの世紀にわたって、新たな水平期を下回ることはなかった。[65]

歴史家のトーマス・コクランとウィリアム・ミラーは、組合が彼らの社会生活の一部となっており、単に物質的な改善を得るための手段というだけではなかったことを明らかにしている。

労働者による集合行為は、賃金と労働時間という単純な問題よりも、ずっと複雑な根を有していた……労働組合はクラブや支部《ロッジ》、友愛結社へと至る大衆運動の一部にすぎなかった。組合のために働くことや、上司と闘争する代議員に権限を与えるということは、身の回りの環境に対する個人の力を繰り返し示すということだった。相互利益の方針は、労働事故や季節解雇に対して安心感を与え、その一方で組合での社交、ダンス、ピクニックや講演は刺激的な余暇活動を提供した。[66]

革新主義時代の改革者はとりわけ青少年の発達の重要性に気づいており、それは彼らの組織的エネルギーの特別な焦点となった。並はずれた創造性のほとばしりの中で、たった一〇年足らずの期間（一九〇一—一〇年）に二〇世紀を支配することとなる全国的な青年組織の大半が創立された——ボーイスカウトとガールスカウト、キャンプファイア・ガールズ、4-H、ボーイズクラブとガールズクラブ、ビッグブラザーズ、そして過去二〇年間に急速に発達したサマーキャンプ運動の組織的結晶化である米国キャンピング協会などである。

これらの時期にはまた、幼稚園や高校が米国の公立学校教育における要素として認識されるようになり、また運動公園が米国の街や市の中でありふれたものになっていった。一八八五年にボストンで砂場公園《サンドガーデン》が作られたのをはじめとして、管理された運動公園が急速にニューヨーク、シカゴ、フィラデルフィア、ロサンゼルスへと広まっていき、一九〇六年には米国運動公園協会が創立された。そのような公共のレクリエーションセンターの創造を通じて改革者が期待したのは、家族全体が健全なレジャーへと参加し、子どもが監督下にないまま危険な街路に放っておかれることのないようにということであった。新たに認識されるようになった児童虐待に直面して、一八七四年にはニューヨーク児童虐待防止協会がニューヨーク動物虐待防止協会をモデルとして創立された。その後各所で類似の組織が作られ、一九〇八年には五五の地域児童虐待防止協会が存在した。すなわち、この時代の米国は単に「最近の子どもは」と嘆いたり、村落において失われた社会的コントロールを郷愁の念で憧れるのではなかった。むしろ、革新主義者はその知的、組織的、経済的エネルギーを捧げ、若者のために建設的な新たな道をはっきりと示したのである。マーケティングの天才の手腕によって、これらの新たな組織は永続的な社会的価値――「スカウトは誠実で、忠節をつくし、親切で、友情にあつく、礼儀正しい」（訳注：スカウトの「おきて」(scout law) として定められているもの）――と、キャンプやスポーツ、遊びといった純粋な楽しみを結びつけた。(67)

革新主義時代の最も注目に値する社会的発明の一つが、セツルメントハウスであり、このアイディアはヴィクトリア朝中期のイギリスから輸入されたものであった。セツルメントハウスを運営したのは理想主義的な若い中流階級の男女で、彼らは数年間都市のスラムに住んで、移民貧困者に教育と「道徳的向上」をもたらすことを目指していた。ハルハウスはジェーン・アダムズによって一八八九年にシカゴで創設されたが、すぐにその他の都市でも類似の実験の増加が続き、それは一八九一年には六、一八九七年には七四、一九一〇年にはおおよそ四〇〇となった。当初のセツルメント事業者の主目的は、市民たるに必要な英語と公民的知識を教えることだったが、その活動は急速に拡大していった。その様子を歴史学者のマーク・ウォルグレン・サマーズがこう描いている。

セツルメントハウスで働く者は、討論会や連続講演を企画し、スラムの母親に入浴と衛生の重要性を教え、労働市場での競争のために手先の能力を訓練し、働く両親の子どものために、幼稚園や昼間託児所を運営した。(68)じきに、ハルハウスの主寄宿舎にアートギャラリーが作られ、後にコーヒー店、体育館、保育園が加わった。

セツルメントハウスは都市貧困者の生活に貴重な貢献をした。ピッツバーグのキングスリーハウスのようなセツルメントは数千もの子どもとその親のために、夏期の「新鮮な空気」（野外）プログラムを運営した。ハルハウスのクラブは、ベニー・グッドマンにその最初のクラリネットを与えた。皮肉なことではあるが、セツルメントハウス運動の最も大きな長期的影響は、その奉仕の受け手に対してではなく、奉仕の与え手の方に現れた。ジェーン・アダムズは、人生の過酷な現実を直接体験することが、若い大学卒業生の生活に対して意味を与えるであろうと期待していた。セツルメントハウスの経験から生まれたリーダーの幅は非常に広い——それはフローレンス・ケリーやエレノア・ルーズベルトのような多数の社会改革者にとどまらず、ジェラルド・スォープ（ゼネラルエレクトリック社社長、一九二二—四五）やウォルター・シャーマン・ギフォード（AT&T社社長、一九二五—四八）のような公共精神あふれた将来のビジネス実力者も現れたのである。歴史学者のリチャード・マコーミックは、セツルメントの長期的影響をこうまとめる。

男女双方にとっても同様に、セツルメントは訓練場としての役割を果たした。そこから、居住者は考え得る限りの革新主義的な社会改革へと移っていった。共同住宅《テネメント・ハウス》の改善、公共公園運動、児童就労廃止運動、勤労女性に対する労働時間、賃金改善要求、その他多くのことが行われた……しばしば彼らの価値観や活動は、その助けようとしていた移民労働者にとって遊離したものに見えたに違いない。しかし、一九〇〇年代初頭に都市の、また工業化の抱える問題に対する解決策を生み出すために苦労し、またそれに成功した者は、セツルメント運動の男女以外に存在しなかった。(69)

社会運動として、革新主義は広範で変化に富むものであった。政治思想家のピーター・レヴィンは「いかなる運動であろうとそれがアプトン・シンクレアとJ・エドガー・フーバー、W・E・B・デュボイスとロバート・タフト、ハーバート・フーバーと若きフランクリン・D・ルーズベルトを同時に引き付けたのなら、それを運動と呼ぶことは不可能である」と論じている。(70) したがってどのような単純な解釈も、誤解や不完全なものになる危険を冒すことになる。しかし、われわれの観点からすれば、革新主義時代は、金ぴか時代のイデオロギー的個人主義に対する市民コミュニタリアン的な反応を表すものであった。それは最終的に特定の政治的運動となっていったとはいえ、始まりにあったのは広範で直接的な社会的目標であった。運動公園や市民美術館、幼稚園や都市公園などを作っていこうという成功した活動の中には、その根本的目標の重要な一部として、個人主義を抑えつけることなく協力習慣を強化する、ということがあった。フレデリック・ロウ・オルムステッドは、ニューヨークのセントラルパーク（一八七六年開園）の設計者でありまたヨセミテ国立公園（一八九〇年）の初代理事であるが、公園やレクリエーション地域を孤立や疑念を乗り越える手段とする運動を行っていた。同様に、運動公園運動のある熱心な支持者の主張では、運動公園は、

実際に、国中のあらゆる地域で数多く現れるようになり、どこでもそれは同じ社会的結果を生み出している。すなわち、それが良質のコミュニティ精神をもたらし、市民意識と協力を目覚めさせ、個人主義と孤立の代わりに、誠心誠意の仲間づきあいを生み出しているということである。もしこの運動公園というアイディアが広まったならば……陽気で、満足した、勤勉な、愛国的な市民がかつてないほど増加することがもたらす国家の利益は、途方もない埋蔵量の鉱山が見つかったり、世界中の通商がわが国の旗の下にもたらされるよりもずっと大きなものになるであろう。(71)

すなわち、一般的に社会関係資本という用語を使っていなかったとはいえ、革新主義者の重要な目標は社会関係資本の強化にあった。(72) ここで社会関係資本という用語自体も、革新主義時代の教育者であったL・J・ハニフ

アンが、コミュニティセンターの価値を説明するために生み出したということを想起してほしい。

教育し同化しようという衝動は、幼稚園運動において最大限の開花に到達したと言えるかもしれない。ドイツの革新的教育者によって生み出された制度を借りる形で、米国初の幼稚園はボストンの「バウンティフル夫人」（訳注：ジョージ・ファーカーの喜劇『だて男の計略』に登場する金持ちの慈善家の名前）エリザベス・パーマー・ピーボディによって開始された。一八七〇年代の終わりにはこの幼稚園運動は全国に急速に拡大し、一九〇八年には四〇〇以上の幼稚園が女性クラブ、禁酒グループ、教会その他の組織によって運営されていた。その初期において幼稚園は、子どもの創造性を奨励する革新的な教育哲学の影響を受けていた。そのボランティア組織者が目指していたのは、移民の子どもに対して健全な教育環境を提供することと、その親の子育て技術に影響を与えることの双方であった。幼稚園の周りには、新たな形の成人のつながりが数多く育っていった――母親クラブ、裁縫クラブなどである。この運動の最も革新的な特徴は、単なる就学準備よりもむしろ数多くのボランティアや、子どもの創造性の強調といったものであるが、そういったものは幼稚園が次第に公立学校システムに組み込まれるようになり、また幼稚園の教師が専門職としての認知を目指す中で失われていった。しかし、後の重要な部分は残った。全米母親協議会は、一八九七年に幼稚園運動の一部として形成されたが、親と教師による地域学校グループを組織する方向に進んだ。一九二四年には母親協議会は正式に父母と教師の全国協議会（後のＰＴＡ）へと改称された。[73]

マコーミックが明らかにするように、革新主義者のアプローチの核心には市民参加が存在した。

革新主義はその成功の多くを、改革のための特徴的な方法に負っており、それはさまざまな形でほとんど全ての運動目標の指導者に採用されていた。彼らが熱心に始めたのはまず自発的結社を組織することで、そして問題を調査し、関連する事実を収集し、最近の社会科学の知見のどれかに従ってそれを分析した。そのような分析から解決案が生まれ、教育と道義的勧告というキャンペーンを通じてそれは広められ、そして――しばしば、もしうまくいきそうなら——何らかの政府レベルで、公的機能として引き継がれた。[74]

社会起業家は、草の根と全国レベルの双方で新組織を立ち上げるが、それはまず非政治的目的のためであることが多い。初期の例の一つは禁酒運動であり、それは工業化と都市化に直面して「互酬的な責任のまとまりある構造」を作り出すことを目的の一つとしていた。新組織が既存の社会的ネットワークの上に築かれることもまた多く、それは特に宗教的なものに当てはまる。言い換えると、地域的、全国的改革運動は、インフォーマルな、非政治的グループという基礎の上に築かれる。

まさに典型的な例は、女性の読書グループの、最初は市民運動へ、続いて政治勢力への変容である。一八九〇年代の不況期を通じ、女性の読書グループはその課題を、社会奉仕と主張を含むものへと拡大した。女性クラブ総連合（ＧＦＷＣ）は一八九〇年に創立され、政府による食品検査、厳格な住宅法規、安全な飲料水、女性のための職場保護、貧困者、疾病者、障害者、子どもに対するサービスのための運動を行った。全米母親協議会は、子育てについて母親を教育するために設立されたがその後、幼児診療所、少年裁判所、公判を待つ子どものための保護観察施設、幼稚園や運動公園に対する公的支援を求めていった。ＧＦＷＣに参加することを人種分離によって妨げられたため、アフリカ系米国人は一八九六年に米国有色女性クラブ全国協会を形成し、アルコール消費に対する反対運動を行い、また託児所、幼稚園、未婚の母親のための施設を支援した。「女性の居場所は家庭である」と婦人参政論者のリタ・チャイルド・ドアは一九一〇年に記した。「しかし家庭とは、個々の家の四方の壁の内側にあるのではない。家庭とはコミュニティである」。[75] 婦人参政権運動は階級の線を超えて広がったが（しかし一般的に人種の線は超えなかった）、それは世紀転換期の女権拡張組織の、最も目につく頂点というだけにすぎない。

労働組合動員の連続的な波は、社会連帯のための運動と、政治的改革のための運動が絡み合っていく様子を描くもう一つの例を示している。一九世紀の末期に労働者を組織しようとする活動は、お茶会のような容易《たやす》いものでは到底なかった。この時期は米国史の中でも階級対立の最も激しかった時期であったからである。「流血の八〇年代」とアイダ・ターベルはその回顧録に記している。労働運動の課題を社会改革と階級闘争を包括するものに広げようとする努力が繰り返されたにもかかわらず、一九世紀における最もしっかりとした組合は、その目標を第一に雇用環境の改善へとおいていた。世紀転換期における労働組合化の噴出は、一九一〇年に一五人の組合主義者を議会に送る選挙で最高潮を迎えたが、空中に漂う「社会主義」の脅威により、既存の政治的主流派も労働改革をその目標に含める方向に動いた。ここでも階級線を超える同盟が重要であった。全米消費者連盟は、ハルハウスのセツルメント活動家であったフローレンス・ケリーによって一八九九年に創立されたが、中流階級の女性消費者が、女性被雇用者に一定の労働条件を提供しない企業をボイコットできるようにすることを目指していた。[76]

社会運動としては、革新主義は「トップダウン」か「ボトムアップ」というような単純な分類にはなじまないものである。新たな友愛、市民、改革組織の多くは全国本部や全国指導者を打ち立てることを目指していたが、その他は地域的先導に対する反応として現れてきた。中には、4-Hやグレーンジのように、実際には連邦政府が作ったものもある。しかしさらに重要なのは、端緒となった動きが、一つのコミュニティから他へと水平的に拡散していったということである。政治学者のシーダ・スコッチポルは、「組織拡大のためのこの方法は、メソジストやバプテストの巡回が用いたテクニックをまさに思い起こさせるものである――馬に乗った牧師がまるで野火のように、南北戦争以前の合衆国中に新たな会衆の種を蒔いて回ったのである」と記している。[77]

水平的習得は、市民参加拡大に向けた革新主義的アイディアが普及する際によくあることだった。国のどこかで生まれた先導的な考えは、他のコミュニティが取り入れて発展し、そこからさらに先に広がった。この過程が起こっている様子を、ある市民的発明の進化を追跡することで見ることができる。ジョン・デューイのような学者がハルハウスで行っていた講演をモデルの一部として、ウィスコンシンやシカゴの諸大学が大学公開講座を作り、大学と成年市民との間のつながりを深めようとした。新世紀の最初の一〇年にはクリーブランドの高名な革新主義市長であるトム・ジョンソンが、定期的な野外集会を開いて市民と政治的指導者を集め、公的問題についてのインフォーマルな意見交換を行うことを思いついた。一九〇七年にはこういった先駆的な試みの上に、ニューヨーク州ロチェスターの市民組織が公立学校内に「社会センター」を設立し、地域問題についての人々の討論が定期的に、公的助成を受けて行えるようにしたのである。

三年のうちにロチェスターではそのような会合が毎年数百回開かれるようになったと、地元紙『デモクラット・アンド・クロニクル』紙が一九一〇年三月二〇日に記録している。「社会センターと市民クラブにおいて今週行われるプログラムは多岐にわたっており、夜会のテーマには景気情勢、健康、芸術、社会組織、高物価、酒問題や近隣問題がある」。これらの市民的討議への参加は、階級や教育上の区分線を大きく超えるものであった。ある観察者による一九一一年の簡潔な報告では、「理事会方式の地方政治に関するトピックでは、ポーランド系の洗濯婦とWCTUの会長に対して、掃除夫と大学教授が対立していた」。一九一六年には「社会センター」（あるいは「コミュニティセンター」）運動は全国に拡大しウェストバージニアに到達したが、そここそ以前に見たように、L・J・ハニファンから、記録に残る最初の「社会関係資本」についての言及が生まれた場所であった[78]。

このストーリーが表しているように、ニューヨークやボストンのような大都市にして知的中心はこの市民性再興の過程の重要な要素であったが、創造的な活動の多くはハートランド全体のコミュニティで発生し、そこでは地域の活動家が新世紀にコミュニティのつながりを再建すべく、互いからうまくいったものを学んだのである。実際のところ、一九世紀末の組織構築の波は、国際的な大都会ではなくハートランドの小さな都市で始まっている。高校運動は、中西部や西部の小都市で最も急速な拡大を見せた。歴史学者のアーサー・リンクとリチャード・マコーミックは、わずかに誇張があるかもしれないが、この運動の特殊性を捕らえて「革新主義は、米国全体が経験することとなった唯一の改革運動である」と結論している[79]。

政治運動としては、革新主義は米国史における、公共政策、公共制度の最も徹底的な刷新であって、それに匹敵するのは唯一ニューディールのみである。無記名投票（一八八八年、ケンタッキー州）、住民発案《イニシアチブ》と住民投票《レファレンダム》（一八九八年、サウスダコタ州）、大統領予備選挙（一九〇〇年、ミネソタ州）、市支配人《シティ・マネージャー》制度（一九〇三年、テキサス州ガルヴェストン）、上院議員の直接選挙（一九一三年）、女性参政権（一九〇三年、コロラド州、一九二〇年、合衆国憲法修正）――数十年間という短いうちに、われわれの政治過程におけるこれらの基本的特徴全てが州、地方政治に導入され、次第に全国に広まっていったのである。これらの基本的政治改革を別としても、この時期は史上最も激しい地方行政改革が行われた時代でもあった。[80]

国政レベルでは革新主義者は、連邦準備制度（一九一三年）、所得税（一九一三年）、予算局（一九二一年）によって財政、金融政策の制度的基礎を築いていった。米国史上初の消費者保護法制（一九〇六年の食品医薬品局および連邦食肉検疫、一九一四年の連邦取引委員会）、最初の環境保護法制（一九〇五年の国有林制度、一九一三年の国立公園制度）、商務省、労働省（一九一三年）および会計検査院（一九二一年）の設置、反トラスト規制の強化（一九〇三年）、児童就労法（一九一六年）、八時間労働制（一九一六年に鉄道で開始）、労働者災害補償制度（一九一六年）、通信産業に対する最初の連邦規制（一九一〇年）、米国捜査局（一九〇八年、一九三五年に連邦捜査局へと改称）、連邦選挙資金規制（一九〇七年）、半世紀以上のうちでの最大の通商自由化（一九一三年）、西部州での連邦治水政策の基盤整備（一九〇二年）、そして母の日（一九一四年）――なだれのような革新主義的政策着手の中に、手つかずで残された公共政策領域はほとんどない。[81] 一般的には、州や地方コミュニティで実験的改革として始められた新制度が、ワシントンへと向けて動いて行くにつれて力を集めていった。

これらの改革全てが、その主張者が期待したように成功したわけではなく、振り返ってみればそのいくつかは明らかに有害なものであった。それにもかかわらず全体としてみれば、この一まとめの改革は、急激な変化を防ぐように作られた憲法制度の中で印象的な達成を成し遂げた。この達成は広範な基盤を持つ、草の根の、全国規模の政治運動に依拠しており、それが世紀の最初の一〇年間に大政党の双方を一斉に押し流してしまったのである。すなわち、その政治的動員は、過去数十年間の社会関係資本構築の間に作られたエネルギーと組織を頼りにしていた。

一般的に言うと、波が始まったのは一九世紀の後半三分の一の中で、そこでの組織（友愛、文化グループ）は、余暇や自助といったメンバーの私的な関心に主として焦点を当てていた。一九世紀の最後の一〇年間から二〇世紀の最初の一〇年間に、これらの結社（およびこの時期に生まれた新しい結社）は次第にその注意を地域の問題へ、そしてついには政治改革へと向けていった。初期の、社会的ネットワーク形成という内向き志向の段階が、後の政治的活動という外向き志向の段階への道を開いたのである。[82] 型にはまったあらゆる歴史的一般化のように、この解釈もまた誇張されている可能性がある。それはシュライン会にも公的側面があり、女性投票者連盟にも私的な側面があったからだが、しかし中心となる事実は、**社会関係資本への投資は、政治的動員と改革にとってその代替物ではなく、前提条件だということである。**これもまたわれわれ自身の時代にとって非常に重要な教訓であろう。

われわれが革新主義時代をことさらに取り繕う必要はない。この運動の遺産をめぐる論争は、現在まで一世紀近く歴史学者の心を占めてきたからである。その批判者側は、過去半世紀のあいだ歴史の専門家の間で優勢となっているが、革新主義者がテクノクラート的エリート主義に対して好意的な傾向があったことを指摘している。社会問題に対する「プロフェッショナルな」「専門的」解決策を提案する際に、多くの革新主義者は、意図的ではないにせよ、人々の参加動員を妨げるような影響を持つ反政治的スタンスを採用した。一八九六年以降、投票参加の低下が始まり、それはいまだに回復されていない。政党政治、特に政党マシーンは、事実上中流階級の専門職に支配される「理事会」や「委員会」を一般に好む革新主義者にとって巨大な敵であった。革新主義者はマシーンに内在する腐敗や依存には意識的であったが、特に移民のような、無力な人々に対して公的領域へのアクセスを可能にするというマシーンの役割については目をつぶっていた。歴史学者のフィリップ・エシントンは「いわゆる革新主義時代（おおよそ一八九〇年代―一九二〇年代）の数多くの皮肉の中で、最も悲しむべきことはおそらく、民主主義に対して深く持続的なダメージが、その親友によってなされたということである」と論じるが、それは一部の革新主義者によって主張された討議的《デリバラティブ》民主主義の代わりに、他の者によって首尾よく押しつけられた、直接的な、国民投票的《プレビシット》民主主義に落ち着いてしまったからである。[83]

歴史学者の間で盛んなさらに大きな論争は、革新主義時代とは社会改革であったのか、社会統制であったのか、それとも社会革命であったのかについてである。中流階級の改革者が自発的結社を組織して、手に負えない、粗野な労働者階級の移民に対する社会統制を行使したのだと主張する研究者もいる。別の研究者は、革新主義のリーダーシップは中流階級から来たということを認めながらも、新たな組織制度が移民や労働者階級のコミュニティを強化し社会的不平等を減らすことを目的としていたという慈善的側面を強調する。さらには、中流階級の改革者はしばしば、労働者階級の「クライアント」の要求によって行動するようにし向けられていたので、この力をトップダウンの社会統制へと矮小化してとらえることは、生活が変えられてしまった人々の意思や働きかけを無視することになる、と述べる者もいた。「労働者階級の暴力に対する恐怖が、革新主義改革と呼ばれるものの多くを説明する」と歴史学者のペインターは結論づけている。(84)

この新たな結社主義《アソシエーショニズム》やその政治的重要性を賞賛する者であっても、それが過度の社会統制や個人の従属化につながる潜在的な可能性についてはしばしば認識していた。(85) 革新主義時代におけるコミュニタリアンの衝動的勢いは、たやすく行き過ぎてしまう可能性があった。例えば第一次大戦中に全米自治連盟の会長であったウィリアム・ダッドリー・フォークは、戦後も徴兵制を公共奉仕目的のために用いるべきであると提唱している。

公共の福祉にとっては、コミュニティのために結婚し子育てをする者が必要であろう。彼らはそう望むと望まないとにかかわらずそういう心構えでいなければならない。法で禁止されていようといなかろうと、飲酒をあきらめたり、その他贅沢な堕落した習慣をやめなければならない者も必要であろう。防衛もしくは社会改善を目的として期間を取り、軍務のためあるいは州、都市の事業を組織するための訓練をすることも必要であろう。そして招集を受けた者は、その私的な利益を喜んで犠牲にして、要請に応えなければならない。(86)

この「ビッグ・ブラザー主義」的米国スタイルは、過度のコミュニタリアニズムの危険性を表している。

さらに厄介なのは、人種的分離と社会的排除が、すでに見たように、革新主義時代の公的議題において中核を占めていたという事実である。人種分離は一八九六年に合法化され、NAACPは一九〇九年に法的な人種差別を攻撃したが、一九一五年には第二次のクー・クラックス・クランが（部分的には）それを強制するために創設され、必要とあれば非合法な手段まで用いた。(87) 革新主義時代の全ての「市民的イノベーション」が有益で進歩的ではなかったのである。この初期の改革時代の中に、現代米国に対するインスピレーションを求めようとするものは、コミュニティを強調することが、分裂と排除を激化させるという危険性に注意しなければならない。社会関係資本を促進するのは、必然的に等質なコミュニティ内の方が容易であるので、その創出を強調することは、社会のバランスを意図的ではなくとも移動させ、橋渡し型社会関係資本から遠ざかり結束型社会関係資本に向かう可能性がある。これも、先だつ時代から得られる最も有益な教訓の一つである。

しかし、プラス面での教訓もまた同様に存在する。おおよそ一八八〇年から一九一〇年の間に形成された市民社会の諸制度は、一世紀近くにわたって持続した。このわずかな間に、米国社会の自発的構造は現代的な形態を帯びたのである。基本的に本書の第2部で検討した市民参加の低下傾向は、二〇世紀後半の三分の一を通じてまさにその構造が朽ち衰えていったことを記録している。しかしながらこと人間に関することで、万華鏡のような社会的、経済的変容の世紀の間、持続的に社会に奉仕することのできた組織制度の集合を作り上げたというのは小さな業では全くない。

革新主義時代のあらゆる困難、誤り、悪行にもかかわらず、その指導者と、一九世紀末におけるその直接の祖先は、社会関係資本あるいは市民参加の欠落という問題を正しく見抜いていた。一八九〇年段階で「村にいた頃の生活はずっとよかった。みんな農村に戻ろう」と言うことは誘惑的であったに違いない。潮流を逆転させようとするその誘惑に彼らは抵抗し、その代わりにより困難な、しかし確実な社会刷新の道を選んだ。同様に今日、社会関係資本の欠落を懸念する者の中には、「五〇年代の生活はずっとよかった。女性はみんな台所に戻り、その途中でテレビも消していってくれないだろうか」という誘惑があるかもしれない。社会の混乱は、反動的な形のノスタルジーを容易に生み出しうる。

それとは反対に私のメッセージは、われわれは何としてでも市民的発明の時代を必要としていること、それによって現在の暮らし方に合うような、市民生活に再び活気を与える制度とチャンネルの一群を新たに作り上げなければならないということである。現在のわれわれの課題は、二一世紀版のボーイスカウト、セツルメントハウス、運動公園、ハダーサ、全米炭坑労組やＮＡＡＣＰを再発明することである。われわれが作り出すものは、革新主義者が一世紀前に発明した制度とは似ても似つかないことは十分あろうが、それは彼らの発明も、嘆かわしくも過ぎ去ってしまった過去の小都市の習俗のカーボンコピーではなかったということと同じである。われわれは、革新主義者がそうであったように、実験を試みる準備が必要である。過ちを厭わないこと——そして目標を修正すること——は、社会改革においては成功の代償である。二一世紀の戸口から振り返ってみれば、ボーイスカウトのなかった時代を想像することは困難だが、しかし一世紀前であっても、南北戦争以前のミシシッピ川の砂州で遊んでいたトム・ソーヤーの仲間たちにあたる者にとって、二〇世紀にはベレー帽や技能章、「スカウトの誓い」があるなどというのはあまりに空想的に見えたに違いない。それでも、ボーイスカウトのような制度は、若者のコミュニティ構築にとって新しく、成功した場を提供したのである。したがって、今日の市民的欠損に対する解決策の中に、当初は不自然に見えるものがあっても、因習的なフィルターを通じて市民的な創意を歪ませることには注意しなければならない。革新主義時代の改革は、それぞれ個別の形ではこの時代にはもはやふさわしくはないが、その時代の熱意あふれる理想主義——そしてその成果——はわれわれを鼓舞するはずである。

第24章

社会関係資本主義者《ソーシャル・キャピタリスト》の課題に向けて

＊本章の準備にあたり、トム・サンダーに感謝する。

「何事にも時があり、天の下の出来事には全て定められた時がある」。旧約聖書、伝道の書の中で、ヘブライの詩人が詠った。ピート・シーガーが、このいにしえの格言をフォークの歌詞に挿れた一九六〇年代という時代は、おそらく米国人にとって、うっとうしいほどのつながりによる束縛を解きほぐす季節だったのだろう。しかし新世紀を迎えそれは過去のものとなり、今やコミュニティという織物を編み直し始める時期となった。

本書の探求の始めにおいて、今日の米国人のほとんどは、自分たちのつながりのなさに、何とも言えない居心地の悪さを感じていると述べた。二〇世紀の終盤に多くの人が考えたことは、その世紀の初めに若きウォルター・リップマンが感じたことと同じであったろう。「われわれは自らの環境を、自分たち自身の変化が追いつかないほどの速さで変えてしまった」、と。人々は世論調査員に、もっと市民的で、信頼でき、互いを思いやる社会に住めたらと申し述べる。検討してきた知見によれば、この熱望は、単なるノスタルジーでもなければ「虚偽意識」でもない。われわれのコミュニティの絆が衰退していったという点で米国人は正しいし、この変容が非常に高くつくものであるとわれわれが恐れるのは当然である。しかしわれわれにとっての課題は、金ぴか時代から革新主義時代へと移行していった祖先にとってそうであったのと同様に、社会変化を嘆き悲しむことではなく、それを導いていくことである。

社会関係資本を生み出す（あるいは再生させる）ことは容易《たやす》いことではない。戦争、恐慌や自然災害といった明らかな国家的危機によってそれは容易になるかもしれないが、良きにつけ悪しきにつけ、新世紀の幕開けにある米国はそういった電気ショックのような危機には直面していない。過去数十年を通じたコミュニティの衰退はひっそりとした、人目につかないものであった。その影響は私的生活の不自然な隙間の中に、また公的生活の低下の中に気づくことができるが、深刻な結果の大半はいわば、古いパズルを思い出させるような状態である。「この絵に欠けているものは何でしょうか?」というような。社会関係資本の弱体化は、ほとんど気づかれずに消え失せてしまったものの中に現れている——近所とのパーティや、友人と集まったり、見知らぬ人のさりげない親切、孤独に私益を求めるよりも、むしろ共同で公益を求めるといったものの中に。この問題に名付けることは、それに立ち向かう上で欠くことのできない第一のステップである。ちょうど「環境」とラベル付けすることによって沈黙の春に米国人が耳傾けるようになり、またベティ・フリーダンが「名前を持たない問題」と呼んだものに名付けたことが、自分の生活における問題点について女性が発言することを可能としたようにである。

しかし、問題に命名すること——さらには、その次元を測り、原因を突き止め、その意味を評価するという、本書で追求してきた作業——は、さらなる難題に対する準備にすぎない。世界が取り返しのつかないほど変化した、すなわち女性の大半が働き、市場がグローバル化し、個人も企業も流動的となり、娯楽は電子化し、テクノロジーは加速化し、そして大戦争が(幸いなことに)ない世界において、それにもかかわらず社会関係資本の蓄積を再び満たすことはどうしたら可能になるだろうか。大半の社会問題と同様、これも二つの側面がある——一つは制度的なもので、もう一つは個人的なものである。便利な市場のメタファーを使えば市民参加の機会の供給《サプライ》と、そうした機会の需要《ディマンド》の双方に取り組む必要があるということである。

まさに革新主義時代における祖先のように、市民参加の再興を促進するような新しい構造と(公的と私的の)政策を作り出す必要がある。すぐ後に詳細を説明するように、米国人の生活のあらゆる領域におけるリーダーと活動家は、われわれの受け継いだ市民的制度と実践の有効性が弱まっているということに反応するための革新的な方法を模索しなければならない。それと同時にわれわれは個人として、再びつながるという決意を強化する必要がある。なじみの集合行為のパラドックスを乗り越えなければならないからである。私が活気のあるコミュニティを個人的に好んでいたとしても、その目標を自分一人で達成することはできない。——私しか顔を出さなければ結局それは会合ではないし、私しか会員がいないのならそれはクラブではない。自分自身で達成できる個人的な満足に引きこもるのは魅力的である。しかしそうすることによって、他者にとっての同じ問題を、その人が解決するのをさらに難しくすることになる。個人による行為はコミュニティの再興にとって十分条件ではないが、しかしそれは必要なのである。

したがってわれわれの課題は、集合的、個人的主導の双方を通じて、二一世紀に向けて米国コミュニティを再興させることにある。市民参加の低下という国家的問題に対して、いかなる万能薬を宣言することも不可能であることは私もよく認識している。その一方で、革新主義時代における学者と実践家の間での頻繁な交流にモデルを得た、共同的な全国的対話を近年先導してきたという私の経験から、共に行動することにより、米国人は革新主義時代の祖先のように今日再び市民的に創造的になることができるということについて私は楽観的である。これらの討議、「サワーロ・セミナー——米国の市民参加」は、数多くの多様な米国コミュニティから思想家と行動家を一堂に集め、問題の具体化と答えの探求を行ってきた。[1]そこで行われた議論は、多くの点において本章における私の提案を特徴づけている。このグループの目的は第一に、日々行っている無数のわずかな決断が社会関係資本への投資、あるいは投資撤退において集合的な重要性を持っているという意識を米国人の間で高めること、そして第二に、われらが同胞市民の想像力を誘発し、われわれの変化した生活に適合するような社会的つながりの仕方を発見しまた発明することである。

社会関係資本の蓄積を再興するための方法を見いだすのは、国家的かつ一〇年はかかる課題であり、一人の学者、あるいは一つのグループによって実現できるものではない。例えばアミタイ・エツィオーニやウィリアム・ゴールストンのようなコミュニタリアンの学者にして活動家は、長年にわたってこの領域で活動してきた。本章における私の意図は控えめなものである——熱意ある社会関係資本主義者の特別な注意を引く価値のある六領域について簡潔に見取り図を描くことにより、眼前の課題の鍵となる断面を明らかにすることである。その領域とは若者と学校、職場、都会と都市デザイン、宗教、芸術と文化、そして政治と政府である。それぞれについて私自身の何らかの提案を提供することにより、読者自身の想像力を喚起することを目指し、それにより共同して、さらに創造的で強力なものを生み出せたらと願っている。

アリストテレスやルソー、そしてウィリアム・ジェームズからジョン・デューイに至る思想家は、市民性についての議論を若者の教育から始めてきた。彼らは民主的市民において欠くことのできない道徳、スキル、知識および習慣について、そしていかにしてそれらを教え込むかについて熟考してきた。その出発点は、今日の改革者にとってとりわけ適切である。なぜなら現在の窮状の唯一最大の原因は、ほぼ全ての形態の市民参加において世代的低下が拡がりまた持続していることであるからである。今日の若者が米国の社会関係資本の衰退を始めたわけではなく――その両親がそうしたのである――、二一世紀の初期に成人することとなる世代の間で市民参加を再燃させる手助けをするのは、あらゆる年齢の米国人にとっての義務である。

したがって、米国の親、教育者、そしてとりわけヤングアダルトに対して、私は以下の目標を示したい。**二〇一〇年までにわれわれの社会の全ての部分において、その時点で成人する米国人の市民参加のレベルが、その祖父母が同じ年齢だったときのそれに匹敵し、また同時に橋渡し型社会関係資本が祖父母の時代のときよりも大きく上回ることを確保できるような方法を見いだそう。**われわれが成功したかについて具体的な検証の一つは、投票率を一九六〇年代のそれへと回復させることができたかどうかというものだが、われわれの目標はその他の、より実際的で、きめの細かい点における参加と討議を増加させるものでなければならない――すなわち、チームスポーツから聖歌隊、組織化された愛他主義から草の根の社会運動に至るものである。

二一世紀初頭にこれらの目標を達成させるための手段、そしてわれわれの成功の特徴となるであろう新しい形態のつながりは、ほぼ確実に二〇世紀中盤のそれとは異なるものになるだろう。この理由により成功にとっては、ベビーブーマーやそれに先立つ者よりはるかに多く、X世代とそれに続く者の感性とスキルを必要とする。それでも、いくらかの「昔風の」アイディアはここに関わってくる。例えば公民教育を例に取ろう。公的な事柄についての知識と、日々の市民的スキルの実践が、効果的な参加のための必要条件となっていることをわれわれは知っている。二〇世紀の終わりにあたり、米国教育省が発行する初等、高等学校生徒の「公民科通知表」が期待を裏切るものであることもわれわれのよく知るところである。[2] したがって学校における公民教育の改善は、われわれの戦略の一部となるべきである――単に「法案はどうやって法律となるのか」ではなく、「私のコミュニティの公共生活に対して、どうしたら効果的に参加できるか」というものが。例えば、ロサンゼルスのサウスセントラル地区において、生徒たちが重要だと思う公共上の変化、例えば近所のバスケットボールコートに電灯を付けるといったことを果たすために教師の指導で取り組むという公民の授業のことを想像しよう。

　他の戦略もまた有効であるということをわれわれは知っている。コミュニティ奉仕プログラムが確かに参加者の市民的筋力を強化すること、とりわけその奉仕が有意義で、定期的であり、学校のカリキュラムの中に織り込まれているときにそうなるということは、ますます増大する証拠が確認するところである。一時的な奉仕ではほとんど効果がなく、ベビーシッターや用務作業――一九九七年のある調査によれば、全国的に最もよく行われている「コミュニティ奉仕」――が大きな好ましい効果を持つと考えることは難しい。一方で、上手に企画された奉仕学習プログラムは（現れつつある証拠の示すところでは）市民的知識を改善し、市民的効力感を強化し、社会的責任と自尊心を増大させ、協力とリーダーシップを教え、さらには（ある研究の示唆によれば）人種差別さえ減少させる可能性がある。[3] 興味深いのは、自発的なプログラムも、義務的なものと同様にうまく機能しているように見えることである。青年期のボランティア活動は、第7章で記したように、成人のボランティア活動に対する最も強力な予測変数の一つである。世代間の指導もまた市民的目的にとっては有効であり、例えばボストンの市民学校プログラムのように、成人ボランティアが青年と共に具体的な放課後プロジェクト、例えば記事執筆やウェブサイト構築で作業するというものがある。

　課外活動への参加（学校付属のものと独立したものの双方）も、後の人生における市民的、社会的関与を増大させる手段となることが立証されている。事実、高校において吹奏楽部、運動チーム、奉仕クラブその他に参加することは、成人期の参加に対する最も強力な前兆の一つとなっており、これは人口統計学的に対応するグループと比較したときにもそうなっている。[4] 市民的な視点からは、課外活動は「余分な飾り《フリル》」などというものでは全くないのに、それらに対する助成は一九八〇年代、一九九〇年代を通じて大幅に削減されてしまった。この誤った展開を逆転させることが、二〇一〇年までに青年を再参加させるというわれわれの目標に向けてのよい出発点となるだろう。最後に、小さな学校の方が大きな学校と比べて課外活動に対する積極的な関与を促進しているということもわかっている。小さな学校の方が、トロンボーンを吹いたり左タックルをしたりリア王を演じたりする機会を持つ生徒が多くなる。小さい学校の方が、小さい街のように、相互の互酬性や集合行為に対する高い期待を生み出す。したがって巨大学校を分解したり、あるいはより小さな「学校内学校」を作り出すことは、ほぼ確実に市民的配当を生み出すことになるだろう。

青年の間での社会参加を増加させようとする努力は、学校教育に限定されてはならない。このインターネット時代に、4－Hやセツルメントハウスに相当するものが何であるかということを見つけるのは容易ではないが、よいアイディアを提案したX世代やY世代にはその年のジェーン・アダムズ賞を授与しなければならないだろう。われわれに必要なのは市民的ブロッコリー——身体にいいが魅力がない——ではなく、価値と楽しさを巧みに融合したスカウト活動の最新版である。市民的に活気のない二〇世紀最後の一〇年間に成人に達した人々に、二一世紀最初の一〇年に成人となる若き弟妹たちが市民参加を増加させていくための、強力で魅力的な方法を発明するようにと私は訴えたい。

労働の性質が変化していることと、またそれと密接に関連した、女性の有給労働力への移動は、二〇世紀を通じて米国社会に最も広範に広がった大変動の一つである。この職場の変容は、その重大さにおいて、一世紀前に米国が農場の国から工場と事務所の国へと変身したことと比較しうる。しかし二一世紀の幕開けにおいて、米国の制度は公的なものも私的なものも、また職場における規範や習慣も、この変化への適応をようやく始めたにすぎない。第11章で見たように、この職場革命はほぼ同時に起こった社会的つながりと市民的関与の低下と関係があると考えられる。したがって私は米国の雇用者、労働組合のリーダー、政府関係者および被雇用者自身にこのように訴えたい。二〇一〇年までに、米国の職場が家族へのやさしさとコミュニティとの親和性を大きく高め、米国の労働者が職場の内外で社会関係資本の蓄積を再び満たせるようになることが保証されるための方法を見いだそう。

幸運にも、コミュニティ志向性、家族志向性の高い職場慣行は、被雇用者と同様に雇用者にも益するということを示す証拠がいくつかある。少なくとも完全雇用期においてはさらに、そのような慣行は質の高い、忠実な労働力を採用維持する上での鍵となる要因になる。幸いなことに、労働スケジュールにおいて何らかの柔軟性があると答える米国の労働者は一九九〇年の一六％から一九九七年の三〇％へと増大している。[5] しかし、社会関係資本形成——強い家族、効果的な学校、安全な居住地域、活気ある公共生活——を促進するための労働慣行上の恩恵は、企業自体の外側へと「漏れ出し」ており、一方でそのコスト全てはそのままになってしまっている。この事実は、被雇用者による市民参加に対して企業が投資を控えることへのインセンティブを与えている。その反対に、コミュニティ関与と家族のつながりを阻害しようとする職場慣行は、経済学者が「負の外部性」と呼ぶものの典型例を作り出しており、すなわちそれは社会に対して一方的なコストを強いているのである。

環境汚染の場合では、課税やその他の経済的インセンティブが、負の外部性に対する適切な公的対応として現在広く受け入れられており、環境に配慮した行動を促進する手段としてのモラル的な勧告を補強するものとなっている。同様に、被雇用者の家族とコミュニティへの関わりに対して責任を持って振る舞っている企業に対していかに報いるか、そして他の雇用者がそういった例に従うのをいかに促進するかについてわれわれも再考する必要がある。多くの企業が、コミュニティ奉仕のためのボランティアをする被雇用者に対して自由時間《リリースド・タイム》を提供しており、このような価値ある実践はさらに拡大されるべきである。しかし、ボランティア活動は市民参加のための一つの形にすぎない。一九九三年の育児介護休業法のような公共政策や、雇用者に陪審参加の促進を求める法制が明らかにしているのは、市民的、社会的つながりにおける公益は、雇用契約に対する法規制を正当化しうるということである。しかし、愛するものが病気になったときに看病するというのが唯一の家族の責任でもなければ、陪審が唯一の市民的義務でもなく、労働法規もそのことを認めなければならない。

第11章に示した知見は、パートタイム雇用に、個人的なものと同時に市民的な配当があることを明らかに示している。われわれが見いだしたのは、多くの人にとって、パートタイム雇用が二つの世界にとってベストであるということ、すなわち広範な社会的ネットワークとの接触を拡大すると同時に、職場外における可能性を追求するための十分な時間を残せるということであった。パートタイム労働者は一般に、フルタイムの被雇用者や全く働いていないものよりもコミュニティ活動への関与が高いことが見いだされた。もちろん、誰もがパートタイム職を望んでいるわけではないが、しかし望む人は多いのであり、国内の公的、非営利、そして民間組織は、その要求に応えるべく労働を再構成するという課題にまだ取り組み始めたばかりである。時間に関する新政策は、新世紀における公的課題として上位に置かれなければならない。

市民参加と社会的つながりは、職場の外側のみならず、その内側にも見いだすことができる。したがって職場におけるわれわれの課題には、仕事における社会関係資本形成の新たな手段についても含まれなければならない。このことは特に橋渡し型社会関係資本についてあてはまる。職場における多様性の増加は、社会関係資本主義者にとって価値ある、しかしまだ完全には活用されていない利点であるからである。第5章で見たように、この線に沿ったいくつかの有望な第一歩――チームワーク、建築上の再構成その他――はすでに進行中である。その一方で、そこで議論したその他の変化――とりわけ「偶発的な」労働の急増――が、労働を基盤とした社会関係資本の創出を難しくしている。雇用者、労働組合、労使関係の専門家、そして被雇用者自身が、臨時職員、パートタイマーそして請負業者《インディペンデント・コントラクター》の社会的つながりというニーズに応えるべく創造性を高めなければならない(6)。最後に、市民生活は職場とは関係がないという考えに異議を申し立てねばならない。市民的な議論グループや奉仕クラブのために、雇用者が空間と時間を提供してはいけないだろうか。被雇用者のコミュニケーションのプライバシー保護をさらに高めてはどうだろうか。

二〇世紀の終わりにあたり、過去五〇年にわたりわれわれ自身が築いてきた都市居住におけるスプロールという様式が、重大な個人的、経済的コスト――環境汚染、混雑、そして時間の喪失――を強いるものであるということに、米国人は次第に気づき始めた。第12章において見いだされたのは、都会のスプロールはわれわれのコミュニティという社会的な織物もまた傷つけるということであった。したがって私は国内の都市、地域プランナー、開発業者、コミュニティ組織者、そして住宅購入者にこう訴える。二〇一〇年までに、今日よりも通勤時間を減らして近隣とのつながりにより多くの時間が費やせるようにすること、より統合され、歩行者にやさしい地域に住めるようにすること、そしてコミュニティのデザインと公共空間の利用によって、友人や近隣とのさりげない社交が促進されるようになること、これらが確保されるように行動しよう。[7] 見かけの上だけは単純な目標は以下になろう。今よりもたくさんの隣人をファーストネームで知っている人が、今後さらに増えるようにしよう。

　都市デザイナーは、「新都市計画《ニュー・アーバニズム》」の旗の下に、過去一〇〜二〇年を通じてまさにこの線に沿った数多くの創造的な提案を生み出してきた。[8] 正直なところ、これらのアイディアを明確に表現し、さらに実現することに対しては、そのコミュニティ関与への影響を測定することよりもずっと多くの時間とエネルギーがこれまでのところ費やされてきた。混合利用の地帯設定、歩行者にやさしい街路区画、公共利用のための空間の増加といったデザイン上のイノベーションが社会関係資本を拡大するであろうことはほぼ確実であるように思われるが、フロリダ州のディズニーズ・セレブレーションのような新都市計画のコミュニティに典型的に見られる、ヴィクトリア朝様式あるいはコロニアル様式のデザインといった表面上のディテールや、一九世紀風の公共建築のマネが、そのような効果を必ずしも持ちうるかどうかは明らかではない（オハイオ州イーストンにできたばかりの街には、駅舎を転用したように見えるタウンセンターがあるが、そこにはこれまでいかなる鉄道駅も存在しなかったのである）。とにもかくにも、これらの有望な第一歩にどのような実際上の結果があったのかの厳格な評価を始める時期である。[9]

　この新都市計画とは、偉大なるコミュニティ生活への渇望が、プライベートな裏庭、巨大なディスカウントモール、そして楽な駐車スペースに対する熱望を上回っているかどうかを見るための進行中の実験である。最終的には、米国人はその求める種類の物理的空間を概ね得ることになるだろう。そしてもしこれ以上のコミュニティを真に望んではいないのなら、それを手に入れることもないだろう。その一方でこれまで、高速道路建設、住宅ローン金利控除、レッドライニング（訳注：銀行や保険会社により、地図上に赤線に囲われた老朽、荒廃地区の担保融資、保険引き受けを拒否すること）や公共住宅の集中といった公共政策によって（しばしば意図せずに）分離的な郊外スプロールが形成されていった。スプロールによる（社会的なものと共に、経済的、環境的な）コストが明らかになるにつれて、それを食い止めようとする公共政策の魅力は増していくし、アトランタからポートランドに至る地域でそれはすでに実行に移されている。最後に、ハリー・ボイト、アーネスト・コーテス、ジョン・マクナイトのような、革新的なコミュニティ思想家にして組織者が、恵まれないコミュニティにおける予想外の長所を見いだし、また活用するために多大な労力を捧げてきた。地域開発法人は、荒廃した地域の物理的再建を促進するために一九七〇年代に創設されたが、現在はその関心を社会関係資本への投資にもまた向けており、地域主導事業支援機構（ＬＩＳＣ）のようなグループはその関わった地域で一定の成功を収めてきた。(10) われわれ全員に私が訴えるのは、そのようなよい努力に、大都市地域を分裂させている人種的、社会的、地理的な裂け目を橋渡しするようなネットワークを生み出すという目的を加えることである。

信仰を基盤としたコミュニティは、米国における社会関係資本の非常に重要な貯蔵庫であり、宗教上の大きな貢献なしに過去数十年の衰退の是正ができると考えるのは困難である。特に公共領域において、米国人は、比類なき宗教性と宗派的多元性を、また宗教上の闘争なしに結合することを可能にした憲法修正第一条による制限を大事にしてきた。その一方で、宗教が米国史における全ての市民性復興の時期において大きな役割を果たしてきたことは疑いない。したがって私は米国の聖職者、世俗のリーダー、神学者、そして一般の信徒にこのように訴える。**新たな、多元的な、社会的責任を伴う「大覚醒」を引き起こし、二〇一〇年までに米国人が、一つ以上の意義ある精神的コミュニティに今日よりもさらに深く関わるようにし、同時に他の人々の信仰と実践に対してより寛容になるようにしよう。**

わが国の歴史では、宗教は社会関係資本の創出に大きく貢献してきているが、それはとりわけ三度の劇的で熱烈な「覚醒」を通じてであった。一七三〇年から一七六〇年までの大覚醒《グレート・アウェークニング》においては、信仰復興は「連なる爆竹のように爆発」し、「大規模で絶え間ない復興集会が……巡回する伝道者によって起こされ続けた」。一八〇〇年から一八三〇年までの第二次の大覚醒も同様にあぶくのような取り組みの時期であり、「巡回牧師《サーキット・ライダー》」が新たな福音を、次々と教会のない入植地へと運んでいった。巡回牧師は一〇から一二人の回心者のグループを作って互いの精神的追求を強化し、正規の教会が創立されるまで続けた。歴史家はこれらの福音伝道者の動機、さらにはその信心について論争を行っているが、しかしこの運動は多くの人々が貧困者に目を向け、奴隷制を拒否し、伝道会や禁酒会を作るきっかけとなった。注目に値する発明の一つは日曜学校運動で、これは復興運動と、女性(黒人も白人も)、工場で働かされる子ども、そして辺境の開拓者といった公立小学校から排除されていた人々に読み書きを教えようとする熱意とを統合するものであった。(11)

前の章で、一九世紀の終わりに起こった、社会問題に対する宗教的取り組みの第三の時期について見てきたが、それは具体的には「社会的福音」運動や救世軍——いわゆる貧者の教会が、都市化や工業化の重圧に打ちのめされた米国社会の「どん底階級」に焦点を当てるという活動であった。「世界と、一つの魂を同時に救う」という救世軍は、教義上の根本主義と、(マーチングバンドや「ハレルヤ娘《ラジーズ》」という)典礼上の非正統性、そして貧者を救い、女性の宗教的地位を上昇させ、白人黒人を同様に世話しようとする進歩的な信念の興味深い混成物である。(12)

二一世紀の始まりにおける米国には、さらなる大覚醒の要素が存在するだろうか。一つの例を取ると、巨大教会《メガチャーチ》は現代的なマーケティングとエンターテイメントのテクニックを用いて、典型的な郊外、ミドルクラスのマーケットに対して利用しやすい宗教的経験を巧みに作り出している(元来は白人層を対象としていたが、巨大教会はますます有色人種を引きつけるようになっている)。その教会礼拝は何はともあれ規模の力によって、非個人的で教義上は当たり障りのないものに見える一方で、巨大教会の指導者は経験豊富な社会関係資本主義者であって、小グループ活動を組織してパーソナルネットワークを構築し、宗教と社交をうまく混合している(ボウリングチームまで存在する!)。他方で、宗教的スペクトラムの別の場所では、第4章と第9章で見たように、福音主義、根本主義教会が(ユダヤ教や他の宗教における対応物とともに)本書で追ってきた社会関係資本の一般的低下に対する最も注目すべき例外の一つを構成している。

市民性という観点からは、新たな大覚醒は（もし起きたならば）混じり気のない祝福とはならないであろう。第4章と第22章で見たように、改宗を強く勧めるような宗教は橋渡し型社会関係資本よりも結束型社会関係資本を作り出すことに長けており、不信心者に対する寛容性は、根本主義に特徴的に結びつく道徳とはなっていない。新たなる大覚醒は、法律上ではなくともわれわれの文化において、教会と国家の憲法上の分離についての問題を提起することになるであろう。宗教に関連した社会奉仕に対して公的助成を提供する、福祉改革における「慈善的選択《チャリタブル・チョイス》」条項が論争に巻き込まれていることが例示しているとおりである。その一方で、福音主義の「コール・トゥ・リニューアル」のような運動の中に、世界教会主義《エキュメニカル》や、社会に関わる宗教性の兆候を見つけることができる。さらには、金ぴか時代や革新主義時代におけるイノベーションのいくつか、例えばセツルメントハウスやショートカ運動のようなものは、狭義の意味で宗教的ではないにせよ、二一世紀における相当物のヒントとなり得るだろう。(13)

米国社会におけるどの領域も、社会関係資本の未来の状態に対して電子的なマスメディアと、とりわけインターネット以上に影響を与えるということはないだろう。過去三〇年間の逆流傾向を何らかの根本的な手段で反転させようとするとき、電子的娯楽と電子的コミュニケーション産業は、その問題の大部分ではなく、解決策の大部分とならなければならない。したがって私は米国メディア界の重鎮、ジャーナリスト、インターネット上の指導者《グル》に対し、そしてあなた（や私）のような視聴者と並んでこう訴えたい。二〇一〇年までに、輝く画面の前に受け身で、独りぼっちに座って過ごす余暇時間を減らし、同胞たる市民と積極的につながる時間の増加が保証されるような方法を見いだそう。市民参加を阻むのではなく、それを強化するような新しい形態の電子的エンターテイメントとコミュニケーションを育てよう。「市民ジャーナリズム」に最近吹いたインターネットという一陣の風も、それが本物の草の根参加の代用物ではなく、そのような参加を刺激する突き棒として、また木箱で作った即席演台として解釈されるのであれば、このような戦略に対する手がかりの一つとなるだろう。(14) 第13章で記したように、技術的には、テレビの強大な力は市民的関与を促進もすれば阻害もしうる。米国のエンターテイメント業界の中心にいる才能あふれた人々に、視聴者を長椅子《カウチ》から引き離し、そのコミュニティに引きずり込むような新たな形のエンターテイメントを作り出すよう求めたい。

第9章で見たのは、インターネットが本物の、対面のコミュニティを偽物の「バーチャル・コミュニティ」へと単純に置き換えてしまうのではなく、それらを強化するために利用しうるということであった。ソフトウェアデザイナーとコミュニケーション技術者には、ミシガン大学のコンピュータ科学者ポール・レズニックの呼びかけに耳を傾け、インターネットを社会関係資本に親和的なものとすること、そして若いコンピュータの専門家がそのスキルを米国コミュニティの再建に用いることを推し進めるようなコミュニティ情報機構を作ることを求めたい。

第9章において、コンピュータ・コミュニケーションを社会関係資本の構築に利用する場合に存在するいくつかの重大な障害について論じた。これらの障害の中には、デジタルデバイドのように政策によって取り組むことができる（そしてそうすべき）ものもある。その他としては、匿名性やつながりの単一性のように、技術的な「応急処置」に馴染みやすいものもあるだろう。他方で、コンピュータ・コミュニケーションはこれまで考えられなかったような形の民主的討議とコミュニティ建設のための機会も開いている。例えば地域問題についての全市規模での市民討論や、地域史の共同探求、さらには地域の競技フリスビートーナメントのお知らせなどといったように。ネット環境の整ったコミュニティに関する初期的ないくつかの研究の示すところでは――仮の結果であるが、有望なことに――、地域のコンピュータ・コミュニケーションへのアクセスが容易な住民は、その新しいツールを隣人との対面でのつながりを強化するために用いており、それを置き換えたりしてはおらず、また彼らの中には、コミュニティ生活へさらに積極的に関わるようになった者もいた。これはまさに社会関係資本主義者の望むところである。[15] 引きこもりがちの高齢者のための電子的サポートグループは、定期的な個人的訪問に対する有益な補完物（代替物でなく）になるだろう。鍵となるのは、私の見立てでは、インターネット技術が場所を基礎とした、対面での、持続的な社会的ネットワークを置き換えるのではなく、強化するような方法を見つけることである。

社会関係資本の構築には、われわれが社会的、政治的、職業的アイデンティティを乗り越え、自身とは似ていない人々とつながることが必要となる。これは、チームスポーツが社会関係資本産出のよい場となる理由である。このつながりにおいて、同じくらい重要であるにもかかわらずあまり活用されないのが、芸術、文化活動である。共に歌うことには（共にボウリングをすることと同様に）、イデオロギーの共有や社会的、民族的出自の共有は必要とならない。とりわけこの理由によって、私は米国の芸術家、文化組織のリーダーや出資者に対し、一般の米国人と並んでこう訴えたい。二〇一〇年までにさらに多くの米国人が、集団でのダンスや歌の集い、大衆劇団からラップ・フェスティバルまでの文化的活動に（単に消費したり「鑑賞」したりではなく）参加することが保証されるような方法を見いだそう。芸術を、同胞市民の多様な集団を集める手段として利用するための新しい方法を発見しよう。

芸術はそれ自体のためを目的としているのは明白で、米国コミュニティの再建のために持ちうる好ましい影響などそれははるかに超えるものである。単なる社会的な目的ではなく、美という目的は明らかに重要である。すなわち、芸術は因襲的な社会的障壁を乗り越える上で特に有益だということである。さらに、社会関係資本は、主目的が純粋に芸術的なものである文化活動の価値ある副産物となることがしばしばある。

リズ・ラーマンの「ダンス・エクスチェンジ」は、コミュニティを基礎としたモダンダンスを利用することで、思いもよらないコミュニティの連帯を作りだし、例えばポーツマス（ニューハンプシャー州）の造船所の閉鎖が地域のコミュニティの絆を弱めてしまったときに、失業中の造船労働者とホワイトカラーの専門職の間を結びつけたのだった。「ロードサイド・シアター・カンパニー」は、アパラチア地方の衰退する町において、地域のさまざまな人々を呼び集め、地元の昔話や音楽を劇化することを通じてその伝統を賛美し、コミュニティの自信を取り戻させてきた。ボストンにある「アフリカ系米国人芸術家全国センター付属美術館」は、黒人系米国人の多様なグループ（ハイチ系、ジャマイカ系、アフロ─ブラジル系、そしてネイティブ─アフリカ系米国人）を集め、ニューイングランド水族館において二〇フィートの魚の彫刻を作成、展示した。ワシントンＤＣのトニー・ブラックマンによる「フリースタイル・ユニオン」は、「サイファリング」というヒップホップ、ラップ詩、そして即興詩の叩きつけ《スラム》の新奇な組み合わせを用いて、あらゆる階層の人々、フィリピン系のブレイクダンサーから、中絶反対のキリスト教徒までを惹き付けている。ボルティモア美術館は地域住民を促して、その公共空間を「フリースタイルの木曜日」に使って地域の合唱グループやその他による公演を行うよう勧誘している。シカゴのギャラリー37はさまざまな若き芸術家の卵――裕福な者も貧しい者も、郊外のものもインナーシティの者も、黒人や白人、ラテン系も――に対して実習の機会を提供し、芸術指導者、芸術修行者、そして鑑賞者との間の社会的つながりを築いている。カリフォルニア北部のマトルバレーにおいて、デヴィッド・シンプソンは地元の劇場を活用し、伐採者と環境保護主義者との間に橋を架けてきた。これらの活動の多くは偉大な芸術を生み出している一方で、全てがまた偉大な橋渡し型社会関係資本を生み出している――これはある点では、さらに印象深い達成であると言える。(16)

政治と政府は、米国の社会関係資本の状態を探るわれわれの旅の出発点であり、そして米国のコミュニティの絆を回復することに私と同じく関心を持つ読者に対して、私が最後の課題を提起する場所でもある。つながりと信頼、そして市民参加の回復が必要な場所として、今や空っぽであることも少なくない民主主義のための公共のフォーラムほどそれが明らかな場所は他にない。したがって私は米国の政府関係者、政治コンサルタント、政治家、そして（とりわけ）同胞たる市民にこう訴えたい。二〇一〇年までに、**より多くの米国人がコミュニティにおける公共生活に参加する――公職に立候補し、公的集会に出席し、委員を務め、選挙運動を行い、さらには投票する――ことが確保される方法を見いだそう。**過去三〇～四〇年の低下全体が一〇年間で逆転しうると望むのはおそらく無謀なことだろうが、しかし部分的な逆転ですらも、米国の民主主義に有益な影響を与えるのは確実だろう。

選挙運動改革（とりわけ、運動資金改革）は、連邦、州、地域選挙における社会関係資本の重要性を高め、財政的資本の重要性を低めることを目的とすべきである。時間は金銭よりも人々の間に平等に分配されているので、時間を基盤とした参加を、小切手を基盤とした参加によりも優遇することは、米国政治において拡大しつつある不平等を逆転させ始めることにつながるだろう。政府権力はできる限り地方分権を進め、分権化が平等性や再分配に対して持つ負の影響を意識しまた補いつつも、意思決定を小さな、地域の管轄に移すようにするべきである。特に、社会関係資本の恩恵に敏感なリベラル派は政府権力を下方へと移行させやすくするべきであるが、それは思いやりのある保守派《コンパッショネート・コンサバティブ》が資源を持てる者から持たざる者へと移行させやすくすべきであるのと全く同様である。政府の資源と権力を近隣協議会《ネイバフッド・カウンシル》へと分権化することは、ミネアポリスやポートランド、シアトルのような都市で機能しており、それは持ち寄りパーティやコミュニティ庭園、フリーマーケットのような形での社会関係資本を生み出しているが、ここでは橋渡しと結束のバランスを崩して都市の分断化をもたらすことのないような巧みなデザインが必要である。

どの党派の政策企画者も、社会関係資本に対して精通度を増して、その既存の蓄積へのダメージを最小にし、さらに新たな蓄積を増す機会を探るようになるべきである。新たな事業に対して「社会関係資本影響評価《アセスメント》」を行うのはどうだろうか。現在の環境影響評価《アセスメント》よりも官僚主義的、形式主義的ではなく、しかし予期せぬ結果に注意を促す上では同様に効果的なものであるようなものである。例えば、インディアナ州インディアナポリスのインナーシティにおける、過去半世紀間の社会関係資本への最大のダメージは、一九六〇年代初頭に州間ハイウェイ六五号線が地域を貫通したときに起こった、近隣ネットワークの意図せざる崩壊であった。四半世紀以上たってから、元市長のスティーブン・ゴールドスミスが作った「玄関《フロント》ポーチ同盟」は、インディアナポリスの近隣組織の一定の再建を助けるのに価値ある取り組みであったが、最初からダメージを避けられたらよかったのだがと語ったのはゴールドスミス自身が最初であったろう。(17)

社会関係資本創出のためのさまざまな領域についてのここでの議論は全て簡潔にすぎるもので、社会関係資本主義者は誤った論争を避ける必要がある。そのような論争の一つは「トップダウン対ボトムアップ」である。米国コミュニティを再建するにあたっての全国的、また地域的制度の役割は補完的なものでなければならない。すなわちどちらか一方では問題の解決ができないのである。もう一つの誤った論争は、政府は問題なのか解決策なのか、というものである。正確な答えを（第15章で論じたように）歴史記録から判断すれば、それはどちらにもなりうるということである。郡農事顧問《カウンティ・エージェント》や4‐Hから、コミュニティ・カレッジや小児麻痺救済募金《マーチ・オブ・ダイムス》に至るような、米国史における社会関係資本への最も創造的な投資の多くは政府施策の直接的な結果であった。本書で明らかにした社会関係資本の低下に対して、政府は一定の原因となった可能性があり、そしてまたそれは唯一の解決策ともなり得ないが、しかし米国に対し二〇一〇年までに私が求めてきた課題を、政府を利用することなしに解決できると想像することは難しい。

避けるべき誤った論争として最後に挙げるのは、米国における信頼とコミュニティの絆を回復するのに必要なものは個人的な変化なのか、それとも制度的な変化なのかというものである。再び言うが、正直な答えは「両方」である。米国の主だった市民制度は、公的なものも私的なものも、その大半が作られてから一世紀が過ぎいささか古びてしまっており、さらなる積極的参加がもたらされるように改革する必要がある。制度改革のために私が行ってきたそれぞれの提案が説得的であるかないかは、いかにしてわれわれの制度をさらに社会関係資本に親和的とするかに関して全国的論争が持てる可能性と比べれば重要なものではない。しかし結局のところ、あなたや私、そして同胞たる市民が、友人や隣人と再びつながろうと決意しなければ、制度的改革も機能しない——それどころか、起こりすらしないであろう。ヘンリー・ウォード・ビーチャーの「ピクニックを増やそう」という一世紀前の助言は、今日において馬鹿げたものでは全くない。皮肉なことだが、われわれはそうするべきである。それが米国のためになるからでなく——もちろんそうなるだろうが——、しかしそれがわれらのためになるであろうがゆえに。

付録1　社会変化の測定

本書の多くは、二〇世紀後半の社会変化に関する系統的、計量的証拠から構成されている。この付録ではその実践において含まれる、鍵となる方法論的課題を、ここで利用した最重要のデータソースと並んで概説する。

筆者の第一の戦略は、第1章で説明したように、可能な限り多くの独立した証拠ソースから三角測量するという、地球温暖化の研究者のモデルに従っている。社会変化に関するわれわれの探求を間違いなく制約しているのは、地球温暖化の場合と全く同様に、今われわれが必要としているような真に完全な証拠——友人の信頼性や見知らぬ人の親切さ、店員の誠実さや野外パーティの頻度——を集めようと、前もって考えていた者が誰もいないという事実である。結果として説得力のある証拠を探すために、単一の世論調査や、ましてや単独の連続調査ですらなく、別々の研究者によってそれぞれが実施された異なる組み合わせのものを多数統合しなければならなかった。そして可能な場合は、単なる調査データだけではなく、組織や行動における変化も探る必要があった。

核となる原則は従ってこのようになる。単一のデータに完全なものはないが、しかし数が多くまたソースも多様になるならば、その全てが同じ欠陥に影響されている可能性は低くなるだろう。二つの独立した（必然的に不完全さはあるが）証拠が撚《よ》り合わさっていることは、一つしかない場合よりもよいし、二つ以上あれば、特にその欠点が異なっているのならば、さらによいということになる。この研究で用いられる証拠の主たるソースは何になるだろうか——われわれの年輪、氷柱コア、気象記録に相当するものは？

組織記録はいくつかの点で最も確実な指標であり、それを通じて一九五〇年代、一九七〇年代、そして一九九〇年代の米国における市民的関与を直接比較することができる。数千人ものクラブ事務局や郡書記、教会の会計係によって何十年もの間たゆみなくつけられた記録は、「昔はどうだったか」についてのうつろいやすい記憶よりもずっと信頼できるものである。この比較においては、多くの要素が一定に（あるいはそれに近く）保たれた。グループの構成基盤、「メンバー」の意味、情報収集の継続性などである。もちろん、これらのことも変化しうる。労働組合の「メンバー」であることは、一九九八年と一九三八年では同じことを意味してはおらず、また「チームスター」（teamster）（訳注：御者、あるいはトラック運転手）という職業は確実に変化した。それでも比較可能性の問題は、組織記録の方が他のほとんどのデータに比べれば深刻ではない。さらに、組織は長期間にわたって記録をつけているので、われわれの比較は何十年も、時には世紀を超えて遡ることができ、最近の事象に関する長期見通しを与えてくれる。会員数や寄付が、ある年から翌年にかけて一〇％落ち込んだことは真に重要なのだろうか、それともそれは、単によくある相場変動にすぎないのだろうか。長期記録のみがそれに確かに答えることができる。

しかしメンバー記録には、社会変化の測度としては重大な欠陥がいくつかある。まず、組織自体にライフサイクルがあり、それを取り巻いているコミュニティの活気とは独立している可能性がある。エルクスクラブが衰退しつつあったとしても、おそらくその占めていた場所は無数の他の組織に取って代わられつつあるのであり、それらの組織はどれもまだ歴史が浅く小さくて、慎重にメンバーの記録をつけることを気にするには活気がありすぎるのである。あるいは長期間続いている組織のメンバー記録を検討することに限定すると、新しく、急速に成長している集団を見逃すことになるだろう。

もう一つの重要な注意点は、組織がライフサイクルを有するという事実から来るものである。新組織の出生率からコミュニティの市民的活力について推し量ることは、古い組織の死亡率を同時に検討することなしには不可能である。例えば、現存する環境組織の半数が過去一〇年間に設立されたという発見も、同様のグループが同じ期間にどのくらい消滅したのかということがわからなければ全く無意味である。[1] この点が特に問題となるのは、（例えば、国税庁の非営利組織記録に当てはまるのだが）組織のリストから現存しないものを削除するという定期的な刈り込みが行われていない場合である。

第三に、全てのコミュニティ活動が、記録をつけるような組織という形で行われているわけではない――実際には、おそらくほとんどのものはそうではないだろう。例えばある研究者の推定では、コミュニティグループ全体の八〇％は社会的「ダークマター」（訳注：質量上は宇宙に大量に存在すると考えられているが、観測のできない暗黒物質）である

――すなわち、フォーマルな構造を持たず、住所がなく、記録アーカイブを持たず、新聞に広告を出さないので、通常の記録では不可視であるということである。(2) もし、注意を会員名簿にしか払わないのならば、巨大な変化、あるいは圧倒的な安定性を見逃すことになるかもしれない。最悪の場合、もしコミュニティ生活が何らかの理由で豊かになりつつある一方で、フォーマルな組織化が減っていったならば、メンバー数のみを追いかけることはまさしく間違った結論を導くことになる。

組織記録におけるこれらの欠陥は、二〇世紀における最も有益な発明の一つ――系統的な社会調査――によってある程度は補うことができる。うまくデザインされた世論調査は、意見と行動についての有益なスナップショットを提供することができる。さらによいのは比較可能な調査が連続的に行われることで、いわば社会的なコマ撮り写真を作り出すことができる。単一のカメラを庭園の同一区画に一定に向け続けて、一日一枚のスナップショットを撮るだけで植物の誕生と成長をめぐる素晴らしい映画を作ることができるように、単一の調査項目も定期的に繰り返すことによって、社会変化についての印象的なイメージを生み出すことができる。

さらに、もし質問が十分巧みに構成されていれば、単一の組織に関するいかなる研究よりも、多様で移り変わる社会風土を網羅することができる。調査を通じて、例えば単に女性投票者連盟だけではなく、回答者が言及する価値があると考えた全てのクラブへの関与を検討することができる。公けの「タウンミーティング」だけではなく、全ての地域集会への出席を評価することができる。とりわけ調査を通じて、インフォーマルな活動――単なる投票ではなく、近隣とのおしゃべりを、単純な組織加入ではなく、ポーカーゲームを把握することができる。すなわち調査によって、コミュニティ生活の「ダークマター」に光を当てることが可能となるのである。

しかしその有効性に対して、調査には少なくとも四つの重要な制約が存在する。

比較可能性：コマ撮り写真のカメラが動きを捉えるためには動いてはいけないように、調査質問も変化を捉えるためには（多少はあれども）変化してはならない。例えば、より詳細に質問を行えば、より多くの反応が得られるということを経験豊かな調査者は知っている。したがって調査が明らかにした組織参加数は、質問の数に強く依存している。よって、「平均的な米国人が参加しているグループの数はいくつぐらいだと判明しましたか」という問いに対して、「お好きなだけいくらでも、もし十分詳細に尋ねたのならば」と答えることは、それほど大きな誇張ではないというのが真実である。[3] さらに、調査研究が洗練されたものになっていくにつれて、変化を探る研究者が不注意にも陥りやすい数多くの落とし穴が発見されていった。「順序効果」（質問が提示される順番によって回答が影響を受ける部分がある）、「ハウス効果」（調査組織が異なると、同じ質問に対して得られる結果が一貫して異なっている）などである。言い換えると、われわれの使う社会的カメラは簡単にブレやすいのである。別時点に別の調査機関が行った質問の結果を比較するときには、特に危険性が高い。われわれの社会的コマ撮り写真の信頼性を保証するような、十分注意深く統制されているようなデータを持つ調査アーカイブはわずかしかない。

連続性：一連のコマ撮りの信頼性は、われわれの手にしたスナップショットの枚数にも大きく依存している。**社会変化を評価する際には、二回の観測は一度のものよりもよいが、多数回の方が二回よりもずっとよい**。一枚の写真、あるいは一度きりの調査からは、変化についてはっきりしたことは事実上何を言うこともできない。この点は明白なようにも思われるが、優秀な人であっても一度きりの観測から、社会変化の方向性を見いだしたと主張することがある。これは、一目見た温度計から地球温暖化について何か主張しようとすることくらい愚かなことである。[4]

二時点から得られたデータは、変化に関する主張を検証するための何らかの手がかりを提供するが、そのデータはどちらの側にも、測定の一貫性という点での脆弱さがある。測定誤差が一つあると――例えば、質問の順番に些細な変更があったなど――、全体傾向の判断で誤りを引き起こす可能性がある。あるいは教会出席の調査において、一九六四年には八月の夏休みの最中にそれが行われ、同じ質問が一九九四年には復活祭《イースター》の間に行われることになったとしよう。この二時点のみからだと、宗教信奉は一九九〇年代に発展をみせたと誤って考える可能性も十分にある。地球温暖化の研究者が、二〇年離れた気温記録のペア一組だけを重視するのは無謀にすぎるように、社会変化の評価においても、ランダム変動が少数のデータ点のみに基づく判断を無効にしてしまうことがある。

時間の中で多数回測定された変化は、圧倒的に信頼できるものとなる。所与の変数が第一時点から第二時点へ、第二時点から第三時点へと着実に増加し、それが第一〇時点へと続いたら、測定の誤りの連続がこの傾向を作り出したと考えることは事実上不可能になる。すなわち、社会変化の評価が信頼できるものになるためには、単なる比較可能な測定ではなく、その比較可能な測定ができる限り多く必要なのである。この理由により、同一の質問を二〇世紀の最終四半世紀を通じて何十回――さらには何百回――も行った調査を本書では最重視している。

包括性：会員名簿の場合と同じように、われわれの調査も幅広い活動をカバーしていなくてはならない。質問文が文面上は変化していなくても、物差しとしての正確性は時間によって変化している可能性がある。ボウリングの頻度についての質問は、インフォーマルな社交の指標として想定することが可能である。しかしボウリングが、米国人の選ぶ余暇スポーツとして次第にソフトボールやサッカーに置き換わっていったのであれば、チームボウリングの衰退が正確に報告されていてもそれは単に、どちらもチームスポーツであるソフトボールやサッカーの増大によって相殺されているというだけかもしれない。[5]したがって、可能な限り広く網をかけなければならないのである。

時間性：社会変化の進行は一様ではないので、**変化の幅と時期についての仮説に対し、測定期間も対応していなければならない。**われわれの関心は、抽象的な「社会変化」ではない。過去半世紀の間に、われわれのコミュニティにおいて一体何が起こったのかが知りたいのである。昨日と今日を比較しても、地球温暖化について何も推論することはできないように、最近数年についての証拠を検討しても過去数十年の——さらには過去数世紀にわたる——社会変化について何か推論することは不可能である。したがって、いかなる傾向についても、単に「どんな変化が」ではなく、「どんな変化が、どの期間に」と常に問わなければならない。われわれの論旨を正しく検証するためには、過去三〇年から五〇年間にわたる可能な限り多くの、比較可能なデータを必要とする。[6]

ここでよい知らせは、社会変化の輪郭に関する比較可能で、連続的で、包括的な証拠を提供する全国調査アーカイブがいくつかあることである。悪い知らせは、希な例外を除いて、これらのコレクションは一九七〇年代中盤より前には始まっていなかったことである。[7]米国のコミュニティ生活において、何らかの重要な変化が一九六〇年代の中盤に始まっていたということを疑わせる理由があるが、その後一〇年近くたたなければ、作動を始めていたわれわれのカメラはほとんどなかったのである。社会的なコマ撮りカメラのシャッターが初めて切られる以前に何が起こったのかについて確信を持つことはできないが、調査アーカイブは、最も興味深い何らかの動きをおそらくは逃してしまっている。この欠点が、組織記録を利用することの重要な理由の一つである。これはまた、早い時期をカバーしている数少ない調査に特別な理由を払う理由でもあり、そのような調査には第3、4、6章で引用したミシガン大学－ＮＩ

MH（国立精神衛生研究所）の研究がある。

方法論について最後に残った問題がある。それは絶対的、あるいは相対的変化のどちらを測定すべきだろうかということである。相対的であるとしたら、何に対する比較であるべきだろうか。コミュニティにおける何らかの目的への参加や貢献の絶対数を検討すべきなのか、もしくはその代わりに何らかの相対的な比較基準を用いるべきなのだろうか。各組織や見出し執筆者は、絶対値において参加が成長していることをしばしば誇らしげに語る――「XYZクラブは、今年度最高の会員数を記録！」「記録的な数のロス市民が投票に！」「地域の教会への寄付が史上最高記録を達成！」といった具合に。しかし、絶対数はひどく誤りやすいものである。

もし全投票数が五％増加し、一方で有権者人口が一〇％増加しているのであれば、参加は実際には低下している。それと反対にグレーンジ（農民共済組合）の会員数が五％低下する一方で、農民の数が五〇％減少したのならば、平均的農民の関与は実際には増加している。地域のPTAの会員数が減ったのが、単に最近は親が少なくなったというだけならば、それを市民性低下の証拠とはしたくないだろう。反対に、街の弁護士数が倍増したのに、弁護士会の会員が五％しか増えていないのであれば、職業上の問題について弁護士が以前より積極的になっていると結論づけることは誤っている。すなわち、経済学者が「市場シェア」と呼んでいるものについて一般に考える必要がある。それぞれ全ての活動について、対象となる母集団のうちどれくらいの割合が参加しているのだろうか(8)。

相対的対絶対的変化についての重大な（そして、激しい論争となっている）例の一つがここにある。それは市民的関与の変化を検討する際に、教育水準を統制すべきであろうかということである。そうすることに対する論拠は単純で強力である。投票や地域の委員会の議長を務めることから、ディナーパーティを催すことに至るまでの、数多くの社会参加形態に対して、教育は最も重要な予測変数の一つ――通常は、最も重要な予測変数そのもの――である。さらに米国公衆の間での教育水準は、まさにわれわれが関心を持つ期間を通じて、非常に急激に上昇している。したがって教育を「統制する」ことは論理的であるように思われる。例えば、平均的な大卒者の市民的関与について質問するというやり方である。結果としてこの方法で教育をコントロールするということは、教育水準の向上を前提とすれば市民的関与の成長が期待できると考えるということであり、もし教育水準に対する相対的な低下が見いだされたならば、何か他の要因が関与を押し下げているに違いないことをそれは意味している。たとえるならば、米国における語彙能力が、教育水準の向上にもかかわらず一定かもしくは低下していることが見いだされれば、（例えば、テレビのような）何か他の要因が、同時に読み書き能力を低下させたのであろうと探すことになるに違いない。少なくとも最近までは、社会的、政治的参加の変化を推定する社会科学者にとって、教育水準を統制することは通常のアプローチであった。

しかし最近になって、教育の持つ社会学的な効果の多くはそれ自体が相対的なものであって、絶対的なものではない可能性があるということを指摘する研究者が現れてきた[9]。現在のように人々の多くが大卒になったならば、卒業証書の持つ社会学的な重要性はおそらく減じていったであろう。例えば、社会的地位は教育と関係しているが、米国人の多くがこれまでよりも教育を受けるようになったからというだけで、米国には社会的地位の高い人間がこれまでになく増加したと考える必要は必ずしもない。教育が単に人々を分類するものであって、そのスキルや知識、市民的価値や社会的つながりを増やすものでない限りは、教育上の変化を「統制する」のは誤りを導く可能性がある。

この問題に関して、研究者間の一致は存在しない。核となる問題は（自分自身の教育を一定にしたときに）周囲の人間の教育が高まれば、自分の市民的参加の可能性は増すのか否かということである。教育の影響は相対的なものあり、（自分の周囲のインテリによって萎縮してしまうので）大学街にいるときの方が、普通のコミュニティにいるときよりも公的集会で発言しなくなるかもしれない。そのような場合には、教育の効果は主として相対的なもので、教育水準の上昇が参加を押し上げると考えるべきではない。近所の教育水準の上昇に伴って、自分の参加傾向も増加すると考えることができる場合もある。例えば、教育を受けた読書家の多いコミュニティに住んでいるときには、読書グループに参加する可能性が高くなる。その場合は、教育水準の上昇が参加率の増大をさらに増すと考えるべきである。

この研究の流れの中で明らかになった証拠が強く示唆するのは、社会参加に対する教育の影響は一般的に絶対的なものであり、相対的ではないということである[10]。自分の教育は自分の社会参加を増加させるし、そして一般的に言って、他者の教育が自分の参加を減少させることはない。したがってわれわれが共に大学卒であれば、われわれの市民参加は共に増加する傾向にあることになる。この環境下においては、教育水準の上昇を統制することが適切であろう。しかしそうすることによる影響として、参加の低下が増幅されまた、増加が最小化されることになるので、私の主張の性質を考えれば、最も保守的な方法は教育を統制しないこととなる。

本書で報告した分析においては、母集団の変化については全般に統制を行ったが、母集団の学歴構成の変化についいては、通常は統制を行わなかった。この一般則は、私の仮説に対して不利な立場をとるものである。結論としては、本書で提示した証拠は、米国における過去半世紀の市民参加の低下の全体を過小に表している可能性がある。

統計的統制は、本書で繰り返されるもう一つの問題とも関係している。それは原因と結果の評価の問題である。ここで、テレビ視聴と市民参加の間の関係について興味を持っており、テレビの重視聴者が組織において積極的なことがほとんどないということが見いだされたと仮定しよう。しかし、テレビが市民参加を阻害するという結論を下す前に、社会階級のような、この相関を擬似的にする可能性がある他の要因について検討しなければならない。おそらく労働者階級の人々はテレビを長く見ており、一方で組織のリーダーシップはミドルクラスによって独占されている。この可能性をチェックする方法の一つは、社会階級を統計的に統制することで、それによって同一の階級に属するが視聴習慣が異なる人々の参加率を比較することができる。

重回帰分析のような統計技法は、とりわけ（幸いなことに、われわれのケースのように）巨大な調査アーカイブが利用可能なときに、交絡している可能性のある多数の変数を同時に統制することができる。基本的に本書における全ての一般化においては、この種の詳細な統計分析が行われており、年齢（あるいは出生年）、性別、教育、収入、人種、婚姻状態、子どもの有無、労働状態（フルタイム労働、パートタイム、あるいは無職）、そして居住コミュニティの規模を同時に統制している。さらに加えて何らかの関連性の存在するときには、調査年、宗教、経済的不安、持ち家の有無、居住の移動性（過去と将来の双方）、通勤時間、一般的な余暇活動、時間のプレッシャーについての自己報告、健康度の自己報告、その他の背景要因を統制した。確かに、この種の統制は必要なものではあるが、全ての疑似関係性を取り除くに常に十分だというわけではない。この理由により、われわれの結論が下敷きとしているデータが他の研究者にも容易に入手可能になるようにしておくので、それによって別解釈を探索することが可能となるだろう[11]。複雑な統計的処理が、主たる結論のプレゼンテーションの邪魔になることを防ぐために、データを具体的に示しているグラフや図においては多変量統制を行わなかったが、どの場合も、根底にある関係が擬似的なものではないことを確認するための詳細な検証も行ってある[12]。

本書に掲載した図の、見かけに関する最後の問題がある。どのケースにおいても、手に入れた全てのデータ点を提示した。しかし、短期的な変動が長期的傾向を覆い隠すことはしばしばある。例えば、図2では商務省による政治組織数の年次データを提示した。しかし大ざっぱにこの図を眺めるだけでも、明確な隔年リズム（選挙年に組織が多くなる）と、長期傾向からのいくつかの逸脱（例えば一九九五年における中程度の下落）があることがわかる。ここで、その他のグラフも同様にしたが、実際のデータ点を結ぶ点線と、長期傾向を表す黒い滑らかな曲線の双方を提示した。この黒線（最も当てはまりのよい多項式カーブを単純に計算したもの）は図の読み取りを容易にすることを狙いとしているが、手を加えていないデータを好む純粋主義の方は単に黒線を無視すればよいだろう。

　われわれの証拠の主要ソースは何だろうか。米国の政治、社会行動について最も幅広く利用されている学術調査アーカイブは、「全米選挙調査」（National Election Studies, NES）と「一般社会調査」（General Social Survey, GSS）である。一九五二年以降実質的に二年ごと、全国選挙と時期を合わせてミシガン大学の調査研究センターが米国人サンプルに対してその政治行動を調査してきた（NES）。一九七四年以降おおよそ隔年で、シカゴ大学に置かれた全国世論調査機関が、広い意味では類似した調査を、社会行動を対象に実施してきた（GSS）。両者のアーカイブとも米国人の態度と行動の変化に関する質の高い科学的証拠を提供しており、本書でも両アーカイブに依拠している。しかし、われわれの目的にとってはNESの有用性が限定的なものであるのは、それが選挙に焦点を置いており日常的な市民参加に対してはほとんど注意が払われていないからである。GSSは幅広い活動をカバーしているが、われわれの関心に対して最も中核となる領域に関しては、その連続的カバーは主にフォーマルなグループ所属、教会出席と社会的関心に限られている。幸いなことにこの研究の流れの中で、共同研究者と私はGSSとNESを補う他の重要な調査アーカイブを見いだした[13]。

　一九七三年九月から一九九四年一〇月までの間の年当たりおおよそ一〇回ほど、ローパー調査機関は全国を対象に有権者約二〇〇〇人を対面インタビューし、二〇年以上、四一万人以上の回答者による調査アーカイブであるローパー社会・政治傾向データセットを作り出した[14]。サンプリング方法（多段層化確率サンプルで、性別、年齢、有職女性の割り付け《クオータ》がなされている）は全期間にわたって基本的に一定に保たれていた。社会的、政治的に重要な多数の質問がこの期間繰り返し行われており、ここでのわれわれの分析はこのアーカイブから頻繁に抽出されている。全ての質問が全調査で行われてはいないので、ローパー社会・政治傾向アーカイブに基づく証拠についての分析は、四一万の回答者サンプル全体よりずっと少ない数に基づくことがある（そのような場合は、関連する質問が登場した特定の調査に注をつけた）。しかし、市民参加に関する質問の重要なセット（表1にまとめた）は毎回の調査の中に、標準的な人口統計学的情報と共に登場しており、この巨大なサンプルによって、例えば公職を務めるといった非常に希な参加形態さえも検討することが可能となった。

研究のただ中で共同研究者と私は、二〇世紀の最終四半世紀をカバーする市民的、社会的活動に関する年次調査データの第二のソースに突き当たった。DDBニーダム・ライフスタイル調査（DDB）である。一九七五年に開始され現在も続いているこの特別な調査は、社会的、経済的、政治的、個人的なテーマに関する定期的なバロメーターを提供しており、それは国際問題から宗教信仰、経済的不安からコンドーム使用にまで及んでいる。三五〇〇—四〇〇〇人の各年サンプルによって、このアーカイブは一九九九年までに、二〇世紀の最終四半世紀を通じて八万七〇〇〇人以上の回答者を含んでいる。方法論的な信頼性の示されたものの中でも、DDBニーダム・ライフスタイル調査アーカイブは二〇世紀最終四半世紀の米国の社会変化について、知られている中で最も豊かなデータソースの一つを構成している。その斬新さと重要性のゆえに、ここではこのアーカイブについての追加的情報をいくつか示す。

一九七五年以来毎年、広告代理店のDDBニーダムは調査会社のマーケット・ファクツ社に対して、米国世帯の全国パネルを対象にその消費選好と行動についての調査を委託してきた(15)。およそ二〇ページの調査票は洗剤、投資信託《ミューチュアル・ファンド》、自動車その他についての質問で占められていた。しかし、「ライフスタイル」に関する事項が毎年の核となる質問セットとして提示されており、それにはメディア利用、経済的不安、社会的、政治的態度、自尊心、そして読書、旅行、スポーツ等の余暇活動といった広範な社会的活動、家庭生活、コミュニティ関与が含まれていた。

DDBニーダムの取引クライアントから見ると、これらの「ライフスタイル」質問はマーケティング戦略の立案、マーケットニッチの定義、そして広告コピーの起案をする上で有益である。例えば、教会によく行く人はクリスマスカードをよく送るのだろうか。映画によく行く人は、社会的態度がよりリベラルなのだろうか。ロックコンサートのファンは、美術館好きの者よりもテレビの『マンデー・ナイト・フットボール』をよく見るのだろうか(16)。しかし、社会科学の視点からは、DDBニーダム・ライフスタイル調査データは過去二〇年間の社会的行動の傾向に関する比類なきソースを提供している。

しかし、DDBニーダム・ライフスタイル調査データにも欠陥がないわけではない。第一の重要な制約は明白で、比較的たやすく埋め合わせることができるが、第二のものはより深刻なものである。第一は、一九八五年まで既婚世帯しかサンプルに入っていなかったということである。しかし一九八五年から一九九九年の間で、既婚と単身の回答者間で有意に異なっていた変化傾向はほとんどなく、多くの場合中程度の違いが見られたのはその水準であった。例えば、既婚者は単身者よりも教会に出席する頻度が多く、単身者は既婚者よりもクラブの会合によく行くが、教会、クラブ出席の双方の変化傾向はこの二グループで本質的に同じであった。このサンプリング特性が分析上潜在的な問題を有する全てのケースにおいて、データを婚姻状態ごとに別々に分析し、「失われた一九七五—八四年の独身者」が本質的な結論を損なうことがないことを確認した。分析の対象とした特性の水準、変化傾向のどちらかもしくは双方が婚姻状態によって異なっている場合は、一九七五—九八年の期間全体を通じた変化を追えるように適切な調整を行った。[17]

第二の面倒な制約は、DDBニーダム・ライフスタイル調査データが母集団からのランダムサンプルによるものではなく、「郵送パネル」と呼ばれるクォータサンプリングの一形態によるものだということである。この種の調査——調査会社がしばしば行う——の参加者は、最初から自己選択によるものである。自ら参加を決めた数少ない者が、そうしなかった大勢の者とは大きく異なっているかもしれないことを前提とすれば、このサンプリング手続きについては、反応のバイアスがこれらのデータに混入している可能性を真剣に検討する必要がある。この潜在的問題については他所で詳細に検討したが、ここでも簡潔に概観することが適切だろう。[18]

サンプリングは、マーケット・ファクツ社がリスト業者から非常に膨大な数の米国人の名前、住所、時には人口統計学的特性を入手することから始まる。これは運転免許事務所、電話帳、その他多数のソースからのものである。これらのリストからの巨大なサンプルが郵送によって勧誘を受け、商品やサービス、その他現在の事柄に関して郵送、もしくは電話による質問に応じる意思があるかを事前に尋ねられる。[19] マーケット・ファクツ社の職員によれば、そのような勧誘に対して承諾の回答をする割合は母集団の領域ごとにさまざまであり、人種的マイノリティやインナーシティの住民のおそらく一％以下から、中年、ミドルクラスの「中流米国人」のおそらく五〜一〇％までわたっている。事前にリクルートされたこの「郵送パネル」（毎回おそらく五〇万人を数える）から、毎年のDDBニーダム・ライフスタイル調査（と、商用その他の調査が他に年間で数百ほど）のサンプルが、人口統計学的なバランスをつけられランダムに抽出されている。[20] 各回のライフスタイル調査の対象者には長大な調査票が郵送され、数週間以内に返送するように求められる。この段階での回収率（おおよそ七〇〜八〇％）は、伝統的なランダムサンプルと比べて一般的に高い。確かめることができた限りでは、これらの手続きには過去二〇年間にわたり実質的な変化はなかったが、比較対象の学術的アーカイブの特徴と言える慎重な手続き記録と比べると残されているものは劣っており、特に初期段階の郵送勧誘に対する承諾反応率についての系統的な記録は欠落している。

伝統的なランダムサンプルと比べると、郵送パネルアプローチには潜在的な問題点がいくつかある。

1．初期段階のリクルートが郵送で行われているため、英語の読み書き能力が基本要件となっており、したがって教育階層の下層部が、非英語使用者と同様に代表比率が少なくなる。

2．有効回収率が、人種的マイノリティにおいてずっと少ない[21]。

3．二五歳以下成人の代表比率がわずかに少なくなるが、おそらくその移動性により追跡が難しくなるからである。

よってDDBニーダム・ライフスタイルサンプルにおいては、母集団内のこれらの領域において特に共通している社会特性の比率が過小となる。丸めた数字では、このサンプルには高校中退者が一〇％少なく、独身者が一〇％少なく、子どもを持つものが一〇％多く、人種的マイノリティは半数となる。さらに、このサンプルにおいては世帯収入における最高、最低のカテゴリーが実際よりも少なくなる可能性もある。これらのデータは米国社会の中央八〇～九〇％を適切に代表しているが、民族マイノリティ、貧困者と富裕者、そして移動の激しい者をよく代表してはいない[22]。これらはまた、最もマスメディアに接触している公衆の比率をわずかに多く代表している可能性がある。したがってDDBニーダム・ライフスタイル調査アーカイブについての重大な問題とは、これら既知のサンプルバイアスが、データから社会的傾向を推定する能力をどの程度妨げるのかである。

DDBニーダム・ライフスタイルデータはどの程度正確に、米国社会の傾向を描いているのだろうか。社会的行動についての完全な国勢調査――米国国勢調査局ですらもはや信じていないようなもの――が存在しないので、ここで鍵となる問いは以下の二つである。

1．郵送パネルに参加する人々は、伝統的な調査に進んで回答する人々との間で、実質的な点において異なっているのだろうか。

2．ライフスタイルパネルと伝統的調査の間の差異の程度が時間と共に変化していて、傾向についての判断に疑念を持たせるようなことがあるだろうか。

第一の問いへの答えが「イエス」であれば、DDBニーダム・ライフスタイル調査データの結果は何らかの点で不正確である可能性がある。しかし第二の問いへの答えもやはり「イエス」であったときにはじめて、ライフスタイルデータの傾向が、伝統的なランダム調査が示す傾向を誤って表現してしまうことになる。バイアスが一定であることは確かに混乱を招くが、バイアスが変化するということだけが、傾向についての判断に影響を与えるのである。

郵送パネル回答者の質という点については、郵送パネルと伝統的サンプルの結果を直接比較したいくつかの研究によって、それを保証する情報が得られている。まず、ここで描写した人口統計学的差異（若者、貧困者、人種的マイノリティが郵送パネルで少ない）を別とすれば、この二つのアプローチの間には驚くほど違いが少なく、技法の違いに対して特に敏感であると考えられる変数においてすらそうであった。これら二つの異なるサンプルは以下の点で差が見られなかった。信仰している宗教や宗教性、政策に対する視点（税制、中絶、銃規制）、自身と国全体の経済環境に対する考え、自身の愛他性（ボランティア活動、慈善活動）や一般的な「前向きさ」、基本的な消費性向、購買習慣、一般製品の所有や利用、健康や体力、余暇時間。有意な差が見られたのは、(1)党派心（郵送パネルは民主党支持がわずかに少なかったが、おそらくこれは人種的マイノリティの代表性が低いからであろう）、(2)メディア利用（郵送パネルはテレビをわずかに多く見ており、新聞をわずかに多く読んでいた）のみであった[23]。回収率の低さが本質的な結果を歪めないであろうことは、「到達しやすい」サンプルと「到達しにくい」サンプルを比較した最近の研究からも予想できる。人種争点に関する明確な差を別とすれば、その他の争点上の立場、メディア利用、日常的な活動への参加、そして他者に対する感情について有意な差は存在しないというのがその結果であった[24]。

追加的な保証が、米国の消費者信頼感に関する著名な二大全国調査の比較から得られている。（ミシガン大学による）一つは伝統的なランダムサンプリングによるものであり、（民間調査機関コンファレンスボードによる）もう一つは郵送パネルによっている。この二手法が描いている長期変化は非常に類似している（過去三〇年以上、半年ごとの二指標間の相関は R^2 = .55 である）。きめの細かさや、月ごとの変化を見る目的で、これら二つの調査のうちのどちらかが好まれるとしても、この二つから抽出された年ごとの傾向からの大局的な印象は非常に似たものである。

DDBニーダム・ライフスタイルデータの信頼性をさらに十分に検討するためにここで利用した事実がある。このデータセットには、おおよそ同じタイムスパンで、一般社会調査の中で定期的に提示されていた質問と比較可能な、多様な質問が一ダース以上含まれているのである。これらの指標に含まれているのは、フェミニズム、マリファナ合法化や中絶に対する態度、ソビエト連邦に対する見方、経済的不安、兵役、基本的な社会的価値、喫煙、ビデオ利用、狩猟と銃所有、そして(われわれの関心と特に関係している)社会的信頼感、教会出席、余暇活動であった。[25]これらの項目に対して、以下の三つの検証を行った。

1. 質問のワーディングにおける明白な違いを考慮しても、これらの変数に対する反応の「水準」は二サンプルの間で異なっているだろうか。
2. これら基本的特性について推定可能な「変化傾向」は、二サンプルの間で異なっているだろうか。
3. これらの変数に対する「人口統計学的な関連変数」の基本的パターンは、二サンプルの間で異なっているだろうか。

スティーブン・ヨニシュと筆者が詳細を別所で報告しているが、全ての点において答えは「ノー」である。[26]サンプリング(ランダム対クォータ)、質問手続き(個人面接対郵送質問紙)、そしていくつかの質問ワーディングにおいて顕著な違いがあったにもかかわらず、広範な態度、行動を記述し説明するというこの目的に対して二つの調査は事実上区別不能である。この二アーカイブの内に見いだした比較可能な項目全ての傾向が全く同じであっただけではなく、これらの項目と人口統計学的カテゴリーとの間に見られる関係の構造も細部まで非常によく似通っていた。

例えば一般社会調査によれば、一九九〇年において、三五歳独身で白人の、子を持つ母親で短大二年の教育を受けパートタイムの仕事に就き、ニューイングランド地方の中規模都市で賃貸アパートに住んでいるものがマリファナ合法化に賛成している割合は三五%であったが、DDBニーダム・ライフスタイルデータによるそれと比較可能な割合は三八%であり、この差はサンプリング誤差の中に十分に収まっている。同様に、調査年、出生年、婚姻状態、就労状態、子どもの有無、教育、収入、人種、居住地域と居住形態を同時に統制したとき、GSSデータでは女性の教会出席は男性よりも一年当たり五・三回多かったが、DDBニーダム・ライフスタイルデータでは教会出席の性差は一年当たり四・八回であることが示された――これもサンプリング誤差に再び十分収まっていた。DDBニーダム・ライフスタイルデータが、GSSデータ――これらのトピックについて学術的に最も定評あるデータ――との間での比

付録表1　2つの全国調査アーカイブで測定された余暇活動

過去12ヶ月間に行った余暇活動（1993）		
一般社会調査のワーディング（上段） DDBニーダム・ライフスタイル調査のワーディング（下段）	GSS	ライフスタイル
劇場に映画を見に行く	72%	70%
映画に行く		
後で見るためにテレビ番組を録画する	63%	70%
ビデオデッキでテレビ番組を録画する[a]		
野菜や花、木を庭で育てている	62%	68%
庭仕事をする		
ソフトボール、バスケットボール、水泳、ゴルフ、ボウリング、スキー、テニスといった何らかのスポーツ活動に参加する	59%	69%
ソフトボールをする、水泳に行く、ゴルフをする、ボウリングに行く、スキーに行く、テニスをする、のいずれかをする[b]		
アマチュア、プロのスポーツ行事に行く	56%	56%
スポーツ行事に行く		
キャンプ、ハイキング、カヌーに行く	44%	44%
キャンプに行くかまたはハイキングに行く[c]		
美術館かギャラリーに行く	41%	47%
美術ギャラリーか美術館に行く		
焼き物、木工、キルト、絵画などの美術、工芸作品を作る	41%	48%
工芸作業をする（針仕事など）[d]		
狩りや釣りに行く	37%	37%
狩りに行くかまたは釣りに行く		
ピアノやギター、バイオリンなどの楽器演奏をする	24%	23%
楽器を演奏する		
クラシック音楽やオペラに行く	16%	17%
クラシックコンサートに行く		
自動車、ストックカー、オートバイレースに行く	16%	9%
オートレースに行く[e]		

a ライフスタイルデータは1988-91年しか存在しない。この数字は1991年のものである。
b ライフスタイル調査票ではこれらのスポーツをそれぞれ別個に質問しており、その結果として6つの質問が用いられた。GSSの単一質問と比較したときに、ライフスタイル調査の結果をインフレさせたのがこの違いであることはほぼ確実である。
c ハイキングがライフスタイル調査に含まれていたのは1975-84年と1996-97年である。1993年の数字は内挿を行った。ライフスタイル調査でカヌーが質問されたことはない。
d ライフスタイルデータは1994-97年までしか存在しない。この数字は1993年を予測してあてはめたものである。
e オートレース観戦は1997年のライフスタイル調査にしか含まれておらず、ここではその数字を用いた。

較可能性に関する厳密なテストにパスしたということは、DDBニーダム・ライフスタイルアーカイブに対する確信を増すものである。

最後に、この二つのアーカイブは、広範な余暇活動について直接比較できる質問を含んでいる。付録表1には「過去一二ヶ月以内に行った……余暇、レクリエーション活動」に関する一連の質問に対する回答を示した。二つの調査におけるこれらの活動の割合は驚くほど類似しており、サンプリング誤差の範囲に十分に収まっている。一九九三年に、どれくらいの米国人が映画を見に行っただろうか。GSSによれば七二%であり、DDBでは七〇%である。狩りや釣りについてはどうか。GSSでは三七%、DDBでは三七%である。クラッシックコンサート鑑賞については、GSSは一六%、DDBは一七%となっている。言いかえると、DDBニーダム・ライフスタイル調査の郵送パネルと、一般社会調査のランダムサンプルによって示された余暇活動の様態は、本質的に同一であったのである。[27]

すなわち、氷柱コアが、全く誤りがないわけではないとしても気候変化に関して計り知れないほど価値ある情報源であり、他の指標とのクロスチェックが行われたときに特にそうであるように、二〇世紀の最終四半世紀を通じた社会参加の基本傾向を推定する目的に対してDDBニーダム・ライフスタイルアーカイブも価値ある情報源であり、それは（本書で報告した分析全体がそうであるように）このアーカイブからの結果が、他の測定方法による結果と一貫していたときに特に当てはまる。

一般社会調査とDDBニーダム・ライフスタイル調査の双方が、例えば教会出席のようなさまざまな活動の頻度を評価するように回答者に求めているが、このために用いられているカテゴリーは二調査でわずかに異なっている。これら二アーカイブの比較を容易にするために――そしてさらに、さまざまな活動の推定頻度のプレゼンテーションを単純化するために――、付録表2の計算法を用いてそれぞれの生データを年当たり推定頻度に変換した。例えば「年に数回」が量的に意味するものは何かについての見方はまさに異なったとしても当然であるが、それぞれの段階に何の数字が割り当てられるかということに対して、基本的な結果が敏感に反応するということはない。[28]

本書で頻繁に用いたもう一つの有益なデータアーカイブは、メリーランド大学のジョン・ロビンソン教授が過去数十年運営した「米国人の時間利用」プロジェクトからのもので、これは一九六五、一九七五、一九八五、一九九五年に米国人全国サンプルにより注意深く記録された時間日記を基礎としている。これらのデータについての豊富な詳細は、ロビンソンがジェフリー・ゴドビーと著した『タイム・フォー・ライフ――米国人の時間の驚くべき使い方』

付録表2　推定頻度を「通年化」するための計算法

GSS回答選択肢	代入スコア	DDBニーダム・ライフスタイル回答選択肢	代入スコア
したことがない	0	昨年はしなかった	0
年１回以下	0.5	1～4回	2
年１回	1	5～8回	6
年に数回	6	9～11回	10
月に１回	12	12～24回	18
月に２～３回	30	25～51回	38
ほぼ毎週	40	52回以上	54
毎週	52		
週１回以上	60		

（*Time for Life : The Surprising Ways Americans Use Their Time*）から入手可能である。[29]しかしこれらのデータの特別な性質の中には、ここで簡単に触れる価値があるものが一つある。このデータアーカイブの大きな利点はそれが一九六五年に開始されているということで、それはまさに（他のデータが示唆するとおり）さまざまな形態の社会関係資本が低下を始めた時期である。しかし、一九六五年のデータはその後のものと幾分か異なっており、一九六五年のサンプルからは、人口五万人以上の都市がない地域に住んでいる者、非農業労働力に属する一八歳～六五歳までの家族がいない世帯が除外されている。一九六五年のサンプルからは農村部、およびリタイア後の家族が除外されているため、その年に対する生データの数字は、全国サンプルから見いだされたであろうものとはわずかに違うものとなっている。後年の全国データとより近い比較が可能となるような一九六五年の値を推定するために、一九七五年と一九八五年の調査データにおける、完全全国サンプルと一九六五年時点のサンプリング手法によって含まれると考えられる回答者の部分サンプルとの間との差を利用して、一九六五年の生データの調整を行った。さらに、週内の各日が等しく最終サンプル内で代表されるように生データの重み付けを行った。ロビンソンとゴドビーが示した結果と、本書で報告した結果との間に見られるわずかな乖離は、これらの調整によるものである。

付録2
図表の出典

図1 ウォルター・ディーン・バーナムによる未公刊の投票率推定。以前の推定については以下を参照 Walter Dean Burnham, "The Turnout Problem," in *Elections American Style*, James Reichley, ed.（Washington, D. C.：Brookings, 1987), 113-114.

図2 U. S. Bureau of the Census, *County Business Pattens, 1977-1996*（Washington, D. C., 各年刊）. 本図以降における米国住民人口は以下より：*Statistical Abstract of the United States*（Washington, D. C.：U. S. Bureau of the Census, 各年刊）.

図3 全米選手権調査アーカイブ、一九五二—九六年。

図4 ローパー社会・政治傾向調査アーカイブ、一九七三—九四年。

図5 ローパー社会・政治傾向調査アーカイブ、一九七三—九四年。

図6 ローパー社会・政治傾向調査アーカイブ、一九七三—九四年。

図7 非営利全国組織数は *Encyclopedia of Associations*（Detroit, Mich.：Gale Research, 各年刊）所収の、*Statistical Abstract of the United States*（各年刊）における報告より。

図8 各組織と、それぞれに関わる「支持基盤」の一覧については付録3を参照。会員数データは各組織の全国本部、および議会図書館で調査したそれらの組織の年次報告より入手し、さらに *World Almanac*（New York：Press Pub. Co. [New York World], 各年刊）, *Encyclopedia of Associations*（Detroit, Mich.：Gale Research, 各年刊）, および特定の組織の歴史（例えば Gordon S. "Bish" Thompson, *Of Dreams and Deeds* [St. Louis：Optimist International, 1989] や

Edward E. Grusd, *B'nai B'rith : The Story of a Covenant* [New York : Appleton-Century, 1966]）、ハーバード大学のシーダ・スコッチポル教授の指揮する市民参加に関するプロジェクト、以上からのデータで補足、確認した。スコッチポル教授には会員データを交換していただいたことに感謝する。彼女はこのデータについての私の解釈に何の責任を負うものではない。会員データの欠落年部分については直線補間によって推定した。会員数に非米国人を含めている組織もあり、それらの非米国人会員が全会員数に対して占める割合が増大していることが一般的であった。米国内の傾向に焦点を置くために、これらの非米国人会員数は可能な限りデータから除いた。基礎にある支持基盤人口についてのデータ（例えば戦時中の軍人、農村青年、その他）は、米国国勢調査局の公刊および未公刊データ、特に *Statistical Abstract of the United States*（Washington, D. C. : U. S. Bureau of the Census, 各年刊）と *Historical Statistics of the United States : Colonial Times to 1970*（Washington, D. C. : U. S. Bureau of the Census, 1975）による。一九〇〇—九七年の期間の毎年の市場シェアの値は標準化され、これらの毎年の標準化得点を、三二組織を通して平均して図8を作成した。

図9　会員数はPTA全国本部より。一九五〇—九七年の子どものいる家族の数は、*Current Population Reports*（Washington, D. C. : U. S. Bureau of the Census, 各年刊）, Series P2, T1より。一九〇〇—五〇年における子どものいる家族数は、*Historical Statistics of the United States*, series H420に報告された公立小中学校の在籍者数で推定し、家族世帯数と家族規模に対してクロスチェックを行った。これら一九〇〇—五〇年の推定値は不正確であるにもかかわらず、図9における基本的なパターンに影響していなかった。例えば、一九三五年における公立学校在籍数は二六〇〇万よりわずかに多かった。私の方法では家族数は二一〇〇万という推定が得られ、PTA会員の割合では八％であった。実際の家族数が二五〇〇万を超えていたり、一五〇〇万を下回っているということは可能性がほとんどないが、その場合PTA会員率は七から一一％という範囲となる。

図10　ローパー社会・政治傾向調査アーカイブ、一九七三—九四年。

図11　DDBニーダム・ライフスタイル調査アーカイブ、一九七五—九九年。

図12　宗派データは、Constant H. Jacquet Jr., *Yearbook of American and Canadian Churches, 1984*（Nashville : Abingdon Press, 1984）, 248, およびこの年鑑の以降の版、*Statistical Abstract of the United States*（各年刊）; Benton Johnson, "The Denominations : The Changing Map of Religious America," *Public Perspective 4*（March/April 1993）:

4. による。宗派データの方法論的弱点については、*Yearbook of American and Canadian Churches, 1984* およびこの年鑑の以降の版における注を参照。ギャラップ調査データは、George H. Gallup, *The Gallup Poll : Public Opinion 1935-1971* (New York : Random House, 1972) ; George Gallup Jr., *The Gallup Poll : Public Opinion* (Wilmington, Del. : Scholarly Resources Inc., 各年刊)、ギャラップ機関による調査に基づく *Statistical Abstract of the United States, 1997,* table 86 ; Mayer, *Changing American Mind*, 379. およびギャラップのウェブサイトwww.gallup.com/poll/indicators/indreligion.aspによる。

図13　数字は、以下からの教会出席についての数値の平均に基づいている：ギャラップ調査（「先週」一九四〇—九九年）、ローパー社会・政治傾向調査（「先週」一九七四—九八年）、全米選挙調査（「定期的に」一九五二—六八、「ほぼ毎週」一九七〇—九八年）、一般社会調査（「ほとんど毎週」一九七二—九八年）、ＤＤＢニーダム・ライフスタイル調査（少なくとも「昨年二五回」一九七五—九九年）。最後の三つのアーカイブからの結果は、最初の二つのアーカイブにおける毎週の出席の形式にあうように再調整した。調整法を変更すると、出席レベルの推定にわずかな影響があるが、基本的な傾向を変更するものではない。ＮＥＳの質問形式は一九七〇年に変更され、一九九〇年に再び変更されたが、それらの変更は図13を構成するのに利用した結果を本質的に変えるものではなかったように思われる。文中に記したように、調査で回答される教会出席の絶対レベルの信頼性については疑問が提起されてきた。

図14　Barry T. Hirsch and John T. Addison, *The Economic Analysis of Unions* (Boston : Allen & Unwin, 1986), 46-47 (table 3.1) ; Barry T. Hirsch and David A. Macpherson, *Union Membership and Earnings Data Book : Compilations from the Current Population Survey* (Washington, D. C. : Bureau of National Affairs, 1998), 10 (table 1).

図15　専門職組織と、それぞれに関わる「支持基盤」の一覧については付録3を参照。会員数は各組織の全国本部より入手し、各職業における就業者数は、*Historical Statistics of the United States* および労働統計局から提供を受けた未公刊データによる。

図16　ローパー社会・政治傾向調査アーカイブ、一九八六年六月、一九八七年四月、一九九〇年六月の調査。

図17　ＤＤＢニーダム・ライフスタイル調査アーカイブ、一九七五—九八年。

図18　ＤＤＢニーダム・ライフスタイル調査アーカイブ、一九七五—九九年、ローパー社会・政治傾向調査アーカイブおよび *Roper Reports* (New York : Roper Starch Worldwide, 各月刊)。友人の家を訪ねる：一九八二、一九八

四、一九九〇、一九九三、一九九五年の三月。友人を迎える：一九七五、一九七七、一九八五、一九八八、一九九三、一九九六の一一月。

図19　DDBニーダム・ライフスタイル調査アーカイブ、一九七七—九九年。

図20　*1998 National Retail Census: Report to Retailers*, Jack Richman, ed.（New York：Audits & Surveys Worldwide, 1998）.

図21　課税記録からのトランプ販売数：Jesse Frederick Steiner, *Americans at Play: Recent Trends in Recreation and Leisure Time Activities*（New York：McGraw-Hill, 1933）, 138 を、*Annual Report of the Commissioner of Internal Revenue*（Washington, D. C.：U. S. Department of the Treasury, 各年刊）におけるトランプに対する物品税のデータでそれ以降について更新した。一四歳以上の人口：*Historical Statistics of the United States*, part I, 10, Series A 29-42.

図22　DDBニーダム・ライフスタイル調査アーカイブ、一九七五—九九年。

図23　一般社会調査アーカイブ、一九七四—九八年。

図24　「米国人の時間利用」データアーカイブ、一九六五—九五年。このアーカイブの詳細については付録1を参照のこと。

図25　DDBニーダム・ライフスタイル調査アーカイブ、一九七五—九九年。

図26　American Bowling Congress *Annual Report*, 1994（Greendale, Wisc.：American Bowling Congress, 1994）を、米国ボウリング協議会本部からの情報で更新。

図27　*Historical Statistics of the United States: Statistical Abstract of the United States*（各年刊）。

図28　DDBニーダム・ライフスタイル調査アーカイブ、一九七五—九九年。

図29　DDBニーダム・ライフスタイル調査アーカイブ、一九七五—九九年。

図30　DDBニーダム・ライフスタイル調査アーカイブ一九八一—八四、一九八六、一九九二—九四年、および一九九九年。「定期的な」献血者とは少なくとも、過去一年間に一回、ないし過去三年間に二回、ないし過去五年間に三回の献血を行った者。

図31　一九二〇—七〇年の寄付：David Hammack and Dennis A. Young, eds., *Nonprofit Organizations in a Market Economy*（San Francisco：Jossey Bass, 1993）, table 2.1. このデータシリーズは、*Internal Revenue Service Statistics of*

Income : Individual Income Tax Returns の中で提供されているデータに対して改善された推定手法を適用しており、***Historical Statistics of the United States*** の一九七五年版H三九のような以前の推定を置き換えている。以前のデータシリーズと同様に、これも寄付の「過剰報告」を補正し、また内国歳入庁に申告のない者による寄付の推定を含んでいる。どちらのデータシリーズの傾向も本質的に同一であるが、Hammack-Young のシリーズの方が、この期間の寛大さの水準がわずかに高いことを示している。一九六七—九八年の寄付：***Giving USA 1998***, Ann E. Kaplan, ed. (New York : American Association of Fund-Raising Counsel Trust for Philanthropy, 1998). 所得：***Historical Statistics of the United States***, part I, 225, series F25, および Bureau of Economic Analysis, ***National Income and Product Accounts*** (U. S. Department of Commerce, Washington, D. C., 1998). この一九二九—七〇年と一九六七—九八年のシリーズについては、それが重なる四年間（一九六七—七〇年）において非常に近く一致しており、この二つが基本的に比較可能であることを示唆している。

図32　プロテスタントの傾向：John and Sylvia Ronsvalle, ***The State of Church Giving through 1995*** (Champaign, Ill. : empty tomb, 1997), 37. カトリックの傾向：Andrew Greeley and William McManus, ***Catholic Contributions : Sociology and Policy*** (Chicago : Thomas More Press, 1987) を、Andrew Greeley, ***The Catholic Myth : The Behavior and Beliefs of American Catholics*** (New York : Charles Scribner's Sons, 1990), 130 によって更新し、さらに筆者自身の計算により、Greeley の一九八七—八八年のデータの出典であるGSSアーカイブを用いて一九八九年まで更新した。ユナイテッドウェイ：分子となる数字のデータは、ユナイテッドウェイ・オブ・アメリカから直接の提供を受けた。一九二五—五〇年の期間については、これらのデータを F. Emerson Andrews, ***Philanthropic Giving*** (New York : Russell Sage Foundation, 1950), 142. のデータで確認した。所得データ：経済分析局の ***National Income and Product Accounts.***

図33　ヤンケロビッチ・パートナーズ社からの未公刊データ（一九八一—九九年）、ローパー社会・政治傾向調査アーカイブ（一九八〇、一九八一、一九八三、一九八五、一九八六、一九八九、一九九一、一九九二および一九九四年の一一月）。

図34　ＤＤＢニーダム・ライフスタイル調査アーカイブ、一九七五—九九年。

図35　ＤＤＢニーダム・ライフスタイル調査アーカイブ、一九七五—九八年。

図36　ＤＤＢニーダム・ライフスタイル調査アーカイブ、一九七五―九八年。

図37　一九五二年は Ben Gaffin and Associates；一九六五、一九七六年はギャラップ、一九九八年はワシントン・ポスト調査による。最初の三つはコネチカット大学ローパー世論研究センターのＰＯＬＬオンライン調査アーカイブより入手した。最後のものは、David S. Broder and Richard Morin, “Struggle over New Standards,” ***Washington Post*** (December 27, 1998)：A01 より。

図38　この数字の主たる出典は以下のものである。一般社会調査（一九七二―九八年)、全米選挙調査（一九六四―九八年)、ＤＤＢニーダム・ライフスタイル調査アーカイブ（一九七五―九九年)、「モニタリング・ザ・フューチャー」調査アーカイブ（高校生、一九七六―九六年)。最初の三つの出典については付録1で説明した。第四のものは、ミシガン大学の調査研究センターで毎年実施されている調査で、Interuniversity Consortium for Political and Social Research を通じて入手可能である。追加のデータ点は以下より収集した。コネチカット大学ローパー世論研究センターのＰＯＬＬオンライン調査アーカイブ。Tom W. Smith, “Factors Relating to Misanthropy in Contemporary American Society,” ***Social Science Research*** 26（1997)：175；世界価値観調査（一九八〇、一九九〇、一九九五年)、これは Interuniversity Consortium for Political and Social Research より入手可能である。Robert E. Lane, “The Politics of Consensus in an Age of Affluence,” ***American Political Science Review*** 59（December 1965)：879, および Richard G. Niemi, John Mueller, and Tom W. Smith, ***Trends in Public Opinion***（New York：Greenwood Press, 1989), 303. 全ての計算において欠損データは取り除いている。ＤＤＢニーダムの質問は、「大半の人は正直である」の六段階の賛成／反対項目である。この質問に対する二五年間の傾向は、「大半の人は信頼できる」対「注意するに越したことはない」という標準的な質問のそれと本質的に同一であるが、ＤＤＢニーダムの質問に対する賛意の絶対水準の方がおおよそ一〇％高かった。

図39　ＤＤＢニーダム・ライフスタイル調査アーカイブ、一九七五―九九年

図40　John Trinkaus, “Stop Sign Compliance：An Informal Look,” ***Psychological Reports*** 50（1982)：288；Trinkaus, “Stop Sign Compliance：Another Look,” ***Perceptual and Motor Skills*** 57（1983)：922；Trinkaus, “Stop Sign Compliance, A Further Look,” ***Perceptual and Motor Skills*** 67（1988)：670；Trinkaus, “Stop Sign Compliance：A Follow-up Look,” ***Perceptual and Motor Skills*** 76（1993)：1218；Trinkaus, “Stop Sign Compliance：A Final Look,”

Perceptual and Motor Skills 85 (1997): 217-218.

図41　*Statistical Abstract of the U. S. 1997; Crime in the U. S. 1997* (Washington, D. C.: Federal Bureau of Investigation, 1998).

図42　一九〇〇—七〇年：*Historical Statistics of the United States*, part I, D589-D592, 144. 一九七〇—九六年：*Statistical Abstract of the United States* および、労働統計局（ＢＬＳ）より直接提供を受けたデータによる。これらのデータは実際の就業を指し示すもので、専門職資格に関するものではないため、ロースクールを卒業したが現在は法実務に携わっていない者は除かれている。ＢＬＳと国勢調査局の双方とも、さまざまな職業の操作的定義の長期にわたる比較可能性を維持するために多大な努力を行ってきた。

図43　一九七〇年以降：Bosso, "The Color of Money," および Bosso, "Facing the Future." 一九七〇年以前：Mitchell, Mertig, and Dunlap, "Twenty Years of Environmental Mobilization." シリーズの激しい歪みを避けるために、いくつかのケースにおいて欠損年のデータを補完した。

図44　イニシアチブ・リファレンダム研究所（Initiative and Referendum Institute）のＭ・デーン・ウォーターズから提供されたデータ。

図45　一九七四年のデータは、Samuel H. Barnes, Max Kaase, et al. Political Action: An Eight Nation Study, 1973-76 より。一九八一年は、M. Kent Jennings, Jan W. van Deth, et al. Political Action II, 1979-81 より。一九八〇年と一九九〇年は、世界価値観調査グループの、世界価値観調査、一九八一—八四年および一九九〇—九三年より。これらの調査アーカイブ全ては、Interuniversity Consortium for Political and Social Research（ミシガン大学：ミシガン州アナーバー）を通じて配布されている。一九九五年の世界価値観調査のデータは、ロナルド・イングルハートから直接の提供を受けた。

図46　世帯への浸透度：*Trends in Telephone Service*（Washington, D. C.: Federal Communications Commission, September 1999）のスタッフの推定。これは *Historical Statistics of the United States*, II: 783 のデータを基としている。例外は一九八〇年と一九九〇年で、これは一〇年ごとの国勢調査によるものである。一九二〇年までの世帯浸透率は、一人当たりの電話数のデータから外挿した推定値である。個人的通話と手紙：ローパー社会・政治傾向調査アーカイブ、一九七三—九四年。

図47　DDBニーダム・ライフスタイル調査アーカイブ、一九七八、一九八〇—九九年。
図48　DDBニーダム・ライフスタイル調査アーカイブ、一九七八、一九八〇—九九年。
図49　DDBニーダム・ライフスタイル調査アーカイブ、一九七八、一九八〇—九九年。
図50　ローパー社会・政治傾向調査アーカイブ、一九七四—九四年。
図51　DDBニーダム・ライフスタイル調査アーカイブ、一九七五—九八年。
図52　一九五〇—七〇年：*Historical Statistics of the United States*, I：40, series A276-287. 一九八〇—九〇年：*1990 Census Population and Housing Unit Count*（Washington, D. C.：U. S. Bureau of the Census, 1995), table 48. 一九九二年と一九九五年は国勢調査局から直接提供を受けたデータ。比較可能性を維持するために一九八〇年の数値は、一九九〇年に定義された標準大都市圏に基づいていることに注意。
図53　一般社会調査アーカイブ、一九七二—九八年。
図54　DDBニーダム・ライフスタイル調査アーカイブ、一九八六—九九年。
図55　*Nielsen Report on Television 1998*（New York：Nielsen, 1998）；*Communications Industry Report, 1997*（New York：Veronis, Suhler & Associates, 1998）；Cobbett S. Steinberg, *TV Facts*（New York：Facts on File, 1980). データはテレビ所有世帯に限定されている。
図56　ビデオレコーダーとテレビについてのデータ：*Statistical Abstract of the United States*（各年刊）；コンピュータとインターネット利用：DDBニーダム・ライフスタイル調査アーカイブ、一九八八—九九年。
図57　ローパー社会・政治傾向調査アーカイブ、一九七五、一九七九、一九八五および一九八九年。
図58　J. Walker Smith and Ann Clurman, *Rocking the Ages：The Yankelovich Report on Generational Marketing*（New York：HarperBusiness, 1997), 181 における 1996 Yankelovich Monitor の引用。
図59　DDBニーダム・ライフスタイル調査アーカイブ、一九九三—九八年。
図60　ローパー社会・政治傾向調査アーカイブ、一九八五および一九八九年。
図61　ローパー社会・政治傾向調査アーカイブ、一九七三、一九七四、一九七七、一九八三、一九八八、一九九一および一九九三年。分析対象は三〇歳から四九歳までの、少なくとも何らかの大学教育を受けた者に限られている（N＝13149)。

図62　ＤＤＢニーダム・ライフスタイル調査アーカイブ、一九七五—九八年。

図63　ＤＤＢニーダム・ライフスタイル調査アーカイブ、一九七五—七八年。

図64　ＤＤＢニーダム・ライフスタイル調査アーカイブ、一九七五—九八年。

図65　ＤＤＢニーダム・ライフスタイル調査アーカイブ、一九七五—九八年。

図66　ＤＤＢニーダム・ライフスタイル調査アーカイブ、一九七五—九八年（「他の運転手に指を立てて侮辱」については一九九七—九八年）。

図67　ローパー社会・政治傾向調査アーカイブ、一九七四—七五、一九七七、一九七九年。

図68　ＤＤＢニーダム・ライフスタイル調査アーカイブ、一九七五—九八年。

図69　ローパー社会・政治傾向調査アーカイブ、一九九四年、Ｎ＝1,482. モンテ・カルロ法によるシミュレーションで生成した、ロジスティック回帰分析により算出した確率にこの結果は基づいている。統制変数に含まれるのは教育、世帯収入、性別、年齢、人種、婚姻状態、就労状態、コミュニティ規模、調査年、プライムタイム番組の視聴、スポーツ番組の視聴、テレビ視聴の総時間である。

図70　一般社会調査アーカイブ、一九七二—九四年。

図71ａ、71ｂ　投票：全米選挙調査、一九五二—九六年。新聞購読：一般社会調査、一九七二—九八年。社会的信頼：一般社会調査　一九七二—九八年。コミュニティ事業：ＤＤＢニーダム・ライフスタイル、一九七五—九八年。グループ所属：一般社会調査　一九七四—九四年。政治への関心：ＤＤＢニーダム・ライフスタイル、一九七五—九八年。教会出席：一般社会調査　一九七二—九八年。クラブ出席：ＤＤＢニーダム・ライフスタイル、一九七五—九八年。

図72　ＵＣＬＡ大学新入生調査アーカイブ、一九六六—九八年について、Linda J. Sax et al., *The American Freshman* (Los Angeles：UCLA Higher Education Research Institute, 1998)、およびこのシリーズの以前の巻において報告されているもの。

図73　*Sourcebook of Criminal Justice Statistics—1995*, Kathleen Maguire and Ann L. Pastore, eds.（Albany, N. Y.：Hindelang Criminal Justice Research Center, 1996), 365.

図74　ＤＤＢニーダム・ライフスタイル調査アーカイブ、一九七五—九九年。

図75　Wall Street Journal/NBC News 調査（一九九八年七月）。

図76　ローパー社会・政治傾向調査アーカイブ、一九七六、一九七九、一九八二、一九八五、一九八九、一九九二年を、一九九五年と一九九七年については該当する *Roper Reports*（New York：Roper Starch Worldwide, 各年刊）で補足した。

図77　ヤンケロビッチ・パートナーズ社調査、一九九七―九九年。

図78　Bureau of Economic Analysis, *National Income Accounts*（U. S. Department of Commerce, Washington, D. C., 1999).

図79　第3部で報告した複数の分析からの筆者による推定。

図80　下記表4の出典を参照。

図81　下記表4、5の出典を参照。両変数についてのデータは四八州について取得可能。

図82　下記表4の出典を参照。教育達成に関するわれわれの指標は以下の三つを基礎としている。⑴下記の七回の全国的な教育増進全国評価（National Assessment of Educational Progress, NAEP）テストの州レベルデータ。これらは *Digest of Education Statistics: 1992, Digest of Education Statistics: 1995, NAEP 1996 Science Report Card for the Nation and the States*, および *NAEP 1996 Mathematics Report Card for the Nation and the States* から得られたものであり、全て National Center for Education Statistics（Washington, D. C.：Department of Education, 各年刊）より刊行されている。一九九二年の四年生の読解熟達度、一九九六年の八年生の理科熟達度、一九九二年、一九九六年の四年生の算数熟達度、一九九〇年、一九九二年、一九九六年の八年生の数学熟達度。⑵受験調整を行った大学進学適性試験（ＳＡＴ）得点。これは Brian Powell and Lala Carr Steelman, "Bewitched, Bothered, and Bewildering：The Use and Misuse of State SAT and ACT Scores," *Harvard Educational Review* 66（1996）38 より得たもの。⑶高校中退率についての、以下の六つの（一致はしないが）収斂する測定値：*Digest of Education Statistics：1992*, 13 に報告された一九九〇年の一六歳から一九歳の「中退状態」率。*Statistical Abstract of the U. S., 1995*：159 に報告された一九九〇年の国勢調査において、一六歳から一九歳の者のうち定期的に学校に通っておらず、一二年生もしくは高卒能力検定試験（ＧＥＤ）を修了していない者の割合。*Kids Count 1997* に報告された、一九九三―九五年の一六歳から一九歳の者で学校に在学しておらず、高校もしくはＧＥＤを修了していない者の割合。Victoria Van Son, *CQ's State Fact*

Finder（Washington, D. C.: Congressional Quarterly, 1993), 106 に報告された、「公立高校卒業率、一九八九―一九九〇」。一九九〇―九二年と一九九三―九五年の高校卒業率（*Digest of Education Statistics: 1997*）。両変数についてのデータは四八州について取得可能。

図83　下記表4の出典を参照。NAEPの測定した一九九〇年と一九九二年の八年生、および一九九二年の四年生の毎日のテレビ視聴。これは *Digest of Education Statistics: 1992* と *Digest of Education Statistics: 1995* に報告されている。両変数についてのデータは四四州について取得可能。

図84　下記表4の出典を参照。*Crime in the United States, 1997*（Washington, D. C.: Federal Bureau of Investigation, 1998). 両変数についてのデータは四八州について取得可能。

図85　下記表4の出典を参照。DDBニーダム・ライフスタイル調査アーカイブ、一九七六―九八年。両変数についてのデータは四八州について取得可能。

図86　下記表4、6の出典を参照。Ichiro Kawachi, Bruce P. Kennedy, Kimberly Lochner, and Deborah Prothrow-Stith, “Social Capital, Income Inequality, and Mortality,” *American Journal of Public Health* 87（1997）: 1491-1498. 両変数についてのデータは四八州について取得可能。

図87　DDBニーダム・ライフスタイル調査アーカイブ、一九七五―九九年。

図88　DDBニーダム・ライフスタイル調査アーカイブ、一九七五―九八年。

図89　下記表4の出典を参照。人口一〇万人当たりの内国歳入庁刑事付託・有罪判決（一九九二―九七年）因子スコアは、シラキュース大学の Transactional Records Access Clearinghouse より。両変数についてのデータは四八州について取得可能。

図90　一般社会調査アーカイブ、一九七四―九六年。

図91　下記表4の出典を参照。一般社会調査アーカイブ、一九七四―九六年。両変数についてのデータは四三州について取得可能。

図92　下記表4の出典を参照。Kawachi, Kennedy; Lochner, and Prothrow-Stith, “Social Capital, Income Inequality, and Mortality.” 両変数についてのデータは四八州について取得可能。

図93　下記表4の出典を参照。ローパー社会・政治傾向調査アーカイブ、一九七四―九四年。両変数についてのデー

タは四二州について取得可能。

図94　Gerald Gamm and Robert D. Putnam, "The Growth of Voluntary Associations in America, 1840-1940," *Journal of Interdisciplinary History* 29（1999）：511-557

図95　Theda Skocpol "How Americans Became Civic," in *Civic Engagement in American Democracy*, Theda Skocpol and Morris P. Fiorina, eds.（Washington, D. C.：Brookings Institution Press, 1999）；54, figure 2-3.

図96　*Encarta 2000 New World Almanac*（Oxford：Helicon Publishing Ltd., 1998）.

表1　ローパー社会・政治傾向調査アーカイブ、一九七四―九四年。

表2　Sue Bowden and Avner Offer, "Household Appliances and the Use of Time：The United States and Britain Since the 1920s," *Economic History Review* 47（November 1994）：729を *Statistical Abstract of the United States*（各年刊）のデータで補足した。

表3　新聞購読：一般社会調査、一九七二―九八年。その他の参加形態：ローパー社会・政治傾向調査アーカイブ、一九七四―九四年。教会出席に関するデータは以下から補足：*Roper Reports*（New York：Roper-Starch Worldwide, 1996-98）.

表4

前年度に地域組織の委員を務める
　ローパー社会・政治傾向調査アーカイブ、一九七四―九四年。

「大半の人は信頼できる」対「注意するに越したことはない」
　一般社会調査、一九七四―九六年。

「大半の人は正直である」への賛意
　DDBニーダム・ライフスタイルアーカイブ、一九七五―九八年。

大統領選挙での投票率
　米国国勢調査局、一九八八年および一九九二年。

前年度に地域組織の役員を務める

人口一〇〇〇人当たりの五〇一条〔C〕三項公益組織数
Non-profit Almanac, 1989 (San Francisco : Jossey-Bass, 1989).
クラブ会合出席：昨年の回数
DDBニーダム・ライフスタイルアーカイブ、一九七五—九八年。
人口一〇万人当たりの市民・社会組織数
商務省のCounty Business Patterns、一九七七—九二年。
街や学校の事柄についての公的集会出席
ローパー社会・政治傾向調査アーカイブ、一九七七—九四年。
一人当たりの組織加入数
一般社会調査、一九七四—九六年。
「友人訪問に多くの時間を費やす」
DDBニーダム・ライフスタイルアーカイブ、一九七五—九八年。
家庭での歓待：昨年の回数
DDBニーダム・ライフスタイルアーカイブ、一九七五—九八年。
ボランティア参加：昨年の回数
DDBニーダム・ライフスタイルアーカイブ、一九七五—九八年。
コミュニティ事業への参加：昨年の回数
DDBニーダム・ライフスタイルアーカイブ、一九七五—九八年。

表5　アニー・E・キャシー財団（メリーランド州ボルティモア、一九九九年）、ウェブサイト：www.aecf.org/kidscount/index.htm.

表6　モーガン・キトノ医療州ランキング（一九九三—九八年）、モーガン・キトノ・プレス（カンザス州ローレンス）により編集され、www.morganquitno.com からダウンロードしたもの。

表7　一般社会調査、一九七四—九八年。

表8　著者による分析
表9　各組織の全国本部による創立年を、*World Almanac*（New York：Press Pub. Co. [New York World], 各年刊）, *Encyclopedia of Associations*（Detroit, Mich.：Gale Research, 各年刊）と各組織の歴史によるデータで補足確認した。

付録3

市民・専門職組織の盛衰

組織名	創立年	支持基盤（一〇〇〇人当たりの所属率算出のための）	一九四〇―一九四五年からピーク年に至る所属率の成長	所属率の水平期開始	所属率のピーク年	所属率の水平期終了	ピーク年から一九九七年に至る所属率減少	ピーク年の所属率（一〇〇〇人当たりの）
●市民組織								
4-H	一九〇一	農村青年	五四%	一九五〇	一九五〇	一九七六	△二六%	一八〇
米国大学婦人協会	一八八一	大学を卒業した女性	一五%	一九三〇	一九五五	一九五五	△八四%	五三
米国ボウリング協議会	一八九五	二〇歳以上の男性	四三四%	一九六四	一九六四	一九七九	△七二%	八三
全米在郷軍人会	一九一九	全ての戦時退役軍人	一〇%	一九四〇	一九四五	一九四五	△四七%	二七四
ブネイ・ブリス	一八四三	ユダヤ人男性	九〇%	一九四七	一九四七	一九六五	推定△七五%	七八
ボーイ・ガールスカウト成人リーダー	一九一〇-一二	五歳～一七歳の男女	一九〇%	一九五七	一九五七	一九五八	△一八%	五〇
ボーイスカウト・ガールスカウト	一九一〇-一二	五歳～一七歳の男女	一三四%	一九五七	一九七二	一九七三	△八%	一五六
ボーイスカウト	一九一〇	五歳～一七歳の男子	一一八%	一九五八	一九七二	一九九七	△五%	一九〇
ガールスカウト	一九一二	五歳～一七歳の女子	一七四%	一九五六	一九六九	一九七一	△一五%	一二五
ビジネス・専門職婦人会（ＢＰＷ）	一九一九	ホワイトカラーの有職女性	五一%	一九四九	一九五一	一九五一	△八九%	一七
イーグル友愛会	一八九八	二〇歳以上の男性	八二%	一九四七	一九四七	一九五〇	△七二%	二九
東方の尾（団）	一八六八	二〇歳以上の女性	一八%	一九三〇	一九三〇	一九六一	△七三%	五〇
エルクス慈善保護会	一八六八	二〇歳以上の男性	一〇七%	一九六二	一九七〇	一九七七	△四六%	二五
女性クラブ総連合	一八九〇	二〇歳以上の女性	五六%	一九四九	一九五六	一九五六	△八四%	一六
グレーンジ	一八六七	農村住民	四二%	一九五一	一九五二	一九五五	△七九%	一六
ハダーサ	一九一二	ユダヤ人女性	一五三%	一九五〇	一九八三	一九八六	△一五%	一二三
青年商工会議所	一九一五	二〇歳～三四歳の男性	データなし	一九七三	一九七五	一九七八	△五八%	五
キワニス	一九一五	二〇歳以上の男性	九四%	一九五六	一九六〇	一九六六	△四二%	五

コロンブス騎士会	一八八二	男性カトリック信徒	四六%	一九四九	一九五四	一九五九	△六%	一四
女性投票者連盟	一九二〇	二〇歳以上の女性	一二五%	一九五四	一九六五	一九六九	△六一%	二
ライオンズクラブ	一九一七	二〇歳以上の男性	一二九%	一九五七	一九六七	一九七六	△五八%	九
フリーメーソン	一七三三	二〇歳以上の男性	三八%	一九二七	一九二七	一九五七	△七一%	九〇
ムース友愛組合（男性会員のみ）	一八八八	二〇歳以上の男性	一八一%	一九五〇	一九八〇	一九八〇	△三五%	一九
ムース友愛組合（女性会員のみ）	一九二七	二〇歳以上の女性	二〇八%	一九九〇	一九九〇	一九九五	△三%	六
NAACP（全米有色人種地位向上協会）	一九〇九	アフリカ系米国人	六九%	一九四四	一九四四	一九六九	△四六%	三一
オッドフェローズ独立共済会	一八一九	二〇歳以上の男性	〇%	一九二〇	一九二〇	一九二〇	△九四%	五四
オプティミスト	一九一九	二〇歳以上の男性	八五%	一九八五	一九九〇	一九九〇	△二四%	二
PTA	一八九七	一八歳以下の子を持つ家族	一一一%	一九五七	一九六〇	一九六六	△六〇%	四八
赤十字（ボランティア）	一八八一	二〇歳以上の成人	四五%	一九五六	一九五六	一九七〇	△六一%	一九
ロータリークラブ	一九〇五	二〇歳以上の男性	六〇%	一九四九	一九六七	一九九〇	△二五%	五
シュライン会	一八七二	二〇歳以上の男性	三六%	一九五八	一九六〇	一九六二	△五九%	一五
海外戦争復員兵協会	一八九九	全ての戦時退役軍人	一一〇%	一九四五	一九四五	一九九五	△九%	一一四
女性国際ボウリング協議会	一九一七	二〇歳以上の女性	一一二一%	一九六五	一九七八	一九七八	△六六%	五四
婦人キリスト教禁酒同盟	一八七四	二〇歳以上の女性	四%	一九二〇	一九二〇	一九二〇	△九六%	一一
中央値	一九〇〇		八五%	一九五一	一九五九	一九六九	△五八%	三〇
●専門職組織								
米国法律家協会	一八七八	就業弁護士		一九七七	一九七七	一九八九		五〇三
米国歯科医師会	一八五九	現役の歯科医師免許所有者		一九六〇	一九七〇	一九七〇		九六〇
米国建築家協会	一八五七	就業建築家		一九五〇年ごろ	一九七〇	一九七〇年ごろ		四〇九
米国公認会計士協会	一八八七	就業会計士		一九八七	一九九二－一九九三	一九九三		一九八
米国医師会	一八四七	医師免許所持者		一九四九	一九五九	一九五九		七四五
米国看護師協会	一八九六	登録看護師		データなし	一九七七以前	データなし		少なくとも一七六
米国機械学会	一八八〇	就業機械技術者		一九五一	一九三〇	一九九三		四〇〇
米国電気技師協会および米国無線技師協会（一九六一年まで）、電気電子学会（一九六一年以降）	一八八四	就業電気・電子技術者		一九五二	一九六一	一九六一		六二〇
中央値	一八七九			一九五二	一九七〇	一九七〇		四五六

注(1)非米国人会員が無視できないほど多い場合には、どのケースの場合も全て会員数から除外した
(2)伝統的な男性友愛組織の会員数からは、女性会員は除外した（ただし女性ムース会員は別に分けて集計した）
(3)赤十字ボランティアの第二次世界大戦期の急増は、ピークおよび減少率の計算から除外した

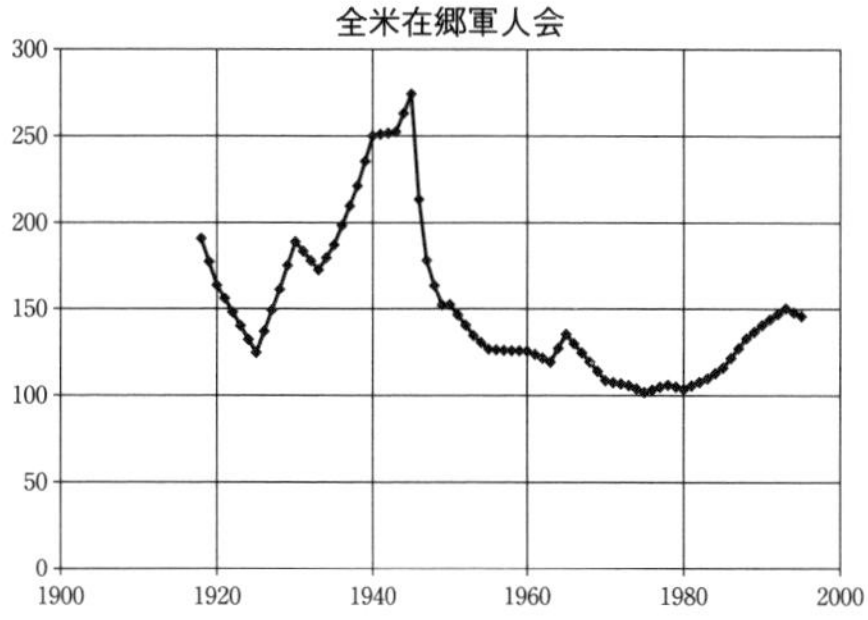
全米在郷軍人会
300
250
200
150
100
50
0
1900
1920
1940
1960
1980
2000

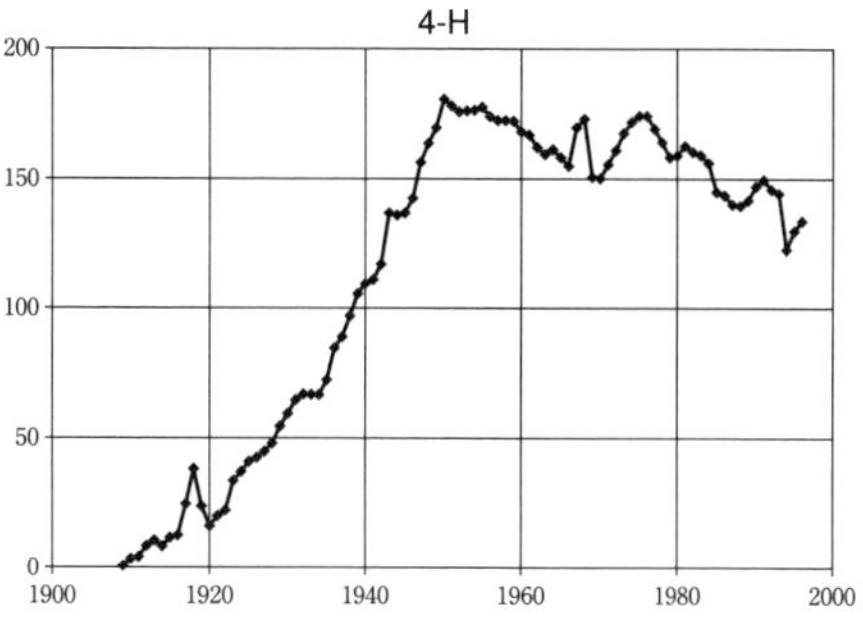
4-H
200
150
100
50
0
1900
1920
1940
1960
1980
2000

ブネイ・ブリス
90
80
70
60
50
40
30
20
10
0
1900
1920
1940
1960
1980
2000

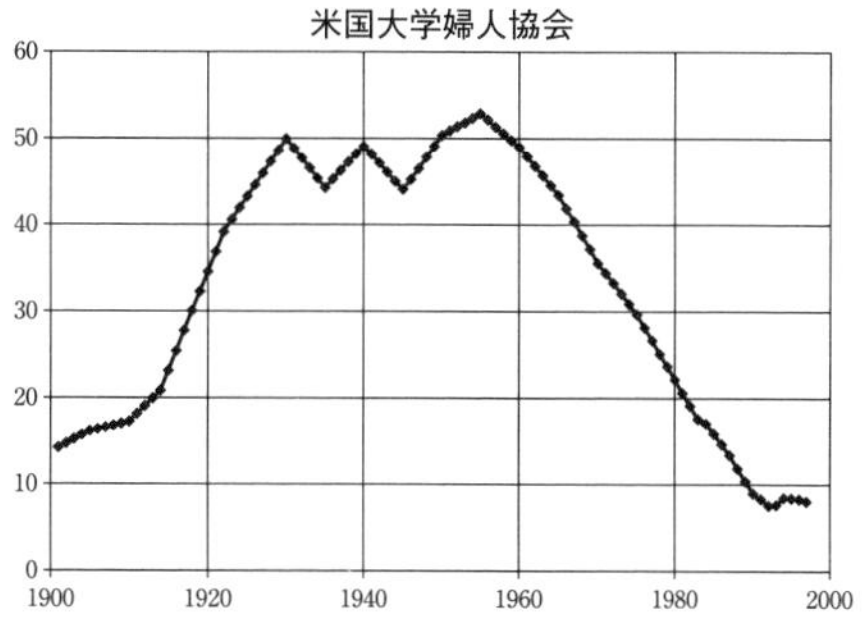
米国大学婦人協会
60
50
40
30
20
10
0
1900
1920
1940
1960
1980
2000

ボーイ・ガールスカウト成人リーダー
60
50
40
30
20
10
0
1900
1920
1940
1960
1980
2000

米国ボウリング協議会
90
80
70
60
50
40
30
20
10
0
1900
1920
1940
1960
1980
2000

東方の星（団）

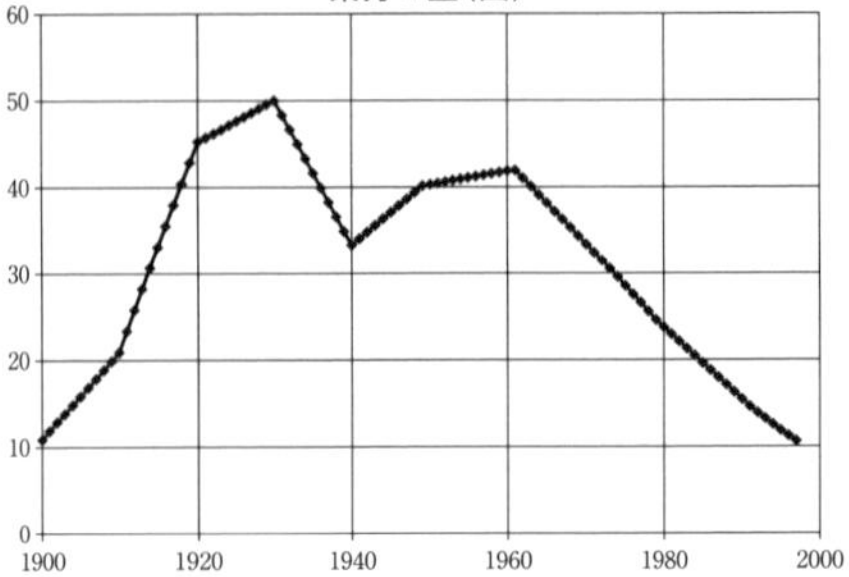

ボーイスカウト・ガールスカウト

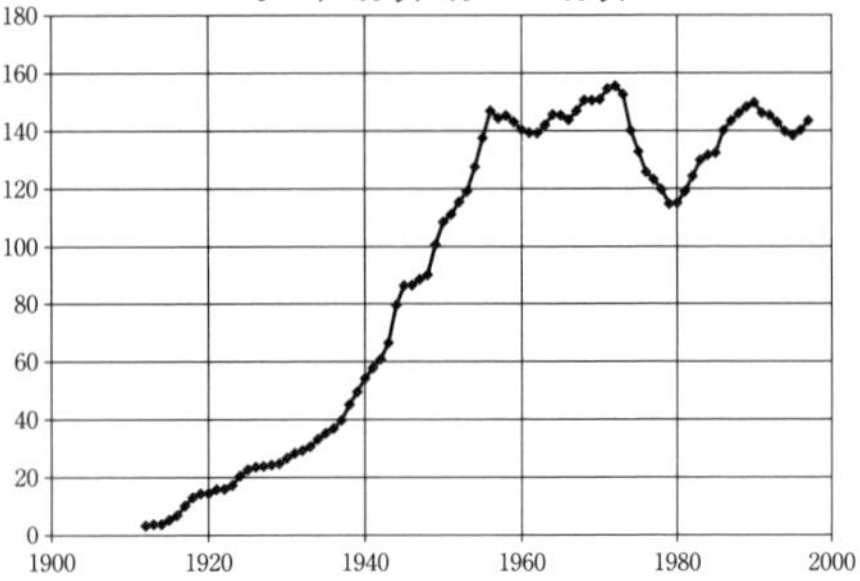

エルクス慈善保護会

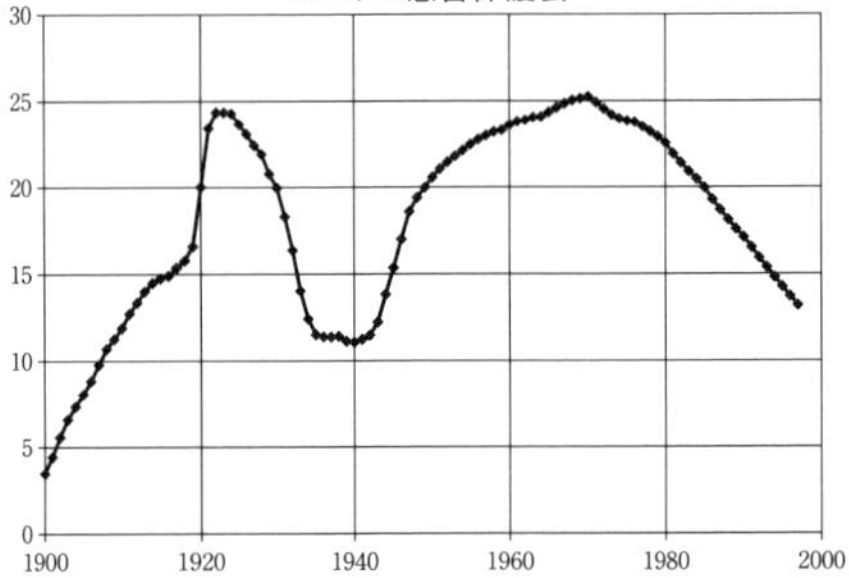

ビジネス・専門職婦人会

女性クラブ総連合

イーグル友愛会

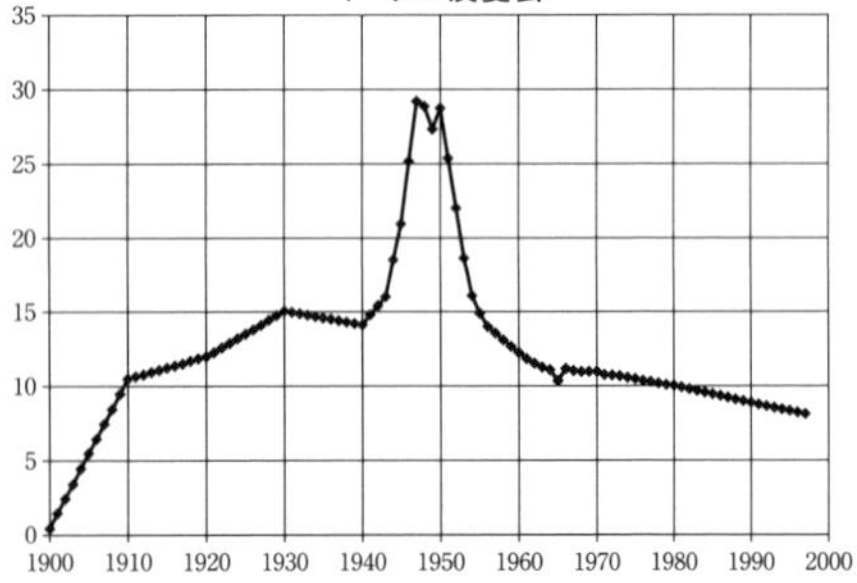

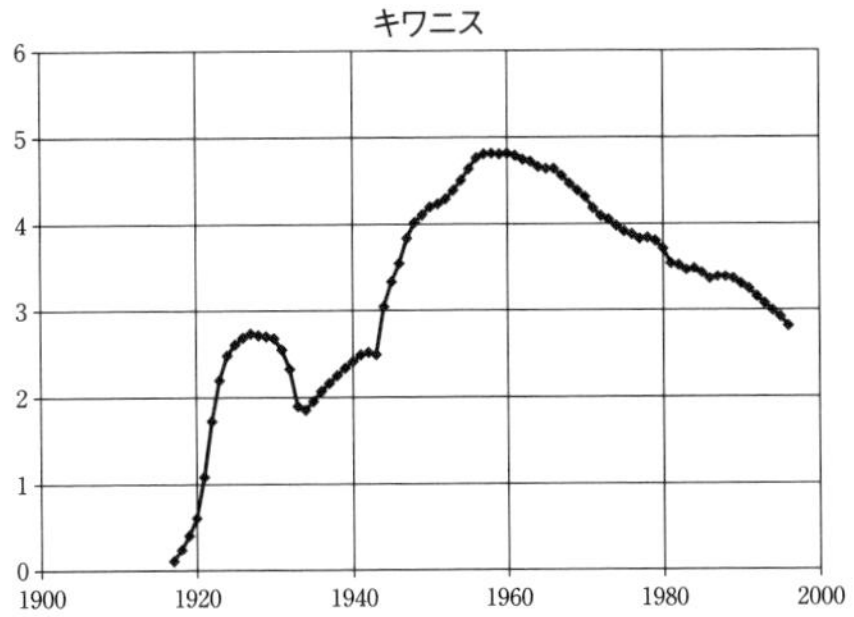
キワニス
0
1
2
3
4
5
6
1900
1920
1940
1960
1980
2000

グレーンジ
0
3
6
9
12
15
18
1900
1920
1940
1960
1980
2000

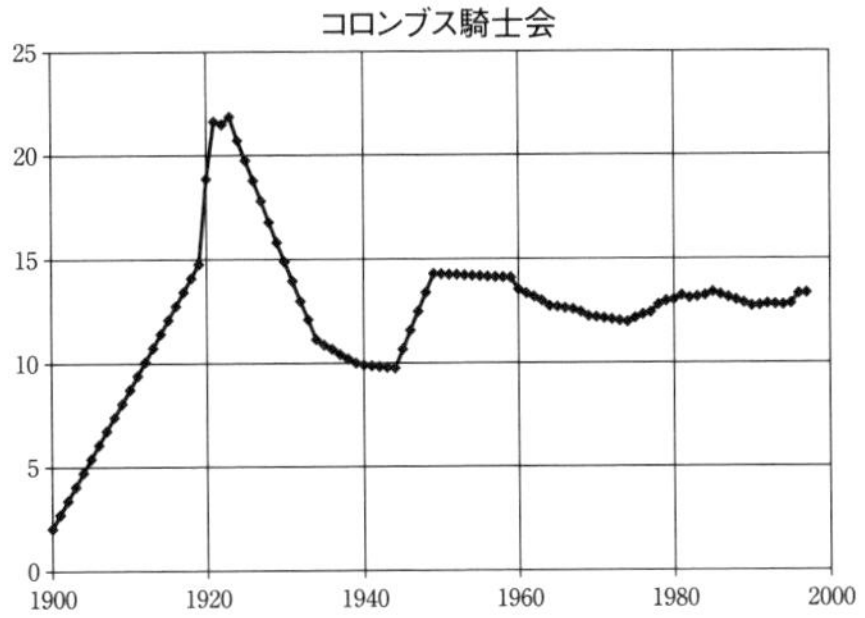
コロンブス騎士会
0
5
10
15
20
25
1900
1920
1940
1960
1980
2000

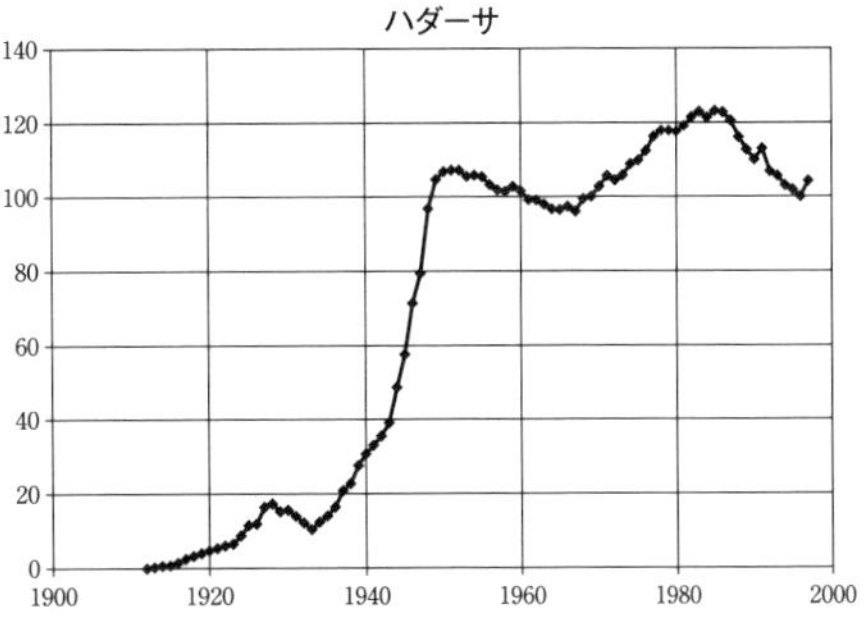
ハダーサ
0
20
40
60
80
100
120
140
1900
1920
1940
1960
1980
2000

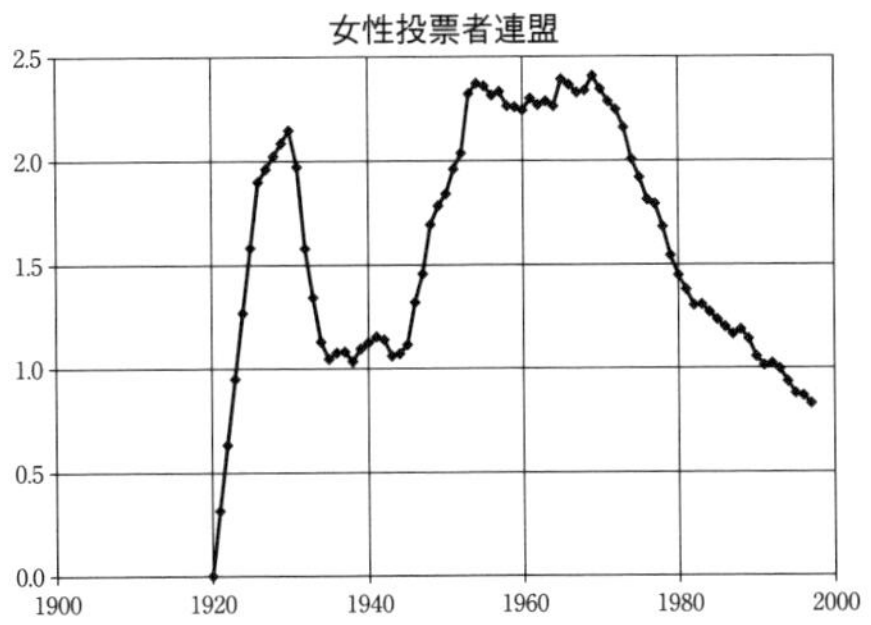
女性投票者連盟
0.0
0.5
1.0
1.5
2.0
2.5
1900
1920
1940
1960
1980
2000

青年商工会議所
0
3
6
9
12
15
18
1900
1920
1940
1960
1980
2000

ムース友愛組合（女性会員のみ）
0 1 2 3 4 5 6
1900 1920 1940 1960 1980 2000

ライオンズクラブ
0 2 4 6 8 10
1900 1920 1940 1960 1980 2000

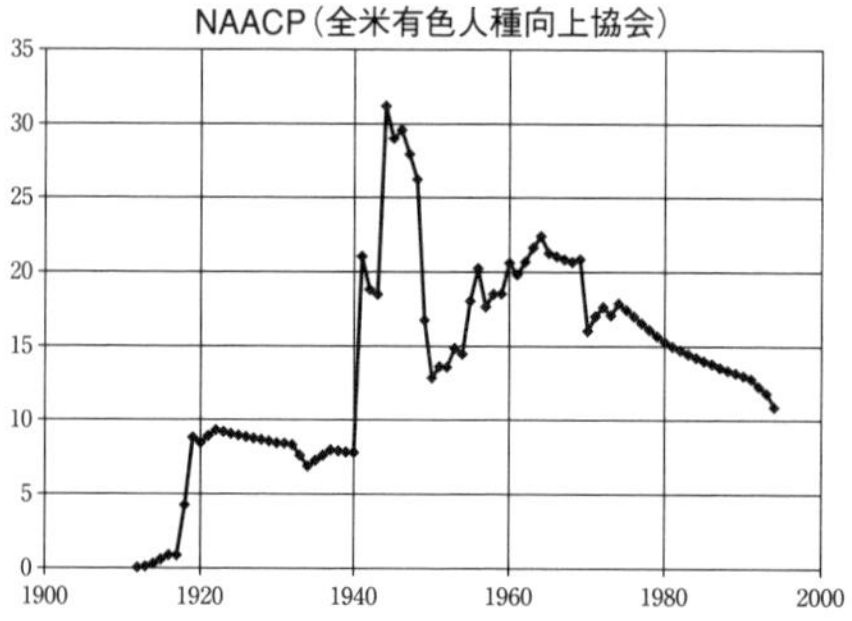
NAACP（全米有色人種向上協会）
0 5 10 15 20 25 30 35
1900 1920 1940 1960 1980 2000

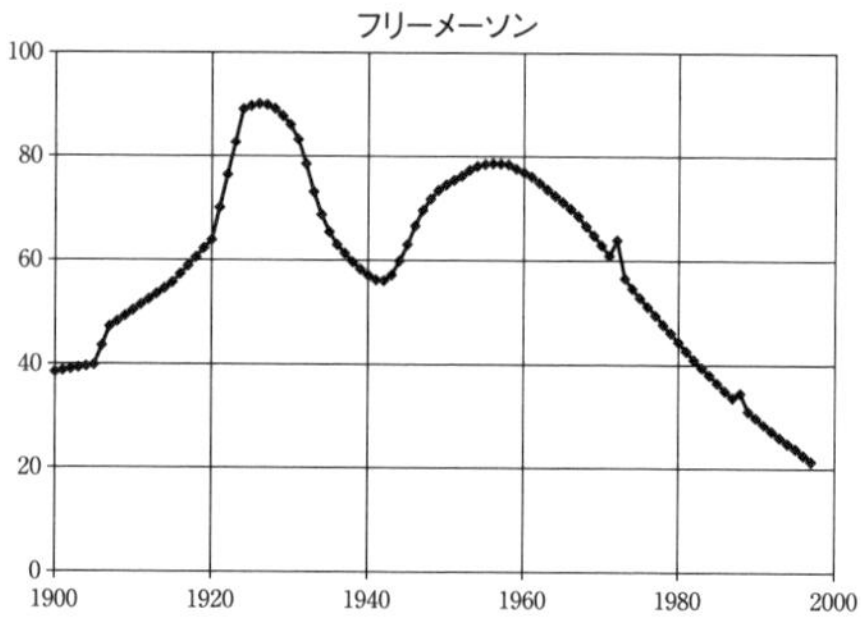
フリーメーソン
0 20 40 60 80 100
1900 1920 1940 1960 1980 2000

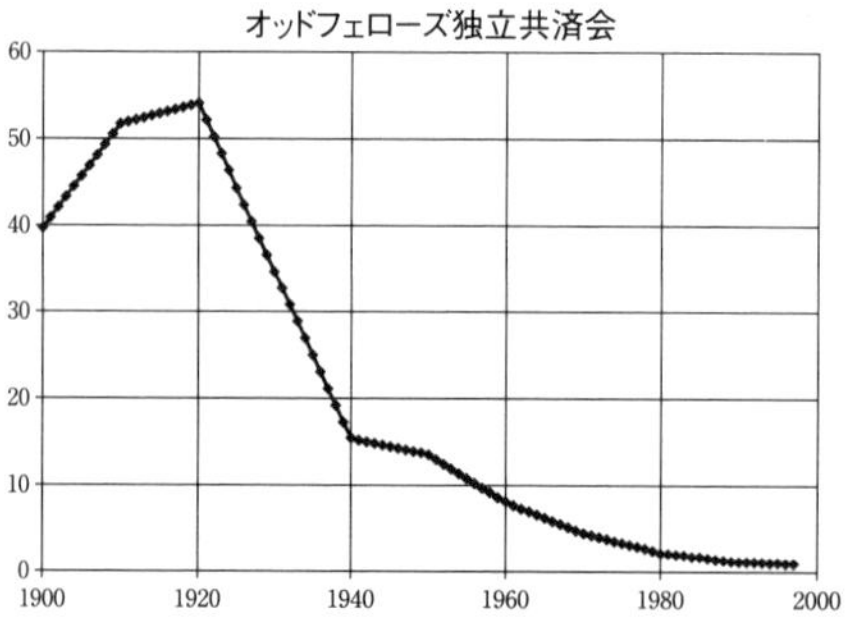
オッドフェローズ独立共済会
0 10 20 30 40 50 60
1900 1920 1940 1960 1980 2000

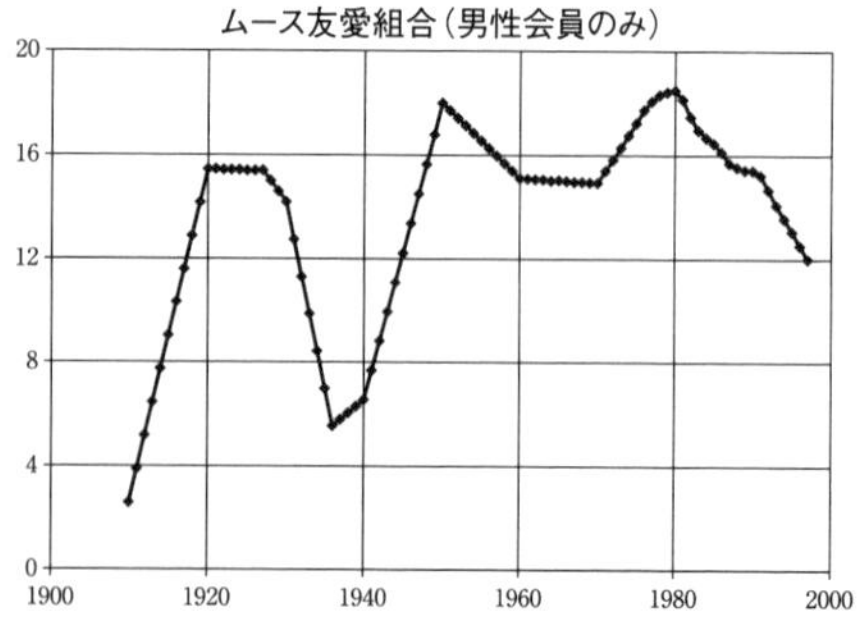
ムース友愛組合（男性会員のみ）
0 4 8 12 16 20
1900 1920 1940 1960 1980 2000

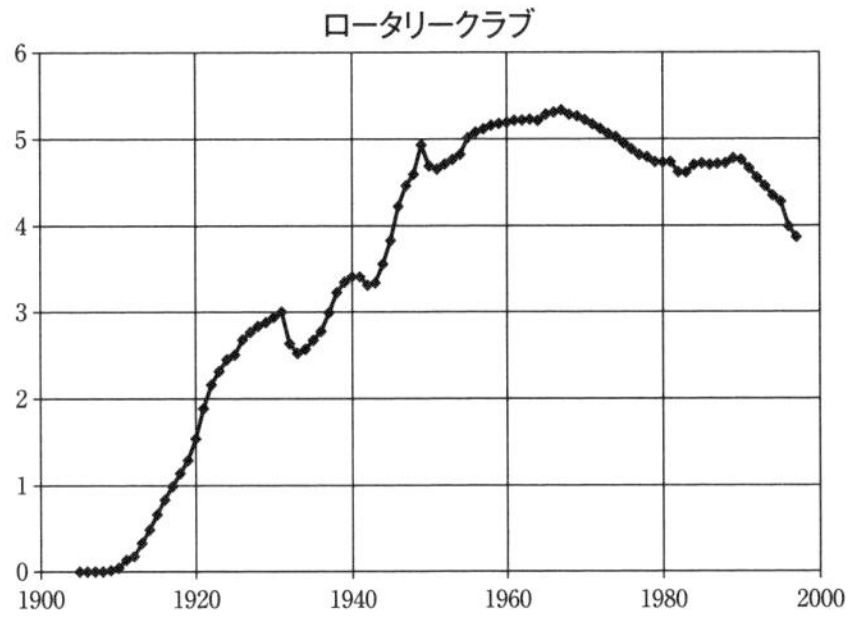
ロータリークラブ
0 1 2 3 4 5 6
1900 1920 1940 1960 1980 2000

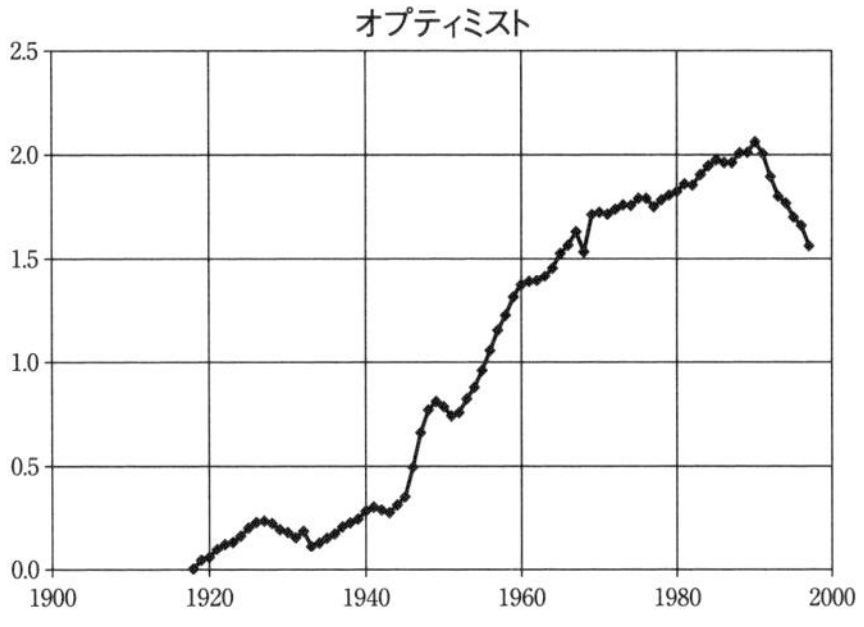
オプティミスト
0.0 0.5 1.0 1.5 2.0 2.5
1900 1920 1940 1960 1980 2000

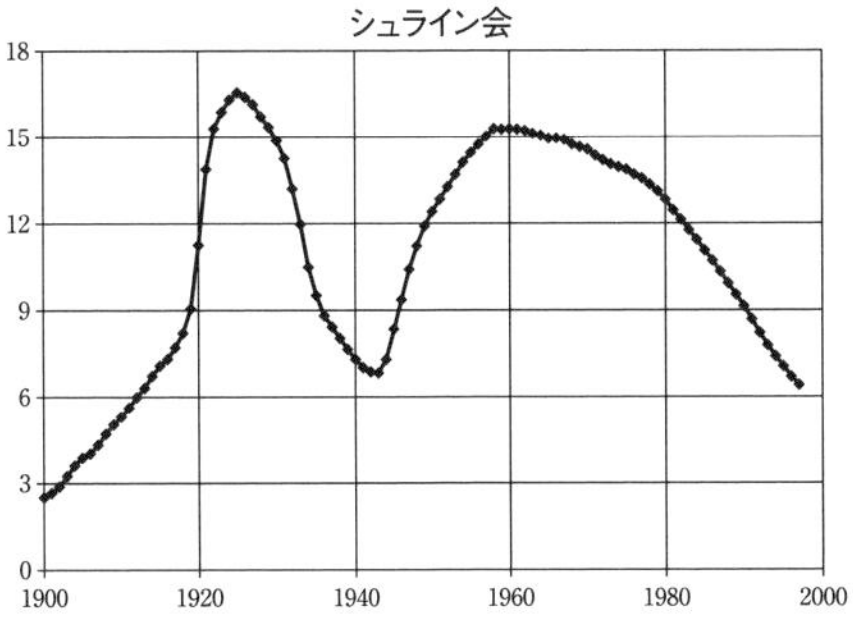
シュライン会
0 3 6 9 12 15 18
1900 1920 1940 1960 1980 2000

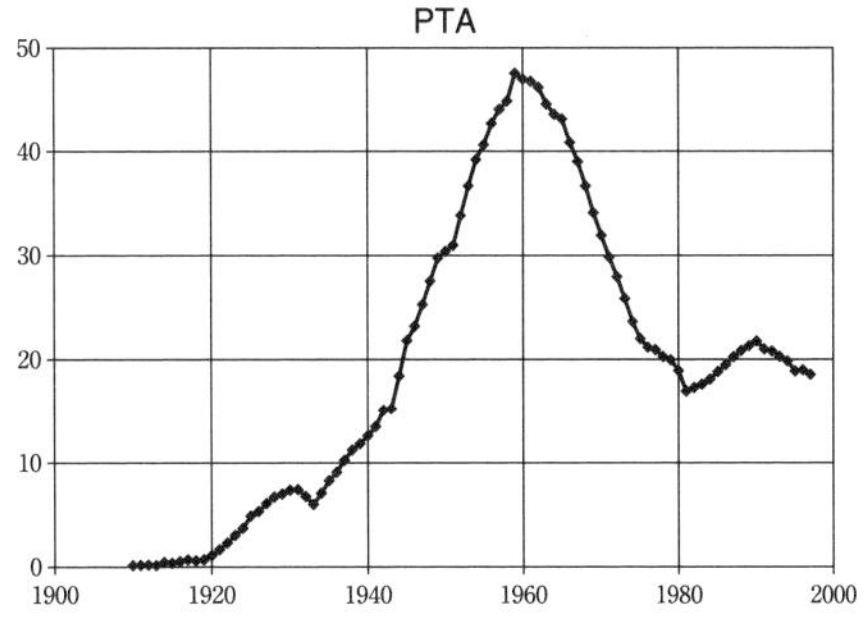
PTA
0 10 20 30 40 50
1900 1920 1940 1960 1980 2000

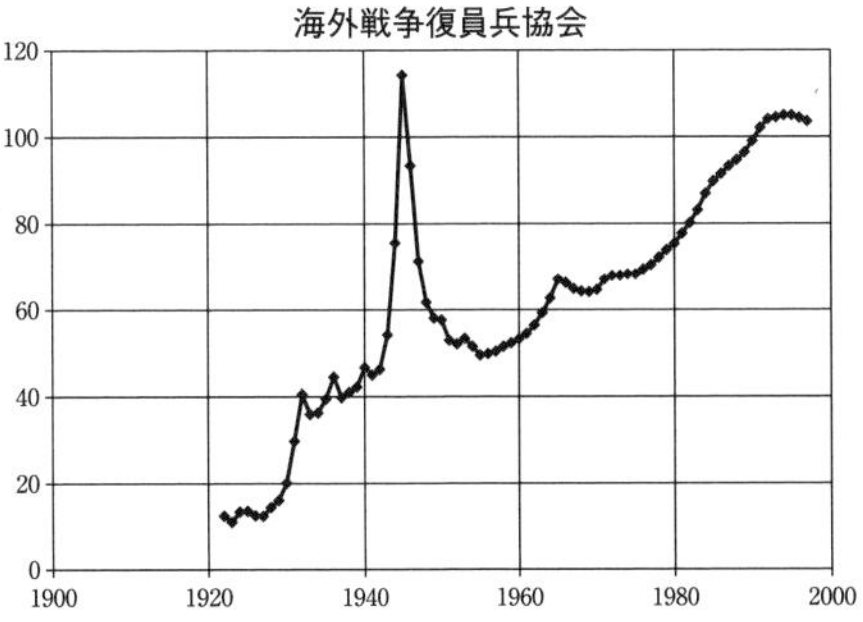
海外戦争復員兵協会
0 20 40 60 80 100 120
1900 1920 1940 1960 1980 2000

赤十字（ボランティア）
0 10 20 30 40 50 60 70 80 90
1900 1920 1940 1960 1980 2000

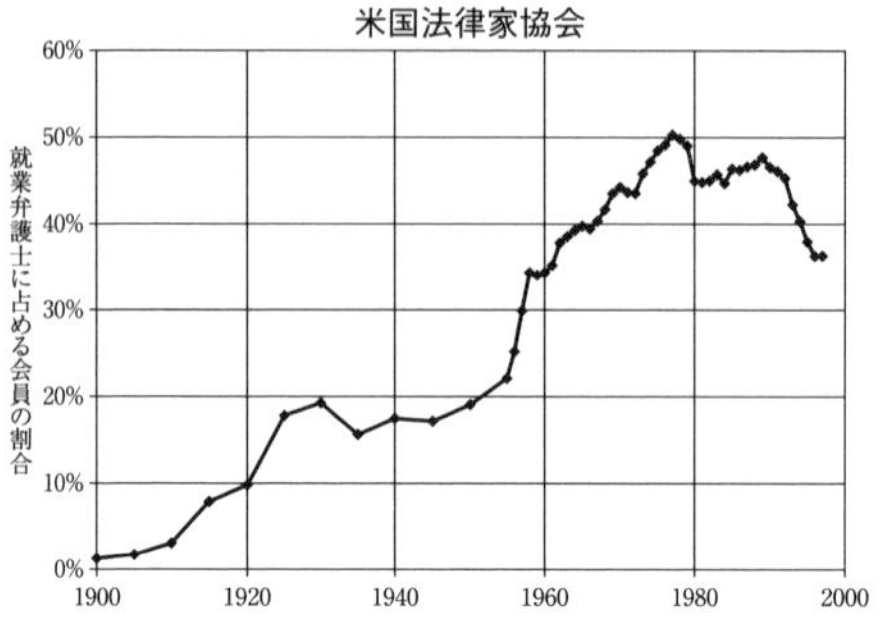
米国法律家協会
就業弁護士に占める会員の割合
60%
50%
40%
30%
20%
10%
0%
1900
1920
1940
1960
1980
2000

女性国際ボウリング協議会
60
50
40
30
20
10
0
1900
1920
1940
1960
1980
2000

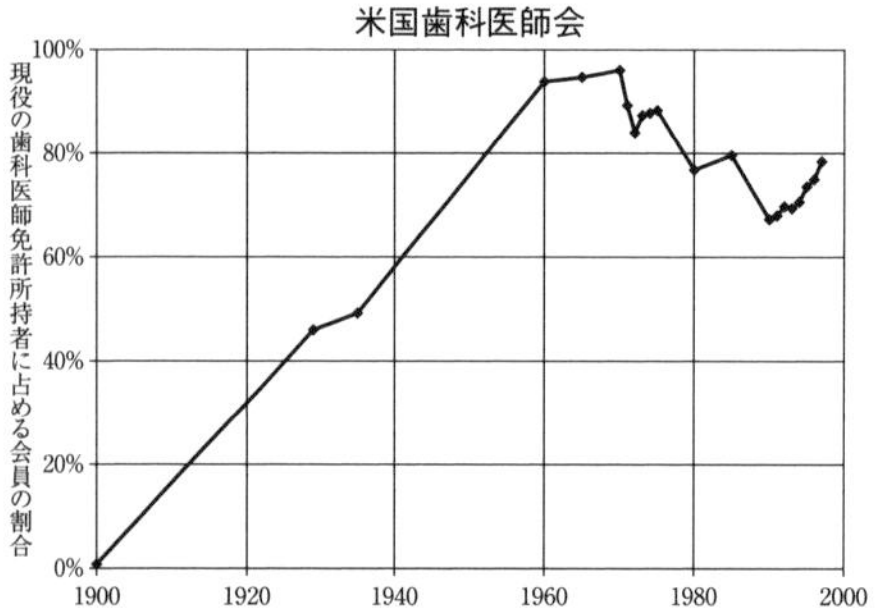
米国歯科医師会
現役の歯科医師免許所持者に占める会員の割合
100%
80%
60%
40%
20%
0%
1900
1920
1940
1960
1980
2000

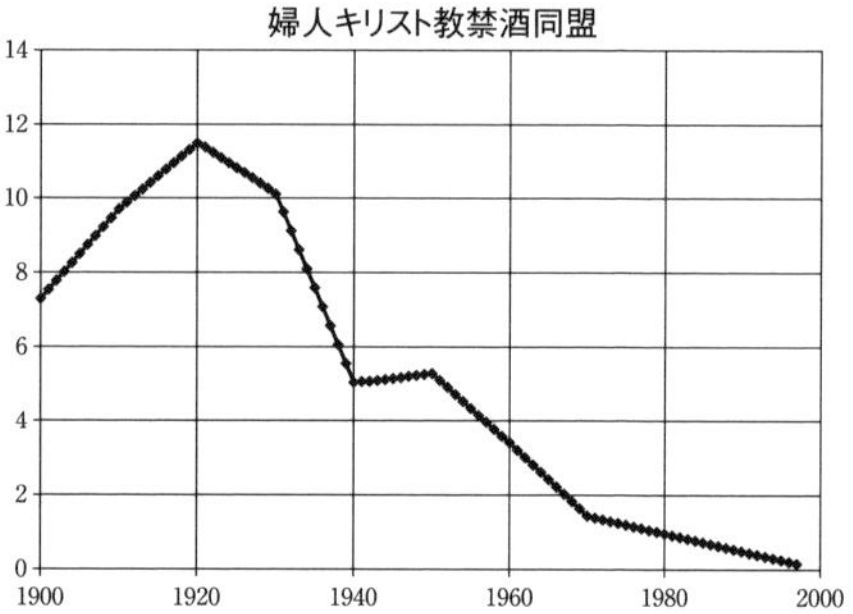
婦人キリスト教禁酒同盟
14
12
10
8
6
4
2
0
1900
1920
1940
1960
1980
2000

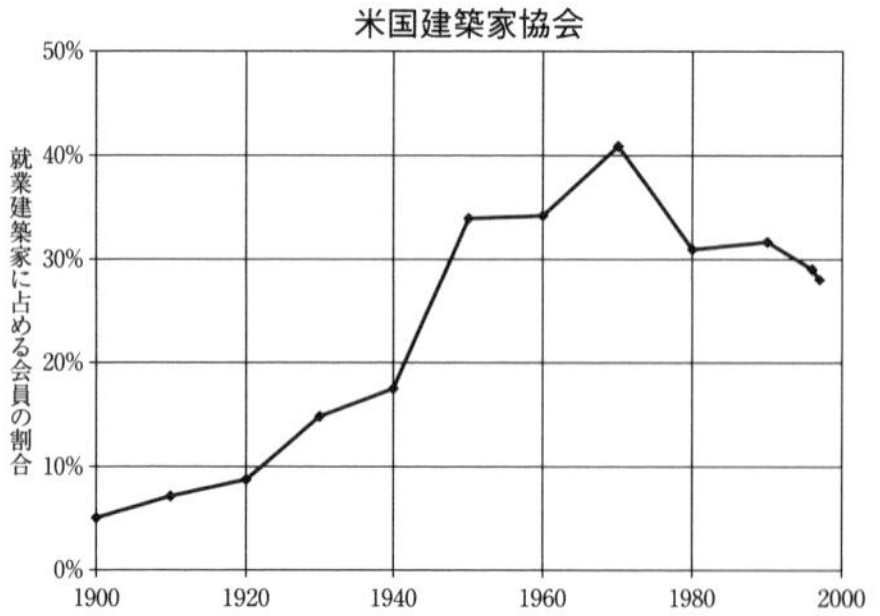
米国建築家協会
就業建築家に占める会員の割合
50%
40%
30%
20%
10%
0%
1900
1920
1940
1960
1980
2000

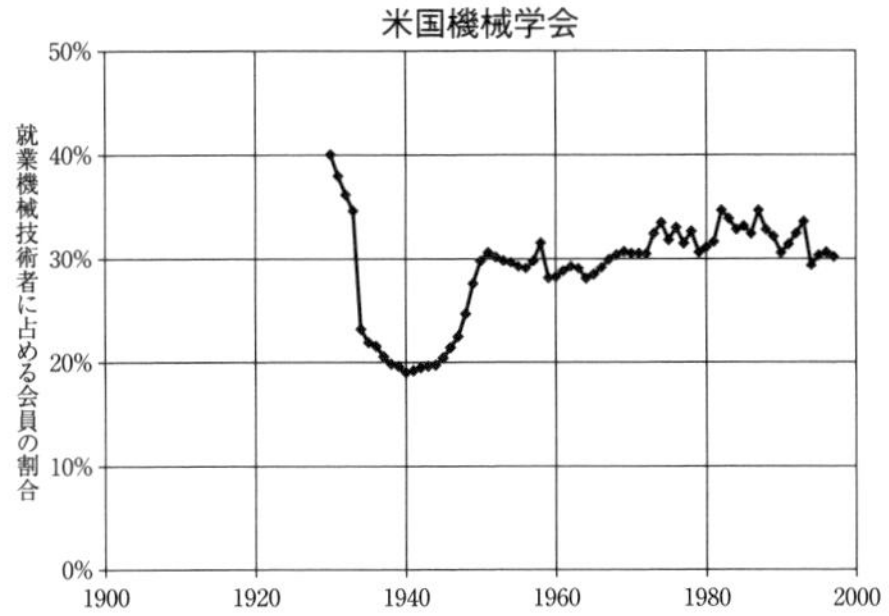
米国機械学会
就業機械技術者に占める会員の割合

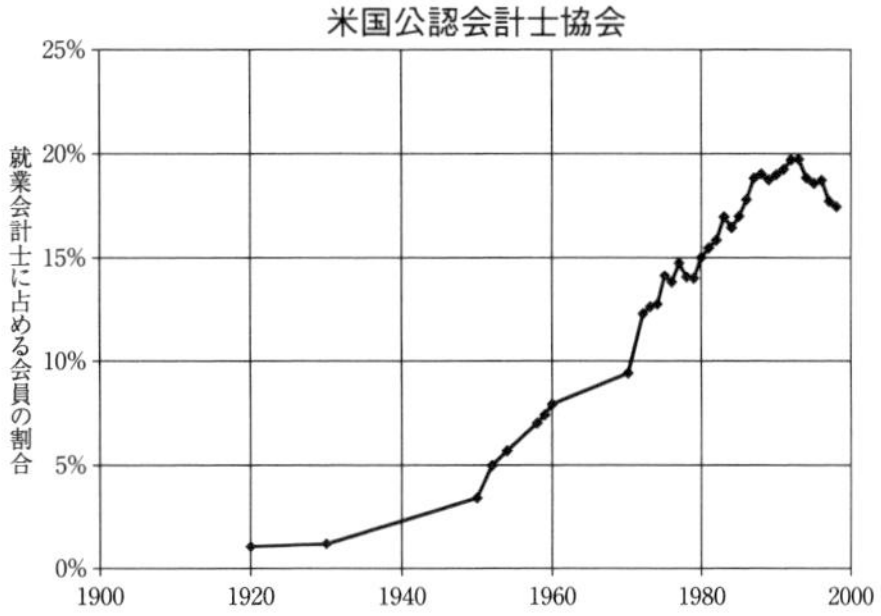
米国公認会計士協会
就業会計士に占める会員の割合

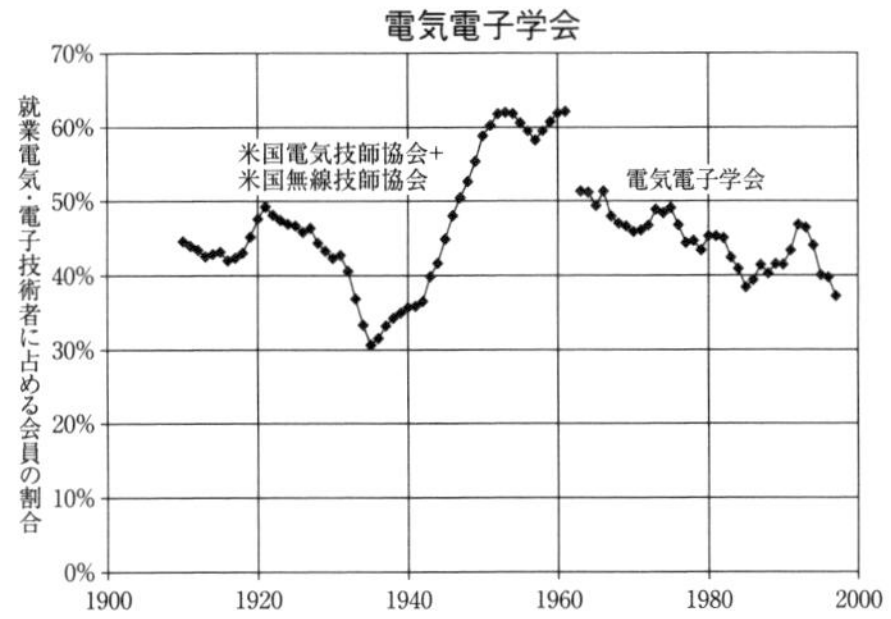
電気電子学会
就業電気・電子技術者に占める会員の割合
米国電気技師協会+
米国無線技師協会
電気電子学会

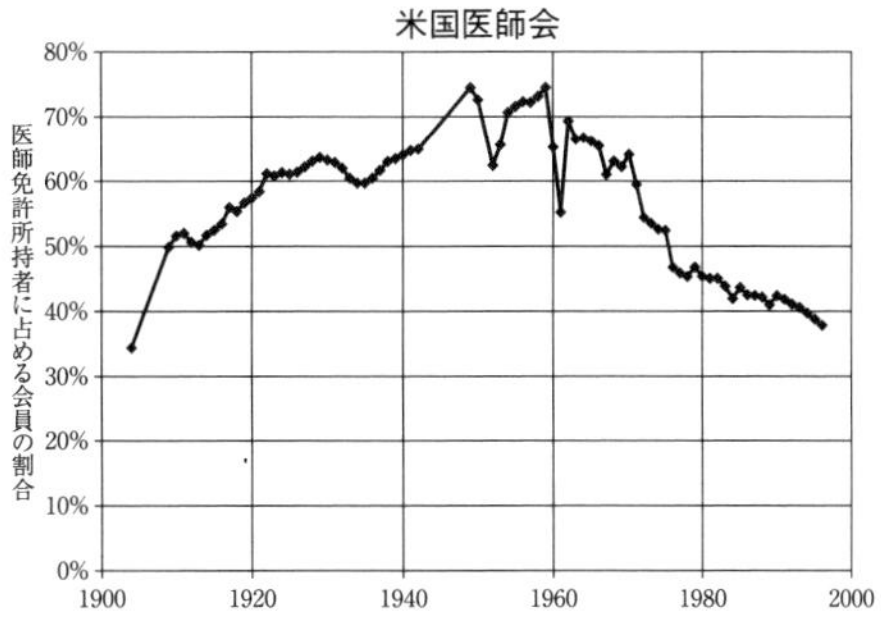
米国医師会
医師免許所持者に占める会員の割合

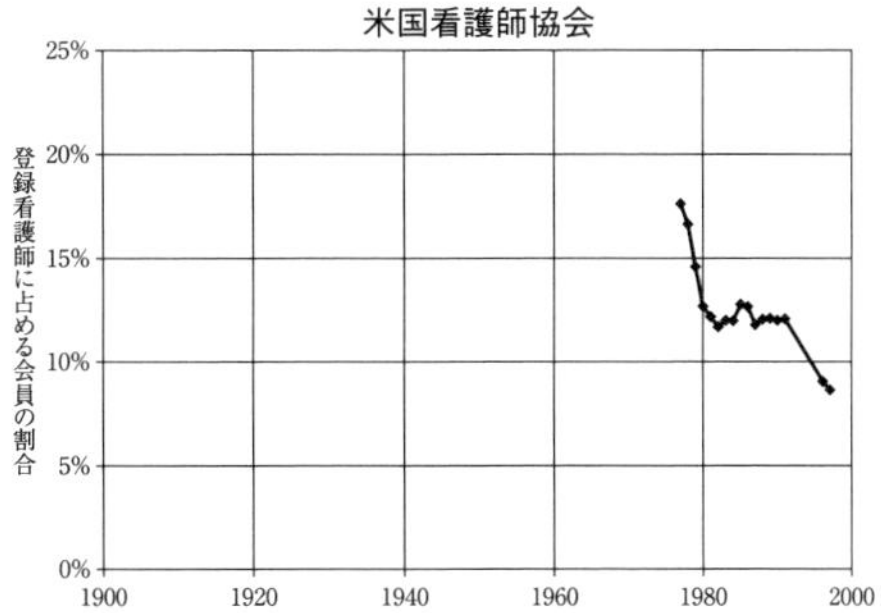
米国看護師協会
登録看護師に占める会員の割合

本書の背景

本書の存在は、その中心となる仮定への反駁となっている。議論の中で私はさまざまな現象の中でもとりわけ一般的互酬性——見返りの期待なしで他人を助けるという習慣——の衰退を主張した。しかし、こちらからの依頼もなく、思いもかけず、また一方的に頂戴した想像を超えるほどの寛大さなしには本書を書き上げることはできなかったであろう。ここで、私が他者にどれほど負っているかを記しておきたい。

思い起こすと、本書についての作業を本格的に開始したのは一九九二年、ちょうどイタリア地方政治に関する二〇年に及ぶ研究成果『哲学する民主主義』を完成させたときであった。ケネディ行政大学院の学長任期から解放されたところで、そこでは米国民主主義の諸問題について焦点を当ててきたのだが、イタリア研究の結論の一つ——民主主義が、社会関係資本に依存していること——が、現代米国にとって意味を持つのではないかと次第に考えるようになった。

続く二年間を通じ、故ジョエル・オーレンと米国芸術科学アカデミーの支援と奨励により、社会関係資本とそれが経済発展、都市部の貧困、そして米国民主主義に対して持つ意味に関する一連の学術ワークショップを開催した。最終的にピーター・B・エヴァンス、スーザン・ファー、シーダ・スコッチポルがこのプロジェクトに指導的に加わってくれるようになり、自分のものと重要な点で異なっている彼らの概念的視点から私は非常に多くを学んだ。われわれの仕事はカーネギー財団、フォード財団、ロックフェラー財団から寛大なる支援を受けた。

アルバータ・アーサーズ、クリフォード・チャイニン、バーバラ・フィンバーグ、ピーター・ゴールドマーク、デヴィッド・ハンバーグ、マイケル・リプスキー、ジェラルディーン・マニオンとその同僚各位には、理論的厳密さも、実践的成果もまだ不確かなアイディアに対して快く投資していただいたことに深く感謝する。議論を学術サークルの外へと持ち出すように穏やかに、しかししっかりと私を後押ししてくれた人々――デヴィッド・ボルト、ジョナサン・S・コーン、ポール・ソロモン――と、ジャーナリズムの世界にいるその三人との偶然の出会いにも感謝したい。

米国の市民参加の傾向を明らかにするような統計的な証拠を見つけることができればと、ゆっくりと探索を始めたが、信頼できるデータによって私の予想を実証することができるかどうかについては全く確信がなかった。その時点での私の「研究チーム」であったハロルド・A・ポラックは、技術と根気そして「証拠を見せろ」という懐疑心によって、初期の証拠をまとめてくれた。一九九四年の初期には、PTAや友愛組織の会員数のようなものに関する十分なデータを蓄積して、単なる逸話以上の段階に進むことができるようになった。その春の朝食時に、親切な友人であるピーター・アッカーマンが、リーグボウリングの傾向が私の展開しつつあった一般化に当てはまっているように見えると話してくれた。何週か後にその話を聞いて同僚のジャック・ドナヒューが、米国人は「孤独なボウリング」をしているようだとつぶやき、そのとき取り組んでいた論文につけるのにすばらしい題名だとみなで一致した。すでにして、友人からの一方ならぬ助けを得て歩みを進めていたのである。

以前の研究プロジェクトのときからの習慣であったのだが、自分の論考についての準備稿を作成して同僚からの批判的コメントに耳を傾け、さらに精錬した版を再構成することを計画した。アクセル・ハデニウス、ディートリッヒとマリリン・ロイシュマイヤー、ビョルン・ウィットロックの招待を受け、一九九四年八月にスウェーデン・ウプサラでの二つの学会において、初期の考察について発表を行うことにした。五月に友人に対して送った手紙の中で私は、「一九九五年を使ってこのトピックに関して、アカデミックな読者層を超えた人々を対象にした薄い本を仕上げたい」と望みを語っている（この大部の書の読者は、一つ以上の理由でこのターゲットを私が失ってしまったことを知るだろう）。一九九五年一月には、ウプサラでの論文の簡約版が、定評あるもあまり知られていない学術誌である『ジャーナル・オブ・デモクラシー』で出版された。そして前触れなしに、巨大な波が襲いかかってきた。

一九九五年一月まで、私は（後にある批評家が完璧な正確さで観察したように）「無名の学者」であった。それまでの三〇年間に多数の書籍と論文を出版してきたが（その多くは『孤独なボウリング』よりもずっと学術的にエレガントであると、私は不躾ながらも信じている）、わずかでも公衆の関心を引いたものはなかった。今や私はキャンプ・デービッドの大統領山荘に招かれ、トークショーのホストにもてはやされ、（現代米国においては、列聖の世俗版に相当する）『ピープル』誌のページの中の写真に、妻のローズマリーと収まることになった。このことが表しているのは遅咲きの天才の話ではなくて、図らずも自分が、多くの普通の米国人のこころの中に形成されはじめていた不安をはっきりと表現したのだという単純な事実である（この時期はまた一瞬にして私に、メディアのスポットライトの力が個人的な反応を引き出すさまを教えてくれた。友人や親戚、同僚、そして全く見知らぬ人の気前よさのせいで、すぐに私は国内有数の立派なボウリンググッズのコレクション所有者になってしまった。ボウリングのピンやらタオル、ネクタイから塩胡椒入れまである）。この騒動は酔いそうになるほどだったが、一九九五年二月に友人二人に書き送った中で私はこう記している。「本当に興奮するようなことなんだが、それでコンピュータから引き離されてしまっている。完全版を仕上げることになっているのだが……眼前の製品開発より、マーケティング戦略の方がずっと先に行ってしまうというリスクを冒しているのかもしれない」。

私は、いま自分が関わっている理論が、限定的な証拠に基づくものであることを敏感に認識していた。議論を深めるためには、さらなる時間と援助が必要だった。アスペン研究所の非営利セクター研究基金、コリン・キャンベル（とロックフェラー・ブラザース基金）、クレイグ・ダイクストラとスーザン・ワイズリー（とリリー基金）、チャールズ・ヘック（と三極委員会《トライラテラル・コミッション》）、ポール・ライトとレベッカ・リメル（とピュー慈善財団）、そしてフランク・ワイル（ノーマン基金）のような寛大な支援者が、奨励と重要な資金の提供に踏み切ってくれた。特に感謝しなければいけないのは、プロジェクトをこの段階でサポートする後援者は、「どうすべきなのか」についての結論を強く求めてくるものなのに、可能な解決策へと急いで動く前に事実をしっかりと確かめることの重要性に、彼らが多大な敬意を払ってくれたということである。

事実をしっかりと確かめるためには、自分自身も数多くの新たな先行研究に通じなければならなかった。私の議論の多く――そしてもちろん本書の多く――は、過去数十年にわたって、多数の別個の領域で専門家がすでに鍛え上げてきた大量の関連研究を単純に統合したものである。そのような仕事を一生のうちにやり遂げるには、助けが必要である。この研究以上に豊かで、思慮深い、活気に満ちた共同研究者のグループに恵まれた研究プロジェクトがこれまでにあったであろうかと思う。新人の加入で毎年着実にリフレッシュされながらも、個人報告の発表が定期的なミーティングで行われるというチームの伝統が出来上がり、それに続く討論は、これまでの人生の中でも最も知的に報われるものとなった。事実上全ての参加者が、自分たちが探求しているトピックの少なからぬ重要性についての確信を共有していたが、私の理論に対する最も徹底的な批判のいくつかはこのグループからのものだった。一九九九年には研究員のリストは五〇近くにまでになったが、その中にいるのは、シンディ・アダムス、ニール・アリソン、メアリアン・バラスコ、ベン・バージャー、ジェイ・ブラーツ、メリッサ・ビュイス、デヴィッド・E・キャンベル、ブラッド・クラーク、ゾーイ・クラックウェスト、ベン・デュフェル、ダン・デヴロイ、カレン・フェリー、ケイト・フリッツパトリック、アーコン・ファン、アーカディ・ガーニー、クリスティン・ゴス、ルイーズ・ヘイズ、イサドラ・ヘルフゴット、アダム・ヒッキー、スコット・ジェイコブス、バートラム・ジョンソン、ジェフリー・クリング、リサ・ラスキン、クリスティン・ラスキー、ジョナサン・リーマン、キンバリー・ロックナー、カレン・マップ、スティーブン・マーシャル、ジェイソン・マゾーニー、ヴィクター・メンディオラ、ロブ・ミッキー、エリザベス・モートン、チャド・ノイズ、エイミー・パールマッター、デヴィッド・ピントｰダシンスキー、ジョン・レクター、A・J・ロビンソン、エミリー・リョウ、アレクサンドラ・サミュエル、アンドリュー・シュネラー、ラスティン・シルバースタイン、ザック・スターン、ハンナ・スティレス、マウリッツ・ファン・デル・フィーン、ジェフリー・ヴォーン、クリスチャン・ウォレン、マーク・ウォレン、アーロン・ウィックス、そしてスティーブ・ヨニシュである。このグループの中には何人か、その関与の期間と程度で、またプロジェクトのほぼ全ての段階における貢献で非常な創造性を発揮したことにより特に記さなければならない者がいる。それはメリッサ・ビュイス、デヴィッド・キャンベル、ベン・デュフェル、アーカディ・ガーニー、クリスティン・ゴス、アダム・ヒッキー、ジェイソン・マゾーニー、そしてスティーブ・ヨニシュである。私のラフな覚え書きと概要を基にして、クリスティン・ゴスは本書の第4部となったものの初期稿を手際よくまとめた。

一九九五年当初に私の主張に対して与えられた最初の注目は、過大なまでに好意的なものであったが、それはとりわけ、スティーブ・ナック、ウェンディ・ラーン、マイケル・ウォーザー、あるいはロバート・ベラーと『心の習慣』における彼の共著者たちといった、他の研究者によって、市民参加の低下に関して似たような懸念がすでに表明されていたからである。その一方で悪名高い『孤独なボウリング』は、反対の解釈をする者も招くことになったが、それらが根拠とするのはわずかなもので、実際のところは曖昧なものであった。一九九五年の終わりに見られた、お定まりの引き潮は愉快なものではなかった――「『孤独なボウリング』はでたらめ」というのは忘れられない見出しである――が、批判というのは有益なものであり、結局のところそれは賞賛よりもずっと生産的なものであった。

続く論争の中で私は批判者たちから多くを学ぶことになったが、それはカルレス・ボイクス、ボブ・エドワーズ、マイケル・W・フォーリー、チャールズ・ヘイング、パトリシア・ランドルト、ニコラス・レマン、ダニエル・N・ポスナー、アレハンドロ・ポルテスのような著者たちである。さらに感謝しているのは、続く年間に何人かの最も鋭い批評家たちから同時に、示唆に富み、時間のかかる個人的な助言を頂いたことである。この類い希なる学問上の協力は、論争好きなわれわれの職業上の規範をはるかに超えるものであり、それについて特に感謝するのはマーシャル・ガンツ、ケネス・ニュートン、ピッパ・ノリス、マイケル・シャドソン、シーダ・スコッチポル、リチャード・M・ヴァレリー、そしてロバート・ウスノウの諸氏である。そして証拠が明確になるにつれて、何人かの批評家と私は、診断の共有に向けて収斂していったが、それでも違いは残った。アドバイスを頂いた親切な方々が、結果に対して何も責任を負うものではないと謝辞の中で慣例どおり付け加えておくことは、とりわけここでは適切である。

『孤独なボウリング』の主張における私自身の確信が、一九九六年初頭に思いがけず揺らいだのは、関連するテーマで共同研究していた友人の経済学者ジョン・ヘリウェルと私が、公開版の「一般社会調査」(いくつかの重要な証拠をそこに依存している)に不備があることを発見したときだった。計算上のエラーを修正したことによって得られたのは、フォーマルなグループの参加に明らかに見られた低下が消え去ったことだった。唯一の慰めは、批判者たちの前でその誤りを明らかにできたことである。この期間を通じて私が尊敬するのは、ジョンの友情や学問的鋭さだけではなく、証拠がどこへと導いていくのかを追いかけるときの、彼の真摯な取り組みである。

それと同時に、共同研究における幸運が続いたのだが、私は政治史学者のジェラルド・ギャムと、トクヴィル時代以降の米国における市民組織の発展についての作業を開始した。その後数年間、ジェラルドは忍耐強く、歴史家の作業の注意深い精妙さでもって私を指導してくれたが、その一方で私と、意外な発見に対する興奮を共有してくれた。

『孤独なボウリング』について最もよく言及される弱点は、開始当初から私にも明らかだった——特定のフォーマルなグループにおけるメンバーの減少に関する証拠に主として頼っていたことにより、その他のグループやインフォーマルな種類のつながりの増加によってそれが相殺されている可能性を無視してきたのである。サッカー試合やソフトボールゲームのようないくつか挙げられた反例については、懸命な作業で確実な証拠が発掘され、ほとんどは錯覚であると判明したのだが、しかしそのような、その場限りの解明では、その他の見過ごした形態の社会関係資本が拡大しているという可能性は減らないままであった。私は、市民参加一般に関する系統的な証拠のソースを単純に思いつくことができず、ピクニックやトランプといった日々のはかないものについてはさらに思い及ばなかった。共同研究者のクリスティン・ゴスとスティーブ・ヨニシュは、われわれが社会的つながりの「控えめな指標」と呼んだものについての系統的証拠を求めて、膨大な(しかし通常は実り少ない)果てしない探索に何百時間も費やした。

最初のブレイクスルーがやって来たのは、これまで分析されたことのない調査の宝の山——付録1においてローパー社会・政治傾向アーカイブとして説明したもの——が、利用できるかもしれないと聞いたときだった。カリフォルニア大学調査研究センターの所長だったヘンリー・ブレイディは、市民参加の低下という私の主張については確固として懐疑的であったが、データを入手し分析を可能にするという作業を共同で行うことには快く同意した。アーカイブは予想していたよりもずっと汚れたものであったが、ハーバードのスティーブ・ヨニシュと、バークレーのドリー・アポロニオ、アンドレア・キャンベルとローレル・エルムズによる一年間の苦労で、アーカイブは比類なき価値を持つようになった。私たちのグループの懐疑派すらも、市民参加の低下を示すこの膨大な証拠には目を見張った。

皮肉なことに、さらに驚くべき発見が最初に見つかったのは、一九九七年の中頃にウェンディ・ラーンが私に送ってきた、ある大学院生が書いた『孤独なボウリング』の批判に付けられた脚注の中であった。そのような送付物の中から多くを得てきたが、当時ミネソタ大学のウィリアム・ウェルズの学生だったダーヴァン・シャーによるこの論文ほどためになったものはなかった。それが私にDDBニーダム・ライフスタイル調査の存在を教えてくれたのである。スティーブ・ヨニシュがこれらのデータに対するアクセスを入手し、同時に付録1にあるようにDDBニーダムのジム・クリミンス、クリス・キャラハン、マーティ・ホーン、ダグ・ヒューズとマーケット・ファクツ社のシド・グローネマンの協力により、われわれのレパートリーの中にまさにユニークなデータが加わった。ピクニックやトランプの記録を続けている者がおり、またこの新データから見たところでは、『孤独なボウリング』は米国で進行中の社会変容の深さと幅を実際には低く評価していたのかもしれないということは、まさにわれわれの驚きとするところだった。プロジェクトにおける新証拠の確認と分析にはさらに二年を要したが、われわれが何か重要なことを言わんとしているという確信を深めてくれた。

これらの年月を通じ、正確さと実践という、二つの責務の間に引き裂かれるのを私は感じていた。古い友人で納得しない批評家のトム・ロコンに、一九九四年四月にこう送っている。

何の証拠にもならないが、アカデミックな読者と一般の読者の間にある著しい違いを伝えねばならない。アカデミックは、参加が低下しているというが事実がどうか常に知りたがる——新しい社会運動はどうかとか、インターネットは、一二段階グループは、ニューエイジのエンカウンターグループは、その他その他といった具合だ。それが真実でありさえすれば、では何ができるのか、といったことに彼らがコメントすることはまずない。一般の読者はそれが真実かどうかを聞くことはほとんどない。自身の経験から真実に響くからだ。どうしたら問題の解決ができるかに、彼らは深い関心を寄せる。彼らの質問の方が答えるのが難しい。

すでに、共通の友人を通じて知り合ったニューハンプシャー慈善財団の会長であるルイス・フェルドスタインとは、私の理論の実践的な意味についてくだけた会話を始めていた。続く春にこれらの会話は、「米国の市民参加に関するサワーロ・セミナー」になるものの公式提案として結実した。続く五年間を通じ、ルーとの共同作業は私の職業生活の中でも最も楽しい、また生産的なものの一つとして開花した。生涯を通じた実践的理想によって、彼は、進展する研究をより広い枠組みから捉えてみることを私に促した。ルーはまた私に完全に欠如している、開花した社会運動を計画し運営する実践的スキルを有していた。私の主張が最終的に行き着いたところに対してルーは何の責任も負わないが、その焦点が単に何が起こったかだけでなく、それに対して何をなすべきかに至ったことの原因となった者は他にはいない。

一九九七年には、トム・サンダーと、後には全米市民連盟の会長クリス・ゲイツの協力を得て、ルーと私は全国の第一線の市民リーダーと学者へ、サワーロ・セミナーへの参加を呼びかけた（この名前に決めたのは、南西部のサワーロサボテンが、何十年もほとんど人目につかずに育ちながら、素晴らしいその幹をそびえさせると無数の動植物の群集落の宿主になるということが、社会関係資本にふさわしいメタファーと思えたからである）。サワーロ・セミナーは、ニューヨークのカーネギー財団、リリー基金、ジョン・D&キャサリン・T・マッカーサー財団、チャールズ・スチュワート・モット財団、サードナ財団、ロックフェラー・ブラザーズ基金、ロックフェラー財団、ライラ・ウォレス・リーダーズダイジェスト基金による寛大なる支援を受けた。サワーロの参加者は惜しみなくその時間、経験と創造力を提供し、市民性再興に向けての実現可能な全国的行動計画の策定に取り組んだ。サワーロ・セミナーにおける私の共同作業者は第24章で明示されているが、同章もわれわれの会合におけるインスピレーションに多くを依拠している。われわれの結論に関するより詳細な報告書は、本書の後すぐに登場する予定である。

この研究を通じて、私は新旧の幅広い知り合いから得た思いがけない支援と知恵を享受することになった。私の優秀な著作権代理人であるレイフ・サガリンは、終始変わらぬ固い友情と導きで、原稿の出版に向けての私の熱意を共有しまた取り次いでくれた。ニック・ミトロプーロスは、友情と市民性というギリシャの伝統と、忠実さと人付き合いという古きボストン《ビーンタウン》の伝統を体現しているが、この一〇年間の困難な時期にはいつも傍らで、激励しまた問題の解決に当たってくれた。アンジェラ・グローヴァー・ブラックウェルは当時ロックフェラー財団の副会長で、私の主張の諸側面に深く懐疑的であったが、それにもかかわらず重要な支援を提供し、同時に私が彼女の洞察を理解するのを我慢強く助けてくれた。世界銀行副総裁でチーフ・エコノミストだった故マイケル・ブルーノ、ケンブリッジ大学経済・政治学部長のパーサ・ダスグプタ、世界銀行・「持続可能な開発」担当副総裁のイスマイル・セラゲルディンはみな、未熟者が学問分野の境界線を横断しようとすることに寛大にも励ましを与えてくれた。卓越した政治思想家で、ホワイトハウスの上級アドバイザーも務めるウィリアム・A・ガルストンは、リベラル・コミュニタリアリズムに対する私の熱意を共有し励ますと共に、事実をしっかりと確かめるようにと注意してくれた。マイケル・ウールコックとは、もともと私が査読を頼まれた素晴らしい（しかし批判的な）雑誌論文の匿名著者として「出会った」のだが、よき友人、そして社会関係資本運動の端緒における共謀者となった。社会関係資本がいかにして草の根レベルで再生されるかについて理解しようと努めていたとき、アーニー・コーツはテキサスを、ミルダ・ヘッドブロムとリップ・ラプソンはミネソタを、イーサン・セルツァーとリン・ヤングバーはオレゴンを紹介してくれた。マリシア・シャープは明快な、価値ある助言をいくつか鍵となる局面で与えてくれた。サードナ財団のエド・スクルートとサイモン&シュスター社のアリス・メイヒュー――それぞれ、私の能力を超えた素早い進捗を支援しまた熱望していた――は、持続的な刺激を与えてくれた。それぞれに異なるフラストレーションを起こしてしまったことを私は後悔している。最後になったとはいえとても最小とは言えないのが、無慈悲な率直さと、知的な要求の厳しい、そして建設的な想像力を持った編集者として本書――そして過去一〇年以上の私の全ての著作――の全てのページに携わったわが娘、ララ・パットナムである。

何百もの学者、研究者、そして普通の市民が、励ましと批判的な意見を書き送ってくれた。個別に名前を挙げるにはあまりに多すぎるのだが、その全てに影響力があった。あまり起こりそうにもない二つの例は記すに値するだろう。バーナード・トレイナー将軍からは、米国海兵隊において小部隊の連帯を確保するための取り組みの歴史について、一般市民の生活に対する潜在的教訓という視点から長大な説明を書き送っていただいた。一方でテキサスＡ＆Ｍ大学のデヴィッド・スコット教授からは突然に、ブリッジゲームの社会学に関する彼の研究について知らせていただいたが、そのやりとりはついには本書の書き出しの部分を導くことになった。「窓の隙間から《おねがいなしに》」届いた貢献のそれぞれに対して謝辞が記せないことを本当に残念に思う。どんな統計上の証拠一つよりもそれは、米国の市民性再興の泉が力強く流れ続けていることを確信させてくれたからである。

研究の中で、数多くの研究者や機関が気前よく自身のプロジェクトのデータを提供してくれたが、それはメディアマーク社のジュリアン・ベイム、クリストファー・Ｊ・ボッソ、スティーブン・ブリント、フランク・Ｍ・ブライアン、食品マーケティング協会のマーゴット・セラ、アン・コステーン、ラッセル・ダルトン、ロナルド・イングルハート、ＡＡＦＲＣ慈善信託のアン・カプラン、イチロー・カワチ、ブルース・ケネディ、ウィリアム・Ｇ・メイヤー、ピーター・ナルドゥッリ、コネチカット大学ローパーセンターのリサ・パルマリー、ジョン・Ｐ・ロビンソン、シーダ・スコッチポル、ロバート・スミス、Ｍ・デーン・ウォーターズ、そしてヤンケロビッチ・パートナーズのドン・ウィンターとＪ・ウォーカー・スミスである。多数の市民組織の職員はその時間と専門性を惜しみなく使って、入手の困難な記録を取り出し歴史的な細部を埋めてくれた。ここで特に賞賛したいのは、国勢調査局、労働統計局、議会図書館その他政府機関の多数の専門家のスキル、誠実さ、そして好意であり、私と研究チームの求めに素早く効率的に対応していただき、その専門性と活気は政府職員に対して語られるステレオタイプの偽りを繰り返し立証するものだった。

このプロジェクトの過程で特に詳細な、洞察に満ちた支援と助言を頂いた数多くの研究者に感謝する。（自分の責任において、全てではなくなったが）その一部を受け入れさせていただいた。それは、ジョエル・アバーバック、ロリーン・アブロムス、ロバート・アクセルロッド、ベンジャミン・バーバー、ダニエル・ベル、リサ・F・バークマン、ピーター・バーコヴィッツ、デレク・ボク、ハリー・ボイト、サヴィア・ド・ソーザ・ブリッグス、スティーヴン・ブリント、リチャード・カヴァナー、マーク・シェイヴス、故ジェームズ・S・コールマン、スーザン・B・クロフォード、ラッセル・ダルトン、ジャック・ドナヒュー、マイケル・A・ドーヴァー、ルイス・フェルドスタイン、クローディア・ゴールディン、シド・グローネマン、ヴォーン・L・グリシャム・ジュニア、グレン・ファイアボー、ロバート・フランク、マーク・ギャランター、ジェラルド・ギャム、ピーター・ドブキン・ホール、デヴィッド・ハルパーン、ラッセル・ハーディン、フレデリック・C・ハリス、スコット・ヘンフィル、ヴァージニア・ホジキンソン、ボニー・ホニッグ、ハワード・ヒュソック、ヘレン・イングラム、キャスリーン・ホール・ジェーミソン、クリストファー・ジェンクス、ローレンス・F・カッツ、モートン・ケラー、ゲリー・キング、ロバート・コヘイン、ロバート・クリットガード、スティーブン・ナック、マーガレット・レヴィ、シーモア・マーティン・リプセット、グレン・ラウリー、ロバート・ラスキン、ダグ・マカダム、アイリーン・マクドナー、スティーブン・マセド、ジェーン・マンスブリッジ、ピーター・マーズデン、ジョン・D・マッカーシー、デヴィッド・G・マイヤーズ、カール・ミロフスキー、マーサ・ミノウ、マーク・ムーア、キャサリン・ニューマン、リチャード・ニエミ、スーザン・オルザック、エレナー・オストロム、ヴァージニア・パーク、デヴィッド・ピント-ダシンスキー、ジェーン・ピリアヴィン、フレッド・プライアー、ウエンディ・ラーン、ポール・レズニック、トム・ロコン、ナンシー・ローゼンブラム、ロバート・I・ロットバーグ、ピーター・ロウ、ケイ・シュロズマン、ジュリエット・ショアー、ダーヴァン・シャー、ディートリンド・ストール、ジャネット・トポルスキー、エリック・アスレイナー、シドニー・ヴァーバ、ロバート・ヴォス、マーク・ウォレン、マーガレット・ウィアー、バリー・ウェルマン、エドウィーナ・ワーナー、グラント・ウィリアムズ、シャーリー・ウィリアムズ、サド・ウィリアムソン、ジョン・ウィルソン、アラン・ウルフ、マイケル・ウールコック、ロバート・ウスノウ、アラン・ザスラフスキー、そしてアラン・ズッカーマンである。

これらのプロの研究者に加えて、私の主張と証拠にシミのように付く欠陥を指摘してくれた学生はあまりに多数にわたっており、隣接領域にある思いがけなく関連しているアイディアを教えてくれることで私の周辺への視野を広げ、そして（何よりも）若い世代の才能と理想が、市民的再興の潜在的資源を表しているという（本書中のいくつかの証拠からあまりに容易に推論しているかもしれないが）、私の確信を強めてくれた。

この研究は私が構想したよりもずっと負担の大きいものとなり、悲しむべき結果の一つは、いくつかの関連するプロジェクトにおける私の責任を繰り返し果たせないことになったことだった。それにもかかわらず、これらのプロジェクトにおける共同研究者たちからは大いなる寛容を示していただき、一方で際だつ知的刺激と個人的友情を与え続けていただいた。とりわけ深い感謝を表させていただきたいのは、三極委員会「現代世界における民主主義プロジェクト」の共同研究者であるジャン-クロード・カザノバ、チャールズ・ヘック、故佐藤誠三郎、ベルテルスマン科学財団「ヨーロッパ、北米、東アジアにおける社会関係資本のダイナミックス」プロジェクトの共同研究者、支援者であるエヴァ・コックス、ピーター・ホール、猪口孝、クラウス・オッフェ、ビクトル・M・ペレス-ディアス、ボー・ロスシュタイン、ダーク・ランバーク、シーダ・スコッチポル、フォルカー・テーン、ジャン-ピエール・ウォルムス、ロバート・ウスノウ、そしてフォードの支援する「三極世界における民主主義プロジェクト」でリーダーを引き受けてくれた、私の親友であり同僚のスーザン・J・ファーである。同時に、ハーバードの政治学部とケネディ行政大学院における同僚は彼らも気づかない仕方で私の研究を吟味しまた豊かにしてくれ、また親切な同僚関係により、この見るからに果てしないプロジェクトに私が熱中している間、脇に忘れていた負担を担ってくれた。

このプロジェクトは、ホルヘ・I・ドミンゲスが率いるウェザーフォード国際問題センターと、アラン・アルツシュラーの率いるトーブメン州・地方自治センターによって継続的に運営された。ホルヘとアランとの個人的友情が始まって二〇年以上になるが、両者ともこの研究に惜しみない支援を与えてくれた。学長のジェレミー・R・ノールズとジョセフ・S・ナイにも、知的、組織的な励ましを受けたことを感謝する。

この研究の過程で、計画を前進させ続けてくれた同僚の勤勉さと技術から、ほとんど信じられないほどの恩恵を受けた。それはシンディ・アダムス、リサ・アダムズ、アネット・マン・ボーン、ジェフリー・バウトウェル、アリシア・カラスキージョ、ソーイ・クラークウェスト、アン・エマーソン、ケイト・フリッツパトリック、サラ・ヘーガン、ロジャー・ラブリー、スティーブ・ミニクッチ、マリサ・ムルタ、エリン・クイン、ジュリッサ・レイノーソ、カレン・ロジャース、バーバラ・ソールズベリー、コリン・シェリング、そしてケイティー・テニーである。

私が喜んであげさせていただいてきた全ての助けに加えて、私の職業上のパートナーである二人、ルイーズ・ケネディとトム・サンダーによる特別な役割なしには、本書と、それに関係する米国民主主義の復興に貢献しようとする取り組みは成し遂げられなかったであろう。彼らは混沌とした善意を、最高の冒険へと変えてくれた。

トムがプロジェクトに加わったとき彼に語ったのは、いかにして米国の市民エネルギーを動かすかを誰かが毎朝起きて悩まなければいけないこと、そしてそれは私ではないのだということだった。著しく聡明で、特大の市民的良心に動かされ、トムは熱狂の四年間に、このプロジェクトのあらゆる側面について働いた。サワーロ・セミナーの全て――その謎めいたタイトルから卓越した参加者の名簿、徹底的に計画された会合から、最終報告書に至るまで――は彼の手になるものである。この本にもやはり、彼のエネルギーと想像力の消すことのできない跡が記されている。例えば、ある午後に弁護士活動の傾向について私が考えていたとき、彼は昼夜を通して数字を追い、諸解釈を列挙し、矛盾に判断を下していった。誰の許可を得ることもなく彼は自らプロジェクトにおける警告《ホイッスルブロワー》者としての役割を開拓し、私が真実を避けているようなことがないか、あらゆる一般化の背後を見つめていた。彼は驚嘆すべき同僚である。

この特別な五年間、ルイーズは落ち着いた良識、細かい気配り、名高い忠実さで私の職業生活を管理してくれた。「秘書《エグゼクティブ・アシスタント》」という飾り気のなく聞こえる肩書きの下にほとんど隠されていたが、彼女は多数の会議とワークショップを立案指揮し、五〇人ものリサーチアシスタントを監督し、数百万ドルの予算の会計をし、メディア戦略をデザイン、実行し、高ぶった神経を和らげ、私の興奮や絶望の緩衝となり、何百もの旅程を計画、再計画し、社会変化についての戦略を立て、私の行儀を注意し、(おまけに) サワーロ・セミナーの文化・芸術面の仕事を指揮し、われわれのウェブサイトをデザインした。諸事に関する彼女の大小の判断は非の打ち所がなかった。最も重要なのは、トムと同様に彼女も、われわれが価値ある使命を行っているのだという確信において揺らぐことが決してなかったことである。

著者の誰もが私のように、愛する、支えとなる家族を持つことに恵まれているわけではない。クリスティン・キャンベル、マリオ・ペレス、そしてジョナサンとララ・パットナムは愛想よく、いったいいつまでかかるのかと私をからかったが (皆と同じようにこちらだってわかっていた!)、同時に無数の洞察と、励ましの言葉を与えてくれた。母のルース・パットナム、そして亡くなった義父母のルイスとゼルダ・ワーナーは、私が長く失礼しているのを優しくも許してくれたが、一方で彼らこそが「長期市民世代」の並はずれた実例を示していたのだった。数え切れないほどの仕方で、妻のローズマリーはこのプロジェクトに私が没頭するのを可能としてくれた。彼女は司書としての専門的経験を生かして、プロジェクトが蓄積していった何万もの文書、原稿、報告書、切り抜きの目録を作成してくれた。それと同時にローズマリーは、このプロジェクトの仕事をするために、過去五年間の大半を私がニューハンプシャー州フロストポンドの家で費やしたという事実を——ほぼいつも上機嫌で——我慢し、一方で毎週末通ってくれていた。私が行き詰まったときには、彼女は私の心を励まし、有頂天で舞い上がっているときには、母に電話することを思い出させてくれた。誰もが親友を必要としている。そんな親友と結ばれた私は恵まれていた。

ニューハンプシャー州フロストポンドにて
一九九九年一二月

訳者あとがき

柴内　康文

本書は、Putnam, R. D. 2000 *Bowling alone : The collapse and revival of American community.* New York : Simon & Schuster. の全訳である。スウェーデン語、スペイン語、イタリア語、中国語に次ぐ翻訳刊行となる。

著者ロバート・デヴィッド・パットナムは一九四一年にニューヨーク州ロチェスターに生まれ、スワスモア・カレッジを卒業後、フルブライト奨学金を得てオックスフォード大学に学んだ。イェール大学で学位取得後、ミシガン大学を経て、現在はハーバード大学のピーター＆イザベル・マルキン記念公共政策講座教授職にある。この間ハーバード大学ケネディ行政大学院の学長、米国政治学会会長、また国家安全保障会議のスタッフメンバーなども務めている。

パットナムは数多くの論文、著作をこれまで発表しているが、邦訳書としては本書は三冊目に当たるものであり、イギリスの外交官ニコラス・ベインとの共著『サミット』（Putnam & Bayne, 1984）、および『哲学する民主主義』（Putnam, 1993）の両書とも高い評価を受けている。特に後者は、本書の直接的な出発点といえるものであろう（なお同書は現在十五ヶ国語に翻訳されている）。本書成立の経緯については著者自身による「本書の背景」に詳しく、また社会関係資本をめぐる研究の展開を適切にまとめた国内の研究書、論文もますます増加しているため、インターネット等のメディア論を中心とする浅学の訳者が必要以上に論じることもふさわしくないと感じるが、本書後の展開もふまえながらここで簡単にまとめておきたい。

本書の第21章でも簡潔に要約されているが、パットナムの『哲学する民主主義』のテーマは、イタリアで一九七〇年代に導入された地方制度改革に関するものであった。その改革の結果として、すでに成立していた五つの「特別」州に加え、広範な権限を与えられた一五の「普通」州政府が成立した。この過程をいわば実験に見立て、同様の制度的構造を持つこれらの州によってもたらされた「制度パフォーマンス」をパットナムらは測定した。そしてそのパフォーマンスに見られる各州間の大きな違いが、それぞれの地域の「市民性」の違い、「市民共同体」の発達程度によって説明できることを示したのである。彼らはその起源を中世のコムーネ共和制当時にまでさかのぼって検討する一方で、市民性が制度的パフォーマンスに影響を与えるメカニズムについて考察した。そのメカニズムを論じた同書の最終章は、まさに“Social capital and institutional success”（訳書では「社会資本と制度の成功」）と題されている。社会関係資本――本書の定義に従えば、「社会的ネットワーク、およびそこから生じる互酬性、信頼性の規範」――の違いが、同じ制度が導入された各地域のパフォーマンスの違いをもたらしているとしたのである。

その後パットナムはこの議論をふまえて、アメリカの社会関係資本の検討を始める。彼がその成果をまとめて世に問うたのが、一九九五年に刊行された『ジャーナル・オブ・デモクラシー』誌の論文（Putnam, 1995a）、および同年の米国政治学会のイシエル・デ・ソラ・プール賞受賞講演論文（Putnam, 1995b）である（前者の邦訳は宮川・大守（2004）――「訳者あとがき」文献欄参照――に収録されている）。彼はこれらの論文の中で、トクヴィルの賞賛したアメリカの市民的つながり、社会関係資本が一九七〇年代から低下し続けていること、それが教会や労働組合、ＰＴＡ、各種友愛組織、さらにはリーグボウリングの参加といった日常的なインフォーマルな社交にまで至っていることを示し、その原因を含めてさまざまな論点を提示した。ここで、ボウリング人口は減少しているどころか、むしろ増加を示しているにもかかわらず、リーグボウリングへの参加者が急減していることを基として、彼の説を有名にした“Bowling alone”という題名が生まれることとなったのである（なお、関連した余談であるが、日本におけるボウリングのあり方と、アメリカのそれにおける大きな違いが、この題名の意図を多少ともわかりにくいものとしているかもしれない。地域のボウリング場に、例えば毎週定刻に集まって相手を変えながら一定期間チーム戦を行うというリーグボウリングという形態が、日本においてそれほど定着しなかったからである。ボウリングブーム時の様子を伝える業界誌の『月刊ボウリング・レビュー』(ロータリー・プレス刊)によれば、アメリカボウリング界の首脳が日本のボウリングに「オープンボウラーが極めて多く、リーグボウラーが少ないことに驚いて」いること(一九七二年一二月号)や、「何故チーム・リーグ戦をやれないか」「リーグ・ボウラー開発について」といった特集記事(一九七三年五月号)が組まれており、個人競技になりがちなボウリングをいかに改革するかが議論されている)。ともかくも、彼のこの主張はアメリカにおいて多大な注目を集め、また大きな論争を引き起こした。その反響の様子は彼自身が「本書の背景」でも記しているとおりであり、パットナムが『ピープル』誌に夫人と写真入りで紹介されたこと、クリントン大統領の一般教書演説にも影響を与えたと伝えられることは、彼を紹介する際によく引かれる逸話である。寄せられたさまざまな批判もふまえ、彼が二〇〇〇年についに刊行したのが、一九九五年の論文と同題を冠する本書であり、これは一般読者を巻き込むベストセラーとなった(なお副題の方は「衰退する米国社会関係資本」から、「米国コミュニティの崩壊と再生」へと変わっている。一方向的な衰退観の否定や、彼の強い実践志向は本書において窺うことができる)。

本書の趣旨は本文を読んでいただければ非常に明快で、また説得的であるが、参考までにその構造を図にまとめた。まず第1部は導入部であり、さまざまな事例を引きながら社会関係資本概念を説明し、ジェイコブズ、ブルデューやコールマンらの社会関係資本概念とも関連づけ、一方で橋渡し型対結束型といった社会関係資本の分類についても論じる。第2部は、その社会関係資本が米国社会の各領域で、二〇世紀の前半三分の二を通じて上昇していたものの、その後世紀末に向けて急減に転じたことを多様なデータを通じて明らかにしていく。パットナムに対する批判の中には、例えば彼が低下した領域のみを扱っており、実際にはつながりの領域が変化しているのではないかというものがあるが、そのような批判に対してさまざまなデータを駆使して反論する様子を見ることができるだろう(パットナムが行った反論は、本書の中で随所に現れる周到な筆致や、詳細な巻末注の中にも表れている。彼は初出の論文の発表以降寄せられた批判者の論点を貪欲なまでに吸収しており、それが本書の

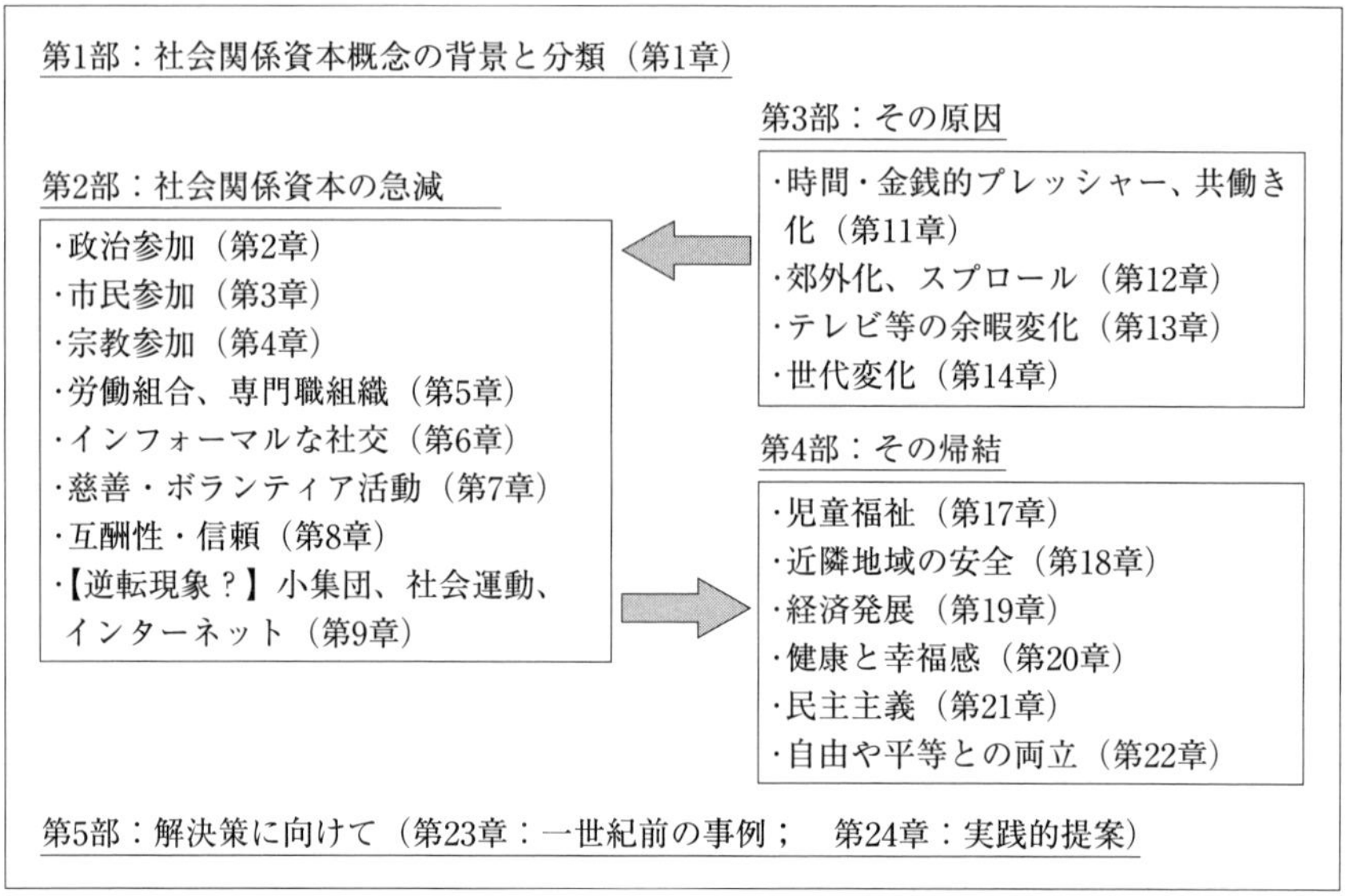

図　本書の構造

説得力にも貢献していると思われる)。第3部はそのような低下をもたらした原因について論じており、それを第一に世代的変化、(それと重複する部分もあるが)第二にテレビ等の影響と余暇時間の変化、第三、第四として時間と金銭面のプレッシャー、特に共稼ぎ化による変化、そして郊外化、スプロールと通勤時間を挙げている。第4部は、州レベルの社会関係資本を指数化し、それが社会のさまざまな領域に大きな影響を与えているさまを示す。第5部においては一九世紀末から二〇世紀初頭のアメリカに見られた変化と革新の動きに現代への教訓を求めると共に、各領域に対するベンチマークを設定して社会関係資本の再興を訴えている。

　本書の特徴はいくつかあるが、一つにはそのスコープの驚くべき広さ、学際性が挙げられよう。本書の出発点となった『哲学する民主主義』も学際的であったが、本書に至ってはざっと抜き出すだけでも政治学、経済学、経営学、社会学、心理学、メディア論、社会福祉学、公衆衛生学を始め、アメリカ現代史、公共政策論、地域開発論、NPO・ボランティア論や都市計画論など、関連する研究領域・テーマを挙げていけばきりがないほどであり、また膨大な引用文献群からも、いわば社会科学とその隣接領域の関連部分を、社会関係資本というキーワードでまとめなおしたのではないかとすら感じさせるものがある。訳者も作業の中で、各領域で独立して見知ったり、理解していた知見が統合されていくような感覚を何度も味わうことになった。訳者の最も理解できる（一方でパットナムの専門とは言いにくい）インターネットを中心としたメディア論においても引用されている文献は当を得たものが少なくなく、彼とそのチームの多領域にわたる綿密な作業を想像させるものである。また、徹底的なまでのデータによる実証へのこだわりも本書を特徴づけるものであろう。ＧＳＳ（General Social Survey, 一般（総合）社会調査）、ＮＥＳ（National Election Studies, 全米選挙調査）といった分析のための標準的調査データアーカイブにとどまらず、彼らは自らもさまざまなデータを発掘、整備して広範な分析を可能とした。巻末に付された各組織のデータや、詳細な方法論的解説も圧巻であるが、本書のウェブページ（http://www.bowlingalone.com）にも、ＤＤＢニーダムデータが関心を持った研究者の分析に供するために公開されているのを始め、各州の社会関係資本指数やそれを構成した指標なども提供されている。彼らの行った統計分析は指数の構成手法や多変数の統制法など背後においてはある程度専門的であるものの、そのプレゼンテーションはあくまでシンプルで明快なものであり、統計分析に必ずしも明るくない一般読者に対してもそのメッセージに抗いがたいほどの説得力を与えている。

本書の登場によってもパットナムの主張をめぐる論争が終わったわけではない。アメリカの社会関係資本は真に衰退したのか、衰退したとすればその原因は何か、社会関係資本の定義やそのマクロ・マイクロレベルの区別、またそもそもこれが資本概念により理解可能なものかなど、多くの議論、実証が今なお継続中であり、社会関係資本そのものの捉え方も研究者、また専門分野によって大きく異なっている（パットナムの主張の位置づけについては、それを中心テーマとした他の論考に譲る。鹿毛（2002a, 2002b）、坂本（2003, 2004）辻（2004a, 2004b, 2005）等を参照）。しかし社会科学の分析概念としての社会関係資本の地位については、今やほぼ定着したと言っても過言ではない。実際、“social capital”で論文や書籍を検索してみれば、それが社会科学内で、またそれを超えて現在盛んに成果が生み出されている領域の一つであることは一目瞭然である（『ＯＥＣＤオブザーバー』の二〇〇四年三月の記事によれば、一〇年前には三年に一本しかなかった社会関係資本に関する研究論文が、この前年一年間だけで三〇〇に上るようになったことが記されている。パットナムとのインタビューを掲載する同誌の日本語版はhttp://www.oecdtokyo2.org/pdf/observer_pdf/no242.pdf)。本書刊行後のパットナムは、日本を含む八カ国の社会関係資本の状態を国際比較した論文集である“*Democracies in flux*”の編者となる一方で（Putnam, 2002）、本文中でも触れられている「サワーロ・セミナー」のディレクターとして活動しており、その成果はルイス・フェルドスタインとの共著“*Better together*”にもまとめられている（Putnam & Feldstein, 2003）。また、同セミナーのウェブページ（http://www.ksg.harvard.edu/saguaro/）はパットナムらによる社会関係資本への実証的、実践的取り組みの最新情報を提供しており、ＦＡＱ・用語集、文献リスト、関連ニュース記事や社会関係資本の測定のためのさまざまなツールや調査結果が集積されている。この問題に関心を持つ読者には必見のサイトだろう。例えば、市民参加の世代差の原因として（不幸なことだが）第二次大戦が大きな影響を与えた可能性をパットナムは本書第14章で論じる。そうすると（これも不幸なことだが）「9／11」あるいはハリケーン・カトリーナが社会関係資本に影響を与えた可能性も議論可能ということになろう（実際、最近もクリスチャン・サイエンス・モニター紙（二〇〇六年一月三〇日）に対して、パットナムは「9／11」以降、特に若者の間で政治的議論、投票、ボランティア活動が増加していると答えている。http://csmonitor.com/2006/0130/p01s02-uspo.html）。例えばこの点についてもサワーロ・セミナーのウェブページに、「9／11」やカトリーナが社会関係資本に与えた影響に関する記事のコレクションが提供されている（http://www.ksg.harvard.edu/saguaro/911katrina.html）。

日本国内でもすでに、社会関係資本を題名に冠した既刊書として主だったもので開発援助の観点から佐藤（2001）、社会学、ネットワーク論の観点から金光（2003）、社会経済学的観点から宮川・大守（2004）、インターネットとの関係について論じた宮田（2005）、市民活動との関連からの詳細な調査報告書である内閣府国民生活局（2003）、金融システムの関連から戸井（2006）などがあり、またビジネス、組織論的観点からはBaker（2000）、Cohen & Prusak（2001）の邦訳が刊行されている。また学術誌、専門誌等においても社会関係資本の特集が組まれることも増えており、訳者が見いだした範囲では、『アジ研ワールド・トレンド』（2001, 7(4)）、『選挙研究』（2002, 17）、『Eco-forum』（2002, 21(2)；2003, 22(1)）、『月刊ＥＳＰ』（2003(9)）、『ＮＩＲＡ政策研究』（2005, 18(6)）、『ＣＥＬ』（2005, 73）、『理論と方法』（2005, 37）などがある。加えて学会の特別セッションやシンポジウムもさまざまに行われており、書籍所収の章、個別の学術論文を加えればこの研究領域が二一世紀に入り国内でも多様な領域で関心を集め、また成果をますます増加させていることがわかる（また一般読者の関心も集めた、山岸俊男による『信頼社会』の議論も当然この領域と密接に関連してくるものである）。学問的流行の常として、「社会関係資本」と必ずしも呼ぶ必要のないものも最近はこの名前で論じられることも少なくないように訳者には感じられることもあるが、いずれにせよさまざまな個別の知見、理論が一つの概念を中心に関連し合っていくさまは非常に興味深いものである。

前述のとおり、社会関係資本をめぐっては国内でも多数の研究論文が公刊されており、関連する議論はこれらの文献やその引用文献を当たっていただきたい。ただここではいくつかの点について、補足的に論じておく。一つは、日本における社会関係資本の蓄積をめぐる問題である。パットナムが指摘したような現象が、果たして日本においても成り立つのかどうかは、本書の豊富な図表を目にしたときに当然感じる疑問であろう。まず、社会関係資本に類似の低下が見られるのかについてであるが、パットナムが行ったような戦後、あるいは二〇世紀全体にわたり社会関係資本を追跡するような試みは少ない。これはそれを追跡するようなデータの圧倒的不足にもよるものであろうが、この文脈では Pharr（2000）が一九六〇～一九九一年の事業所統計調査（現在の事業所・企業統計調査）のデータを引き、各種の政治・経済・文化団体がこの期間急増していることを指摘している。また Inoguchi（2002）は一九八一～一九九六年の社会生活基本統計から、日本人の市民活動への参加がこの期間安定的であることを示している。もちろん労働組合組織率の長期低下傾向などはよく知られるところであるし、「昔はよかった」「つながりがあった」のような見方はしばしば受け入れられやすいものではあるが、アメリカの示すパターンと日本（また各国）のそれが異なっている可能性があることには注意を払う必要がある。同様におそらく読者の関心を引くであろうものとして、パットナム流のアプローチによる各都道府県別「ソーシャル・キャピタル指数」の試算結果が内閣府国民生活局（2004）に収録されている（同報告書は、国民生活局の「ＮＰ

Oホームページ」（http://www.npo-homepage.go.jp/）で閲覧可能である）。この指数の説明力を検討した分析では、これが失業率の抑制や出生率の維持と関係していたことが示されている。また、同報告書では約二〇年間を通じた各都道府県レベルでの「つきあい」や信頼、社会参加の変化を検討しており、近隣とのつきあいが全般的に低下しているものの、その他の変化はあまり見られないこと（特にボランティア活動は増加している）、また地方部における減退と大都市部における安定ないし回復が示唆されている。ともかく、これらは今後もデータに基づく分析、議論が求められる部分である。もっともその意味でも、データの圧倒的な不足は改めて認識せざるを得ない。もちろん国内でも学術分析のためのデータアーカイブが近年整備されつつある。社会調査であれば、特に選挙関連でＪＥＳ（Japan Election Study）、明推協調査などの継続データが公開されており、また日本版ＧＳＳを目指したＪＧＳＳ（日本版総合社会調査）が（予備調査を含めれば）一九九九年から継続的に実施されるなど関係者の努力で二次分析を強く意識した良質なデータが集積、提供されつつある。しかし、日本の二〇世紀（あるいは戦後）を調査データを基に分析、議論していくことには多大な困難が伴う。パットナムも不足をカバーするためにさまざまなデータを地道な努力の末に利用しているが、国内でも議論の土台としてさらにデータを発掘し、また公開してゆく必要性があることも、圧倒的なデータに基づく本書からは痛感されるところである。

　本書の中で、一般読者の関心を引く可能性が高いと思われる論点の一つとして、社会関係資本とメディアの関係があろう。この点についても議論が多いので主な文献を引きながら簡単に論じておきたい。パットナムの初期の議論では、本書よりもテレビの影響を大きく考えていた。Putnam（1995b）、あるいはそれをリライトした一九九六年の『アメリカン・プロスペクト』誌の記事（二四巻七号）である“Strange disapperance of civic America”において、「犯人（culprit）はテレビである」と彼は記しており、また彼を写真入りで紹介した『ピープル』誌掲載のインタビュー（一九九五年九月二五日号）でも、五〇年代に育った者の世代から参加の低下が起こっていることについての原因を問われ、「第一の容疑者はテレビであると思う」と語っている。しかし、これに対しては個人レベルのデータ分析に基づき、さまざまな議論、反論が寄せられた。テレビ視聴時間と市民参加との間に一定の負の関連を見いだしたBrehm & Rahn（1997）のような研究もあるが、一方でUslaner（1998）

は視聴時間の信頼や市民参加に対する影響を強力に否定している。このテーマでよく引用されるNorris（1996）は、テレビ視聴時間と参加の間にごく弱い負の単相関がある一方で、テレビ番組の中でもニュースや時事問題番組の視聴はむしろ参加と正の関係にあること、背景変数を統制するととりわけテレビ視聴時間の負の効果の多くが消失することを示し、テレビの強い影響があるという単純な主張は成り立たないとした。Shah（1998）もテレビの影響はパットナムの理論化とは異なり、特定の番組ジャンルによって条件付きで考えるべきものであるとする。本書を見ればわかるとおり、パットナムもそういった批判をある程度受け入れる形で自説を修正しており、テレビニュース視聴が新聞と並んで市民参加と正に関係していることを前面に打ち出す一方、テレビ視聴の問題を娯楽の部分を中心とし、また番組ジャンルによる違いを意識する方向性や、因果関係についての慎重な姿勢を見せている（同時にメイロウィッツやガーブナー、チクセントミハイといった論者や、テレビ研究でよく知られたカナダにおける自然実験の知見などを動員して自説を補強している）。なお、ニュース関心において見られる大きな世代差を扱ったミンディッチの著作も近年話題となっており（Mindich, 2004）、テレビの影響に関する問題は興味深いテーマであるが、一方で慎重な分析と議論が必要であると思われる。

メディアの問題についてはもう一点、二一世紀に入りほぼ完全に生活の中に定着したインターネット、そして携帯電話等の役割も当然関心を引くものであるだろう。インターネットと社会的なつながりに関する初期の研究では、それが「テレビと同様」に社会的関与を減少させるという研究が注目を集めたことがあり（Kraut et al., 1998）、それを引用したパットナムも関係形成におけるインターネットの重要性は認めまた最終章の提言の中で触れつつも、その市民参加に対する影響にはある程度懐疑的な姿勢を見せている（第9章）。しかし、その後の研究の文脈では、インターネットが社会関係資本形成に対して持つ影響について本格的な研究が始まっており、本書刊行後のよく知られたものとして例えばWellman et al.（2001）、Shah et al.（2001）などある（この問題についての国内の研究の代表例としては宮田（2005）を参照）。ここで、最近発表されたパソコンと携帯電話利用を比較した研究の知見は興味深い。池田（2005）所収の小林哲郎らの分析によれば、パソコンを通じたメールの利用はフォーマルな社会参加を促進しており、また争点参加を高め非寛容性を減少させる傾向を持つ一方で、携帯メールの利用はそのような効果を持たず、むしろインフォーマルな社会参加を促進していた。また携帯メールの利用は私生活志向を高める影響が見られた。どちらも急速、広範に普及したコミュニケーションメディアであるが、その利用の文脈、あるいは社会関係資本に対して持つ含意は異なっているという知見である。近年のインターネット上ではブログや、まさにその名の通りの「ソーシャル・ネットワーキング・サービス」（ＳＮＳ）も流行している。しかし社会関係資本という観点から考えた場合、これらがつなぎ生み出すものは何かについても、慎重な、しかし更なる考察が求められよう。

最後に、翻訳、訳語等の問題について触れておきたい。本書の翻訳で最も問題となるのは、"social capital"にいかなる訳語を充てるかというものであろう。逐語訳通りに社会資本という言葉を使えれば最もわかりやすく語感もよいのだが、日本語ではこの言葉は、いわゆる「インフラ」を指す用語として予約済みである。シンプルな「関係資本」などの言葉が使われることもあるが、ここでは最近定着しつつある「社会関係資本」を採用することとした。その他の用語、人名等については、それぞれの領域で定訳となっているものから選ぶ、定訳がないか不明の場合は適宜（なるべく平易な言葉で）訳出するか、原語のカタカナ表記を付し何を指しているかが明確になるようにした。訳出においては原文の内容を損なわないこと（叶わないことではあるが）を第一に意識したため、読みにくい点もあろうことをお詫びしたい。原書に見られた明白な誤植の類は訳者の責任で修正し、内容に関わる点は著者の指示に従って修正した。また、原書には随所に軽妙な言い回しや、英語圏の文化などに通じていないと理解しにくいような表現、事柄が多数見られる。文脈で理解しにくい部分については訳者の気がついた範囲で注を入れたが、見逃した部分もおそらく多いかと思う。ともかくカバー範囲の広い書籍であること、また訳者の能力の限界から、専門の方からすれば許容しがたいような誤りも多数含まれていることと恐れる。機会を得ることができた場合には、真摯に訂正を行わせていただきたい。どうか各領域のご専門の方々のご指導ご叱責をいただきたく思う。

訳書の題名についてであるが、国内でパットナムの紹介も進んでおり、『ひとりで（ひとりぼっちの）ボウリング（をする）』などの訳題もよく見かける。カタカナ表記も考えたが、最終的に出版社の意向もあり『孤独なボウリング』に落ち着いた。この題名で紹介されてきたことはこれまで少ないが、共通の言葉を含む既刊書として、デヴィッド・リースマンの『孤独な群衆』のことを思い出される読者の方もおられるだろう。彼は社会の発展段階に対応させる形で、「伝統指向型」「内部指向型」「他人指向型」という社会的性格について論じた。『孤独な群衆』の出版は一九五〇年のことである。それからちょうど半世紀の経過後、アメリカ人の「他人」との関わりについて膨大なデータをパットナムが提供した。これらを併せて考察することも、知的な興味をかき立てられることと思う。

二〇〇六年に入り、国内で現在関心の高まっているテーマにいわゆる「団塊の世代」論や、「格差社会」論がある。これらの議論と、社会関係資本の議論は当然密接に関連している（それぞれ第14章、第22章の中心テーマである）。これらが実証的に論じられるべきであることは言うまでもないが、さらに本訳がもう一つの視座を提供することにささやかながら貢献できれば、と思う。

＊　＊　＊

「本書の背景」には、その成立に当たっての膨大な社会的ネットワークが挙げられている。しかるに翻訳の方は、本書の趣旨を理解していないような「トランスレイティング・アローン」で行われた。しかし、細かな疑問を相談させていただいた方々、本当に未熟な私をこれまで諭し、教えてくださった方々がいなければもちろん本訳は成立しなかった。そのような大きな括りは失礼極まりなく感じるが、心からの感謝を捧げさせていただきたい。また訳者のセミナーで本書の輪読に参加してくださった方々にもお礼を申し述べたい。

ここでいくつかの明示的な謝辞を述べさせていただきたいと思う。そもそも本書（や先行するパットナムの議論）を知ったのは、学部時代からの指導教官であった池田謙一先生（東京大学教授）を通じてである。在学中、先生が政治的認知から対人的情報環境へと研究を精力的に進められていく中で、パットナムの議論についてもかなり早い段階で教えていただいた。無尽蔵に思える先生の学識の一端に触れさせていただくことがなければ、このようなカバー範囲の広い本を翻訳するということなど及びもつかなかった。しかし、先生の学恩をお返しできるのはこのような拙さ極まる訳書などではなく、データに基づくオリジナル・ワークのみである。

ここで、この翻訳の始まった経緯を紹介させていただく。それは、職場をご一緒させていただいていた佐藤卓己先生（現・京都大学助教授）と、たまたま映画『ボウリング・フォー・コロンバイン』（マイケル・ムーア監督）について、インフォーマルな会話をさせていただいたことがきっかけとなった。映画はメディア効果論という観点からも面白い論点を含んでいるのだが、同作品のタイトルがついた理由などをめぐってお話させていただいているときに、訳者が偶然本書の話を引き合いに出したのだった（なお映画の中では、銃乱射の少年たちが、ボウリングのクラスでクラスメートとも話さずただボールを放り投げるだけだったという本書のタイトルにも関わるようなエピソードが紹介されている）。

そのことを後に佐藤先生が柏書房取締役編集長の山口泰生氏に話された。柏書房からは、やはりマイケル・ムーアの訳書が話題となった後のことで、ボウリング繋がり（！）で硬軟取り混ぜてうちでやりましょう、と後日お話をくださった。このような重要書は、当然すでに翻訳が進み早晩出版されるのだろうと思い、インターネットの研究に生かせればと怠惰にそれを待っていたはずが、思いがけなくも翻訳の機会が与えられることになり、逆にこちらとしては怖じ気づいてしまった。なにぶん翻訳の経験もなく、専門を生かせるのはごく一部、話題の書でおまけに気力、体力が耐えられそうにない分量である。ただ、それだけ相手にとって不足があるはずもなく、生涯で最初で最後の翻訳（さまざまな意味で実際にそうなるであろう）のつもりで取り組むのなら願ってもない一冊と思い直し、勉強のつもりでお引き受けすることにした。二〇〇三年の末頃から細々と手探りの作業に着手したのだが、その後の家族の病気や自身の不調などもあり、完成は大幅に遅れご迷惑をおかけすることになってしまった。いずれにせよ本訳の成立にも、このような「橋渡し」があったことを記させていただく次第である。佐藤先生と山口氏、そして柏書房の山崎孝泰氏を始めとする、膨大で生硬な訳稿の編集校閲に当たっていただいた方々に深く感謝申し上げる。内容をふまえた的確な指摘、図表や文献に関する緻密な作業といったプロの仕事に、応えられない自分を恥じるばかりだった。

最後に、パットナムに倣って本訳は両親に捧げたい。両親の若かりし頃は国内でもボウリングブームで、仕事帰りに皆とレーンに向かう、ということも少なくなかったはずである。親が客を招いたときにその席でご相伴にあずかった、麻雀卓を囲んだ、といった子どもの頃のことも最近よく思い出す。（安直な類推は戒めたはずだが）考えてみれば、まさに両親も「長期市民世代」の一員だったのではないか。車椅子に乗り、またそれを押して当然のように二人で投票に向かう両親には、どうか「関係性」を生かし、健康で幸福な生活をいつまでも送ってほしい。心からの願いである。

〈文献〉

Baker, W. 2000 *Achieving success through social capital*. San Francisco, CA : Jossey-Bass.（中島豊 訳 2001 ソーシャル・キャピタル：人と組織の間にある「見えざる資産」を活用する ダイヤモンド社）

Brehm, J. & Rahn, W. M. 1997 Individual-level evidence for the causes and consequences of social capital. *American Journal of Political Science*, 41, 999-1023.

Cohen, D. & Prusak, L. 2001 *In good company : How social capital makes organizations work*. Boston, MA : Harvard Business School Press.（沢崎冬日 訳 2003 人と人の「つながり」に投資する企業：ソーシャル・キャピタルが信頼を育む ダイヤモンド社）

池田謙一（編） 2005 インターネット・コミュニティと日常世界 誠信書房

Inoguchi, T. 2002 Broadening the basis of social capital in Japan. In Putnam, R. D. (Ed.) *Democracies in flux : The evolution of social capital in contemporary society* (pp. 359-392). New York : Oxford University Press.

鹿毛利枝子 2002a 「ソーシャル・キャピタル」をめぐる研究動向（1）：アメリカ社会科学における三つの「ソーシャル・キャピタル」 法学論叢、151(3), 101-119.

鹿毛利枝子 2002b 「ソーシャル・キャピタル」をめぐる研究動向（2・完）：アメリカ社会科学における三つの「ソーシャル・キャピタル」 法学論叢、152(1), 71-87.

金光淳 2003 社会ネットワーク分析の基礎：社会的関係資本論にむけて 勁草書房

Kraut, R, Patterson, M, Lundmark, V, Kiesler, S, Mukopadhyay, T, & Scherlis, W. 1998 Internet paradox：A social technology that reduces social involvement and psychological well-being? *American Psychologist*, 53, 1017-1031.

Mindich, D. T. Z. 2004 *Tuned out : Why Americans under 40 don't follow the news*. New York：Oxford University Press.

宮川公男・大守隆（編）2004　ソーシャル・キャピタル：現代経済社会のガバナンスの基礎　東洋経済新報社

宮田加久子　2005　きずなをつなぐメディア：ネット時代の社会関係資本　ＮＴＴ出版

内閣府国民生活局（編）　2003　ソーシャル・キャピタル：豊かな人間関係と市民活動の好循環を求めて　国立印刷局

Norris, P. 1996 Does Television Erode Social Capital? A Reply to Putnam. *PS：Political Science and Politics*. 29, 474-480.

Pharr, S. J. 2000 Official's misconduct and public distrust：Japan and the trilateral democracies. In Pharr, S. J. & Putnam, R. D.（Eds.）*Disaffected democracies : What's troubling the trilateral countries?*（pp. 173-201）. Princeton, NJ：Princeton University Press.

Putnam, R. D. 1993 *Making democracy work : Civic traditions in modern Italy*. Princeton, NJ：Princeton University Press.（河田潤一訳　2001　哲学する民主主義：伝統と改革の市民的構造　ＮＴＴ出版）

Putnam, R. D. 1995a Bowling alone：America's declining social capital. *Journal of Democracy*, 6, 65-78.

Putnam, R. D. 1995b Tuning in, tuning out：The strange disappearance of social capital in America. *PS : Political Science and Politics*, 28, 664-683.

Putnam, R. D.（Ed.）2002 *Democracies in flux : The evolution of social capital in contemporary society*. New York：Oxford University Press.

Putnam, R. D. & Bayne, N. 1984 *Hanging together : The seven-power summits*. Cambridge, MA：Harvard University Press.（山田進一訳　1986　サミット：先進国首脳会議　ＴＢＳブリタニカ）

Putnam, R. D. & Feldstein, L. M. 2003 *Better together : Restoring the American community*. New York：Simon & Schuster.

坂本治也　2003 パットナム社会資本論の意義と課題：共同性回復のための新たなる試み　阪大法学、52(5), 191-219.

坂本治也　2004　社会関係資本の二つの「原型」とその含意　阪大法学、53(6), 181-210.

佐藤寛（編）2001　援助と社会関係資本：ソーシャルキャピタル論の可能性　アジア経済研究所

Shah, D. V. 1998 Civic engagement, interpersonal trust, and television use：An individual-level assessment of social capital. *Political Psychology,* 19, 469-496.

Shah, D. V., Kwak, N. & Holbert, R. L. 2001 “Connecting” and “disconnecting” with civic life：Patterns of Internet use and the production of social capital. *Political Communication,* 18, 141-162.

戸井佳奈子　2006　ソーシャル・キャピタルと金融変革　日本評論社

辻康夫　2004a　市民社会と小集団（1）：パットナムのソーシャル・キャピタル論をめぐる政治理論的考察　北大法学論集、55(1), 394-430.

辻康夫　2004b　市民社会と小集団（2）：パットナムのソーシャル・キャピタル論をめぐる政治理論的考察　北大法学論集、55(3), 381-408.

辻康夫　2005　市民社会と小集団（3・完）：パットナムのソーシャル・キャピタル論をめぐる政治理論的考察　北大法学論集、55(6), 475-500.

Uslaner, E. M. 1998 Social capital, television, and the “mean world”：Trust, optimism, and civic participation. *Political Psychology,* 19, 441-467.

Wellman, B., Quan Haase, A., Whitte, J. & Hampton, K. 2001 Does the Internet increase, decrease, or supplement social capital? Social networks, participation, and community commitment. ***American Behavioral Scientist,*** 45(3), 436-455.

23. Groeneman, "Multi-purpose Household Panels" は、パネルと非パネルのサンプルの比較を、マーケット・ファクツ社の郵送パネル、およびランダム・ディジット・ダイアリング（無作為電話番号）調査から得たデータを用いて行っている。政党支持における乖離は統計的に有意ではあったものの、非常にわずかであった。1996 年の NES では民主党支持が 39 %、共和党が 28 %、無党派《インディペンデント》が 33 %であった。同年のライフスタイルサンプルによれば、民主党 37 %、共和党 31 %、無党派 32 %であった。

24. Andrew Kohut, "Conservative Opinions Not Underestimated, but Racial Hostility Missed"（Washington, D.C.: Pew Research Center on the People & the Press, 1998）. 以下も参照のこと。Penny Visser, Jon Krosnick, Jesse Marquette, and Michael Curtin, "Mail Surveying for Election Forecasting: An Evaluation of the ***Columbus Dispatch*** Poll," ***Public Opinion Quarterly*** 60（1996）: 181–227.

25. 2 つの調査の質問のペアの中に、この 2 つのデータセットの本質的な比較可能性に疑念が生じる可能性があるものは見いだせなかった。したがって、私の結論を支持するような比較を特に選び出していない。

26. Putnam and Yonish, "How Important Is Response Rate?"

27. 私はまた、1982、1984 年の DDB ニーダム・ライフスタイルの結果と、同時期のローパー調査からのほぼ比較可能なものとを外食、映画館での鑑賞、スポーツ行事観戦について比べた。ローパー調査での質問は「先週にこの活動に参加しましたか」であり、一方でライフスタイル調査での質問は「昨年この活動をどれくらい行いましたか」であった。ローパーの「先週」への反応を「年当たり回数」に（52 倍して）換算したとき、結果はライフスタイルへの回答と事実上同一であった（外食：年当たりそれぞれ 19 回；映画：年当たりそれぞれ 5 回、スポーツ行事——ローパー調査で年当たり 4 回、ライフスタイル調査で年当たり 5 回）。

28. GSS サンプル全体を通して、われわれの間隔スコアは、こちらのものを定義した後に発見した完全に独立のアルゴリズムによって生成したものと $R^2=.99$ の相関を持っていた（Michael Hout and Andrew Greeley, "Exchange on Overreporting of U.S. Church Attendance," ***American Sociological Review*** 63［1998］：116）.

29. 2nd edition（University Park: Pennsylvania State University, 1999）. この研究の 1995 年調査から、私の分析のために抜粋データを作っていただいたロビンソン教授に感謝する。

9. Norman H. Nie, Jane Junn, and Kenneth Stehlik-Barry, ***Education and Democratic Citizenship in America***（Chicago: University of Chicago Press, 1996）.

10. John Helliwell and Robert D. Putnam, "Education and Social Capital," unpublished ms.

11. この研究で用いられた全ての主要なデータアーカイブへのアクセスについての情報は、www.bowlingalone.com で入手できる。

12. 図 53、65、73 では多変量統制を行っている。

13. NES データはミシガン大学の Interuniversity Consortium for Political and Social Research で入手可能。GSS データはコネチカット大学（ストーズ）の Roper Center for Public Opinion Research で入手可能。

14. これらの調査のローデータは、コネチカット大学（ストーズ）の Roper Center for Public Opinion Research に寄託されている。しかし、アーカイブ上の困難からこれらのデータが分析のために利用可能となったのはごく最近であり、それはハーバード大学とカリフォルニア大学バークレー校の合同チームの努力のたまものである。この困難な課題への超人的労力に対して、スティーブ・ヨニシュ、およびヘンリー・ブレィディとその同僚に感謝する。アグリゲートなローパーデータを基とした政治参加の初期の分析については、Rosenstone and Hansen, ***Mobilization, Participation, and Democracy*** を参照のこと。ローパー調査は 1994 年 12 月以降も続いているが、その日付以降のローデータは学術研究者に公開されておらず、また少なくとも重要な質問項目の形式がその時期に大きく変わっているので、先行するデータとの直接の比較はもはや不可能である。1995 年の最初の調査の結果は、12 の市民活動の全てにおいて 1 度限りの急激な上昇の兆しを示したが、新しいその高い基準値から、それぞれの行動はその後下降傾向に戻ってしまった。すなわち、本書におけるローパーデータの分析が 1973 — 94 年に限定されていても、市民参加の低下がこの時期以降も続いていたと信じる理由があるということである。本書で用いた 1995 年から 1998 年の間のローパー調査のアグリゲートデータは、隔月刊の ***Roper Reports***（New York: Roper Starch Worldwide, 1995–98）から引いたもので、コネチカット大学の Roper Center で調べることができる。

15. DDB ニーダム・ライフスタイル調査の存在を知らせてくださったミネソタ大学の大学院生だったダーヴァン・シャーと、その指導教授のウィリアム・ウェルズに感謝する。DDB ニーダムのマーティ・ホーン、ダグ・ヒューズ、クリス・キャラハンとその同僚は寛大にもこれらのデータを分析のために入手可能とし、また引き続く問い合わせにも答えてくれた。マーケット・ファクツ社のシド・グローネマンとその同僚は、用いられていた方法論、およびその潜在的な利点、欠点を理解するのを助けてくれた。背景については以下を参照。***Life Style and Psychographics***, ed. William D. Wells（Chicago: American Marketing Association, 1974）, および William D. Wells, "Psychographics: A Critical Review," ***Journal of Marketing Research*** 12（1975）: 196–213.

16. これらの問いへの答えは全て「イエス」である。

17. この調整には、既婚、独身の回答者の間での 1985–99 年の間を通じた「レベル」差の推定と、その差を利用した独身回答者の 1975 年–84 年の各年スコアの推定、そして既婚、独身回答者の適切な割合によって「統合」サンプルを作成して、1975–84 年の期間の各年の母集団スコアを推定することが含まれる。既婚、独身回答者の間の「レベル」差が 1985–99 年を通じて変化していたいくつかのケースでは、その差を 1975 年— 84 年の期間の方向に遡って投影した。この手続きにおいては、調査年と婚姻状態の影響の間に非線形の交互作用が存在することを全く仮定していないが、この研究で関心を持ったいかなる変数においてもそのような交互作用が存在するという証拠は見いだせなかった。

18. Robert D. Putnam and Steven Yonish, "How Important Is Response Rate? An Evaluation of a 'Mail Panel' Survey Archive," unpublished ms.（Cambridge, Mass.: Harvard University, 1999）.

19. 回答者は、特に負担の重い調査票をやり通すことに対して、名ばかりの景品——例えばポストイット・ノート 1 冊や、小さなトートバッグ——を提供されることも時にある。

20. Sid Groeneman（"Multi-purpose Household Panels and General Samples: How Similar and How Different?" paper presented at the annual meeting of the American Association for Public Opinion Research, Danvers, Mass., 1994）は、サンプルは「9 の国勢調査区それぞれの中で世帯収入、人口密度、パネルメンバーの年齢、そして世帯規模が実際の分布に近似するように抽出された」と報告している。実際の回答者に対しては、最終サンプルの人口統計学的構成が、ターゲット母集団にマッチするようにウェイト付けが行われた。調査票はおよそ 5,000 人の対象者に郵送された。利用可能な回答の返送数は平均して 3,500 〜 4,000 人だった。

21. これは伝統的なサンプリングにおいても当てはまるが、その格差は郵送パネルで大きくなる。

22. 質問項目は直接比較可能ではないが、DDB データでは GSS データと比べると持ち家の割合が 10 % 多くなるという証拠がある。同時にまた、最近に近くなると、教育水準の低い者の過小サンプリングがいくぶん改善しているという証拠もある。

Addison-Wesley, 1996).

16. ここで引いたいくつかのプロジェクトについての情報は以下を参照。リズ・レーマン・ダンス・エクスチェンジ www.danceexchange.org/lizhome.html; ロードサイド・シアター www.appalshop.org/rst/99rstabt.htm; ボルティモア美術館 www.artbma.org; ギャラリー 37 www.gallery37.org. 以下も参照のこと。*Opening the Door to the Entire Community: How Museums Are Using Permanent Collections to Engage Audiences* (New York: Lila Wallace Reader's Digest Fund, November 1998), available at www.wallacefunds.org/lilaframesetpub.htm.

17. インディアナポリスのフロントポーチ同盟については以下を参照。www.indygov.com/mayor/fpa/ 近隣自治については以下を参照。Berry, Portney, and Thomson, *The Rebirth of Urban Democracy.*

付録1　社会変化の測定

1. この誤りの例としては以下を参照。Lester M. Salamon, "The Rise of the Nonprofit Sector," *Foreign Affairs* 73 (1994)〔竹下興喜監訳「福祉国家の衰退と非営利団体の台頭」『中央公論』109 巻 11 号(1994 年 10 月号)、401–412 頁〕: 109–122, 特に 111 ページ、および Nicholas Freudenberg and Carol Steinsapir, "Not in Our Backyards: The Grassroots Environmental Movement," in *American Environmentalism: The U.S. Environmental Movement, 1970–1990,* edited by Riley E. Dunlap and Angela G. Mertig (New York: Taylor & Francis, 1992), 29.

2. David Horton Smith, "The Rest of the Nonprofit Sector: Grassroots Associations as the Dark Matter Ignored in Prevailing 'Flat Earth' Maps of the Sector," *Nonprofit and Voluntary Sector Quarterly* 26 (June 1997): 115–131.

3. Verba, Schlozman, Brady, *Voice and Equality,* 62 の報告では、組織加入について——「例えば、労働組合、専門職組織、友愛団体、レクリエーション組織、政治問題組織、コミュニティ・学校団体その他」——の単一質問に対して全回答者の 49 %が少なくとも 1 つに所属していると答えていた。引き続く、19 の特定の種類の組織に関する探索質問に対しては、優に 79 %が 1 つ以上の加入を言及していた。

4. よく分かっている専門家も、この初歩的な教訓を破ることがある。例えば以下を参照。Andrew Kohut, "Trust and Citizen Engagement in Metropolitan Philadelphia: A Case Study" (Washington, D.C.: Pew Research Center on the People & the Press, 1997), および American Association of Retired Persons, *Maintaining America's Social Fabric: The AARP Survey of Civic Involvement* (Washington, D.C.: AARP, 1996).

5. これら頻繁に引かれる反証 (例えば Nicholas Lemann, "Kicking in Groups: Alleged Decline of America's Communal Capital," *Atlantic Monthly* [April 1996] : 22–27; Robert J. Samuelson, "'Bowling Alone' Is Bunk," Washington Post [April 10, 1996] : A19) は、実際には誤っている。第 6 章で報告したように、ソフトボールの参加は 1980 年代中盤から 1990 年代末にかけて 3 分の 1 低下していることが、4 つの異なる全国調査アーカイブで確認されている。サッカーは、重要性が増していることは疑いないが、観客としても、全成人の中で小さな割合しか占めていない。米国スポーツ用品協会によれば、1993 年に 1 度以上サッカーをしたことのある学童は 20 %に満たなかった。学童の親である米国人は人口の 30 %より少ないので、1993 年の段階で、少年サッカー選手の親は全成人の 6 %未満である。それとは対照的に、同年において全成人の 18 %が 1 度以上ボウリングを行っている。すなわちボウラーは、米国においてサッカー父母よりも 3 倍も広まっている。たとえ——そんなことはあり得そうにないが——国内のサッカーママ・パパが全て、子どもの試合に定期的に顔を出し始めたとしても、その数はリーグボウリングの低下を埋め合わせることはできないだろう。実際には、スポーツ行事に親が出席することは 1970 年代よりも 1990 年代には少なくなっていることを DDB ニーダム・ライフスタイル調査が示している。定期的なサッカーママ・パパが社会関係資本を構築することは確かだが、相対的にいって、意味ある反対傾向を構成するには彼らはあまりにも少なすぎる。

6. 1—2 年を通じた「変化」と、半世紀にわたる「変化」に関するデータを見境なく混合している批判については、以下を参照。Everett C. Ladd, "The Data Just Don't Show Erosion of America's 'Social Capital,'" *The Public Perspective* 7 (June/July 1996): 5–22.

7. われわれの利用できる 4 つの主要調査シリーズのうち、一般社会調査は 1972 年に、ローパー社会・政治傾向調査は 1974 年に、DDB ニーダム・ライフスタイル調査は 1975 年に始まっている。全米選挙調査は 1952 年に始まっているが、それが長期にわたってカバーしているのは主として全国選挙・キャンペーン行動に限定されている。

8. この絶対対相対変化の問題のもう一つの例として金銭が含まれる。第 7 章で説明したように、寛大さは個人所得(あるいは国民所得)に対するチャリティ寄付の割合として測られるべきで、絶対的なドル金額でではない。

Technology on Productivity" (Cambridge, Mass.: National Bureau of Economic Research working paper Series #6120,August 1997); *Report on the American Workforce 1999*, 103. 労働、家族とコミュニティの問題全般については、Families and Work Institute (www.familiesandwork.org/) の刊行物を参照のこと。

6. この領域で実験中のグループの1つが、ワーキング・トゥデイである (www.workingtoday.org)。

7. スプロールを減少させるための代替案に関する理にかなった議論については以下を参照。Richard Moe and Carter Wilkie, *Changing Places: Rebuilding Community in the Age of Sprawl* (New York: Henry Holt, 1997).

8. 概観として以下を参照のこと。William Fulton, *New Urbanism: Hope or Hype for American Communities?* (Cambridge, Mass.: Lincoln Institute of Land Policy, 1996). ニュー・アーバニズム評議会 (www.cnu.org) は建設業者、建築家、プランナー、政府関係者、その他が守るべき綱領を立案している。

9. セレブレーションについて一人称視点からの、ニュアンスを込めた印象については以下を参照のこと。Douglas Frantz and Catherine Collins, *Celebration, U.S.A.: Living in Disney's Brave New Town* (New York: Henry Holt, 1999), and Andrew Ross, *The Celebration Chronicles: Life, Liberty and the Pursuit of Property Value in Disney's New Town* (New York: Ballantine Books, 1999).

10. John L. McKnight and John P. Kretzmann, *Building Communities from the Inside Out: A Path Toward Finding and Mobilizing a Community's Assets* (Chicago, Ill.: ACTA Publications, 1993); Harry C. Boyte and Nancy N. Kari, *Building America: The Democratic Promise of Public Work* (Philadelphia: Temple University Press, 1996). アーネスト・コーテスの指揮するテキサス工業地域財団は、数多くの効果的なコミュニティ組織化テクニックの草分けである。便利な概観として、以下を参照のこと。Mark Russell Warren, *Social Capital and Community Empowerment: Religion and Political Organization in the Texas Industrial Areas Foundation* (Ph.D. diss., Harvard University Department of Sociology, 1995). CDC と社会関係資本については以下を参照のこと。*Urban Problems and Community Development*, Ferguson and Dickens, eds., and Xavier de Souza Briggs and Elizabeth Mueller, *From Neighborhood to Community: Evidence on the Social Effects of Community Development* (New York: Community Development Research Center, New School for Social Research, 1997).

11. William G. McLoughlin, *Revivals, Awakenings, and Reform*; Marshall William Fishwick, *Great Awakenings: Popular Religion and Popular Culture* (New York: Haworth Press, 1995); Anne Boylan, *Sunday School: The Formation of an American Institution, 1790–1880* (New Haven, Conn.: Yale University Press, 1988); Boyer, *Urban Masses and Moral Order*, 34–53.

12. Diane Winston, *Red-Hot and Righteous: The Urban Religion of the Salvation Army* (Cambridge, Mass.: Harvard University Press, 1999).

13. 1995年には『ソジャーナー』誌のジム・ウォリスが先導して数多くの福音主義派が、超リベラルから超保守派までの政治的スペクトラムにわたる福音主義連合を形成した。以下を参照。Jim Wallis, Faith Works (New York: Random House, 2000). 以下も参照のこと。Howard Husock, "Bringing Back the Settlement House," *The Public Interest* 109 (Fall 1992): 53–72.

14. Lewis A. Friedland, Jay Rosen, and Lisa Austin, *Civic Journalism: A New Approach to Citizenship* (1994) at www.cpn.org/sections/topics/journalism; Jay Rosen and Paul Taylor, *The New News v. the Old News: Press and Politics in the 1990s* (New York: Twentieth Century Fund Press, 1992); James Fallows, *Breaking the News* (New York: Vintage Books, 1997)〔池上千寿子訳『アメリカ人はなぜメディアを信用しないのか——拝金主義と無責任さが渦巻くアメリカ・ジャーナリズムの実態』はまの出版、1998年〕; Frank Denton and Esther Thorson, "Civic Journalism: Does It Work?" (a Special Report for the Pew Center for Civic Journalism, 1997), available at www.pewcenter.org/doingcj/research/r_doesit.html. 思慮深い論考としては以下を参照のこと。Charlotte Grimes, "Whither the Civic Journalism Bandwagon?" Discussion Paper D–36, Joan Shorenstein Center on Press and Politics (John F. Kennedy School of Government, Harvard University: 1999).

15. Keith Hampton and Barry Wellman, "Examining Community in the Digital Neighborhood: Early Results from Canada's Wired Suburb," in *Lecture Notes in Computer Science*, Toru Ishida and Katherine Isbister, eds. (Berlin: Springer-Verlag, 2000); Andrea Kavanaugh, "The Impact of the Internet on Community: A Social Network Analysis" (Blacksburg, Va.: Blacksburg Electronic Village, Virginia Polytechnic Institute and State University, 1999); Andrew S. Patrick, "Personal and Social Impacts of Going On-Line: Lessons from the National Capital FreeNet" (Ottawa, Canada: Communications Research Center, 1997), at http://debra.dgbt.doc.ca/services-research/survey/impacts. これらの初期的成果を評価する際には、特に自己選択の可能性があるので適切な注意が必要である。一般論としてはさらに以下を参照のこと。Douglas Schuler, *New Community Networks: Wired for Change* (New York:

第 24 章　社会関係資本主義者《ソーシャル・キャピタリスト》の課題に向けて

1. サワーロ・セミナーは 33 人の経験深い理論家、実践家によって構成されており、米国人の相互の、そしてコミュニティ組織間のつながりを増すための実現可能なアイディアを発展させるために定期的に会合を開いている。参加者は多様なバッググラウンド、専門分野、国内の地域より集まっている。その中に含まれるのはサヴィア・ド・ソーザ・ブリッグス、ブリス・ブラウン、カービジョン・コールドウェル、ジョン・ディルリオ、E・J・ディオンヌ、キャロリン・ドゲット、ルイス・フェルドスタイン、クリス・ゲイツ、スティーヴン・ゴールドスミス、エイミー・ガットマン、ヘンリー・イズミザキ、ルイーズ・ケネディ、ヴァネッサ・キルシュ、キャロル・ラム、リズ・レーマン、グレン・ラウリー、ジョン・マスコット、マーサ・ミノウ、マーク・ムーア、バラック・オバマ、ピーター・ピアス、ラルフ・リード、ポール・レズニック、クリス・ロンドー、トム・サンダー、ジュアン・セプルベダ、ロバート・セクストン、ハリー・スペンス、ジョージ・ステファノポロス、ドロシー・ストーンマン、リサ・サリヴァン、ジム・ウォリス、ヴィン・ウェーバー、そしてウィリアム・ジュリアス・ウィルソンである。ここでの私の推奨について、誰も責任を負うものではない。サワーロ・セミナーの詳細については、ハーバード大学ジョン・F・ケネディ行政大学院のセミナースタッフか、ksgwww.harvard.edu/saguaro から得られる。米国民主主義の活性化に向けた推奨の補完的な一覧については、Levine, *New Progressive Era*. を参照。

2. Delli Carpini and Keeter, *What Americans Know About Politics and Why It Matters*; A. D. Lutkus et al., *The NAEP 1998 Civics Report Card for the Nation* (Washington, D.C.: U.S. Department of Education, National Center for Education Statistics, 1999).

3. Fred M. Newmann and Robert A. Rutter, "The Effects of High School Community Service Programs on Students' Social Development" (Washington, D.C.: National Institute of Education, December 1983); Virginia Hodgkinson and Murray S. Weitzman, *Volunteering and Giving Among Teenagers 12 to 17 Years of Age* (Washington, D.C.: Independent Sector, 1997); Richard Battistoni, "Service Learning and Democratic Citizenship," *Theory into Practice* 35 (1997): 150–156; Thomas Janoski, Mark Musick, and John Wilson, "Being Volunteered? The Impact of Social Participation and Pro-Social Attitudes on Volunteering," *Sociological Forum* 13 (September 1998): 495–519; Alan Melchior and Larry Orr, *Evaluation of National and Community Service Programs, Overview: National Evaluation of Serve-America (Subtitle B1)* (Washington, D.C.: Corporation for National Service, October 20, 1995); Alexander W. Astin and Linda J. Sax, "How Undergraduates Are Affected by Service Participation," *Journal of College Student Development* 39, no. 3 (May/June 1998): 251–263; Dwight E. Giles Jr. and Janet Eyler, "The Impact of a College Community Service Laboratory on Students' Personal, Social, and Cognitive Outcomes," *Journal of Adolescence* 17 (1994): 327–339; Richard G. Niemi, Mary Hepburn, and Chris Chapman, "Community Service by High School Students: A Cure for Civic Ills?" *Political Behavior* (forthcoming, 2000) およびそこの引用文献。「奉仕学習」とは、教室学習と組み合わされたコミュニティ奉仕を指し、市民的習慣を教え込むのに効果的であると大半の観察者が確信している。1999 年には、米国内の 6–12 年生の約 57 %が何らかの形のコミュニティ奉仕に参加しており、それは 1996 年の 49 %から上昇していた。一方で、奉仕学習に参加していたのはその半数をわずかに超えたに過ぎない（全生徒の 30 %）。以下を参照のこと。"Youth Service-Learning and Community Service among 6th-through 12th-Grade Students in the United States, 1996 and 1999" (Washington, D.C.: National Center for Education Statistics, 1999).

4. James Youniss, Jeffrey A. McLellan, and Miranda Yates, "What We Know about Engendering Civic Identity," *American Behavioral Scientist* (March/April 1997): 620–631; Elizabeth Smith, "Extracurricular Activities and Political Participation: Exploring the Connection," paper presented at 1998 Midwestern Political Science Association, unpublished ms., 1998; Michael Hanks, "Youth, Voluntary Associations, and Political Socialization," *Social Forces* 60 (1981): 211–223; Verba, Schlozman, and Brady, *Voice and Equality*, 423–442, 449, 452; Paul Alien Beck and M. Kent Jennings, "Pathways to Participation," *American Political Science Review* 76 (1982): 94–108; David Ziblatt, "High School Extracurricular Activities and Political Socialization," *Annals of the American Academy of Political and Social Science* 361 (1965): 20–31; John Wilson and Thomas Janoski, "Contribution of Religion to Volunteer Work," *Sociology of Religion* 56 (1995): 137–152; Nicholas Zill, Christin Winquist Nord, and Laura Spencer Loomis, "Adolescent Time Use, Risky Behavior, and Outcomes: An Analysis of National Data" (at http://aspe.os.dhhs.gov/hsp/cyp/xstimuse.htm).

5. Sandra E. Black and Lisa M. Lynch, "How to Compete: The Impact of Workplace Practices and Information

74. McCormick, "Public Life in Industrial America," in Foner, *New American History*, 107. 米国の社会科学はこの時期に、革新主義の従属物として生まれた。以下を参照。Anthony Oberschall, "The Institutionalization of American Sociology," in *The Establishment of Empirical Sociology: Studies in Continuity, Discontinuity, and Institutionalization*, ed. Anthony Oberschall (New York: Harper & Row, 1972), 特に 198 ページ、および Dorothy Ross, *The Origins of American Social Science* (Cambridge, U.K.: Cambridge University Press, 1991). 革新主義者による市民参加、討議民主主義へのコミットメントに関する綿密で、詳細な報告については、Levine, *New Progressive Era*. を参照。

75. Diner, *Very Different Era*, 21, 202.

76. Ida M. Tarbell, *All in the Day's Work: An Autobiography* (New York: Macmillan, 1939), 82, 上記は以下に引用されている。Painter, *Standing at Armageddon*, 72; Painter, *Standing at Armageddon*, 211, 245; Diner, *Very Different Age*, 210.

77. Skocpol, "How Americans Became Civic," 61.

78. Kevin Mattson, *Creating a Democratic Public: The Struggle for Urban Participatory Democracy During the Progressive Era* (University Park: Pennsylvania State University Press, 1998), 56, 59 ページの引用。類似した話については以下を参照。David C. Hammack, "Community Foundations: The Delicate Question of Purpose," reprinted in *Making the Nonprofit Sector in the United States: A Reader*, David C. Hammack, ed. (Bloomington: Indiana University Press, 1998), 330–353.

79. Gamm and Putnam, "Growth of Voluntary Associations"; Claudia Goldin and Lawrence Katz, "Human Capital and Social Capital: The Rise of Secondary Schooling in America, 1910–1940," *Journal of Interdisciplinary History* 29 (1999): 683–723; Link and McCormick, *Progressivism*, 9.

80. Jon C. Teaford, *The Unheralded Triumph*; Kenneth Fox, *Better City Government: Innovation in American Urban Politics, 1850–1937* (Philadelphia: Temple University Press, 1977); Martin J. Schiesi, *The Politics of Efficiency: Municipal Administration and Reform in America, 1880–1920* (Berkeley: University of California Press, 1977); Link and McCormick, *Progressivism*, 28–32.

81. 歴史学者 Morton Keller の 3 部作を参照 : *Affairs of State: Public Life in Late Nineteenth-Century America* (Cambridge, Mass.: Harvard University Press, 1977); *Regulating a New Economy: Public Policy and Economic Change in America, 1900–1933* (Cambridge, Mass.: Harvard University Press, 1990)、および *Regulating a New Society: Public Policy and Social Change in America, 1900–1933* (Cambridge, Mass.: Harvard University Press, 1994); Skocpol, *Protecting Soldiers and Mothers*.

82. Skocpol, *Protecting Soldiers and Mothers*, 321–372; Elisabeth S. Clemens, "Securing Political Returns to Social Capital: Women's Associations in the United States, 1880s–1920s," *Journal of Interdisciplinary History* 29 (1999): 613–638.

83. Link and McCormick, *Progressivism*, 特に第 3 章の、"Social Justice and Social Control"; McCormick, "Public Life in Industrial America," in Foner, *New American History*, 110–114; McWilliams, *Idea of Fraternity*, 498–502; Philip J. Ethington, "The Metropolis and Multicultural Ethics: Direct Democracy versus Deliberative Democracy in the Progressive Era," in *Progressivism*, eds. Milkis and Mileur, 192–225, 192 ページの引用。投票については本書の第 2 章、図 1 を参照。

84. Linda Gordon, *Heroes of their Own Lives: The Politics and History of Family Violence, Boston 1880–1960* (New York: Penguin, 1988); Painter, *Standing at Armageddon*, xii.

85. C. H. Henderson, "The Place and Function of Voluntary Associations," *American Journal of Sociology* 1 (1895): 327–334; Louis Wirth, "Urbanism as a Way of Life," *American Journal of Sociology* 44 (1938): 1–24; Arthur M. Schlesinger, "Biography of a Nation of Joiners," *American Historical Review* 50 (October 1944): 1–25; および Oscar and Mary Handlin, *The Dimensions of Liberty* (Cambridge, Mass.: Belknap Press of Harvard University Press, 1961).

86. 以下における引用。Kirschner, *Paradox of Professionalism*, 15.

87. Husock, "Elks Clubs, Settlement Houses...," 6. 第 2 次クー・クラックス・クランはまた反移民、反カトリック、防犯、そして根本主義的要素を持ち、また南部ではなく中西部で最も強力であった。

& Row, 1971), 273; Diner, *Very Different Age*, 91.

62. W. E. B. Du Bois, *The Philadelphia Negro: A Social Study* (New York: Schocken Books, 1967 [1899]), 224–233, 上記の以下における引用。Loretta J. Williams, *Black Freemasonry and Middle-Class Realities* (Columbia: University of Missouri Press, 1980), 85; Jesse Thomas Moore Jr., *A Search for Equality: The National Urban League, 1910–1961* (University Park: Pennsylvania State University Press, 1981); Ralph Watkins, "A Reappraisal of the Role of Volunteer Associations in the African American Community," *Afro-Americans in New York Life and History* 14 (1990): 51–60; Evelyn Brooks Higginbotham, *Righteous Discontent; The Women's Movement in the Black Baptist Church, 1880–1920* (Cambridge: Harvard University Press, 1993); Firor Scott, "Most Invisible of All"; Diner, *Very Different Age*, 141–147; Wahlgren Summers, *Gilded Age*, 288. この成長パターンはGamm and Putnam, "Growth of Voluntary Associations." に記述されたプロジェクトによる未公刊の証拠によって確証されている。

63. E. Brooks Holifield, "Toward a History of American Congregations," in James P. Wind and James W. Lewis, eds., *American Congregations*, vol. 2 (Chicago: University of Chicago Press, 1994), 23–53, 39–41ページの引用。

64. Higginbotham, *Righteous Discontent*, 7; Arthur S. Link and Richard L. McCormick, *Progressivism* (Wheeling, III.: Harlan Davidson, 1983), 23; Cashman, *America in the Gilded Age*, 370; McWilliams, *Idea of Fraternity*, 479–481. ショートカについては以下を参照。Theodore Morrison, *Chatauqua: A Center for Education, Religion, and the Arts in America* (Chicago: University of Chicago Press, 1974), 181ページの引用。

65. Painter, *Standing at Armageddon*, 44, 95, *et passim*; Husock, "Elks Clubs, Settlement Houses...," 7; Leo Troy, *Trade Union Membership, 1897–1962* (New York: National Bureau of Economic Research; distributed by Columbia University Press, 1965), 2. 組合員数は1905年から1909年に低迷したが、その後成長に戻った。

66. Cochran and Miller, *Age of Enterprise*, 235.

67. Boyer, *Urban Masses*; LeRoy Ashby, *Saving the Waifs: Reformers and Dependent Children, 1890–1917* (Philadelphia: Temple University Press, 1984); Dominick Cavallo, *Muscles and Morals: Organized Playgrounds and Urban Reform, 1880–1920* (Philadelphia: University of Pennsylvania Press, 1981); Leia B. Costin, "Unraveling the Mary Ellen Legend: Origins of the 'Cruelty' Movement," *Social Service Review* 65 (1991): 203–223; Michael B. Katz, "Child-Saving," *History of Education Quarterly* 26 (1986): 413–424; Macleod, *Building Character in the American Boy*; Franklin M. Reck, *The 4-H Story* (Chicago: National Committee on Boys and Girls Club Work, 1951); Michael Rosenthal, *The Character Factory: Baden-Powell and the Origins of the Boy Scout Movement* (New York: Pantheon Books, 1984); Claudia Goldin, "America's Graduation from High School: The Evolution and Spread of Secondary Schooling in the Twentieth Century," *Journal of Economic History* 58 (1998): 345–374.

68. Wahlgren Summers, *Gilded Age*, 177.

69. Husock, "Elks Clubs, Settlement Houses...," 9; Painter, *Standing at Armageddon*, 107; McCormick, "Public Life in Industrial America," in Foner, *New American History*, 109; Diner, *Very Different Age*, 21–23; and Allen F. Davis, *Spearheads for Reform: The Social Settlements and the Progressive Movement, 1890–1914* (New Brunswick, N.J.: Rutgers University Press, 1984). セツルメントハウス運動についての他の見方については以下を参照。Ruth Hutchinson Crocker, *Social Work and Social Order: The Settlement House Movement in Two Industrial Cities, 1889–1930* (Urbana: University of Illinois Press, 1992), およびElizabeth Lasch-Quinn, *Black Neighbors: Race and the Limits of Reform in the Settlement House Movement* (Chapel Hill: University of North Carolina Press, 1993) とその引用文献。

70. Peter Levine, *The New Progressive Era: Toward a Fair and Deliberative Democracy* (Boulder, Colo.: Rowman & Littlefield, 2000), xi. Peter G. Filene, "An Obituary for 'The Progressive Movement,'" *American Quarterly* 22 (1970): 20–34.

71. Myron T. Scudder, "Rural Recreation: A Socializing Factor," *Country Life* 40 (March 1912): 175–190, 185–86ページの引用。以下も参照のこと。Cavallo, *Muscles and Morals*, 8.

72. Michael Sandel, *Democracy's Discontent*, 210; McWilliams, *Idea of Fraternity*, 475.

73. Husock, "Elks Clubs, Settlement Houses...," 8; Marvin Lazerson, "Urban Reform and the Schools: Kindergartens in Massachusetts, 1870–1915," *History of Education Quarterly* (summer 1971), 115–142, およびMichael Steven Shapiro, *Child's Garden: The Kindergarten Movement from Froebel to Dewey* (University Park: Pennsylvania State University Press, 1983). 米国史における社会関係資本についてのこの、そして他の重要な側面に関する作業について、メリッサ・ビュイスに感謝する。

(New York: Twayne Publishers, 1994); Steven G. Brint, *In an Age of Experts: The Changing Role of Professionals in Politics and Public Life* (Princeton, N.J.: Princeton University Press, 1994).

39. Painter, *Standing at Armageddon*, xliii; Wahlgren Summers, *Gilded Age*, 119; Patterson, *America in the Twentieth Century*, 40.

40. Diner, *Very Different Age*, 203–205; Patterson, *America in the Twentieth Century*, 40.

41. Walter Lippman, *Drift and Mastery* (Englewood Cliffs, N.J.: Prentice-Hall, 1961 [1914]), 92. 上記は以下に引用されている。Sandel, *Democracy's Discontent*, 205–206, 強調部筆者。

42. Booth Tarkington, *The Turmoil* (New York: Grosset & Dunlap, 1915), 2. 上記は以下に引用されている。Barrows, "Urbanizing America," in Calhoun, *Gilded Age*, 91.

43. Barrows, "Urbanizing America," in Calhoun, *Gilded Age*, 91. クーリーは以下に引用されている。*Roderick D. McKenzie on Human Ecology*, ed. Amos H. Hawley (Chicago: University of Chicago Press, 1968), 72.

44. Quandt, *Small Town to Great Community*, 5, 7.

45. Benjamin Disraeli, *Sybil, or. The Two Nations* (London: H. Colburn, 1845), bk. 2, ch. 5; Quandt, *Small Town to Great Community*, 19.

46. Quandt, *Small Town to Great Community*, 10.

47. Boyer, *Urban Masses*, 特に 161 ページ。Charles, *Service Clubs*, 25; Bender, *Urban Vision*; Hays, *Response to Industrialism*; Quandt, *Small Town to Great Community*, 特に 28 ページ ; McWilliams, *Idea of Fraternity*, 特に 484 ページ。

48. Woodrow Wilson, *The New Freedom* (New York: Doubleday, Page & Company, 1913)〔関和知訳『新自由主義』勧学社、1914 年〕上記は以下に引用されている。Diner, *Very Different Age*, frontispiece and 200.

49. McWilliams, *Idea of Fraternity*, 487.

50. McCormick, "Public Life in Industrial America," in Foner, *New American History*, 103–104.

51. Skocpol, "How Americans Became Civic."

52. Theda Skocpol, "Civic America, Then and Now," in Putnam, *Dynamics of Social Capital in Comparative Perspective*; Wahlgren Summers, *Gilded Age*, 49.

53. 広範な文献リストについては以下を参照。Gamm and Putnam, "Growth of Voluntary Associations."

54. 方法論的詳細については以下を参照。Gamm and Putnam, "Growth of Voluntary Associations." 図 94 および関連するテキストのいくつはここから引かれている。

55. Glenn R. Carroll, "Organizational Ecology," *Annual Review of Sociology* 10 (1984): 71–93, 特に 88 ページの図 2c を参照。

56. Skocpol, "How Americans Became Civic." かつてその大きさに達したものの中での比率は、58 中 29 である。そのような巨大な会員組織の中で今も（たとえ衰退していても）存在しているもの全体の半数以上が、1870 — 1920 年の間に創立されており、それは 43 中 24 である。

57. *Encarta 2000 New World Almanac 2000*. 主要組織全てがこのリストに含まれているわけではないが、しかし米国の組織を大まかに代表していると考えられる。1999 年の *World Almanac* に掲載された全組織による類似の分析でもほぼ同じ結果が得られる。Claudia Goldin and Lawrence F. Katz, "The Shaping of Higher Education: The Formative Years in the United States, 1890 to 1940," *Journal of Economic Perspectives* 13 (1999): 37–61, および NBER Working Paper No. W6537 (April 1998), は、1880–1910 年がまた、米国史の中で大学、学会創立のピーク期であったことを示している。

58. ここまでの 4 パラグラフについては、以下を参照。W. S. Harwood, "Secret Societies in America," *North American Review* 164 (1897): 617, 620, および David T. Beito, *From Mutual Aid to the Welfare State: Fraternal Societies and Social Services, 1890–1967* (Chapel Hill: University of North Carolina Press, 2000), 14, 10, 3, 27 ページの引用。バイトが明らかにしたのは、友愛組織の中心的な機能の一つが生命、健康、災害保険を提供することにあったこと、そしてそれらの機能が企業や政府によって肩代わりされることが 1920 年代、1930 年代に始まると、友愛結社の根本原理の重要な部分が失われたということだった。

59. McCormick, "Public Life in Industrial America," in Foner, *New American History*, 108; Skocpol, *Protecting Soldiers and Mothers*, ch. 6; Painter, *Standing at Armageddon*, 特に 105 ページ。

60. Diner, *Very Different Age*, 72, 76–101, 92 ページの引用。移民コミュニティにおける相互扶助については以下も参照。Beito, *From Mutual Aid to the Welfare State*, ch. 2.

61. Rowland Berthoff, *An Unsettled People: Social Order and Disorder in American History* (New York: Harper

21. Jacob Riis, *How the Other Half Lives* (New York: Penguin Books, 1997 [1890]), 6.

22. Painter, *Standing at Armageddon*, xxii-xxiii. における引用。

23. Josiah Strong, *The Twentieth Century City* (New York: Baker and Taylor, 1898), 181, 上記は以下に引用されている。Richard Hofstadter, *The Age of Reform: From Bryan to F.D.R.* (New York: Knopf, 1955), 175.

24. Don S. Kirschner, *The Paradox of Professionalism: Reform and Public Service in Urban America, 1900–1940* (New York: Greenwood Press, 1986), 179; Jon C. Teaford, *The Unheralded Triumph: City Government in America, 1870–1900* (Baltimore, Md.: Johns Hopkins University Press, 1984); Terrence J. McDonald, *The Parameters of Urban Fiscal Policy: Socio-Economic Change and Political Culture in San Francisco, 1860–1906* (Berkeley: University of California Press, 1986); Barrows, "Urbanizing America," in Calhoun, *Gilded Age*, 107; Lincoln Steffens, *The Shame of the Cities* (New York: Hill and Wang, 1957 [1904]), 2.

25. Diner, *A Very Different Age*, 5. Charles W. Calhoun, "The Political Culture: Public Life and the Conduct of Politics," in *Gilded Age*, ed. Calhoun, 185–213. 上記は金ぴか時代の政治家の因襲的ステレオタイプを批判している。

26. Cashman, *America in the Gilded Age*, 36–72, 100–134; Arnesen, "American Workers and the Labor Movement," 39–61.

27. Painter, *Standing at Armageddon*, xxix; Cashman, *America in the Gilded Age*, 97–98; Wahlgren Summers, *Gilded Age*, 174–178; Joseph R. Gusfield, *Symbolic Crusade: Status Politics and the American Temperance Movement* (Urbana: University of Illinois Press, 1963); Bordin, *Woman and Temperance*; Paul Aaron and David Musto, "Temperance and Prohibition in America: A Historical Overview," in *Alcohol and Public Policy: Beyond the Shadow of Prohibition*, eds. Mark H. Moore and Dean R. Gerstein (Washington, D.C.: National Academy Press, 1981), 127–181.

28. McCormick, "Public Life in Industrial America," 110; Cashman, *America in the Gilded Age*, 238–240, 242; Wahlgren Summers, *Gilded Age*, 156–161, 259; Leslie H. Fishel Jr., "The African-American Experience," in Calhoun, *Gilded Age*, 137–161.

29. Wahlgren Summers, *Gilded Age*, 157; McWilliams, *Idea of Fraternity in America*, 503; Eileen L. McDonagh, "Race, Class, and Gender in the Progressive Era," in *Progressivism*, eds. Milkis and Mileur, 145–191.

30. *Emporia* (Kan.) *Gazette*, February 1, 1912. 上記は以下に引用されている。Jean B. Quandt, *From the Small Town to the Great Community: The Social Thought of Progressive Intellectuals* (New Brunswick, N.J.: Rutgers University Press, 1970), 17.

31. Diner, *Very Different Age*, 45.

32. Quandt, *Small Town to Great Community*, 23–35. 革新主義の政治思想についてのレビューに対し、ブラッド・クラークに感謝する。

33. William Alien White, *The Old Order Changeth: A View of American Democracy* (New York: Macmillan, 1910), 250–252.

34. Michael J. Sandel, *Democracy's Discontent: America in Search of a Public Philosophy* (Cambridge, Mass.: Harvard University Press, 1996), 208 からの引用。

35. Quandt, *Small Town to Great Community*, 44–45 における下記の引用。Mary Parker Follett, *The New State* (New York:Longmans, Green, 1918)〔三戸公監訳、榎本世彦・高澤十四久・上田鷲訳『新しい国家——民主的政治の解決としての集団組織論』文眞堂、1993 年〕, 251.

36. Quandt, *Small Town to Great Community*, 39, 41.

37. Robert Park, *Society: Collective Behavior, News and Opinion, Sociology and Modem Society*, ed. Everett Cherrington Hughes et al. (Glencoe, Ill.: Free Press, 1955 [1918]), 147, 上記は以下に引用されている。Quandt, *Small Town to Great Community*, 146; John Dewey, *The Public and Its Problems* (Denver, Colo.: Alan Swallow, 1927), 138–139.

38. Clarke Chambers, *Seedtime of Reform: American Social Service and Social Action, 1918–1933* (Minneapolis: University of Minnesota Press, 1963); Kathleen D. McCarthy, *Noblesse Oblige: Charity and Cultural Philanthropy in Chicago, 1849–1929* (Chicago: University of Chicago Press, 1982); Paul Stair, *The Social Transformation of American Medicine* (New York: Basic Books, 1982); Judith Ann Trolander, *Professionalism and Social Change: From the Settlement House Movement to Neighborhood Centers, 1886 to the Present* (New York: Columbia University Press, 1987); William H. Wilson, *The City Beautiful Movement* (Baltimore, Md.: Johns Hopkins University Press, 1989); Robyn Muncy, *Creating a Female Dominion in American Reform, 1890–1935* (New York: Oxford University Press, 1991); Robert Fisher, *Let the People Decide: Neighborhood Organizing in America*, 2nd ed.

を参照。

5. Diner, *Very Different Age*, 49; Summers, *Gilded Age*, 283; Ralph Nelson, *Merger Movements in American Industry: 1895–1956* (Princeton, N.J.: Princeton University Press, 1959); Devra L. Golbe and Lawrence J. White, "Mergers and Acquisitions in the U.S. Economy: An Aggregate and Historical Overview," in *Mergers and Acquisitions*, ed. Alan J. Auerbach (Chicago: University of Chicago Press, 1988), 25–47, 特に 273、275 ページの図 9.7、9.8; *Mergers and Acquisitions*, ed. Gregory Marchildon (Cambridge, Mass.: Cambridge University Press, 1991); Patrick Gaughan, *Mergers, Acquisitions, and Corporate Restructurings* (New York: John Wiley & Sons, Inc., 1996). 最近のデータについては以下を参照。Mergerstat at www.mergerstat.com/free_reports/free_reports_m_and_a_activity.html.

6. Glenn Porter, "Industrialization and the Rise of Big Business," in Calhoun, *Gilded Age*, 9, 14–15.

7. Thomas C. Cochran and William Miller, *The Age of Enterprise: A Social History of Industrial America* (New York: Harper, 1961), 230. 上記は以下に引用されている。Husock, "Elks Clubs, Settlement Houses," 2; *Historical Statistics of the United States*, vol. 1, 224–225.

8. Wahlgren Summers, *Gilded Age*, 138, 122; Cashman, *America in the Gilded Age*, 354; Painter, *Standing at Armageddon*, xix-xx; Eric Arnesen, "American Workers and the Labor Movement in the Late Nineteenth Century," in Calhoun, *Gilded Age*, 42–43; Williamson and Lindert, *American Inequality*; および Claudia Goldin and Lawrence F. Katz, "The Returns to Skill across the Twentieth Century United States," unpublished ms. (Cambridge, Mass.: Harvard University Department of Economics, 1999). 経済史学者の同意するところでは、不平等性は 1830 年代もしくは 1840 年代からおよそ 1910 年まで上昇し（この期間の初期に最も急速な増大があった)、そこで水平化しおよそ 1910 年からおよそ 1940 年まではおそらく低下、およそ 1940 年からおよそ 1970 年までは確実に低下し、およそ 1970 年以降はまた確実に上昇した。不平等性の減少は、第一次、第二次世界大戦の周囲に集中している。

9. Arnesen, "American Workers," 42; McCormick, "Public Life," 103. 1 人当たり実質国民総生産は 1896 年から 1912 年まで毎年増大したが、例外として 1902、1904、1907–1908 年にある程度の後退があったことが、*Historical Statistics*, vol. 1, 224. に示されている。

10. *Historical Statistics*, vol. 1, 8, 11–12; Robert G. Barrows, "Urbanizing America," in Calhoun, *Gilded Age*, 91–110.「都市」とは国勢調査局によってこの時期は、2,500 人以上の人口を持つ場所と定義されていた。都市の新居住者のおよそ半分が米国農村部から、半分が外国からの移民であった。

11. *Historical Statistics*, vol. 1, 105–06; Calhoun, *Gilded Age*, xiii; Cashman, *America in the Gilded Age*, 146. これらの移民の波にもかかわらず、人口に占める外国生まれの割合は 1860 年の 13.2 % から 1910 年の 14.5 % にしか増加しなかった。1997 年のその数字は 9.7 % であった。Dianne Schmidley and Herman A. Alvarado, "The Foreign-Born Population in the United States: March 1997 (Update)," *Current Population Reports*, no. P20–507 (Washington, D.C.: U.S. Census Bureau, March 1998).

12. Diner, *Very Different Age*, 5.

13. Cashman, *America in the Gilded Age*, 92. 以下も参照のこと。Diner, *A Very Different Age*, 101.

14. Husock, "Elks Clubs, Settlement Houses...," 4. 上記は以下を引用している。Cochran and Miller, *Age of Enterprise*; Painter, *Standing at Armageddon*, xx.

15. Painter, *Standing at Armageddon*, 172; McCormick, "Public Life in Industrial America," 103; Cashman, *America in the Gilded Age*, 20; Wahlgren Summers, *Gilded Age*, 4.

16. Cashman, *America in the Gilded Age*, 354. における引用。

17. 以下における引用。James T. Patterson, *America in the Twentieth Century: A History*, 2nd ed. (New York: Harcourt Brace Jovanovich, 1983), 33.

18. Stacy A. Cordery, "Women in Industrializing America," in Calhoun, *Gilded Age*, 111–135.

19. Henry Adams, *The Education of Henry Adams: An Autobiography* (Boston: Houghton Mifflin, 1961 [1918]) 〔刈田元司訳『ヘンリー・アダムズの教育』八潮出版社、1971 年〕, 53.

20. Husock, "Elks Clubs, Settlement Houses ...," 4; Painter, *Standing at Armageddon*, xxii; Cashman, *America in the Gilded Age*, 148. 19 世紀の犯罪統計で信頼できるものは乏しいが、殺人——一般に暴力犯罪の指標と考えられているもの——は 20 世紀初期の数十年間で急激に増大した。以下を参照。Ted Robert Gurr, "Historical Trends in Violent Crime: A Critical Review of the Evidence," in *Crime and Justice: An Annual Review of Research*, vol. 3, ed. Michael Tonry and Norval Morris (Chicago: University of Chicago Press, 1981), 295–353, 特に 325 ページの図 2、および Bureau of Justice Statistics, "Homicide Trends in the U.S.," at www.ojp.usdoj.gov/bjs.

A Study of the Increasing Inequality of Wealth in America (New York: Twentieth Century Fund Press, 1995); Mishel, Bernstein, and Schmitt, *State of Working America*, 37–90.

16. 図 92 で用いられた経済的平等性の測度は、所得分配に基づいている。具体的には、1-〔所得不平等性のジニ係数〕である。経済的平等性に関する数多くの指標が存在するが、適切な指標のどれであっても、基本的に同じ結論が維持されている。社会関係資本と経済的平等性は正に相関する。図 93 で用いられた市民的平等性の指標は、ローパー社会的・政治傾向調査で測定された政治参加率における階層差に基づいている。これらの調査で測定された政治参加に関する 12 形態のそれぞれ——請願署名、公的集会への出席、その他——について、所得分布を 5 分位に分け、その最上位集団の最下位に対する対数参加率の比を作成した。市民的不平等性に関するこれら様々な指標同士が強く内部相関していたので、それらから（異常な分布を示していた、公職への立候補に関するものを除いて）因子得点を構成した。得点は反転され、得点が正であれば相対的に高い市民平等性を示すように、言い換えれば人口の中で最も富める 5 分の 1 と、最も貧しい 5 分の 1 の間での市民参加の頻度に相対的に差がないというようにした。この指標を構成してくれたブルース・P・ケネディに感謝するが、ここでの利用についてはわたしのみが責任を負うものである。

17. 私信

18. これらのジレンマを明確にしてくれたララ・パットナムに感謝する。

第 23 章　歴史からの教訓——金ぴか時代《ギルデッド・エイジ》と革新主義時代《プログレッシブ・エラ》

1. 以下に続くものは、伝統的な歴史的説明と一貫するものではあるが、1865 年から 1920 年の間の米国史についての広範にわたる調査だと主張するものではない。金ぴか時代と革新主義時代の概観については以下を参照。Nell Irvin Painter, *Standing at Armageddon: The United States, 1877–1919* (New York: Norton, 1987); Richard L. Mc-Cormick, “Public Life in Industrial America, 1877–1917,” in *The New American History,* ed. Eric Foner (Philadelphia: Temple University Press, 1990), 93–117; John Whiteclay Chambers II, *The Tyranny of Change: America in the Progressive Era, 1890–1920* (New York: St. Martin’s Press, 1992); Sean Dennis Cashman, *America in the Gilded Age: From the Death of Lincoln to the Rise of Theodore Roosevelt,* 3rd ed. (New York: New York University Press, 1993); *The Gilded Age: Essays on the Origins of Modem America,* ed. Charles W. Calhoun (Wilmington, Del.: Scholarly Resources, 1996); Mark Wahlgren Summers, *The Gilded Age: or. The Hazard of New Functions* (Upper Saddle River, N.J.: Prentice-Hall, 1997); Steven J. Diner, *A Very Different Age: Americans of the Progressive Era* (New York: Hill & Wang, 1998); Sidney M. Milkis and Jerome M. Mileur, eds., *Progressivism and the New Democracy* (Amherst, Mass.:University of Massachusetts Press, 1999). 権威ある解釈としては以下がある。Benjamin Parke De Witt, *The Progressive Movement: A Non-partisan, Comprehensive Discussion of Current Tendencies in American Politics* (Seattle: University of Washington Press, 1968 [1915]); Richard Hofstadter, *The Age of Reform: From Bryan to F.D.R.* (New York: Alfred A. Knopf, 1985 [1955])〔清水知久他訳『改革の時代——農民神話からニューディールへ』新装版、みすず書房、1988 年〕; Samuel P. Hays, *The Response to Industrialism, 1885–1914* (Chicago: University of Chicago Press, 1957); Robert H. Wiebe, *The Search for Order: 1877–1920* (New York: Hill and Wang, 1967); Thomas Bender, *Toward an Urban Vision: Ideas and Institutions in Nineteenth Century America* (Baltimore, Md.: Johns Hopkins University Press, 1982)、および Paul Boyer, *Urban Masses and Moral Order in America: 1820–1920* (Cambridge, Mass.: Harvard University Press, 1978). 非歴史学者として、私は英国の社会学者 T・H・マーシャルの弁解を繰り返したい。「歴史学者の務めとは、疑わしい典拠の種々雑多な山を選り分け、自身の慎重な専門的評価の結果を他者に与えることにある。そして彼らは、歴史学者が書き記したものを信頼したことに対し、社会学者を責めることはないであろう」。T. H. Marshall, *Class, Citizenship, and Social Development* (New York: Doubleday & Co., 1964), 35.

2. *Historical Statistics of the United States,* vol. 2, 958–959; Cashman, *America in the Gilded Age,* 100; Calhoun, *Gilded Age,* xii, および Howard Husock, “Elks Clubs, Settlement Houses, Labor Unions and the Anti-Saloon League: Nineteenth and Early Twentieth-Century America Copes with Change,” John F. Kennedy School of Government case no. C105–97–1381.0 (Cambridge, Mass.: Harvard University, 1997), 1–2. 本章ではこの要約からしばしば引いた。われわれの証拠についての熟練したプレゼンテーション、および革新主義時代についての広範な知識に対してハワード・ヒュソックに感謝する。

3. Cashman, *America in the Gilded Age,* 19. における引用。

4. Cashman, *America in the Gilded Age,* 8–9, 23.「島嶼的コミュニティ」については Wiebe, *Search for Order.*

Pew Research Center for the People & the Press (www.people-press.org/) のアーカイブ ; Gallup Poll Social Audit (各年刊)、および一般社会調査、DDB ニーダム・ライフスタイルアーカイブについての筆者の分析。人種に関する質問への白人回答の好ましい方向への変化傾向は、現実の行動変化よりもむしろ政治的正しさ《ポリティカル・コレクトネス》の反映にすぎないのではないかという点について研究者は一致を見ていないが、評価の対象外とするにはこの変化はあまりにも大きくまた一貫したものであるという点は大半の者が信じている。

7. このイメージは、Amy Gutmann によるコミュニタリアン的政治哲学についての明晰な論評から得た。"Communitarian Critics of Liberalism," *Philosophy & Public Affairs* 14 (1985): 308–322 の 319 ページ。

8. Schudson, *The Good Citizen*, 307 (強調筆者).

9. 前 2 パラグラフの根拠のソース：一般社会調査アーカイブ、および 1996 年の米国教育省全国世帯教育調査の成人市民参加調査についての筆者の分析。Berry, Portney, and Thomson, *Rebirth of Urban Democracy*, 220–221; Samuel C. Stouffer, *Communism, Conformity and Civil Liberties* (New York: Doubleday, 1956); Clyde Z. Nunn, Harry J. Crockett, and J. Alien Williams Jr., *Tolerance for Nonconformity* (San Francisco: Jossey-Bass, 1978); Herbert McClosky and Alida Brill, *Dimensions of Tolerance: What Americans Believe about Civil Liberties* (New York: Russell Sage Foundation, 1983); James L. Gibson and Richard D. Bingham, *Civil Liberties and Nazis: The Skokie Free Speech Controversy* (New York: Praeger, 1985); Page and Shapiro, *Rational Public*; John L. Sullivan, Patrick Walsh, Michal Shamir, David G. Barnum, and James L. Gibson, "Why Are Politicians More Tolerant? Selective Recruitment and Socialization Among Political Elites in New Zealand, Israel, Britain, and the United States," *British Journal of Political Science* 23 (1993): 51–76. 全ての研究が寛容性と市民参加との間に正の相関を見いだしているわけではないが、負の相関を見いだした研究はない。Lori Weber, *The Effects of Democratic Deliberation on Political Tolerance* (Ph.D. diss.. University of Colorado, 1999), 24–42. は、Verba, Schlozman, and Brady, *Voice and Equality* の調査を基としているが、政治参加における「社会的」形態（例えば会合への出席）が政治的寛容性の増加と関連する一方で、政治参加の「個人的」形態（例えば公職者との接触）はそうではないということを見いだしている。一方で数多くの研究は、潜在的な交絡変数を統制すると宗教参加と政治的不寛容性が関連するとしている。例えば以下を参照。Stouffer, *Communism, Conformity and Civil Liberties*; Nunn, Crockett, and Williams, *Tolerance for Nonconformity*, および Kathleen Beatty and Oliver Walter, "Religious Preference and Practice: Reevaluating Their Impact on Political Tolerance," *Public Opinion Quarterly* 48 (1984): 318–329.

10. 表 7 にまとめた寛容性の 3 測度全てにつき、州レベルの集計を行った。平均寛容性に関して十分に信頼できる推定値が、45 州について得られた。節約的観点から、図 91 では寛容性の 3 測度——ジェンダー、人種的多様性、そして市民的自由——全てをあわせて単一の指数を構成した。全州にわたってこれらの測度は非常に高く相関していたからである。しかし、それぞれの測度をそれぞれ独立して扱っても全く同じパターンが得られた。図 91 は社会関係資本と寛容性の間の二変量関係を表したものだが、この関連は多変量解析においても頑健性の高いもので、どの寛容性測度を個別に見ても等しく強いものであった。教育、収入、人種、都市化、所得不平等性、さらに地域（北部／南部）を統制しても、社会関係資本はジェンダー平等に対する寛容性（r=.48)、市民的自由に対する支持（r=.44)、白人の間での人種的寛容性（r=.45)、そして図 91 に示した寛容性についての合成指標（r=.50）と有意に相関していた。社会関係資本は州レベルの寛容性に対して、これらの標準的な社会経済的要因のどれよりもずっと強力な予測変数である。

11. 寛容性の成長は主として戦前、戦後世代の間の差によって引き起こされているのであって、それよりも新しい世代の間での違いの度合いはむしろ少ないとしている研究者もいる。以下を参照。Davis, "Changeable Weather in a Cooling Climate atop the Liberal Plateau"; Thomas C. Wilson, "Trends in Tolerance toward Rightist and Leftist Groups, 1976–1988: Effects of Attitude Change and Cohort Succession," *Public Opinion Quarterly* 58 (1994): 539–556; Schumann et al., *Racial Attitudes in America*; Kevin A. Hill, "Generations and Tolerance: Is Youth Really a Liberalizing Factor?" in Craig and Bennett, *After the Boom*. および Kenneth H. Stehlik-Barry, "The Growth of Political Tolerance 1976–96," paper prepared for presentation at the Annual Meeting of the American Political Science Association (Boston, September 3–6, 1998).

12. Gallup Social Audit survey, 1997. www.gallup.com/Special_Reports/black-white.htm で入手可能。

13. Amy Gutmann, "An Introductory Essay," 19, 25.

14. Robert D. Plotnick, Eugene Smolensky, Eirik Evenhouse, and Siobhan Reilly, "The Twentieth Century Record of Inequality and Poverty in the United States" (Madison, Wise.: University of Wisconsin Institute for Research on Poverty Discussion Paper no. 1166–98, 1998); Williamson and Lindert, *American Inequality*.

15. 20 世紀の最終 30 年間における経済的不平等の増大については以下を参照。Edward N. Wolff, *Top Heavy:*

51. Margaret Weir, "Power, Money, and Politics in Community Development," in Ronald F. Ferguson and William T. Dickens, eds., ***Urban Problems and Community Development*** (Washington, D.C.: Brookings Institution Press, 1999).

52. Jeffrey M. Beny, Kent E. Portney, and Ken Thomson, ***The Rebirth of Urban Democracy*** (Washington, D.C.: Brookings Institution Press, 1993).

53. 州間で遵守率を予測する回帰分析においては、社会関係資本指数のみが唯一統計的に有意な変数であった。他の変数——1人当たり所得、所得不平等性、人種構成、都市化、教育——は有意でなかった。遵守の基盤となっている社会関係資本と信頼の役割については Tyler, "Trust and Democratic Governance." を参照。

54. Young-dahl Song and Tinsley E. Yarbrough, "Tax Ethics and Taxpayer Attitudes: A Survey," ***Public Administration Review*** 38 (1978): 442–452; Steven M. Sheffrin and Robert K. Triest, "Can Brute Deterrence Backfire: Perceptions and Attitudes in Taxpayer Compliance," in ***Why People Pay Taxes: Tax Compliance and Enforcement***, Joel Slemrod, ed. (Ann Arbor: University of Michigan Press, 1992), 193–222; Scholz and Lubell, "Trust and Taxpaying"; および Scholz, "Trust, Taxes, and Compliance."

55. Martha E. Kropf and Stephen Knack, "Viewers Like You: Community Norms and Contributions to Public Broadcasting," unpub. ms. (Kansas City: University of Missouri, Kansas City Department of Political Science, 1999).

56. Jennifer M. Coston, Terry Cooper, and Richard A. Sundeen, "Response of Community Organizations to the Civil Unrest in Los Angeles," ***Nonprofit and Voluntary Sector Quarterly*** 22 (1993): 357, および Krzysztof Kaniasty and Fran H. Norris, "In Search of Altruistic Community: Patterns of Social Support Mobilization Following Hurricane Hugo," ***American Journal of Community Psychology***, 23 (1995): 447–477. 小集団の連帯と軍事上の有効性に関する研究には膨大なものがあり、その多くは直接に社会関係資本理論と関係している。以下を参照。Edward A. Shils and Morris Janowitz, "Cohesion and Disintegration in the Wehrmacht in World War II," ***Public Opinion Quarterly*** 12 (1948): 280–315; Samuel A. Stouffer et al., ***The American Soldier*** (Princeton, N.J.: Princeton University Press, 1949), および Anthony Kellett, ***Combat Motivation: The Behavior of Soldiers in Battle*** (Boston: Kluwer-Nijhoff, 1982).

第22章　社会関係資本の暗黒面《ダーク・サイド》

1. Henry David Thoreau, "Life without Principle," ***Atlantic Monthly*** XII (1863): 484–495. これは以下に引用されている。McWilliams, ***Idea of Fraternity in America***, 296.

2. Sinclair Lewis, ***Babbitt*** (New York: Harcourt, Brace & World, 1950 [1922]): 203. ***The American Heritage Dictionary of the English Language***, 3rd ed. (New York: Houghton Mifflin, 1992) は、「バビット」(babbitt) をこう定義している。「ミドルクラスの成員であって、その仕事および社会的理想への傾倒によって、偏狭さと自己満足の典型的人物となっている者」。

3. ***The Collected Works of Walter Bagehot***, ed. Norman St John-Stevas (London: The Economist, 1965–1986), vol. iii, 243.

4. Gallup Poll Social Audit (各年刊); John L. Sullivan, James E. Piereson, and George E. Marcus, ***Political Tolerance and American Democracy*** (Chicago: University of Chicago Press, 1982), 特に 26–53 ページ。Glenn, "Social Trends in the United States"; John Mueller, "Trends in Political Tolerance," ***Public Opinion Quarterly*** 52 (1988): 1–25; Davis, "Changeable Weather in a Cooling Climate atop the Liberal Plateau"; Benjamin I. Page and Robert Y. Shapiro, ***The Rational Public: Fifty Years of Trends in Americans' Policy Preferences*** (Chicago: University of Chicago Press, 1992); Thomas C. Wilson, "Trends in Tolerance Toward Rightist and Leftist Groups, 1976–1988," ***Public Opinion Quarterly*** 58 (1994): 539–556; George E. Marcus, John L. Sullivan, Elizabeth Theiss-Morse, and Sandra L. Wood, ***With Malice Toward Some: How People Make Civil Liberties Judgments*** (New York: Cambridge University Press, 1995); Howard Schumann, Charlotte Steeh, Lawrence Bobo, and Maria Krysan, ***Racial Attitudes in America: Trends and Interpretations***, rev. ed. (Cambridge, Mass.: Harvard University Press, 1997). 研究者の間で激論となってきたのは、寛容性一般が成長してきたのか、あるいはそれは何らかの特定の (左翼) グループに対する寛容さのみであるのかという点であった。寛容性に移動はあったが、一方で全般的にも成長したというのが現在の合意であるように思われる。

5. Schudson, ***The Good Citizen***; Alan Wolfe, ***One Nation After All*** (New York: Viking Press, 1998).

6. 前2パラグラフのデータに対するソース：Schumann et al., ***Racial Attitudes in America***, 104–105; 117;

と、b）いかに参加者が少なくとも市民参加に特権を与える代表制システムや意思決定過程、を混同しているものがあることである。前者は行動上の特性であり、後者は制度的な特性である（この2つは因果的、あるいは歴史的につながっている可能性はあるが、同じものではない）。混乱することに、フィオリーナは市民参加をこの両者を指す言葉として用いているが、彼の小論が論じているのはb）の「暗黒面《ダーク・サイド》」であって、a）の暗黒面ではない。小論のタイトルとは反対に、彼の証拠が示しているのは市民参加低下の暗黒面なのである。

36. この、および続くパラグラフにおける一般化は、ローパー社会・政治傾向アーカイブについての筆者の分析に基づいている。イデオロギー自己同定は、以下の質問に基づいている。「ここで、政治的、社会的に考えたとき、あなた自身の一般的な態度はどのように表現されるでしょうか——非常に保守的、ある程度保守的、中道、ある程度リベラル、非常にリベラル」。

37. 12の基本的参加形態のそれぞれに対して、イデオロギー自己同定の5カテゴリーごとに1974年から1994年の間の線形傾向を計算し、21年間を通じた純変化を1974年の参加率に対する割合として表した。このアプローチは他に可能な方法と比べると、年ごとの外れ値に対する敏感性が弱く、異なる参加形態との間での比較を容易にするが、どのような合理的な測定によっても同じ結論が導かれる。自己表明したイデオロギー位置が極端になるほど、この20年間を通じた参加率の相対的減少が少なくなる。

38. Gabriel Weimann, "On the Importance of Marginality: One More Step in the Two-Step Flow of Communication," *American Sociological Review* 47 (December 1982): 764–773; Gabriel Weimann, "The Strength of Weak Conversational Ties in the Flow of Information and Influence," *Social Networks* 5 (1983): 245–267; Matthew A. Crenson, "Social Networks and Political Processes in Urban Neighborhoods," *American Journal of Political Science* 22, no. 3 (August 1978): 578–594. Michael MacKuen and Courtney Brown, "Political Context and Attitude Change," *American Political Science Review* 81 (June 1987): 471–490; Robert Huckfeldt and John Sprague, *Citizens, Politics, and Social Communication: Information and Influence in an Election Campaign* (New York: Cambridge University Press 1995).

39. Cathy J. Cohen and Michael C. Dawson, "Neighborhood Poverty and African American Politics," *American Political Science Review* 87 (1993): 286–302.

40. Michael Schudson, "What If Civic Life Didn't Die?" *The American Prospect* 25 (1996): 17–20, 18ページの引用。

41. Tarrow, *Power in Movement*, 133.

42. Theda Skocpol, "Advocates without Members: The Recent Transformation of American Civic Life," in Skocpol and Fiorina, eds., *Civic Engagement in American Democracy*, 505–506.

43. Peter Skerry, "The Strange Politics of Affirmative Action," *Wilson Quarterly* (Winter 1997): 39–46.

44. James T. Hamilton, "Testing for Environmental Racism: Prejudice, Profits, Political Power?," *Journal of Policy Analysis and Management* 14, no.1 (1995): 107–132.

45. Robert D. Putnam with Robert Leonardi and Raffaella Nanetti, *Making Democracy Work: Civic Traditions in Modem Italy* (Princeton, N.J.: Princeton University Press, 1993).

46. Daniel Elazar, *American Federalism: A View from the States* (New York: Crowell, 1966).

47. Ira Sharkansky, "The Utility of Elazar's Political Culture," *Polity* 2 (1969): 66–83.

48. ピアソンの相関係数rは0.77であり、これは1.0の場合に完全な線形関係を示している。

49. Charles A. Johnson, "Political Culture in American States: Elazar's Formulation Examined," *American Journal of Political Science* 20 (1976): 491–509; Ira Sharkansky, *Regionalism in American Politics* (Indianapolis, Ind.: Bobbs-Merrill, 1970); Richard A. Joslyn, "Manifestations of Elazar's Political Subcultures: State Public Opinion and the Content of Political Campaign Advertising," John Kincaid, "Political Culture and the Quality of Urban Life," および Susan Welch and John G. Peters, "State Political Culture and the Attitudes of State Senators Toward Social, Economic Welfare, and Corruption Issues," これらは全て下記所収。*Political Culture, Public Policy and the American States*, John Kincaid, ed. (Philadelphia: Institute for the Study of Human Issues, 1982), 59–80; 121–149; 151–159; Tom W. Rice and Alexander F. Sumberg, "Civic Culture and Government Performance in the American States," *Publius* 27 (1997): 99–114; Maureen Rand Oakley, "Explaining the Adoption of Morality Policy Innovations: The Case of Fetal Homicide Policy," paper presented at the Annual Meeting of the American Political Science Association (Atlanta, Ga., September 1999).

50. 情実的政治《パトロネージ》は結束型社会関係資本に基づくことがしばしばである。それは政府の非効率性を導き民族的対立を強化する可能性があるが、一方で政治動員においては非常に効率的であることが多い。

Cooperation: The East German Revolution of 1989," *American Sociological Review* 58 (1993): 659–680.

13. Tocqueville, *Democracy in America*, 515.

14. William Kornhauser, *The Politics of Mass Society* (Glencoe, Ill.: Free Press, 1959), 73.

15. Verba, Schlozman, Brady, *Voice and Equality*, 304–333.

16. William A. Muraskin, *Middle-Class Blacks in a White Society: Prince Hall Freemasonry in America* (Berkeley: University of California Press, 1975), 27.

17. Verba, Schlozman, Brady, *Voice and Equality*, 378.

18. Frederick C. Harris, "Religious Institutions and African American Political Mobilization," in Paul Peterson, ed.. *Classifying by Race* (Princeton, N.J.: Princeton University Press, 1995), 299. 証拠の示すところでは、プロテスタント宗派のように会衆的に組織されている教会は、カトリックや福音主義教派を含む階層的に組織された教会よりも、その教区民に市民的スキルを構築するための機会を提供することが多い傾向がある。プロテスタント信者はカトリックに比べて、市民的スキルを実践する機会を 3 倍多く回答する。Verba, Schlozman, Brady, *Voice and Equality*, 321–322, 329.

19. Verba, Schlozman, Brady, *Voice and Equality*, 385.

20. Jon Elster, ed., *Deliberative Democracy* (Cambridge, UK: Cambridge University Press, 1998); Amy Gutmann and Dennis Thompson, *Democracy and Disagreement* (Cambridge, Mass.: Harvard University Press, 1996); J. Bohman, *Public Deliberation* (Cambridge, Mass.: MIT Press, 1996); C. Nino, *The Constitution of Deliberative Democracy* (New Haven, Conn.: Yale University Press, 1996).

21. Gutmann "Freedom of Association," 25.

22. 例えば以下を参照。Will Kymlicka, "Ethnic Associations and Democratic Citizenship," in Gutmann, *Freedom of Association*, 177–213.

23. 以下を参照。Michael Walzer, "The Civil Society Argument," in Ronald Beiner, ed., *Theorizing Citizenship* (Albany: State University of New York Press, 1995).

24. Michael Hanks, "Youth, Voluntary Associations, and Political Socialization," *Social Forces* 60 (1981): 211–223.

25. David Sally, "Conversation and Cooperation in Social Dilemmas: A Meta-Analysis of Experiments from 1958 to 1992," *Rationality and Society* 7, no. 1 (1995): 58–92.

26. Gutmann and Thompson, *Democracy and Disagreement*, 52–53.

27. 例えば以下を参照。Nancy Rosenblum, *Membership and Morals* (Princeton, N.J.: Princeton University Press, 1998); Daniel Schulman, "Voluntary Organization Involvement and Political Participation," *Journal of Voluntary Action Research* 7 (1978): 86–105.

28. Theodore J. Lowi, *The End of Liberalism: Ideology, Policy, and the Crisis of Public Authority* (New York: Norton, 1969); Jonathan Rauch, *Demosclerosis: The Silent Killer of American Government* (New York: Times Books, 1994)

29. Michael Walzer, "The Civil Society Argument," in Ronald Beiner, ed., *Theorizing Citizenship* (Albany: State University of New York Press, 1995).

30. 例えば以下を参照。Hausknecht, *The Joiners*; Verba, Schlozman, Brady, *Voice and Equality*, および David Horton Smith, "Determinants of Voluntary Association Participation and Volunteering: A Literature Review," *Nonprofit and Voluntary Sector Quarterly* 23, no. 3 (fall 1994): 243–263.

31. E. E. Schattschneider, *The Semisovereign People: A Realist's View of Democracy in America* (New York: Holt, Rinehart & Winston, 1960)〔内山秀夫訳『半人権人民』而立書房、1972 年〕.

32. Seymour Martin Lipset, *Political Man: The Social Bases of Politics* (Garden City, N.Y: Doubleday, 1960)〔内山秀夫訳『政治のなかの人間——ポリティカル・マン』創元新社、1963 年〕; Samuel Stouffer, *Communism, Conformity and Civil Liberties* (New York: Doubleday, 1955); Sheri Berman, "Civil Society and the Collapse of the Weimar Republic," *World Politics* 49 (April 1997): 401–429.

33. Samuel P. Huntington, "The Democratic Distemper," *The Public Interest* 41 (fall 1975): 9–38.

34. Rosenblum, *Membership and Morals*, 155.

35. Morris P. Fiorina, "Extreme Voices: The Dark Side of Civic Engagement," in Skocpol and Fiorina, eds., *Civic Engagement in American Democracy*. フィオリーナの逸話は洞察に富むもので、彼が結論として市民参加の増加を呼びかけているのは正しい。残念なことは、彼の小論の中には、a) コミュニティにおける高程度の市民参加

and H. B. Peck, “Community Stressors, Mediating Conditions and Well-being in Urban Neighborhoods,” *Journal of Community Psychology* 10 (1982): 377–391; David G. Myers, “Close Relationships and Quality of Life,” in D. Kahneman, E. Diener, and N. Schwartz, eds.. *Well-being: The Foundations of Hedonic Psychology* (New York: Russell Sage Foundation, 1999).

20. Michael Argyle, *The Psychology of Happiness* (London: Metheun, 1987)〔石田梅男訳『幸福の心理学』誠信書房、1994 年〕; Ed Diener, “Subjective Well-being,” *Psychological Bulletin* 95 (1984): 542–575; Ed Diener, “Assessing Subjective Well-being,” *Social Indicators Research*, 31 (1994): 103–157; David G. Myers and Ed Diener, “Who Is Happy?” *Psychological Science* 6 (1995): 10–19; Ruut Veenhoven, “Developments in Satisfaction-Research,” *Social Indicators Research*, 37 (1996): 1–46, およびそこに引用された研究。

21. これらのデータおよび大半の研究においては、生活満足度に対する結婚の効果は基本的に男女で同一であるが、反対に男性の間で結婚は満足度に対してより大きな正の効果を持つとする報告もある。

22. 各回のライフスタイル調査における収入は、ドルベースの年間所得によって定義された所得階層区分で測定されている。時間を超えた比較可能性を拡大するために、各年の調査におけるこれらの区分を、その年の所得分布における平均パーセンタイル順位に変換した。パーセンタイルで測られた収入の満足度に対する影響は線形なものではないが、ドルベース所得を所得パーセンタイルに変換することもまた線形ではないという事実によってそれは相殺される。したがって、収入におけるどの特定の変化と「幸福同値」との関係も、それは桁のオーダーでは正確だが、詳細は必ずしもそうではない。

23. ここでの結果は DDB ニーダム・ライフスタイルサンプルについての重回帰分析に基づいていて、変数には市民参加に関する様々な測度と並んで、年齢、性別、教育、収入、婚姻状態を含んでいる。結果は男女に関して基本的に同一であるが、例外として教育と、社会的つながりが満足度に対して持つ影響が女性の方でわずかに大きい。収入、教育、社会的つながりは全て、既婚者よりも単身者の方でより大きな影響を持っている。例えば、クラブ会合が単身者の満足度に対して持つ影響は、既婚者のそれより 2 倍大きい。言い換えると、結婚という、それ自体が満足を強力に押し上げる要因がないとき、他の要因の重要性が増す。その反対に、貧しく、教育がなく、社会的に孤立した者の間でさえ、結婚は満足のための基本的な緩衝《バッファー》を提供するものとなる。

24. DDB ニーダム・ライフスタイルとハリス調査データについての筆者の分析。

25. Martin E. P. Seligman, “Boomer Blues,” *Psychology Today*, October 1988, 50–55.

第 21 章　民主主義

1. この名句はワイルドに帰するものであると広く考えられているが、本当にそうであるのかを確認することはできなかった。

2. Joseph Schumpeter, *Capitalism, Socialism, and Democracy* (London: Harper and Brothers, 1942)〔中山伊知郎・東畑精一訳『資本主義・社会主義・民主主義』新装版、東洋経済新報社、1995 年〕.

3. Jefferson to Kercheval, July 12, 1816, in Merrill Peterson, ed.. *Writings* (New York: Library of America, 1984), 1227. 上記は以下に引用されている。James P. Young, *Reconsidering American Liberalism* (Boulder, Colo.: Westview Press, 1996), 86.

4. Tocqueville, *Democracy in America*, 511.

5. 以下からのテキスト。John Stuart Mill, *Considerations on Representative Government* (1861)〔水田洋訳『代議制統治論』岩波文庫、1997 年〕, at english-www.hss.cmu.edu/philosophy/mill-representative-govt.txt

6. John Dewey, *The Public and Its Problems*,〔阿部斉訳『現代政治の基礎――公衆とその諸問題』みすず書房、1969 年〕上記は以下からの引用。Robert B. Westbrook, *John Dewey and American Democracy* (Ithaca, N.Y: Cornell University Press, 1991), 314.

7. James Madison, *Federalist*, 10.

8. Michael Schudson, *The Good Citizen: A History of American Civic Life* (New York: Free Press, 1998), 55.

9. 例えば以下を参照。Peter L. Berger and Richard John Neuhaus, *To Empower People: From State to Civil Society* (Washington, D.C.: AEI Press, 1977; 1996).

10. Tocqueville, *Democracy in America*, 190.

11. Amy Gutmann, “Freedom of Association: An Introductory Essay,” in Amy Gutmann, ed.. *Freedom of Association* (Princeton, N.J.: Princeton University Press, 1998), 3.

12. Karl-Dieter Opp and Christiane Gern, “Dissident Groups, Personal Networks, and Spontaneous

た。

7. 50州における社会関係資本指標とモーガン・キトノ衛生指標（1991–98）との間のピアソンのr係数は0.78であり、これは社会科学の慣習的標準からすると強い関係である。これに対して社会関係資本と年齢調整済みの全原因死亡率との間の相関は－.81である。この死亡率指標を提供してきれたイチロー・カワチに感謝する。

8. ロセットの歴史に関心を引き、また社会的つながりの健康に対する影響に関する文献を紹介してくれたことについて、キンバリー・ロホナーに感謝する。ロセットに関する主要な研究は以下である。J. G. Bruhn and S. Wolf, ***The Roseto Story: An Anatomy of Health***（Norman, Okla.: University of Oklahoma Press, 1979）; S. Wolf and J. G. Bruhn, ***The Power of Clan: The Influence of Human Relationships on Heart Disease***（New Brunswick, N.J.: Transaction Publishers, 1993）; B. Egolf, J. Lasker, S. Wolf, and L. Potvin, "The Roseto Effect: A Fifty-Year Comparison of Mortality Rates," ***American Journal of Epidemiology*** 125, no. 6（1992）: 1089–1092.

9. L. F. Berkman and S. L. Syme, "Social Networks, Host Resistance and Mortality: A Nine Year Follow-up of Alameda County Residents," ***American Journal of Epidemiology*** 109（1979）: 186–204.

10. J. House, C. Robbins, and H. Metzner, "The Association of Social Relationships and Activities with Mortality: Prospective Evidence from the Tecumseh Community Health Study," ***American Journal of Epidemiology*** 116, no. 1（1982）: 123–140. この知見は男性にのみあてはまる。

11. House, Robbins, and Metzner（1982）, この知見は女性にのみあてはまる。 T. E. Seeman, G. A. Kaplan, L. Knudsen, R. Cohen, and J. Guralnik, "Social Network Ties and Mortality among the Elderly in the Alameda County Study," ***American Journal of Epidemiology*** 126, no. 4（1987）: 714–723. この研究の知見では、社会的孤立が死亡率の予測変数となっているのは60歳以上の人々においてのみだった。

12. D. Blazer, "Social Support and Mortality in an Elderly Community Population," ***American Journal of Epidemiology*** 115, no. 5（1982）: 684–694; K. Orth-Gomer and J. V. Johnson, "Social Network Interaction and Mortality," ***Journal of Chronic Diseases*** 40, no. 10（1987）: 949–957.

13. L. Welin, G. Tibblin, K. Svardsudd, B. Tibblin, S. Ander-Peciva, B. Larsson, and L. Wilhelmsen, "Prospective Study of Social Influences on Mortality," ***The Lancet***, April 20, 1985, 915–918; Frederick J. Manning and Terrence D. Fullerton, "Health and Well-Being in Highly Cohesive Units of the U.S. Army," ***Journal of Applied Social Psychology*** 18（1988）: 503–519.

14. Sheldon Cohen et al., "Social Ties and Susceptibility to the Common Cold," ***Journal of the American Medical Association*** 277（June 25, 1997）: 1940–1944.

15. A. Colantonio, S. V. Kasi, A. M. Ostfeld, and L. Berkman, "Psychosocial Predictors of Stroke Outcomes in an Elderly Population," ***Journal of Gerontology*** 48, no. 5（1993）: S261–S268.

16. Young and Glasgow, "Voluntary Social Participation and Health."

17. Angus Deaton and C. H. Paxson, "Aging and Inequality in Income and Health," ***American Economic Review*** 88（1998）: 252. はこのように報告する。「1945年以降生まれのコホートについては、健康状態における改善はなかったか、場合によっては幾分の悪化が見られたが、1945年以前の者に対しては大きな改善が認められた」。

18. R. C. Kessler et al., "Lifetime and 12–Month Prevalence of DSM-III-R Psychiatric Disorders in the United States, ***Archives of General Psychiatry*** 51（1994）: 8–19; C. J. Murray and A. D. Lopez, "Evidence-Based Health Policy-Lessons from the Global Burden of Disease Study," ***Science*** 274（1996）: 740–743; L. I. Pearlin et al., "The Stress Process"; G. A. Kaplan et al.," "Psychosocial Predictors of Depression"; A. G. Billings and R. H. Moos, "Life Stressors and Social Resources Affect Posttreatment Outcomes Among Depressed Patients," ***Journal of Abnormal Psychiatry*** 94（1985）: 140–153; C. D. Sherbourne, R. D. Hays, and K. B. Wells, "Personal and Psychosocial Risk Factors for Physical and Mental Health Outcomes and Course of Depression among Depressed Patients," ***Journal of Consulting and Clinical Psychology*** 63（1995）: 345–355, および T. E. Seeman and L. F. Berkman, "Structural Characteristics of Social Networks and Their Relationship with Social Support in the Elderly: Who Provides Support," ***Social Science and Medicine*** 26（1988）: 737–749. ジュリー・ドナヒューによる、このトピックについてのすぐれた研究に多くを負った。

19. L. I. Pearlin, M. A. Lieberman, E. G. Menaghan, J. T. Mullan, "The Stress Process," ***Journal of Health and Social Behavior*** 22, no. 4（1981）: 337–356; A. Billings and R. Moos, "Social Support and Functioning Among Community and Clinical Groups: A Panel Model," ***Journal of Behavioral Medicine*** 5, no. 3（1982）: 295–311; G. A. Kaplan, R. E. Roberts, T. C. Camacho, and J. C. Coyne, "Psychosocial Predictors of Depression," ***American Journal of Epidemiology*** 125, no. 2,（1987）, 206–220; P. Cohen, E. L. Struening, G. L. Muhlin, L. E. Genevie, S. R. Kaplan,

Capital, unpublished doctoral dissertation, John F. Kennedy School of Government, Harvard University, 1997.

27. Saxenian, *Regional Advantage,* 161.

28. Michael J. Piore and Charles F. Sable, *The Second Industrial Divide: Possibilities for Prosperity* (New York: Basic Books, 1984)〔山之内靖・永易浩一・石田あつみ訳『第二の産業分水嶺』筑摩書房、1993 年〕.

29. Francis Fukuyama, *Trust*; William G. Ouchi, "Markets, Bureaucracies and Clans," *Administrative Science Quarterly* 25, no. 1 (March 1980): 129–141; Lynne G. Zucker, "Production of Trust: Institutional Sources of Economic Structure, 1840–1920," *Research in Organizational Behavior* 8 (1986): 53–111.

30. Walter W. Powell, Kenneth W. Koput, and Laurel Smith-Doerr, "Interorganizational Collaboration and the Locus of Innovation: Networks of Learning in Biotechnology," *Administrative Science Quarterly* 41 (1996): 116–145; Jane A. Fountain, "Social Capital: A Key Enabler of Innovation," in *Investing in Innovation: Toward a Consensus Strategy for Federal Technology Policy,* L. M. Branscomb and J. Keller, eds. (Cambridge, Mass.: MIT Press, 1998): 85–111.

31. 社会関係資本と経済開発に関する最近の研究については以下を参照。*Social Capital: A Multifaceted Perspective,* Partha Dasgupta and Ismail Serageldin, eds. (Washington, D.C.: The World Bank, 2000); *Social Capital and Poor Communities,* Susan Saegert, J. Phillip Thompson, and Mark R. Warren, eds. (New York: Russel Sage Foundation, 2001), および Michael Woolcock, *Using Social Capital: Getting the Social Relations Right in the Theory and Practice of Economic Development* (Princeton, N.J.: Princeton University Press, 2000).

第 20 章　健康と幸福感

1. 健康と社会的つながりについての膨大な先行研究の包括的概観については以下を参照。James S. House, Karl R. Landis, and Debra Umberson, "Social Relationships and Health," *Science* 241 (1988): 540–545; Lisa F. Berkman, "The Role of Social Relations in Health Promotion," *Psychosomatic Medicine* 57 (1995): 245–254, および Teresa E. Seeman, "Social Ties and Health: The Benefits of Social Integration," *Annual of Epidemiology* 6 (1996): 442–451. 他に最近の有益な概観としては以下が含まれる。Benjamin C. Amick III, Sol Levine, Alvin R. Tarlov, and Diana Chapman Walsh, eds.. *Society and Health* (New York: Oxford University Press, 1995), 中でも特に Donald L. Patrick and Thomas M. Wickizer, "Community and Health," 46–92; Richard G. Wilkinson, *Unhealthy Societies: From Inequality to Well-Being* (New York: Routledge, 1996); Linda K. George, "Social Factors and Illness," in *Handbook of Aging and the Social Sciences* 4th ed., Robert H. Binstock and Linda K. George, eds. (New York: Academic Press, 1996), 229–252; Frank W. Young and Nina Glasgow, "Voluntary Social Participation and Health," *Research on Aging* 20 (1998): 339–362; Sherman A. James, Amy J. Schulz, and Juliana van Olphen, "Social Capital, Poverty, and Community Health: An Exploration of Linkages," in *Using Social Capital, Saegert,* Thompson, and Warren, eds.

2. B. H. Kaplan, J. C. Cassel, and S. Gore, "Social Support and Health," *Medical Care* (supp.) 15, no. 5 (1977): 47–58. L. F. Berkman, "The Relationship of Social Networks and Social Support to Morbidity and Mortality," in S. Cohen and S. L. Syme, eds.. *Social Support and Health* (Orlando, Fla.: Academic Press, 1985), 241–262; J. S. House, D. Umberson, and K. R. Landis, "Structures and Processes of Social Support," *Annual Review of Sociology* 14 (1988): 293–318. Ichiro Kawachi, Bruce P. Kennedy, and Roberta Glass, "Social Capital and Self-Rated Health: A Contextual Analysis," *American Journal of Public Health* 89 (1999): 1187–1193.

3. Lisa Berkman, "The Changing and Heterogeneous Nature of Aging and Longevity: A Social and Biomedical Perspective," *Annual Review of Gerontology and Geriatrics* 8 (1988): 37–68; Lisa Berkman and Thomas Glass, "Social Integration, Social Networks, Social Support, and Health," in *Social Epidemiology,* Lisa F. Berkman and Ichiro Kawachi, eds. (New York, Oxford University Press, 2000), 137–174; T. E. Seeman, L. F. Berkman, and D. Blazer, et al., "Social Ties and Support and Neuroendocrine Function: The MacArthur Studies of Successful Aging," *Annals of Behavioral Medicine* 16 (1994): 95–106; Sheldon Cohen, "Health Psychology: Psychological Factors and Physical Disease from the Perspective of Human Psychoneuroimmunology," *Annual Review of Psychology* 47 (1996): 113–142.

4. Berkman and Glass, "Social Integration, Social Networks, Social Support, and Health."

5. Kawachi et al., "Social Capital and Self-Rated Health."

6. 健康状態が中程度、あるいはあまりよくないと答えた者の割合と、(人口統計学的な重み付けをした) 州の不信度順位 (低、中、高) との間のピアソンの r 係数は 0.71 だった。健康状態が中程度／あまりよくない者の人口割合と、(人口統計学的な重み付けをした) 州の「人助け」順位 (低、中、高) との間の r 係数は −0.66 であっ

Jobs Missing in the Ghetto?" in Richard B. Freeman and Henry J. Holzer, eds.. *The Black Youth Employment Crisis* (Chicago: University of Chicago Press, 1986), 147–185.

7. John D. Kasarda, "Urban Change and Minority Opportunities," in Paul E. Peterson, ed., *Tne New Urban Reality* (Washington, D.C.: Brookings Institution, 1985); John D. Kasarda, "Urban Industrial Transition and the Underclass," *Annals of the American Academy of Political and Social Science* 501 (January 1989): 26–47.

8. John D. Kasarda, "Urban Industrial Transition and the Underclass"; Henry J. Holzer, "The Spatial Mismatch Hypothesis: What Has the Evidence Shown?" *Urban Studies* 28, no. 1 (1991): 105–122.

9. Katherine M. O'Regan, "The Effect of Social Networks and Concentrated Poverty on Black and Hispanic Youth Employment," *Annals of Regional Science* 27, no. 4 (December 1993): 327–342.

10. Roger Waldinger, *Still the Promised City?* (Cambridge, Mass.: Harvard University Press, 1996); Ivan Light, *Ethnic Enterprise in America: Business and Welfare Among Chinese, Japanese, and Blacks* (Berkeley: University of California Press, 1972).

11. James H. Johnson Jr., Elisa Jayne Bienenstock, and Walter C. Farrell Jr., "Bridging Social Networks and Female Labor Force Participation in a Multi-Ethnic Metropolis," in *Prismatic Metropolis: Analyzing Inequality in Los Angeles*, Lawrence D. Bobo, Melvin L. Oliver, James H. Johnson, Jr., and Abel Valenzuela, eds. (New York: Russell Sage Foundation, 2000).

12. Corcoran, Datcher, and Duncan, "Most Workers Find Jobs through Word of Mouth"; および Gary P. Green, Leann M. Tigges, and Irene Browne, "Social Resources, Job Search, and Poverty in Atlanta," *Research in Community Sociology* 5 (1995): 161–182.

13. Richard B. Freeman, "Who Escapes? The Relation of Churchgoing and Other Background Factors to the Socioeconomic Performance of Black Male Youths from Inner-City Tracts," in Richard B. Freeman and Henry J. Holzer, eds.. *The Black Youth Employment Crisis* (Chicago: University of Chicago Press, 1986), 353–376.

14. Burt, *Structural Holes*; Burt, "The Contingent Value of Social Capital"; Nan Lin, "Social Networks and Status Attainment," *Annual Review of Sociology* 25 (1999): 467–487, およびその引用文献; Brian Uzzi, "Embeddedness in the Making of Financial Capital: How Social Relations and Networks Benefit Firms Seeking Financing," *American Sociological Review* 64 (1999) 481–505; Paul Dimaggio and Hugh Louch, "Socially Embedded Consumer Transactions: For What Kinds of Purchases Do People Most Often Use Networks?" *American Sociological Review* 63 (1998): 619–637.

15. Philip Kasinitz and Jan Rosenberg, "Missing the Connection: Social Isolation and Employment on the Brooklyn Waterfront," *Social Problems* 43, no. 2 (May 1996): 180–196.

16. Loïc J. D. Wacquant and William Julius Wilson, "The Cost of Racial and Class Exclusion in the Inner City," *Annals of the American Academy of Political and Social Science* 501 (1990): 8–25.

17. Kasinitz and Rosenberg, "Missing the Connection."

18. Manuel Pastor Jr. and Ara Robinson Adams, "Keeping Down with the Joneses: Neighbors, Networks, and Wages," *Review of Regional Studies* 26, no. 2 (1996): 115–145.

19. Green, Tigges, and Browne, "Social Resources."

20. Ibid.

21. Catherine Zimmer and Howard Aldrich, "Resource Mobilization Through Ethnic Networks: Kinship and Friendship Ties of Shopkeepers in England," *Sociological Perspectives* 30 (1987): 422–445.

22. Alejandro Portes and Julia Sensenbrenner, "Embeddedness and Immigration: Notes on the Social Determinants of Economic Action," *American Journal of Sociology* 98, no. 6 (May 1993): 1320–1350; Woolcock; "Social Capital and Economic Development."

23. Kenneth Temkin and William Rohe, "Social Capital and Neighborhood Stability: An Empirical Investigation," *Housing Policy Debate* 9, no. 1 (1998): 61–88.

24. このトゥーペロの発展史については、以下の優れた説明より借りた。Vaughn L. Grisham Jr., *Tupelo: The Evolution of a Community* (Dayton, Ohio: Kettering Foundation, 1999).

25. AnnaLee Saxenian, *Regional Advantage: Culture and Competition in Silicon Valley and Route 128* (Cambridge, Mass.: Harvard University Press, 1994)〔大前研一訳『現代の二都物語——なぜシリコンバレーは復活し、ボストン・ルート 128 は沈んだか』講談社、1995 年〕, 36.

26. Dara Elizabeth Menashi, *Making Public/Private Collaboration Productive: Lessons for Creating Social*

35. Paul A. Jargowsky, "Beyond the Street Corner: The Hidden Diversity of High-Poverty Neighborhoods," *Urban Geography* 17 (1996): 579–603.

36. Carol B. Stack, *All Our Kin: Strategies for Survival in a Black Community* (New York: Harper & Row, 1974), 28.

37. Elliot Liebow, *Tally's Corner: A Study of Negro Street Comer Men* (Boston: Little, Brown, 1967)〔吉川徹監訳『タリーズコーナー――黒人下層階級のエスノグラフィ』東信堂、2001年〕は一方で、都市の街路にたむろする未婚、失業中の男性の間では社会関係は皮相的で一過性のものであると主張している。Lee Rainwater の *Behind Ghetto Walls* (Chicago: Aldine De Gruyter, 1970) は、セントルイスの悪名高いプルーイット・アイゴー住宅計画についての研究であるが、家族内、近隣間の双方で生じた疎外と不信の世界を描写している。

38. ただ、ある研究者は、拡張された親族ネットワークが、低所得の人々にとって有益なものであるという仮定は必ずしも成り立たないと主張している。親族集団のメンバーがドラッグを使用していたり売っていたりするとき、これらのネットワークが世代を超えてドラッグ使用を伝えていく伝送帯となる。以下を参照。Eloise Dunlap, "The Impact of Drugs on Family Life and Kin Networks in the Inner-City African-American Single Parent Household," in Adele V. Harrell and George E. Peterson, eds., *Drugs, Crime, and Social Isolation: Barriers to Urban Opportunity* (Washington, D.C.: Urban Institute Press, 1992).

39. Mary Benin and Verna M. Keith, "The Social Support of Employed African American and Anglo Mothers" *Journal of Family Issues* 16 (1995): 275–297; R. Kelly Raley, "Black-White Differences in Kin Contact and Exchange Among Never Married Adults," *Journal of Family Issues* 16 (1995): 77–103; Dennis P. Hogan, David J. Eggebeen, and Clifford C. Clogg, "The Structure of Intergenerational Exchanges in American Families," *American Journal of Sociology* 98 (1993): 1428–1458; Dennis P. Hogan, Ling-Xin Hao, and William L. Parish, "Race, Kin Networks, and Assistance to Mother-Headed Families," *Social Forces* 68 (1990): 797–812.

40. Wesley G. Skogan, "Community Organizations and Crime," in Michael Tonry and Norval Morris, eds., *Crime and Justice: A Review of Research*, volume 10 (Chicago: University of Chicago Press, 1988).

41. Wesley Skogan and Susan Hartnett, *Community Policing: Chicago Style* (New York: Oxford University Press, 1997), 160ページの引用。Christopher Winship and Jenny Berrien, "Boston Cops and Black Churches" *Public Interest* 136 (1999): 52–68.

第19章　経済的繁栄

1. Fukuyama, *Trust*; La Porta et al., "Trust in Large Organizations"; Knack and Keefer, "Does Social Capital Have an Economic Payoff?"

2. 社会関係資本概念の独立した「発明者」数人の一人である経済学者のグレン・C・ラウリーがこの概念を発明したのは、白人米国人の人的、財政的資本の優越性が中和されたとしても、米国の主流制度に対する彼らのつながりの豊かさ――その「社会関係資本」――が、少数派コミュニティの中では中流メンバーすら手にすることのできない優越性を与えることとなるという事実を捉えるためであった。以下を参照。Glenn C. Loury, "The Economics of Discrimination: Getting to the Core of the Problem," *Harvard Journal of African American Public Policy* 1 (1992): 91–110.

3. Mary Corcoran, Linda Datcher, and Greg Duncan, "Most Workers Find Jobs through Word of Mouth," *Monthly Labor Review* (August 1980): 33–35; Montgomery, "Social Networks and Labor-Market Outcomes"; Burt, "Contingent Value of Social Capital"; Maura A. Belliveau, Charles A. O'Reilly III, and James B. Wade, "Social Capital at the Top: Effects of Social Similarity and Status on CEO Compensation," *Academy of Management Journal* 39 (1996): 1568–1593; Joel M. Podolny and James N. Baron, "Resources and Relationships in the Workplace: Social Networks and Mobility in the Workplace," *American Sociological Review* 62 (1997): 673–693.

4. Mark S. Granovetter, *Getting a Job* (Cambridge, Mass.: Harvard University Press, 1974)〔渡辺深訳『転職――ネットワークとキャリアの研究』ミネルヴァ書房、1998年〕; Granovetter "The Strength of Weak Ties."

5. Jay MacLeod, *Ain't No Making It: Aspirations and Attainment in a Low-Income Neighborhood,* 2nd ed. (Boulder, Colo.: Westview Press, 1985).

6. Joleen Kirschenmann and Kathryn M. Neckerman, "'We'd Love to Hire Them, But...': The Meaning of Race for Employers," in Christopher Jencks and Paul E. Peterson, eds.. *The Urban Underclass* (Washington, D.C.: Brookings Institution, 1991), 203–232; David T. Ellwood, "The Spatial Mismatch Hypothesis: Are There Teenage

219–250, および Jencks and Mayer, “Social Consequences.”

10. Anne C. Case and Lawrence F. Katz, “The Company You Keep: The Effects of Family and Neighborhood on Disadvantaged Youths,” NBER Working Paper 3705 (Cambridge, Mass.: National Bureau of Economic Research, 1991); M. E. Ensminger, R. P. Lamkin, and N. Jacobson, “School Leaving: A Longitudinal Perspective Including Neighborhood Effects,” *Child Development* 67 (1996): 2400–2416.

11. Susan E. Mayer and Christopher Jencks, “Growing Up in Poor Neighborhoods: How Much Does It Matter?” *Science*, March 17, 1989, 1441–1445; および Ingrid Gould Ellen and Margery Austin Turner, “Does Neighborhood Matter? Assessing Recent Evidence,” *Housing Policy Debate* 8 (1997): 833–866.

12. Furstenberg and Hughes, “The Influence of Neighborhoods on Children’s Development”; Margery Austin Turner, Ingrid Gould Ellen, Sheila O’Leary, and Katherine Carnevale, “Location, Location, Location: How Does Neighborhood Environment Affect the Well-Being of Families and Children?” unpublished ms., May 1997.

13. Turner, Ellen, O’Leary, and Carnevale, “Location, Location, Location.”

14. Robert J. Sampson, “Family Management and Child Development: Insights from Social Disorganization Theory,” in Joan McCord, ed.. *Facts, Framework, and Forecasts: Advances in Criminological Theory*, vol. 3 (New Brunswick, N.J.: Transaction Publishers, 1992), 63–93.

15. 第 6 章を参照。

16. William Julius Wilson, *The Truly Disadvantaged* (Chicago: University of Chicago Press, 1987), 144.

17. Elijah Anderson, *Streetwise: Race, Class, and Change in an Urban Community* (Chicago: University of Chicago Press, 1990)〔奥田道大・奥田啓子訳『ストリート・ワイズ――人種/階層/変動にゆらぐ都市コミュニティに生きる人びとのコード』ハーベスト社、2003 年〕, 4, 69, 72.

18. Robert J. Sampson, Stephen W. Raudenbush, and Felton Earls, “Crime: A Multilevel Study of Collective Efficacy,” *Science* 277 (August 15, 1997): 918–924.

19. R. J. Sampson and W. B. Groves, “Community Structure and Crime: Testing Social Disorganization Theory,” *American Journal of Sociology* 94, no. 4 (1989): 774–802. 以下も参照。Edward L. Glaeser, Bruce Sacerdote, and Jose A. Scheinkman, *Crime and Social Interactions*, NBER Working Paper 5026 (Cambridge, Mass.: National Bureau of Economic Research, 1995).

20. Ora Simcha-Fagan and Joseph E. Schwartz, “Neighborhood and Delinquency: An Assessment of Contextual Effects,” *Criminology* 24, no. 4 (1986): 667–703.

21. Darling and Steinberg, “Community Influences on Adolescent Achievement and Deviance,” 120–131.

22. Elijah Anderson, *Code of the Street: Decency, Violence, and the Moral Life of the Inner City* (New York: Norton, 1999).

23. Darling and Steinberg, “Community Influences.”

24. Herbert C. Covey, Scott Menard, and Robert J. Franzese, *Juvenile Gangs*, 2nd ed. (Springfield, Ill.: Charles C. Thomas Publisher, 1997), 23–30, 161–185.

25. ギャングと社会関係資本に関する文献レビューについて、カレン・フェリーに感謝する。

26. Joan W. Moore, *Homeboys* (Philadelphia: Temple University Press, 1978).

27. Ruth Horowitz, *Honor and the American Dream* (New Brunswick, N.J.: Rutgers University Press, 1983), 187.

28. シャクールの凄まじい体験は、以下に記述されている。Kody Scott [Sanyika Shakur], *Monster: The Autobiography of an L.A. Gang Member* (New York: Penguin, 1994).

29. Moore, *Homeboys.*

30. John Hagedom and Perry Macon, *People and Folks: Gangs, Crime and the Underclass in a Rustbelt City* (Chicago: Lakeview Press, 1988).

31. Martín Sánchez Jankowski, *Islands in the Street: Gangs and American Urban Society* (Berkeley: University of California Press, 1991).

32. Ko-Lin Chin, “Chinese Gangs and Extortion,” in Ronald Huff, ed., *Gangs in America* (Newbury Park, Calif: Sage Books, 1990).

33. Jankowski, *Islands*; Moore, *Homeboys.*

34. Kristin A. Goss, “ ‘We All Have to Come Together: Moms’ Role in Disarming Kids in the Nation’s Capital,” master’s thesis, Duke University, 1996.

第18章　安全で生産的な近隣地域

1. Robert J. Sampson and Jeffrey D. Morenoff, “Ecological Perspectives on the Neighborhood Context of Urban Poverty: Past and Present,” in Jeanne Brooks-Gunn, Greg J. Duncan, and J. Lawrence Aber, eds., ***Neighborhood Poverty: Volume II***（New York: Russell Sage Foundation, 1997）, 1–22; Robert J. Sampson, “The Community” in ***Crime***, James Q. Wilson and Joan Petersilia, eds.（San Francisco: Institute for Contemporary Studies Press 1995）, 193–216.

2. Jacobs, ***Death and Life of Great American Cities***, 56.

3. 州の平均殺人率（1980–95）と社会関係資本指標との間のピアソンの相関係数 r は－0.8 であり、これは－1.0 の場合に完全に負の線形関係が存在することを意味する。

4. 50 州を分析単位とした重回帰分析によると、最もあてはまりのよいモデルには統計的に有意な以下の 4 変数が含まれていた。社会関係資本指標、平均貧困率（1987–90 年）、人口に占める白人の割合（1990 年）、および都市住民に分類される人口の割合（1990 年）。投入されたが統計的に有意とならなかったその他の変数は、平均片親率（1984–90 年）; 個人の 1 人当たり年収（1990 年 ; 1992 年ドル価値による）; 最低 4 年間の大学教育を受けた人口の割合（1990）; 最低 4 年間の高校教育を受けた人口の割合（1990）; カトリックの人口割合 ; 所得不平等性についてのジニ係数（1990）; そして DDB ニーダム・ライフスタイル調査質問の「自分の家族が犯罪の被害に遭うかもしれないという不安」に対する回答である。もし因果の矢の方向が高犯罪率から低社会関係資本へと向いていて、それは犯罪への恐怖が社会的交際を阻害しているからであるのなら、犯罪への恐怖を統制すれば犯罪と社会関係資本の相関は消えるはずであるが、そうはなっていない。犯罪と社会関係資本の偏相関は r＝－.53 と、高度に有意なまま残る。 Mitchell B. Chamlin and John K. Cochran, “Social Altruism and Crime,” ***Criminology*** 35（1997）: 203–227 は、（貧困や不平等、人種、居住移動性、家族構造といった他の関連する要因を統制すると）市の収入に対するユナイテッドウェイ寄付の割合という、もう一つの社会関係資本の指標が高いところでは犯罪が少ないことを報告している。

5. Sheldon Hackney, “Southern Violence,” ***American Historical Review*** 73（1969）: 906–925, 925 ページの引用。Richard E. Nisbett and Dov Cohen, ***Culture of Honor: The Psychology of Violence in the South***（Boulder, Colo.: Westview Press, 1996）; Raymond D. Gastil, “Homicide and a Regional Culture of Violence,” ***American Sociological Review*** 36（1971）: 412–427; Steven F. Messner, “Regional and Racial Effects on the Urban Homicide Rate: The Subculture of Violence Revisited,” ***American Journal of Sociology***, 88（1983）: 997–1007; および（批判的視点については） Colin Loftin and Robert H. Hill, “Regional Subculture and Homicide: An Examination of the Gastil-Hackney Thesis,” ***American Sociological Review*** 39（1974）: 714–724.

6. この結論は、1980 ― 95 年の殺人率についての広範な多変量予測に基づくもので、貧困率、所得水準、所得の不均衡性、教育水準、都市化の程度、人種構成と並んで、われわれの用いてきた標準の社会関係資本指標および北部・南部区分に基づくものである。モデルのどのような特定化においても、社会関係資本が投入された時には、北部―南部区分は有意でなくなった。様々なモデルを通じて最もロバストな予測変数は人口に占める非白人の割合、貧困率、都市化、および社会関係資本であり、どれも同じ有意性を持っていた。旧南部連合国以外の 39 州において、社会関係資本と殺人率の単相関は非常に強く、r＝－.74 である。

7. DDB ニーダム・ライフスタイル調査の筆者による分析。ここでもまた、社会関係資本の影響が地域差の仮面に隠れている。南部住民は北部住民に比べて好戦的に見えるが、ひとたび社会関係資本の差を統制するとこれらの地域差は消え去ってしまう。一方で地域を統制しても（例えば、北部諸州のみを検討する）、社会関係資本と身体的暴力性の間の負の相関が残る。

8. 近隣効果については以下を参照。Christopher Jencks and Susan E. Mayer, “The Social Consequences of Growing Up in a Poor Neighborhood,” in L. E. Lynn Jr. and M. G. H. McGeary, eds., ***Inner-City Poverty in the United States***（Washington, D.C.: National Academy Press, 1990）, 111–186, および Martha A. Gephart, “Neighborhoods and Communities as Contexts for Development,” in Jeanne Brooks-Gunn, Greg J. Duncan, and J. Lawrence Aber, eds., ***Neighborhood Poverty: Volume I***（New York: Russell Sage Foundation, 1997）, 1–43.

9. W. N. Evans, W. E. Oates, and R. M. Schwab, “Measuring Peer Group Effects: A Study of Teenage Behavior,” ***Journal of Political Economy*** 100（1992）: 966–991. Greg J. Duncan, James P. Connell, and Pamela K. Klebanov, “Conceptual and Methodological Issues in Estimating Causal Effects of Neighborhoods and Family Conditions on Individual Development,” in Brooks-Gunn, Duncan, and Aber, eds., ***Neighborhood Poverty: Volume I***,

14. P. W. Cookson, *School Choice: The Struggle for the Soul of American Education* (New Haven, Conn.: Yale University Press, 1994); Sharon G. Rollow and Anthony S. Bryk, "The Chicago Experiment: The Potential and Reality of Reform," *Equity and Choice 9*, no. 3 (spring 1993): 22–32.

15. James S. Coleman and Thomas Hoffer, *Public and Private High Schools: The Impact of Communities* (New York: Basic Books, 1987), 94, 133–135, 231, 229. 反証については以下を参照。Stephen L. Morgan and Aage B. Sørensen, "A Test of Coleman's Social Capital Explanation of School Effects," *American Sociological Review* 64 (1999): 661–681.

16. Anne T. Henderson and Nancy Beria, *A New Generation of Evidence: The Family Is Critical to Student Achievement* (Washington, D.C.: National Committee for Citizens in Education, 1994), 1.

17. Roger G. Barker and Paul V. Gump, *Big School, Small School: High School Size and Student Behavior* (Stanford. Calif: Stanford University Press, 1964)〔安藤延男監訳、北島茂樹・深尾誠訳『大きな学校、小さな学校――学校規模の生態学的心理学』新曜社、1982年〕; Kenneth R. Turner, "Why Some Public High Schools Are More Successful in Preventing Dropout: The Critical Role of School Size," unpublished dissertation. Harvard University Graduate School of Education, 1991.

18. Anthony S. Bryk, Valerie E. Lee, and Peter B. Holland, *Catholic Schools and the Common Good* (Cambridge, Mass.: Harvard University Press, 1993). 例えば、教員の労働の楽しさに関して50パーセンタイルの公立学校は、カトリック系学校の「共同体組織」が採用されたとすれば84パーセンタイルへと移動するであろう。同様に、勤労意欲については、50パーセンタイルの公立学校がより共同体的になれば89パーセンタイルへと移動するであろう。授業放棄率については30パーセンタイル、教室の無秩序については28パーセンタイル、そして生徒の学業への関心については66パーセンタイルとなる。288ページを参照。

19. Bryk, Lee, and Holland, *Catholic Schools* (1993), 314.

20. James P. Comer and Norris M. Haynes, *Summary of School Development Program Effects* (New Haven, Conn.: Yale Child Study Center, 1992).

21. James P. Comer, *School Power: Implications of an Intervention Project* (New York: Free Press, 1980), 126–28. 以下も参照。Wendy Glasgow Winters, *African-American Mothers and Urban Schools: The Power of Participation* (New York: Lexington Press, 1993).

22. Anthony S. Bryk and Barbara Schneider, "Social Trust: A Moral Resource for School Improvement," in G. G. Whelage and J. A. White, eds.. *Rebuilding the Village: Social Capital and Education in America* (London: Falmer Press, forthcoming). 以下も参照。Donald Moore, "What Makes These Schools Stand Out?" (Chicago: Designs for Change, April 1998), 1–19 および 83–103.

23. 小さな学校では生徒の正課・課外活動が促進されるということは、学校時代の課外活動への参加が後の市民参加に対する強力な予測変数になっているという一般化と同様に、教育研究者の間で共通の知見である。上記の注17、および第24章注4に引用した文献を参照。

24. Coleman, "Social Capital in the Creation of Human Capital."

25. Frank F. Furstenberg Jr. and Mary Elizabeth Hughes, "The Influence of Neighborhoods on Children's Development: A Theoretical Perspective and a Research Agenda," in Jeanne Brooks-Gunn, Greg J. Duncan, and J. Lawrence Aber, eds., *Neighborhood Poverty: Volume II* (New York: Russell Sage Foundation, 1997), 43.

26. Nancy Darling and Lawrence Steinberg, "Community Influences on Adolescent Achievement and Deviance," in Brooks-Gunn, Duncan, and Aber, eds. *Neighborhood Poverty: Volume II*, 120–131; Jay Teachman, Kathleen Paasch, and Karen Carver, "Social Capital and the Generation of Human Capital," *Social Forces* 75 (1999): 1343–1359.

27. Frank F. Furstenberg Jr. and Mary Elizabeth Hughes, "Social Capital and Successful Development among At-Risk Youth," *Journal of Marriage and the Family* 57 (August 1995): 580–592.

28. Ernest T. Pascarella and Patrick T. Terenzini, *How College Affects Students: Findings and Insights from Twenty Years of Research* (San Francisco: Jossey-Bass, 1991); Uri Treisman, "Studying Students Studying Calculus: A Look at the Lives of Minority Mathematics Students in College," *College Mathematics Journal* 23 (1992): 362–372; Alexander W. Astin, "What Matters in College," *Liberal Education* (fall 1993): 4–14; Alexander W. Astin, "Involvement in Learning Revisited: Lessons We have Learned," *Journal of College Student Development* 37 (1996): 123–134.

ものいる家族の割合、高校を卒業した成人の割合。フルモデルにおいては、貧困率が7つのネガティブな結果に対して（p<.05以上で）有意な予測変数となっていた。一方、社会関係資本指数は5つのネガティブな結果に対する有意な予測変数であった。人種構成と片親家庭の割合は、それぞれ4つ、3つのモデルで有意だったが、影響の大きさは小さく、またこれらの予測変数はまた、それぞれ2つ、3つのモデルで誤った方向での関連を示していた。高校卒業率は10中7の変数に対して誤った方向で関連していた。大卒成人の割合についても検討が行われたが、予測変数としての振る舞いは悪かった。児童福祉の総合的指標の予測では、貧困、社会関係資本のみが独立変数として大きな効果を持っており、どちらも0.1％水準で統計的に有意だった。

5. Jill E. Korbin and Claudia J. Coulton, "Understanding the Neighborhood Context for Children and Families: Combining Epidemiological and Ethnographic Approaches," in Jeanne Brooks-Gunn, Greg J. Duncan, and J. Lawrence Aber, eds., ***Neighborhood Poverty,*** Volume II (New York: Russell Sage Foundation, 1997), 65–79. 以下も参照。Susan P. Lumber and Maury A. Nation, "Violence within the Neighborhood and Community," in ***Violence against Children in the Family and the Community,*** eds. Penelope K. Trickett and Cynthia J. Schellenbach (Washington, D.C.: American Psychological Association, 1998), 191–194; Robert J. Sampson, Jeffrey D. Morenoff, and Felton Earls, "Beyond Social Capital: Spatial Dynamics of Collective Efficacy for Children," ***American Sociological Review*** 64 (1999): 633–660.

6. James Garbarino and Deborah Sherman, "High-Risk Neighborhoods and High-Risk Families: The Human Ecology of Child Maltreatment," ***Child Development*** 51 (1980): 188–198.

7. D. K. Runyan, W. M. Hunter, et al., "Children Who Prosper in Unfavorable Environments: The Relationship to Social Capital," ***Pediatrics*** 101 (January 1998): 12–18; Howard C. Stevenson, "Raising Safe Villages: Cultural-Ecological Factors that Influence the Emotional Adjustment of Adolescents," ***Journal of Black Psychology*** 24 (1998): 44–59; A. J. De Young, "The Disappearance of 'Social Capital' in Rural America: Are All Rural Children 'At Risk'?" ***Rural Special Education Quarterly*** 10 (1989): 38–45.

8. Ronald A. Wolk, ed., ***Quality Counts: A Report Card on the Condition of Public Education in the 50 States*** (Washington, D.C.: Editorial Projects in Education, 1997), 3.

9. コロンビア特別区を分析から取り除くと、社会関係資本指数は1990年代に行われた教育進度テストの全国評価7つのそれぞれと相関していることが判明した。1992年4年生算数：r=.81; 1996年4年生算数：r=.67; 1990年8年生数学：r=.90; 1992年8年生数学：r=.91; 1996年8年生数学 r=.88; 1994年4年生読解：r=.68; 1996年8年生理科：r=.85。さらに社会関係資本指数は、州ごとの試験参加率を調整した大学進学適性試験の州平均得点（1993年）と相関していた（r=.67）。社会関係資本指数はまた、1990–95年の期間で集計した州高校中退率と負に相関していた（r=－.79）。

10. 教育達成に関する州レベルデータ、および州レベルで集計したDDBニーダム・ライフスタイル、ローパー社会・政治傾向アーカイブからのデータに加えて、人種構成、貧困、成人人口の教育水準に関する州レベルデータについての筆者の分析。本章の州教育達成についての全分析は、以下の変数を統制している。片親率, 1984–90年；生徒－教員比、1988–90年；州貧困率, 1987–90年；非白人人口比率、1990年；平均個人所得、1980–90年；所得不平等性（ジニ係数）、1990年；高卒以上の成人人口比率、1990年；生徒1人当たりの全教育支出、1989–90から1991–92年（実質ドル）および平均教員給与、1989年、この両者については物価の州間差を調整；公立学校に占める小中学校の割合；州人口に占めるカトリックの割合；および宗教信奉に関する調査を基とした合成指標。

11. 厳密に言うと、生徒－教員比のみの調整によってノースカロライナ州の教育達成をコネチカット州のレベルにするためには、クラス当たりの生徒を20から25人になるように平均クラス規模を削減することが必要であることを統計分析は示唆しているが、これらのデータ収集時点でのノースカロライナ州の平均クラス規模は実際には生徒17人であった。この事実が示しているのは、教育問題の解決にあたって小規模クラスにのみ頼ろうとするのは、統計的にみた場合実践上不可能であるということである。

12. 教育達成についての州レベルデータ、およびDDBニーダム・ライフスタイル、ローパー社会・政治傾向アーカイブからのデータを州レベル集計したものについての筆者の分析。

13. 生徒の非行指標を従属変数とした重回帰分析では、コミュニティの社会関係資本に対する標準化ベータ値は－.612であり、一方で片親率に対しては.333、成人人口に占める最低4年間の高校教育を受けたものの割合に対しては.261、生徒－教員比に対しては.226であった。全てp<.05かそれ以上で有意だった（社会関係資本はp=.0002で有意だった）。初期モデルに投入されたその他の人口統計学的、経済的、教育的変数は有意ではなかった。従属変数は、高校教員の認識を用いて構成した、以下の4問題の深刻性についての指数である。生徒の武器所持、長期欠席、アパシー、および生徒間暴力。

については r=.79、それぞれの調査で少なくとも 100 人以上の回答者のいる 38 州については r=.85)。

5. われわれの投票率の指標は単純に、1988 年から 1992 年の間の大統領選挙に投票した投票年齢人口の平均パーセンテージであり、*U.S. Statistical Abstract, 1994*: 289. に報告されている。これらのデータは全 50 州で入手可能。

6. 非営利（内国歳入法 501 条［c］3 項）組織の発生率についてのわれわれの指標は、単に 1989 年の各州におけるそのような組織数（1992–93 年の *Non-Profit Almanac* に報告されたもの）を、1990 年の州人口で割ったものである（これらのデータを指摘してくれたことについて、トム・W・ライス教授に感謝する)。この指標は時間を超えて安定している。われわれの用いた 1989 年の指標は、1992 年の同じ指標と非常に強く相関していた（r=.89)。市民組織の出現率についてのわれわれの指標は、商務省によって 1977 年から 1992 年まで毎年報告された「市民・社会組織」（標準産業分類 SIC 8640）を、各年の州人口で割った平均数である。両方のデータセットは全 50 州で入手可能。

7. これらの 14 指標の間の全組み合わせ 91 の単相関の中で、88 が 5 %水準以上で正しい方向に統計的に有意であり、また誤った方向のものは 1 つもなかった。91 組の相関の平均は r=.56 である。根底にあるデータが 3 つの独立した調査アーカイブと 3 つの異なる政府機関からのものであることを考えると、この一致は印象的なものである。要約指標は、14 の構成指標の標準得点の単純な平均である。ケース数を最大化するため、基底の 14 指標の中で 5 つのデータが欠落しているケースについてもこの平均を算出した。この手続きにより、アラスカとハワイを除く全州を分析に含めることができた。事実上、この指標は 14 の構成変数による主成分分析からの因子得点と同一のものである。

8. 図 80 の驚くほど滑らかな階調に対するわずかな例外は、直感的に説明可能なものである――ネバダ州は並はずれて低く、一方でモルモン教のユタ州は比較的高い。

9. もう一つ他の社会関係資本の指標として妥当でありそうなもの――教会出席――は、ここで使われた他の指標と実証的に全く関連がない。1974–94 年の一般社会調査の回答者で、宗教礼拝に少なくとも「ほぼ毎週」出席していると答えた者の割合は、われわれの社会関係資本指標と基本的に無相関であった（r=−.06)。宗教信奉のレベルが高いいくつかの州（例えばアラバマ州）は、コミュニティを基盤としたわれわれの社会関係資本の指標が非常に低く、また他の比較的宗教的な州（例えばミネソタ州）は社会関係資本が非常に高い。それと反対に、サウスダコタ州は社会関係資本が高いが教会出席について低く、一方でハワイは両方とも比較的低い。

10. Tocqueville, *Democracy in America*, 81.

11. 1980、1990 年代の州レベルの社会関係資本に関するわれわれの指標は、「州政治文化」指標と R^2=.52 の相関を持っている。これは Daniel J. Elazar, *American Federalism: A View from the States* (New York: Crowell, 1966）による、1950 年代の州政治の記述に基づくもので、その後 Ira Sharkansky, “The Utility of Elazar's Political Culture,” *Polity* 2 (1969): 66–83. で定量化されている。その魅力的かつ重要な研究の中で、Tom W. Rice and Jan L. Feldman, “Civic Culture and Democracy from Europe to America,” *Journal of Politics* 59 (1997): 1143–1172. は、「現代の米国人の市民的態度には、それと共通の祖先を持つヨーロッパ諸国の現代の市民の市民的態度と強い類似性があり」、それは「母国」との最後の直接の接触が数世代以前のものであってもそうなっていると報告している。

第 17 章　教育と児童福祉

1. Urie Bronfenbrenner, Phyllis Moen, and James Garbarino, “Child, Family, and Community,” in Ross D. Parke, ed. *Review of Child Development Research*, vol. 7. (Chicago: University of Chicago Press, 1984).

2. キッズカウント指数はアニー・E・キャシー財団（メリーランド州ボルティモア、1999 年）より。ウェブサイト：www.aecf.org/kidscount/index.htm.

3. ピアソンの相関係数 r は +0.80 である。この値が 1 であるとき、完全な線形関係があることを示す。社会科学者は一般に、.40 以上の値を強い相関を示していると考える。

4. この結論は、10 回の最小二乗法重回帰分析に基づいている。観測単位は 50 州であり、ワシントン DC を除いている。下記の 10 個の従属変数が用いられた。1995 年における 15 歳から 17 歳の女性 1,000 人当たりの出生数；1995 年における貧困児童数；1995 年の標準体重以下の新生児割合；1995 年のティーン（16–19 歳）で就学、就労していないものの割合；1995 年の乳児死亡率；1995 年の児童死亡率（1–14 歳)；ティーン（16–19 歳）の高校中退率；1995 年における事故、殺人、自殺によるティーン（15–19 歳）の死亡率；1995 年における暴力犯罪での少年（10–17 歳）逮捕率。これらに加えて 1997 年の総合的キッズカウント指数が検討された。各回帰モデルでは、以下の統制変数が同時に投入された。州貧困率（1987–92 年)；1990 年の白人人口比率；片親で養育している子ど

4. 一般社会調査、ローパー社会・政治傾向、DDB ニーダム・ライフスタイルアーカイブについての筆者の分析。人種分離に対する白人の支持は、GSS において以下質問で測定されている。「あなたとあなたの友人が、黒人の加入を認めない社交クラブに属していたとき、あなたはルールを変更して黒人が加入できるようにしようとしますか？」類似の結果は白人の人種差別を居住分離、もしくは異人種間婚禁止法に対する支持で測定しても得られる。

5. Fukuyama, *Trust*, 313–314. 政府プログラムが慈善やボランティア活動を「締め出し」、社会関係資本を衰退させたかどうかに関する論争については、以下を参照。Paul L. Menchik and Burton A. Weisbrod, "Volunteer Labor Supply," ***Journal of Public Economics*** 32（1987）: 159–183; Susan Chambre, "Kindling Points of Light: Volunteering as Public Policy," ***Nonprofit and Voluntary Studies Quarterly*** 18（1989）: 249–268; Richard Steinberg, "The Theory of Crowding Out: Donations, Local Government Spending, and the 'New Federalism,'" in ***Philanthropic Giving***, Richard Magat, ed.（New York: Oxford University Press, 1989）, 143–156; Marvin Olasky, ***The Tragedy of American Compassion***（Washington, D.C.: Regnery Gateway, 1992）; Peter Dobkin Hall, ***Inventing the Nonprofit Sector***（Baltimore, Md.: Johns Hopkins University Press, 1992）, 1–83; Robert Moffitt, "Incentive Effects of the U.S. Welfare System: A Review," ***Journal of Economic Literature*** 30（1992）: 1–61; Deborah Stone, "The Durability of Social Capital," ***Journal of Health Politics, Policy, and Law*** 20（1995）: 689–694; and J. David Greenstone and Paul E. Peterson, ***Race and Authority in Urban Politics: Community Participation and the War on Poverty***（New York: Russell Sage Foundation, 1973）.

6. 第 4 部で論じる社会関係資本レベルの州全体での差は非常に大きく、内部相関が高く、少なくとも 1970 年代から 1990 年代に至るまで十分安定している。

7. Putnam, "Tuning In, Tuning Out," 671.

8. Daniel Bell, ***The Cultural Contradictions of Capitalism***, 20th anniv. ed.（New York: Basic Books, 1996）; Robert E. Lane, ***The Market Experience***（New York: Cambridge University Press, 1991）.〔旧版は林雄二郎訳『資本主義の文化的矛盾（上・中・下）』講談社学術文庫、1976–77 年〕

9. Charles H. Heying, "Civic Elites and Corporate Delocalization: An Alternative Explanation for Declining Civic Engagement," ***American Behavioral Scientist*** 40（1997）: 657–668.

10. 市民参加低下に対する、もう一つ可能な説明は、1970 年代と 1980 年代における犯罪率の上昇である。しかし、つながりに影響する他の要因（教育、人種、収入、世代、性別、婚姻状態、子どもの有無、就業状態、経済的不安、都市規模、持ち家の有無、居住移動性、通勤時間、テレビ依存）を統制したとき、周囲の郡《カウンティ》の客観的犯罪率も、犯罪に対する主観的恐怖感もクラブ会合、家での歓待、友人訪問、政治関心、コミュニティ事業への参加といった市民参加の指標と相関していなかった。第 2 部で描いた市民参加低下が、犯罪の増加の結果であるという証拠を見いだすことはできない。

11. 様々な因果要因の相対的重要性についてのこれらの粗い推定は、本研究における主要なデータセット全てと、社会、政治参加についての主要な指標全てを通じた重回帰分析から得られたものである。すなわち、「もし、関連する因果要因——労働力に占める女性の割合、経済不安、郊外化、テレビ視聴、その他——が 20 世紀の後半 3 分の 1 で変化しなかったとした場合、市民参加や社会関係資本はどの程度低下することになっただろうか」を私は問うている。必然的に、このアプローチでは様々な測度の間の小さな違いを捨象し、またいかなる相乗効果もないと仮定している。しかし、一般的な要約としては、根底にある証拠を歪めるものではない。

第 16 章　序論

1. Kenneth J. Arrow, "Gifts and Exchanges," ***Philosophy and Public Affairs*** 1 (summer 1972): 357.

2. グループ所属の指標は第 3 章に記したように一般社会調査からのもので、40 州について得られている。公的集会と、地域組織でのリーダーシップについての指標は第 2 章で記したようにローパーアーカイブからのもので、43 州について得られている。クラブ会合、ボランティア活動、コミュニティ事業についての指標は第 3 章、7 章に記したように DDB ニーダムアーカイブからのもので、48 州について得られている。

3. 具体的な質問は DDB ニーダムアーカイブからの以下のものである：「私は友人訪問に多くの時間を費やす」（賛成－反対）および「昨年は家で歓待を何回しましたか」これらは 48 州について得られている。

4. 具体的な質問は DDB ニーダムアーカイブ（「大半の人は正直である」）からの 48 州分と、一般社会調査（「大半の人は信頼できる」対「注意するに越したことはない」）からの 41 州分である。方法論的には全く種類が異なるにもかかわらず、社会的信頼についてのこれらの州規模の 2 指標は非常に収斂的である（データのある全州

48. Lingeman, *Don't You Know,* 251.

49. Julie Siebel, "Silent Partners/Active Leaders: The Association of Junior Leagues, The Office of Civilian Defense, and Community Welfare in World War II" (Ph.D. diss., University of Southern California, 1999).

50. Polenberg, *War and Society,* 132 において、下記が引用されている。W. Lloyd Warner, "The American Town," in *American Society in Wartime*, William Fielding Ogburn, ed. (Chicago: University of Chicago Press, 1943), 45–46.

51. Jeffrey G. Williamson and Peter H. Lindert, *American Inequality: A Macroeconomic History* (New York: Academic Press, 1980), 特に 53–54 および 82–92 ページ、データは 54、315 ページ。以下も参照のこと。Polenberg, *War and Society,* 94. 第一次世界大戦も同様に経済的不平等性を急激に減少させたが、その戦争の平等化効果は 1–2 年内に消滅した。しかし第二次世界大戦以降の資産、所得のさらなる平等な分配は、1970 年代初期まで続き、改善さえすらした。

52. Polenberg, *War and Society,* 137. 振り返ってみると、ヤミ市を利用することは決して正当化できないと信じる米国人が 80 %に上っていたということに驚く者もいるかもしれない。

53. Polenberg, *War and Society,* 140–145, 143 ページの引用。Brian M. Downing, *The Paths of Glory: War and Social Change in Twentieth-Century America* (forthcoming, 2000). 上記は、戦争によるコミュニティの破壊的影響は、その正の影響より大きいと主張している。

54. ロバート・ローゼンヘック医師（コネチカット州ニューヘイヴン、復員軍人庁）の私信。

55. Blum, *V Was for Victory.* 340.

56. 図 75 のデータについてラーン教授に感謝する。これは 1998 年 7 月の *Wall Street Journal*/NBC News 調査からのものである。

57. 1991 年までのローパー社会・政治傾向アーカイブについての筆者の分析を、関連する Roper Reports (New York: Roper Starch Worldwide, 各年刊）により 1994、1996 年について補足した。図 76 の「物質的ぜいたく」とは、「よい生活」の定義の一部として、以下の 6 項目のうち少なくとも 2 つを選んだ回答者を指す。平均以上の収入の仕事、水泳プール、別荘、本当によい衣服、2 台目のカラーテレビ、2 台目の車。収入、教育、婚姻状態、性別、都市規模を統制すると、調査年と出生年の両方が物質主義に対する高度に有意な予測変数となったが、出生年（世代差を表す）の方がずっと強力な予測変数であった。

58. 提示した選択肢は以下である。家族；旧友；新たな友人；近所の人々；自分の教会／シナゴーグ；一緒に働く人々；自分の地域コミュニティ；地域の新聞を読むこと；属している組織やグループ；子どもの友達の親；専門誌を読むこと；コンピュータ上のオンラインで会う人々。1 つ以上の選択肢を選ぶことができた。図 77 を単純化するため、「新」「旧」の友人を合併し、「子どもの友達の親」「専門誌を読むこと」を除外した。全体では、9 %が雑誌について、子どもを持つ親の 28 %が他の親について言及していた。どちらの選択肢も世代差は有意ではなかった。「同僚」は、家庭外で少なくともパートで働く回答者のみを基に計算している。コホートの分類はヤンケロビッチ・パートナーズによって決定されており、また 1978 年以降生の回答者は除外されている。図 77 を単純化するために、ベビーブーマー（1946–64 年生）は除いた。ほぼ例外なく、彼らは他の 2 コホートの中間に落ちている。1997、1998、1999 年の調査の間に有意な差はなかった。図 77 はこれら 3 年間の平均を表示している。これらのデータを利用させていただいたヤンケロビッチ・パートナーズに感謝する。

59. William James, "The Moral Equivalent of War" (New York: American Association for International Conciliation, 1910).

第 15 章　市民参加を殺したものは何か？　その総括

1. Theodore Caplow, Howard M. Bahr, John Modell, and Bruce Chadwick, *Recent Social Trends in the United States: 1960–1990* (Montreal: McGill-Queen's University Press, 1991), 47, 106, 11; U.S. Bureau of the Census, Current Population Reports, Series P20–509, "Household and Family Characteristics: March 1997," および以前の報告書。一般社会調査についての筆者の分析。

2. 先行するパラグラフでの全ての一般化は、ローパー社会・政治傾向、DDB ニーダム・ライフスタイル、「米国人の時間利用」アーカイブ、一般社会調査、および全米選挙調査アーカイブについての筆者の分析に基づいており、全ての標準的な人口統計学的特性を統制している。この結論は "Tuning In, Tuning Out" における私の考察とは異なっており、家族構造と社会的つながりの間のリンクに関する、ずっと広範な証拠に基づくものである。

3. Verba, Schlozman, and Brady, *Voice and Equality,* 241–247.

Community Psychology 10 (1982): 377–391; A. Billings and R. Moos, "Social Support and Functioning among Community and Clinical Groups: A Panel Model," *Journal of Behavioral Medicine* 5 (1982): 295–311; Nan Lin and W. M. Ensel, "Depression-Mobility and Its Social Etiology: The Role of Life Events and Social Support," *Journal of Health and Social Behavior* 25 (1984): 176–188; G. A. Kaplan, R. E. Roberts, T. C. Camacho, and J. C. Coyne, "Psychosocial Predictors of Depression," *American Journal of Epidemiology* 125 (1987): 206–220.

37. この一般化は、ローパー社会・政治傾向アーカイブ、DDB ニーダム・ライフスタイル調査アーカイブ、一般社会調査、全米選挙調査、「米国人の時間利用」アーカイブ、「モニタリング・ザ・フューチャー」アーカイブ、その他における市民参加および社会関係資本の数多くの測度についての筆者による広範な多変量解析をまとめたものである（ローパー社会・政治傾向アーカイブ調査の世代分析は、これらの調査による年齢——すなわち出生年——の測定が不完全であるという事実によって非常に複雑なものとなっており、この世代的解釈に対してこれらのデータによる回帰分析が示す支持の明確さは低い。一方これに対し、ローパーデータが世代の役割を示す証拠については表 3 を参照）。これらの分析における中心の問題は以下である。時間的傾向（例えば、調査年に対する非標準化偏回帰係数）の中でどのくらいの割合が、（例えば回帰式に出生年を投入することによって）世代が統制された時に減少するだろうか？　以前に論じたように、市民参加の指標の中には——投票、教会出席、新聞購読、公的事象への関心、および社会的信頼のように—— 20 世紀の後半 3 分の 1 を通じた純変化の事実上全てが世代変化に帰属できるものがある。このパターンは例えば図 39 や図 53、および同じ回帰式に出生年と調査年の両方を投入したとき、これらの指標の予測変数として調査年がほとんど有意にならないという事実によって確認できる。クラブ会合や家族との食事といった、他の社会関係資本の指標については、世代を統制したときに消え去る時間的傾向の大きさは半分よりやや少ない。シュムージングの指標については、トランプや家での歓待のように、世代の統制が時間的傾向に対してほとんど、あるいは全く影響を与えていないものもある。

38. William Graham Sumner, *Folkways: A Study of the Sociological Importance of Usages, Manners, Customs Mores, and Morals* (Boston: Ginn, 1911)〔青柳清孝・園田恭一・山本英治訳『フォークウェイズ』復刻版、青木書店、2005 年、1 — 5 章のみの抄訳〕, 12–13; Lewis A. Coser, *The Functions of Social Conflict* (Glencoe, Ill.: Free Press, 1956)〔新睦人訳『社会闘争の機能』新曜社、1978 年〕; Arthur A. Stein, "Conflict and Cohesion," *Journal of Conflict Resolution* 20 (1976): 142–172; Theda Skocpol, Ziad Munson, Marshall Ganz, and Andrew Karch, "War and the Development of American Civil Society," paper prepared for annual meeting of the American Sociological Association (Chicago, August 1999); Susan J. Ellis, and Katherine H. Noyes, *By the People: A History of Americans as Volunteers*, rev. ed. (San Francisco: Jossey-Bass, 1990), 13 ページの引用。

39. Charles, *Service Clubs*, 15–16, 31.

40. 社会関係資本と市民参加に対する戦争、特に第二次世界大戦の影響に関する啓発的な議論について、ウェンディ・ラーンとシーダ・スコッチポルに感謝する。以下を参照。Theda Skocpol, with the assistance of Marshall Ganz, Ziad Munson, Bayliss Camp, Michele Swers, and Jennifer Oser, "How Americans Became Civic," in *Civic Engagement in American Democracy*, eds. Skocpol and Fiorina, 27–80, および Tom Brokaw, *The Greatest Generation* (New York: Random House, 1998).

41. John Morton Blum, *V Was for Victory: Politics and American Culture during World War II* (New York: Harcourt. Brace, Jovanovich, 1976), 339。一般社会調査（1974–94）および DDB ニーダム・ライフスタイルアーカイブ（1983–88）についての筆者の分析。退役軍人は、同じ世代の他の男性に比べて市民参加が多いわけではない。第二次世界大戦が、それを生き抜いた人々の市民的習慣に対して与えた持続的影響は、戦場にいた人間に限定されたものではなかった。あるいは戦闘の持つ非人間的な影響が、そのコミュニタリアン的影響と相殺されたのであろう。

42. Richard R. Lingeman, *Don't You Know There's a War On? The American Home Front, 1941–1945* (New York: G. P. Putnam's Sons, 1970), 71; Bill Gold の以下における引用。Roy Hoopes, *Americans Remember the Home Front: An Oral Narrative* (New York: Hawthorne, 1977), xii.

43. Richard Polenberg, *War and Society: The United States, 1941–1945* (New York: J. B. Lippincott, 1972), 17.

44. Polenberg, *War and Society*, 29–30.

45. クロスビーのこの PR ソングは、戦時中の記録テープ集で聞くことができる。*The Home Front, 1938–1945* (Petaluma, Calif.: The Mind's Eye, 1985).

46. Lingeman, *Don't You Know*, 237 は、335,000 トンと推定している。Polenberg, *War and Society*, 16 の示唆では 450,000 トンである。大統領の呼びかけは以下に引用されている。Polenberg, *War and Society*, 16.

47. Lingeman, *Don't You Know*, 52, 59, 62, 250、赤十字の全国会員記録。

1995); Diana Owen, "Mixed Signals: Generation X's Attitudes toward the Political System," in Craig and Bennett, ***After the Boom***, 85–106; Times Mirror Center, "The Age of Indifference," 26–28, およびローパー社会・政治傾向アーカイブについての筆者の分析。図 72 ではライフサイクルを一定に保っているので、X 世代の参加率の低さを単純にその若さに帰属することはできない。

29. Myma Weissman, Martha Livingston Bruce, Philip J. Leaf, Louise P. Florio, and Charles Holzer III, "Affective Disorders," in ***Psychiatric Disorders in America: The Epidemiological Catchment Area Study,*** Lee N. Robins and Darrel A. Regier,eds. (New York: Free Press, 1991), 53–80, 80 ページの引用。この文献には付録として、この証拠にある方法論的欠陥を概観し、排除する部分が含まれている。

30. Martin E. P. Seligman, "Boomer Blues," ***Psychology Today*** (October 1988): 50–55, 50 ページの引用。以下も参照。Gerald L. Klerman, 'The Current Age of Youthful Melancholia: Evidence for Increase in Depression among Adolescents and Young Adults," ***British Journal of Psychiatry*** 152 (1988): 4–14; Gerald L. Klerman and Myrna Weissman, "Increasing Rates of Depression," ***Journal of American Medical Association*** 261 (1989): 2229–2235; Martin E. P. Seligman, ***Learned Optimism*** (New York: Pocket Books, 1990)〔山村宜子訳『オプティミストはなぜ成功するか』講談社文庫、1994 年〕; Cross-National Collaborative Group, "The Changing Rate of Depression: Cross-National Comparisons," ***Journal of American Medical Association*** 268 (December 2, 1992): 3098–3105; Peter M. Lewisohn, Paul Rohde, John R. Seeley, and Scott A. Fischer, "Age-Cohort Changes in the Lifetime Occurrence of Depression and Other Mental Disorders," ***Journal of Abnormal Psychology*** 102 (1993): 110–120; および Eric Fombonne, "Depressive Disorders: Time Trends and Possible Explanatory Mechanisms," in ***Psychosocial Disorders in Young People: Time Trends and Their Causes,*** ed. Michael Rutter and David J. Smith, eds. (New York: Wiley and Sons, 1995), 544–615.

31. ***Sourcebook of Criminal Justice Statistics–1995,*** ed. Kathleen Maguire and Ann L. Pastore (Albany, N.Y.: Hindelang Criminal Justice Research Center, 1996), 365. 以下も参照のこと。U.S. Public Health Service, ***The Surgeon General's Call to Action to Prevent Suicide*** (Washington, D.C.: 1999), およびそこに引用された研究。私が「長期市民世代」と名付けた人々の間での低自殺率については以下を参照。Max A. Woodbury, Kenneth G. Manton, and Dan Blazer, "Trends in U.S. Suicide Mortality Rates 1968 to 1982: Race and Sex Differences in Age, Period and Cohort Components," ***International Journal of Epidemiology*** 17 (1988): 356–362, 特に 360 ページ。他国での大まかに類似したパターンについては以下を参照。C. Pritchard, "New Patterns of Suicide by Age and Gender in the United Kingdom and the Western World 1974–1992: An Indicator of Social Change?" ***Social Psychiatry and Psychiatric Epidemiology*** 31 (1996): 227–234.

32. Michael Rutter and David J. Smith, "Towards Causal Explanations of Time Trends in Psychosocial Disorders of Young People," in ***Psychosocial Disorders in Young People***, Rutter and Smith, eds., 807.

33. 不調感に関するわれわれの指標については、第 13 章注 50 を参照。不調感の症状には、ライフサイクル効果のあるものがある——不眠は年齢と共にわずかに上昇するし、頭痛は年齢と共に減少する——が、ライフサイクルの差は図 74 からは取り除かれている。不調感が「強い」とは、この 25 年間を通じて上位 3 分の 1 の回答者を意味するが、妥当性のあるどのカットポイントでも同じ結果が得られる。経済的不安は過去 4 半世紀を通じて若いコホートで大きくなってきており、経済的不安はまた頭痛、胃弱、不眠を生み出している。経済的不安についてのわれわれの指標を、不調感を予測する重回帰分析に加えたとき（性別、教育、年齢、娯楽としてのテレビ依存、および年齢と調査年の交互作用項を含む）、交互作用項——世代ギャップの増大を示す統計指標——に対する非標準化偏回帰係数はおよそ 60 %減少したが、しかし高度に有意なまま残った。

34. Ed Diener, "Subjective Well-Being," ***Psychological Bulletin*** 95 (1984): 542–575, 特に 554 ページ。W. A. Stock, M. A. Okun, M.J. Haring, and R. W. Witter, "Age and Subjective Well-being: A Meta-analysis," in R. J. Light (ed.). ***Evaluation Studies: Annual Review,*** vol. 8 (Beverly Hills, Calif.: Sage, 1983), 279–302; D. D. Witt, G. D. Lowe, C. W. Peek, and E. W. Curry, "The Changing Relationship between Age and Happiness: Emerging Trend or Methodological Artifact?" ***Social Forces*** 58 (1979): 1302–1307, および DDB ニーダム・ライフスタイルアーカイブについての筆者の分析。われわれの生活満足指標については第 20 章を参照。

35. Schneider and Stevenson, ***Ambitious Generation***, 189–211, 192 ページの引用。Seligman, "Boomer Blues," 52, 55.

36. L. I. Pearlin, M. A. Lieberman, E. G. Menaghan, and J. T. Mullan, "The Stress Process," ***Journal of Health and Social Behavior*** 22 (1981): 337–356; P. Cohen, E. L. Struening, G. L. Muhlin, L. E. Genevie, S. R. Kaplan, and H. B. Peck, "Community Stressors, Mediating Conditions and Wellbeing in Urban Neighborhoods," ***Journal of***

制するために、図71は高卒未満、高卒、および高校以上の教育を受けた回答者についての5年移動平均を図示した。図71はライフサイクルおよび時期の影響からも構成されているが、この図の根底にある分析では他の可能な解釈を探索しており、いかなる本質的な点においても世代的解釈に深刻な誤りがあるとは信じられない。操作化された指標は以下である。投票：全米選挙調査（1952–96）の大統領選挙投票。新聞：一般社会調査（1972–98）の、毎日新聞を読む。社会的信頼：GSS（1972–98）の「大半の人は信頼できる」への賛意。コミュニティ事業：DDB（1975–98）の、前年に少なくとも1つのコミュニティ事業で働く。グループ所属：GSS（1974–94）の、少なくとも1つグループに入っている；政治への関心：DDB（1975–98）「政治に関心がある」への賛意；教会：GSS（1972–98）の、教会に少なくとも「ほぼ毎週」出席する。クラブ：DDB（1975–98）の、前年に9回以上のクラブ会合に出席。

10. Zukin, *Generation X and the News.* を参照。

11. 1910–40年世代は、その年長者よりもやはり市民的であるように思われることが、少なくともこれらのサンプルに現れた19世紀末生まれの数少ない人々からは判断できる。

12. ここでの私の主張の以前の版に対する未公刊のコメントより。

13. Miller and Shanks, *New American Voter,* 57.

14. Ithiel de Sola Pool, "Public Opinion," in *Handbook of Communication,* ed. Ithiel de Sola Pool et al. (Chicago: Rand McNally, 1973), 818–821.

15. 全米選挙調査、ローパー社会・政治傾向、DDBニーダム・ライフスタイル、およびGSSアーカイブについての筆者の分析。大統領選投票率における、21歳から29歳までの者と、50歳以上の者との間のギャップは、1960年代、1970年代の16％から1980年代、1990年代の25％まで拡大した。以下も参照。Times Mirror Center, "Age of Indifference," 25.

16. ローパー社会・政治傾向アーカイブについての筆者の分析。これらの期間に、45歳以上の成人人口の割合は、44％から48％へとわずかに増加した。

17. Michael X. Delli Carpini, *Stability and Change in American Politics: The Coming of Age of the Generation of the 1960s* (New York: New York University Press, 1986); Paul C. Light, *Baby Boomers* (New York: W. W. Norton, 1988); および Cheryl Russell, *The Master Trend.*

18. Light, *Baby Boomers,* 123–125.

19. Delli Carpini, *Stability and Change,* 150.

20. Russell, *The Master Trend;* Delli Carpini, *Stability and Change;* M. Kent Jennings and Richard G. Niemi, *Generations and Politics: A Panel Study of Young Adults and Their Parents* (Princeton, N.J.: Princeton University Press, 1981); およびローパー社会・政治傾向、DDBニーダム・ライフスタイルアーカイブについての筆者の分析。

21. Delli Carpini, *Stability and Change in American Politics,* 326.

22. Light, *Baby Boomers,* 32, 136, および49ページ。これに以下が引用されている。Richard Easterlin, *Birth and Fortune: The Impact of Numbers on Personal Welfare* (New York: Basic Books, 1980).

23. Jennings and Niemi, *Generations and Politics,* 215–226; Light, *Baby Boomers,* 28; Daniel Yankelovich, "How Changes in the Economy Are Reshaping American Values," in *Values and Public Policy,* Henry J. Aaron, Thomas E. Mann, and Timothy Taylor, eds. (Washington, D.C.: Brookings, 1994), 16–53.

24. Russell, *The Master Trend.*

25. Rahn and Transue, "Social Trust and Value Change." 以下も参照のこと。1974、1984、1994年に米国教育省全国教育統計センターによって行われたHigh School and Beyond調査、およびR. A. Easterlin and E. M. Cummings, "Private Materialism, Personal Self-Fulfillment, Family Life and Public Interest: The Nature, Effects, and Causes of Recent Changes in the Values of American Youth," *Public Opinion Quarterly* 55 (winter 1991): 499–533.

26. ミシガン大学Interuniversity Consortium for Political and Social Researchより提供されている、「モニタリング・ザ・フューチャー」(Monitoring the Future) 調査アーカイブについての筆者の分析。低下は1970年代中盤の14–15％から、1990年代中盤の10–11％である。これらのサンプルは非常に大きいので、これらの推定の信頼性は高い。

27. 「モニタリング・ザ・フューチャー」アーカイブの筆者の分析。「どちらとも言えない」という回答はこの分析から除外しているが、これを含んでも基本的傾向には影響しない。

28. Bennett and Rademacher, "The 'Age of Indifference' Revisited"; Zukin, *Generation X and the News;* Diana Owen and Molly W. Sonner, ""Think Globally, Act Locally': Why Political Science Underestimates the *NEXT Generation*" (paper prepared for the annual meeting of the Midwest Political Science Association, Chicago, April

58. Joseph Turow, *Breaking Up America: Advertisers and the New Media World* (Chicago: University of Chicago Press, 1997).

59. Nielsen Media Research, *1998 Report on Television* (New York: 1998), 19, 23.

60. Rahn and Transue, "Social Trust and Value Change"; George Gerbner, Larry Gross, Michael Morgan, and Nancy Signorielli, "Growing Up with Television: The Cultivation Perspective," in *Media Effects: Advances in Theory and Research*, ed. Jennings Bryant and Dolf Zillman (Hillsdale, N.J.: Lawrence Erlbaum Associates, 1994), 17–41, 31ページの引用。Alexander W. Astin, *What Matters in College* (San Francisco: Jossey-Bass, 1993), 310.

61. Robert E. Lane, "The Road Not Taken: Friendship, Consumerism, and Happiness," *Critical Review* 8 (fall 1994): 521–554; Nicholas Zill and John Robinson, "The Generation X Difference," American *Demographics* 17 (April 1995): 24–31.

62. Sven Birkerts, *The Gutenberg Elegies* (Boston: Faber and Faber, 1994), 214–215.〔船木裕訳『グーテンベルクへの挽歌——エレクトロニクス時代における読書の運命』青土社、1995年〕

第14章　世代から世代へ

1. DDBニーダム・ライフスタイルの回答者で、テレビが自分の第一の娯楽であるということを否定した、人口50,000人以下の町に住む、世帯収入が全国のトップ3分の1で、夫のみがフルタイムで働いている既婚者の間では、年間のクラブ会合が1970年代の16回から1990年代の9回まで減少した。ローパーの回答者で1日当たりのテレビ視聴が1時間未満、人口250,000人以下の町に住み平均以上の所得を持つ、フルタイム就労していない主婦もしくは既婚の男性の間では、12種類の市民参加形態のうちどれにも参加していない者は1970年代の17%から1980年代の28%、1990年代の37%へと増加した。フランク・ブライアンの知見では、バーモント州で平均人口が約1,000人の町約75サンプルの中では、タウンミーティングへの出席は1970–73年に登録有権者の27%から1998年の15%へと低下した。Frank M. Bryan, personal communication および *Real Democracy* (unpublished ms., 1999), 上記は以下に引用。Joseph F. Zimmerman, *The New England Town Meeting: Democracy in Action* (Westport, Conn.: Praeger, 1999), 93–97.

2. DDBニーダム・ライフスタイル、ローパー社会・政治傾向、一般社会調査、全米選挙調査の筆者による分析。標準的な人口統計学的統制を行っている。

3. ライフサイクルおよび世代効果は同時に働く可能性がある。この方法論的問題に対する技術的処理については、第2章注7を参照。

4. GSS、ローパー、およびDDBニーダム・ライフスタイル調査アーカイブについての筆者の分析；Babchuk and Booth, "Voluntary Association Membership"; および S. Cutler, "Age Differences in Voluntary Association Membership" *Social Forces* 55 (1976): 43–58.

5. 社会関係資本の低下にある世代的基盤を強調したことの功績はウェンディ・ラーンにある。

6. 信頼性を最大化するために、表3では20年という期間の両端で数年分の調査を集計している。他の調査で豊富な確証ができる労働組合所属と教会出席を除いても、表3の各欄は5,000〜7,500人の面接に基づくものであり、絶対差がわずかなものであってもそれは高く信頼できるものである。

7.「米国人の時間利用」アーカイブにおいても、宗教、世俗組織双方における活動の低下はほぼ完全に世代間によるものである。

8. David Butler and Donald Stokes, *Political Change in Britain: The Evolution of Electoral Choice* (London: Macmillan, 1974).

9. 図71は、4半世紀の幅（およそ1970–75年から、およそ1995–2000年）にわたる面接調査に基づき、出生年ごとの市民参加を推定している。人生の初期、および後期におけるライフサイクル効果を統制するために、図71では25歳以下、80歳以上の回答者を除いている。これらの調査に存在する19世紀末生まれの回答者は非常に少なく、連続する出生コホートの差を信頼性を高く保って識別するのは難しい。しかし、これらのわずかなデータ（図71から除かれていない）が示唆するのは、前世紀の変わり目が、市民参加上昇の時代であったかもしれないということである。同様に、1970年以降に生まれた回答者で全国調査の中に現れている者はまだ非常に少ないのでその世代的特徴について確実なことは言えないが、わずかながらの結果が示しているのは、市民参加における40年間の世代的下落は底を打ちつつあるかもしれないということである。第2部で示したのは、市民参加における低下が教育水準を統制せずともかなり大きいということであったが、世代差を明確にするために図71では各出生コホートでの教育水準構成を一定に保った。各年のサンプルが比較的小さいことを補い、また教育水準の差を統

46. Kubey and Csikszentmihalyi, *Television and the Quality of Life*, 164–165.

47. Michael Argyle, *Social Psychology of Everyday Life*, 110; Bowden and Offer, "Household Appliances," 735–736.

48. Kubey and Csikszentmihalyi, *Television and the Quality of Life*, 138–139.

49. Bowden and Offer, "Household Appliances," 739–741.

50. この、および続くパラグラフのデータは、DDB ニーダム・ライフスタイルアーカイブについての筆者の分析より。密接に相関している 3 つの賛成—反対項目が組み合わされて、不調感の因子得点となった。1)「大半の人よりも頭痛が多い」、2)「よく眠れない」、3)「よく消化不良を起こす」。各症状は独立してテレビ依存と相関しているが、不眠の関連が最も弱いため、この基本的な相関は不眠症の者が気を紛らわすために深夜テレビを見ていることによるものではない。図 68 において「高」とは、頭痛、消化不良、不眠の頻度が全体のトップ 3 分の 1 の者を指す。頭痛薬、消化不良薬、不眠薬のテレビ広告の服用過多が心気症を増加させているという可能性は排除できない。

51. Bowden and Offer, 737–738; Robinson, "TV and Leisure," 129; F. Thomas Juster, "Preferences for Work and Leisure," in *Time, Goods, and Well-Being*, F. Thomas Juster and Frank P. Stafford, eds. (Ann Arbor: Institute for Social Research, University of Michigan, 1985), 333–351; Robinson and Godbey, *Time for Life*, 242–250. DDB ニーダム・ライフスタイルデータでは、娯楽のテレビ依存は不満（第 20 章で測定）の強力な予測変数であり、およそそれは経済的不安や独身でいること（一般的な知見では、不満の最も強力な予測変数である）に相当する。

52. Robinson and Godbey, *Time for Life*, 149.

53. この、および次のパラグラフの出典は以下である。Joshua Meyrowitz, *No Sense of Place: The Impact of Electronic Media on Social Behavior* (New York: Oxford University Press, 1985)〔安川一・高山哲子・上谷香陽訳『場所感の喪失——電子メディアが社会的行動に及ぼす影響（上）』新曜社、2003 年、下巻は未刊〕, 318; Roderick P. Hart, *Seducing America: How Television Charms the Modem Voter* (New York: Oxford University Press, 1994); Shanto lyengar. *Is Anyone Responsible? How Television Frames Political Issues* (Chicago: University of Chicago Press, 1991); Allan McBride, "Television, Individualism, and Social Capital," *PS: Political Science & Politics* 31 (September 1998): 542–552; Lawrence K. Grossman, *The Electronic Republic: Reshaping Democracy in the Information Age* (New York: Penguin, 1995).

54.「悪意に満ちた世界《ミーン・ワールド》効果」という表題の下の一連の論争含みの研究は、犯罪率の過剰推定のような人間不信の徴候と、重度のテレビ視聴が関連していると主張する。以下を参照。George Gerbner, Larry Gross, Michael Morgan, and Nancy Signorielli, "The 'Mainstreaming' of America: Violence Profile No. 11" *Journal of Communication* 30 (summer 1980): 10–29; Anthony N. Dobb and Glenn F. Macdonald, "Television Viewing and Fear of Victimization: Is the Relationship Causal?" *Journal of Personality and Social Psychology* 37 (1979): 170–179; Paul M. Hirsch, "The 'Scary World' of the Nonviewer and Other Anomalies: A Re-analysis of Gerbner et al.'s Findings on Cultivation Analysis, Part I," *Communication Research* 7 (October 1980): 403–456; Michael Hughes, "The Fruits of Cultivation Analysis: A Re-examination of the Effects of Television Watching on Fear of Victimization, Alienation, and the Approval of Violence," *Public Opinion Quarterly* 44 (1980): 287–303; Comstock, *The Evolution of American Television*, 265–269; L. J. Shrum, Robert S. Wyer Jr., and Thomas C. O'Guinn, "The Effects of Television Consumption on Social Perceptions: The Use of Priming Procedures to Investigate Psychological Processes," *Journal of Consumer Research* 24 (March 1998): 447–458. Brehm and Rahn, "Individual-Level Evidence," Dhavan V. Shah, "Civic Engagement, Interpersonal Trust, and Television Use: An Individual-Level Assessment of Social Capital," *Political Psychology* 19 (September 1998): 469–496, および私自身による DDB ニーダムデータの分析。これは不信とテレビ視聴との間の関連が、おそらく疑似的なものであることを示唆している。

55. DDB ニーダム・ライフスタイル調査についての筆者の分析。この研究への支援について、ラスティン・シルバースタイン、ダン・デヴロイ、デヴィッド・キャンベル、およびスティーブ・ヨニシュに感謝する。この研究の流れを刺激したことの功績は、Shah, "Civic Engagement" に帰するものである。

56. 図 69 は以下より引いた。Campbell, Yonish, and Putnam, "Tuning In, Tuning Out Revisited."

57. J. Philipe Rushton, "Television and Prosocial Behavior," in *Television and Behavior: Ten Years of Scientific Progress and Implications for the Eighties*, eds. David Pearl, Lorraine Bouthilet, and Joyce Lazar (Rockville, Md.: National Institute of Mental Health, U.S. Department of Health and Human Services, 1982), 248–258, および Susan Hearold, "A Synthesis of 1,043 Effects of Television on Social Behavior," in *Public Communication and Behavior*, vol. 1, ed. George Comstock (New York: Academic Press, 1986), 65–133.

いて、デヴィッド・キャンベルに感謝する。

36. Williams, ***Impact of Television***, 2.

37. Ibid., 166.

38. Ibid., 178.

39. William A. Belson, “Effects of Television on the Interests and Initiative of Adult Viewers in Greater London,” ***British Journal of Psychology*** 50 (1959): 145–158. 米国については、Wilbur Schramm, Jack Lyle, and Edwin B. Parker, ***Television in the Lives of our Children*** (Stanford, Calif.: Stanford University Press, 1961). スコットランドについては、J. R. Brown, J. K. Cramond, and R. J. Wilde, “Displacement Effects of Television and the Child’s Functional Orientation to Media” in ***The Uses of Mass Communications: Current Perspectives on Gratifications***, eds. Jay G. Blumler and Elihu Katz (Beverly Hills, Calif.: Sage, 1974). オーストラリアについては、John P. Murray and Susan Kippax, “Children’s Social Behavior in Three Towns with Differing Television Experience,” ***Journal of Communication*** 28 (1978): 19–29. および南アフリカについては、Diana C. Mutz, Donald F. Roberts, and D. P. van Vuuren, “Reconsidering the Displacement Hypothesis: Television’s Influence on Children’s Time Use,” ***Communication Researcn*** 20 (1993): 51–75. Karl Erik Rosengren and Sven Windahl, ***Media Matter: TV Use in Childhood and Adolescence*** (Norwood, N.J.: Ablex, 1989) は、スウェーデンの子どもについての研究からの反証を報告している。

40. Richard G. Niemi and Jane Junn, ***Civic Education: What Makes Students Learn*** (New Haven, Conn.: Yale University Press, 1999); Alan S. Zuckerman, “First Steps into Politics: The Political Bases of the Decisions of Young People to Engage in Political Discussion” (Providence, R.I.: Brown University, 1998); Jay Braatz and Robert D. Putnam, “Community-Based Social Capital and Educational Performance: Exploring New Evidence” (Cambridge, Mass.: Harvard University, 1999); John Condry, “Thief of Time, Unfaithful Servant: Television and the American Child,” ***Daedalus*** 122 (winter 1993): 259–278; William T. Bielby, “The Cost of Watching Television: A Longitudinal Assessment of the Effect of Heavy Viewing on Earnings,” working paper (Boston: Harvard University School of Public Health, n.d.); George Comstock and Haejung Paik, ***Television and the American Child*** (New York: Academic Press, 1991), 72, 86.

41. DDBニーダム・ライフスタイル、ローパー社会・政治傾向アーカイブについての筆者の分析であり、教育、収入、都市化、年齢、婚姻状態、子どもの有無、就労状態、性別、人種、地域を統制している。両アーカイブで同じパターンが見られている。Rolf Meyersohn, “Television and the Rest of Leisure,” ***Public Opinion Quarterly*** 32 (spring 1968): 102–112.

42. Comstock et al., ***Television and Human Behavior***; John P. Robinson, “Television and Leisure Time: A New Scenario,” ***Journal of Communication*** 31 (winter 1981): 120–130; Comstock, ***Evolution of American Television***; Bower, ***Changing Television Audience***; Robinson and Godbey, ***Time for Life***; Kubey and Csikszentmihalyi, ***Television and the Quality of Life***; Brehm and Rahn, “Individual-Level Evidence,” 1015, およびブレームとラーンの私信、Schramm, Lyie, and Parker, ***Television in the Lives of our Children***; Comstock and Paik, ***Television and the American Child***; Mutz, Roberts, and van Vuuren, “Reconsidering the Displacement Hypothesis.” 1993年から1998年のDDBニーダム・ライフスタイル調査についての筆者の分析。1日当たり2つの時間帯以下でしかテレビを見ない回答者の39％が、「自分は家好きの人間である」に「ある程度」もしくは「強く」賛成していたが、一方6つ以上の時間帯で見ている者の間でそれは50％であった。私の “Tuning In, Tuning Out” も参照。

43. 1970年代を通じて繭ごもり《コクーニング》が増加したことは、1975–76年のDDBニーダム・ライフスタイル調査で確認できる。多くするようになったと回答者が答えた活動は、在宅すること、家族や友人と過ごすこと、家族との食事、およびテレビ視聴であった——すなわち、家で1人、あるいは家族や友人とリラックスすることである。低下したと回答のあった活動には、家での歓待、夕食のための外出、映画を見に行くことがあった——すなわち外出やフォーマルな歓待である。

44. 1974、1975、1977、1979年のローパー社会・政治傾向調査についての筆者の分析。性別、年齢、教育、都市規模と並んで子どもの有無、婚姻、就労状態を統制すると、以前よりもテレビをよく見ていると答えた回答者は、以前よりもテレビを見なくなったと答えた者と比べてコミュニティ活動への参加が25～35％少なかった。以下も参照。Campbell, Yonish, and Putnam, “Tuning In, Tuning Out Revisited.”

45. Kubey and Csikszentmihalyi, ***Television and the Quality of Life***. これらの著者はテレビ視聴の心理学的影響に関する研究をレビューしている。以下も参照。Neil Postman, ***Amusing Ourselves to Death: Public Discourse in the Age of Show Business*** (New York: Viking, 1985).

25. この、および続く2つのパラグラフにおける全推定は、1973年、1974年、1977年、1983年、1988年、1991年、1993年のローパー調査についての多変量ロジスティック回帰分析に基づいており、教育、収入、結婚状態、子どもの有無、就労状態、性別、年齢、人種、地域、都市規模を統制している。ローパーアーカイブにおける全12形態の市民参加の予測変数としては、社会階層（教育と収入で測定）のみがテレビ視聴に匹敵するものだった。図61は労働年齢の大卒回答者を対象に、4つの一般的な参加指標に限定して、人口の中でも最も市民的参加を行う部分においてすら負の相関が強いことを表したものだが、このパターンは人口のあらゆる部分、そしてあらゆる参加指標にわたって見いだされた。労働年齢、大卒米国人の中で、17％が1日当たりのテレビ視聴が1時間未満であると答え、1～3時間が54％、3時間以上が29％であった。人口全体では、相当する数字はそれぞれ12％、43％、45％となる。

26. この推定は、市民参加に対するテレビの影響の潜在的大きさを示すことのみを意図としている。世紀最後の3分の1で市民参加はおよそ40％低下し、この期間のテレビ視聴の増加は、低下の10％を説明できる可能性がある。

27. ローパー社会・政治傾向データおよびDDBニーダム・ライフスタイルデータの双方でこのパターンは現れている。以下を参照。Campbell, Yonish, and Putnam, “Tuning In, Tuning Out Revisited.”

28. このパラグラフの根拠は、1973–75、1988、1993年のローパー社会・政治傾向調査からのものである。以下を参照。Campbell, Yonish, and Putnam, “Tuning In, Tuning Out Revisited.”

29. この、および続く6つのパラグラフにおける一般化は、DDBニーダム・ライフスタイル調査アーカイブについての筆者の分析に基づく。「テレビは、自分の第一の娯楽である」に対して賛成した回答者の割合は、1970年代の47％から1990年代の53％へと上昇傾向にあった（不可解なことに、この割合は1987–88年に60–65％へと急増しその後ある程度低下したが、長期傾向は増加方向にある）。娯楽としてテレビに頼る者のうち、47％は同時に「自分はいわゆるカウチポテトだ」と認めており、対してそうでない他の米国人の間では17％だった。1日の時間帯の中でテレビを見ていると答えた回答に基づくと、テレビを第一の娯楽であると答えた者は、他の米国人と比べて約40％多くテレビを見ていた。この質問は米国人のうち2人に1人の、テレビ娯楽に最も依存している者を効果的に選び出すものとなっている。

30. 図62から図66は二変数関係を表しているが、この、および前のパラグラフにおける全ての一般化は重回帰分析に基づくもので、性別、人種、出生年、調査年、教育、収入、経済的不安、地域、都市規模、婚姻状態、子どもの有無、就労状態、自己報告の身体的健康、移動性予期、持ち家の有無、自己報告での時間のプレッシャー、居住郡の平均通勤時間を統制している。事実上全てのケースで、回答者の自己記述による娯楽のテレビ依存度（6点尺度で測定）は、2～3の最も強力な予測変数のうちの一つだった。これは公的、私的社交性に関する全指標にわたり、最も一貫した唯一の予測変数である。

31. DDBニーダム・ライフスタイルアーカイブについての筆者の分析。宗教性は、「宗教は私の生活において重要である」への賛意で測定した。

32. 1975年から1998年の間のDDBニーダム・ライフスタイル調査には、大卒で30歳～44歳の、人口の中で経済的に最も安定した3分の1に属しており、ニューイングランドもしくは中部大西洋岸諸州に居住する300人の女性が含まれている。文中の統計では、これらの女性のうち「テレビは自分の第一の娯楽である」に賛成した28％と反対した72％を比較している。したがってこれらの比較では性別、地域、教育、経済的不安、および年齢という、テレビ娯楽への依存と最も密接に相関している5要因を統制している。生活満足の指標については第20章を参照。

33. Robinson and Godbey, *Time for Life*, 139–144; Harwood K. McClerking and Kristina C. Miler, “The Deleterious Effect of Television Viewership on Membership in Voluntary Organizations”（paper prepared for the annual meeting of the Southern Political Science Association, Norfolk, Va., November 1997）; Harwood K. McClerking, Kristina C. Miler, and Irfan Nooruddin, “Must See TV? A Non-Random Assignment Model of Television and Membership”（paper prepared for the annual meeting of the American Political Science Association, Boston, September 1998）, および Pippa Norris, “Blaming the Messenger? Television and Civic Malaise,” in Pharr and Putnam, *What's Troubling the Trilateral Democracies?*

34. Tay Keong Tan, “Silence, Sacrifice, and Shoo-Fly Pies: An Inquiry Into the Social Capital and Organizational Strategies of the Amish Community in Lancaster County, Pennsylvania”（Ph.D. diss.. Harvard University, 1998）.

35. *The Impact of Television: A Natural Experiment in Three Communities*, ed. Tannis MacBeth Williams（Orlando, Fla.: Academic Press, 1986）. テレビがコミュニティ生活に対して与える影響に関する研究レビューにつ

Media and American Politics (Washington, D.C.: CQ Press, 1993).

13. このパラグラフのデータは、テレビが単にバックグラウンドでオンになっている時間は除いている。Comstock, *Evolution of American Television*, 17 は、「1980年代末の秋のどの日にも、テレビを所有する平均的世帯でそれは約8時間オンになっていた」と報告している。Eurodata TV（*One Television Year in the World: Audience Report*, April 1999）によれば、1日当たりの視聴時間で米国は47カ国中3位に位置づけられ、それより上位は日本とメキシコしかなかった。メディアと参加に関する助言についてピッパ・ノリスに感謝する。Robinson and Godbey, *Time for Life*, 136–153, 340–341.

14. *Statistical Abstract of the United States*（各年刊）; *Kids & Media @ The New Millennium* (Menio Park, Calif.: Henry J. Kaiser Family Foundation, 1999), 13. 図56中のインターネットアクセスについてのデータは、DDBニーダム・ライフスタイル調査アーカイブより。*Nua Internet Surveys* (Dublin, Ireland: Nua Ltd., 1999), www.nua.ie/surveys/how_many_online/n_america.html にまとめられているニールセン・インテリクエスト調査や、Pew Research Center for the People & the Press の1999年1月レポート（www.people-press.org/tech98sum.htm）のような、インターネット利用に関する他の調査とこの結果は非常に一貫している。

15. *Where Does the Time Go? The United Media Enterprises Report on Leisure in America* (New York: Newspaper Enterprise Association, 1983), 10. DDBニーダム・ライフスタイルアーカイブについての筆者の分析。家で静かに晩を過ごすことの志向性は、1975年の68％から1999年の77％へと上昇した。これに賛成した者はまた同時に、「テレビは自分の第一の娯楽である」に賛成することも多かった。

16. Kunsuer, *Geography of Nowhere*, 167.

17. Paul William Kingston and Steven L. Nock, "Time Together Among Dual Earner Couples," *American Sociological Review* 52 (June 1987): 391–400; Zukin, *Generation X and the News*; Diane Crispell, "TV Soloists," *American Demographics*, May 1997, 32; Robert Kubey and Mihaly Csikszentmihalyi, *Television and the Quality of Life: How Viewmg Shapes Everyday Experience* (Hillsdale, N.J.: Lawrence Erlbaum, 1990), 74; *Kids & Media*, 62–63. 早くも1996年には、子ども（9歳から17歳）のうち自分専用の寝室を持つ者が76％、自分専用のテレビが59％、ケーブル／衛星放送が55％、テレビゲームが36％、ビデオデッキが39％であった。出典：www.yankelovich.com/press3.htm

18. 1979、1985、1989、1993年のローパー社会・政治傾向調査についての筆者の分析。David E. Campbell, Steven Yonish, and Robert D. Putnam, "Tuning In, Tuning Out Revisited: A Closer Look at the Causal Links between Television and Social Capital," paper presented at the Annual Meeting of the American Political Science Association (Atlanta, Ga., September 1999). このトピックについての数多くの洞察に対して共著者に感謝する。彼らはしかし、ここでの私の結論に責任を負うものではない。

19. 深夜映画を観察するという彼の研究上の職務の一部として、この一節を指摘してくれたスティーブ・ヨニシュに感謝する。

20. ローパー社会・政治傾向アーカイブについての筆者の分析。図57の傾向の半分以上が、世代差の反映である。世代は他の人口統計学的特性よりも、習慣的視聴を強く予測する。以下も参照。Campbell, Yonish, and Putnam, "Tuning In, Tuning Out Revisited."

21. Barbara Schneider and David Stevenson, *The Ambitious Generation: America's Teenagers, Motivated but Directionless* (New Haven, Conn.: Yale University Press, 1999), 189–211.

22. 図59は平日の視聴に限られているが、週末の視聴の数字も類似したものになる。これらの調査では、各時間帯にどの程度の時間がテレビ視聴によって占められているかを明らかにしていない。したがってこれらは、任意の時間帯にテレビを視聴している人々の割合をある程度強調したものとなっている。テレビ視聴に関するこれらのパターンの確証としては以下を参照。Kubey and Csikszentmihalyi, *Television and the Quality of Life*, 75（米国について）、および Michael Argyle, *Social Psychology of Everyday Life* (New York: Routledge, 1991), 111（英国について）.

23. 1993–98年のDDBニーダム・ライフスタイル調査データについての筆者の分析。夕食中テレビ率は、家に子どものいる既婚のカップルでは39％で、その他の成人では55％である。さらに全成人の7％が、夕食中にバックグランドでテレビがついていると答えている。*America's Youth in the 1990s*, Bezilla, ed., 39 および Catherine McGrath, "Busy Teenagers," *American Demographics*, July 1998, 37–38 によれば、1990年にティーンエイジャーの39％が夕食時にテレビをつけていると答えており、1997年にこの数字は50％に上昇した。

24. ローパー社会・政治傾向アーカイブの1985年、1989年調査についての筆者の分析。このテレビ視聴の数字には、ニュース（58％）とその他の番組（68％）の両方が含まれている。

第13章　テクノロジーとマスメディア

1. T. S. Eliot, *New York Post*, September 22, 1963.

2. Sue Bowden and Avner Offer, "Household Appliances and the Use of Time: The United States and Britain Since the 1920s," *Economic History Review* 47 (November 1994): 729 を、*Statistical Abstract of the United States* からのデータで補足した。

3. Tocqueville, *Democracy in America*, 517–518.

4. 一般社会調査、DDB ニーダム・ライフスタイル、ローパーアーカイブについての筆者の分析。出生年、性別、教育、収入、婚姻状態、子どもの有無、就業状態、都市規模、人種、持ち家所有を統制している。定期的な新聞購読者は、文中で触れた全ての活動についての参加がおよそ 10 ～ 20 %多い。以下も参照。Pippa Norris, "Does Television Erode Social Capital? A Reply to Putnam," *PS: Political Science & Politics* 29 (September 1996): 474–80, 特に 479 ページ。*So Many Choices, So Little Time* (Vienna, Va.: Newspaper Association of America, 1998), 15, 18; および Delli Carpini and Keeter, *What Americans Know About Politics*.

5. *Statistical Abstract of the United States*（各年刊）および *Historical Statistics of the United States*.

6. 一般社会調査アーカイブについての筆者の分析。*So Many Choices, So Little Time; Statistical Abstract of the United States*, および Stu Tolley, "The Abyss That Is Destroying Daily Newspaper Reading" (Vienna, Va.: Newspaper Association of America, 1998), at www.naa.org/marketscope/research/cohort.htm.

7. 1998 年の DDB ニーダム・ライフスタイル調査によれば、新聞でニュースを読む米国人の半数は同時にテレビで夜のネットワークニュースを見ていたが、対して新聞を読まない者の間ではそれは 4 分の 1 にすぎなかった。この相関は、全ての標準的な人口統計学的要因を厳密に統制しても消えずに残った。

8. DDB ニーダム・ライフスタイル 1998 年調査アーカイブの筆者による分析。Jack M. McLeod, Katie Daily, Zhongshi Guo, William P. Eveland Jr., Jan Bayer, Seungchan Yang, and Hsu Wang, "Community Integration, Local Media Use and Democratic Processes," *Communication Research* 23 (1996): 179–209; Norris, "Does Television Erode Social Capital?"; Staci Rhine, Stephen Earl Bennett, and Richard S. Flickinger, "Americans' Exposure and Attention to Electronic and Print Media and Their Impact on Democratic Citizenship" (paper presented at the annual meeting of the Midwest Political Science Association, Chicago, 1998).

9. Pew Research Center for the People & the Press, *Internet News Takes Off*, biennial news consumption survey (Washington, D.C.: Pew Research Center for the People & the Press, 1998) at www.people-press.org/med98rpt.htm; *Times Mirror* Center, "Age of Indifference"; William G. Mayer, "The Polls-Poll Trends: Trends in Media Usage," *Public Opinion Quarterly* 57 (June 1993): 593–611; Stephen Earl Bennett and Eric W. Rademacher, "'The Age of Indifference' Revisited: Patterns of Political Interest, Media Exposure, and Knowledge among Generation X," in *After the Boom: The Politics of Generation X*, eds. Stephen C. Craig and Stephen Earl Bennett (Lanham, Md.: Rowman & Littlefield, 1997), および Cliff Zukin, *Generation X and the News: Road Closed?* (Radio and Television News Directors Foundation, 1997), at www.rtndf.org/rtndf/genx/index.html. Richard Davis and Diana Owen, *New Media and American Politics* (New York: Oxford University Press, 1998), 136 の報告では、1975 年には全世帯の半数近くが毎晩ネットワークニュースを見ていたが、それに対し 1997 年には 4 分の 1 となっていた。

10. Pew Center, *Internet News Takes Off*; Norris, "Who Surfs?" 80–82。1998 年 DDB ニーダム・ライフスタイル調査アーカイブの筆者による分析。これが文中の CNN に関する一般化のソースである。

11. DDB ニーダム・ライフスタイル 1996–98 年調査アーカイブについての筆者の分析。ニュースについては主にインターネットに頼っていると答えた回答者は、他の米国人と比べてボランティアをしたり、友人付き合いに時間を費やしたり、他者を信頼したりといったことが少ない。

12. *Statistical Abstract of the United States*（各年刊）; Veronis, Suhler & Associates, *Communications Industry Report: Five-Year Historical Report* (1991–95) (New York: Veronis, Suhler & Associates, 1996); Cobbett S. Steinberg, *TV Facts* (New York: Facts on File, 1980); Russell, *Master Trend*, 59; "People, Opinion, and Polls: American Popular Culture," *Public Perspective*. August/September 1995: 47; Robert T. Bower, *The Changing Television Audience in America* (New York: Columbia University Press, 1985), 特に 33, 46 ページ。George Comstock et al., *Television and Human Behavior* (New York: Columbia University Press, 1978); George Comstock, *Evolution of American Television* (Newbury Park, Calif.: Sage Publications, 1989), および Doris A. Graber, *Mass*

the Shopping Center Boom of the 1950s and 1960s," *American Historical Review* 101 (October 1996): 1082–1110; Kenneth T. Jackson, "All the World's a Mall: Reflections on the Social and Economic Consequences of the American Shopping Center," *American Historical Review* (October 1996): 1111–1121; Margaret Crawford, "The World in a Shopping Mall," in *Variations on a Theme Park: The New American City and the End of Public Space*, Michael Sorkin, ed. (New York: Noonday Press, 1992); Jackson, *Crabgrass Frontier*, 265.

20. *Statistical Abstract of the United States: 1998*, 636; *The Public Perspective* 10 (February/March 1999): 26; Brad Edmondson, "In the Driver's Seat," *American Demographics*, March 1998, at www.americandemographics.com, および全米住宅産業協会による下記の国勢調査データ分析。www.nahb.com/facts/forecast/sf.html (consulted January 27, 2000).

21. この、および前の2パラグラフのデータは以下より。Patricia S. Hu and Jennifer R. Young, "Summary of Travel Trends: 1995 Nationwide Personal Transportation Survey," prepared for U.S. Department of Transportation (Oak Ridge, Tenn.: Center for Transportation Analysis, Oak Ridge National Laboratory, January 1999), www.cta.ornl.gov/npts/1995/Doc/trends_reportl8.pdf, 1995年データは、以前の調査との比較可能性のための調整が行われている。*Statistical Abstract of the United States: 1998*, 636; *Our Nation's Travel: 1995 National Personal Transportation Survey Early Results Report* (Washington, D.C.: U.S. Department of Transportation, 1998), "Work at Home in 1997," a report from the Bureau of Labor Statistics, http://stats.bls.gov/news.release/homey.nws.htm; William G. Deming, "Work at Home: Data from the CPS," *Monthly Labor Review* (February 1994): 14–20; Patricia L. Mokhtarian and Dennis K. Henderson, "Analyzing the Travel Behavior of Home-Based Workers in the 1991 CALTRANS Statewide Travel Survey," *Journal of Transportation and Statistics* (October 1998): 25–41; David Schrank and Tim Lomax, *The 1999 Annual Urban Mobility Study* (College Station: Texas Transportation Institute, Texas A&M University, 1999), at http://mobility.tamu.edu/. *Our Nation's Travel* は、単独での通勤を1995年に80%と推定している。ギャラップ(www.gallup.com)はそれを1998年12月に90%と推定している。通勤時間についての他のデータは、片道の通勤時間が推定20分で、それが時間と共に増加しているということで収束している。これらに含まれるのは10年ごとの国勢調査(1980–90)、ローパー社会・政治傾向調査(1973–98)、および「米国人の時間利用」研究(1965–85)である。*Roper Reports 98-3* (New York: Roper Starch Worldwide, 1998), 150. は、最長期にわたる、最も最新の時系列データを提供しているが、自家労働を計算に入れてさえも、20分以上の通勤を行う被雇用者は1973年の29%から1999年の38%まで増加したことを示唆している。*Report on the American Workforce 1999*, 117 は、労働人口の中で、自営もしくは夜に家に仕事を持ち帰るものを含む、家で何らかの仕事を行う者の割合は1991年の18.3%から1997年の17.7%に低下したことを示している。

22. Edmondson, "In the Driver's Seat."

23. DDBニーダム・ライフスタイル、ローパー社会・政治傾向、および「米国人の時間利用」調査アーカイブについての筆者の分析。全ての標準的な人口統計学的変数を統制している。ローパーと時間利用調査において、通勤時間は回答者の自己推定に基づいているが、DDBニーダムの分析においてこの指標は回答者の居住郡《カウンティ》における平均通勤時間であった。どのアプローチでも、10分間の通勤時間の増加は、市民参加における多くの指標にわたって10%の参加低下を意味しているという推定で収束した。

24. 人口200万人以上の大都市地域において、大都市に住むことを小都市に住むことよりも好むと、ある程度、もしくは強くそう思う者の割合は1975年の38%から1999年の31%へと低下した。郊外居住と自動車に関する論争については以下を参照。Jane Holtz Kay, *Asphalt Nation: How the Automobile Took Over America and How We Can Take It Back* (New York: Crown, 1997); Richard Moe and Carter Wilkie, *Changing Places: Rebuilding Community in the Age of Sprawl* (New York: Henry Holt, 1997), および James Q. Wilson, "Cars and Their Enemies," *Commentary* 104 (July 1997): 17–23.

25. Verba and Nie, *Participation in America*, 236, 247.

26. 大都市地域に住む人口の割合は、1970年代中盤以降およそ10パーセンテージポイント増加しており、そのような地域に連関する市民的なペナルティは、図50、51、および通勤時間の影響についてのわれわれの分析に示されているように、丸めると20%である。もし米国人が1970年代中盤と同じように空間的に住み続けていたとした場合、コミュニティ関与のレベルは全体では、第2部で記録した20〜40%の低下と比較して、およそ2%高いものになったと思われる。この計算は粗いものであり、相乗効果を無視している。

7. DDB ニーダム・ライフスタイル調査には、回答者がどこに住むのを好むか――大都市か小都市か、市内か郊外かを尋ねる質問が含まれていた。実際の居住地と好みの居住地の両方を、社会参加の指標を予測する重回帰分析に投入すると、実際の居住地は常に有意となったが好みの居住地は希にしか有意とならなかった。

8. John D. Kasarda, Stephen J. Appold, Stuart H. Sweeney, and Elaine Sieff, "Central-City and Suburban Migration Patterns: Is a Turnaround on the Horizon?" *Housing Policy Debate* 8 (1997): 307–358.

9. Mark Twain (1867) の下記における引用。Bayrd Still, *Urban America: A History with Documents* (Boston: Little, Brown, 1974), 198; Henry George, *Progress and Poverty* (1884) の下記における引用。*City and Country in America*, ed. David R. Weimer (New York: Appleton-Century-Crofts, 1962), 60.

10. ローパー社会・政治傾向調査では、市民的「にわか景気」サイクルが 1980 年代末に小都市、農村地帯で起こった様子が見られ、そのパターンとはこのような環境下において世俗的な低下傾向が弱まるというものだったが、このパターンは DDB ニーダム・ライフスタイル、一般社会調査、あるいは全米選挙調査においては見られないため、統計的偶然であるという可能性が最も高い。

11. 1952 年 11 月 8 日のパークフォレスト・ホームズ社の広告。以下に引用されたもの。William H. Whyte Jr., *The Organization Man* (New York: Simon & Schuster, 1956)〔岡部慶三・藤永保・辻村明・佐田一彦訳『組織のなかの人間――オーガニゼーション・マン(上・下)』新版、東京創元社、1971 年〕, 284.

12. Whyte, *Organization Man*, 287 ページの引用。Herbert J. Gans, *The Levittowners: Ways of Life and Politics in a New Suburban Community* (New York: Pantheon Books, 1967); Claude S. Fischer and Robert Max Jackson, "Suburbanism and Localism," in Fischer et al., *Networks and Places*, 117–138; Seeley, Sim, and Loosley, *Crestwood Heights*. これと対照的に、Bennett M. Berger, *Working Class Suburb: A study of Autoworkers in Suburbia* (Berkeley: University of California Press, 1960), および Basil G. Zimmer and Amos H. Hawley, "The Significance of Membership in Associations," *American Journal of Sociology* 65 (September 1959): 196–201 では、戦後初期の郊外において、著しいコミュニティ関与をほとんど、あるいは全く見いだしていない。

13. Peter O. Muller, *Contemporary Suburban America* (Englewood Cliffs, N.J.: Prentice-Hall, 1981); Gregory R. Weiher, *The Fractured Metropolis: Political Fragmentation and Metropolitan Segregation* (Albany: State University of New York Press, 1991); Douglas Massey and Mitchell Eggers, "The Spatial Concentration of Affluence and Poverty During the 1970s," *Urban Affairs Quarterly* 29 (December 1993): 299–315; Evan McKenzie, *Privatopia: Homeowner Associations and the Rise of Residential Private Government* (New Haven, Conn.: Yale University Press, 1994)〔竹井隆人・梶浦恒男訳『プライベートピア――集合住宅による私的政府の誕生』世界思想社、2003 年〕, および Edward J. Blakely and Mary Gail Snyder, *Fortress America: Gated Communities in the United States* (Washington, D.C.: Brookings Institution, 1997)〔竹井隆人訳『ゲーテッド・コミュニティ――米国の要塞都市』集文社、2004 年〕. マッケンジーは、自家所有者組合《ホームオーナーズ・アソシエーション》が全国で 1970 年の 10,000 から 1992 年の 150,000 に急増したことを報告しており、これは米国人の 3,200 万人を代表している。

14. www.concordhomes.com/co/co_greenfield.html. 皮肉なことに、グリーンフィールドはホワイトのパークフォレストから数マイルしか離れていない。

15. Blakely and Snyder, *Fortress America*; J. Eric Oliver, "The Effects of Metropolitan Economic Segregation on Local Civic Participation," *American Journal of Political Science* 43 (January 1999): 186–212, 205 ページの引用。ゲート付きコミュニティに関する本格的な研究はまだ初期的段階である。

16. M. P. Baumgartner, *The Moral Order of a Suburb* (New York: Oxford University Press, 1988); Duany and Plater-Zyberk の以下における引用。William Schneider, "The Suburban Century Begins," *The Atlantic Monthly*, July 1992, 33–44, の 37 ページ。

17. Lewis Mumford, *The Culture of Cities* (New York: Harcourt, Brace, 1938)〔生田勉訳『都市の文化』鹿島研究所出版会、1974 年〕, 412; Robert E. Lang and Karen A. Danielsen, "Gated Communities in America: Walling Out the World?" *Housing Policy Debate* 8 (1997): 873

18. Kenneth T. Jackson, *Crabgrass Frontier: The Suburbanization of the United States* (New York: Oxford University Press, 1985), 272, 279–80 ページの引用。

19. Robert Fishman, *Bourgeois Utopias: The Rise and Fall of Suburbia* (New York: Basic Books, 1987)〔小池和子訳『ブルジョワ・ユートピア――郊外住宅地の盛衰』勁草書房、1990 年〕; Joel Garreau, *Edge City: Life on the New Frontier* (New York: Anchor Books, 1991); James Howard Kunstler, *The Geography of Nowhere: The Rise and Decline of America's Man-Made Landscape* (New York: Simon & Schuster, 1993); *The New Urbanism: Toward an Architecture of Community*, ed. Peter Katz (New York: McGraw-Hill, 1994); Thomas W. Hanchett, "U.S. Tax Policy and

第12章　移動性とスプロール

1. Sally Ann Shumaker and Daniel Stokols, "Residential Mobility as a Social Issue and Research Topic," *Journal of Social Issues* 38 (1982): 1–19, および DDB ニーダム・ライフスタイル調査についての筆者の分析。

2. J. Miller McPherson and William G. Lockwood, "The Longitudinal Study of Voluntary Association Memberships: A Multivariate Analysis," *Journal of Voluntary Action Research* 9 (January/December 1980): 74–84; Wolfinger and Rosenstone, *Who Votes?*, 特に 50–54 ページ。Robert J. Sampson, "Linking the Micro-and Macrolevel Dimensions of Community Social Organization," *Social Forces* 70 (September 1991): 43–64; Sampson, "Local Friendship Ties"; Steven J. Rosenstone and John Mark Hansen, *Mobilization, Participation, and Democracy in America*, 特に 157–58 ページ。Verba, Schlozman, and Brady, *Voice and Equality*, 452–455; Johanne Boisjoly, Greg J. Duncan, and Sandra Hofferth, "Access to Social Capital," *Journal of Family Issues* 16 (September 1995): 609–631; Hausknecht, *Joiners*, 47–8; DDB ニーダム・ライフスタイル調査についての筆者の分析で、年齢、性別、人種、教育、収入、婚姻状態、子どもの有無、就労状態を含む標準的な人口統計学的要因を統制している。

3. Sampson, "Local Friendship Ties"; Robert D. Crutchfield, Michael R. Geerken, and Walter R. Gove, "Crime Rate and Social Integration: The Impact of Metropolitan Mobility," *Criminology* 20 (November 1982): 467–478; Robert Audette, Robert Algozzine, and Michelle Warden, "Mobility and School Achievement," *Psychological Reports* 72 (April 1993): 701–702; John Eckenrode, Elizabeth Rowe, Molly Laird, and Jacqueline Brathwaite, "Mobility as a Mediator of the Effects of Child Maltreatment on Academic Performance," *Child Development* 66 (August 1995): 1130–1142, および John Hagan, Ross MacMillan, and Blair Wheaton, "New Kid in Town: Social Capital and the Life Course Effects of Family Migration on Children," *American Sociological Review* 61 (June 1996): 368–385. 反証については以下を参照。Peter H. Rossi, *Why Families Move* (Beverly Hills, Calif.: Sage, 1980), および Fischer, Jackson, et al., *Networks and Places*, 177–184.

4. Larry E. Long, *Migration and Residential Mobility in the United States* (New York: Russell Sage Foundation, 1988); Shumaker and Stokols, "Residential Mobility"; *Historical Statistics of the United States* I: 646; *Statistical Abstract of the United States 1998*; U.S. Census Bureau, "Housing Vacancies and Homeownership," at www.census.gov/hhes/www/housing/hvs/historic/histt14.html; Fischer, Jackson, et al., *Networks and Places*, 191–192. 全米選挙調査と DDB ニーダム・ライフスタイル調査の筆者による分析。最近のある研究によれば、20 世紀後半の移動性は 1860 年から 1920 年までの期間よりも高かった可能性があることが示唆されているが、この研究によっても、1960–1990 年は 1940–1960 年よりも移動性が低かったことが見いだされている。以下を参照。Patricia Kelly Hall and Steven Ruggles, "Moving Through Time: Internal Migration Patterns of Americans, 1850–1990," paper presented at the Social Science History Association meetings (Fort Worth, Tex.: November 1999). 平均的米国人は同じ地域に 20 年以上住んでいるにもかかわらず、われわれはおよそ 5 年おきに住居を変えている――賃貸居住者は 2.1 年おき、住宅所有者は 8.2 年おきである。Randolph E. Schmid, "Americans Move about Every 5 Years," Associated Press, October 29, 1998. 上記は国勢調査局の研究を引用している。移動性の低下に対する例外の一つが、若い単身者においては、数十年前のその世代よりも現在ではわずかに移動性が高いということだが、この傾向も社会的つながりの全体的低下を説明する部分は非常に限られている。DDB ニーダム・ライフスタイル調査の筆者の分析。Matthew Klein, "Where America Lives," *American Demographics*, January 1998. 上記は全米住宅産業協会から引用している。

5. DDB ニーダム・ライフスタイル、ローパー社会・政治傾向、一般社会調査アーカイブの筆者の分析。教育、年齢、人種、収入、婚姻状態、居住安定性を統制している。大都市とその郊外に住む住民は、ローパー社会・政治傾向調査で測定された 12 の市民的活動のどれについても参加する傾向が低く、特にそれは公職に立候補する、地域組織の役員や委員を務める、公的集会に出席する、スピーチをするに当てはまる。以下も参照。John Eric Oliver, *Civil Society in Suburbia: The Effects of Metropolitan Social Contexts on Participation in Voluntary Organizations* (Ph.D. diss.. University of California at Berkeley, 1997), 特に 64 ページ、および Hausknecht, *Joiners*, 18–21.

6. このパターンは、DDB ニーダム・ライフスタイル、ローパー社会・政治傾向データ両方の数多くの市民的関与の指標の事実上全てについて、標準的な人口統計学的変数を全て統制しても見ることができる。図 50、51 で示されているように、都市規模のカテゴリー化は厳密には 2 つのアーカイブで異なっているが、どちらのアーカイブでも農村地域から大都市地域へと段階をそれぞれ上がっていくと、市民参加が減少していく。

ら 1984 年までの独身女性の労働状態と選好の分布を割り当てた。しかし、分析を 1985 ― 99 年に限定しても、女性の労働状態の変化の程度が切り捨てられるだけで、文中の結論が変化することはない。

29. この知見を確認しているのは、ローパーによる以下の知見である――「(全) 女性のうち外で働くよりもむしろ家庭にいたいと答える割合は 1992 年に 53 %となった。これは 1985 年の 43 %からの上昇であり、1970 年代初期以降のこの統計量の下降傾向に対する反転である」。Russell, *Master Trend*, 65. 付録 1 に記した DDB ニーダム・ライフスタイルサンプルの特殊な性質を考えると、図 48 の詳細を評価するにおいては注意が必要である。図 48 におけるパターンを疑う理由はないが、それを確認するのに必要な、女性の労働選好の長期傾向の情報を含む他のアーカイブを発見することはできなかった。

30. 図 49 の柱は、女性の様々な労働状態を表すダミー変数に対する非標準化 OLS 回帰係数を表しており、教育、出生年、調査年、婚姻状態、子どもの有無、経済的不安、将来の移動性予期を統制している。経済的不安を別とすれば、低収入は市民参加に対して純粋な影響を持っていなかった。

31. 同じ傾向は以下にも現れている。一般社会調査、Nicholas Zill, "Family Change and Student Achievement: What We Have Learned, What It Means for Schools," in *Family-School Links: How Do They Affect Educational Outcomes?*, eds. Alan Booth and Judith Dunn (Mahwah, N.J.: Lawrence Erlbaum, 1996), 23, および Marc Musick and John Wilson, "Women's Labor Force Participation and Volunteer Work," paper presented at the annual meeting of the Association for Research on Nonprofit Organizations and Voluntary Action (Washington, D.C.: 1999).

32. これらの推定は教育、年齢、経済的余裕、婚姻状態および子どもの有無を統制している。

33. (フルタイムにせよパートにせよ) 働くことを選択した女性は、必要に迫られて働く者よりも教会に出席することがさらに少ない。自己選択がここには関わっていると思われるが、それは宗教信奉の高い女性は、伝統的家族役割を選択する可能性が高いという意味である。

34. 女性の社会的相互作用に影響を与える、労働状態、子どもの有無、婚姻状態の間の交互作用を検討した。シングルマザーを除けば、上記で論じたように、フルタイム労働は婚姻状態、子どもの有無にかかわらず、社会的なつながりを抑制するものであった。

35. DDB ニーダムデータの多変量解析が示唆するところでは、フルタイムで雇用されていない女性はその追加的な自由時間を市民活動に投資しており、一方でパートで働く男性はそうではなかった。

36. 一般社会調査からのデータについての筆者の分析。私の以前の研究は、GSS におけるフォーマル所属の指標にもっぱら依っていたので、フルタイム雇用は女性の社会参加を妨げることはないだろうという――現在入手可能な豊富な証拠とはっきりと矛盾する――予想に導かれることになった。以下を参照。筆者の "Tuning In, Tuning Out: The Strange Disappearance of Social Capital in America," *PS: Political Science and Politics* 28 (December 1995): 664–683, および "The Strange Disappearance of Civic America," *The American Prospect*, winter 1996, 34–48.

37. 女性の労働力参入の影響についての、私の単純計算による推定は以下である。クラブ出席における最大の差は、自己選択による主婦と、必要によるフルタイム労働者の間のもので、年当たり 2 回である。われわれのデータによれば、1978 年から 1999 年の間に (正味で) およそ 10 人中 1 人がこの最も「クラブ親和的」なカテゴリーから最も「クラブ親和的」でないカテゴリーへと移動した。したがってこの期間に職場へと移動した女性がいなければ、それによって成人 1 人当たり年間に 0.2 回のクラブ会合が「救われる」ことになったであろうが、この年間の実際の減少は (第 3 章で示したように) およそ年当たり 5 会合であった。他の形態の市民参加における比較可能な計算も、全体の低下の 10 %がこの要因に関係しうるというおおよその推定で収束している。この計算では妻の労働が夫の市民活動に与える影響を無視しているが、その影響は全体としては小さなものである。労働状態と参加との間のこれらの個別の相関は、女性が労働力に参入したことの相乗的効果を無視している――例えば、女性が仕事を選ぶということが、家庭にいる女性の間でのクラブ出席を同時に削減したということがあった場合である。

38. DDB ニーダム・ライフスタイルとローパー社会・政治傾向アーカイブについての筆者の分析。裕福さとは DDB ニーダム・ライフスタイルの分析では、経済的不安における 4 分位の最下位と定義された。この 20 年間に裕福な主婦は 3 分の 2 減少し、労働年齢の女性の中でわずか 8 %となった。裕福さの定義はローパー社会・政治傾向の分析 (経済的不安の直接の指標が欠けている) では、収入における 4 分位の最上位であった。

39. 本章で論じた女性の労働と経済的不安の影響は単純に加えることはできない。すでに見たように、この 2 つの要因は重なり合っているからである。あわせて社会的つながりの低下全体のおよそ 10 分の 1 が説明されるというのが私の推測である。

18. Theda Skocpol, "Unraveling from Above," *The American Prospect*, March/April 1996, 20–25.

19. DDB ニーダム・ライフスタイル、一般社会調査およびローパー社会・政治傾向アーカイブについての筆者の分析。社会参加と社会経済的地位の両方について広範な指標を利用した。Verba et al., "Who Bowls?" も参照。

20. この一般化は、一般社会調査、DDB ニーダム・ライフスタイルアーカイブ、およびローパー社会・政治傾向アーカイブについての広範な多変量解析に基づくもので、市民参加の指標を、収入と経済的不安を含む多くの人口統計学的要因、加えて調査年によって予測した。客観的、主観的な経済状態を最も厳密に統制したときでさえも、時系列的傾向はわずかに 5 〜 10 %しか削減されなかった。

21. Bureau of Labor Statistics; Coleman and Pencavel, 'Trends in Market Work Behavior of Women." McGrattan and Rogerson, "Changes in Hours," は、1960 年から 1990 年の間に女性の週当たり有給労働時間が約 7 時間増加したと推定している。Leete and Schor, "Assessing the Time Squeeze," は、1969 年から 1989 年に女性の有給労働が週当たり 5 時間増加したと推定している。*Report on the American Workforce*, 84 は、1976 年から 1998 年に週当たり 6 時間の増加を推定している。これらの研究は異なる手法により、異なる期間をカバーしているが、過去 30 年間に平均的な女性による有給労働が 1 日当たりおよそ 1 時間増加したという推定で収束している。時間日記データに基づき、Robinson and Godbey, *Time for Life*, 346 は、1965 年から 1995 年の間に全女性の有給労働時間増加は週当たり 8 時間に上ると推定している。その一方で家事や子育ての時間の減少は 13 時間を数えていて、自由裁量の時間が週当たり約 5 時間の純増となっている。

22. Ithiel de Sola Pool and Manfred Kochen, "Contacts and Influence," *Social Networks* 1 (1978–79): 5–51; Patricia Klobus Edwards, John N. Edwards, and Ann DeWitt Watts, "Women, Work, and Social Participation," *Journal of Voluntary Action Research* 13 (January/March 1984): 7–22; ローパー社会・政治傾向および GSS アーカイブについての筆者の分析。Robinson and Godbey, *Time for Life* は、無職の女性はフルタイム雇用の女性と比べて自発的結社における活動により多くの時間を費やすことを報告している。これは図 49 で報告しているように、DDB ニーダムアーカイブからの証拠で確認されている。

23. ローパー社会・政治傾向アーカイブについての筆者の分析。標準的な人口統計学的要因を一定に保つと、女性の間でのフルタイム雇用は、地域組織でのリーダーシップ、請願署名、議会への投書、その他フォーマルな形態のコミュニティ参加の適度な増加と関連している。

24. DDB ニーダム・ライフスタイル調査の筆者の分析で、シングルマザーを対象にその就労状態を用いて、全ての標準的な人口統計学的変数を統制しながら市民参加を予測した。

25. DDB ニーダム・ライフスタイル調査および「米国人の時間利用」アーカイブの筆者の分析。Verba, Schlozman, and Brady, *Voice and Equality*, 259 は、男性は政治、女性は宗教組織に対してより積極的であることを見いだしている。世俗的、非政治的参加においてはジェンダー差は見いだされていない。

26. DDB ニーダム・ライフスタイル調査についての筆者の分析。このパラグラフでの一般化は、フルタイム労働の純粋な影響について述べたもので、教育、人種、経済的不安、居住移動性、婚姻状態、子どもの有無、出生年、調査年を統制している。これと同じパターンは「米国人の時間利用」アーカイブにも現れていて、以下に報告されている。Laura Tiehen, "Has Working Caused Married Women to Volunteer Less? Evidence from Time Diary Data 1965 to 1993," paper delivered at the 28th Annual Conference of the Association for Research on Nonprofit Organizations and Voluntary Action (ARNOVA), Washington, D.C., November 4–6, 1999. ローパー社会・政治傾向データにおいても、フルタイム雇用された夫は、他の人口統計学的要因を一定に保つと教会への出席が少なくなる。

27. 一般社会調査(学校奉仕組織への所属)、DDB ニーダム・ライフスタイル調査(クラブ出席)、および「米国人の時間利用」アーカイブ(時間割り当て)についての筆者の分析。

28. 完全な質問項目は以下のものであった。「今日の社会では、多くの女性がフルタイムの主婦として家庭で働き、また多くの女性が家庭外で働いて給料を得ています。他の女性はパートタイムで働くことで、両方の世界を結びつけています。あなたの選択の背景にある主な理由と併せて、あなたのしていることを最もよく表現している選択肢は以下のどれになるでしょうか。(1) フルタイムの主婦、主婦をすることに個人的な満足を感じていて、家の外で働くことに関心がないから。(2) フルタイムの主婦、仕事をしたいと思っても、子どもの面倒をよく見るには家にいなければならないと感じているから。(3) パートタイム雇用、家の外で少しでも働くことに個人的満足を感じるから。(4) パートタイム雇用、パートタイムでは働いて稼ぐお金が家計を助けるから。(5) フルタイム雇用、自分の仕事に個人的満足を感じるから。(6) フルタイム雇用、私の得る収入が家計に貢献しているから」。付録 1 に記したように、DDB ニーダム・ライフスタイル調査には 1985 年以前は独身回答者が含まれていなかった。傾向分析を 1978 年に遡るまで拡大するために、1985–99 年の独身女性の実際の傾向を基として、1978 年か

Ever Before?" in ***Working Time, International Trends, Theory and Policy Perspectives,*** eds. Lonnie Golden and Deborah M. Figart (London: Routledge, 2000).

7. 一般社会調査とDDBニーダム・ライフスタイルデータについての筆者の分析。性別、人種、出生年、調査年、教育、収入、経済的不安、居住地域、都市規模、婚姻状態、子どもの有無、就業状態、健康度の自己報告、移動可能性、持ち家の有無、および居住郡《カウンティ》内での平均通勤時間を統制している。時間のプレッシャーについてわれわれがDDBニーダムによって作成した指標は、互いに内部相関の高い4項目に基づくもので、最初の3つが賛成—反対項目の、1)「時間の大半を懸命に働いている」、2)「暇な時間がたくさんある」(得点を反転)、3)「大半の時間で、大きなプレッシャーを受けていると感じる」、そして4)「過去12ヶ月間に、どれくらい残業をしましたか」であった。

8. Richard B. Freeman, "Working for Nothing: The Supply of Volunteer Labor," National Bureau of Economic Research working paper no. 5435 (Cambridge, Mass.: National Bureau of Economic Research, 1996), 28–34; Verba, Schlozman, Brady, ***Voice and Equality,*** 352–358, 特に脚注40, および Kay Lehman Schlozman, Henry E. Brady, Sidney Verba, Jennifer Erkulwater, and Laurel Elms, "Why Can't They Be Like We Were? Life Cycle, Generation, and Political Participation" (paper presented at the annual meeting of the American Political Science Association, Atlanta, September 1999); DDBニーダム・ライフスタイル調査データについての筆者の分析。

9. John Robinson, "The Time Squeeze," ***American Demographics,*** February 1990. 時間のプレッシャーとテレビ依存は、DDBニーダムデータにおいても強く負に相関している。

10. DDBニーダム・ライフスタイルデータについての筆者の分析。

11. DDBニーダム・ライフスタイルデータについての筆者の分析。経済的不安は4つの賛成—反対項目で測定されている:「どんなに速く収入が上がっても、余裕ができるとは思えない」(賛成)、「私の家族は重い借金を抱えている」(賛成)、「近所の大半よりも、余分に費やすだけの余裕がある」(反対)、そして「家の世帯収入は、家族の重要な希望をほぼ全て満たすのに十分である」(反対)。4項目全てにおいて、経済的不安が1975年から1999年(特にこの期間の前半)に増大したことを示している。4項目全てが、標準的な人口統計学的統制を行っても市民的、社会的不参加と強く相関している。もちろん、社会参加と経済的不安の間に見られる負の相関は、因果関係を証明するものではない。おそらく社会関係資本への投資が経済的逆境に対する緩衝《バッファー》として振る舞っているか、あるいはおそらく社会参加の多い人々は、他の、物質主義的傾向の高い人よりも経済的に満足しやすいのであろう(これらの指摘についてララ・パットナムに感謝する)。いずれにせよ、経済的不安を統制することは、第2部で論じた市民的、社会的参加の基本的低下をわずかにしか減じるものではない。

12. Juliet B. Schor, ***The Overspent American: Upscaling, Downshifting, and the New Consumer*** (New York: Harper, 1999)〔森岡孝二監訳『浪費するアメリカ人——なぜ要らないものまで欲しがるか』岩波書店、2000年〕, Robert H. Frank, ***Luxury Fever: Why Money Fails to Satisfy in an Era of Excess*** (New York: Free Press, 1999). 物質主義の増大についてのさらなる証拠は、図76を参照。

13. Marie Jahoda, Paul Lazarsfeld, and Hans Zeisel, ***Marienthal*** (Chicago: Aldine-Atherton, 1933 [1971]); Eli Ginzberg, ***The Unemployed*** (New York: Harper and Brothers, 1943); Richard C. Wilcock and Walter H. Franke, ***Unwanted Workers*** (New York: Free Press of Glencoe, 1963).

14. この、および次のパラグラフでの一般化が基づいているのは、DDBニーダム・ライフスタイル、ローパー社会・政治傾向、および一般社会調査アーカイブについての筆者の分析である。GSSでは投票参加およびグループ所属は経済的満足と相関しており、これは収入、教育、年齢、性別、人種、婚姻状態および子どもの有無、調査年を統制しても成り立っている。

15. Caroline Hodges Persell, "The Interdependence of Social Justice and Civil Society" (New York: New York University, 1996); W. Lance Bennett, "The UnCivic Culture: Communication, Identity, and the Rise of Lifestyle Politics," ***PS: Political Science & Politics*** 31 (December 1998): 741–761.

16. DDBニーダム・ライフスタイル調査についての筆者の分析。

17. Robert Wuthnow, "Changing Character of Social Capital in the United States." Burnharn, "Turnout Problem," は、1960年代中盤から1980年代中盤の間に、ブルーカラーの間での投票参加低下が、ホワイトカラーよりも2倍も急速であったという証拠を提供している。市民参加の低下が低階層に集中しているということの証拠を見つけることを私はほとんどできなかったが、ノースカロライナ大学のハリス調査アーカイブからの1966年から1998年までの調査についての筆者の分析によれば、疎外感は社会階層の底部においてより急速に増大している。この点において、政治的態度、行動についての「周縁化」の解釈に対する一定の支持を見いだすことができた。

第10章　序論

1. Morris Janowitz, *The Community Press in an Urban Setting: The Social Elements of Urbanism*, 2nd ed. (Chicago: University of Chicago Press, 1967), xvii; Fischer, Jackson, et al., *Networks and Places*, 201–203.

2. Wuthnow, *Sharing the Journey*, 6.

3. 類似点については Robert J. Sampson, "Local Friendship Ties," 766–779. を参照。

4. 一般社会調査、DDB ニーダム・ライフスタイル、およびローパー社会・政治傾向アーカイブの筆者による分析。Henry E. Brady, Kay L. Schlozman, Sidney Verba, and Laurel Elms, "Who Bowls? Class, Race, and Political Inequality, 1973–1994"（paper delivered at the annual meeting of the American Political Science Association, Boston, September 1998）は、市民参加低下に階層差がないことを見いだしている。

5. このパラグラフにおける一般化は、DDB ニーダム・ライフスタイル、ローパー社会・政治傾向、および一般社会調査アーカイブについての筆者の分析を基としており、そこでは性別、人種、婚姻状態、子どもの有無、就労状態、年齢、収入、経済的不安、そして持ち家の有無といった他の人口統計学的要因を統制している。

6. 政治参加の差の説明要因としての教育の役割については以下を参照。Verba, Schlozman, and Brady, *Voice and Equality*; および Norman H. Nie, Jane Junn, and Kenneth Stehlik-Barry, *Education and Democratic Citizenship in America*（Chicago: University of Chicago Press, 1996）, および付録 1。

7. *Statistical Abstract of the United States 1998*（Washington, D.C.: U.S. Census Bureau, 1998）〔鳥居泰彦監訳『現代アメリカデータ総覧 1998』東洋書林、1999 年〕を、筆者の一般社会調査の分析で補足した。

8. 以前記したように、アグリゲートレベルにおいて因果的に関連している 2 要因の間の相関が、個人レベルでは相乗効果によってぼやけたり消えたりすることがある。

第11章　時間と金銭面のプレッシャー

1. Verba, Schlozman, and Brady, *Voice and Equality*, 129; *Giving and Volunteering: 1996*, 4–112; Robinson and Godbey, *Time for Life*, 231; DDB ニーダム・ライフスタイルと GSS 調査についての筆者の多変量解析。例えば DDB ニーダム調査において、前年に少なくとも月 1 度「仕事で残業した」米国人の割合は、1985 年の 29 % から 1999 年の 38 % へと着実に上昇した。

2. Ellen R. McGrattan and Richard Rogerson, "Changes in Hours Worked Since 1950," *Federal Reserve Bank of Minneapolis Quarterly Review* 22（winter 1998）: 2–19. 労働時間の傾向に関する最近のバランスのとれた、包括的な概観については以下を参照。*Report on the American Workforce 1999*（Washington, D.C.: Department of Labor, 1999）, ch. 3. 以下で議論するように、この全体的安定性は、母集団の下位グループにわたって起こった労働時間の大規模な再配分を覆い隠してしまう。

3. Robinson and Godbey, *Time for Life*, 339. 自由時間とは、仕事、家事、家族や自分の面倒、買い物、食事、睡眠に使っていない全ての時間である。労働時間の傾向に関する論争については以下を参照。Robinson and Godbey, *Time for Life*; Juliet B. Schor, *The Overworked American*（New York: Basic Books, 1991）〔森岡孝二訳『働きすぎのアメリカ人――予期せぬ余暇の減少』窓社、1993 年〕; McGrattan and Rogerson, "Changes in Hours"; Mary T. Coleman and John Pencavel, "Changes in Work Hours of Male Employees, 1940–1988," *Industrial and Labor Relations Review* 46（January 1993）: 262–283; Mary T. Coleman and John Pencavel, "Trends in Market Work Behavior of Women Since 1940," *Industrial and Labor Relations Review* 46（July 1993）: 653–676; Laura Leete and Juliet B. Schor, "Assessing the Time Squeeze Hypothesis: Hours Worked in the United States, 1969–1989," *Industrial Relations* 33（January 1994）: 25–43; Barry Bluestone and Stephen Rose, "Overworked and Underemployed," *The American Prospect* 31（March/April 1997）: 58–69; Mishel, Bernstein, and Schmitt, *The State of Working America*, 特に 17–18, 123 ページ。

4. ノースカロライナ大学ルイス・ハリス調査アーカイブより入手したハリス調査についての筆者の分析。Robinson and Godbey, *Time for Life*, 126–129. 時間日記データは、調査における想起質問よりも一般に信頼性が高いが、それによれば労働時間はより少なく、余暇時間は長くなる。

5. Schor, *The Overworked American*; Robinson and Godbey, *Time for Life*, 217–218; *Report on the American Workforce 1999*, 95, 100.

6. Juliet Schor, "Civic Engagement and Working Hours: Do Americans Really Have More Free Time Than

Interaction," *Human-Computer Interaction* 20 (1994): 473–501; M. Lea and R. Spears, "Love at First Byte? Building Personal Relationships over Computer Networks," in *Understudied Relationships: Off the Beaten Track*, eds. J. T. Wood and S. Duck (Newbury Park, Calif.: 1995), 197–233; Garton and Barry Wellman, "Social Impacts"; Susan G. Straus, "Technology, Group Process, and Group Outcomes: Testing the Connections in Computer-Mediated and Face-to-Face Groups," *Human-Computer Interaction* 12 (1997): 227–265, 特に 233–236 ページ。Elena Rocco, "Trust Breaks Down in Electronic Contexts but Can Be Repaired by Some Initial Face-to-Face Contact," *Computer-Human Interaction* [*CHI*] *Proceedings* (Los Angeles, Calif.: April 1998), 492–502. 対面とコンピュータ・コミュニケーションの間の違い——対面状況における豊かな「社会的存在感」、テキストベース状況における低速なコミュニケーション、対面状況における関係の継続性の予期の大きさ、あるいはその他——のどれが、異なる結果をもたらすのかについて研究者の間でまだ合意に至っていない。Brown and Duguid, *Social Life of Information*, 41–52, は、現実生活とサイバー空間における交渉の間の差について優れた概観を提供している。

97. Brown and Duguid, *Social Life of Information*, 61. フレーミングについては以下を参照。 Martin Lea, Tim O'Shea, Pat Fung, and Russell Spears, "'Flaming' in Computer-Mediated Communication: Observations, Explanations, Implications," in *Contexts of Computer-Mediated Communication*, Martin Lea, ed. (New York: Harvester Wheatsheaf, 1992), 89–112; Garton and Wellman, "Social Impacts," 441–442, および Straus, "Technology," 234–235. Rocco ("Trust Breaks Down") は、コンピュータ・コミュニケーションに先立つ対面での短い相互作用が協力を増進させるということを見いだしている。

98. Nohria and Eccles, "Face-to-Face," 300–301; Andrew Cohill and Andrea Kavanaugh, *Community Networks: Lessons from Blacksburg, Virginia* (Norwood, Mass.: Artech House, 2000).

99. Galston, "(How) Does the Internet Affect Community?"

100. Brid O'Connaill, Steve Whittaker, and Sylvia Wilbur, "Conversations over Video Conferences: An Evaluation of the Spoken Aspects of Video-Mediated Communication," *Human-Computer Interaction* 8 (1993): 389–428; Abigail J. Sellen, "Remote Conversations: The Effects of Mediating Talk with Technology," *Human-Computer Interaction* 10 (1995): 401–444.

101. Marshall van Alstyne and Erik Brynjolfsson, "Electronic Communities: Global Village or Cyberbalkanization?" (1996), web.mit.edu/marshall/www/Abstracts.html, accessed on October 1, 1999. インターネットが「利害に基づく集団による政治という現在のシステムの崩壊」を促進するであろうという関連する主張については以下を参照。Bruce Bimber, "The Internet and Political Transformation: Populism, Community, and Accelerated Pluralism," *Polity* 31 (1998): 133–60,

102. Stephen Doheny-Farina, *The Wired Neighborhood* (New Haven, Conn.: Yale University Press, 1996), 16.

103. インターネットと社会関係資本についての、絶え間ない教示と思慮深い考察に対してポール・レズニックに感謝する。

104. *Time*, September 27, 1999; Robert Kraut, Michael Patterson, Vicki Lundmark, and Sara Kiesler, "Internet Paradox: A Social Technology That Reduces Social Involvement and Psychological Well-Being?" *American Psychologist* 53 (September 1998): 1017–1031.

105. Emmanuel Koku, Nancy Nazer, and Barry Wellman, "Netting Scholars: Online and Offline," *American Behavioral Scientist* 43 (2000, forthcoming). Keith N. Hampton and Barry Wellman, "Netville On-line and Off-line: Observing and Surveying a Wired Suburb," *American Behavioral Scientist* 43 (November/December 1999): 475–492. 上記は、ネット接続《ワイヤード》したトロントの郊外住民が、物理空間の境界を越えて社会的ネットワークを拡大するよりも、むしろ主に近隣との絆を強化するためにコンピュータ・コミュニケーションを利用しているということを報告している。ウェルマンはまた "The Global Village Isn't So Global," *Connections 22* (1999): 14–16. の中で、カリフォルニア大学の大学院生の間での電子メール利用に関する予備的研究によって、彼らのメッセージの 3 分の 2 近くがサンフランシスコ湾岸地区《ベイエリア》の中からのもので、優に半分はバークレーそのものの中からであることが見いだされたことを報告している。このセクションのテーマについての数多くの有益な洞察、また BMW の専門知識に対してバリー・ウェルマンに感謝する。テレコミュニケーションと対面コミュニケーションが補完的であって、競合的なものではないということに関する追加的証拠については以下を参照。Jess Gaspar and Edward L. Glaeser, "Information Technology and the Future of Cities," *Journal of Urban Economics* 43 (1998): 136–156.

106. Dertouzos, *What Will Be*, 300; Brown and Duguid, *Social Life of Information*, 226 におけるダン・ハッテンロッカーの引用。

Making Network Organizations Work," in ***Networks and Organizations: Structure, Form, and Action***, Nitin Nohria and Robert G. Eccles, eds. (Boston: Harvard Business School Press, 1992), 289; Michael Strangelove, "The Internet, Electric Gaia and the Rise of the Uncensored Self," ***Computer-Mediated Communication Magazine*** 1 (September 1994), 11.

85. Howard Rheingold, ***The Virtual Community: Homesteading on the Electronic Frontier*** (Reading, Mass.: Addison-Wesley, 1993)〔会津泉訳『バーチャル・コミュニティ――コンピューター・ネットワークが創る新しい社会』三田出版会、1995 年〕, 1; John Perry Barlow, Sven Birkets, Kevin Kelly, and Mark Slouka, "What Are We Doing On-Line," ***Harper's*** (August 1995): 35–46, 40 ページの引用。

86. John Seely Brown and Paul Duguid, ***The Social Life of Information*** (Boston: Harvard Business School Press, 2000)〔宮本喜一訳『なぜ IT は社会を変えないのか』日本経済新聞社、2002 年〕, 31 の引用 ; Laura Garton and Barry Wellman, "Social Impacts of Electronic Mail in Organizations: A Review of the Research Literature," ***Communication Yearbook 18*** (Thousand Oaks, Calif.: Sage, 1995), 434–453, 特に 445–447 ページ。

87. Michael L. Dertouzos, ***What Will Be: How the New World of Information Will Change Our Lives*** (San Francisco: HarperEdge, 1997)〔伊豆原弓訳『情報ビジネスの未来』TBS ブリタニカ、1997 年〕, 157–160.

88. Rheingold, ***Virtual Community***, 422; Starr Roxanne Hiltz and Murray Turoff, ***The Network Nation***, rev. ed. (Cambridge, Mass.: MIT Press, 1993); Peter Steiner, "On the Internet, No One Knows You're a Dog," ***New Yorker***, July 5, 1993, 61.

89. Lee Sproull and Sara B. Kiesler, ***Connections: New Ways of Working in the Networked Organization*** (Cambridge, Mass.: MIT Press, 1991)〔加藤丈夫訳『コネクションズ――電子ネットワークで変わる社会』アスキー、1993 年〕.

90. Peter Kollock and Marc A. Smith, "Communities in Cyberspace," in ***Communities in Cyberspace***, Smith and Kollock, eds. (New York: Routledge, 1999), 3–25, 13 ページの引用。

91. Mark S. Bonchek, ***From Broadcast to Netcast: The Internet and the Flow of Political Information***, Ph.D. diss. (Harvard University, 1997), 特に 99–109 ページ。

92. Brown and Duguid, ***Social Life of Information***, 226.

93. DDB ニーダム・ライフスタイル調査のインターネット利用についての筆者の分析。***Falling Through the Net II: New Data on the Digital Divide*** (Washington, D.C.: National Telecommunications and Information Administration, 1999), at www.ntia.doc.gov/ntiahome/net2/falling.html, accessed on July 1, 1999; Manuel Castells, ***The Rise of the Network Society*** (Cambridge, Mass.: Blackwell, 1996), 363–64; Pippa Norris, "Who Surfs? New Technology, Old Voters, & Virtual Democracy," in Kamarck and Nye, ***democracy.com***, 71–94; Pippa Norris, "Who Surfs Café Europa? Virtual Democracy in the U.S. and Western Europe," paper presented at the Annual Meeting of the American Political Science Association (Atlanta, September 1999).

94. Dertouzos, ***What Will Be***, 299.

95. Albert Mehrabian, ***Silent Messages: Implicit Communications of Emotions and Attitudes***, 2nd ed. (Belmont, Calif.: Wadsworth, 1981)〔西田司他訳『非言語コミュニケーション』聖文社、1986 年〕, iii. これは以下に引用されている。Brittney G. Chenault, "Developing Personal and Emotional Relationships Via Computer-Mediated Communication," ***Computer-Mediated Communication Magazine*** 5 (May 1998): 1, at www.december.com/cmc/mag/1998/may/chenault.html, as consulted October 16, 1999. 進化と誠実性については以下を参照。Robert H. Frank, ***Passions Within Reason: The Strategic Roles of the Emotions*** (New York: Norton, 1988)〔山岸俊男監訳『オデッセウスの鎖――適応プログラムとしての感情』サイエンス社、1995 年〕.

96. 対面とコンピュータ・コミュニケーションを比較した研究は大量に存在する。以下を参照。Nohria and Eccles, "Face-to-Face," 特に 292–299 ページで、ここから引用している。Sara Kiesler, Jane Siegel, and Timothy W. McGuire, "Social Psychological Aspects of Computer-Mediated Communication," ***American Psychologist*** 39 (1984): 1123–1134; L. K. Trevino, R. H. Lengel, and R. L. Daft, "Media Symbolism, Media Richness, and Media Choice in Organizations: A Symbolic Interactionist Perspective," ***Communication Research*** 14 (1987): 553–574; Lee Sproull and Sara Kiesler, "Computers, Networks, and Work," ***Scientific American*** 265 [3] (1991): 116–127; Poppy Lauretta McLeod, "An Assessment of the Experimental Literature on Electronic Support of Group Work: Results of a Meta-Analysis," ***Human-Computer Interaction*** 7 (1992): 257–280; Joseph B. Walther, "Interpersonal Effects in Computer-Mediated Interaction: A Relational Perspective," ***Communication Research*** 19 (1992): 52–90; Joseph B. Walther, "Anticipated Ongoing Interaction Versus Channel Effects on Relational Communication in Computer-Mediated

1945–1999). 1982 年の全個人的通話 : Fischer, *America Calling*, 226; 長距離個人通話、手紙の傾向：ローパー社会・政治傾向調査アーカイブに加えて、1995 年 8 月の Roper Reports についての筆者の分析 ; 1998 年の利用 : Pew Research Center for the People & the Press, *Biennial News Consumption Survey*, www.people-press.org/med98que.htm

73. 電話の社会的インパクトの予測については以下を参照。Ithiel de Sola Pool, *Forecasting the Telephone: A Retrospective Technology Assessment of the Telephone* (Norwood, N.J.: Ablex Publishing, 1983); Sidney Aronson, "Bell's Electrical Toy: What's the Use? The Sociology of Early Telephone Usage," and Asa Briggs, "The Pleasure Telephone: A Chapter in the Prehistory of the Media," both in *The Social Impact of the Telephone*, ed. Ithiel de Sola Pool (Cambridge, Mass.: MIT Press, 1977); Fischer, *America Calling*, 82 ページの引用。電話の社会的影響のレビューについてデヴィッド・キャンベルに感謝する。

74. Pool, "Introduction," in *Social Impact of the Telephone*, ed. Pool, 4.

75. Alan H. Wurtzel and Colin Turner, "The Latent Functions of the Telephone: What Missing the Extension Means," in *Social Impact of the Telephone*, ed. Pool, 246–61.

76. Sidney H. Aronson, "The Sociology of the Telephone," *International Journal of Comparative Sociology* 12 (September 1971): 162; Fischer, *America Calling*, 195; Malcolm M. Willey and Stuart A. Rice, *Communication Agencies and Social Life* (New York: McGraw-Hill, 1933); Martin Mayer, "The Telephone and the Uses of Time," in *Social Impact of the Telephone*, ed. Pool, 225–45, 226 ページと 230 ページの引用。

77. Fischer, *America Calling*, 3, 242, 253, 265–66.

78. Daniel J. Boorstin, *The Americans: The Democratic Experience* (New York: Vintage Books, 1974)〔新川健三郎・木原武一訳『アメリカ人——大量消費社会の生活と文化（上・下)』河出書房新社、1976 年〕, 391.

79. 技術の普及：下記表 2 および関連する議論；時間利用 : John Robinson, Shawn Levin, and Brian Hak, "Computer Time," *American Demographics*, August 1998; インターネット利用：下記図 56 および "64.2 Million American Adults Regularly Use the Internet," Mediamark press release (May 12, 1999), at www.mediamark.com/mri/docs/pres_s99.htm.

80. 若者とインターネット : *Project Vote Smart/Pew Charitable Trusts 1999 Survey* (Philipsburg, Mont.: Project Vote Smart, 1999), (www.votesmart.org/youthsurvey.phtml?checkings/, accessed October 5, 1999); 全米退職者協会のウェブサイト : "Silver Stringers Get New Life on Line," *Boston Globe*, December 25, 1998.

81. 宗教礼拝 : "God Goes Online," *Wall Street Journal*, March 26, 1999, W1; 祈禱 : Joshua Cooper Ramo, "Finding God on the Web," *Time*, December 16, 1996, 60–65; "Praying on the Internet," *Christian Century*, April 16, 1997; 結婚式 : "The Knot: Weddings for the Real World Launches Wedding Day," *Business Wire*, June 24, 1997; 葬儀と悲嘆カウンセリング : "Post-mortems Meet Modems: Online Funerals Is Mourners' Way to Go," Associated Press, in the *Sacramento Bee*, August 25, 1996, A7; Sarah Wyatt, "Comfort and Counsel in Times of Grief," *New York Times*, August 18, 1997; バーチャルデモとロビー活動 : "We Shall All Log-On: Digital Demonstrators Unite on the Web," *Wall Street Journal*, December 3, 1998, B1; Rebecca Fairley Raney, "Flash Campaigns: Online Activism at Warp Speed," *New York Times*, June 3, 1999; インターネットとコミュニティ : William A. Galston, "(How) Does the Internet Affect Community? Some Speculations in Search of Evidence," in *democracy.com? Governance in a Networked World*, eds. Elaine Ciulla Kamarck and Joseph S. Nye, Jr. (Hollis, N.H.: Hollis Publishing, 1999), 45–61.

82. Philip Aspden and James E. Katz, "A Nation of Strangers?" *Communications of the ACM* 40 (December 1997): 81–86; "The Internet News Audience Goes Ordinary," Pew Research Center for the People & the Press (www.people-press.org/tech98mor.htm, accessed on August 15, 1999), 特に 15 ページ。DDB ニーダム・ライフスタイル調査アーカイブについての筆者の分析。類似の知見については以下も参照。Bruce Bimber, "Information and Civic Engagement in America: Political Effects of Information Technology" (unpublished ms., University of California at Santa Barbara, 1999)

83. Barry Wellman, Janet Salaff, Dimitrina Dimitrova, Laura Garton, Milena Gulia, and Caroline Haythornthwaite, "Computer Networks as Social Networks: Collaborative Work, Telework, and Virtual Community," *Annual Review of Sociology* 22(1996): 213–238, 213 ページの引用、および Barry Wellman and Milena Gulia, "Virtual Communities as Communities: Net Surfers Don't Ride Alone," in *Communities in Cyberspace*, Marc A. Smith and Peter Kollock, eds. (New York: Routledge, 1999), 167–194, 188 ページの引用。

84. Starr Roxanne Hiltz and Murray Turoff, *The Network Nation: Human Communication Via Computer* (Reading, Mass.: Addison-Wesley, 1978) の以下における引用。Nitin Nohria and Robert G. Eccles, "Face-to-Face:

Christian Right, 167–185.

58. Smith, *American Evangelicalism,* 39.

59. James L. Guth, John C. Green, Lyman A. Kellstedt, and Corwin E. Smidt, “Onward Christian Soldiers: Religious Activist Groups in American Politics,” in Cigler and Loomis, *Interest Group Politics,* 4th ed., 55–76.

60. Guth, Green, Kellstedt, and Smidt, “Onward Christian Soldiers,” 63, 73.

61. 本パラグラフの一般化は以下に依っている。James L. Guth, Lyman A. Kellstedt, Corwin E. Smidt, and John C. Green, “Thunder on the Right: Religious Interest Group Mobilization in the 1996 Election,” in Cigler and Loomis, *Interest Group Politics,* 5th ed., 169–192.

62. イニシアチブ・リファレンダム研究所（Initiative and Referendum Institute）のM・デーン・ウォーターズに提供いただいたデータ。以下を参照。M. Dane Waters, “A Century Later—The Experiment with Citizen-Initiated Legislation Continues,” *The Public Perspective*（special issue: *America at the Polls: 1998*） 10（December/January 1999）: 123–144, 特に 128 ページ。

63. David D. Schmidt, *Citizen Lawmakers: The Ballot Initiative Revolution*（Philadelphia: Temple University Press, 1989）.

64. David B. Magleby, “Direct Legislation in the American States,” in *Referendums around the World,* eds. David Butler and Austin Ranney（Washington, D.C.: AEI Press, 1994）: 230–233.

65. Caroline J. Tolbert, Daniel H. Lowenstein, and Todd Donovan, “Election Law and Rules for Using Initiatives,” in *Citizens as Legislators: Direct Democracy in the United States,* eds. Shaun Bowler, Todd Donovan, and Caroline J. Tolbert（Columbus: Ohio State University Press, 1998）: 35（強調筆者）. Bowler, Donovan, and Tolbert 編の他章も参照。David B. Magleby, *Direct Legislation: Voting on Ballot Propositions in the United States*（Baltimore, Md.: Johns Hopkins University Press, 1984）; Thomas E. Cronin, *Direct Democracy: The Politics of Initiative, Referendum, and Recall*（Cambridge, Mass.: Harvard University Press, 1989）, および M. Dane Walters, “A Century Later—The Experiment with Citizen-Initiated Legislation Continues.”

66. 本パラグラフの主張の根拠については以下を参照。Betty H. Zisk, *Money, Media, and the Grass Roots: State Ballot Issues and the Electoral Process*（Newbury Park, Calif.: Sage, 1987）, 246 ページの引用；Cronin, *Direct Democracy,* 特に 110–116 ページ；Tolbert, Lowenstein, and Donovan, “Election Law”; Magleby, “Direct Legislation in the American States.” このトピックについての優れた助力に対しベンジャミン・デュフェルに感謝する。

67. Zisk, *Money, Media, and the Grass Roots,* 250.

68. Kevin Djo Everett, “Professionalization and Protest: Changes in the Social Movement Sector, 1961–1983,” *Social Forces* 70（June 1992）: 957–975.

69. Debra E. Blum, “Men's Group Lays Off Entire Staff,” *The Chronicle of Philanthropy,* March 12, 1998. プロミス・キーパーズはその後事業を再開したが、「スタンド・イン・ザ・ギャップ」以降の年は組織の規模は以前の半分にとどまっていた。以下を参照。“Promise Keepers at a Prayerful Crossroads; One Year After Mall Rally, Men's Religious Group Grapples with Message, Money,” *Washington Post,* October 7, 1998.

70. 本パラグラフにおける一般化についての証拠は以下より。Verba, Schlozman, and Brady, *Voice and Equality,* 50, 60, 88–89; Dalton, *Citizen Politics,* 67–85; Matthew Crozat, “Are the Times A-Changin'? Assessing the Acceptance of Protest in Western Democracies,” in Meyer and Tarrow, *The Social Movement Society,* 59–81, および一般社会調査データ（1973; 1996）、政治活動調査（1974; 1981）、ローパー社会・政治傾向調査（1978; 1980; 1985; 1994）、および世界価値観調査（1980; 1990; 1995）についての筆者の分析。図 45 に示した抗議デモ活動の「高齢化」の確証として、ローパー調査では自らを抗議者《プロテスター》であるとする者全体の中で 45 歳以上の者の割合が 1978 年の 17 % から 1994 年の 32 % へと倍増したことを見いだしている。1974 年から 1995 年に行われた 5 回の政治活動調査および世界価値観調査のデータによれば、ボイコットに参加したことのある成人の割合が 1974 年の 16 % から 1995 年の 19 % に上昇、適法デモに参加したことのある者が 12 % から 16 % に上昇、山猫《ワイルドキャット》ストに参加したことのある者が 2 % から 4 % に上昇、そして座り込みに参加したことのある者が変わらず 2 % であったことをダルトンは記している。しかし、この同じ調査によって、今までデモに参加したことのある全成人の平均年齢が 1974 年の 35 歳から 1995 年の 46 歳へと一貫して上昇したことも示されている。高齢化する 60 年代のベテランたちが、この期間を通じて抗議者の最大数を占めていたのである。

71. Meyer and Tarrow, “A Movement Society,” 8.

72. 全通話回数：Federal Communications Commission, *Statistics of Communications Common Carriers*（formerly *Statistics of the Communication Industry in the U.S.*）（Washington, D.C.: Government Printing Office,

持つこれらの全国環境組織の2～3州の代表者に対して、財政的寄付以上のことを行っている会員の推定割合を尋ねた。推定値は1.5％から15％にわたっていたが、その数字が過小推定ということはありそうにない。ロータリー・インターナショナルの会員サービス部（イリノイ州エヴァンストン）によれば、1998年にテキサス州には27,082人のロータリー会員がいた。ロータリー会員は毎週の例会の60％に出席しなければならないが、100％を目標としているのが大半である。

51. Riley E. Dunlap and Angela G. Mertig, "The Evolution of the U.S. Environmental Movement from 1970 to 1990: An Overview," in Dunlap and Mertig, ***American Environmentalism,*** 6（強調筆者）.

52. 以下に引用されたギャラップデータ。Riley E. Dunlap, "Trends in Public Opinion Toward Environmental Issues: 1965–1990," in Dunlap and Mertig, ***American Environmentalism,*** 113, および1999年4月13～14日のギャラップ/CNN/*USA Today* 調査。

53. このパラグラフの調査データは1993–94年の一般社会調査より。このGSSの推定は非常に誇張されているように思われる。1990年代を通じ、主要な全環境組織の会員数の合計は平均して年に6～700万人だった。この数字は多くの重複を含んでいる。平均的メンバーはリスト中の他の組織のいくつかにも寄付をしており、3年間寄付者であり続けるからである。しかし、全メンバーが1つにしか寄付をせず、2年後にはやめてしまうと仮定すると、最大で1,600万人あるいは全成人の8％が5年間を通じて寄付をする人数ということとなり、対してGSSに基づく割合は49％となっている。全国規模でない環境寄付に対する妥当性の高い推定によってもこのギャップは埋められない。

54. ヤンケロビッチ・パートナーズ社アーカイブからの未公刊の結果。***Roper Reports 97–3***（New York: Roper Starch Worldwide, 1997）, 117–121は、1989年から1997年の間に米国人の日常のリサイクルは急激に上昇した（例えば、「ゴミでリサイクル可能なものを分別している……定期的に行っている」は、14％から39％に急上昇した）ことを報告しており、これはおそらく地域のリサイクル計画の急増によるものであろう。しかし「環境問題についての意見を政治家に投書する……定期的に〔もしくは〕時々」は、20％から17％へと低下した。本書の執筆に当たって、草の根の環境保護主義について研究者、活動家両方の多数の専門家に接触した。例外なく、彼らは草の根の環境保護活動は急成長にあると信じていた。しかし、1件の例外を除いて、この印象に対する確たる証拠を引くことはできなかった。この例外とは、全米野生生物連盟（NWF）が1968年以来毎年準備している州、地域の環境グループ名簿である。リストに掲載されたそのような組織は数字の上からは年々成長していた。しかしこの30年間にNWFはそのようなグループを捜すのに長けてきており、その改善を計算に入れると、この名簿は下降のストーリーを語り出す。例えば、1999年の名簿に掲載されている、創立が1968年以前のグループの中で、1968年の名簿に掲載されているものは3分の1に過ぎなかった。初期に見られるこのような実際より少ない計測を控えめに調整しても、明白な成長は実際には低下へと転換してしまう。この研究の助力についてアーカディ・ガーニーに感謝する。草の根の環境組織の成長を主張している他の証拠として、以下に示されたものがある。Nicholas Freudenberg and Carol Steinsapir, "Not in Our Backyards: The Grassroots Environmental Movement," in ***American Environmentalism: The U.S. Environmental Movement, 1970–1990,*** edited by Riley E. Dunlap and Angela G. Mertig（New York: Taylor & Francis, 1992）, 29. しかしこれは、草の根グループのリストの大半が、現存しない組織を一度も取り除いたことがないという事実による深刻な欠陥を有している。過去数十年を通じて環境保護主義が成長したという想定に反対するもう一つの証拠としては、数十万の大学新入生を対象として行われる年次のUCLA調査からのものがある。「環境を浄化する計画に関わるようになること」を人生の重要な目標とした者の割合は、1972年の45％から1998年の19％に低下した。以下を参照。Linda J. Sax et al., ***The American Freshman***（Los Angeles: UCLA Higher Education Research Institute, 1998）およびこのシリーズの既刊。1990年代には反環境保護運動が、「賢い資源利用《ワイズ・ユーズ》」や「所有権」のラベルの下に特に西側諸国で起こったが、それに関わる草の根運動についての確たる証拠を見いだすことはできなかった。

55. 宗教右派については以下を参照。Robert C. Liebman and Robert Wuthnow, eds.. ***The New Christian Right: Mobilization and Legitimation***（Hawthorne, N.Y: Aldine Publishing Company, 1983）; Diamond, ***Roads to Dominion***; Justin Watson, ***The Christian Coalition: Dreams of Restoration, Demands for Recognition***（New York: St. Martin's Press, 1997）, および Smith, ***American Evangelicalism.*** 1998年にキリスト教徒連合は170万人の会員と1,425以上の支部を持つと主張した。後述の報告では、これらの主張は非常にインフレしたもので、キリスト教徒連合は元来ダイレクトメール事業であるということが示唆されている。以下を参照。Laurie Goodstein, "Coalition's Woes May Hinder Goals of Christian Right," ***New York Times,*** August 2, 1999.

56. Wuthnow, ***The Restructuring of American Religion,*** 173–214.

57. Robert Wuthnow, "The Political Rebirth of American Evangelicals," in Liebman and Wuthnow, ***The New***

Movements", および Donald Snow, ***Inside the Environmental Movement: Meeting the Leadership Challenge*** (Washington, D.C.: Island Press, 1992), 9.

29. 本章における 1970 年後の環境組織の会員数データは全て以下に依っている。Christopher J. Bosso, "The Color of Money: Environmental Groups and the Pathologies of Fund Raising," in Cigler and Loomis, ***Interest Group Politics***, 4th ed., 101–130, および Christopher J. Bosso, "Facing the Future: Environmentalists and the New Political Landscape," in ***Interest Group Politics***, 6th ed., Allan J. Cigler and Burdett A. Loomis, eds. (Washington, D.C.: Congressional Quarterly Press, 1999). 環境運動への理解を助けてくれたボッソ教授に感謝する。1970 年以前の期間については以下に依った。Robert Cameron Mitchell, Angela G. Mertig, and Riley E. Dunlap, "Twenty Years of Environmental Mobilization: Trends Among National Environmental Organizations," in Dunlap and Mertig, ***American Environmentalism***, 11–26. いくつかのケースについては、欠損年のデータを補間している。

30. Robert C. Mitchell et al., "Twenty Years...," 17; Bosso, "Color of Money," 117.

31. 以下 3 パラグラフにおける出典記載のない質問とデータは以下より。Paul E. Johnson, "Interest Group Recruiting: Finding Members and Keeping Them," in Cigler and Loomis, ***Interest Group Politics***, 5th ed., 35–62, および Bosso, "Color of Money," 特に 113–115 ページ。以下も参照のこと。Grant Jordan and William Maloney, ***The Protest Business? Mobilizing Campaign Groups*** (Manchester, England: Manchester University Press, 1997).

32. Mitchell, Mertig, and Dunlap, "Twenty Years of Environmental Mobilization," 13.

33. Bosso, "Color of Money," 113–114.

34. Gregg Easterbrook, "Junk-Mail Politics," ***New Republic***, April 25, 1988, 21, の以下における引用。Jeffrey M. Berry, ***The Interest Group Society***, 3rd ed. (New York: Longman, 1997), 77.

35. Andrew S. McFarland, ***Common Cause: Lobbying in the Public Interest*** (Chatham, N.J.: Chatham House Publishers, 1984), 46.

36. ある主要な環境運動組織の「会員・マーケティング」部長代理からの電子メール。

37. R. Kenneth Godwin, ***One Billion Dollars of Influence*** (Chatham, N.J.: Chatham House, 1988), 55–65, およびその引用文献。John D. McCarthy, "Pro-Life and Pro-Choice Mobilization," 49–66, 特に 62–63 ページ。

38. 図 8 に示した 32 組織のうち、第二次世界大戦後のピークから 20 世紀末までの間に既存メンバーの 85 % を失ったのは、1920 年代に会員数のピークを迎えた 19 世紀の巨人 2 つ（婦人キリスト教禁酒同盟とオッドフェローズ国際結社）のみである。

39. Christopher J. Bosso, review of ***The Protest Business? Mobilizing Campaign Groups***, by Grant Jordan and William Maloney, ***American Political Science Review*** 93 (June 1999): 467.

40. Linda L. Fowler and Ronald G. Shaiko, "The Grass Roots Connection: Environmental Activists and Senate Roll Calls," ***American Journal of Political Science*** 31 (August 1987): 484–510, 490 ページの引用。

41. 三次集団に対する経済的貢献は、すでに第 7 章で示している、図 31 にまとめた慈善活動の傾向についてのデータを完全に説明する。

42. Kelly Patterson, "The Political Firepower of the National Rifle Association," in Cigler and Loomis, ***Interest Group Politics***, 5th ed., 130.

43. John D. McCarthy, "Pro-Life and Pro-Choice Mobilization," 62.

44. Tarrow, ***Power in Movement***, 133.

45. Jordan and Maloney, ***The Protest Business***, 191. この調査はこれら 2 組織の英国会員を対象に行われたが、この結果が米国の会員にも同様に当てはまることを疑う理由はない。Godwin, ***One Billion Dollars of Influence***, 48, は、「多くのグループにとって、ターゲットは静かな寄付者であって、積極的メンバーではない」と論じる。

46. Jordan and Maloney, ***The Protest Business***, 169.

47. McCarthy and Zald, ***The Trend of Social Movements***, 3. Ronald G. Shaiko, "More Bang for the Buck," in Cigler and Loomis, ***Interest Group Politics***, 3rd ed., 124.

48. Bosso, "Facing the Future." 以下も参照。Mitchell, Mertig, and Dunlap, "Twenty Years of Environmental Mobilization," 21–23.

49. その古典的研究 ***Political Parties*** (Glencoe, Ill.: Free Press, 1962 [1911])〔森博・樋口晟子訳『現代民主主義における政党の社会学』木鐸社、1990 年〕の中でロベルト・ミヘルス（Robert Michels）は、最も民主的な啓発に動かされた組織であっても、少数のエリートの影響を受けてしまうのは避けがたいと論じた。

50. "Yogurt-eaters for Wilderness," ***Sierra*** (January/February 1989), 22, 上記は以下に引用されている。Philip A. Mundo, ***Interest Groups: Cases and Characteristics*** (Chicago: Nelson-Hall, 1992), 178. われわれは州、地域支部を

16. Rochon, *Culture Moves*.

17. McAdam, *Freedom Summer*, 63–64, および 217 ページ以降。Doug McAdam and Ronnelle Paulsen, "Specifying the Relationship between Social Ties and Activism," *American Journal of Sociology* 99 (November 1993): 640–667; Morris, *Origins of the Civil Rights Movement*; Edward J. Walsh and Rex H. Warland, "Social Movement Involvement in the Wake of a Nuclear Accident: Activists and Free Riders in the TMI [Three Mile Island] Area," *American Sociological Review* 48 (December 1983): 764–780; Sara Diamond, *Roads to Dominion: Right-Wing Movements and Political Power in the United States* (New York: Guilford Press, 1995); John D. McCarthy, "Pro-Life and Pro-Choice Mobilization: Infrastructure Deficits and New Technologies," in *Social Movements in an Organizational Society: Collected Essays*, ed. Mayer N. Zald and John D. McCarthy (New Brunswick, N.J.: Transaction Books, 1987), 49–66, 特に 55–56 ページ。Rochon, *Culture Moves*, ch. 4.

18. Mario Diani, "Social Movements and Social Capital: A Network Perspective on Movement Outcomes," *Mobilization: An International Journal* 2 (September 1997): 129–147; Carmen Sirianni and Lewis Friedland, "Social Capital and Civic Innovation: Learning and Capacity Building from the 1960s to the 1990s" (paper presented at the annual meeting of the American Sociological Association, Washington, D.C., 1995); および www.cpn.org/sections/new_citizenship/theory/socialcapital_civicinnov.html

19. McAdam, *Freedom Summer*, 132, 190; Kenneth T. Andrews, "The Impacts of Social Movements on the Political Process: The Civil Rights Movement and Black Electoral Politics in Mississippi," *American Sociological Review* 62 (1997): 800–819.

20. Debra C. Minkoff, "Producing Social Capital," *American Behavioral Scientist* 40 (March/April 1997): 606–619.

21. Margit Mayer, "Social Movement Research and Social Movement Practice: The U.S. Pattern," in *Research on Social Movements: The State of the Art in Western Europe and the USA*, ed. Dieter Rucht (Boulder, Colo.: Westview Press, 1991): 47–120, 64 ページの引用。

22. John D. McCarthy, "Pro-Life and Pro-Choice Mobilization," 58.

23. McCarthy, "Pro-Life and Pro-Choice Mobilization"; Suzanne Staggenborg, *The Pro-Choice Movement: Organization and Activism in the Abortion Conflict* (New York: Oxford University Press, 1991), 5–6, 146.

24. 全米中絶・生殖権運動連盟の州役員とのインタビュー。

25. Minkoff, "Producing Social Capital," 613.

26. シドニー・タロウはこの論争の両面について論じてきた。「消耗の静止期」で終わる彼の「抗議のサイクル」理論については以下を参照。Sidney Tarrow, *Power in Movement: Social Movements and Contentions Politics*, 2nd ed. (New York: Cambridge University Press, 1998), 特に 141–160 ページ。その一方で、新たな、永続的活動性を持つ「運動社会」に関する彼の考察については以下を参照。David S. Meyer and Sidney Tarrow, "A Movement Society: Contentious Politics for a New Century," in *The Social Movement Society: Contentions Politics for a New Century*, ed. David S. Meyer and Sidney Tarrow (Lanham, Md.: Rowman and Littlefield, 1998), 1–28, 特に 4 ページ。Ronald Inglehart, *Modernization and Postmodernization: Cultural, Economic, and Political Change in 43 Societies* (Princeton, N.).: Princeton University Press, 1997), 特に 313 ページは、「エリートへの抗議」行動が一般的になってきたことを主張している。社会運動が最終的には因襲的な利益団体か、「プロ化した運動組織」になってしまうという主張については以下を参照。Frances Fox Piven and Richard A. Cloward, *Poor People's Movements: Why They Succeed, How They Fail* (New York: Vintage Books, 1977), および John D. McCarthy and Mayer Zald, *The Trend of Social Movements in America: Professionalization and Resource Mobilization* (Morristown, N.J.: General Learning Press, 1973).

27. Morris, *Origins of the Civil Rights Movement*, 182–185, 191; McAdam, *Freedom Summer*; Anne N. Costain, *Inviting Women's Rebellion: A Political Process Interpretation of the Women's Movement* (Baltimore, Md.: Johns Hopkins University Press, 1992), 特に 79–121 ページ。Debra Minkoff, "The Sequencing of Social Movements," *American Sociological Review* 62 (October 1997): 779–799, 特に 789 ページ、および Anne Costain, Richard Braunstein, and Heidi Berggren, "Framing the Women's Movement," in *Women, Media, and Politics*, ed. Pippa Norris (New York: Oxford University Press, 1997), 205–220.

28. Riley E. Dunlap and Angela G. Mertig, eds., *American Environmentalism: The U.S. Environmental Movement, 1970–1990* (New York: Taylor and Francis, 1992)〔満田久義監訳『現代アメリカの環境主義—— 1970 年から 1990 年の環境運動』ミネルヴァ書房、1993 年〕; Costain and Costain, "The Political Strategies of Social

in Litigation," *Columbia Law Review* 94 (1994): 509–66 の以下における引用。Tom R. Tyler, "Trust and Democratic Governance," in *Trust and Governance*, Valeric Braithwaite and Margaret Levi, eds. (New York: Russell Sage Foundation, 1999), 269–294 の 288 ページ。

第 9 章　潮流への抵抗？　小集団、社会運動、インターネット

1. Robert Wuthnow, Sharing the Journey: *Support Groups and America's New Quest for Community* (New York: Free Press, 1994), 特に 45–46, 59–76, 170, 320 ページ。

2. Theodora Penny Martin, *The Sound of Our Own Voices: Women's Study Clubs 1860–1910* (Boston: Beacon Press, 1987), 172 ページの引用, および Theda Skocpol, *Protecting Soldiers and Mothers: The Political Origins of Social Policy in the United States* (Cambridge, Mass.: Harvard University Press, Belknap Press, 1992).

3. Ellen Slezak, *The Book Group Book* (Chicago: Chicago Review Press, 1993), 14.

4. James A. Davis, *Great Books and Small Groups* (Glencoe, Ill.: Free Press, 1961), および 1996 年の全米選挙調査についての筆者の分析。分析では他の人口統計学的特性を統制しながら、読書、学習、討論グループへの所属と他の形態のコミュニティ関与との相関を見た。

5. Robert Oliphant, "My Say," *Publishers Weekly*, January 4, 1985, 72; Mary Mackay, "Booking a Group Adventure," *Belles Lettres: A Review of Books by Women* 8 (summer 1993): 26. スタディサークル・リソースセンターとケタリング財団は、全国の学習グループ、読書グループを支援している。

6. 1967 年（Sidney Verba and Norman H. Nie, *Participation in America: Political Democracy and Social Equality* [New York: Harper & Row, 1972]）と 1996 年（全米選挙調査）に行われた調査によれば、文学、芸術、学習、討論グループについて基本的に同じ参加率（4 %）が見いだされた。一般社会調査についての筆者の分析からは、1974 年から 1994 年の間そのようなグループへの所属が有意な純減がないこと、また教育水準と婚姻状態の変化を統制すると有意な減少があることが見いだされた。グレート・ブックス財団は、1947 年に創設された読書グループのための全国プログラムであるが、そのスタッフによると 1960 年代と比べて現在では半数の参加者しかないという。

7. Alfred H. Katz, *Self-Help in America: A Social Movement Perspective* (New York: Twayne Publishers, 1993)〔久保紘章監訳『セルフ・ヘルプグループ』岩崎学術出版社、1999 年〕; Irving Peter Gellman, *The Sober Alcoholic: An Organizational Analysis of Alcoholics Anonymous* (New Haven, Conn.: College and University Press, 1964); Nan Robertson, *Getting Better: Inside Alcoholics Anonymous* (New York: William Morrow, 1988), 88, 155–56.

8. 1996 年の全米選挙調査についての筆者の分析。Morton A. Lieberman and Lonnie R. Snowden, "Problems in Assessing Prevalence and Membership Characteristics of Self-Help Group Participants," *Journal of Applied Behavioral Science* 29 (June 1993): 166–180.

9. Wuthnow, *Sharing the Journey*, 158.

10. Lieberman and Snowden, "Problems in Assessing Prevalence and Membership Characteristics of Self-Help Group Participants," 176–178. 自助グループについての対照的な視点については以下を参照。Frank Riessman and David Carroll, *Redefining Self-Help: Policy and Practice* (San Francisco: Jossey-Bass, 1995); Katz, *Self-Help in America* (1993); および Wendy Kaminer, *I'm Dysfunctional, You're Dysfunctional: The Recovery Movement and Other Self-Help Fashions* (Reading, Mass.: Addison-Wesley, 1992).

11. Alfred H. Katz and Eugene I. Bender, eds.. *The Strength In Us: Self-Help Groups in the Modern World* (New York: Franklin Watts, 1976), 6.

12. Riessman and Carroll, *Redefining Self-Help*; Katz, *Self-Help in America*.

13. 1996 年の全米選挙調査についての筆者の分析。Lieberman and Snowden, "Problems in Assessing Prevalence and Membership Characteristics of Self-Help Group Participants," 170.

14. Wuthnow, *Sharing the Journey*, 3–6. ウスノウ（322 ページ）は大きな「小」グループ（メンバー 20 人以上）は広範な問題に焦点を置くよう参加者に促す一方で、小さい「小」グループ（メンバー 10 人以下）はそうではないことを報告している。ウスノウの下記著作も参照のこと。*Loose Connections: Joining Together in America's Fragmented Communities* (Cambridge, Mass.: Harvard University Press, 1998).

15. Jack L. Walker, *Mobilizing Interest Groups in America*, 特に 35–40 ページ。W. Douglas Costain and Anne N. Costain, "The Political Strategies of Social Movements: A Comparison of the Women's and Environmental Movements," *Congress and the Presidency* 19 (spring 1992): 1–27.

22 %から 1997 年の 30 %に上昇したことを見いだしている："Sacramento Is Most Unlisted," ***The Frame: A Quarterly Newsletter for Survey Researchers*** (March 1997), at www.worldopinion.com/newsstand.taf?f=a&id=1248. 着信選別については以下を参照。William G. Mayer, "The Rise of the New Media," ***Public Opinion Quarterly*** 58 (spring 1994): 124–146, の 146 ページの表。これはローパー調査に基づいている。Robert W. Oldendick and Michael W, Link, "The Answering Machine Generation: Who are They and What Problem Do They Pose for Survey Research?" ***Public Opinion Quarterly*** 58 (summer 1994): 264–273 の 268 ページ、および Michael W. Link and Robert W. Oldendick, "Call Screening: Is It Really a Problem for Survey Research?" ***Public Opinion Quarterly*** 63 (1999): 577–589.

31. 郵送国勢調査の回収率については以下を参照。Mick P. Couper, Eleanor Singer, Richard A. Kulka, "Participation in the 1990 Decennial Census: Politics, Privacy, Pressures," ***American Politics Quarterly*** 26 (January 1998): 59–80, およびクリスティン・ゴスとスティーブン・ナックから提供の国勢調査局データ。両者に感謝する。2000 年国勢調査の本番前調査において国勢調査局は、国勢調査参加に対して市民参加が非常に強力な予測変数であることを見いだし、これは調査参加を呼びかける広告への接触よりもずっと強力であった。以下を参照。Nancy Bates and Sara Buckley, "Reported Exposure to Paid Advertising and Likelihood of Returning a Census Form," (paper presented to fifty-fourth annual conference of the American Association for Public Opinion Research, St. Petersburg, Fla., May 1999).

32. 路上での激怒《ロード・レイジ》については、以下を参照。Matthew L. Wald, "Temper Cited as Cause of 28,000 Road Deaths a Year," ***New York Times***, July 18, 1997. 懐疑的な見方については以下を参照。Michael Fumento, " 'Road Rage' Versus Reality," ***Atlantic Monthly***, August 1998. フメントはしかし、1992–1996 年の期間に交通信号における衝突が 14 %増加したこと、そして交通信号における致命的衝突の数は 19 %増加したことを報告している。街区でのスピード超過に対する許容は 1990 年の 20 %から 1997 年の 46 %にまで増加し、一方でオープンハイウェイでのスピード超過に対する許容はおよそ 50 %で安定していた。これは以下による。***Public Attitude Monitor*** 5 (Wheaton, Ill.: Insurance Research Council, 1997), 8. ギャラップ調査の結果については以下を参照。George Gallup Jr. and Frank Newport, "Americans Take Their Automobiles Seriously," ***Gallup Poll Monthly***, no. 308 (May 1991): 46–61, 特に 58–59 ページ、および ***Gallup Poll Monthly*** (August 1997): 60. 補足的確証については以下を参照。***The Public Perspective*** 8 (December/January 1997): 64.

33. 図 40 の出典については付録 2 を参照。この引用についてスティーブン・ナックに感謝する。

34. 図 41 は、全犯罪の合計（暴力犯、非暴力犯）と殺人の両方について、FBI の統一犯罪報告（Uniform Crime Reports）を基としている。殺人率の方が信頼性が高いが、これは家庭内不和や麻薬戦争の増大減少と密接に結びついており、それゆえに全国的な遵法性の一般指標としてはあまり理想的ではない。全米犯罪調査の被害率は、1970 年代以前は入手できない。

35. 例えば以下を参照。Fox Butterfield, "Decline of Violent Crimes Is Linked to Crack Market," ***New York Times***, December 28, 1998.

36. このアプローチを最初に示唆してくれたサム・ボウルズに感謝したい。

37. このことは米国総人口という点、あるいは全就労数という点から測定しても当てはまる。以下も参照のこと。Richard L. Abel, ***American Lawyers*** (New York: Oxford University Press, 1989).

38. Richard H. Sander and E. Douglass Williams, "Why Are There So Many Lawyers? Perspectives on a Turbulent Market," ***Law and Social Inquiry Journal*** 14 (1989), 433.

39. この、および以前のパラグラフの統計の出典は以下より。***Historical Statistics of the United States***: Series D589–D592; ***Statistical Abstract of the United States*** (各年刊), series no. 637, および労働統計局から直接提供を受けたデータ。

40. Robert Clark, "Why So Many Lawyers," ***Fordham Law Review*** 61 (1993): 275.

41. 以下を参照。 Marc Galanter, "The Day After the Litigation Explosion," ***Maryland Law Review*** 46 (fall 1986): 3–39; Marc Galanter, "Beyond the Litigation Panic," ***New Directions in Liability Law***, ed. Walter Olson (New York: The Academy of Political Science, 1988), 18–30; Marc Galanter, "Real World Torts: An Antidote to Anecdote," ***Maryland Law Review*** 46 (1996): 1093–1160; Marc Galanter and Thomas Palay, ***Tournament of Lawyers*** (Chicago: University of Chicago Press, 1991).

42. Marc Galanter, "The Faces of Mistrust: The Image of Lawyers in Public Opinion, Jokes, and Political Discourse," ***University of Cincinnati Law Review*** 66 (spring 1998): 805–845, 806–807 ページの引用。

43. R. J. Gilson and R. H. Mnookin, "Disputing Through Agents: Cooperation and Conflict Between Lawyers

23. Robert Wuthnow, “The Role of Trust in Civic Renewal,” ***The National Commission on Civic Renewal,*** working paper no. 1（College Park: University of Maryland, 1997）. Glaeser, Laibson, Scheinkman, and Soutter, “What Is Social Capital?” は、標準的な質問は行動上の信頼性を予測するもので、それは信頼ではないと主張している。

24. ***The Cynical Americans: Living and Working in an Age of Discontent and Disillusion***（San Francisco: Jossey-Bass, 1989）の中で、Donald L. Kanter and Philip H. Mirvis は、調査対象の労働者の 72 %が「他者に対する基本的な信頼と誠実さの欠如が拡大している」と答えていると報告している。

25. Lane, “Politics of Consensus,” 879, および Niemi, Mueller, and Smith, ***Trends in Public Opinion,*** 303. は、「大半の人は信頼できる」への賛意が 1942–48 年の 66 %から 1963–64 年の 77 %に上昇し、その後は低下して 1966 年には 71 %、そして 1983 年には 56 %となったことを報告している。これらのデータは、本書の他所で用いている標準的な信頼質問に対する反応と比較することはできない。この注で引用している調査では「大半の人は信頼できる」と一文で提示しているのに対し、標準的質問では「大半の人は信頼できる」と「注意するに越したことはない」との間の選択肢を提供しているからである。不信の選択肢を加えることは、測定された信頼を約 20 パーセンテージポイント低める。

26. 図 38 にまとめた調査は以下である：

調査アーカイブ	期間	最初年の信頼	最終年の信頼	10 年ごとの相対変化
NORC－一般社会調査	1972–1998	48 %	39 %	−7 %
全米選挙調査	1964–1998	55 %	40 %	−8 %
DDB ニーダム・ライフスタイル	1975–1999	42 %	25 %	−16 %
モニタリング・ザ・フューチャー（高校生）	1976–1996	46 %	24 %	−23 %

図 38 の出典は付録 1 に記した。DDB ニーダム・ライフスタイル調査を除く全てのケースで、これらの調査には同じ質問が使われている――「一般的にいって、大半の人は信頼できると思いますか、それとも人付き合いでは注意するに越したことはないと思いますか」。DDB ニーダム調査では、「大半の人は正直である」という見方について 6 段階の賛成、反対を示している。この質問形式には明示的な不信の選択肢が欠けているので、20 %ほど賛成が増えることになるが、しかしその他の点では、この質問は対立文選択式質問のように振る舞っている。この質問を他のものとほぼ比較可能とするために、「全く」「だいたい」同意する回答者のパーセンテージを用いたが、この分割点は結論に何らの影響を与えてはいない。

27. 青少年の社会的不信については、Rahn and Transue, “Social Trust and Value Change.” を参照。米国の社会関係資本の長期傾向に対する世代的基礎について最初に着目したことは、ラーン教授の功績に帰するものである。

28. このパラグラフの根拠は、DDB ニーダム・ライフスタイル調査と一般社会調査についての筆者の分析に基づく。Firebaugh, “Methods for Estimating Cohort Replacement Effects” で展開された方法論に従うと、社会的信頼の全体的低下は、その全てでないにせよ大半がコホートの置き換えに帰することができる。これは 1976 年から 1996 年の間のモニタリング・ザ・フューチャー調査に見いだされた、高校生の入学年次の推移で社会的信頼が急激に低下していることと完全に一貫している。社会的信頼のコホートに関連した低下についての独立した確証は、Smith, “Factors Relating to Misanthropy.” を参照。この結論は、連続した世代間の分割点の厳密性に影響されるものではない。

29. Robert M. Groves and Mick P. Couper, ***Nonresponse in Household Interview Surveys***（New York: Wiley, 1998）, 155–187. 以下も参照のこと John Goyder, ***The Silent Minority: Nonrespondents on Sample Surveys***（Cambridge, U.K.: Polity Press, 1987）, 特に 64 ページ；John Brehm, ***The Phantom Respondents: Opinion Surveys and Political Representation***（Ann Arbor: University of Michigan Press, 1993）, および Joop J. Hox and Edith D. de Leeuw, “A Comparison of Nonresponse in Mail, Telephone, and Face-to-Face Surveys,” ***Quality & Quantity*** 28（November 1994）: 329–344. 対立する視点については以下を参照。Tom W. Smith, “Trends in Survey Non-Response,” ***International Journal of Public Opinion Research*** 7（1995）: 157–171.

30. ノースカロライナ大学社会科学研究所データアーカイブから入手可能なルイス・ハリス＆アソシエーツ社調査によれば、1974 ― 76 年には回答者のうち電話番号を掲載していないと答える者が 15 %であったが、対して 1997 年には 25 %であった。それとは独立して、サーベイ・サンプリング社は非掲載世帯の割合が 1984 年の

Taxes: Tax Compliance and Enforcement, ed. Joel Slemrod (Ann Arbor: University of Michigan Press, 1992), 193–218; John T. Scholz and Mark Lubell, "Trust and Taxpaying: Testing the Heuristic Approach to Collective Action," *American Journal of Political Science* 42 (April 1998): 398–417; Stephen Knack, "Civic Norms, Social Sanctions, and Voter Turnout," 145; Rotter, "Interpersonal Trust, Trustworthiness, and Gullibility"; および Robert B. Smith (Cambridge, Mass., June 1998) の1991年ローパー調査についての未公刊の分析。この分析の共有について、スミス博士に感謝する。調査の詳細については以下を参照。*Public Attitude Monitor 1991* (Wheaton, Ill.: Insurance Research Council, 1991). DDBニーダム・ライフスタイルデータによれば、様々な人口統計学的要因を統制すると社会的信頼は、献血の頻度と並んでクラブ会合や教会礼拝への参加と関連していた。

15. これらの要因間の因果の矢の方向性については、現在活発な論争が進行中である。この論争は重要なものであるが、理論的にも実証的にも複雑なものである。しかし、それはここでの私の関心にとってそれほど関係するものではない。これらの問題に関する実験的検討として重要な第一歩については Glaeser, Laibson, Scheinkman, and Soutter, "What Is Social Capital?" を参照。

16. 個人、国、時間を超えて社会的信頼と政治的信頼とは実際には相関しているが、それがなぜかについては、社会科学者の間で合意にはほど遠い。生来の信じやすさという傾向が両方を説明すると考える者もいる。他の者の考えでは、同一のものが両方に影響を与えている——景気、政府業績、などである。複雑な因果連鎖により、一方が他方に影響を与えていると考える者もいる。例えば、社会的信頼の低さが政治的闘争を招くこととなり、それが政府業績を低下させて政府への信頼を低めるなどである。多様な説については以下を参照。Levi and Braithwaite, *Trust and Governance*; Susan Pharr and Robert D. Putnam, eds., *What's Troubling the Trilateral Democracies?* (Princeton, N.J.: Princeton University Press, 2000); Robert Wuthnow, "The Changing Character of Social Capital in the United States"; Brehm and Rahn, "Individual-Level Evidence"; Tom W. Smith, "Factors Relating to Misanthropy in Contemporary American Society," *Social Science Research 26* (June 1997): 170–196, および Ken Newton, "Social and Political Trust," in *Critical Citizens: Global Support for Democratic Government*, ed. Pippa Norris (Oxford: Oxford University Press, 1999).

17. この質問が見知らぬ者への信頼を測っているという実証的な根拠については、Eric Uslaner, *The Moral Foundations of Trust* (Cambridge: Cambridge University Press, 2002) を参照。

18. Kenneth Newton, "Social Capital and Democracy," *American Behavioral Scientist* 40 (March/April 1997): 575–586.

19. GSSとDDBニーダム・ライフスタイル調査アーカイブの筆者の分析。他の人口統計学的属性に対する包括的な統制を行っている。GSSについての独立した分析でもこれらのパターンが確認されている、Smith, "Factors Relating to Misanthropy." を参照。

20. このパラグラフでの一般化を支持する証拠としては以下を参照。*Uniform Crime Rates for the United States 1997* (Washington, D.C.: Federal Bureau of Investigation, 1998), available at www.fbi.gov/ucr/Cius_97/97crime/97crime.pdf; Brehm and Rahn, "Individual-Level Evidence"; Alfred DeMaris and Renxin Yang, "Race, Alienation, and Interpersonal Mistrust," *Sociological Spectrum* 14 (October/December 1994): 327–349; Tom W. Smith, "Factors Relating to Misanthropy"; Korte and Kerr, "Response to Altruistic Opportunities in Urban and Nonurban Settings," 183–84; Stanley Milgram, "The Experience of Living in Cities," *Science* 167 (March 1970): 1461–1468. 注14で引用したロバート・B・スミスの未公刊の分析、および Paul Blumberg, *The Predatory Society: Deception in the American Marketplace* (New York: Oxford University Press, 1989), 163.

21. 一般的互酬性の報告の正確さについての興味深い国際的な根拠が、リーダーズ・ダイジェストの支援したある研究に見ることができる。現金50ドルと、おそらくその持ち主の名前、住所の入った財布400個が、ヨーロッパ14カ国の街路に残された。財布が無傷で戻ってくる率と密接に関連 (r=.67) していたのは、標準的な社会的信頼項目における国別得点であった。言い換えると、「大半の人は信頼できる」と市民が答えるところでは、彼らは一般的に正しく、「人付き合いでは注意するに越したことはない」と市民が答えるところでは、彼らもまた正しいのである。この目を奪われるような結果は、Knack and Keefer, "Does Social Capital Have an Economic Payoff?," 1257. に報告されている。

22. 社会心理学者は、社会的信頼とはほぼ安定した個人的心理傾向と、変化する環境、文脈に対する認知的反応の両方であるという証拠を見いだしてきた。例えば以下を参照。Sharon G. Goto, "To Trust or Not to Trust: Situational and Dispositional Determinants," *Social Behavior and Personality* 24 (1996): 119–132. エリック・アスレイナーの *The Moral Foundations of Trust* では、一般的信頼もしくは薄い信頼は、個人的楽観主義に由来するもので、それは元々子ども時代の経験に由来すると論じている。

Sugden, ***The Economics of Rights, Co-operation and Welfare*** (Oxford: Basil Blackwell, 1986), 106.

2. Michael Taylor, ***Community, Anarchy, and Liberty*** (New York: Cambridge University Press, 1982), 28–29. 以下も参照。Alvin W. Gouldner, "The Norm of Reciprocity: A Preliminary Statement," ***American Sociological Review*** 25 (April 1960): 161–178.

3. Tocqueville, ***Democracy in America***, 525–528.

4. Francis Fukuyama, ***Trust*** (New York: Free Press, 1995)〔加藤寛訳『「信」無くば立たず』三笠書房、1996年〕; Rafael La Porta, Florencio Lopez-de-Silanes, Andrei Shleifer, and Robert W. Vishny, "Trust in Large Organizations," ***American Economic Review Papers and Proceedings*** 87 (May 1997): 333–338; Stephen Knack and Philip Keefer, "Does Social Capital Have an Economic Payoff? A Cross-country Investigation," ***Quarterly Journal of Economics*** 112 (1997): 1251–1288, および Kenneth J. Arrow, "Gifts and Exchanges," ***Philosophy and Public Affairs*** 1 (summer 1972): 343–362.

5. Ichiro Kawachi, Bruce P. Kennedy, and Kimberly Lochner, "Long Live Community: Social Capital as Public Health," ***The American Prospect***, November/December 1997, 56–59.

6. 一般的な社会的信頼（反証が欠けているときの信頼）が騙されやすさ（反証が存在するときの信頼）と関連していないという証拠については以下を参照。Julian B. Rotter, "Interpersonal Trust, Trustworthiness, and Gullibility," ***American Psychologist*** 35 (January 1980): 1–7.

7. この重要な区別を私に明確にしてくれたことについて、ラッセル・ハーディンに感謝する。以下の彼の著作を参照。"Street Level Epistemology of Trust," ***Politics & Society*** 21 (December 1993): 505–529.

8. Diego Gambetta, "Can We Trust Trust?" in ***Trust: Making and Breaking Cooperative Relations***, ed. Diego Gambetta (Oxford: Blackwell, 1988), 221.

9. Mark Granovetter, "Economic Action and Social Structure: The Problem of Embeddedness," ***American Journal of Sociology*** 91 (November 1985)〔渡辺深訳「経済行為と社会構造——埋め込みの問題」M・グラノヴェター『転職——ネットワークとキャリアの研究』ミネルヴァ書房、1998年、239–280頁〕: 481–510; Coleman, ***Foundations***, 300–321; Putnam, ***Making Democracy Work***, ch. 6; Margaret Levi, "Social and Unsocial Capital: A Review Essay of Robert Putnam's ***Making Democracy Work***," ***Politics & Society*** 24 (March 1996): 45–55; Edward Glaeser, David Laibson, Jose Scheinkman, and Christine Soutter, "What Is Social Capital? The Determinants of Trust and Trustworthiness," National Bureau of Economic Research working paper 7216 (Cambridge, Mass.: National Bureau of Economic Research, July 1999).

10. Bernard Williams, "Formal Structures and Social Reality," in Gambetta, ***Trust***, 3–13; Ronald S. Burt and Marc Knez, "Trust and Third-Party Gossip," in ***Trust in Organizations***, ed. Roderick M. Kramer and Tom R. Tyier (Thousand Oaks, Calif.: Sage Publications, 1996), 68–89. 厚い信頼と薄い信頼の区別は、Toshio Yamagishi and Midori Yamagishi, 'Trust and Commitment in the United States and Japan," ***Motivation and Emotion*** 18 (June 1994): 129–66. における「信頼」と「コミットメント」の間の区別に近い（が同一ではない）。

11. Rotter ("Interpersonal Trust, Trustworthiness, and Gullibility," 2) は「一般的な他者」を、「個人的な経験をあまり積んでいない相手としての人もしくはグループ」と定義している。データの入手できる43州について、組織的密度（ローパー社会・政治傾向調査に基づく）と社会的信頼（一般社会調査とDDBニーダム・ライフスタイル調査に基づく）の間にはR^2=.52の相関がある。

12.「厚い信頼」と「薄い信頼」は連続体の両端を表している。「厚い信頼」が指しているのは半径の狭い信頼で、社会学的にいえば、信頼者と親密な人のみを包含しているもので、「薄い信頼」が指すのは半径の広い信頼であり、信頼者からの社会的距離の遠い人を含むものだからである。

13. Wendy M. Rahn and John E. Transue, "Social Trust and Value Change: The Decline of Social Capital in American Youth, 1976–1995," ***Political Psychology*** 19 (September 1998): 545–565, 545ページの引用。

14. 本パラグラフでの一般化については以下を参照。John Brehm and Wendy Rahn, "Individual-Level Evidence for the Causes and Consequences of Social Capital," ***American Journal of Political Science*** 41 (July 1997): 999–1023; Eric Uslaner, "Faith, Hope, and Charity: Trust and Collective Action" (College Park: University of Maryland, 1995); John T. Scholz, "Trust, Taxes, and Compliance," in ***Trust and Governance***, Russell Sage Foundation Series on Trust, vol. 1, ed. Valerie A. Braithwaite and Margaret Levi (New York: Russell Sage Foundation, 1998), 135–166; Young-dahl Song and Tinsley E. Yarbrough, "Tax Ethics and Taxpayer Attitudes: A Survey," ***Public Administration Review*** 38 (September/October 1978): 442–452; Steven M. Sheffrin and Robert K. Triest, "Can Brute Deterrence Backfire? Perceptions and Attitudes in Taxpayer Compliance," in ***Why People Pay***

多くの研究を行ってきた。Nancy Mehrkens Steblay は "Helping Behavior in Rural and Urban Environments," の中で 65 のそのような研究について検討し、都市環境での援助が時間と共に減少してきたこと、しかし都市外でそれを相殺する増加はなかったことを見いだしている。

35.「定期的な」出席とは教会に少なくとも毎週、少なくとも 1 つのクラブ会合に毎月出席していることを意味している。この意味での定期的なコミュニティ関与は、1975 年の 22 % から 1999 年の 9 % に低下したが、その一方で教会にもクラブ会合にも出席したことのない者は 11 % から 20 % に増加した。定期的な教会出席者・クラブ出席者の間でのボランティア活動は 1 年当たり 15 回から 24 回に上昇したが、一方で教会にもクラブにも行かない者の間での割合は年に .8 回から 2.8 回へと上昇した。

36. Wilson and Musick, "Attachment to Volunteering." *Giving and Volunteering in the United States, 1999*: 1. は、1999 年にボランティアを行ったと自ら答えたうち優に 41 % が「散発的にしか時間を使っておらず、1 度限りの活動であると考えている」と報告している。

37. 図 35 と図 36 は DDB ニーダム・ライフスタイルアーカイブについての筆者の分析に基づく。各エントリーは、ボランティア活動もしくはコミュニティ事業の頻度を各年齢カテゴリーの中で年度で回帰し、23 年分で乗じて初年度の得点で割ることによって計算した。しかし、1975–76 年および 1997–98 年の平均得点の変化――あるいは単にボランティア人数の割合の変化――を各年齢カテゴリーごとに見ても、基本的に同じ結果が得られた。それぞれの値は単身、既婚成人のデータをまとめているが、それぞれのカテゴリーを分けて検討しても同じパターンが見られた。60 歳以上の人々の間では、単身者の方が既婚者よりもボランティアが多いが、中年グループの中では単身者の方がボランティアが少なかった。おそらく、年配者は社会的孤立を乗り越える助けとしてボランティアを行うが、中年がそうするのは家族の絆の副産物としてである。インディペンデント・セクターによる 1987 年から 1999 年の *Giving and Volunteering* 隔年調査からのデータは、DDB ニーダムデータよりも不安定でまた頑健性が低いが、これも 45 歳以上（特に、75 歳以上）の回答者の間でのボランティア活動の増加を示しており、また 45 歳以下ではほとんど、あるいは全く成長を見せていない。

38. 全国防火協会によれば、ボランティアの消防団員は全国で 1983 年の 884,600 人から 1997 年の 803,350 人に減少し、一方で職業消防士は 226,600 人から 275,700 人へと増加した。人口 5 万人以下のコミュニティの大半はボランティアの消防団によって守られている。*Comprehensive Report on Blood Collection and Transfusion in the United States in 1997* (Bethesda, Md.: National Blood Data Resource Center, May 1999), 29. によれば、全国での 1 人当たりの献血は（自己血献血を除いて）1987 年から 1997 年の間におよそ 20 % 低下した。*Public Opinion Online*（Roper Center at University of Connecticut, Storrs）の、受け入れ番号 0126019 および 0197588 によれば、献血はエイズ感染経路の一つであると答える人々の割合は 1989 年 8 月の 48 % から 1995 年 6 月の 24 % へと低下した。1979 年から 1987 年のデータはその後のデータと直接比較できないが、献血率の上昇を示唆している。しかし 1987 年以降の低下は、以前の上昇よりも大きなものである。過去 4 半世紀の調査は、50 歳以降では献血が急落することを一貫して見いだしているが、それは 1937 年に生まれた者（第 14 章で「長期市民世代」と名付ける最後の人々）が献血者プールから去ったちょうどその時に低下が始まったということである。献血低下に関する世代的要因については以下も参照のこと。Eric Nagourney, "Blood Shortage: Answers Scarce, Too," *New York Times*, October 5, 1999, D8.

39. Kristin A. Goss, "Volunteering and the Long Civic Generation," *Nonprofit and Voluntary Sector Quarterly* 28 (1999): 378–415. 以下も参照のこと。Susan Chambré, "Volunteerism by Elders: Past Trends and Future Prospects," *Gerontologist* 33 (April 1993): 221–228.

40. Robinson and Godbey, *Time for Life*; John P. Robinson, Peria Werner, and Geoffrey Godbey, "Freeing Up the Golden Years," *American Demographics*, October 1997, 20–24.

41. 年齢、教育、調査年、性別、収入、教会出席、クラブ出席、婚姻状態、子どもの有無を統制すると、ボランティア活動は政治への関心と正に相関しており、また「正直者は当選できない」への賛意へと負に相関している。頻繁にボランティアを行う者の中では、58 % が政治に関心があると答えており、対する非ボランティアでは 41 % である。頻繁なボランティアの間では「正直者は当選できない」に 42 % しか賛成していないが、反対に非ボランティアでは 49 % だった。ボランティア活動と政治参加の間のこの相関は、過去 4 半世紀を通じて安定して正であった。

第 8 章　互酬性、誠実性、信頼

1. David Hume (*A Treatise of Human Nature*, book 3, part 2, section 5［1740］) の以下における引用。Robert

26. 図32の出典は付録2に示す。*Roper Reports 95-4*（New York: Roper Starch Worldwide, 1995）によれば、過去12ヶ月間にユナイテッドウェイに寄付した米国人は19％で、対して教会やシナゴーグには53％、医療チャリティ全体で23％、青少年グループ全体で16％、環境組織全体で7％となっていた。ユナイテッドウェイ寄付者は、単一の社会的ニッチに集中しがちな他の主要な寄付団体に比べて人口統計学的な代表性が高い（例えば、環境運動寄付者は高学歴の者に、青少年グループへの寄付者は学齢期の子どもの親に多くといった具合である）。したがってユナイテッドウェイに対する寄付は世俗的寄付の全国傾向を測る非常によい代理変数となっている。図32におけるプロテスタント寄付のデータは10の主流宗派に加えて、南部バプテスト教会連盟をカバーしている。1968年以降は主要な福音派団体の大半を含む、より完全な29のプロテスタント宗派のサンプルのデータが入手可能である。これらのより完全なデータでは、図32に示した傾向線よりもさらに急激な下降（1968年から1996年までに17％の低下）を示している。この節で議論した時系列傾向のそれぞれ——寄付全体、プロテスタント寄付、カトリック寄付、ユナイテッドウェイ寄付——は全く独立したソースからのものであるので、過去40年間の寄付傾向に一致が見られるということは特に重要な証拠である。

27. John and Sylvia Ronsvalle, *The State of Church Giving through 1995*, 24–27. によれば、1968年から1995年の間に可処分所得に占める宗教的寄付の割合は、全米福音主義協会に加盟する8宗派の信徒で6.1％から4.1％に、主流派の全米キリスト教会協議会に加盟する8宗派の信徒で3.3％から2.9％に低下した。

28. これらの数字はJohn and Sylvia Ronsvalle, *The State of Church Giving through 1995* からの、全29宗派のプロテスタントサンプルに基づくもので、1997年までについてはJohn and Sylvia Ronsvalle, *The State of Church Giving through 1997*（Champaign, Ill.: empty tomb, 1999), 42. で更新している。

29. この数字は図32から計算したものである。1963年から1984年の間にカトリックの収入に対する寄付割合がほぼ同じ57％の低下を示したことが、以下に示されている。John and Sylvia Ronsvalle, "A Comparison of the Growth in Church Contributions with United States Per Capita Income," in '*Yearbook of American and Canadian Churches: 1989*, ed. Constant H. Jacquet Jr.（Nashville, Tenn.: Abingdon Press, 1989), 275. Peter Dobkin Hall and Colin B. Burke,' Voluntary, Nonprofit, and Religious Entities and Activities," in *Historical Statistics of the United States: Millennial Edition*（New York: Cambridge University Press, 2000）は、1929年—59年のローマカトリック教会の慈善寄付に関するデータを示している。1960年–89年のわれわれのデータと直接比較可能ではないが、ホールのデータではカトリック信徒1人当たりの寄付が（国民平均所得に占める割合として）1929年から1945年までに49％低下し、1945年から1960年に7％回復したことが示されている。したがって、20世紀の後半70年間を通じ、カトリックとプロテスタントの1人当たりの寄付（収入に対する割合として）はおよそ平行した線をたどってきたように見える——大恐慌期に急低下し、戦後は中程度に上昇し、1960年代以降は一貫して低下したというものである。

30. ローパー社会・政治傾向調査と、ヤンケロビッチ・パートナーズ社から提供を受けたヤンケロビッチ・モニターの結果についての筆者の分析。ローパー調査では、回答者は広範な活動の中から「あなた自身が先月に行ったこと」として、「歯医者に行く」「ビデオをレンタルする」と共に「チャリティ寄付をする」を尋ねられた。季節変動を避けるために、この質問は常に10月に行われた。ヤンケロビッチ調査では、回答者は様々な宗教的活動の中から「あなたが少なくともたまには行うこと」として、礼拝所への出席、聖書を読む、ボランティア活動、祈禱などを尋ねた。これらのデータは *Giving and Volunteering in the United States, 1999*（Washington, D.C.: Independent Sector, 2000）に報告された対応する結果とほぼ一貫しているが、この調査シリーズは1987年からしか始まっていない。

31. 宗教の推定は以下より。John and Sylvia Ronsvalle, *The State of Church Giving through 1995*, 48–49。ユナイテッドウェイと寄付全体の推定は、ユナイテッドウェイと *Giving USA* からのデータより筆者が計算したもの。

32. Wuthnow, *The Crisis in the Churches*.

33. Greeley and McManus, *Catholic Contributions*, 63.

34. Robert Wuthnow, "The Changing Character of Social Capital in the United States," in Putnam, *Dynamics of Social Capital in Comparative Perspective*, および Diane Colasanto, "Voluntarism: Americans Show Commitment to Helping Those in Need," *Gallup Report*（November 1989): 19. 対照的に、他のいくつかの証拠ソースでは、ボランティア活動の平均にいかなる成長も確認できない。*Giving and Volunteering in the United States, 1999* は、インディペンデント・セクターによる2年ごとの調査に基づいているが、週当たりのボランティア活動の平均時間が1987年の2.1時間から1999年の1.9時間へと、大きくはないが持続的に低下していることを報告している。これは主に、定期的なボランティア活動が非定期の、あるいは散発的なボランティア活動に置き換えられつつあるからである。過去30年間、社会心理学者は「自発的援助」——落とし物の返却、見知らぬ人を助けるなど——について数

H. Norris, "In Search of Altruistic Community: Patterns of Social Support Mobilization Following Hurricane Hugo," *American Journal of Community Psychology* 23 (August 1995): 447–477.

19. Gabriel Berger, ***Factors Explaining Volunteering for Organizations in General, and Social Welfare Organizations in Particular*** (Ph.D. diss., Brandeis University, 1991), および Amato, "Personality and Social Network Involvement as Predictors of Helping." 無作為割り付け実験——教会や市民組織に出席することを求められる者と、そうすることを妨げられる者がいる——なしでは、何らかの未測定の「社会的傾向」が寄付、ボランティア活動、コミュニティ関与の関連を完全に説明するという可能性を排除できないが、詳細な相関パターンによればこのようなことはありそうにない。

20. 以下を参照。***Giving and Volunteering: 1996,*** および Alvin W. Drake, Stan N. Finkelstein, and Harvey M. Sapolsky, ***The American Blood Supply*** (Cambridge, Mass.: MIT Press, 1982).「頼まれたから」は誰がボランティアを行うかの強力な決定要因であり、それは他の社会、パーソナリティ要因を統制しても成り立っている。以下を参照。Berger, ***Factors Explaining Volunteering***; Freeman, "Working for Nothing", および Richard B. Freeman, "Give to Charity?–Well, Since You Asked" (Cambridge, Mass.: Harvard University, 1993).

21. 本パラグラフの主張の根拠については、以下を参照。 Wilson and Musick, "Who Cares?"; Amato, "Personality and Social Network Involvement as Predictors of Helping"; Harvey Hornstein, ***Cruelty and Kindness: A New Look at Aggression and Altruism*** (Englewood Cliffs, N.J.: Prentice-Hall, 1976), 特に 133 ページ、および ***Giving and Volunteering: 1996,*** 4–88. このソースでは（4–129–31 において）青年期のボランティアを、成人後のボランティアを最もよく予測する変数として位置づけており、それは何十もの他の社会、心理的要因を統制しても成り立っている。社会的つながりと寄付、ボランティア活動の間のリンクは、教育、富裕さ、年齢、性別、婚姻、就労状態を含む全ての関連する人口統計学的要因を統制しても強力であり続ける。事実、社会的つながりの指標は、人口統計学的変数との相関をしばしば有意でないところまで押し下げる。これらの結論（DDB ニーダム・ライフスタイル、ローパー社会・政治傾向、およびインディペンデント・セクターのデータアーカイブについての筆者の分析に基づくもので、コミュニティ関与と愛他的行動についての多数の種類の測定を用いている）は、以下によっても確認されている。Hausknecht, ***The Joiners,*** 100, 109; Paul R. Amato, "Personality and Social Network Involvement as Predictors of Helping Behavior in Everyday Life," ***Social Psychology Quarterly*** 53 (March 1990): 31–43; Smith, "Determinants of Voluntary Association Participation and Volunteering"; Jackson, et al., "Volunteering and Charitable Giving"; および Wilson and Musick, "Who Cares?"

22. Ladd, "The Data Just Don't Show Erosion of America's 'Social Capital,'" 17.

23. データは ***Statistical Abstract of the United States: 1997*** より

24.「十分の一税（tithe）: 年収の十分の一を寄付もしくは納めること」 ***The American Heritage Dictionary of the English Language, Third Edition*** (New York: Houghton Mifflin Company, 1992).

25. 個人的慈善の歴史的推定は、全てある程度大まかなものであるため、一貫した長期のデータ系列を見つけることが重要である。図 31 の出典は付録 2 に示した。われわれの分析は存命中の個人による寄付についてを中心としているが、それはこれが最も社会関係資本に関わっているからである。非営利セクターの財政においては、部分的な相殺傾向がチャリティ基金と、富裕な支援者の遺贈の成長であるが、これらの発展が反映しているのは愛他主義における変化というよりも、むしろ市場の強気傾向《ブル・マーケット》である。一方で、税引き前収益に対する企業の慈善寄付の割合は 1980 年代初頭に急速に上昇し、その後急落した。非個人的慈善活動の詳細については ***Giving USA: 1998*** を参照。図 31 でカバーした時期の前半についての独立ソースである ***U.S. Treasury Department Report on Private Foundations*** (Washington, D.C.: Government Printing Office, 1965), 67. は、1929 年から 1962 年の間の、存命中個人からの寄付の調整後総所得に対する割合が 78 %増加したと推定している。いくつかの独立ソースによって、図 31 でカバーした時期後半の下降傾向が確認されている。1) Filer Commission report. ***Giving in America: Toward a Stronger Voluntary Sector*** (Washington, D.C.: Commission on Private Philanthropy and Public Needs, 1975), 82–83 は、1960 年から 1972 年の間に個人的慈善が 15 %低下したことを報告している。 2) 労働省の消費者支出定期調査は、税引き後所得の割合としての世帯寄付額が 1984–85 年の 3.4 %から 1996–97 年の 2.7 %へと低下したことを示しており、これは 10 年少々の期間で 5 分の 1 以上の低下を意味している。John and Sylvia Ronsvalle, ***The State of Church Giving through 1995*** (Champaign, Ill.: empty tomb, 1997) の第 6 章に記されている技術的理由により、図 31 に用いられた ***Giving USA*** データは 1967 年以降の低下を控えめに表現している可能性がある。しかしここでは方法論的に保守的な方法としてこれを受け入れる。1980 年代末における寄付の変動は税法改正がチャリティ寄付の控除に影響を与えたことを反映している。例えば 1986 年の全ての納税者に対して寄付は完全に控除されていたが、その規定は同年に破棄された。

Research on Blood Donors Since 1977," *Transfusion* 30 (June 1990): 444–459; David Horton Smith, "Determinants of Voluntary Association Participation and Volunteering: A Literature Review," *Nonprofit and Voluntary Sector Quarterly* 23 (fall 1994); 243–263, および Julian Wolpert, *Patterns of Generosity in America: Who's Holding the Safety Net?* (New York: Twentieth Century Fund Press, 1993).

11. 年齢と慈善活動、ボランティア活動については、DDB ニーダム・ライフスタイルとローパー社会・政治傾向調査についての筆者の分析に加えて以下を参照。*Giving and Volunteering* series; Charles T. Clotfelter, *Federal Tax Policy and Charitable Giving* (Chicago: University of Chicago Press, 1985); Anne Statham and Patricia Rhoton, "Mature and Young Women's Volunteer Work, 1974–1981" (Columbus, Ohio: Center for Human Resource Research, Ohio State University, February 1986); Richard B. Freeman, "Working for Nothing: The Supply of Volunteer Labor," National Bureau of Economic Research working paper no. 5435 (Cambridge, Mass.: National Bureau of Economic Research, January 1996), および Wilson and Musick, "Who Cares?" 慈善活動についての私の関心は、非営利セクターの担い手としてよりも、むしろ普通の米国人の間での愛他主義および社会関係資本の指標としてであるので、富裕層による寄付に関心を集中させてはこなかったが、ボストン・カレッジの社会学者ポール・シャーヴィッシュの未公刊論文によれば、そのような寄付が米国の慈善に占める割合が増加中である。Teresa Odendahl, *Charity Begins at Home: Generosity and Self-interest Among the Philanthropic Elite* (New York: Basic Books, 1990), および Francie Ostrower, *Why the Wealthy Give: The Culture of Elite Philanthropy* (Princeton, N.J.: Princeton University Press, 1995) は、富裕層の間でも社会関係資本が、その寄付行為において決定的に重要であることを示している。

12. 仕事とボランティア活動については以下を参照。David Horton Smith, "Determinants of Voluntary Association Participation and Volunteering"; Richard B. Freeman, "Working for Nothing", および Lewis M. Segal, *Four Essays on the Supply of Volunteer Labor and Econometrics* (Ph.D. diss.. Northwestern University, 1993). DDB ニーダム・ライフスタイルとローパー社会・政治傾向調査アーカイブの両方で、ボランティア活動がフルタイム労働者や非有給労働者よりも、パートタイム労働者の間で多いことが確認されている。

13. *Giving and Volunteering 1996*, 6. このソース（4–131 ページ）は、人々のボランティア活動の量に対する最大の予測変数は、コミュニティや組織の中での他者とのインフォーマルな紐帯の強さであることを報告している。

14. 図 28 と関連する議論は、DDB ニーダム・ライフスタイルアーカイブの筆者による分析に基づいており、ギャラップ調査－インディペンデント・セクターの Giving and Volunteering データで確認した。

15. DDB ニーダム・ライフスタイル調査データの筆者による分析。これらの関係は、他の人口統計学的予測変数を厳しく統制しても残った。

16. John Wilson and Marc Musick, "Who Cares?", および John Wilson and Marc Musick, "Attachment to Volunteering," *Sociological Forum* 14 (June 1999): 243–272. 家族の絆——社会関係資本の特別形態——もまた、ボランティア活動に対する予測力が高い。自発的な援助と同様、ボランティア活動も家族の中に続いている。以下を参照。*Giving and Volunteering 1996*, 4–90; Segal, *Four Essays*; Freeman, "Working for Nothing," 8–9.

17. *Giving and Volunteering: 1996*, 6, 4–92 to 4–95. Richard D. Reddy, "Individual Philanthropy and Giving Behavior," in *Participation in Social and Political Activities*, ed. David Horton Smith and Jacqueline Macaulay (San Francisco: Jossey-Bass, 1980), 370–399. 上記は 1957 年から 1975 年の間の 7 調査をまとめている。参加が増加すると、貢献も多くなる。慈善寄付についてのローパー社会・政治傾向調査データではこのパターンが確認されている。重回帰分析では、寄付を最もよく説明したのは市民参加（特に組織的リーダーシップと会合への出席）であり、それに出生年と教育が続いた。

18. DDB ニーダム・ライフスタイル調査によれば、定期的に教会もしくはクラブに行く者の 15 % が定期的な献血者であるのに対し、非参加者ではそれは 10 % に満たなかった。ローパー社会・政治傾向調査によれば、地域組織の役員や委員を務めたり、前年の地域の公的集会に出席した者の 20 % はまた献血も行っていたが、対してその他の米国人については 10 % であった。DDB ニーダムとローパー調査の両方の重回帰分析においても、献血を最もよく予測する変数は順番に年齢と性別（女性と年長者は献血をすることが少ないが、おそらく生理学的理由によるものだろう）、フルタイム雇用（おそらく職場での献血による）、教会、クラブ出席、ボランティア活動の頻度、小都市居住、および教育である。慈善活動、愛他主義と社会関係資本については以下を参照。Reddy, "Individual Philanthropy and Giving Behavior"; Piliavin and Charng, "Altruism"; Jane Allyn Piliavin and Peter L. Callero, *Giving Blood: The Development of an Altruistic Identity* (Baltimore, Md.: Johns Hopkins University Press, 1991); Amato, "Personality and Social Network Involvement as Predictors of Helping"; および Krzysztof Kaniasty and Fran

る。

59. 1997–1998 年の DDB ニーダム・ライフスタイル調査アーカイブについての未公刊の分析において、Thad Williamson（Department of Government, Harvard University, 1999）は、年齢、性別、教育、経済・婚姻状態、子どもの有無および一般的な余暇活動レベルを統制すると、ライブのスポーツ行事の観戦が市民参加と正に関連していることを見いだした。しかしスポーツ観戦におけるこの「向市民的」効果はアマチュアのスポーツ行事——リトルリーグ、高校フットボール、大学サッカー——に限られているように見える。

60. DDB ニーダム・ライフスタイル調査についての筆者の分析。

61. DDB ニーダム・ライフスタイル調査についての筆者の分析。全国芸術基金の芸術参加調査によれば、音楽レッスンの生涯を通じた体験率は、1982 年の 47 % から 1992 年の 40 % へと低下した。

62. *Music USA 1997* (Carlsbad, Calif.: National Association of Music Merchants, 1997): 37–38.

第 7 章　愛他主義、ボランティア、慈善活動

1. Robert B. Westbrook, *John Dewey and American Democracy* (Ithaca, N.Y.: Cornell University Press, 1991), 164. 以下も参照。Theda Skocpol, "America's Voluntary Groups Thrive in a National Network," *The Brookings Review* 15 (fall 1997): 16–19. プロヴィデンスについての逸話に関して、ジェラルド・ギャムとシーリア・ボレンスタインに感謝する。

2. Everett Carll Ladd, *The Ladd Report* (New York: Free Press, 1999), 131–145.

3. Andrew Carnegie, "Wealth," *North American Review* 148 (June 1889), 653–664.

4. F. Emerson Andrews, *Philanthropic Giving* (New York: Russell Sage Foundation, 1950), 141. 慈善活動のプロフェッショナル化は、20 世紀末に加速化した。例えば、基金調達担当者全国協会の会員数は、1979 年の 1,900 人から 1997 年の 18,800 人へと 10 倍となった。

5. *The Chronicle of Philanthropy,* October 30, 1997; Debra Blum, "United States Has 7 Charities per 10,000 People, Study Shows," *The Chronicle of Philanthropy,* August 7, 1997. 新たに組織化されたチャリティのブームを説明する助けの一つが税法である。

6. Tocqueville, *Democracy in America,* 526. 前のパラグラフのソースは以下である。ボランティア活動：Hodgkinson and Weitzman, *Giving and Volunteering 1996,* 3. 彼らの知見では、インフォーマルな援助は、おそらく過小報告されているが、全ボランティア活動の 4 分の 1 より少ない。慈善活動：Ann E. Kaplan, ed.. *Giving USA 1998* (New York: AAFRC Trust for Philanthropy, 1998). 献血：E. L. Wallace, et al., "Collection and Transfusion of Blood and Blood Components in the United States, 1992," *Transfusion* 35 (October 1995): 802–812. Harris Poll #88 (December 24, 1996) によれば、献血者の 76 % がその理由として「他の人を助けたいから」を挙げていた。1989 年調査：Lichang Lee, Jane Allyn Piliavin, and Vaughn R. A. Call, "Giving Time, Money, and Blood: A Comparative Analysis" (Madison, Wisc.: University of Wisconsin, 1998). 3 つの推定いずれも、愛他的に見られたいという人々の欲求によってインフレしているが、その相対的位置づけはおそらく正確である。

7. *Giving and Volunteering: 1996,* 35–38, および Jane Allyn Piliavin and Hong-Wen Charng, "Altruism: A Review of Recent Theory and Research," *Annual Review of Sociology* 16 (1990): 27–65, 特に 56 ページ。

8. 続く一般化は学術文献の中でよく報告されるもので、DDB ニーダム・ライフスタイルとローパー社会・政治傾向アーカイブ、および 1996 年の *Giving and Volunteering* 調査データについての筆者の分析によって確認されている。

9. Paul G. Schervish and John J. Havens, "Do the Poor Pay More? Is the U-Shaped Curve Correct?" *Nonprofit and Voluntary Sector Quarterly* 24 (spring 1995): 79–90.

10. DDB ニーダム・ライフスタイルおよびローパー社会・政治傾向調査についての筆者の分析（DDB ニーダム・ライフスタイルデータでは、定期的な献血は大都市よりも農村地域でわずかに少なかったが、これは通常の知見ではない）。愛他主義の地域規模による差については以下を参照。Charles Korte and Nancy Kerr, "Responses to Altruistic Opportunities in Urban and Nonurban Settings," *Journal of Social Psychology* 95 (April 1975): 183–184; James S. House and Sharon Wolf, "Effects of Urban Residence on Interpersonal Trust and Helping Behavior," *Journal of Personality and Social Psychology* 36 (1978): 1029–1043; Thomas C. Wilson, "Settlement Type and Interpersonal Estrangement: A Test of the Theories of Wirth and Gans," *Social Forces* 64 (September 1985): 139–150; Nancy Mehrkens Steblay, "Helping Behavior in Rural and Urban Environments: A MetaAnalysis," *Psychological Bulletin* 102 (November 1987): 346–356; Jane Allyn Piliavin, "Why Do They Give the Gift of Life? A Review of

Bezilla (Princeton, N.J.: Gallup International Institute, 1993), 228. 一方で Hofferth and Sandberg, "Changes in American Children's Time" は、3 歳から 12 歳までの前思春期の者が学校外のスポーツに費やした時間は 1981 年の 2 時間半から 1997 年の 4 時間に増加したことを報告している。

49. サッカー産業協議会によれば、組織サッカーリーグに属している若者の数は、5 歳から 19 歳の若者の人数で標準化すると、1980 年から 1995 年の間に 3 倍以上となった。その一方で SGMA と NSGA のデータ両方が示唆しているのは、サッカー参加の全国規模の 1 人当たり成長は 1990 年以降停滞していることで、それはとりわけ青年において当てはまっている。以下も参照のこと。 *Youth Indicators 1996: Trends in the Well-Being of American Youth* (Washington, D.C.: National Center for Education Statistics, 1996), Indicator 41.

50. スポーツ用具製造業協会による楽観的な報告書の *Gaining Ground: A Progress Report on Women in Sports, 1998* は、(3 ページで)「6–11 歳の年齢グループを除けば、頻繁にスポーツを行う女性の全体の割合はほとんど変化してこなかった」と認めている。実際にはこの報告では 25 歳から 35 歳までの女性による定期的なスポーツ参加は、1987 年の 8.3 %から 1997 年の 5.8 %へと低下した。皮肉なことだが、タイトル IX(第九編教育修正条項)の受益者は大人の時点では、その姉たちよりもスポーツに参加しない傾向があるように見える。

51. 1980 年代初頭の急速な成長の後に、ヘルスクラブの会員数は(国際ヘルス・ラケット・スポーツクラブ協会によれば)1987 年の 1,000 人当たり 80 人から 1995 年には 1,000 人当たり 102 人へと上昇した。これらの数値は、DDB ニーダム・ライフスタイルによる、前年に 9 回以上ヘルスクラブに行ったという人々の報告の数値と事実上同じである。最低 1 回の訪問を基としたとき、SGMA 調査では 1987 年から 1997 年の間に 51 %の成長を示している。

52. これとその前のパラグラフのデータは、DDB ニーダム・ライフスタイルアーカイブからのものである。1998 年の調査によれば前年に少なくとも 9 回のトランプを行った米国成人は 29 %であり、比較するとそれと同じくらいヘルスクラブを訪れた者は 9 %であった。大学教育を受けた 20 代の者においてすら、ヘルスクラブはトランプと比べて 4 対 3 でわずかに勝っているに過ぎない。ジョギング、ヘルスクラブ、エクササイズクラスを併せた参加は、1989 年から 1999 年で事実上一定である。エクササイズ・ウォーキングの成長は、完全に 50 歳以上の米国人の間に集中している。年配者におけるエクササイズ・ウォーキングのブームはスポーツ参加についての 4 つのデータセット全てで見られる。肥満については以下を参照のこと。K. M. Flegal, et al., "Overweight and Obesity in the United States: Prevalence and Trends, 1960–1994," *International Journal of Obesity and Related Metabolic Disorders* 22 (January 1998): 39–47, および Ali H. Mokdad, et al., "The Spread of the Obesity Epidemic in the United States, 1991–1998," *Journal of the American Medical Association* 282 (October 27, 1999): 1519–1522.

53. NSGA データは、ボウリング参加率が 1986 年から 1997 年の間に 6 %成長したことを示唆していたが、SGMA データでは 1 %の増加、NHIS データでは 1 %の減少、DDB ニーダム・ライフスタイルデータでは 6 %の減少だった。すなわち、ボウリングへの参加は(大半のスポーツとは異なり)人口成長と足並みをそろえていた。

54. NSGA、SGMA、DDB ニーダム・ライフスタイル調査の筆者による分析。運動全体の中では、ウォーキング、水泳、ワークアウト、自転車の方がより普及しており、また魚釣りは並んでいるが後れを取りつつある。バスケットボールとビリヤード《プール》は次に人気のあるスポーツだが、ボウリングの参加者の 4 分の 3 に過ぎない。

55. DDB ニーダム・ライフスタイル調査の筆者による分析。1996 年の調査によれば、20 代の米国人は 1 年当たり 2.4 回ボウリングをし、年当たり 1.7 回のインラインスケートを行っていた。コズミック・ボウリングについては以下を参照。Lisa Chadderdon, "AMF Is on a Roll," *Fast Company*, September 1998, 132.

56. 米国ボウリング協議会からのデータ。

57. 年当たりのボウラーの数値は以下より。*Statistical Abstract of the United States: 1998*, table 437, 265. 他のソースからは、1 年当たり 5,400 万人のボウリング参加者といういくぶん低い推定が得られている。The Committee for the Study of the American Electorate, "Turnout Dips to 56–Year Low" (Washington, D.C.: CSAE, November 5, 1998), at www.epn.org/csae/cgans4.html は、1998 年に投票した米国人を 7,250 万人と報告している。

58. 競馬、グレイハウンドレースおよびハイアライの観戦は、1980 年代の合法ギャンブルの増加と同時に衰退しており、図 27 からは除いた。われわれは、ますます孤独にギャンブルを行っているように見える。回答者が前週にスポーツ観戦のために外出したかについて、季節調整を行ったローパー調査データでは、1970 年代初頭のおよそ 8 %から、1980 年代末のおよそ 10–12 %へと中程度の増加を示した。1993 年のある調査によれば、試合に行くよりもテレビでスポーツを見る人の方が 3 から 5 倍多かった。以下を参照 *Public Perspective* 5 (March/April 1994), 98. 一定の度合いで、プロスポーツ行事(およびカレッジフットボール、バスケットボールのような準プロ行事)における観戦の成長は、高校フットボールやバスケットボールのようなアマチュアスポーツ行事観戦の低下によって相殺されるが、このトレード・オフはおそらくコミュニティのつながりの全体としての減少を反映してい

たスポーツ参加調査、DDB ニーダム・ライフスタイル調査（1985–98）についての筆者の分析と共に、John P. Robinson and Geoffrey Godbey, “Has Fitness Peaked?” *American Demographics,* September 1993, 36–42 に報告された国立健康統計センター（NCHS）の全国健康面接調査（NHIS; 1985–95）を、NCHS からの 1995 年 NHIS データで更新した。NSGA の結果は、前年に所定のスポーツに最低 2 回以上参加した 7 歳以上のものに基づいている。SGMA の結果は、前年にスポーツに最低 1 回参加した 6 歳以上のものに基づく。ライフスタイルの結果は、前年に最低 1 回スポーツに参加した成人に基づく。NHIS の結果は、過去 2 週間にスポーツに参加した成人に基づく。これら 4 つのアーカイブはそれぞれ米国人数万人を対象とした調査に基づくもので、それぞれはある程度異なる質問を、ある程度異なる母集団に示している。それにもかかわらず、いくつかの例外を除いて 4 シリーズで水準も傾向も一貫していた（したがってこの証拠は、場合によっては年数百の面接のみに基づく一般社会調査からの証拠よりも信頼できる）。これら 4 つのアーカイブで測定された何十種類のスポーツの中で、有意な食い違いを見せたのはハイキング（NSGA 調査で上昇し、SGMA とライフスタイル調査で下降）と自転車（NSGA、SGMA およびライフスタイル調査で下降したが、NHIS で上昇）だけであった。NSGA データは（例えば *Statistical Abstract of the United States* のように）人口全体の成長の調整なしに報告されることがある。このことが、米国人の運動習慣における浮揚性という誤った印象をもたらす。

44. NSGA 調査は 1986 年から 1997 年の間に 32 %の低下を報告している。SGMA では 1987 年から 1997 年に 36 %の低下、ライフスタイル調査では 1983 年から 1996 年に 34 %の低下、NHIS では 1985 年から 1995 年の間におよそ 25 %の低下だった。4 つとも全て、1990 年代末には 1 年間に少なくとも 4 回ソフトボールをする米国成人は 1,000 万人にすぎないという点で一致している。対照的に、*Statistical Abstract of the United States* の記録によれば、過去 10 ～ 20 年間毎年ちょうど 4,100 万人のプレイヤーが変わらず存在するとアマチュアソフトボール協会は主張していた。この数字と一致する他のソースは見いだせなかった。これは実際の調査というよりも、むしろ管理上の停滞状態を表しているものだろう。

45. DDB ニーダム・ライフスタイルアーカイブによれば、家での運動は年当たり全国平均で 1984 年の年 18 回から 1998 年の年 13 回に減少している。対照的に、NSGA、SGMA、NHIS データでは、1 年当たり少なくとも 1 つのエピソードに基づいたものだが、これらの時期に家での運動が増加していることを示唆している。この証拠が示しているのは、数多くの新たに購入されたトレッドミルや他の運動器具が、1 度きり、希望に満ちて試されただけで地下に使われないまましまわれているということだろう。いずれにせよ、家でのトレッドミルが社会関係資本を構築する機会となることはほとんどない。

46. NSGA 調査によれば、7 歳以上の米国人で年に最低 2 回サッカーをした者の割合は 1986 年の 4 %から 1997 年の 6 %へと伸び、対応するバスケットボールでの値は 10 %と 13 %であった。それに対し同期間に野球をした者の割合は 7 %から 6 %に、フットボール（タッチとタックル）はおよそ 9 %からおよそ 8 %に、ソフトボールは 10 %から 7 %に、バレーボールは 11 %から 7 %へと低下した。すなわちサッカーとバスケットボールでの 5 %の獲得で、他の 4 スポーツの損失全体である 9 %を埋め合わせなければならない。SGMA 調査によれば「6 大」チームスポーツへの参加（6 歳以上の者の比率として）は 1987 年の約 72 %から 1997 年の 62 %へと低下した。すなわちどちらのアーカイブもチームスポーツは最近 10 年間におよそ 10 ～ 15 %低下したという点で一致している。36 種類のスポーツ活動への全体としての参加（参加の頻度で重み付けしている）を 1987 年と 1997 年の NSGA で測定すると――トレッドミルからトラップ射撃、モーター《パワー》ボートから早足《パワー・ウォーキング》まで――約 5 %低下している。SGMA で測定した 49 種目のスポーツによる相当値では 4 %の低下である。

47. 本パラグラフのデータは DDB ニーダム・ライフスタイルアーカイブより。20 代での水泳は 1980 年代初頭の年 12 回から 1998 年にはその半分以下に落ち込んだが、60 代以上のものでは水泳は年約 4 回で一定していた。1989 年から 1998 年の間に、ヘルスクラブへの出席は 60 歳以上のものの間で倍増以上となったが（平均年 1 回から年 2 回以上）、18 歳から 29 歳までの者の間では年 6 回から 5 回へと低下した。これと同じパターン――若年グループで低下が大きい――は、1985 年と 1990 年の国立健康統計センター調査で確認されている。Robinson and Godbey, “Has Fitness Peaked?,” 38, 42. を参照。John P. Robinson, “Where’s the Boom?,” 34–37 は、1965 年と 1982 年の余暇調査をまとめている。1982 年に 45 歳以上の人々は、1965 年にその年齢であった人よりも活動的だったが、一方で 1982 年に 25 歳以下であった人は、1965 年にその年齢であった人よりも活動的でなかった。

48. スポーツ用具製造業協会の 1998 年産業現況レポートによれば、「懸念深い傾向の一つは米国の若者に見られる健康状態、およびスポーツ・健康関連活動の全体的な低下である……〔1986 年から 1997 年の間に〕 12 歳 –17 歳の者で何らかのスポーツ、フィットネスもしくはチーム活動に対して「しばしば」参加していた者の数は 1,300 万人へと、2.9 %の増加に過ぎなかった〔1 人当たりベースでは 4 %の低下に相当する〕」。以下も参照のこと。“Is Working Out Uncool?” *American Demographics,* March 1996 および *America’s Youth in the 1990s,* ed. Robert

31. 子どものボードゲームは、1人で遊ぶコンピュータゲームによって急速に置き換えられ、(Adam Pertman, "Board Games? No Dice," ***Boston Globe***, December 16, 1998 によれば)「コミュニティに基盤を持つ価値と行動の強調から遠ざかる根本的な社会的シフト」を刺激した。

32. 1977–96 年の DDB ニーダム・ライフスタイル調査についての筆者の分析。

33. GSS 調査についての筆者の分析で、付録 1 に示した年換算法を用いている。

34. 第 3 章の注 23 で引用したミシガン大学–NIMH 研究によれば、少なくとも週 1 度は友人や親類と「集まる」米国成人のパーセンテージは 1957 年の 65 % から 1976 年の 58 % へと減少しており、これは統計的に有意な低下である。少なくとも週 1 度近所の者と「集まる」デトロイト地域住民の割合は、1955 年の 44 % から 1959 年の 32 %、1971 年の 24 % へと低下した。ミシガン大学–NIMH 研究およびデトロイト地域研究からのデータについての筆者の分析は、Inter-university Consortium for Political and Social Research を通じて可能となった。

35. 1996 年の全米選挙調査についての筆者の分析。

36. 以下を参照。Barrett A. Lee, R. S. Oropesa, Barbara J. Metch, and Avery M. Guest, "Testing the Decline-of-Community Thesis: Neighborhood Organizations in Seattle, 1929 and 1979," ***American Journal of Sociology*** 89 (1984): 1161–1188, 1165 ページの引用。Alexander von Hoffman, ***Local Attachments: The Making of an American Urban Neighborhood, 1850–1920*** (Baltimore, Md.: Johns Hopkins University Press, 1994). 以下も参照のこと。Robert A. Rosenbloom, "The Neighborhood Movement: Where Has It Come From? Where Is It Going?" ***Journal of Voluntary Action Research*** 10 (April/June 1981): 4–26; Matthew A. Crenson, ***Neighborhood Politics*** (Cambridge, Mass.: Harvard University Press, 1983); John R. Logan and Gordana Rabrenovic, "Neighborhood Associations: Their Issues, Their Allies, and Their Opponents," ***Urban Affairs Quarterly*** 26 (1990): 68–94, および Robert Fisher, ***Let the People Decide: Neighborhood Organizing in America***, 2nd ed. (New York: Twayne Publishers, 1994). Robert C. Ellickson, "New Institutions for Old Neighborhoods," ***Duke Law Journal*** 48 (1998): 75–110, 特に 81 ページは、住宅所有者組合《ホームオーナーズ・アソシエーション》(「居住コミュニティ組合」) が近年急増しているという証拠を示しているが、これは新規郊外開発のためのマーケティング道具としてという部分が大きい。

37. ***Criminal Victimization and Perceptions of Community Safety in 12 Cities, 1998*** (Washington, D.C.: U.S. Department of Justice, 1999): 21. さらに回答者の 61 % が、自分自身とその近隣住民が互いの安全のために見張りをすることに同意していると答えており、これは「自然な」社会関係資本の持続的重要性を表しているが、残念なことにこの研究ではその重要性の時間を通じた変化についての証拠は提供されていない。

38. 以下を参照。James R. Gillham and George A. Barnett, "Decaying Interest in Burglary Prevention, Residence on a Block with an Active Block Club, and Communication Linkage: A Routine Activities Approach," ***Journal of Crime & Justice*** 17 (1994): 23–48 およびそこに引用された広範な文献、特に 24 ページのもの。

39. 「米国人の時間利用」データについての筆者の分析。詳細については、付録 1 を参照。ここでの分析は「主たる」活動に限られており、例えば主に子育てや仕事をしているときの会話は含まれていない。1965 年の電話による会話のコーディングに非一貫性があるため、同年のインフォーマルな会話の数値は正確ではない。1965 年におけるインフォーマルな社交全体の参加率は 58 % から 68 % の間に落ちることがほぼ確実であり、1 日当たりの平均時間は 78 分から 89 分の間に落ちることがほぼ確実である。図 24 の破線はこれらの不確定な幅の中央値を反映している。この不確定性を避けるために「インフォーマルな会話」を分析から除いても、「友人を訪問する」ことに費やした時間の 30 年間に及ぶ低下は高度に有意なまま残る。Robinson and Godbey, ***Time for Life***, 170 および 176 ページは 1965 年から 1985 年の間にインフォーマルな社交が大きく低下したことを確認している。DDB ニーダム・ライフスタイルアーカイブによれば、「友人を訪ねるのに多くの時間を費やす」と答えた米国人の割合は既婚独身の双方で、過去 10 〜 20 年間を通じて約 10 % 落ち込んだ。

40. ***Time Lines: How Americans Spent Their Time During the 90s*** (Rosemont, Ill.: NPD Group, July 1999). 1992 年から 1999 年の間毎年、NPD グループは 3,000 人の成人を対象にその活動を 30 分ごとに 24 時間尋ねていた。私の分析では男女を等しく、また平日と週末の報告を適切に重み付けして「統合週」を作り出した。ハリー・バルザーと NPD での共同研究者に対して、その結果を私と共有してくれたことを感謝する。彼らは私の解釈に何の責任を負うものではない。

41. DDB ニーダム・ライフスタイル、一般社会調査、「米国人の時間利用」、およびローパー社会・政治傾向データアーカイブの筆者による分析。

42. 単身世帯については、上記注 20 を参照。一般社会調査によれば、全成人の中で 19 歳以下の子どもを持つ既婚者の占める割合は 1975 年の 32 % から 1998 年の 24 % に低下した。

43. 全米スポーツ用具協会 (NSGA; 1986–97)、スポーツ用具製造業協会 (SGMA; 1987–97) の委託で行われ

18. DDB ニーダム・ライフスタイル調査によれば、米国成人の間の年間ピクニック回数は 1975 年の年 4.9 回から 1999 年の年 2.0 回へと減少した。John P. Robinson, "Where's the Boom?" *American Demographics* (March 1987): 36 は、1962 年から 1982 年の間にピクニックが 20 %減少したことを報告している。

19. DDB ニーダム・ライフスタイル調査アーカイブについての筆者の分析。DDB ニーダム・ライフスタイルの中で既婚回答者のうち「いつも週末には家族での朝食をたっぷりと取る」に賛成した者の割合は 1975 年の 57 %から 1995 年の 45 %へと低下した。家族での食事の頻度はカップルでも子どもの有無で異なっているが、時系列傾向は同一である。

20. 単身世帯は 1960 年の 13 %から 1998 年の 26 %へと倍増する一方で、既婚カップル世帯は 74 %から 53 %へと低下した。以下を参照。Lynne M. Casper and Ken Bryson, "Household and Family Characteristics: March 1998 (Update)," *Current Population Reports,* P20–515 (Washington, D.C.: U.S. Bureau of the Census, October 1998).

21. *Roper Reports 97–5* (New York: Roper Starch Worldwide, 1997), 186–191. 上記は 1976 年、1986 年、1990 年、1995 年、1997 年の調査を基にしている。Sandra Hofferth and Jack Sandberg, "Changes in American Children's Time, 1981–1997," PSC Research Report No. 98–431 (Ann Arbor, Mich.: University of Michigan Population Studies Center, 1998) はこの傾向を確認しており、子どもが家族との平日食事時に過ごす時間は 1981 年から 1997 年の間に 20 %低下する一方、家族との会話時間が半減したことを報告している。

22. ローパー社会・政治傾向調査 (*Roper Reports* 1995–3 (New York: Roper Starch Worldwide, 1995) からのデータで補足)、一般社会調査、DDB ニーダム・ライフスタイル調査についての筆者の分析で、付録 1 に示した年換算方式と、傾きを推定するための線形回帰を用いた。

調　査	質問ワーディング	期　間	単身者傾向	既婚者傾向
ローパー	先週にバーやナイトクラブ、ディスコに行きましたか	1982–1995	−39 %	−60 %
GSS	バーや酒場にどのくらい行きますか	1974–1998	−31 %	−41 %
DDB	バーや酒場に昨年何回行きましたか	1988–1999	−21 %	−13 %

23. 図 20 のデータは以下より。Jack Richman, ed., "1998 National Retail Census," in *Report to Retailers* (New York: Audits & Surveys Worldwide, 1998). 1998 年まで「コーヒーバー・ショップ」は「その他」の中で独立したカテゴリーとして分離されていなかった。これらのデータについてオーディット&サーベイ社に感謝する。

24. George Ritzer, *The McDonaldization of Society: An Investigation into the Changing Character of Contemporary Social Life,* rev. ed. (Thousand Oaks, Calif.: Pine Forge Press, 1996)〔正岡寛司監訳『マクドナルド化する社会』早稲田大学出版部、1999 年〕, 132–136.

25. Ray Oldenburg, *The Great Good Place: Cafes, Coffee Shops, Community Centers, Beauty Parlors, General Stores, Bars, Hangouts, and How They Get You Through the Day* (New York: Paragon House, 1989).

26. 1940 年の調査については以下を参照。Oswald Jacoby and Albert H. Morehead, *The Fireside Book of Cards* (New York: Simon & Schuster, 1957), 17. 1950 年代まで米国内で売られるトランプカードの全パックは特別税の対象だった。Jesse Frederick Steiner, *Americans at Play: Recent Trends in Recreation and Leisure Time Activities* (New York: McGraw-Hill, 1933), 138 の中のデータを後の財務省報告で更新した。

27. このパラグラフにおける一般化の根拠については以下を参照。David Scott, "Narrative Analysis of a Declining Social World: The Case of Contract Bridge," *Play and Culture* 4 (February 1991): 11–23, の 11 ページ。Babchuk and Booth, "Voluntary Association Membership," 34; Bonnie H. Erickson and T. A. Nosanchuk, "How an Apolitical Association Politicizes," *Canadian Review of Sociology and Anthropology* 27 (May 1990): 206–219、および David Scott and Geoffrey C. Godbey, "An Analysis of Adult Play Groups: Social Versus Serious Participation in Contract Bridge," *Leisure Sciences* 14 (January/March 1992): 47–67.

28. DDB ニーダム・ライフスタイルデータについての筆者の分析。メディアマーク・リサーチの年次調査によれば、1980 年代初頭から 1990 年代末の間にトランプの頻度はおよそ 40 %と類似の低下を示している。

29. この計算で仮定しているのは、DDB ニーダム・ライフスタイル調査に基づく 1 年間に成人 1 人当たりの 8.4 ゲーム（年当たり .4 ゲームの割合で減少中)、1 億 9,200 万人の成人、1 ゲーム当たり 3.5 人の成人である。

30. DDB ニーダム・ライフスタイルデータの筆者による分析。1981 年から 1998 年の間にトランプ遊びは 60 歳以上の人の間で 36 %低下したが、60 歳未満の人の間ではそれは 48 %であった。1970 年代中盤には若年者の方が年長者よりもトランプをしていたが 1990 年代までにそのパターンは逆転した。年齢データはテネシー州メンフィスの米国コントラクトブリッジ連盟より提供された。

11. 「米国人の時間利用」アーカイブについての筆者の分析。

12. DDB ニーダム・ライフスタイルアーカイブについての筆者の分析。ローパー（先週；先月）、ライフスタイル（去年）と質問の形式が様々に異なっているため、回答を直接比較することはできないが、パターンは非常に一貫している。例えば、レストランでの食事、家庭での歓待、クラブ会合、バー、映画、スポーツ行事に行く相対度数は、3 種の調査で事実上同じであった。

13. DDB ニーダム・ライフスタイル調査についての筆者の分析。

14. DDB ニーダム・ライフスタイルデータによれば、図 17 が示すとおり、20 世紀の最終 4 半世紀を通じて 1 年当たりの平均はカードゲームが 12 回、映画が 5 回であった。

15. 図 18 の上図は DDB ニーダム・ライフスタイルデータに基づく。下図はローパー社会・政治傾向データに基づく。サンプリングおよびワーディングがこれら 2 つのアーカイブで異なっているため、図 18 の両図は直接比較できないが、このように異なる 2 つのアーカイブが、社交的訪問について似たような低下を示しているという事実は何より重要である。DDB ニーダム・ライフスタイル調査はまた、ディナーパーティ（主催もしくは出席）が 1970 年代中盤の 7.1 % から 1990 年代末の 3.7 % へと低下したことを示している。ヤンケロビッチ・パートナーズ社は「最近では、新しい友人を受け入れる余裕が生活にない」への賛意が 1985–86 年の 23 % から 1998–99 年の 32 % へと上昇している（ヤンケロビッチ・パートナーズにこれらのデータの共有を感謝する）。メディアマーク・リサーチの年次調査では「家で友人や親類をもてなす」頻度について 1980 年代初頭から 1990 年代末にかけて 5 分の 1 の減少が見られた。最後に、ギャラップ調査では 1938 年から 1990 年の間に 8 回、人々の「晩の好きな過ごし方」を尋ねた。期間全体を通じて「ダンス」「カードやゲームで遊ぶ」は急激に低下し、1970 年代以降は「友人を訪問する」「外食する」もまた低下した。「テレビを見る」と「家で家族と過ごす」はこの期間上昇しており、ローパーや DDB ニーダムデータと一貫した繭ごもり《コクーニング》のパターンを示唆している。一方でワーディングの変化のため、ギャラップの傾向については筆者の確信は低い（George Gallup Jr., *The Gallup Poll: Public Opinion* [Wilmington, Del.: Scholarly Resources Inc., 1986], 104, 130. を参照）。一般社会調査によれば、「近隣の外に住む友人」との社交で過ごす晩が月に 1 度以上ある者の割合は、1974 年–76 年の 40 % から 1994–96 年の 44 % へと上昇した。過去数十年間の友人関係についての傾向データを見つけることのできた 6 つの全国調査の中で、これが有意な低下を示していない唯一のシリーズだった（友人関係についての他の測度と異なり、この GSS の指標はなぜか女性よりも男性の方が高いというものであった）。以下も参照のこと。Robert J. Sampson, "Local Friendship Ties and Community Attachment in Mass Society: A Multilevel Systemic Model," *American Sociological Review* 53 (October 1988): 766–779; Fischer, *To Dwell Among Friends*; Claude S. Fischer, Robert M. Jackson, et al.. *Networks and Places: Social Relations in the Urban Setting* (New York: Free Press, 1977).

16. DDB ニーダム・ライフスタイルデータによればレストランでの夕食は、既婚者の間で 1975–76 年の年当たり 18 回から、1998–99 年の 22 回に上昇し、独身者の間で 1985–86 年の 19 回から 1998–99 年の 18 回へと低下した。全米レストラン協会（NRA）の報告（www.restaurant.org/RUSA/trends/craving.htm）では、「商業的に準備された夕食の週当たり回数」は 1981 年、1985 年、1991 年は 1.2 回、1996 年は 1.3 回だった。さらに「商業的に準備された夕食」のうち、急速に成長しているシェアはテイクアウトであるから、レストランでの夕食は減少している。NRA とライフスタイルデータの両方が示唆しているのは、過去数十年を通じて大きな増加をしてしている唯一の外食は朝食であるということである。1 人当たりの家外での食品・飲料に対する年間実支出の上昇は過去 30 年間でほとんどわずかなもので、1967 年の（1997 年ドル換算で）476 ドルから、1997 年の 499 ドルであった。以下を参照のこと。U.S. Bureau of the Census, "Annual Benchmark Report for Retail Trade: January 1988 Through December 1997," Current Business Reports, Series BR/97–RV (Washington, D.C.: 1998). 労働統計局の消費者支出調査によれば、全食品支出に対する家外での食品支出は 1984–97 年の期間に変化がなく、好況期にはピークの 43 % へと周期的に上昇、後退期には 38 % に低下し、長期的な傾向は全くなかった。外食における同様の景気循環パターンはローパー社会・政治傾向データでも 1970 年代初頭から 1990 年代初頭にかけて現れているが、長期的な傾向はなかった。下記の注 40 で記した NPD 時間日記研究は 1990 年代にわずかな外食離れの傾向を示している。まとめると、入手可能な証拠の中で、過去数十年間に外食が大きく増えたということを示すものはない。

17. 1986 年から 1994 年の間にローパー社会・政治傾向で 3 回提示された質問によれば（*Roper Reports* 94–10 [New York: Roper Starch Worldwide, 1995] にまとめられている）、米国人の 62 % が「自分の家で友人と集まる」ことを好み、一方で「友人とレストラン、バーやクラブに出かける」ことを好むものは 31 % であった。この期間を通じ、外出を好むものは 34 % から 28 % へと低下し、友人と時間を過ごすことに全く関心がないと進んで答えたものの割合は 2 % から 6 % へと増加した。実際には、この在宅志向の成長はローパー調査で測定された、映画から音楽、テイクアウト食品に至る事実上全ての余暇活動に当てはまっている。

eds. Robert A. Giacalone and Jerald Greenberg (Thousand Oaks, Calif.: Sage Publications, 1996), 37–67, および Christine M. Pearson, Lynne H. Andersson, and Judith W. Webner, "When Workers Flout Convention: A Study of Workplace Incivility" (unpublished ms., Chapel Hill: University of North Carolina, 1999).

36. Wolfe, "Developing Civil Society," 45.

37. John R. Aiello, "Computer-Based Work Monitoring: Electronic Surveillance and Its Effects," ***Journal of Applied Social Psychology*** 23 (1993): 499–507; Cynthia L. Estlund, "Free Speech and Due Process in the Workplace," ***Indiana Law Journal*** 71 (1995): 101–151; David C. Yamada, "Voices from the Cubicle: Protecting and Encouraging Private Employee Speech in the Post-Industrial Workplace," ***Berkeley Journal of Employment and Labor Law*** 19 (1998): 1–51; "More U.S. Firms Checking E-Mail, Computer Files, and Phone Calls" (New York: American Management Association, April 1999). 本節への貢献について、ジェイソン・マゾーニーに感謝する。

第６章　インフォーマルな社会的つながり

1. 文中に列挙したマッハー活動について、DDB ニーダム・ライフスタイル、ローパーデータセット中の数十の指標間のどの二変量相関も強く正であり、それは教育、年齢、性別、人種、婚姻状態を統制しても成り立っていた。列挙したシュムーザー活動についての数十の指標の間では、２つを除く相関の値が同様の人口統計学的要因を統制しても強く正であった。フォーマルなコミュニティ組織への関与と、インフォーマルな社会的活動への関与との間の区別は、ローパー、DDB ニーダム調査の両方において因子分析に明確に現れている。フォーマル、インフォーマル関与の間の相関は正であるが、それほど大きいものではない。

2. 続く２パラグラフにおける全ての一般化は、教会・クラブ出席、ボランティア活動、友人訪問、家庭での歓待、トランプ、バーに行くといった活動に対する人口統計学的関連変数を用いた重回帰分析によって、ローパー社会・政治傾向、DDB ニーダム・ライフスタイルアーカイブの両方で確認されている。

3. 手紙と電話に関するデータはローパー社会・政治傾向および DDB ニーダム・ライフスタイルアーカイブより。贈り物についてのデータは ***Gallup Poll Monthly*** 293 (February 1990): 31, およびシアーズ社 1997 年委託の International Communications Research Survey Research Group より。あいさつ状と、友人と過ごす時間のデータは、DDB ニーダム・ライフスタイルアーカイブより。コンピュータ利用のデータは、"Computer Use in the United States," U.S. Census Bureau (Washington, D.C.: Department of Commerce, 1999), 5, 9. より。時間日記によれば、女性は男性よりも友人訪問やインフォーマルな会話に費やす時間が長い。Claude S. Fischer, ***America Calling: A Social History of the Telephone*** (Berkeley: University of California Press, 1992)〔吉見俊哉・松田美佐・片岡みい子訳『電話するアメリカ――テレフォンネットワークの社会史』NTT 出版、2000 年〕, 235 ページからの引用。フィッシャーは、女性はどこでも常に、家庭用電話のヘビーユーザーであることを示している。解放後の 1990 年代でさえも、若い女性は「男性よりも他者の健康についての心配や責任を表明する傾向がある」ことが以下に述べられている。Ann M. Beutel and Margaret Mooney Marini, "Gender and Values," ***American Sociological Review*** 60 (1995): 436–448, および Constance A. Flanagan et al., "Ties That Bind: Correlates of Adolescents' Civic Commitments in Seven Countries," ***Journal of Social Issues*** 54 (1998): 4457–4475. 男女の間の「社会的認知」の差には遺伝的基盤すらある可能性がある。以下を参照。D. H. Skuse et al., "Evidence from Turner's Syndrome of an Imprinted X-Linked Locus Affecting Cognitive Function," ***Nature*** 387 (June 1997): 705–708.

4. DDB ニーダム・ライフスタイルアーカイブについての筆者の分析。

5. Karen V. Hansen, ***A Very Social Time: Crafting Community in Antebellum New England*** (Berkeley: University of California Press, 1994), 80.

6. Herbert Gans, ***The Urban Villagers*** (Glencoe, Ill.: Free Press, 1962); Fischer, ***To Dwell Among Friends,*** および Wellman, "The Community Question Reevaluated."

7. Robert R. Bell, ***Worlds of Friendship*** (Beverly Hills, Calif.: Sage, 1981); Marsden, "Core Discussion Networks of Americans."

8. この質問は各回およそ 2,000 人の全国サンプルに対して、1982 年、1984 年、1990 年、1993 年、1995 年に提示された。回答を合計すると 100 % を超えるが、複数回の外出が対象となりうるからである。

9. ローパーの全国サンプルのおよそ 2,000 人がそれぞれ 1986 年 6 月、1987 年 4 月、1990 年 6 月に、図 16 に示された広範な社会、余暇活動に関して質問を受けた。

10. 歓待と外出との間にある不均衡は、大半のパーティにおいて客が主催側を上回っているという事実を反映している。

26. Cappelli, *New Deal at Work,* 17. 再雇用斡旋については以下を参照。Horton and Reid, *Beyond the Trust Gap,* 9.

27. 1989年には労働者の63％が、被雇用者は10年前よりもその企業に忠実でないと答えており、一方でより忠実であると答えた者は22％しかいなかった。Horton and Reid, *Beyond the Trust Gap,* 10に、ヤンケロビッチ・クランシー・アンド・シュルマン社の調査が引用されている。リストラクチャリングが被雇用者のコミットメントを害する一方で、それが生産性を増大させることもしばしばである。以下を参照。Cappelli, *New Deal at Work,* 45–46, 122–136, and Cappelli, Bassi, et al., *Change at Work,* 53–65, 79–84.

28. Heckscher, *White Collar Blues,* 6, 12, 49, 73ページからの引用。いくつかの企業においては、ヘクシャーが新たな形態の限定的なコミュニティを見いだしている――「私がここにいる間はあなたのために全力を尽くすけれど、われわれどちらもそれが長期にわたる関係とは思っていない」。以下も参照のこと。Horton and Reid, *Beyond the Trust Gap,* 9–10, 40–43; Cappelli, Bassi, et al., *Change at Work,* 79–84, および Richard Sennett, *The Corrosion of Character: The Personal Consequences of Work in the New Capitalism* (New York: W. W. Norton, 1998)〔斎藤秀正訳『それでも新資本主義についていくか』ダイヤモンド社、1999年〕.

29. Cappelli, *New Deal at Work,* 14.

30. Points of Light Foundation, *Corporate Volunteer Programs: Benefits to Business,* Report 1029, Fact Sheet (Washington, D.C., n.d.); Hodgkinson and Weitzman, *Giving and Volunteering 1996,* 4–111; *Giving and Volunteering in the United States: Findings from a National Survey, 1999 Executive Summary* (Washington, D.C.: Independent Sector, 1999). 雇用者から特に頼まれたと答えるボランティアの割合はそれよりずっと低く、およそ7～8％である。

31. Lawrence Mishel, Jared Bernstein, and John Schmitt, *The State of Working America: 1998–99,* Economic Policy Institute (Ithaca, N.Y: Cornell University Press, 1998), 特に227–235ページ。Cappelli, *New Deal at Work,* 133–135.

32. Mishel, Bernstein, and Schmitt, *State of Working America,* 242–250; Cappelli, *New Deal at Work,* 136–144; Cappelli, Bassi, et al., *Change at Work,* 73–78; Sharon R. Cohany, "Workers in Alternative Employment Arrangements: A Second Look," and Steven Hippie, "Contingent Work: Results from the Second Survey," both in *Monthly Labor Review* (November 1998): 3–35.

33. Ronald S. Burt and Marc Knez, "Trust and Third-Party Gossip," in Roderick M. Kramer and Tom R. Tyler, eds.. *Trust in Organizations: Frontiers of Theory and Research* (Thousand Oaks, Calif: Sage Publications, 1996), 68–89, 特に77ページ。Katherine J. Klein and Thomas A. D'Aunno, "Psychological Sense of Community in the Workplace," *Journal of Community Psychology* 14 (October 1986): 365–377, 特に368ページ。Fischer, *To Dwell Among Friends.* 1986年のGSSデータによれば、同僚の中にいる親しい友人の割合は、フルタイム労働者に比べてパートタイム労働者では3分の2に過ぎなかった。

34. Jeanne S. Hurlbert, "Social Networks, Social Circles, and Job Satisfaction," *Work and Occupations,* 18 (1991): 415–430; Randy Hodson, "Group Relations at Work: Solidarity, Conflict, and Relations with Management," *Work and Occupations* 24 (1997): 426–452; Ronni Sandroff, "The Power of Office Friendships," *Working Mother* (November 1997): 35–36, およびその引用文献。

35. *Gallup Poll Monthly,* no. 332 (May 1993): 21, および http://www.gallup.com (October 1999)。「どちらとも言えない」(no opinion) 回答者は除いている。Cheryl Russell, *The Master Trend: How the Baby Boom Generation Is Remaking America* (New York: Plenum Press, 1993), 64. 1972–98年の一般社会調査に対する筆者の分析によれば、仕事への満足は、自分の経済状態に完全に満足している労働者の間で約65％から約61％に低下し、経済状態に多少とも満足していない者の間で約48％から約43％に、そして自分の経済状態に不満を持っている者の間で約36％から約30％に低下した。Glenn Firebaugh and Brian Harley, "Trends in Job Satisfaction in the United States by Race, Gender, and Type of Occupation," *Research in the Sociology of Work* 5 (1995): 87–104の報告では1980年代を通じて仕事への満足は変化しておらず、Bond, Galinsky, and Swanberg, *The 1997 National Study of the Changing Workforce* の第7章では、1977年から1997年の間に仕事への満足がある程度増加していることを見いだしている。一方で、Cappelli, *New Deal at Work,* 122–123の報告では、比較的安定していた数十年の経過後、いくつかの非公開調査アーカイブでは1980年代初頭以降仕事への満足は低下していることを見いだしている。長期にわたる職場での不作法、攻撃性についての確実な証拠を見いだすことはできなかったが、米国人の大半はそれは増加したと信じている。以下を参照のこと。John Marks, "The American Uncivil Wars," *U.S. News & World Report,* April 22, 1996; Joel H. Neuman and Robert A. Baron, "Aggression in the Workplace," in *Antisocial Behavior in Organizations,*

構成するのに十分な時系列データを得ることができなかった。

12. 会員数減少に直面して多くの組織が、学生、見習い、関連領域の労働者等を対象とした「加盟員《アフィリエイト》」という新たなカテゴリーを追加した。この実施は「市場シェア」の分子を上昇させる一方で、それを分母（その職業に就いている人々）で相殺するような調整を行っていないので、図15はどちらかといえば1970年代後の低下を控えめに表現している傾向がある。

13. 外科医のうち米国外科学会に属しているものの割合は、1975年に62％、1996年は64％であった。全麻酔医のうち米国麻酔学会に所属しているものの割合は、1970年の72％から1996年の65％へと低下した。

14. 本節の準備に当たってはクリスティン・ゴスと、デヴィッド・ピントーダシンスキーの非常な助力に感謝する。

15. Alan Wolfe, "Developing Civil Society: Can the Workplace Replace Bowling?" *The Responsive Community* 8:2 (spring 1998), 41–47, 44ページからの引用。以下も参照。Maria T. Poarch, "Ties That Bind: U.S. Suburban Residents on the Social and Civic Dimensions of Work," *Community, Work & Family* 1 (1998): 125–147.

16. *Statistical Abstract of the United States, 1998*, table 644.

17. Arlie Russell Hochschild, *The Time Bind: When Work Becomes Home and Home Becomes Work* (New York: Henry Holt, 1997).

18. Maria T. Poarch, "Civic Life and Work: A Qualitative Study of Changing Patterns of Sociability and Civic Engagement in Everyday Life," (Ph.D. diss., Boston University, 1997), 166.

19. Michael Novak, *Business as a Calling* (New York: Free Press, 1996), 146–50ページの引用。Thomas H. Naylor, William H. Willimon, and Rolf Österberg, *The Search for Meaning in the Workplace* (Nashville, Tenn.: Abingdon Press, 1996); Carolyn R. Shaffer and Kristin Anundsen, *Creating Community Anywhere: Finding Support and Connection in a Fragmented World* (New York: Perigree, 1993).

20. Paul Osterman, "How Common Is Workplace Transformation and How Can We Explain Who Does It?" *Industrial and Labor Relations Review* 47 (January 1994): 173–188; Peter Cappelli, *The New Deal at Work: Managing the Market-Driven Workforce* (Boston: Harvard Business School Press, 1999)〔若山由美訳『雇用の未来』日本経済新聞社、2001年〕: 146–147およびその引用文献。Claudia H. Deutsch, "Communication in the Workplace; Companies Using Coffee Bars to Get Ideas Brewing," *New York Times*, November 5, 1995; Arlie Russell Hochschild, "There's No Place Like Work," *New York Times Magazine*, April 20, 1997, p. 53.

21. Ellen Galinsky, James T. Bond, and Dana E. Friedman, *The Changing Workforce* (New York: Families and Work Institute, 1993), 24; James T. Bond, Ellen Galinsky, and Jennifer E. Swanberg, *The 1997 National Study of the Changing Workforce* (New York: Families and Work Institute, 1998), 106, 103, 161. 職場での友情については注24に引用したソースを参照。1997年6月のスクリップス・ハワード／オハイオ大学対人コミュニケーション全国調査の筆者による分析。

22. *Gallup Poll Social Audit on Black/White Relations in the United States*, Executive Summary (Princeton, N.J.: Gallup Organization, June 1997); Peter Marsden, "Core Discussion Networks of Americans," *American Sociological Review* 52 (1987): 122–131; Diana C. Mutz and Jeffrey J. Mondak, "Democracy at Work: Contributions of the Workplace Toward a Public Sphere," unpublished manuscript, April 1998.

23. 本章の後段に示す証拠に加えて、第14章の図77における議論も参照。

24. Claude S. Fischer, *To Dwell Among Friends: Personal Networks in Town and City* (Chicago: University of Chicago Press, 1982)〔松本康・前田尚子訳『友人のあいだで暮らす――北カリフォルニアのパーソナル・ネットワーク』未来社、2002年〕; Barry Wellman, R. Y. Wong, David Tindall, and Nancy Naxer, "A Decade of Network Change: Turnover, Persistence and Stability in Personal Communities," *Social Networks* 19 (1997): 27–50; Bruce C. Straits, "Ego-Net Diversity: Same-and Cross-Sex Co-worker Ties," *Social Networks* 18 (1996): 29–45; Gwen Moore, "Structural Determinants of Men's and Women's Personal Networks," *American Sociological Review* 53 (1990): 726–735; Stephen R. Marks, "Intimacy in the Public Realm: The Case of Co-workers," *Social Forces* 72 (1994): 843–858; Peter Marsden, "Core Discussion Networks of Americans."

25. Thomas R. Horton and Peter C. Reid, *Beyond the Trust Cap: Forging a New Partnership Between Managers and Their Employers* (Homewood, Ill.: Business One Irwin, 1991), 3; Cappelli, Bassi, et al., *Change at Work*, 67–69. そしてより一般的には Cappelli, *New Deal at Work*; および Charles Heckscher, *White Collar Blues: Management Loyalties in an Age of Corporate Restructuring* (New York: Basic Books, 1995)〔飯田雅美訳『ホワイトカラー・ブルース』日経BP出版センター、1995年〕.

Association Series, ed. George Strauss, Daniel G. Gallagher, and Jack Fiorita (Madison, Wis.: IRRA, 1991), 3–45, 特に 33 ページ。

2. 1953 年に行われた全国調査によれば、回答者の 23 % が労働組合に属しており、これは最も普及した形の自発的結社であった。以下を参照。Charles R. Wright and Herbert H. Hyman, "Voluntary Association Memberships of American Adults: Evidence from National Sample Surveys," ***American Sociological Review*** 23 (June 1958): 284–294. 実際のところ、組合所属は他の自発的結社への所属と比べると単に名目上のものにすぎないことが多いが、その理由の一部として、ユニオンショップ制度によって組合所属が自発的なものを全く意味していないということがある。その一方で、1987 年に至るまで、一般社会調査によれば全組合員の半数近く（46 %）が積極的に組合活動に関わっていると答えていた。

3. Paul Weiler, "The Representation Gap in the North American Workplace," unpublished lecture. これは下記に引用されている。Chaison and Rose, "The Macrodeterminants of Union Growth and Decline," 13.

4. 組合所属低下に対する様々な解釈については、以下を参照。William T. Dickens and Jonathan S. Leonard, "Accounting for the Decline in Union Membership, 1950–1980," ***Industrial & Labor Relations Review*** 38 (April 1985): 323–334; Leo Troy, "The Rise and Fall of American Trade Unions," in ***Unions in Transition: Entering the Second Century,*** ed. Seymour Martin Lipset (San Francisco: ICS Press, 1986), 75–109; Michael Goldfield, ***The Decline of Organized Labor in the United States*** (Chicago: University of Chicago Press, 1987); Chaison and Rose, "The Macrodeterminants of Union Growth and Decline", および Freeman, "Spurts in Union Growth." Henry S. Farber, "Extent of Unionization in the United States," in ***Challenges and Choices Facing American Labor,*** ed. Thomas A. Kochan (Cambridge, Mass.: MIT Press, 1985), 15–43. この 38 ページの統計では、構造要因が低下全体の 40 % を説明すると推定しているが、一方で Richard B. Freeman and James L. Medoff, ***What Do Unions Do?*** (New York: Basic Books, 1984)〔島田晴雄・岸智子訳『労働組合の活路』日本生産性本部、1987 年〕では、その数字をおよそ 55 ～ 60 % としている。Chaison and Rose, "The Macrodeterminants of Union Growth and Decline" の推定では、産業構成の変化が説明するのは低下全体のわずか 25 % にすぎないとしている。

5. Troy, "The Rise and Fall of American Trade Unions," 87, および ***Statistical Abstract of the United States: 1997,*** table 691; ***Union Data Book 1998*** (Washington, D.C.: Bureau of National Affairs, 1998).

6. Henry S. Farber and Alan B. Krueger, "Union Membership in the United States: The Decline Continues," National Bureau of Economic Research working paper no. W4216 (Cambridge, Mass.: National Bureau of Economic Research, 1992), 17–18.

7. Peter J. Pestillo, "Can the Unions Meet the Needs of a 'New' Work Force?" ***Monthly Labor Review*** 102 (February 1979): 33. DDB ニーダム・ライフスタイル調査では、「労働組合は米国で力を持ちすぎている」への賛成は 1977 年の 79 % から 1998 年の 55 % へと低下した。

8. 1950 年については Murray Hausknecht, ***The Joiners,*** および 1952 年の全米選挙調査を参照。1980 年代と 1990 年代については、一般社会調査、Verba, Schlozman, and Brady, ***Voice and Equality,*** および 1996 年の全米選挙調査を参照。

9. 筆者の一般社会調査の分析。一方で、専門職や高位の管理職についている人口の割合も同じ大きさで増大している。専門職組織に加入する資格のある人間の間では、時間と共に会員数の減少傾向が（統計的に有意ではないが）わずかに見られる。

10. 図 15 は 8 組織の経験を大まかにまとめることを意図している。図 8 における標準化技法がここでは用いられている。全 8 組織について、期間全体のデータを得ることはできなかったため、年平均の構成に当たっては一定の恣意性が混入している。各 8 組織の個別の図については付録 3 を参照のこと。会員数は、それぞれの組織の全国本部、***Historical Statistics of the United States: Colonial Times to 1970*** (Washington, D.C.: U.S. Bureau of the Census, 1975)〔斎藤眞・鳥居泰彦監訳『アメリカ歴史統計（第 1 巻・第 2 巻・別巻）』新装版、東洋書林、1999 年〕からの専門職人数、および労働統計局（Bureau of Labor Statistics）の未公刊データから入手した。どの場合も全会員数を、全国でその職に実際に就いている者の数字で除しており、政府統計と組織統計専門家の間のクロスチェックを行っている。1930 年から 1940 年の間の、就業中の機械技術者の数は推定である。公認会計士（CPA）のみが米国公認会計士協会の会員になることができるが、一貫した歴史的データは公認会計士のものではなく、会計士全体のものしか入手できなかった。したがって図 15 は公認会計士の会員率を控えめに表現していることとなるが、広範な傾向―― 1900 年から 1980–90 年にかけて市場シェアが上昇し、その後下降する――は、おそらく正確である。

11. このパターンは専門技術者協会のような他の数多くの専門職組織にもあてはまるが、その低下の詳細図を

("Counting Flocks and Lost Sheep," 14）は、1958年から1986年の間に、週平均でプロテスタントの礼拝に出席する米国人の割合は6.6パーセンテージポイント低下し、一方でカトリックの割合は4.6ポイント低下していた。ローパー社会・政治傾向データを用いて1974–75年から1991–92年の間の低下と比較すると、プロテスタントについては6.1パーセンテージポイント、カトリックについては2.1パーセンテージポイントであった。Hout and Greeleyは、過去30年を通じた教会出席の低下全体はカトリック教徒がバチカンの社会政策に不満を持ったことによる一度限りの急変化によるものであると主張するが、このテーゼは以下の2つの事実と一貫しない。第一に、カトリック教徒の間での参加の落ち込みは持続的なものである。第二にプロテスタントの間の宗教信奉の低下は、所属者の間の出席率の低さではなく、所属そのものの割合の低下に現れている。

49. Darren E. Sherkat and Christopher G. Ellison, "The Politics of Black Religious Change: Disaffiliation from Black Mainline Denominations," ***Social Forces*** 70（December 1991）: 431–54, および Sherry Sherrod DuPree and Herbert C. DuPree, "The Explosive Growth of the African American Pentecostal Church," in ***Yearbook of American and Canadian Churches***（Nashville, Tenn.: Abingdon Press, 1993）, 7–10. ローパー社会・政治傾向データによれば、1974年から1994年の間に毎週の教会出席は黒人の間で10年ごとに2.7パーセンテージポイント（あるいは全体でおよそ11％）低下していたが、対する非黒人ではそれは3.2パーセンテージポイント（あるいは全体で15％）であった。同時期を通じてGSSデータによれば、教会グループへの所属は黒人の間ではおよそ18％の低下を示し、対する非黒人では16％であった。

50. Finke and Stark, ***The Churching of America***; Christian Smith, ***American Evangelicalism: Embattled and Thriving***（Chicago: University of Chicago Press, 1998）および William G. McLoughlin, ***Revivals, Awakenings, and Reform: An Essay on Religion and Social Change in America, 1607 – 1977***（Chicago: University of Chicago Press, 1978）.

51. Wade Clark Roof, "America's Voluntary Establishment: Mainline Religion in Transition," 134.

52. Wuthnow, "Mobilizing Civic Engagement," 6. カトリック信者はプロテスタントよりも教会に出席するが、プロテスタントはグループとしては、その他の社会宗教的活動への参加が多い。以下を参照。Verba, Schlozman, and Brady, ***Voice and Equality,*** 246–47; 320–25.

53. ここでは以下に強く依拠している。Wuthnow, "Mobilizing Civic Engagement" および Wilson and Janoski, "The Contribution of Religion to Volunteer Work," 138, 149–50. 福音主義派プロテスタントは十分に市民的問題に関与しているという反対の主張については Smith, ***American Evangelicalism*** を参照のこと。しかし同書についての批判的レビューとして以下も参照。Mark Chaves, ***Christian Century*** 116（1999）: 227–29.

54. George Marsden, "Preachers of Paradox: The New Religious Right in Historical Perspective," in Douglas and Tipton, ***Religion and America,*** 150–168 の 161 ページの引用。慈善に関する数字は1987 ― 89年の一般社会調査からの計算。

55. Nancy Tatom Ammerman, ***Bible Believers: Fundamentalists in the Modern World***（New Brunswick, N.J.: Rutgers University Press, 1987）, George Will, "Chuck Colson's Miracle," ***Washington Post,*** May 30, 1999, p. B07; Joe Loconte, "Jailhouse Rock of Ages," ***Policy Review*** 84（July/August 1997）: 12–14; Chaves, "Religious Congregations and Welfare Reform."

56. Wuthnow, "Mobilizing Civic Engagement."

57. Wuthnow, "Mobilizing Civic Engagement," 14. 以下も参照のこと。Wilson and Janoski, "The Contribution of Religion to Volunteer Work," 138, および Fredrick C. Harris, "Religious Institutions and African American Political Mobilization," in ***Classifying By Race,*** ed. Paul E. Peterson（Princeton, N.J.: Princeton University Press, 1995）. Wuthnow and Hodgkinson, ***Faith and Philanthropy in America*** の第8章は、リベラルなプロテスタント派教会は保守的教会よりも35種類の公的活動においてより関与が多いことを報告しており、実際それは中絶反対の抗議を除く全ての活動にわたっている。

第5章　職場でのつながり

1. 戦争は米国史を通じて、また他国においても労働組合所属の増加と関連している。以下を参照。Richard B. Freeman, "Spurts in Union Growth: Defining Moments and Social Processes," in ***The Defining Moment: The Great Depression and the American Economy in the Twentieth Century,*** ed. Michael D. Bordo, Claudia Goldin, and Eugene N. White（Chicago: University of Chicago Press, 1998）, 265–295, および Gary N. Chaison and Joseph B. Rose, "The Macrodeterminants of Union Growth and Decline," in ***The State of the Unions,*** Industrial Relations Research

ては以下を参照。Roger Finke and Rodney Stark, ***The Churching of America, 1776–1990***, 239–245.

39. Wade Clark Roof, "America's Voluntary Establishment: Mainline Religion in Transition," in ***Religion and America: Spiritual Life in a Secular Age***, ed. Mary Douglas and Steven Tipton (Boston: Beacon Press, 1983), 132, 137.

40. R. Stephen Warner, "Work in Progress toward a New Paradigm for the Sociological Study of Religion in the United States," 1076–78.

41. Roof and McKinney, ***American Mainline Religion***, 170. 下記も参照のこと。John C. Green and James L. Guth, "From Lambs to Sheep: Denominational Change and Political Behavior," in ***Rediscovering the Religious Factor in American Politics***, ed. David C. Leege and Lyman A. Kellstedt (Armonk, N.Y.: M. E. Sharpe, 1993), 105, 114; および Smith, "Counting Flocks and Lost Sheep," 特に 19–22 ページ。

42. Hammond, ***Religion and Personal Autonomy***, 7–8（引用文), 30, 43, 55; Stephen Carter, ***The Culture of Disbelief*** (New York: Basic Books, 1993).

43. Presser and Stinson, "Data Collection Mode," 144. これら 2 つの青少年調査からの時系列データアーカイブそれぞれとも、数十万人の回答者を含んでおり、したがってこの傾向は非常に信頼性が高い。

44. 年換算の教会出席に関する変動係数は一般社会調査と DDB ニーダム・ライフスタイルアーカイブの両方で 0.9（1974–75 年）から 1.1（1998–99 年）へ、米国人の時間利用アーカイブでは 7.5（1975 年）から 17.3（1995 年）へと上昇した。以下も参照のこと。Glenn, "Trend in 'No Religion' Respondents," 309.

45. 1980 年から 1990 年の間にキリスト教会に対する信仰の大幅な上昇を経験した 5 州はミシシッピ、アラバマ、ルイジアナ、サウスカロライナ、ジョージアであり、大幅な低下を経験した 5 州はバーモント、ニューハンプシャー、メイン、オレゴン、マサチューセッツであった。以下を参照。***Statistical Abstract of the United States: 1996***, 表 89. 以下も参照のこと。Hammond, ***Religion and Personal Autonomy***, 特に 165 ページ。その一方で、信仰心におけるこの地域的分極化は一般社会調査、ローパー社会・政治傾向、DDB ニーダム・ライフスタイルデータには表れていない。

46. 1945–52 年と 1985 年の間の宗派ごとの市場シェアについては以下を参照。Smith, "Counting Flocks and Lost Sheep"; Roof and McKinney, ***American Mainline Religion***, 16 および Finke and Stark, ***Tne Churching of America***, 248. 同様のパターン――カトリックと「なし」の市場シェアの増加、プロテスタント、ユダヤ教徒の減少――は、ギャラップ調査（1947–99 年)、全米選挙調査（1948–88 年)、および年次の UCLA 大学新入生調査（1966–97 年)、ローパー社会・政治傾向調査（1974–94 年)、および一般社会調査（1974–98 年）にも見られる。ローパー調査の報告では、人口に占めるプロテスタント信者の割合は 1973–74 年の 62 % から 1991–92 年の 50 % へ、ハリス調査では 1966 年の 67 % から 1992 年の 55 % へ、GSS では 1972 年の 63 % から 1998 年の 53 % へ、ギャラップ調査では 1962 年の 70 % から 1999 年の 55 % へと低下している。米国人口に占めるプロテスタント信者シェアにおける、1966 年から 1991 年にかけてのほぼ同じ 22 % の低下は以下にも示されている。Hadaway and Roozen, ***Rerouting the Protestant Mainstream***, 30. 米国人口に占めるプロテスタントのシェアは 1890 年から 1906 年の間にも低下しており、それは南部、東部ヨーロッパからのカトリックとユダヤ教徒の大量の移入によるものであったが、しかしその低下はほぼ確実に 10 % にも満たないものであった。以下を参照。Finke and Stark, ***The Churching of America***. 113.

47. 福音主義《エヴァンジェリカル》と根本主義《ファンダメンタリスト》という用語は大まかには、イエスを自身の個人的な救世主として受容すること (「新　生《ボーンアゲイン》」体験)、程度はあれ聖書の字義通りの解釈、そして神の言葉を広げるというキリスト教徒の義務を強調する教会を指すのに用いられるが、神学的、社会的、政治的な明確な差がこの広範なカテゴリーの内部には存在する。福音主義、根本主義教会所属の傾向については、以下を参照のこと。Penny Long Marler and C. Kirk Hadaway, "New Church Development and Denominational Growth (1950–1988): Symptom or Cause?" in ***Church and Denominational Growth***, ed. David A. Roozen and C. Kirk Hadaway (Nashville, Tenn.: Abingdon Press, 1993), 47–86; Smith, "Counting Flocks and Lost Sheep," 特に 10、16 ページ。Finke and Stark, ***The Churching of America***, 特に 248 ページ。Roof and McKinney, ***American Mainline Religion***; Wuthnow, ***The Restructuring of American Religion***; Wuthnow, "Mobilizing Civic Engagement"; Tom W. Smith, "Are Conservative Churches Growing?" ***Review of Religious Research*** 33 (June 1992): 305–329; David Roozen, "Denominations Grow as Individuals Join Congregations," in Roozen and Hadaway, ***Church and Denominational Growth***, 15–35。および Wade dark Roof, "America's Voluntary Establishment: Mainline Religion in Transition," 137–38.

48. GSS、ローパー、NIMH、NES、および「米国人の時間利用」調査についての筆者の分析。以下も参照のこと。Hout and Greeley, "The Center Doesn't Hold," および Presser and Stinson, "Data Collection Mode." Smith

Religion 33 (December 1994): 376–81; および "Symposium: Surveys of U.S. Church Attendance." 1996 年の一般社会調査によれば、「先週に」教会に出席しなかったもののうちで、その他の種類の宗教行事や会合に出席したものは 2 %に過ぎなかった。したがって、この標準質問が教会礼拝の代わりに、例えば、祈禱会に出席している多数の人間を「見逃して」いるということはない。

30. ここでまとめた調査に含まれるのは、教会所属を除く宗教的グループへの 23 %の所属を見いだしている 1952 年の全米選挙調査、Hausknecht, *The Joiners* で報告された 1955 年の調査（25 %）、1987 年の一般社会調査（14 %）、Verba, Schlozman, and Brady, *Voice and Equality* に報告された 1989 年の調査（8 %）、および 1996 年の全米選挙調査（13 %）である。これらの 5 調査間で関連する質問のワーディングはわずかに異なっているが、後の調査ではそれより多くの項目が用いられていたため、1950 年代から 1980–90 年代にかけての宗教的グループ所属の低下は、いずれにせよおそらく過小推定となっているであろう。

31. 一般社会調査によれば「教会関連のグループ」への所属は 1974 年の 43 %から 1990 年代の 34 %へと徐々に低下した。1987 年の GSS によれば、これら所属回答のおよそ半数は単に教会所属であったことがわかっている。教会所属はそのように急速に低下していないのであるから、全体の数字が反映しているのは、少なくともその他の宗教グループへ参加していると答えたものの間での急速な低下である。この問いが宗教コミュニティへの関与の強さについて明らかにしているのは、主流派プロテスタントで教会関連のグループに所属していると答えるものが 3 分の 1（32 ～ 35 %）しかないのに比べて、福音主義派《エヴァンジェリカル》、根本主義派《ファンダメンタリスト》、モルモン教徒では 3 分の 2 近く（63 %）に上るという事実である。以下を参照。Roof and McKinney, *American Mainline Religion*, 83–84, および Robert Wuthnow, "Mobilizing Civic Engagement: The Changing Impact of Religious Involvement," in *Civic Engagement in American Democracy*, ed. Skocpol and Fiorina, 331–63.

32. 以下も参照のこと。Stanley Presser and Linda Stinson, "Data Collection Mode and Social Desirability Bias in Self-Reported Religious Attendance," *American Sociological Review* 63 (February 1998): 137–45. 1981 年から 1997 年の期間に、3 歳から 12 歳の間の子どもを対象に集められた時間日記において、教会へ費やす時間が 50 %の急激な低下を示しているということが下記に示されている。Sandra L. Hofferth and Jack Sandberg, "Changes in American Children's Time, 1981–1997" (paper presented at the annual meeting of the American Sociological Association, Chicago, Ill., August 1999), 30.

33. GSS、ローパー、NES、NIMH、DDB ニーダム・ライフスタイルデータ、および時間日記データに対する筆者の分析（ギャラップデータは外部研究者の二次分析のためには提供されていない）。この結論の基礎となっている統計学的方法論については、Firebaugh, "Methods for Estimating Cohort Replacement Effects." に記述されている。以下も参照のこと。James A. Davis, "Changeable Weather in a Cooling Climate atop the Liberal Plateau: Conversion and Replacement in Forty-Two General Social Survey Items, 1972–1989," *Public Opinion Quarterly* 56 (fall 1992): 261–306, 特に 301 ページ。

34. 米国人の宗教行動におけるライフサイクル・世代パターンについては以下を参照。Michael Hout and Andrew M. Greeley, "The Center Doesn't Hold: Church Attendance in the United States, 1940–1984," *American Sociological Review* 52 (June 1987): 325–345; Mark Chaves, "Secularization and Religious Revival: Evidence from U.S. Church Attendance Rates, 1972–1986," *Journal for the Scientific Study of Religion* 28 (December 1989): 464–477; Glenn Firebaugh and Brian Harley, "Trends in U.S. Church Attendance: Secularization and Revival, or Merely Lifecycle Effects," *Journal for the Scientific Study of Religion* 30 (December 1991): 487–500; Ross M. Stolzenberg, Mary Blair-Loy, and Linda J. Waite, "Religious Participation in Early Adulthood: Age and Family Life Cycle Effects on Church Membership," *American Sociological Review* 60 (February 1995): 84–103.

35. ローパー政治・社会傾向調査（1974–1998）と一般社会調査（1972–1998）の筆者による分析。

36. Wade Clark Roof, *A Generation of Seekers: The Spiritual Journeys of the Baby Boom Generation* (San Francisco: Harper, 1993); David A. Roozen and William McKinney, "The 'Big Chill' Generation Warms to Worship: A Research Note," *Review of Religious Research* 31 (March 1990): 314–322; Tom W. Smith, "Counting Flocks and Lost Sheep: Trends in Religious Preference Since World War II," GSS Social Change Report, no. 26 (Chicago: National Opinion Research Center, January 1991), 9; および Hadaway and Roozen, *Rerouting the Protestant Mainstream*, 40–42.

37. Roof and McKinney, *American Mainline Religion*, 18–19; 7–8; 32–33.

38. 宗教的流動性については以下を参照。Smith, "Counting Flocks and Lost Sheep," 特に 20 ページ。Hadaway and Marler, "All in the Family"; および Robert Wuthnow, *The Restructuring of American Religion: Society and Faith since World War II* (Princeton, N.J.: Princeton University Press, 1988); 特に 88–91 ページ。カルトについ

21. シカゴ大学のマーティン・マーティ教授の下記における引用。"Spiritual America," *U.S. News & World Report*, April 4, 1994.

22. Robert Wuthnow, *The Crisis in the Churches: Spiritual Malaise, Fiscal Woe* (New York: Oxford University Press, 1997), vi. 世俗化論争については以下を参照のこと。 Jeffrey K. Hadden, "Toward Desacralizing Secularization Theory," *Social Forces* 65 (March 1987): 587–611, Frank J. Lechner, "The Case against Secularization: A Rebuttal," *Social Forces* 69 (June 1991): 1103–19; および以下の特集。"Symposium: Surveys of U.S. Church Attendance," *American Sociological Review* 63 (February 1998): 111–45.

23. R. Stephen Warner, "Work in Progress toward a New Paradigm for the Sociological Study of Religion in the United States," *American Journal of Sociology* 98 (March 1993): 1044–93, 特に 1049 ページ。

24. 宗派データは下記より。*Yearbook of American and Canadian Churches, 1984*, ed. Constant H. Jacquet Jr. (Nashville, Tenn.: Abingdon Press, 1984), 248, およびこの年鑑の以降の版。*Statistical Abstract of the United States, 1994*; Benton Johnson, "The Denominations: The Changing Map of Religious America," *Public Perspective* 4 (March/April 1993): 4. 宗派データの方法論的弱点に関する議論については、*Yearbook of American and Canadian Churches, 1984* およびこの年鑑の以降の版の注を参照のこと。ギャラップ調査データは以下より。*Statistical Abstract of the United States, 1997* (表 86)、これはギャラップ機関が実施した調査に基づいている。George Gallup Jr., *The Gallup Poll: Public Opinion* (Wilmington, Del.: Scholarly Resources Inc., 1986 および各年), ギャラップウェブサイト www.gallup.com/poll/indicators/indreligion.asp および Mayer, *The Changing American Mind, 379*. 後年では、このシリーズは複数の調査を結合して単一の年平均としている。Norval D. Glenn, "The Trend in 'No Religion' Respondents to U.S. National Surveys, Late 1950s to Early 1980s," *Public Opinion Quarterly* 51 (fall 1987): 293–314; *Religion in America: 1992–1993*, ed. Robert Bezilla (Princeton, N.J.: Princeton Religion Research Center, 1993), 40.

25. 最長期にわたる、最も広く報告されている証拠は標準的なギャラップ調査からもので 1939 年以来定期的に「過去 7 日間の間に教会（またはシナゴーグ）にあなた自身行きましたか」と尋ねている。類似の質問は 1974 ― 93 年のローパー社会・政治傾向アーカイブに見られる――「以下のことがらの中で先週あなたが個人的に行ったことは何ですか……教会もしくは宗教礼拝に行った」。1952 年から 1968 年の間、全米選挙調査では対象者に「教会に定期的に通っていますか、しばしば、たまに、それとも全く行かないでしょうか」と尋ね、1968 年以降は「あなたは（教会/シナゴーグ）に毎週行っていますか。ほぼ毎週、月に 1 〜 2 回、年に数回、あるいは全く行かないでしょうか」と聞いている。1967 年以降、全米世論調査センター（後の一般社会調査 , GSS）は「宗教礼拝にどのくらいの頻度で出席していますか」と尋ね、また 1975 年以降 DDB ニーダム・ライフスタイル調査は「過去 12 ヶ月間に、教会やその他の礼拝所を何回訪れましたか」と尋ねた。文中の週ごとの出席推定はローパーとギャラップの結果の幅を表しており、DDB ニーダムと GSS による推定も年当たり 20 〜 25 回の出席と、類似した結果を示している。

26. これらのデータはギャラップ調査と全米選挙調査からのものである。第 3 章の注 23 で引用した NIMH 調査の知見では、1957 年から 1976 年の間に教会出席が 20 %低下しており、この結果はその時期の他調査の証拠と一貫したものである。

27. 5 つのアーカイブと、それぞれの記録における変化は、ギャラップ調査（1975–76 年から 1998–99 年に 4 %低下）、全米選挙調査（1970–72 年から 1996–98 年に 6 %低下）、ローパー社会・政治傾向（1974–75 年から 1997–98 年に 19 %低下）、一般社会調査（1974–75 年から 1997–98 年に 13 %低下）、そして DDB ニーダム・ライフスタイル（1975–76 年から 1998–99 年に 15 %低下）である。ヤンケロビッチ・パートナーズ社より提供いただいた第 6 のアーカイブでは、少なくとも「時々」出席があるかを尋ねている。このボーダーラインは低いため、図 13 に含むにはこのデータは十分に比較可能なものではないが、それでもこのバロメーターでも、1978–80 年の 64 %から 1997–99 年の 49 %へと 4 分の 1 近い低下を示している。

28. 図 13 はギャラップ調査（1940–99）、ローパー社会・政治傾向調査（1974–96）、全米選挙調査（1952–92）、DDB ニーダム・ライフスタイル調査（1975–99）、一般社会調査（1972–98）からの週当たり教会出席割合の平均に基づいている。これらのアーカイブの後 3 者は、前 2 者の「週当たり教会出席」形式にマッチするように換算が行われた。別の換算法では、報告した教会出席の絶対水準が変わってくるだろうが、それは基本的傾向を変化させるものではない。NES の質問形式は 1970 年に変更され、1990 年に再び変更されたが、これらの変化は図 13 を構成するのに用いた結果を本質的に変えるものではなかった。

29. 以下を参照。C. Kirk Hadaway, Penny Long Marler, and Mark Chaves, "What the Polls Don't Show: A Closer Look at U.S. Church Attendance," *American Sociological Review* 58 (December 1993): 741–52; Mark Chaves and James C. Cavendish, "More Evidence on U.S. Catholic Church Attendance," *Journal for the Scientific Study of*

Philanthropy," both in *Faith and Philanthropy in America*, ed. Robert Wuthnow, Virginia A. Hodgkinson, and associates (San Francisco: Jossey-Bass, 1990), 93–114; 134–164. 部分的に矛盾する証拠については、以下を参照のこと。John Wilson and Thomas Janoski, "The Contribution of Religion to Volunteer Work," *Sociology of Religion* 56 (summer 1995): 137–52.

14. Kenneth D. Wald, *Religion and Politics in the United States* (New York: St. Martin's Press, 1987), 29–30. 以下も参照のこと。Strate et al., "Life Span Civic Development," 452.

15. Ram A. Cnaan, Amy Kasternakis, and Robert J. Wineburg, "Religious People, Religious Congregations, and Volunteerism in Human Services: Is There a Link?" *Nonprofit and Voluntary Sector Quarterly* 22 (spring 1993): 33–51; Eiton F. Jackson, Mark D. Bachmeier, James R. Wood, and Elizabeth A. Craft, "Volunteering and Charitable Giving: Do Religious and Associational Ties Promote Helping Behavior?" *Nonprofit and Voluntary Sector Quarterly* 24 (spring 1995): 59–78; John Wilson and Marc Musick, "Who Cares? Toward an Integrated Theory of Volunteer Work," *American Sociological Review* 62 (October 1997): 694–713. DDB ニーダム・ライフスタイル調査においては、教会出席の方がボランティア活動の予測変数として、「宗教は私の生活において重要である」への賛意よりもずっと強力である。

16. このパラグラフのデータは 1998 年の全米会衆派調査からのもので、以下に報告されている。Mark Chaves, "Religious Congregations and Welfare Reform: Who Will Take Advantage of 'Charitable Choice'?" *American Sociological Review* 64 (1999): 836–46, および Mark Chaves, "Congregations' Social Service Activities" (Washington, D.C.: The Urban Institute, Center on Nonprofits and Philanthropy, 1999). 各活動についての、より高率だが代表性の低い結果は以下に報告されている。Virginia A. Hodgkinson, Murray S. Weitzman, and associates, *From Belief to Commitment: The Community Service Activities and Finances of Religious Congregations in the United States: 1993 Edition* (Washington, D.C.: Independent Sector, 1993), 特に 31 ページ、および Ram A. Cnaan, *Social and Community Involvement of Religious Congregations Housed in Historic Religious Properties: Findings from a Six-City Study* (Philadelphia: University of Pennsylvania School of Social Work, 1997). 以下も参照のこと。John J. DiIulio Jr., "Support Black Churches: Faith, Outreach, and the Inner-City Poor," *The Brookings Review* 17 (spring 1999): 42–45. Glenn C. Loury and Linda Datcher Loury, "Not by Bread Alone," *The Brookings Review* 15 (winter 1997): 10–13; Samuel G. Freedman, *Upon this Rock: The Miracles of a Black Church* (New York: HarperCollins, 1993); および Mark R. Warren, "Community Building and Political Power: A Community Organizing Approach to Democratic Renewal," *American Behavioral Scientist* 41 (September 1998): 78–92.

17. Aldon D. Morris, *The Origins of the Civil Rights Movement: Black Communities Organizing for Change* (New York: Free Press, 1984), 4 ページからの引用。以下も参照のこと。McAdam, *Freedom Summer,* および Doug McAdam, *Political Process and the Development of Black Insurgency 1930–1970* (Chicago: University of Chicago Press, 1982).

18. Fredrick C. Harris, *Something Within: Religion in African-American Political Activism* (New York: Oxford University Press, 1999), 特に 59, 63–64 ページ。C. Eric Lincoln and Lawrence H. Mamiya, *The Black Church in the African American Experience* (Durham, N.C.: Duke University Press, 1990); Mary Pattillo-McCoy, "Church Culture as a Strategy of Action in the Black Community," *American Sociological Review* 63 (December 1998): 767–784. アフリカ系米国人の宗教性の強さは、一般社会調査、全米選挙調査、ローパー社会・政治傾向調査、DDB ニーダム・ライフスタイル調査においても、Verba, Schlozman, and Brady, *Voice and Equality* と同様に確認されている。

19. C. Eric Lincoln, "The Black Church and Black Self-Determination" (paper presented at the annual meeting of the Association of Black Foundation Executives, Kansas City, Missouri, April 1989).

20. 以下を参照のこと。Mayer, *The Changing American Mind,* 375–76. ギャラップ調査（www.gallup.com/poll/indicators/indreligion.asp）によれば、「宗教は私の生活において非常に重要である」と答える者の割合は 1952 年の 75 % から 1978 年の 52 % まで低下したが、その後 1999 年には 60 % と幾分の回復を見せた。DDB ニーダム・ライフスタイルアーカイブによれば、「宗教は私の生活において重要である」に対して「強く」あるいは「ある程度」そう思うと答えた者の割合は 1981 年の 57 % から 1999 年の 50 % へと低下した。一方で、プリンストン宗教性指数は神への信仰、宗教傾向、神が今日の問題に対して答えることができるという信念、教会所属、組織宗教に対する信頼、聖職者は誠実であるという感覚、宗教が生活において非常に重要なものであるという意見、そして教会もしくはシナゴーグに対する出席を測定しているが、これは 1961 年から 1994 年まで急激に、そしてだいたい持続的に低下していた。C. Kirk Hadaway and David A. Roozen, *Rerouting the Protestant Mainstream: Sources of Growth and Opportunities for Change* (Nashville Tenn.: Abingdon Press, 1995), 43–44.

34. ここで用いられた、週レベル換算のための手法では、水曜日に活動したと報告した者は、木曜日に再び活動したと報告することはないだろうという仮定を置いている。この近似はおそらくわずかに不正確なものであるため、テキストの数字全体が1週間の間に参加した者全体の割合をわずかに過大に推測してと思われる。しかし、この大まかな近似が時系列変化の規模と方向に影響しているとはほとんど考えられない。本書で報告した時間利用の全ての傾向は、統計的に強く有意である。

35. *Statistical Abstract of the United States 1997* の表406を、米国商務省経済分析局の未公刊データで補足した。

第4章　宗教参加

1. Seymour Martin Lipset, "Comment on Luckmann," in *Social Theory for a Changing Society*, ed. Pierre Bourdieu and James S. Coleman (Boulder, Colo.: Westview Press, 1991), 185–88. 187ページからの引用。

2. Phillip E. Hammond, *Religion and Personal Autonomy: The Third Disestablishment in America* (Columbia: University of South Carolina Press, 1992), xiv.

3. Roger Finke and Rodney Stark, *The Churching of America, 1776 – 1990: Winners and Losers in Our Religious Economy* (New Brunswick, N.J.: Rutgers University Press, 1992). 特に16ページ。

4. E. Brooks Holifield, "Towards a History of American Congregations," in *American Congregations, Volume 2: New Perspectives in the Study of Congregations*, ed. James P. Wind and James W. Lewis (Chicago: University of Chicago Press, 1994), 23–53. 24ページからの引用。

5. Wade Clark Roof and William McKinney, *American Mainline Religion: Its Changing Shape and Future* (New Brunswick, N.J.: Rutgers University Press, 1987), 6.

6. Sara Terry, "Resurrecting Hope," *The Boston Globe Magazine* (July 17, 1994), p. 22.

7. Hammond, *Religion and Personal Autonomy*, appendix A, 178–184; Holifield, "Towards a History of American Congregations," 44.

8. Verba, Schlozman, and Brady, *Voice and Equality*, 特に282–83, 317–33, 377–84および518–21ページ。Theodore F. Macaluso and John Wanat, "Voting Turnout & Religiosity," *Polity* 12 (fall 1979): 158–69; John M. Strate, Charles J. Parrish, Charles D. Elder, and Coit Ford, III, "Life Span Civic Development and Voting Participation," *American Political Science Review* 83 (June 1989): 443–64; Steven A. Peterson, "Church Participation and Political Participation: The Spillover Effect," *American Politics Quarterly* 20 (January 1992): 123–39; Fredrick C. Harris, "Something Within: Religion as a Mobilizer of African-American Political Activism," *Journal of Politics* 56 (February 1994): 42–68; Kenneth D. Wald, Lyman A. Kellstedt, and David C. Leege, "Church Involvement and Political Behavior," in *Rediscovering the Religious Factor in American Politics*, ed. David C. Leege and Lyman A. Kellstedt (Armonk, N.Y.: M. E. Sharpe, 1993), 特に130ページ。Rosenstone and Hansen, *Mobilization, Participation, and Democracy in America*, 158.

9. 一般社会調査とDDBニーダム・ライフスタイル調査を筆者が分析したものであり、教育水準、収入、フルタイム雇用、性別、婚姻状態と子どもの有無、都市／農村部居住、年齢、人種を統制している。宗教性と結社性にこのように強い相関があることは、1950年代にHausknecht, *The Joiners*, 54で、またBernard Lazenvitz, "Membership in Voluntary Associations and Frequency of Church Attendance," *Journal for the Scientific Study of Religion* 2 (October 1962): 74–84. で報告されている。

10. 1996年の全米選挙調査に対する筆者の分析。

11. DDBニーダム・ライフスタイル調査では、教会出席と「宗教は私の生活において重要である」ことへの賛成が、クラブ出席、ボランティア活動、友人訪問、家庭での歓待を予測する上で教育よりも強力な変数であった。ローパー社会・政治傾向調査における市民参加の事実上全ての指標において、先週教会に出席した者とそうでない者との間にある差は、高卒者と大卒者の間に見られる差と同じ大きさだった。

12. 1997年6月のスクリップス・ハワード／オハイオ大学対人コミュニケーション全国調査の筆者による分析。

13. Virginia A. Hodgkinson and Murray S. Weitzman, *Giving and Volunteering in the United States: 1996 Edition* (Washington, D.C.: Independent Sector, 1996), 5, 14, 121–31; Virginia A. Hodgkinson, Murray S. Weitzman, and Arthur D. Kirsch, "From Commitment to Action: How Religious Involvement Affects Giving and Volunteering," and Mordechai Rimor and Gary A. Tobin, "Jewish Giving Patterns to Jewish and Non-Jewish

16. 19 世紀の結社形成に関する計量的データは希であるが、1865 年から 1965 年までの結社活動における唯一の明確な低下は 1930 年から 1935 年の期間に見られる。いくつかの証拠と関連する史実については以下を参照のこと。Gerald Gamm and Robert D. Putnam, "The Growth of Voluntary Associations in America, 1840–1940," *Journal of Interdisciplinary History* 29 (spring 1999), 511–557. John Harp and Richard J. Gagan, "Changes in Rural Social Organizations: Comparative Data from Three Studies," *Rural Sociology* 34 (1969): 80–85. は、1924 年から 1936 年までの組織密度に変化はなくその後 1964 年までに 50 %増加したと報告しており、これは図 8 の独立した確証となっている。

17. 米国の市民生活は 1865 年（南北戦争）後と 1918 年（第一次大戦）後にも活気づいたが、これらの戦後ブームが、かなりの経済的混乱に直面してもある程度持続的なものであったのに対し、1960 年以後の落ち込みは繁栄の期間に始まり持続していた。すなわち、1960 年以後の落ち込みは、単なる戦前の「常態」への復帰と解釈されるべきではない。

18. Babchuk and Booth, "Voluntary Association Membership," 34.

19. Susan Crawford and Peggy Levin, "Social Change and Civic Engagement: The Case of the PTA," in *Civic Engagement in American Democracy*, ed. Skocpol and Fiorina, 249–296, 250–251 ページの引用。

20. PTO の拡大は PTA の損失のせいぜい一部しか説明できない。*The Third PTA National Education Survey* (Los Angeles: Newsweek, 1993) の知見では、学校を基盤としたグループに所属する世帯全体の 3 分の 2 が PTA に所属しており、したがって 1960 年には非加盟 PTO が存在しなかったという全くあり得ない仮定を置いても、非加盟グループの仮説上の増加は PTA 加盟会員の減少と等しくはならない。さらに、最大の非加盟地域グループの一つ――ニューヨーク市父母連合会――も、1960 年代初期以降に大量の会員数減少を経験している。以下を参照のこと。Sam Dillon, "A Surge in Advocacy Within Parent Groups," *New York Times*, October 13, 1993.

21. Tom W. Smith, "Trends in Voluntary Group Membership: Comments on Baumgartner and Walker," *American Journal of Political Science* 34 (August 1990): 646–661. 647 ページからの引用（強調部筆者)。

22. Frank R. Baumgartner and Jack L. Walker, "Survey Research and Membership in Voluntary Associations," *American Journal of Political Science* 32 (November 1988): 908–928; Smith, "Trends in Voluntary Group Membership."

23. Joseph Veroff, Elizabeth Douvan, and Richard A. Kulka, *The Inner American: A Self-Portrait from 1957 to 1975* (New York: Basic Books, 1981).

24. Veroff, Douvan, and Kulka, *Inner American*, 17.

25.「社交グループ」（カントリークラブからスポーツチームにまで及ぶ）という項目は 5 つのうちおよそ 1 つの所属を説明するが、それのみがこの 20 年間に低下しなかった。このカテゴリーの加入率は 13 %から 16 %へと上昇した。

26. これらの調査アーカイブのそれぞれについては、その詳細を付録 1 に記した。

27. 1974 年から 1994 年までの 15 回の調査において、一般社会調査では米国人に「15 のグループのそれぞれについて所属していますか、それともいませんか」として、「友愛グループ」から「教会関連グループ」そして残りを全て入れるカテゴリーとして「その他」について尋ねた。1993 年と 1994 年の GSS では一部の限られたサンプルにしか関連する質問を尋ねなかったため、これらの年の結果はより信頼度に欠ける。

28. これらのデータは 1987 年の一般社会調査より。1973 年のルイス・ハリス調査（ノースカロライナ大学社会科学研究所の調査番号 2343）によれば、組織メンバーの 48 %が一度はクラブの役員を務めたことがあると答えており、これは 1987 年の GSS の値と基本的に同じである。

29. ローパー社会・政治傾向アーカイブからのデータを筆者が分析したもの。

30. William Safire, "On Language," *New York Times*, August 13, 1989.

31. 方法論的詳細については付録 1 を参照。

32. John P. Robinson and Geoffrey Godbey, *Time for Life: The Surprising Ways Americans Use Their Time*, 2nd ed. (University Park: Pennsylvania State University Press, 1999).「米国人の時間利用」アーカイブを共有してくださったロビンソン教授、そしてそのデータを慎重に分析したダン・デヴロイの両者に感謝する。われわれの結果はロビンソンとゴドビーが報告したものとはわずかに異なっているが、それはデータに重み付けして 1) 1965 年調査のサンプリングにおける例外を修正し、2) 週各日における日記のウェイトの等しさを確保したからである。これらの調整の中で最も重要なものは、1965 年のサンプルが人口 35,000 人以下の地域の、あるいはその全員が引退している世帯を除外したという事実を修正したことである。

33.「米国人の時間利用」アーカイブを筆者が分析したもの。

ループにおいては、創立時期と、個人会員のいる支部の存在数との間の相関は r＝－.17 で、これは 1％水準で統計的に有意である。会員のいない公益グループの特異性については以下を参照のこと。Frank J. Sorauf, *The Wall of Separation*（Princeton, N.J.: Princeton University Press, 1976）; Berry, *Lobbying for the People*; Michael T. Hayes, "The New Group Universe," in *Interest Group Politics*, 2nd ed., ed. Allan J. Cigler and Burdett A. Loomis（Washington, D.C.: Congressional Quarterly Press, 1986）, 134; および Theda Skocpol, "Civic America, Then and Now," in Putnam, *Dynamics of Social Capital in Comparative Perspective*.

10. Charles R. Morris, *The AARP: America's Most Powerful Lobby*（New York: Times Books, 1996）, 23–43. Cristine L. Day, *What Older Americans Think: Interest Groups and Aging Policy*（Princeton, N.J.: Princeton University Press, 1990）, 66.

11. 社会学者は一次集団という用語を、その人の最も親密なつながり――家族や親密な友人――を指すのに用い、二次集団を教会や労働組合、コミュニティ組織といった、それよりは親密さの低いつながりを指すのに用いる。先見的な分析については以下を参照のこと。Bernard Barber, "Participation and Mass Apathy in Associations," in *Studies in Leadership*, ed. A. W. Gouldner (New York: Harper, 1950).

12. もちろんこれらの組織の中には、そのメンバーに対してグループ保険や流行の T シャツといった商用サービスを提供するものもあるが、この役割においては、それらは他の通販会社と区別がつかない。

13. 退役軍人組織の会員についてのデータは、一般社会調査（1974–94）より。存命中の退役軍人数のデータは復員軍人庁より。労働組合員数のデータは労働省の年次調査より。労働組合数のデータは *Encyclopedia of Associations* より。

14. Christopher J. Bosso, "The Color of Money: Environmental Groups and the Pathologies of Fund Raising," in *Interest Group Politics*, 4th ed., ed. Allan J. Cigler and Burdett A.Loomis（Washington, D.C.: Congressional Quarterly, 1995）, 101–130, 特にその 117 ページ、およびスタッフメンバーとの面接より。「市民グループ」のダイレクトメールマーケティングについては以下を参照のこと。Jeffrey M. Berry, *The Interest Group Society*, 3rd ed.（New York: Longman, 1997）, 77–80; および Paul E. Johnson, "Interest Group Recruiting: Finding Members and Keeping Them," in *Interest Group Politics*, 5th ed., ed. Allan J. Cigler and Burdett A.Loomis（Washington, D.C.: Congressional Quarterly Press, 1998）, 35–62.

15. 図 8 の意図は、30 以上の各組織の経験を大まかにまとめることのみである。関心を持った読者は、付録 3 に示したそれぞれの組織に対する個別の図を当たってほしい。1 世紀間にわたる会員数データの必然的な不確実性と、どのグループを含めるべきかについての避けがたい恣意性から考えれば、図 8 の詳細については過大に解釈すべきではない。私は、1950 年代、1960 年代における全国的な、支部基盤を持つ大規模な市民組織の全てに加え、その後で存在するようになったもの（1 つもなかった）、さらにハダーサ、NAACP、オプティミスト、4–H のような小さな「ニッチ」組織から選んだものを含めるように努めた（労働組合と専門職組織は図 8 から除いたが、第 5 章で議論している）。この多様なグループの大半が、図 8 の大まかなアウトラインに反映しているので、そのような組織の会員数についての広範な歴史的傾向をそれが表していることについては私は一定の確信を持っている。私の仮説―― 20 世紀後半の 3 分の 1 における会員数の減少――に対して反対となるバイアスを図 8 に与えるために、「レッドマン」友愛グループのような 19 世紀の大規模結社でその後消滅したものをいくつか除き、一方で「オッドフェローズ」のような第二次大戦後も強力であり続けたものをいくつか含めるようにした。そのようなグループを全て含めると、20 世紀前半の結社的バイタリティの明らかな成長を減少させ、その後の低下を拡大させることになるかもしれない。しかし、これらの包含や除外は、図 8 の概略を決定的に変えるものではなかった。付録 3 に挙げたそれぞれの組織に対しては、各年の全国会員数を、それぞれ関連する人口に対する比として計算した――子どものいる家族 1,000 当たりの PTA 会員数、退役軍人 1,000 人当たりの在郷軍人会会員数、ユダヤ人女性 1,000 人当たりのハダーサ会員数といった具合である。欠落年については、隣接年から会員数を補間した。その規模や市場シェアにかかわらずにそれぞれの組織の重みを等しくするため、各組織の「標準得点」を算出して、所定年の市場シェアを 1 世紀全体の平均マーケットシェアに対して比較できるようにし、その後、所定年における全組織の標準得点を平均した。この標準化手法のために、縦軸が測っているのは絶対的な会員率ではなく、1 世紀の平均に対する相対的な傾向である。シーダ・スコッチポル教授に対して、米国の結社史に関する数多くの啓発的な議論と、このテーマについて自身の研究プロジェクトで彼女の収集したデータを寛大にも共有してくださったことに感謝する。しかし、ここで提示した証拠とその結論に対しては私のみがその責任を負うものである。以下を参照のこと。Theda Skocpol, with the assistance of Marshall Ganz, Ziad Munson, Bayliss Camp, Michele Swers, and Jennifer Oser, "How America Became Civic," in *Civic Engagement in American Democracy*, eds. Skocpol and Fiorina, 27–80.

146–47. は、投票低下は社会のつながりの弱まりを表していると主張した。ナックは近年の社会的連結の全般的な弱体化に着目した最初の研究者の一人である。彼の "Why We Don't Vote—Or Say "Thank You,'" *Wall Street Journal*, December 31, 1990, および Norval D. Glenn, "Social Trends in the United States," *Public Opinion Quarterly* 51 (winter 1987): S109–S126. を参照。

32. Lori Weber, *The Effects of Democratic Deliberation on Political Tolerance* (Ph.D. diss.. University of Colorado, 1999), 24–42. この報告によれば、(会合出席のような)「社会的」形態の参加は政治的寛容の増加と関連しているが、(役職者との接触のような)「個人的」参加形態はそうではなかった。

33. 1947 年においては、米国成人の受けた正規教育年数の中央値は 9 年間であったが、1998 年にはその値は約 13 年となった。国勢調査局によれば、高校を卒業した成人の割合は 1947 年の 31 % から 1998 年の 82 % へと上昇している。

34. ノースカロライナ大学社会科学研究所にアーカイブされているハリス調査を筆者が分析したもの。

第 3 章　市民参加

1. Tocqueville, *Democracy in America*, 513–517.

2. 1981 年のギャラップ調査は、自発的結社の会員数において米国を 12 の先進民主主義国のトップに位置づけている。1991 年の世界価値観調査では、35 カ国の中で合衆国はノルウェイと並んで 4 位につけており、スウェーデン、アイスランド、オランダに後れを取っていた。以下を参照のこと。Verba, Schlozman, and Brady, *Voice and Equality*, 80, および Robert D. Putnam, "Bowling Alone: America's Declining Social Capital," *Journal of Democracy* 6 (January 1995): 65–78.〔坂本治也・山内富実訳「ひとりでボウリングをする——アメリカにおけるソーシャル・キャピタルの減退」宮川公男・大守隆編『ソーシャル・キャピタル——現代経済社会のガバナンスの基礎』東洋経済新報社、2004 年、55–76 頁〕

3. Murray Hausknecht, *The Joiners* (New York: Bedminster Press, 1962); Nicholas Babchuk and Alan Booth, "Voluntary Association Membership: A Longitudinal Analysis," *American Sociological Review* 34 (February 1969): 31–45.

4. Gale Research Company, *Encyclopedia of Associations* の、Statistical Abstract of the United States (各年刊) における引用。Allan J. Cigler and Burdett A. Loomis, eds.. *Interest Group Politics*, 3rd ed. (Washington, D.C.: CQ Press, 1991), 11; Kay Lehman Schlozman and John T. Tiemey, *Organized Interests and American Democracy* (New York: Harper & Row, 1986); Jack L. Walker, *Mobilizing Interest Groups in America: Patrons, Professions, and Social Movements* (Ann Arbor: University of Michigan Press, 1991); Frank R. Baumgartner and Beth L. Leech, *Basic Interests: The Importance of Groups in Politics and in Political Science* (Princeton, N.J.: Princeton University Press, 1998), 特に 102–106 ページ。

5. David Horton Smith, "National Nonprofit, Voluntary Associations: Some Parameters," *Nonprofit and Voluntary Sector Quarterly* 21 (spring 1992): 81–94. 私は、*Encyclopedia of Associations* (Detroit: Gale Research Co, 1956, 1968, 1978, 1988, and 1998) の各版からランダムサンプリングした、個人会員を有する 200 組織を比較することによってスミスの知見を確認した。組織当たりの平均会員数は、1956 年の 111,000 人から 1998 年の 13,000 人に減少していた。この、およびその他の仕事に対する有能な助力について、アダム・ヒッキーに感謝する。

6. 1971 年には、全国的非営利組織の 19 % がその本部をワシントンに置いていた。1981 年にはそれは 29 % に上ったことが以下に示されている。Robert H. Salisbury, "Interest Representation: The Dominance of Institutions," *American Political Science Review* 78 (March 1984): 64–76. 以下も参照のこと。Cigler and Loomis, *Interest Group Politics*, 3rd ed., and Smith, "National Nonprofit, Voluntary Associations."

7. Theda Skocpol, "Advocates without Members: The Recent Transformation of American Civic Life," in *Civic Engagement in American Democracy*, eds. Theda Skocpol and Morris P. Fiorina (Washington, D.C.: Brookings Institution Press, 1999), 461–509.

8. Jeffrey M. Berry, *Lobbying for the People: The Political Behavior of Public Interest Groups* (Princeton, N.J.: Princeton University Press, 1977), 42. 主要な全国紙、*Congressional Quarterly*, *Encyclopedia of Associations*、および広範な登録ロビイストを詳細に調べた結果、ベリー (14 ページ) は「この調査は、インタビューの時点 (1972 年 9 月–1973 年 6 月) で存在していた公益グループの実数のうち非常に高い割合——確実に 80 % 以上——を代表するものである」と結論している。

9. これらの数字は、Walker, *Mobilizing Interest Groups in America*. に報告された調査から計算された。市民グ

手できない。さらに、重要な質問のワーディングと形式が1995年1月に大きく変化したので、以前のデータとの直接比較はもはや不可能である。しかし、形式変更後に収集されたデータの傾向は、事実上全ての項目において少なくとも1998年まで低下が続いたことを示している。このアーカイブの詳細については付録1を参照。

26. 図4のローパー調査と、図3の全米選挙調査による結果はサンプリング誤差の範囲内できわめて一貫している。ローパーのグラフにおけるデータ点は、NESのグラフのデータ点のおよそ10倍の回数の面接に基づくもので、したがってローパーデータの傾向の方が、全米選挙調査の調査によるものよりずっとスムースである。メディアマーク社の年次調査によれば、「政党や候補者のために積極的に働いた」頻度は1980年代初頭から1990年代末にかけて38 %という同様の低下を示している。これらのデータを共有してくれたメディアマーク社とジュリアン・ベイムに感謝する。

27. ローパーによって、1973年から1976年の間の4年間に面接対象としてランダムに選ばれた64,210人の米国人の中で、ちょうど500人（あるいは0.78 %）が、過去12ヶ月の間に公職を争ったか、もしくは公職に就いていたと答えている。1991–94年にはこの数字は0.66 %へと落ち込んだ。非常に大きなサンプルを用いているので、この時間的傾向が統計的偶然によるものである可能性は、25回中1回より小さい。

28. ローパー社会・政治傾向データの筆者による分析。メディアマーク・リサーチによる調査では、1980年代初頭から1990年代末にかけて「地域の何らかの市民問題で積極的な役割を取る」頻度はおよそ25 %、「公的集会で話す」頻度は35 %低下していることが示されている。

29. 住民投票についての詳細な議論は第9章を参照のこと。請願署名に関するローパーデータは、Dalton, *Citizen Politics*, 76で示された、請願署名が1975年から1990年の間により一般化しているという証拠と矛盾している。ローパー調査は、ダルトンに引用されたものと比べてずっと規模が大きく、頻繁に行われている。この乖離に対するもう一つの可能な説明は、ダルトンに引かれた調査では回答者が「これまでに」請願署名をしたことがあるかを尋ねているのに対し、ローパー質問では「過去12ヶ月の間に」焦点を当てているというものである。若い回答者の方が請願署名をしたことがある可能性が高いので、ダルトンの「生涯」値のゆっくりとした成長と、ローパーの測定した「年間」率の低下とは矛盾しない可能性がある。食品マーケティング協会（Food Marketing Institute, FMI）によって、全米のスーパーマーケットのために行われた1974年から1985年の間の9回の全国調査によれば、隣人に請願署名を頼んだことがあると答えた人の割合は、1974–77年の46 %から、1983–85年の30 %へと低下したことが見いだされた。*Consumer Attitudes and the Supermarket*（Washington, D.C.: Food Marketing Institute, 1983, 1985, 1994, 1995, 1996). 請願署名についての時系列データを提供していると私が気づいたソースはこれら3つのみである。議会への投書に関するローパーデータは、Verba, Schlozman, and Brady, *Voice and Equality*, 73のものと一貫していないが、FMIの調査はローパーの結果を確証する傾向があり、「政府が何かを行うようにと、議会に手紙を書いて要求したことがある」回答者の割合が、1974–75年から1984–85年の間に40 %低下したことをFMIデータは示している。議会へ届く投書の増加を報告する研究者もいるが、しかし議会への投書の増加分が、ロビー組織による大量郵送を表しているならば（よく聞く話からは正しく思えるが）、それは個人による投書の減少と一貫することになる。以下を参照のこと。Malcolm E. Jewell and Samuel C. Patterson, *The Legislative Process in the United States*, 3rd ed.（New York: Random House, 1977), 306–307; Stephen E. Frantzich, *Write Your Congressman: Constituent Communications and Representation*（New York: Praeger, 1986); David Thelen, *Becoming Citizens in the Age of Television*（Chicago: University of Chicago Press, 1996). ローパーデータは、編集部への投書が1973年から1994年の間に14 %低下したことを示唆しているが、DDBニーダムデータはその活動が1987年から1998年の間におよそ10 %増加したことを示唆している。メディアマーク・リサーチの調査は、1980年代初頭から1990年代末にかけて編集部への投書の頻度が15 %、「公的問題について」公職者に手紙を書くことがおよそ20 %、「自分の意見を表明するために公職者を個人的に訪問した」頻度が30 %、ラジオやテレビ局に投書したり電話をかけたりしたことが35 ～ 40 %下落したことを示している。全体としてみれば、証拠のバランスからは過去20 ～ 30年を通じて、米国人は公的問題について自分の立場を表明することが少なくなっていったということが強く示唆されている。

30. ローパーデータは、Everett Carll Ladd, "The Data Just Don't Show Erosion of America's 'Social Capital,'" *Public Perspective* 7 (June/July 1996): 17による主張と矛盾している。これはVerba, Schlozman, and Brady, *Voice and Equality*の証拠を引用しているもので、コミュニティでの協働事業に関わる米国人の比率が1967年から1987年の間に増加したことを示している。ヴァーバとその共同研究者たち自身は、一対の調査によって得られた証拠が、20年間にわたって毎月実施されてきた200回以上の独立したローパー調査によって測定された連続的変化に関する証拠よりも重視されるべきだとは主張していない（し、そう信じてもいないと個人的に述べている）。

31. Stephen Knack, "Civic Norms, Social Sanctions and Voter Turnout," *Rationality and Society* 4 (April 1992):

1998］から入手可能——ローパー政治・社会調査傾向調査アーカイブとは別のもの）によれば、「先週に」政治について議論した米国人の数は、1980 年の 51 %から 1996 年の 28 %へとほぼ着実に低下していることが見いだされている。

14. DDB ニーダム・ライフスタイル調査の政治関心と、ローパー調査による最近の出来事への関心をそれぞれ出生年と調査年を用いて回帰すると、出生年の回帰係数が非常に高い一方で、調査年の係数は事実上有意ではなかった。すなわち、この傾向はイントラコホートではなく、インターコホート変化に完全に帰属しうるということである。この方法については以下を参照のこと。Firebaugh, "Methods for Estimating Cohort Replacement Effects," 243–62. Stephen Earl Bennett, "Young Americans' Indifference to Media Coverage of Public Affairs," *PS: Political Science & Politics* 31（September 1998）: 540, 539. は、「18 歳から 29 歳までの者は、30 歳以上の者と比べたときに政治ニュースを読んだり、聞いたり、見たりすることが少なく、また公共問題に関するメディア報道に注意を払う傾向が低い」と報告している。以下も参照のこと。Delli Carpini and Keeter, *What Americans Know About Politics*, 170.

15. Times Mirror Center for the People and the Press, "The Age of Indifference"（Washington, D.C.: Times Mirror Center, June 28, 1990）. Delli Carpini and Keeter, *What Americans Know About Politics*, 172. はこう結論している。「知識ギャップは、ライフサイクルよりも、世代過程によって引き起こされている」。

16. 全米選挙調査（National Election Studies）によれば、1950 年代の 2 回の大統領選挙において 60 歳以上の投票者の 37 %と 30 歳以下の投票者の 27 %が選挙に「非常に関心を持っている」と答えている。1990 年代の 2 回の大統領選挙においては、この数字は 60 歳以上の 40 %と 30 歳以下の 15 %となっていた。

17. Joseph A. Schlesinger, "The New American Political Party," *American Political Science Review* 79（December 1985）: 1152–1169; Larry Sabato, *The Party's Just Begun*（Glenview, Ill.: Scott, Foresman, 1988）; John H. Aldrich, *Why Parties?*（Chicago: University of Chicago Press, 1995）, 特に 15, 260 ページ。筆者による全米選挙調査（1952–96）の分析。

18. Sabato, *The Party's Just Begun*, 76. 図 2 は社会保障税に基づく全国の政治組織数を、全国人口の成長に対して調整したものである。

19. 政党支持の低下については以下を参照のこと。Miller and Shanks, *The New American Voter*, ch. 7; Rosenstone and Hansen, *Mobilization, Participation, and Democracy*, ch. 5; および Russell J. Dalton, "Parties without Partisans: The Decline of Party Identifications Among Democratic Publics,"（Irvine: University of California at Irvine, 1998）. 無党派層（independents）は政治や公的問題への注意が低く、参加する傾向も低い。以下を参照のこと。Angus Campbell, Philip E. Converse, Warren E. Miller, and Donald E. Stokes, *The American Voter*（New York: John Wiley & Sons, 1960）, および Miller and Shanks, *The New American Voter*.

20. 参加は、中間選挙年よりも大統領選挙年の方で低下が大きい。大統領選挙年の活動低下のおよそ半分と、中間選挙の活動の低下傾向の事実上全ては、世代交代によるものである。全米選挙調査では、キャンペーン関与についてさらに 2 つの形態について測定している。1）バッジを着用する、車にステッカーを貼るなどしてその政治選好を表明する。2）キャンペーンに寄付をする。どちらも不規則な変化を示しているが、その理由の一部はおそらく質問ワーディングの変化によるものである。

21. 全米選挙調査の筆者による分析。政党からの接触についての質問は以下である。「どちらかの政党から誰か電話をかけてきたり訪ねてきて、キャンペーンについてあなたに話しましたか？」

22. Marshall Ganz, "Voters in the Crosshairs: How Technology and the Market Are Destroying Politics," *The American Prospect* 16（winter 1994）: 100–109; Aldrich, *Why Parties?*; および R. Kenneth Godwin, "The Direct Marketing of Politics," in *The Politics of Interests*, ed. Mark Petracca（Boulder, Colo.: Westview Press, 1992）, 308–325. キャンペーン支出のデータについては以下より。Stephen J. Wayne, *The Road to the White House 1996: The Politics of Presidential Elections*（New York: St. Martin's Press, 1996）, 30, 46; Herbert B. Asher, *Presidential Elections and American Politics: Voters, Candidates, and Campaigns Since 1952*, 5th ed.（Pacific Grove, Calif: Brooks/Cole, 1992）, 210–211; および Common Cause（August 1999）. 草の根組織の低下に対する例外の一つ——キリスト教右派——については第 9 章で論じる。

23. John Aldrich and Richard G. Niemi, "The Sixth American Party System: Electoral Change, 1952–1992," in Broken Contract: Changing Relationships Between Americans and Their Government, ed. Stephen C. Craig（Boulder, Colo.: Westview Press, 1995）, 87–109.

24. Verba, Schlozman, and Brady, *Voice and Equality*, 71–73; 77; 518. 政治クラブの会員が成人人口の 8 %から 4 %へ低下する一方で、政党や候補者への献金者は 13 %から 23 %へと増加した。

25. ローパー社会・政治傾向調査は 1994 年 12 月以降も続いていたが、学術研究者はローデータを今では入

4. 図1は大統領選挙に限られているが、中間選挙のパターンも同様である。米国史を通じた選挙参加についての未公刊の最新の推定について、ウォルター・ディーン・バーナム教授に感謝する。以前の推定については以下を参照のこと。Walter Dean Burnham, "The Turnout Problem," in *Elections American Style*, ed. A. James Reichley (Washington, D.C.: Brookings Institution Press, 1987), 113–114. 黒人を選挙人名簿から除外していたことに加えて、南部の一党支配は白人の投票参加も低めていた。以下を参照のこと。V. O. Key, *Southern Politics in State and Nation* (New York: Knopf, 1949), および Piven and Cloward, *Why Americans Don't Vote*, ch. 3.

5. James DeNardo, "The Turnout Crash of 1972," in *Politicians and Party Politics*, ed. John G. Geer (Baltimore, Md.: Johns Hopkins University Press, 1998), 80–101.

6. バーナムによれば、南部連合州以外での1998年の投票は、1818年以来最低だった。20世紀初期における北部での投票の低下は、登録要件のような投票参加の障害を増加する政治改革にも帰属しうるが、しかし1960年以後の低下は、高投票率を助けるような環境の中で起こっている。1896年以降の30年間の低下は、1920年の女性参政権の導入によって過大化されており、それは続く2回の投票率を一時的に押し下げた。1971年には選挙権年齢が18歳にまで下げられたが、それは過去40年間の投票率の低下全体に対しては小さな役割しか果たしていない。

7. 以下を参照のこと。Philip E. Converse, *The Dynamics of Party Support: Cohort Analyzing Party Identification* (Beverly Hills, Calif.: Sage, 1976); Glenn Firebaugh, "Methods for Estimating Cohort Replacement Effects," in *Sociological Methodology 1989*. ed. C. C. Clogg (Oxford: Basil Blackwell, 1989), 243–62; および William G. Mayer, *The Changing American Mind: How and Why American Public Opinion Changed Between 1960 and 1988* (Ann Arbor: University of Michigan Press, 1993). 第3の変化過程——ライフサイクル変化——は、集合的変化をしばしば覆い隠したり、あるいは見せかけのそれを作り出したりする。しかし、人口における年齢構成の変化が起こらなければ、純粋なライフサイクル変化はいかなる社会変化も生み出すことはない。なぜなら子どもは、単純にその親を追ったサイクルを生み出すだけだからである。20世紀後半を通じた全米人口の年齢構成変化は、政治、社会的参加における全体変化に全く逆行するものであった。すなわち、参加年齢がピークを迎える者の比率がベビーブームのせいで低下していた時に参加は増大し(1945–1965)、参加年齢がピークを迎える者の比率がブーマーの成長に伴って増加している時に参加は減少していった(1965–2000)。言い換えれば、ライフサイクル要因を明示的に説明に入れれば、私の議論した参加の時間的変化は実際にはさらに拡大されることになるだろう。

8. ローパー社会・政治傾向アーカイブから筆者が算出。

9. Warren E. Miller and J. Merrill Shanks, *The New American Voter* (Cambridge, Mass.: Harvard University Press, 1996), 69. はこの問題についての最も網羅的な研究の結論を以下に述べている——「投票率における世代差は……投票率の連続的な全国低下に変換されることとなった。それは世代交代という人口統計学的装置によるものである」。

10. Stephen Knack, "Social Altruism and Voter Turnout: Evidence from the 1991 NES Pilot Study" (College Park: University of Maryland, 1992), M. Margaret Conway, *Political Participation in the United States*, 2nd ed. (Washington, D.C.: CQ Press, 1991), 135; James A. McCann, "Electoral Participation and Local Community Activism: Spillover Effects, 1992–1996" (paper presented at the annual meeting of the American Political Science Association, Boston, September 1998), およびそこに引用された研究。

11. Verba, Schlozman, Brady, *Voice and Equality*, 23–24 *et passim*. 投票参加の低下については以下を参照。Brody, "The Puzzle of Political Participation"; Wolfinger and Rosenstone, *Who Votes?*; Teixeira, *The Disappearing American Voter*, Steven J. Rosenstone and John Mark Hansen, *Mobilization, Participation, and Democracy in America* (New York: Macmillan, 1993); および Miller and Shanks, *The New American Voter*.

12. Verba, Schlozman, Brady, *Voice and Equality*, 362 *et passim*, および Michael X. Delli Carpini and Scott Keeter, *What Americans Know About Politics and Why It Matters* (New Haven, Conn.: Yale University Press, 1996), 116–134, 196–199.

13. 本書全体においては、活動の頻度がさまざまな値を取るため、低下の絶対量よりも低下率を一般的に強調している。すなわち、人口の中で何かの活動に参加する割合の50%から40%への変化も、5%から4%への変化も、どちらも5分の1、あるいは20%の低下を表している。われわれのサンプルは全般的に非常に大きいので、小さな絶対変化も統計的には高度に有意になってしまう。ローパーデータによれば、現在の出来事に「強い関心がある」と答える人々の割合の直線的傾向は、1974年のおよそ50%から1998年のおよそ38%へと低下した。DDBニーダム・ライフスタイル調査では、「政治に関心がある」と答えたものは1975–76年の52%から1998–99年の42%へと落ち込んだ。別の系統のローパー調査(*Roper Reports* [New York: Roper Starch Worldwide, 1995–

Journal of Voluntary Action Research 2 (April 1973): 64–73. この 69 ページ。また以下を参照のこと。Ashutosh Varshney, ***Ethnic Conflict and Civic Life: Hindus and Muslims in India*** (New Haven, Conn.: Yale University Press, 2000).

23. Alexis de Tocqueville, ***Democracy in America***, ed. J. P. Mayer, trans. George Lawrence (Garden City, N.Y: Doubleday, 1969), 506.〔井伊玄太郎訳『アメリカの民主政治（上・中・下)』講談社学術文庫、1987 年〕また以下を参照のこと。Wilson Carey McWilliams, ***The Idea of Fraternity in America*** (Berkeley: University of California Press, 1973), および Thomas Bender, ***Community and Social Change in America*** (Baltimore, Md.: Johns Hopkins University Press, 1978).

24. David Hackett Fischer, ***Paul Revere's Ride*** (New York: Oxford University Press, 1994).

25. Barry Wellman, "The Community Question Re-Evaluated," in ***Power, Community, and the City***, Michael Peter Smith, ed. (New Brunswick, N.J.: Transaction 1988), 81–107. 上記の 82 ～ 83 ページの引用。Pamela Paxton, "Is Social Capital Declining in the United States? A Multiple Indicator Assessment," ***American Journal of Sociology*** 105 (1999): 88–127.

26. ***The Public Perspective*** 8 (December/January 1997): 64; Robert Wuthnow, "Changing Character of Social Capital in the United States," in ***The Dynamics of Social Capital in Comparative Perspective***, Robert D. Putnam, ed. (2000, forthcoming); ***The Public Perspective*** 10 (April/May 1999): 15 ; ***Wall Street Journal***, June 24, 1999, A12; Mark J. Penn, "The Community Consensus," ***Blueprint: Ideas for a New Century*** (spring 1999). どちらでもない (no opinion) という回答者は除かれている。

27. 例えば、図 31–33 は慈善行動傾向についての 6 つの独立ソースからのデータを示しているが、その他にこの基本的パターンを確認する 4 つの追加ソースを発見しており、そのようなソースは注で簡潔に触れている。方法論についての補足的な議論については付録を参照のこと。

28. Emma Jackson, "Buddy Had Kidney to Spare," ***Ann Arbor News*** (January 5, 1998). 1998 年 1 月 6 日に、この話を非営利・ボランティア活動リストサーブ (Nonprofit and Voluntary Action listserv, www.arnova.org/arnova_l.htm) に投稿してくれたマイケル・ドーヴァーに感謝する。

第 2 章　政治参加

1. 1970 年代中盤において、米国人はイギリス、ドイツ、オーストリア、オランダの市民と比べ選挙キャンペーンで積極的な役割を担う割合が 2 倍近く多かった。 Samuel H. Barnes, Max Kaase, et al.. ***Political Action: Mass Participation in Five Western Democracies*** (Beverly Hills, Calif.: Sage, 1979), 541–542. 20 年近くが過ぎ、米国人は（新旧）40 の民主主義国家の中で請願署名の割合が同率の 3 位であるが、友人との政治的議論の頻度では 40 カ国中 20 位となっていた。Russell Dalton, ***Citizen Politics: Public Opinion and Political Parties in Advanced Western Democracies***, 2nd ed. (Chatham, N.J.: Chatham House, 1996), 74. 投票率については以下を参照のこと。Dalton, ***Citizen Politics***, 45.

2. ここでの投票率の数字は ***Statistical Abstract of the United States***（各年刊）より。これは国勢調査局による調査が基となっている。図 1 の数字は、各州の実際の開票数と、州ごとの適格有権者の計算に基づいているが、わずかだがより正確さの高いものだろう。しかし、全てのソースは基本的に、同様の相対的低下を示している。地方選挙については以下を参照のこと。Sidney Verba, Kay Lehman Schlozman, and Henry E. Brady, ***Voice and Equality: Civic Voluntarism in American Politics*** (Cambridge, Mass.: Harvard University Press, 1995), 69. 厳密に言えば、投票とは高度に個人的な行為であり、その意味でそれは社会関係資本を内包する必要がない。その一方で、（投票に関する最初期の研究に始まる）多くの証拠が、投票はほとんど常に社会的に埋め込まれた行為であること、そして投票と社会参加が強く相関していることを明らかにしてきた。この事実に加え、時間空間をまたがって投票参加の指標がすぐ入手可能であることが、これを社会的関与についての非常に有益な代理指標としている。

3. Dalton, ***Citizen Politics***; Raymond E. Wolfinger and Steven J. Rosenstone, ***Who Votes?*** (New Haven, Conn.: Yale University Press, 1980); Frances Fox Piven and Richard A. Cloward, ***Why Americans Don't Vote*** (New York: Pantheon Books, 1988). Ruy Teixeira, ***The Disappearing American Voter*** (Washington, D.C.: Brookings Institution, 1992), 29–30. これは 1992 年以前、モーターヴォーター登録の導入以前の事実をまとめている。モーターヴォーター予算支出についてのデータは、全米州務長官協会より。Stephen Knack, "Drivers Wanted: Motor Voter and the Election of 1996," ***PS: Political Science and Politics*** 32 (June 1999): 237–243. は、モーターヴォーター制度なしでは、1996 年の投票率はさらに低下したであろうことを見いだしている。

1913 年にウェストバージニアの学校教師に「農村学校校舎におけるコミュニティ会合のためのハンドブック」として準備されたもので、後に以下に収められた。L. J. Hanifan, *The Community Center* (Boston: Silver, Burdett, 1920).「社会関係資本」という言葉のここでの利用を最初に発見したブラッド・クラークに感謝する。

13. John R. Seeley, Alexander R. Sim, and Elizabeth W. Loosley, ***Crestwood Heights: A Study of the Culture of Suburban Life*** (New York: Basic Books, 1956); Jane Jacobs, ***The Death and Life of Great American Cities*** (New York: Random House, 1961)〔黒川紀章訳『アメリカ大都市の死と生』鹿島出版会、1977 年〕; Glenn Loury, "A Dynamic Theory of Racial Income Differences," in ***Women, Minorities, and Employment Discrimination***, ed. P. A. Wallace and A. LeMund (Lexington, Mass.: Lexington Books, 1977), 153–188; Pierre Bourdieu, "Forms of Capital," in ***Handbook of Theory and Research for the Sociology of Education***, ed. John G. Richardson (New York: Greenwood Press, 1983), 241–258; Ekkehart Schlicht, "Cognitive Dissonance in Economics," in ***Normengeleitetes Verhalten in den Sozialwissenschaften*** (Berlin: Duncker and Humblot, 1984), 61–81; James S. Coleman, "Social Capital in the Creation of Human Capital," ***American Journal of Sociology*** 94 (1988): S95–S120, および James S. Coleman, ***Foundations of Social Theory*** (Cambridge, Mass.: Harvard University Press, 1990)〔久慈利武訳『コールマン社会理論の基礎（上）』青木書店、2004 年、下巻は未刊〕. また以下も参照のこと。George C. Homans, ***Social Behavior: Its Elementary Forms*** (New York: Harcourt, Brace & World, 1961)〔橋本茂訳『社会行動——その基本形態』誠信書房、1978 年〕, 378–98. コールマンがラウリーの研究に対して短く触れていることを除けば、これらの理論家が、先行する使用に気付いていたという証拠は見いだせなかった。「社会関係資本」の概念史に関する包括的な概観については、以下を参照のこと。Michael Woolcock, "Social Capital and Economic Development: Toward a Theoretical Synthesis and Policy Framework," ***Theory and Society*** 27 (1998): 151–208.

14. Ronald S. Burt, ***Structural Holes: The Social Structure of Competition*** (Cambridge, Mass.: Harvard University Press, 1992); Ronald S. Burt, "The Contingent Value of Social Capital," ***Administrative Science Quarterly*** 42 (1997): 339–365, および Ronald S. Burt, "The Gender of Social Capital," ***Rationality & Society*** 10 (1998): 5–46; Claude S. Fischer, "Network Analysis and Urban Studies," in ***Networks and Places: Social Relations in the Urban Setting***, ed. Claude S. Fischer (New York: Free Press, 1977), 19; James D. Montgomery, "Social Networks and Labor-Market Outcomes: Toward an Economic Analysis," ***American Economic Review*** 81 (1991): 1408–1418. 特にその表 1。

15. 以前の著作においては、私は社会関係資本におけるこの公的次元を強調し、社会関係資本の私的な利益についてはほとんど除外していた。本書に利用した以下を参照のこと。Robert D. Putnam, "The Prosperous Community: Social Capital and Public Affairs," ***The American Prospect*** 13 (1993)〔河田潤一訳「社会資本と公的生活」河田潤一・荒木義修編『ハンドブック政治心理学』北樹出版、2003 年、187–202 頁〕: 35–42. 私的な利益に焦点を当て、集合的次元についてはほぼ除外した文献レビューについては以下を参照のこと。Alejandro Portes, "Social Capital: Its Origins and Applications in Modern Sociology," ***Annual Review of Sociology*** 22 (1998): 1–24.

16. ロバート・フランクとの私的な会話による。

17. Xavier de Souza Briggs, "Social Capital and the Cities: Advice to Change Agents," ***National Civic Review*** 86 (summer 1997): 111–117.

18. *U.S. News & World Report* (August 4, 1997): 18. Fareed Zakaria, "Bigger Than the Family, Smaller Than the State," *New York Times Book Review*, August 13, 1995: 1. 上記はマクヴェイとその共謀者たちが晩をボウリング場で過ごし、「マクヴェイ氏が 1 人でボウリングに行ってくれてたらみんなよかったのに」という結論になったということを指摘している。ある種のカルトや派閥においては、社会関係資本の内的効果すらも負になることがあるが、しかし負の外的効果よりもそれは希である。

19. ***Making Democracy Work: Civic Traditions in Modern Italy*** (Princeton, N.J.: Princeton University Press, 1993)〔河田潤一訳『哲学する民主主義——伝統と改革の市民的構造』NTT 出版、2001 年〕の中で、私は社会関係資本が反社会的効果を持ちうる可能性を無視していたが、同年に出版した "The Prosperous Community" の中ではその可能性を明示的に認識している。

20. 私の知りうる限り、これらのラベルを生み出した功績は以下に帰属する。Ross Gittell and Avis Vidal, ***Community Organizing: Building Social Capital as a Development Strategy*** (Thousand Oaks, Calif.: Sage, 1998), 8.

21. Mark S. Granovetter, "The Strength of Weak Ties," ***American Journal of Sociology*** 78 (1973): 1360–1380; Xavier de Souza Briggs, "Doing Democracy Up Close: Culture, Power, and Communication in Community Building," ***Journal of Planning Education and Research*** 18 (1998): 1–13.

22. 以下における引用。Richard D. Brown, "The Emergence of Voluntary Associations in Massachusetts,"

■原注

＊文献情報、インターネット上の URL 等は、原著公刊時のものである。

第１章　米国における社会変化の考察

1. David Scott and Geoffrey Godbey, "Recreation Specialization in the Social World of Contract Bridge," *Journal of Leisure Research* 26 (1994): 275–295; Suzi Parker, "Elks, Lions May Go Way of the Dodo," *Christian Science Monitor,* August 24, 1998; John D. Cramer, "Relevance of Local NAACP Is Up for Debate," *Roanoke Times,* January 24, 1999; Dirk Johnson, "As Old Soldiers Die, V.F.W. Halls Fade Away," *New York Times,* September 6, 1999. グレンバレー・ブリッジクラブの情報について、デヴィッド・スコット教授に感謝する。「グレンバレー」とはペンシルバニア中部にある学園都市を指す仮名である。

2. Christine Wicker, "A Common Thread of Decency," *Dallas Morning News,* May 1, 1999; David Streitfeld, "The Last Chapter: After 50 Years, Vassar Ends Its Famed Book Sale," *Washington Post,* April 28, 1999, C1; Caroline Louise Cole, "So Many New Uniforms, but So Few Musicians," *Boston Sunday Globe Northwest Weekly,* September 5, 1999, 1.

3. Jeffrey A. Charles, *Service Clubs in American Society: Rotary, Kiwanis, and Lions* (Urbana: University of Illinois Press, 1993), 157.

4. Eric Larrabee and Rolf Meyersohn, *Mass Leisure* (Glencoe, Ill.: Free Press, 1958), 359. 上記は以下に引用されたものである。Foster Rhea Dulles, *A History of Recreation: America Learns to Play,* 2nd ed. (New York: Appleton-Century-Crofts, 1965), 390.

5. *Life,* February 21, 1964, 91, 93. この注目すべき号をメインのフリーマーケットで見つけてくれたロブ・パールバーグに感謝する。

6. Robert E. Lane, *Political Life: Why People Get Involved in Politics* (Glencoe, Ill.: Free Press, 1959), 94; Daniel Bell and Virginia Held, "The Community Revolution," *The Public Interest,* 16 (1969): 142.

7. 実際には、1976 年の投票率は 53 %でかつ低下中であった。以下を参照のこと。Richard A. Brody, "The Puzzle of Political Participation in America," in *The New American Political System,* ed. Anthony King (Washington, D.C.: American Enterprise Institute for Public Policy Research, 1978).

8. George H. Gallup, *The Gallup Poll: Public Opinion 1935–1971* (New York: Random House, 1972); Karlyn Bowman, "Do You Want to Be President?," *Public Perspective* 8 (February/March 1997): 40; Robert E. Lane, "The Politics of Consensus in an Age of Affluence," *American Political Science Review* 59 (December 1965): 879; and Richard G. Niemi, John Mueller, and Tom W. Smith, *Trends in Public Opinion* (New York: Greenwood Press, 1989), 303. 1940 年代、1950 年代、および 1960 年代に用いられていた「信頼」質問の形式は、最近標準的になったものとは直接比較はできない。

9. 以下を参照のこと。Thomas R. Rochon, *Culture Moves: Ideas, Activism, and Changing Values* (Princeton, N.J.: Princeton University Press, 1998), xiii-xiv.

10. Doug McAdam, *Freedom Summer* (New York: Oxford University Press, 1988), 14–15.

11. James Q. Wilson, "Why Are We Having a Wave of Violence?" *The New York Times Magazine,* May 19, 1968, 120.

12. Lyda Judson Hanifan, "The Rural School Community Center," *Annals of the American Academy of Political and Social Science* 67 (1916): 130–138.130 ページからの引用。まさに実践的改革者として、ハニファンは自覚的に「資本」という用語を用い、現実主義的な実業家や経済学者が、社会的資産の重要性を認識するように促した。社会関係資本という概念を導入して、彼は「いくつかの農村地域でそのような社会関係資本が非常に欠落しているということは、本章で繰り返す必要はないだろう。ここでの重要な問題は以下になる――こういった状況はいかにして改善されうるだろうか。後に続くストーリーは、ウェストバージニアの農村コミュニティが、１年間の間に実際に社会関係資本を発展させ、その社会関係資本を娯楽的、知的、道徳的、経済的状況の改善のために用いた記録である」。彼の小論には、コミュニティを基盤とした活動家による実践の一覧が含まれているが、それはもともと

ワ行

欧文

ヤ行

ラ行

マ行

ハ行

ナ行

タ行

サ行

カ行

■索引

＊の付いたページは図表を示す。

ア行

■著者略歴

ロバート・D・パットナム（Robert D. Putnam）

1941年米国ニューヨーク州ロチェスター生まれ。1970年にイェール大学で学位取得。ミシガン大学を経て、現在ハーバード大学教授。この間ハーバード大学ケネディ行政大学院学長、米国政治学会会長等を歴任した。比較政治学、国際関係を始め広範な領域で多数の編著書、論文を発表している。既刊の邦訳書として『サミット』（TBSブリタニカ、1986年、共著）、『哲学する民主主義』（NTT出版、2001年）、『われらの子ども』（創元社、2017年）、『アメリカの恩寵』（柏書房、2019年、共著）がある。

■訳者略歴

柴内 康文（しばない やすふみ）

1970年千葉市生まれ。1994年東京大学文学部卒、1999年東京大学大学院人文社会系研究科博士課程単位取得。同志社大学社会学部准教授を経て、現在東京経済大学コミュニケーション学部教授。専門はメディア論・コミュニケーション論。著書に『ネットワーキング・コミュニティ』（東京大学出版会、1997年、共著）、『情報行動の社会心理学』（北大路書房、2001年、共著）、『戦後世論のメディア社会学』（柏書房、2003年、共著）、『われらの子ども』（創元社、2017年）、『アメリカの恩寵』（柏書房、2019年）など。

★

孤《こ》独《どく》なボウリング——米国コミュニティの崩壊と再生

2006年 4 月25日　第1刷発行
2024年 6 月15日　第9刷発行

著　者　ロバート・D・パットナム
訳　者　柴内康文
発行者　富澤凡子
発行所　柏書房株式会社
東京都文京区本郷2-15-13（〒113-0033）
電話（03）3830-1891［営業］
（03）3830-1894［編集］
装　丁　森　裕昌
印　刷　萩原印刷株式会社
製　本　株式会社ブックアート

ISBN4-7601-2903-0